Handbuch Literatur & Philosophie

Handbücher zur kulturwissenschaftlichen Philologie

Herausgegeben von Claudia Benthien,
Ethel Matala de Mazza und Uwe Wirth

Band 11

Handbuch
Literatur & Philosophie

Herausgegeben von
Andrea Allerkamp und Sarah Schmidt

DE GRUYTER

ISBN 978-3-11-135613-6
e-ISBN (PDF) 978-3-11-048482-3
e-ISBN (EPUB) 978-3-11-048418-2
ISSN 2197-1692

Library of Congress Control Number: 2021939942

Bibliografische Information der Deutschen Nationalbibliothek
Die Deutsche Nationalbibliothek verzeichnet diese Publikation in der Deutschen Nationalbibliografie; detaillierte bibliografische Daten sind im Internet über http://dnb.dnb.de abrufbar.

© 2023 Walter de Gruyter GmbH, Berlin/Boston
Dieser Band ist text- und seitenidentisch mit der 2021 erschienenen gebundenen Ausgabe.
Satz: Dörlemann Satz, Lemförde
Druck und Bindung: CPI books GmbH, Leck

www.degruyter.com

Inhaltsverzeichnis

I Einleitung —— 1

I.1 Vorbemerkung – *Andrea Allerkamp/Sarah Schmidt* —— 3

I.2 Literatur und Philosophie: Urszenen, Konstellationen, Anekdoten und Bilder – *Andrea Allerkamp* —— 7

I.3 Grenzräume – Grenzverhandlungen. Überlegungen zur Verhältnisbestimmung von Philosophie und Literatur – *Sarah Schmidt* —— 24

II Philosophie der Literatur —— 39

II.1 **Affektivität und sinnliche Erkenntnis —— 41**

   Einleitung – *Michael Krewet* —— 41

   Psyche und Wahrheit – *Michael Krewet* —— 44

   Das neue Verhältnis von Vernunft und Sinnen: Ästhetik – *Hans Adler* —— 54

   Die Literatur und die Lüste: Phänomenologie der Sinne und die Frage nach der Erkenntnisfunktion von Lachen, Komik, Lust und Begehren – *Steffi Hobuß* —— 63

II.2 **Wirklichkeit, Wahrscheinlichkeit, Fiktion —— 72**

   Einleitung – *Angela Gencarelli* —— 72

   Konzepte dichterischen Erfindens – *Angela Gencarelli* —— 75

   Fiktion und hypothetisches Sprechen. Im Modus des Als-ob – *Andrea Allerkamp* —— 84

   Imagination und Imaginäres – *Dominik Finkelde* —— 93

II.3 **Rhetorik und Poetik —— 103**

   Einleitung – *Björn Hambsch* —— 103

   Kunstlehren des Sprechens und Denkens – Aristoteles, Cicero, Quintilian – *Björn Hambsch* —— 106

   Regelpoetik oder Genie – *Rüdiger Campe* —— 115

Metapher, Metaphorizität, Figurativität – *Andreas Hetzel* —— 125

Rhetorik als literarische und kulturelle Praxis – *Carsten Zelle* —— 137

II.4 **Literatur und Vernunftkritik** —— 146

Einleitung – *Sarah Schmidt* —— 146

Philosophische Kritik und literarische Performanz – *Sarah Schmidt* —— 149

Sprachphilosophie und Ontologie: Heidegger – *Anja Lemke* —— 160

Arbeit am Begriff und begriffslose Synthesis: Kritische Theorie – *Sven Kramer* —— 166

Literatur als Gegendiskurs – *Achim Geisenhanslüke* —— 171

II.5 **Literatur und Wissen** —— 180

Einleitung – *Gottfried Gabriel* —— 180

Literatur im System der Künste und Wissenschaften – *Alexander Aichele* —— 183

Naturphilosophie, Wissenspoetik und Literatur um 1800 – *Benjamin Specht* —— 194

Hermeneutik der Literatur – literarische Hermeneutik – *Dieter Teichert* —— 203

Der Erkenntniswert der Literatur – *Gottfried Gabriel* —— 209

II.6 **Literatur und Ethik** —— 218

Einleitung – *Sophie Witt* —— 218

Reinigung der Affekte: Katharsiskonzepte der Literatur – *Sophie Witt* —— 221

Ethik und Autonomieästhetik – *Stefan Matuschek* —— 229

Literatur und Ethik – *Birgit R. Erdle* —— 238

II.7	Literatur und gesellschaftliche Praxis —— 248
	Einleitung – *Patrick Eiden-Offe* —— 248
	Literatur als Spiegel der Gesellschaft? Marxistische Positionen der Literaturtheorie – *Patrick Eiden-Offe* —— 251
	Politik der Literatur und ihre politische Ohnmacht: Herbert Marcuse – *Gérard Raulet* —— 261
	Literatur als gesellschaftliches Teilsystem und literarisches Feld – *Joseph Jurt* —— 269
	Ökologische Philosophie und Literatur – *Benjamin Bühler* —— 279
III	**Literarische Formen der Philosophie —— 289**
III.1	Dialog – *Michael Erler* —— 291
III.2	Brief – *Petra Gehring* —— 305
III.3	Autobiographie – *Dieter Thomä* —— 320
III.4	Roman – *Christiane Schildknecht* —— 334
III.5	Essay – *Sven Kramer* —— 349
III.6	Utopie und das Utopische – *Wilhelm Voßkamp* —— 363
III.7	Tragödie und das Tragische – *Robert Pirro* —— 376
III.8	Aphorismus – *Clemens Pornschlegel* —— 389
III.9	Denkbild – *Marion Picker* —— 401
IV	**Konstellationen —— 415**
IV.1	**Philosophie über Literatur —— 417**
	Aristoteles über Sophokles – *Dimitris Karydas* —— 417
	Hegel über Goethe – *Henning Tegtmeyer* —— 423
	Heidegger über Hölderlin – *Anja Lemke* —— 428
	Szondi über Celan – *Alexandra Richter* —— 433
	Foucault über Roussel – *Achim Geisenhanslüke/Thomas Emmrich* —— 438

Derrida über Kafka – *Oliver Precht* —— 443

Kofman über E. T. A. Hoffmann – *Judith Kasper* —— 448

Nussbaum über Henry James – *Sophie Witt* —— 453

IV.2 Philosophie als Literatur – Literatur als Philosophie —— 458

Konfuzius: Gespräche – *Benjamin Specht* —— 458

Epikur: Briefe – *Michael Erler* —— 463

Montaigne: *Les Essais* – *Karin Westerwelle* —— 468

Descartes: Meditationen – *Christiane Schildknecht* —— 474

Nietzsche: Aphorismen – *Dirk Quadflieg* —— 479

Amīn ar-Rīḥānī: Romane – *Sarhan Dhouib* —— 486

Wittgenstein: *Tractatus* – *Gottfried Gabriel* —— 492

María Zambrano: Dichtungen – *Giulia Agostini* —— 497

IV.3 Philosophie in der Literatur —— 502

Dante: *Divina Commedia (Göttliche Komödie)* – *Angela Oster* —— 502

Cervantes: *Don Quijote* – *Pablo Valdivia* —— 507

Shakespeare: *Hamlet* – *Björn Quiring* —— 512

Calderón: *La vida es sueño (Das Leben ist Traum)* – *Gerhard Poppenberg* —— 517

Milton: *Paradise Lost (Das verlorene Paradies)* – *Björn Quiring* —— 524

Kleist: *Michael Kohlhaas* – *Andrea Allerkamp* —— 529

Dostoevskij: *Prestuplenie i nakazanie (Schuld und Sühne)* – *Irina Wutsdorff* —— 535

Proust: *À la recherche du temps perdu (Auf der Suche nach der verlorenen Zeit)* – *Hermann Doetsch* —— 540

Beckett: *Fin de partie (Endspiel)* – *Ronja Bodola* —— 545

Sartre: *La Nausée (Der Ekel)* – *Thomas Ebke* —— 550

Primo Levi: *I sommersi e i salvati (Die Untergegangenen und die Geretteten)* – Robert Pirro —— 555

Peter Weiss: *Die Ästhetik des Widerstands* – Karl-Heinz Götze —— 561

W. G. Sebald: *Austerlitz* – Sarah Schmidt —— 566

V **Auswahlbibliographie** —— 571

VI **Register** —— 593

VII **Verzeichnis der Autorinnen und Autoren** —— 611

I Einleitung

I.1 Vorbemerkung

Andrea Allerkamp/Sarah Schmidt

Das Handbuch *Literatur & Philosophie* gliedert sich unter besonderen Vorzeichen in die Reihe *Handbücher zur kulturwissenschaftlichen Philologie* ein. Denn die beiden mit dem &-Zeichen verbundenen Glieder sind, so bringt es zumindest Friedrich Schlegel für Philosophie und Poesie in ein Bild (Schlegel 1975: 52), wie die antiken Zwillingsgestalten Kastor und Pollux eng verwandt, sodass ihre Unterscheidung nicht immer gelingt. Und genau diese Nähe führt in der langen Geschichte ihres Verhältnisses immer wieder zu Abgrenzungsmanövern, die bisweilen wie ein Kampf um die eigene Existenz erscheinen. Darüber hinaus sind beide Glieder – versteht man sie als Disziplinen, Gattungen oder Künste im weitesten Sinne – gleichwertig, insofern die mit einem ‚und' verbundene Relation in beide Richtungen betrachtet werden kann: Im gleichen Maße, wie sich die Literatur mit klassischen Themen der Philosophie und mit dem Denken einzelner Philosophinnen und Philosophen auseinandersetzt, reflektiert die Philosophie über Form und Bedeutung der Literatur. Nehmen wir hier ein über Jahrtausende bestehendes, ebenso fruchtbares wie spannungsreiches Verhältnis in den Blick, dann steht nicht mehr und nicht weniger als die Bandbreite der gesamten Philosophie- und Literaturgeschichte zur Debatte, sodass das Vorhaben, in ihr Verhältnis systematisch und historisch umfassend einzuführen, von vornherein schwer einlösbar erscheint. Für ein Handbuch bedeutet dies, dass die Darstellung immer nur im Modus des Exemplarischen agieren kann.

Trotz dieser grundsätzlichen Einschränkung besteht hier der Anspruch, eine Systematisierung anzubieten, die der Komplexität dieses Verhältnisses Rechnung trägt. Der vorliegende Band versteht die Kopula ‚und' als Weitwinkel auf das Verhältnis von Philosophie und Literatur. Seine trichterförmige Struktur, die vom Allgemeinen zum Besonderen führt, ist Ausdruck einer stufenweisen Annäherung an ein historisch wie systematisch umfassendes, verzweigtes und komplexes Verhältnis. Mit der Auswahl der einzelnen thematischen Beiträge sowie der Autorinnen und Autoren geht es den Herausgeberinnen nicht um eine theoretische Geschlossenheit, sondern um ein Nebeneinander unterschiedlicher wissenschaftlicher Ansatzpunkte. Angefragt wurden Autorinnen und Autoren aus beiden Disziplinen – Literaturwissenschaftler/innen und Philosoph/innen – die in ihren Beiträgen für unterschiedliche philosophische oder literaturwissenschaftliche Strömungen, Thesen und Ansätze eintreten.

Das Handbuch ist in vier Hauptteile gegliedert, die die verschiedenen Konstellationen des Verhältnisses (in, über, als) auf verschiedenen Ebenen aufnehmen. Den beiden Blickrichtungen des Verhältnisses von *Literatur & Philosophie*

Rechnung tragend, wird im Anschluss an diese Vorbemerkung im einleitenden Teil I zunächst von zwei Seiten aus der Versuch unternommen, das Verhältnis von Philosophie und Literatur zu befragen.

In Teil II steht dann unter dem Diktum thematischer Schlaglichter die Auseinandersetzung mit Form, Funktion und Bedeutung der Literatur im Zentrum. Allgemeine Themenkomplexe der Philosophie der Literatur werden hier so weit wie möglich aufgefächert. Diese Auffächerung folgt einer historischen Dynamik, wobei in sieben Stationen zentrale Problemfelder skizziert werden, und zwar ausgehend von Fragen der Affektivität und Sinnlichkeit seit der Antike (→ II.1 AFFEKTIVITÄT UND SINNLICHE ERKENNTNIS) bis hin zu aktuellen gesellschaftlichen Problemen – Sozialismus und Existentialismus, System- und Feldtheorie, Ökologie und Ecocriticism (→ II.7 LITERATUR ALS GESELLSCHAFTLICHE PRAXIS). Dazwischen liegt eine große Spannbreite von Themenkomplexen, die Philosophie und Literatur gleichermaßen beschäftigen: philosophisch-poetische Entwürfe von Wirklichkeit, Wahrscheinlichkeit und Fiktion (→ II.2 WIRKLICHKEIT, WAHRSCHEINLICHKEIT, FIKTION), Konkurrenzen und Kongruenzen zwischen Rhetorik und Poetik, die sich ideengeschichtlich immer noch weiterentwickeln (→ II.3 RHETORIK UND POETIK), Diskussionen der Vernunftkritik in und als Literatur (→ II.4 LITERATUR UND VERNUNFTKRITIK), häufig sehr grundsätzlich geführte Debatten um literarisches Wissen (→ II.5 LITERATUR UND WISSEN) und die sich an Bereichen der praktischen Philosophie orientierenden Beziehungen von Literatur zur Ethik (→ II.6 LITERATUR UND ETHIK).

Entspricht diese Art des Zugangs, wie der Titel in Kapitel II „Philosophie der Literatur" anzeigt, der im anglophonen Raum etablierten *Philosophy of Literature,* so ist dies jedoch in keiner Weise doktrinär zu verstehen: Weder werden hier nur einschlägige Positionen aus der Philosophie berücksichtigt, noch wird die Literatur zum reinen Betrachtungsgegenstand. Philosophie der Literatur bedarf der Expertise von Grenzgängerinnen, Grenzgängern und Doppelkompetenzen wie Friedrich Schiller, Walter Benjamin oder Jean-Paul Sartre, umfasst Untersuchungen von Philologinnen und Philologen sowie Literaturwissenschaftlerinnen und Literaturwissenschaftlern wie Käte Hamburger oder Peter Szondi und entzündet sich an den Thesen von Schriftstellerinnen und Schriftstellern wie Gotthold Ephraim Lessing und Bertolt Brecht, Ingeborg Bachmann oder Clarice Lispector.

Teil III „Literarische Formen der Philosophie" diskutiert schlaglichtartig neun literarische Gattungen, die sowohl für die Philosophie als auch für die Literatur von zentraler Bedeutung sind und deshalb erneut Wechselwirkungen zwischen dem Philosophischen und dem Literarischen erkennen lassen. Welche epistemische Relevanz, welche formale Eigentümlichkeit, welche Leserführung besitzt ein spezifisches literarisches Genre, und was bedeutet es für eine philosophische Reflexion, als Dialog, als Brief, als Essay oder als Aphorismus verfasst zu sein?

Teil IV „Konstellationen" präsentiert 29 kürzere Essays, die aus verschiedenen Perspektiven Einblicke in Werkstätten konkreter Textarbeiten anbieten. Wie können Übungen in literarischer Philosophie jeweils praktisch umgesetzt werden? In drei Kapiteln werden Philosophie und Literatur jedes Mal anders zueinander ins Verhältnis gesetzt. Diese Detailstudien werden in drei paradigmatischen Konstellationen erfasst.

Kapitel IV.1 „Philosophie über Literatur" stellt philosophische Auseinandersetzungen mit literarischen Werken vor, angefangen von Aristoteles' Reflexionen über Sophokles bis hin zu Martha Nussbaums ethischer Lektüre von Henry James. *Wie Literatur denken?* Mit dieser Frage wird nicht der Versuch unternommen, zu einer allgemeingültigen Definition zu finden, mit der ein für alle Mal geklärt werden könnte, was Literatur *als solche* ausmacht. Die Fallstudien setzen vielmehr bewusst auf Vielfältigkeit und Pluralität einzelner Lektüren.

Kapitel IV.2 „Philosophie als Literatur – Literatur als Philosophie" unterstreicht in seiner Doppelperspektive, dass das Literaturwerden der Philosophie zugleich auch als ein Philosophiewerden der Literatur verstanden werden kann. Die grundlegende Frage *Woran denkt Literatur?* macht deutlich, dass Grenzen und Übergänge zwischen Denken und Darstellung fließend sind oder werden können. Auch hier zeigt sich die Komplexität in der Spezifik besonderer Denkstile oder sogar Stilbrüche, was sich vermutlich in einem tastenden Fragemodus am besten umschreiben lässt: Wie philosophiert Konfuzius in Gesprächen? Was ermöglicht Epikur die Briefform, welche andere Form des Denkens initiieren Montaignes *Essais*, wie meditiert Descartes? Wie springen Nietzsches Aphorismen ins Denken, was reflektieren die Romane von Amīn ar-Rīḥānī, wie dichterisch denkt Wittgenstein und in welche Waldlichtungen entführt uns Zambranos Denken?

Im Kapitel IV.3 „Philosophie in der Literatur" finden sich Studien über Schriftstellerinnen und Schriftsteller, die sich in ihren Werken mit philosophischen Fragestellungen auseinandersetzen, oft in Dialog mit einem Philosophen bzw. einer Philosophin. Den Auftakt gibt Dantes *Divina Comedia*, den Schlussstein bildet Sebalds *Austerlitz*.

Die hier vorliegenden Essays zeigen, dass Antworten auf die Frage *Woran lässt Literatur denken?* nur am und mit dem literarischen Text diskutiert werden können. Es handelt sich um einzelne Stichproben, die dazu anregen wollen, das reziproke Verhältnis von Philosophie und Literatur bzw. Literatur und Philosophie in stets noch ausstehenden Lektüren weiter zu entdecken und auszuarbeiten.

Das Handbuch bietet abschließend neben einem Personen- und einem Sachregister auch eine Auswahlbibliographie zur weiterführenden Lektüre. Das Personenregister führt alle vorkommenden Namen auf, das Sachregister neben Schlüsselbegriffen und Theoriekomplexen zur Thematik des Bandes auch literarische

Gattungen sowie Epochen und Schulen. Thematisch versucht die Auswahlbibliographie allen in diesem Band vertretenen Aspekten Rechnung zu tragen, wobei sowohl allgemein-systematische Studien zu den zentralen Themenbereichen, aber auch Einzeluntersuchungen zu Autorinnen und Autoren Berücksichtigung finden. Ein Schwerpunkt liegt dabei auf der wissenschaftlichen Literatur der letzten dreißig Jahre. Eine umfassende Auflistung von philosophischen Schlüsseltexten über Literatur ist in diesem Rahmen nicht möglich. Gleichwohl haben in die Bibliographie auch exemplarische Hinweise auf philosophische Primärtexte Eingang gefunden. Aufsätze, die aus einem Sammelband oder Handbuch stammen, der oder das bereits als Band aufgeführt ist, werden nicht noch einmal extra angegeben. Originalbeiträge in englischer oder französischer Sprache werden dann genannt, wenn keine deutsche Übersetzung vorliegt.

Die Herausgeberinnen des Handbuchs danken sehr herzlich den studentischen Mitarbeiterinnen und Mitarbeitern, die an diesem Band mitgewirkt haben. Abigael van Alst hat bei bibliographischen Recherchen geholfen. Dirk Brauner und Kianush Ruf haben Beiträge sehr sorgfältig redigiert und uns so wesentlich in der Redaktionsarbeit unterstützt. Lektor Rainer Rutz hat uns bei der Vereinheitlichung der Formvorlagen geholfen, die Lektorinnen Kirstin de Boer und Jasmin Krafft haben das gesamte Manuskript gründlich überprüft – beiden sind wir zu großem Dank verpflichtet. Sehr zu danken ist auch den betreuenden Lektorinnen im De Gruyter-Verlag, Manuela Gerlof und Anja Michalski, die uns in den sechs Jahren Entstehungszeit dieses Buches mit wichtigen Ratschlägen und Erfahrungen zur Seite gestanden haben. Darüber hinaus danken wir den Reihenherausgeberinnen Claudia Benthien, Ethel Matala de Mazza und Uwe Wirth für das Vertrauen, das sie uns mit ihrer Einladung zur Herausgabe entgegengebracht haben. Das besondere Format von Handbüchern verlangt von allen Beteiligten Durchhaltevermögen, Beharrlichkeit und Produktionseifer. Nicht zuletzt deshalb gilt unser Dank vor allem den vielen internationalen Autorinnen und Autoren, die sich auf dieses Projekt eingelassen und darin sehr viel Mühe und Zeit investiert haben. Nicht allein ihrem profunden Fachwissen, sondern auch ihrer Bereitschaft, mit uns zusammen Neuland zu entdecken, hat der vorliegende Band seine Mehrstimmigkeit und Tiefenschärfe zu verdanken.

Literatur

Schlegel, Friedrich. „Über die Philosophie. An Dorothea". *Kritische Friedrich Schlegel Ausgabe*. Bd. VIII. Hg. von Ernst Behler und Ursula Struc-Oppenberg. München u. a. 1975: 41–62 [EA: 1799].

I.2 Literatur und Philosophie: Urszenen, Konstellationen, Anekdoten und Bilder

Andrea Allerkamp

1 Urszenen: Zusammengehörigkeit in der Differenz

Dass es ein Verhältnis zwischen Literatur und Philosophie, Philosophie und Literatur gibt, ist unbestritten, aber es versteht sich nicht von selbst. Dies gilt für beide Richtungen dieser komplexen Verbindung: Auf der einen Seite gibt es das gestörte Verhältnis der Literatur und ihrer Wissenschaft zur Philosophie, die sich entweder zu fremd oder zu nah sind (Szondi 2019, 272; → II.5 Teichert; → IV.1 Richter), auf der anderen das gespannte, unter Hegemonie- oder Dominanzverdacht stehende Verhältnis der Philosophie zur Literatur (Rebentisch 2006, 297). Versuche, die Komplexität als Bild zu fassen, sind zahlreich; auffallend oft sind sie affektbeladen. Da ist die Rede von einem „Liebesverhältnis" oder einem „Eifersuchtsdrama" mit „gemeinsame[r] Wohnstatt im Haus der Sprache", von einer Position, die weder „sprachliche noch epistemologische Festigkeit aufweist" (Faber und Naumann 1999, 8). Man verweist auf „feindliche Verwandte" (Nagl 1994, 7), die sich in wechselnden Zuständen und Orten gegenüberstehen, es tauchen Bilder wie Kampfplatz (Kant 1992, 24, B XV), Verknotung (Lacoue-Labarthe und Nancy 1975; Hugo 1976), Bruch oder Fraktur (Macherey 2013, 34) auf. Sogar Shakespeares *star crossed lovers* kommen in Betracht, um die hindernisreiche Kooperation ins Bild zu fassen (Rickman 1996, 64). Insbesondere in epochalen Schwellenmomenten – beispielsweise um 1800 – lassen sich Steigerungen und Transformationen dieses starken gegenseitigen Erkenntnisinteresses beobachten (Feger 2012, V). In der Philosophie manifestiert sich jene Intensivierung durch eine geschärfte Aufmerksamkeit für bestimmte literarische Stile und Gattungen (de Vries 2006) wie beispielsweise Bekenntnis, Dialog (→ IV.2 Erler) oder Meditation (→ IV.2 Schildknecht). Oft lässt sich in philosophischen Diskursen eine schwerfällige Sprache beobachten, die mit der Tiefe, Erhabenheit, Verwicklung oder Schwere der Gedanken gerechtfertigt wird, jedoch befremdlich wirkt, wenn „dadurch nicht nur der Zauber der Rede verdorben, sondern sogar die schlichte Lesbarkeit beeinträchtigt wird" (Nancy 2017, 37). Und ist der philosophische Zugriff auf die Kunst nicht „zwischen Götzendienst und Zensur hin und her gerissen" (Badiou 2012, 8)? Es wäre somit eine Spannung zwischen zwei Polen zu verzeichnen: Während das didaktische Schema von der Annahme ausgeht, „Kunst besitze kein Vermögen zur Wahrheit oder Wahrheit gebe es überhaupt nur außerhalb von ihr" (9), stellt sich das romantische Schema gegen eine Kontrolle durch eine solche Norm und stellt genau das entgegengesetzte Postulat auf, dass „Kunst *allein* [...] das Vermögen zur Wahrheit" besitzt (10).

Die Fülle an Metaphern angesichts eines solch schwer greifbaren, dafür aber umso lebendigeren Verhältnisses lässt neuen Wein in alten Schläuchen vermuten. Wer sich den intensiven Wechselwirkungen zwischen Philosophie und Literatur widmen möchte, darf nicht vor dem Gang in staubige Archive zurückschrecken. Dort warten Schätze für so manches Streitgespräch darauf, ans Tageslicht gehoben zu werden. Denn Kunst und Denken begegnen sich schon in der Antike als Partner und Rivalen (→ II.1 KREWET; → II.3 HAMBSCH). Wie genau aber steht es bis heute um jene vergangenen, wiederbelebbaren Urszenen, Konstellationen, Anekdoten und Bilder, in denen erkenntniskritische Höhenflüge und literarische Darstellungen aufeinandertreffen, sich aneinanderbinden und aufeinander bezogen sind? Was zeigt die Vielstimmigkeit der Auseinandersetzungen, welche Folgen haben ihre szenischen Verkoppelungen? Die absolute Urszene für das Gerangel um Deutungshoheit und Darstellungsgewalt findet sich in Platons *Politeia*, wo Sokrates Theater und Dichtung aus dem Idealstaat ausweisen will, um die Künste in ihrer illusionären und sakralen Verführungskraft einzuhegen, und das, obwohl oder gerade weil sich die Kunst der dichterischen Rede für die politische Macht als unentbehrlich erweist (Rebentisch 2012, 71). Die Geburt der Philosophie ist mit dem Ausschluss der Dichtung verbunden.

Diese Verbannung der Dichtung bleibt nicht folgenlos: Die Poesie schlägt mit dem Vorwurf zurück, die Philosophie sei nicht wie die Sprachkunst in der Lage, Metamorphosen zu vollziehen oder sich neu zu erfinden. Anders als die Philosophie, die sich seit Descartes immer wieder den strengen Wissenschaften wie der Mathematik anzunähern sucht, indem sie sich deren Idealen von Genauigkeit, Klarheit und Distinktion verschreibt, wirkt Dichtung phantasmagorisch. Verfügt sie über genuin eigenes Wissen, oder vermittelt sie eher ihr fremde Wissensbestände (→ II.5 GABRIEL)? Doch wie verhielte es sich dann umgekehrt mit rein sachbezogenen Diskursen, die sich von sinnlich-affektiven Erkenntnissen zugunsten begrifflicher Transparenz gänzlich verabschiedet hätten? Literatur kann Wissensbestände auf ihren Wahrheitsgehalt, auf ihren praktischen Nutzen, auf ihre Funktion hin befragen, indem sie diese neu und anders durchspielt und in einer ihr eigenen Kontextualität kritisch beleuchtet. Schon in der platonischen Konstellation beäugen sich Philosophie und Dichtung als unteilbare „Doppelgänger" (Feger 2012, 1). Aristoteles verschiebt diese spannungsgeladene Interdependenz an einen dritten Standort, wenn in der *Poetik* die Literatur gegenüber der Geschichtsschreibung aufgewertet wird und die philosophische Erkenntnis allein der Tragödie vorbehalten bleibt (Cavell 1979; Cascardi 2010, 161–173; Vöhler 2021; → III.8 PIRRO).

Die lange Tradition der nun schon mehrere Jahrtausende andauernden Abgrenzungen von beiden Seiten erscheint aktueller denn je. Doch wie verhält es sich heute mit den häufig unterstellten Gegensätzen zwischen Weltfremdheit und Lebensnähe, Universalismus und Partikularität, Abstraktion und Besonderem, Bestimmtheit und Pluralität, kognitiv-rationalen und sinnlich-affektiven Formen der Welterschließung? Wie steht es gegenwärtig mit den Hierarchien und Wertungen dieser jeweils anders zueinander in Stellung gebrachten Erkenntnisformen, die „allererst als geschichtlich konstruierte in den Blick zu nehmen sind" (Brink und Sollte-Gresser 2004, 12)? Um die Wechselwirkung von Philosophie und Literatur und von Literatur und Philosophie in ihrer Komplexität zu untersuchen, werden im Folgenden vier verschiedene Perspektivierungen vorgeschlagen, die jene gegenseitigen Annäherungen graduell zu erschließen suchen.

Wie Literatur denken? Die Frage, wie *über* Literatur philosophiert wird, steht am Anfang der Überlegungen. Untersuchungen von philosophischen Metadiskursen, die definieren, was Literatur *überhaupt* oder *als solche* ausmacht, greifen oft genauso kurz wie philologische Monologe, deren Spurenlese sich im Bodenlosen zu verlieren droht. Schätzt man Literatur gerade aufgrund ihrer radikalen Unverfügbarkeit, so erfordert dies ein „entferntes Verstehen" (Hamacher 1998), das über die Bedingung seiner Möglichkeiten und Grenzen reflektiert. Lehnt man Philosophie im literarischen Gewand grundsätzlich ab, so erscheint es umgekehrt auch suspekt, Fiktionen die Fähigkeit zum Philosophieren zuzusprechen. Einer Zurückweisung der Ästhetisierung von philosophischen Texten auf der einen Seite (Danto 1987; Danto 2010) steht eine Literaturkritik auf der anderen gegenüber, die dazu tendiert, literarische Texte zu anästhe(ti)sieren und sie – ganz im Sinne von Platons *Politeia* – politisch in der Verantwortung zu sehen. Geht man von einer klaren Differenz von Partikularität (Literatur) und Philosophie (Universalität) aus, die „bei aller Anerkennung der Verwandtschaft im Thematischen höchstens ein nachbarschaftliches Verhältnis zwischen Literatur und Philosophie" zulässt (Uhlig 2004, 12), so stellen sich Zweifel ein. Denn wer oder was wäre in der Lage, über den Verlauf der Grenzzäune ein für alle Mal zu entscheiden (→ IV.2 PHILOSOPHIE ALS LITERATUR – LITERATUR ALS PHILOSOPHIE)?

Was denkt Literatur? Aus diesem Grund muss im vorliegenden Handbuch *Literatur & Philosophie* weiter danach gefragt werden, wie nicht nur *über*, sondern *mit* Literatur gedacht werden kann. Doch ist Literatur überhaupt in der Lage zu denken? Und verhandelt sie ihrerseits Versatzstücke der Philosophie? Schafft sie andere Narrative von deren Genealogien und Verwandtschaften? Mit dem Aufspüren von Philosophemen, expliziten Bezügen auf philosophische Texte oder Philosophennamen in literarischen Texten ist es nicht getan. Einflussgeschichten von Philosophie auf Literatur und von Literatur auf Philosophie wären zu eng bemessen, wenn sie sich allein auf die Überlieferung von bestimmten Bildern oder Ideen konzentrierten. Will man praktische „Übungen in literarischer Philosophie" (Macherey 2013, 24) betreiben, so erfordert dies eine Öffnung auf die

Zwischenräume, in denen Literatur und Philosophie jeweils dazu neigen, sich selbst fremd bzw. rätselhaft zu werden (→ IV.3 Philosophie in der Literatur).

Woran denkt Literatur? Schätzt man Literatur als einzigartiges Dispositiv, das uns ins Denken bringt, ist die Versuchung groß, mit Literatur ins Denken zu kommen (Macherey 2013, 25). Literatur verfügt über eigene Verfahren zu argumentieren, ihr sind daher besondere Einsichten zu verdanken. Sie könnte Philosophie folglich davon befreien, nicht mehr philosophisch zu belehren – und diese Kur könnte für das Denken heilsam sein. Nicht über Literatur, sondern mit ihr zu philosophieren, könnte bedeuten, ihr keine präfabrizierten Kategorien überzustülpen. Statt ihre Zerstreuungen wie raue Oberflächen abzuhobeln mit dem Ziel, sie in bekannte Ordnungen zu überführen, könnte die Philosophie sich auf ihr freies Spiel einlassen. Ein poetischer Text ist überdeterminiert, er will sowohl buchstäblich als auch im übertragenen Sinne gelesen werden. Momente von Unlesbarkeit gilt es, als etwas Lustvolles zuzulassen und aus diesem Lustgewinn selbst wiederum einen Erkenntnisgewinn zu ziehen. In jedem Fall geht es im Ästhetischen wie im Politischen um ein Moment der Entscheidung: „Kritische Lektüre ist vielleicht nicht immer ein Akt des Urteilens, immer aber ein Akt der Entscheidung, und entschieden wird über Bedeutung" (Bloom 1975, 9; → IV.2 Philosophie als Literatur – Literatur als Philosophie).

Woran lässt Literatur denken? Will man das spezifisch Ästhetische nicht in Theorie subsumieren, gilt es, erneut zu insistieren und – mit Blick auf das Unbestimmte von Kunst und Dichtung – nach der Aktualität einer literarischen Philosophie zu fragen. Denn die Frage nach dem spezifischen Gegenstand der Literatur ist philosophisch; sie führt zurück zur generellen Frage von Wissen, Wissensordnungen und ihren epistemologischen Voraussetzungen, also direkt auf den Boden der Philosophie: An wen oder was adressiert sich literarische Philosophie (Allerkamp 2005)? Wie autorisiert sie sich? Mit welchen Erkenntnisformen beschäftigt sie sich? Mit welchen Gegenständen setzt sie sich auseinander? Auch neuere Philosophien scheinen der Metaphysik trotz ihres Gestus einer radikalen Literarisierung nicht entkommen zu können, was erneut die Notwendigkeit einer Historisierung des Beziehungsmusters nahelegt. Es mag daher kaum erstaunen, dass dem Versuch, das Verhältnis von Philosophie und Literatur in grundlegende Formen zu zerlegen, epochale Haltegriffe in der Philosophiegeschichte entsprechen. So etwa, wenn die Charakterisierung eines Dreierschemas mit der Nennung von idealtypischen Etappen verschiedener Denksysteme einhergeht: Im *Disjunktionsmodell* stehen sich Platon und Nietzsche als zwei Varianten einer positiven und negativen Wahrheitsauffassung gegenüber, das *Komplementaritätsmodell* ist den beiden wirkmächtigen Positionen von Kants und Hegels Ästhetiken zugeordnet, das *Entgrenzungsmodell* rückt Derridas dekonstruktive Ununterscheidbarkeiten ins Zentrum (Teichert und Schildknecht 1995, 11–12).

2 Konstellationen: *Wie Literatur denken?*

Wie, so könnte sich nun eine zwischen Philosophie und Literaturwissenschaft pendelnde Leserin fragen, verhält es sich denn mit der Lektüre etwa von Montaigne (→ IV.2 WESTERWELLE), Pascal, de Sade, Rousseau, Diderot, Kierkegaard, Nietzsche (→ IV.2 QUADFLIEG), Benjamin (→ III.9 PICKER), Derrida (→ IV.1 PRECHT) oder Kofman (→ IV.1 KASPER) – also von Philosophinnen und Philosophen, die sich literarischer Gattungen bedienen wie Dialog, Brief, Autobiographie, Roman, Essay oder Denkbild (→ III. LITERARISCHE FORMEN IN DER PHILOSOPHIE)? Ist hier die kategorische Teilung zwischen dem Literarischen und dem Philosophischen nicht hinfällig? Tragen solche, sich in literarische Formen kleidende Texte nicht den Stil ihrer Autor/innen als narrative, oratorische oder poetische Bestimmung bereits in sich (Lamarque 2014; Wergin 2015)? Und tun sie das nicht in jedem Fall, auch wenn sie vorgeben, den Schleier der Wahrheit zu lüften, um sich, wie in Montaignes *Essais*, den Lesenden ganz nackt zeigen zu können (Montaigne 2007)? Was ist dran an der Behauptung, „Philosophie dürfte man eigentlich nur dichten" (Wittgenstein 2019, 483; → IV.2 GABRIEL)? Wie artikuliert sich eine ästhetische Haltung des stilbewussten Denkens, und wie unterscheidet sich diese Haltung von anderen Diskursen, die vor allem kognitive Funktionen erfüllen wollen, ohne damit die freie Tendenz zum Gedankenspiel aufzugeben? Antworten auf solche Fragen erfordern historische Differenzierungen. Das 18. Jahrhundert brachte eine radikale Wende für das Verhältnis von Philosophie und Literatur – epistemisch ausgelöst durch Momente wie Hölderlins erste Krise 1795 (Foucault 2003; → II.4 GEISENHANSLÜKE). Die Entstehung des modernen Begriffs von Literatur verdankt literaturtheoretisch avancierten Schriftstellerinnen und Schriftstellern wie Gotthold Ephraim Lessing oder Madame de Staël sehr viel. Ein epistemologischer Riss geht quer durch Europa, verursacht durch Zweifel an der kategorischen Trennbarkeit von Denken und Darstellung. Eine seit der Frühaufklärung historisch gewordene Gegenüberstellung von *der* Literatur und *der* Philosophie macht beide zu autonomen Wesenhaftigkeiten. Erst die Angewiesenheit auf ästhetische und literarische Kriterien ermöglicht es der Philosophiegeschichtsschreibung, „einen bestimmten Stil wie auch Mangel an oder ein gänzliches Fehlen von Stil auszumachen: Man muß also über einen Begriff der Literatur verfügen" (Nancy 2017, 37).

Wenn ein Philosoph „ein Schriftsteller [ist], der seinen Text verrät" (Seel 1994, 116), so stellt die ‚Kluft' zwischen Kunst und Wissenschaft das ‚Zeitalter der Kritik' vor ungeheure Herausforderungen. „[E]ine Wissenschaft, die als solche, schön sein soll, [ist] ein Unding", warnt Kant in scharfer Abgrenzung zur französischen Stilkritik: „Denn, wenn man in ihr als Wissenschaft nach Gründen und Beweisen fragte, so würde man durch geschmackvolle Aussprüche (bonmots) *abgefertigt*" (Kant 1974, 239, § 44). Ästhetische und theoretische Urteilskraft sind für Kant bekanntlich zwei ganz verschiedene Dinge. Den spekulativen Diskurs einem Geschmacksurteil zu unterwerfen, käme einer Abschwächung seines rationalen Gehalts gleich: „Da die Naturgabe der Kunst (als schönen Kunst) die Regel geben muß: welcherlei Art ist denn diese Regel? Sie kann in keiner Formel abgefaßt als Vorschrift dienen" (244, § 47). Erst die selbstkritischen Vorworte setzen die Philosophie ins Verhältnis zu ihrer literarischen Darstellung. Die „undurchsichtige Verwandtschaft" der beiden Modi der Urteilskraft wird nicht nur in der dritten Kritik konsequenterweise in zwei separaten Einleitungen erörtert, „von denen Kant die klarere verworfen, die komplexere aber veröffentlicht hat" (Seel 1994, 118). Sichtbar wird ein – verdrängtes – Darstellungsproblem, ein „Kampfplatz [...], der ganz eigentlich dazu bestimmt zu sein scheint, seine Kräfte im Spielgefechte zu üben, auf dem noch niemals irgend ein Fechter sich auch den kleinsten Platz hat erkämpfen und auf seinen Sieg einen dauerhaften Besitz gründen können" (Kant 1992, 24, B XV); ein „bloßes Herumtappen" (24), in dem sich das Denken der Philosophie in einem inneren Widerstreit erfährt. Von der enormen Wirkung eines von Kant anerkannten Einbruchs der Literatur in die Theorie nehmen „die tektonischen Bewegungen der Destruktion, des Abbaus" ihren Ausgang (Nancy 2017, 9); die „‚literarische' Krise" der Kritik beginnt aufzubrechen, sie wird zu einer philosophischen Tatsache (40). Die Kritik „kann niemals populär werden", so das zweifach wiederholte Motiv in der zweiten Vorrede zur *Kritik der reinen Vernunft* von 1787, sie muss sich in ihrem Vortrag „dogmatisch und nach der strengsten Forderung systematisch, mithin schulgerecht (nicht populär)" geben (Kant 1992, 36, B XXXVI).

Doch wird das Verhältnis zwischen Philosophie und Literatur erst mit Kants „Panzerung" (Nancy 2017, 54) im metaphysischen Turnier neu in Stellung gebracht? Frei nach Whiteheads geflügeltem Wort zur abendländischen Philosophie nach Platon (Whitehead 1979, 91; Sehgal 2016) wäre demzufolge alle Ästhetik nur eine Kette von Fußnoten zu einem Titel, der es in sich hat: *Kritik der Urteilskraft* (Seel 1994, 118). Mit seiner Aufforderung zum „schönen Denken" legt bereits A. G. Baumgartens vorkritische *Aesthetica* den Grundstein für eine anspruchsvolle Erkundung der ästhetischen Wahrheit (→ II.1 ADLER; → II.3 CAMPE). Die als „ältere Schwester" der Logik (Baumgarten 2007, 17, § 13) definierte Ästhetik will sich aber nicht darin erschöpfen, der Literatur einen Platz in der Ordnung des Wissens anzuweisen; ihr (philosophischer) Begriff von Literatur geht vielmehr „von der Literatur aus" (Horn et al. 2006, 11). Auch Baumgartens frühere, auf Descartes anspielende *Meditationes* nehmen ihren logischen Ausgang in der „vollkomme[n] sinnlichen Rede" des Gedichts (Baumgarten 1983, 11, § IX). Indem die erste philosophische Ästhetik im Anschluss an Leibniz und Wolff (→ II.5 AICHELE) Literaturgeschichte nicht nur illustriert, sondern reflektiert und thematisiert, „*analysiert* [sie] unter dem Titel der Kritik ein von Kunst und Literatur bezeugtes

I.2 Literatur und Philosophie: Urszenen, Konstellationen, Anekdoten und Bilder — 13

Reflexivwerden der Geschichte" (Haverkamp 2016, 44). Ästhetik gesteht dem Streit zwischen Philosophie und Dichtkunst in der Philosophie selbst einen Raum zu, macht ihn dort ausfechtbar (Menke 2004, 14).

Die Frage nach der Darstellung als eine des Stils oder Genres der Philosophie stellt daher „als eine von der Philosophie herkommende und vielleicht selbst philosophische, ja als die *eigenste* Frage der Philosophie" (Nancy 2017, 38) eine epistemologische Herausforderung dar. Philosophie trägt welthaltige Texte in systematische Abstraktion ein und tendiert so zu ihrer Entgegenständlichung, literarische Texte verhandeln deren imaginäre Möglichkeitsbedingungen (→ II.2 WIRKLICHKEIT, WAHRSCHEINLICHKEIT, FIKTION). Was bedeutet das für Denkerinnen und Denker an der Schwelle?

Der Philosoph und Erzähler Diderot zum Beispiel – der von Baudelaire als einer der „sprunghaftesten und abenteuerlichsten" bezeichnet wurde (Baudelaire 1983, 257) – gehört in Frankreich zu den „bösen Philosophen" einer vergessenen Aufklärung (Bloom 2010). Er bedauert die Entwirrung von Denken und Dichten als Exzess einer Spezialisierung oder gar als Degeneration. Während die Sphäre der Philosophie immer enger zu werden drohe, gingen der Poesie die Ideen aus (Diderot 1980, 151). Diderots Geniebegriff traut eher dem Primat einer göttlich inspirierten Dichtung, die in der Lage ist, tiefe Ideen zu produzieren, ohne deren Folgen und Prinzipien zu kennen. Doch wer, so könnte eine kritische Denkerin fragen, gibt einem Wahnsinnigen bloß so viel Weisheit ein? (Diderot 2004, 585). Literatur, nichts als Literatur? Diderots berühmter, von Goethe übersetzter und von Hegel kommentierter Dialogroman *Le Neveu de Rameau* setzt den Neffen als Unwissenden und Narren in Szene, kunst- und schlagfertig beherrscht er das Spiel der Reflexion, ist ein nicht integrierbarer Störenfried par excellence (Thomä 2016, 140). Die widersprüchliche Anlage der Figur ist aber nicht etwa Ausdruck einer Verlegenheit, sondern im Gegenteil „systematisch ertragreich" (134). Das theatrale Rollenspiel führt eine intensive Auseinandersetzung mit der politischen Theorie Hobbes', deren Wertungen von Naturzustand und Gesellschaft vom Kopf auf die Füße gestellt werden. Zwischen Vernunft und Verrücktheit bleibt der Neffe schwer zu fassen, jenseits von Gut und Böse ist er ein Schauspieler seiner selbst. Er setzt seine Einbildungskraft ein, um Begriffe an Erfahrung heranzutragen (147) und verkörpert so eine exzentrische Schlüsselfigur der Transgression. Die Position an der Schwelle verdankt sich der Polyphonie des Dialogromans.

Der Paradigmenwechsel um 1800 (→ II.5 SPECHT) unterwirft philosophische und poetische Arbeitsweisen unterschiedlichen Regeln und weist ihnen abgegrenzte Territorien zu (→ II.3 CAMPE; → II.6 MATUSCHEK). Dieser Ausdifferenzierungsprozess hinterlässt seine Spuren in den ‚neuen Mythologien' der Frühromantik vom *Athenäum* bis hin zu Stéphane Mallarmés erträumtem Buch oder Maurice Blanchots literarischem Raum. Sie alle beanspruchen das Reich der Literatur für sich und spekulieren über das Ende der Philosophie. Doch auch wenn es nie eine unbestrittene Gemeinschaft von Philosophie und Literatur gegeben hat: Die explizit gewordene Trennung weckt umso stärker das Begehren, ‚Universalpoesie' und ‚potenzierte Kritik' vereint zu sehen (→ II.4 SCHMIDT).

3 Anekdoten: *Woran denkt Literatur?*

Mit ihrer Auseinandersetzung von klassischen Topoi wie Liebe oder Trauer umkreist Literatur jene Gegenstände, die allein zeitlich bedingt dem systematischen Begreifen und Wissen entzogen sind. Aristoteles bestimmt die Literatur als Nachahmung und Darstellung von handelnden Menschen und steht damit am Anfang einer alten Debatte um die Mimesis, was weitreichende Fragen zur Literatur als Teil und Generatorin gesellschaftlicher Praxis und damit auch zur Autonomie von Kunst aufwirft (→ II.7 LITERATUR ALS GESELLSCHAFTLICHE PRAXIS). Trotz ihrer Lust an Déjà-vus gibt Literatur jedoch nicht vor, etwas wiederherzustellen oder wiederzuerlangen. Auch wenn sie andere Spielräume für die Lust am affektiven Erkennen – Lachen, Komik, Begehren (→ II.1 HOBUSS) – schafft: Ihre Kraft Zeugnis abzulegen, wird dadurch nicht geschmälert (→ II.6 ERDLE). Im Rhythmus des Traumerlebens stößt „alles – auch das scheinbar Neutralste" – so zu, dass es „uns betrifft", wie Walter Benjamin es im Anschluss an den selbst titulierten ‚Antiphilosophen' Paul Valéry formuliert (Benjamin 1991b, 272). Zu Beginn des 20. Jahrhunderts wird damit das träumerische Gewicht der Literatur für die Philosophie beschrieben. Literatur zeigt, wie wir auf die Welt einwirken und in ihr handeln. Sie stellt uns eine kritische Aufgabe, nämlich, um noch einmal Benjamin zu bemühen: „was nie geschrieben wurde, lesen" (Benjamin 1991a, 213). Literatur ist keine materielle Umschrift von Philosophie in eine andere Sprache. Mit ihrer Einladung sich im Lesen als (anders) Denkender zu erfahren, stellt sie eher eine eigene spekulative Berufung unter Beweis (Valdivia und Allerkamp 2017).

Literatur erscheint so als privilegierter Ort eines Sprechens mit der Sprache (→ II.4 LEMKE), sie hält Potential für mögliches Denken bereit, das darauf wartet, gelesen zu werden: „λόγος – λέγειν – lesen – sammeln – beziehen" (Heidegger 2013, 10). Literarische Inszenierungen mögen brüchig, abständig, distanziert, verspielt, enigmatisch, hybrid sein – sie materialisieren sich erst im jeweiligen Akt des Lesens. In der Nachfolge von Nietzsche und Blumenberg (→ II.5 HETZEL) wird diese situative Bedingtheit von Literatur und Philosophie in jenem – nicht auf einen gemeinsamen Nenner zu bringenden – dekonstruktiven bzw. poststrukturalistischen ‚Rückkehren in die Rhetorik' betont (→ II.3 ZELLE). Paul de Man etwa zögert nicht, die „rhetorische, figurative Macht der Sprache mit der Literatur selber gleichzusetzen" (de Man 1988, 40). Aufgrund ihrer Abhängigkeit von ‚uneigentlicher' Sprache sieht de Man die Philosophie dazu bestimmt, literarisch zu sein, während er umgekehrt der Literatur einen philosophischen Status zuerkennt (→ II.4 GEISENHANSLÜKE).

Jacques Rancière wiederum nähert sich jener Interdependenz aus der gänzlich anderen Perspektive einer unbedingten Bedingtheit von Ästhetik und Politik. Der Logik eines in Differenzen fragmentierten Denkens stehe die Logik einer ungeteilten Kraft der Deklassifizierung gegenüber. Diese kategoriale Unterscheidung in zwei oppositionelle Logiken verdankt sich einer gemeinsamen Quelle. Denn selbst dort, wo Philosophie Teilung und Exklusion explizit ausspricht – wie in Platons *Politeia* –, greift ihre Arbeitsteilung auf einen Modus des Diskurses zurück, „der jede Hierarchie verwirft: die Erzählung" (Rancière 2008, 62). Diese „Gleichheit der Methode" (Rancière 2014) erklärt zugleich das ästhetische Verfahren von Rancières eigenen Texten, in denen die Beständigkeit eines philosophischen Begriffes von der Konstruktion einer literarischen (oder künstlerischen) Bühne abhängig gemacht wird: „Meine Beispiele setzen die Aufteilung [des Sinnlichen] in Szene" (Rancière, 2008, 62). Wodurch zeichnen sich fiktionale Texte aus? „Gerade aufgrund ihrer Entfernung von Begrifflichkeit und Satzwahrheit, d. h. aufgrund von metaphorischem Dichten, begrifflicher Vagheit, multiperspektivischer Komposition und nuancierter Exemplifikation, gelingt es der Sprache der Literatur in ausgezeichneter Weise, das bunte Kaleidoskop unseres phänomenalen Erlebens indirekt zu veranschaulichen" (Schildknecht und Wutsdorff 2016, 36). Rancières Vorschlag, den Widerstand der Kunst nicht in politischer Theorie aufgehen zu lassen, sondern sie in der Widerständigkeit einzelner Szenen als *Aisthesis* zu lesen (Rancière 2013), kommt so der Frage *Woran denkt Literatur?* näher, als es begriffliche Einhegungen zu leisten imstande wären (→ II.4 KRAMER).

Exemplarisch mag dies eine Anekdote zeigen, die der Vollendung oder Bestimmung von Literatur durch Philosophie in Form eines spöttischen Lachens widerspricht. Es ist die Szene vom Brunnen der Wahrheit. Sie wird in Platons *Theaitetos* von Sokrates erzählt als eine auf Thales von Milet und eine thrakische Magd übertragene Geschichte: „Wie auch den Thales, o Theodoros, als er, um die Sterne zu beschauen, den Blick nach oben gerichtet, in den Brunnen fiel, eine artige und witzige thrakische Magd soll verspottet haben, daß er, was im Himmel wäre, wohl strebte zu erfahren, was aber vor ihm läge und zu seinen Füßen, ihm unbekannt bliebe" (Platon 1986, 140, 174a–174b). Die Szene erinnere an ein Grundverhältnis, so Blumenbergs Vorbemerkung zu seiner Lektüre des thrakischen Lachens: „*Eine* Urgeschichte der Theorie kann *die* Urgeschichte nicht ersetzen, nur daran erinnern, was uns entgangen ist" (Blumenberg 1987, 1). Paradigmatisch wird hier eine selbstvergessene Blindheit als „Bildstück", auf das sich die Philosophen bezogen haben (162), vorgeführt: „Theorie ist etwas, was man nicht sieht"

(10). Erst im „Lachen der Anderen, vertreten durch die Magd", sieht Blumenberg das durchaus ambivalente Indiz einer „gelungenen Konzentration auf die philosophische Thematisierung des Gegenstands" (17). Im Sturz des Sternenguckers bleibt von der Astronomie „nur noch deren Metapher" (18), was es ihrem Erzähler Sokrates ermöglicht, sich von der Arroganz des Philosophen zu distanzieren, der „verachtend [...] überall umher" schweift, „im ganzen erforschend, zu nichts aber von dem, was in der Nähe ist, sich herablassend" (Platon 1986, 140, 174a).

Was berichtet die Anekdote der lachenden Thrakerin über das Verhältnis von Philosophie und Literatur? Im *Theaitetos* nimmt Platon ein Stück aus den Fabeln des Äsop heraus, bezieht sie auf Thales von Milet, lässt sie durch Sokrates überbieten und setzt sich auf diese Weise selbst als Dichter einer außergewöhnlichen Figur in Szene. Die Pointe dieser „Rencontre zwischen dem Protophilosophen und der thrakischen Magd" liegt für Blumenberg in ihrer Einprägsamkeit als *„Imago"* (Blumenberg 1987, 11). Denn der Wandel von der Fabel zum Gleichnis macht den einmaligen Unfall zum Fall der Fälle für eine anmaßende, sich selbst gegenüber (sprach-)blinde Philosophie (→ II.3 HETZEL). Sichtbar wird ein „Konflikt der Wirklichkeitsbegriffe", zum einen präfiguriert in Sokrates, über den Cicero sagt, „er habe die Philosophie vom Himmel weggeholt" (22), zum anderen exemplifiziert im Witz der thrakischen Magd (21), die über die seltsame Eigendynamik eines weltfremden Nachtwandlers spottet, der *„sehen* konnte, was er *wissen* wollte" (27). Blumenberg liest die Geschichte der Anekdote als Urgeschichte der Theorie, er nimmt einzelne Rezeptionsverläufe auf – von Sokrates über Cicero, Aristoteles, Aristophanes und Tertullian, von Augustinus zu den Moralisten Montaigne, La Fontaine, Voltaire, zu den neuzeitlichen Denkern Galilei, Bacon, Descartes, den Enzyklopädisten wie Bayle oder Zedler, den Aufklärern von Kant bis Nietzsche bis hin zur Metaphysikkritik Heideggers –, um darin den *bassum continuum* von selbstgefälligen Zuschauern, die sich auf eine exzentrische Position zurückziehen wollen, zu erkennen: „Sie erörtern das Verhalten des Philosophen und das Verhalten der Magd, vermessen die Fallhöhe, die in den verschiedenen Versionen der Geschichte von der Zisterne bis zum bloßen Graben in Betracht kommt" (160). Das „Mißtrauen der Thrakerin gegen die theoretischen Umtriebe, ihr Lachen über den Rückschlag der Theorie auf ihren Betreiber" (2) wirkt nur dann befreiend, wenn die Anekdote weder literarisch noch philosophisch wirklich ernst genommen wird. Blumenberg ist dies Anlass zur Kritik an den eigenen Reihen, die sich in die Einsamkeit ihrer bürokratisch verwalteten Elfenbeintürme zurückgezogen haben.

4 Bilder: *Woran lässt Literatur denken?*

Eine andere, in Blumenbergs *Urgeschichte der Theorie* nicht erwähnte Variante der Brunnenfabel liefern A. G. Baumgartens *Philosophische Brieffe*. In dieser Variante fällt niemand mehr in die Tiefe einer Zisterne, weil er sich im Ideenhimmel verguckt hat. Stattdessen geht es im märchenhaften Ton um einen „Mann unter unsern Vorfahren, der suchte seine liebe Mutter, die Warheit, mit allem Ernst" (Baumgarten 2012, 37). Gerade in dem Moment, in dem ihn auf seiner weiten Reise die Hoffnung verlässt, sie zu finden, wird ihm auf einem Berg ein Brunnen lebendigen Wassers angezeigt, in den sich die Wahrheit gestürzt haben soll. Der Anstieg zum Gipfel führt durch eine wild wuchernde Waldlandschaft mit gefährlichen Abgründen, die Wege sind von menschlichen Fußstapfen ausgetreten. Am Brunnen angekommen, findet der Wanderer „3 Haupt-Quellen", die drei verschiedene Stadien der Kultivierung zu erkennen geben: „die erste die historische, die andre die philosophische, die dritte die mathematische" (38). Am Ende winkt ein durstlöschender Trank aus der Tiefe des Brunnens, der „neue Lebens-Kraft" spendet, seine Augen „sehen die Warheit in der erhellten Tiefe mit solchem Glantz, daß man erzehlet, er habe sich bald darauf die Augen geblendet, um nach ihr nichts anders zu sehen" (38). Zwar schenkt der Briefeschreiber Letzterem als Erfindung keinen Glauben, im nächsten Brief wird der Mann jedoch in Verbindung gebracht mit Demokrit, Autor des Aphorismus: „In Wirklichkeit wissen wir nichts; denn die Wahrheit liegt in der Tiefe" (Gemelli Marciano 2013, 385: DK. 68 B117).

Das märchenhafte Ambiente konnte Baumgarten in Boethius' *Consolatio philosophiae* finden. In dieser spätantiken Prosa mit eingefügten Gedichten und autobiographischen Zügen (ca. 525 n. Chr.) erscheint die Philosophie in Gestalt einer Frau, die den zu Unrecht eingekerkerten Autor tröstet und belehrt. Sie vertreibt die „Musen der Dichtkunst", schimpft sie „Bühnendirnen", die dem Philosophen ihr „süße[s] Gift" einflößten (Boethius 2016, 42, I,2), um die Saat seiner Vernunft zu ersticken. Sie verweist auf Sokrates und Seneca und erinnert ihn daran, dass Philosophen seit jeher verfolgt wurden. Auch in Petrarcas *Secretum meum* tritt die blendende Veritas-Figur wieder mit beruhigenden Worten des Trostes auf: „Hab keine Angst und gerate nicht in Verwirrung vor meiner ungekannten Erscheinung" (Petrarca 2013, 9). Diesmal hält sie sich schweigend zurück. Das Gespräch zwischen Franciscus als *figura auctoris* und dem Kirchenvater Augustinus, das zwischen 1342 und 1343 in Avignon stattgefunden haben soll, wird im *Secretum* von der (neuplatonischen) Lichtgestalt nur als stumme Zeugin begleitet. Ein Richterspruch der Wahrheit bleibt am Ende aus. Der Dialog ist offen gestaltet, er illustriert das Signum der frühneuzeitlichen Epochenschwelle. Für die Erkenntnis von Wahrheit gibt es keine unverstellte Rückversicherung, inmitten einer von Erscheinungen der Kontingenz bedrohten Umwelt wird um Selbsterkenntnis gerungen.

Doch Baumgarten übergeht nicht nur die allegorische Frauengestalt. Sokrates, Thales von Milet, die thrakische Magd, die Veritas-Figur – sie alle sind von der Bühne verschwunden. An deren Stelle getreten sind der Briefeschreiber Aletheophilus – Pseudonym für den Wahrheitsfreund, den Freund Gottes und Abkürzung des Vornamens (Allerkamp und Mirbach 2016, 325) – sowie ein Mann, identifiziert als Demokrit, Vorreiter für die wundersame Vermehrung von weiteren Brunnen und Gästen. Der dritte Brunnenbrief führt außerdem eine neue Kategorie ein, die für die Ästhetik im 18. Jahrhundert zentral ist: Es ist der Geschmack. Denn Erkennen, Wissen und Schmecken haben dieselbe Wurzel. Zum griechischen Wort *sophós* – der Weise – notiert der junge Philologe Nietzsche (es geht um „den ersten Philosophen" Thales von Milet): „Etymologisch gehört es zu *sapio* schmecken, *sapiens* der Schmeckende, *saphēs* schmeckbar. Wir reden vom ‚Geschmack' in der Kunst: für die Griechen ist das Bild des Geschmacks noch viel weiter ausgedehnt" (Agamben 2020, 8). Die christliche Vorstellung, dass das Göttliche süß schmeckt, nehmen Baumgartens *Philosophische Brieffe* mit dem lateinischen Sprichwort *De gustibus non est disputandum* quasi als Binsenweisheit auf: „[D]ie ganze Welt ist darin einig" (Baumgarten 2012, 40). Doch der leicht ironische Ton täuscht nicht darüber hinweg, dass mit dem unteilbaren Geschmack eine neue soziale Konfiguration auf dem Spiel steht, die sich als entscheidend herausstellen wird. Geschmack hat sowohl Anteil am Sinnlichen wie am Geistigen, die Wahrnehmung des Schönen geschieht als Genießen und Lust; das ästhetische Urteil zeigt den Überschuss der Einbildungskraft über den Verstand und seine Begriffe. Eine andere Geschichte der Wahrheit ist gefordert: „*Ein ieder hat seinen Geschmack/ so trifft es bei dem Waßer, das aus diesen Quellen fließt, ganz besonders ein*", gibt Aletheophilus zu bedenken, in der Hoffnung, einen „Gesundheits=Trunk" verabreicht zu haben: „Lebet wohl" (40)!

Der Wunsch nach einer Wiederherstellung des Erkennens in Wahrheit und Schönheit erfordert im wortwörtlichen Sinn eine *philo-sophia* – Liebe zum Wissen und Wissen um die Liebe –, in der „das Problem der Lust und das des Wissens aufs Engste miteinander verbunden sind" (Agamben 2020, 22). Baumgartens direkte Adressierung an die „geschätzten Freunde" (Baumgarten 2012, 40) zeigt auf subtile Weise, dass das Briefeschreiben dafür eine nicht zu unterschätzende Chance darstellt (→ III.2 GEHRING). Zwischen genießendem Wissen und erkennender Lust wird es möglich, zwischen Philosophie und Literatur zu vermitteln. Dem doppelten Vermögen von Anschauung und Reflexion kommt eine literarische ‚Philosophie in Bildern' entgegen, die ihr epistemologisches Augenmerk auf die nichtpropositionalen, praktischen Wissensschätze der Künste richtet.

5 Philosophie und Literatur

Für das vorliegende Handbuch eröffnen sich daraus drei Ebenen, die es auseinanderzuhalten gilt: Erstens ist Philosophie, die man historisch bedingt in bestimmten Formen von Literatur betreibt, mit einem gewissen Produktionsmodus verbunden, der, ob nun philosophisch oder literarisch, möglicherweise die Durchlässigkeit der Grenzen zwischen zwei Wissensordnungen mit sich bringt. Zweitens zeigt sich Literatur als Philosophie, die Literatur betreiben kann. Sie muss sich dabei bestimmter Mittel bedienen, um die Wirkungen eines Denkens zu beschreiben, die der Philosophie würdig sind. Drittens schafft Literatur eine neue Form der Philosophie, die aus einer distanzierten Vertrautheit erwachsen kann (Macherey 2013, 25). Spannungen zwischen Philosophie und Literatur können in Kritik oder Selbstkritik münden. Philosophie kann beanspruchen, sich über das gewöhnliche Leben zu erheben und außerhalb der Höhle zu predigen, was allerdings schon Platon, der große Realist, als unmöglich erkannt hatte. Grundsätzlich aber ergeben sich Schwierigkeiten, sobald man die Unterscheidung der drei genannten Ebenen nicht genügend respektiert. Formen und Praktiken, die Literatur und Philosophie gemeinsam haben, können für überraschende Begegnungen sorgen, was zu einer gegenseitigen Ablehnung führen kann. Respektiert man die Unterscheidung zweier Arten von Wahrheitsfindung, so könnte das die Diskussionen ohne Vorurteile auflockern und neue Begegnungsräume zwischen Literaturwissenschaft und Philosophiegeschichte öffnen.

Ob Fabel, Gedicht oder Brief – die Übergänge zwischen Denken und Darstellung sind in literarischen und philosophischen Texten oft nur graduell. Dies beobachten auch Studien, die nach bildlichen Porträts der Philosophia fragen (Matheis 1997; Braun 2009) oder untersuchen, wie Bilder Reflexionen freilegen bzw. bildende Künste philosophische Gedanken und Grundkonstellationen in Szene setzen (Brandt 2000; Zittel 2009; Kasper 2019; Bredekamp 2020). Allegorische Gemälde bleiben widerständig, weshalb ein Bild des französischen Malers Jean-Léon Gérôme von 1896 in seiner skandalös-rätselhaften Bedeutungsvielfalt hier paradigmatisch am Ende stehen soll. Mitte der 1890er Jahre fertigte Gérôme mindestens vier Gemälde an, in der sich die Wahrheit der Betrachterin als nackte, in einen Brunnen geworfene Frau zeigt. Was zeigt schließlich das letzte Bild *La Vérité sortant du puits armée de son martinet pour châtier l'humanité* (Die Wahrheit steigt aus dem Brunnen, mit ihrer Peitsche bewaffnet, um die Menschheit zu züchtigen), das im Titel einen kommenden Aufstand trägt? Erzählt es wieder nur eine alte Männerfantasie? Geht es um eine Fehde gegen den Impressionismus? Ist es eine Eloge auf wirklichkeitsgetreue Fotografie? Reagiert es auf die Dreyfus-Affäre? Zeigt die mit der Kunst verbundene Frage nach der Metapher als

Chiffre der Wahrheit eine wachsende Emanzipation von der Philosophie? Die vier Bedingungen, die Philosophie in ihrer Kompossibilität bestimmen, scheinen hier in höchst kritischer Dichte versammelt zu sein: Kunst, Wissenschaft, Politik und Liebe (Badiou 2012).

Literatur

Agamben, Giorgio. *Geschmack*. Übers. von Andreas Hiepko. Leipzig 2020.
Allerkamp, Andrea. *Anruf, Adresse, Appell. Figurationen der Kommunikation in Philosophie und Literatur*. Bielefeld 2005.
Allerkamp, Andrea und Dagmar Mirbach (Hg.). *Schönes Denken. A. G. Baumgarten im Spannungsfeld zwischen Ästhetik, Logik und Ethik*. Hamburg 2016.
Badiou, Alain. *Kleines Handbuch zur Inästhetik*. Übers. von Karin Schreiner. Wien 2012 [OA: 1998].
Baudelaire, Charles. [„Vortext zu Baudelaires Übersetzung der Erzählung *Mesmeric Revelation*"]. Ders., *Sämtliche Werke/Briefe*. Hg. von Friedrich Kemp und Claude Pichois. Bd. 2: *1847–1857*. München/Wien 1983: 257–259.
Baumgarten, Alexander Gottlieb. *Philosophische Brieffe von Aletheophilus*. Frankfurt/Leipzig 1741 [Online in der digitalen Bibliothek der Universitäts- und Landesbibliothek Sachsen-Anhalt. http://digitale.bibliothek.uni-halle.de/vd18/content/titleinfo/5100412. Halle (Saale) 2012 (31. März 2021)].
Baumgarten, Alexander Gottlieb. *Aesthetica. Ästhetik*. Übers. und hg. von Dagmar Mirbach. 2 Bde. Hamburg 2007.
Baumgarten, Alexander Gottlieb. *Meditationes philosophicae de nonnullis ad poema pertinentibus/Philosophische Betrachtungen über einige Bedingungen des Gedichts*. Übers. und hg. von Heinz Paetzold. Hamburg 1983 [OA: 1735].
Benjamin, Walter. „Über das mimetische Vermögen". Ders., *Gesammelte Schriften*. Hg. von Rolf Tiedemann. Bd. II.1. Frankfurt a. M. 1991a: 210–213.
Benjamin, Walter. *Das Passagen-Werk. Gesammelte Schriften*. Hg. von Rolf Tiedemann. Bd. V.1.2. Frankfurt a. M. 1991b.
Bloom, Harold. *A Map of Misreading*. Oxford 1975.
Bloom, Philippe. *Böse Philosophen. Ein Salon in Paris und das vergessene Erbe der Aufklärung*. München 2010.
Blumenberg, Hans. *Das Lachen der Thrakerin. Eine Urgeschichte der Theorie*. Frankfurt a. M. 1987.
Boethius. *Trost der Philosophie*. Übers. und hg. von Karl Büchner. Stuttgart 2016 [EA: 1971].
Brandt, Reinhard. *Philosophie in Bildern. Von Giorgione bis Magritte*. Köln 2000.
Braun, Lucien. *Bilder der Philosophie*. Übers. von Claudia Brede-Konersmann. Hg. von Ralf Konersmann. Darmstadt 2009 [OA: 1994/1996].
Bredekamp, Horst. *Die Fenster der Monade. Gottfried Wilhelm Leibniz' Theater der Natur und Kunst*. Berlin 2020 [EA: 2004].
Brink, Margot und Christiane Solte-Gresser. „Grenzen und Entgrenzungen. Zum Verhältnis von Literatur und Philosophie". *Écritures. Denk- und Schreibweisen jenseits der Grenzen von Literatur und Philosophie*. Hg. von dens. Tübingen 2004: 9–29.
Cascardi, Anthony J. (Hg.). *Literature and the Question of Philosophy*. Baltimore 1987.

Cascardi, Anthony J. „Tragedy and Philosophy". *A Companion to the Philosophy of Literature.* Hg. von Garry L. Hagberg und Walter Jost. Malden/Oxford 2010: 161–173.

Cavell, Stanley. *The Claim of Reason. Wittgenstein, Skepticism, Morality, and Tragedy.* Oxford 1979.

Danto, Arthur C. „Philosophy and/as/of Literature". *A Companion to the Philosophy of Literature.* Hg. von Garry L. Hagberg und Walter Jost. Malden/Oxford 2010: 52–67.

Danto, Arthur C. „Philosophy as/and/of Literature". *Literature and the Question of Philosophy.* Hg. von Anthony J. Cascardi. Baltimore 1987: 1–23.

Diderot, Denis. *Réfutation suivie de l'ouvrage d'Hélvetius intitulé De l'Homme.* Ders., *Œuvres complètes.* Hg. von Jean Th. Booy et al. Bd. XXIV. Paris 2004 [EA: 1775/1875].

Diderot, Denis. *Œuvres complètes.* Hg. von Jacques Chouillet und Anne-Marie Chouillet. Bd. X. Paris 1980 [EA: 1757].

Faber, Richard und Barbara Naumann (Hg.). *Literarische Philosophie – Philosophische Literatur.* Würzburg 1999.

Foucault, Michel. „Das Nein des Vaters". *Schriften zur Literatur.* Übers. von Michael Bischoff, Hans-Dieter Gondek und Hermann Kocyba. Hg. von Daniel Defert und François Ewald. Frankfurt a. M. 2003: 28–46 [OA: 1962].

Gemelli Marciano, Laura M. (Hg.). *Die Vorsokratiker.* Bd. 3. Griechisch – Deutsch. Berlin 2013.

Hamacher, Werner. *Entferntes Verstehen. Studien zu Philosophie und Literatur von Kant bis Celan.* Frankfurt a. M. 1998.

Haverkamp, Anselm. „Alexander Gottlieb Baumgarten als Provokation der Literaturgeschichte". *Schönes Denken. A. G. Baumgarten im Spannungsfeld zwischen Ästhetik, Logik und Ethik.* Hg. von Andrea Allerkamp und Dagmar Mirbach. Hamburg 2016: 35–48.

Heidegger, Martin. „Möglichkeit – Wirklichkeit – Notwendigkeit. Leitende Fragen". *Heidegger Studies/Heidegger Studien/Etudes Heideggeriennes* 29 (2013): 9–23.

Horn, Eva, Bettine Menke und Christoph Menke (Hg.). *Literatur als Philosophie. Philosophie als Literatur.* München 2006.

Hugo, Victor. *Littérature et philosophie mêlées.* Hg. von Anthony R. W. James. Paris 1976 [EA: 1834].

Kant, Immanuel. *Kritik der reinen Vernunft.* Ders., *Werkausgabe.* Bd. III. Hg. von Wilhelm Weischedel. Frankfurt a. M. 1992 [EA: 1787].

Kant, Immanuel. *Kritik der Urteilskraft.* Ders., *Werkausgabe.* Bd. IV.2. Hg. von Wilhelm Weischedel. Frankfurt a. M. 1974 [EA: 1790].

Kasper, Monika. *Wirklichkeit und Wahn. Van Gogh in Literatur und Philosophie.* Würzburg 2019.

Lacoue-Labarthe, Philippe und Jean-Luc Nancy (Hg.). *Poétique* 21 (1975).

Lamarque, Peter. *The Opacity of Narrative.* London 2014.

Macherey, Pierre. *Philosopher avec la Littérature. Exercices de philosophie littéraire.* Paris 2013 [EA: 1990].

Man, Paul de. „Semiologie und Rhetorik". *Allegorien des Lesens.* Übers. von Werner Hamacher und Peter Krumme. Frankfurt a. M. 1988: 31–51 [OA: 1973].

Matheis, Manfred. *Signaturen des Verschwindens. Das Bild des Philosophen in Literatur und Philosophie um 1800.* Würzburg 1997.

Menke, Christoph. „Wozu Ästhetik?". *Ästhetik. Aufgabe(n) einer Wissenschaftsdisziplin.* Hg. von Karin Hirdina und Renate Reschke. Freiburg i. Br. 2004: 187–195.

Montaigne, Michel de. *Les Essais.* Hg. von Jean Balsamo, Michel Magnien und Catherine Magnien-Simonin. Paris 2007.

Nagl, Ludwig. „Einleitung". *Textualität der Philosophie. Philosophie und Literatur*. Hg. von dems. und Hugh J. Silverman. Wien/München 1994: 7–31.
Nancy, Jean-Luc. *Die Synkopenrede. I. Logodaedalus*. Übers. von Christoph Schermelleh. Zürich 2017 [OA: 1976].
Petrarca, Francesco. *Secretum meum. Mein Geheimnis*. Hg. von Bernhard Huss und Gerhard Regn. Mainz 2013.
Platon. *Theaitetos*. Ders., *Sämtliche Werke*. Übers. von Friedrich Schleiermacher. Bd. 4. Hamburg 1986 [EA: 1958].
Rancière, Jacques. *Die Methode der Gleichheit*. Übers. von Richard Steurer-Boulard. Hg. von Peter Engelmann. Wien 2014 [OA: 2012].
Rancière, Jacques. *Aisthesis. Vierzehn Szenen*. Übers. von Richard Steuer-Boulard. Wien 2013 [OA: 2011].
Rancière, Jacques. *Ist Kunst widerständig?* Übers. und hg. von Frank Ruda und Jan Völker. Berlin 2008.
Rebentisch, Juliane. *Die Kunst der Freiheit. Zur Dialektik demokratischer Existenz*. Frankfurt a. M. 2012.
Rebentisch, Juliane. „Theokratie und Theater. Literatur als Philosophie nach Benjamin und Brecht". *Literatur als Philosophie – Philosophie als Literatur*. Hg. von Eva Horn, Bettine Menke und Christoph Menke. Paderborn 2006: 297–318.
Rickman, Hans Peter. *Philosophy in Literature*. London u. a. 1996.
Schildknecht, Christiane und Irina Wutsdorff (Hg.). *Präsenz und Text. Strategien des Transfers in Literatur und Philosophie*. Paderborn 2016.
Seel, Martin. „Lob des Systemzwangs". *Textualität der Philosophie. Philosophie und Literatur*. Hg. von Ludwig Nagl und Hugh J. Silverman. Wien/München 1994: 113–123.
Sehgal, Melanie. *Eine situierte Metaphysik. Empirismus und Spekulation bei William James und Alfred North Whitehead*. Konstanz 2016.
Szondi, Peter. *Poetik und Geschichtsphilosophie I. Studienausgabe der Vorlesungen*. Bd. 2. Frankfurt a. M. 2019 [EA: 1974].
Teichert, Dieter und Christiane Schildknecht (Hg.). *Philosophie in Literatur*. Frankfurt a. M. 1995.
Thomä, Dieter. *Puer robustus. Eine Philosophie des Störenfrieds*. Berlin 2016.
Uhlig, Claus. *Literatur und Philosophie. Studien zu ihrer Interaktion von der Renaissance bis zur Moderne*. Heidelberg 2004.
Valdivia Orozco, Pablo und Andrea Allerkamp (Hg.). *Paul Valéry. Für eine Epistemologie der Potentialität*. Heidelberg 2017.
Vöhler, Martin. „Tragödie". *Aristoteles-Handbuch. Leben – Werk – Wirkung*. Hg. von Christof Rapp und Klaus Corcilius. Stuttgart 2021: 420–423 [EA: 2011].
Vries, Hent de. „Vom ‚Ghost in the Machine' zum ‚geistigen Automaten'. Philosophische Meditation bei Wittgenstein, Cavell und Lévinas". *Literatur als Philosophie – Philosophie als Literatur*. Hg. von Eva Horn, Bettine Menke und Christoph Menke. Paderborn 2006: 375–402.
Wergin, Ulrich. „Die Aufgabe des Stils. Zur Transformation des Feldes der Stilkritik im Grenzgang von/zwischen Celan, Heidegger, Adorno und Derrida". *Die Frage der Kritik im Interferenzfeld von Literatur und Philosophie unter der Perspektive von Hermeneutik, Kritischer Theorie und Dekonstruktion und darüber hinaus*. Hg. von dems. und Martin Schierbaum. Würzburg 2015: 201–246.
Whitehead, Alfred North. *Prozeß und Realität. Entwurf einer Kosmologie*. Frankfurt a. M. 1979 [OA: 1929].

Wittgenstein, Ludwig. *Über Gewißheit. Bemerkungen über die Farben. Zettel. Vermischte Bemerkungen. Werkausgabe*. Bd. 8. Hg. von G. E. M. Anscombe. Frankfurt a. M. 2019.
Zittel, Claus. *Theatrum philosophicum. Descartes und die Rolle ästhetischer Formen in der Wissenschaft*. Berlin 2009.

I.3 Grenzräume – Grenzverhandlungen. Überlegungen zur Verhältnisbestimmung von Philosophie und Literatur

Sarah Schmidt

1 Denkfiguren der Grenze

Für die Beschreibung des Verhältnisses von Literatur und Philosophie wird nicht selten die Vorstellung eines Grenzverhältnisses bemüht. Literatur und Philosophie erscheinen als zwei benachbarte Staaten, die in engem Austausch und Handel stehen, über deren Grenze sich zahlreiche Grenzgänger hin- und herbewegen, die wechselseitig potentiell nützlich oder auch bedrohlich für die andere Seite sind und von denen jeder eine eigene Regierung hat, die Grenzverhandlungen führen und Territorialstreitigkeiten austragen kann. Derartige, an politisch-geographischen, ausdehnungslosen Grenzen orientierte liminale Grenzvorstellungen gehen oft einher mit einer dichotomischen Logik: Das jenseits der Grenze Liegende ist das Andere, mitunter sogar das Negative seiner selbst. Für Philosophie und Literatur ließen sich in der Tat eine ganze Reihe von Dualismen und Oppositionen anführen, die ihr Verhältnis über die Jahrhunderte bestimmten: Verstand versus Sinnlichkeit, Wissen versus Gefühl, Klarheit versus Schönheit, Begriff versus Metapher, Fakt versus Fiktion, Abstraktion versus Konkretion, Allgemeinheit versus Individualität, Denotation versus Konnotation, Argument versus Stil, Logik versus Rhetorik, propositionales Wissen versus nichtpropositionales Wissen, explizite Diskursivität versus implizite Demonstration und so weiter. Für diese Gegenüberstellungen gibt es zahlreiche Belege und Beispiele, aber ebenso viele Gegenbeispiele, die deutlich machen, dass keines dieser Distinktionsmerkmale in Stein gemeißelt ist (Duhamel 2008, 10).

Bevor dieser Befund jedoch dazu führt, sich vorschnell von diesen Oppositionen und Bestimmungen zu verabschieden, könnte man sich auch kritisch dem Denkmodell einer liminalen Grenze zuwenden, das nicht wirklich hinreichend ist, um das komplexe Verhältnis von Philosophie und Literatur zu denken. Grenzformationen müssen sowohl in ihrer Modifikation durch die Zeit als auch in ihren Bewegungen im Raum betrachtet werden; sie bestehen auf mehreren Ebenen, deren einzelne Grenzverläufe nicht unbedingt deckungsgleich sind. Wer die Grenze von einem Land ins andere überschreitet, tritt nicht zwangsläufig auch in dessen Gesellschaft ein und nimmt nicht per se an dessen Diskursgemeinschaften teil. Mit der Vorstellung eines Grenz*raumes* werden Übergänge ebenso denkbar wie Tertialitätsmodelle als Ort eines Dritten – ob als hybride Mischformen oder Niemandsländer –, die Raum für Experimente lassen. Fasst man die Grenze zwischen Philosophie und Literatur nicht als Demarkationslinie, sondern als Grenzraum, der als Verkehrsraum zugleich immer auch ein Ort der Begegnung und des Austausches ist, dann erscheinen oppositionelle Bestimmungen von Philosophie und Literatur weniger restriktiv. Anstatt sie ad acta zu legen und Philosophie und Literatur differenzlos einem alles umfassenden Denken zuzuordnen, kann man sie als Operationen begreifen, ohne die die Dynamisierung des eigenen Selbstverständnisses und mithin die Herausbildung neuer, eigentümlicher Formen in der Begegnung zwischen Philosophie und Literatur nicht stattfände.

Im Folgenden wird es nicht darum gehen, eine Systematisierung des Verhältnisses von Philosophie und Literatur zu entwickeln oder zu begründen. Vielmehr sollen hier einige Faktoren und Konzepte markiert werden, die – wie die Denkfiguren der Grenze – das Verhältnis von Philosophie und Literatur beständig modellieren. Denn wie wir das Verhältnis in seinem historischen Wandel begreifen, hängt nicht nur davon ab, in welchen Metaphern oder Denkfiguren wir es vorstellen, sondern auch von disziplinären oder gattungstheoretischen Zuordnungen und mithin von Institutionalisierungsprozessen; es wird bestimmt von spezifischen Geschichtsbildern und einem lokalen (oder globalen) Blickwinkel. Mit diesen vorausgehenden, nicht auf Vollständigkeit angelegten Überlegungen soll zugleich auch ein Parcours durch die Beiträge des Handbuches angeboten werden, der quer zu seiner Systematik verläuft und schließlich einige Punkte formuliert, auf die hin es auch dieses Handbuch fortzuschreiben gilt.

2 Disziplinierung – Institutionalisierung

Wie man das Verhältnis von Philosophie und Literatur konkret fasst, wird in entscheidendem Maße davon bestimmt, als *was* sie einander gegenübertreten. Oder in umgekehrter Reihenfolge formuliert: Den unterschiedlichen Verhältnisbestimmungen von Philosophie und Literatur inhärent ist das Bemühen, zuweilen auch der Kampf um den ‚richtigen‘, den angemessenen oder einfach nur den aktuellen Philosophie- und Literaturbegriff.

Sind Philosophie und Literatur zwei verschiedene Weisen der Welterschließung, sind sie Systeme oder Felder innerhalb eines gesellschaftlichen Gefüges (→ II.7 Jurt)? Oder sollte man sie wie Jürgen Habermas als ‚Gattungen‘ verstehen, der gegen die Nivellierung des Gattungsunterschiedes argumentiert (→ II.1 Hobuss) und damit in unmittelbarer Reaktion auf postmoderne Positionen den Fokus auf die Darstellungsform und die ihnen inhärenten Erkenntnisweisen eines propositionalen und nichtpropositionalen Denkens lenkt (→ II.5 GABRIEL)?

Oder haben wir es mit zwei Disziplinen zu tun, die sich im System der Wissenschaften und Künste einfinden und in diesem sich über Jahrhunderte wandelnden System unterschiedliche Über- und Unterordnungen sowie Funktionen füreinander übernehmen (→ II.5 AICHELE)?

Ihrem eigenen Selbstverständnis nach begreift sich die Philosophie seit ihrer Emanzipation von der Theologie über lange Strecken bis ins 19. Jahrhundert als ‚oberste' Wissenschaft oder ‚Königsdisziplin', die als Propädeutik jeder Wissenschaft die Bedingungen der Möglichkeit des Wissens thematisiert, den ‚Begriff' des Wissens bestimmt, in dieser Funktion den anderen Wissenschaften auch ihren Platz im System zuweist und über ihre Einheit (oder ihre Dualität als Geistes- und Naturwissenschaften) nachdenkt. In der Traditionslinie der Philosophie als metareflexive Methodenlehre sieht sich bis heute die analytische Philosophie. Mit ihrem restriktiven Wissensverständnis, das sich auf Formen propositionaler Erkenntnis konzentriert, sind die Berührungspunkte für Philosophie und Literatur jedoch denkbar gering.

Aber ließe sich nicht gerade aus dem (durchaus fragwürdigen) Selbstverständnis der Philosophie als ‚oberste' Wissenschaft ableiten, dass sie Bedingungen der Möglichkeit nicht nur aufstellen, sondern auch wieder kritisch hinterfragen muss? Liegt nicht genau in diesem kritischen Auftrag, der auch vor Grundlagen und Prämissen nicht Halt macht, in ihrer Fähigkeit, einen Anfang zu wagen, eine Affinität und Nähe zur Kunst? Kommt philosophischen Texten aus diesem Grund eine Art Mittelstellung zwischen Wissenschaft und Kunst zu, wie es Christiane Schildknecht zu belegen versucht (Schildknecht 1990, 13; Wokart 1999, 34)? Die Frage, ob die Philosophie ihr kritisches Potential abgeschafft hat, wenn sie sich nur noch als Methodenlehre versteht, ist zwar aktuell, aber nicht neu; sie wurde verstärkt zu Beginn des 19. Jahrhunderts diskutiert.

Bleiben wir bei der Vorstellung, Philosophie und Literatur seien unterschiedliche Disziplinen (im weitesten Sinne), so ließe sich ihre Begegnung auch nach dem Grad der Vernetzung ihrer Kooperation – im Jargon der zweiten Hälfte des 20. Jahrhunderts gesprochen – als Multi-, Inter- oder Transdisziplinarität beschreiben: Philosophie und Literatur treten als Gesprächspartnerinnen auf, die gemeinsam ein Problem oder Themenfeld bearbeiten (Multi- und Pluritransdisziplinarität), sie übernehmen vice versa Darstellungs- oder Forschungsmethoden, greifen auf Theorien oder Ansätze zurück (Interdisziplinarität) oder sind in ihrer Kooperation bereits so ineinander verwoben, dass ihr Ergebnis als Misch- oder Hybridform bezeichnet werden kann (Transdisziplinarität). Ganz ähnlich, das heißt hinsichtlich der Intensität ihrer Interaktion, bestimmen auch Schildknecht und Teichert bestehende Formen des Verhältnisses von Philosophie und

Literatur, wenn sie Disjunktions-, Komplementaritäts- und Entgrenzungsmodelle unterscheiden (Schildknecht und Teichert 1996).

Als Teil der auf Kunst und Wissenschaft bezogenen Interdisziplinaritätsdebatte jedoch lässt sich die seit dreißig Jahren prominent geführte Diskussion um „künstlerische Forschung" verstehen (Caduff 2010; Badura et al. 2015), in deren Verlauf sogar ein „artistic turn" ausgerufen wurde (Coessens et al. 2009). Die Diskussion um ‚künstlerische Forschung' zeigt jedoch, wie die Konjunktur einer Fragestellung nicht allein aus rein intellektueller Dringlichkeit entsteht, sondern eng mit Prozessen der Institutionalisierung verbunden ist. Sicherlich knüpft die Diskussion um ‚künstlerische Forschung' an einen seit den 1960er Jahren intensivierten Austausch zwischen Künstlerinnen und Künstlern sowie Wissenschaftlerinnen und Wissenschaftlern an. So zeichnet sich in der künstlerischen Praxis seitdem eine Tendenz ab, (natur-)wissenschaftliche Techniken, Objekte und Darstellungsformen in den künstlerischen Prozess zu integrieren, sei es affirmativ, erweiternd, subversiv oder konterkarierend (Fricke und Raap 1999; Witzgall 2003; Ede 2005). Das durchschlagende Bedürfnis, eine ‚künstlerische Forschung' gegenüber wissenschaftlicher Forschung näher zu bestimmen, verdankt sie jedoch einer institutionellen Grundkonstellation: Die Debatte um ‚künstlerische Forschung' beginnt in den anglophonen Ländern, genau dort, wo die wissenschaftlichen und künstlerischen Ausbildungen in Universitäten integriert sind. Als Teil der Universität müssen sich die künstlerischen Fächer auch die Frage stellen, in welcher Form sie sich in Forschungsanträge einbringen, mit welchen Forschungsmethoden sie sich ausweisen können und wie der Abschluss eines künstlerischen PhDs evaluiert werden kann. Diese institutionell-pragmatische Perspektive – wie künstlerische Forschung fassbar, förderbar, prüfbar, lehrbar werden kann – prägt denn auch die ersten und weitaus meisten Beiträge zur künstlerischen Forschung (Schmidt 2013). Eine kunstphilosophische Reflexion, die die aktuelle Fragestellung des künstlerischen Forschens mit Debatten der Kunstphilosophie und philosophischen Ästhetik verbindet, ihnen so eine Tiefenschärfe verleiht und mitunter dann auch gegen ein institutionelles Bedürfnis argumentiert, hat erst begonnen.

Versteht man Kunst und Wissenschaft als Disziplinen im weitesten Sinne, so ist immer auch ihre ‚Disziplinierung', das heißt, ihre Institutionalisierung mit zu bedenken. Wurde hier mit dem Beispiel der künstlerischen Forschung universitäre Institutionalisierung angesprochen, so ist das für die Literatur doch ein recht junges Phänomen, denn unter den Künsten ist sie diejenige, die sehr selten an Schulen gelehrt wird. Institutionalisierung findet hier viel stärker im Sinne einer Kanonisierung statt. Die Philosophie hingegen ist sehr eng mit ihrer universitären Präsenz und Existenz verbunden. Wo und wie findet philosophisches Denken statt, wenn es nicht im Rahmen einer universitären oder universitätsähnlichen

Bildungsinstitution geschieht? So schreibt sich die russische Kulturgeschichte über lange Strecken jenseits einer Opposition von Philosophie und Literatur. Zwar gibt es über Jahrhunderte eine philosophische Literatur, wie sie unter anderem von den Meistern des 19. Jahrhunderts, Nikolai Gogol, Fjodor Dostojewski (→ IV.3 WUTSDORFF) oder Leo Tolstoi geschrieben wurde. Eine Philosophie im engen Sinne entsteht jedoch erst durch ihre Institutionalisierung an Universitäten im 20. Jahrhundert (Misselhorn et al. 2011, 11–12). Auch für andere Kontinente ist die Frage nach der Institutionalisierung der Philosophie von großer Relevanz: In Lateinamerika (Krumpel 2006), aber auch im subsaharischen Afrika (Hoffmann 1988) entstand die universitäre Philosophie erst auf Initiative der Europäerinnen und Europäer und ist bis heute durch eine inhaltliche Dominanz europäischer Themen sowie Autorinnen und Autoren geprägt.

Dass die Philosophie einer starken Institutionalisierung unterliegt, wird auch mit Blick auf Genderdifferenzen sofort deutlich. Für Frauen, die sich erst Schritt für Schritt den Zutritt zur institutionellen Bildung erkämpft haben, war und ist die Schwelle zur literarischen Praxis wesentlich niedriger als zur philosophischen. Wer von den Institutionalisierungsprozessen im Sinne einer philosophischen Bildung ausgeschlossen ist, wird sich dort auch schwer einen Namen machen können. Philosophinnen treten in der europäischen Geistesgeschichte bis ins späte 19. Jahrhundert vor allem dort auf, wo ein exzeptioneller Durchstoß zu den Bildungsquellen möglich war, durch ihren hohen gesellschaftlichen Stand (sei er kirchlich oder weltlich) oder in Form einer Privatbildung durch Väter oder Ehemänner. Und sie haben vor allen Dingen dort Eingang in die Philosophiegeschichte gefunden, wo sie – z. B. als Korrespondenzpartnerinnen – im Lichtkegel eines geschichtswürdigen Mannes auftauchen, wie die Äbtissin des Frauenstifts Herford, Elisabeth von der Pfalz (1618–1680), die mit Descartes korrespondierte (Ebbersmeyer 2015). Die Breslauer Philosophin und Husserl-Schülerin Edith Stein steht Anfang des 20. Jahrhunderts prototypisch für den schwierigen Zugang zur letzten Etappe: zum Lehrstuhl. Wäre einer ihrer vielen Habilitationsanläufe zugelassen worden – sie wäre die erste habilitierte Philosophin in Deutschland gewesen.

Auch in diesem Handbuch sind es der Zahl nach wenige Philosophinnen und auch wenige Schriftstellerinnen und Literaturwissenschaftlerinnen, die zur Darstellung kommen; die meisten fallen in das 20. Jahrhundert: so z. B. Käte Hamburgers Reflexionen über Fakt und Fiktion (→ II.2 GENCARELLI), Julia Kristevas Reflexionen zum Begehren (→ II.1 HOBUSS) und zur Denkfigur der Pfropfung als intertextuelles Verfahren (→ IV.1 KASPER), die philosophischen Walddichtungen der spanischen Philosophin María Zambranos (→ IV.2 AGOSTINI) oder Martha Nussbaums Ansätze einer literarischen Ethik (→ II.7 ERDLE; → IV.1 WITT).

3 Geschichte denken

Dass sich das Verhältnis von Philosophie und Literatur im Laufe seiner über 2000-jährigen Geschichte stark verändert hat, zeigt sich nicht zuletzt an großen geistesgeschichtlichen Zäsuren wie dem europäischen 18. Jahrhundert: Eine Regelpoetik weicht einer Genieästhetik; institutionengeschichtlich löst sich die Literatur mehr und mehr aus kirchlichen, höfischen und wissenschaftlichen Zusammenhängen und erlangt – auch durch einen entscheidenden medienhistorischen Wandel im Buchwesen – nicht nur ihre ästhetische, sondern auch ihre soziologische Autonomie (→ II.6 MATUSCHEK). Ähnlich einschneidende Zäsuren kann man an der Wende zum 19. Jahrhundert als Auftakt einer (aufgeklärten) Aufklärungs- und Modernekritik oder zum 20. Jahrhundert als Eintritt in die literarische Moderne sehen.

Jede ‚Epoche' hat ihre spezifische geistesgeschichtliche Konstellation, ihre Institutionengeschichte, aber auch ihre medientechnischen Voraussetzungen, die nicht wenig dazu beitragen, dass spezifische literarische Formen – wie z. B. der Brief – ihre eigene epochale Blütezeit haben (→ III.2 GEHRING). Insofern sich unterschiedliche literarische Formen als Leitgattungen im historischen Wandel ablösen, weil ihre Darstellungsmöglichkeiten mit einer zeitspezifisch medientechnischen, zeit- und geistesgeschichtlichen Konstellation korrespondieren, ließe sich vielleicht eine Geschichte der literarischen Formen schreiben, die aussagekräftig für das Verhältnis von Philosophie und Literatur wäre.

Das Verhältnis von Literatur und Philosophie wird im Moment markanter Zäsuren besonders virulent, in denen eine epistemische Struktur zur Disposition steht (Feger 2012: Vorwort) und ein ‚epistemisches Krisenbewusstsein' prominent wird (Brandstetter und Neumann 2004), denn es muss im Modus der Krise, in einer „Gefährdungssituation" des Denkens (Lemke und Schierbaum 2000, 1) neu verhandelt werden.

Aber wie das Verhältnis von Philosophie und Literatur zu denken ist, hängt – selbst wenn man sich über das Bestehen von Zäsuren verständigen kann – davon ab, in welcher geschichtsphilosophischen Perspektive man sie deutet. Sind sie Ausdruck eines Ausdifferenzierungsprozesses, sind es Scharnierstellen sich ablösender Paradigmen oder Erfahrungsstufen, die immer höherstufiger in einer Vollendung münden?

Abgesehen davon, dass der Versuch, eine Geschichte des Verhältnisses von Philosophie und Literatur zu schreiben, ein ausgesprochen monumentales Unternehmen darstellt und gegenwärtig immer nur ausschnitthaft, auf einzelne Epochen und Nationen konzentriert vorliegt, ist Geschichtsschreibung nicht allein eine Frage des redlichen Sammelns, sondern ebenso eine Frage der Geschichtsbilder und ihrer Vorstellungen von Entwicklung, von Brüchen, von (Un-)Gleichzeitigkeit oder Geschichtszielen. Selbst auch Ergebnis geistesgeschichtlicher Etappen oder Momente, bestimmen sie entscheidend das Verhältnis von Philosophie und Literatur, sie modellieren ihre jeweilige Über- oder Unterordnung, ihre Gleichstellung oder Unabhängigkeit.

Je nachdem, wie man Geschichte betrachtet – als ein in sich ruhendes kosmologisches oder enzyklopädisches Modell, in dem allem sein Platz zugewiesen ist, in teleologischer Perspektive als Fortschritt oder als immer höherstufiger Erfahrungsprozess hin zur Vollendung oder als Prozess der Ausdifferenzierung, als Formation sich ablösender unterschiedlicher Epochen, Epistemen oder Paradigmen, als zyklisches Unternehmen, unendliche Wiederkehr oder schlicht und ergreifend als immer wieder neu und anders vorzunehmende Konstruktion oder Erzählung –, das Verhältnis von Philosophie und Literatur ändert sich.

In seiner *Scienza nuova* entwirft der Geschichtsphilosoph Giambattista Vico mit der Systematik der Wissenschaften auch eine spezifische Genese menschlicher Erkenntnis. In einer idealtypischen Geschichte, die realhistorisch durchaus zyklisch ablaufen und Rückschritte enthalten kann, steht die Philosophie auf der höchsten der drei Entwicklungsstufen. Nicht gegen die ‚moderne‘, streng ‚geometrische‘ Methode eines Descartes, wohl aber gegen ihren dominanten Anspruch auf dem Feld der menschlichen Erkenntnis geschrieben, kommt in Vicos Geschichtsentwurf auch der Dichtung ein exklusiver Platz und eine exklusive Funktion zu. Als diejenige ursprüngliche Form, in der das eigenste Wesen des Menschen zum Ausdruck kommt, markiert sie zugleich Anfang und Endpunkt der Entwicklung und wird zur Mutter und Königin der Wissenschaften (→ II.5 AICHELE).

In der Auseinandersetzung mit Literatur – in der Reflexion von Form und Funktion der griechischen Tragödie, die Handlungskollisionen, Entzweiung und Widerspruch prototypisch vorführen – findet der Philosoph Hegel eine grundlegende Inspiration für sein dialektisches Denken, das in seinem sogenannten Naturrechtsaufsatz auf den gesamten Prozess des Geistes bezogen als ‚Tragödie im Sittlichen‘ verstanden wird (→ III.7 PIRRO). In seiner *Phänomenologie* und *Enzyklopädie der philosophischen Wissenschaften* entwirft er den – nun nicht mehr in seiner Gesamtheit als tragisch gedeuteten – Prozess eines sich in einzelnen Erfahrungsstufen realisierenden Geistes. In der Philosophiegeschichte ebenso wie in der Kunst- und mithin auch der Literaturgeschichte dienen ihm historische Epochen und Schulen zur Exemplifizierung immer höherer idealtypischer Erfahrungsstufen (→ IV.1 TEGTMEYER). Kunst, Religion und Philosophie bilden dabei gleichermaßen als Realität des absoluten Geistes den Endpunkt einer Philosophie des Geistes.

Ebenfalls prozessorientiert angelegt sind die naturphilosophischen Systeme Schellings, Okens oder Steffens', die die Entwicklungsgeschichte eines sich entfaltenden Geistes auch als Naturgeschichte lesen, die bereits bei den einfachsten anorganischen Erscheinungen beginnt und erst in der Poetisierung der Natur und Naturwissenschaft ihre Vollendung findet (→ II.5 SPECHT). Einen ganz ähnlichen erkenntnistheoretischen Ausgangspunkt nehmen die Philosophen-Philologen der Frühromantik. Anders als bei Hegel wird die dialektische Entwicklung eines sich in der Geschichte realisierenden Geistes als eine sich auf allen Ebenen zugleich vollziehende Wechselwirkung gedacht. Das Verhältnis von Philosophie und Literatur steht unter dem Theorem der ‚Universalpoesie', einer sich im stetigen Austausch wechselseitig aneinander realisierenden Erscheinungsform des Geistes. Das projizierte Ende dieses Wechselverhältnisses – philosophisch werdende Literatur und literarisch werdende Philosophie – liegt jedoch außerhalb der Geschichte. Und solange dieser Prozess nicht vollendet ist, ist nicht nur die Grenzüberschreitung, sondern auch die Grenzziehung ein wesentliches Moment der Dynamik (→ II.4 SCHMIDT).

Insofern Geschichte im Fokus fortschreitender Klassenkämpfe interpretiert wird, ist auch die marxistische Literaturtheorie in der Regel von einem Fortschrittsgedanken geprägt. Jede reflektierte marxistische Literaturtheorie ringt dabei mit der Gefahr eines deterministischen Reduktionismus, durch den Literatur und Kunst bloß als Spiegel politisch-ökonomischer Realität gesehen werden. Für Gramsci ist Kultur immer auch Austragungsort von politischen, ökonomischen oder sozialen Kämpfen. Anders als für die meisten marxistisch orientierten Literaturtheorien ist für Gramsci jedoch der Ausgang der Kämpfe um kulturelle Hegemonie als Manifestationsformen des Klassenkampfes offen (→ II.7 EIDEN-OFFE).

In der philosophischen und literarischen Hermeneutik wird seit Friedrich Schleiermacher bis hin zu Peter Szondi (→ IV.1 RICHTER) Geschichtlichkeit im Sinne eines unhintergehbaren Involviertseins in die Geschichte auch sprachphilosophisch reflektiert. Ein Austritt aus dieser Verwobenheit in ein komplexes Überlieferungsgeschehen ist nicht mehr möglich, lediglich der Versuch eines (unendlichen) Nachvollzugs des hermeneutischen Zirkels (→ II.5 TEICHERT). Mit dem Philosophischwerden der Hermeneutik geraten auch mehr und mehr die Rezipientin und der Rezipient sowie die Leserin und der Leser in den Fokus. Diese Aufwertung Letzterer erfährt von der Romantik bis hin zur Postmoderne eine Radikalisierung und führt bezogen auf das Verhältnis von Philosophie und Literatur zur Frage, ob ihre Unterscheidung weniger in der Anlage des Textes als in der Art und Weise des Lesens zu suchen ist.

Als Literatur lesen lässt sich indes nicht nur Philosophie, sondern auch die unterschiedlichen Formen der Geschichtsschreibung selbst, wie der Literaturwissenschaftler Hayden White in seinem provokanten Werk *Metahistory* (1973) vorführt, in dem er geschichtsphilosophische Entwürfe anhand der Charakteristika von Erzählformen analysiert. Hayden White steht damit in der Tradition postmoderner Denkerinnen und Denker, die wie Roland Barthes die Grenzen zwischen Historiographie und Literatur, zwischen Faktum und Fiktion kritisch unterwandern (→ II.2 GENCARELLI). Die unhintergehbare Fiktionalität jedweder historischen Argumentation behauptet allerdings schon Friedrich Nietzsche, und setzt seine genealogische Methode als Gegennarration ein, um unreflektierte Behauptungen eines *historischen* Gewordenseins zu denunzieren.

Verengt man den Fokus und blickt von der Geschichte ganzer Nationen, Staaten oder Institutionen auf das Leben einzelner Menschen, so wiederholt sich die problematische Grenzziehung zwischen Faktum und Fiktion in der literarischen Form der Autobiographie bzw. Autofiktion. In der philosophischen Autobiographie und der Philosophie der Autobiographie wird die Niederschrift des eigenen Lebens (oder einzelner Episoden) – wie beispielsweise in Montaignes *Essais* (→ III.6 KRAMER; → IV.2 WESTERWELLE) – als Selbstdeutung thematisiert, deren schöpferische Selbstgestaltung auch ein großes utopisches Potential in sich trägt. Einen Schritt weiter geht der Versuch, philosophische Texte als klandestine Autobiographien zu lesen (→ III.3 THOMÄ).

Als eine spezifische Form des zeitlichen Denkens – ohne historischen Anspruch, aber nicht ohne historische Relevanz – kann man das utopische Denken verstehen. Im Denken eines räumlich oder zeitlich Anderen ist das utopische Denken immer auch kritisch an ein Jetzt gebunden und in diesem Sinne ein Modus der Gleichzeitigkeit, ein Denken des Möglichen im Wirklichen. Möglichkeitsdenken ebenso wie ein Denken des Als-ob (→ II.2 ALLERKAMP) sind ebenso grundlegend für die Philosophie wie für die Literatur, und im Genre der Utopie ist ihre Unterscheidung nur forciert zu erreichen. Utopien und Dystopien haben eine diagnostische und eine prognostische Intention, auch oder gerade weil sie die Möglichkeit im Sprung präsentieren, ohne dass ein Entwicklungsgang gleich einer Anleitung zur Darstellung käme, ja weil es sich als utopisches Denken möglicherweise gerade einer historischen Ausbuchstabierung entzieht (→ III.5 VOSSKAMP).

Dass ein Möglichkeitsdenken als Ausdruck eines nichthomogenen, nichtkontinuierlichen Zeitbegriffs für die Geschichte von großer Bedeutung ist, unterstreicht auch Walter Benjamin in seiner diskontinuierlichen Augenblicksauffassung. Das kritische Potential dieses diskontinuierlichen Augenblicks als ein im Jetzt blitzartig aufscheinendes Noch-nicht zu gestalten, ist nicht zuletzt auch ein Anliegen des Denkbildes (→ III.9 PICKER).

Im Sinne eines Denkens des Noch-nicht besitzt die Literatur – wie die Philosophie – auch visionäres Potential im Sondieren und Markieren neuer Forschungsfelder und Themen, wie z. B. die Auseinandersetzungen mit Traum und Psyche in Literatur und Philosophie zu Beginn des 19. Jahrhunderts (→ II.5 SPECHT) zeigen, die erst mit Ende desselben eine breitere wissenschaftlich-experimentelle Reflexion erfahren haben. Ein weiterer wichtiger Aspekt im Denken von Geschichte in Bezug auf das Verhältnis von Literatur und Philosophie ist somit die Möglichkeit und die Relevanz von ‚Unzeitgemäßheit'. Assmann weist darauf hin, dass Literatur nicht nur visionär agiert, sondern auch als ein alternativer Wissensspeicher fungieren kann, in dem etwas Abseitiges, nicht Anerkanntes, oder historisch Veraltetes in seiner oppositionellen Exzentrik überdauern kann (Assmann et al. 1998, 9–10). Für den frühen Foucault zeichnet sich die Literatur gerade dadurch aus, dass sie nicht immer im Gleichschritt mit der herrschenden Episteme geht, sondern auch ein Ort des Exzentrischen und Marginalen sein kann, aus dem ein Gegendiskurs entstehen kann (→ II.4 GEISENHANSLÜKE). Auch in Niklas Luhmanns systemtheoretischem Ansatz wird jene Kompetenz der Literatur – „die Welt des Möglichen in der Welt erscheinen zu lassen, und das durch die herrschenden Formen Benachteiligte zur Geltung zu bringen" (Luhmann 1990, 39) – zu einem zentralen Merkmal des literarischen Systems (→ II.7 JURT).

Was aber, wenn sich keinerlei Bewahrung für das Marginale, Abseitige, Isolierte finden lässt? Kann etwas in der Geschichte verloren gehen? Diese Fragen erfahren mit der Shoa und dem Diskurs um legitime und mögliche Zeugenschaft etwa bei Agamben oder Primo Levi (→ IV.7 PIRRO) eine Zuspitzung. Literatur kann als prädestinierter Ort einer fragilen Zeugenschaft, aber auch als prädestinierte Ausdrucksform eines Abwesenden, von Leerstellen und Brüchen zu einem unverzichtbaren Bestandteil einer Ethik der Differenz und der Alterität werden (→ II.6 ERDLE).

4 Die Frage nach dem Anfang

Die Frage, wie die Geschichte des Verhältnisses von Philosophie und Literatur zu denken ist, ist auch unmittelbar mit derjenigen verbunden, ob und wann sich ein historischer Anfang von Philosophie und Literatur bestimmen lässt.

Das altbabylonische *Gilgamesch*-Epos, dessen Ursprünge in Form von Einzelsagen bis ins 24. Jahrhundert v. Chr. zurückreichen und uns in Tontafeln aus verschiedenen Zeiten überliefert sind, wird häufig als erstes dichterisches Werk der Menschheit angeführt und wäre somit ein guter Kandidat für den historischen Anfang von Literatur. Gilgamesch, ein Drittel Mensch, zwei Drittel göttlichen Ursprungs, König der Stadt Uruk, verliert seine von Götterseite verliehene Unsterblichkeit, als er die menschliche Freundschaft und Liebe für sich entdeckt. Die Reise mit seinem menschlichen Begleiter Enkidu ist nicht zuletzt die Geschichte der Erfahrung und Einsicht von Schuld und kann als eine ethische Bildungsreise und als eine frühe Ethik verstanden werden. Das *Gilgamesch*-Epos wäre somit sicherlich auch ein frühes Zeugnis philosophischen Denkens in Literatur; aber ist es bereits Philosophie?

Einem immer noch vorherrschenden Selbstverständnis europäischer Philosophiegeschichtsschreibung nach setzt die Geschichte der Philosophie mit der griechischen Antike ein. Erst hier, mit den naturphilosophisch ausgerichteten Vorsokratikern ca. 700 v. Chr. geschehe ein Übergang vom Mythos zum Logos. Zweifelsohne ist die griechische Antike von fundamentaler und bis heute von anhaltender Bedeutung für die Geschichte der Philosophie. Hier findet eine der zentralen literarischen Formen der Philosophie, der Dialog, (s)eine „paradigmatische Form" (→ III.1 ERLER) und die Tragödie, Modulation prototypischer Handlungskonflikte, in der spezifischen politisch-kulturellen Konfiguration des attischen Athens ihren historischen Ursprung (→ III.7 PIRRO). Auch die Differenz zwischen Philosophie und Literatur wird hier ebenso früh wie wirkungsmächtig in den Schriften Platons und Aristoteles' reflektiert (→ II.6 WITT; → IV.1 KARYDAS). Es steht die Frage oder der Verdacht im Raum, ob bzw. dass das spannungsreiche Verhältnis von Philosophie und Literatur, wie es im Anschluss an die griechische Antike formuliert wird, ein genuin westliches respektive griechisch-okzidentales ist. Spricht Platon in *Der Staat* von einem „alten Zwist zwischen Philosophie und Literatur" (Platon, *Politeia* X, 607 b6), so wird immerhin eine historische Dimension im Sinne einer Vorgeschichte angedeutet. Eine Ahnung davon, dass die Philosophie im antiken Griechenland nicht einem Urknall gleich aus dem Nichts entstand, deutet sich auch in den Doxographien des antiken Griechenlands, etwa bei Diogenes Laertios (3. Jahrhundert v. Chr.) an, der sein *Leben und Meinungen berühmter Philosophen* mit der Meinung „einiger" eröffnet, die Philosophie habe ihren Ursprung „bei den Barbaren" genommen (Diogenes Laertius 2015, 3). Eine ganz ähnliche Einschätzung findet sich im 10. Jahrhundert bei al-Fārābī (Rudolph 2012, 428).

In seinen *Vorlesungen über die Geschichte der Philosophie* entwirft Georg Wilhelm Friedrich Hegel eine Entwicklung des Weltgeistes, die zeitlich bereits 2000 v. Chr. in China ansetzt und sich von Ost nach West über Indien nach Persien und Arabien, über Griechenland und Rom nach Europa fortsetzt. Obgleich in dieser Narration ganze Kontinente gar nicht in den Blick kommen und erst das europäische Denken die höchste Erfahrungsstufe markiert, setzt der Blick zumindest wesentlich früher an als in der griechischen Antike (Hegel 1979, 141–147).

Der Idee *eines* Erfahrungsprozesses oder Evolutionsmodells – mag er bei Hegel auch nie als real homogen vorgestellt sein – steht die Idee eines multiplen Ursprungs der Philosophie gegenüber, wie sie prominent von Karl Jaspers in seinem Werk *Vom Ursprung und Ziel der Geschichte* (1949) als Theorie der „Achsenzeit" entwickelt wird. Dem Theorem der Achsenzeit nach entspringt die Philosophie gleichursprünglich ca. zwischen 800 und 200 v. Chr. an fünf hinsichtlich ihrer Kulturkontakte voneinander unbeeinflussten Kulturstätten: in China (mit

Laotse und Konfuzius; → IV.2 Specht), in Indien (mit Buddha und den *Upanishaden*), in Persien (mit der Lehre Zarathustras), im talmudischen Judentum mit seinen biblischen Propheten sowie schließlich auch im antiken Griechenland. Für Jaspers markiert diese Achsenzeit eine Art Revolution im Denken, ein Tor, durch das der Mensch, „mit dem wir bis heute leben" (Jaspers 2017, 17), hindurchtritt.

Allerdings wird auch das Theorem der Achsenzeit auf seine Eurozentrik hin kritisch hinterfragt, insbesondere in der interkulturellen Philosophie. So spricht die Kulturwissenschaftlerin Aleida Assmann von einer „Zentralperspektive der Achsenzeit" (A. Assmann 1988) und Franz Martin Wimmer nicht nur von einer Eurozentrik, sondern vom „Euräqualismus" (Wimmer 2017a; Wimmer 2017b, 8) des Achsenzeittheorems, das heißt, es geht nicht nur um eine auf Europa zentrierte Form der Philosophiegeschichtsschreibung, sondern um eine Gleichsetzung europäischer Philosophie mit dem Philosophiebegriff selbst. Die Frage nach dem historischen Anfang des Verhältnisses geht so gleitend über in diejenige nach seiner lokalen und globalen Relevanz oder nach seiner topographischen Universalität.

Die kontroverse Diskussion innerhalb der interkulturellen Philosophie bringt zum einen all jene Kulturen und Kontinente in Anschlag, das heißt zur Untersuchung, die aus dem Achsenzeitmodell gemäß Jaspers herausfallen. Zugleich werden Begründungsstrategien des Achsenzeitmodells kritisch hinterfragt.

Eine konkrete Begründung erfährt die Theorie der Achsenzeit unter anderem mit dem Hinweis auf einen Rationalisierungsschub, der auf eine Konfrontation unterschiedlicher Kulturen folgt (Wimmer 2004). Andere Erklärungsansätze sehen in der Achsenzeit vor allen Dingen eine mediale Zäsur: Die Achsenzeit wird als derjenige Moment bzw. diejenige Zeitspanne ausgewiesen, in dem eine breite Verschriftlichung – auch für intellektuelle Angelegenheiten – einsetze. Dieser Wandel mag sich auch gerade dadurch anzeigen, dass die Medialität – hier: die Opposition von Mündlichkeit und Schriftlichkeit – bei den Griechen eine verstärkte Reflexion erfährt (→ VI.2 Erler; → II.1 Krewet). Wie weit reicht die Geschichte der Philosophie zurück, wenn man Praktiken wie den Ubuntu oder das Palaver als traditionelles philosophisches Diskurselement versteht? Der Altägyptologe und Kulturwissenschaftler Jan Assmann vertritt die These, dass das Achsenzeitmodell als Demarkationslinie oder als „Geburt" der Philosophie selbst jedoch europäischen Ursprungs und – „[w]enn auch im Modus der Überwindung" – von dem Schema einer christlichen Geschichtstheologie der „biblischen Heilsgeschichte" geprägt sei (J. Assmann 2017, 23–38).

In der sogenannten Black-Athena-Debatte, die in den 1980er und 1990er Jahren um den Ursprung der afrikanischen Philosophie kontrovers geführt wurde, kommt insbesondere die altägyptische Periode von 3000 bis 300 v. Chr. in den Blick, mit der wir uns weit vor der Jaspers'schen Achsenzeit bewegen

(Graneß 2017, 44). Zwei paradigmatische Texte für diese Debatte sind die Lehre des Ptahhotep (ca. 2388–2356 v. Chr.), einem hohen Verwaltungsbeamten, wahrscheinlich auch Priester, und die Lehre des Ani. Die Lehre des Ptahhotep besteht aus einem Ensemble von papyrusbasierten Schriftstücken, die einen potentiellen Nachfolger in das ethisch richtige Miteinander – das Ma'at – als Einheit von Kosmos und Gesellschaft einweisen sollen und als Tugendlehre im weitesten Sinne zu verstehen sind. Die auf fünf Papyri erhaltene Lehre des Ani ist wie die Lehre des Ptahhotep als Erziehungslehre zu verstehen, allerdings auf das alltägliche Leben bezogen und als Belehrung von Vater zu Sohn angelegt. Interessant ist, dass dieses Dokument früher ethischer Reflexion, ein antikes präsokratisches Streitgespräch (James 1995), am Ende in einen Dialog zwischen Vater und Sohn mündet, der den Widerspruch des Sohnes enthält und auch als ein Plädoyer für Gedankenfreiheit und Kritik gelesen werden kann (Graneß 2017, 57).

Die Idee eines globalen Paradigmenwechsels betrifft jedoch nicht nur die Diskussion um den historischen Anfang des Philosophie- und Literaturschreibens. So schlägt Georg Stenger sechs Achsenzeiten vor (Stenger 2006, 34 ff.), Hans Schelkshorn sieht in der Moderne eine zweite Achsenzeit (Schelkshorn 2017). Gerade in der Bestimmung der Moderne – als einer vorzüglich von Europa ausgehenden Erneuerung des Denkens oder aber einer global zu betrachtenden Moderne (Featherstone et al. 1995) – scheint sich die Problematik der ‚ersten' Achsenzeit zu wiederholen.

Die Frage nach der transkulturellen Dimension des Verhältnisses von Philosophie und Literatur markiert einen weiteren Punkt, von dem aus auch dieses Handbuch fortzuschreiben wäre. Einzelne exemplarische Beiträge, die den Blick auf Gesellschaften und Kulturen außerhalb Europas und Nordamerikas werfen (→ IV.2 Dhouib; → IV.2 Specht; → IV.3 Wutsdorff), weisen hier den Weg.

Literatur

Assmann, Aleida. „Jaspers' Achsenzeit, oder Schwierigkeiten mit der Zentralperspektive in der Geschichte". *Karl Jaspers. Denken zwischen Wissenschaft, Politik und Philosophie*. Hg. von Dietrich Harth. Stuttgart 1988: 187–205.

Assmann, Aleida, Monika Gomille und Gabriele Rippl. „Einleitung". *Sammler – Bibliophile – Exzentriker*. Hg. von dens. Tübingen 1998: 7–20.

Assmann, Jan. *Achsenzeit. Eine Archäologie der Moderne*. München 2018.

Assmann, Jan. „Die Achsenzeit – zur Geschichte einer Idee". *Polylog. Zeitschrift für interkulturelles Philosophieren* (Themenheft: *Theorie der Achsenzeit?*) 38 (2017): 23–39.

Badura, Jens et al. (Hg.). *Künstlerische Forschung. Ein Handbuch*. Zürich/Berlin 2015.

Brandstetter, Gabriele und Gerhard Neumann (Hg.). *Romantische Wissenspoetik. Die Künste und die Wissenschaften um 1800*. Würzburg 2004.

Caduff, Corina (Hg.). *Kunst und künstlerische Forschung*. Zürich 2010.

Coessens, Kathleen, Darla Crispin und Anne Douglas. *The Artistic Turn. A Manifesto*. Leuven 2009.
Diogenes Laertius. *Leben und Meinungen berühmter Philosophen*. Übers. von Otto Apelt unter Mitarbeit von Hans Günter Zekl. Neu hg. sowie mit Einl. und Anm. vers. von Klaus Reich. Hamburg 2015.
Duhamel, Roland. „Literatur und Philosophie. Eine Einführung". *Nur Narr? Nur Dichter? Über die Beziehungen von Literatur und Philosophie*. Hg. von dems. und Guillaume van Gemert. Würzburg 2008: 9–16.
Ebbersmeyer, Sabrina (Hg.). *Der Briefwechsel zwischen Elisabeth von der Pfalz und René Descartes*. Paderborn 2015.
Ede, Siân. *Art and Science*. London 2005.
Featherstone, Mike, Scott Lash und Roland Robertson (Hg.). *Global Modernities*. London/ Thousand Oaks/New Delhi 1995.
Feger, Hans (Hg.). *Handbuch Literatur und Philosophie*. Stuttgart/Weimar 2012.
Fricke, Christiane und Jürgen Raap (Hg.). *Dialog und Infiltration. Wissenschaftliche Strategien der Kunst. Kunstforum International* 144 (1999).
Gabriel, Gottfried und Christiane Schildknecht (Hg.). *Literarische Formen der Philosophie*. Stuttgart 1990.
Graneß, Anke. „Der Kampf um den Anfang. Beginnt die Philosophie im Alten Ägypten?". *Polylog. Zeitschrift für interkulturelles Philosophieren* (Themenheft: *Theorie der Achsenzeit?*) 38 (2017): 41–62.
Hegel, Georg Wilhelm Friedrich. *Vorlesungen über die Geschichte der Philosophie I*. Bd. 18: *Werke in zwanzig Bänden*. Hg. von Eva Moldenhauer und Karl Markus Michel. Frankfurt a. M. 1979.
Hoffmann, Gerd-Rüdiger. „Wie und warum im subsaharischen Afrika Philosophie entstand". *Wie und warum entstand Philosophie in verschiedenen Regionen der Erde?* Hg. von Ralf Moritz, Hiltrud Rüstau und dems. Berlin 1988: 194–202.
James, David. „,The Instruction of Any' and Moral Philosophy". *African Philosophy*. Hg. von Albert G. Mosley. Englewood Cliffs, New Jersey 1995: 147–155.
Jaspers, Karl. *Vom Ursprung und Ziel der Geschichte*. Hg. von Kurt Salamun. Basel 2017.
Krumpel, Heinz. *Philosophie und Literatur in Lateinamerika. 20. Jahrhundert*. Frankfurt a. M. 2006.
Lemke, Anja, Martin Schierbaum und Ulrich Wergin (Hg.). *In die Höhe fallen. Grenzgänge zwischen Literatur und Philosophie*. Würzburg 2000.
Luhmann, Niklas. *Unbeobachtbare Welt. Über Kunst und Architektur*. Bielefeld 1990.
Misselhorn, Catrin, Schamma Schahadat und Irina Wutsdorff. „Philosophie und Literatur – Erkenntnis und Darstellung. Einführende Bemerkungen zu einem komplizierten Verhältnis". *Erkenntnis und Darstellung. Formen der Philosophie und der Literatur*. Hg. von dens. Paderborn 2011: 7–18.
Rudolph, Ulrich. „Abū Naṣr al-Fārābī". *Grundriss der Geschichte der Philosophie. Philosophie in der islamischen Welt. 8.–10. Jahrhundert*. Hg. von dems. unter Mitarbeit von Renate Würsch. Basel 2012: 361–457.
Schelkshorn, Hans. „Die Moderne als zweite Achsenzeit. Zu einer globalen Geschichtsphilosophie mit und gegen Jaspers". *Polylog. Zeitschrift für interkulturelles Philosophieren* (Themenheft: *Theorie der Achsenzeit?*) 38 (2017): 81–102.
Schildknecht, Christiane. *Philosophische Masken. Literarische Formen der Philosophie bei Platon, Descartes, Wolff und Lichtenberg*. Stuttgart 1990.

Schildknecht, Christiane und Dieter Teichert. „Einleitung". *Philosophie in Literatur*. Hg. von dens. Frankfurt a. M. 1996: 11–18.

Schmidt, Sarah. „Was ist künstlerische Forschung? Eine Skizze". *Suchraum Wildnis*. Dies. und George Steinmann. Bern 2013: 107–121.

Stenger, Georg. *Philosophie der Interkulturalität. Erfahrung und Welten. Eine phänomenologische Studie*. Freiburg i. Br./München 2006.

Wimmer, Franz Martin. „Unterwegs zum euroäqualistischen Paradigma der Philosophiegeschichte im 18. Jahrhundert. Barbaren, Exoten und das chinesische Ärgernis". *Philosophiegeschichtsschreibung in globaler Perspektive*. Hg. von Rolf Elberfeld. Hamburg 2017a: 167–194.

Wimmer, Franz Martin. „Bemerkungen zum Potential des Achsenzeit-Konzeptes für global orientierte Philosophiehistorie". *Polylog. Zeitschrift für interkulturelles Philosophieren* (Themenheft: *Theorie der Achsenzeit?*) 38 (2017b): 5–21.

Wimmer, Franz Martin. *Interkulturelle Philosophie. Eine Einführung*. Wien 2004.

Witzgall, Susanne. *Kunst nach der Wissenschaft. Zeitgenössische Kunst im Diskurs mit den Naturwissenschaften*. Nürnberg 2003.

Wokart, Norbert. „Glaubenskriege um die literarische Form von Philosophie". *Literarische Philosophie, philosophische Literatur*. Hg. von Richard Faber und Barbara Naumann. Würzburg 1999: 21–35.

II Philosophie der Literatur

II.1 Affektivität und sinnliche Erkenntnis

Einleitung

Michael Krewet

Die Berücksichtigung von Affektivität und sinnlicher Erkenntnis in der Literatur und Literaturkritik lässt sich bis in die Antike zurückverfolgen. Nicht selten steht die sinnliche Erkenntnis dabei entweder in Verbindung oder in einem Spannungsverhältnis mit einem nicht oder nicht allein auf die sinnliche Affektivität der Literatur ausgerichteten Ziel. Schon der wirkmächtige römisch-augusteische Dichter Horaz formuliert in seiner *Ars Poetica* (V. 333–334), dass die Dichtung nützen und erfreuen und deshalb unter anderem auch angenehm sein wolle.

Um anzudeuten, welch große Bedeutung auch im 20. Jahrhundert noch dem sinnlichen und ästhetischen Charakter der Literatur beigemessen wird, sei hier nur auf eine bekannte Position hingewiesen: Für Hans Robert Jauß ist deutlich, „daß das geschichtliche Wesen des Kunstwerks nicht allein in seiner darstellenden oder expressiven Funktion, sondern gleich notwendig auch in seiner Wirkung liegt" (Jauß 1970, 163), und er markiert damit nicht weniger als einen Paradigmenwechsel in der Literaturbetrachtung seiner Zeit. Jauß begründet in seiner Zeit – man möchte sagen: abermals – auch eine verstärkte Zuwendung zu den Bedingungen der Rezeption von Literatur, unter anderem in Form einer sinnlichen Erkenntnis, deren Modalitäten in der Folge auch von weiteren Literaturwissenschaftlerinnen und Literaturwissenschaftlern gewinnbringend analysiert wurden (Ingarden 1979; Iser 1979a; Iser 1979b).

In der Forschung der letzten Jahre ist immer wieder zu beobachten, dass die Betrachtung der Verbindung von Literatur und sinnlicher Erkenntnis und damit auch von Literatur und Ästhetik kaum zu trennen ist von einer philosophisch-erkenntnistheoretischen Basis (Büttner 2006, 15–99, 108–142). Damit steht die Forschung im Einklang mit gegenwärtigen philosophischen Emotionsforschungen, in welchen die zugrunde gelegten Erkenntnistheorien als bedeutsame Voraussetzung für die jeweilige Emotionskonzeption gesehen wird (Perler 2011).

Wenn beispielsweise Baumgarten die Einbildung als sinnlich definiert und sinnlich das „epistemologische Attribut jeder ‚nicht deutlichen' oder ‚verworrenen', Vorstellung ist" (→ II.2 ADLER), dann gründet dieses Konzept von Sinnlichkeit in der erkenntnistheoretischen Position, dass die Wahrnehmung als unmittelbare Sinnesaffektion einhergeht mit einer (noch) nicht deutlichen Vorstellung. Formen der Rationalität hingegen seien mit deutlichen und bewussten Vorstellungen verbunden, die das, was das Subjekt unmittelbar affiziert hat – und mit einer zeitlichen Distanz –, nach bestimmten Kriterien ordnen. Das Subjekt konstruiert also noch einmal bewusst das nach, von dem es zuvor unmittelbar affiziert worden ist. Kritisch betrachtet verliert der distanziert-aufklärende Akt einer so verstandenen Rationalitätskritik jedoch unter anderem die unverfälschte Unmittelbarkeit des Gefühls. Eine wichtige Eigenart der Literatur und Kunst kann dann – etwa im Gegensatz oder als Komplement zur rational-aufklärerischen Philosophie – darin gesehen werden, über sinnliche Affektionen auf den Menschen zu wirken. Die Grundlage dieser erkenntnistheoretischen Position, dass die Sinnlichkeit auf einer „dunklen Vorstellung" (ἀμυδρὰ φαντασία), die Rationalität auf einer klaren, „evidenten Vorstellung" (ἐναργὴς φαντασία) beruhe (Sextus Empiricus, *Adversus Mathematicos*, VII 253–258), lässt sich bis in die hellenistische Philosophie der Antike zurückverfolgen (Büttner 2006, 127–141; Krewet 2013, 27–152). Die Wirkung der hellenistischen Philosophie – gerade auf frühneuzeitliche Konzepte – ist bedeutend (Schmitt 2008, 7–206). Baumgarten beispielsweise zitiert an zentraler Stelle (Ästhetik, § 449) den epikureischen Gedanken aus Lukrez' *De rerum natura* (V. 476–485), dass für die Kenntnis des Wahren die Sinnlichkeit den Vorrang vor dem Denken habe. Dieser erkenntnistheoretische Dualismus zwischen unmittelbar affektiver, unverfälschter Sinnlichkeit und distanzierter, überformend-ordnender, gefühlloser Rationalität, der viele Jahrhunderte des europäischen Denkens prägt, erfährt, wie die drei Unterkapitel zeigen, eine Fülle kontroverser Ausdifferenzierungen und Diskussionen in der Literatur und Philosophie bis in die Gegenwart, die immer wieder auch die Unverfälschtheit und Lebendigkeit der sinnlichen Erkenntnis in Anschlag bringen.

Ein erstes Kapitel wirft ein Schlaglicht auf die griechische Antike. Es untersucht, wie Gorgias vor dem Hintergrund seines Erkenntnisskeptizismus eine formalästhetische Rhetorik entwirft und wie eine Literatur, die unter anderem auf solchen Kriterien beruht, der Dichtungskritik Platons anheimfällt. Darüber hinaus behandelt dieses Kapitel den Allgemeinbegriff, in dem Aristoteles' Dichtungskonzept wurzelt (→ II.1 Krewet).

Im zweiten Kapitel steht die zunehmende Bedeutung, die der sinnlichen Erkenntnis in der Philosophie ab dem 18. Jahrhundert zukommt, im Zentrum der Betrachtung. So wird am Beispiel Baumgartens etwa die Aufwertung der Sinnlichkeit und die Wendung gegen Vorgängerpositionen nachgezeichnet, die die Sinnlichkeit als Mangel gegenüber einem rationalen Verstandes- oder Vernunftdenken begreifen, der in der Undeutlichkeit gründe. Vertreterinnen und Vertreter der Baumgart'schen Schule messen fortan der sinnlichen Kraft von Vorstellungen eine große Bedeutung in der Literatur und Dichtung bei, die ihrerseits durch ihre sinnliche Rede affektiv auf die Seele der Rezipientin oder des Rezipienten wirken kann. Das Beispiel der sinnlichen Wirkung in Form einer angenehmen Empfindung oder eines freien Vergnügens, das Vernunftvorstellungen begleitet, wird schließlich in einer anderen Facette auch am Beispiel Schillers untersucht (→ II.1 ADLER).

Im dritten Kapitel wird der Wert, der sinnlicher Erkenntnis zukommt, an der Phänomenologie der Sinne als einer Erfahrungslehre bei Husserl, Merleau-Ponty und Simmel behandelt. Dass auch das Lachen und die Wortkomik mit einer besonderen Art sinnlicher Erkenntnis einhergehen, zeigt die Lehre Bergsons und die Kritische Theorie. Auch für Barthes und Kristeva ist die Betrachtung der Spannung zwischen Sinnlichkeit und Rationalität entscheidend. Barthes behandelt unter anderem Lust in Verbindung mit der unmittelbaren Sinnlichkeit und betont, dass nicht rational über die Lust gesprochen werden könne. In Kristevas Werk findet sich diese Spannung beispielsweise in ihrer Unterscheidung zwischen dem vordiskursiven Semiotischen auf der einen und dem Symbolischen auf der anderen Seite, deren Dialektik die Sprache umtreibt. Und für Derrida wiederum kommt der sinnlichen Erkenntnis und lustvollen Kraft eine zentrale Bedeutung bei der gleichzeitigen Konstitution der Literatur und Bedrohung ihrer Repräsentationsordnung zu. Weil er auch philosophische Texte nach diesem Gesichtspunkt untersucht, erntet er diesbezüglich Kritik von Habermas, demzufolge er einen der zentralen Gattungsunterschiede zwischen Literatur und Philosophie aufhebe (→ II.1 HOBUSS).

Literatur

Büttner, Stefan. *Antike Ästhetik. Eine Einführung in die Prinzipien des Schönen*. München 2006.
Ingarden, Roman. „Konkretisation und Rekonstruktion". *Rezeptionsästhetik. Theorie und Praxis*. Hg. von Rainer Warning. München 1979: 42–70.
Iser, Wolfgang. „Die Appellstruktur der Texte". *Rezeptionsästhetik. Theorie und Praxis*. Hg. von Rainer Warning. München 1979a: 228–252.
Iser, Wolfgang. „Der Lesevorgang". *Rezeptionsästhetik. Theorie und Praxis*. Hg. von Rainer Warning. München 1979b: 253–276.
Jauß, Hans-Robert. *Literaturgeschichte als Provokation der Literaturwissenschaft*. Frankfurt a. M. 1970.
Krewet, Michael. *Die stoische Theorie der Gefühle. Ihre Aporie. Ihre Wirkmacht*. Heidelberg 2013.
Perler, Dominik. *Transformationen der Gefühle. Philosophische Emotionstheorien 1270–1670*. Frankfurt a. M. 2011.
Schmitt, Arbogast. *Die Moderne und Platon. Zwei Grundformen europäischer Rationalität*. Stuttgart 2008.

Psyche und Wahrheit

Michael Krewet

1 Wirkung der Literatur auf die menschliche Seele (Gorgias, Platon)

Der bekannte Redner, Rhetoriklehrer und Philosoph Gorgias aus Leontinoi lebte ca. 480–380 v. Chr. auf Sizilien, wirkte aber auch in Athen und widmete sich umfangreich und konkret der Wirkmacht der Dichtung auf den Rezipienten (Gorgias Gorg., *Hel.*, §§ 8–14). Seine Grundüberzeugung lautet, dass die Macht der Rede zur Ordnung der Seele in demselben Verhältnis stehe wie die Ordnung von Pharmaka zur Natur der Körper. Verschiedene Pharmaka könnten nämlich verschiedene Säfte aus dem Körper austreiben, Krankheiten hervorrufen oder auch dem Leben ein Ende bereiten. Ebenso könnten verschiedene Reden in Kummer, Vergnügen, Furcht oder Zuversicht versetzen. Wieder andere wirkten auf die Seele durch schlechte Überredung ein und bezauberten sie durch eine solche. Aus dem Teil aus Gorgias' *Helena*, in dem Rede und Dichtung im Fokus stehen, stammen die berühmten Worte, dass die Menschen, die der Dichtung zuhörten, ein furchtsames Schaudern, ein tränenreiches Mitleid und ein Verlangen, das Trauer liebe, heimsuche. Aufgrund des Glücks und des Unglücks der Handlungen und Körper fremder Menschen erleide die Seele ein eigenes Gefühl. Mit dieser Charakterisierung der Wirkmacht der Dichtung gehen wirkästhetische Fragen einher, die die Forschung beschäftigen (Liebert 2017, 1–32, 106–111): Wie wirkt die Dichtung konkret auf den Menschen? Welche Rolle spielt die formale Gestaltung des Mediums? In welcher Verbindung kann die Wirkung zu ethischen Zielen stehen (Fuhrmann 1992)? Während es sich auf der Textbasis von Gorgias' *Helena* kaum abstreiten lässt, dass der formalästhetischen Gestaltung des Mediums der Sprache eine immense Bedeutung zukommt (Fuhrmann 1992; Uhlmann 2019, 47–63) gibt es doch Stimmen, die – mithilfe gegenwärtiger ästhetischer Theorien – die Wirkung der Dichtung im Anschluss an Gorgias in einem Erreichen der nichtrationalen Seite des Menschen sehen, allerdings ohne deren mediale Gebundenheit zu berücksichtigen (Liebert 2017, 109–111): Dichtung und Rede habe – folgen wir Gorgias – zum Ziel, das natürliche menschliche Verlangen nach intensiven emotionalen Zuständen zu befriedigen, nicht aber eine geteilte Moralvorstellung über die Wirkung der Literatur erfahrbar zu machen.

Platon (428–348 v. Chr.), dessen Werk uns in Form von literarisch gestalteten Dialogen erhalten ist, in denen der Philosoph Sokrates (469–399 v. Chr.) oft als einer der Dialogpartner fungiert (→ III.1 ERLER), kritisiert in seinem frühen

Dialog *Gorgias* die Grundfeste der gorgianischen Rhetorik (Uhlmann 2019, 64–90, 117–120). Seine Kritik richtet sich dabei unter anderem gegen ein Überzeugen durch Schmeichelei, die auch über eine formalästhetische Gestaltung der Worte, die Lust und Freude bereitet, erzielt wird (wie in Sokrates' Gespräch mit Polos (Plat., *Gorg.*, 461b–481b). Sokrates unterscheidet scharf zwischen willkürlichem Evozieren von Lust und dem Verfolgen des Guten für den Menschen (in Sokrates' Gespräch mit Kallikles; 481b–522e). Die Lust ist nur dann gut, wenn sie mit dem Erstreben des wirklich Gerechten einhergeht. Um Letzteres zu erkennen, bedarf es nach Sokrates aber des richtigen Wissens, was genau in welcher Situation gerecht ist. Sokrates tritt für eine Rhetorik ein, die in einem Sachwissen (und damit einer kultivierten Psyche) gründen muss. Wenn manipulative Ziele durch eine formalästhetische Gestaltung der Worte, die auch emotionale Wirkeffekte des Angenehmen in sich trägt, erreicht werden können, so kann der Kampf gegen eine manipulative Rhetorik nur durch die Aneignung von Sachwissen erfolgen.

Gorgias' Grundposition, dass ein Mensch bei der Betrachtung von Handlungen, die zum Beispiel nicht zuletzt aufgrund von bestimmten Gefühlen glücklich oder unglücklich enden, beim Rezeptionsakt selbst in ein Gefühl versetzt wird, bezweifelt Platon in seiner Dichtungskritik hingegen nicht. Die Dichtungskritik (Büttner 2000) findet sich vor allem im zweiten, dritten und zehnten Buch von Platons *Staat*. Sokrates betont dort, dass es für den nachahmenden Dichter einfach sei, das Erregbare im Menschen, schwierig hingegen einen besonnenen und ruhigen Charakter nachzunahmen (Plat., *rep.*, 603c4, 604e1–605a6). Der Darstellung von Reiz- und Erregbarem wohnt jedoch nach Platon potentiell Gefahr inne. Denn der Mensch könnte je nachdem zu wehklagend, zu lachlustig oder zu weichlich dargestellt werden, wenn er das Unglück im Handeln dargestellter Menschen rezipiere. Die emotionale Wirkung, die Dichtung im schlechten Fall auf die menschliche Seele ausüben kann, wird so zu einem zentralen Ausschlussargument für Platon (386a6 ff.). Attribute, denen Dichter wie Homer, Hesiod oder Pindar eine positive Wirkung zugeschrieben haben – lustvolle Süße, Buntheit oder Vielgestaltigkeit – werden deshalb von Platon konsequent in ihrer Gefahr für die menschliche Psyche auf dem Weg ihrer Entwicklung zur Vollkommenheit höchst kritisch beleuchtet. Wenn man die lustvolle Muse in den Staat aufnehme, würden Lust und Schmerz im Staat herrschen und nicht – was sich am besten erwiesen habe – das Gesetz und die Vernunft (607a5–607a8). Auch in den Seelen eines Tyrannen lässt sich dies nach Platon beobachten (571a1–592b6; Liebert 2017). Dichtung wird aber nicht in jedem Fall ausgeschlossen. Immerhin öffnet Platon den Götterhymnen und der Dichtung, die einem Staat mit guten Gesetzen nützen kann, die Tür (Plat., *rep.*, 607a3–607a5, 607c3–607c6).

Bereits in der antiken Literaturkritik zeichnet sich das Fortleben der sokratischen Positionen ab. Diese werden nicht grundsätzlich verworfen, aber anders gewertet. Als wirkmächtig erweist sich die Tatsache, dass der/die Rezipient/in beim Mitverfolgen von Darstellungen menschlicher Handlungen, die unglücklich oder glücklich enden, selbst Gefühle empfinden kann. Korrekturen oder eine implizite Kritik sieht man dagegen in der Annahme, dass die Dichtung primär wegen formalästhetischer Eigenschaften eine Wirkung erziele oder aber generell schadhaft sei. So weist Aristoteles als Schüler Platons der Dichtung, wenn sie gut gestaltet wird, einen positiven Charakter und ein positives Wirkpotential zu, und zwar gerade über den Gegenstand, den sie darstellt, und weniger über formalästhetische Charakteristika.

Nach Gorgias charakterisiert sich Literatur bzw. Dichtung über ihre ästhetische Durchgestaltung (Gorg., *Hel.*, § 9). Sie ist eine formale Kunst und sieht es nicht als ihren Auftrag an, moralisch zu bessern (Fuhrmann 1992, 96). Philosophisch liegt diesem Literaturkonzept ein erkenntnistheoretischer und ontologischer Relativismus zugrunde (Gorgias 2012; Uhlmann 2019). Demnach existiere das Seiende nicht; wenn es doch existiere, sei es für den Menschen nicht erkennbar; wenn es doch erkennbar sei, sei es nicht mitteilbar. Damit kann die Literatur nicht einen Gegenstand nachahmen oder gegenstandsgebunden sein. Bis in die Gegenwart wirken diese Argumente weiter: Literatur kennt keinen Gegenstand, sie wird teilweise formalästhetisch bestimmt (z. B. die Diskussion der Positionen in Schmitt 2008), oftmals entstammt ihre Charakterisierung ebenfalls skeptischen und erkenntniskritischen Positionen. Anders sieht dies für Platon aus: Auch wenn Literatur ein Gefahrenpotential darstellt, so geht es ihr doch um die Nachahmung handelnder Menschen. Im Idealfall sollen dabei Handlungen guter und vollendeter Menschen nachgeahmt werden, sie sollen angemessene Freude im Rezipienten erzeugen, was wiederum im Dienst der inneren Vervollkommnung steht. Philosophisch liegt hier die These zugrunde, dass es ein auch für den Menschen bestimm- und erkennbares Ideal gibt (Büttner 2000).

Entgegen aktuellen Positionen (wie sie Liebert 2017 vertritt) kann der Einwand geltend gemacht werden, dass auch nach Gorgias und Platon die Rezeption von Literatur und Rede kaum in einer unmittelbar natürlichen Weise erfolgt, sondern dass die Rolle des kognitiven Leseaktes sowohl von den antiken Autoren als auch von den Interpreten ins Auge gefasst worden ist. Wie Literatur wirkt, hängt von der Meinung ihrer Rezipienten ab (Gorgias *Hel.*, § 11; Fuhrmann 1992, 97), diese Meinung aber kann trügerisch sein (Plat., *rep.*, 475d2ff.). Während bei Gorgias kaum ersichtlich wird, was Meinung ausmacht, ist dies bei Platon und Aristoteles anders. Die Meinungsbildung vollzieht sich sowohl für Platon als auch für Aristoteles dadurch, dass etwas Allgemeines am Einzelnen erkannt wird. Im Falle der Furcht beispielsweise kann etwas Gefährliches (Allgemeines), wie es die Dichtung darstellt, an dem Einzelnen (also auch in seiner Lebensrealität) vorliegen. Die Schlussfolgerung aber erfolgt unbewusst; sie gründet in den Erfahrungen des Menschen, ist aber dennoch ein Erkenntnisakt, ohne den Gefühle nicht entstehen könnten. Für Aristoteles dagegen ist sogar das Entstehen eines Gefühls ohne Meinung undenkbar (Krewet 2011, 407–463). Unter Berücksichtigung der Erfahrungen kann die Art der Darstellung und des nachgeahmten Gegenstandes bestimmte Gefühle provozieren.

2 Literatur als Vermittlerin universaler Wahrheiten (Aristoteles)

Aristoteles (384–322 v. Chr.) aus Stageira in Makedonien, Schüler Platons und später der Begründer der philosophischen Schule des Peripatos, wirkte unter anderem auch in Athen. Von ihm sind uns keine für die Veröffentlichung bestimmten Dialoge erhalten, sondern nur seine Vorlesungsschriften, zu denen auch diejenige über die *Poetik* gehört (→ IV.1 KARYDAS).

Die Frage, inwiefern die Literatur Vermittlerin universaler Wahrheiten ist, rührt von Aristoteles' berühmtem neunten Kapitel seiner *Poetik* her. Aristoteles vertritt dort die Position, dass die Dichtung philosophischer als die Geschichtsschreibung sei. Als Begründung führt er an: „Die Dichtung stellt eher etwas Allgemeines, die Geschichtsschreibung Einzelnes dar" (Übersetzung hier und im Folgenden nach Schmitt 2008; Aristot., *poet.*, 1451b6–1451b7). Ein Verständnisproblem ergibt sich durch Aristoteles' Verwendung von ‚καθόλου' (dt. ‚Allgemeines'). Aus dem unmittelbaren Kontext erschließt sich dem Leser, dass es sich um das Allgemeine eines Charakters handelt. Ferner bestimmt Aristoteles schon im zweiten Kapitel der *Poetik* den Gegenstand eines dichterischen Werkes als handelnde Menschen („πράττοντας") (Aristot., *poet.*, 1448a1–1448a18). Diesen Gedanken greift Aristoteles im neunten Kapitel zur Erklärung dessen, was er als ‚Allgemeines' begreift, noch einmal auf: „Etwas Allgemeines aber meint, dass es einem bestimmten Charakter mit Wahrscheinlichkeit oder Notwendigkeit zukommt, Bestimmtes zu sagen oder zu tun" (Aristot., *poet.*, 1451b8–1451b9).

Die unterschiedlichen Auffassungen in der Forschung, inwiefern genau die Dichtung eine universale Wahrheit vermittelt, resultieren aus den Möglichkeiten, die das Griechische dem Leser, Interpreten und Übersetzer eröffnet, und ergeben sich daraus, wie die präpositionale Wendung „κατὰ τὸ εἰκὸς ἢ τὸ ἀναγκαῖον" (dt. ‚gemäß dem Wahrscheinlichen oder Notwendigen'; Aristot., *poet.*, 1451b9) in dem Satz zugeordnet wird. Rein grammatikalisch gibt es mehrere Alternativen (Schmitt 2008, 377–379): 1. Das ‚τὰ ποῖα' (dt. ‚das Wiebeschaffene', ‚der Charakter') soll gemäß dem Wahrscheinlichen oder Notwendigen sein. In diesem Fall entspricht der Charakter als Gegenstand der Nachahmung einer Wahrscheinlichkeit und Notwendigkeit, womit eine Art äußere Lebenswirklichkeit gemeint ist. 2. Das

‚λέγειν' und ‚πράττειν' (dt. ‚Reden', ‚Handeln') der Charaktere soll gemäß dem Wahrscheinlichen oder Notwendigen erfolgen. In diesem Fall reden und handeln die Charaktere im literarischen Werk, wie es für eine Gruppe oder eine Art von Menschen, denen sie zugehören, auch in der Lebensrealität angemessen ist. Deutungen (1) und (2) lassen sich prägnant als Lebensrealitätspositionen zusammenfassen. 3. Die präpositionale Wendung ‚gemäß dem Wahrscheinlichen und Notwendigen' wird dem Prädikat „συμβαίνειν" (‚zukommen') zugeordnet. Dieser Deutung gemäß kommt es einem bestimmt beschaffenen Menschen, das heißt einem Menschen mit einem bestimmten Charakter, mit Wahrscheinlichkeit oder Notwendigkeit zu, etwas Bestimmtbeschaffenes zu sagen oder zu tun. Position (3) lässt sich als Charakterwirklichkeitsposition begreifen. Dafür, dass Aristoteles mit seiner Formulierung die dritte Deutung meinte, spricht eine Passage aus dem 15. Kapitel der *Poetik*. Dort heißt es, dass ein Mensch von einer bestimmten Qualität – das heißt mit einem bestimmten Charakter – notwendig oder wahrscheinlich etwas von einer bestimmten Qualität sage oder tue (Aristot., *poet.*, 1454a35–1454a36).

Die universale Wahrheit liegt dieser Position nach in einer für die literarische Figur konzipierten charakterlichen Disposition. So wie in der literarischen Figur könnten sich auch in Wirklichkeit Vermögen, über die der Mensch verfügt, zu einem Charakter ausbilden. Die Figur eines Dramas verfügt demnach über bestimmte Eigenschaften, aufgrund derer sie in Entscheidungssituationen eine Wahlalternative einer anderen vorzieht. Oder anders formuliert: Für eine Person, die über feste charakterliche Eigenschaften verfügt, ist es wahrscheinlich oder notwendig, dass sie sich in einer ganz bestimmten Situation so und nicht anders entscheidet oder so und nicht anders spricht. Das, was sie spricht, und das, was sie tut, sind „Äußerungsformen einer bestimmten Charakterfassung" (Schmitt 2008, 379). Je bestimmter und fester der Charakter ist, desto notwendiger ist es in dieser Deutung, dass die Person sich so und nicht anders entscheidet. Diese charakterliche Disposition als Allgemeines zu bezeichnen, entspricht durchaus Aristoteles' Lehre vom Allgemeinen (Schmitt 2002). Letzterer zufolge kann das Allgemeine in der *Poetik* als der Charakter eines Menschen begriffen werden, insofern er immer wieder Ursache für neue einzelne Handlungen oder auch Reden einer bestimmten Art ist. Gleichwohl bleibt die Frage bestehen, wie dieser Begriff des Allgemeinen mit dem ersten Satz des neunten Kapitels einhergeht, dass es nicht die Aufgabe des Dichters sei, das Geschehene („τὰ γενόμενα"), sondern das, was geschehen könnte („οἷα ἂν γένετο"), und zwar das Mögliche („δυνατόν") gemäß dem Wahrscheinlichen oder Notwendigen zu sagen (Aristot., *poet.*, 1451a37–1451a38).

Aristoteles' Charakterbegriff unterscheidet sich von modernen Charakterbegriffen (Schmitt 2008, 381–384). Gemäß seiner Lehre besitzt der Mensch von

Natur aus gestaltbare Vermögen, die er selbst über die Art ihrer Betätigung und Gewöhnung in bestimmte Dispositionen führt, die er als Charakter begreift (Aristot., *eth. Nic.*, 1103a14–1103a26, 1104a33–1105a16; Krewet 2011, 212–317). Für die ausgebildeten und festen Vermögen, die den Charakter des Menschen auch als das behandelte Allgemeine ausmachen und das Prinzip für die individuellen Handlungen und Reden eines Menschen werden, verwendet Aristoteles den Terminus „δύναμις" (Aristot., *an.*, 417a22–417b2, 417b29–418a6). Das substantivierbare Adjektiv ist „δυνατόν". Unter Möglichem im neunten Kapitel der *Poetik* kann das ausgebildete Vermögen damit als Charakter und als eine realisierte Möglichkeit verstanden werden. Aufgabe des Dichters ist es nun darzustellen, was ein einzelner Charakter – als Allgemeines (καθόλου), insofern dieses Prinzip für individuelle Handlungen ist – in einzelnen Handlungen und Entscheidungssituationen wahrscheinlich oder notwendig aufgrund seiner Dispositionen, die sein individuell gestaltetes Vermögen ausmachen, sagt oder tut. Die universale Wahrheit, die der Dichter vermittelt, findet mithin ihr Fundament in dem individuell ausgeprägten Charakter der handelnden literarischen Figur.

Die Genese des Denkens, die im Anschluss an Aristoteles' Position als universale Wahrheit erfasst worden ist, nimmt im Gegensatz zu der vorangehend dargelegten Position ihren Ausgangspunkt oft von den beiden Lebensrealitätsdeutungen. Ein Grund für andere Auslegungen findet sich in der wirkmächtigen Lehre des Horaz. Früh wird im Anschluss an Horaz' *Ars Poetica* und *Epistel* I.2 das Allgemeine als ein Typisches begriffen (Kappl 2006, 15–29). Jede Altersstufe, jede gesellschaftliche Stellung, jeder Beruf, jede Herkunft usw. besitzt demzufolge eine typische Verhaltensweise. Wenn Aristoteles' *Poetik* nun mit Horaz' *Ars Poetica* und weniger innerhalb des Werkzusammenhangs – etwa in der Darlegung des Allgemeinen in Aristoteles' logischer Schrift der *Zweiten Analytiken* – gelesen wird, so begünstigt dies die beiden Lebensrealitätsdeutungen. Das Allgemeine wird auf den kleinsten gemeinsamen Nenner – die typischen Merkmale –, die für eine bestimmte Personengruppe empirisch erkennbar sind, reduziert. Dieses Typische muss der Dichter kennen, wenn er einen Charakter formen und darstellen will. Dem Individuellen, das die Deutung infolge der Charakterwirklichkeitsdeutung als universale charakterliche Wahrheit betont, tritt so eine empirische Standardisierung dessen, was als universal verstanden wird, in Orientierung an einer äußerlichen erfahrbaren Wirklichkeit gegenüber. Eine solche Standardisierung kann mit Horaz auch als (moralisches) Ideal verstanden werden. Das Vorbild wird als Nützliches begriffen, dem der Rezipient folgen soll.

In der Renaissance im Cinquecento erlangten Positionen infolge der beiden Lebensrealitätsdeutungen große Popularität. Renaissancepoeten wie Robortello, Lombardi, Minturno, Scaliger oder Tasso (Kappl 2006, 72–169), die zuletzt unter dem Einfluss von Horaz standen, geben den Universalitätsanspruch der Dichtung keinesfalls auf, tragen ihn vielmehr in den Lebensrealitätsauslegungen weiter. Das Kriterium, durch das sich die Dichtung von der Geschichtsschreibung unterscheidet, ist im neunten Kapitel der *Poetik* das *fingere*, das bestimmten Regeln zu folgen hat. Als möglich (δυνατόν) begreifen die Renaissancedichter in der Mehrzahl das, was den Naturgesetzen nicht widerspricht. Als wahrscheinlich (εἰκός) erachten sie das, was gemessen an der Empirie oder Naturgesetzmäßigkeit meistens so geschieht; als notwendig (ἀναγκαῖον) das, was der Naturgesetzmäßigkeit nach notwendig ist. „Angewendet auf menschliches Handeln heißt Wahrscheinlichkeit [...] Übereinstimmung mit dem, wie bestimmte Personengruppen sich typischerweise verhalten (*Decorum*)" (Kappl 2006, 164–165).

Der Charakterwirklichkeitsdeutung zufolge muss der Dichter erkennen, welche charakterlichen Möglichkeiten sich in einem Individuum als ein bestimmtes Vermögen entfaltet haben, welches das allgemeine Prinzip für einzelne Handlungen und Entscheidungen ist. In seiner Darstellung muss er den einzelnen Menschen diesen individuellen Habitus entsprechend handeln lassen. Der Dichter kann an den Möglichkeiten, in denen sich die Vermögen in Individuen zu unterschiedlichen Charakteren entwickeln können, Maß nehmen. Den Lebensrealitätsdeutungen nach erfährt die Aufgabe des Dichters dagegen eine Einschränkung mit Blick auf die Charakterdarstellung (Kappl 2006, 166). Der Dichter hat sich festen und standardisierten Darstellungsschemata eines Typs zu fügen. Folgen wir der Charakterwirklichkeitsauslegung, so nimmt die Dichtung Maß an den fest ausgebildeten charakterlichen Eigenschaften eines Individuums, wie sie sich wahrhaft ausprägen können. In ihnen gründet der universale Wahrheitsanspruch der Dichtung. Den Lebensrealitätsdeutungen zufolge gründet der universale Wahrheitsanspruch der Dichtung dagegen im Bemessen an einer äußeren Wirklichkeit. Das Prinzip der Handlungen ist ein Allgemeines, das aus der Empirie einzelner Menschen, nicht primär aus ihren charakterlichen Möglichkeiten abstrahiert wird.

Ausgehend von den wirkmächtigen Renaissancepoeten werden die Lebensrealitätsdeutungen in der Folge für lange Zeit geradezu als selbstverständlich angenommen. So hält sich bis in die Gegenwart die These, dass der Dichter sich am Allgemeinen orientieren solle, was in der Lebenswirklichkeit, also etwa in dem Verhalten einer Personengruppe oder in einem äußeren Geschehenszusammenhang und Ähnlichem wahrscheinlich oder notwendig ist.

Was aber macht das Literarische im Unterschied zur Philosophie aus? Dichtung wird bestimmt als Nachahmung handelnder Menschen. Der Charakterwirklichkeitsdeutung entsprechend kann die Literatur nicht allein als bloße Fiktion bestimmt werden. Denn der Dichter kann nach Aristoteles auch wirklich Geschehenes darstellen, wenn dies nach den Regeln der Wahrscheinlichkeit im Sinne dieser Deutung geschehen ist (Aristot., *poet.*, 1451b30–1451b32). Zentral ist, dass dichterische Darstellung Maß an festen charakterlichen Eigenschaften als einem ausgebildeten Vermögen eines Individuums nimmt. Die Reden und Handlungen der jeweiligen literarischen Figur geben den wahrscheinlichen oder notwendigen Ausfluss eines Charakters mit ganz bestimmten Neigungen zu erkennen. Auch wird das Verfolgen eines bestimmten subjektiv für gut befundenen Ziels sichtbar. Denn Letzteres charakterisiert den Handlungsbegriff von Aristoteles.

Grundvoraussetzung für Dichtung ist die Erkenntnisleistung des Dichters. Der Dichter muss erkennen, welche bestimmten Ausprägungen die Vermögen als Charakter eines Individuums annehmen können und wie diese notwendig oder wahrscheinlich zu ganz bestimmten Reden und Entscheidungen führen. Die Literatur verbindet sich somit insofern mit einer philosophischen Erkenntnis. Für Aristoteles muss der Dichter im Idealfall eine Kenntnis von den Grundmöglichkeiten menschlicher Vermögen besitzen. Die Handlung präsentiert gewissermaßen einen Schlusssatz dessen, was in der aristotelischen Philosophie als praktischer Syllogismus zu begreifen ist. Der Schluss der Handlung, Entscheidung oder Rede ergibt sich aus einer allgemeinen charakterlichen Disposition (erste Prämisse), die auf eine einzelne konkrete (Entscheidungs-)Situation trifft (zweite Prämisse). Seinem Charakter entsprechend entscheidet, handelt und redet der Mensch in dieser Situation (Krewet 2011, 512–522; → II.5 GABRIEL).

Gleichwohl ebnen die Lebensrealitätsdeutungen den Weg zum Verständnis der Literatur als Fiktion. Die Darstellung des Möglichen folgt nicht mehr (wie im Falle der Charakterwirklichkeitsdeutung) einer Bemühung des Dichters, die bestimmt ausgeprägten individuellen Vermögen des Menschen zu erkennen. Vielmehr zeigt das Beispiel Robortellos, dass der Dichter das Mögliche – als ein in der äußeren Lebensrealität Auffindbares – nach allein subjektiven Vorstellungen verändern kann, damit dieses dem Rezipienten besser gefällt oder nutzt. Damit wird zunehmend das Unwahre oder Erfundene (*fictum*) in den Fokus der Dichtung gerückt – teilweise auch in Abweichung von einer wahrscheinlichen Bindung an die Lebensrealität (zu Giraldi Cinzio siehe Kappl 2006, 112–117).

Der im Sinne der Charakterwirklichkeitsdeutung als universal begriffene Gegenstand der Dichtung besitzt schließlich durchaus ein affektives Wirkpotential auf den Rezipienten – und zwar gerade in der Deutung der „κάθαρσις" als einer Reinigung *der* Gefühle Furcht und Mitleid (Aristot., *poet.*, 1449b27–1449b28). Grammatikalisch wäre als Übertragung aus dem Griechischen allerdings auch die Reinigung *von* diesen Gefühlen vertretbar (Krewet 2014). Wenn der Rezipient etwa in den Bestrebungen eines Protagonisten, die in bestimmten und festen Charakterzügen ihre Ursache finden, eine Ähnlichkeit zu seinen eigenen Bestrebungen erkennt, wenn er ferner mitverfolgen muss, wie das Verfolgen eines Handlungsziels aufgrund dieser Charakterzüge scheitert, so kann er auch in seinem eigenen Bestreben eine unmittelbare Gefahr für das Erreichen seines Handlungsziel erkennen. Mit anderen Worten: Er kann über das Mitverfolgen der Handlung das Richtige fürchten und in diesem Sinne seine Furcht reinigen (→ II.6 WITT).

Dieses Verständnis von κάθαρσις (Reinigung) gründet in Aristoteles' philosophischer Lehre von der richtigen Mitte (μεσότης), die auch das Ideal eines Gefühls oder Affekts bestimmt. Unter richtiger Mitte versteht Aristoteles, dass das Gefühl gegenüber dem Gegenstand (also etwa dem Gegenstand der Furcht) angemessen ist, so lange andauert, wie es angemessen ist und dass der Mensch das Gefühl zu dem Zeitpunkt zeigt, wenn es angemessen ist usw. (Aristot., *eth. Nic.*, 1106b14–1106b34). Als Gefühl wird dieser Deutung gemäß das mit Unlust verbundene unmittelbare (auch unbewusste) meinungshafte Erkennen von etwas Bedrohlichem, das einen selbst betreffen könnte, verstanden (Krewet 2011).

Literatur

Aristoteles. *Nikomachische Ethik*. Griechisch/Deutsch. Übers. und hg. von Gernot Krapinger. Stuttgart 2020 [Aristot., *eth. Nic.*].

Aristoteles. *De Anima. Über die Seele*. Griechisch/Deutsch. Übers. und hg. von Gernot Krapinger. Stuttgart 2011 [Aristot., *an.*].

Aristoteles. *Poetik*. Ders., *Werke in deutscher Übersetzung*. Bd. 5. Übers. und erl. von Arbogast Schmitt. Berlin 2008 [Aristot., *poet.*].

Büttner, Stefan. *Die Literaturtheorie bei Platon und ihre anthropologische Begründung*. Basel 2000.

Fuhrmann, Manfred. *Die Dichtungstheorie der Antike. Aristoteles – Horaz – ‚Longin'. Eine Einführung*. Darmstadt 1992.

Gorgias von Leontinoi. „Lobpreis der Helena". Ders., *Reden, Fragmente und Testimonien*. Griechisch/Deutsch. Übers., komm. und hg. von Thomas Buchheim. 2. Aufl., Hamburg 2012: 3–16 [Gorg., *Hel.*].

Gorgias von Leontinoi. „Über das Nichtseiende" [„Über die Natur"]. Ders., *Reden, Fragmente und Testimonien*. Griechisch/Deutsch. Übers., komm. und hg. von Thomas Buchheim. 2. Aufl., Hamburg 2012: 39–64.

Kappl, Brigitte. *Die Poetik des Aristoteles in der Dichtungstheorie des Cinquecento*. Berlin/New York 2006.

Krewet, Michael. „Gründe für die Umdeutung des Aristotelischen Katharsisbegriffs im europäischen Denken". *Europa zwischen Antike und Moderne. Beiträge zur Philosophie, Literaturwissenschaft und Philologie*. Hg. von Claus Uhlig und Wolfram R. Keller. Heidelberg 2014: 43–79.

Krewet, Michael. *Die Theorie der Gefühle bei Aristoteles*. Heidelberg 2011.

Liebert, Rana Saadi. *Tragic Pleasure from Homer to Plato*. Cambridge 2017.

Platon. *Der Staat*. Ders., *Werke*. Bd. 4. Griechisch/Deutsch. Übers. von Friedrich Schleiermacher, griech. Text von Émile Chambry. Hg. und überarb. von Gunther Eigler, bearb. von Dietrich Kurz. 8. Aufl., Darmstadt 2019. [Plat., *rep.*].

Platon. *Gorgias*. Griechisch/Deutsch. Übers. und hg. von Michael Erler. Kommentar und Nachwort von Theo Kobusch. Stuttgart 2011. [Plat., *Gorg.*].

Schmitt, Arbogast. „Kommentar". Aristoteles. *Poetik*. Übers. und erl. von dems. Berlin 2008: 193–742.
Schmitt, Arbogast. „Das Universalienproblem bei Aristoteles". *Averroes (1126–1198) oder der Triumph des Rationalismus*. Hg. von Ralf Georges Khoury. Heidelberg 2002: 59–86.
Uhlmann, Gyburg. *Rhetorik und Wahrheit*. Berlin 2019.

Das neue Verhältnis von Vernunft und Sinnen: Ästhetik

Hans Adler

1 Die philosophische Integration der sinnlichen Erkenntnis

Das Verhältnis von *Noesis* (rationaler Erkenntnis) und *Aisthesis* (sinnlicher Erkenntnis) war bereits seit Demokrit (Demokrit 1996, 138–140) in der Antike konfliktreich. Die Folgen der Trennung von Aisthesis und Noesis, Episteme und Doxa, Geist und Körper, Verstand und Sinnen sind kaum zu überschätzen. Insbesondere religiöse und theologische Kräfte drängten darauf, die Aisthesis zu marginalisieren (Miquel 1986, 88–111; Blumenberg 1973, 106; Jauß 1977, 46–49; Schulte-Sasse 2001, 94–95). 1735 leitet Baumgarten seine Ästhetik unter explizitem Rückgriff auf die antike Philosophie und die Kirchenväter aus der sinnlichen Erkenntnis (→ II.1 AICHELE) ab. Im Schutz der Tradition und in strategischer Bescheidenheit spielt er die innovative Wucht seines Projekts herunter. Denn der Bezug zur Geschichte der Ästhetik als Teilgeschichte der Aisthesis war für lange Zeit verlorengegangen.

Mit der Definition des Gedichts als „vollkommener, sinnlicher Rede" (*Oratio sensitiva perfecta est POEMA*, Baumgarten 1983, 11, § IX) setzt Baumgarten zum einen bei der Wahrnehmung gegenwärtiger Dinge und deren „Vorstellungen" in der Seele an und nennt diese Vorstellungen *sensuales*: ‚durch die Sinne ausgelöst', ‚empfunden' (24, § XXIV; Baumgarten, 2011, § 608). Zum anderen geht es um Vorstellungen von Abwesendem, die aus dem Fundus des Gedächtnisses via Einbildungskraft aktiviert werden und die nicht erst seit Christian Wolff zu den *aistheta* gerechnet wurden (Wolff 2003, § 235; Baumgarten 1983, 86, § CXVI, 26–34, § XXVIII–XXXVIII): „Phantasmata/Einbildung" (Baumgarten 2011, 294, § 557). Alle Einbildungen definiert Baumgarten als „sinnlich/sensitiva" (300, § 570), wobei „sinnlich/sensitiva" (270, § 510) das epistemologische Attribut jeder „nicht deutlichen" oder „verworrenen" (276, § 521) Vorstellung ist. „Sinnlich" ist in diesem Zusammenhang also ein erkenntnistheoretischer Begriff, der den Bereich der sogenannten „unteren Erkenntnisvermögen" und des „Ästhetischen" abdeckt (276, § 519). Kant sieht darin eine falsche Gegenüberstellung von Sinnlichkeit und Intellektualität, die Baumgarten harsche Kritik einhandelt. Es sei „ein großer Fehler der Leibniz-Wolffischen Schule, [...] die Sinnlichkeit blos in einem *Mangel* (der Klarheit der Theilvorstellungen), folglich der Undeutlichkeit zu setzen" (Kant 1972, 140). Denn ohne die Sinnlichkeit gebe „es keinen Stoff [...], der zum Gebrauch des gesetzgebenden Verstandes verarbeitet werden könnte" (144).

Baumgarten räumt seiner philosophisch fundierten Poetik einen dezidiert systemischen, historischen und strategischen Ort ein. Sie beschreibt zum einen, *was* ein Gedicht ausmacht, zum anderen begründet sie als „Metapoetik" (Abbt 1978, 222), *warum* die beschriebenen Elemente ein Gedicht ausmachen. Damit liefern die *Meditationes de nonnullis ad Poema pertinentibus* den programmatischen Vorspann für die 15 Jahre später begründete *Aesthetica*, und auch für Herder stellen sie den „ganzen Grundriß zu einer Metapoetik" dar (Herder 1985a, 682; Adler 1990, 28, 70).

Mit den von Baumgarten neben den griechischen Philosophen (→ II.1 KREWETT) erwähnten Kirchenvätern hat sich die Forschung bisher nicht befasst. Baumgarten mag vertraut gewesen sein mit dem byzantinischen Bilderstreit. So könnte Johannes von Damaskus' Verteidigung der Aisthesis als unverzichtbarer Mittlerin zwischen Anschauung und Schau – „Jedes Bild offenbart das Verborgene und zeigt es", es ist „zur Vorbereitung der Erkenntnis, zur Offenbarung und Bekanntgabe des Verborgenen ersonnen worden." (Johannes 1996, 105) – für Baumgarten, vermittelt durch seinen Bruder, den hallischen Theologen Siegmund Jakob Baumgarten, anregend gewesen sein. Jedenfalls ist sie in ihren anthropologischen und epistemologischen Grundannahmen kompatibel mit Baumgartens Definition der Ästhetik als „Wissenschaft der sinnlichen Erkenntnis" (Baumgarten 2007, 11, § 1). Die theoretische Vermittlung zwischen Aisthesis und Wissen ist ein bleibendes Desiderat seit den Vorsokratikern bis heute zu Botho Strauß: „Anaxagoras: ,Die Phänomene geben Sicht auf das Verborgene.' Mit anderen Worten: Wir kennen die Welt nur incognito" (Strauß 2018, 20).

2 Die „Baumgarten'sche Schule"

Als ,Baumgarten'sche Schule' (Herder 1985b, 192; Adler 1990, 79) bezeichnet Herder eine „dritte Partei" neben dem Gottsched'schen rationalistisch-reduktionistischen Dichtungskonzept und dem auf Einbildungskraft, Neues und Wunder geöffneten Literaturbegriff von Bodmer und Breitinger (Scherpe 1968; → II.3 CAMPE). Herder deutet damit mit der „dritten Partei" eher vage auf Nicolai, Lessing, Mendelssohn, und Abbt, die Herausgeber der *Briefe, die Neueste Literatur betreffend* (Hilliard 2004, 14), für die Baumgarten als philosophischer „Dollmetscher der Seele" (Herder 1993, 133) den kleinsten gemeinsamen Nenner bilde. Das *Oratio sensitiva perfecta est Poema* fungiert dabei häufig als quasiaxiomatisches Mantra (→ II.5 AICHELE).

Die Descartes-kritische Aufmerksamkeit für die Sinnlichkeit geht einerseits mit einer rasanten Entwicklung der Physiologie und andererseits mit der Entwicklung kontroverser Auffassungen von der Rolle der Einbildungskraft, dem ‚Vermögen' zur Erschließung des Denk- und Vorstellbaren im Modus der Fiktion (→ II.2 GENCARELLI; → II.5 GABRIEL), einher. Das machen Johann Georg Sulzers zahlreiche Akademievorträge und sein Hauptwerk *Allgemeine Theorie der Schönen Künste* deutlich, die den Rationalismus mit seinen eigenen Mitteln an seine Grenzen treiben. Nicht ‚Irrationalismus' ist das Resultat, sondern eine Konfrontation neuer Erfahrungen mit den eigenen axiomatischen Grundlagen, die nun ihrerseits einer Revision unterzogen werden. Sulzers Literaturbegriff ist an Aristoteles, Wolff, Baumgarten, Bodmer sowie Dubos orientiert (Sulzer 2014, 91–93). Dichtkunst, so Sulzer, sei „[d]ie Kunst[,] den Vorstellungen, die unter den Ausdruck der Rede fallen, nach Beschaffenheit der Absicht den höchsten Grad der sinnlichen Kraft zu geben" (Sulzer 1771, 250). Eine „ungewöhnlich grosse[ ] Fühlbarkeit der Seele [...], [begleitet] mit einer ausserordentlichen Lebhaftigkeit der Einbildungskraft", ist der „Grund des poetischen Genies" (247). Er räumt damit Dichtung und Kunst eine eigenständige und irreduzible Funktion ein, die durch ‚Rührung' und ‚Empfindung' eine genuin aufklärerische Verbindung zwischen Erkenntnis und Handeln herstellen. Dichtung und Kunst spielen somit eine entscheidende Rolle in der Ausführung des aufklärerischen Projekts der Realisierung des ‚ganzen Menschen' in der gesellschaftlichen Realität.

Mit Leibniz, Wolff und Dubos geht Sulzer von der Grundannahme aus, dass die Seele als das Zentrum menschlicher Erkenntnis permanent „Vorstellungen" produziere. Da Empfindungen als Sinnesperzepte nur durch die Sinne induziert werden können, zieht Sulzer neue Erkenntnisse aus der Sinnesphysiologie heran und versucht, in seiner Seelenphysik die erkenntnistheoretische Dimension der spekulativen Psychologie auf ein empirisches Fundament zu stellen (Dürbeck 1998, 134–139). Herder, Sulzer folgend, schreibt wenig später: „Meines geringen Erachtens ist keine *Psychologie*, die nicht in jedem Schritte bestimmte *Physiologie* sei, möglich" (Herder 1994, 340). Rührung ist der psychische Stimulus, der etwas im Menschen auslöst, was diskursives Denken nicht erreicht. Die Differenz zwischen literarischer Rührung und rhetorischem *movere* besteht in der „Entkoppelung von movere und persuasio, d.h. von Rührung als ästhetischem Wirkungsziel und ethisch-praktischen Zwecken" (Torra-Mattenklott 2002, 25). Sulzers Enzyklopädie ist keine bloß kompendienartige Sammlung von Definitionen, Konzepten, und Desideraten, sondern auch eine Vorstellung von Ästhetik als einer Wissenschaft, die eine neue kognitive Dimension erschließt, welche die Schulphilosophie mit ihren Annahmen und Verfahren nicht erfassen kann.

Dabei geht Sulzer durchaus systematisch vor. 1745 legt er einen Überblick über den Stand der Wissenschaften seiner Zeit vor (Sulzer 2014, 1–48). Bereits die erweiterte zweite Auflage (1759) zieht – nach Erscheinen der *Aesthetica* – Konsequenzen aus Baumgartens Versuch, das System der Philosophie Wolffs um die Dimension des epistemologisch Undeutlichen, „[V]erworrenen" zu erweitern.

Sulzer schwebt eine „Experimentalphysik der Seele" (Sulzer 2014, 140) vor, die Licht/Aufklärung in die ‚dunklen' Regionen der Seele bringen soll. Ausgehend von der Idee einer „Wissenschaft der menschlichen Seele" (140), lässt sich hier die Ausdifferenzierung in moderne Psychologie und Erkenntnistheorie beobachten. Das sind nicht nur präzise Vorgaben für Karl Philipp Moritz' *Magazin zur Erfahrungsseelenkunde* (Adler 2010). In Konkurrenz zum philosophischen Begriff wertet Sulzer zudem die Metapher (→ II.4 ZELLE; → II.6 HETZEL) auf und betont deren exploratorische Erkenntnisfunktion via Analogie. Diese Einsicht hat bis heute – etwa in Blumenbergs *Metaphorologie* oder im *Wörterbuch der philosophischen Metaphern* (Konersmann 2007) – tiefe Spuren hinterlassen.

Für Herder ist Sulzer „der noch lebende *Baumgarten*" (Herder 1985b, 198). Doch wie bei Kant handele es sich bei dessen Schriften um Beiträge zur Philosophie und nicht zur ‚Sprachkunst', gemäß Herders scharfer Trennung zwischen ‚natürlicher' und ‚künstlicher' (theoretischer) Ästhetik, der die Kritik an der Philosophie als Schulmeisterei mit Klopstock und Goethe teilt (Klopstock 1844; Goethe 1987). Herder hält auch Lessings Unterscheidung im *Laokoon*-Aufsatz, der Malerei als Kunst des *Nebeneinanders* der dargestellten Dinge und Dichtung als Kunst des *Nacheinanders* der sprachlichen Zeichen charakterisiert, für zu vordergründig und unspezifisch. „Jedes Werk der bildenden Kunst" sei „ein *Werk* und keine Energie: es ist in allen seinen Theilen auf einmal da" (Herder 1993, 135). Dichtung dagegen entfalte sich im Akt der Rezeption in einem scheinbar paradoxen Prozess als Vorstellung in der Seele: „[D]ie Künste, die *Werke* liefern, wirken im Raume; die Künste, die durch Energie wirken, in der Zeitfolge; die schönen Wissenschaften, oder vielmehr die einzige schöne Wissenschaft, die Poesie, wirkt durch *Kraft*" (194). „Kraft" ist hier nicht ‚Ursache' sondern Spannung als Aktion in Latenz (Menke 2008, 46–82). Die Verankerung seines Literaturbegriffs in einer Theorie der Aisthesis verlangt von Herder eine spekulative und physiologische Plausibilisierung dessen, was ‚anschauende Erkenntnis' sein kann: diejenige Art der Erkenntnis, die Reflexion und Anschauung durch die Aufnahme in einer „*sinnlich vollkommene*[n] *Rede*" (Herder 1993, 196) in sich vereinigt. Aufgrund dieser Charakterisierung gelangt Herder zu einer anderen Einteilung der Künste als Lessing und die Tradition: „[W]ir reden nicht mehr, von Bildhauerei und Poesie, sondern von Künsten überhaupt, die *Werke* liefern, oder durch eine ununterbrochne Energie wirken" (138). Der Prozess der physikalisch-physiologisch-psychologischen Transformation aller Sinneseindrücke in eine ganzheitliche Vorstellung setzt eine ‚Läuterung' (Torra-Mattenklott 2002, 332) der materiellen Eindrücke in die immaterielle Sphäre der Seele voraus, ein Problem, das trotz aller konzeptuellen, auch paradigmatischen Unterschiede bis heute, auch unter Mitwirkung von Neurobiologie und Neuroästhetik, nicht gelöst ist (Breidbach 2013). Herder bietet hier den Begriff „Modulation" (Herder, 1998,

118, 129) an, die das Spezifische wahrt, indem die Sinnesherkunft der Eindrücke im einheitlichen Medium der Schwingungen durch unterschiedliche Frequenzen und Interferenzen markiert bleibt.

3 Schillers Autonomiekonzept im Horizont von Kant und Moritz

Kants Diktum beherzigend – „[u]nser Zeitalter ist das eigentliche Zeitalter der Kritik, der sich alles unterwerfen muss" (Kant 1970, KrV, A XI) – präludiert Schiller sein Konzept des „sentimentalischen" Dichters – in der Erwartung, dass eine philosophisch fundierte Dichtungsauffassung einen neuen Horizont der Literatur erschließe. Seinen eigenen Lernprozess begleitet Schiller mit skeptischer Hoffnung (Schiller 1992, 141). Nach seiner zweiten Lektüre der *Kritik der Urteilskraft* resümiert er wie folgt: „Die Natur steht unter dem Verstandesgesetze. Diese große Idee der Selbstbestimmung strahlt uns aus gewißen Erscheinungen der Natur zurük, und diese nennen wir *Schönheit*" (191). Kunst, so Schiller, muß daher freies Vergnügen bereiten durch ‚spielende' Darstellung (Schiller 2001a, 135). „Frei" nennt Schiller dasjenige Vergnügen, bei dem die „Gemüthskräfte" Verstand, Vernunft und Einbildungskraft „nach ihren eigenen Gesetzen affiziert werden, und wo die Empfindung durch eine Vorstellung erzeugt" und diese Vorstellung von einer „angenehmen Empfindung" begleitet wird (135). „Vorstellung" bezeichnet hier das Resultat der Beobachtung von Veränderungen in den Sinnesorganen, also im Unterschied zu ‚Eindruck' und ‚Wahrnehmung' einen ‚inneren' Vorgang, was bereits bei Wolff, Baumgarten, Mendelssohn, Herder und Kant deutlich unterschieden wurde.

Diese ‚innere Qualität', geleitet vom Vermögen der Lust und Unlust als „Mittelglied" (Kant 1963, KdU, B V) zwischen Erkenntnis- und Begehrungsvermögen, bildet auch die Voraussetzung für Kant, wenn er die auf Vorstellungen basierende ästhetische Urteilskraft mit dem „Reflexions-Geschmack" (A 22) – in einer Theorie der subjektiven Zweckmäßigkeit ästhetischer Gegenstände – als „Mittelglied" (B V) zwischen Verstand und Vernunft zu installieren sucht. In jener ‚inneren Qualität' mit subjektivem „Bestimmungsgrund" ist das „Geschmacksurtheil [...] kein *Erkenntnißurtheil*" (B 4). Das Gefühl der Lust wird also nicht durch „die Existenz der Sache", sondern durch das „Wohlgefallen" „an der bloße[n] Vorstellung des Gegenstandes" hervorgerufen (B 6) und ist somit „bloß *contemplativ*" (B 14). Kant nennt diese „subjektive Empfindung" „Gefühl" (B 4), die „Wahrnehmung eines Gegenstandes des Sinnes" „objektive Empfindung" (B 9).

Die „Kritik der ästhetischen Urteilskraft" fokussiert insbesondere auf die Aspekte des Schönen und des Erhabenen: das Schöne als Resultat der Angemessenheit des Perzepts für die menschliche Rezeption; das Erhabene als Resultat der

Entlastung von der unangenehmen Empfindung der Machtlosigkeit und Kleinheit des Menschen in der Erfahrung des Übergroßen oder Übermächtigen durch die Einsicht, dass dieses Missverhältnis nur durch menschliche Vernunfterkenntnis zugänglich sei und somit menschliche Einsicht die bändigende Kraft der Vernunft als Lustgefühl erfahrbar mache. Mit dieser Einengung der „ästhetischen Urteilskraft" auf das Schöne und das Erhabene ist langfristig die von Baumgarten und anderen als Ausgangs- und anthropologischer Konvergenzpunkt auf die Aisthesis gesetzte Emphase ausgeschaltet, von „Kant und Hegel aus dem Diskurs gekippt" (Liessmann 2004, 8, 30).

Schiller formuliert schon früh seine theoretische Unabhängigkeitserklärung der Kunst, wobei er neben Kant grundlegende Ideen von Aristoteles, Jean-Baptiste Dubos, Lessing, Mendelssohn, Sulzer und anderen kritisch aufnimmt. Es sei in diesem Zusammenhang daran erinnert, dass Moritz bereits 1785 ein ästhetisches Autonomiekonzept formulierte (Schrimpf 1980, 94–104; Guyer 2014, 411–413), das er 1788 in seiner programmatischen Schrift „Über die bildende Nachahmung des Schönen" systematisch ausarbeitete (Moritz 1962). Schillers ‚Autonomiekonzept' von Kunst und Literatur ist nicht eskapistisch, sondern legt den Theorieschwerpunkt zugleich auf Eigenart und Funktion von Kunst und Literatur. Seine Briefe *Über die ästhetische Erziehung des Menschen* waren 1795 angeregt von den unmittelbaren Folgen der Französischen Revolution, welche die Begeisterung für die Revolution vieler Intellektueller und Bürgerlicher im deutschsprachigen Raum zum Erlöschen brachte. Statt den Mitgliedern der Gesellschaft durch die revolutionäre Änderung der gesellschaftlichen Bedingungen die Möglichkeit zur freien Entfaltung ihrer Fähigkeiten in Staat und Gesellschaft zu eröffnen, setzt Schiller auf die umgekehrte Option, durch ‚Erziehung' der Mitglieder von Staat und Gesellschaft langfristig deren Bedingungen gewaltlos zu ändern. Seine Schrift zur ‚ästhetischen Erziehung' ist ein Beitrag zur „Ästhetik als Kulturanthropologie" (Janz 1998, 614) mit dem Kern der Idee der vollen Ausbildung der Fähigkeiten des Individuums im ‚Spiel'. Kunst und Literatur bieten Felder für die Praxis dieser Ausbildung, sie kultivieren sinnliche Perzeptionsfähigkeiten und deren Koordination, sowohl untereinander als auch im Zusammenspiel von Verstand und Vernunft. Das „Spielerische" besteht in der Aktivierung von ‚Vorstellungen' (vs. „Empfindungen") im Modus der Fiktion, der *Kunst des Scheins* (Schiller 2001b, 401), in der das menschliche Denk- und Imaginationsmögliche ausgelotet werden kann (→ II.6 MATUSCHEK). Schiller hebt die programmatische Reichweite von Fiktion und Spiel in Kunst und Literatur für die menschliche Kultur insgesamt sehr deutlich hervor: „[D]er Mensch spielt nur, wo er in voller Bedeutung des Worts Mensch ist, und *er ist nur da ganz Mensch, wo er spielt*" (359).

Was auf den ersten Blick geradezu das Gegenstück zu politischer Aktion zu sein scheint, erweist sich bei genauerem Besehen als politische Langzeitperspektive Schillers, so, wie auch Kants Aufklärungskonzeption langfristig als politisch anzusehen ist. Das Individuum, von dem Kant und Schiller ihre philosophisch und ästhetisch fundierten Entwürfe entwickeln, ist im Kontext des Absolutismus deshalb dysfunktional, weil es qua Aufklärung und ästhetischer Erziehung als Untertan ungeeignet ist. Schiller war sich der politischen Dimension seiner Schrift zur ästhetischen Erziehung bewusst. In einen Brief an Christian Garve nennt er sie sein „politische[s] Glaubensbekenntniß" (Schiller 1989, 125), das in einer Vision der menschlichen Gesellschaft als höchstes Kunstwerk kulminiert (Schiller 2001b, 311).

Das Zusammenspiel von Philosophie, Kunst und Literatur bewegt sich im 18. Jahrhundert im Feld von Erkenntnistheorie (Psychologie), Ästhetik, Physiologie sowie Gesellschafts- und politischer Theorie. Es zeigen sich Tendenzen zu grundsätzlichen Umbrüchen, die sich sowohl explizit als auch implizit realisieren, sei es als Anwendung aufklärerischer Prinzipien auf den aufklärerischen Rationalismus selbst, mit zum Teil grundlegenden Änderungen, die sich aus solidarischer Aufklärungskritik ergeben, sei es als explizite Kritik des aufklärerischen Rationalismus aus anthropologischer oder transzendentaler Perspektive. Literatur und Künste gewinnen immer mehr an Bedeutung, sie werden zu Artikulationsforen für die Entwicklung von Möglichkeiten neuer Handlungsspielräume im Modus der philosophisch gebrochenen Fiktion und spielerischer Repräsentation. Kunst und Literatur werden gewissermaßen zum Vorspiel künftiger Realität.

Literatur

Abbt, Thomas. „Leben und Charakter Alexander Gottlieb Baumgartens". Ders., *Vermischte Werke*. 4. Theil. Hildesheim/New York 1978: 213–244 [EA: 1783].

Adler, Hans. „Karl Philipp Moritz' Ästhetik und der universale Metabolismus". *Karl Philipp Moritz. Signaturen des Denkens*. Hg. von Anthony Krupp. Amsterdam/New York 2010: 195–204.

Adler, Hans. *Die Prägnanz des Dunklen. Gnoseologie – Ästhetik – Geschichtsphilosophie bei Johann Gottfried Herder*. Hamburg 1990.

Baumgarten, Alexander Gottlieb. *Metaphysica/Metaphysik*. Historisch-kritische Ausgabe. Übers. und hg. von Günter Gawlick und Lothar Kreimendahl. Stuttgart 2011 [EA: 1739].

Baumgarten Alexander Gottlieb. *Aesthetica/Ästhetik*. Übers. und hg. von Dagmar Mirbach. 2 Bde. Hamburg 2007 [EA: 1750/1758].

Baumgarten, Alexander Gottlieb. *Meditationes philosophicae de nonnullis ad poema pertinentibus/Philosophische Betrachtungen über einige Bedingungen des Gedichts*. Übers. und hg. von Heinz Paetzold. Hamburg 1983 [EA: 1735].

Blumenberg, Hans. *Der Prozeß der theoretischen Neugierde*. Frankfurt a. M. 1973 [EA: 1966].

Breidbach, Olaf. *Neuronale Ästhetik. Zur Morphologie des Anschauens*. München 2013.

Demokrit. „Fragmente". Ders., *Die Fragmente der Vorsokratiker*. Griechisch und Deutsch von Herman Diels. Hg. von Walther Kranz. Bd. 2. Zürich 1996.

Dürbeck, Gabriele. *Einbildungskraft und Aufklärung. Perspektiven der Philosophie, Anthropologie und Ästhetik um 1750*. Tübingen 1998.

Goethe, Johann Wolfgang. „[Rezension zu] Die schönen Künste in ihrem Ursprung, ihrer wahren Natur und besten Anwendung, betrachtet von J. G. Sulzer". *Goethes Werke*. Hg. im Auftrage der Großherzogin Sophie von Sachsen. Bd. I, 37. München 1987: 206–214 [EA: 1772].

Guyer, Paul. *A History of Modern Aesthetics*. Bd. 1: *The Eighteenth Century*. Cambridge 2014.

Herder, Johann Gottfried. „Die Lyra. Von der Natur und Wirkung der lyrischen Dichtkunst". Ders. *Werke in zehn Bänden*. Bd. 8: *Schriften zu Literatur und Philosophie 1792–1800*. Hg. von Hans Dietrich Irmscher. Frankfurt a. M. 1998: 117–135.

Herder, Johann Gottfried. „Vom Erkennen und Empfinden der menschlichen Seele. Bemerkungen und Träume". Ders., *Werke in zehn Bänden*. Bd. 4: *Schriften zu Philosophie, Literatur, Kunst und Altertum 1774–1787*. Hg. von Jürgen Brummack und Martin Bollacher. Frankfurt a. M. 1994: 327–393.

Herder, Johann Gottfried. „Kritische Wälder oder Betrachtungen über die Wissenschaft und Kunst des Schönen betreffend, nach Maßgabe neuerer Schriften". Ders., *Werke in zehn Bänden*. Bd. 2: *Schriften zur Ästhetik und Literatur 1767–1781*. Hg. von Gunter E. Grimm. Frankfurt a. M. 1993.

Herder, Johann Gottfried. „[Bruchstück von Baumgartens Denkmal]". Ders., *Werke in zehn Bänden*. Bd. 1: *Frühe Schriften. 1764–1772*. Hg. von Ulrich Gaier. Frankfurt a. M. 1985a: 681–694.

Herder, Johann Gottfried. „Über die neuere deutsche Literatur. Erste Sammlung von Fragmenten". Ders., *Werke in zehn Bänden*. Bd. 1: *Frühe Schriften. 1764–1772*. Hg. von Ulrich Gaier. Frankfurt a. M. 1985b: 161–259 [EA: 1767].

Hilliard, Kevin. „Die ‚Baumgartensche Schule' und der Strukturwandel der Lyrik in der Gefühlskultur der Aufklärung". *Gefühlskultur in der bürgerlichen Aufklärung*. Hg. von Achim Aurnhammer, Dieter Martin und Robert Seidel. Tübingen 2004: 11–22.

Janz, Rolf Peter. „Über die ästhetische Erziehung des Menschen in einer Reihe von Briefen". *Schiller-Handbuch*. Hg. von Helmut Koopmann. Stuttgart 1998: 610–626.

Jauß, Hans Robert. *Ästhetische Erfahrung und literarische Hermeneutik*. Bd. 1. München 1977.

Johannes von Damaskus/Ioannes Damascenus. *Drei Verteidigungsschriften gegen diejenigen, welche die heiligen Bilder verwerfen*. Übers. von Wolfgang Hradsky. Hg. von Gerhard Feige. Leipzig 1996.

Kant, Immanuel. *Anthropologie in pragmatischer Hinsicht*. Hg. von der Preußischen Akademie der Wissenschaften. Abt. I. Bd. VII. Berlin 1972 [EA: 1796/1797].

Kant, Immanuel. *Kritik der reinen Vernunft*. Ders., *Gesammelte Schriften*. Hg. von der Preußischen Akademie der Wissenschaften. Abt. I. Bd. III. Berlin 1970 [EA: 2. Aufl., 1787]. [KrV].

Kant, Immanuel. *Kritik der Urtheilskraft*. Ders., *Gesammelte Schriften*. Hg. von der Preußischen Akademie der Wissenschaften. Abt. I. Bd. V. Berlin 1963 [EA: 1790]. [KdU].

Klopstock, Friedrich Gottlieb. „Aesthetiker". Ders., *Sämmtliche Werke*. Bd. 4. Leipzig 1844: 278.

Konersmann, Ralf (Hg.). *Wörterbuch der philosophischen Metaphern*. Darmstadt 2007.

Liessmann, Konrad Paul. *Reiz und Rührung. Über ästhetische Empfindungen*. Wien 2004.

Menke, Christoph. *Kraft. Ein Grundbegriff ästhetischer Anthropologie*. Frankfurt a. M. 2008.

Miquel, Pierre. *Lexique du désert. Étude de quelques mots-clés du vocabulaire monastique grec ancien*. Bégrolles-en-Mauges 1986.

Moritz, Karl Philipp. „Über die bildende Nachahmung des Schönen". Ders., *Schriften zur Ästhetik und Poetik*. Hg. von Hans Joachim Schrimpf. Tübingen 1962: 63–93.

Scherpe, Klaus R. *Gattungspoetik im 18. Jahrhundert. Historische Entwicklung von Gottsched bis Herder*. Stuttgart 1968.

Schiller, Friedrich. „Über den Grund des Vergnügens an tragischen Gegenständen". Ders., *Werke*. Nationalausgabe. Bd. 20: *Philosophische Schriften*. Hg. von Benno von Wiese und Helmut Koopmann. Weimar 2001a: 133–147.

Schiller, Friedrich. „Über die ästhetische Erziehung des Menschen in einer Reihe von Briefen". Ders., *Werke*. Nationalausgabe. Bd. 20: *Philosophische Schriften*. Hg. von Benno von Wiese und Helmut Koopmann. Weimar 2001b: 309–412.

Schiller, Friedrich. *Briefwechsel*. Ders., *Werke*. Nationalausgabe. Bd. 26: *Schillers Briefe 1. 3. 1790–17. 5. 1794*. Hg. von Edith Nahler und Horst Nahler. Weimar 1992.

Schiller, Friedrich. *Briefwechsel*. Ders., *Werke*. Nationalausgabe. Bd. 27: *Schillers Briefe. 1794–1795*. Hg. von Günter Schulz. Weimar 1989.

Schrimpf, Hans Joachim. *Karl Philipp Moritz*. Stuttgart 1980.

Schulte-Sasse, Jochen. „Einbildungskraft/Imagination". *Ästhetische Grundbegriffe*. Hg. von Karlheinz Barck, Martin Fontius, Dieter Schlenstedt, Burkhart Steinwachs und Friedrich Wolfzettel. Bd. 2. Stuttgart/Weimar 2001: 88–121.

Strauß, Botho. *Non-Finito, Ausgespartes, Leere Stellen*. In: *Henri Matisse. Estampes*. [Mit einem Essay von] Markus Müller. Münster 2018.

Sulzer, Johann Georg. *Kurzer Begriff aller Wissenschaften*. Ders., *Gesammelte Schriften. Kommentierte Ausgabe*. Hg. von Hans Adler und Elisabeth Décultot. Bd. 1. Basel 2014 [EA: 1745 und 1759].

Sulzer, Johann Georg. *Allgemeine Theorie der Schönen Künste*. Bd. 1. Leipzig 1771.

Torra-Mattenklott, Caroline. *Metaphorologie der Rührung. Ästhetische Theorie und Mechanik im 18. Jahrhundert*. München 2002.

Wolff, Christian. *Vernünfftige Gedancken von Gott, der Welt und der Seele des Menschen, auch allen Dingen überhaupt*. Ders., *Gesammelte Werke*. I. Abt. Bd. 2.1.: *Materialien und Dokumente*. Hg. von Charles A. Corr. Hildesheim 2003 [EA: 1751].

Die Literatur und die Lüste: Phänomenologie der Sinne und die Frage nach der Erkenntnisfunktion von Lachen, Komik, Lust und Begehren

Steffi Hobuß

1 Phänomenologie der Sinne (Husserl, Merleau-Ponty, Simmel)

Als Erfahrungslehre geht Husserls Phänomenologie nicht von einem metaphysisch-vorgängigen Subjekt aus, sondern erschließt es als Erfahrungsfeld, wobei die Frage nach den Sinnen eine zentrale Rolle spielt. Subjektivität entsteht nicht anders als leiblich, sinnlich und affektiv. Wahrnehmung, Erfahrung und Erinnerung sind fundamentale Funktionen des Subjekts, von denen die Phänomenologie handelt. Der Ausdruck ‚Phänomenologie' zeigt zugleich Begriff und Programm an: In den *Erscheinungen* (griech. φαινόμενον/*phainómenon*, dt. ‚Erscheinendes'), gedacht als das dem Bewusstsein unmittelbar Gegebene, sucht die Phänomenologie den Ursprung der Erkenntnis auf. Aus phänomenologischer Sicht gehen sowohl Empirist/innen als auch Rationalist/innen fehl, wenn sie versuchen, den Zugang zur Welt aus einer Haltung der Abständigkeit oder des Gegenübers zur Welt zu erklären. Aus Sicht der Phänomenologie erfährt das Subjekt weder empiristisch zuerst die Welt und dann sich selbst noch rationalistisch zuerst sich selbst und dann die Welt. Den Phänomenen kann es nur dann gerecht werden, wenn es stets gleichursprünglich sich selbst *in* der Welt zu erfahren vermag (→ IV.3 EBKE). Das Bewusstsein als Erfahrungszusammenhang ist Husserl zufolge nicht möglich „ohne Phantasie und Emotion, ohne Leib und leiblich-instinktives Empfinden" (Brudzinska 2013, 16), die intentionale Struktur der transzendentalen Subjektivität bestimmen „auch der Trieb und der Instinkt, der nackte Körper also" (17). Weil das transzendentale Subjekt ontisch nicht vom empirischen Ich zu trennen ist, wird der Interpretation der Sinnlichkeit ein hoher Stellenwert zugesprochen. Die Phänomenologie der Sinne richtet ihre Aufmerksamkeit auf die Eigengesetzlichkeit der sinnlichen Wahrnehmung des *in* der Welt situierten Subjekts, auf ihre Leiblichkeit und die spezifische Erfahrung einzelner Sinne.

Schon beim frühen Husserl findet sich eine Diskussion der Gefühlsempfindung im Erlebniszusammenhang. Husserl nennt die Freude als eines seiner Beispiele und bestimmt sie zunächst formal als intentionalen Akt des Gefallens an etwas, betont aber gleich im folgenden Satz, „an die Vorstellung knüpft sich eine Lustempfindung" (Husserl 1984, 408).

Merleau-Ponty und die spätere (‚neuere') Phänomenologie wenden sich noch ausführlicher beispielhaften Phänomenen des menschlichen Erlebens und Erfahrens zu. Dies ist gelegentlich als eine gewisse Emotionalisierung der klassischeren Erkenntnistheorie Husserls verstanden worden, ist aber eher als Kontinuität in der Entwicklung der Phänomenologie der sinnlichen Erfahrung zu verstehen (Brudzinska 2013, 18). Merleau-Ponty ist es besonders um die Überwindung des dichotomen Gegensatzes zwischen den Sinnen und dem Sinn zu tun: Gehen traditionelle metaphysische Vorstellungen noch von einem Gegensatz zwischen Sinnen, Sinnlichkeit und Körper auf der einen Seite sowie Sinn, Denken und Geist auf der anderen Seite aus, so begreift Merleau-Ponty das Entstehen eines (semantischen) Sinns im Lichte von Saussures Strukturalismus, wonach Bedeutungen durch Differenzen innerhalb eines Feldes entstehen (Diaconu 2013, 102–103). Innerhalb des Leibes kommunizieren die Sinne Merleau-Ponty zufolge „durch ihren Bedeutungskern" als synergetisches System (Merleau-Ponty 1965, 269). Sinn entsteht nicht allein durch Operationen des Denkens; die Sinne können zum Beispiel einen Gegenstand *meinen*. Der spätere Merleau-Ponty denkt Sinn schließlich nicht mehr gebunden an die (sinnliche) Erfahrung eines Subjekts, sondern als einen der Welt selbst innewohnenden Sinn. Zum gedachten Sinn tritt der „Sinn der Existenz" (Merleau-Ponty 2004, 102) hinzu, der strukturalistisch durch ein Spiel der Differenzen hervorgebracht wird und von den wahrnehmenden Menschen nur expliziert wird. Dies lässt sich auf die Literatur übertragen und konvergiert mit klassischen Text- und Interpretationstheorien, sofern sie den Sinn eines (literarischen) Textes auf der Ebene der Textstrukturen ansiedeln, anstatt ihn als Projektion des Subjekts auf oder in den Text zu verstehen.

Georg Simmels *Exkurs über die Soziologie der Sinne* (1968) kann den klassischen Texten zur Phänomenologie der Sinne an die Seite gestellt werden. Der Exkurs gehört zwar zur *Soziologie* von 1908, soziologisch geht er aber „auf der Basis von *ästhesiologischen* Sätzen" vor (Fischer 2016, 238). Simmel geht davon aus, dass die Sinne zum einen als Medium des Selbstverhältnisses, zum anderen als Medium des In-der-Welt-Seins verstanden werden können. Damit erweist sich die Ästhesiologie „implizit als eine ‚Phänomenologie der Sinne'" (240), auch wenn Simmel noch nicht über diesen Terminus verfügt, den erst Plessner (1980) und Straus (1965) verwenden. Indem Simmel die Sinnlichkeit als doppelgerichtet auffasst – die Sinne führen „in das Subjekt hinein als dessen Stimmung und Gefühl, und zu dem Objekt hinaus, als Erkenntnis seiner" (Simmel 1968, 484) – knüpft er an Baumgartens philosophische Ästhetik (→ II.1 ADLER; → II.3 CAMPE → II.5 AICHELE) an.

Während Phänomenologie und Sprachphilosophie gewöhnlich als einander ausschließend verstanden werden, lässt sich an Ludwig Wittgensteins Philosophie (→ II.4 SCHMIDT; → IV.2 GABRIEL) für das Sehen-als exemplarisch zeigen, dass seine Sprachphilosophie gleichsam von entgegengesetzter Seite, nämlich vom *linguistic turn* her, und die Phänomenologie der Sinne zu gleichen Schlüssen führen. Die Kontroverse zwischen Empirismus und Rationalismus greift zu kurz, denn sinnliche Erfahrung ist als situiert, leiblich und als integraler Teil der Erkenntnisgenerierung zu denken (Hobuß 1998, 117–129). Wittgenstein und die Vertreter/innen der Phänomenologie geben häufig Beispiele aus Theater und Dichtung an, und doch steht eine systematische Behandlung der Literatur aus dieser Perspektive – trotz einzelner Initiativen (Howes 2018) – bisher aus.

2 Lachen und Wortkomik (Bergson, Adorno)

Nahezu übergangslos setzt Bergsons *Essay über die Bedeutung des Komischen* mit dem Spannungsfeld von Sinnlichkeit und Erkenntnis bzw. Verstand ein, wenn er davon ausgeht, dass Lachen als soziale Geste über Fehlschläge in der Anpassung an soziale Normen entsteht. Letztere erscheinen als Mechanismen und Starrheit und seien „meist mit einer gewissen *Empfindungslosigkeit* verbunden" (Bergson 2011, 14). Komik und Lachen erforderten eine gewisse Distanz und zumindest teilweise die Haltung des unbeteiligten Zuschauers oder der Zuschauerin; die Komik „wendet sich an den reinen Intellekt" (15). Kritisch zu befragen wäre Bergsons Diktum, es gebe „keine Komik außerhalb dessen, was wahrhaft *menschlich* ist" (12). Natur sei nie komisch, Tiere allenfalls in anthropomorpher Betrachtung. Möglicherweise sind hier wiederum anthropozentrische Vorannahmen am Werk. Bergsons Verständnis der normstabilisierenden Funktion des Verlachens wurde zudem als „falsche Verabsolutierung eines herrschaftlichen Umgangs mit dem Komischen" gesehen (Schweppenhäuser 2007, 219). Im zweiten Teil seiner Schrift wendet sich Bergson der Situations- und Wortkomik zu, die in drei unterschiedlichen Typen jeweils identischen Mustern folgen: erstens Repetition bzw. repetitive Transposition (eine Äußerung wird z. B. als Parodie in einen fremden Kontext gestellt und dadurch lächerlich), zweitens Inversion (eine Äußerung wird so umgekehrt, dass sie einen gegenläufigen Sinn erhält und dadurch komisch wirkt) und drittens Interferenz (einer Äußerung können wie beim Kalauer oder Wortspiel in zwei voneinander unabhängigen Kontexten zwei unterschiedliche Bedeutungen zugeschrieben werden, die aber miteinander interferieren) (Bergson 2011, 42–45). Gegen den Vorwurf der bloßen herrschaftsstabilisierenden Normaffirmation lassen sich hier gewisse Verfahren der Degradierung ausmachen, „bei denen etwas in der eigenen Kultur Sanktioniertes und Geheiligtes als mittelmäßig und billig vorgeführt wird" (Kreuder 2014, 171). Damit kann dem Lachen über Wortkomik auch ein gewisses subversives Potential zugeschrieben werden, wenn das Verlachen durchaus nicht immer nur dem Einzelnen gilt, der eine soziale Fehlleistung begeht, sondern sich auch auf die „fragwürdige Verfasstheit der sozialen Norm der gesellschaftlichen Norm selbst" richtet (172).

Um die Frage nach dem politischen Potential, sei es im revolutionären Affekt oder im „schlechtesten bürgerlichen Sadismus" (Adorno 1994, 171), drehen sich die Debatten der Kritischen Theorie. In der *Dialektik der Aufklärung* (→ II.4 KRAMER) werden Komik und Vergnügen als von der Kulturindustrie vollständig vereinnahmt dargestellt (Horkheimer und Adorno 1984, 128), später würdigt Adorno aber die kritischen Funktionen des Lachens und der Lust. So widmet sich die *Ästhetische Theorie* gleich im ersten Kapitel den Begriffen des Wohlgefallens und der Lust (Adorno 1970, 22–26). Kants und Freuds Lustbegriffe werden mit ihren Teilverdiensten und Beschränkungen jeweils kritisch gegeneinander geführt. Kant habe einerseits das triebgesteuerte psychologisch-empirische Subjekt hinter sich gelassen, seine Ästhetik werde dadurch aber zugleich zu einem „kastrierten Hedonismus, zu Lust ohne Lust" (25). Freuds Lustbegriff trage wiederum den triebhaften, auch bedrohlichen Implikationen Rechnung und rehabilitiere die vom bürgerlichen Hedonismus aus den Künsten verbannte Lust, reduziere dafür aber die Ästhetik auf Projektionen des Unbewussten und des Triebhaften auf die Kunstwerke, die dann bloß als „Verarbeitungen der versagenden Welt" (Bock 2018, 606) gelesen werden.

3 Lust und Begehren am/im Text (Barthes, Kristeva)

Die Frage nach dem Verhältnis von Sinnlichkeit und Erkenntnis bestimmt – in Form des Verhältnisses von Lüsten und bedeutungsvoller Sprache – auch Barthes' *Die Lust am Text*. 1973 verfügt Barthes bereits über das abstrakte Instrumentarium der modernen Semiologie und wendet sich im Anschluss an das Denken Nietzsches und der Psychoanalyse dem unmittelbaren sinnlichen Vergnügen am Text zu (→ II.2 FINKELDE → II.3 ZELLE). Im selben Jahr erscheinen Titel wie *Literatur und Lustprinzip* (Wellershoff 1973), ein Ende der Lustlosigkeit in den Literaturwissenschaften scheint in Sicht.

Den Ausdruck „Lust am Text" bezeichnet Barthes als „zweideutig, weil es kein Wort gibt, das zugleich die Lust (das Befriedigtsein) und die Wollust (das Vergehen vor Lust) umfaßt" (Barthes 1974, 30). Einerseits nimmt er den Terminus „Lust" (*plaisir*) in einem allgemeinen Sinne in Anspruch, um damit das zu bezeichnen, was im Text „jede (soziale) Funktion und jedes (strukturale) Funktionieren sprengt" (30). In diesem Sinne umgreift das Wort „Lust" auch die

Wollust bzw. das Genießen (*jouissance*). Auf einer zweiten Ebene jedoch setzt Barthes *plaisir* und *jouissance* in Opposition zueinander. Lust (*plaisir*) wäre demzufolge etwas wie Wohlgefühl, Erfülltsein, Behagen oder Sättigung, während mit der *jouissance* eher Schock, Erschütterung oder gar das Vergehen vor Lust, das Zusammenbrechen des Selbst und des sinnvollen Textes assoziiert werden. Weil Lust einerseits etwas Grundsätzliches, Allgemeines bedeute (wie in ‚Lustprinzip'), zugleich aber auch etwas Spezifisches und geringfügig Gekennzeichnetes (wie in ‚Er hat Lust, ins Kino zu gehen'), seien Zweideutigkeiten oder Widersprüche nicht zu vermeiden.

Wenn die Lust, die im Text generiert wird und am Text erlebt wird, aber in jedem Fall etwas meint, das soziale Funktion und strukturales Funktionieren sprengt, dann ist sie stets eine destruktive Kraft, selbst noch in ihrer behaglichen Variante, in der sie im Sinne von *plaisir* den Genuss an der Herstellung eines Sinns im Text einschließt. Als eine solche destruktive, sprengende Kraft entziehe sich die Lust am Text jeder Erklärung oder Fixierung in Form einer „These"; bestenfalls sei „eine Inspektion (eine Introspektion)" (Barthes 1974, 51) möglich, eine Formulierung, die geradezu phänomenologisch lesbar wäre. Mit der Formulierung „*Eppure si gaude*! Und dennoch und gegen jedermann genieße ich den Text" (51) spielt Barthes auf den Galilei zugeschriebenen Satz ‚Eppure si mouve!' (‚Und sie bewegt sich doch!') an, mit dem dieser der Inquisition widerstand. Auf diese Weise stilisiert Barthes die/den auf Lust beharrende/n Leser/in als gleichsam widerständig gegen jene Autorität, die der als lustfeindlich eingeschätzten Linguistik als kanonischer Wissenschaft zugeschrieben wird.

Über Lust könne man nicht geordnet und rational sprechen oder schreiben: „Um ein solches Sujet kann ich nur *kreisen*" (Barthes 1974, 51). Der Text entziehe sich operationalisierbaren, eindeutigen oder dauerhaften Kriterien, am ehesten ist noch eine „kollektive Ernte" denkbar, bei der alle Texte zu sammeln wären, „denen es gelungen ist, bei jemandem Lust zu erregen" (51). In Barthes' *Lust am Text* hat dies bereits Spuren gelegt. Die Anordnung der Einzelabschnitte in Form von 46 Figuren, die alphabetisch nach Überschriften wie „Affirmation", „Clivage" oder „Résistances" und in einer wilden Gattungsmischung – Erzählung, Traktat, Abhandlung, Essay, Brainstorming – aufeinanderfolgen, zeigt geradezu performativ, was es bedeutet, einen Text sinnlich lustvoll zu erleben. In einem „Mobile aus literarisch verdichteten Mikrotexten der Theorie" ergeben sich je nach Konstellation „verschiedenste Leseparcours" (Ette 2010, 91).

Das Verhältnis von Sinnlichkeit und Rationalität beschäftigt auch Kristevas durchweg literaturtheoretisches und psychoanalytisches (→ IV.1 KASPER) Werk als Frage nach der Dialektik von Trieb und Bedeutung. Vor allem in Die *Revolution der poetischen Sprache* (1978) und *Geschichten von der Liebe* (1989) untersucht Kristeva die psychoanalytische Dynamik von Trieb und Triebauflagen in der

Spannung zwischen Semiotischem und Symbolischem. Das Semiotische wird als vordiskursive, aber doch bedeutungsgenerierende Instanz auf der Seite des Triebs verortet, während das Symbolische auf der Seite der Triebauflagen, der Ordnung, der Bedeutung und des Sinns steht. Zum einen steht damit die Psychogenese des menschlichen Subjekts zur Verhandlung, zum anderen gleichursprünglich die Genese des Sprachlichen und des Texts. Die Sprache zeigt Kristeva zufolge stets die Dialektik von Trieb bzw. Semiosis und symbolischer Ordnung oder Thesis. Nur an besonderen Orten, im Wahnsinn und in der Dichtung, bricht das Triebhafte oder das Phantasma mit gewisser destruktiver Gewalt in diese sprachliche Ordnung ein (Kristeva (1978, 71). Den literarischen Text zerstört dies nicht, im Gegenteil. Es handelt sich vielmehr um eine produktive Spannung aus triebhaftem Begehren und symbolischer Ordnung, die einerseits auf der gewissen Labilität der stets bedrohten Ordnung, andererseits auf der Notwendigkeit eines Mindestmaßes an Ordnung für die literarische Repräsentation beruht: „Das perverse Begehren macht sich im Text nützlich" (Gratzke 2000, 71).

4 Sinnlichkeit, Erkenntnis und die Frage nach dem Gattungsunterschied zwischen Literatur und Philosophie (Derrida, Habermas)

Das Spannungsfeld von Sinnlichkeit und Affektivität auf der einen Seite sowie Erkenntnis und Wahrheitsanspruch auf der anderen und die Fragen nach den Möglichkeiten sinnlicher Erkenntnis und der sinnenhaften und/oder lustvollen Kraft, die literarische Texte gleichzeitig konstituiert als auch in ihrer Repräsentationsordnung bedroht, ist eine der Triebkräfte für die Debatten um die Grenze zwischen Literatur und Philosophie, die besonders am Werk Derridas entbrannt sind (→ IV.1 PRECHT). In seinen philosophischen Texten wendet Derrida „literarische Darstellungsstrategien" an (Kimmerle 2000, 143–144). Er kommentiert auch klassische philosophische Texte auf ihre eigenen literarischen und rhetorischen Stilmittel hin und befragt sie auf ihren affektiven Gehalt bzw. auf sinnlich-affektive Leerstellen. Habermas macht Derrida deswegen den Vorwurf einer „Liquidierung" und „Einebnung" von Gattungsunterschieden zwischen Philosophie und Literatur (Habermas 1985, 223).

In Form einer *reductio ad absurdum* sucht Habermas seine Kritik an Derrida zu erläutern: Ausgangspunkt sei ein Text, der nichtliterarisch auftrete, also zum Beispiel ein philosophischer Text. Geht man davon aus, dieser besitze auch „literarische Schichten", so lasse sich ein rhetorischer „Bedeutungsüberschuß" (223) zuschreiben, was sinnliche, affektive und lusthafte Momente beinhalte. Es sei dabei nicht auszuschließen, dass Bedeutungsüberschüsse „indirekte Mitteilungen" enthielten, die sogar die expliziten Aussagen des Textes dementierten. Habermas fasst dieses textuelle Gegeneinander in Begriffen von Manifestation und Latenz. Manifest sei die explizite und direkt zugängliche Meinung des Autors, latent sei ein überschreitender Gehalt, den der Text nur widerstrebend preisgebe, der aber „für die Erkenntnis konstitutive [...] Beschränkungen" (223) enthalte. Die genaue Beschreibung der paradoxen Denk- und Schreibbewegungen suggeriert auf den ersten Blick, als folge Habermas hier Derridas Vorgehensweise. Doch Habermas betont, dass philosophische Texte von sich aus einer Gattung angehörten, dass sie nicht literarisch sein möchten. Er kritisiert die Versetzung der Vernunftkritik in den Bereich der Rhetorik (→ II.3 HETZEL; → II.3 ZELLE): Wenn für Derrida „der philosophische Text *in Wahrheit* ein literarischer ist" (223), verschwinde der „performative Widerspruch, die subjektzentrierte Vernunft nur unter Rückgriff auf deren eigene Mittel ihrer autoritären Natur überführen zu können" (Habermas 1985, 219). Ist für Habermas der durch die Erkenntnis erbrachte Zugang zu ihren „konstitutiven Beschränkungen" (223) ein paradoxes und widersprüchliches Unterfangen, falle dieser Widerspruch für Derrida weg. Während Habermas etwas sichtbar werden sieht, was Derrida angeblich verleugne, ist dies als verkürzende Reduktion der vielfältigen und komplizierten Funktionen von Texten einzuschätzen, auch als Verlust an Lust und Wollust, Komik und Lachen. Im Anschluss an Derridas Universalitäts- und Eurozentrismuskritik (Derrida 1992, 14) wird aber noch ein weiteres Forschungsdesiderat sichtbar: Wie steht es um die systematische Untersuchung der Rolle von Affektivität und Sinnen in der postkolonialen Literatur(theorie)? Geht man jedoch kategorisch davon aus, dass postkolonialer Literatur eine besondere Nähe zu Affektivität und Sinnlichkeit zuzuschreiben ist, läuft man Gefahr zu essentialisieren und zu exotisieren. Als Beispiele für postkoloniale Autoren, die Affektivität und Sinnlichkeit in differenzierter Weise im Zentrum ihrer Werke behandeln, wären J. M. Coetzee (→ IV.3 ALLERKAMP), Michael Ondaatje und Salman Rushdie zu nennen. In der postkolonialen Literatur ist nicht nur die Darstellung körperlicher Schmerzen zentral, sondern vor allem der Widerstand gegen die Unterwerfung der Körper unter rassistische Ideologien im Sinne sinnlicher Mikropolitiken des Widerstands. Jenseits von herkömmlichen Versuchen der Universalisierung oder Exotisierung könnte die Phänomenologie der Sinne hier in äußerst produktiver Weise dazu beitragen, jene Schichten des schmerzverzerrten postkolonialen Textkörpers jenseits von schlechter Universalisierung oder Exotisierung sinnlich-ästhetisch zu erschließen.

Literatur

Adorno, Theodor W. und Walter Benjamin. *Briefe und Briefwechsel*. Hg. von Henri Lonitz. Frankfurt a. M. 1994.
Adorno, Theodor W. *Ästhetische Theorie*. Frankfurt a. M. 1970.
Barthes, Roland. *Die Lust am Text*. Übers. von Traugott König. Frankfurt a. M./Paris 1974 [OA: 1973].
Bergson, Henri. *Das Lachen. Ein Essay über die Bedeutung des Komischen*. Übers. von Roswitha Plancherel-Walter. Hamburg 2011 [OA: 1900].
Bock, Wolfgang. *Dialektische Psychologie. Adornos Rezeption der Psychoanalyse*. Heidelberg 2018.
Brudzinska, Jagna. „Von Husserl zu Merleau-Ponty". *Corporeity and Affectivity*. Hg. von Karel Novotny, Pierre Rodrigo, Jenny Slatman und Silvia Stoller. Leiden 2013: 15–34.
Derrida, Jacques. *Das andere Kap/Die vertagte Demokratie. Zwei Essays zu Europa*. Frankfurt a. M. 1992 [OA: 1991].
Diaconu, Madalina. *Phänomenologie der Sinne*. Stuttgart 2013.
Ette, Ottmar. *Roland Barthes. Die Lust am Text. Übersetzung und Kommentar*. Frankfurt a. M. 2010.
Fischer, Joachim. „Sinn der Sinne. Ästhesiologie und Soziologie bei Simmel und Plessner". *Alltagsmoralen. Die kulturelle Beeinflussung der fünf Sinne*. Hg. von Robert Hettlage und Alfred Bellebaum. Wiesbaden 2016: 237–250.
Gratzke, Michael. *Liebesschmerz und Textlust. Figuren der Liebe und des Masochismus in der Literatur*. Würzburg 2000.
Habermas, Jürgen. *Der philosophische Diskurs der Moderne*. Frankfurt a. M. 1985.
Hobuß, Steffi. *Wittgenstein über Expressivität. Der Ausdruck in Körpersprache und Kunst*. Hannover 1998.
Horkheimer, Max und Theodor W. Adorno. *Dialektik der Aufklärung*. Frankfurt a. M. 1984 [EA: 1944].
Howes, David (Hg.). *Senses and Sensation. Critical and Primary Sources*. Bd. 4: *Art and Design*. London 2018.
Husserl, Edmund. *Logische Untersuchungen. Erster Teil: Untersuchungen zur Phänomenologie und Theorie der Erkenntnis*. Hg. von Ursula Panzer. New York 1984 [EA: 1901].
Kimmerle, Heinz. *Jacques Derrida zur Einführung*. Hamburg 2000.
Kreuder, Friedemann. „Komisches". *Metzler Lexikon Theatertheorie*. Hg. von Erika Fischer-Lichte, Doris Kolesch und Matthias Warstat. Stuttgart 2014: 170–175.
Kristeva, Julia. *Geschichten von der Liebe*. Übers. von Wolfram Bayer und Dieter Hornig. Frankfurt a. M. 1989 [OA: 1983].
Kristeva, Julia. *Die Revolution der poetischen Sprache*. Übers. von Reinhold Werner. Frankfurt a. M. 1978 [OA: 1974].
Merleau-Ponty, Maurice. *Das Sichtbare und das Unsichtbare*. Übers. von Regula Giuliani. München 2004 [OA: 1964].
Merleau-Ponty, Maurice. *Phänomenologie der Wahrnehmung*. Übers. von Donald A. Landes. Berlin 1965 [OA: 1945].
Plessner, Helmuth. „Einheit der Sinne. Grundlinien einer Ästhesiologie des Geistes". Ders., *Gesammelte Schriften*. Bd. III. Frankfurt a. M. 1980: 7–315 [EA: 1923].
Schweppenhäuser, Gerhard. *Ästhetik. Philosophische Grundlagen und Schlüsselbegriffe*. Frankfurt a. M. 2007.

Simmel, Georg. „Exkurs über die Soziologie der Sinne". *Soziologie. Untersuchungen über die Formen der Vergesellschaftung*. Berlin 1968: 483–493 [EA: 1908].

Straus, Erwin W. *Vom Sinn der Sinne. Ein Beitrag zur Grundlegung der Psychologie*. Berlin 1956 [EA: 1935].

Wellershoff, Dieter. *Literatur und Lustprinzip*. Köln 1973.

II.2 Wirklichkeit, Wahrscheinlichkeit, Fiktion

Einleitung

Angela Gencarelli

Die titelgebende Begriffsreihe impliziert eine vertraute Rangfolge: Dinge und Gegebenheiten, die im herrschenden Sprachgebrauch als ‚wirklich' oder ‚real' bezeichnet werden, gelten als ‚wahr' im Sinne ihrer Nachprüfbarkeit und nehmen damit auf einer Skala des Realitätsgehalts den ersten Platz ein. Auf einer der niedrigeren Stufen rangiert das ‚nur' Wahrscheinliche, das im Spannungsfeld zwischen Möglichkeit und Gewissheit changiert. Das Fiktive schließlich gilt im allgemeinen Sprachgebrauch als ‚bloß' Erfundenes, lediglich in der Vorstellung Existierendes, dessen defizitärer Realitätsstatus nur mehr vom Irrealen oder Phantastischen übertroffen wird. Insbesondere die literarische Fiktion ist von dieser (Zu-)Ordnung ab- bzw. zunehmender Realitätsgeltung nicht unberührt geblieben: Es gehört zu den „Elementarbeständen unseres ‚stummen Wissens'" (Iser 1983, 121), die fiktionale Literatur der Wirklichkeit gegenüberzustellen, und sie infolgedessen danach zu bestimmen, was ihr fehlt, um als faktualer Diskurs zu gelten.

Mit dem intrikaten Verhältnis zwischen Fiktion und Wirklichkeit befassen sich auch die in diesem Kapitel vorgestellten Positionen zur dichterischen Einbildungskraft und ihren bisweilen wunderbaren Produkten, zur Unterscheidung fiktionaler und faktualer (Erzähl-)Texte, zum spezifischen Denk- und Sprechmodus des Als-ob in ästhetischen und außerästhetischen Kontexten sowie schließlich zur wirkmächtigen Kategorie des Imaginären. Häufig, aber nicht immer, unterlaufen die hier versammelten philosophischen und literaturtheoretischen Positionen die dichotome und deshalb vielfach problematisierte Gegenüberstellung von Fakt und Fiktion.

Ausgangspunkt dieses Kapitels bildet der Begriff der Einbildungskraft. Sie gilt als grundlegende Fähigkeit des Menschen, nicht nur bereits Wahrgenommenes oder Bekanntes zu neuen Vorstellungen zusammenzusetzen, sondern auch nichtexistente Dinge oder gar Unmögliches qua Vorstellungskraft zu erfinden. Gerade als *schöpferisches* Vermögen ermöglicht sie die Überschreitung des ‚bloß' Wirklichen und wurde deshalb insbesondere in ästhetischen Diskursen des 18. Jahrhunderts als genuine Dichtungskraft aufgewertet (z. B. bei J. G. Sulzer). Gleichwohl zeugen wesentliche Konzepte der dichterischen Einbildungskraft noch bis ins 20. Jahrhundert hinein davon, dass sie gerade aufgrund ihres die Wirklichkeit transgredierenden Potentials in die Nähe einer zügellosen und darum irrational, krankhaft-fiebrigen Phantasietätigkeit rückt. Ähnliches gilt für die Produkte der ‚wilden' Einbildungskraft, darunter solche vorgeblich reinen Phantasieprodukte wie das Wunderbare (Gottsched, Bodmer, Breitinger) oder das Phantastische (T. Todorov). Auch im Falle dieser Begriffe wurde ihr Verhältnis zum Realen und vor allem ihre Abweichung von gültigen Realitätsannahmen kontrovers diskutiert. Neue Aktualität erlangte die Unterscheidung zwischen Fakt und Fiktion in der literaturtheoretischen Auseinandersetzung mit dem Fiktionsbegriff im 20. Jahrhundert, insbesondere in Studien erzähltheoretischer Provenienz. So rückten einschlägige Beiträge zur Erzähltheorie (K. Hamburger, G. Genette) nicht nur die ontologische Frage des Seins oder Nichtseins des in literarischen Texten Erzählten in den Fokus, sondern befassten sich mit dem spezifischen Modus fiktionaler Rede im Unterschied zur Wirklichkeitsaussage bzw. der faktualen Rede (→ II.2 GENCARELLI).

Das Verhältnis zwischen Wirklichkeit und Fiktion geriet auch im Licht einer weiteren wirkmächtigen Diskussionslinie des Fiktionsbegriffes auf den Prüfstein, nämlich im Zuge seiner Bestimmung als ein hypothetisches Denken und Sprechen im Modus des Als-ob, die im zweiten Teil dieses Kapitels in den Blick genommen werden. Im frühen 20. Jahrhundert legte Hans Vaihinger im eigenwilligen Anschluss an Kant mit seiner *Philosophie des Als Ob* (1911) eine der umfassendsten Beschreibungen und typologischen Einordnungen ‚nichtästhetischer' bzw. pragmatischer Fiktionen vor. Das breite Spektrum von Annahmen, wissenschaftlichen Hypothesen, Modellbildungen bis hin zu abstrahierenden Begriffen und Ideen (bei Kant: „heuristische Fiktionen") fasste Vaihinger als Fiktionen im Sinne „wissenschaftlich erlaubte[r] oder gebotene[r] Erdichtungen" (Vaihinger 1922, 257) zusammen. Da Vaihinger Fiktionen nach ihrer Zweckgerichtetheit und damit instrumentell bestimmte, standen sie als „bewusstfalsche[ ] Vorstellungen", die doch „Richtiges" (XII) erreichten, nicht im Konflikt zum Wahrheitsbegriff oder zur Wirklichkeit, sondern galten ihm zufolge als gedankliche Hilfskonstruktionen. Der Modus des Als-ob lässt sich fraglos auch als adäquate Beschreibungskategorie literarischer Fiktionen heranziehen. In der Literatur selbst wurde die „seltsame Partikelkomplikation[ ] ‚als ob'" (155) aufgegriffen, um etwa – wie in diesem Unterkapitel am Beispiel von Shakespeare und Kleist aufgezeigt wird – scheinbar unumstößliche Wahrheiten in Staat, Gesellschaft oder Religion als fiktionale Setzungen, die sich zu Realitäten verfestigt haben, zu entlarven (→ II.2 ALLERKAMP).

Ein drittes Unterkapitel nimmt mit dem Imaginären eine relativ „junge Begriffsprägung" in den Blick, die an „Bedeutung gewann, je mehr die Skepsis" an solchen traditionsreichen Termini wie der Einbildungskraft oder der Imagination wuchs (Iser 1991, 292). Als eine weniger ‚vorbelastete' Kategorie geriet das Imaginäre insbesondere im 20. Jahrhundert etwa bei Sartre, Lacan oder Iser in den Fokus. So hat Sartre das Imaginäre als eine Bewusstseinskraft bestimmt, die qua Vorstellung eines ‚irrealen' und ‚unerreichbaren' Objektes eine positiv verstandene Negation des Wirklichen ermögliche. Während Sartre mit der Kategorie des Imaginären auf die Relation zwischen Bewusstsein und Objekt abzielt, besetzt sie bei Lacan das Zentrum des mentalen Selbstbezugs des Subjekts: Das Imaginäre als eines der ‚Register', die das Subjekt konstituieren, verweist bei Lacan auf die imaginär-illusorischen Selbstbilder der Ich-Instanz, die nie frei von Verzerrungen, Phantasmen oder angeeigneter Fremdimagination sind. Während das Imaginäre damit bei Lacan und vor ihm bei Sartre als Teil spezifischer Bewusstseinsakte gedacht wurde, hat schließlich Wolfgang Iser diese Kategorie für die Fiktionstheorie der Literatur produktiv gemacht: Das Fiktive in der Literatur bestimmt Iser nicht mehr in erster Linie durch dessen Zusammenspiel mit dem Realen, sondern im Gegenteil durch die Relation des Fiktiven zum Imaginären, das erst im fiktionalen Text eine erfahrbare Evidenz bzw. konkrete Realisation erhält. Demnach hat Iser durch seine Einbeziehung des Imaginären dazu beigetragen, die binäre Verhältnisbestimmung zwischen Fiktion und Realität nachhaltig zu erschüttern (→ II.2 FINKELDE).

Literatur

Iser, Wolfgang. *Das Fiktive und das Imaginäre. Perspektiven literarischer Anthropologie.* Frankfurt a. M. 1991.
Iser, Wolfgang. „Akte des Fingierens. Oder: Was ist das Fiktive im fiktionalen Text?". *Funktionen des Fiktiven*. Hg. von Dieter Henrich und dems. München 1983: 121–151.
Vaihinger, Hans. *Die Philosophie des Als Ob. System der theoretischen, praktischen und religiösen Fiktionen der Menschheit auf Grund eines idealistischen Positivismus.* Leipzig 1922.

//
Konzepte dichterischen Erfindens

Angela Gencarelli

1 Dichterische Einbildungskraft (Sulzer, Staiger, Preisendanz, Bornscheuer)

Die Einbildungskraft gilt einerseits als reproduktives Vermögen, sich abwesende Gegenstände auf der Grundlage sinnlicher Eindrücke erneut vorzustellen, und andererseits als produktive Fähigkeit, fiktive, in der Wirklichkeit nicht existierende Dinge zu erfinden. Insbesondere diese zweite, schöpferische Seite der Einbildungskraft wurde im Laufe des 18. Jahrhunderts, als der Terminus zu einem Leitbegriff der Ästhetik avancierte, als genuine ‚Dichtungskraft' aufgewertet.

In der langen Geschichte der Einbildungskraft deutete zunächst wenig auf ihre Aufwertung als künstlerisches Vermögen hin: In der aristotelisch geprägten Fakultätenpsychologie des Mittelalters und der Frühen Neuzeit zählte die Einbildungskraft bzw. ihre wortgeschichtlichen Vorläufer, die *phantasia* und *imaginatio*, zu den niederen sinnlichen Seelenvermögen (Wels 2005), die teils sogar als Ursache von Erkrankungen des Körpers betrachtet wurden (Montaigne 1953, 136). Erst infolge einer generellen Aufwertung der Sinnlichkeit im 18. Jahrhundert (Schulte-Sasse 2001, 91) wurden auch die vormals niederen, weil sinnlichen Seelenvermögen und damit die Einbildungskraft neu bewertet: Wesentliche Aspekte ihrer aufklärerischen Neubestimmung zeichnen sich etwa in J. G. Sulzers Enzyklopädie *Allgemeine Theorie der schönen Künste* (1771–1774) ab. Unter ‚Einbildungskraft' versteht Sulzer zunächst noch traditionell das Vermögen, sich abwesende Dinge in der Vorstellung zu vergegenwärtigen (Sulzer 1771b, 291). Zusätzlich aber zählt er zur Einbildungskraft auch die „Dichtungskraft". Diese definiert er als das schöpferische „Vermögen, Vorstellungen von Gegenständen der Sinnen und der innern Empfindung, die man nie unmittelbar gefühlt hat, in sich hervorzubringen" (259). Folglich sei die Einbildungskraft die eigentliche „Mutter der schönen Künste", die als ausgeprägte Dichtungskraft zur „Schöpferin einer neuen Welt" avanciere (292). Damit eröffnet Sulzer der dichterischen Einbildungskraft einen breiten Spielraum, den er aber ähnlich wie andere Aufklärer auch (Dürbeck 1998, 305) dadurch wieder einschränkt, dass er vor den Gefahren einer allzu sehr ausschweifenden Phantasie warnt und das Erdichtete dem Maßstab der Wahrscheinlichkeit unterstellt (Sulzer 1771a, 260; 1771b, 292; → II.1 KREWET).

Einen weitergehenden Emanzipationsprozess hat die ästhetische Einbildungskraft in den Diskussionen um den Geniebegriff im ausgehenden 18. Jahrhundert erfahren: Nach Kants maßgeblicher Definition zeichne sich das Genie durch die „musterhafte Originalität der Naturgabe eines Subjects im freien Gebrauche seiner Erkenntnisvermögen", insbesondere der Einbildungskraft, aus (KdU, § 49, 197). Kant definiert den für den Geniebegriff konstitutiven Terminus der Einbildungskraft, den er zuvor erkenntnistheoretisch als empirisch-geregelte, aber auch spontane Syntheseleistung von Sinnesdaten zu einer Einheit bestimmt hat (Vietta 1986, 255–262), nun als „produktives Erkenntnisvermögen", das „sehr mächtig in Schaffung gleichsam einer andern Natur" (KdU, § 49, 190) sei. Während Kant die Einbildungskraft aber trotz aller Aufwertung noch an die Vernunft als Korrektiv bindet bzw. ihr unterordnet, pochen die Frühromantiker auf eine größere Eigenständigkeit ersterer gegenüber letzterer (Behler 1992, 53; → II.4 SCHMIDT). So begreift etwa F. Schlegel die Einbildungskraft als primäres Prinzip eines poetischen Weltzugangs, wohingegen die mit Begriffen operierende Vernunft erst anschließend wirksam werden könne (54).

Im Laufe des 19. und 20. Jahrhunderts büßte der Begriff der Einbildungskraft trotz seiner enormen Karriere als ästhetische Kategorie zunehmend an Bedeutung ein, weil sein „klassisch-romantische[r] Endhorizont", das „Subjekt und dessen Selbstrealisierung", brüchig wurde (Iser 1991, 311). Auch wenn der Begriff seinen Status als ästhetische Leitkategorie verloren hat, entwickelte neben der Philosophie (Homann 1970) insbesondere auch die Literaturwissenschaft im 20. Jahrhundert neue Konzepte der dichterischen Einbildungskraft: E. Staiger etwa macht die Einbildungskraft an der spezifischen Zeitstruktur des poetischen bzw. lyrischen Werks fest, da er die Zeit ähnlich wie Heidegger als die wesentliche „Form der [menschlichen] Anschauung" (Staiger 1963, 75) bzw. als „transzendentale Urstruktur des Menschen" (74) begreift. Seine Typologie der dichterischen Einbildungskraft, die er am Beispiel von Gedichten Brentanos, Goethes und Kellers auf die Kategorien der ‚reißenden Zeit', des ‚Augenblicks' und der ‚ruhenden Zeit' festlegt, versteht Staiger als Beitrag zu einer systematischen bzw. allgemeinen Anthropologie (74). Ähnlich wie Staiger greift auch W. Preisendanz auf den Begriff der Einbildungskraft zurück, um eine sich sprachlich manifestierende Struktur des poetischen Werks, in seinem Fall des Humors als episches Darstellungsprinzip, zu erfassen: In Abkehr von traditionellen Auffassungen betrachtet Preisendanz den Humor nicht als eine spezifische Geisteshaltung gegenüber der Welt, sondern als „Einbildungskraft des Dichters […], die einen Stil begründet, und zwar einen Stil, dessen Eigenart darin liegt, daß er durch das Spannungsverhältnis zwischen dem ‚Eigensinn' und dem kommunizierten Sinn der dargestellten Wirklichkeit […] produktiv wird" (Preisendanz 1976, 151). Preisendanz verwendet demnach den Begriff der Einbildungskraft, um die dem Humor eigentümliche dichterische Bearbeitungsweise der Kluft zwischen der Eigengesetzlichkeit der Wirklichkeit und der künstlerischen Autonomie zu kennzeichnen. In seiner Bestimmung des Humors als „doppelsinnige[] Phantasie" (151) wirkt somit noch die traditionelle Unterscheidung zwischen reproduktiver und produktiver Einbildungskraft nach. Demgegenüber hat L. Bornscheuer den Begriff der Einbildungskraft einer grundsätzlichen Kritik unterzogen: Bornscheuer rückt eine vergessene, weil von der idealistischen Subjektphilosophie weitgehend zurückgedrängte, rhetorische Bestimmungstradition der Einbildungskraft in den Fokus, die das (dichterische) Erfinden (*inventio*) auf die Topik als einer am kollektiven Wissen orientierten Findetechnik zurückführt. Im Zuge seiner „Rehabilitierung der schöpferischen Einbildungskraft als eine[s] spezifisch gesellschaftlichen Vermögen[s]" (Bornscheuer 1976, 19) bindet er den vermeintlich genialischen Schöpfungsakt des Dichters an den Gebrauch kollektiver Topoi aus dem Fundus der ‚gesellschaftlichen Einbildungskraft' an und demontiert ihn damit als Konstrukt eines bürgerlichen „Subjektivitätsidealismus" (18). Bornscheuer hat damit den Begriff der Einbildungskraft aus seiner ebenso wirkmächtigen wie langlebigen genieästhetischen Vereinnahmung herausgelöst und für die neuere literatur- und kulturwissenschaftliche Forschung produktiv gemacht, die sich unter anderem für die unauflösbare Verflechtung zwischen der individuellen *und* der geschichtlich-kulturellen Dimension der (dichterischen) Einbildungskraft interessiert.

2 Das Wunderbare (Gottsched, Bodmer, Breitinger, Todorov)

Ähnlich wie der Begriff der Einbildungskraft hat auch die Kategorie des Wunderbaren eine wechselvolle Geschichte in Ästhetik und Poetik erfahren. Als der Begriff im beginnenden 16. Jahrhundert geläufig wurde, bezeichnete er Phänomene, die als außergewöhnlich, sonderbar oder seltsam wahrgenommen wurden (Hoffmann und Sittig 2009, Sp. 1444). Der so bezeichnete Phänomenbereich erstreckte sich von übernatürlichen, der Alltagserfahrung zuwiderlaufenden Ereignissen, die als göttliche Wunder gedeutet wurden, bis hin zum lediglich Unbekannten (Sp. 1444). Im Zuge seiner allmählichen Loslösung von der christlichen Tradition des religiös konnotierten Wunders entwickelte sich der Begriff in der Frühen Neuzeit zu einer bedeutsamen Kategorie der Poetik und Ästhetik (Barck 2005, 737–747). Im Zentrum der Neubestimmung des Wunderbaren, im Italien des späten 16. und 17. Jahrhundert, wurde das Wunderbare etwa bei F. Patrizi zum Inbegriff der Poesie erhoben: Der Dichter sei Schöpfer eines Wunderbaren, das *un*glaubwürdig zu sein habe, damit es solch wirkmächtige Affekte wie die Verwunderung und das Staunen als vorrangigen Zweck der Dichtung erregen könne (Barck 2005, 741).

Mit der rationalistischen Philosophie der Aufklärung geriet das Wunderbare zum poetologischen Streitfall, was sich im deutschsprachigen Kontext insbesondere in der Auseinandersetzung zwischen J. Ch. Gottsched und den Schweizern J. J. Bodmer und J. J. Breitinger (→ II.3 CAMPE) abzeichnete: In seinem *Versuch einer Critischen Dichtkunst* (1730/1751) erlegte Gottsched den Poeten die Regel auf, das Wunderbare mit „genugsamer Wahrscheinlichkeit" zu ersinnen (Gottsched 1973, 237), da es sonst lächerlich und unglaubwürdig sei (238). Mit dieser Zurückweisung des poetischen Wunderbaren in die „Schranken der Natur" (246) verbannte es Gottsched aber nicht gänzlich aus der Dichtung: Er gestand den Dichtern die Darstellung eines „vernünftig[en] Wunderbare[n]" (251) etwa in Gestalt „seltsamer" Begebenheiten, Personen oder Handlungen zu (249), um den Leser zu belehren (225). Diese nachahmungspoetische Vereinnahmung des Wunderbaren entfachte Widerspruch. Bodmer etwa pochte auf das „Recht[ ] der Poesie", sich der schaffenden „Einbildungs-Kraft" (Bodmer 1740, 14) zu bedienen. So galt ihm insbesondere die von „unsichtbaren Wesen" (12) bevölkerte Welt in Miltons Epos *Paradise Lost* (→ IV.3 QUIRING), das er übersetzt hatte, als mustergültige Darstellung eines „weitläufige[n] Reich[s] von Verwundersamem" (12). Auch sein Zeitgenosse Breitinger hat dem Wunderbaren einen wichtigen Platz in der Dichtung zugewiesen: Er begriff das Wunderbare als Steigerung des ‚Neuen', der „Urquelle aller poetischen Schönheit" (Breitinger 1966, 129). Als „äußerste Staffel des Neuen" (130) vermöge es das Wunderbare, das „Gemüthe in eine angenehme und verwundernsvolle Verwirrung" zu versetzen, je mehr es sich vom „Wahren und Möglichen" entferne (129).

Im Zuge einer breiten aufklärerischen Frontstellung gegen das Wunderbare sowie der „‚Totalisierung' des Schönen als ästhetischer Begriff" (Barck 2005, 730) wurde das Wunderbare im Laufe des 18. Jahrhunderts zunehmend marginalisiert, bis es nurmehr eine periphere Rolle in poetologischen oder ästhetischen Diskussionen in deutschsprachigen Kontexten spielte. Gleichzeitig deutete sich seit der Romantik an, dass das Phantastische neben das Wunderbare trat. Zwar wurde das Wunderbare als zentraler Begriff und „Kernstück aller Romantik" (Miller 1980, 114) kurzzeitig rehabilitiert, indem etwa Autoren wie F. Schlegel oder Novalis verdrängte Formen des Wunderbaren, darunter Märchen, Träume oder den Kinderglauben an die beseelte Natur, in der Poesie und durch die Poesie wieder in ihr Recht setzten (114). Dessen ungeachtet ebneten solch folgenreiche Ereignisse wie die Übersetzung von E. T. A. Hoffmanns *Fantasiestücken* als *contes fantastiques* den Weg für das Phantastische als „neue ästhetische Kategorie" (Stahl 2004, Sp. 1074). Die sich hier in Ansätzen abzeichnende Verlagerung der Diskussion vom Wunderbaren zum Phantastischen wurde im Anschluss an T. Todorov in der zweiten Hälfte des 20. Jahrhunderts bestimmend für die literaturwissenschaftliche Auseinandersetzung mit literarischen (Erzähl-)Texten, die ein realitätsinkompatibles Moment aufweisen. Typisch für das Phantastische sei nach Todorov die „Unschlüssigkeit" (Todorov 1992, 33) des Lesers darüber, ob ein dargestelltes, den gültigen Naturgesetzen widersprechendes Ereignis innerhalb der Fiktion „wirklich stattgefunden" habe oder lediglich „Produkt der Einbildungskraft" einer

Figur sei (26). Insofern das Phantastische die Begriffe des Realen und des Imaginären verunsichere (148–150) (→ II.2 FINKELDE), sei die phantastische Literatur als „schlechte[s]" Gewissen des positivistischen 19. Jahrhunderts" (150) zu begreifen. Damit hat Todorov der phantastischen Literatur als neuralgischem Punkt einer instrumentell-wissenschaftlichen Weltsicht eine enorme kulturhistorische Bedeutung zugewiesen. Im Zuge dieser Privilegierung des Phantastischen kam aber dem Wunderbaren nur noch eine marginale Rolle zu: Das Wunderbare diente Todorov primär zur definitorischen Abgrenzung des Phantastischen von benachbarten Gattungen wie etwa dem Märchen. Nach Todorov lösten die dargestellten übernatürlichen Ereignisse beim Wunderbaren genau konträr zur phantastischen Unschlüssigkeit „keinerlei Überraschung" (51) bei den Figuren oder dem impliziten Leser aus, die sie vielmehr als selbstverständlich hinnähmen. Damit stehen Todorovs Bestimmungen, die in der Literaturwissenschaft trotz einiger Revisionen weite Verbreitung gefunden haben, quer zur Begriffstradition des Wunderbaren, das in seiner Geschichte weder so eindeutig auf das Übernatürliche festgelegt noch seiner affektiven Wirkung des Staunens bzw. der Be- und Verwunderung gänzlich beraubt wurde. Erst jüngere literaturwissenschaftliche Forschungsbeiträge knüpfen wieder stärker an vergessene Begriffstraditionen des Wunderbaren an, indem sie den Terminus im Sinne einer Affektpoetik wiederentdecken und im Zuge dessen Erkenntnisse über die Erregung und Funktionsweise solcher Emotionen wie dem Staunen in der Literatur erarbeiten (Gess 2013).

3 Fakt versus Fiktion in der Erzähltheorie (Hamburger, Barthes, Genette)

Die Unterscheidung zwischen Fakt und Fiktion, zwischen Realem und Erfundenem, ist bereits hintergründig in den Bestimmungen der dichterischen Einbildungskraft und ihren vermeintlich reinen Phantasieprodukten wie dem Wunderbaren oder dem Phantastischen angelegt. Sie gilt generell als zentraler, wenn auch umstrittener Ausgangspunkt der Fiktionstheorie der ‚schönen' Literatur sowie im Besonderen der *Erzähl*literatur, die häufig im Fokus fiktionstheoretischer Bestimmungen stand (Zipfel 2001, 57–58).

Eine grundlegende Abhandlung über Fiktionalitätskriterien literarischer Erzähltexte hat K. Hamburger vorgelegt. In *Die Logik der Dichtung* (1955/1968) vergleicht Hamburger die Sprachlogik von Aussagen in der Erzählliteratur mit jener von Wirklichkeitsaussagen, um die Besonderheit der epischen Fiktion an ihrem Aussagemodus und nicht etwa am ontologischen Status des Erzählten festmachen zu können. Während sich Wirklichkeitsaussagen dadurch auszeichneten, dass ihr „Aussagesubjekt wirklich" sei (Hamburger 1994, 45), beziehe sich das „*Erzählte* [in der epischen Fiktion] *nicht auf eine reale Ich-Origo, sondern auf fiktive Ich-Origines*" (66). Diese Verschiebung ziehe markante Abweichungen von der Sprachlogik der Wirklichkeitsaussage nach sich, die Hamburger vor allem an der heterodiegetischen Erzählung bzw. der ‚Er-Erzählung' (so ihr Begriff) festmacht: Neben ihrem veränderten Zeitregime, in welchem das Präteritum seine grammatische Funktion zugunsten der Bezeichnung der Gegenwart der fiktiven Figuren verliere, sowie der damit einhergehenden, modifizierten Verwendung deiktischer Ausdrücke sei die epische Fiktion bzw. die Er-Erzählung der „*einzige erkenntnistheoretische Ort, wo die Ich-Originität (oder Subjektivität) einer dritten Person als einer dritten dargestellt werden kann*" (73). Insbesondere der Gebrauch der erlebten Rede zur Darstellung innerer Vorgänge eines fremden Bewusstseins, die typisch für die heterodiegetische Erzählung ist, jedoch im Modus der Wirklichkeitsaussage erkenntnistheoretisch höchst problematisch wäre, zählt seit Hamburger zu den wesentlichen, wenn auch umstrittenen textinternen Fiktionsbzw. Fiktionalitätssignalen des literarischen Erzählens (Genette 1992; Schmid 2014, 35–38).

Die Grenzziehung zwischen fiktionalen und faktualen Erzählungen geriet besonders in der poststrukturalistischen Auseinandersetzung mit dem Verhältnis zwischen Literatur und Historiographie ins Wanken. Bereits in den späten 1960er Jahren widmete sich R. Barthes in einem kurzen Aufsatz der Frage, inwiefern es „legitim ist, [...] die fiktive Erzählung der historischen Erzählung [gegenüberzustellen]" (Barthes 1968, 172). Nach Barthes weise die historische Erzählung vor allem des 19. Jahrhunderts einen „Mangel an Zeichen" (175) auf, den er daran festmacht, dass sprachliche Hinweise auf eine Aussageinstanz fehlten. Barthes versteht die sprachliche Tilgung des Aussagesubjektes als einen Kunstgriff des Historikers, der darauf ziele, das (historische) Faktum „ganz allein sprechen zu lassen" (175), um somit dem historischen Diskurs den Anschein von Objektivität zu verleihen. Barthes sieht die Erzeugung einer solchen „Referenzillusion" (175) bzw. eines „Effekt[s] des Realen" (180) auch in anderen „Diskurs[en] mit ‚realistischem Anspruch'" (179) am Werk, insbesondere im realistischen Roman (180). Damit stellt er nicht nur die Grenzziehung zwischen historiographischem und literarischem Erzählen in Frage, vielmehr provoziert er den Schluss, dass der faktuale Anstrich ‚historischer' wie ‚fiktiver' Erzählungen gleichermaßen auf einer lediglich sprachlich konstruierten Illusion von Faktizität beruhe.

Während damit im Zuge poststrukturalistischer Diskussionen die ontologische Unterscheidung zwischen Fakt und Fiktion prinzipiell zur Diskussion stand, wendeten sich Erzähltheoretiker wie G. Genette seit den 1990er Jahren wieder stärker den distinktiven Merkmalen von Erzählungen mit fiktionalem bzw. faktualem Anspruch zu. Neben dem bereits von Hamburger eingeführten Fiktionsmerkmal eines „direkten Zugang[s] zur Subjektivität der Personen" (Genette 1992,

76) macht Genette einen weiteren charakteristischen Unterschied zwischen fiktionalen und faktualen Erzählungen daran fest, dass ersterer neben einem Autor auch einen Erzähler aufwiesen, während in letzteren beide Instanzen identisch seien (80). In der faktualen Erzählung sei der Erzähler eine „überflüssige Instanz" (88), da „der Autor die volle Verantwortung für die Behauptungen seiner Erzählung" übernehme und „infolgedessen keinem Erzähler irgendeine Autonomie" zubillige (80). Umgekehrt sei die „Dissoziation zwischen Autor und Erzähler" (86) in der fiktionalen Erzählung als „ein Sonderfall der für alle ‚nicht ernsthaften' [...] Aussagen charakteristischen ‚polyphonischen' Äußerung" zu begreifen (86). Mit diesem sprechakttheoretischen Schluss unterscheidet Genette die faktuale und fiktionale Erzählung zusätzlich nach den wahrheitsheischenden Aussagen eines realen Autors sowie den ‚nicht ernsthaften' Assertionen eines vom Autor erfundenen Erzählers.

Die Auseinandersetzung mit den Unterschieden zwischen fiktionalen und faktualen Erzähltexten hat in der gegenwärtigen Erzählforschung wieder Konjunktur, da sich das Abgrenzungsproblem aufgrund der zunehmenden Beschäftigung mit dem weiten Feld der nicht-fiktionalen Erzählungen bzw. der ‚Wirklichkeitserzählungen' (Klein und Martínez 2009) mit neuer Dringlichkeit stellt. Einschlägige Beiträge vergewissern sich der distinktiven Merkmale des fiktionalen Erzählens auf der Ebene der Fiktivität des Erzählten sowie jener der Fiktionalität als einem „bestimmte[n] Modus von erzählender Rede" (Martínez 2011, 9): Während faktuale Erzählungen nach M. Martínez ein reales Geschehen schilderten und insofern einen „referentielle[n] Geltungsanspruch" (9) erhöben, sei das Erzählte in fiktionalen Erzählungen als fiktives Geschehen einzustufen. Die Fiktionalität des Erzählens als weiteres Kriterium leiten Martínez und andere (Schmid 2014, 43–46) daraus ab, dass die Erzählliteratur neben einer realen Kommunikationsebene zwischen dem realen Autor und dem realen Leser zusätzlich eine imaginäre Kommunikationsebene aufweise. Auf dieser zweiten Kommunikationsebene äußere ein vom Autor erfundener Erzähler Sätze über eine imaginäre Welt, die der Erzähler zwar als wirklich darstelle, „ohne jedoch eine Referenz [...] auf unsere Wirklichkeit zu beanspruchen" (Martínez 2011, 9).

Neben solchen textinternen Kennzeichen der Fiktionalität bzw. Faktualität berücksichtigt die neuere Erzähltheorie auch paratextuelle Signale wie Gattungsbezeichnungen oder textexterne Hinweise, welche die Rezeptionshaltung dahingehend beeinflussten, ob ein Text als fiktionaler oder faktualer gelesen werde (Genette 1992, 89; Martínez 2011, 9–10; Schmid 2014, 37). Der umrissene Katalog heute gängiger Unterscheidungskriterien wird beständig erweitert, zuletzt insbesondere um graduelle Merkmale. Dazu zählt zum Beispiel die stärkere Tendenz fiktionaler Erzählungen, den Leser zur Immersion einzuladen, oder der stärker argumentative Charakter faktualer Erzählungen (Fludernik 2015).

Literatur

Barck, Karlheinz. „Wunderbar". *Ästhetische Grundbegriffe. Historisches Wörterbuch in sieben Bänden*. Hg. von dems. et al. Bd. 6. Stuttgart/Weimar 2005: 730–773.

Barthes, Roland. „Historie und ihr Diskurs". *Alternative. Zeitschrift für Literatur und Diskussion* 11.62/63 (1968): 171–180.

Behler, Ernst. *Frühromantik*. Berlin/Boston 1992.

Bodmer, Johann Jakob. *Critische Abhandlung von dem Wunderbaren in der Poesie*. Faksimiledruck nach der Ausgabe von 1740. Nachwort von Wolfgang Bender. Stuttgart 1966 [EA: 1740].

Bornscheuer, Lothar. *Topik. Zur Struktur der gesellschaftlichen Einbildungskraft*. Frankfurt a. M. 1976.

Breitinger, Johann Jakob. *Critische Dichtkunst*. Faksimiledruck nach der Ausgabe von 1740. Nachwort von Wolfgang Bender. 1. Bd. Stuttgart 1966.

Dürbeck, Gabriele. *Einbildungskraft und Aufklärung. Perspektiven der Philosophie, Anthropologie und Ästhetik um 1750*. Tübingen 1998.

Fludernik, Monika. „Narratologische Probleme des faktualen Erzählens". *Faktuales und fiktionales Erzählen. Interdisziplinäre Perspektiven*. Hg. von ders., Nicole Falkenhayner und Julia Steiner. Würzburg 2015: 115–137.

Genette, Gérard. „Fiktionale Erzählung, faktuale Erzählung". *Fiktion und Diktion*. München 1992: 65–94 [OA: 1991].

Gess, Nicola. „Staunen als ästhetische Emotion. Zu einer Affektpoetik des Wunderbaren". *Wie gebannt. Ästhetische Verfahren der affektiven Bindung von Aufmerksamkeit*. Hg. von Martin Baisch, Andreas Degen und Jana Lüdtke. Freiburg i. Br./Berlin/Wien 2013: 115–132.

Gottsched, Johann Christoph. *Versuch einer Critischen Dichtkunst*. Ders., *Ausgewählte Werke*. Bd. 6.1. Hg. von Joachim und Brigitte Birke. Berlin/New York 1973.

Hamburger, Käte. *Die Logik der Dichtung*. 4. Aufl., Stuttgart 1994.

Hoffmann, Torsten und Claudius Sittig. „Das Wunderbare". *Historisches Wörterbuch der Rhetorik*. Bd. 9. Hg. von Gert Ueding. Tübingen 2009: Sp. 1444–1459.

Homann, Karl. „Zum Begriff der Einbildungskraft nach Kant". *Archiv für Begriffsgeschichte* 14 (1970): 266–302.

Iser, Wolfgang. *Das Fiktive und das Imaginäre. Perspektiven literarischer Anthropologie*. Frankfurt a. M. 1991.

Kant, Immanuel. *Kritik der Urteilskraft*. Berlin 1790. [KdU].

Klein, Christian und Matías Martínez (Hg.). *Wirklichkeitserzählungen. Felder, Formen und Funktionen nicht-literarischen Erzählens*. Stuttgart/Weimar 2009.

Martínez, Matías. „Erzählen". *Handbuch Erzählliteratur. Theorie, Analyse, Geschichte*. Hg. von dems. Stuttgart/Weimar 2011: 1–12.

Miller, Norbert. „Ansichten vom Wunderbaren. Über deutsche und europäische Romantik". *Kleist-Jahrbuch* 1 (1980): 107–148.

Montaigne, Michel de. „Von der Stärke der Einbildungskraft". Ders., *Essais*. Ausgew. und übers. von Herbert Lüthy. Zürich 1953: 135–157.

Preisendanz, Wolfgang. *Humor als dichterische Einbildungskraft. Studien zur Erzählkunst des poetischen Realismus*. 2., durchges. und mit einem Register vers. Aufl., München 1976 [EA: 1963].

Schmid, Wolf. *Elemente der Narratologie*. 3., erw. und überarb. Aufl., Berlin/Boston 2014.

Schulte-Sasse, Jochen. „Einbildungskraft/Imaginatio". *Ästhetische Grundbegriffe. Historisches Wörterbuch in sieben Bänden.* Hg. von Karlheinz Barck et al. Bd. 2. Stuttgart/Weimar 2001: 88–120.
Stahl, Karl-Heinz. „Das Wunderbare; Das Phantastische". *Historisches Wörterbuch der Philosophie.* Bd. 12. Hg. von Joachim Ritter, Karlfried Gründer und Gottfried Gabriel. Darmstadt 2004: Sp. 1071–1077.
Staiger, Emil. *Die Zeit als Einbildungskraft des Dichters. Untersuchungen zu Gedichten von Brentano, Goethe und Keller.* 3. Aufl., Zürich 1963 [EA: 1939].
Sulzer, Johann Georg. „Dichtungskraft". *Allgemeine Theorie der Schönen Künste.* Bd. 1. Leipzig 1771a: 259–260.
Sulzer, Johann Georg. „Einbildungskraft". *Allgemeine Theorie der Schönen Künste.* Bd. 1. Leipzig 1771b: 291–294.
Todorov, Tzvetan. *Einführung in die fantastische Literatur.* Frankfurt a. M. 1992 [OA: 1970].
Vietta, Silvio. *Literarische Phantasie. Theorie und Geschichte. Barock und Aufklärung.* Stuttgart 1986.
Wels, Volkhard. „Zur Vorgeschichte des Begriffs der ‚kreativen Phantasie'". *Zeitschrift für Ästhetik und Allgemeine Kunstwissenschaft* 50.2 (2005): 199–226.
Zipfel, Frank. *Fiktion, Fiktivität, Fiktionalität. Analysen zur Fiktion in der Literatur und zum Fiktionsbegriff in der Literaturwissenschaft.* Berlin 2001.

Fiktion und hypothetisches Sprechen.
Im Modus des Als-ob

Andrea Allerkamp

1 Programmatische Erschließung (Kant, Vaihinger)

Versteht man wie Paul Valéry unter ‚Fiktion' generell ein Denken der Potentialität, das einen „philosophisch-literarischen Gegenstand" generiert, so entstehen raffinierte Mischungen oder Mixturen (Valéry 1974, 928), was Camille de Toledo in den verdichteten Neologismus *ramifiction* – Verästelungsfiktion – gefasst hat (Toledo 2010, 140). Die Grammatik des Als-ob reicht daher weiter als bis in die Literatur. Bei näherer Betrachtung haben Jurisprudenz, Ethik, Mathematik und Physik ebenso wie Philosophie, Politik, Theologie und der gesamte Bereich der naturwissenschaftlichen Hypothesenbildung mit dem Gesetz des Fiktionalismus zu tun. Fiktionale Annahmen erweisen sich oft als nützlich. Als-ob-Konstruktionen können die Macht der Phantasie beflügeln, ein Echo in der religiösen Erfahrung des Glaubens finden, das Selbstbewusstsein psychologisch stärken oder die Faktizität von Axiomen auf den Theorieweg bringen (Bouriau 2013, 10–11). Dabei ist es weniger die hypothetische Haltung des Als-ob als die vorsätzliche Ausblendung bzw. Leugnung von Fiktionalität, die sich als trügerisch erweist. Die Wirkmächtigkeit von Fiktionen hängt mit ihrer Fähigkeit zusammen, epistemologische Erschütterungen zu produzieren. Scheinbar fest etablierte Wahrheiten, die auf längst vergessenen Annahmen beruhen, werden plötzlich als Illusion entlarvt.
Die umfangreichste *Philosophie des Als Ob*, mit der das Thema ‚Fiktion' programmatisch erschlossen wird, arbeitete 1911 Hans Vaihinger aus. Als Gründer der *Kant-Studien* und an der Kreuzung von idealistischem Positivismus und positivistischem Idealismus hinterlässt uns Vaihinger eine grundsätzlich erkenntniskritische Frage: „Wie kommt es, dass wir mit bewusstfalschen Vorstellungen doch Richtiges erreichen?" (Vaihinger 1986, XXIV). Die *Philosophie des Als Ob* ist positivistisch, „indem sie mit aller Entschiedenheit und Offenheit einzig und allein im Gegebenen fusst, in den empirischen Empfindungsinhalten". Sie ist idealistisch, „indem sie die aus jenen intellektuellen und ethischen Bedürfnissen entstandenen ‚Ideen' anerkennt und herübernimmt als nützliche, wertvolle Fiktionen der Menschheit" (XXXII). Nur empirische Empfindungsinhalte seien erkenntnismäßig als gewiss zu betrachten, alles andere schon „Abweichung" (49). Dies stelle jedoch keinen Mangel dar, sondern erweise sich im Gegenteil als heuristisch unentbehrlich: „Gerade die Abweichung erscheint schliesslich als das

Naturgemässe" (49). Gewöhnlich schreibe man „allen logischen Handlungen so lange Realität zu, bis ihre Unrealität bewiesen" sei. Vaihingers „methodisches Prinzip ist umgekehrt" (49). Er definiert Fiktionen schließlich als „wissenschaftlich erlaubte oder gebotene Erdichtungen" (257). Schon Kants Ideenlehre präsentiert ein Sammelsurium an Anwendungsfällen.

Unter die Kategorie des Fiktiven fällt quasi alles: nicht nur Gott und die Seele, sondern auch Dinge wie „Staatsgebilde, Gesetze und alle im eigentlichen Sinne wissenschaftlichen Entitäten, wie etwa Zahlen, Atome oder auch Gene" (Neuber 2014, 11). Vaihinger ist sich der großen Herausforderung bewusst, die daraus folgt. Denn sowohl Vorstellungen im praktischen Leben (Annahme der Willensfreiheit) als auch Annahmen der Wissenschaft (Operationen mit Atomen, Rechnungen mit dem Unendlich-Kleinen) beruhen so gesehen auf Irrtümern: „Wir kommen im theoretischen, im praktischen und im religiösen Gebiet zum Richtigen auf Grundlage und mit Hilfe des Falschen" (Vaihinger 1986, XXIV). Wenn die *Philosophie des Als Ob* den Erkenntniswert von – sowohl mythologisch-ästhetischen als auch wissenschaftlichen – Fiktionen betont, plädiert sie letztlich für Wissenschaftlichkeit und Interdisziplinarität.

Philosophiegeschichtlich sieht sich Vaihinger als Nachfolger unter anderem von Immanuel Kant, Friedrich Nietzsche und Friedrich Albert Lange. Dass Kant als Erster prominent zitiert wird, wird zwar philosophisch kontrovers diskutiert, erscheint jedoch plausibel: So definieren sich die (die Grenzen des bloßen Verstandes transzendierenden) ‚Ideen' in der *Kritik der reinen Vernunft* ausdrücklich als „heuristische Fiktionen" (Kant 1970, 503). Denn Ideen „leiten uns an", *„als ob* ihre Gegenstände (Gott und Unsterblichkeit) […] gegeben wären" (Kant, zit. in Vaihinger 1986, 682). Fiktionen sind bei Kant vor allem methodologisch relevant – also in dem Moment, in dem „sich die einzelnen Erfahrungen heuristisch zu einer einheitlichen Theorie oder zu einem System entwickeln" (Gabriel 2014, 78). Das hypothetische Sprechen leitet sowohl unser praktisches Handeln als auch den „höchsten Gesichtspunkt" theoretischer Erkenntnis an. In diesem Punkt erweist sich die *Philosophie des Als Ob* als Wegbereiterin des philosophischen Pragmatismus (Zelter 1994, 71–72). Warum zeichnen sich Fiktionen als nützliche „Abweichung von der Wirklichkeit" aus? Zum einen machen sie uns die vorsätzliche Wirklichkeitsüberschreitung bewusst, und zum anderen lassen sie uns diese Überschreitung als „Mittel zu bestimmten Zwecken" (Vaihinger 1986, 172–173) begreifen. Dieses doppelt gesteigerte Fiktionsbewusstsein weist über Kant, Nietzsche, Vaihinger und die Philosophie hinaus.

2. Dialektisches Spiel

Zu den Denkern der Als-ob-Philosophie gehört schon Niccolò Machiavelli, der zu Beginn des 16. Jahrhunderts die klassische politische Ethik auf den Kopf stellt, um sie zum Instrument zu machen (Zelter 1998). Mitten in den französischen Religionskriegen beobachtet auch Michel de Montaigne, Begründer des Essays (→ III.5 KRAMER; → IV.2 WESTERWELLE), wie sich Irrwege, Erfindungen oder Erdichtungen zu dogmatisch akzeptierten Wahrheiten verfestigen (Montaigne 2011). Im 20. Jahrhundert entwickelt Giovanni Marchesini, Gegner von Croce und Gentile und Verfolger der Faschisten, ähnliche Gedanken wie Vaihinger (Nyman 1923). Ab Ende des 20. Jahrhunderts wirkt Vaihinger weiter in der Sprachkritik (Fritz Mauthner), in der Geometrie (Moritz Pasch), im Rechtspositivismus (Hans Kelsen), in der Religionsphilosophie (Heinrich Scholz) – und natürlich in der Literatur. So schreibt Jorge Luis Borges 1944, ohne Namen zu nennen, vom „Umstand, daß jede Philosophie von vorneherein ein dialektisches Spiel, eine *Philosophie des Als Ob* ist". Das habe zu ihrer Vervielfältigung beigetragen: „Es wimmelt von unglaublichen Systemen, deren Struktur jedoch angenehm oder sensationell ist" (Borges 1992, 23).

Dass die Frage der Fiktion eine auf Leben und Tod ist, zeigt dagegen Claude Lanzmanns Zeugenfilm *Der Letzte der Ungerechten* (2013; Lanzmann 2017) in einer sehr persönlichen Retrospektive vierzig Jahre nach den ersten Dreharbeiten. Benjamin Murmelstein, letztes Mitglied des Judenrates und letzter Verwaltungschef von Theresienstadt berichtet dort mit explizitem Verweis auf Vaihinger von den Vorgängen in der „Als-ob-Stadt". Murmelsteins nüchterne Entlarvung der verharmlosenden Fiktion eines Normalalltags im Ghetto bringt die tödliche Lüge der Nazipropaganda ans Licht.

Jean-Paul Sartre schlägt genau den entgegengesetzten Weg ein. Um das Ereignis des Krieges nicht bloß als ein notwendiges Übel zu akzeptieren, übersetzt Sartres Freiheitsphilosophie den Akt der Selbstwahl in einen der Selbstermächtigung: „Wenn man begriffen hat, daß nichts einem zustoßen kann, es sei denn durch einen selbst, dann heißt den Krieg übernehmen, ihn sich zuzurechnen, genauso so, *als ob* man ihn per Dekret über sich erlassen hätte, und indem man diese Verantwortung übernimmt, daraus eine Gelegenheit für neue Fortschritte zu machen, *als ob* man ihn sich deswegen gegeben hätte" (Sartre 1996, 296). Dass dies eine außerordentliche Irritation darstellt, blieb nicht unkommentiert. Krieg und Leben bloß als Teil eines den Menschen zum Ursprung seiner Tätigkeit machenden Spiels zu betrachten – zeigt diese Haltung nicht eine genuin intellektuelle Neigung, die Wirklichkeit für eine Art Theaterkulisse zu halten (Bürger 2007, 76)?

3. Literaturen des Als-ob (Shakespeare, Kleist)

Im Umgang mit Fiktionen kann also weder die Philosophie noch die Literatur das Primat für sich beanspruchen. Es reicht nicht, den Fiktionsbegriff als ahistorische Analysekategorie aufzufassen. Will man die Rolle des Fiktiven als ästhetische und epistemologische Herausforderung in der Ideen- und Literaturgeschichte sondieren, so bieten sich Tiefenbohrungen in einzelne Werke an. Zu den radikalsten Dramatikern, die Sollvorstellungen von Politik und Ethik durchspielen und damit philosophiegeschichtlich den Als-ob-Modus präfigurieren, zählen im westeuropäischen Raum die beiden sperrig gebliebenen Klassiker William Shakespeare und Heinrich von Kleist.

Shakespeares Tragödien (→ IV.3 QUIRING) demontieren im *as if* die zentralen, je nach Perspektive auf Sand gebauten Wahrheiten der Königshäuser. Antagonistische Machtverhältnisse spielen sich auf der Ebene von Ethos und Handeln ab; das kritische Fiktionsbewusstsein der Tyrannen trifft auf naive Gut- und Wahrheitsgläubigkeit der Opfer. In *King Lear* entlarvt die Rede des Schurken Edmund das elisabethanische Weltbild als Dummheit der Welt: „This is the excellent foppery of the world [...] as if we were villaines on necessitie, Fools by heavenly compulsion, Knaves, Theeves, and Treachers by Spherical predominance, Drunkards, Liars, and Adulterers by an Inforc'd obedience of Planetary influence" (Shakespeare 1986, 1071: I.2, 424–431). In *Othello* geht der Intrigenspieler Iago noch weiter, wenn er aus dem Nichts plötzlich die Idee äußert, Othello, der Mohr, „a free and open nature" (Shakespeare 1986, 936: I.3, 676), könnte mit seiner Frau sexuell verkehrt haben. Der vage Verdacht wird hier zu einer Gewissheit umgemünzt, die „bewußt fiktive Setzung einer möglichen Wahrheit" (Zelter 1998, 31) operiert ganz im Sinne Vaihingers. Man kann sich seiner eigenen Wirklichkeitshypothesen nicht sicher sein, verfährt aber dennoch so, als ob sie wahr wären. Diese doppelte Einsicht setzt in der Frühen Neuzeit bei jenen an, die als Außenseiter mit dem Stigma der Fremdheit behaftet sind und aus dem Ordnungsgefüge der Feudalgesellschaft herausfallen. Iago wird von den Venezianern als Schurke (*villain*) gebrandmarkt und Edmund fragt als unehelicher Sohn des adeligen Gloucester: „Why brand they us / With base? With baseness Bastardie? Base, base" (Shakespeare 1986, 1070: I.2, 317–318)? Wer nichts mehr zu verlieren hat, gewinnt Freiheit zur aufklärerischen (Selbst-)Kritik.

Auch Kleists Erzählungen liefern das notwendige Wissen, um das illusionäre Als-ob der metaphysischen Spekulation zu entlarven. Die Figuren sind jedoch nicht in der Lage, sich dessen bewusst zu werden, kritisch Abstand zu eigenen Wahrnehmungs- und Handlungsmustern zu gewinnen. Wenn sie, jeweils auf andere Weise, „in einer Als-ob-Vorstellung steckenbleiben" (Wittkowski 2013, 73), so bleibt es letztendlich jedem einzelnen Leseakt vorbehalten, die rätselhaften Ereignisse, Täuschungen und Fehldeutungen situativ zu erkennen oder zu widerlegen. In *Das Erdbeben in Chili* (1807/1810) mangelt es nicht an Beispielen für den Verblendungszusammenhang. Da von der Wirklichkeit nur der äußere Anschein gegeben ist, kann der Mensch nur auf der Basis eines konjunktivischen Denkens apriorisch gut (oder schlecht) handeln. Die „Würdigkeit" zum Glück, so fordert es Kants Kritik, sich der Grenzen seiner Erkenntniskategorien unter den Bedingungen der Aufklärung bewusst zu sein und diese zugleich, in der Annahme eines möglichen Erfolges, durch die Führung eines autonomen Lebens und die Orientierung an der Sittlichkeit kategorisch zu überwinden, „als ob jene Handlungen nicht aus Pflicht, sondern als barer Verdienst von ihnen erwartet würden" (Kant 1963, KpV, 85).

Als „unbedingter Wahrheits- und Gottessucher" (Wittkowski 2013, 78) schließt Kleist sich Kants Unterscheidung zwischen Religion und Ethik an. Doch im Sinne der Aufklärung gilt es, die Kirchenkritik weiter, nämlich bis zur Ironie zu treiben – also in eine rhetorische Figur, die zusammen mit der Metapher (→ II.3 HETZEL) als *die* zentrale Form des Als-ob in Philosophie und Literatur gelten kann (Schildknecht 2017, 488). In *Das Erdbeben in Chili* behaupten die Mönche, die Katastrophe des Erdbebens sei der Vorbote des Jüngsten Gerichts, ein Strafgericht Gottes, das über die verderbte „Hauptstadt des Königreichs Chili" (Kleist 1993, 7) und über das nicht standesgemäße Liebespaar Jeronimus und Josephe verhängt worden sei. Mit dem Sturz der Kirchenmauern scheinen sämtliche gesellschaftliche Ordnungen außer Kraft gesetzt zu sein: „Auf den Feldern, so weit das Auge reichte, sah man Menschen von allen Ständen durcheinander liegen, Fürsten und Bettler, Matronen und Bäuerinnen, Standesbeamte und Tagelöhner, Klosterherren und Klosterfrauen: einander bemitleiden [...], als ob das allgemeine Unglück Alles, was ihm entronnen war, zu *einer* Familie gemacht hätte" (26–27). Doch die Versöhnungsszene ist eine Illusion, wird am Ende durch das blutige Gemetzel in der Dominikanerkirche der Lüge überführt. „Wir wohnen ruhig auf einem Boden, dessen Grundfeste zuweilen erschüttert wird" (Kant 1968, 419), kommentiert Kant die Erschütterung des christlichen Europas durch das Erdbeben von Lissabon. Jede Spekulation über das Walten Gottes zeuge von einem „sträfliche[n] Vorwitz, der sich anmaßt, die Absichten der göttlichen Rathschlüsse einzusehen und nach seinen Einsichten auszulegen" (Kant 1968, 459).

In *Das Erdbeben von Chili* macht es einen großen Unterschied, wer den Als-ob Modus in Anspruch nimmt. Die schwer heimgesuchte Stadtbevölkerung tröstet sich durch den Anschein einer sittlichen Erneuerung, die den Tod nicht scheut: „Beispiele zu Haufen von [...] ungesäumter Wegwerfung des Lebens, als ob es, dem nichtswürdigen Gute gleich, auf dem nächsten Schritte schon wiedergefunden würde" (Kleist 1993, 27). Doch nicht erst die vom Klerus beherrschte Gemeinde, die sich von der Predigt nicht etwa zur Milde, sondern im Gegenteil zur

Mordlust aufwiegeln lässt, auch die Bigotterie der frommen Töchter, die vor dem Erdbeben ihre Freundinnen zu Josephes Hinrichtung einladen wollen, sprechen der Idealisierung Hohn.

Dies geschieht jedoch nicht, indem der Erzähler moralisch Position bezieht. Dazu ist er gar nicht imstande. Denn er ist selbst in die Erzählung verstrickt, hängt an ihrem seidenen Faden. Ein „besonders auffälliges Merkmal der Erzählstruktur" (Wittkowski 2013, 62) ist die quasi religiöse Sphäre des Als-ob, mit der sich die Gegenwart des Göttlichen sozusagen selbst als Illusion entlarvt. Dies geschieht gleich zu Anfang „mit einem Gekrache, als ob das Firmament einstürzte, versank, und alles, was Leben athmete, unter seinen Trümmern begrub" (Kleist 1993, 11). Was Jeronimo „starr vor Entsetzen" macht, „gleich als ob sein ganzes Bewußtseyn zerschmettert worden wäre", beschreibt der Erzähler bei Josephe im märchenhaften Zustand einer unerklärlichen Rettung: „Josephe stürzte sich, unerschrocken [...] in das von allen Seiten zusammenfallende Gebäude, und gleich, als ob alle Engel des Himmels sie umschirmten, trat sie mit ihm unbeschädigt wieder aus dem Portal hervor" (17–18). Während die ältere Kleist-Forschung (von Wiese, Klein, Kunz, Müller-Seidel) in dieser wundersamen Rettung keine oder nur eine halbe Täuschung gesehen hat, deuten neuere Kritiker das Wunschbild vom tragischen Ende der Novelle her, also im skeptischen Sinn (Silz, Ellis, Wittkowski). Die Als-ob-Wendungen präsentierten sich häufig als Bilder und Chiffren. Anlässlich einer Bildbeschreibung von Caspar David Friedrichs *Der Mönch am Meer* findet Kleist die grausame Formulierung in den *Berliner Abendblättern*: „[S]o ist es, wenn man es betrachtet, als ob Einem die Augenlider weggeschnitten wären" (Kleist 1997, 61). Der unverhältnismäßige Vergleich gilt vor allem für die Erzählung: Wenn Josephe „ihn hier [fand], diesen Geliebten, im Thale, und Seligkeit, als ob es das Tal von Eden gewesen wäre" (Kleist 1993, 20), so gibt das Gleichnis in diesem Moment eine subjektive Stimmung der Liebenden wieder. Das Als-ob weist auf eine perspektivische Abwandlung hin, die nicht widerspiegelnd, sondern indirekt und vergleichsweise funktioniert und somit in den Umkreis des Metaphorischen gehört.

Der Als-ob-Modus macht zum einen die Unverbindlichkeit des Vergleichs sichtbar und zeigt zum anderen die Kluft von kritischem Erkennen und aristokratischem Ethos. Während der Erkennende zwischen Bild und Sache zu unterscheiden und sich einer äußeren, objektiven Wahrheit zu versichern sucht, streicht der edel-selbstlos Handelnde die Wirklichkeit provisorisch durch, um seine innere, subjektive Wahrheit zu konstituieren. Bei Kleist stellt sich dieses „Gegenspiel von Ethos und Erkennen" (Wittkowski 2013, 69) in einer dualen Figurenkonstellation dar: Durch eine „unglückliche Ahndung in ihr" (Kleist 1993, 31) gewinnt Donna Elisabeth auf dem Feld des Erkennens. Dagegen handeln Jeronimo, Josephe und Fernando – nach einer kurzen Pause des Innehaltens – umso entschiedener, je mehr sie die Gefahr ignorieren. Die Novelle klingt mit einer letzten Abwägung von Fernando aus, zwischen Schmerz und Freude hin und her gerissen: „so war es ihm fast, als müßt er sich freuen" (43). Kleists Als-ob-Fälle summieren sich zu einer Skala von Möglichkeiten. Statt Erkenntnis grundsätzlich mit Skepsis gleichzusetzen, kommt es zu graduellen Abstufungen von Wissen und Unwissen, Gewissheit und Zweifel. Ob es sich um Irrtümer oder Wahrheiten handelt, bleibt unentschieden. Allein der religiöse Glaube kann oder will sich seiner selbst sicher sein. Die Grenzen der Erkenntnis werden dabei einfach unkritisch überschritten – darin besteht der Denkfehler. Alle Figuren bei Kleist fallen diesem anheim. Ihre ethische Gesinnung unterscheidet sie jedoch. Was in religiöser Hinsicht fragwürdig ist, erscheint in sittlicher preiswürdig, in unmoralischer geringschätzig. Auch dem Erzähler kann man nur dann trauen, wenn er sich vorsichtig im konjunktivischen Als-ob äußert. Vergisst er es, kritisch Distanz zu wahren, strafen ihn die Ereignisse.

4. Ausblick: zur Aufgabe des Fiktiven

Vaihingers Frage nach der Unterscheidbarkeit zwischen Fakten und Fiktionen (→ II.2 Gencarelli) erscheint aktueller denn je. Wenn unter Fiktionen nicht nur „Gedankenexperimente, Idealisierung, Typisierung, Modellbildung und konventionelle Redeweisen (im Sinne von *façons de parler*), sondern sogar abstrahierende Begriffsbildungen" (Gabriel 2014, 65) fallen, so bleibt das irritierend und gibt Anlass zur Diskussion. Nietzsche, der in Begriffen Reste von toten Metaphern aufspürt, denkt Fakten im Namen der Kunst als Fiktionen. Vaihinger, in diesem Punkt weniger radikal, besteht darauf, dass Fiktionen für die Wissenschaften unverzichtbar sind. Wolfgang Iser vermutet darin eine Tendenz zur „Panfiktionalisierung" (Iser 1983, 549). In seiner Schlussbetrachtung für die Konstanzer Forschungsgruppe *Poetik und Hermeneutik* sieht er im anthropologischen Phänomen des Fiktiven eine Kraft zur „Veränderung dessen, wovon es abhängt", nämlich von der „Eigenart des Kontextes" (548).

Der knappe Aufriss des Als-ob-Modus wirft Fragen auf: Geht nicht eine heimliche Sehnsucht nach dem Realen um? Ist die Kehrseite davon nicht die Gefahr eines Abdriftens in den Szientismus? Sollten Schein und Erscheinung nicht unbedingt auseinandergehalten werden? Sartres existentialistische Selbstwahl des Als-ob bleibt in diesem Kontext beunruhigend herrschaftsbezogen. Doch steht der Literatur in ihrer Komplementarität zu anderen Erkenntnisformen nicht grundsätzlich ein Recht als Fiktion zweiten Grades zu? Wäre damit die Gefahr ihrer Entmächtigung gebannt? Wenn sich das Fiktive als Form der Übersetzbarkeit von – sich der Vergegenständlichung entziehenden – Wirklichkeiten erweist, so stellt Literatur Möglichkeiten der Überschreitung, Verwandlung und Differenz zur Disposition. Der Als-ob-Modus im unendlichen Spiel des literarisch Fiktiven ermöglicht es, poetische Gerechtigkeit walten zu lassen oder, so ein Vorschlag namens *Afrotopia*, „Lektionen der Morgenröte" zu erteilen (Sarr 2019, 151). Doch die Erkenntnis, dass Fiktionen Realitäten erzeugen können, zeigt auch: Fiktionen sind nicht das Gegenteil von Wirklichkeit, sie sind – wie Imagination, Traum, Illusion und Täuschung– ein Teil von ihr. Ihre Anteilnahme am Wirklichen lässt sich nicht kategorisch ein für alle Mal bestimmen, sie muss in jedem Fall neu kontextualisiert werden. Nicht nur in der Phänomenologie (→ II.1 Hobuss) und im Pragmatismus, auch in der Kritischen Theorie lassen sich die Entstehungsbedingungen des Subjekts nicht restlos (auf-)klären. Judith Butler veranlasst dies umso mehr, an der Möglichkeit von Verantwortung und Rechenschaft festzuhalten. Nur Kritik, die sich ihrer eigenen Als-ob-Handlungen bewusst wird, sei in der Lage, ihre Verletzlichkeit anzuerkennen: „Unsere Verantwortung gilt [...] der Gestalt der gemeinsam bewohnten Welt" (Butler 2007, 146). Die situative Bewusstwerdung einer „Politik der Fiktion" (Rancière 2010) erfordert es jedoch, die „Frage nach der Literatur, nach einer bestimmten demokratischen Institution, die man Literatur oder literarische Fiktion nennt, mit einem bestimmten Simulakrum und einem bestimmten ‚als ob'" (Derrida 2001, 21) in Verbindung zu setzen. Das aber steht uns als Aufgabe vermutlich immer noch bevor.

Literatur

Borges, Jorge Luis. *Fiktionen. Erzählungen 1939–1944*. Ders. *Gesammelte Werke*. Bd. 3,1. Übers. von Karl August Horst. Bearb. von Gisbert Haefs. Frankfurt a. M. 1992.
Bouriau, Christophe. *Le ‚comme si'. Kant, Vaihinger et le fictionalisme*. Paris 2013.
Bürger, Peter. *Sartre. Eine Philosophie des Als-ob*. Frankfurt a. M. 2007.
Butler, Judith. *Kritik der ethischen Gewalt. Adorno-Vorlesungen 2002*. Übers. von Rainer Ansén und Michael Adrian. Frankfurt a. M. 2007.
Derrida, Jacques. *Die unbedingte Universität*. Frankfurt a. M. 2001.
Gabriel, Gottfried. „Fiktion und Fiktionalismus. Zur Problemgeschichte des ‚Als Ob'". *Fiktion und Fiktionalismus. Beiträge zu Hans Vaihingers ‚Philosophie des Als Ob'*. Hg. von Matthias Neuber. Würzburg 2014: 65–87.
Iser, Wolfgang. „Das Fiktive im Horizont seiner Möglichkeiten". *Funktionen des Fiktiven*. Hg. von Dieter Henrich und dems. München 1983: 547–557.
Kant, Immanuel. *Vorkritische Schriften I: 1747–1756*. Ders., *Gesammelte Schriften*. Hg. von der Preußischen Akademie der Wissenschaften. Abt. I. Bd. I. Berlin 1968.
Kant, Immanuel. *Kritik der reinen Vernunft*. Ders., *Gesammelte Schriften*. Hg. von der Preußischen Akademie der Wissenschaften. Abt. I. Bd. III. Berlin 1970 [EA: 2. Aufl., 1787].
Kant, Immanuel. *Kritik der praktischen Vernunft*. Ders., *Gesammelte Schriften*. Hg. von der Preußischen Akademie der Wissenschaften. Abt. I. Bd. V. Berlin 1963 [EA: 1788].
Kleist, Heinrich von. *Das Erdbeben in Chili*. Ders. *Sämtliche Werke. Brandenburger Ausgabe*. Bd. II.3. Hg. von Roland Reuß und Peter Staengle. Basel 1993.

Kleist, Heinrich von. *Prosa. Berliner Abendblätter I*. Ders., *Sämtliche Werke. Brandenburger Ausgabe*. Bd. II.7. Hg. von Roland Reuß und Peter Staengle. Basel 1997.

Lanzmann, Claude. *Der Letzte der Ungerechten*. Reinbek bei Hamburg 2017.

Montaigne, Michel de. „Apologie für Raymond Sebond". Ders., *Essais*. Bd. II. Übers. von Hans Stilett. München 2011: 165–416.

Neuber, Matthias. „Einleitung: Die Welt im Modus des Als Ob. Hans Vaihinger und die philosophische Tradition". *Fiktion und Fiktionalismus. Beiträge zu Hans Vaihingers ‚Philosophie des Als Ob'*. Hg. von dems. Würzburg 2014: 9–18.

Nyman, Alf. „Giovanni Marchesini. Ein Vorläufer der Als-Ob-Philosophie". *Annalen der Philosophie* 3.2 (1923): 258–282.

Rancière, Jacques. „Der Wirklichkeitseffekt und die Politik der Fiktion". *Realismus in den Künsten der Gegenwart*. Hg. von Dirck Linck, Michael Lüthy, Brigitte Obermayr und Martin Vöhler. Zürich 2010: 141–157.

Sarr, Felwine. *Afrotopia*. Übers. von Max Henninger. Berlin 2019 [OA: 2016].

Sartre, Jean-Paul. *Les Carnets de la drôle de guerre. November 1939–März 1940*. Reinbek bei Hamburg 1996.

Schildknecht, Christiane. „Rhetorizität und Literarizität der Philosophie". *Handbuch Rhetorik und Philosophie*. Hg. von Andreas Hetzel und Gerald Posselt. Berlin/Boston 2017: 474–494.

Shakespeare, William. *The Complete Works*. Hg. von Stanley Wells und Gary Taylor. Oxford 1986.

Toledo, Camille de. *Vies pøtentielles*. Paris 2010.

Vaihinger, Hans. *Die Philosophie des als Ob. System der theoretischen, praktischen und religiösen Fiktionen der Menschheit auf Grund eines idealistischen Positivismus. Mit einem Anhang über Kant und Nietzsche*. Aalen 1986 [EA: 1911].

Valéry, Paul. *Cahiers I*. Hg. von Judith Robinson. Paris 1974.

Wittkowski, Wolfgang. *Kleist. Wert-Ethik, Wahrheit. Widerstand und Wieder-Auf-Er-Stehung*. Frankfurt a. M. 2013.

Zelter, Joachim. „Die Politik des Als-Ob in der Theorie, Praxis und Literatur der Renaissance-Zeit. Machiavelli, Martyr, Marlowe und Shakespeare". *Literaturwissenschaftliches Jahrbuch* 39 (1998): 95–126.

Zelter, Joachim. *Sinnhafte Fiktion und Wahrheit. Untersuchungen zur ästhetischen und epistemologischen Problematik des Fiktionsbegriffs im Kontext europäischer Ideen- und englischer Literaturgeschichte*. Tübingen 1994.

Imagination und Imaginäres

Dominik Finkelde

1 Das Imaginäre (Sartre, Iser, Lacan, Barthes)

Das Imaginäre teilt viele Schnittmengen mit stark in der philosophischen Tradition verankerten Begriffen wie Einbildungskraft und Imagination, die zu Grundvermögen menschlicher Wahrnehmung neben Verstand und Sinnlichkeit gezählt werden. Bei Kant erweist sich die Einbildungskraft als ein Vermögen, das zwischen Verstand und Sinnlichkeit vermittelt, bei Hobbes, Locke und Hume wird der Begriff der *imagination* unter anderem als psychologisches Vermögen verstanden, Assoziationen clusterartig zur Ausbildung von Erkenntnisschemata zu verknüpfen. Der Begriff des Imaginären, der hier im Zentrum steht, ist nur indirekt den gerade erwähnten Traditionen zuzuordnen. Er ist im 20. Jahrhundert von Autorinnen und Autoren im Randbereich von Literatur und Philosophie so geprägt worden, dass dem Imaginären eine von Erkenntnisfragen unabhängige Autonomie zugesprochen wird. Die hier verhandelten Autoren beziehen sich teilweise aufeinander, was jedoch nicht impliziert, dass ihre Analysen einen homologen Begriff des Imaginären offenbaren. Wir gehen im Folgenden auf die genannten Autoren ein und zeigen Verbindungen zwischen ihnen auf, wo sie offensichtlich sind.

2 Imaginierende Bewusstseinskraft (Sartre)

Jean-Paul Sartre hat sich dem Begriff des Imaginären 1936 und 1940 in zwei Monographien mit den Titeln *L'Imagination* (1994, 97–254) und *L'Imaginaire* (1971) gewidmet. Diese gehen zurück auf Sartres an Husserls Ideenschrift angelehnte Untersuchungen zur Intentionalität aus den frühen 1930er Jahren. Die Übernahme des in der Phänomenologie verankerten Begriffs der Intentionalität ist ein wichtiger Baustein für Sartres Philosophie des Geistes, die letztlich eine Philosophie des imaginierenden Geistes ist (→ IV.3 EBKE). Der zum Verständnis vom Imaginären entscheidende Begriff der Intentionalität besagt vorerst nichts weiter, als dass jeder Akt des Bewusstseins, den wir vollziehen, jede Erfahrung, die wir haben, ‚intentional' ist, insofern sie ein ‚Bewusstsein von' oder eine ‚Erfahrung von' etwas markiert. Intentionalität verweist uns auf die nicht zu entfliehende mentale Bezogenheit unseres Bewusstseins auf die Außenwelt. Sartre adaptiert nun diesen Begriff der Intentionalität, um anhand seiner die Eigentümlichkeit der intentionalen Struktur der zur Imagination fähigen Vorstellungskraft des menschlichen Bewusstseins zu untersuchen (Casey 1981, 144–145; Stawarska 2005). Denn im Gegensatz zu einem intentional strukturierten Erkenntnisakt, der sich in der Regel auf Fakten und Tatsachen in der Außenwelt bezieht, ist im Fall der intentionalen Vorstellungskraft (= die Imagination) das vorgestellte Objekt für Sartre „ein Irreales" und als solches ein Objekt, das „unerreichbar" ist (Sartre 1971, 206). Sartre: „In diesem Buch [Das Imaginäre] versuchte ich zu zeigen, daß Vorstellungen keine neuerweckten oder vom Verstand bearbeiteten Empfindungen und auch keine vom Wissen veränderten oder verminderten früheren Wahrnehmungen sind, sondern etwas ganz anderes: eine abwesende Realität, die sich eben gerade in ihrer Abwesenheit [...] in einem Objekt [kundtut]" (25).

Die imaginierende Bewusstseinskraft wird von Sartre nicht, wie es für weite Teile der philosophischen Tradition der Fall ist, als eine Verstandeskraft bestimmt. Das Imaginäre als Vorgestelltes ist eine die Wirklichkeit in ihrer Grundstruktur entsubstantialisierende Geisteskraft (das hat auch für den Bereich des Politischen Konsequenzen; Setton 2016). Sartre: „Der Akt der Imagination ist [...] ein magischer Akt. Er ist eine Beschwörung, dazu bestimmt, das Objekt, an das man denkt, die Sache, die man begehrt, derart erscheinen zu lassen, daß man sie in Besitz nehmen kann. In diesem Akt ist immer etwas Herrisches [...], eine Weigerung" (Sartre 1971, 205). Sartre spricht auch von „Quasi-Beobachtungen" (48), die im Imaginären walten. Damit ist kein Mangel bezüglich einer Scheinhaftigkeit des imaginierten Objekts kritisiert. Mangelhaft wäre die „Quasi-Beobachtung" nur, wenn die Imagination sich in einem komparativen Bezug zur Wahrnehmung befände, was Sartre verneint. Die Eigenschaften des Scheinhaften und Pseudoartigen sind selbst dem Wesen des Imaginären zugehörig. Die Negativierungskraft des Imaginären wird Medium der Weltentfremdung und damit *Spielraum* (Bonnemann 2007) der Autonomie. So mag zum Beispiel das Porträt einer Person zwischen der tatsächlichen Person und der durch das Porträt vermittelten Imagination im Betrachter und in der Betrachterin eine Beziehung herstellen. Unabhängig davon aber betont Sartre, dass die Imagination den Weltbezug nicht abbilde, sie lasse ihn irreal werden. „Meine Vorstellung von ihm [Peter] ist eine bestimmte Art, ihn nicht zu berühren, nicht zu sehen, eine Art, die er hat, *nicht in diesem Abstand, in dieser Stellung zu sein*. [...] Das Charakteristische an Peter [als Vorstellung bzw. Imagination] ist [...] ‚anschaulich-abwesend' zu sein [...]. In diesem Sinne kann man sagen, daß die Vorstellung ein gewisses Nichts enthält" (Sartre 1971, 57).

Dem Imaginären korrespondiert daher auch, strikt gesehen, nichts in der Welt. Das Objekt der Imagination ist als Irrealität und Nichtseiendes ein transzendentes. Es kann im Bereich der Erfahrung nicht vorkommen. Aus diesem Grund kann Sartre behaupten, dass wir im Imaginären weder tatsächlich etwas erkennen noch etwas aus dem Imaginären lernen können. Der Geist kann ja eben nur das imaginieren, was er selbst immer schon in die Vorstellung gelegt hat. Deshalb ist aber auch ‚Armut', Tatsachennichtung, Unterbestimmtheit und eine Tendenz zur schematisierten Allgemeinheit im Imaginierten bzw. Imaginären nicht als Mangel auslegbar.

Eigenschaften eines Kunstwerks, die beim Menschen das Imaginäre evozieren können (Farben, Formen, Material etc.), werden von Sartre als ‚Analogon' verstanden. Das Analogon ist aber als Bündel ästhetischer Eigenschaften im strengen Sinne für Sartre keine Ursache einer klar ableitbaren Wirkung im Bereich der Vorstellung. Zwischen dem Kunstwerk als Analogon zum Beispiel zur gemalten Figur auf einem Porträt, und der Vorstellung des Betrachters oder der Betrachterin des Gemäldes, soll für Sartre die Form der Nichtigkeit und der Irrealität zentral sein. Das Imaginäre steht somit nicht in einem wie auch immer zu verstehenden Abbildverhältnis zur Realität (bspw. die reale Person als Vorlage des Porträts), sondern ist als eine nichtende Bewusstseinsform eben Distanzeröffnung zu Tatsachen. Als Antierkenntniskraft markiert das Imaginäre eine weltverneinende Freiheit des Geistes. Auf diese Weise können das Imaginäre und das Objekt des Imaginären eine Quelle des Wissens sein, aber eine Quelle, die sich ihrerseits der Welt verweigert.

3 ‚Irrealisierung' und ‚Nichtung' im Imaginären (Iser)

Wolfgang Iser schließt in seinen beiden Studien zu einer anthropologischen Literaturtheorie mit den Titeln *Der Akt des Lesens* (1976) und *Das Fiktive und das Imaginäre* (1991) an Sartres Begriffsbestimmungen zum Imaginären an. Ausgehend von der Frage, ob „fiktionale Texte wirklich so fiktiv" und „jene, die man so nicht bezeichnen kann, wirklich ohne Fiktionen" seien (Iser 1991, 18), sucht er – unter anderem philosophischen Ansätzen von Jacques Derrida und Martin Heidegger verpflichtet – eine Neubestimmung vom Fiktionsverständnis in der Literaturtheorie (De Bruyn 2012, 170–185). Ein nach seiner Meinung in der Literaturtheorie vorherrschendes binäres Verhältnis von Fiktion und Realität, demzufolge Literatur sich auf Realität bezieht und sie fiktional verarbeite, müsse durch die Kategorie des „Imaginären" erweitert werden (Iser 1991, 19–23). Ähnlich wie Sartre, dem er ein eigenes Unterkapitel widmet, interessiert Iser das Imaginäre nicht als ein bestimmtes Erkenntnisvermögen, sondern als eine sich im Fingierten oder Fiktiven klaren Bedeutungsbestimmungen entziehende Größe, die selbst von der Fiktion wiederum nicht geschlossen werden kann (→ II.2 ALLERKAMP). Die Bezüge auf Metaphysik-kritische Philosophen wie Heidegger, Derrida, Lacan und Sartre zeigen Isers Ringen um ein antimetaphysisches Verständnis von Literaturtheorie, das eine der Philosophie würdige Anthropologie herausbilden soll. „In der [...] Offenheit" der Literatur, das heißt von Fiktivem, „manifestiert sich in der versprachlichten Textgestalt die Gegenwart des Imaginären" (51).

Iser übernimmt in seiner Monographie das Sartre'sche Verständnis vom Imaginären als Irrealisierung und Nichtung. Denn nur zwischen Realität und Fiktion zu unterscheiden, lasse unterbestimmt, dass sowohl Realität Fiktionen und Fiktionalität Wirklichkeitspotentiale umfasst, es darüber hinaus aber noch die Erfahrung der Irrealisierung von Wirklichkeits- und Fiktionszusammenhängen gibt. „Für Sartre [...] ist [im Imaginären] das, was in der Vorstellung ,gesehen' werden kann, als reale Gegenwart negiert, um Platz für die unreale Gegenwart des Abwesenden zu machen. [...] Das dem imaginären Objekt inhärierende ,Nichts' wird ,schöpferisch', indem wir durch die Vorstellung einen radikalen Zustandswechsel erfahren, der bis zur Irrealisierung unserer je augenblicklichen Existenz reichen kann" (335). Das Imaginäre steht für das je überschüssige und nie die Welt objektiv abbildende Vermögen, „Akte des Fingierens" (Iser 1991; Iser 1993a), wie sie vom Künstler oder von der Künstlerin bzw. vom Autor oder der Autorin durchgeführt werden, von den Rezipierenden zu Gestalten je neuer Imaginationen zu erweitern. Literatur artikuliert durch Fiktionen Bedeutungsnetzwerke, die Wirklichkeit und Kunstwerk (als Fiktion) transzendieren. Das Imaginäre erfährt von Iser absichtlich keine begrifflich klar definitorische Ontologisierung, wie er selbst in einer Respondenz gegenüber Elisabeth Strökers (Ströker 1993, 472–478) Ausführungen zu seiner Imaginationstheorie eingesteht (Iser 1993b, 479–486).

Iser versteht das Imaginäre als abhängig vom ,Medium' des Fiktiven, womit deutlich wird, dass beide (Fiktives und Imaginäres) nicht nur zu differenzieren sind, sondern dass auch das Imaginäre das Fiktive als Medium braucht. Iser weist im gleichen Moment darauf hin, dass das Fiktive nicht als ein das Imaginäre dominierendes Element verstanden werden dürfe. Dann bestünde wie in Akten der Wahrnehmung eine „Zweckbindung" (485) zwischen Imaginärem und Fiktivem, was dem Begriff des Imaginären zuwiderliefe. Während nämlich die Imagination in Wahrnehmungsprozessen des erkennenden Bewusstseins – ähnlich wie die Einbildungskraft bei Kant – an Zweckdienlichkeit gebunden ist (eben die Dingwelt in Grenzen von Repräsentationsmustern zu umfassen), liegt im Imaginären die Kraft, „immer auch als etwas anderes sehen zu können als das, was es [das vorgestellte und fiktionalisierte Objekt] ist" (485). Erst wenn das Fiktive als Medium des Imaginären verstanden wird, zeigt sich „das dialektische Spiel in der Triade" aus Realem, Fiktivem und Imaginärem. Was als „Reales" bezeichnet wird, ist dann nur „Material, welches im literarischen Text in Gestalt ereignishafter Unordnung wiederkehrt" (485–486). Aber wie gesagt, bei einer simplen Umwandlung von Realem in Fiktives in der Literatur kann es nicht bleiben. Zu einer ereignishaften und bereichernden Kraft wird Literatur erst, wo „diese ereignishafte Unordnung als Analogon für die Vorstellbarkeit dessen, was nicht ist", verwendet wird (486). Die Differenz zwischen Fiktivem und Imaginärem führt dazu, dass das „Imaginäre im Zustand des Sich-Sperrens gegen seine begriffliche Erfaßbarkeit" (486) allein zu denken ist. Leider erfährt damit der Begriff keine sehr weiterführende Konkretion. Schließlich prägt bereits das von Kant analysierte ‚freie Spiel der Erkenntniskräfte' in Urteilen über das Schöne einen Lust generierenden Widerstand begrifflicher Erfassbarkeit, sodass die Rede von einem „Sich-Sperren[ ]" wenig Innovation birgt.

Mit Derrida, der im Hintergrund der oft unterbestimmt bleibenden Theorie des Imaginären bei Iser steht, könnte man zur Rettung von Isers Ansatz sagen, dass das Imaginäre im Rahmen des Fiktiven immer seine Bedeutung im Aufschub einer Bestimmung nähert. Oder mit anderen Worten: Das Imaginäre ist eine Form der Differentialität, die das Fiktive davor bewahrt, sich selbst abzuschließen. Als solche ist das Imaginäre nur dann fassbar, wenn es sich von dem, was der Differenz selbst Widerstand und Differenzierung bietet, das Fiktive eben, absetzt. Das fiktive Werk bezieht sich auf Wirklichkeit, aber was im Zentrum des Fiktiven zum Vorschein kommt, ist nicht repräsentierbar, und doch ist es im Fiktiven sozusagen eingeschlossen: eben als die ‚de-essentialisierende' Kraft des Imaginären. Das Imaginäre stellt sich quer zum Fiktiven, auch dann, wenn es kein Imaginäres ohne das Medium der Fiktion gibt. So wie für Heidegger das Verhängnis der klassischen Metaphysik darin besteht, den Begriff des Seins einem – in einer höchsten Entität verkörperten – Wesen (Sinn, Ziel, *arché*) unterzuordnen (→ II.4 LEMKE), so will Iser Literatur als anthropologische und antimetaphysische Metaphysikform etablieren. Literatur soll aus einem naiven Fiktionsverständnis herausgelöst werden, demzufolge sie die Wirklichkeit nur gemäß ihrer Verfremdungsformen ästhetisch aufbereite und zur Darstellung bringe. Das Imaginäre als Irrealisierung will den Begriff des Fiktiven ‚de-essentialisieren' und Literatur im Zeitalter kultureller Massenabfertigung von seiner Versklavung an die Darstellung und Unterhaltung freimachen. Die Differenz zwischen Fiktivem und Imaginärem meint nicht, dass im Imaginären eine ‚Metadifferenz' eröffnet wird, die ontologischer als das Fiktive ist. Die Differenz zwischen Fiktivem und Imaginärem ist vielmehr dasjenige, was eine Totalisierung des Fiktiven im Ganzen unmöglich macht.

4 Selbstbild und Halluzination im Spiegel (Lacan)

Bei Lacan ist der Begriff des Imaginären ähnlich wie bei Iser in einem Wechselverhältnis mit zwei anderen Begriffen, dem des „Realen" und dem des „Symbolischen" (Lacan 2006, 11–60) eingebunden. Für Lacan ist die menschliche Psyche in ihren Wirklichkeitsbezügen regelrecht an diesen drei sogenannten ‚Registern' aufgehängt. Das heißt, das Symbolische, das Imaginäre und das Reale sind dafür verantwortlich, dass der Mensch in einer mit anderen Menschen geteilten Lebenswelt mit ihren diversen normativen Grundlagen eingebunden ist und in seinem mentalen Selbstbezug ein imaginäres Selbstbild von sich pflegt. Auf dieses Selbstbild, das nicht vor Halluzinationen, fremdgesteuerten Illusionen bewahrt ist, verweist der Begriff des Imaginären, und er tut es besonders beim ‚frühen' Lacan, der dem Begriff in seinem Vortrag zum „Spiegelstadium" entscheidende Eigenschaften gibt (1990, 61–70).

Demgegenüber denotiert der Begriff des Symbolischen die normativen Grundstrukturen der Außenwelt, wo Gesetze, Sprache, Normen und Sitten immer ihre Prägekraft auf die Psyche haben. Das Imaginäre markiert das Selbstbild des Menschen in Distanz und Differenz zu seiner Umwelt als ein mentales Selbstverhältnis. Und mit dem Begriff des Realen verweist Lacan auf eine abgründige und sich der Repräsentation entziehende Unterseite aller symbolischen oder imaginären Welt- und Selbstbezüge. Lacan will mit der Rede vom „Realen" dem Umstand gerecht werden, dass ein jeder Wirklichkeitsbezug mangelhaft sein muss, da das von „Vielheit von Vielheiten" (Badiou 2005, 64) umgebene Bewusstsein des Menschen nie alles umfassen kann. Die genannten ‚Register' stehen so für Lacan in gegenseitigen Bestimmungen zueinander und verkörpern die Summe ihrer Differenzen.

Das Imaginäre verortet Lacan im Zentrum subjektiver Selbstverhältnisse. Es verweist auf Entwürfe des Bewusstseins, das im Austausch von Selbstbildern herausfinden möchte, wie es sich als ‚Ideal-Ich' entsprechen muss. Wenn wir psychisch gesund sind, ist dieser Prozess in der Regel ein positiver, ja sogar wesentlich von Selbstverherrlichungen geprägt. Dabei bleibt aber das Imaginäre auch ein bloßer ‚Schein' und Ausdruck eines von Lacan ganz bewusst auf das Schicksal von Narziss hin ausgelegten Projekts unbestimmter Selbstsuche. Da das Ich nie eine ungebrochene Selbstrelation und eine verzerrungs- und illusionsfreie Instanz der Selbstpräsenz sein kann, kann es sich auch nicht befriedigen und habhaft umfassen. Daher ist ein jedes Subjekt notwendig illusionär und imaginär in seinem Selbstverhältnis geprägt. Es ist der Ort virtuell verhandelter Selbstbilder, die immer auch schon von Fremdimaginationen zweiter und dritter Instanzen vermittelt sind. Das Bild, das ich von mir habe, ist eben immer auch etwas, das sich von mir unterscheidet und mich von mir entfremdet. Anders könnte man sich nicht den Blick erklären, mit dem wir uns morgens am Spiegel ins Gesicht schauen, um zu prüfen, ob das, was wir sehen, uns auch gefällt. Lacan beschreibt diese Verkennungsstrukturen schon bei drei bis sechs Monate alten Kleinkindern in seinen Anmerkungen zum „Spiegelstadium". Das Stadium inszeniert (stellvertretend für den gesamten frühkindlichen Entwicklungsprozess) eine Entfremdung des Kleinkindes in dem Moment, in dem es eine „*Ich*-Funktion" zugesprochen bekommt.

Dort, wo diese Ich-Funktion ihre ersten Prägungen erfährt, findet Lacan zufolge eine verdoppelte Entfremdung statt: eine Entfremdung seines Sehens durch die Übernahme des Blicks der anderen und eine Entfremdung seines Seins, das heißt eine Entfremdung zwischen dem, was das Kind wirklich ist bzw. spürt, und dem, was es sieht. Lacan schreibt: „Der Augenblick, in dem sich das Spiegelstadium vollendet, [...] lässt auf entscheidende Weise das ganze menschliche Wissen in die Vermittlung durch das Begehren des Andern umkippen, konstituiert seine Objekte in abstrakter Gleichwertigkeit durch die Konkurrenz der Andern" (Lacan 1990, 68). Warum spricht Lacan hier von der Konkurrenz der Anderen? Weil ich mich von ihrem Ort her sehe. Dadurch sind andere Menschen ein Teil der Identität und gleichzeitig eine Konkurrenz zu ihr. „Destruktions- oder Todesinstinkte [...] [thematisieren] den offensichtlichen Zusammenhang zwischen der narzisstischen Libido und der entfremdenden *Ich*-Funktion, der Aggressivität, [...] die sich in jeder Beziehung zum andern, und sei sie noch so karitativer Art, abzeichnet" (69).

Über Hegels Ausführungen zur Anerkennungsproblematik erfährt Lacan, dass im Kern der Identitätsbildung des Menschen eine Art Kampf auf Leben und Tod stattfindet (Lacan 1996, 227–233). Das Subjekt muss sich in konkurrierender Abgrenzung zu anderen bei einer gleichzeitigen Beziehung zu diesen und einem virtuellen Bild des Selbst etablieren. Selbstbewusstsein braucht die Anerkennung eines Fremden. Aber das wird nicht geschenkt, weil jedes Bewusstsein dort seine Seinsfülle sieht, wo das Fremde und Andere immer auch schon existiert (Kojève 1988, 54–68). Gerade hier liegt eine Tragik, die Teil der imaginären Selbstbeziehung ist. Die primäre Identifikation mit der Gestalt des eigenen Körpers birgt dann für Lacan aggressives, im Extremfall sogar selbstmörderisches Potential in sich. In immer neuen Anläufen muss das Subjekt versuchen, die eigene unzulängliche Realität mit dem durch den Spiegel vermittelten Ideal zur Deckung zu bringen.

Aber das Imaginäre verweist seinerseits auch auf das zweite und schon erwähnte von Lacans Registern: das Symbolische. Das Symbolische betrifft nicht ausschließlich mein wie auch immer imaginär geprägtes Selbstbild, sondern das Symbolische ist die allgemeine, transsubjektive Ordnung von Bedeutungsträgern (Signifikanten) um mich herum. Wie Lacan verdeutlicht, repräsentiert sich das Kleinkind (aber auch der Erwachsene) gegenüber dem Spiegelbild nicht nur für sich als ideal-imaginierte Einheit, sondern auch immer schon im internalisierten Blick des Anderen, zum Beispiel dem Blick der Mutter oder des Vaters. Erst in der Abhängigkeit von Idealperspektiven und Fremdperspektiven wird der oder die Einzelne also zum Subjekt. Das Imaginäre findet sich daher immer auch schon in symbolische Ordnungsbezüge eingeschrieben. Lacan expliziert diese Ordnungsstrukturen als selbstdifferentielle Kette von Bedeutungsträgern (Signifikanten) (Lacan 1991). Dabei prägt das Imaginäre einen Hang zum Stillstand. Im Bild, in der Gestalt im Spiegel, wird etwas festgehalten, das sich dem Fließen von wechselhaften Anschauungen widersetzt. Wo dieses Selbstbild der Psyche den Körper selbst zu vernichten droht, wie zum Beispiel im Symptom der Anorexie, kann das Symbolische dem Subjekt teilweise helfen, das Selbstbild vor einer allgemeinen, von ihm selbst nicht imaginierten Ordnung zu justieren. Wo dies nicht gelingt, besteht die Gefahr von psychopathologischem Wahn, demzufolge das menschliche Bewusstsein regelrecht nur noch von ungebändigten Phantasien und Halluzinationen überschwemmt ist. Lacans Begriff des Realen untermalt dann wiederum, dass sowohl das Symbolische wie auch das Imaginäre keine geschlossenen Sphären bilden. Das heißt, so wie Selbstbilder instabil sein können, so kann auch der Bereich des Symbolischen keine letztbegründete Ontologie verkörpern.

5 Lebenswelten und ihre Mythen (Barthes)

Eine Theorie des Imaginären ist auch bei Roland Barthes in seinen semiotischen Kulturanalysen in Bezug auf Warenkultur, auf Bilder (→ II.3 ZELLE), Werbung und besonders in Bezug auf die Fotografie aufweisbar. Sein frühes Werk *Mythen des Alltags* (1964) prägt eine an Marx orientierte Kulturkritik. Barthes zeigt in diesen jeweils nur wenige Seiten langen Essays, wie unter anderem eine den Warenfetischismus bedienende Werbekultur Bezeichnendes von Bezeichnetem abzutrennen vermag und eigene, Begehren produzierende Imaginationswelten schafft. Polyvalente Zeichenprozesse lassen klassische Gebrauchswerte von Objekten sekundär werden und geben ihnen einen mythisch aufgeladenen begehrenswerten Raum. Das materielle Produkt (z. B. der *Citroën DS*) wird von seinem Träger (dem konkreten Auto als Transportmedium) abtrennbar bzw. durch eine imaginäre Überfrachtung, die in den beiden angehängten Majuskeln ‚DS' – ausgesprochen wie das französische *déesse* für ‚Göttin' – sekundär. Er deutet über sich hinaus auf göttliche Perfektion hin. Man könnte auch sagen: Das Produkt wird Träger einer sublimen Substanz, die auf der Ebene von Bezeichnungen mehr ist als das Bezeichnete darunter. Deshalb kann Barthes schreiben: Ich glaube, daß das Auto heute das genaue Äquivalent der großen gotischen Kathedralen ist" (Barthes 1964, 76). Dies ist nur möglich, wenn Objekte zu durch Imaginationen gelenkten Surrogatsmythen werden. Entscheidend ist, dass der Referent nicht nur das abgebildete Objekt ist, sondern Begehren und Konsum über den Referenten hinaus sich auf weitere imaginäre Welten hin ausrichten.

In Bezug auf die Bedeutung des Imaginären in der Fotografie ragt Barthes' Buch *Die helle Kammer* (1985) heraus. Barthes hat seine phänomenologische Fotografietheorie Sartres *Das Imaginäre* gewidmet. Das erklärt sich aus dem für Barthes zentralen Wechselspiel von Realität und Irrealität, wie sie der Fotografie eigen ist (Rabaté 1997, 1–18). Wie wir oben ausgeführt haben, ist bei Sartre das Imaginäre von einer Dialektik von Abwesenheit und Anwesenheit durchzogen und sowohl ein Medium der Weltirrealisierung als auch der Welttranszendierung.

Vielrezipiert ist Barthes' Analyse des sogenannten *punctum*. Dazu schreibt Barthes in Bezug auf ein im Jahr 1865 gemachtes Foto von einem zum Tode Verurteilten das Folgende: „Das Photo ist schön [...]. Das *punctum* aber ist dies: er wird sterben. Ich lese gleichzeitig: *das wird sein* und *das ist gewesen*" (Barthes 1985, 106). Im *punctum* werden Momente eingefangen, die in der Imagination der Betrachterin oder des Betrachters zeitgleich in der Präsenzerfahrung die Verlusterfahrung des nie mehr so Seienden verdeutlichen. Motive eines sich verlierenden Weltbezugs machen sich kund. Das *punctum* drückt sich gerade in der sich in der Fotografie vermittelten Erfahrung eines ‚So-war-es-wirklich' aus. Das ‚Es-ist-so-gewesen', und zwar ‚genau so' markiert eine die Imagination betreffende Irrealisierung. Das *punctum* ist für Barthes ein unbedeutendes, aber dennoch die Betrachtenden bannendes Element, das von Bild zu Bild stark variieren kann. Im Einzelfall provoziert es das Begehren, die Erfahrung als Text selbst noch einmal lesbar zu machen (→ II.1 Hobuss).

Literatur

Badiou, Alain. *Das Sein und das Ereignis*. Übers. von Gernot Kemecke. Berlin 2005.
Barthes, Roland. *Die helle Kammer. Bemerkungen zur Photographie*. Übers. von Dietrich Leube. Frankfurt a. M. 1985 [OA: 1980].
Barthes, Roland. *Mythen des Alltags*. Übers. von Helmut Scheffel. Frankfurt a. M. 1964 [OA: 1957].
Bonnemann, Jens. *Der Spielraum des Imaginären*. Hamburg 2007.
Casey, Edward S. „Sartre on Imagination". *The Philosophy of Jean-Paul Sartre*. Hg. von Paul Arthur Schilpp. La Salle 1981: 139–166.
De Bruyn, Ben. *Wolfgang Iser. A Companion*. Berlin 2012.
Iser, Wolfgang. „Akte des Fingierens. Oder: Was ist das Fiktive im fiktionalen Text". *Funktionen des Fiktiven*. Hg. von Dieter Henrich und dems. München 1993a: 121–152.
Iser, Wolfgang. „Das Imaginäre: kein isolierbares Phänomen". *Funktionen des Fiktiven*. Hg. von Dieter Henrich und dems. München 1993b: 479–486.
Iser, Wolfgang. *Das Fiktive und das Imaginäre. Perspektiven literarischer Anthropologie*. Frankfurt a. M. 1991.
Iser, Wolfgang. *Der Akt des Lesens: Theorie ästhetischer Wirkung*. München 1976.
Kojève, Alexandre. *Hegel. Kommentar zur Phänomenologie des Geistes*. Übers. von Iring Fetscher und Gerhard Lehmbruch. Frankfurt a. M. 1988 [OA: 1947].
Lacan, Jacques. „Das Symbolische, das Imaginäre und das Reale". *Namen-des-Vaters*. Übers. von Hans-Dieter Gondek. Wien 2006: 11–60 [OA: 1953].
Lacan, Jacques. *Die vier Grundbegriffe der Psychoanalyse*. Ders., *Das Seminar Buch*. Bd. XI. Übers. von Norbert Haas. Berlin/Weinheim 1996 [OA: 1973].

Lacan, Jacques. „Subversion des Subjekts und Dialektik des Begehrens im Freud'schen Unbewussten". Ders., *Schriften*. Bd. II. Übers. von Chantal Creusot und Norbert Haas. Hg. von Norbert Haas. Berlin/Weinheim 1991: 165–204 [OA: 1966].

Lacan, Jacques. „Das Spiegelstadium als Bildner der Ichfunktion". Ders., *Schriften*. Bd. I. Übers. von Peter Stehlin. Hg. von Norbert Haas. Berlin/Weinheim 1990: 61–70 [OA: 1949].

Rabaté, Jean-Michel. „Introduction". *Writing the Image after Roland Barthes*. Hg. von dems. Philadelphia 1997: 1–18.

Sartre, Jean-Paul. „Die Imagination". *Die Transzendenz des Ego. Philosophische Essays*. Übers. von Uli Aumüller. Reinbek bei Hamburg 1994: 97–254 [OA: 1936].

Sartre, Jean-Paul. *Das Imaginäre. Phänomenologische Psychologie der Einbildungskraft*. Übers. von Hans Schönenberg. Reinbek bei Hamburg 1971 [OA: 1940].

Setton, Dirk. „Anti-Welt. Imagination und Politik nach Sartre". *Figurationen des Politischen*. Bd. 1: *Die Phänomenalität des Politischen in der Gegenwart*. Hg. von Martin Doll und Oliver Krohns. München 2016: 513–532.

Stawarska, Beata. „Defining Imagination. Sartre between Husserl and Janet". *Phenomenology and the Cognitive Sciences* 4 (2005): 133–153.

Ströker, Elisabeth. „Was ist das Imaginäre in Isers Fiktionalitätstheorie?" *Funktionen des Fiktiven*. Hg. von Dieter Henrich und Wolfgang Iser. München 1993: 473–478.

II.3 Rhetorik und Poetik

Einleitung

Björn Hambsch

Rhetorik, Poetik und Grammatik reichen in ihren Ursprüngen bis in die Antike zurück und können in ihren Unterschieden und Gemeinsamkeiten (Zymner 2015, 2–3) als disziplinäre Vorläufer der modernen Literaturwissenschaft gesehen werden. Der Begriff ‚literarische Rhetorik' zielt dagegen auf ein spezifisch modernes, vor allem literaturwissenschaftliches Forschungsinteresse, also nicht auf eine historisch greifbare Rhetorikformation, die sich mit dem bis zum 19. Jahrhundert tradierten System der Künste und Wissenschaften zur Deckung bringen ließe (Hambsch 2007, 11–12). Der Begriff der literarischen Rhetorik kann deshalb sowohl eine literarische Fokussierung von Rhetorik als auch eine rhetorische Fokussierung von Literatur meinen (Zymner 2015, 1). Die europäische Rhetoriktradition war insbesondere in der deutschsprachigen Literaturwissenschaft lange Zeit als „öde Regelpoetik klassizistischer Provenienz" (Dockhorn 1968, 91) verpönt. Erst im Zuge ihrer Wiederentdeckung in den 1960er Jahren wurde ihre weitreichende Bedeutung für die literarische Theorie und Praxis bis weit ins 19. Jahrhundert hinein anerkannt. Wichtige Anregungen kamen dabei aus der Mediävistik (Curtius 1993), der Romanistik (Lausberg 2008) und der Anglistik (Dockhorn 1968). Dem vielbeschworenen Ende der Rhetorik als Disziplin steht die Topik einer (literatur-)wissenschaftlichen Rhetorikrenaissance in der zweiten Hälfte des 20. Jahrhunderts gegenüber (Hambsch 2007, 5–11). Der Nachvollzug dieser Entwicklung in Philosophie und Literaturwissenschaft erfordert jedoch nicht nur eine selbstreflexive „Literaturgeschichtsschreibung über Literaturgeschichtsschreibung", die einen Bogen von der Altphilologie bis zur Dekonstruktion schlägt (Schwindt 2000, 10–12). Es ergibt sich darüber hinaus ein fruchtbares und in vielfacher Hinsicht problematisches Spannungsfeld zwischen dem *consensus* der europäischen Theorietradition als Paradigma sprachphilosophisch-poetologischer Reflexion (Dockhorn 1968, 12–13) und der Diversität ihrer modernen Reformulierungen. *Rhetorik* ist nicht nur systematischer Bezugspunkt von Philosophie und Literaturwissenschaft, sondern auch Thema in zahlreichen modernen Wissenschaftsdisziplinen wie Argumentationstheorie, Jurisprudenz, Psychologie oder Linguistik. Dies hat zu einer Vielfalt konkurrierender und oftmals widersprüchlicher systematischer Rhetorikbegriffe geführt, die auch durch den Rekurs auf verschiedene Stationen der rhetorischen Theoriegeschichte nicht auf einen Nenner zu bringen sind (Kopperschmidt 1990, 8).

Auch der insbesondere in der modernen Forschung immer wieder betonte idealtypische epistemologische Gegensatz von Philosophie und Rhetorik (Ijsseling 1976; Schanze und Kopperschmidt 1989; Hetzel und Posselt 2017), dessen Topik bis zu Platons Rhetorikkritik zurückreicht, verstellt den Blick auf ein jahrhundertelang bestehendes bildungsgeschichtliches Komplementärverhältnis. Schon in der Antike folgt dem Spannungsverhältnis zwischen Rednerschulen und Philosophenschulen der vorhellenistischen Zeit eine weitgehende Konvergenz, in der die Rednerschulen philosophisches Grundwissen und die Philosophenschulen Rhetorik als Fach vermitteln und zusammen das höhere Bildungswesen der gesamten Antike bilden. Diese Konvergenz vererbt sich über das spätantike bzw. frühmittelalterliche System der *artes liberales* an das abendländische Bildungssystem. Die Rhetorik ist bis ins 19. Jahrhundert hinein unangefochtener Bestandteil des Bildungskanons und ist dort stets auf einen philosophischen System- oder Programmkontext (z. B. Aristotelismus oder Ciceronianismus, Aufklärungsphilosophie) bezogen. Rhetorik und Poetik vermitteln wiederum in besonderer Weise begrifflich und praktisch das komplexe Wechselverhältnis von Literatur und Philosophie. Dies kann zum einen die Suspendierung philosophischer Wahrheitsansprüche im Zuge der Beachtung ihrer Rhetorizität bedeuten (Literarizität von Philosophie) oder dem epistemologischen Anspruch von Literatur philosophisches Gewicht verleihen.

Drei exemplarische historische Stationen und eine überhistorische Problemkonstellation sind von besonderem Interesse für das produktive Verhältnis von Rhetorik, Literatur und Philosophie:

Die politischen und kulturellen Ursprünge disziplinärer und praktischer Rhetorik in der Antike entwickeln sich im Spannungsfeld zwischen praxisorientierter Kunstlehre und philosophischer Wissenschaft. Grundlegend ist dabei sowohl ihre enge Verzahnung mit der Literatur (Rhetorisierung der Literatur, Literarisierung der Rhetorik) als auch ihre Ausprägung als philosophisch-humanistisches Paradigma in der römischen Rhetorik bei Cicero und Quintilian (→ II.3 HAMBSCH).

In der ersten Hälfte des 18. Jahrhunderts vollzieht sich in der Aufklärungsrhetorik und -poetik ein komplexer Ablösungsprozess von den Regeln der klassischen Theorie. Das Spektrum reicht dabei von der kritischen Poetik und Rhetorik bei Gottsched, Bodmer und Breitinger bis zur philosophischen Integration von Rhetorik in der erkenntnistheoretisch orientierten Ästhetik Baumgartens (→ II.3 CAMPE).

Metapher und Figurativität sind ein wichtiger gemeinsamer Problembereich des philosophischen wie literarischen Diskurses. Dabei tut sich in den verschiedenen paradigmatischen Metapherntheorien ein weites Feld auf: von der Metapher als Vehikel von Welterschließung (Aristoteles, Blumenberg, Ricœur) und vordiskursiver Erfahrung (Ricœur) bis zum Scheitern der Repräsentation von

Sprache – und der tradierten Metapherntheorien – bei Nietzsche und Derrida (→ II.3 Hetzel).

In der Theorie des Neo- bzw. Poststrukturalismus und der Dekonstruktion kommt es zu verschiedenen Formen der Konfrontation und Verschmelzung von Philosophie und Literatur. Die Ansätze von Barthes, de Man und Derrida bringen auf je unterschiedliche Weise und mit ideologiekritischem Anspruch die tradierte Rhetorik und ihre strukturalistischen Reformulierungen mit der Literarizität der Philosophie und dem (auch epistemologisch) subversiven Potential der Literatur zusammen (→ II.3 Zelle).

Literatur

Curtius, Ernst Robert. *Europäische Literatur und lateinisches Mittelalter*. Bern/München 1993 [EA: 1948].
Dockhorn, Klaus. *Macht und Wirkung der Rhetorik. Vier Aufsätze zur Ideengeschichte der Vormoderne*. Bad Homburg 1968.
Hambsch, Björn. ‚… ganz andre Beredsamkeit'. *Transformationen antiker und moderner Rhetorik bei Johann Gottfried Herder*. Tübingen 2007.
Hetzel, Andreas und Gerald Posselt (Hg.). *Handbuch Rhetorik und Philosophie*. Berlin/Boston 2017.
Ijsseling, Samuel. *Rhetoric and Philosophy in Conflict*. Den Haag 1976.
Kopperschmidt, Josef. „Rhetorik nach dem Ende der Rhetorik. Einleitende Anmerkungen zum heutigen Interesse an Rhetorik". *Rhetorik*. Bd. 1: *Rhetorik als Texttheorie*. Hg. von dems. Darmstadt 1990: 1–31.
Lausberg, Heinrich. *Handbuch der literarischen Rhetorik. Eine Grundlegung der Literaturwissenschaft*. Stuttgart 2008.
Schanze, Helmut und Josef Kopperschmidt (Hg.). *Rhetorik und Philosophie*. München 1989.
Schwindt, Jürgen Paul. *Prolegomena zu einer ‚Phänomenologie' der römischen Literaturgeschichtsschreibung. Von den Anfängen bis Quintilian*. Göttingen 2000.
Zymner, Rüdiger. „Rhetorik, Literatur und Literaturwissenschaft". *Handbuch Literarische Rhetorik*. Hg. von dems. Berlin/Boston 2015: 1–20.

Kunstlehren des Sprechens und Denkens – Aristoteles, Cicero, Quintilian

Björn Hambsch

1 Voraussetzungen

Obwohl sich die Rhetorik als Disziplin schon im Laufe der Antike „in Richtung einer regelrechten Literaturwissenschaft entwickelt" (Asper 2019, 655), ist bei der modernen Rede von einer ‚literarischen Rhetorik' für diese Epoche Vorsicht geboten. Die Antike verfügt noch nicht über einen Literaturbegriff im modernen Sinne. Wichtig ist vor allem in der griechischen Kultur der öffentliche, agonale Charakter der Literatur und die primäre Mündlichkeit als mediale Ausgangssituation und theoretischer Fluchtpunkt auch in späteren Zeiten mit stärkerer Verschriftlichung (Schanze 2001, 231). Die Bedeutung der öffentlichen Rede für Politik und Kultur der Antike kann insgesamt kaum überschätzt werden (Stroh 2009). Unabdingbar ist der Bezug auf öffentliche Institutionen und damit auf den sozialen und vor allem politischen Kontext. Schon der Ursprungsmythos der Rhetorik, wie ihn Cicero unter Berufung auf Aristoteles berichtet (Asper 2019, 665), parallelisiert das Ende der Tyrannenherrschaft auf Sizilien mit dem (Wieder-)Einsetzen von Volks- und Gerichtsversammlungen, die neben der Praxis unmittelbar auch zu theoretischer Bemühung um Rhetorik führen. Rhetorik und Poetik sind insofern wichtige, auch begriffliche Vermittler; erst über sie lassen sich ‚Philosophie' und ‚Literatur' in ein sinnvolles Verhältnis setzen.

Von Theophrast über Cicero bis Quintilian werden neben den Unterschieden vor allem die strukturellen Gemeinsamkeiten zwischen Dichtung und Rede betont: Die Dichtung bedient sich rhetorischer Mittel und ausgiebiger Redepartien, die Rede bezieht dichterische und narrative Elemente zur Affekterregung und in argumentativer Funktion ein (→ II.1 KREWET). Es gibt eine starke Überschneidung beider Gebiete beim Prosarhythmus; gehobene Prosa hat immer einen künstlerischen Anspruch (Müller 2012, 54–59).

Philosophie und Literatur sind gerade in der Antike vielfach miteinander verschränkt: Aus der praktischen Philosophie erwächst bei Aristoteles parallel zur Rhetorik die Poetik als erste Form einer Literaturtheorie; die Literatur, vor allem das klassische Epos, hat durch ihre enge Verbindung zum Mythos philosophisches Gewicht. Philosophie ist von Anfang an auch literarische Praxis, insbesondere im philosophischen Dialog von Platon bis Cicero (→ III.1 ERLER). Es gibt bis zur Spätantike eine selbstverständliche literarisch-rhetorische Überformung der philosophischen Fachliteratur (Schildknecht 2017).

2 *Alexander*-Rhetorik und Aristoteles

Die gesamte Literatur der voraristotelischen Zeit – das homerische Epos, das klassische attische Drama und die Geschichtsschreibung – reflektiert Rhetorik und Philosophie in je eigener Weise durch Thematisierung oder Einbettung tradierter Redeformen. Die explizite Reflexion von Rhetorik und Redner, zum Beispiel in Epos und Tragödie, kann man bereits als „vorsystematische Rhetorik" bezeichnen (Müller 2012, 45–49).

Die Rhetorik beginnt als theoretische Formation ursprünglich als betont praktisch orientierte ‚Politikwissenschaft' und Kommunikationstheorie in der sophistischen Aufklärung (Baumhauer 1986). Nach der Betonung von Mathematik und Naturphilosophie in der vorsokratischen Philosophie bieten die Sophisten als bezahlte Wanderlehrer eine erste Form philosophischer Unterweisung für die Polisbürger, zu deren Spektrum auch die Rhetorik gehört. Parallel entwickeln sich als Akteure des rhetorischen Feldes der Sophist als Lehrertypus, der Typus des Politikerredners und professionelle Redenschreiber, die Logographen.

Die Rhetorik des Aristoteles und die *Alexander*-Rhetorik gehören beide rezeptionsgeschichtlich zusammen, weil die *Alexander*-Rhetorik sehr lange fälschlich Aristoteles zugeschrieben wurde. Sie repräsentieren anschaulich das Spektrum der möglichen Lehrbuchtypen und wissenschaftlichen Ansätze. Die *Alexander*-Rhetorik ist vor allem wichtig als Zeugnis der sonst bis auf Fragmente verlorenen sophistischen Handbuchrhetorik. Gemeinsam ist beiden die Darstellungsweise mit zum Teil sehr ausführlichen Listen, Definitionen und Dihäresen (Fuhrmann 2007; Asper 2019, 670). Während die sophistischen Lehrbücher ethisch indifferente, strikt auf Machbarkeit ausgerichtete Anleitungen zur Praxis ohne philosophisch-wissenschaftlichen Anspruch darstellen, folgt das platonische Gegenkonzept im *Phaidros* einem strikten „untechnisch" interessierten Wahrheitsethos mit Anspruch auf weisheitliche Psychagogik. Bei Platon werden „Dialektik und Psychologie neue Methoden zur Fundierung einer philosophisch begründeten Rhetorik" (Erler 2019, 323); Aristoteles konzipiert dann unter Rückgriff auf beide Auffassungen die Rhetorik als ‚Gegenstück' (*antistrophe*) zur Dialektik, das heißt immer noch als *techne*, aber philosophisch mit einem stark erhöhten methodologischen Anspruch.

Die Rhetorik des Aristoteles ist der Prototyp einer argumentationstheoretisch fundierten Rhetoriktheorie mit philosophischem Anspruch. Dabei kommt sein Lehrbuch trotz der Konzessionen an die generelle Praktikabilität der Disziplin einem Theorieentwurf im modernen Sinne am nächsten. Konsequenterweise kann Aristoteles' Rhetorikkonzeption angemessen nur vor dem Hintergrund seiner Logik und Argumentationstheorie (*Sophistische Widerlegungen*, *Topik*, *Analytiken*) und seiner politischen Theorie und der Ethik interpretiert werden

(Rapp 2002, 9–10; Rapp 2019, 358–359). Aristoteles' argumentationstheoretischer Fokus zielt dabei nicht auf strategische Wahrscheinlichkeitsargumente im Sinne der Sophistik, sondern auf eine philosophische, dialektisch gestützte Wahrheitsvermittlung, sodass man im Ergebnis von „dialektisch reformierter Rhetorik" sprechen kann (Rapp 2019, 355). Er verbindet dabei traditionelle rhetorische Begriffe mit seiner eigenen argumentationstheoretischen Dialektik, deren funktionale Bestimmung sich deutlich von der Platons unterscheidet (357). Aristoteles schreibt als philosophischer Theoretiker ohne eigene politische oder rhetorische Praxis, aber als rhetorischer Pädagoge aus der Praxis als Erzieher Alexanders des Großen heraus. Er entwickelt als Erster zentrale Lehrstücke der Rhetorik, die die gesamte spätere Theorie prägen, wie zum Beispiel die drei grundlegenden Überzeugungsmittel *logos* (rationale Argumente), *ethos* (Charakterdarstellung des Redners) und *pathos* (Gefühlswirkung der Rede) sowie die drei klassischen Redegenera Gerichtsrede, Beratungsrede und epideiktische Rede. Er führt den Begriff der Stiltugend (*arete tes lexeos*) ein und definiert die Deutlichkeit – mit der Angemessenheit als Unterkategorie – als zentrale Kategorie der Stillehre.

Zwischen der Poetik des Aristoteles und der Rhetorik gibt es zahlreiche thematische Überschneidungen und explizite Querverweise (Fuhrmann 2003, 7), beide gehören mit Politik und Ethik (hier vor allem über den Begriff der *poesis*) zur praktischen Philosophie (10). Aristoteles folgt unter anderem aufgrund anderer ontologischer Voraussetzungen (74) nicht der platonischen Verurteilung der Kunst und wertet die poetologische „Techne als Analogen zur Physis" (81). Die anthropologische Grundierung der Poetik (20), die Aristoteles auch in der Rhetorik thematisiert, gibt ihr auch heute noch ein hohes Aktualitätspotential und unterläuft viele „der modernen Oppositionen der Literatur- und Kunsttheorie" (Schmitt 2008, XIV), die in gewisser Weise eher den Aristotelismus der nachantiken Tradition als Aristoteles selbst reflektieren.

Die nacharistotelische Integration der Rhetorik in den philosophischen Schulbetrieb der hellenistischen Zeit bewirkt teilweise eine epistemologische Höherwertung der Disziplin, die zum Beispiel in der platonischen Akademie mit der Technik der Diskussion pro und contra (*in utramque parte dicere*) argumentationstechnisch ausgebaut wird und selbst in der ethisch rigoristischen Stoa den Status einer *episteme* zuerkannt bekommt. Trotz des politischen Wandels in der hellenistischen Welt durch die Entstehung des Alexander-Reichs bleibt die Aktualität der Rede und ihrer Theorie unangefochten.

3 *Herennius*-Rhetorik und Cicero

Der Eroberung der Nachfolgestaaten des Alexander-Reichs durch die Römische Republik steht das Eindringen griechischer Bildung in die römische Kultur gegenüber und mündet in der lateinischen Literatur in die mitunter selbstironische Topik von den siegreichen Römern, die sich willig dem kulturellen Einfluss der Griechen unterwerfen. Die rhetorisch-poetischen Grundbegriffe *imitatio* (Nachahmung) und *aemulatio* (Überbietung) bezeichnen dabei die grundlegende Modellvorstellung des kulturellen Wettbewerbs zwischen griechischer und lateinischer Welt, die lateinischen Literaten eignen sich die griechischen Vorgaben in einer „*interpretatio romana*" an (Baier 2010, 8).

Während die *Herennius*-Rhetorik, die bis zum Renaissancehumanismus fälschlich Cicero zugeschrieben wurde, den Kenntnisstand der hellenistischen Rhetoriklehrbücher spiegelt, ist bei Cicero die Rhetorik in eine umfassende philosophische Konzeption eingebettet. Ciceros Rhetorikkonzept stellt von der Differenziertheit und dem philosophischen Anspruch her das lateinische Gegenstück zu Aristoteles dar, allerdings hat Cicero ein ungleich größeres rhetorisches Theoriewerk hinterlassen (*De inventione, Topica, De oratore, Orator, Brutus*). Die *Herennius*-Rhetorik bietet das konventionelle Aufbauschema nach den „Aufgaben des Redners" (*officia oratoris*) bzw. den Produktionsstadien der Rede *inventio* (Auffindung des Stoffes/der Argumente), *dispositio* (Anordnung in der Rede), *elocutio* (Ausformulierung), *memoria* (Gedächtnistechnik) und *pronuntiatio/actio* (Vortrag mit Stimme, Mimik und Gestik) (112). In seinem Jugendwerk *De inventione* (112–113) setzt sich Cicero vor dem Hintergrund der Programmatik des Isokrates erstmalig mit dem Verhältnis von Philosophie und Rhetorik auseinander. In seiner Formel des Zusammenwirkens von Vernunft (*ratio*) und Rede (*oratio*) erscheint die Redekunst als „zivilisatorische Kraft" (Leidl 2019, 420) bei der Entstehung der menschlichen Staatswesen und als anthropologisch-politische Grunddimension.

Cicero repräsentiert mit seiner eigenen Laufbahn den von ihm favorisierten Rednertypus des kultivierten Staatsmannes, der nicht nur über rhetorische, sondern auch juristische, (natur-)wissenschaftliche und philosophische Bildung verfügt. Seine Reden sind der Höhepunkt der lateinischen Rhetorik, zugleich ist er der „eigentliche Schöpfer einer Kunstprosa in lateinischer Sprache" (Baier 2010, 107).

In seinem Dialog *De oratore* entwickelt er erstmals das Konzept des idealen Redners (*orator perfectus*), der mit seiner ganzheitlichen Bildung (Baier 2010, 113) die Einheit von philosophischer und rhetorischer Lebensform und Bildung im Staatsmann verkörpert (Leidl 2019, 421). Er bietet zugleich ein Beispiel für eine literarische Gestaltung faktischer Rhetorikgeschichte in einem rhetorischen Theoriewerk nach platonischem Muster (Baier 2010, 109–110 und 113). Die Redegabe, die den Menschen zum Menschen macht, wird zum wichtigsten Instrument „im Dienste der Lenkung von Menschen und Staaten" (Leidl 2019, 425) und ist auch die anthropologische Grundlage für die Autonomie des sprechenden Subjekts. Ciceros Rednerdialog stellt damit ein folgenreiches „‚Gründungsdokument' des europäischen *humanitas*-Gedankens" dar (Baier 2010, 113).

Im Bürgerkrieg zwischen Caesar und Pompeius verfasst Cicero die Dialoge *Brutus* und *Orator*. Der *Brutus* ist einerseits eine bewusst tendenziöse Darstellung, in der sich Cicero als Redner zum folgerichtigen Höhepunkt einer langen römischen Entwicklung und letztlich zum attizistischen Klassiker stilisiert (Gigon 1990, 628); andererseits ist er heute noch lesbar als „Literaturgeschichte, die in der informationellen Substanz noch dem Anspruch an eine ‚moderne' Darstellung der Rhetorikgeschichte genügt" (Schwindt 2000, 96, 111). Er überliefert viele wertvolle Zeugnisse zur griechischen und römischen Rhetorikgeschichte, zum Beispiel den Gründungsmythos der griechischen Rhetorik aus Aristoteles' verlorener *synagoge technon* (Cicero 1990, 35). Der *Orator* bietet eine Wiederaufnahme des idealen Redners, diesmal mit explizitem Bezug auf die platonische Ideenlehre (Cicero 1988, 11–15) und die Selbstzuschreibung zur platonischen Akademie (Leidl 2019, 429).

Trotz des Fehlens einer eigenen poetologischen Schrift ist zu Recht darauf hingewiesen worden, dass auch für Cicero die Poetik einen eigenständigen und eigenwertigen Bereich bildet, der allerdings aus zahlreichen Bemerkungen im Gesamtwerk rekonstruiert werden muss (Chalkomatas 2007, 11). Cicero verfasste zwei eigene epische Gedichte zu seiner Konsulatszeit, außerdem gibt es Hinweise auf ein verlorenes philosophisches Epos aus seiner Jugendzeit und verlorene Epyllien (Baier 2010, 109).

Wichtig ist Ciceros expliziter Anspruch, er sei nicht aus einer Rednerschule, sondern aus der platonischen Akademie als Redner hervorgegangen. Vor diesem Hintergrund bemüht er sich um die Aufhebung des seit Platon bestehenden „Zerwürfnisses zwischen Rhetorik und Philosophie" bzw. zwischen „Sprache und Vernunft" (*discidium linguae et cordis*, Leidl 2019, 426). Doch aus der Perspektive des rhetorischen Praktikers erscheint bei Cicero die Philosophie nicht nur als methodische Wissenschaft, sondern auch als „materialer Schatz an Gemeinplätzen" für rhetorische Zwecke (428). Cicero hat mit seinen übrigen philosophischen Schriften (*Hortensius, Academici libri, Tusculanae disputationes, Paradoxa Stoicorum* etc.) eine kaum zu überschätzende Vermittlungsleistung erbracht, indem er nicht nur praktisch die gesamte griechische Philosophie und ihre Fachterminologie ins Lateinische übertragen hat (Stroh 2008; Baier 2010, 111), sondern sich diese Philosophie auch im Kontext seines politisch-philosophischen Kulturkonzeptes als eine „lebensgestaltende Macht" (Gigon 1990, 631) behauptet. Cicero wird mit seinem Widerstand gegen die Diktatur Caesars und seiner Ermordung zu einer Symbolfigur für die topische Parallele zwischen republikanischer Freiheit und Blüte der Redekunst bzw. ihrem Untergang mit dem Beginn des Prinzipats (Baier 2010, 111).

4 Quintilian

Im Prinzipat und der folgenden Kaiserzeit spielen zwei Entwicklungen für Rhetorik und Literatur eine entscheidende Rolle, zum einen der zunehmende Funktionsverlust der forensischen Rhetorik und die wachsende Bedeutung der Epideiktik, zum anderen die Poetisierung der Rhetorik im Klassizismus der hellenistischen und augusteischen Zeit (Müller 2012, 59–61).

Horaz stellt als wichtigster römischer Poetiker ein historisches Zwischenglied zwischen Cicero und Quintilian dar. In der Zeit des Prinzipats entwickelt er mit seiner *Ars poetica* (der Titel wird erstmalig bei Quintilian genannt) eine eklektische „Summe ihrer Epoche, der augusteischen Klassik", die die vielfachen Überschneidungen zwischen Rhetorik und Poetik seit der hellenistischen Zeit dokumentiert (Fuhrmann 2003, 126). Die Theorie erwächst bei ihm aus der Dichtung und wird ausschließlich im Rahmen dichterischer Formen entwickelt (111). Gleichzeitig zeigt die *Ars poetica* die zunehmende Rhetorisierung der Dichtung, hier den Übergang von der produktionsästhetischen Poetik des Aristoteles zur wirkungsästhetischen Poetik bei Horaz und die vielfache Übertragung rhetorischer Konzepte in die Poetik (Müller 2012, 61–70).

Quintilian hat mit seiner *Institutio oratoria* ein Werk von enzyklopädischer Breite und eminenter rezeptionsgeschichtlicher Tiefe hinterlassen. Er verbindet eine umfassende Zusammenschau des gesamten technischen Rhetorikwissens mit einer ausgefeilten pädagogischen Konzeption und stellt ausführlich die sprachliche, rhetorische und literarische Bildung des Redners von der Wiege bis zum Erwachsenenalter dar. Er ist damit nicht nur der wichtigste Repräsentant der kaiserzeitlichen Rhetoriktheorie, er ist auch der wichtigste Vermittler von klassischer forensischer und späterer ‚literarischer' Rhetorik. Quintilian greift emphatisch den römischen *aemulatio*-Gedanken auf, der die römische Literarkritik bis in die Kaiserzeit prägt (Baier 2010, 43) und sich nun nicht mehr nur auf die griechischen Vorbilder, sondern auch auf die rhetorische Klassik Ciceros und die augusteische Klassik des Horaz bezieht. Sein dezidierter ciceronianischer Klassizismus (Fuhrmann 2003, 189) führt zu ausgedehnter Stilkritik an den zeitgenössischen Autoren der silbernen Latinität, vor allem beim jüngeren Seneca. In diesen Zusammenhang gehört auch seine verlorene Schrift *De causis corruptae eloquentiae* (*Über den Verfall der Beredsamkeit*), deren höchstwahrscheinlich stilkritisch-moralistischer Inhalt nur aus der späteren Diskussion bei Tacitus und Pseudo-Longin erschlossen werden kann.

Quintilian hatte die erste staatliche Rhetorikprofessur Roms inne und war im hohen Alter als Prinzenerzieher für Domitian tätig, hatte aber auch praktische Erfahrung als Anwalt und Redner. Seine Theorie spiegelt seine reiche pädagogische Erfahrung, reflektiert aber auch die Praxisspielräume, die der forensischen Rhetorik in der frühen Kaiserzeit noch gegeben sind.

Der Aufbau der *Institiutio oratoria* folgt dem Dreischritt *ars* (Kunstlehre), *oratio* (Rede), *orator* (Redner); die inhaltlich-didaktische Komposition leitet pädagogisch bewusst vom Leichten zum Schweren über den Werdegang des Redners von der Kindheit bis zum Erwachsenenalter über (Kalverkämper 2019, 443–446). Rhetorik deutet er traditionsgemäß als *ars bene dicendi* („Kunst des guten Redens"; 446–447). Die Leitfigur des *vir bonus dicendi peritus* („ein Ehrenmann, der reden kann"), in republikanischer Zeit beim älteren *Cato* in erster Linie als Standesbegriff gedacht, erfährt bei ihm eine starke Moralisierung. Das eindeutig republikanisch-politisch konnotierte Leitbild Ciceros wird damit enthistorisiert (Erler und Tornau 2019, 4, 9), entfaltet damit aber auch die sozialen Merkmale einer Elitenausbildung des lebenslang erzogenen professionellen Redners (Kalverkämper 2019, 451). Im zehnten Buch seiner *Institutio oratoria* gibt er einen Abriss der gesamten griechischen und lateinischen Literaturgeschichte (Baier 2010, 118). Die ausführlichen historischen und gattungstheoretischen Betrachtungen dienen der rhetorischen Autorenlektüre und stellen damit nicht nur einen wichtigen Beitrag zur römischen Literarkritik und Literaturgeschichtsschreibung dar, sondern bieten auch eine überraschend moderne „Literaturpädagogik" (Schwindt 2000, 153). Quintilian ist ein antiker Vordenker moderner „Sprachkultur" (Kalverkämper 2019, 462) und entwickelt aus den Vorgaben Ciceros ein wichtiges „humanistisches Leitbild", in dem sich Pädagogik und Sprecherziehung zur Charakterbildung des idealen Redners verbinden (464, 460).

5 Ausblick

Wichtige rhetoriktheoretische Texte der Kaiserzeit stellen der Rednerdialog des Tacitus (*Dialogus de oratoribus*) und der anonyme Traktat über das Erhabene dar, der lange fälschlich dem spätantiken Redner Cassius Longinus zugeschrieben wurde. Tacitus greift das ciceronianische Dialogformat zum Zweck einer geschichtsphilosophischen und politisch pointierten Verfallsthese auf. Rhetorikgeschichte wird hier anhand der Denkfigur vom *Verfall der Beredsamkeit* zur Allegorie der politischen Geschichte, der Übergang von der Römischen Republik zum

Prinzipat wird mit dem Niedergang der Beredsamkeit parallelisiert (Heldmann 1982, 255–286; Vielberg 2019).

Pseudo-Longin widmet sich dem Stilkonzept des Erhabenen, das vor dem Hintergrund der tradierten Stiltheorie ein Paradoxon darstellt: Eine maximale rhetorische (Kunst-)Wirkung wird mit minimalem stilistischem Aufwand erzielt. Sein Traktat hat die Form eines dezidiert praxisorientierten literaturkritischen Essays (→ III.5 KRAMER) und ist zunächst ein rhetorischer Fachtext für Rhetoriker, der mit dem begrifflichen Instrumentarium der Rhetorik arbeitet, im Wesentlichen aber poetische Texte thematisiert. Der ‚erhabene' Stil wird weniger über schlüssige Definitionen als über zahlreiche praktische Beispiele eingeholt, die als Hinführung zur Praxis dienen. Bestimmend ist die Tendenz zu einer anthropologisierenden Sichtweise und zu einer idealisierenden Zusammenschau von *techne* und *physis*: Stilqualitäten werden an das *ethos* und die Gefühlslage von Produzent und Rezipient gebunden, Regelverstöße psychologisch erklärt und gerechtfertigt (Schönberger 1988, 141–144; Fuhrmann 2003, 164–184).

In der Kaiserzeit erfolgt die endgültige Ablösung der Rhetorik von der sozialen und politischen Wirklichkeit: Formell wird das forensische Produktionsmodell beibehalten, zielt aber im Wesentlichen auf literarische Rezeption und Produktion. Man kann hier sowohl von einer Rhetorisierung der Literatur als auch von einer Literarisierung der Rhetorik sprechen (Fuhrmann 2003, 185). Die gesellschaftliche Geltung der Rhetorik bleibt jedoch unbestritten: Einerseits ist Rhetorik immer noch fest im Bildungshorizont der kaiserzeitlichen Reichselite verankert und Voraussetzung für eine Laufbahn in der kaiserlichen Verwaltung (Erler und Tornau 2019, 6). Andererseits sind zum Beispiel epideiktische Prunkreden literarische Ereignisse; in diesem Zusammenhang sind die „Konzertredner" (Lesky 1971, 934) der zweiten Sophistik zu sehen (Schramm 2019). Rezeptions- und produktionsästhetischer Klassizismus, gesteigerter Formkult und eine ausgefeilte Prosakultur prägen insbesondere die spätrömische Zeit und bedingen eine zunehmende Parallelität und schließlich weitgehende Identität von Grammatik, Rhetorik und Poetik (Müller 2012, 69; → II.3 CAMPE).

Literatur

Andresen, Carl et al. (Hg.). *Lexikon der alten Welt*. Zürich/München 1990 [EA: 1965].
Asper, Markus. „Rhetorik als Literatur. Streifzüge durch Handbücher" *Handbuch Antike Rhetorik*. Hg. von Michael Erler und Christian Tornau. Berlin/Boston 2019: 655–674.
Baier, Thomas. *Geschichte der römischen Literatur*. München 2010.
Baumhauer, Otto A. *Die sophistische Rhetorik. Eine Theorie sprachlicher Kommunikation*. Stuttgart 1986.
Chalkomatas, Dionysios. *Ciceros Dichtungstheorie*. Berlin 2007.

Cicero. *Brutus*. Lateinisch-deutsch. Übers. und hg. von Bernhard Kytzler. München/Zürich 1990.
Cicero. *Orator*. Lateinisch-deutsch. Übers. und hg. von Bernhard Kytzler. München/Zürich 1988.
Erler, Michael. „Platon und seine Rhetorik". *Handbuch Antike Rhetorik*. Hg. von dems. und Christian Tornau. Berlin/Boston 2019: 315–337.
Erler, Michael und Christian Tornau. „Einleitung: Was ist antike Rhetorik?". *Handbuch Antike Rhetorik*. Hg. von dens. Berlin/Boston 2019: 1–16.
Fuhrmann, Manfred. *Die antike Rhetorik. Eine Einführung*. Düsseldorf 2007.
Fuhrmann, Manfred. *Die Dichtungstheorie der Antike. Aristoteles – Horaz – ‚Longin'*. Düsseldorf/Zürich 2003.
Gigon, Olof. „Cicero". *Lexikon der alten Welt*. Zürich/München 1990: 627–633.
Heldmann, Konrad. *Antike Theorien über Entwicklung und Verfall der Redekunst*. München 1982.
Kalverkämper, Hartwig. „Quintilian. Redner und Lehrer". *Handbuch Antike Rhetorik*. Hg. von Michael Erler und Christian Tornau. Berlin/Boston 2019: 435–469.
Leidl, Christoph G. „Der ideale Redner Ciceros". *Handbuch Antike Rhetorik*. Hg. von Michael Erler und Christian Tornau. Berlin/Boston 2019: 419–434.
Lesky, Albin. *Geschichte der griechischen Literatur*. Bern/München 1971.
Müller, Roman. *Antike Dichtungslehre. Themen und Theorien*. Tübingen 2012.
Rapp, Christof. „Der Streit zwischen Rhetorik und Philosophie: Aristoteles". *Handbuch Antike Rhetorik*. Hg. von Michael Erler und Christian Tornau. Berlin/Boston 2019: 339–360.
Rapp, Christof. „Vorbemerkung". Aristoteles. *Rhetorik*. Berlin 2002: 9–14.
Schanze, Helmut. „Mediengeschichte der Antike". *Handbuch der Mediengeschichte*. Stuttgart 2001: 220–232.
Schildknecht, Christiane. „Rhetorizität und Literarizität der Philosophie". *Handbuch Rhetorik und Philosophie*. Hg. von Andreas Hetzel und Gerald Posselt. Berlin/Boston 2017: 473–494.
Schmitt, Arbogast. „Vorwort". Aristoteles. *Poetik*. Übers. und hg. von dems. Berlin 2008: IX–XIV.
Schönberger, Otto. „Nachwort". Longinus. *Vom Erhabenen*. Griechisch/Deutsch. Übers. und hg. von dems. Stuttgart 1988: 135–155.
Schramm, Michael. „Rhetorik und die Zweite Sophistik". *Handbuch Antike Rhetorik*. Hg. von Michael Erler und Christian Tornau. Berlin/Boston 2019: 287–311.
Schwindt, Jürgen Paul. *Prolegomena zu einer ‚Phänomenologie' der römischen Literaturgeschichtsschreibung. Von den Anfängen bis Quintilian*. Göttingen 2000.
Stroh, Wilfried. *Die Macht der Rede. Eine kleine Geschichte der Rhetorik im alten Griechenland und Rom*. Berlin 2009.
Stroh, Wilfried. *Cicero. Redner, Staatsmann, Philosoph*. München 2008.
Vielberg, Meinolf. „Debatte um den Verfall der Beredsamkeit: Tacitus und Ps.-Longin". *Handbuch Antike Rhetorik*. Hg. von Michael Erler und Christian Tornau. Berlin/Boston 2019: 471–486.

Regelpoetik oder Genie

Rüdiger Campe

1 Gesucht: eine Wissenschaft für Künste

Les beaux arts réduits à un même principe – die schönen Künste auf einen einzigen Grundsatz gebracht: Mit dem Titel seines Buches von 1746 formulierte Charles Batteux, Professor der antiken Literatur am Collège de France, Programm und Vorgehen vieler Unternehmungen zwischen Kunst und Philosophie im Europa des frühen 18. Jahrhunderts (Batteux 1746). Im weiten Sinn einer Philosophie der Weltlichkeit hatte Shaftesbury am Anfang des Jahrhunderts von Enthusiasmus und Autorschaft gesprochen. Dabei ging es um Religion und Moral und einen systemischen Begriff der Gesellschaft; doch was Gefahr und Chance des Enthusiasmus ausmachen und was es heißt, sich als Urheber seiner Handlungen auszuweisen, entwickelte er am Leitbild der Literatur (Shaftesbury 1999). Die deutschsprachigen Teilnehmer der Debatte – Bodmer und Breitinger in Zürich (in Richtung England und an Miltons biblischem Epos orientiert) und Gottsched in Leipzig (am französischen Klassizismus geschult), sie alle akademische Lehrer und literarische Autoren zugleich – führten die Regeln der Poetik auf philosophisch Grundsätzliches zurück durch den Zusatz der Kritik. In ‚kritischen' Lehrbüchern der Dichtung (Gottsched und Breitinger; → II.2 GENCARELLI) oder einer *Critischen Abhandlung von dem Wunderbaren* (Bodmer) suchten sie das philosophische Prinzip aus dem Urteil der Vernunft über die Regel selbst zu gewinnen (Bodmer 1740; Gottsched 1962; Breitinger 1966). Baumgarten, der Professor der Metaphysik, kehrte die Blickrichtung um. Er definierte das philosophische Anliegen – die Theorie des Erkenntnisgehaltes in der sinnlichen Wahrnehmung – als seinen Ausgangspunkt, um rückwirkend die überlieferten Vorgehensweisen der Künste und besonders der Rhetorik und Poetik theoretisch durchsichtig zu machen (→ II.1 ADLER; → II.5 AICHELE). Er fand dafür den Titel, der seit dem deutschen Idealismus bis heute die Beschäftigung mit Kunst und Literatur bezeichnet: Ästhetik (Baumgarten 2007). Den bloßen Regeln der Poetik die Ikone des Genies entgegenzuhalten, ist die wirksame Formel für diese Versuche geworden. Dabei ging es aber eigentlich darum, das Verhältnis zwischen Kunstübung (*ars*) und philosophischem Wissen (*scientia*) – zwischen Fertigkeiten, die man der Tradition entnimmt, und der Wissenschaft vom Dauerhaften und Unveränderlichen – neu zu befragen und einzurichten. Das Interesse an diesen Versuchen liegt denn auch für uns heute nicht darin, in ihnen eine Philosophie der Kunst nach der Art Kants oder Hegels in noch roher Fassung zu studieren; sondern zuzusehen, wie die Regeln der Künste überhaupt in eine durchgehende Beziehung zur Sphäre der Grundsätze in der Philosophie gesetzt worden sind. Der Ursprung der Ästhetik des 18. Jahrhunderts liegt im Methodenbegriff der cartesischen Geometrie und Naturtheorie (Cassirer 2003, 291–293).

Es ist nun nicht so, als ob es vor Shaftesbury oder Baumgarten zwischen der Poetik und der Philosophie keine andere Beziehung als ihren Unterschied gegeben hätte. Philosophen seit Platon haben über die Malerei, das Epos oder die Tragödie (→ III.7 PIRRO) im Zusammenhang mit dem Staat oder der Ethik gesprochen; das Schöne und die Beziehung der Teile zum Ganzen als Vollkommenheit der Dinge sind Thema der Neuplatoniker gewesen. Aber auch innerhalb der Poetik hat es seit Aristoteles den Ansatz zu einer inneren Beziehung gegeben. Auf zwei Weisen ist Poetik in der westlichen Tradition verfasst gewesen: Auf ihren Gegenstand bezogen, steht am Anfang die Unterscheidung der gebundenen Rede, für die man Regeln angeben kann, von der ungebundenen, über die nichts anderes als der Ausfall des Regelhaften zu sagen ist. Aristoteles setzt neben diese asymmetrische Unterscheidung von Poesie und Prosa eine auf das Wesen zielende Bestimmung der Dichtung. Dichtung ist demzufolge Mimesis, die Nachahmung handelnder Personen (Aristoteles 1976, 37–41, Kap. 1). Hier geht es bereits um ein einigendes Prinzip und einen Eingriff der Philosophie in die Dichtung. Aristoteles unterstreicht das in einer indirekten Weise, wenn er Nachahmung als eine Form des Verstehenwollens der Dinge erklärt; und Handlung und Person des Handelnden sind offenkundig Begriffe logischer und metaphysischer Art. Die Unterscheidung der Poesie von der Prosa und die Wesensbestimmung der Dichtung als Nachahmung haben sich in der Geschichte vielfach vermischt. Aristoteles setzte die Unterscheidung der metrischen Formen von der Prosa voraus: „Diejenige Kunst, die allein die Sprache, in Prosa oder in Versen [...] verwendet, hat bis jetzt keine eigene Bezeichnung erhalten" (38, Kap. 1). Horaz' Poetik wurde dagegen zum Vorbild für alle, die Dichtung vorrangig aus dem Wissen über Gattungen und Figuren und damit aus der Unterscheidung der gebundenen von der ungebundenen Rede ableiteten und die Nachahmung nur indirekt, zum Beispiel in der Angemessenheit von Wortwahl, Charakter und Affekt, einbezogen (Horaz 1929, 458–461, v. 89–118).

2 Lösungen und Schwierigkeiten: Nachahmung, Fiktion und Theorie der schönen Künste

Batteux erklärt nun die bloße Differenz von Prosa und Poesie als unwesentlich für den Versuch, die Künste auf ein einheitliches Prinzip zurückzuführen; Aristoteles habe zwar mit der Nachahmung dieses Prinzip schon benannt, es aber nicht ausgeführt (Batteux 1746, Kap. IV). Damit ist ein ganz anderes Vorgehen als bei Aristoteles in Gang gesetzt: Batteux macht es sich zur Aufgabe, die Mittel der Künste und der Poetik im Besonderen aus dem – philosophischen – Prinzip der Nachahmung in einem modernen, Newton'schen Sinne abzuleiten. Ein Gesetz wird gesucht, das die Künste bestimmt wie die Schwerkraft die Bewegungen der Körper in der Natur. Man kann daran zweifeln, dass Batteux das Vorhaben am Ende gelingt. Es ist aber deutlich zu sehen, wie er sich an die Arbeit macht. Nach platonisch-stoischem Vorbild ist der Gegenstand der Nachahmung die Natur. Aber die Natur wird nicht als Inbegriff von gegebenen Dingen nachgeahmt, sondern als ‚Modell'. Batteux' Modellnatur ist die Einheit von Analyse und Anschauung: Als „prototype" macht das Modell charakteristische Züge kenntlich; als „copie" stellt es diese Züge in einer repräsentierenden Figur dar (12). Batteux reagiert damit auf das Auseinandertreten der Natur in mathematische Formel und sinnliche Anschauung nach Galilei, so wie es sich in der Unterscheidung primärer Qualitäten wie der Optik von sekundären Qualitäten wie der Akustik ausdrückte, wo wissenschaftliches Gesetz und sinnliche Erfahrung keine Gemeinsamkeit aufwiesen. Nachahmung der Natur als Modell anerkennt und heilt den Riss in der Natur. Das poetische Genie schafft dann noch einmal eine zweite modellhafte Natur – Batteux' „belle nature". Sie vereint ausgesuchte Züge und sinnliche Darstellung zu vom Künstler selbst beigestellten Modellen (24–28). In dieser idealen Kunstnatur sind „prototype" und „copie" in realer Einheit verkörpert. Mit dem Modell, das analytisch ist und zugleich die Anforderungen der Darstellbarkeit berücksichtigt, hat Batteux also tatsächlich einen ersten Grundsatz angegeben. Das Modell befreit von den Regeln. Aber zwischen dem Modell für die schönen Künste im weiteren Sinn, das auf der Ebene der realen Natur operiert, und dem Modell für Literatur und Malerei im engeren Sinn, das eine Kunstnatur erstellt, liegt offenbar ein beträchtlicher Abstand. Und dass sich aus dem Modell die überkommenen Regeln der poetischen Gattungen und Figuren ableiten lassen, bleibt letztlich oft Behauptung.

Die ‚kritischen' Poetiken haben den Ansatzpunkt für die philosophische Rekonstruktion der poetologischen Regeln auf einer eher mittleren Höhe gesucht. Dadurch blieb viel an Konvention und unerhellter Praxis unangetastet. Aber das Prinzip der Philosophie schloss sich in diesem Fall ungleich enger an die Verfahren der Kunst an. Der Interventionspunkt auf mittlerer Höhe liegt von der Tradition her gesehen im Wahrscheinlichen, das nicht mit dem Tatsächlichen zusammenfällt, und im Wunderbaren, das die Grenzen des Möglichen nicht überschreitet. Auch diesen Komplex hatte Aristoteles schon in der *Poetik* markiert, als er die Dichtung in der Wahrscheinlichkeit, zwischen dem Jeweiligen der Historie und dem Allgemeinen der Philosophie und damit im Rahmen der Metaphysik ansiedelte (Aristoteles 1976, 58; → II.1 KREWET). Gottsched wie Breitinger berufen sich in der Reformulierung des Wahrscheinlichen auf Leibniz' und Wolffs Begriff von den möglichen Welten. In ihm lag für die Philosophie der Zeit die Balance zwischen Erkennen und Sein (Blumenberg 2001, 9–46): Was der Erkenntnis nach möglich, das heißt den Gesetzen des Denkens nicht zuwider ist, prägt sich, wenn es ins Dasein eintritt, als eine jeweils bestimmte Welt aus, das heißt als ein Ganzes aufeinander bezogener und im Blick auf das Ganze zusammenstimmender Teile. Für Gottsched ergibt sich die mögliche Welt als Implikation aus der poetischen Erfindung dessen, was er die Fabel nennt und was die Handlung oder den Plot in jedem einzelnen Stück Literatur meint. „Philosophisch könnte man sagen," schreibt er, die Fabel „sey eine Geschichte aus einer andern Welt" (Gottsched 1962, 150). Alles was die Einheit einer Geschichte hat – für Gottsched ist ein erzählbarer Komplex eine Geschichte, wenn sich ihm eine Bedeutung zuordnen lässt –, setzt eine Welt voraus, in der die Geschichte statthaben kann. Beispielhaft ist das der Fall im Roman – obwohl der Roman nicht unter die herkömmlichen Gattungen der Poetik zählt und auch in Gottscheds *Dichtkunst* sonst nicht vorkommt. Von außen an die Poetik herantretend, bringt der Roman ihre Regeln auf den philosophischen Begriff. Für Breitinger sind es im Gegensatz dazu einzelne „Begriffe und Vorstellungen" – Weltstücke und ihre Bezeichnungen –, die, wenn der Dichter sie über die Erfahrung hinaus fingiert, die Annahme einer anderen Welt erfordern (Breitinger 1966, 59). Das Wunderbare, das in dieser Erfindung liegt, bringt sich mit der Implikation, Teil einer möglichen Welt zu sein, in die ontologische Ordnung von Welthaftigkeit zurück. Breitingers mögliche Welten entstammen keinen fiktionalen Handlungen, sondern poetischen Redefiguren. Im Gebrauch der poetischen Sprache wird der Dichter ‚Schöpfer' in dem beschränkten, aber nachdrücklichen Sinne, dass seine Wortkunst an der gleichsam fortlaufenden Realisierung des Möglichen der Welt mitwirkt. Der Bezug ist dabei nicht der aus der Poetik ausscherende moderne Roman, sondern mit dem biblischen Epos Miltons und Klopstocks die moderne Überbietung der Poetik in ihrem ältesten Gattungsbestand.

Unser Wort heute für die Theorie der möglichen Welten heißt Fiktion (→ II.2 ALLERKAMP; → II.2 GABRIEL; → II.2 GENCARELLI). Eine Theorie unter diesem Namen gibt es in Baumgartens *Aesthetica*. So umfassend sie dort auch ausfällt, ist sie doch nur noch ein Moment in der Entfaltung der Ästhetik als einer ganz anderen Weise, Rhetorik und Poetik zur Philosophie in Beziehung zu setzen. Baumgarten richtet die Philosophie zum ersten Mal von einem internen Problem bei ihren neuen Vertretern selbst ausgehend auf die Künste aus: Das erkenntnistheoretische Verständnis der Philosophie seit Descartes hat die Analyse der Vorstellungen und in ihr die Unterscheidung der klaren und gewissen von den dunklen und verworrenen Vorstellungen zu ihrer Grundoperation gemacht. In diesem Ansatz steckte die Möglichkeit zur inneren Umwendung, die Baumgarten ergriff: Was und wie ließe sich, hat man die Unterscheidung einmal getroffen, vom bloß negativ Bezeichneten – dem Dunklen und Verworrenen – selbst sprechen (Menke 2002)?

Baumgarten beantwortete diese Frage mit dem Hinweis auf die Künste und insbesondere auf die Rhetorik und Poetik. In der Beobachtung ihrer Praktiken, so sein Argument, kann die Philosophie von dem sprechen lernen, was sie zum Zweck ihrer Selbstvergewisserung aus sich ausgeschieden hatte – dem, was uns die Sinne in vielleicht klarer, aber jedenfalls undeutlicher Weise zu verstehen geben. Interessanterweise hatte Baumgarten ursprünglich außer in den schönen Künsten auch im Experimentieren der Naturforschung ein solches Feld gesehen, wo sich beobachten lässt, was die Philosophie zwar markiert hat, sich selbst aber als Gegenstand nicht geben kann (Baumgarten 1968, 53–57, § 147; Baumgarten 1983, 70; Baumgarten 2011, 288–289, § 544). Die Fiktion ist in diesem Unternehmen, Poetik (und Experimentalkunst) als Anschauungsfall eines offenen Problems der Philosophie aufzufassen, nur ein Moment, aber eines mit weitreichenden Verzweigungen. Baumgarten versteht Fingieren allgemein als Vorstellen eines Abwesenden. Jede Erzählung eines Vergangenen, jede Annahme eines Zukünftigen, jeder Bericht von etwas, das nicht in die Reichweite unserer Sinne fällt, ist Fiktion. Schon in unserer Welt leben wir auch in anderen (Baumgarten 2007, 482–483, § 506, 488–489, § 510). Poetische Fiktionen bauen diesen Ansatz aus, indem sie nun zusätzlich Welten ausdenken, die, ohne ein Zustand unserer Welt zu sein, jetzt in einem strukturellen Sinn mögliche Welten sind. In der Annahme, wonach das Mögliche immer Bestandteil einer Welt und darum alles, was eine Welt ausmacht, möglich ist, liegt für die poetische Fiktion aber die Notwendigkeit zur Selbstbeschränkung.

Baumgarten entwickelt daraus zunächst eine Art genealogischer These: In den Geschichten der Götter und den Legenden der Völker haben die Dichter einen *mundus poetarum* gefunden und entwickelt, an den sie die Fiktionen ihrer Werke anschließen. Soweit die Werke der Kunst auf diese Weise an die Mythologie gebunden werden, sind diese in das Ganze der menschlichen Kultur einbezogen. Damit lässt sich aber nicht einsehen, wie die poetische Fiktion überhaupt den Kreis der einfachen Fiktionen überschreiten kann. Es gibt darum zweitens auch die ganz und gar unbekannte Fiktion (*fictio prorsus ignota*). Baumgarten hat die *fictiones poeticae* nur in einem einzigen Abschnitt, da aber mit ungewöhnlichem Nachdruck behandelt (Baumgarten 2007, 488–503, §§ 511–525). Die Fiktion, die keine Analogie zur bekannten noch zur mythologischen Welt aufweist, muss das Prinzip von Welthaftigkeit in und aus sich selbst entwickeln. Es sind die Teile in der einzelnen Fiktion, die hier im Zusammentreten das Ganze, das eine Welt ist, hervorbringen können müssen. In der Bestimmung der Fiktion als einer möglichen Welt erreicht Baumgarten damit zuletzt seine neuplatonische Definition vom Schönen als dem Ganzen, das im Zusammenstimmen der Teile zu ihm seinen Seinsgrund hat.

3 Im Namen des Genies: der Anspruch der Philosophie auf die Kunst

Die Deutung der Nachahmung durch das Modell bei Batteux und die Fiktionstheorien von der kritischen Dichtkunst bis zu Baumgartens Ästhetik sind die ertragreichsten Ansatzpunkte für die philosophische Reinterpretation der Poetik nach 1700. Damit folgen sie der Spur der Theoretisierung oder Ästhetisierung, die Aristoteles in der *Poetik* gelegt hatte. Alle, von denen hier die Rede gewesen ist, haben aber zuerst und emblematisch den Anspruch der Philosophie, Zugang zu den Gattungen und Figuren der Poetik zu haben, im Namen des Genies angekündigt. Shaftesbury setzt den *Letter of Enthusiasm* und den *Advice to an Author* an den Anfang der *Characteristics of Men, Manners, Opinions, Times*. Gottsched sagt programmatisch, niemand könne „den rechten Character von einem Poeten" geben „als ein Philosoph", um auf Shaftesbury zu verweisen (Gottsched 1962, 96). Für Batteux ist es das Genie, das den Modellcharakter der Natur erfasst oder eigene Modelle von Natur beibringt. Breitingers Dichter, der an der Schöpfung mitwirkt, ist ein anderer Name des Genies so wie der *felix aestheticus*, den Baumgarten am Anfang der *Aesthetica* entwirft. Vielleicht von Shaftesburys *author* abgesehen, der seinen Auftritt allerdings im Zuge einer moralphilosophischen Debatte hat, bleiben diese Genies jedoch blass, wenn man sie vergleicht mit dem, was Edward Young und dann Herder oder Goethe über Genie und Autor sagen werden; sie bleiben unscharf, wenn man an Kant oder die Romantiker denkt. Dem Genie von Shaftesbury bis Batteux fehlen die Charakterzüge eines Füssli oder die Lebensgeschichte eines Lenz; die Künstlerromane der Kapellmeister Berglinger und Kreisler stehen noch aus. Das Genie dieser Zeit ist auch gar nicht wie später in bürgerlich romantischer Zeit der eine Eigentümer oder Besitzer seiner Hervorbringungen, sondern es tritt in einem mobilen Tandem mit dem Kritiker auf – dem Kritiker, der ihm gegenübertritt oder der es sich selbst gegenüber ist. Shaftesburys „advice to an author" besteht in nichts anderem als im Selbstgespräch, in der Trennung von sich und im Urteil über sich. Autor als referenzierbarer Agent der eigenen Handlung werden wir nach Shaftesbury nur in der Figur des Dialogismus mit uns selbst als einem anderen (Shaftesbury 1999, 92, 127). Batteux sagt in einem etwas geheimnisvollen Diktum: „Genie und Geschmack sind in den Künsten aufs engste verbunden. Es gibt Fälle, in denen man sie nicht zusammenbringen kann, ohne dass sie alle Unterschiede zu verlieren scheinen, und solche, in denen man sie nicht trennen kann, ohne sie nahezu um ihre Wirkung zu bringen" (Batteux

1746, 23, Kap. III). Produktion und Urteil, Schaffenskraft und Geschmack suchen auch in der kritischen Dichtungslehre in ihrer jeweiligen Subjektivität aneinander Halt. Von Interesse wird die diskursive Koppelung des als Person eher konturlosen Genies an den Kritiker in dieser Zeit aber nicht als Theorem – das werden erst die Frühromantiker in Jena entwickeln (→ II.4 SCHMIDT) –, sondern in einer Gegenbewegung der Theorie in und zu ihr selbst. Vor allem in Batteux' Rede von der ‚Reduktion' der schönen Künste und ihrer Regeln auf das eine Prinzip scheint der Philosophie ohne Rest das letzte Wort erteilt. Das Prinzip, das von den Regeln befreit, scheint Gesetz der Notwendigkeit. Aber gerade beim Thema des Genies und seiner Nähe zum Kritiker wird man an die andere Seite des In-Beziehung-Tretens der Philosophie zur Poetik erinnert, die im Bau der Baumgarten'schen Ästhetik augenfällig ist. Die Theorie muss zeigen können, dass sie von den Regeln nur insofern befreit, als ihr die Praxis des Schreibens und Dichtens schon zuvor- und entgegenkommt. Keiner Theorie gelingt das völlig als Theorie – den kritischen Dichtungslehren nicht und nicht Baumgartens *Aesthetica*. Doch man kann für die Dialogfigur, zu der Genie und Kritiker sich verbinden, auch weniger prominente Stellen ansehen, die die innere Gegenbewegung der Theorie in Richtung auf eine Praxeologie der Literatur überschreiten. Denn auch die philosophische Theorie, die die Regel der Praxis auf ein Prinzip zurückführt, vollzieht sich wieder als Praxis.

4 Genies bei der Arbeit: die Schreibszene oder Rückkehr der Poesis in der Ästhetik

Zum Kernbestand der Rhetorik und Poetik der imaginativen Hervorbringung hatte es seit Horaz und Quintilian gehört, dass Emotion nur erzeugt werden kann, wenn diejenigen, die sie bewirken wollen, sie in sich selbst empfunden haben (Horaz 1929, 468, V. 101–103; Quintilian 1995, 708–711, VI.2, 29–31). Es braucht eine Art Selbstpraktik, in der Autoren sich in die Lage der Empfänger von Eindrücken bringen, die ihnen die poetische Hervorbringung erst möglich macht. Die Aktivität ist an Passivität gebunden und umgekehrt. Dieses basale Verfahren der Autoaffektion erfährt bei Bodmer und anderen seiner Zeit eine Konkretisierung im Zusammenhang von Kritik und Autorschaft. In den *Critischen Betrachtungen über die poetischen Gemälde der Dichter* empfiehlt er zum Beispiel, Dichtungen zu sammeln und ihnen Kommentare beizugeben, um sie in ein Archiv von sprachlichen Figuren des Gefühlsausdrucks einzubringen. Er verfasst als Probe den ‚philosophischen Kommentar' zum Gedicht „Die Trauer eines Vaters", das – ohne dass Bodmer es ausspricht – sein eigenes ist (Bodmer 1971, 316–337). Er zeigt als Kritiker, wie der Autor, der er selbst gewesen ist, im Gedicht den Ausdruck des

Gefühls hervorbringt. Im entscheidenden Augenblick der Verse vollzieht sich das Spiegelbildliche. Im Gedicht ist das Ich – der Vater – Leser und Kritiker eines unwillentlichen Autors – des sterbenden Sohnes. „Doch las ich sein Gemüth in den beredten Minen," heißt es im Vers. Und der „philosophische Kommentar" fährt fort: „Die Rede, die hierauf dem sterbenden Knaben in den Mund geleget wird, ist gleichsam eine Verdollmetschung der Blicke und der Minen desselben, welche dem Vater nur allzu vernehmlich waren, massen sein eigenes Hertz ihm eben dieselben Vorstellungen that. Sie schließt uns beyder Hertzen auf [...]" (318).

Worauf ein solches Beispiel hindeutet, müsste in einer weiteren Untersuchung von Schreib- und Autorschaftspraktiken der Zeit ausgearbeitet werden. In ihnen wird die Schreibszene, die Bodmer praktisch und kritisch ausführt, als ein Ensemble von Zügen semantischer, organisatorisch-gestischer und buchtechnischer Art und damit die eigene Produktionsstätte der Literatur greifbar. Im engeren Sinn gehört dazu die Selbstkommentierung von Dichtern in Poetiken, wie man sie seit der Renaissance kennt und zum Beispiel bei Opitz findet. Einen Fall anderer Art stellen die Barockdramatiker seit der Mitte des 17. Jahrhunderts dar, die ihre Dramen mit erklärenden Kommentaren erscheinen lassen. Hier – besonders ausufernd bei Lohenstein – konstituiert der Autor als Kommentator sein Werk zum klassischen Text, der wie ein antiker Schulautor zu lesen ist. Schlagend im Zusammenhang mit der kritischen Dichtkunst ist der Fall des Epigrammendichters und Diplomaten aus der Zeit Shaftesburys Christian Wernicke. In der zweiten Ausgabe seiner Dichtungen von 1704 fügt er seinen Sinnsprüchen Anmerkungen hinzu, die über Wort- und Sacherklärungen hinausgehen (Wernicke 1909, 143–145, 150, 314). Wernicke ordnet auffallend oft Urteile und Formulierungen in die Entstehungszeit seines Frühwerks ein. Das Schema vom Jugendwerk, das der reife Autor durchsieht und neu herausgibt, nimmt den Sinn der Zäsur an. Wernicke verweist auf die frühere Abhängigkeit von Hofmannswaldau und den Autoren des manieristischen Barock, die er jetzt als Vertreter der klassizistisch-aufklärerischen Literatur ablehnt. Manchmal lässt er den alten Wortlaut stehen, kritisiert ihn aber; manchmal begründet er Veränderungen, manchmal erklärt er nur einfach den Wandel des Geschmacks. Die Verweise auf seine Biographie falten sein Werk um die für die neuere deutsche Literatur konstitutive Scheidelinie der Verwerfung des Hochbarock. In ihr manifestiert sich Autorschaft als Kritik, Geschmack als produktives Prinzip. Man muss in solchen Praktiken die Verfahren einer Autorschaft lesen lernen, die nicht wie am Ende des Jahrhunderts auf die rechtlich-ökonomische Urheberschaft fokussiert ist, sondern ein breites Spektrum von Umgangsweisen mit dem Schreiben und dem Geschriebenen umfassen. Die *Characteristics* des Lord Shaftesbury sind dafür Programm und Dokument. Shaftesbury gibt im *Advice to an Author* nicht nur das kritische Selbstgespräch als Struktur moralischer Urheberschaft an, die am literarischen

Autor ihr Vorbild hat. In den fünf *Miscellanies*, die die Sammlung seiner bereits früher veröffentlichten Essays abschließt, tritt er auch als Kritiker seiner eigenen Schriften und deren Rezeption in Erscheinung (Shaftesbury 1999, 339–483). Das Buch, dessen Bestandteile untereinander heterogen und in sich programmatisch offen sind, schließt sich in diesen ‚vermischten Schriften', die als Kritik der Kritik Vielfalt und Offenheit auf die Spitze treiben, gedanklich und ästhetisch zum Werk zusammen. Die Bauweise dieses Buchs ist, so ließe sich sagen, die poetische Praxis der Ästhetik, die Shaftesbury nicht geschrieben hat.

Mit einem aus der alten Rhetorik übernommenem Ausdruck bespricht Baumgarten zu Anfang der *Aesthetica* Praktiken der Literatur, in denen sie tut, worin die Theorie ihr Prinzip erkennt. Mit dem Abschnitt über „Ästhetische Übung" greift er ein Thema der antiken und frühneuzeitlichen Tradition auf: Das Werk der Rede war mit Übungen umgeben gewesen, die teils dem Unterricht in der Kunstlehre vorausgingen, teils das Gelernte in der Praxis erprobten und auch eine fortgesetzte Selbstbeobachtung im Vorgang des Hervorbringens meinten. Baumgarten reaktiviert diese Tradition des gelehrten und lernbaren Schreibens nun für das Werk in den schönen Künsten und das Werk der Kunst. Summarisch erwähnt er, dass die Theorie der Künste und der Kunst dazu genutzt werden kann, sich in ihren Techniken und Verfahren zu üben. Viel mehr hat er über die sogenannten „autoschediasmata" – Improvisationen ohne Kenntnis der Theorie – zu sagen (Baumgarten 2007, 38–48, § 47–61, 42, § 52). In ihnen geht die Praxis der Theorie, deren Lehren sie dem Grundsatz nach folgt, voraus. Baumgarten weist für solche Antizipationen auf rohe Versformen – in seinem Verständnis die italischen saturnischen Gedichte – und auf technische Praktiken aller Art vor der theoretischen Erfassung ihrer Gegenstände hin. Die anthropologische Tiefenschicht wird klar, wenn er die Spiele der Kinder erwähnt, die antizipatorisch lernen. Das literarische Potential wird ersichtlich, wenn es heißt, dass, indem wir unser Gefallen an einer Wendung in einem Gedicht aussprechen, wir als Lesende die Leistung des Autors selbst vollziehen. Die zentrale Bedeutung der improvisatorischen Übung für die ästhetische Theorie scheint schließlich auf, wenn Leibniz' Diktum angeführt wird, wonach die Seele beim Anhören der Musik unbewusst zähle. Baumgartens theoretische Bestimmung der Ästhetik als „analogon rationis" (10, § 1) – als Erscheinung, in der etwas, das nicht aus Vernunft kommt, Merkmale des Vernünftigen realisiert – wird Realität in der Übung, die das Gesetz nicht braucht, um es zu erfüllen.

Die Befreiung von den Regeln der Poetik durch das Prinzip der Philosophie muss nicht in der Gesetzhaftigkeit der Ästhetik ihr Ende finden. Die poetische Praxis kann im Spiel bleiben, wenn ihre Regeln zur Philosophie in ein Verhältnis treten (→ II.1 ADLER; → II.6 MATUSCHEK). Im Umkreis der Autoren und der Werke, von denen hier zu berichten war, drückt sich das oftmals indirekt aus. Die vormalige Poetik verbleibt in ihnen als eine Art von Beispiel oder Probe für diejenige Reflexion, die die philosophische Erkenntnis an ihnen gewinnt. In Shaftesburys *Advice to an Author* lernt die Philosophie am literarischen Autor, was es heißt, Urheber der eigenen Handlungen zu sein. Baumgarten beobachtet die Künste und ihre tradierten Regeln bis hin zur experimentellen Praxis der Naturforscher durch die Linse der Theorie der Vorstellungen, die klar, aber nicht deutlich sind. Vico – von dem nicht die Rede war, der aber in diesen Kreis gehört – erkennt am Tun der Dichter der Form nach, was es heißt, kulturelle Einrichtungen zu begründen.

Literatur

Aristoteles. *Poetik*. Hg. von Manfred Fuhrmann. München 1976.
Batteux, Charles. *Les beaux arts réduits à un même principe*. Paris 1746.
Baumgarten, Alexander Gottlieb. *Metaphysica. Metaphysik*. Historisch-kritische Ausgabe. Übers. und hg. von Günther Gawlick und Lothar Kreimendahl. Stuttgart-Bad Cannstatt 2011.
Baumgarten, Alexander Gottlieb. *Aesthetica. Ästhetik*. Übers. und hg. von Dagmar Mirbach. 2 Bde. Hamburg 2007.
Baumgarten, Alexander Gottlieb. „Philosophischer Briefe zweites Schreiben". *Texte zur Grundlegung der Ästhetik*. Hg. von Hans Rudolf Schweizer. Hamburg 1983: 67–72.
Baumgarten, Alexander Gottlieb. *Philosophia generalis*. Hildesheim 1968 [EA: 1770].
Blumenberg, Hans. „‚Nachahmung der Natur.' Zur Vorgeschichte der Idee des schöpferischen Menschen". Ders., *Ästhetische und metaphorologische Schriften*. Hg. von Anselm Haverkamp. Frankfurt a. M. 2001: 9–46.
Bodmer, Johann Jakob. *Kritische Betrachtungen über die poetischen Gemälde der Dichter*. Frankfurt a. M. 1971 [EA: 1741].
Bodmer, Johann Jakob. *Critische Abhandlung von dem Wunderbaren in der Poesie und dessen Verbindung mit dem Wahrscheinlichen*. Zürich 1740.
Breitinger, Johann Jakob. *Critische Dichtkunst*. Hg. von Wolfgang Bender. Stuttgart 1966 [EA: 1740].
Cassirer, Ernst. *Die Philosophie der Aufklärung*. Ders., *Gesammelte Werke. Hamburger Ausgabe*. Bd. 15. Hg. von Birgit Recki. Hamburg 2003.
Gottsched, Johann Christoph. *Versuch einer critischen Dichtkunst*. Darmstadt 1962 [EA: 1751].
Horaz [Flaccus, Qintus Horatius]. *Art of Poetry*. Ders., *Satires, Epistles, Art of Poetry*. Übers. von H. R. Fairclough. London/Cambridge, MA 1929.
Menke, Christoph. „Wahrnehmung, Tätigkeit, Selbstreflexion. Zur Genese und Dialektik der Ästhetik". *Falsche Gegensätze. Zeitgenössische Positionen zur philosophischen Ästhetik*. Hg. von Andrea Kern und Ruth Sonderegger. Frankfurt a. M. 2002: 19–48.
Quintilianus, Marcus Fabius. *Ausbildung des Redners*. Übers. und hg. von Helmut Rahn. Darmstadt 1995.
Shaftesbury [Anthony Ashley Cooper]. *Characteristics of Men, Manners, Opinions, Times*. Hg. von Lawrence E. Klein. Cambridge 1999.
Wernicke, Christian. *Epigramme*. Hg. von Rudolf Pechel. Berlin 1909.

Metapher, Metaphorizität, Figurativität

Andreas Hetzel

1 Sprache und Metaphorizität

Seit Aristoteles' *Poetik* wurde immer wieder auf eine Verbundenheit von literarischem und metaphorischem Sprechen hingewiesen. Dabei wird die Literarizität von Texten teilweise mit ihrer Metaphorizität gleichgesetzt. Metaphern ‚schmücken' die literarische Sprache nicht einfach nur, sondern gehen mit spezifischen Erkenntnismöglichkeiten einher. Die Weisen, in denen literarische Texte Welten erschließen, haben etwas mit der Fähigkeit von Metaphern gemein, neue und überraschende Sichtweisen eröffnen zu können.

In den Debatten zum Verhältnis von Philosophie und Literatur manifestierten sich unterschiedliche Haltungen zur Metaphorizität der Sprache. Eine gewichtige Fraktion innerhalb der Philosophiegeschichte pflegt sowohl zur Literatur als auch zur Metapher ein ambivalentes Verhältnis. Diese von Platon bis Habermas reichende Tradition will philosophisches Schreiben über einen diskursiven, ausschließlich an Gründen und Geltungen orientierten Wahrheitsbezug auszeichnen. Ein ‚bloß' literarisches Schreiben (Mythos, Tragödie, Roman) vermöge demgegenüber allenfalls zu unterhalten. Tut man die Metapher als ornamentales Beiwerk der Sprache ab, neigt man dazu, sie als Gefahr für Wahrheit und Wissen anzusehen. Die Sprache der Literatur wird komplementär dazu als metaphorische und das heißt dann vor allem als ‚uneigentliche' Sprache diskreditiert.

Ansätze, die sich heute noch um die Stabilisierung einer „Gattungsgrenze" (Habermas 1988, 243) zwischen Philosophie und Literatur bemühen (→ II.1 HOBUSS; → IV.1 PRECHT), insistieren auf der doppelten Möglichkeit, eine metaphorische von einer nichtmetaphorischen oder ‚eigentlichen' Sprache kriteriell unterscheiden und zugleich eine vollständige Erklärung der Funktionsweise der Metapher in einer nicht selbst bereits metaphorischen Sprache geben zu können. Dagegen kontert die Annahme einer Kontinuität zwischen philosophischem und literarischem Sprechen mit einer Gleichwertigkeit beider: Die irreduzible Literarizität der Philosophie erfährt im reflexiven und welterschließenden Potential jeder Literatur ein Komplement, was darauf hinweist, dass sich die Metapher dem epistemischen (philosophischen oder linguistischen) Zugriff entzieht und dass sie für eine oder gar *die* Möglichkeit sprachlicher Bedeutungsbildung selbst steht, die sich niemals gänzlich rationalisieren lässt.

In beiden nur idealtypisch zu unterscheidenden Traditionslinien drücken sich divergierende Haltungen zum Verhältnis von Sprache und Welt aus. Positionen, die auf einem kategorialen Unterschied zwischen Philosophie und Literatur beharren, begreifen Sprache tendenziell als Menge invarianter lexikalischer Elemente, die von Regeln regiert werden, oder, mit Wilhelm Humboldt gesprochen, als „ergon", als fertiges Werk bzw. Sprachsystem. Den Worten als kleinsten Einheiten der Sprache komme dadurch ein propositionaler Gehalt zu, dass sie Gegenstände in der Welt repräsentierten. Ansätze, die Philosophie und Literatur einander annähern, sehen Sprache dagegen eher als lebendige Praxis einer ständigen Schaffung und Transformation von Bedeutungen – und damit von Welt – oder, erneut in den Worten Humboldts, als „energeia" (Humboldt 1996, 418). Die Grenzen zwischen Sprache und Welt sind hier weniger deutlich, auf eine Welt können wir uns nur in und durch Sprache beziehen. Worte haben Bedeutungen nicht an sich, sondern gewinnen sie erst im Gebrauch, der mit Übertragungen einhergeht. Die Metapher ist in diesem Sinne „die Reflexion des Tuns der Sprache innerhalb der Sprache" (Liebrucks 1964, 482). Sie legt eine Erzeugung von Sinn offen, die sich implizit in jedem Sprachgebrauch zuträgt.

Bereits in antiken rhetorischen Sprachtheorien wird angedeutet, dass die Möglichkeit der Metaphorizität oder Figurativität der Sprache nicht äußerlich sein könne. So fasst Quintilian das Metaphorische als Prozess der Bedeutungsveränderung, in dem „die eigentliche Bedeutung eines Wortes oder Ausdruckes mit einer anderen" (Quint., *inst. or.*, VIII 6, 1) vertauscht wird. Zugleich weist er darauf hin, dass jede Rede von einer „eigentlichen Bedeutung" selbst eine übertragene Rede sei. Er kritisiert die Unterscheidung von „eigentlich" und „übertragen", indem er darauf aufmerksam macht, dass die „‚eigentliche Bedeutung' [*proprietas*]", die wir voraussetzen müssen, wenn wir eine ‚uneigentliche Bedeutung' von ihr unterscheiden wollen, „nicht nur in einer Bedeutung verstanden" (VIII 2, 1) werden kann, mithin selbst bereits ‚uneigentliche' Bedeutungsschichten aufweist. Diese These sollte nicht vorschnell als Plädoyer für einen sprachtheoretischen Relativismus gelesen werden, sondern greift dem vor, was wir seit Ludwig Wittgenstein (→ IV.2 GABRIEL) als Gebrauchstheorie der Bedeutung bezeichnen. Die Bedeutung eines Ausdrucks liegt nicht in ihm selbst, sondern ergibt sich erst aus seiner Verwendung in bestimmten Kontexten. Bereits Cicero deutet die metaphorische Übertragung als „Gebrauch" (*usus*) eines geläufigen oder eigentlichen Terminus in einem ungewöhnlichen Kontext. Vor einer solchen Verpflanzung ist prinzipiell kein Begriff sicher: „Es gibt nämlich nichts auf der Welt, dessen Bezeichnung, dessen Namen wir nicht in anderem Zusammenhang gebrauchen können" (Cic., *de or.* III, 547). Für Stanley Cavell besteht „Wittgensteins Vision der Sprache" (Cavell 2002, 210) darin, dass jeder Begriff „unbegrenzt oft eingesetzt werden kann und über unendliche Projektionsrichtungen verfügt", was sich auch in die kurze Formel „Die ganze Sprache ist metaphorisch" bringen lasse (215). Wittgenstein wäre also als Exponent einer

Sprachauffassung zu lesen, für die das Metaphorische ein wesentliches Charakteristikum der Sprache bildet.

2 Metapher als Welterschließung: Aristoteles, Blumenberg, Ricœur

Seit Aristoteles, dem wir die Metapher als rhetorisches, poetisches und sprachphilosophisches Konzept verdanken, wurde die bedeutendste aller sprachlichen Figuren auf ein durch sie ermöglichtes Wissen hin untersucht. Philosophische Metapherntheorien konnten dabei an ein Bewusstsein für die Figurativität der Sprache anschließen, das sich sowohl in der abendländischen Literatur selbst als auch in sie begleitenden poetologischen Reflexionen ausdrückt. Metapherntheorien (Weinrich 1980; Strub 1991; Eggs 2000; Cochetti 2004; Rolf 2005; Haverkamp 2007; Seitz und Posselt 2017; Goldmann 2019) fragen im Anschluss an ein sich in literarischen Texten manifestierendes Bewusstsein der Metaphorizität literarischer Sprache, inwiefern die Verwendung von metaphorischem Sprechen mit genuinen Möglichkeiten des Wissens, insbesondere eines nichtpropositionalen oder unbegrifflichen Wissens, einhergeht. Dabei wird einerseits untersucht, wie Metaphern Welt vergegenwärtigen, andererseits aber auch, wie sie etablierte Sinnhorizonte erschüttern können.

Die erste Erwähnung des Substantivs und die erste umfangreiche theoretische Diskussion der Metapher finden wir bei Aristoteles. In der *Poetik* definiert er sie wie folgt: „Eine Metapher ist die Übertragung eines *anderen* Wortes [mod. Übers. A. H.: *onomatos allotriou epiphora*], und zwar entweder von der Gattung auf die Art oder von der Art auf die Gattung, oder von der Art auf die Art, oder gemäß der Analogie" (Aristot., poet., 1457b). Der Begriff *metaphora*, den Aristoteles hier für die Verwendung eines Ausdrucks vorschlägt, ist selbst metaphorischer Art. *Metaphora* steht ‚wörtlich' für einen Transport, für das Herübertragen einer Sache von einem Ort zu einem anderen. Die ‚Übertragung' als Metapher für die Metapher berührt sich in der rhetorischen Tradition eng mit verwandten metaphorischen Bezeichnungen für bestimmte sprachliche Ausdrucksformen. Hierzu gehören die *trope* (Wendung), die *figura* (Figur) oder die *flores orationes* (rhetorische Blumen).

Das Substantiv *metaphora* an der oben zitierten Stelle steht als *pars pro toto*, als Statthalter für eine allgemeinere Bildlichkeit oder Figurativität. In der weiteren Geschichte der rhetorischen Figurenlehre werden die beiden von Aristoteles zunächst genannten Übertragungen („von der Gattung auf die Art oder von der Art auf die Gattung") eher als Synekdochen und die dritten („von der Art auf die Art") als Metonymien diskutiert. Als Metapher im engeren Sinne gilt dann nur noch die Übertragung gemäß der Analogie. Aristoteles räumt dem Aspekt der Analogisierung selbst einen zentralen Stellenwert ein und erläutert ihn durch Beispiele. In seiner Darstellung verhält sich „das Alter [...] zum Leben, wie der Abend zum Tag; der Dichter nennt also den Abend ‚Alter des Tages', oder, wie Empedokles, das Alter ‚Abend des Lebens'" (1457b). Die Kraft der Metapher, uns Analogien vor Augen zu führen, findet sich auch in Homers *Ilias*, in der sich Achill zunächst „wie ein Löwe" auf seinen Gegner stürzt (Hom., *Il*. XX, 164), also mit einem Löwen *verglichen* wird, um dann im weiteren Verlauf der Darstellung zunehmend zum Löwen zu werden, was für Aristoteles den Unterschied von Gleichnis und Metapher veranschaulicht (Aristot., *rhet*., 1406b). Aristoteles definiert also die Metapher nicht, wie häufig unterstellt, als verkürzten Vergleich, sondern sieht in ihr eine Fähigkeit zur Etablierung von komplexeren Analogien: „eine Beziehung, in der sich die zweite Größe zur ersten ähnlich verhält wie die vierte zur dritten" (Aristot., *poet*., 1457b). In der poetischen Fähigkeit, Metaphern zu bilden, drückt sich demnach ein Vermögen aus, „Ähnlichkeiten zu erkennen" (1457b), das Aristoteles bei den – noch von Platon als Gefahr für den philosophischen Wahrheitsbezug verfemten – Dichtern wie Homer ebenso ausgeprägt findet wie bei Philosophen. In der *Rhetorik* bemerkt er, dass es in der „Philosophie Charakteristikum eines richtig denkenden Menschen ist, das Ähnliche auch in weit auseinanderliegenden Dingen zu erkennen" (Aristot., *rhet*., 1412a). Damit wird die Metapher bei Aristoteles zu einem „grundlegenden kognitiven Prinzip, das in der Lage ist, neue Erkenntnisse sowohl hervorzubringen als auch zu vermitteln" (Seitz und Posselt 2017, 426). Sie generiert ein spezifisches Wissen, macht zwei zuvor unvergleichbar erscheinende semantische Domänen miteinander vergleichbar und lässt dabei einen Aspekt unserer Welt aufscheinen, der sich im bisherigen Lexikon nicht repräsentiert fand. Die Metapher, die sich darin der Katachrese nähert (439–443), erweitert den Raum des Sagbaren, sie macht etwas zuvor Unsagbares zumindest tendenziell sagbar und damit auch denkbar.

Aristoteles lobt die Metaphern dafür, dass sie „am meisten bewirken sowohl in der Dichtung als auch in den Reden" (Aristot., *rhet*., 1405a). Die Art ihrer Wirkungen bestehe darin, dass sie uns etwas „vor Augen führen" (1405b), und zwar zunächst Ähnlichkeiten im allgemeinen Sinne. *Einer* spezifischen Ähnlichkeit räumt Aristoteles dabei einen besonderen Stellenwert ein, nämlich der Ähnlichkeit von beseelten und unbeseelten Dingen. Die Metapher verfügt über die Kraft, „das Leblose als Belebtes" (1411b) erscheinen zu lassen und es uns damit in seiner Wirksamkeit (*energeia*) zu vergegenwärtigen. Wie Ricœur herausarbeitet, leistet die Metapher für Aristoteles eine „*mimesis physeos*", eine Nachahmung des Seins im Werden bzw. eine „Offenbarung des Wirklichen als Tat": „Die Menschen ‚als handelnde' und alle Dinge ‚als wirkende', *in actu* darstellen: das könnte durchaus die ontologische Funktion der metaphorischen Rede [bei Aristoteles] sein" (Ricœur 1986, 55). In diesem Sinne wäre die Aufwertung der Dichtung, mit der er in seiner *Poetik* die Dichtungskritik Platons zurückweist, als Teil des von Aristoteles in der *Metaphysik* verfolgten Projekts zu begreifen, den Vollzug des wirklichen Tätigseins (*energeia*) gegenüber dem Vermögen oder der Potenz zum Tätigsein (*dynamis*) zu privilegieren. Die Sprache der Dichtung, die wir heute als ‚Literatur' bezeichnen, ahmt für Aristoteles nicht einfach eine vorab bestehende Welt nach, sondern ist eine „*mimesis praxeis*" (Aristot., *poet*., 1447a), ein Nachahmen von Handlungen (→ II.7 Witt), und das heißt vor allem: selbst eine Form des Handelns, als dessen erste Instanzen Metaphern gelten können.

An diese sinnstiftende Macht der Metapher schließen im 20. Jahrhundert hermeneutische Metapherntheorien an, die betonen, dass durch eine Metapher nicht nur etwas, das in der Welt vorgefunden wird, vor Augen geführt, erschlossen und sichtbar gemacht werden kann, sondern ganze Horizonte der Sichtbarkeit eröffnet und transformiert werden können. Das welterschließende Potential der Metapher lässt sich dabei in doppelter Weise lesen: rezeptiv, als Umwertung von etwas schon Bestehendem, und produktiv, als radikale Neuschöpfung. Hans Blumenberg und Paul Ricœur betonen dabei insbesondere die produktive Seite der metaphorischen Welterschließung (Hetzel 2011, 306–325). Für beide Autoren *reagiert* die Metapher nicht einfach nur auf eine sich verändernde Welt, sondern *agiert* selbst als Kraft der Veränderung.

Für Ricœur zeitigt die Transformationslogik der Metapher zunächst widerstimmige Konsequenzen und ist mit dem „vergleichbar, was Gilbert Ryle einen *category mistake*, einen Kategorienfehler nennt" (Ricœur 1986, 87). Jede Metapher gehe zunächst aus einem Fehler oder einem Missbrauch hervor. Ricœur kann sich dabei auf die antike Rhetorik sowie die Sprachphilosophie der Stoa berufen, die eine Nähe zwischen Tropen und sprachlichen Fehlern betont. Die antiken Autoren können kein letztes *Kriterium* für den Unterschied von Fehler und Figur angeben. Ob sich eine Wendung als Fehler oder Figur entpuppt, scheint auf eine Frage des kommunikativen *Erfolgs* hinauszulaufen. Manche Fehler *funktionieren* einfach und erschließen unsere Welt in einer zuvor für undenkbar gehaltenen Weise (Hetzel 2011, 323). Damit die Abweichung zu einer Figur (und nicht zu einem folgenlosen Fehler) werden kann, muss die Abweichung oder Regelüberschreitung allerdings „selbst wieder einer Regel unterstehen", muss „die Idee der Abweichung, als Verletzung eines Codes, durch die der Abweichungsreduzierung" ergänzt werden, die „der Abweichung selbst eine Form" gibt (Ricœur 1986, 86).

Was Ricœur als kalkulierten Kategorienfehler beschreibt, bildet also nur die eine Seite einer Medaille. Anstatt das Unvertraute unter das Vertraute zu subsumieren, erweist sich die Metapher als eine Synthese, die beide Relata enthierarchisiert und in ein freies Spiel versetzt. Sie hat, so schreibt auch Jacques Lacan, „ihren Platz genau da, wo Sinn im Unsinn entsteht" (Lacan 1983, 192), sie vermittelt zwischen Identität und Andersheit, ohne den Prozess dieser Vermittlung jemals zu einem Abschluss zu bringen. Insofern vermehrt die Metapher nicht einfach die Bedeutungsmöglichkeiten eines Lexikons um ein neues Element, sondern rückt ein Lexikon als Ganzes in die Perspektive eines fremden oder neuen Blicks. Sie verändert somit das Gefüge der normalen paradigmatischen Beziehungen eines Sprachsystems und erweitert den Bereich des Sagbaren: „Um ein einziges Wort in Bewegung zu setzen, muß die Metapher durch eine aus der Art schlagende Zuschreibung ein ganzes Netz von Beziehungen durcheinanderbringen" (Ricœur 1986, 27). Metaphern stellen unsere konventionellen Weisen, Welt zu repräsentieren, in Frage. Sie drücken in einem Zug einen erfahrenen Ausschnitt der Welt und – in der Reflexion auf diese Ausdrucks- und Repräsentationsleistung – den Modus dieser Welterfahrung aus (→ II.6 ERDLE). Metaphern (und nur Metaphern) zeigen für Ricœur, *wie* wir die Welt vordiskursiv erfahren.

Mit seiner im französischen Original 1975 erschienen Monographie *Die lebendige Metapher* formuliert Ricœur ein „Plädoyer für die aufdeckende Funktion der Literatur", indem er dem „Begriff der Aufdeckung den doppelten Sinn des Entdeckens und des Verwandelns" gibt (Ricœur 1986, III). Er beschreibt die Metapher hier als Miniaturmodel eines literarischen Textes. Bei der Interpretation einer Metapher stünden wir vor vergleichbaren Problemen wie bei der Interpretation eines Gedichtes oder eines Romans. Interpretieren bedeute in beiden Fällen das Eintreten in einen hermeneutischen Zirkel, das Auslegen der besonderen Textstelle von ihren allgemeineren Kontexten und der Kontexte von der konkreten Textstelle her.

Die Metapher als Vollzugsmodus literarischen Schreibens diskutiert Ricœur als „sprachimmanente Spracherweiterung" bzw. als ein „Entdeckungs- und Verwandlungsvermögen" (II) in der Sprache. In den traditionellen philosophischen Vermögenslehren, etwa bei Kant, korrespondiere der Metapher die „Einbildungskraft", die uns ein „Sehen als" (205) oder ein Aspektsehen erlaube. Etwas *als etwas* zu sehen, darzustellen oder sichtbar zu machen, bedeute immer auch, es *als etwas anderes* zu sehen, darzustellen oder sichtbar zu machen. „Lebendig ist die Metapher" für Ricœur, „indem sie den Schwung der Einbildungskraft auf ein ‚mehr denken' auf die Ebene des Begriffes überträgt. Dieser Kampf um das ‚mehr denken' unter der Anleitung des ‚belebenden Prinzips' ist die ‚Seele' der Interpretation" (285). Einen figurativen Text zu interpretieren (oder auch nur zu lesen), bedeute weniger, ihn auf *eine* Bedeutung hin zu dechiffrieren und festzulegen, als sich dafür zu sensibilisieren, wie der Text Bedeutungsmöglichkeiten generiert und verschiebt. „Das metaphorische ‚ist'", das im Zentrum einer jeden metaphorischen Übertragung stehe (etwa in ‚Achill ist ein Löwe'), „bedeutet zugleich ‚ist nicht' und ‚ist wie'. Wenn es sich wirklich so verhält, dürfen wir von einer metaphorischen Wahrheit sprechen, jedoch in einem [...] ‚spannungshaften' Sinn des Wortes ‚Wahrheit'" (10).

Die epistemologische Kraft der Metapher macht sich die Metaphorologie Blumenbergs zunutze. Wie Ricœur betont auch Blumenberg zunächst die innovative Kraft metaphorischen Sprechens. Die Metapher sagt Neues, indem sie, wie er anhand der Quintilian'schen Metapher *pratum ridet* – „die Wiese lacht" – (Quint., *inst. or.*, VIII 2, 6) ausführt, den Bereich des Sinnhaften um etwas Fremdes und zuvor Sinnloses ergänzt. Diese Ergänzung läuft nicht auf die Integration des Sinnlosen ins Sinnhafte hinaus, sondern auf eine Transformation des Sinnhorizonts: „Was in den Eigenschaften einer Wiese unter objektivem Aspekt nicht vorkommt, wird von der Metapher festgehalten. Sie leistet dies, indem sie die Wiese dem Inventar einer menschlichen Lebenswelt zuweist, in der nicht nur Worte und Zeichen, sondern die Sachen selbst ‚Bedeutungen' haben" (Blumenberg 1988, 79). Das Sinninventar der Lebenswelt wird durch die lachende Wiese nicht nur ergänzt, sondern auch in Bewegung versetzt: „Die Metapher [...] ist [...] ‚Widerstimmigkeit'. Diese wäre tödlich für das seiner Identitätssorge anheimgegebene Bewußtsein" (78).

Metaphern in philosophischen Texten und ganzen Diskursen bestimmen die „Substruktur des Denkens", sodass sich aus ihrem historischen Wandel etwas über die „Metakinetik geschichtlicher Sinnhorizonte und Sichtweisen" (Blumenberg 1998, 13) lernen lässt. Metaphern werfen ein Licht auf die Horizonte, in denen uns eine Welt gegeben bzw. vorgängig erschlossen ist. Zugleich irritieren und verschieben Metaphern diese Horizonte und entfalten damit ein kritisches Potential. Als Disziplin rekonstruiert und bestätigt die als Erweiterung der klassischen philosophischen Begriffsgeschichte vorgeschlagene Metaphorologie nicht einfach nur Sinnhorizonte, sondern zeigt auch deren Grenzen auf; sie „zeichnet eine Landkarte der Verlegenheiten der Vernunft – zentral: der Verlegenheit der Unmöglichkeit von Wahrheit" (Bolz 2000, 97). Blumenberg untersucht in den *Paradigmen* insbesondere die Geschichte von Wahrheitsmetaphern wie derjenigen der „mächtigen Wahrheit" oder der „nackten Wahrheit" (→ I.2 ALLERKAMP). In späteren Werken erweitert er diese Untersuchungen um Metaphern der „Lesbarkeit der Welt" (Blumenberg 1981), des „Höhlenausgangs" (Blumenberg 1989) oder des „Zur-Sache-selbst-Kommens" (Blumenberg 2002) – um nur einige besonders prominent gewordene Beispiele zu nennen. Der Tenor all dieser Untersuchungen liegt auf einer Diskrepanz zwischen den Erkenntnishoffnungen, die in den Leitmetaphern der Philosophie anklingen, und den unterschiedlichen theoretischen Schiffbrüchen, die Philosophinnen und Philosophen bei ihren diversen Versuchen erleiden, den ebenso diversen Höhlen des Nichtwissens zu entfliehen, die Welt lesbarer zu machen oder endlich ‚zu den Sachen selbst' zu kommen. Im Scheitern sieht der Metaphorologe eine Chance. Wenn Zweifel angebracht sind, dass „die kürzeste Verbindung zweier Punkte auch der humane Weg zwischen ihnen ist" (Blumenberg 2003, 122), so schützt uns die Metapher als konstitutiv umwegiger Zugang zur Welt vor einem „Absolutismus der Wirklichkeit" (Blumenberg 1979, 9), dem sich weite Teile der philosophischen Tradition unterwerfen.

Blumenbergs Ansatz lässt sich heute im Kontext einer breiteren, von Thomas Kuhn eingeleiteten selbstkritischen Wende der Wissenschaftstheorie verorten, die sich vom Konzept eines kontinuierlichen wissenschaftlichen Fortschritts verabschiedet und an dessen Stelle die Diskontinuität historischer Paradigmen gesetzt hat. Im Rahmen dieser Wende interessieren sich Wissenschaftshistorikerinnen und Wissenschaftshistoriker zunehmend für Metaphern und Metaphernfelder, die den basalen Weltzugang innerhalb eines Paradigmas auch in den Naturwissenschaften präfigurieren. Max Black und Mary Hesse arbeiten etwa heraus, wie Metaphern in den Wissenschaften „neue Ansichten organisieren" (Black 1983, 72; Hesse 1972), indem sie Bedeutungen filtern, transformieren und erweitern, um so neue „wissenschaftliche Möglichkeiten" (Black 1983, 79) zu schaffen. Mit Blick auf die Philosophie wird deutlich, wie „bestimmte Epochen und bestimmte philosophische Richtungen offenbare Vorlieben bei der Wahl von Analogieträgern" (Olbrechts-Tyteca und Perelman 2004, 555) zeigen; während sich etwa das Denken des 17. und 18. Jahrhunderts eher in räumlichen Analogien bewegt, bevorzugt das moderne Denken zeitliche. Schließlich hat auch der Verzicht auf Metaphern in der Philosophie eine metaphorologische Relevanz: Das Denken der Philosophinnen und Philosophen wird auch noch von denjenigen Metaphern gelenkt, die sie bewusst zu vermeiden suchen (Richards 1979, 92).

3 Figurativität und das Scheitern der Repräsentation: Nietzsche, Derrida

Kein zweiter Philosoph hat sich derart konsequent in die Tradition eines rhetorisch-figurativen Sprachdenkens gestellt wie Friedrich Nietzsche (→ IV.2 QUADFLIEG). Am Ende des 19. Jahrhunderts, dessen Geist weitgehend vom Pathos der positiven Wissenschaften geprägt wird und auch die Philosophie unter einen Verwissenschaftlichungsdruck stellt, steht Nietzsche für eine Skepsis gegenüber einer begründungslogischen Vernunft. In seinen Texten wird jede Trennung von Philosophie und Literatur strikt zurückgewiesen. Mit dieser Zurückweisung verbindet sich der Anspruch einer antifundationalistischen Vernunftkritik. Diese Kritik entzieht der Idee einer die Welt repräsentierenden Sprache ihren Grund und ersetzt sie durch das Konzept einer figurativen Sprache, die ihrerseits als Gefüge von Wirksamkeiten beschrieben wird.

Zentral für Nietzsches komplexe Philosophie der Sprache (Kalb 2000) ist für unseren Zusammenhang die aus der rhetorischen Tradition (vermittelt über Jean Paul und Gustav Gerber) entnommene These einer allgemeinen Figurativität der

Sprache, die „nur eine *doxa*, keine *episteme* übertragen" will: „Alle Wörter aber sind an sich u. von Anfang an, in Bezug auf ihre Bedeutung Tropen. [...] [D]ie Tropen treten nicht dann u. wann an die Wörter heran, sondern sind deren eigenste Natur. Von einer ‚eigentlichen Bedeutung', die nur in speziellen Fällen übertragen würde, kann gar nicht die Rede sein" (Nietzsche 1967, II.4, 426–427). Metaphorizität gilt hier nicht mehr als ein Attribut der Sprache neben anderen, sondern im Gegenteil als deren erste Erscheinungsform. Als kleinste Einheit der Rede diskutiert Nietzsche nicht den durch seinen propositionalen Gehalt definierten Begriff, sondern die Trope, die Gehalte transformiert. Sie repräsentiert keine vorab bestehende Wirklichkeit, sondern eröffnet eine neue Perspektive auf sie. Nietzsche kritisiert jedes vermeintlich „eigentliche", Fakten konstatierende Sprechen, welches die Plastizität und Geschichtlichkeit der Sprache still stellt. Im „übermäßigen Zeitungswesen" (441) und in der naturwissenschaftlichen Sprache seiner Zeit sieht er einen Jargon der Faktizität verkörpert, der die Gesamtheit der Welt auf beherrschbare Tatsachen zu reduzieren sucht. In beiden Diskursformen werde Sprache als Fakten transportierendes Vehikel aufgefasst und um ihre pragmatischen bzw. energetischen Dimensionen gekürzt.

Die Fakten repräsentierende, das Werden der menschlichen Praxis in einem Sein stillstellende Sprache der Philosophie und der Wissenschaften wird in *Ueber Wahrheit und Lüge im außermoralischen Sinne* erstmals als Ausdruck eines Willens zur Macht gedeutet. „Jeder Begriff entsteht durch das Gleichsetzen des Nichtgleichen" (Nietzsche 1980, I, 880). Die begriffliche, sich auf ein Eigentliches berufende Sprache beruht auf einem Vergessen der individuellen Verschiedenheiten; sie drückt, so Nietzsches spätere Terminologie, dem Werden den Stempel eines Seins auf (Nietzsche 1980, XII, 312). Das Verschiedene und Nichtidentische (→ II.5 KRAMER) dagegen findet seinen angemessenen Ausdruck in Metaphern. Im Kontext dieser Überlegungen entsteht der Gedanke einer rhetorischen Genealogie der Wahrheit (→ II.4 SCHMIDT): „Was ist also Wahrheit? Ein bewegliches Heer von Metaphern, Metonymien, Anthropomorphismen [...]. Die Wahrheiten sind Illusionen, von denen man vergessen hat, dass sie welche sind, Metaphern, die abgenutzt und sinnlich kraftlos geworden sind, Münzen, die ihr Bild verloren haben und nun als Metall, nicht mehr als Münzen, in Betracht kommen" (Nietzsche 1980, I, 880–881). Alle begrifflichen Systeme ruhen folglich auf einem fließenden Grund, den sie vergessen zu machen suchen, der sie aber immer wieder daran hindert, sich in sich abzuschließen. Hinter der Semantik einer vermeintlich repräsentationalen und begrifflichen Sprache wird eine vorgängige Pragmatik freigelegt, die in den Tropen, in denen sich die Welt eher an den Worten ausrichtet als umgekehrt, sichtbar bleibt.

Jacques Derridas Dekonstruktion setzt die von Nietzsche eröffnete Kritik an der Möglichkeit ‚eigentlicher' Bedeutungen fort (→ II.3 ZELLE). ‚Dekonstruktion' kann in einer ersten Annäherung als theoretischer Einspruch gegen die Möglichkeit einer Eigentlichkeit begriffen werden. Alles ‚Eigene' (das ‚Selbst' gegenüber dem ‚Anderen', die ‚Identität' gegenüber der ‚Differenz', die ‚Anwesenheit' gegenüber der ‚Abwesenheit', das ‚Eigentliche' gegenüber dem ‚Uneigentlichen') lässt sich für Derrida immer nur als das ‚Andere des Anderen' definieren; es wird, so zeigt es uns eine dekonstruierende Lektüre, vom Anderen heimgesucht und daran gehindert, sich vollständig zu entsprechen. Das Eigentliche kann per definitionem nur negativ bestimmt werden als dasjenige, was nicht uneigentlich ist. Das Uneigentliche wird damit zur paradoxen Möglichkeitsbedingung des Eigentlichen, die zugleich seine Unmöglichkeitsbedingung darstellt.

Die Restituierung der Uneigentlichkeit der Schrift oder des Textes in der Eigentlichkeit der ‚Präsenz', der sich Derridas frühe Arbeiten widmen, kehrt nicht einfach nur das klassisch-metaphysische Schema um. Sie will vielmehr traditionelle metaphysische Dichotomien wie Zentrum/Rand, Eigentlichkeit/Uneigentlichkeit, Signifikat/Signifikant, Seele/Körper, Leben/Tod, Identität/Differenz, Mann/Frau, Norden/Süden usw. *als solche* dekonstruieren. *Dekonstruktion* nennt Derrida die herrschaftskritische Bewegung, die diese in sich *hierarchisierten* Dichotomien (der Signifikant *dient* in der Metaphysik dem Signifikat, wie der Körper der Seele dient usw.) in den *unhierarchischen* Zustand eines ‚freien Spiels' versetzt; das Signifikat (der Gehalt, auf den ein Signifikant verweist) lässt sich aus der Sicht der Derrida'schen Radikalisierung der Saussure'schen Linguistik nur als „Signifikant des Signifikanten" (Derrida 1983, 17) ansprechen, als Zeichen für ein Zeichen, das sich auf das Signifikat bezieht. Für die Philosophie bedeutet dies, dass sie das Uneigentliche niemals gänzlich wird im Namen des Eigentlichen bezähmen und begrifflich bewältigen können. Ein solcher Versuch würde ein Außerhalb der Metapher oder ein Eigentliches voraussetzen, das sich uns hinter dem Spiel der Zeichen entzieht.

Derrida macht so auf eine grundlegende Ambivalenz philosophischer Metapherntheorien von Aristoteles bis Nietzsche aufmerksam. Die Metapher, wie sie seit Aristoteles diskutiert wird, bleibt „ein klassisches Philosophem, ein metaphysischer Begriff" (Derrida 1988, 214), und zwar vor allem dadurch, dass noch in einer Kritik des Eigentlichen im Namen des Uneigentlichen oder des Begrifflichen im Namen des Unbegrifflichen das Eigentliche und Begriffliche immer schon vorausgesetzt werden müsse. Wollte man die Metapher, wie etwa bei Giambattista Vico (→ II.1 AICHELE), als eine Art „Gründer-Trope" definieren und in ihren kognitiven wie hermeneutischen Möglichkeiten beschreiben (Hetzel 2017), bliebe, so Derrida, „mindestens eine Metapher immer ausgeschlossen, [...] ohne die der Begriff der Metapher nicht konstituiert werden könnte, [...] die Metapher der Metapher" (214) selbst. Aufgrund dieser „tropischen Supplementarität" (214) ist das „Feld" der Metapherntheorie „niemals gesättigt" (215).

Derrida richtet sich vor allem gegen Ansätze, die die Metapher damit betrauen „eine Idee auszudrücken" (217). Die „Theorie der Metapher" bleibt dann häufig „eine Theorie des *Sinns*" (225). Derrida misstraut einer Metapherntheorie, die den Aspekt der Welterschließung in den Vordergrund stellt. Metaphern machen uns nicht nur sehend, sondern blenden uns auch; sie stiften nicht nur Sinn, sondern erschüttern Sinnhorizonte in ihrer Selbstgenügsamkeit. Die Metapher „eröffnet auch die Irrfahrten des Semantischen" (232). Sie bedingt nicht nur die von der Hermeneutik betonte „Polysemie", die Vielschichtigkeit der Bedeutung eines Textes, sondern eine weit darüber hinausweisende „nicht kontrollierbare Streuung [*dissémination*]" der Bedeutungen (239), die womöglich von keiner Interpretation je eingeholt werden kann.

Literatur

Aristoteles. *Rhetorik. Werke in deutscher Übersetzung.* Bd. 4. Teil 1. Übers. von Christoff Rapp. Darmstadt 2002. [Aristot., *rhet.*].
Aristoteles. *Poetik.* Griechisch-deutsch. Übers. und hg. von Manfred Fuhrmann. Stuttgart 1986. [Aristot., *poet.*].
Black, Max. „Die Metapher". *Theorie der Metapher.* Hg. von Anselm Haverkamp. Darmstadt 1983: 55–79.
Blumenberg, Hans. „Anthropologische Annäherungen an die Rhetorik". Ders., *Wirklichkeiten in denen wir leben.* Stuttgart 2003: 104–136.
Blumenberg, Hans. *Zu den Sachen und zurück.* Frankfurt a. M. 2002.
Blumenberg, Hans. *Paradigmen zu einer Metaphorologie.* Frankfurt a. M. 1998.
Blumenberg, Hans. *Höhlenausgänge.* Frankfurt a. M. 1989.
Blumenberg, Hans. *Schiffbruch mit Zuschauer. Paradigma einer Daseinsmetapher.* Frankfurt a. M. 1988.
Blumenberg, Hans. *Die Lesbarkeit der Welt.* Frankfurt a. M. 1981.
Blumenberg, Hans. *Arbeit am Mythos.* Frankfurt a. M. 1979.
Bolz, Norbert. „Das Gesicht der Welt. Hans Blumenbergs Aufhebung der Philosophie in Rhetorik". *Rhetorische Anthropologie. Studien zum Homo rhetoricus.* Hg. von Josef Kopperschmidt. München 2000: 89–98.
Cavell, Stanley. „Wittgensteins Vision der Sprache". *Die Unheimlichkeit des Gewöhnlichen und andere philosophische Essays.* Übers. von Martin Hartmann. Hg. von Espen Hammer und Davide Sparti. Frankfurt a. M. 2002: 185–215.
Cicero. *De oratore/Über den Redner.* Lateinisch-deutsch. Übers. und hg. von Harald Merklin. Stuttgart 1997. [Cic., *de or.*].
Cochetti, Stefano. *Differenztheorie der Metapher.* Münster 2004.
Derrida, Jacques. „Die weiße Mythologie. Die Metapher im philosophischen Text". Ders., *Randgänge der Philosophie.* Übers. von Gerhard Ahrens. Hg. von Peter Engelmann. Wien 1988: 205–258 [OA: 1972].
Derrida, Jacques. *Grammatologie.* Übers. von Hans-Jörg Rheinberger und Hanns Zischler. Frankfurt a. M. 1983 [OA: 1967].

Eggs, Ekkehard. „Metapher". *Historisches Wörterbuch der Rhetorik.* Hg. von Gert Ueding. Bd. 5. Tübingen 2000: 1099–1183.
Goldmann, Luzia. *Phänomen und Begriff der Metapher.* Berlin/Boston 2019.
Habermas, Jürgen. „Philosophie und Wissenschaft als Literatur?" Ders., *Nachmetaphysisches Denken.* Frankfurt a. M. 1988: 242–263.
Haverkamp, Anselm. *Metapher. Die Ästhetik in der Rhetorik. Bilanz eines exemplarischen Begriffs.* München 2007.
Hesse, Mary. „The Explanatory Function of Metaphor". *Logic, Methodology, and Philosophy of Science.* Hg. von Yehoshua Bar-Hillel. Amsterdam 1972: 249–259.
Hetzel, Andreas. „Vico. Rhetorik als Metakritik der neuzeitlichen Erkenntnistheorie". *Handbuch Rhetorik und Philosophie.* Hg. von dems. und Gerald Posselt. Berlin 2017: 147–168.
Hetzel, Andreas. *Die Wirksamkeit der Rede. Zur Aktualität klassischer Rhetorik für die moderne Sprachphilosophie.* Bielefeld 2011.
Homer. *Ilias.* Übers. von Johann Heinrich Voss. Mit einer Einleitung von Georg Dorminger. München 1957.
Humboldt, Wilhelm von. „Ueber die Verschiedenheiten des menschlichen Sprachbaues und ihren Einfluss auf die geistige Entwicklung des Menschengeschlechts". *Schriften zur Sprachphilosophie. Werke.* Bd. III. Darmstadt 1996: 368–756 [EA: 1836]. [Hom., *Il.*].
Kalb, Christof. *Desintegration. Studien zu Friedrich Nietzsches Leib- und Sprachphilosophie.* Frankfurt a. M. 2000.
Lacan, Jacques. „Das Drängen des Buchstabens im Unbewußten oder die Vernunft seit Freud". *Theorie der Metapher.* Hg. von Anselm Haverkamp. Darmstadt 1983: 175–215.
Liebrucks, Bruno. *Sprache und Bewußtsein.* Bd. 1: *Einleitung, Spannweite des Problems.* Frankfurt a. M. 1964.
Nietzsche, Friedrich. *Kritische Studienausgabe.* Hg. von Giorgio Colli und Mazzino Montinari. München 1980.
Nietzsche, Friedrich. *Werke. Kritische Gesamtausgabe.* Hg. von Giorgio Colli und Mazzino Montinari. Berlin/New York 1967.
Olbrechts-Tyteca, Lucie und Chaim Perelman. *Die Neue Rhetorik. Eine Abhandlung über das Argumentieren.* Übers. von Freyr R. Varwig. Stuttgart-Bad Cannstatt 2004.
Quintilianus, Marcus Fabius. *Ausbildung des Redners.* Lateinisch-deutsch. Übers. und hg. von Helmut Rahn. Darmstadt 1995. [Quint., *inst. or.*].
Richards, Ivor Armstrong. *The Philosophy of Rhetoric.* Oxford/New York 1979.
Ricœur, Paul. *Die lebendige Metapher.* München 1986 [OA: 1975].
Rolf, Eckard. *Metaphertheorien. Typologie, Darstellung, Bibliographie.* Berlin/New York 2005.
Seitz, Sergej und Gerald Posselt. „Philosophische Metapherntheorie. Die Provokation der Philosophie durch das Unbegriffliche". *Handbuch Rhetorik und Philosophie.* Hg. von Andreas Hetzel und Gerald Posselt. Berlin 2017: 421–448.
Strub, Christian. *Kalkulierte Absurditäten. Versuch einer historisch reflektierten sprachanalytischen Metaphorologie.* Freiburg/München 1991.
Weinrich, Harald. „Metapher". *Historisches Wörterbuch der Philosophie.* Hg. von Joachim Ritter et al. Bd. 5. Basel 1980: 1179–1186.

Rhetorik als literarische und kulturelle Praxis

Carsten Zelle

1 ‚Rückkehren in die Rhetorik'

Dem vielberufenen ‚Tod der Rhetorik' stehen seit der „Rhetorik-Renaissance nach dem Zweiten Weltkrieg" (Schanze et al. 2013, 60) vielfältige Um- und Neuwertungen der Rhetorik entgegen (Zelle 2006), die Literatur und Philosophie gleichermaßen betreffen. Der *linguistic turn* ist genau betrachtet ein *rhetorical turn*, der seit Nietzsche, der „Drehscheibe" in die Postmoderne (Habermas 1988, 104), und breitenwirksam seit Mitte des 20. Jahrhunderts zu vielfältigem „Rückkehren in die Rhetorik" (Zelle 2010b) geführt hat, in die sich Dekonstruktion und Poststrukturalismus einfügen.

Das Interesse der *nouvelle critique* an der Rhetorik und die Versuche der modernen Linguistik, die rhetorische Formensprache strukturalistisch neu zu begründen, ist zwar früh beobachtet (Haug 1979, 10), aber kaum zusammenhängend aufgearbeitet worden. Erst Martina Wagner-Egelhaaf ist es gelungen, die „Spiel-Arten poststrukturalistischer Rhetorik" (Wagner-Egelhaaf 2015, 338) in Verbindung mit Nietzsches Sprachkritik bei Barthes, de Man, Foucault und Butler zusammenhängend darzustellen. Rhetorik und Poststrukturalismus verbinden demnach die Reflektion auf die „Medialität der Sprache" (338) sowie ein „nichtessentialistische[r] Denkansatz" (334). Die Umschaltung von „Substanz" (Saussure 1967, 143) auf „Form" hatte freilich schon Saussure (146) mit dem methodologischen Grundsatz vollzogen, *„daß es in der Sprache nur Verschiedenheiten gibt"*. Frank spricht daher nicht von Post-, sondern von Neostrukturalismus (Frank 1983, 102).

2 Rhetorik (Barthes)

Rhetorik stellt komplexes Wissen über Rede bereit. Das machte sie zu einem bestimmten Zeitpunkt in der Entwicklung des Strukturalismus in Frankreich attraktiv. Gerade die Auseinandersetzung mit der Rhetorik zeigt, dass die verschiedenen Phasen von Barthes' Werk bis zur späten *Leçon* stets zu *einem* Ausgangspunkt zurückführen. In den *Mythen des Alltags* fasst Barthes im Anschluss an Louis Hjelmslevs Konnotationssemiotik den Mythos formal als *„ein sekundäres semiologisches System"* (Barthes 1981a, 92), dessen ideologische Leistung darin besteht, „Geschichte in Natur" zu verwandeln (113; → II.2 FINKELDE). Die Zeichen des ersten Denotationssystems bilden die „Konnotationssignifikanten" („*Konnotatoren*") für die „Konnotationssignifikate" eines sekundären semiotischen Systems. Das Ensemble aller Konnotatoren, das Barthes mit dem Wort „*Rhetorik*" bezeichnet, dient als Ausdrucksebene eines ideologischen Inhalts (Barthes 1981b, 75–78). Dieses „Theoriemaschinchen" (Stanitzek 2011, 196), liegt Barthes' rhetorischen Bildanalysen (→ II.2 FINKELDE), etwa dem salutierenden schwarzen Kindersoldaten auf dem berühmt gewordenen Titelbild von *Paris-Match* (Barthes 1981a, 95), der „*italianité*" verheißenden Reklame für *Panzani*-Spaghetti (Barthes 1964, 41), aber auch der Analyse des rhetorischen Sprachsystems der Mode (Barthes 1985, 231–279), zugrunde. Die Analysen entdecken stets, wie die buchstäbliche Bedeutung zur Trägerin einer symbolischen Botschaft wird (Wagner-Egelhaaf 2015, 343).

Die Bezeichnung ‚Rhetorik' ist in Barthes' frühen ideologiekritischen Studien noch vage und wird erst in den diskursanalytischen Bemühungen Mitte der 1960er Jahre mit der Rhetoriktradition verbunden. Nachdem im Blick auf die Ebenen der linguistischen Analyse herausgearbeitet worden war, dass ein Satz zwar Zeichen enthalte, selbst jedoch *kein* Zeichen sei, das heißt, es keine „*Phraseme*" gebe, „*die zueinander in Opposition treten könnten*" (Benveniste 1977, 148), suchte man nach theoretischem Rüstzeug, transphrastische Einheiten des Diskurses analytisch ins Auge fassen zu können. Dabei stößt Barthes auf die alte Rhetorik, denn der *langue*-fixierte Strukturalismus war nicht dafür gerüstet, „d'établir un code de *parole* [Hervorhebung, C. Z.]"(Barthes 1994, 972). Barthes' Rückgriff eröffnete die Chance einer „Linguistik des Diskurses, die eine *Translinguistik* wäre, denn die Sprachphänomene würden in ihren Großformen erscheinen [...], d. h. im Grunde wäre sie eine Rhetorik. Jene ‚neue Rhetorik' [...], die uns noch immer fehlt" (Genette 1972, 77). Ein 1964/1965 gehaltenes Seminar arbeitet Barthes daraufhin für das Rhetorikthemenheft der Zeitschrift *Communications* 1970 zu einem *Abriß* über *Die alte Rhetorik* (Barthes 1988) aus, worin Begriff (15–19), Geschichte („Reise", 19–49) und System („Netz", 49–94) der Rhetorik äußerst komprimiert dargestellt sind (Zelle 2010a).

Barthes definiert Rhetorik als eine sechs Praxisbereiche umfassende „Metasprache", die epochenspezifisch die Rede kodiert bzw. normiert hat, und zwar als Technik, Unterricht, Wissenschaft, Moral, soziale Praxis und subversives Spiel (Barthes 1988, 16–17). Insgesamt erscheint das „Reich" der Rhetorik als ein „‚Programm' zur Diskurserzeugung" (18), das heißt als Diskursregime, das die „taxonomische Identität" des Abendlands zweieinhalb Jahrtausende beherrscht habe (19). Mit dieser Extension unterscheidet sich Barthes vom Rhetorikverständnis strukturalistischer bzw. poststrukturalistischer *elocutio*-Rhetoriken, die entweder das System der Figuren auf semiotischer Grundlage neu zu konstituieren suchten

(Dubois et al. 1970; Plett 2000) oder aber die Rhetorik schlechthin auf Probleme der Figuralität (de Man) oder Metaphorik (Derrida) reduzierten. Die Intension des Rhetorikbegriffs wird bei Barthes wesentlich durch die Akzentuierung der Rhetorik als einer „*gesellschaftliche[n] Praxis*", „die es den herrschenden Klassen erlaubte, im *Besitz des Sprechens* zu bleiben" (Barthes 1988, 17), bestimmt. Dadurch stehen die Überlegungen Foucault nahe. Doch Barthes ist weniger an den „Ausschließungen", die den Diskurs kanalisieren, interessiert als an den „‚obligatorischen Rubriken'" der Sprache, die dazu zwingen, „auf eine bestimmte Art zu denken" (Barthes 2006, 9). Das spätere Diktum, dass die Sprache „ganz einfach faschistisch" sei – „denn Faschismus heißt nicht am Sagen hindern, es heißt zum Sagen zwingen" –, wird in der frühen Auseinandersetzung mit der Rhetorik vorgeprägt (Barthes 1980, 19).

Einerseits ist Barthes' *Abriß* vom Impuls getrieben, das rhetorische Wissen für die Konstitution einer *linguistique* bzw. *sémiotique du discours* (Barthes 1994, 968, 972) zu retten. Andererseits führt sein Festhalten an der von Platon herrührenden (und seinerzeit von Althusser geschürten) Unterscheidung zwischen „Wissenschaft" (*episteme*) und „Meinung der Mehrheit" (*doxa*) (Barthes 1988, 64) zur Abwertung rhetorischen Wissens, wenn etwa bei Erläuterungen zum Enthymem die Aristotelische *Rhetorik* als „Ideologie" der „Massenkultur" bewertet wird (66–66). Gegenüber der wissensvermittelnden Darstellung ihrer Geschichte und ihres Systems macht sich die Abwertung der Rhetorik vor allem im Textrahmen bemerkbar, da im Zuge einer dissoziativen rhetorischen Strategie „der alten Praxis der literarischen Sprache [...], die Jahrhunderte hinweg als Rhetorik bezeichnet wurde", die Utopie einer „neue[n] Semiotik des Schreibens" (15) und „neuen Praxis der Sprache unter der Bezeichnung *Text* oder *Schreibweise*" (95) entgegengestellt wird. Das repressive Diskursregime der Rhetorik wird durch das revolutionäre Diskursregime der *écriture* ersetzt. Hier macht sich bemerkbar, dass zwischen den Seminarnotizen und der ausgearbeiteten Publikation entstehungsgeschichtlich die Bachtin-Rezeption Julia Kristevas (→ II.1 Hobuss), die poststrukturalistischen Grundlagenwerke der Jahre 1966/1967 und der Pariser ‚Mai '68' liegen – Ereignisse, auf die Barthes im Artikulationsmedium der Theorie reagiert.

Barthes' Leistung besteht in zweierlei: Zum einen restituiert er gegenüber einer „restringierten Rhetorik" (Genette 1996) einen *umfassenden Rhetorikbegriff*. Zum anderen entwirft er mit der Einsicht, dass Rhetorik als eine *reglementierende Diskurspraxis* des Abendlands repressiv gewirkt habe, eine Hypothese, die Foucaults Verbindung von Diskurs- und Machtanalyse nahesteht.

3 Rhetorizität (de Man)

Paul de Man, um den es im Theoriezirkus der vergangenen Jahre unter dem Vorwand seines *Wartime Journalism* (de Man 1988b) und im Zuge der Verkulturwissenschaftlichung der Literaturwissenschaft still geworden ist, gilt als einer der führenden Vertreter der Dekonstruktion. Zutreffender wäre, seine Herangehensweise als „‚rhetorical reading'" zu bezeichnen (Chase 2005, 252), da seinem Ansatz ein rhetorisches Apriori zugrunde liegt (→ II.4 GEISENHANSLÜKE). Unterstellt wird eine unhintergehbare Rhetorizität von Texten, wobei de Man nicht zögert, die rhetorische, das heißt für ihn immer: bildliche Macht der Sprache mit Literatur selbst gleichzusetzen. Die Dekonstruktion kehrt zur Rhetorik zurück – es ist jedoch eine Rhetorik, die Barthes' Ansatz entgegenläuft.

Als Ouvertüre von *Allegories of Reading* erhält der Aufsatz „Semiologie und Rhetorik" eine programmatische Stellung. Die Argumentation folgt einer binomischen Spaltungsrhetorik, mit der eine Reihe von Unterscheidungen – außen/innen, Semantik/Semiologie, Grammatik/Rhetorik, buchstäbliche Bedeutung/figurative Bedeutung – vorangetrieben werden (Zelle 2010b).

So dient die Innen-außen-Metapher eingangs dazu, innerliterarische Methoden von außerliterarischen Wegen der Literaturwissenschaft, die jeweils mit den Stichworten ‚Relevanz' und ‚Referenz' markiert werden, zu unterscheiden (de Man 1988a, 31). Obwohl de Man vorgibt, keine der beiden Positionen bewerten zu wollen, sagt doch seine Lektüre eines Bildes, was er von dem letztgenannten Literaturverständnis hält. In einer diätetisch-hygienischen Passage aus Prousts *Recherche*-Roman (→ IV.3 DOETSCH) sucht die Großmutter den jungen Marcel unablässig aus dem ungesunden Innenraum seines eingeschlossenen Lesens hinaus in den Garten zu treiben. Wie die Großmutter riefen „die Literaturwissenschaftler nach der frischen Luft der referentiellen Bedeutung" (33). De Man wertet nicht explizit, wendet man aber die von ihm im weiteren herausgestellte Methode, die übertragene gegen die buchstäbliche Bedeutung zu kehren, auf seinen eigenen Text an, sagt die Analogie, was er von einer referentialisierenden Literaturwissenschaft hält.

Die hier aufgespießte Passage ist selbst ein treffendes Beispiel für das Gegeneinander von ‚Predigt' und ‚Praxis', das im Zusammenhang mit einer weiteren Proust-Passage geltend gemacht wird. Die „rhetorische[ ] Lektüre" (45), genauer: die *figurale* ‚Lektüre' einer sommerlichen Leseszene, führt zum Resultat, dass Prousts darin gestaltete „Behauptung der Vorherrschaft der Metapher über die Metonymie ihre Überzeugungskraft dem Gebrauch metonymischer Strukturen verdankt" (45). Ein solches „pattern of discrepancy" (de Man 1983, IX), das die figurative Praxis und ihre metafigurative Theorie auseinanderfallen lässt, fasst de Man in die Formel, „dass der Text nicht praktiziert, was er predigt" (de Man 1988a,

45). Gepredigt wird zwar Wertungsenthaltung, die methodologische Richtung, die ein Außerhalb des Textes unterstellt, wird aber gleichwohl mit Hilfe einer Trope, die die ins Visier genommenen Literaturwissenschaftler mit Prousts vitalistischer ‚Großmutter' in Analogie setzt, lächerlich gemacht.

In einem zweiten Schritt wird die Priorisierung der Sprache gegenüber der Bedeutung auf den Begriff der Semiologie gebracht. Sie habe gegenüber einer „themenorientierten Literaturwissenschaft" für „semiologische Hygiene" (35) gesorgt, da sie mit ihrer Priorisierung der Ausdrucksebene der Signifikanten („signs as signifiers", de Man 1979, 5) – in der deutschen Übersetzung heißt es fälschlicherweise „Zeichen als Signifikate" (de Man 1988a, 34) – nicht danach frage, „*was* Wörter bedeuten, sondern *wie* sie bedeuten" (34). Entscheidend ist freilich, dass die im Aufsatztitel genannte Differenz gegen die puristische ‚Hygiene' der Semiologie selbst gewendet wird, da diese nur die grammatische, nicht jedoch die rhetorische Dimension der Sprache berücksichtige. Die der Semiologie verhaftet bleibende „Epistemologie der Grammatik" spielt de Man gegen die „Epistemologie der Rhetorik" aus, insofern bei der Figur der rhetorischen Frage, die durch einen Fragesatz (*interrogatio*) eine forcierte Aussage (*exclamatio*) bezeichnet, ein grammatisch korrekter Satz „mindestens zwei Bedeutungen" generiere, „von denen die eine ihren eigenen illokutiven Modus bejaht und die andere ihn verneint" (39). In beiden Fällen könne die Frage buchstäblich oder figurativ verstanden werden, ohne dass aufgrund der Syntax entschieden werden müsse, welche Lektüre die richtige sei. Aufgrund dieser Unentscheidbarkeit begreift de Man Rhetorik als „radikale Suspendierung der Logik" und zögert nicht, diese „rhetorische, figurative Macht der Sprache mit der Literatur selber gleichzusetzen" (40).

Deutlich wird hier de Mans Verkürzung des Rhetorikverständnisses auf „figural Language" (de Man 1979), das heißt auf den Ausschnitt der Tropen- und Figurenlehre im Rahmen der (Mikro-)Ebene der *elocutio* – ein Verständnis, das explizit gemacht wird: „Tropen und Figuren (sie sind es, die der Begriff *Rhetorik* hier bezeichnet, und nicht die abgeleiteten Bedeutungen von Erläuterung, Redegewandtheit und Überredung)" (de Man 1988a, 35).

4 Metapher (Derrida)

Anders als de Man, der die Philosophie aufgrund ihrer Abhängigkeit von ‚uneigentlicher' Sprache dazu verurteilt sieht, literarisch zu sein, und der umgekehrt der Literatur einen philosophischen Status zuspricht, geht es Jacques Derrida darum zu zeigen, dass jede Philosophie nicht allein wegen ihrer Metaphorik literarisch ist, sondern weil sie Katachresen, das heißt Fälle, bei denen ein *verbum proprium* fehlt, nicht vermeiden kann. „I have always tried to expose the way in which philosophy is literary, not so much because it is *metaphor* but because it is *catachresis*" (Derrida 1995, 172). Die Katachrese, das heißt die verblasste Metapher bzw. die Wendung, deren Metaphorizität nicht mehr bewusst ist, bezeichnet nicht etwa einen Missbrauch, eine *abusio*, sie repräsentiert keinen Sonderfall, sie stellt im Gegenteil den sprachlichen Regelfall unvermeidbarer rhetorischer Bildlichkeit dar.

Die Dekonstruktion der Unterscheidung zwischen *verba propria* und *verba translata* betreibt Derrida in *La mythologie blanche. La métaphore dans le texte philosophique*. Es ist bezeichnend, dass dieser große Aufsatz zuerst in dem Schwerpunktheft *Rhétorique et philosophie* der Zeitschrift *Poétique* 1971 erschien (Derrida 1971). Denn dank der im selben Heft enthaltenen auszugsweisen Übersetzung von Nietzsches *Darstellung der antiken Rhetorik* von 1874 (Bornmann 1997) durch Jean-Luc Nancy und Philippe Lacoue-Labarthe (Nietzsche 1971) erfuhren die französischen Intellektuellen erstmals von Nietzsches rhetorischen Anschauungen. Schon der Publikationsort markiert „[d]en nietzscheanischen Hintergrund" (Gondek 2017, 358) der Argumentationsrichtung Derridas.

In seiner Rhetorikdarstellung, die einen dichten Intertext aus zeitgenössischer Sprachphilosophie und altphilologischer Rhetorikforschung webt (Most und Fries 1996), destruiert Nietzsche die Vorstellung einer ‚Normalsprache', die der Unterscheidung zwischen wörtlicher und rhetorischer Sprachverwendung zugrunde liegt (→ II.4 Schmidt; → IV.2 Quadflieg). Unter ausdrücklicher Bezugnahme auf die in der Sprache liegende „Kraft" (δύναμις, vis) macht Nietzsche geltend, „dass die *Rhetorik eine Fortbildung der in der Sprache gelegenen Kunstmittel ist*" (Nietzsche 1995, 425) und dass es daher „gar keine unrhetorische ‚Natürlichkeit' der Sprache, an die man appelliren könnte", bzw. keine „‚eigentliche Bedeutung', die nur in speziellen Fällen übertragen würde", gibt (427). In der Sprache ist „alles Figuration" (427). Somit wird der klassischen Auffassung, eine metaphorische Redeweise sei bloßer „Schmuck" (*ornatus*) mit einem folgenreichen Zitat Jean Pauls, wonach „,jede Sprache in Rücksicht geistiger Beziehungen ein Wörterbuch erblaßter Metaphern'" sei (443), widersprochen.

Derrida folgt Nietzsche, wenn er unter Berufung auf eine „énergie tropique" sich des Doppelsinns des französischen Worts „*usure*", das gleichermaßen ‚Wuchern' und ‚Abnutzung' bedeutet, bedient (Derrida 1972, 249) und damit das Wuchern abgenutzter Metaphern, das heißt der Katachresen in philosophischen Texten herausstellt. In dem Dialog *Le jardin d'Épicure* (1894) von Anatole France war die Metaphysik als *mythologie blanche* bezeichnet worden, weil die Philosophen mit ihren Begriffen Scherenschleifern glichen, die Münzen so lange schliffen, bis der besondere Prägestempel, ergo das ursprüngliche Sprachbild, verblasst und nur mehr blankes Metall bzw. abstrakte philosophische Konzepte sichtbar übrigblieben. Dieser Vergleich, der als Allegorie der Katachrese dient, ist der Ausgangspunkt für Derridas Aufweis einer „metaphorischen Aktivität im theoretischen und philosophischen Diskurs" (Derrida 1988, 210). Bilder des literarischen Auftakts werden mit zentralen Tropen aus Nietzsches *Ueber Wahrheit und Lüge im außermoralischen Sinne* verknüpft. Nietzsche-Zitate umrahmen Derridas theoretische Auseinandersetzungen (von Aristoteles bis zu den französischen Klassikern der rhetorischen Tropen- und Figurenlehre, Du Marsais und Fontanier, die Genette kurz zuvor wieder zugänglich gemacht hatte), was zu dem Ergebnis führt, dass Metapherndefinitionen stets neue Metaphern hervorbringen. Für Derrida sind Nietzsches Operationen entlarvend. Denn sie zeigen, dass Wahrheiten nichts anderes als Metaphern bzw. abgenutzte Münzen sind, die ihr Bild verloren haben. Der philosophische Begriff erscheint wie eine „Begräbnisstätte der Anschauung" (Nietzsche, zit. in Derrida 1988, 251), da er nur unter der Voraussetzung einer „Kontinuität zwischen Metapher und Begriff" denkbar ist. Das Begreifen von Metaphern führt eben nicht zur Begrifflichkeit zurück, sondern taucht als *mise en abyme* nur weiter in die „Metaphorizität des Begriffs" (Derrida 1988, 251) ein (→ II.3 HETZEL; → IV.1 PRECHT).

5 Zwischen Rhetorik und Rhetorizität

Die dekonstruktiven bzw. poststrukturalistischen ‚Rückkehren in die Rhetorik' sind nicht auf einen gemeinsamen Nenner zu bringen. Sie weisen eine Spannweite auf, die das Verständnis Barthes', der Rhetorik als ein umfassendes Diskursregime begreift, und die Ansätze de Mans und Derridas, die in der Nachfolge Nietzsches auf eine nicht hintergehbare, metaphorische Prozesse fokussierende sprachliche Rhetorizität rekurrieren, die den Unterschied zwischen literarischen und philosophischen Redeweisen unterläuft, gleichermaßen umfasst. Beide stehen damit der (freilich auf die Philosophie eingehegten) Metaphorologie Blumenbergs nahe, während Barthes' Affinitäten zu Foucaults Diskursanalyse aufweist (→ II.4 GEISENHANSLÜKE), deren Verhaftetsein in der Rhetorik mit Ausnahme seiner späten Vorlesungen zur *parrhesia*, der Figur des Wahrsprechens, bisher unbeachtet geblieben ist.

Literatur

Barthes, Roland. „Von der Wissenschaft zur Literatur". Ders., *Das Rauschen der Sprache*. Übers. von Dieter Hornig. Frankfurt a. M. 2006: 9–17 [OA: 1967].

Barthes, Roland. „La linguistique du discours". Ders., *Œuvres complètes*. Teil II: *1966–1973*. Hg. von Éric Marty. Paris 1994: 968–972 [OA: 1970].

Barthes, Roland. „Die alte Rhetorik. Ein Abriß". Ders., *Das semiologische Abenteuer*. Übers. von Dieter Hornig. Frankfurt a. M. 1988: 15–101 [OA: 1970].

Barthes, Roland. *Die Sprache der Mode*. Übers. von Horst Brühmann. Frankfurt a. M. 1985 [OA: 1967].

Barthes, Roland. *Mythen des Alltags*. Übers. von Helmut Scheffel. Frankfurt a. M. 1981a [OA: 1957].

Barthes, Roland. *Elemente der Semiologie*. Übers. von Eva Moldenhauer. Frankfurt a. M. 1981b [OA: 1964].

Barthes, Roland. *Leçon/Lektion. Antrittsvorlesung im Collège de France*. Übers. von Helmut Scheffel. Frankfurt a. M. 1980 [OA: 1978].

Barthes, Roland. „Rhétorique de l'image". *Communications* 4 (1964): 40–51.

Benveniste, Émile. „Die Ebenen der linguistischen Analyse". Ders., *Probleme der allgemeinen Sprachwissenschaft*. Übers. von Wilhelm Bolle. Frankfurt a. M. 1977: 135–150 und 390–391 [OA: 1966].

Bornmann, Fritz. „Zur Chronologie und zum Text der Aufzeichnungen von Nietzsches Rhetorikvorlesungen". *Nietzsche-Studien* 26 (1997): 491–500.

Chase, Cynthia. „De Man, Paul". *The Johns Hopkins Guide to Literary Theory and Criticism*. Hg. von Michael Groden et al. Baltimore 2005: 252–255 [EA: 1994].

Derrida, Jacques. „Deconstruction and the Other [Interview, Paris 1981]". Richard Kearney. *States of Mind. Dialogues with Contemporary Thinkers on the European Mind*. Manchester 1995: 156–176.

Derrida, Jacques. „Die weiße Mythologie. Die Metapher im philosophischen Text". Ders., *Randgänge der Philosophie*. Übers. von Gerhard Ahrens. Hg. von Peter Engelmann. Wien 1988: 205–258 und 344–355.

Derrida, Jacques. „La mythologie blanche. La métaphore dans le texte philosophique". Ders., *Marges de la philosophie*. Paris 1972: 247–324.

Derrida, Jacques. „La mythologie blanche. (La métaphore dans le texte philosophique)". *Poétique* 2.5 (1971): 1–52.

Dubois, Jacques, Français Edeline, Jean-Marie Klinkenberg, Philippe Minguet, François Pire und Hadelin Trinon. *Rhétorique générale*. Paris 1970.

Frank, Manfred. *Was ist Neostrukturalismus?* Frankfurt a. M. 1983.

Genette, Gérard. „Die restringierte Rhetorik". *Theorie der Metapher*. Hg. von Anselm Haverkamp. Darmstadt 1996: 229–252 [OA 1970].

Genette, Gérard. „Strukturalismus und Literaturwissenschaft". *Strukturalismus und Literaturwissenschaft*. Hg. von Heinz Blumensath. Köln 1972: 71–88 [OA 1966].

Gondek, Hans Dieter. „Dekonstruktion. Die Rhetorik im philosophischen Text". *Handbuch Philosophie und Rhetorik*. Hg. von Andreas Hetzel und Gerald Posselt. Berlin/Boston 2017: 239–378.

Habermas, Jürgen. *Der philosophische Diskurs der Moderne. Zwölf Vorlesungen*. Frankfurt a. M. 1988 [EA: 1985].

Haug, Walter. „Einleitung. Strukturalistische Methoden und mediävistische Literaturwissenschaft". *Wolfram Studien* 5 (1979): 8–21.

Man, Paul de. „Semiologie und Rhetorik". Ders., *Allegorien des Lesens*. Übers. von Werner Hamacher und Peter Krumme. Frankfurt a. M. 1988a: 31–51.

Man, Paul de. *Wartime Journalism (1939–1943)*. Hg. von Werner Hamacher. Lincoln 1988b.

Man, Paul de. *Blindness and Insight. Essays in the Rhetoric on Contemporary Criticism*. Minneapolis 1983 [EA: 1971].

Man, Paul de. „Semiology and Rhetoric". Ders., *Allegories of Reading. Figural Language in Rousseau, Nietzsche, Rilke and Proust*. New Haven/London 1979: 3–19 [EA: 1973].

Most, Glenn und Thomas Fries. „Die Quellen von Nietzsches Rhetorik-Vorlesungen". *Nietzsche oder ‚Die Sprache ist Rhetorik'*. Hg. von Josef Kopperschmidt und Helmut Schanze. München 1996: 17–38 und 251–258 [EA: 1994].

Nietzsche, Friedrich. „[Darstellung der antiken Rhetorik]". Ders., *Werke. Kritische Studienausgabe*. Bd. II/4: *Vorlesungsaufzeichnungen (WS 1871/72 – WS 1874/75)*. Hg. von Fritz Bornmann und Mario Carpitella. Berlin/New York 1995: 413–449.

Nietzsche, Friedrich. „‚Rhétorique et langage'. Textes traduits, présentés et annotés par Philippe Lacoue-Labarthe et Jean-Luc Nancy". *Poétique* 2.5 (1971): 99–142.

Plett, Heinrich F. *Systematische Rhetorik. Konzepte und Analysen*. München 2000.

Saussure, Ferdinand de. *Grundfragen der allgemeinen Sprachwissenschaft*. Übers. von Herman Lommel. Hg. von Charles Bally und Albert Sechehaye. Berlin 1967 [OA: 1916].

Schanze, Helmut, Dietmar Till und Anne Ulrich. „Rhetorik". *Handbuch Medien der Literatur*. Hg. von Natalie Binczek, Till Dembeck und Jörgen Schäfer. Berlin/Boston 2013: 41–68.

Stanitzek, Georg. *Essay – BRD*. Berlin 2011.

Wagner-Egelhaaf, Martina. „Poststrukturalismus". *Handbuch Literarische Rhetorik*. Hg. von Rüdiger Zymner. Berlin/Boston 2015: 333–356.

Zelle, Carsten. „Die ‚Grammatik' des Diskurses. Zu Roland Barthes' Abriß der Rhetorik". *Gedankenstriche – Reflexionen über Sprache als Ressource. Didaktik an der Schnittstelle Schule/Hochschule*. Hg. von Nicole Hinrichs und Anika Limburg. Tübingen 2010a: 62–71.

Zelle, Carsten. „Rückkehren in die Rhetorik". *Anderes als Kunst. Ästhetik und Techniken der Kommunikation*. Hg. von Thomas Kamphusmann und Jörgen Schäfer. Paderborn 2010b: 333–348.

Zelle, Carsten. „Fall und Aufstieg der Rhetorik in der Moderne". *Die 7 Freien Künste in Antike und Gegenwart*. Hg. von Reinhold F. Glei. Trier 2006: 237–263.

II.4 Literatur und Vernunftkritik

Einleitung

Sarah Schmidt

Versteht man Kritik als Prozess einer sich selbst reflektierenden Vernünftigkeit, so muss sie sich immer wieder selbst in Frage stellen, und in diesem Sinne agiert die um 1800 einsetzende Vernunftkritik zugleich im Zeichen der Vernunft; sie ist Aufklärungs- und Modernekritik und schreibt beides – auch in ihrer radikalisierten, metaphysikkritischen Form – fort. Eine prominente Ausführung findet der Gedanke einer stetig revisionsbedürftigen Vernunfterscheinung in zwei Vorträgen Michel Foucaults aus den letzten Jahren seines Wirkens. Mit *Was ist Kritik?* (1978) und *Was ist Aufklärung?* (1983) stellt sich Foucault ausdrücklich in die aufklärerische Traditionslinie einer Moderne, deren „philosophische[s] *Ethos*" „als permanente Kritik unseres historischen Seins beschrieben werden könnte" (Foucault 1990, 45). Mehr noch als auf der selbst gesetzten Aufgabe der Aufklärung, durch Kritik die Grenzen des eigenen Wissens auszuloten, insistiert Foucault auf dem Moment des Austritts aus der Unmündigkeit und fordert – den Nexus von Macht und Erkenntnis unterstreichend – eine stetige kritische „Entunterwerfung" (Foucault 1992, 15).

Die in diesem Kapitel versammelten philosophischen Positionen von der Frühromantik über Nietzsche, Heidegger, Vertreter der Kritischen Theorie bis hin zur Postmoderne verfolgen die gemeinsame Stoßrichtung einer an der Literatur geschulten und im Modus literarischer Schreibweisen agierenden Vernunftkritik. Untereinander verbindet sie ein ideengeschichtliches Netzwerk das aus vielen direkten Rezeptionslinien besteht – wie die Dissertation Walter Benjamins über den Kritikbegriff der Frühromantik (Menninghaus 1987, 30–71), Heideggers legendäre im Wintersemester 1941/1942 gehaltene Freiburger Vorlesung zu *Nietzsches Metaphysik*, der kritische Rekurs postmoderner Autorinnen und Autoren auf Nietzsche (Deleuze 1985; Hamacher 1986) oder Heidegger (Bernasconi 2003). Andere augenscheinliche Geistesverwandtschaften – wie diejenigen zwischen den Autorinnen und Autoren der Frühromantik und Nietzsche – finden nahezu ohne Rezeptionsbezug statt.

Gemeinsam ist diesen Protagonistinnen und Protagonisten der ab 1800 auftretenden Vernunftkritik die Einsicht in eine unauflösbare Verquickung von Denken und Sprechen, die sich auch in einem engen, neu zu bestimmenden Verhältnis von Philologie und Philosophie, Philosophie und Rhetorik (→ II.3 RHETORIK UND POETIK) abzeichnet (Schanze 1994). Die hier vorgestellten Positionen teilen ebenfalls die Vorstellung einer unhintergehbaren Geschichtlichkeit alles Geistigen, mit der Letztbegründungsmodelle, Subjektivitäts- und Identitätsentwürfe einer kritischen Revision unterzogen werden. Mit einer verstärkten Zuwendung zum Individuellen, Marginalen oder ‚Parasitären' soll die Perspektivität des sich prozesshaft manifestierenden Geistigen erkundet und unerwartetes, ‚unzeitgemäßes' Sinnpotential freigelegt werden. Die Kritik an vermeintlich ‚objektiven' begrifflichen und logischen Strukturen erfolgt dabei nicht (allein) diskursiv, sondern performativ, das heißt in Form spezifischer, literaturaffiner Schreibformen, die begriffliche Unschärfe, Polyphonie und Widersprüchlichkeit inszenieren, eine Remetaphorisierung der philosophischen Sprache betreiben, ironische Figuren und Paradoxien entwerfen oder in Form von Aphorismen (→ III.8 PORNSCHLEGEL), Fragmenten oder Denkbildern (→ III.9 PICKER) Brüche und Konstellationen gestalten. Dabei werden Lektüreformen selbst thematisch, und die Leserin oder der Leser erfährt gegenüber der Autorin bzw. dem Autor, das Lesen gegenüber dem Schreiben eine Aufwertung.

Differenzen und Oppositionen innerhalb dieser skizzierten Vernunftkritik sind zum einen mit den Fragen verbunden, wie radikal Sprachskepsis betrieben wird und ob eine Einheit der sich historisch manifestierenden Vernunft (auch in ihrer Sinnhaftigkeit) – sei es in unendlicher Annäherung oder als Utopie – immer noch in Aussicht gestellt wird oder nicht. Weitere Differenzen werden in der steigenden Dringlichkeit deutlich, mit der die Verbindung von Erkennen und Macht reflektiert wird.

Die Schlaglichter in diesem Kapitel beginnen mit einem Blick auf das frühromantische Programm einer ‚Universalpoesie', die eine wechselseitige Durchdringung von Wissenschaft, Kunst und Leben proklamiert. Als ‚potenzierte' Kritik, das heißt eine sich stetig selbst kritisierende Kritik, setzt die Philosophie auf eine fragmentarische und ironische Schreibpraxis, die die Perspektivität des Denkens zur Darstellung bringt. Die erkenntnistheoretische Skepsis der Frühromantik ist jedoch nicht per se begriffsfeindlich; Begriffsbildung ist – freilich stets kritikbedürftig und unvollkommen – *ein* Moment erkennender Weltbildung. Perspektivität und Ironie bestimmen auch das Denken Friedrich Nietzsches, der jedoch mit dem Vorwurf einer ‚Gleichsetzung des Nichtgleichen' eine grundlegende Kritik des begrifflichen Denkens vornimmt und mit seiner genealogischen Methode geschichtliches Denken zum Instrument einer ‚Gegennarration' entwickelt (→ II.4 SCHMIDT).

Im zweiten Unterkapitel stehen Martin Heideggers Kritik an einer traditionellen Subjektphilosophie und ihre Verstrickung in die abendländische Geschichte der Metaphysik im Zentrum. Mit ihr verbunden ist die Reflexion darüber, ob und wie der Ausstieg aus einer das Sein verstellenden instrumentellen Sprache möglich werden kann. Heideggers Sprachkritik wird dabei in Auseinandersetzung mit Dichtung geschult, Dichtung selbst wird für ihn zu einem privilegierten Ort eines anderen Sprechens. Im Kunstwerk erfährt der Mensch, dass sein Dasein in der Sprache gegründet ist (→ II.4 LEMKE).

Das dritte Unterkapitel widmet sich der Theorie des Nichtidentischen als ein Fragen nach den Grenzen des begrifflichen Denkens, wie sie in der Kritischen Theorie bei Walter Benjamin und Theodor W. Adorno reflektiert wird. Einerseits seien Begriffe unhintergehbar für das Denken, andererseits gingen Gegenstände in der logischen Identität des Begriffs nicht auf, sodass es Aufgabe der Philosophie als negativer Dialektik sei, sich diesem Ungenügen zuzuwenden. Kunst und Literatur werden dabei zu Medien, in denen sich eine „begriffslose Synthesis" ereignet und der Begriffssprache der Philosophie ihr utopisches Potential aufzeigt (→ II.4 KRAMER).

Das letzte Unterkapitel wendet sich einzelnen Autorinnen und Autoren innerhalb der sogenannten Postmoderne zu und nimmt das Widerstandspotential der Literatur als eine Form des ‚Gegendiskurses' ins Visier. Als privilegiertes Medium einer Vernunftkritik wird Literatur dabei zum einen zum vorzüglichen Gegenstand philosophischer Lektüren – wie das Konzept der Paradoxie, das Deleuze am Beispiel von Lewis Carrolls *Alice im Wunderland* entwickelt. Zum anderen leitet Literatur einzelne Schreibpraktiken an, die innerhalb der Philosophie eingesetzt werden, um ‚logozentrische' (Derrida) Denk- und Sprachstrukturen subversiv zu unterlaufen. Ob Literatur jedoch durchgehend als subversiv agierender Gegendiskurs zu betrachten oder selbst Teil eines von Macht durchdrungenen Diskursfeldes ist, wie der späte Foucault zu denken gibt, unterscheidet die Positionen einzelner postmoderner Denker (→ II.4 GEISENHANSLÜKE).

Literatur

Bernasconi, Robert. „Heidegger und die Dekonstruktion". *Heidegger Handbuch*. Hg. von Dieter Thomä. Stuttgart 2003: 440–450.
Deleuze, Gilles. *Nietzsche und die Philosophie*. Frankfurt a. M. 1985 [OA: 1962].
Foucault, Michel. *Was ist Kritik?* Übers. von Walter Seitter. Berlin 1992 [OA: 1990].
Foucault, Michel. „Was ist Aufklärung?". Ders., *Ethos der Moderne. Foucaults Kritik der Aufklärung*. Hg. von Eva Erdmann, Rainer Forst und Axel Honneth. Frankfurt a. M. 1990: 35–54 [OA: 1984].
Hamacher, Werner (Hg.). *Nietzsche aus Frankreich. Essays von Maurice Blanchot, Jacques Derrida, Pierre Klossowski, Philippe Lacoue-Labarthe, Jean-Luc Nancy und Bernard Pautrat*. Frankfurt a. M./Berlin 1986.
Menninghaus, Winfried. *Unendliche Verdopplung. Die frühromantische Grundlegung der Kunsttheorie absoluter Selbstreflexion*. Frankfurt a. M. 1987.
Schanze, Helmut (Hg.). *Nietzsche oder ‚Die Sprache ist Rhetorik'*. München 1994.

Philosophische Kritik und literarische Performanz

Sarah Schmidt

1 Universalpoesie als Kritik[2] (Frühromantik)

Platons dialogische Dialektik, Spinozas *Ethik*, die Literaturkritik der Aufklärung bei Lessing, Herder, Klopstock oder Moritz, die Kant'sche(n) Kritik(en) der Vernunft, ihre sprachphilosophische *Metakritik* bei Herder und Fichtes *Wissenschaftslehre*: Das sind die Zutaten, aus denen sich nach relativ kurzer Zeit aufklärungskritischer Gärung die Explosion der Frühromantik ereignet. Eine derartig gedrängte Beschreibung, die dazu mit chemischen Metaphern für geistige Vorgänge spielt, wäre vermutlich ganz nach dem Geschmack Friedrich Schlegels. Er war die Kernfigur des sich in Jena und Berlin um 1800 formierenden, poetisch-philosophischen Freundeskreises, der antrat, mit einem „kritischen Terrorismus" (KGA V/4, 99) die etablierte Philosophie- und Literaturlandschaft aufzumischen. Sprengsätze waren ihre Texte vordergründig aufgrund ihrer Polemik, von nachhaltiger Sprengkraft war jedoch das Konzept einer poetischen Vernunftkritik, die das kritische Unternehmen der Aufklärung ebenso überbot, wie sie es in sprachphilosophischer Wendung zugleich fortsetzte (Fulda et al. 2015; Magen 2015). Visionär der Zeit weit voraus, fanden sich im frühromantischen Denken ästhetische, sprachphilosophische und erkenntnistheoretische Einsichten, die die Moderne um 1900 bestimmten und weit ins 20. Jahrhundert hineinreichten.

Das literarische Auftaktorgan der Frühromantik war die von den beiden Brüdern Schlegel herausgegebene Zeitschrift *Athenäum* – Brennglas und Experimentierfeld in einem. Sie erschien von 1798 bis 1800 in nur drei Jahrgängen und sechs Ausgaben, enthielt jedoch viele paradigmatische Texte, in denen sich philosophische Kritik mit moderner literarischer Praxis verband. Für diese Zeitschrift schrieben neben den Brüdern August Wilhelm und Friedrich Schlegel und Caroline Schlegel (spätere Schelling) auch Novalis (Friedrich von Hardenberg) und Friedrich Schleiermacher, teilweise – wie in den legendären *Athenäums-Fragmenten* – ohne Ausweis der Autorschaft. Hinter der Anonymität steckte Programm, ging es doch dezidiert nicht um eine Plattform für Geniepoeten und -philosophen, sondern um den Ausdruck eines prozesshaften, sich in Wissensstreit und wechselseitiger künstlerischer Anregung ereignenden offenen Denkens.

Der erkenntnistheoretisch bestimmende Gedanke einer ‚Wechselwirkung', eines ‚Wechselgrundsatzes' oder ‚Wechselerweises' formierte sich unter anderem in Auseinandersetzung mit Fichtes Konzept der Wechselrelation von Ich und Nicht-Ich in der *Wissenschaftslehre* (1794/1795) und wendet sich gegen eine Philosophie aus einem ersten Grundsatz (Rehme-Iffert 2001; Schmidt 2005, 39–56). Eine frühe prägnante Formulierung findet der Gedanke des Wechselerweises in Friedrich Schlegels 1796 publizierter vernichtender Kritik von Jacobis Roman *Woldemar* (1779). An die Stelle einer linearen einseitigen Begründungskette, die Jacobi nur durch den Rekurs auf den Glauben und das Gefühl zu durchbrechen wisse, setzt Schlegel den wechselseitigen Erweis oder „Wechselerweis" (KFSA II, 72).

Durchdekliniert wird der Gedanke bei Friedrich Schlegel vor allem aber in seinem in Jena 1796 begonnen philosophischen Notizheft *Philosophische Lehrjahre*, in dem er nicht mehr nur von *einem* Wechselerweis spricht, sondern eine „Allheit der Wechselerweise" (KFSA XVIII, 505, Nr. 2) fordert. Den erkenntnistheoretischen Hintergrund dieser Forderung einer „Allheit der Wechselerweise" bildet das von Spinoza übernommene Modell einer sich im Endlichen auf unendliche Weise realisierenden (Vernunft-)Substanz (Frank 1994, 39; Schmidt 2005, 26–38; Arndt 2013, 4–8, 64–67). Dieser dynamische Prozess hat weder einen ersten Anfang noch ein Ende im Endlichen, und der direkte erkennende Zugriff auf die alles gründende Substanz (*terminus a quo*) oder die Totalität ihrer Erscheinungen (*terminus ad quem*) dieses Prozesses ist unmöglich. Vielmehr unterliegt der vernünftige Mensch der unhintergehbaren Geschichtlichkeit seines Daseins, und der Versuch, sich denkend und handelnd zu orientieren, startet immer „in der Mitte" (KFSA II, 178, Nr. 84; KGA II/10.1, 186, § 6).

Wissenschaftstheoretisch gewendet erwächst aus der Vorstellung einer sich nur in enger Wechselwirkung aller geistigen Ereignisse und Erscheinungen entfaltenden Vernunft nicht nur eine – modern gesprochen – für allen wissenschaftlichen Fortschritt konstitutive Interdisziplinarität, sondern auch eine permanente Wechselwirkung zwischen (Natur-)Wissenschaft und Kunst respektive Literatur (→ II.5 Specht), Kunst und Leben sowie Philosophie und Kunst respektive Literatur. Eine prägnante Formulierung aus der Perspektive der Poesie findet diese „Universalität" als „Wechselsättigung aller Formen und aller Stoffe" (KFSA II, 255, Nr. 451) im Programm einer „progressiven Universalpoesie", wie es Friedrich Schlegel im *Athenäums-Fragment* Nummer 116 auf den Punkt bringt: Romantische Poesie soll „Poesie und Prosa, Genialität und Kritik, Kunstpoesie und Naturpoesie bald mischen, bald verschmelzen, die Poesie lebendig und gesellig, und das Leben und die Gesellschaft poetisch machen, den Witz poetisieren, und die Formen der Kunst mit gediegenem Bildungsstoff jeder Art anfüllen und sättigen, und durch die Schwingungen des Humors beseelen" (KFSA II, 182, Nr. 116). *Progressivität*, das heißt beständig fortschreitend, und *Universalität*, das heißt eine aufs Ganze gehende Entwicklung, die auch erst als abgeschlossen betrachtet werden kann, wenn ‚alles' zur Erscheinung gekommen ist, zeichnen Kunst wie

Wissenschaft aus, sodass man mit gutem Recht auch von dem frühromantischen Programm einer ‚progressiven Universalphilosophie' oder einer ‚progressiven Universalwissenschaft' sprechen kann. Die ‚höchste' Wissenschaft, wie sie im frühromantischen Konzept einer ‚neuen' Enzyklopädie entwickelt wird, geht ihrem Anspruch nach auf die materielle und systematische Einheit aller Wissenschaften und Künste zurück. Zugleich weiß sie um die Unendlichkeit dieser Suche nach Vollendung, denn „Gesetz" und „Geschichte" (KFSA II, 411) sind untrennbar miteinander verwoben. Universalität und Dynamik des Geistes zusammendenkend, formuliert Friedrich Schlegel lapidar in den *Athenäums-Fragmenten*: „Es ist gleich tödlich für den Geist, ein System zu haben, und keins zu haben. Er wird sich wohl entschließen müssen, beides zu verbinden" (KFSA II, 173, Nr. 53).

Wie ist unter diesen Vorzeichen philosophische Kritik zu denken? Das Unternehmen einer *Kritik der reinen Vernunft* als kritische Prüfung der Bedingungen der Möglichkeit des Erkennens wurde bei Kant unter der Voraussetzung eines bei allen Menschen gleichen Vermögens vergleichbar einem Gerichtsverfahren (die Vernunft als Richterin und Angeklagte zugleich) vorgestellt. Das Ineinander von Akteur-, Instrument- und Objektsein der Vernunft, die in keinem Moment ihre grundsätzliche Bedingtheit hinter sich lassen kann, macht es aus Sicht der Frühromantiker jedoch unmöglich, im Kant'schen Sinne transzendentale (d. h. auf die Erkenntnisart gerichtete, Erkenntnis begründende und insofern vor jeder Erkenntnis liegende) Strukturen in einer einmaligen Anstrengung aufzudecken. Damit wird Kritik jedoch nicht hinfällig, sondern muss als ein fortwährendes Unternehmen gedacht werden, das seinen Maßstab nur aus dem historischen Prozess der sich entfaltenden Vernunft selbst gewinnen, erneut verlieren und in Frage stellen kann: Sie wird zu einer Kritik der Kritik, deren selbstreflexive Ausrichtung Schlegel als ‚Potenzierung' versteht und in einer der Mathematik entlehnten Schreibweise auch als ‚Kritik[2]' bezeichnet (Frischmann 2001). Ansatzpunkte einer Kritik[2] bieten dabei nicht nur die großen Systeme – wie sie beispielsweise Friedrich Schleiermacher in seiner *Kritik der Sittenlehre* 1803 vornimmt; gemäß dem Diktum, dass Erkennen stets ‚in der Mitte' anfängt, erweist sich vielmehr jede philosophische Äußerung als kritikwürdig, ebenso wie jeder kleinformatigen kritischen Äußerung eine philosophische Dignität zukommt.

Entscheidend für das Verhältnis von Literatur und Philosophie ist dabei nicht nur die grundsätzliche Prozesshaftigkeit des Denkens, sondern seine sprachliche Verfasstheit. Zentrale Ansatzpunkte für diese sich in der Frühromantik vollziehende sprachphilosophische Wende bilden Hamanns *Metakritik über den Purismus der Vernunft* (1784) und Herders *Metakritik der reinen Vernunft* (1799), aber auch die philologische Kompetenz und umfängliche Übersetzungspraxis der Frühromantik (Breuer et al. 2013). Überlegungen zur engen Verschränkung von Denken und Sprechen, Philosophie und Philologie, Kritik und Hermeneutik, finden sich in gedrängter Form in Friedrich Schlegels Unternehmen einer ‚Philosophie der Philologie' (Thouard 2002), dem seit 1797 geführten Notizheft „Zur Philologie", deren ‚Gedankensamen' in symphilosophischen Gesprächen sowohl Novalis als auch Friedrich Schleiermacher nachhaltig prägten. Kann niemand ‚hinter' die Sprache auf ein ‚reines' Denken zugreifen, kann jeder Mensch nur zum Ausdruck bringen, wofür er auch Sprache hat, so ist das Denken jedes Einzelnen jedoch bestimmend als Motor einer je eigenen, die Sprache modifizierenden Anwendung, wie Friedrich Schleiermacher in seinen Hermeneutikvorlesungen ausführt (Frank 1985; Schmidt 2005, 205–294), lange nachdem die frühromantische Bewegung ihren Zenit überschritten hatte. Als eine weit über das einzelne Individuum hinausweisende, historisch sich wandelnde Bedingung des Denkens ist Sprache zwar auch, aber zugleich weit mehr als sprachschöpferischer Akt und Ausdruckswillen des Einzelnen. Und als solcher kommt ihr, wie Novalis in seinem *Monolog* (1799) fordert, auch ein poetisches Potential zu: „Gerade das Eigenthümliche der Sprache, daß sie sich blos um sich selbst bekümmert, weiß keiner. Darum ist sie ein so wunderbares und fruchtbares Geheimniß, – daß wenn einer blos spricht, um zu sprechen, er gerade die herrlichsten, originellsten Wahrheiten ausspricht" (NS 2, 672).

Sind Denken und Sprechen derart miteinander verschränkt, dann ist das kritische Geschäft immer auch ein Geschäft des Verstehens (Zovko 1990; Arndt 2013, 299–325); aber auch das Verstehen geht unweigerlich immer in Kritik über (Schmidt 2005, 283–386). In einer eigenen Auslegung der gängigen hermeneutischen Formel, *einen Autor besser zu verstehen als er sich selbst* (Bauer 2011, 139–160), wird unter den Vorzeichen einer potenzierten Kritik der produktive Charakter des Kritikers hervorgehoben, der laut einem Notat in Schlegels „Philosophische[n] Fragmente[n]" ein „Autor in der 2t Potenz" (KFSH 18, 106) ist. Potenzierte Kritik als das Geschäft einer progressiven Universalwissenschaft soll nicht von außen urteilen, sondern sich in die Struktur, Sprache und ‚Logik' eines Werkes hineinbegeben, ihre kritischen Maßstäbe aus dem Werk selbst entwickeln, um es schließlich in Form einer ‚Charakteristik' weiterzubilden. Mit der mehrfach überarbeiteten, 1804 publizierten Schrift *Lessings Gedanken und Meinungen* bietet Schlegel nicht nur in der „Vom Wesen der Kritik" betitelten „allgemeine[n] Einleitung" ein zentrales Theoriestück zur romantischen Kritik, sondern auch ein Paradestück für eine ‚Charakteristik' Lessings, in der Werkausgabe und Werkkritik, Autor- und Kritikerpart aufs Engste miteinander verflochten sind. Das ‚Hineinkriechen' in das zu kritisierende Werk geschieht dabei nicht nur diskursiv, sondern auch performativ als Formreflexion, wie Schleiermachers Rezension von Fichtes *Die Bestimmung des Menschen* (1800) im vierten Heft des *Athenäums* oder seine in Briefform verfassten *Vertrauten Briefe über Friedrich Schlegels Lucinde* von 1800 meisterhaft vorführen (Bauer 2011, 252–254, 258–274).

Ist Kritik formreflexiv und werkbildend zugleich, so fordert Schlegel in den in der Zeitschrift *Lyceum* veröffentlichten „Kritische[n] Fragmente[n]" folgerichtig für literarische Kritiken, literarisch zu werden: „Poesie kann nur durch Poesie kritisiert werden" (KFSA II, 162, Nr. 117). Insofern jedoch auch jede Form der Kritik Universalität besitzen soll, kann sie sich nur in steter Wechselwirkung von literarischer, philosophischer und historischer Kritik vollenden (KFSA XVI, 141, Nr. 662).

Die Forderung einer Universalpoesie und Universalphilosophie ist demnach nicht nur theoretisches Programm, sondern erweist sich in einer performativen Praxis, die in ihrem Vollzug selbst Dialog, Kritik, Grenzüberschreitung und Unvollendung zum Ausdruck bringt und in einer Theorie der Ironie wiederum ihren theoretischen Fokus findet. In der Philosophie rücken vor diesem Hintergrund neben dem Gespräch und der Charakteristik auch der Aphorismus bzw. das Fragment als neue philosophische Leitgattung in den Vordergrund, deren ambivalente, vollendet-offene Form Friedrich Schlegel in den *Athenäums-Fragmenten* in dem Bild eines in sich eingerollten Igels zur Anschauung bringt (KFSA II, 197, Nr. 206). In der vollendeten Kugelgestalt behauptet das Fragment seine monadische Eigenständigkeit, die nach außen gewendeten Stacheln lassen sich jedoch nicht nur als Mittel der Abwehr, sondern ebenso als Formen einer multiplen Kontaktaufnahme deuten, sie weisen in diverse Richtungen, die der Leserin und dem Leser den Auftrag geben, dieses Miniaturstück nicht allein für sich, sondern als Bruchstück eines aufgegebenen Ganzen zu verstehen. Mit der Präsentation einer Sammlung von Fragmenten wird daher weniger ein lineares als ein zyklisches Lesen thematisch, das jeder Leserin, jedem Leser ihre oder seine ganz eigene Choreographie des Lesens abverlangt und in dieser experimentellen Offenheit den/die produktive/n Leser/in, wie Novalis formuliert, zum „erweiterte[n] Autor" macht (NS 2, 470, Nr. 125).

Die Bedeutung des Fragments besteht daher nicht nur in seiner enigmatischen Kürze (→ III.8 PORNSCHLEGEL), sondern auch im kontrastreichen Nebeneinander, in der Inszenierung von Brüchen, Widersprüchen, Paradoxien und zahlreichen Anspielungen, die die grundsätzliche Endlichkeit des Denkens, seine Polyperspektivität und Prozesshaftigkeit zum Ausdruck bringen (Lacoue-Labarthe und Nancy 2016, 73–105). Bezeichnet Friedrich Schlegel das Fragment als „die eigentliche Form der Universalphilosophie" (KFSA II, 209, Nr. 259) und unterstreicht er, dass auch „das größte System" „doch nur ein Fragment" sei (KFSA XVI, 163, Nr. 930), so wird deutlich, dass Fragmentarizität zum Kennzeichen des geschichtlich-reflektierten Denkens und Kunstschaffens schlechthin geworden ist. Fragmentarizität bestimmt auch die spezifisch romantische Form anderer Gattungen wie den Roman; er wird aufgrund seiner Fähigkeit, in sich verschiedene literarische, philosophische und wissenschaftliche Gattungen aufzunehmen und in ein spannungsreiches Verhältnis zu setzen (Behler 1993, 157–172; Hoffmeister 2003), zu einer „herrschende[n] Dichtart" (KFSA XVI, 88, Nr. 32) erklärt. Novalis' Romanfragment *Heinrich von Ofterdingen* (1802), aber auch Wackenroders in Sympoesie mit Tieck erschaffenen *Herzergießungen eines kunstliebenden Klosterbruders* (1797) stehen prototypisch für diese neue *romantische* Schreibform.

Friedrich Schlegels *Essay über die Unverständlichkeit*, der die heuristische Kraft eines in sich argumentativ nicht geschlossenen Textes unterstreicht, führt zudem noch eine weitere Schreibpraxis meisterhaft vor: Anstatt einen Begriff konzise zu fassen, arbeitet der Text mit Polysemie und Begriffsbündeln, die durcheinander ersetzt werden, ohne deckungsgleich zu sein. Ihr ‚Epizentrum' bildet das Theorem der romantischen Ironie, mit dem die spezifische Performativität frühromantischen Denkens und Kunstschaffens erfasst wird (Strohschneider-Kohrs 2002, 273–282). Romantische Ironie ist keine rhetorische Figur mehr, die das Gegenteil von dem meint, was gesagt wird, sondern eine philosophische Konstellation. Sie ist der in unterschiedlichen literarischen Umsetzungen auftretende Schwebezustand zwischen den Polen, zwischen Systemanspruch und Systemverzicht (Behler 1972, 65–84; Strohschneider-Kohrs 2002). Sie ist, wie Friedrich Schlegel in seinen *Lyceums-Fragmenten* formuliert, „eine absolute Synthesis absoluter Antithesen, der stete sich selbst erzeugende Wechsel zwei streitender Gedanken" (KFSA II, 184, Nr. 121), denn Ironie besteht in einem „steten Wechsel von Selbstschöpfung und Selbstvernichtung" (KFSA II, 172, Nr. 51)!

Obgleich der Begriff der Ironie quasi zum Herzstück der frühromantischen Poetologie gezählt werden kann, gibt es kein exklusives Theoriestück, in dem sich alle Facetten dieses philosophischen Konzeptes vereinigen. Vielmehr geht es – wie bei allen zentralen Begriffen und Theoremen der Frühromantik – darum, die verstreuten Schlüsselstellen miteinander zu verbinden und in das Netzwerk zentraler anderer Theoreme der Frühromantik einzuzeichnen. Auf diese Weise gleicht das philosophische System, das keines sein soll, selbst einer Fragmentesammlung, in der jede Leserin und jeder Leser für sich einen eigenen Weg gehen kann und in dem sich, ausgehend von jedem Begriff, das Systemganze (in unendlicher Anstrengung) entfalten lassen können soll.

Als ein Modus progressiver Universalphilosophie ist die Ironie erkenntnistheoretisch-philosophisch legitimiert und sowohl in der Philosophie als auch in der Kunst und Literatur zu Hause. Zugleich operiert sie als „logische Schönheit" (KFSA II, 152, Nr. 42) gerade nicht im Modus der Diskursivität und in Form von propositionalen Aussagen, sondern rekurriert auf Schreibweisen, die vor allem in der Literatur Verwendung finden. Die Totalität eines sich nur progressiv im Unendlichen realisierenden Geistes wird dabei nicht aus den Augen verloren, sondern bildet immer den Fixpunkt der ironischen Gesten, die gerade in ihrem Insistieren auf Lücken, Brüchen, Widersprüchen und Polysemie quasi im Modus der Negativität zu einem unvollkommenen, figurativen Aufscheinen des Unendlichen und Höchsten werden (Götze 2001, 217–253). Die im Programm einer progressiven romantischen Universalpoesie und -philosophie verankerte Wechselwirkung von Philosophie und Literatur ist dabei ebenso Grenzüberschreitung wie Grenzziehung, denn die dialektische Dynamik des progressiv erscheinenden Geistes funktioniert nur dann, wenn beide Wechselglieder im Philosophisch-Werden der Literatur und im Literarisch-Werden der Philosophie immer wieder auch ihre Eigenständigkeit behaupten. Friedrich Schlegel findet in *Über die Philosophie. An Dorothea* (1799) dafür das Bild eines endlich-unendlichen, ungleichen Zwillingspaares: „Poesie und Philosophie sind ein unteilbares Ganzes, ewig verbunden, obgleich selten beisammen, wie Kastor und Pollux" (KFSA VIII, 52).

2 Philosophie als Begriffsdichtung (Nietzsche)

Nietzsches Polemik gegen die Romantik ist bekannt, sie richtet sich unter anderem gegen die musikalische Romantik nach seinem Zerwürfnis mit Wagner, agiert jedoch ohne einen belastbaren Epochenbegriff der Romantik, die Protagonisten der Frühromantik erscheinen dabei gar nicht erst im Blickfeld (Behler 1988, 208–210). Zu Friedrich Schlegel gibt es nur ganz vereinzelte Einträge, eine wirkliche Kenntnis der Schriften Friedrich Schlegels besaß Nietzsche nicht. Dass zwischen der Vernunftkritik der Frühromantik und dem Werk Friedrich Nietzsches dennoch eine enge Geistesverwandtschaft besteht, wurde bereits früh bemerkt, prominent vom Schlegel- und Nietzsche-Forscher Ernst Behler untersucht und steht seither immer wieder im Fokus der Forschung (Behler 1988; Behler 1993; Vieweg 2009).

Fast das gesamte Werk Friedrich Nietzsches ist in Form von Sammlungen kurzer Texte angelegt, die mit ihren eingeschobenen Essays, Glossen, Gedichten, Sprüchen oder „Sentenzen" (KSA 8, NF, 450, 23 [123]) nicht immer durchgehend dem Genre des Aphorismus, wohl aber dem Schlegel'schen Fragment entsprechen. Dabei inszeniert Nietzsche bewusst Widersprüche, Paradoxien (KSA 3, M, 146, § 163) oder Rätsel; er lobt Unverständlichkeit, er legt assoziative Fährten, die ein zyklisches und wiederholendes Lesen erfordern und sich performativ aus erkenntnistheoretischer „Rechtschaffenheit" (KSA 6, GD, 63, § 26) gegen eine argumentative Systematik stellen (→ IV.2 QUADFLIEG). Die in der aphoristischen Struktur ausgesprochene Perspektivität eines nie zur Ruhe kommenden Denkens zeigt sich so auch in einer ästhetisch-philosophischen ironischen Praxis (Behler 1975), die mit den Figuren des Wahnsinnigen und des Narrs bei Nietzsche eine dramaturgische Personifizierung erfährt (Frischmann 2009, 64–69).

Wie die Frühromantiker reflektiert der Altphilologe und Philosoph Friedrich Nietzsche über die enge Verbindung von Philologie und Philosophie (Figl 1984;

Gray 2009), von Denken und Sprechen, deren sprachphilosophische Konsequenzen Nietzsches Werk in allen Phasen seines Schaffens durchgehend bestimmen (Hoff 2002, 65). Allerdings ist Nietzsches Vernunft- und Sprachkritik wesentlich radikaler angelegt als die der Frühromantiker. Unterstrichen die Romantiker die Geschichtlichkeit des Denkens, so geschah dies vor dem Hintergrund einer metaphysisch verbürgten, im Unendlichen realisierten Einheit von Vernunft und Natur, Totalität und Individualität, von Allgemeinem und Besonderem, System und Antisystem. Der *Glaube* an diesen metaphysischen Grund wird nun bei Nietzsche einer weitreichenden Kritik unterworfen. Können wir nur denken, wofür wir auch Sprache haben, so sieht Nietzsche das Primat ganz eindeutig in der Sprache. Das heißt, in Sprache zeichnen sich keine vorsprachlich verbürgten Vernunftstrukturen ab, sondern umgekehrt, erst mit der Genese unseres grammatischen Systems und der begrifflich organisierten Sprache entstehen (vermeintlich objektive) erkenntnistheoretische Strukturen. Diese Radikalisierung der Vernunftkritik geschieht sprachphilosophisch prägnant in der unveröffentlichten Schrift *Über Wahrheit und Lüge im außermoralischen Sinne* (1873). Dort beschreibt Nietzsche die Entstehung des begrifflichen Denkens und mithin auch die Entstehung der Vorstellung von Wahrheit selbst als Effekt einer in Vergessenheit geratenen sprachlichen Konvention. Die in unserer Sprache verankerte Vorstellung eines Objekte erkennenden Subjektes sowie von begrifflich adäquat erfassbaren Wirklichkeitsstrukturen beruhen auf einem „Gleichsetzen des Nicht-Gleichen" (KSA 1, 880), das sich ereignet, weil es sich für das menschliche Zusammenleben als nützlich und lebenstauglich erwiesen hat. Die grundsätzlich tropische bzw. metaphorische Struktur unseres Sprechens (→ II.6 Hetzel) – sie formuliert nach dem Prinzip der Ähnlichkeit, nicht nach der der Gleichheit – in der philosophischen Begrifflichkeit freizulegen, wird zum Ziel einer ‚rechtschaffenen' Kritik. Ist die philosophische Begrifflichkeit, wie Nietzsche in den *Nachgelassenen Fragmenten* schreibt, eine „regulative Fiktion, mit deren Hülfe eine Art Beständigkeit, folglich ‚Erkennbarkeit' in eine Welt des Werdens hineingelegt, hineingedichtet wird" (KSA 11, 526, 35 [35]), so wird Philosophie in einem zweifachen Sinne zur ‚Begriffsdichtung': Sie trägt einen (verdrängten) fiktionalen Charakter und sie unterscheidet sich als tropisches Sprechen nicht grundsätzlich von Dichtung (Hoff 2002, 79–80; Vieweg 2009).

Die Einsicht in die Geschichtlichkeit des Denkens und Daseins überführt Nietzsche in eine genealogische Methode, die eine Narration über das ‚So-oder-so-Geworden-Sein' einsetzt, um die grundsätzliche und unhintergehbare Fiktionalität jedweder historischen Argumentation zu denunzieren. Führte Nietzsche in *Über Wahrheit und Lüge im außermoralischen Sinne* eine Genealogie der Wahrheit vor, so zeichnet er in *Zur Genealogie der Moral* (1887) – eines der wenigen Werke Nietzsches, die den Charakter einer Abhandlung tragen – die Entstehung christlicher Wertvorstellungen als psychologisch motivierte, machtbedingte Genese nach und versteht diese Genealogie in seiner „Vorrede" explizit als „Kritik" (KSA 5, 253). Nietzsches provokante Erzählung behauptet nicht nur, dass sich in Wertvorstellungen Machtverhältnisse spiegeln – die ‚Herrenmenschen' verstehen sich selbst als ‚gut' und die ihnen untergebenen Schwachen als ‚schlecht' –, sondern dass sich mit einer ‚Umwertung der Werte' ein Sklavenaufstand in Form einer Gegeninterpretation ereignet, die Auswirkungen auf Machtverhältnisse hat: die unterdrückten ‚Sklavenmenschen' verstehen sich selbst als ‚gut' und ihre Unterdrücker als ‚böse'. Im Fokus der Nietzscheanischen Kritik steht dabei weniger eine spezifische Interpretation als ihr ignorantes Selbstverständnis, das heißt der Umstand, dass sie ihren interpretatorischen Charakter verleugnet. In diesem Sinne ist die denunzierende, als Narration auftretende genealogische Methode auch eine Form der (Selbst-)Aufklärung (Niehaus 2009).

Der bereits für die Frühromantiker virulenten Frage, welcher erkenntnistheoretische Status der eigenen kritischen Methode unter den Vorzeichen einer Vernunftkritik zukommen kann, muss sich auch Nietzsches radikalisierte Vernunft-, Moral- und Sprachkritik stellen (Hoff 2002, 61–62). Welche erkenntnistheoretische Relevanz hat eine Vernunftkritik, die, folgt sie ihrer eigenen Leitlinie, nur *eine* Interpretation unter vielen sein kann? Und von seiner sprachlichen Seite aus betrachtet: Wenn der Philosoph „in den Netzen der Sprache eingefangen" ist (KSA 7, NF, 463, 19 [135]), wie gelingt dann ein Sprechen jenseits der von der Grammatik zementierten Denkstrukturen? Nietzsche ist sich der Problematik bewusst, dass sich Kritik nicht vollkommen jenseits, sondern immer nur innerhalb dessen vollziehen kann, was sie selbst denunziatorisch markiert: „Wir werden am letzten den ältesten Bestand von Metaphysik los werden", schreibt Nietzsche in den *Nachgelassenen Fragmenten*, „gesetzt, daß wir ihn loswerden können – jenen Bestand, welcher in der Sprache und den grammatischen Kategorien sich einverleibt und dermaßen unentbehrlich gemacht hat, daß es scheinen möchte, wir würden aufhören, denken zu können, wenn wir auf diese Metaphysik Verzicht leisten" (KSA 12, NF, 237, 6 [13]).

Aus der Einsicht in die metaphysische Grundlosigkeit erkenntnistheoretischer Bemühungen, die auch in unendlicher Annäherung nicht zu *einer* wahren Weltsicht führen, folgt jedoch keine depressive Verstimmung, denn das wäre eine Form des Nihilismus, der als Glaube an das Nichts letztendlich auch nur eine Spielart metaphysischer Irrtümer darstellt (Brock 2015). Stattdessen plädiert Nietzsche für eine Bejahung dieser das Leben charakterisierenden Grundlosigkeit und für ein Bekenntnis zum schöpferischen Charakter philosophischer Interpretation.

Literatur

Arndt, Andreas. *Friedrich Schleiermacher als Philosoph*. Berlin/Boston 2013.
Bauer, Manuel. *Schlegel und Schleiermacher. Frühromantische Kunstkritik und Hermeneutik*. Paderborn u. a. 2011.
Behler, Ernst. *Studien zur Romantik und zur idealistischen Philosophie*. Bd. 2. Paderborn 1993.
Behler, Ernst. *Studien zur Romantik und zur idealistischen Philosophie*. Bd. 1. Paderborn 1988.
Behler, Ernst. „Nietzsches Auffassung der Ironie". *Nietzsche-Studien* 4 (1975): 1–35.
Behler, Ernst. *Klassische Ironie – Romantische Ironie – Tragische Ironie. Zum Ursprung dieser Begriffe*. Darmstadt 1972.
Breuer, Ulrich, Bunia Remiguis und Armin Erlinghagen. *Friedrich Schlegel und die Philologie*. Paderborn u. a. 2013.
Brock, Eike. *Nietzsche und der Nihilismus*. Berlin 2015.
Figl, Johann. „Hermeneutische Voraussetzungen der philologischen Kritik. Zur wissenschaftsphilosophischen Grundproblematik im Denken des jungen Nietzsche". *Nietzsche-Studien* 13 (1984): 111–128.
Frank, Manfred. „Philosophische Grundlagen der Frühromantik". *Athenäum. Jahrbuch für Romantik* 4 (1994): 37–130.
Frank, Manfred. *Das individuelle Allgemeine. Textstrukturierung und Textinterpretation nach Schleiermacher*. Frankfurt am Main 1985.
Frischmann, Bärbel. „Ironistische Philosophie bei Schlegel und Nietzsche". *Friedrich Schlegel und Friedrich Nietzsche. Transzendentalpoesie oder Dichtkunst mit Begriffen*. Hg. von Klaus Vieweg. Paderborn 2009: 57–70.
Frischmann, Bärbel. „Friedrich Schlegels frühromantische Kritikkonzeption und ihre Potenzierung zur ‚Kritik der Kritik'". *Archiv für Begriffsgeschichte* 43 (2001): 83–111.
Fulda, Daniel, Sandra Kerschbaumer und Stefan Matuschek (Hg.). *Aufklärung und Romantik. Epochenschnittstellen*. Paderborn 2015.
Götze, Martin. *Ironie und absolute Darstellung. Philosophie und Poetik in der Frühromantik*. Paderborn u. a. 2001.
Gray, Richard T. „Kritische Parabase. Schlegel, Nietzsche und die kulturkritische Philologie, oder wie man mit dem Hammer philologiert". *Friedrich Schlegel und Friedrich Nietzsche. Transzendentalpoesie oder Dichtkunst mit Begriffen*. Hg. von Klaus Vieweg. Paderborn 2009: 95–108.
Hoff, Ansgar M. *Das Poetische der Philosophie. Friedrich Schlegel – Friedrich Nietzsche – Martin Heidegger – Jacques Derrida*. Bonn 2002.
Hoffmeister, Gerhard. „Der romantische Roman". *Romantik-Handbuch*. Hg. von Helmut Schranze. Stuttgart 2003: 208–241.
Lacoue-Labarthe, Philippe und Jean-Luc Nancy (Hg.). *Das Literarisch-Absolute. Texte und Theorie der Jenaer Frühromantik*. Übers. von Johannes Kleinbeck. Wien/Berlin 2016 [OA: 1978].
Magen, Antoine. „Praktische Kritik und ihre theoretische Begründung aus dem Geist der Aufklärung. Zum Begriff der Kritik bei Friedrich Schlegel". *Der Begriff der Kritik in der Romantik*. Hg. von Ulrich Breuer und Ana-Stanca Tabarasi-Hoffmann. Paderborn 2015: 55–69.
Niehaus, Lars. *Das Problem der Moral. Zum Verhältnis von Kritik und historischer Betrachtung im Spätwerk Nietzsches*. Würzburg 2009.

Nietzsche, Friedrich. *Sämtliche Werke. Kritische Studienausgabe.* Hg. von Giogrio Colli und Mazzino Montinari. 2., durchges. Aufl., Berlin/New York 1988. [KSA].
Novalis [Friedrich von Hardenberg]. *Das Philosophische Werk I.* Hg. von Richard Samuel, in Zusammenarbeit mit Hans-Joachim Mähl und Gerhard Schulz. Stuttgart 1965. [NS 2].
Rehme-Iffert, Birgit. *Skepsis und Enthusiasmus. Friedrich Schlegels philosophischer Grundgedanke zwischen 1796 und 1805.* Würzburg 2001.
Schlegel, Friedrich. *Kritische Friedrich Schlegel Ausgabe.* Hg. von Ernst Behler unter Mitwirkung von J.-J. Anstett et al. Paderborn u. a. 1958 ff. [KFSA].
Schleiermacher, Friedrich Daniel Ernst. *Briefwechsel 1800 (Briefe 850–1004).* Ders., *Kritische Gesamtausgabe.* Abt. V, Bd. 4. Hg. von Andreas Arndt und Wolfgang Virmond. Berlin/New York 1994. [KGA V/4].
Schleiermacher, Friedrich Daniel Ernst. *Vorlesungen über die Dialektik.* Ders., *Kritische Gesamtausgabe.* Abt. II, Bd. 10.1. Hg. von Andreas Arndt. Berlin/New York 2002. [KGA II/10.1].
Schmidt, Sarah. *Die Konstruktion des Endlichen. Schleiermachers Philosophie der Wechselwirkung.* New York/Berlin 2005.
Strohschneider-Kohrs, Ingrid. *Die romantische Ironie in Theorie und Gestaltung.* Tübingen 2002.
Thouard, Denis. „Friedrich Schlegel. De la Philologie à la Philosophie (1795–1800)". *Symphilosophie. F. Schlegel à Jena.* Hg. von dems. Paris 2002: 17–66.
Vieweg, Claus (Hg.). *Friedrich Schlegel und Friedrich Nietzsche. Transzendentalpoesie oder Dichtkunst mit Begriffen.* Paderborn 2009.
Zovko, Jure. *Verstehen und Nichtverstehen bei Friedrich Schlegel. Zur Entstehung und Bedeutung seiner hermeneutischen Kritik.* Stuttgart-Bad Cannstatt 1990.

Sprachphilosophie und Ontologie: Heidegger

Anja Lemke

1 Problemaufriss und Terminologie

Zu Beginn des 20. Jahrhunderts wendet sich die Philosophie in verstärktem Maße der Sprache als Bedingung der Möglichkeit der Erkenntnis zu. Während die analytische Philosophie ihren Fokus dabei auf die logische Analyse von Sprachstrukturen legt, verschränkt sich Heideggers Interesse an der Sprache mit dem an der Literatur. Heideggers Fundamentalontologie, der es darum geht, die Frage nach dem Sein im Durchgang durch die Geschichte der Metaphysik neu zu stellen, verlangt nach einer neuen Terminologie, und seine Philosophie wird wesentlich davon geleitet, zu fragen, ob und wie ein solches ‚anderes Sprechen' gelingen kann. Literatur wird dabei im Verlauf seines Denkens mehr und mehr zum privilegierten Ort eines solchen anderen Sprechens. Heidegger entwickelt also keine Kunstphilosophie oder Literaturtheorie im engeren Sinne, aber die ästhetischen und literaturtheoretischen Anteile an dem von ihm formulierten Gesamtprojekt einer Überwindung der Metaphysik lassen sich ebenso bestimmen wie die Wirkung dieses Projekts auf die Entwicklung der Literaturtheorie in der zweiten Hälfte des 20. Jahrhunderts.

Fragt man zunächst nur nach der im Werk verwendeten Begrifflichkeit, so ist hervorzuheben, dass bei Heidegger ‚Ästhetik' und ‚Literatur' in einer Reihe mit Begriffen wie ‚Philosophie' und ‚Wissenschaft' sämtlich dem Verdikt der Verstrickung in die Geschichte der Metaphysik anheimfallen (GA 5, 67–74; GA 6.1; GA 6.2; GA 8). Dementsprechend werden sämtliche literarischen Texte, denen er sich zuwendet, unter dem Begriff ‚Dichtung' verhandelt, wobei die Bedeutung dieses Begriffs wiederum so elementar anzusetzen ist, dass die Kunst insgesamt in ihr gründet: „Alle *Kunst* ist als Geschehenlassen der Ankunft der Wahrheit des Seienden als ein Solches *im Wesen Dichtung*" (GA 5, 59).

2 Von der Fundamentalontologie über die Dichtung zur Sprachphilosophie

In Heideggers Fundamentalontologie spielt Literatur zunächst keine explizite Rolle. In *Sein und Zeit* (1927) taucht sie lediglich am Rande der Interpretation des Daseins als Sorge in Form einer Fabel als „vorontologischer Beleg" (GA 2, 197) auf, und auch der Sprache wird noch verhältnismäßig wenig Aufmerksamkeit gewidmet. Zwar bezeichnet *Sein und Zeit* die Rede als „mit Befindlichkeit und Verstehen [...] gleichursprünglich" (GA 2, 261) und weist ihr so den Status eines das Dasein bestimmenden ‚Existenzials' zu, das heißt, die Rede wird einbezogen in den fundamentalontologischen Versuch, das Sein nicht länger entlang der Dinge und der ihnen zugehörigen Kategorien, sondern am Leitfaden der menschlichen Existenz als ‚In-der-Welt-sein' auszulegen und spezifische Sprachformen wie das ‚Gerede', das Schweigen und Rufen kommen bereits in den Blick. Dennoch bleibt die Sprache im Gesamtkonzept der Studie noch weitgehend unbestimmt. Zugespitzt lässt sich formulieren, dass Heidegger erst über die Literatur zur Sprachphilosophie kommt, da es im Wesentlichen die Auseinandersetzung mit Dichtung ist, die aus Heideggers Fundamentalontologie eine Sprachphilosophie sui generis macht. Neben Hölderlin finden sich zwischen 1945 und 1958 Beiträge zu Rilke (GA 5, 269–320), Mörike, Stifter, Hebel und Rimbaud (GA 13) sowie zu Trakl und George (GA 12). Dabei werden die in *Sein und Zeit* aufgeworfenen Überlegungen nicht durch sprachphilosophische Prämissen ersetzt, sondern im Horizont des Literarischen neu beleuchtet. Gleichzeitig folgt Heideggers Hinwendung zu Hölderlin 1934/1935 unmittelbar auf seine Zeit als Rektor der Freiburger Universität, ein Amt, das er 1933 mit großer Emphase übernommen und ein Jahr später wieder niedergelegt hat. Damit ist die Diskussion um die Rolle der Literatur in Heideggers Denken immer auch eine Diskussion um das Verhältnis von Ästhetik, Philosophie und Politik, stellt sich doch die Frage, inwieweit es sich bei seiner Hinwendung zur Dichtung um eine Abkehr von der Politik oder eher um eine Fortführung derselben mit ästhetischen Mitteln handelt, das heißt auch die Frage, ob auf Heideggers Nationalsozialismus ein „Nationalästhetizismus" (Lacoue-Labarthe 1990, 89) folgt.

Für Heideggers weitere Beschäftigung mit der Literatur ist die mit *Sein und Zeit* eingeleitete fundamentalontologische Kritik an der metaphysischen Konstruktion des Seins entscheidend. Wenn *Sein und Zeit* die Frage nach dem Sein an das ‚Dasein' koppelt, so bleibt die Analyse zwar von der Fragerichtung noch der Größe ‚Mensch' verhaftet, situiert diesen jedoch gleichzeitig radikal anders als dies in der herkömmlichen Subjektphilosophie der Fall war. Das Dasein als ‚In-der-Welt-sein' (GA 2) lässt sich nicht mehr auf ein Primat des Bewusstseins im Rahmen dualer Leib-Seele-Modelle beschränken, sondern wird in seiner Leiblichkeit und seinem unmittelbaren ‚Immer-schon-draußen-sein' bei den Dingen und mit den Anderen begriffen. Erkenntnis kann vor diesem Hintergrund nicht länger im Schema von Subjekt und Objekt gewonnen werden. Der phänomenologische Ausgangspunkt ist vielmehr ein in die Welt hineinstehendes, ‚ek-sistierendes' Dasein, das sich nicht primär reflexiv zur Welt verhält, sondern sein Dasein als „geworfener Entwurf" (GA 2, 197) sowohl über existenziale Stimmungen wie über ein ursprüngliches Verstehen vollzieht. Der Weg, der dem Dasein die Erfahrung dieser Grundstruktur und die mit ihr verbundene Beziehung zum Sein ermöglicht, besteht in *Sein und Zeit* in der radikalen Vereinzelung durch die Übernahme der „eigensten, unbezüglichen und unüberholbaren Möglichkeit" (GA 2, 354–355) der eigenen Endlichkeit.

Betrachtet man die Hölderlin-Vorlesungen zwischen 1934 und 1942 (GA 4; GA 39; GA 52; GA 53) sowie die Abhandlung *Der Ursprung des Kunstwerks* (1935/1936) lässt sich sagen, dass Heideggers literatur- und kunsttheoretische Reflexionen das fundamentalontologische Unternehmen für die Dimension der Sprache öffnen. Das Kunstwerk und insbesondere das Sprachkunstwerk wird zu einem ausgezeichneten Ort, an dem der Mensch erfährt, dass sein Dasein in der Sprache gründet und dass dieser Grund in sich abgründig, gespalten, unsicher und schwankend ist. An die Stelle souveräner Subjektivität tritt eine Spracherfahrung, durch welche die Unverfügbarkeit der begegnenden Welt ebenso deutlich wird wie die Unverfügbarkeit über den eigenen Existenzgrund. In den späten Sprachschriften aus den 1950er Jahren, die sich vor allen Dingen mit Stefan George und Georg Trakl befassen, verdichtet sich diese Erfahrung in dem Diktum: „Nicht wir haben die Sprache, sondern die Sprache hat uns" (GA 12, 29). Der Weg dorthin verläuft primär über Hölderlin (→ IV.1 LEMKE). Insbesondere die Auszeichnung Hölderlins als „der Dichter des Dichters" (GA 39, 214) zeigt, dass es die Selbstreflexivität dieser Lyrik ist, die sie neben dem Denken zu einem herausragenden Zugang zur Frage nach dem Sein werden lässt. Als Dichtung ist sie für Heidegger in der Lage, das Wesen der Sprache als widerwendiges, dynamisches Geschehen zu zeigen, das nicht in einem sichergeglaubten Gefüge aussagender Logik und beherrschenden Verstehens stillzustellen ist. Sprache wird so zum primären Ort eines dynamischen Wahrheitsgeschehens, das Heidegger im Kunstwerkaufsatz als „Streit[ ] zwischen Welt und Erde" (GA 5, 36), Eröffnung von Sinnhorizonten und Entzug von Sinn in der Dimension bloßer Materialität fasst. Was in *Sein und Zeit* noch allgemein dem In-der-Welt-sein des Menschen zugesprochen wird, zeigt sich jetzt deutlich als ausgezeichnete Struktur der Sprache, wie sie den Rezipierenden in der Dichtung begegnet. Auf der einen Seite entwirft Dichtung Welt, öffnet Sinnhorizonte und ermöglicht Verstehen, gleichzeitig ist diese hermeneutische Seite des Werks jedoch im Streit untrennbar verbunden mit einer materiellen, sich entziehenden Komponente, die die Rezipierenden trifft, sie in ihrem hermeneutischen Begehren, wie es in ‚*Germanien*' und ‚*Der Rhein*' heißt, „hart auf das Unsagbare [...] stoßen" (GA 39, 235) lässt und damit aufzeigt, dass wir uns in der Sprache auf „schwankendem Boden" (GA 8, 169) bewegen. Ein Umstand, der auch die prima facie irritierend gemütlich klingende Metapher von der „Sprache als dem Haus des Seins" (GA 9, 313) aus dem *Brief über den Humanismus* in einem anderen Licht erscheinen lässt, wird doch das Haus hier in einer Art inversiver

Metapher seinerseits durch die Sprache unheimlich, statt umgekehrt, die Sprache vertraut und heimisch. Gleichzeitig rückt mit der Konzentration auf die Sprache ein kommunikatives Moment in den Blick, das Heidegger in *Sein und Zeit* in der Bestimmung des Daseins als ‚Mitsein mit anderen' sowie im ‚Gewissensruf' zwar markiert, jedoch durch die Konzentration auf die fundamentale Vereinzelung in der Übernahme der eigenen Endlichkeit nur unvollkommen ausarbeitet (Habermas 1993; Nancy 1988; Hamacher 1998). In der Auseinandersetzung mit der Literatur gewinnt Heidegger ein kommunikatives Verständnis des Seinsgeschehens, das noch die Spätschriften bestimmt und Sprache als ‚Anspruch' begreift, dem es zu ‚entsprechen' gilt. Ein dialogisches Moment, das auch das Verhältnis von Endlichkeit und ‚Mit-Teilung' (Nancy 1988) noch einmal anders zu denken erlaubt.

3 Heideggers sprachphilosophische und literaturtheoretische Wirkung

Es ist Heideggers Dekonstruktion der neuzeitlichen Subjektidee im Verbund mit seiner Kritik einer instrumentellen Sprachauffassung und einem Literaturverständnis, das den Text in seiner sprachlichen Verfasstheit in den Mittelpunkt der Analyse rückt, die für die Diskussion um das Verhältnis von Philosophie und Literatur auch jenseits der Ontologie in der zweiten Hälfte des 20. Jahrhundert prägend geworden ist und die Heidegger bei aller politischen Differenz mit der Ästhetik Adornos und Benjamins verbindet (Mörchen 1981; Garcia Düttmann 1991; Knoche 2000; MacDonald und Ziarek 2007; Lemke 2008; → II.5 KRAMER). Diese sprachtheoretisch fundierte Subjektkritik leitet einen Paradigmenwechsel ein, der die französische Theoriebildung der Nachkriegszeit nachhaltig bestimmt hat (Janicaud 2001), und zwar auch und gerade dort, wo eine kritische Auseinandersetzung mit Heidegger stattgefunden hat. Dies gilt insbesondere für die Autorinnen und Autoren des sogenannten Poststrukturalismus bzw. der Dekonstruktion und der Diskursanalyse wie Gilles Deleuze, Jacques Derrida, Philippe Lacoue-Labarthe, Jean-François Lyotard, Jean-Luc Nancy und Michel Foucault (→ II.4 GEISENHANSLÜKE), aber auch für das phänomenologische Denken von Maurice Merleau-Ponty, für Emmanuel Lévinas, Paul Ricœur, Maurice Blanchot, Jacques Rancière (→ II.1 HOBUSS) und in Italien Giorgio Agamben. Auf die deutschsprachige Literaturwissenschaft hat diese Rezeption nachhaltiger gewirkt als die unmittelbare Auseinandersetzung der zeitgenössischen Germanistik mit Heidegger, wie sie sich etwa im Briefwechsel mit Emil Staiger um Mörikes Gedicht „Auf eine Lampe" (GA 13, 93–100) zeigt, oder die weitere Diskussion um Heideggers Beitrag zur Literaturwissenschaft, insbesondere seine Hölderlin-Interpretationen. Dabei ist der Umstand bemerkenswert, dass Heidegger neben seiner Rolle für den amerikanischen Pragmatismus und die analytische Sprachphilosophie (Wittgenstein, Dreyfus, Rorty, Taylor) in den 1980er Jahren zum Referenzpunkt sowohl der Dekonstruktion als auch der Hermeneutik (→ II.2 TEICHERT) werden konnte, also nicht nur als Gewährsmann sehr heterogener Theorieansätze herangezogen wurde, sondern für explizit konträre Positionen, wie sie sich exemplarisch im Streit zwischen Hans-Georg Gadamer und Jacques Derrida verfolgen lassen. In dieser Auseinandersetzung wird exakt die Spannung ausgetragen, die Heideggers Kunsttheorie im Streit zwischen Welt und Erde markiert hat, indem einerseits in der Dimension des Verstehens von hermeneutischer Seite die welterschließende Funktion von Sprache hervorgehoben wird („Sein, das verstanden werden kann, ist Sprache", Gadamer 1986, 478), während andererseits dekonstruktivistische Ansätze das Moment des Entzugs, die inkommensurable Materialität sowie die vorgängige Differenz gegenüber den semantischen Elementen der Sprache in den Vordergrund rücken. Über die nachhaltige literaturtheoretische Wirkung hinaus hat Heideggers Philosophie in der deutschsprachigen Literatur nach 1945 vielfältige Spuren hinterlassen. Neben Autorinnen und Autoren wie Ingeborg Bachmann, Peter Handke und Botho Strauß ist hier vor allen Dingen auf Paul Celan (→ IV.1 RICHTER) zu verweisen, dessen Auseinandersetzung mit Heidegger sein Werk entscheidend mitgeprägt hat (Lacoue-Labarthe 1991; André 2001; Gellhaus 2002; Lemke 2002; Schäfer 2003).

Literatur

André, Robert. *Gespräche von Text zu Text. Celan – Heidegger – Hölderlin*. Hamburg 2001.
Gadamer, Hans-Georg. *Wahrheit und Methode. Grundzüge einer philosophischen Hermeneutik*. Tübingen 1986.
Garcia Düttmann, Alexander. *Das Gedächtnis des Denkens. Versuch über Heidegger und Adorno*. Frankfurt a. M. 1991.
Gellhaus, Axel. *Paul Celan bei Martin Heidegger in Todtnauberg*. Marbach 2002.
Habermas, Jürgen. *Der philosophische Diskurs der Moderne*. Frankfurt a. M. 1993.
Hamacher, Werner. *Entferntes Verstehen. Studien zur Philosophie und Literatur von Kant bis Celan*. Frankfurt a. M. 1998.
Heidegger, Martin. *Unterwegs zur Sprache (1957–1959)*. Ders., *Gesamtausgabe*. Bd. 12. Hg. von Friedrich-Wilhelm von Herrmann. Frankfurt a. M. 2018. [GA 12].
Heidegger, Martin. *Wegmarken (1919–1961)*. Ders., *Gesamtausgabe*. Bd. 9. Hg. von Friedrich-Wilhelm von Herrmann. Frankfurt a. M. 2004. [GA 9].
Heidegger, Martin. *Aus der Erfahrung des Denkens (1910–1976)*. Ders., *Gesamtausgabe*. Bd. 13. Hg. von Hermann Heidegger. Frankfurt a. M. 2002. [GA 13].
Heidegger, Martin. *Was heißt Denken?* Ders., *Gesamtausgabe*. Bd. 8. Hg. von Paola-Ludivika Coriando. Frankfurt a. M. 2002. [GA 8].
Heidegger, Martin. *Nietzsche, Bd. I (1936–1939) und II (1939–1941)*. Ders., *Gesamtausgabe*. Bd. 6.1/6.2. Hg. von Brigitte Schillbach. Frankfurt a. M. 1996. [GA 6.1/6.2].

Heidegger, Martin. *Hölderlins Hymne ‚Andenken' (1941/42)*. Ders., *Gesamtausgabe*. Bd. 52. Hg. von Curd Ochwadt. Frankfurt a. M. 1992. [GA 52].

Heidegger, Martin. *Hölderlins Hymnen ‚Germanien' und ‚Der Rhein' (1934/35)*. Ders., *Gesamtausgabe*. Bd. 39. Hg. von Susanne Ziegler. Frankfurt a. M. 1989. [GA 39].

Heidegger, Martin. *Hölderlins Hymne ‚Der Ister' (1942)*. Ders., *Gesamtausgabe*. Bd. 53. Hg. von Walter Biemel. Frankfurt a. M. 1984. [GA 53].

Heidegger, Martin. *Erläuterungen zu Hölderlins Dichtung (1936–68)*. Ders., *Gesamtausgabe*. Bd. 4. Hg. von Friedrich-Wilhelm von Herrmann. Frankfurt a. M. 1981. [GA 4].

Heidegger, Martin. *Holzwege (1935–1946)*. Ders., *Gesamtausgabe*. Bd. 5. Hg. von Friedrich-Wilhelm von Herrmann. Frankfurt a. M. 1980. [GA 5].

Heidegger, Martin. *Sein und Zeit (1927)*. Ders., *Gesamtausgabe*. Bd. 2. Hg. von Friedrich-Wilhelm von Herrmann. Frankfurt a. M. 1977. [GA 2].

Janicaud, Dominique. *Heidegger en France*. 2 Bde. Paris 2001.

Knoche, Stefan. *Benjamin – Heidegger. Über Gewalt. Die Politisierung der Kunst*. Wien 2000.

Lacoue-Labarthe, Philippe. *Die Fiktion des Politischen. Heidegger, die Kunst und die Politik*. Stuttgart 1990.

Lemke, Anja. „‚Quellpunkt der Poesie'. Überlegungen zu Heidegger und Benjamin". *An den Rändern der Moral, Studien zur literarischen Ethik*. Hg. von Ulrich Kinzel. Würzburg 2008: 50–66.

Lemke, Anja. *Konstellation ohne Sterne. Zur geschichtlichen und poetischen Zäsur bei Martin Heidegger und Paul Celan*. München 2002.

MacDonald, Iain und Krzysztof Ziarek (Hg.). *Adorno and Heidegger. Philosophical Questions*. Stanford 2007.

Mörchen, Hermann. *Adorno und Heidegger. Untersuchung einer philosophischen Kommunikationsverweigerung*. Stuttgart 1981.

Nancy, Jean-Luc. *Die undarstellbare Gemeinschaft*. Stuttgart 1988.

Schäfer, Martin J. *Schmerz zum Mitsein. Zur Relektüre Celans und Heideggers durch Philippe Lacoue-Labarthe und Jean-Luc Nancy*. Würzburg 2003.

Arbeit am Begriff und begriffslose Synthesis: Kritische Theorie

Sven Kramer

Für die Kritische Theorie sind die vielfältigen Wechselwirkungen, die zwischen Kunst und Erkenntnis existieren, von besonderem Interesse. Gemäß dem materialistischen Grundverständnis der sogenannten Frankfurter Schule prägen die Naturverhältnisse sowie die kulturellen Umgebungen, aus denen die Menschen hervorgegangen sind und in die sie hineingeboren wurden, nicht nur deren praktische Lebensumstände, sondern auch ihr Empfinden und ihr Denken. Dieses – und mit ihm der Geist, die Vernunft – stellt sich zwar immer wieder den determinierenden Verhältnissen entgegen und begründet dadurch eine Differenz zu ihnen, doch haben Max Horkheimer und Theodor W. Adorno in der *Dialektik der Aufklärung* gezeigt, dass noch in bestimmten Gestalten der aufklärerischen Vernunft die Widervernunft waltet, sodass selbst dem vernünftigen Denken nicht ohne Weiteres getraut werden kann. Diese dialektische Verstrickung in vorgelagerte Strukturen betrifft auch die Sprache und – wegen „ihr[es] sprachliche[n] Wesen[s]" (Adorno 1973, 65) – die Philosophie.

Philosophie und Kunst positionieren sich unterschiedlich zur Sprache. In der Kritischen Theorie haben in diesem Bereich vor allem Adorno (Hogh 2015) und Walter Benjamin grundlegend gearbeitet. Sie weisen die strukturalistische Auffassung von Sprache als diejenige eines „verabredete[n] System[s] von Zeichen" (Benjamin 1977b, 212) zurück und postulieren, dass alle Elemente der Sprache geschichtlich geprägt und mit ihren Umwelten in Kontakt seien. Zum Teil geschieht dies untergründig und wenig wahrnehmbar, etwa als „unsinnliche[ ] Ähnlichkeit" (211). Beide halten daran fest, dass die Sprache den Phänomenen zum Ausdruck verhelfen kann und sich diese in ihr mitteilen: „nur als Sprache vermag Ähnliches das Ähnliche zu erkennen" (Adorno 1973, 65). Daran knüpfen sie die Utopie des Namens, die sowohl das Denken als auch die künstlerische Praxis betrifft. Diese Utopie richtet beide Verfahren an dem Gedanken aus, dass es denkmöglich sei, mit der Welt und den Dingen im Medium einer treffenden Sprache in Kontakt zu kommen; Benjamin nennt sie die „paradiesische Sprache" (Benjamin 1977c, 152). Philosophie und Kunst bewegen sich auf die ihnen eigene Weise auf dieses Ziel zu.

In erkenntnistheoretischer Hinsicht setzt hier Adornos Theorie des Nichtidentischen an. Philosophie arbeite im Medium der Begriffe; sie seien das unhintergehbare „Organon des Denkens" (Adorno 1973, 27). Durch die „logische Identität des Begriffs" (157) werde das Denken aber unweigerlich zu einem identifizierenden. Umgekehrt gingen die Gegenstände in ihren Begriffen nicht auf. Dialektik verweise auf dieses Ungenügen. Adorno begreift sie als den „Versuch[,] [...] Sache und Ausdruck bis zur Indifferenz einander zu nähern" (66). Dazu müsse sie sich aber auf die Differenz konzentrieren: „Philosophische Reflexion versichert sich des Nichtbegrifflichen im Begriff" (23), wodurch sie zur negativen Dialektik werde. Mit dem von Benjamin geprägten Verfahren, mehrere Begriffe in eine Konstellation zueinander zu versetzen, könne die Philosophie an der Begriffsarbeit festhalten, indem sie sie zugleich überschreite (→ III.9 Picker): „Die Utopie der Erkenntnis wäre, das Begriffslose mit Begriffen aufzutun, ohne es ihnen gleichzumachen" (21). Mit den dazu aktualisierten mimetischen und darstellerischen Verfahrensweisen nähert sich die Philosophie der Kunst an.

Auch diese zielt auf das, was dem Denken und dem Wissen bislang entgangen ist, sie bringt es aber anders zur Darstellung. Kunstwerke „synthesieren [...] nicht mit Begriffen, Urteil und Schluß[,] [...] sondern durch das, was in den Kunstwerken sich zuträgt" (Adorno 1970, 453), also in „begriffslose[r] Synthesis" (Adorno 1974b, 471): Die „autonomen Werke [...] sind Erkenntnis als begriffsloser Gegenstand" (Adorno 1974a, 428). Sie sind es als sprachliche, denn die Kritische Theorie geht von einem weiten Sprachbegriff aus, der in Benjamins früher, theologisch geprägter Phase am weitesten gefasst wird. Neben der Sprache der Menschen nimmt Benjamin noch „die stumme namenlose Sprache der Dinge" (Benjamin 1977c, 151) in ihn auf. Darüber hinaus spreche jede Kunst ihre eigene Sprache: „Es gibt eine Sprache der Plastik, der Malerei, der Poesie" (156). Vor allem aber bringe jedes einzelne Kunstwerk ein genuines Idiom zur Darstellung, das außerhalb seiner konkreten Gestalt nicht existiere.

Diesem Idiom sowie dem Neuen, das dadurch hervorgebracht wird, ist auch die Literatur verpflichtet, die zur Sprache insofern einen singulären Zugang eröffnet, als ihr Medium die den Menschen verständliche, sei es in der Alltagskommunikation, sei es im Denken gebrauchte Sprache ist. In den literarischen Werken erscheint die Sprache in vielfach verwandelter Gestalt; sie gewinnen ihr etwas bisher Unvernommenes ab. Adornos dialektischer Begriff des Ausdrucks umreißt beide Teile dieses Zur-Darstellung-Bringens. Einerseits wirkt im Ausdruck das subjektive Moment des Expressiven, in dem individuelle Züge lesbar werden. Andererseits erscheint dieses Besondere immer nur vermittelt durch das Allgemeine der Sprache. Eine Schöpfung aus dem Nichts kann es nicht geben, denn indem das Individuum etwas ausdrückt, greift es auf grammatikalische und rhetorische Ordnungen zurück, aber auch auf die kulturell überlieferten Formen dieses Ausdrucks – wie beispielsweise Freude und Klage. Zugespitzt formuliert Adorno deshalb, „[d]er Ausdruck der Kunstwerke ist das nicht Subjektive am Subjekt" (Adorno 1970, 172), und „Ausdruck ist der Widerpart des etwas Ausdrückens" (171).

Dennoch hält er, indem er dessen objektive Seite betont, am Begriff des Ausdrucks fest. Denn das, was sich durch die Subjektivierung in der künstlerisch-mimetischen Praxis zeigt, und zwar durch den Willen der Künstlerin und des Künstlers hindurch und über sie und ihn hinaus, ist etwas Undurchschautes im Sinne der eingangs angesprochenen dialektischen Verstrickung in vorgelagerte Strukturen. Die Formen der Kunstwerke, so Hermann Schweppenhäuser im Anschluss an Benjamin, „sind buchstäblich Niederschläge des Objektiven und subjektiv nur soweit, wie bestimmte Subjekte – die Künstler – diese Niederschläge organisieren. Zwar *macht* der Künstler, aber *erleidend* – in rezeptiver Spontaneität, in einer stets die primäre Passion balancierenden Autonomie. Er wird zum Mund der sprachlosen Dinge oder verstummten Menschen, zum Übersetzer der wortlosen Dingsprachen in sprechende, zum ‚Organon der Geschichte', wie Benjamin von der Literatur sagte" (Schweppenhäuser 2019, 333).

So geht es der Kritischen Theorie weniger um die Inhalte, die in der Kunst verhandelt werden, als um die ästhetische Gestalt, in der sie etwas zur Darstellung bringt. In Übereinstimmung mit dem Gedanken, dass, wie Adorno formuliert, die Kunstwerke „die ihrer selbst unbewußte Geschichtsschreibung ihrer Epoche" (Adorno 1970, 272) seien, legten Benjamin und Leo Löwenthal die Grundlagen für eine Literatursoziologie, welche die Werke des 19. Jahrhunderts – wie die von Ibsen und Baudelaire – als Ausdruck bestimmter gesellschaftlicher Konstellationen liest.

Das, was jedes einzelne Werk, obwohl es intentional und bewusst konzipiert wurde, als Undurchschautes zur Anschauung bringt, nennt Adorno den Rätselcharakter der Werke: „Alle Kunstwerke, und Kunst insgesamt, sind Rätsel […]. Daß Kunstwerke etwas sagen und mit dem gleichen Atemzug es verbergen, nennt den Rätselcharakter unterm Aspekt der Sprache" (182). Was sich in der begriffslosen Synthesis des Kunstwerks zeigt, und zwar in der forminhaltlichen Komplexion eines jeden einzelnen Werks, partizipiert am verdeckten Zugrundeliegenden der gegenwärtigen Lebensverhältnisse und registriert es seismographisch. Kunst gibt zu denken auf, weil Denken der Aufklärung, also der Überwindung der Unmündigkeit, verpflichtet ist und deshalb das Undurchschaute bestimmen muss. Darauf reagieren philologische und philosophische Verfahrensweisen wie Kommentar, Interpretation und Kritik, mit denen sich Benjamin und Adorno, später zum Beispiel Peter Szondi (→ IV.1 RICHTER), intensiv auseinandergesetzt haben.

Die Kritische Theorie hält sowohl für die Kunst als auch für die Philosophie am Begriff der Wahrheit fest. Den Kunstwerken komme, so Benjamin, ein Wahrheitsgehalt zu, den die Kritik entbinden könne, indem sie ihn in ein Verhältnis zu dessen Sachgehalt setze: „Die Kritik sucht den Wahrheitsgehalt eines Kunstwerks, der Kommentar seinen Sachgehalt. Das Verhältnis der beiden bestimmt jenes Grundgesetz des Schrifttums, demzufolge der Wahrheitsgehalt eines Werkes, je bedeutender es ist, desto unscheinbarer und inniger an seinen Sachgehalt gebunden ist" (Benjamin 1974a, 125). Der Wahrheitsgehalt lässt sich also nur durch den Sachgehalt hindurch erschließen. Jede Kritik ist auf den Kommentar, auf die genaue Lektüre als ihren Ausgangspunkt angewiesen; „allein in der kritischen, kommentierten Entfaltung des Werkes selbst" zeigt sich dessen Wahrheitsgehalt (Benjamin 1974b, 284). Benjamin bestimmt die Kritik also zuerst als immanente Kritik, die „durch Versenkung [...] erkennen" und von der „Wahrheit der Werke [...] Rechenschaft" geben soll (Benjamin 1977a, 242). Daran schließt sich bei ihm eine Theorie des Lesens an, in der es am wenigsten um die Rekonstruktion der Autorintention geht. Mit der Aufforderung „Was nie geschrieben wurde, lesen" (Benjamin 1977b, 213) zielt sie vielmehr auf den objektiven, undurchschauten Ausdruck.

Kunstwerke rufen die Philosophie herbei, doch diese kann sie nicht ohne Rest ins Denken überführen. „Der Rätselcharakter", so Adorno, „überlebt die Interpretation" (Adorno 1970, 189). Dass Kunstwerke sich nicht vollständig in Theorie auflösen lassen und eben deshalb genuin bleiben, verweist einerseits auf die leidvolle Präsenz von Herrschaft und Gewalt, andererseits aber auch auf einen utopischen Gehalt: „Kunstwerke sind die vom Identitätszwang befreite Sichselbstgleichheit" (Adorno 1970, 190) und übermitteln damit ein Glücksversprechen. Die Philosophie und das Denken, die identifizierend vorgehen müssen, können sie unter den gegebenen historischen Bedingungen nicht erfassen, denn „Utopie wäre über der Identität und über dem Widerspruch, ein Miteinander des Verschiedenen" (Adorno 1973, 153). Die basale Frage an jedes Werk nach seinem irreduziblen und andersartigen „Was ist das" (Adorno 1970, 184) bleibt deshalb virulent. Einzelne Theoretiker haben sie unterschiedlich perspektiviert: Beim späten Herbert Marcuse (→ II.7 RAULET) wird sie zum Movens für eine veränderte gesellschaftliche Praxis. Bei Szondi bildet sie den Antrieb für eine „literarische Hermeneutik" (Szondi 1975, 13), in der Kritik und Hermeneutik nicht nur „interdependent" (38) sind, sondern Hermeneutik zum „Instrument der Kritik" (191) wird (→ II.5 TEICHERT). Und bei Christoph Menke bringt sie „das vernunftkritische Potential der ästhetischen Erfahrung" (Menke 1991, 15) hervor, das nicht nur die geläufigen Diskurse in die Krise führt, sondern die Vernunft überhaupt.

Literatur

Adorno, Theodor W. „Engagement". Ders., *Gesammelte Schriften*. Bd. 11: *Noten zur Literatur*. Hg. von Rolf Tiedemann. Frankfurt a. M. 1974a: 409–430 [EA: 1965].
Adorno, Theodor W. „Parataxis. Zur späten Lyrik Hölderlins". Ders., *Gesammelte Schriften*. Bd. 11: *Noten zur Literatur*. Hg. von Rolf Tiedemann. Frankfurt a. M. 1974b: 447–491 [EA: 1963].

Adorno, Theodor W. „Negative Dialektik". Ders., *Gesammelte Schriften*. Bd. 6: *Negative Dialektik. Jargon der Einheitlichkeit*. Hg. von Rolf Tiedemann. Frankfurt a. M. 1973: 7–412 [EA: 1966].

Adorno, Theodor W. *Gesammelte Schriften*. Bd. 7: *Ästhetische Theorie*. Hg. von Rolf Tiedemann. Frankfurt a. M. 1970.

Benjamin, Walter. „Ankündigung der Zeitschrift: Angelus Novus". Ders., *Gesammelte Schriften*. Bd. 2.1: *Aufsätze, Essays, Vorträge*. Hg. von Rolf Tiedemann und Hermann Schweppenhäuser. Frankfurt a. M. 1977a: 241–246 [EA: 1922].

Benjamin, Walter. „Über das mimetische Vermögen". Ders., *Gesammelte Schriften*. Bd. 2.1: *Aufsätze, Essays, Vorträge*. Hg. von Rolf Tiedemann und Hermann Schweppenhäuser. Frankfurt a. M. 1977b: 210–213 [EA: 1933].

Benjamin, Walter. „Über Sprache überhaupt und über die Sprache des Menschen". Ders., *Gesammelte Schriften*. Bd. 2.1: *Aufsätze, Essays, Vorträge*. Hg. von Rolf Tiedemann und Hermann Schweppenhäuser. Frankfurt a. M. 1977c: 140–157 [EA: 1916].

Benjamin, Walter. „Goethes Wahlverwandtschaften". Ders., *Gesammelte Schriften*. Bd. 1.1: *Abhandlungen*. Hg. von Rolf Tiedemann und Hermann Schweppenhäuser. Frankfurt a. M. 1974a: 123–201 [EA: 1924].

Benjamin, Walter. „Ursprung des deutschen Trauerspiels". Ders., *Gesammelte Schriften*. Bd. 1.1: *Abhandlungen*. Hg. von Rolf Tiedemann und Hermann Schweppenhäuser. Frankfurt a. M. 1974b: 203–430 [EA: 1928].

Hogh, Philip. *Kommunikation und Ausdruck. Sprachphilosophie nach Adorno*. Weilerswist 2015.

Menke, Christoph. *Die Souveränität der Kunst. Ästhetische Erfahrung nach Adorno und Derrida*. Frankfurt a. M. 1991.

Schweppenhäuser, Hermann. „Kunst – eine unvollendete Weise bestimmter Negation des Mythischen und des Historischen". Ders., *Gesammelte Schriften*. Bd. 1: *Sprache, Literatur und Kunst*. Hg. von Thomas Friedrich, Sven Kramer und Gerhard Schweppenhäuser. Berlin 2019: 327–345.

Szondi, Peter. „Einführung in die literarische Hermeneutik". Ders., *Studienausgabe der Vorlesungen*. Bd. 5. Hg. von Jean Bollack und Helen Stierlin. Frankfurt a. M. 1975: 7–191.

Literatur als Gegendiskurs

Achim Geisenhanslüke

1 Philosophie und Literatur im Zeichen des Gegendiskurses (Foucault)

So unterschiedlich die Theorien aussehen mögen, die Michel Foucault, Gilles Deleuze und Jacques Derrida entworfen haben, in einem Punkt sind sie sich einig: Literatur besitzt ein Widerstandspotential, dem es nachzugehen lohnt. Unter dem Leitbegriff des Gegendiskurses wird Literatur zum privilegierten Medium einer Vernunftkritik (→ II.4 SCHMIDT), die sich insbesondere gegen moderne Subjektivitätstheorien richtet. Auch in der Form der eigenen Darstellung versuchen Foucault, Deleuze und Derrida, hinter die scharfe Trennlinie zwischen Philosophie und Literatur zurückzugehen. Ihre Anstrengungen bekräftigen die Überzeugung, dass die Metaphysik, so Jorge Luis Borges, nichts als ein „Zweig der phantastischen Literatur" (Borges 1970, 145) sei.

Den Begriff des Gegendiskurses hat Michel Foucault geprägt. Prominent fällt er in *Die Ordnung der Dinge* von 1966. Seine These lautet, dass die Renaissance von einer materiellen Verbundenheit zwischen Zeichen und Welt gekennzeichnet sei, die später verloren gehe. In der Literatur aber scheine jene Verbundenheit noch einmal auf, nicht als Verklammerung von Sprache und Welt, sondern als rein sprachliche Ordnung, die keinerlei referentielle Bezüge außerhalb der eigenen Sprachlichkeit (→ IV.1 LEMKE) kenne: „Während des ganzen neunzehnten Jahrhunderts und bis in unsere Zeit – von Hölderlin zu Mallarmé, zu Antonin Artaud – hat die Literatur nun aber nur in ihrer Autonomie existiert, von jeder andern Sprache durch einen tiefen Einschnitt nur sich losgelöst, indem sie eine Art ‚Gegendiskurs' bildete und indem sie so von der repräsentativen oder bedeutenden Funktion der Sprache zu jenem rohen Sein zurückging, das seit dem sechzehnten Jahrhundert vergessen war" (Foucault 1974, 76).

Foucaults Rede von der Literatur als Gegendiskurs ist erläuterungsbedürftig. In einer für die 1960er Jahre charakteristischen Weise bezieht sich Foucault terminologisch auf die strukturalistische Unterscheidung von Signifikant und Signifikat, die auch dem klassischen Denken der Repräsentation zugrunde liegt. Mit seiner Kritik an hermeneutischen Modellen möchte er zeigen, dass Literatur sich nicht im Verweis auf ein Signifikat erschöpfe. Vielmehr trete in der Literatur der Moderne eine Form der Sprache in Erscheinung, die sich Bedeutungszuweisungen entziehe. Die Idee der Autonomie der Literatur werde so überlagert durch die Idee einer selbstreferentiellen Sprache, wie sie im Werk Mallarmés zutage getreten sei (Kaufmann 2011).

Foucaults Bestimmung der Literatur als Gegendiskurs ist nicht unproblematisch, denn er bezieht sich nur auf moderne Erzählformen. Darüber hinaus ist nicht eindeutig, auf was sich die Subversion, die der Literatur der Moderne zugesprochen wird, eigentlich richtet. Zum einen bezieht sich Foucault kritisch auf die Hermeneutik (→ II.6 TEICHERT), der er unterstellt, die Literatur durch ihre Analyse von Bedeutung grundsätzlich zu verfehlen, und zum anderen verbindet sich seine Antihermeneutik mit seiner Subjektkritik: Die Pointe in *Die Ordnung der Dinge* besteht darin, dass der Mensch erst in der Episteme der Moderne zur Erscheinung gekommen sei. Martin Heideggers umstrittener Satz „*Die Sprache spricht*" (Heidegger 1959, 12) aus dem Aufsatz „Die Sprache" steht als Leitsatz auch über Foucaults Auffassung der Literatur als Gegendiskurs (→ II.5 LEMKE).

Von dieser Auffassung der Literatur als Gegendiskurs hat sich Foucault in späteren Schriften gelöst. Die Tatsache, dass er sich nunmehr kaum zur Literatur äußert, diese sogar ausdrücklich als Gegenstand seiner Analysen zurückweist, ist häufig als Bruch in seinem Denken dargestellt worden, der mit einer zunehmenden Ermächtigung des Diskursbegriffs einhergeht (Geisenhanslüke 1997; Wunderlich 2000; Klawitter 2003). Die Idee der Literatur als Gegendiskurs weicht der des Zusammenspiels von Wissen und Macht, das nun in den Mittelpunkt rückt. So geht er in seinem Aufsatz „Das Leben der infamen Menschen" auf das Doppelverhältnis der Literatur zu Wahrheit und Macht ein. Foucault betont, dass die „einzigartige Stellung der Literatur nur die Wirkung eines bestimmten Machtdispositivs ist, das im Abendland die Ökonomie der Diskurse und die Strategien des Wahren durchzieht" (Foucault 2003, 335). Die Vorstellung, dass die Literatur nicht länger Gegendiskurs, sondern Bestandteil eines durch Macht regulierten Diskurssystems sei, zeigt, dass sich sowohl das Verhältnis zur Literatur als auch das Korrelat des Gegendiskurses verändert hat: Angeführt wird nicht mehr der innere Zusammenhang von Subjekt und Bedeutung in der Moderne, sondern der vage Begriff des Wahren. Die Idee, dass sich die Literatur sowohl dem Wissen als auch dem Wahren letztlich entziehe, zeigt ein anderes Verständnis von Literatur als Gegendiskurs. Foucault hält schließlich die Pointe bereit, dass sich Literatur weder in Wissen noch in Wahrheit erschöpfe, dass sie also im Unterschied zur Philosophie gar nicht erst beanspruche, Wahrheit zu produzieren.

2 Fluchtlinien der Philosophie und Literatur (Deleuze)

Dass Literatur auch im Werk von Gilles Deleuze eine große Rolle spielt, zeigen seine Arbeiten zu Marcel Proust (→ IV.3 DOETSCH) und Franz Kafka (→ IV.1 PRECHT). Aber auch in anderen Werken greift Deleuze auf die Literatur zurück (Hesper 1994). Auch Deleuzes Interesse gilt vor allem der Literatur der Moderne. Wie Foucault nutzt auch Deleuze das ästhetische Potential der modernen Literatur, um mit ihr einen Gegendiskurs zur traditionellen Philosophie zu etablieren.

Das zeigt sich besonders in *Logik des Sinns*, wenn es darum geht, die philosophische Logik durch den auf Lewis Carroll zurückgehenden Nachweis unaufhebbarer Paradoxien auszuhebeln. Deleuze findet in *Alice in Wonderland* einen Leitfaden für den in der modernen Philosophie etablierten Begriff der Sinnhaftigkeit, also der Ebene der Bedeutung, der auch Foucault seine kritische Aufmerksamkeit schenkt. Das Werk Carrolls enthalte „ein Wechselspiel von Sinn und Unsinn, einen Chaos-Kosmos" (Deleuze 1993, 13), der sich eindeutigen Bedeutungszuweisungen entziehe. Im Rekurs auf Carroll möchte Deleuze einen logischen und psychoanalytischen Roman schreiben, in dessen Zentrum nicht sinnhafte Erlebnisse stehen, sondern das, was er „die reinen Ereignisse" (15) nennt. Mit dem Ereignisbegriff verbindet Deleuze die Idee einer für die Philosophie konstitutiven Paradoxie der Verschränkung von Sinn und Unsinn: „[D]as Paradox jedoch besteht in der Bejahung zweier Richtungen, zweier Sinnprägungen zugleich" (15). Denn die Bejahung von zwei sich widersprechenden Bedeutungen, die das Paradox ausmache, zerstöre logisch scheinbar eindeutige Unterscheidungen wie die zwischen Original und Kopie oder Identität und Differenz. In der Unsinnspoesie Carrolls, einem beliebten Beispiel auch in der analytischen Philosophie (Davidson 2008), erkennt er eine adäquate sprachliche Form für die von ihm angestrebte Suspension philosophischer Logik. Im dritten Kapitel, das dem Problem der Proposition gewidmet ist, erläutert er, dass die Literatur „ihre Rolle als letzter Grund niemals ausüben kann und eine irreduzible Bezeichnung voraussetzt" (Deleuze 1993, 36). Die Kritik an Letztbegründungen findet ihr Vorbild in einer bestimmten Form der poetischen Sprache, die an die Stelle einer logischen eine serielle Ordnung setzt: „Lewis Carroll ist der Erforscher, der Erfinder einer seriellen Methode in der Literatur" (64). Bis in den Aufbau des eigenen Buches hinein, das als Folge von 34 Serien angelegt ist, folgt Deleuze dieser seriellen Ordnung, um eine Kritik der Philosophie zu entwickeln, der er die Aufgabe entgegensetzt, aus dem Unsinn heraus Sinn zu produzieren, wie es die Literatur oder das Unbewusste der Psychoanalyse tue: „Unsinn als die Artikulations-, ja, Produktionsweise allen Sinns" (Menninghaus 1995, 247). Damit wird auch bei Deleuze die moderne Literatur zu einem Gegendiskurs wider die identitätsstiftende Macht der Philosophie.

Im Unterschied zu Foucault hält Deleuze auch in seinen späten Schriften an der subversiven Funktion der Literatur fest. Er findet sie bei Carroll, bei Samuel Beckett (→ IV.3 BODOLA), bei Herman Melville und Alfred Jarry. Noch in *Kritik und Klinik* macht Deleuze das literarische Schreiben zu einer Sache des Werdens, die sich Begriffen wie Identifikation, Imitation oder Mimesis entzieht. Es ist „ein Anders-Werden der Sprache" (Deleuze 2000, 16), wie es sich paradigmatisch im Werk Kafkas, aber auch bei Artaud oder Louis-Ferdinand Céline zeige. Sein Rekurs mag assoziativer klingen als Foucaults Begriff des Gegendiskurses. Doch Deleuzes Philosophie des Werdens als Fluchtlinie der Philosophie zielt in ähnlicher Weise auf ein subversives Potential, das der Literatur der Moderne innewohnt und sich im Kampf gegen die Metaphysik als Bündnispartner anbietet.

3 Die Subversion der Philosophie durch die Literatur (de Man)

Die Kritik der abendländischen Geschichte der Philosophie durch die Literatur ist ein, wenn nicht der gemeinsame Punkt, der die unterschiedlichen Theorien verbindet, die oft unter dem Namen Neostrukturalismus, Poststrukturalismus oder Postmoderne zusammengefasst werden (Frank 1983). Dies gilt in besonderer Weise für die Dekonstruktion, die nicht nur als Theorie, sondern auch als Praxis des Schreibens eine große Affinität zur Literatur unterhält. Mit den beiden Gründungsfiguren Paul de Man und Jacques Derrida hat sich die Dekonstruktion früh in eine amerikanische, eher literaturwissenschaftliche, und eine europäische, eher philosophisch ausgerichtete Variante ausdifferenziert.

Bei Paul de Man vollzieht sich die Subversion der Philosophie durch die Literatur ganz im Zeichen der Rhetorik (→ II.3 ZELLE). De Mans Begriff der Rhetorik ist allerdings eigenwillig. Wie er in dem Aufsatz „Semiologie und Rhetorik" deutlich macht, leitet er die rhetorische Funktion der Sprache aus einem grundsätzlich widerspruchsvollen Verhältnis von rhetorisch-figürlicher und grammatisch-logischer Bedeutung der Sprache ab. Den Unterschied zwischen Rhetorik und Grammatik erläutert er am Beispiel der rhetorischen Frage: „Rhetorik ist die radikale Suspendierung der Logik und eröffnet schwindelerregende Möglichkeiten referentieller Verirrung" (de Man 1988, 40). An diesem Beispiel diskutiert de Man auch die Unterscheidung zwischen einer wörtlichen und einer figurativen Bedeutung von Sprache. Die Rhetorik setzt er in diesem Zusammenhang nicht einfach mit der figurativen Dimension der Sprache gleich. Vielmehr deutet er erst das Verhältnis, das die Rhetorik zu Logik und Grammatik einnimmt, als ein rhetorisches. De Man spielt damit nicht einfach die figurative Bedeutung der Sprache gegen die logische aus. Um ein rhetorisches Modell von Sprache handelt es sich erst dann, wenn nicht mehr unterschieden werden kann zwischen einer wörtlichlogischen und einer figurativ-rhetorischen Bedeutung. Die dadurch erzielte Unsicherheit erzeuge einen Schwindel der Bedeutung, der die rhetorische Funktion der Sprache als die Unmöglichkeit ausweise, endgültige Bedeutungszuweisungen vorzunehmen. Das Resultat dieser Operation ist die Produktion von Nichtwissen: „Jede Frage über die rhetorische Form eines literarischen Textes ist notwendigerweise eine rhetorische Frage, die nicht einmal weiß, ob sie wirklich fragt" (50). Die rhetorische Bestimmung der Sprache unterläuft bei de Man alle Versuche, logische Begründungszusammenhänge herzustellen. Die Definition des Rhetorischen als Subversion der grammatisch-logischen Bedeutung der Sprache weitet de Man vor diesem Hintergrund noch auf die Rhetorik selbst aus. Die paradox anmutende Positionierung des Verhältnisses von Rhetorik zu Grammatik und Logik führt in den *Allegorien des Lesens* zu der negativen Gewissheit, dass es aufgrund der rhetorischen Verfasstheit der Sprache keinerlei Einsicht in den Wahrheitsgehalt einer Theorie, nicht einmal den der eigenen, geben kann. Was der Theorie bleibt, ist der Nachweis, dass auch die an den Gesetzen der Logik ausgerichtete Philosophie rhetorisch und damit letztlich literarisch sei. De Man gelangt so geradezu zu einer Aufhebung der Philosophie in der Literatur.

Um diese Aufhebung der Philosophie in der Literatur zu begründen, vollzieht de Man zwei Argumentationsschritte. Der erste besteht in der Gleichsetzung von Rhetorik und Literatur. „Und obgleich es vielleicht etwas weiter vom allgemeinen Gebrauch entfernt ist, würde ich nicht zögern, die rhetorische, figurative Macht der Sprache mit der Literatur selber gleichzusetzen" (40). Rhetorik ist Literatur – „das rhetorische Modell der Trope oder – wenn man es vorzieht, die Sache bei diesem Namen zu nennen – die Literatur" (46) –, mit dieser lakonisch vorgetragenen Gleichung bestimmt de Man die Literatur zum eigentlichen Gegenstandsbereich seiner Theorie der Rhetorik.

Der zweite Schritt besteht in der Übertragung der subversiven Funktion der Rhetorik auf Literatur. Literatur übernimmt für de Man eine Funktion, die ganz seiner Bestimmung der Rhetorik im Verhältnis zu Logik und Grammatik entspricht. Sie ist zum einen das Vorbild philosophischer Wahrheitsfindung – „Literatur erweist sich als der zentrale Gegenstand der Philosophie und als das Modell jener Art von Wahrheit, die sie erstrebt" (158) –, zugleich jedoch der Ort, an dem das Ideal der Philosophie zerbricht: „Philosophie erweist sich als unendliche Reflexion ihrer eigenen Destruktion in den Händen der Literatur" (158–159). Die Literatur begreift de Man als den Ort, an dem alle philosophischen Wahrheitsansprüche zerschellen.

Die dekonstruktive Aufhebung der Philosophie in der Literatur gelingt jedoch nur unter der doppelten Prämisse, dass Rhetorik als Suspension von Grammatik und Logik zu verstehen sei und der Kern der Literatur in ihrer Rhetorizität bestehe. Die vollständige Zurückführung der Literatur auf Rhetorik – und darüber hinaus auf wenige Tropen und Figuren aus dem Bereich der auf die *elocutio* verkürzten Rhetorik wie Metapher, Allegorie, Ironie und Parekbase – bedeutet jedoch eine Reduktion, die jede Differenz zwischen Rhetorik und Poetik verwischt. In der Reduktion der Literatur auf die ihr eigene Verfasstheit geht ihr subversives Potential letztlich verloren.

4 Parasitäre Diskurse: Literatur und Philosophie (Derrida)

Im Unterschied zu de Man hat Derrida eine Konzeption der Dekonstruktion vorgelegt, die den Unterschied zwischen Literatur und Philosophie nicht verwischen möchte. Daher betont er auch, „daß ich niemals die Philosophie auf ein literarisches Genre reduzieren wollte. Was mich andererseits tatsächlich interessiert, das sind die Grenzen, die Probleme der Grenzen zwischen Philosophie und Literatur" (Derrida 1986, 29). Bei Derrida mutiert die Philosophie nicht zu einer bestimmten Form der Literatur. Dafür gewinnt die Literatur Züge, die sie der Philosophie an die Seite stellt. In der Literatur erkennt Derrida so etwas wie eine Präfiguration der Dekonstruktion der Philosophie. Vor diesem Hintergrund stellt er fest, dass „die Subversion des Logozentrismus sich heute auf einem bestimmten Sektor und in einer bestimmten ‚literarischen' Praxis deutlicher abzeichnen als anderswo" (46). Zwar weigert er sich, generell von Literatur zu schreiben, aber bestimmte literarische Texte, die Derrida wie Foucault und Deleuze ganz im Umkreis der Moderne verortet, vollziehen einen Widerstand gegen den Logozentrismus der abendländischen Philosophie, von dessen Kraft auch die Dekonstruktion zehrt.

Dies zeigt sich besonders an der berühmt-berüchtigten Debatte zwischen Derrida und John R. Searle. In den *Randgängen der Philosophie* hatte sich Derrida kritisch mit dem Begriff des performativen Sprechakts bei John L. Austin auseinandergesetzt. Austin war davon ausgegangen, bestimmte performative Äußerungen seien „unernst oder nichtig, wenn ein Schauspieler sie auf der Bühne tut oder wenn sie in einem Gedicht vorkommen oder wenn jemand sie zu sich selbst sagt" (Austin 2005, 43). Unter diesen Umständen werde „der gewöhnliche Gebrauch parasitär ausgezehrt" (44). Die Alltagssprache und nicht die Literatur sollen für Austin erster Ansprechpartner der Sprachphilosophie sein. Derrida interpretiert die Rede von der parasitären Funktion der literarischen Sprache jedoch als Zeichen für den Ausschluss der Literatur aus der Philosophie: „Austin schließt mit allem, was er *sea-change* nennt, das ‚Unernste', die ‚Parasitierung', die ‚Verkümmerung', das ‚Nicht-Gewöhnliche' [...] aus, also das, was er dennoch als eine für jede Äußerung offenstehende Möglichkeit anerkennt" (Derrida 2001, 38). Austins Geste erscheint als ein für die disziplinäre Einheit der Philosophie konstitutiver Akt. In einer strategischen Operation möchte die Dekonstruktion diese Ausschließung der Literatur gegen die Philosophie selbst richten, um deren Anspruch auf Letztbegründungen außer Kraft zu setzen. Die Rede von der parasitären Natur der literarischen Sprache nimmt Derrida ernst, um gerade in dem Reich des Unernsten, Parasitären und Nichtgewöhnlichen die symbolische Heimat der Dekonstruktion zu suchen. Austins Rede von der parasitären Funktion der literarischen Sprache deutet Derrida – darin weit über das Ziel Austins hinausschießend, wie Stanley Cavell (→ III.3 Thomä) gezeigt hat (Cavell 2002, 122–123) – als Ausschluss des Anormalen aus der Philosophie.

Vor diesem Hintergrund kommt es zu einer deutlich differenzierteren Auffassung der Funktion der Literatur. Es ist nicht wie bei de Man deren rhetorische Struktur, die Derrida interessiert, sondern ihre institutionelle Sonderstellung: „Was wir Literatur nennen (nicht Belletristik oder Dichtung), impliziert, daß es dem Schreiber erlaubt ist, alles zu sagen, was er will oder kann, wobei er geschützt bleibt, sicher vor aller Zensur, sei sie religiös oder politisch" (Derrida 2006, 91). Derrida geht von einer der Literatur eigenen Kritik aus, die ihre sprachliche Form und ihre soziale und politische Funktion gleichermaßen betrifft. Zugleich versucht er, den Begriff der Literatur vor der Auflösung in reine Funktionszusammenhänge zu bewahren. Von einem Wesen der Literatur kann daher nicht gesprochen werden. Stattdessen fragt Derrida nach Möglichkeiten, in der literarischen Sprache die Thesen der philosophischen Sprache zu neutralisieren: „Es handelt sich um eine nichtthetische Erfahrung der These" (97). Literatur erweist sich so als subversiv. Es geht weniger wie beim frühen Foucault darum, Bedeutung oder Referenz zu annullieren, sondern „durch eine Art von schöpferischem Verhandeln etwas mit diesem Widerstand" (98) zu machen. Die Suspension von Bedeutung und Referenz deutet Derrida als eine Infragestellung von Wahrheiten, die Literatur und Dekonstruktion verbindet. Vor diesem Hintergrund erscheint es evident, „daß literarisches Schreiben in der Moderne mehr ist als nur ein Beispiel unter anderen, daß es eher einen privilegierten Leitfaden für den Zugang zur allgemeinen Struktur der Textualität" (105) bildet. Literatur ist keine ein für alle Mal gesetzte Institution, sondern sie agiert historisch. Auf diese Weise stellt sie die Konstitutionsbedingungen der Institution der Moderne in Frage. Derrida verweigert sich damit einer Definition der Literatur, um an ihrer widerständigen Funktion als Gegendiskurs festzuhalten.

Mit der Charakterisierung der Literatur als Gegendiskurs sind Gefahren verbunden, die auch Foucault, Deleuze und Derrida nicht immer umgehen können. Sie bestehen in der Mystifizierung der Literatur zu einem Reservoir des ästhetischen Widerstands. Damit verbunden ist das Risiko einer Überforderung. Von der Literatur zu verlangen, eine Destruktion der Philosophie zu vollziehen, bedeutet, ihren eigenen Anspruch zu verfehlen. Denn gerade weil sie einheitsstiftende Begriffe wie Wissen und Wahrheit demontiert, ist die Literatur kaum an der Widerlegung logischer Begründungszusammenhänge interessiert. Vor diesem Hintergrund wäre es plausibler, Literatur nicht als Subversion des Wissens aufzufassen, sondern als historische Diskursform, die Formen des Wissens in sich aufnimmt, sie transformiert, ohne sich aber dem philosophischen Anspruch der Wahrheit verpflichten zu müssen. So wenig sich die Funktion der Literatur in der eines Gegendiskurses zur Philosophie erschöpft, so sehr verweist sie auf die Komplementarität von Philosophie und Literatur, wie sie auch in den Werken Foucaults, Deleuzes und Derridas ihren Ausdruck findet.

Literatur

Austin, John L. *Zur Theorie der Sprechakte (How to Do Things with Words)*. Übers. von Eike von Savigny. Stuttgart 2005 [OA: 1962].
Borges, Jorge Luis. *Sämtliche Erzählungen*. Übers. von Karl August Horst et al. München 1970.
Cavell, Stanley. *Die andere Stimme. Philosophie und Autobiographie*. Übers. von Antje Korsmeier. Berlin 2002 [OA: 1994].
Davidson, Donald. *Wahrheit, Sprache und Geschichte*. Übers. von Joachim Schulte. Frankfurt a. M. 2008 [OA: 2005].
Deleuze, Gilles. *Kritik und Klinik*. Übers. von Joseph Vogl. Frankfurt a. M. 2000 [OA: 1993].
Deleuze, Gilles. *Logik des Sinns*. Übers. von Bernhard Dieckmann. Frankfurt a. M. 1993 [OA: 1969].
Derrida, Jacques. „Diese merkwürdige Institution namens Literatur". *Was ist Literatur? Basistexte Literaturtheorie*. Hg. von Jürn Gottschalk und Tilmann Köppe. Paderborn 2006: 91–107 [OA: 1993].
Derrida, Jacques. *Limited Inc*. Übers. von Werner Rappl und Dagmar Travner. Wien 2001 [OA: 1990].
Derrida, Jacques. *Positionen. Gespräche mit Henri Ronse, Julia Kristeva, Jean-Louis Houdebine, Gay Scarpetta*. Übers. von Dorothea Schmidt und Astrid Winterberger. Wien 1986 [OA: 1972].
Foucault, Michel. *Schriften zur Literatur*. Übers. von Michael Bischoff, Hans-Dieter Gondek und Hermann Kocyba. Hg. von Daniel Defert und François Ewald. Frankfurt a. M. 2003.
Foucault, Michel. *Die Ordnung der Dinge. Eine Archäologie der Humanwissenschaften*. Übers. von Ulrich Köppen. Frankfurt a. M. 1974 [OA: 1966].
Frank, Manfred. *Was ist Neostrukturalismus?* Frankfurt a. M. 1983.
Geisenhanslüke, Achim. *Foucault und die Literatur. Eine diskurskritische Untersuchung*. Opladen 1997.
Heidegger, Martin. *Unterwegs zur Sprache*. Pfullingen 1959.
Hesper, Stefan. *Schreiben ohne Text. Die prozessuale Ästhetik von Gilles Deleuze und Félix Guattari*. Opladen 1994.
Kaufmann, Vincent. *La faute à Mallarmé. L'aventure de la théorie littéraire*. Paris 2011.
Klawitter, Arne. *Die ‚fiebernde Bibliothek'. Foucaults Sprachontologie und seine diskursanalytische Konzeption moderner Literatur*. Heidelberg 2003.

Man, Paul de. *Allegorien des Lesens*. Übers. von Werner Hamacher und Peter Krumme. Frankfurt a. M. 1988 [OA: 1979].
Menninghaus, Winfried. *Lob des Unsinns. Über Kant, Tieck und Blaubart*. Frankfurt a. M. 1995.
Wunderlich, Stefan. *Michel Foucault und die Frage nach der Literatur*. Frankfurt a. M. 2000.

II.5 Literatur und Wissen

Einleitung

Gottfried Gabriel

Die Frage, ob es ein literarisches Wissen gibt, ist in erster Linie mit Blick auf *fiktionale* Literatur oder Dichtung zu stellen (Köppe 2008), weil Fiktionalität und Wissensanspruch unvereinbar zu sein scheinen. Für nichtfiktionale Literatur mit literarischen Qualitäten steht nicht in Frage, dass sie Wissen vermitteln kann. Von literarischem Wissen ist in zweifacher Bedeutung die Rede. Gemeint ist einmal ein Wissen *über* Literatur, zum anderen ein Wissen *durch* Literatur.

Das Wissen über Literatur reicht von literarischen Kenntnissen im Sinne der Belesenheit über eine tiefere Kennerschaft im Rahmen der Literaturkritik bis hin zum wissenschaftlichen Umgang mit Literatur in der Literaturwissenschaft (in Kreuzworträtseln ist ‚Belesenheit' die richtige Lösung für ‚literarisches Wissen' mit elf Buchstaben). Das wissenschaftliche Wissen über Literatur stellt sich im hermeneutischen Umgang mit Texten durch deren Interpretation her. Umstritten ist, ob Verstehen als eine Form des methodischen Wissenserwerbs anzuerkennen ist, weil dessen Objektivität angefochten werden kann (→ II.5 TEICHERT). In jedem Fall handelt es sich um eine kognitive Leistung und somit um Erkenntnis. Es deutet sich hier an, dass ‚literarisches Wissen' möglicherweise durch ‚literarische Erkenntnis' zu ersetzen ist.

Das Wissen durch Literatur ist ein Wissen, das durch Literatur vermittelt wird. Es besteht insbesondere in der Verarbeitung von Wissensbeständen verschiedener Disziplinen (z. B. der Psychologie, der Pädagogik, der Geschichtswissenschaft, der Medizin) in literarischen Werken. Allerdings kann hier nicht von einem spezifisch literarischen Wissen die Rede sein, denn es handelt sich ja nicht um ein Wissen *der* Literatur, sondern um die Übernahme fremder Wissensbestände. Geht man von dem klassischen Begriff des Wissens als *begründeter wahrer Glaube* aus, so kommt erschwerend hinzu, dass die Literatur bei dieser Übernahme keine Begründungen leistet. Sie teilt lediglich Wahrheiten anderer mit und gibt diese allenfalls den Leserinnen und Lesern zu bedenken, ohne sie mit eigenem Wahrheitsanspruch zu behaupten. Die zentrale Frage ist deshalb, ob es auch ein durch Literatur vermitteltes Wissen gibt, dass der Literatur eigen ist oder doch zumindest durch eine eigene Form der Darstellung ausgezeichnet ist, die dem Anspruch auf Literarizität oder Poetizität gerecht zu werden vermag. Zu bedenken ist hierbei ferner, wie bereits angedeutet wurde, ob der Wissensbegriff überhaupt angemessen ist, da er auf wahre Aussagen bezogen ist, die kognitive

Leistung der Literatur aber gar nicht auf einen propositionalen Erkenntnisanspruch beschränkt ist (→ II.5 GABRIEL).

In diese Richtung geht bereits der Aufklärungsphilosoph Alexander Gottlieb Baumgarten, indem er der Dichtung im Rahmen seiner Ästhetik einen der Einbildungskraft entspringenden sinnlich-anschaulichen Erkenntniswert zubilligt, ohne diesen mit propositionalem Wissen gleichzusetzen. Baumgarten ist um eine Aufwertung der sinnlichen Erkenntnis gegenüber der Vernunfterkenntnis bemüht, indem er die bei Leibniz bestehende hierarchische Ordnung zwischen höherstehender Vernunft und niedriger Sinnlichkeit in ein komplementäres Ergänzungsverhältnis überführt und damit die Dichtung als epistemisch gleichberechtigt neben (und nicht unter) die Wissenschaft stellt (→ II.5 AICHELE).

Die Bestimmung des Verhältnisses zwischen Dichtung und Wissenschaft bleibt im Folgenden bestimmend. Dabei reichen die Auffassungen von einer Umkehrung der Rangordnung bei Herder und Vico, für welche die Dichtung zumindest genealogisch ursprünglicher als die Wissenschaft ist, bis hin zu Versuchen in der Frühromantik, die Wissenschaft im Rahmen einer Universalpoesie zu repoetisieren (→ II.5 SPECHT).

Als ein für die Dichtung charakteristisches Darstellungsmittel wird bereits von Herder die bildliche und metaphorische Sprache angeführt, die für ihn die Ursprache der Völker ausmacht und deshalb den genealogischen Vorrang der Dichtung gegenüber der Wissenschaft begründet. Nietzsche hat aus der Tatsache, dass auch die Sprache der Philosophie metaphorisch durchsetzt ist, die Grenze zwischen Literatur und Philosophie eingerissen (→ II.3 HETZEL). Anstatt nun den kognitiven Wert der Metapher zu betonen und diesen für die Philosophie fruchtbar zu machen, kommt Nietzsche stattdessen zu erkenntniskritischen Konsequenzen. Im Anschluss an Nietzsche behauptet Fritz Mauthner angesichts der durchgehenden Metaphorik der Sprache in seiner radikalen Sprachkritik, die ihn als Vorläufer der Dekonstruktion ausweist, dass die Sprache als Medium der Erkenntnis gänzlich ungeeignet sei (Mauthner 1923). Freilich hat die philosophische Erkenntnislehre derartige Konsequenzen mitverschuldet. Soweit sie der Metapher den Erkenntniswert abgesprochen hat, fällt diese Beurteilung mit der Aufdeckung ihres eigenen Gebrauchs von Metaphern auf sie selbst zurück. Autoren wie Paul Ricœur von ‚kontinentaler‘ und Nelson Goodman von ‚analytischer‘ Seite haben inzwischen die kognitive Leistung der Metapher philosophisch rehabilitiert. Auch wenn diese Leistung nicht als literarisches *Wissen* zu verbuchen ist, so haben wir es doch mit einer Form literarischer *Erkenntnis* zu tun. Hier zeigt sich erneut, dass Erkenntnis nicht auf propositionales Wissen reduziert werden darf, sondern dass der Begriff der Erkenntnis weiter zu fassen ist.

Literatur

Köppe, Tilmann. *Literatur und Erkenntnis. Studien zur kognitiven Signifikanz fiktionaler literarischer Werke*. Paderborn 2008.
Mauthner, Fritz. *Beiträge zu einer Kritik der Sprache*. 3 Bde. Leipzig 1923.

Literatur im System der Künste und Wissenschaften

Alexander Aichele

1 Die Integration der Literatur in ein System des Wissens (Leibniz, Baumgarten, d'Alembert/Diderot)

Um die Literatur – oder besser: die Dichtung – überhaupt sinnvoll in umfassende Darstellungen des gesammelten menschlichen Wissens integrieren zu können, muss ihr zunächst irgendeine positive und eindeutige Beziehung zur Erkenntnis zugebilligt werden. Ihr Zweck darf sich daher keinesfalls in bloßer Unterhaltung, Zerstreuung, Erbauung und Ähnlichem erschöpfen. Die großen Systeme des Wissens zwischen Leibniz und Hegel suchen einen derartigen epistemischen Wert auf vielgestaltige Art und Weise zu begründen.

Wie eine Vielzahl von Entwürfen bezeugt, arbeitete Gottfried Wilhelm Leibniz zeitlebens an einem Plan einer umfassenden Enzyklopädie. Sie sollte jedoch einen innovativeren Charakter als die vorherigen Versuche von Isidor von Sevilla bis Johann Heinrich Alsted besitzen (Collison 1964; Schmidt-Biggemann 1983). Leibniz ging es nicht nur um die Zusammenfassung und Verfügbarmachung des gesamten Wissensstandes seiner Zeit, sondern hauptsächlich um die Aufstellung allgemeiner Regeln des Erwerbs (*inventio*) von Wissen, das heißt um den Beweis, eine bessere Ordnung und seine Erweiterung vermittels einer ‚allgemeinen Wissenschaft' (*scientia generalis*, Science Generale). Leibniz' Interesse richtet sich also nicht so sehr auf das bereits verfügbare Wissen – obgleich dies bis zu einem endgültigen Beweis aus obersten Prinzipien der ständigen Überprüfung bedarf –, sondern eher auf alles mögliche Wissen überhaupt, dessen Rahmen eine ideale Enzyklopädie bilden sollte. Darin freilich spielt die Dichtkunst im Vergleich sowohl zu den klassischen theoretischen, praktischen als auch technischen Wissenschaften von der Natur, vom Menschen und Gott, deren Einheitsprinzip die Philosophie und deren Auffindungsmittel die *scientia generalis* bildet, eine für die Zeit durchaus konventionelle Nebenrolle. Das liegt daran, dass die Dichtkunst nur in dem Teil, der die Prüfung, Korrektur und Glättung eines „Werks der Einbildung" (*l'ouvrage de l'imagination*) betrifft (Leibniz 1992a, 124–125), vernünftigen bzw. wissenschaftlich fundierten Regeln unterworfen werden kann, „denn es gibt Dinge, besonders die von den Sinnen abhängenden, wo man mehr und besseres erreicht, indem man seiner Einbildungskraft einfach freien Lauf lässt und übt, statt sich mit trockenen Prinzipien abzugeben" (122). Dichtung entsteht – ebenso wie Musik, Malerei, Architektur – aufgrund von Sinneseindrücken, ihrer Verarbeitung durch die Einbildungskraft und Erfahrung. Ihre Werke sind „nach Maßgabe des Genies und der Erfahrung der jeweiligen Person" strikt singulär (123). Folglich kann es kein allgemeingültiges Rezept, wie etwa bei Handwerksstücken für ihre Hervorbringung, geben. Deswegen sind „die Vorschriften der Kunst" (124) nur „nötig, um etwas Vollendetes und Vorzügliches hervorzubringen" (125).

An welche Regeln Leibniz hier denkt, zeigen seine *Unvorgreifflichen Gedancken, betreffend die Ausübung und Verbesserung der Teutschen Sprache*. Dort ordnet er die „Teutsche Poesie [...] hauptsächlich zum Glantz der Sprache; [...] will [s]ich anietzo damit nicht auffhalten" (Leibniz 1908, 355), verweist jedoch, was Sprachgestaltung, Sprachreinheit, Regulierung und Schreibweise angeht, mehrfach auf den „treffliche[n] Opitz" (352). Dessen *Buch von der deutschen Poeterey* stellt die erste Regelpoetik für die deutsche Sprache in der Tradition der *Ars poetica* von Horaz dar. Wie diese enthebt Opitz den Dichter von der Verpflichtung auf historische Wahrheit, obwohl und weil „die gantze Poeterey im nachäffen der Natur bestehe, und die dinge nicht so sehr beschreibe wie sie sein, als wie sie etwan sein köndten oder solten" (Opitz 1913, 13). Unmögliches, Widernatürliches und auch Niedriges, eines kultivierten Menschen Unwürdiges, ohne dessen Abscheulichkeit klarzumachen, bleibt verboten. Denn alles „[d]ienet [...] zue uberredung und unterricht auch ergetzung der Leute; welches der Poeterey vornemster zweck ist" (14). All dies gilt auch für Leibniz. Er schränkt sogar das horazische Ziel des *prodesse aut delectare* (Hor., ars, V. 333) weiter ein. Zumindest betont er in der *Theodizee* vehement den Aspekt des Nutzens: „Der Hauptzweck der Geschichte wie der Poesie muß der sein, durch Beispiele Weisheit und Tugend zu lehren und das Laster in einer Weise zu schildern, die Abscheu dagegen erweckt und dazu beiträgt oder dazu dient, es zu vermeiden" (Leibniz 1992b, § 148). Die Werke der Dichtkunst besitzen Erkenntniswert, indem sie ihrem Inhalt nach allgemeine Sätze der Moral an Einzelfällen bestätigen. Sie gehören ihrer Form nach, nicht aber bezüglich ihres jeweiligen Ursprungs in der individuellen Einbildung, zu den Gegenständen möglichen Wissens. Die Dichtkunst wird zu einer Art pädagogischer Hilfsdisziplin der Moralphilosophie, die zugleich die Urteilskraft schult (Aichele 2015; → II.2 ALLERKAMP; → II.6 MATUSCHEK).

Trotz der Fundierung seines gesamten philosophischen Denkens (Aichele 2017) auf Prinzipien Leibniz'scher Metaphysik nimmt nach Alexander Gottlieb Baumgarten die Dichtkunst eine eigene Stelle in seinem System der Wissenschaften ein (→ II.2 ADLER). Dort ordnet er sie dem Bereich der Ästhetik zu (Baumgarten 2002, § 147). Dessen erstaunliche Weite ergibt sich daraus, dass diese von Baumgarten eigens erst begründete philosophische Disziplin keinesfalls mit einer spezifischen oder gar exklusiven Theorie der Kunst verwechselt oder, wie viel später in der Tradition Hegels, gleichgesetzt werden darf. Vielmehr bildet sie im ‚organischen', das heißt epistemologischen, Teil der Philosophie das Komplement zur Logik. Erklärt diese die Möglichkeiten und Kriterien verstandesmäßiger Erkenntnis durch klare und deutliche Begriffe und deren Vervollkommnung, so untersucht jene die der niederen Erkenntnisvermögen bzw. der Sinnlichkeit durch klare und verworrene Begriffe. Dass Baumgarten ihnen überhaupt eine grundlegende, sogar eigenständige epistemische Funktion bei jeder möglichen Erkenntnis von Kontingentem einräumt, ist bereits das Revolutionäre an seinem Ansatz. Aus diesem Grund kann sich die Ästhetik nicht in der Konzentration auf die Werke der Kunst erschöpfen, wenngleich sie auch deren Theorie umfasst. Sie erlaubt in herausgehobener Weise sowohl die Erkenntnis der Singularität, die allen Dingen eignet, als auch ihre Einordnung in die und Widerspiegelung der unendlichen – und daher durch den endlichen Geist gar nicht klar und deutlich als solche erfassbaren – Vollkommenheit der besten aller möglichen Welten.

Im Rahmen dieses Unternehmens taucht die Dichtkunst, und zwar unterteilt in Geschichten (*fabulae, exempla, dramata*), Gedichte (*poemata*) und Poetik, an drei Stellen auf. Dichtungen überhaupt gehören zur Ästhetik als solcher (→ II.3 CAMPE), das heißt zur regel- bzw. erfahrungsgeleiteten Vervollkommnung der sinnlichen Erkenntnisfähigkeiten, nämlich des natürlichen Erdichtungsvermögens (*facultas fingendi* bzw. *poetica*) hin zu einer *ars fingendi* bzw. *mythologia philosophica*. Erzeugt Ersteres durch Kombination und Aufspaltung verschiedener Vorstellungen der Einbildungskraft – also solchen, deren Gegenstand unabhängig von der Vorstellung nicht aktual präsent ist – neue Vorstellungsganze (*fictiones*), so verhindert ihre Weiterentwicklung zur Erdichtungskunst deren Falschheit oder Widernatürlichkeit (*chimaerae*) (Baumgarten 1982, §§ 589–590; Baumgarten 2007, §§ 34 und 515). Diese Verpflichtung auf Möglichkeit bzw. Wahrheit schließt andere mögliche Welten keineswegs aus und gilt nach Baumgarten für folgende Arten von Fiktionen: theologische Geschichten mit göttlicher Bedeutung; Beispiele für Sinnsprüche, mithin Fabeln und Ähnliches; dialogische Darstellungen mit einer Verwicklung, das heißt Komödien und Tragödien; Romane im weiteren Sinne, die ein Beispiel irgendeiner Wissenschaft darstellen, und im engeren Sinne des Liebesromans und Heldenepen, die von ruhmreicher Tugend erzählen. Wahre Fiktionen thematisieren und illustrieren also immer wahre, natürliche oder mögliche Geschehnisse oder Handlungsverläufe, deren Bedeutung oder Inhalt auch durch allgemeine, verstandesmäßige Begriffe ausgesagt werden könnte.

Genau dies unterscheidet die Geschichten von den Gedichten. Gedichte ordnet Baumgarten der *ars characteristica* zu, das heißt der Kunst, zu bezeichnen und das Bezeichnete aus Zeichen zu erkennen (Baumgarten 1982, §§ 619–620). Sie betrifft die Rede im Allgemeinen, mithin die allgemeine Form gesprochener Sprache, welche die *Philologia universalis* untersucht (§ 622). Zu ihr gehört die

Redekunst (*oratoria*). Gedichte – darauf weist bereits Baumgartens Definition als „vollkommene sinnliche Rede" hin (Baumgarten 1983b, § 9) – sind Ergebnisse der besonderen Redekunst, das heißt der Beredsamkeit (*eloquentia*), die sich um „Vollkommenheit in der sinnlichen Rede" bemüht (Baumgarten 2002, § 147). Geschieht dies anders als bei der Rhetorik in gebundener Rede (*oratio metrica*), hat man es mit einem Gedicht zu tun. Dessen Themen lassen sich Baumgarten zufolge logisch unterscheiden, und zwar gemäß der Begriffe, welche die sinnliche Rede bezeichnet. Dabei handelt es sich entweder um Individualbegriffe (*ideae*) – von denen Menschen aufgrund der Singularität ihres Gegenstandes keine sowohl klare und deutliche als auch vollständige Definition, sondern nur eine klare und verworrene, also teilweise dunkle Vorstellung besitzen können – oder um Gemeinbegriffe (*notiones*), die klar und deutlich definiert sein müssen. Gedichte thematisieren entweder Zustände oder Taten einzelner Menschen von niederem (*ecloga, bucolion*) oder hohem Stand (*poema heroicum*), oder es sind Lehrgedichte entweder theoretischen oder praktischen Inhalts. Weil es sich aber jeweils um vollkommene sinnliche Reden handeln soll, muss auch jeweils ein semantischer Überschuss vorhanden sein, der sich nicht vollständig durch logische Propositionen wiedergeben, nicht rein verstandesmäßig erkennen lässt. Derartige „vielsagende Vorstellungen" (*perceptiones praegnantes*, Baumgarten 1982, § 517) bilden essentielle Charakteristika von Gedichten.

Zum dritten geht die allgemeine Dichtkunst (*poetica*) freilich der besonderen Einteilung der Gedichte systematisch voraus. Sie nimmt jedoch eine Sonderstellung ein. Denn sie soll etwas lehren, was eigentlich gar nicht gelehrt werden kann. Die Poetik gehört nämlich nicht zur „Sphäre der menschlichen Philosophie" (Baumgarten 2002, § 161), sondern zu den Disziplinen, die kein gewisses, sondern „bloß ungewisses" Wissen zulassen, das nicht durch den Rückgang auf weitere gewisse Sätze erwiesen werden kann und so die wissenschaftlich zulässige – und jede Erkenntnis von Kontingentem prägende – „gewisse Ungewissheit" überschreitet (Baumgarten 1983a, § 424). In der Poetik soll die vollkommene sinnliche Darstellung von Singulärem gelehrt werden, das aufgrund der epistemischen Schwäche (*infirmitas*) des Menschen seine Fähigkeit zu propositionaler Erkenntnis sprengt. Daher lässt sich weder die Gestaltung eines einzelnen Gedichts aus den allgemeinen Regeln der Poetik ableiten noch die Wahrheit ihrer universalen Regeln aus einzelnen Gedichten beweisen: Man kann keine Herstellungsanweisungen für etwas geben, von dem man nicht aussagen kann, was es ist. Die Poetik lässt sich nach Baumgarten zwar in die Form einer Wissenschaft bringen und als solche darstellen, sie kann aber kein einziges Gedicht produzieren (Baumgarten 2002, § 161; Baumgarten 1983a, § 356).

Baumgartens bahnbrechende Überlegungen spielten freilich für die Enzyklopädisten keine Rolle. Einerseits waren sie trotz des Erfolgs seiner *Metaphysica*

(1739) und des rechtzeitigen Erscheinens des ersten Teils der *Aesthetica* (1750) keineswegs Gemeingut, und andererseits wurden sie schlicht zu spät publiziert. Dennoch fand die Dichtkunst auch in der Systematik der *Encyclopédie* einen festen Platz. Schon damit ist sie zumindest in „Aufbau und Zusammenhang der menschlichen Kenntnisse" aufgenommen (d'Alembert 1989, 12), genießt also Erkenntniswert. Gemäß der grundlegenden Unterscheidung der drei Quellen menschlicher Erkenntnis – Gedächtnis (*mémoire*), Vernunft (*raison*) und Einbildungskraft (*imagination*) (Behrens und Steigerwald 2015; Scholz 2015), die Jean-Baptiste le Rond d'Alembert und Denis Diderot (→ III.4 SCHILDKNECHT) in der *Einleitung zur Enzyklopädie* (*Discours préliminaire*) erläutern, entspringt die Dichtung neben den anderen schönen Künsten der Einbildungskraft. Anders als die Vernunft, die auf empirischer Basis zu immer allgemeineren Begriffen emporsteigt und durch deren Analyse wieder bis zur logischen Unterscheidbarkeit der einzelnen Dinge zurückkehrt (d'Alembert 1989, 23), und anders als das Gedächtnis, das vorgefundene Kenntnisse in „rein passiver und sozusagen mechanischer Anhäufung" nur sammelt (48), „existiert daneben noch eine andere Art verstandesmäßig erworbener Kenntnisse [...]. Sie bestehen in den Vorstellungen, die unser Ich selbsttätig durch seine Einbildungskraft erschafft und die den Dingen gleichen, die Gegenstand unserer unmittelbaren Ideen sind" (37). Wie die Begriffe der Vernunft basieren die Produkte der Einbildungskraft auf Sinneseindrücken und setzen ihre Bewahrung im Gedächtnis voraus. Sie sind prinzipiell auf mehr oder weniger getreue „Nachahmung der Natur" festgelegt (37). Dabei gilt: „Bei wachsender Entfernung von diesen Vorbildern werden seine [des Geistes] Schöpfungen immer merkwürdiger und unerfreulicher" (49).

Die Nachahmung steht im Dienst der Reflexion: Indem sie versucht, „wirkliches Erleben" zu wiederholen, und die damit verbundenen Gefühle hervorruft, schafft sie neben dem Vergnügen, das sie bereitet, zugleich Distanz und ermöglicht rationale Einordnung. So betrachtet dienen die schönen Künste der Selbsterkenntnis des Menschen. Denn auch das Gefühl besitzt neben Evidenz, Gewissheit und Wahrscheinlichkeit epistemischen Wert (43). Ist es an die Nachahmung der Natur gebunden, besteht es in Freude am Schönen und Erhabenen „und lehnt ab, was nur den äußeren Anschein der Schönheit trägt". Es geht auch in den schönen Künsten um Wahrheit, jedoch um eine solche, die sich der rationalen Begründung entzieht und Sache des Gefühls bleibt, und zwar in beurteilender Hinsicht des Geschmacks und in schöpferischer des Genies. Weder Geschmacksurteile noch Genieprodukte, in denen „die Vorstellungskraft (*phantasie*) nur gemäß den rein materiellen Dingen arbeitet" (50) und deren Singularität und Kontingenz keine vollständige begriffliche Erfassung zulässt, können vollständig und allgemeingültig begründet werden. Folglich ist die in ihnen enthaltene und gefühlte Wahrheit kein möglicher Gegenstand propositionalen Wissens.

Der Vorstellungs- bzw. Einbildungskraft ist daher „in der Rangordnung unserer geistigen Fähigkeiten de[r] letzte Platz zuzuweisen" (50). Die Nachahmungsmittel der Dichtkunst bilden nun „nur harmonisch und wohlklingend angeordnete Worte" (38). Dichtung bietet keine unmittelbaren Sinneseindrücke der Dinge, „die unsere Welt ausmachen" (38), sondern regt den Geist an, sie in der Vorstellung nachzuschaffen. Sie ist einerseits das epistemische Mittel der Einbildungskraft par excellence und andererseits aufgrund der Unhintergehbarkeit der Individualität der mit ihr verbundenen Vorstellungen zugleich das Unfasslichste. Allerdings bleibt sie aufgrund ihres nachahmenden Wesens Regeln unterworfen. Um deren Formulierung, welche „die philosophische Seite der schönen Künste" ausmachte, also eine Poetik, ist es jedoch schlecht bestellt, „weil nur ein Genie sie schaffen könnte und dieses lieber schöpferisch wirkt als sich in theoretische Erörterungen einläßt" (49). Und dies wird wohl ein Dauerzustand bleiben müssen. Denn es ist nicht zu sehen, warum die Poetik des einen Genies auch für ein anderes gelten sollte. Die *Encyclopédie* ehrt daher die Dichtkunst als Erkenntnisquelle und erweist zugleich, dass die Wahrheit, die durch sie zugänglich wird, nicht allgemein ausgesagt und damit auch nicht Gegenstand eines allgemein lehrbaren Wissens sein kann.

2 Kulturentwicklung und Dichtung (Vico, Herder)

Dies gilt genauso für Giambattista Vico: Die Poesie ist als einzige Kunst allein die Sache der „natürlichen Anlage" des Genies (Vico 1924, 96, 159, 329). Zwar entspringt auch hier die Dichtung der Einbildungs- bzw. Erfindungskraft und hält sich ganz ans konkrete, sinnliche Einzelne (291, 330). Doch beurteilt Vico ihren epistemischen Wert und demnach ihre Position in einem System der Wissenschaften weder als bloß defizitäre Form propositionaler Erkenntnis noch als eigenständige, von der logischen Verstandestätigkeit unabhängige und komplementäre ästhetische Erkenntnis. Vielmehr versucht er in seiner *Neuen Wissenschaft über die gemeinschaftliche Natur der Völker* (*Scienza nuova*) die Dichtung als einzigen Ursprung der „gemeinschaftlich-menschlichen Sinnesart" zu erweisen und damit aller Gesellschaft und insbesondere des einheitlichen natürlichen Rechts, das deren Zusammenleben reguliert (119). Es kann bei aller Verschiedenheit weder ein kategorialer noch inhaltlicher Unterschied zwischen den geschichtlichen Erscheinungsformen von Gesellschaft und Naturrecht angenommen werden. Vielmehr findet eine kontinuierliche Entwicklung statt, die von der göttlichen Vorsehung gelenkt wird. Sie führt die Völker in der „ewigen idealen Geschichte" über drei Gemeinschafts- bzw. Herrschafts- und Wissensformen: Diese Entwicklung beginnt mit der Religion, die durch die mythologische Poesie der ersten

Dichter geschaffen wird und die barbarische Ordnung der Familie begründet. Sie wird fortgesetzt durch die Autorität „politischer Heroen", die auf der Basis der ursprünglichen (Dichter-)Religion in göttlichem Auftrag Staaten gründen und sie durch ein „Gewaltrecht" beherrschen (61). Erst am Ende gelangen die Menschen durch die Philosophie zur Einsicht in ihre Gleichheit durch die „vernünftige Natur" und gelangen so von der natürlichen zur bürgerlichen Gleichheit und damit von der staatlichen, das heißt partikularen, zur menschlichen, das heißt universellen, Gemeinschaft (63). Allerdings verläuft diese Geschichte weder linear noch synchron. Denn zum einen können, sofern es die Vorsehung – etwa zur Verteidigung oder Verbreitung des wahren, christlich-katholischen Glaubens wie in den Kreuzzügen – für nötig befindet, heroische und barbarische Zeiten wiederkehren und an die vergessenen, ursprünglichen und allgemein menschlichen Einrichtungen erinnern. Zum anderen entsteht zwar immer und überall das gleiche natürliche Recht, jedoch „gesondert bei allen Völkern [...], ohne daß eines vom anderen wußte" (79); und genau deswegen muss es „einen gemeinsamen Untergrund von Wahrheit haben" (80). Dieses Fundament erschließt die Dichtung, von welcher alle anderen seiner Darlegungsformen nur abstrahieren. Die Poesie enthält das ursprüngliche und eigentliche Wissen über die Dinge. Eine Konkurrenz zwischen Wissenschaft und Dichtung ist damit nicht mehr möglich: Weil das Volk in seiner Dichtung einheitliche Typen „erfindet", die der „Idee nach Wahrheit" sind, „ist das poetisch Wahre, wenn man es gut bedenkt, ein metaphysisch Wahres, dem gegenüber das physisch Wahre, das nicht damit übereinstimmt, gleich einem Falschen geachtet werden muß" (94).

Befasst sich die Wissenschaft mit den genuin menschlichen Angelegenheiten Ethik, Recht und Politik, muss sie auf die Dichtung, und zwar besonders auf die früheste – das heißt auf Homer, dem Gegenstand des dritten Buchs der *Neuen Wissenschaft* – und auf Mittel der poetischen Metaphysik, Logik, Physik usw. – denen Vico das gesamte zweite Buch widmet – zurückgreifen. Die ursprüngliche Dichtung kann nicht auf Offenbarung beruhen, weil „Dichtung nichts anderes als Nachahmung" ist (97). Weil diese aber sowohl von den für alle Völker verschiedenen äußeren Umständen als auch von den zahllosen möglichen „verschiedene[n] Aspekten" (86) der Dinge als auch von der individuellen Phantasie „als erweitertes oder zusammengefaßtes Gedächtnis" abhängt (95), zeigt sich, dass alles, was den Menschen als solchen angeht, „die historische Welt ganz gewiß von den Menschen gemacht worden ist und darum ihr Wesen in den Modifikationen unseres eigenen Geistes zu finden sein muß" (139). Erfüllt die „große Poesie" ihre drei Aufgaben, nämlich „erhabene Fabeln zu ersinnen, die dem volksmäßigen Verständnis angepaßt sind; im Übermaß zu erschüttern, damit sie ihr Ziel erreiche; [...] das Volk zu lehren, wie man tugendhaft handelt" (153), so zeigt sie dem Menschen stets sein eigenes Wesen, das ihm alle anderen Wissenschaften, inklusive der Philosophie, nur in verwässerter, durch Abstraktionen verstellter Form erkennen lassen. Die Dichtung wird auf diese Weise zugleich Mutter und Königin der Wissenschaften, sie bildet also zugleich Anfangs- und Endpunkt von deren System.

Johann Gottfried Herders Behandlung der Dichtkunst erinnert in zentralen Punkten an Vico (Herder 1984a; Herder 1984b; Norton 1991): Sie beginnt in archaischen und barbarischen Zeiten mit stummen oder von expressiven und rhythmisierten Lauten begleiteten Gebärden und bildet so als „natürliche Poesie" (Herder 1987, 165) den Ursprung der Sprache; diese Lyrik – und damit die Dichtung überhaupt – erreicht aufgrund ihrer umfassenden sinnlichen Konkretheit bereits vor der Erfindung der Schrift ihre höchste Stufe und wird von immer rationalerer und abstrakterer Prosa abgelöst; die Entwicklung der Dichtung verläuft partikular und diachron gemäß der verschiedenen Nationen und allein durch Genies. Hier zeigt sich jedoch gerade in ihrer wissenschaftstheoretischen Einordnung zugleich die andere, in den Grundbegriffen an Baumgarten anschließende Richtung (70–93, 175–180), die Herder einschlägt. So hält er zum einen die Regeln der Ästhetik und insbesondere der Poetik zwar „für selbstherrschende Genies" für überflüssig, ja unsinnig, zum anderen jedoch als analytische Instrumente „für Philosophen" (72), die zu einem „deutliche[n] Begriff der Schönheit" gelangen wollen (77), für unverzichtbar.

Auf dem Weg dorthin erweist sich der herausragende epistemische Wert der Dichtung. Denn sie gilt Herder nicht nur als komplexeste, sondern als geradezu integrale Form der schönen Kunst, die unmittelbar auf die Seele wirkt: „Poesie ist mehr als stumme Malerei und Skulptur; und noch Etwas ganz anders, als beide, sie ist Rede, sie ist Musik der Folge der Gedanken, der Bilder, der Worte, der Töne [...]. In der *Wortfolge* selbst vornehmlich folgt und würkt eine Melodie von Vorstellungen und Tönen; mit jedem Wort würkt die Energie tiefer in die Seele" (209–210). Bietet die ästhetische Analyse dichterischer Werke demnach den Königsweg zu einem Begriff des Schönen und dient die Wissenschaft dem Ziel der Bildung aller, auch des „Ungelehrte[n]", so bildet die Dichtung den Angelpunkt der Ästhetik, die an ihr am bequemsten den Geschmack bilden und als „eine Führerin zur reizenden, gebildeten Denkart zu leben" fungieren kann (211). Das Ziel, das allein vermittels der Auffindung des „Ideal[s] der Schönheit", also durch Ausbildung einer philosophischen Ästhetik erreicht werden kann, ist, sich von der „Nationalmanier" zu lösen (93). Herder erklärt nicht das Naturrecht, sondern das Schöne zum Allgemeinmenschlichen, das überall zu finden ist. Es ist zwar schwierig, jedoch „möglich, [...] ohne National-, Zeit- und Personalgeschmack das Schöne zu kosten, wo es sich findet, in allen Zeiten und allen Völkern und allen Künsten und allen Arten des Geschmacks" (93). In einer solchen Universalität des Geschmacks besteht die dem Menschen überhaupt mögliche Vollkommenheit seiner sinnlichen Vermögen und die Möglichkeit einer ungelehrten, konkreten und gelebten, das heißt nicht durch bloße Intellektualität und rationale Gründe geforderten, Einheit aller Menschen.

3 Absolutes und Weltgeist (Hegel)

Immerhin in der Einschätzung der Dichtung als höchste Form der Kunst schließt Georg Wilhelm Friederich Hegel an Herder an, geht jedoch mit ihrer Integration in sein System des Wissens viel weiter als alle seine Vorläufer. Denn die Kunst bildet zusammen mit Religion und Philosophie den Schlussstein der Philosophie des Geistes, gehört also ans Ende der *Enzyklopädie der philosophischen Wissenschaften*, das heißt zur Realität des absoluten Geistes. Ist die Aufgabe der Kunst Ausdruck, kann sie nicht mehr Nachahmung der Natur sein (Hegel 1986a, § 558). Epistemischen Wert in der Reflexion des Geistes kann nur noch das Kunstschöne besitzen: „Die *schöne* Kunst dagegen hat das Selbstbewußtsein des freien Geistes, damit der Unselbständigkeit des Sinnlichen und bloß Natürlichen gegen denselben zur Bedingung, sie macht dieses ganz zum Ausdruck desselben; [...] Die schöne Kunst hat von ihrer Seite dasselbe geleistet, was die Philosophie, – die Reinigung des Geistes von der Unfreiheit" (§ 562). Trotz der unangemessenen Bezeichnung identifiziert Hegel die Ästhetik mit der Philosophie der Kunst (Hegel 1986b, 13). Dort nimmt nun die Dichtung eine Sonderstellung ein: Sie ist „die absolute, wahrhafte Kunst des Geistes und seiner Äußerung als Geist. Denn alles, was das Bewußtsein konzipiert und in seinem eigenen Inneren geistig gestaltet, vermag allein die Rede aufzunehmen, auszudrücken und in die Vorstellung zu bringen" (Hegel 1986c, 261). Die Dichtung bildet daher das privilegierte Mittel zur Selbsterkenntnis des absoluten Geistes in seinen äußerlichen Produkten bzw. zum Selbstbewusstsein des Geistes. Dies hat folgende Gründe: Ihr die theoretischen Sinne des Gesichts und des Gehörs vereinigendes und sonach praktisches Interesse ausschließendes Medium ist die Vorstellungs- bzw. Einbildungskraft. Die Poesie besitzt daher eine unmittelbare Beziehung zum Geist: „Zu diesen beiden Sinnen kommt als drittes Element die sinnliche *Vorstellung*, die Erinnerung, das Aufbewahren der Bilder, welche durch die einzelne Anschauung ins Bewußtsein treten [...]" (256). Durch diese Vergeistigung des Sinnlichen und Versinnlichung des Geistigen erfüllt die Dichtung in besonderer Weise die Aufgabe aller Kunst, die darin besteht, „das Wahre, wie es im Geiste ist, seiner Totalität nach mit der Objektivität und dem Sinnlichen versöhnt vor die sinnliche Anschauung zu bringen" (257). Die Poesie integriert nämlich „in ihrem Felde die Darstellungsweise der übrigen Künste" (262): In der Epik „gibt sie ihrem Inhalte [...] die Form der *Objektivität*, welche [...] eine von der

Vorstellung in Form des Objektiven aufgefaßte und für die innere Vorstellung als objektiv dargestellte Welt ist" (262). Und in der Lyrik ist sie *„subjektive* Rede, das Innere, das sich als *Inneres* hervorkehrt, welche die Musik zu ihrer Hilfe herzuruft, um tiefer in die Empfindung und das Gemüt hineinzudringen" (262). Beider Synthese bildet die Dramatik, bei der in „einer in sich beschlossenen *Handlung,* [...] die sich ebenso objektiv darstellt, als sie das Innere dieser objektiven Wirklichkeit äußert [...], der ganze Mensch das vom Menschen produzierte Kunstwerk reproduzierend darstellt" (262). Da nun innerhalb des Bereichs der als Material dienenden „gegebenen Naturformen [...] unter den Gestaltungen [...] die menschliche die höchste und wahrhafte [ist], weil nur in ihr der Geist seine Leiblichkeit und hiermit anschaubaren Ausdruck haben kann" (Hegel 1986a, § 558), erweist sich die Dramatik als Königsweg zur subjektiven Erkenntnis des absoluten Geistes (→ III.8 Pirro). Sie bleibt darum partikular, weil der „absolute Geist [...] nicht in solcher Einzelheit des Gestaltens expliziert werden [kann]; der Geist der schönen Kunst ist darum ein beschränkter Volksgeist" (§ 559). Dieser wird erst transzendiert in der Religion als Realität der Identität des absoluten Geistes und deren Reflexion in der Philosophie.

Literatur

Aichele, Alexander. *Wahrscheinliche Weltweisheit. A. G. Baumgartens Metaphysik des Erkennens und Handelns*. Hamburg 2017.
Aichele, Alexander. „Urteilskraft". *Handbuch Europäische Aufklärung*. Hg. von Heinz Thoma. Stuttgart/Weimar 2015: 517–526.
d'Alembert, Jean Le Rond. *Einleitung zur Enzyklopädie*. Hg. von Günther Mensching. Frankfurt a. M. 1989 [EA: 1751].
Baumgarten, Alexander Gottlieb. *Ästhetik*. Übers. und hg. von Dagmar Mirbach. 2 Bde. Hamburg 2007 [EA: 1750/1758].
Baumgarten, Alexander Gottlieb. *Philosophia generalis*. Hildesheim 2002 [EA: 1770].
Baumgarten, Alexander Gottlieb. *Acroasis Logica in Christianum L. B. de Wolff*. Hildesheim 1983a [EA: 1773].
Baumgarten, Alexander Gottlieb. *Meditationes philosophicae de nonnullis ad poema pertinentibus/Philosophische Betrachtungen über einige Bedingungen des Gedichts*. Übers. und hg. von Heinz Paetzold. Hamburg 1983b [EA: 1735].
Baumgarten, Alexander Gottlieb. *Metaphysica*. Hildesheim/New York 1982 [EA: 1739].
Behrens, Rudolf und Jörn Steigerwald. „Imagination". *Handbuch Europäische Aufklärung*. Hg. von Heinz Thoma. Stuttgart/Weimar 2015: 277–288.
Collison, Robert L. W. *Encyclopedias. Their History Thoughout the Ages*. New York/London 1964.
Hegel, Georg Wilhelm Friedrich. *Enzyklopädie der philosophischen Wissenschaften im Grundrisse*. III. Teil: *Die Philosophie des Geistes. Mit den mündlichen Zusätzen*. Ders., *Werke in 20 Bänden*. Ders., *Werke in 20 Bänden*. Bd. 10. Hg. von Eva Moldenhauer und Karl Markus Michel. Frankfurt a. M. 1986a [EA: 1817].

Hegel, Georg Wilhelm Friedrich. *Vorlesungen über die Ästhetik I*. Ders., *Werke in 20 Bänden*. Bd. 13. Hg. von Eva Moldenhauer und Karl Markus Michel. Frankfurt a. M. 1986b [EA: 1835].

Hegel, Georg Wilhelm Friedrich. *Vorlesungen über die Ästhetik II*. Ders., *Werke in 20 Bänden*. Ders., *Werke in 20 Bänden*. Bd. 14. Hg. von Eva Moldenhauer und Karl Markus Michel. Frankfurt a. M. 1986c [EA: 1835].

Herder, Johann Gottfried. *Kritische Wälder*. Ders., *Werke*. Bd. II Hg. von Wolfgang Proß. 3 Bde. Darmstadt 1987: 57–250 [EA: 1769].

Herder, Johann Gottfried. *Versuch einer Geschichte der lyrischen Dichtkunst*. Ders., *Werke*. Bd. I. Hg. von Wolfgang Proß. 3 Bde. Darmstadt 1984a: 11–61 [EA: 1764].

Herder, Johann Gottfried. *Fragmente über die neuere deutsche Literatur*. Ders., *Werke*. Bd. I. Hg. von Wolfgang Proß. 3 Bde. Darmstadt 1984b: 67–210 [EA: 1805].

Horaz [Flaccus, Quintus Horatius]. *Ars poetica*. Übers. von Eckart Schäfer. Stuttgart 1972 [Hor., ars].

Leibniz, Gottfried Wilhelm. „Unvorgreiffliche Gedancken, betreffend die Ausübung und Verbesserung der Teutschen Sprache". *Wissenschaftliche Beihefte zur Zeitschrift des Allgemeinen Deutschen Sprachvereins*. Hg. von Paul Pietsch. Vierte Reihe 30 (1908): 313–356 und 360–371 [EA: um 1697]. [Digitale Fassung bearb. von Thomas Gloning. https://www.uni-giessen.de/fbz/fb05/germanistik/absprache/sprachverwendung/gloning/tx/lbnz-ug.htm. 2000/2013 (02. Februar 2021)].

Leibniz, Gottfried Wilhelm. „Précepts pour avancer les sciences/Regeln zur Förderung der Wissenschaften". Ders., *Philosophische Schriften*. Bd. IV. Übers. und hg. von Herbert Herring. 4 Bde. Frankfurt a. M./Leipzig 1992a: 95–129 [EA: 1860].

Leibniz, Gottfried Wilhelm. *Theodizee*. Ders., *Philosophische Schriften*. Bd. II. Übers. und hg. von Herbert Herring. 4 Bde. Frankfurt a. M./Leipzig 1992b [EA: 1710].

Norton, Robert E. *Herder's Aesthetics and the European Enlightenment*. Ithaca/New York 1991.

Opitz, Martin. *Buch von der deutschen Poeterei*. Hg. von Wilhelm Braune. Halle (Saale) 1913 [EA: 1624].

Schmidt-Biggemann, Wilhelm. *Topica universalis. Eine Modellgeschichte humanistischer und barocker Wissenschaft*. Hamburg 1983.

Scholz, Oliver R. „Vernunft". *Handbuch Europäische Aufklärung*. Hg. von Heinz Thoma. Stuttgart/Weimar 2015: 536–547.

Vico, Giambattista. *Die Neue Wissenschaft über die gemeinschaftliche Natur der Völker*. Übers. von Erich Auerbach. München 1924 [EA: 1744].

Naturphilosophie, Wissenspoetik und Literatur um 1800

Benjamin Specht

1 Naturphilosophie um 1800 und die Poesie (Schelling, Oken, Schubert)

Um 1800 dominiert zum letzten Mal in der europäischen Kulturgeschichte die Erwartung, dass sich moderne Naturwissenschaft, (Natur-)Philosophie und Kunst, speziell Dichtung, harmonisch und symmetrisch vereinbaren, ja vereinigen lassen. Ermöglicht wird dies durch diverse Auslegungen der Transzendentalphilosophie in den 1790er Jahren, die die Wissensbereiche als auf gemeinsamen Denkfiguren beruhend und dadurch aneinander anschließbar erscheinen lassen. Dieser hohe Synthesewille setzt gleichwohl ein Bewusstsein voraus, dass sich die Bereiche in einem Differenzierungsprozess befinden, und so macht er indirekt deutlich, dass sich bereits spürbare Gräben ergeben haben, die nur unter intellektueller Anstrengung überbrückt werden können. Neben dem anspruchsvollsten integrativen Ansatz in Form der romantischen ‚Poetisierung der Wissenschaften' finden sich daher durchaus auch weniger starke Synergiekonzepte, die die Grenzen der Wissensbereiche nur punktuell und zu speziellen Zwecken überschreiten.

Ein zentrales ‚Scharnier' ist um 1800 dabei die Naturphilosophie, die die neuen erkenntnistheoretischen Grundannahmen mal mehr, mal weniger direkt zur Organisation des sprunghaft angewachsenen empirischen Wissens über die physische Welt nutzt. Die Poesie stellt sie oft als spezielle und privilegierte Erkenntnisressource heraus und baut sie in ihre Argumentationen ein. In der Konsequenz nähert die Naturphilosophie sich der Poesie zuweilen auch rhetorisch an, da Letztere als besondere Darstellungsform gilt, bei der natur- und subjektgemäße Prozesse korrespondieren oder gar konvergieren können. Auch wenn sich die einzelnen Naturwissenschaften um 1800 nach innen und außen nur ansatzweise schon kommunikativ geschlossen haben (Stichweh 1984), steht die Naturphilosophie aber doch von Anfang an unter einem gewissen Rechtfertigungsdruck gegenüber empirischeren Wissenschaftsstilen.

Besonders die frühen naturphilosophischen Entwürfe in den 1790er Jahren verstehen sich ganz unmittelbar als Modifikation und Komplettierung der durch Immanuel Kant und Johann Gottlieb Fichte vorgelegten Subjektphilosophien durch eine Theorie des Naturalen. Bei allen Unterschieden im jeweiligen Verhältnis von empirischen und spekulativen Anteilen legen sie allesamt einen holistischen Naturbegriff zu Grunde, im Gegensatz zu einer unhintergehbaren ersten Dualität von ‚Attraktion' und ‚Repulsion' wie in Kants *Metaphysischen Anfangsgründen der Naturwissenschaft* (1786). Eine diskursbegründende Stellung kommt dabei Friedrich W. J. Schelling zu: Die eine und ungespaltene ‚Produktivität' der Natur (*natura naturans*) geht jedem manifesten Phänomen (*natura naturata*) als Bedingung seiner Möglichkeit voran (Schelling 2001, 41), legt sich in einer zeitlichen und dialektischen Entwicklung stufenweise in die Erscheinungen der Erfahrungswelt auseinander. Diese verschiedenen ‚Potenzen' der Grundkraft, bei denen jeder Gegensatz seine produktive ‚Aufhebung' im mehrfachen Sinne des Wortes (Negation, Bewahrung, Steigerung) erfährt, reichen von den basalen Prozessen der anorganischen Natur (Magnetismus, Elektrizität, chemische Synthese) bis hinauf ins menschliche Bewusstseinsgeschehen. Diese Vorstellung teilen im Grunde alle Naturphilosophen der Zeit, so zum Beispiel auch Schellings Schüler, Kollege und späterer Gegner Lorenz Oken. Bei ihm führt die Idee einer subjektgemäßen, ja anthropomorphen Strukturiertheit der Natur im *Abriß des Systems der Biologie* (1805) und vielen weiteren Beiträgen zu einer besonders rigorosen Analogisierung und Ordnung aller Erscheinungen in einem Systembau von dreimal drei Potenzen. Allesamt sind sie dabei Etappen einer ‚embryonalen' Entwicklung der Natur als ganzer, die im Menschen als Ziel und Vereinigung aller Stadien zu ihrer vollkommenen Form heranreift (Oken 2007, 83).

Ein solches, Natur und Subjekt gleichermaßen beinhaltendes ‚natürliches' Wissenssystem soll in den naturphilosophischen Entwürfen der Zeit an die Stelle der überzeitlichen und ‚künstlichen' Ordnung durch tableauartiges Nebeneinanderstellen der Phänomene treten, das die Naturreflexion des 18. Jahrhunderts noch auszeichnete. Damit einher geht bei Schelling und den anderen Naturphilosophen sowie ‚romantischen Naturwissenschaftlern' – neben Oken etwa Hans Christian Ørsted, Henrik Steffens, Carl Gustav Carus – die Vorstellung *aller* Naturerscheinungen, auch der physikalischen, als selbst schon organische Teile eines einzigen großen, in zeitlicher Dynamik befindlichen Weltorganismus. Dieses Prinzip der Objektsphäre findet eine vollständige Entsprechung in der geistigen Konstruktion der Welt im Subjekt und der Menschheitsgeschichte. Natur und Kultur, vor allem Kunst, bilden somit ein Kontinuum, und die Naturphilosophie will die Selbstbewusstwerdung der gemeinsamen Entwicklungsprinzipien in Objekt- und Subjektsphäre leisten.

Durch diese Argumente, aber auch schon persönlich durch Schellings Teilnahme am Kreis der Jenaer Frühromantiker, ist seine Naturphilosophie von Anfang an eng angebunden an die avantgardistische Kunsttheorie der Zeit. Seine Überlegungen arbeitet er im *System des transzendentalen Idealismus* (1800) aus, in dem die Naturphilosophie in eine Theorie der Kunst umschlägt. Damit nämlich die Identität von Subjekt und Natur aufgrund derselben schöpferischen Prozessualität überhaupt für den Menschen anschaulich werden kann, braucht es eine Darstellungsweise, die Produktivität und Produkt nicht im Erkennen künstlich trennt, sondern beide Seiten in ihrer Einheit erfahrbar macht: die Kunst. Diese ist das „einzige wahre und ewige Organon zugleich und Document der Philosophie", das vereinigt, was im Denken „sich fliehen muß" (Schelling 2005, 328). Somit ist die ästhetische Anschauung die einzig und eigentlich adäquate Form der Bewusstwerdung der transzendentalen Produktion der Erscheinungswelt.

Transzendentalphilosophisch weniger elaboriert als Schelling, dafür aber umso breitenwirksamer, ist die Naturphilosophie seines Münchner Kollegen und Adversators Gotthilf Heinrich Schubert. Aus dessen privaten Vorlesungen während seiner Zeit in Dresden (1806–1809) ging das epochale Erfolgsbuch *Ansichten von der Nachtseite der Naturwissenschaft* (1808) hervor. Schubert legt darin keine eigenen Forschungsergebnisse vor, sondern synthetisiert existentes Natur- und Geschichtswissen unter einer naturtheologischen Prämisse: dem „Zusammenhang eines jetzigen Daseyns mit einem zukünftigen höheren" (Schubert 1808, 3) in Form der ‚Ahnung' der jeweils nächsthöheren Entwicklungsstufe eines Organismus auf der gegenwärtigen. In der menschlichen Psyche macht dies sich analog gerade in den Ausnahmezuständen von Geisteskrankheit, Somnambulismus, animalischem Magnetismus – dazu eingehend die besonders populäre 13. Vorlesung – bemerkbar, in der Kulturgeschichte am Ausdruck des jeweiligen Naturverhältnisses des Menschen als Gattungswesen. Die mythische Überlieferung der frühesten Kulturstufen artikulierte sich noch in Versen, sodass die Poesie die erste Sprache des Menschen war und seine innige Teilhabe an den kosmischen Zyklen in metrischer und rhythmischer Form ausdrückte. Die späteren Zeiten sind dagegen im doppelten Sinne ‚prosaisch', weil sich Mensch und Natur zunehmend voneinander separieren. Wie sich aber allenthalben an der Tendenz der Naturerscheinungen zu den nächsthöheren Formen erkennen lässt, wird auch die Menschheit sich am Ende und diesmal aus freien Stücken wieder zu einer höheren Einheit von Natur und Kultur steigern.

Seine sprachphilosophischen und religiösen Implikationen konkretisiert Schubert in seiner Schrift *Die Symbolik des Traumes* (1814). Die bildliche Assoziationslogik der Träume stellt eine „Abbreviaturen- und Hieroglyphensprache" (Schubert 1992, 2) dar, die sich auch in den prophetischen Überlieferungen, in der Dichtung oder in psychischen Ausnahmesituationen findet. All diese unterschiedlichen ‚Dialekte' basieren auf derselben „Sprache der Liebe" (85), in der Gott sich durch die Formen der Natur artikuliert, und so entspricht die scheinbar diffuse Bildlogik von Traum, Offenbarung und Poesie vielmehr einer höheren Ordnung. Dies hat starke sprachphilosophische und poetologische Implikationen: Ist im gegenwärtigen Zustand die Wortsprache des Menschen nur „armer Nachhall" der göttlichen Natursprache, so lässt sich doch „in einem künftigen höheren Zustande eine Sprache der Seelen erwarten, worinnen sich die Gedanken und Empfindungen auf eine andere und wirksamere Weise mitteilen, als durch Worte" (156).

Mit der Aufwertung der ‚Nachtseiten' als ‚Ahnungen' eines höheren Daseins ist Schubert ein wichtiger Impulsgeber für Autoren der Zeit wie seinen Dresdner Zuhörer Heinrich von Kleist (→ IV.3 ALLERKAMP) oder E. T. A. Hoffmann (Höppner 2017, 462–482; → IV.1 KASPER). Beide interessieren sich für Schuberts Modell zweier durchlässiger Welten, der sichtbaren und der unsichtbaren, sowie für sein entsprechendes dipsychisches Persönlichkeitskonzept. Bei ihnen werden die ‚Nachtseitenphänomene' aber nicht mehr naturtheologisch aufgefangen, sondern als zwischen Magie und Naturwissenschaft changierende, zuweilen dämonische, mindestens ambivalente, untergründige Antriebe begriffen, die zum Machtmissbrauch genutzt werden können. Im *Käthchen von Heilbronn* (1808) gilt dies trotz des märchenhaft-guten Ausgangs etwa für die Anziehung, die der Graf Wetter vom Strahl auf die Titelheldin ausübt, im *Prinz Friedrich von Homburg* (1811) für die Motivlage des Protagonisten und das Machtgefälle zum Kurfürsten. Auch bei Hoffmann gibt es diese Ambivalenz in der Bewertung. *Der goldne Topf* (1814) etwa lässt sich (auch) als positiver Anschluss an Schubert lesen, wenn die Figuren zum Teil in eine mystische Ur- und Natursprache verfallen, der mit der Haupthandlung konvergierende Atlantis-Mythos der Schubert'schen Traumlogik und der Protagonist Anselmus einem ‚Mittelwesen' entspricht, in welchem Alltagswelt und die Ahnung höherer poetischer Wirklichkeit miteinander ringen. Es finden sich oft und zunehmend aber auch skeptischere Voten, zum Beispiel im *Magnetiseur* (1813), in *Die Automate* (1814) oder in *Der unheimliche Gast* (1819). Beide – Kleist und Hoffmann – reflektieren Schuberts naturphilosophisches Gedankengut aber nicht nur auf der Ebene der Information, sondern auch über die poetischen Rahmungen und Fakturen, sei es durch Darstellungstechniken als ‚Traum im Traum', durch fluktuierende Perspektiven, ja durch eine Art ‚somnambule' Ausgestaltung der poetischen Kommunikationssituation zwischen Text und Lesenden bzw. Zuschauenden selbst.

2 Symbiosen von Naturwissenschaft, (Natur-)Philosophie und Literatur um 1800 (Goethe, Humboldt, Novalis, Ritter)

Verhandeln Kleist und Hoffmann somit oft gerade auch die Friktionen von Naturkraft und Subjektivität, Wissenschaft und Kunst, so verkörpert Johann Wolfgang Goethe deren einflussreichste Kooperation. Er stand mit nahezu allen wichtigen Vertretern von Wissenschaft, Philosophie und Literatur in Kontakt, betrachtete sich selbst dabei aber keinesfalls als Natur*philosoph*, sondern *-forscher*. Getragen wird seine Forschung von einem auf vortheoretisch-lebensweltlicher Erfahrung basierenden Naturkonzept, das sich auch schon im lyrischen Frühwerk ausspricht: Der Mensch ist leibseelisch in die Natur eingebunden, und weil er ihr Teil ist, kann er sie aus der Teilnehmerperspektive mithilfe seiner Sinne erschließen. Naturerfahrung präsentiert sich ihm allerdings in einer rational und sprachlich uneinholbaren Fülle und Wandelbarkeit und folgt doch einer Ordnung, deren „[h]eilig öffentlich Geheimnis" (Goethe 1988, 198) der Mensch bis zu einem gewissen Punkt nachvollziehen und beschreiben kann, aber nur in einem schwachen Sinne ‚erklären'.

Das eigentümliche Vokabular seines Naturdenkens bleibt bei Goethe recht konstant. Das darf allerdings nicht, wie zuweilen in der traditionsreichen und verdienstvollen, ‚ganzheitlichen' Goethe-Forschung geschehen (Breidbach 2006, 11), dazu verleiten, auch längerfristig stabile Bedeutungen anzunehmen. Ihr ‚Schwanken' ist zuweilen gar explizites Programm: Die Kategorien, mit denen der Mensch die Natur erschließt, müssen flexibel gehalten werden, der Forscher „selbst so beweglich und bildsam" (Goethe 1987, 392) sein wie sein Gegenstand. Dieses Programm legt Goethe etwa in seinem wissenschaftstheoretischen Schlüsseltext *Der Versuch als Vermittler von Subjekt und Objekt* (1792) dar, der das Prinzip der ‚Vermannigfaltigung' nicht nur auf der Objektebene der ‚Natur', sondern auch auf der ihrer Erforschung für zentral erklärt. Versuche dienen nicht der Überprüfung von fertigen Hypothesen, sondern deren Entwicklung und Adaption an die Natur, indem Versuchsbedingungen feinmaschig variiert und ganze Erfahrungsreihen erzeugt werden, welche die komplexe Einbettung eines Phänomens in seine Kontexte durch zunehmend verdichtete Evidenzen behutsam erfassen und zu allgemeineren Konzepten – sogenannten ‚Erfahrungen höherer Art' – hinüberleiten können, die ihrerseits weitere Versuche anregen.

Schon bei seinen ersten vergleichend anatomischen Studien in den 1780er Jahren kommen diese Prämissen zum Einsatz, bevor sie ab 1796 im Programm einer ‚Morphologie' auch wissenschaftstheoretisch reflektiert werden. Morphologie ist eine Art ‚Notationssystem' zur Erfassung der „beweglichen[n] Ordnung" (Goethe 1988, 500) der Natur mittels auf gestalthaften Ähnlichkeiten basierenden Reihenbildungen, die auf reale genetische Zusammenhänge verweisen sollen. Zielt Goethe dabei zunächst auf den simultanen ‚Typus', der bei den verschiedenen Tierarten jeweils variiert, tritt mit der Metamorphosenlehre das Moment der sukzessiven Entwicklung ins Zentrum. In ihrem Rahmen erkennt Goethe erstmals die allgemeinen Prozessformen von Polarität und Steigerung, die fortan auch in seiner *Witterungslehre* (1826) und *Farbenlehre* (1810) Anwendung finden.

Fast all seine Forschungsgebiete hat Goethe auch in seiner Dichtung aufgegriffen, besonders prominent in den Elegien *Die Metamorphose der Pflanzen* (1798) und *Metamorphose der Tiere* (vermutlich 1798–1799) sowie im Wolkenzyklus zu

Howards Ehrengedächtnis (1820). Einerseits trennt Goethe klar zwischen seinen Texten mit wissenschaftlichem und künstlerischem Geltungsanspruch, andererseits entspringen Kunst und Wissenschaft für ihn historisch aus *einer* Wurzel und sollen sich auch künftig wieder ‚freundlich begegnen' (Goethe 1987, 419–420). Sie treffen sich zum Beispiel darin, dass die vorausgesetzte Idee des Allgemeinen im Besonderen jeweils ‚nur' symbolisch zur Anschauung kommen kann, dass sie zudem auf demselben Nachahmungstrieb und Bildungsgesetz beruhen. Nicht selten verfügt die Kunst aber auch über überlegene Mittel der Darstellung wissenschaftlicher Erkenntnis, indem sie den intellektuell nicht zu schließenden Graben von Idee und Erfahrung im ästhetischen Schein überspringen bzw. das Problem dorthin verschieben kann. Besonders die Elegie *Die Metamorphose der Pflanzen* demonstriert, wie Dichtung nach Goethe in ihrer sukzessiven Informationsvergabe das stufenweise Werden der Organismen simulieren, Erlebnishaftigkeit und Naturwissen durch geteilte Anschauung vermitteln und schließlich eine symbolische Brücke auch zum Bereich des Menschlichen schlagen soll. Anschauung, Darstellung, Erklärung und Deutung sind idealerweise ein und derselbe Akt.

Alexander von Humboldt überträgt nach seiner großen Lateinamerikareise (1799–1804) in den *Ansichten der Natur* (1807) und dem wissenschaftlichen Bestseller *Kosmos. Entwurf einer physischen Weltbeschreibung* (1845–1862) Goethes morphologische Methode vom Einzelwesen auf ganze Landschafts-, Erd- und Weltbilder. Dabei entwickelt er ein eigenes Genre auf Basis der goethezeitlichen Organismus- und Autonomieästhetik, nämlich das ‚Naturgemälde'. Diese Textsorte von ästhetischem *und* szientifischem Anspruch gibt synchrone Querschnitte zu Klima, Geologie, Fauna und Flora von eigentümlichen Naturräumen (Urwald, Hochgebirge, Steppe, Flusslandschaft etc.) und weist als ‚Naturphysiognomik' an der Gestalt der einzelnen Naturobjekte dieser Ambiente die innere Zusammenstimmung zu einem harmonischen Ganzen nach, „die mit der Gesamtheit der Bildungen verkettete Naturform" (Humboldt 1993, 31). Dabei zielen Humboldts Darstellungen nicht einfach auf eine intellektuelle Entfaltung, sondern auf einen hypotypotischen ‚Totaleindruck' in der Empfindung, der der ganzheitlichen Wirkung der realen Landschaft auf ihren Betrachter möglichst entsprechen soll (Ette 2002, 204). Dies soll die spezifisch poetische Darbietungsweise der einzelnen Essays leisten.

Eine andere Art der ‚Poetisierung der Wissenschaften' verfolgen die Autoren der Frühromantik, allen voran Friedrich von Hardenberg (Novalis), der die Transzendentalphilosophie und Naturwissenschaft der 1790er Jahre genau beobachtet und zu eigenständigen Konzepten gelangt. Das Absolute ist für ihn nicht einzuholen, man kann sich ihm nur nähern durch eine „Hin und her Direction" (Novalis 1981, 117) von Gefühl und Reflexion, die keine dialektische Synthese darstellt, sondern nur im unendlichen Prozess des Überleitens von einem Gegensatz zum anderen deren Einheit vollzugshaft vergegenwärtigt. Im ‚Enzyklopädistikprojekt' seines Konvoluts *Das allgemeine Brouillon* (1798–1799) konkretisiert er diese Methode am nahezu gesamten Naturwissen seiner Zeit. Die einzelnen Phänomene und Wissenschaften werden hier probeweise daraufhin sondiert, wo sie auf eine Vereinigung mit anderen Wissensbereichen hindeuten. Allgemein bezeichnet Novalis ein solches Vorgehen als „Glaubensconstruction – Construction durch Annahmen" (387).

Direkt darstellbar ist diese hypothetische Einheit nicht, symbolisch lässt sie sich aber indirekt vergegenwärtigen. Dies macht die Poesie zum „Held der Philosophie" (590) und führt Novalis zur Forderung: „[D]ie Wissenschaften müssen alle poëtisirt werden" (Novalis 1975, 252). Konkret sind es mehrere Faktoren, die die Dichtung derart an die Zentralstelle im Wissenssystem rücken: Im Sinne von Friedrich Schlegel hat sie als ‚progressive Universalpoesie' die Vereinigung aller Wissensbereiche zum Ziel (→ II.4 SCHMIDT), spricht mit ‚Verstand' und ‚Gefühl' den ‚ganzen Menschen' an, kann Einheitsideen im fiktionalen Modus des Als-ob als gültig setzen (→ II.2 ALLERKAMP), eine unscharfe semantische Fülle in einem einzigen Symbol komprimieren und so die diversen Bedeutungsschichten als bereits vereinigt behandeln. Durch gezielte Vertauschung von Wertigkeiten, Erfahrungs- und Wissensbereichen ‚romantisiert' die Poesie die Erfahrungswelt und die wissenschaftliche Empirie und lässt in der diesseitigen eine ideale Wirklichkeit durchscheinen. Schließlich kann die poetische ‚Darstellung' – ähnlich wie bei Schelling – *in actu* und *in re* Strukturen und Prinzipien der ideellen Konstruktionsleistung von Ich und Natur anschaulich werden lassen, begreift damit „die Gesetze der symbolischen Construction der transscendentalen Welt" (Novalis 1981, 536).

Das langfristige kulturelle Ziel besteht in einem neuartigen symbolischen Weltbild, einer ‚neuen Mythologie'. Schon im *Ältesten Systemprogramm* (1797) von Hegel, Schelling und Hölderlin, erst recht in Schlegels *Rede über die Mythologie* (1800) liefert die aktuelle Physik dafür die ersten Spuren. In Novalis' Klingsohr-Märchen aus dem neunten Kapitel des Romanfragments *Heinrich von Ofterdingen* (1800) manifestiert sich dies poetisch in der konsequenten Überblendung eines physikalischen, anthropologischen und mythischen Geschehenszusammenhangs (Specht 2010, 298–308). Durch den Verschmelzungscharakter der poetischen Symbole wird die Vereinigung von Geist und Materie, Gemüt und Natur, auf die das menschliche Naturverhältnis sich idealerweise zubewegen soll, als bereits vollzogen dargestellt.

Bei dem mit Novalis befreundeten Physiker und Elektrochemiker Johann Wilhelm Ritter firmiert eine solche Verbindung unter der Formel ‚Physik als Kunst' – so auch der Titel seiner Antrittsvorlesung an der Münchner Akademie der Wissenschaften im Jahr 1806. Indem Ritter diesen weltgeschichtlichen Wendepunkt als tatsächlich kurz bevorstehend erachtet, behandelt er die regulative Idee Hardenbergs aber als Realie. Dies gilt auch für seine Spielart frühromantischer Fragmentästhetik in seinem einzig erhaltenen, genuin poetischen Werk *Fragmente aus dem Nachlasse eines jungen Physikers* (1810). Um die Ganzheit der Natur erfassen zu können, will er sie zunächst im dynamischen Verweisungszusammenhang einzelner Fragmente indirekt aufscheinen lassen. In einem längeren Essay im Anhang der Sammlung erwägt Ritter – an Johann Gottfried Herder (→ II.1 ADLER; → II.5 AICHELE) angelehnt – allerdings überdies noch Möglichkeiten einer direkten Darstellung und skizziert eine Symboltheorie auf Basis der Ähnlichkeit akustischer, chemischer und elektrischer Schwingungsfiguren mit der mutmaßlichen Gestalt der ältesten Schriftzeichen des Menschen. In all diesen Figuren vergegenwärtigt sich dieselbe Grundlage der Natur und Kultur in ihren ureigenen Zeichen (Welsh 2003, 70–109; Specht 2010, 199–215), die der Mensch nur wieder lesen lernen muss.

Für all die genannten Denker und Künstler gibt es einen je unterschiedlich entwickelten Forschungsstand mit spezifischen Problemen. Noch immer nimmt sich die neuere Forschung bei weniger kanonischen Autoren wie Oken oder Ritter der Erschließung, Auswertung und Kontextualisierung ihrer Argumentationen an – gerade da, wo Philosophen wie Ritter, Schubert oder Steffens zugleich auch selbst literarische Texte verfasst haben (Höppner 2017). Für den ungleich besser erschlossenen Autor Goethe stellt sich die jüngere Forschung die Frage nach dem Verhältnis von Figuren der offenen Dynamisierung und solchen des gestalthaften Abschlusses im künstlerischen *und* wissenschaftlichen Œuvre (Geulen 2016). Die Novalis-Forschung diskutiert dagegen noch immer das notorische Problem der Romantikforschung, wie stark die ‚Poetisierung der Wissenschaften' auf ein (mehr oder weniger idealistisch gedachtes) Absolutes bezogen ist oder – wie in poststrukturalistischen Deutungen – von diesem entkoppelt werden muss. Neuere werkübergreifende und systematische Interessen bestehen etwa an den ‚anderen' Natur- und den offenen Wissenschaftskonzepten um 1800 (Gloy 1996; Ette 2002), historische an der Rekonstruktion konkreter, Naturwissenschaft, Philosophie und Kunst umfassender Netzwerke und ‚Konstellationen'. Darauf basierend fokussiert man sich nicht mehr ‚nur' für die Inhalte, sondern zunehmend auch für die Sprach(handlungs)formen der Transzendental- und Naturphilosophie und setzt sie mit der Poetologie der Zeit in Beziehung (Bowman 2007). Des Weiteren rücken – mehr oder weniger stark an die ‚Poetologie des Wissens' der 1990er Jahre anschließend – neben den Konzepten auch die Praktiken in beiden Domänen (etwa das Experimentieren, Sammeln und Skizzieren) sowie die materialen Bedingungen der jeweiligen Wissenspoetik ins Interesse.

Literatur

Bowman, Brady (Hg.). *Darstellung und Erkenntnis. Beiträge zur Rolle nichtpropositionaler Erkenntnisformen in der deutschen Philosophie und Literatur nach Kant*. Paderborn 2007.
Breidbach, Olaf. *Goethes Metamorphosenlehre*. München 2006.
Ette, Ottmar. *Weltbewußtsein. Alexander von Humboldt und das unvollendete Projekt einer anderen Moderne*. Weilerswist 2002.
Geulen, Eva. *Aus dem Leben der Form. Goethes Morphologie und die Nager*. Berlin 2016.
Gloy, Karin. *Das Verständnis der Natur*. 2 Bde. München 1996.
Goethe, Johann Wolfgang. *Sämtliche Werke, Briefe, Tagebücher und Gespräche*. Abt. 1: *Sämtliche Werke*. Bd. 2: *Gedichte 1800–1832*. Hg. von Karl Eibl. Frankfurt a. M. 1988.
Goethe, Johann Wolfgang. *Sämtliche Werke, Briefe, Tagebücher und Gespräche*. Abt. 1: *Sämtliche Werke*. Bd. 24: *Schriften zur Morphologie*. Hg. von Dorothea Kuhn. Frankfurt a. M. 1987.
Höppner, Stefan. *Romantische Grenzgänger zwischen Literatur und Naturwissenschaft. Johann Wilhelm Ritter, Gotthilf Heinrich Schubert, Henrik Steffens, Lorenz Oken*. Würzburg 2017.
Humboldt, Alexander von. *Studienausgabe*. Bd. 7. Teilbd. 1: *Kosmos. Entwurf einer physischen Weltbeschreibung*. Hg. von Hanno Beck. Darmstadt 1993 [EA: 1845].
Novalis. *Schriften. Die Werke Friedrich von Hardenbergs*. Bd. 3: *Das philosophische Werk II*. Hg. von Paul Kluckhohn und Richard Samuel in Zusammenarbeit mit Hans-Joachim Mähl und Gerhard Schulz. Stuttgart 1983.
Novalis. *Schriften. Die Werke Friedrich von Hardenbergs*. Bd. 2: *Das philosophische Werk I*. Hg. von Paul Kluckhohn und Richard Samuel in Zusammenarbeit mit Hans-Joachim Mähl und Gerhard Schulz. Stuttgart 1981.
Novalis. *Schriften. Die Werke Friedrich von Hardenbergs*. Bd. 4: *Tagebücher, Briefwechsel, Zeitgenössische Zeugnisse*. Hg. von Paul Kluckhohn und Richard Samuel in Zusammenarbeit mit Hans-Joachim Mähl und Gerhard Schulz. Stuttgart 1975.
Oken, Lorenz. „Abriß des Systems der Biologie". Ders., *Gesammelte Werke*. Bd 1: *Frühe Schriften zur Naturphilosophie*. Hg. von Thomas Bach, Olaf Breidbach und Dietrich von Engelhardt. Weimar 2007: 15–86 [EA: 1805].
Schelling, Friedrich Wilhelm Joseph. *Historisch-kritische Ausgabe*. Abt 1: *Werke*. Bd. 9.1: *System des transcendentalen Idealismus (1800)*. Hg. von Harald Korten. Stuttgart 2005 [EA: 1800].
Schelling, Friedrich Wilhelm Joseph. *Historisch-kritische Ausgabe*. Abt 1: *Werke*. Bd. 7: *Erster Entwurf eines Systems der Naturphilosophie (1799)*. Hg. von Wilhelm G. Jacobs. Stuttgart 2001 [EA: 1799].
Schubert, Gotthilf Heinrich. *Die Symbolik des Traumes*. Nachdruck. Eschborn 1992 [EA: 1814].
Schubert, Gotthilf Heinrich. *Ansichten von der Nachtseite der Naturwissenschaft*. Dresden 1808.
Specht, Benjamin. *Physik als Kunst. Die Poetisierung der Elektrizität um 1800*. Berlin/New York 2010.
Stichweh, Rudolf. *Zur Entstehung des modernen Systems wissenschaftlicher Disziplinen. Physik in Deutschland 1740–1890*. Frankfurt a. M. 1984.
Welsh, Caroline. *Hirnhöhlenpoetiken. Theorien der Wahrnehmung in Wissenschaft, Ästhetik und Literatur um 1800*. Freiburg i. Br. 2003.

Hermeneutik der Literatur – literarische Hermeneutik

Dieter Teichert

1 Das Verstehen des Erlebten (Dilthey)

Von einer literarischen Hermeneutik im prägnanten Sinn einer die Eigenarten der Dichtung und literarischer Kunstwerke beachtenden spezifischen Interpretationstheorie kann man erst seit dem Beginn des 20. Jahrhunderts sprechen. Die ältere Tradition kennt die Hermeneutik in Form fachspezifischer Regelsammlungen (Theologie, Jurisprudenz), die sich ebenfalls der Literatur in Form klassischer Werke zuwendete. Diese hermeneutischen Regelsammlungen sind unmittelbar mit der Philologie verbunden und gebrauchen deren Methoden der Textkritik, Edition, Übersetzung, Kommentierung und Interpretation. Im 17. und 18. Jahrhundert erscheinen vereinzelte Beiträge zu einer allgemeinen Hermeneutik (Georg Friedrich Meier, Friedrich Ast). Entscheidende Wirksamkeit hat aber erst Friedrich Daniel Ernst Schleiermachers (1768–1834) Konzeption einer *universalen Hermeneutik* entfaltet, die durch erkenntnistheoretische, sprachwissenschaftliche und kommunikationstheoretische Überlegungen fundiert ist. Schleiermacher erkennt die Prägung der Denkmöglichkeiten der Individuen durch die Sprache (→ II.4 SCHMIDT). Er thematisiert die Probleme eines historischen, intersubjektiven, interkulturellen Verstehens und betont den Beitrag der sprachlichen Form für die Textbedeutung.

Im engen philosophischen Anschluss an Schleiermacher entstehen Wilhelm Diltheys (1833–1911) Arbeiten zur Hermeneutik im Rahmen des Vorhabens eine umfassende Theorie der *Geisteswissenschaften* zu entwickeln. Dilthey will eine am Vorbild Kants orientierte Kritik der historischen Vernunft erarbeiten. Nicht nur sind bestimmte Gegenstände der Wissenschaften historischer Art, vielmehr sind das Erkennen und die Vernunft selbst historisch bedingt. Diltheys Ziel ist es zu zeigen, dass geschichtliche Bedingtheit nicht notwendig zu einem unbegrenzten Relativismus bzw. Historismus führt. Vielmehr besteht auch im Feld der Geisteswissenschaften die Möglichkeit wissenschaftlicher, methodologisch abgesicherter Erkenntnis. Die Konzeption der Geisteswissenschaften wird maßgeblich durch die Entgegensetzung zweier Methoden (‚Erklären' vs. ‚Verstehen') erläutert. Die Naturwissenschaften geben *kausale Erklärungen*, wobei die Ableitung einzelner Ereignisse aus allgemeinen Gesetzen eine zentrale Rolle spielt. Geisteswissenschaften haben die Aufgabe, die kulturelle und soziale Welt zu *verstehen*. Dabei ist der Nachvollzug des Erlebens, der ‚inneren' Erfahrung der Individuen zentral: „Wir nennen den Vorgang, in welchem wir aus Zeichen, die von außen sinnlich gegeben sind, ein Inneres erkennen: *Verstehen*" (Dilthey 1990a, 318). Das Verstehen wird durch die Interpretation historischer Dokumente und Texte ermöglicht.

Für Dilthey spielt die Kunst im System der Kultur (Religion, Recht, Wirtschaft) eine herausgehobene Rolle. Die Kunst ist ein Medium der Artikulation eines historisch bedingten Weltverständnisses. Das Erleben, die ‚innere' Erfahrung anderer Menschen wird durch die Kunst in einer einzigartigen Weise zugänglich. Dabei missversteht Dilthey die Kunst nicht in psychologistischem Kurzschluss als direkten Ausdruck der Erlebnisse der Autoren. Er analysiert die Darstellungsleistung der Werke der Dichtung und ihrer durch die Prägung der sprachlichen Form bedingten Bedeutung. Die Interpretation literarischer Kunstwerke ermöglicht ein Geschichtsverständnis, in dem auch die Sphäre der Subjektivität berücksichtigt ist: „Die Kunst ist das Organ des Lebensverständnisses" (Dilthey 1990b, 274). Diltheys Hermeneutik der Literatur ist keine allgemeine Textinterpretationstheorie. Relevant sind die Meisterwerke eines literarischen Kanons, der in Hegels Ästhetik seine philosophische Darstellung gefunden hatte (→ IV.1 TEGTMEYER). Indem die Kunst zusammen mit einem bestimmten Weltverständnis eine historische Bedingtheit offenlegt, eröffnet sie für das Subjekt einen Spielraum der Freiheit. Die Relevanz der Kunst besteht vor allem darin, dass Wahrnehmungsmuster und Sichtweisen der Rezipierenden verändert werden können. Mit seinem erfolgreichen, 1906 erstmals veröffentlichten und mehrfach neu aufgelegten Buch *Das Erlebnis und die Dichtung* hat Dilthey seine Auffassung allgemein zugänglich gemacht (Dilthey 2005). Er öffnet die seinerzeit positivistisch erstarrende Literaturwissenschaft in Richtung auf eine allgemeine Geistesgeschichte und ordnet die Kunstwerke in den Rahmen sozialer Kommunikation und kultureller Selbstverständigung ein.

2 Historizität und Horizontverschmelzung (Gadamer)

Auch bei Hans-Georg Gadamer (1900–2002) wird die auf Literatur bezogene Hermeneutik nicht als ein eigenständiger Bereich bearbeitet, sondern im Rahmen einer *philosophischen* Hermeneutik thematisiert (→ IV.1 RICHTER). Ähnlich wie Dilthey betont Gadamer eine tiefgreifende Differenz zwischen den Naturwissenschaften und den Geisteswissenschaften. Aber Gadamer begreift diese Differenz ganz anders als Dilthey. Dilthey glaubte, das Verstehen und die Interpretation im Rahmen einer erkenntnis- und wissenschaftstheoretischen Kritik der historischen Vernunft angemessen bestimmen zu können. Dies gelang ihm insgesamt nicht in überzeugender Weise, da er lebensphilosophische Elemente in seine Konzeption des Verstehens aufnahm, ohne deren Unverträglichkeit mit einem wissenschaftlichen Verstehenskonzept zu erkennen. Angesichts der Inkonsistenzen und Aporien Diltheys setzt Gadamer auf Martin Heideggers ontologischen Begriff des Verstehens und seine antisubjektivistische Stoßrichtung (→ II.4 LEMKE). Gadamer vertritt die These, dass das Verstehen immer, sowohl in der Alltagspraxis als auch im wissenschaftlichen Bereich, durch geschichtliche Bedingungen bestimmt ist. Das könnte auf den ersten Blick als eine bloße Wiederholung Diltheys erscheinen, aber Gadamer ist auf den Spuren Heideggers wesentlich radikaler und wissenschaftsskeptischer: „*Geschichtlichsein heißt, nie im Sichwissen Aufgehen*" (Gadamer 1990, 307). Die Geschichte ist zunächst überhaupt kein Objekt des Wissens, sondern sie ist die unverfügbare Basis allen Verstehens. Die Interpreten selbst haben keine souveräne Kenntnis ihrer eigenen geschichtlichen Bedingtheit, ganz zu schweigen von einer unbegrenzten epistemischen Übersicht über die Bedingtheiten der ‚Objekte'. Diese Ontologisierung des Verstehens impliziert keinen vollständigen Verzicht auf Methodologie, aber sie verdrängt die Epistemologie und die Methodologie aus der ersten Reihe. Die Formel vom hermeneutischen Zirkel besagt, dass Verstehen niemals voraussetzungslos möglich ist und dass die Voraussetzungen niemals insgesamt reflektiert werden können. Verstehen ist nun nicht mehr primär eine aktive Leistung, eine kontrollierte und methodisch abgesicherte Handlung, sondern ein Geschehen, etwas, das sich in zentraler Hinsicht unabhängig von den expliziten Überzeugungen der einzelnen Individuen ereignet. Die ‚Objekte' der literarischen Hermeneutik liegen demnach nicht als nackte Fakten vor, sondern sie sind dem Interpreten auf Grundlage einer komplexen Überlieferung zugänglich. Die Gegenwart des Interpreten und die Vergangenheit des Autors und seines Texts sind keine selbständigen, voneinander unabhängigen Größen. Sie sind Teile eines Kontinuums, das von Gadamer mit dem sperrigen Terminus „Wirkungsgeschichte" bezeichnet wird. Geschichte ist keine Serie atomarer Ereignisse, sondern ein dynamischer Zusammenhang von Wirkungen und Effekten. Die Interpretation ist nicht allein durch methodologische Standards zu begründen, sondern muss in ihrer Abhängigkeit von der geschichtlichen Situation, in ihrer Bedingtheit durch den Prozess der Überlieferung gesehen werden. Die interpretierenden Wissenschaften gewinnen eine Form der Erkenntnis, die mit den Mitteln einer objektivistischen Wissenschaftsauffassung nicht angemessen zu artikulieren ist. Die ‚Wahrheit' der Kunst ist keine propositionale Wahrheit, sondern die durch die Werke ermöglichte Teilhabe an einem Sinn, der den Rezipierenden neu zugänglich wird. Die geschichtliche Dimension dieses Geschehens bestimmt Gadamer mit der Formel der „Horizontverschmelzung". Gadamer formuliert dabei keine Methodologie: Die Literaturwissenschaft ist ein spezieller, methodologisch disziplinierter Teil kultureller Überlieferung. Kulturelle Überlieferungen sind Prozesse intersubjektiver Teilhabe an Sinn, die insgesamt keiner szientistischen Logik folgen. Die Literaturwissenschaft verkennt ihre eigene Aufgabe, wenn Sie die vielfältigen Verbindungen ihrer eigenen Forschungspraxis mit der kulturellen Form der Traditionsvermittlung ignoriert. Für viele Literaturwissenschaftlerinnen und Literaturwissenschaftler stellt die scheinbare Abwertung von Epistemologie und Methodologie eine Provokation dar. Dennoch sind Gadamers Überlegungen von essentieller Bedeutung für jede Spielart von literarischer Hermeneutik, da sie sowohl die Historizität der Begriffe ‚Dichtung' und ‚Literatur' bedenken als auch die Geschichtlichkeit von Rezeption und Interpretation mit der Konzeption des hermeneutischen Zirkels reflektieren.

3 Literarische Hermeneutik (Szondi)

Peter Szondi ist neben Hans Robert Jauß und Paul Ricœur der wichtigste Theoretiker einer literarischen Hermeneutik im engeren Sinne (Jauß 1977; Ricœur 1973; Jauß 1982). Zwei Vorlesungszyklen und einen Symposiumsbeitrag hat Szondi Problemen der Hermeneutik gewidmet. Szondi bestimmt die literarische Hermeneutik als ein Desiderat: „Die literarische Hermeneutik kann sich ihre Regeln nicht durch einen Rückgang in die Vergangenheit [...] holen" (Szondi 1975, 13). Szondis Hermeneutik macht den ästhetischen Charakter der Texte zum Ausgangspunkt der Interpretation. Würde die ästhetische Dimension des Texts als Kunstwerk die Interpretation nicht von Anfang an mitbestimmen, verfehlte die Interpretation notwendigerweise die Textbedeutung. Die ästhetische Dimension der Werke ist stets ebenso geschichtlich bestimmt wie das Verstehen des Rezipienten. Bei aller kritischen Distanz Szondis gegenüber der Heidegger-Gadamer-Fraktion, anerkennt Szondi die zirkuläre Struktur des Verstehens, die der literarischen Hermeneutik zugrunde liegt.

Die Konturen der literarischen Hermeneutik Szondis sind nicht allein aus seinen vergleichsweise spärlichen expliziten Äußerungen zu dieser Disziplin zu erkennen, sondern sie erschließen sich maßgeblich durch seine interpretatorische Praxis. Diese verdeutlicht den außerordentlichen Anspruch, den Szondi mit der Synthese von Ästhetik und Hermeneutik verbindet. Szondi wendet sich kritisch gegen die Unterwerfung der literarischen Texte unter theoretische Modelle und die ‚Misshandlung' der Dichtung durch die Interpreten, sei es, indem die Texte als Beispiel für literaturwissenschaftliche Doktrinen herhalten müssten oder philosophischen Anschauungen assimiliert würden (Heidegger). Es gibt keine unproblematische, universal gültige, literaturwissenschaftlich legitimierte Basis des Interpretierens, da die Texte der Dichtung keiner diskursiven Sprache verpflichtet sind, die Lesenden in Kontexte führen, die sie nicht kennen und die nicht durch Referenz auf textexterne Ebenen deutbar sind (Szondi 1972).

Die Hermeneutik Gadamers kritisiert Szondi, weil er der „Horizontverschmelzung" misstraut und die Affirmation eines sich jenseits der kritischen Reflexion der Lesenden und der Literaturwissenschaftler durchsetzenden Überlieferungsgeschehens für eine literarische Hermeneutik ablehnt (Bollack 1990). Der Kontrast zwischen Gadamers Textauffassung und derjenigen Szondis wird insbesondere mit Blick auf die Celan-Interpretationen beider deutlich (Gadamer 1993, Szondi 1972). Gadamer interpretiert die Gedichte durch Einbettung in ein Kontinuum der Teilhabe an einem Sinn, der auch noch Momente des Nichtverstehens radikal opaker Textpartien umfasst. Szondi insistiert auf der Eigensinnigkeit und Inkommensurabilität der Dichtung. Literaturwissenschaftliche Interpretation ist bei Szondi eine methodologisch wache und selbstreflexiv kritische Arbeit, die der Distanz zu den tradierten Texten stets Rechnung trägt und diese nicht in einer – nach Szondi – blinden Sinnverschmelzung tilgt.

Literatur

Bollack, Jean. „Zukunft im Vergangenen. Peter Szondis materiale Hermeneutik". *Deutsche Vierteljahresschrift für Literaturwissenschaft und Geistesgeschichte* 64.2 (1990): 370–390.
Dilthey, Wilhelm. *Das Erlebnis und die Dichtung. Lessing. Goethe, Novalis, Hölderlin.* Ders., *Gesammelte Schriften.* Bd. 26. Hg. von Gabriele Malsch. Göttingen 2005 [EA: 1906].
Dilthey, Wilhelm. „Die Entstehung der Hermeneutik (1900)". Ders., *Gesammelte Schriften.* Bd. 5: *Die geistige Welt. Einleitung in die Philosophie des Lebens. Erste Hälfte. Abhandlungen zur Grundlegung der Geisteswissenschaften.* Hg. von Georg Misch. 8. Aufl., Stuttgart/Göttingen 1990a: 317–338.
Dilthey, Wilhelm. „[Über vergleichende Psychologie.] Beiträge zum Studium der Individualität (1895/96)". Ders., *Gesammelte Schriften.* Bd. 5: *Die geistige Welt. Einleitung in die Philosophie des Lebens. Erste Hälfte. Abhandlungen zur Grundlegung der Geisteswissenschaften.* Hg. von Georg Misch. 8. Aufl., Stuttgart/Göttingen 1990b: 241–316.
Gadamer, Hans-Georg. *Ästhetik und Poetik II.* Ders., *Gesammelte Werke.* Bd. 9. Tübingen 1993.
Gadamer, Hans-Georg. *Wahrheit und Methode. Grundzüge einer philosophischen Hermeneutik.* Ders., *Gesammelte Werke.* Bd. 1. 6. Aufl., Tübingen 1990 [EA: 1960].
Jauß, Hans Robert. *Ästhetische Erfahrung und literarische Hermeneutik.* Frankfurt a. M. 1982.
Jauß, Hans Robert. *Ästhetische Erfahrung und literarische Hermeneutik.* Bd. 1: *Versuche im Feld der ästhetischen Erfahrung.* München 1977.
Ricœur, Paul. *Hermeneutik und Strukturalismus. Der Konflikt der Interpretationen.* Übers. von Johannes Rütsche. München 1973 [OA: 1970].
Schleiermacher, Friedrich Daniel Ernst. *Vorlesungen zur Hermeneutik und Kritik.* Ders., *Kritische Gesamtausgabe.* Bd. II/4. Hg. von Wolfgang Virmond unter Mitwirkung von Hermann Patsch. Berlin/Boston 2012.
Szondi, Peter. *Einführung in die literarische Hermeneutik.* Hg. von Jean Bollack und Helen Stierlin. Frankfurt a. M. 1975.

Szondi, Peter. *Poetik und Geschichtsphilosophie I–II*. Ders., *Studienausgabe der Vorlesungen*. Bd. 1 und 2. Hg. von Senta Metz und Hans-Hagen Hildebrandt. Frankfurt a. M. 1974.

Szondi, Peter. *Celan-Studien*. Frankfurt a. M. 1972.

Der Erkenntniswert der Literatur

Gottfried Gabriel

Der Erkenntniswert der Literatur ist umstritten, jedenfalls soweit es sich um Dichtung als *fiktionale* Literatur handelt. Es versteht sich, dass apophantischer Literatur, insbesondere wissenschaftlicher Literatur, ein Erkenntniswert zukommt. Dieser besteht in der Vermittlung von propositionalem Wissen, das üblicherweise als begründeter Glaube, dass bestimmte Aussagen wahr sind, definiert wird. Folgt man dieser Definition, dann kann ungeachtet vielfältiger Verbindungen zwischen Literatur und Wissen (Borgards et al. 2013) Dichtung kein solches Wissen vermitteln; denn obwohl sie mitunter auch wahre Aussagen enthält, liefert sie für diese doch keine Begründungen, sondern gibt deren Inhalt lediglich zu bedenken. Fiktionale Literatur als Gedankenexperimente im hypothetischen Modus des Was-wäre-wenn-p aufzufassen (Bornmüller et al. 2019), mag in Einzelfällen, wie zum Beispiel in der philosophischen Science-Fiction-Literatur eines Stanisław Lem, sinnvoll sein, legt sich aber einseitig auf eine propositionale Darstellung fest (,p' ist eine Variable für propositionale Inhalte).

1 Erkenntniswert und emotive Funktion der Dichtung

Eine umfassende Verteidigung des Erkenntnisanspruchs von Dichtung hat einen Erkenntnisbegriff zu entwickeln, der nicht mit dem Begriff des propositionalen Wissens zusammenfällt und insbesondere nicht darauf beschränkt bleibt, einen Anspruch auf propositionale Wahrheit zu erheben (Gabriel 2015; Vendrell Ferran 2018). Die Rede von der ,Wahrheit der Dichtung' geht denn auch über Aussagenwahrheiten hinaus. Da es in der logischen Tradition seit Platon und Aristoteles aber üblich ist, Wahrheit als Wahrheit von Aussagen und damit propositional zu verstehen, empfiehlt es sich, den Erkenntnisbegriff nicht an den Wahrheitsbegriff zu binden (→ II.1 KREWET). Eine solche Bindung führt meistens dazu, der Dichtung einen Erkenntniswert abzusprechen und ihr stattdessen die emotive Funktion zuzuweisen, auf unsere Gefühle zu wirken. So hat dies der Logiker Gottlob Frege gesehen, der dabei durchaus treffend den fiktionalen Charakter dichterischer Rede als nichtbehauptend bestimmt und ihr wegen des fehlenden Anspruchs auf Realitätsreferenz einräumt, dass der Wahrheitswert fehlen darf. Sofern dieser fehlt, sind Aussagen dann weder wahr noch falsch (Frege 1892; Searle 1990). Damit wird immerhin Platons Vorwurf, dass die Dichter lügen, sprechakttheoretisch abgewehrt; denn wer nicht behauptet, nämlich keinen Wahrheitsanspruch erhebt, kann auch nicht lügen. So argumentiert bereits 1595

Philip Sidney (1971, 52; zum Fiktionsbegriff siehe ausführlich Klauk und Köppe 2014).

Dichterische Rede ist aber nicht nur fiktional, sondern sie unterscheidet sich von bloßer Erdichtung durch ihre literarischen oder poetischen Qualitäten. Es ist also nicht damit getan, eine Bestimmung fiktionaler Rede vorzulegen. Vielmehr ist auf der Grundlage von deren Analyse die weitergehende Frage zu beantworten, wie die literarischen Aspekte dichterischer Rede zu verorten sind. Nicht zu bestreiten ist, dass diese emotive Wirkung haben können. Darüber hinaus besteht deren Leistung aber auch in der Vermittlung von Erkenntnis. Um diese Leistung zu begründen, ist die Rolle von Aussagen zwar zu berücksichtigen, man hat sich aber gleichzeitig von einer einseitigen Festlegung der Erkenntnis auf wahre Aussagen zu lösen. Eine solche Festlegung findet sich nicht nur bei Logikern, sondern zum Beispiel auch bei einer Literaturwissenschaftlerin wie Käte Hamburger (→ II.2 GENCARELLI), die mit dem Wahrheitsanspruch der Dichtung auch deren Erkenntnisanspruch aufgibt und unter Berufung auf Gottfried Benn (ähnlich wie Frege) betont, dass es in der Kunst um „Expression" gehe (Hamburger 1979, 139).

Zu unterscheiden sind unterschiedliche Stufen emotiver Wirkung, wobei zu fragen ist, wieweit die jeweilige Wirkung kognitiv vermittelt wird. Gemeint sein kann, dass (1) unser Gefühlsleben allgemein ‚angesprochen' wird oder dass (2) ein bestimmtes Gefühl in uns ‚hervorgerufen' wird oder dass wir (3) gefühlsmäßig ‚aufgewühlt' werden. So ging es Kafka darum, das Gefühl der Entfremdung im Sinne von (1) für Leser im erkennenden Nachvollzug verstehbar zu machen, und nicht darum, dieses Gefühl im Sinne von (2) in den Lesern zu erzeugen. Ein Roman wie *Anna Karenina* mag bewirken, dass wir bestimmte Gefühle im Sinne von (2) mit der Hauptfigur teilen oder dass uns deren Schicksal im Sinne von (3) sogar erschüttert. Die genannten drei Stufen kann man vielleicht kurz als Einfühlen, Mitfühlen und Mitleiden unterscheiden. Die erste Stufe lässt sich als kognitive *Em*pathie bestimmen, während sich die zweite und dritte Stufe als unterschiedlich starke Formen emotiver *Sym*pathie erweisen. Da die Gefühle der zweiten und dritten Stufe das erkennende Verstehen der ersten Stufe durchlaufen müssen, bleibt die Erkenntnis auch auf diesen Stufen im Einsatz. Anzumerken ist, dass Mitfühlen und Mitleiden aufseiten der Leser vorkommen können, ohne dass den gelesenen Texten (sogenannten Schnulzen) ästhetische Qualität zukommt.

Mit Scheler ist zu betonen, dass das erkennende „Verständnis" der „Gefühlszustände" anderer Personen einem möglichen Mitleid mit ihnen vorauszugehen hat (Scheler 1999, 19). Scheler geht dabei allerdings nicht von einer Drei-, sondern von einer Zweiteilung aus, indem er nicht zwischen Mitfühlen und Mitleiden unterscheidet, sondern lediglich ein dem Einfühlen entsprechendes Nachfühlen (bzw. Nacherleben) dem Mitfühlen gegenüberstellt (zum Thema ‚Mitfühlen' allgemein Schmetkamp und Zorn 2018; Schmetkamp 2019). Auf diesen Unterschied soll es hier nicht ankommen, wichtiger ist, dass das Nachfühlen als Erkennen bestimmt wird: „Das ‚Nachfühlen' bleibt noch in der Sphäre des *erkennenden* Verhaltens [...]. Der Historiker von Bedeutung, der Romanschriftsteller, der dramatische Künstler müssen die Gabe des ‚Nacherlebens' in hohem Maße besitzen; aber ‚Mitgefühl' brauchen sie nicht im mindesten mit ihren Gegenständen und Personen zu haben" (Scheler 1999, 20).

Die im Folgenden entwickelte Verteidigung des Erkenntnisanspruchs fiktionaler Literatur stellt in logischer Hinsicht keine generelle Behauptung, sondern lediglich eine Existenzbehauptung auf: Es gibt relevante fiktionale Literatur mit Erkenntniswert. Im Blick ist hier vor allem die *erzählende* Literatur. Zu Abgrenzungszwecken ist ein Vergleich mit historiographischen Erzählungen vorzunehmen. Ausgangspunkt ist, dass im Gegensatz zu postmodernen panfiktionalistischen Bestrebungen, die Unterscheidung zwischen Wirklichkeit und Dichtung oder zwischen Fakten und Fiktionen (→ II.2 GENCARELLI; → II.2 ALLERKAMP) zu nivellieren, an dieser Unterscheidung mit Nachdruck festgehalten wird.

2 Fakten und Fiktionen

Die Verwechslung von Fiktion und Wirklichkeit bzw. das Verschwimmen von deren Grenzen ist häufig selbst Thema fiktionaler Literatur gewesen. Beispiele sind Cervantes' *Don Quijote* und Wielands deutschsprachige Entsprechung *Don Sylvio von Rosalva*. Das Spiel mit dieser Grenze hat auch sonst vielfältige Ausgestaltungen gefunden (Heimrich 1968; Bunia 2007, 140–143; Klimek 2010), und ‚das Leben ein Traum' ist ein Topos der Weltliteratur (Calderón [→ IV.3 POPPENBERG], Hofmannsthal, Lewis Carroll). Jedoch geht es dabei um die literarische Vergegenwärtigung einer Vermischung der Ebenen und – wie im Falle von *Don Quijote* (→ IV.3 VALDIVIA) und *Don Sylvio von Rosalva* – um die Folgen einer derartigen Vermischung. Keineswegs aber ist von den Autoren die Behauptung aufgestellt worden, dass es keinen Unterschied zwischen Fakten und Fiktionen gäbe. Ganz im Gegenteil kann deren Vermischung nur vor dem Hintergrund einer zuvor getroffenen oder doch vorausgesetzten Unterscheidung zum Thema werden.

Die Unterscheidung zwischen Fakten und Fiktionen bzw. zwischen Historie und Dichtung ist im Anschluss an Hayden White auch vonseiten einiger Historikerinnen und Historiker in Frage gestellt worden. Auffällig ist, dass Whites Buchtitel *Tropics of Discourse* tendenziös (unter Anspielung auf die Muse der Geschichtsschreibung) als *Auch Klio dichtet oder Die Fiktion des Faktischen* übersetzt wurde. In seiner Einführung zur deutschen Ausgabe weist der bekannte Historiker Reinhart Koselleck immerhin darauf hin, dass White nicht so weit wie die französischen Poststrukturalist/innen gehe, „die den historischen Text als geschichtlichen Wahrheitsvermittler zum Verschwinden bringen wollen" (White 1986, 6). Gleichwohl spricht auch er an anderer Stelle von einer „Fiktion des Faktischen" (Koselleck 2007, 50).

Anlass für einen solchermaßen zu weiten und daher problematischen Fiktionsbegriff dürfte die Doppeldeutigkeit des Ausdrucks ‚Fiktion' gegeben haben. ‚Fingieren' (von lat. *fingere*) bedeutet zunächst (wie *facere*) ganz allgemein ein ‚Machen', ein Zusammenstellen von sinnlichen Perzeptionen, die durch die Imagination (*facultas imaginandi*) vergegenwärtigt zu einem neuen Ganzen werden. Anderseits verstehen wir ‚Fiktion' als Erfindung im Sinne von bloßer Erdichtung. Diese Doppeldeutigkeit hat zu der Ersetzung des engeren Begriffs der Erdichtung durch den weiteren Begriff des Machens geführt. So kommt es dazu, dass bereits die „Selektion" der Wirklichkeitselemente seitens des Autors als „Akte des Fingierens" bestimmt werden (Iser 1991, 25). Diesem Verständnis zufolge wäre dann auch Historie Fiktion. Damit geht jedoch terminologisch die wichtige Unterscheidung zwischen Fakten und Fiktionen verloren. Dagegen empfiehlt es sich, den engeren Fiktionsbegriff beizubehalten.

White geht es in seinem strukturellen Vergleich der Historiographie mit der erzählenden Literatur um die Feststellung, dass beiden die narrative Darstellung gemeinsam ist. Dies ist zumindest teilweise auch der Fall. Die Autorinnen und Autoren der jeweiligen Darstellung wählen den Stoff aus, arrangieren ihn im Sinne des von White sogenannten *Emplotments* narrativ neu und geben ihm damit eine bestimmte sinnvolle Deutung. Das bedeutet aber nicht, dass die Historiographie Geschichte erdichtet.

Auf die Begrifflichkeit der Tradition zurückgreifend, kann man sagen, dass es darum geht, für die Historiographie und die Dichtung das Verhältnis zwischen reproduktiver und produktiver Einbildungskraft angemessen zu bestimmen. Die reproduktive Einbildungskraft ist aktiv, wenn von anderen beschriebene Dinge oder selbst wahrgenommene Dinge in der Vorstellung aufgerufen und auf diese Weise mental repräsentiert werden. Die Tätigkeit der produktiven Einbildungskraft besteht darin, die Vorstellungen, die durch die reproduktive Einbildungskraft gewonnen wurden, als Material zu nutzen, um Neues zu bilden. Dabei kann einerseits das Vorstellungsmaterial so ausgewählt und angeordnet werden, dass neue Zusammenhänge zwischen bestehenden Sachverhalten sichtbar werden. Andererseits kann dieses Material so verwendet werden, dass neue, nie dagewesene Sachverhalte dargestellt werden. Im ersten Fall wird Neues *gefunden*, im zweiten Fall wird es *erfunden*. Produktive Einbildungskraft ist in beiden Fällen am Werk; aber die Ergebnisse wissenschaftlicher Heuristik bleiben dabei doch von grundsätzlich anderer Art als die Produkte poetischer Phantasie.

Der Unterschied zwischen historischer und fiktionaler Narration wird deutlich am Umgang mit historischen Quellen. Mit Koselleck ist gegen Koselleck das

Vetorecht der Quellen für die historische Narration hervorzuheben: „Quellen haben ein Vetorecht. Der Historiker kann nicht behaupten, was er will, da er beweispflichtig bleibt. [...] In der Quellenkontrolle liegt die Bedingung wissenschaftlicher Objektivität beschlossen" (Koselleck 2010, 78). Dieses Vetorecht gilt dagegen nicht für fiktionale Narration. Die Fiktion einer historischen Quelle ist der Historiographie untersagt, und die Zuverlässigkeit der Quellen ist ihre Grundlage als empirische Wissenschaft, ohne die sie ihres Erkenntniswerts verlustig ginge. Wenn dagegen Christoph Martin Wieland in seiner *Geschichte des Agathon* vorgibt, der Text sei die Abschrift einer historischen Quelle, die lediglich von einem Herausgeber in den Druck gegeben wurde, so beeinträchtigt dies den Erkenntniswert des Romans nicht im Geringsten. Ganz im Gegenteil erhöht das Spiel mit dieser Fiktion die Komplexität der Erzählstruktur und damit möglicherweise auch den Erkenntniswert.

Die Geschichtsschreibung kann eine einseitige Auswahl der Fakten vornehmen und insofern die Wirklichkeit verfälschen. Indem aber ein solcher Einwand vorgebracht wird, bestätigt man, dass die Kategorie der Wirklichkeit regulativ in Kraft bleibt. Dies gilt selbst dann, wenn es im Einzelfall schwierig oder empirisch gar unmöglich sein sollte, etwa mit Blick auf bestimmte Quellen, zwischen Fakten und Fiktionen zu unterscheiden. Wesentlich ist einzig, dass an Kriterien für eine solche Unterscheidung festgehalten wird, und nicht, dass diese in allen Fällen faktisch zu einer Entscheidung führen. Es können auch die jeweiligen Kriterien in Frage gestellt werden; auf Kriterien überhaupt zu verzichten, ist aber nicht möglich. Vielmehr ist die Unterscheidung zwischen Fakten und Fiktionen eine Bedingung der Möglichkeit jeder Orientierung in der Welt.

3 Der Erkenntniswert fiktionaler Literatur als Vergegenwärtigungsleistung

Um einen relevanten Erkenntniswert fiktionaler Literatur zu sichern, so wurde bereits betont, kommt es darauf an, die Bindung des Erkenntnisbegriffs an den Wahrheitsbegriff zu lösen und eine Erweiterung des Erkenntnisbegriffs vorzunehmen, die mit dem Wissensbegriff den Wahrheitsbegriff zwar mit Nachdruck anerkennt, aber über diesen auch hinausgeht. Der Verzicht auf Referenz, auf *hin*weisende Bezugnahme, ermöglicht eine Richtungsänderung des Bedeutens im Sinne einer *auf*weisenden Bezugnahme, einer symbolischen Exemplifikation (Goodman 1995, 59–63), die einen einzelnen Fall als besonderen präsentiert. Durch diesen Wechsel vom Sprachmodus des Sagens zum Sprachmodus des Zeigens erbringen fiktionale Erzählungen eine *Vergegenwärtigungsleistung*. Erst diese Leistung verleiht einer Erzählung literarischen Charakter; denn das Erzählen allein ist „kein Spezifikum der Literatur" (Fulda und Matuschek 2009, 210), also keine hinreichende Bedingung für Literatur. Andererseits ist Fiktionalität keine notwendige Bedingung. Auf Fakten bezogenes historisches Erzählen kann literarisch sein, sofern es eine Vergegenwärtigungsleistung erbringt (Gabriel 2019, 150). Diese Leistung gilt es nun mit Blick auf die Dichtung genauer zu bestimmen.

Selbst in den Fällen, in denen fiktionale literarische Texte den Anspruch erheben, *neue* propositionale Erkenntnisse – etwa Einsichten über die Lebenswirklichkeit – vermitteln zu können, besteht die Erkenntnisleistung doch nicht in der abstrakten *Auf*stellung einer allgemeinen propositionalen These, sondern in der konkreten nichtpropositionalen *Dar*stellung, nämlich in der narrativen Vergegenwärtigung von deren Inhalt. Als Standardbeispiel einer solchen allgemeinen These gilt in der Literaturtheorie der Eingangssatz von Tolstois Roman *Anna Karenina*: ‚Alle glücklichen Familien gleichen einander, jede unglückliche Familie ist unglücklich auf ihre Art'. Zuzugestehen ist, dass diesem Satz aufgrund seiner hervorgehobenen Stellung eine lektüre- und erkenntnisleitende Funktion zukommt. Es wäre aber abwegig, in ihm den Erkenntniswert von Tolstois Roman ausmachen zu wollen. Auf die Frage nach dessen Hauptgedanken antwortet Tolstoi denn auch, dass er, um all das zu sagen, was er habe ausdrücken wollen, den gleichen Roman noch einmal schreiben müsste (Tolstoi 1978). Mit anderen Worten: Die Erkenntnisleistung der narrativen Vergegenwärtigung ist propositional nicht einholbar.

Nun treffen Interpret/innen dichterischer Texte durchaus Aussagen, in denen sie propositional zu sagen versuchen, was das Werk vergegenwärtigend zeigt. Derartige Interpretationsbehauptungen dürfen aber nicht so verstanden werden, als sei deren propositionale Erkenntnisleistung dem Werk selbst zuzuschlagen. Vielmehr haben wir es hier mit Propositionen über nichtpropositionale Erkenntnisleistungen zu tun. Eine Behauptung wie ‚Der Text vergegenwärtigt die Hilflosigkeit eines Menschen in der und der Situation' ist nicht selbst eine Vergegenwärtigung dieser Hilflosigkeit, sondern ein Hinweis, unter welchem Gesichtspunkt der Text zu lesen ist.

Nichtpropositionale Vergegenwärtigungsleistungen fiktionaler Literatur, deren ästhetisches Gelingen an ihrer Prägnanz im Sinne einer komplexen (detailgenauen, nuancenreichen) Darstellung gemessen wird (Gabriel 2019), können allerdings Anlass zu weiteren propositionalen Erörterungen etwa in moralphilosophischer Absicht geben. Der Erkenntniswert der Literatur besteht hier in einer exemplarischen Kultivierung und Sensibilisierung unserer moralischen Urteilskraft (Jäger 2005, 19). Damit werden wesentliche Voraussetzungen für einen differenzierten moralischen Diskurs geschaffen (Nussbaum 1990; → IV.1 WITT). Die Vergegenwärtigung von Situationen anderer (in Gestalt literarischer Figuren) erweitert den Horizont unseres Verstehens und erlaubt uns eine imaginative Teilnahme an vielfältigen Handlungszusammenhängen, Motiven, Gefühlen, Haltungen, Sichtweisen und Stimmungen (Sutrop 2000).

Die Auffassung, dass uns Dichtung mit Gegenständen und Situationen vergegenwärtigend bekannt macht, lässt sich anhand des ‚phänomenalen Wissens' als ein Wissen durch Bekanntschaft erläutern. Der Gegenstandsbereich dieses Wissens erstreckt sich auf die sogenannten Qualia. Diese entsprechen den sekundären Qualitäten der traditionellen Erkenntnistheorie. Standardbeispiele sind Farbwahrnehmungen. Farben können quantitativ nach ihrer Wellenlänge bestimmt werden. Etwas anderes ist es, sie qualitativ wahrzunehmen. Im Fall etwa der Farbe Rot besteht phänomenales Wissen in dem Wissen, *wie es ist*, eine Rotwahrnehmung zu haben. Ein solches Wissen-*Wie* ist spezifisch ‚reicher' als das propositionale Wissen, *dass* etwas rot ist (Schildknecht 2002, 193–215).

Ein Wissen, wie es ist, eine Rotwahrnehmung zu haben, lässt auch propositionales Wissen zu. Es lässt sich aber nicht darauf *reduzieren*. Wir können selbstverständlich etwas darüber aussagen, wie es ist, eine Rotwahrnehmung zu haben, und dementsprechend beanspruchen, ein propositionales Wissen über Rotwahrnehmungen zu besitzen. So ließe sich zum Beispiel behaupten, dass eine Rotwahrnehmung sich ‚erfrischender' anfühlt als eine Blauwahrnehmung. Was aber auch immer in dieser Form über eine Rotwahrnehmung ausgesagt werden kann, das qualitative Wie dieser Wahrnehmung wird auf diese Weise nicht erfasst. Die Gesamtheit des möglichen propositionalen Wissens darüber, wie es ist, eine Rotwahrnehmung zu haben, kann das qualitative Erlebnis der Wahrnehmung nicht einholen oder gar ersetzen.

Wie kann, so ist nun zu klären, das Wissen, wie es ist, die Grundlage einer Explikation des Erkenntniswerts der Dichtung als fiktionaler Literatur abgeben? Die Gemeinsamkeit besteht darin, dass wir in beiden Fällen mit etwas bekannt gemacht werden, allerdings auf unterschiedliche Weisen. Das phänomenale Wissen, wie es ist, ist ein unmittelbares nichtpropositionales Wissen. Nur die Nichtpropositionalität, nicht aber die Unmittelbarkeit lässt sich für eine Explikation des Erkenntniswerts fiktionaler Literatur als Vergegenwärtigungsleistung heranziehen. Eine *wirkliche* Bekanntschaft im Sinne eines direkten, unmittelbaren epistemischen Kontakts mit der Wirklichkeit, den ein *Wissen* durch Bekanntschaft verlangt, kann durch literarische Vergegenwärtigung nicht erreicht werden. Hier haben wir es vielmehr mit *imaginativer* Bekanntschaft zu tun (→ II.2 FINKELDE). Die Distanz zur Wirklichkeit, das Fehlen von Präsenzerfahrung, stellt sich aber nicht als Mangel dar. Auch wenn Literatur keinen unmittelbaren Zugang zum Dasein des Lebens selbst eröffnet, die poetische Artikulation der *conditio humana* bringt uns diese immerhin in ihrem besonderen Sosein zu Bewusstsein. Der Umstand, dass ein direktes *Er*leben und *Durch*leben nicht erfolgt, hat zudem sogar positive Seiten; denn niemand wird all das wirklich selbst erfahren wollen, was uns Literatur vergegenwärtigt. Vermittelt wird uns Erkenntnis auch über solche Situationen des Lebens, in denen wir uns selbst gerade nicht vorfinden möchten und von denen wir daher hoffen, dass uns die unmittelbare Bekanntschaft mit ihnen erspart bleibt.

Die gelungene (adäquate) literarische Vergegenwärtigung einer Situation ermöglicht es Lesern, sich imaginativ und empathisch in diese Situation zu versetzen. Imaginative Empathie führt aber nicht dazu, dass man wirklich *weiß*, wie es ist, sich in dieser Situation zu befinden. Aus diesem Grunde sollte man besser nicht von einem *Wissen*, wie es ist, sondern von einem *Erkennen*, wie es ist, sprechen. Wie es ist, eine Depression zu haben, weiß wohl nur derjenige, der selbst eine Depression erlebt hat. Erst dann kennt man sie *wirklich*. Auch fehlt uns in der Situation der wirklichen Bekanntschaft die reflexive Distanz, diese zu begreifen. Dazu verhilft uns erst die imaginative Vergegenwärtigung der Situation eines Anderen, in der wir unsere eigene Situation möglicherweise wiedererkennen und dadurch besser verstehen lernen.

Festzuhalten bleibt, dass fiktionale Literatur auch propositionale, in erster Linie aber nichtpropositionale Erkenntnis vermittelt. Von einer *Wissens*vermittlung sollte man besser nicht sprechen: Propositionales Wissen verlangt eine Begründung, die der Dichtung fremd ist, und nichtpropositionales Wissen im Sinne eines Wissens durch Bekanntschaft setzt einen direkten epistemischen Kontakt voraus, während Dichtung eine imaginative und damit indirekte Bekanntschaft vermittelt. Ihre Erkenntnisvermittlung erfolgt nicht durch Gegenwärtigung, sondern durch *Ver*gegenwärtigung.

Literatur

Borgards, Roland, Harald Neumeyer, Nicolas Pethes und Yvonne Wübben (Hg.). *Literatur und Wissen. Ein interdisziplinäres Handbuch*. Stuttgart 2013.

Bornmüller, Falk, Johannes Franzen und Mathis Lessau (Hg.). *Literature as Thought Experiment? Perspectives from Philosophy and Literary Studies*. Paderborn 2019.

Bunia, Remigius. *Faltungen. Fiktion, Erzählen, Medien*. Berlin 2007.

Frege, Gottlob. „Über Sinn und Bedeutung". *Zeitschrift für Philosophie und philosophische Kritik* 100 (1892): 25–50.

Fulda, Daniel und Stefan Matuschek. „Literarische Formen in anderen Diskursformationen. Philosophie und Geschichtsschreibung". *Grenzen der Literatur. Zu Begriff und Phänomen des Literarischen*. Hg. von Simone Winko, Fotis Jannidis und Gerhard Lauer. Berlin/New York 2009: 188–219.

Gabriel, Gottfried. *Präzision und Prägnanz. Logische, rhetorische, ästhetische und literarische Erkenntnisformen*. Paderborn 2019.

Gabriel, Gottfried. *Erkenntnis*. Berlin/Boston 2015.

Goodman, Nelson. *Sprachen der Kunst. Entwurf einer Symboltheorie*. Übers. von Bernd Philippi. Frankfurt a. M. 1995 [EA: 1968].
Hamburger, Käte. *Wahrheit und ästhetische Wahrheit*. Stuttgart 1979.
Heimrich, Bernhard. *Fiktion und Fiktionsironie in Theorie und Dichtung der deutschen Romantik*. Tübingen 1968.
Iser, Wolfgang. *Das Fiktive und das Imaginäre*. Frankfurt a. M. 1991.
Jäger, Christoph. „Kunst, Kontext und Erkenntnis". *Kunst und Erkenntnis*. Hg. von dems. und Georg Meggle. Paderborn 2005: 9–39.
Klauk, Tobias und Tilmann Köppe. *Fiktionalität. Ein interdisziplinäres Handbuch*. Berlin/Boston 2014.
Klimek, Sonja. *Paradoxales Erzählen. Die Metalepse in der phantastischen Literatur*. Paderborn 2010.
Koselleck, Reinhart. *Vom Sinn und Unsinn der Geschichte. Aufsätze und Vorträge aus vier Jahrzehnten*. Hg. von Carsten Dutt. Berlin 2010.
Koselleck, Reinhart. „Fiktion und geschichtliche Wirklichkeit". *Zeitschrift für Ideengeschichte* 1.3 (2007): 39–54.
Nussbaum, Martha C. *Love's Knowledge. Essays on Philosophy and Literature*. New York 1990.
Scheler, Max. *Wesen und Formen der Sympathie*. Hg. von Manfred S. Frings. Bonn 1999.
Schildknecht, Christiane. *Sense and Self. Perspectives on Nonpropositionality*. Paderborn 2002.
Schmetkamp, Susanne. *Theorien der Empathie zur Einführung*. Hamburg 2019.
Schmetkamp, Susanne und Magdalena Zorn (Hg.). *Variationen des Mitfühlens. Empathie in Musik, Literatur, Film und Sprache*. Stuttgart 2018.
Searle, John R. „Der logische Status fiktionalen Diskurses". Ders., *Ausdruck und Bedeutung. Untersuchungen zur Sprechakttheorie*. Übers. von Andreas Kemmerling. 3. Aufl., Frankfurt a. M. 1990: 80–97 [OA: 1975].
Sidney, Philip. *A Defence of Poetry*. Hg. von Jan A. van Dorsten. 2. Aufl., Oxford 1971.
Sutrop, Margit. *Fiction and Imagination. The Anthropological Function of Literature*. Paderborn 2000.
Tolstoi, Leo. „26 April (1876). Leo Tolsty to Nikolai Strakhov". *Tolstoy's Letters*. Bd. 1. Hg. von R. F. Christian. London 1978: 296–297.
Vendrell Ferran, Íngrid. *Die Vielfalt der Erkenntnis. Eine Analyse des kognitiven Werts der Literatur*. Paderborn 2018.
White, Hayden. *Auch Klio dichtet oder Die Fiktion des Faktischen*. Übers. von Brigitte Brinkmann-Siepmann und Thomas Siepmann. Stuttgart 1986 [OA: 1978].

II.6 Literatur und Ethik

Einleitung

Sophie Witt

Seit den 1980er Jahren und dem sogenannten *ethical turn* sowie dem daraus hervorgehenden *ethical criticism* hat das Problemfeld ‚Literatur und Ethik' verstärkt Aufmerksamkeit erfahren (Antor 2008). Seither gibt es eine schier unübersichtliche Menge an Publikationen (für einen Überblick über die US-amerikanischen Debatten Davis und Womack 2001; für den deutschsprachigen Kontext Nebrig 2016). Mit der Kapitelüberschrift „Literatur und Ethik" ist ein Forschungsfeld umrissen, das durchaus Unterschiedliches umfasst. Verstanden als Konvergenz von Literatur und Philosophie kann *ethical criticism* mindestens zweierlei meinen: Auf der einen Seite lässt sich das vor allem im Anschluss an Martha C. Nussbaum artikulierte Vorhaben innerhalb der Philosophie beobachten, den engeren Bereich der Moralphilosophie unter Zuhilfenahme der Literatur zu einer Ethik zu erweitern, und zwar, indem literarische Texte a) zum Reflexionsgegenstand und bzw. oder b) zum Vorbild für die zu kultivierende Schreibweise der Philosophie werden. Auf der anderen Seite stehen Bestrebungen innerhalb der Literatur und Literaturwissenschaft, a) literarische Texte vermehrt unter dem Blickwinkel der in ihnen dargestellten ethischen Haltungen und Praktiken zu reflektieren, b) literarische Praktiken wie das Lesen oder die Einfühlung selbst als solche zu bedenken oder c) Literaturwissenschaft insgesamt zunehmend ethisch auszurichten.

Die Rede von *einem ethical turn* unterstellt, es handele sich um eine neu einzunehmende Perspektive. Dabei wird teilweise die ‚Textimmanenz' und ‚Hermetik' formalistischer und poststrukturalistischer Literaturkritik als Anstoß für die zu vollziehende Wende genannt (Nussbaum 1990, bes. 168–194). Andererseits waren es gerade die sogenannten *New-Ethicist*-Zugriffe der US-amerikanischen Dekonstruktion, die literarische Texte hinsichtlich ihrer ethischen Potentiale aufgewertet haben (Miller 1987). Die Rede vom *turn* lässt jedoch tendenziell außer Acht, dass unabhängig von dessen jüngerer Konjunktur in Literaturwissenschaft und Philosophie die Liaison von Ästhetik und Ethik eine sehr alte ist: Sie lässt sich etwa bis zu jener berühmten Debatte zwischen Platon und Aristoteles zurückverfolgen. Schon darin geht es um den Wert und die Funktion der Tragödie für die Gemeinschaft und somit um die Verbindung von ethischen und ästhetisch-poetologischen Überlegungen.

Die drei folgenden Unterkapitel widmen sich paradigmatischen historischen und systematischen Konjunkturen dieser Verbindung. Ungeachtet des Verweises auf antike Debatten zeigt sich heute, dass es sich bei der Konvergenz von Ästhetik und Ethik besonders um eine moderne Problematik handelt, die erst vor dem Hintergrund moderner Begriffe wie Subjekt, Freiheit, Entfremdung oder Gewalt Gestalt annimmt. Deutlich wird zudem, dass das Verhältnis von Ästhetik und Ethik nicht nur ein je historisch zu situierendes, sondern auch ein komplexes und teilweise ambivalentes ist: Nicht zuletzt erscheint es als ethische Maßgabe, *nicht* davon auszugehen, das ‚Schöne' und das ‚Gute' ließen sich einfach aufeinander abbilden oder miteinander verschmelzen.

Das erste Kapitel diskutiert die lange und verschlungene Übersetzungs-, Begriffs- und Rezeptionsgeschichte der aristotelischen Katharsis, der heilsam-reinigenden Wirkung der Tragödie und des Theaters im engeren bzw. der Literatur im weiteren Sinne. Unter unterschiedlichen historisch-gesellschaftlichen Vorzeichen zeigen die Reden von der Katharsis, in welchen Formen und mit welchen Motivationen Kunst in Hinblick auf ethische und politische Wirkungsansprüche positioniert sein kann bzw. positioniert wurde (→ II.6 WITT).

Aus historischer Sicht diskutiert das zweite Unterkapitel, wieso es seit dem 18. Jahrhundert möglich, aber auch notwendig ist, Ästhetik und Ethik als Spannungs- und Konvergenzfeld neu zu bestimmen. Erst mit der Entstehung der Autonomie- bzw. Genieästhetik sowie der Ablösung der Künste von Regelpoetik und Produktionsästhetik kommt es zu einer grundsätzlichen Aufwertung und Loslösung des Ästhetischen aus den Zwängen unmittelbaren Nutzens (*prodesse*). Welche neuen anthropologischen und politisch-ethischen Dimensionen kommen dabei den Künsten zu? Ethisch relevant – so lässt sich diese Linie bis in die Debatten um Engagement im 20. Jahrhundert nachverfolgen (exemplarisch bei Sartre und Adorno) – sind dabei nicht so sehr die Darstellungsinhalte, wie dies etwa eine Moraltheorie der Künste suggerieren könnte. Vielmehr werden die ästhetischen Formen – paradigmatisch in Schillers ‚Spieltrieb' – und die Praktiken, dank derer sich die Künste als ‚rein ästhetische', das heißt als autonom bewertete Sphäre behaupten, nun selbst zum Politikum und zum Verhandlungsmoment ethischer Praxis (→ II.6 Matuschek).

Daran anknüpfend fragt der dritte Teil des Kapitels weiter nach dem spezifischen Stellenwert des Literarischen. Rekonstruiert werden Rortys und Nussbaums Ansätze einer literarischen Ethik sowie der ihnen entgegengebrachte Vorwurf, die Literatur zwar ethisch aufzuwerten, aber deren poetische Eigengesetzlichkeit nicht ausreichend zu berücksichtigen. Der im reziproken Feld von Literatur und Philosophie an Bedeutung gewinnende Begriff der Zeugenschaft lässt hingegen die Komplexität von Vergegenwärtigungsstrategien gelten. In den Debatten um Zeugenschaft im 20. Jahrhundert wird so der unhintergehbaren und paradoxen Verknüpfung von Zeugnis und Literatur, von Ethik und Poetik Rechnung getragen; sie reicht von der (Un-)Möglichkeit des Sprechens und Bezeugens bis hin zur

Berücksichtigung einer möglichen Heimsuchung durch Fiktionalität in der Lüge, dem Meineid etc. (→ II.6 ERDLE; IV.3 ALLERKAMP).

Literatur

Antor, Heinz. „Ethical Criticism". *Metzler Lexikon Literatur- und Kulturtheorie*. Hg. von Ansgar Nünning. Stuttgart 2008: 181–183.
Davis, Todd F. und Kenneth Womack (Hg.). *Mapping the Ethical Turn. A Reader in Ethics, Culture, and Literary Theory*. Charlottesville 2001.
Miller, J. Hillis. *The Ethics of Reading. Kant, de Man, Eliot, Trollope, James, and Benjamin*. New York 1987.
Nebrig, Alexander. „Neue Studien zu Moral und Ethik der Literatur und ihrer Kritik. A Review Article". *Orbis Litterarum* 71.6 (2016): 549–560.
Nussbaum, Martha C. *Love's Knowledge. Essays on Philosophy and Literature*. New York 1990.

Reinigung der Affekte: Katharsiskonzepte der Literatur

Sophie Witt

Katharsis (griech. κάθαρσις/kátharsis, dt. ‚Reinigung', lat. *purgatio*, engl. *catharsis*, frz. *katharsis*) leitet sich etymologisch von *kathairein* (dt. ‚reinigen') und *katharmos*, „Reinigung im Sinne des in der altgr. Kultur fest gefügten Zusammenhangs von Kult, Medizin und *mousike*, der in der Seele gründenden Einheit von Wort, Musik und Tanz", her (Girshausen 2005, 163). Hinsichtlich der Wort- und Begriffsgeschichte sind verschiedene Bedeutungsebenen zu unterscheiden (Zelle 2000, 249): Im engeren Sinne bezieht sich *katharsis* auf die seit Aristoteles der Tragödie gattungsspezifisch zugeschriebene reinigende Funktion (→ III.7 PIRRO). Kathartische Wirkungen wurden aber auch allgemeiner für literarische Rezeptionsprozesse und ästhetische Erfahrung (Jauss 1984; Fischer-Lichte 2014) sowie in der Medienwissenschaft diskutiert. Hinsichtlich der ethischen Bedeutung wird die Wirkung der Katharsis nicht nur als *Möglichkeit*, sondern auch als *Versprechen* verstanden, und zwar in je unterschiedlicher Gestalt mit Anspruch auf einen besonderen Erfahrungsgewinn (Fischer-Lichte 2014) bis hin zu einer Verheißung auf Heilung. Damit verbinden sich jedoch auch unterschiedliche Gefahren, etwa einer „instrumentalisierende[n] Zwecksetzung" (Warstat 2010, 26). Katharsiskonzepte bzw. die Ästhetiken und Kunstpraktiken, die aus ihnen hervorgehen, erfordern implizit eine ethische Haltung (Girshausen 2005, 169; → IV.1 WITT).

Jede ideen- oder begriffsgeschichtliche Darstellung muss daher feststellen: Ein „ununterbrochener Deutungsdiskurs" zieht sich bis in die Gegenwart hinein, Katharsis hat eine „höchst wechselvolle Geschichte durchlaufen" (Mittenzwei 2001, 245). Zum einen tun sich Übersetzungen oft schwer: Im sechsten Buch der *Poetik* bestimmt Aristoteles die Tragödie als „Nachahmung einer guten und in sich geschlossenen Handlung"; im Unterschied zum „Bericht" des Epos, solle Nachahmung in der Tragödie eine „von Handelnden" sein, „die Jammer [*eleos*] und Schauer [*phobos*] hervorruft und hierdurch eine Reinigung von derartigen Erregungszuständen bewirkt" (Aristoteles 1982, 19). Manfred Fuhrmann kanonisiert mit der von ihm verantworteten zweisprachigen *Poetik*-Ausgabe an dieser Stelle den Vorschlag Wolfgang Schadewaldts, *eleos* als ‚Jammer' bzw. ‚Rührung' und *phobos* als ‚Schrecken' oder ‚Schauder' zu übersetzen (Schadewaldt 1955). Doch in Bezug auf die aristotelischen Begriffe bleibt die Frage nach den jeweiligen affektiven „Intensitätsgraden" bestehen; wie etwa verhält sich *eleos* zur *misericordia* (dt. ‚Erbarmen') und *phobos* zu *terror*, *horror*, *pavor* (Begriffe des Entsetzens) (Girshausen 2005, 164)? Aristoteles lässt offen, ob es sich bei *eleos* und *phobos* tatsächlich um spezifische Affekte handelt oder eher um Markierungen starker, erschütternder Affekte im Allgemeinen; nicht zuletzt besteht Uneinigkeit darüber, ob *eleos* und *phobos* zwingend zusammengehören bzw. voneinander abhängen und in Bezug auf den angestrebten Reinigungsvorgang zu hierarchisieren sind. Was den Reinigungsvorgang betrifft, so bestätigt Fuhrmanns Übersetzung die Idee einer Art homöopathischen Behandlung, in der gerade „Jammer und Schaudern" bewirken „daß der Zuschauer von [diesen] Erregungszuständen [...] gereinigt, d. h. von ihrem Übermaß befreit wird" (Anm. des Ü. in Aristoteles 1982, 109). Der bei Aristoteles verwendete Genitiv lässt sich jedoch dreifach deuten: Geht man von einem objektiven Genitiv (Reinigung *der* Leidenschaften) aus, werden die Affekte ‚selbst' intensiviert bzw. gemildert; in der Lesart des *genitivus subjectivus* wird *durch* bzw. *vermittels der* Affekte gereinigt; der *genitivus separativus* hingegen suggeriert, dass (der Betroffene) *von* den Leidenschaften gereinigt wird, was wiederum verschiedene konkrete Reinigungsszenarien denkbar macht (Reduktion, Abhärtung, lustvolle Erleichterung).

Die wechselvolle Geschichte der Katharsis hat neben lexikalischen und grammatikalischen Uneindeutigkeiten zum anderen mit der Überlieferungslage bei Aristoteles zu tun: Im achten Buch der *Politik* taucht der Begriff „ohne genauere Definition" auf; weitere „Ausführungen" in der *Poetik* werden zwar in Aussicht gestellt (Aristoteles 1989); diese fallen jedoch knapp aus. Unterschiedliche Deutungen und Einschätzungen zum Verhältnis der beiden Werke waren die Folge. Geht es um ein medizinisch-hippokratisches Verständnis mit politischen Folgen oder um eine eminent tragische Bedeutung?

Unter den jüngeren Katharsisdeutungen hält etwa Leon Golden Katharsis für eine Frage des Intellekts und grenzt sich damit von der Annahme einer ‚medizinischen' wie ethisch-sittlichen Wirkung ab (Golden 1976, 447). Aristoteles sei es mit der Frage nach „Ausgleichung" (Goethe 2000, 342) und „Versöhnung [der] Leidenschaften [...] auf dem Theater" (342) nicht um Wirkungsästhetik, sondern um die „Konstruktion der Tragödie" (345) gegangen, lautet schon das Diktum Goethes, der jegliche Wirkungsansprüche zugunsten autonomieästhetischer Prämissen von der Hand weist und Katharsis als „aussöhnende Abrundung" (342) auffasst.

Der Begriff der Katharsis konfrontiert uns heute noch mit der Frage, ob und wie sich Kunst hinsichtlich ethischer und politischer Ansprüche positioniert; schon die *Poetik* bezieht ja polemisch Stellung gegen Platon. Im zehnten Buch der *Politeia* wird vor dem schädlichen Einfluss der Künste, besonders der nachahmenden Darstellung, vehement gewarnt: Sie solle aus dem Bereich öffentlichen Lebens ausgeschlossen werden; Ordnung und Vernunft könnten durch die fremden Leidensgeschichten und durch den ‚niederen Teil' der Seele in Gefahr gebracht werden. Aus heutiger Perspektive sind sowohl das angstvoll beäugte Verhältnis zur politischen und gesellschaftlichen Ordnung als auch der hervorgehobene affektiv-somatische Aspekt interessant. In der lebendigen Theoriegeschichte neuzeitlicher Katharsisdiskussionen sind die Begriffe des Politischen und Ethischen und jene von Affekt und Körper differenziert und unterschiedlich gewichtet worden. Aus diesem Grund soll im Folgenden Katharsis als ‚Marker' von Historizität nachgezeichnet werden.

1 ‚Schule des Mitleids' versus *purification* (Corneille und Lessing)

Gotthold Ephraim Lessing bindet Katharsis „an den philosophisch-moralischen Standard seiner Zeit" an (Mittenzwei 2001, 250–251). Seine Neuperspektivierung lässt sich anhand seiner Abgrenzung von der Deutung Pierre Corneilles umreißen: In seinen *Discours sur le poème dramatique* (1660) verhält sich Corneille zwar kritisch gegenüber der Kategorie der ‚Wirkung', spricht aber der Tragödie einen mehrfachen sittlichen Nutzen zu: Sie reinige im Sinne einer *purification*, indem sie die schädlichen Emotionen korrigiere (*rectifier*). Im Einklang mit den Gefühlslehren des Stoizismus ziele Katharsis auf die Wahrung der Unbewegtheit der Seele. In der zweiten Abhandlung (*von den Trauerspielen insbesondere, und von den Mitteln, sie nach der Wahrscheinlichkeit und Nothwendigkeit auszuführen*) wertet Corneille *eleos* und *phobos* als zwei voneinander unabhängige Leidenschaften, die paradigmatisch für ein schädliches emotionales Unmaß stehen; die Furcht sei zentraler – „nicht das Mitleiden ohne die Furcht, wohl aber die Furcht ohne das Mitleiden" –, und den größten sittlichen Nutzen erweise die „Furcht eines gleichen oder ähnlichen Unglücks" (Corneille 1750, 221–222). Der Begriff *phobos* taucht hier deshalb eher verschärft als *terror/terreur* und weniger in seiner milderen Form auf.

Gegen diese Aufwertung des tragischen Schreckens setzt Lessing seine Mitleidsästhetik und deren tugendhafte Einübung. Es sei „grundfalsch, was sich Corneille" in Bezug auf die aristotelische Katharsis eingebildet habe, so Lessing im 76. Stück der *Hamburgischen Dramaturgie* (Lessing 2003, 388); eine Trennung von Mitleid und Furcht „existierte[ ] ihm [Aristoteles] nicht" (388). In der *Dramaturgie* ist die Identifikation mit der tragischen Figur zentral. Sie entspringt „aus unserer Ähnlichkeit mit der leidenden Person". Die Furcht wird dabei dem Mitleid untergeordnet, sie ist „das auf uns selbst bezogene Mitleid" (382). Um den Einfühlungsvorgang zu ermöglichen, deutet Lessing den tragischen Helden zum ‚mittleren Mann' um, den der Dichter „von gleichem Schrot und Korne" (385) zu schildern habe. Der stoischen Fundierung des tragischen Nutzens bei Corneille setzt Lessing eine christliche Mitleidsethik entgegen, die schon in dem früheren *Briefwechsel über das Trauerspiel* (1756/1757) in dem Diktum gipfelt: „*Der mitleidigste Mensch ist der beste Mensch* [...]. Wer uns also mitleidig macht, macht uns besser und tugendhafter, und das Trauerspiel, das jenes thut, thut auch dieses [...]" (Lessing et al. 2011, 138–139).

Mit der Neudefinition der Katharsis als „Verwandlung der Leidenschaften in tugendhafte Fertigkeiten" (Lessing 2003, 401) verlässt Lessing den Bereich poetischer Diskussion. Die *Hamburgische Dramaturgie* hat die konkrete Theaterpraxis im Blick, die Kategorie der Einfühlung und das Einreißen der Distanz zwischen Bühne und Zuschauer prägen schließlich das Theater bis ins 20. Jahrhundert hinein; epochal ist die ‚Schule des Mitleids' auch deshalb, weil sie die Künste gesellschaftlich versteht: Die bürgerliche Mitleidsethik zielt auf die „Bildung des ganzen Menschen vor dem und durch das Theater" (Girshausen 2005, 167).

2 ‚Medizinische Entladung' und Ventilfunktion (Bernays und die Folgen)

Von der engen Kopplung von Ethik und Ästhetik grenzen sich nicht nur die autonomieästhetischen Projekte um 1800 ab. Die nachaufklärerischen Katharsisdebatten sind von einer philologischen oder kulturgeschichtlichen Rückbesinnung gekennzeichnet, der kultische Ursprung der Katharsis erfährt erhöhte Aufmerksamkeit. Paradigmatisch dafür ist Jacob Bernays' Schrift *Grundzüge der verlorenen Abhandlung des Aristoteles über die Wirkung der Tragödie* (1857), die den Zusammenhang zwischen den Ausführungen zur Katharsis in der *Politik* und der *Poetik* wiederherzustellen sucht. Bernays kritisiert, dass seit und in der Folge Lessings, die Frage nach dem eigentlichen kathartischen Vorgang – ‚Worin besteht denn aber die Katharsis?' – verlagert wurde in die einfühlende Mitleidsdebatte. Aristoteles habe es ferngelegen, die Künste und besonders das Theater „zu einem Filial- und Rivalinstitut der Kirche, zu einer sittlichen Besserungsanstalt zu machen" (Bernays 1857, 140). Die Wirkung der Katharsis sei eben nicht moralisch, sondern von einem „pathologische[n] Gesichtspunkt" her zu bedenken, vergleichbar einer „ärztliche[n] Cur" (139). Aristoteles, „Sohn eines königlichen Leibarztes und selbst die ärztliche Kunst in seiner Jugend zeitweilig ausübend" (141), habe an zweierlei Reinigungspraxen anknüpfen können: „[E]*ntweder* eine durch bestimmte priesterliche Ceremonien bewirkte Sühnung der Schuld, eine Lustration, *oder* eine durch ärztliche erleichternde Mittel bewirkte Hebung oder Linderung der Krankheit" (142). Entsprechend lautet Bernays' Übersetzung der *Poetik*: „[D]ie Tragödie bewirkt durch (Erregung von) Mitleid und Furcht die erleichternde Entladung solcher (mitleidigen und furchtsamen) Gemüthsaffectionen" (148). Der „aus dem Gleichgewicht gebrachte Mensch" wird als das „eigentliche[ ] Object der Katharsis" betrachtet. Er müsse „unter Lustgefühl erleichtert werden" (145). Katharsis ziele also nicht auf Zurückdrängung, Mäßigung oder Verwandlung, sondern auf ‚Aufregung', ‚Hervorrufung', ‚Steigerung'.

In den *Studien über Hysterie* (1895) schließen Josef Breuer und Sigmund Freud direkt daran an, wenn sie die sogenannte kathartische Methode als Frühform der Psychoanalyse entwickeln. Sie führen die Hysterie auf ‚eingeklemmte Affekte' zurück, bei denen sich eine psychische Erregung in körperlichen Symptomen niederschlägt. Die „nicht abreagierten Vorstellung[en]" müssten „durch die Rede" zum „Ablauf" gebracht werden (Breuer und Freud 1991, 40). Die Ventilfunktion der Katharsis, die schon Bernays bei Aristoteles suchte, wird in der Psychoanalyse zur Grundlage für eine individualgeschichtliche Trieb- und Verdrängungstheorie; gleichzeitig weist der Bezug auf die antike Kategorie der Frage nach der ‚Reinigung' eine gattungsgeschichtliche Dimension zu: Dass das ‚Kranken' ein Modernesymptom ist und die ‚Heilung' bei der Freisetzung verdrängter Triebschichten anzusetzen habe, ist ein zentraler Argumentationsstrang verschiedener postbernaysscher Wirkungsnarrative. Er findet sich prominent in Friedrich Nietzsches *Geburt der Tragödie* (1871). Mit dem Dionysos-Kult nimmt Nietzsche die Idee der ‚Entladung' auf. Ohne die konkreten (etwa physiologischen) Mechanismen der Abreaktion im Theater tatsächlich zu berücksichtigen, wertet Nietzsche das Tragische in seiner kulturpessimistischen Schrift auf. Denn es steht symbolisch für eine Zerrissenheit des antiken Menschen. In der christlich-abendländischen Kultur erscheint dieser nur scheinbar versöhnt. Das kulturkritische Narrativ pocht auf die Notwendigkeit der Entladung, was sich auch in der Kunstpraxis des 20. Jahrhunderts wiederfindet – prominent etwa in der Bühnenpraxis von Hermann Nitschs *Orgien-Mysterien-Theater*. Seit den 1960er Jahren lässt sich eine Rückkehr zum ereignishaften Ritus und eine Abwendung vom dramatischen Text konstatieren. Künste und Kunsttheorie nehmen in ihrer ‚Rückkehr' zu Leib- und Triebdimensionen an einer Rhetorik der ‚Erschütterung' teil (→ II.3 ZELLE).

3 ‚Reinigung' im Zeichen des Kollektiven (Lukács und Brecht)

Georg Lukács wendet dies explizit auf die Literatur (und nicht auf das Theater) an, wenn er von einer „Explosion der menschlichen Wesenskräfte" ausgeht (Mittenzwei 2001, 263). In Abgrenzung sowohl von Lessing als auch von Bernays und Freud zielt Lukács auf den öffentlichen und kollektiven Vorgang der Empörung (→ II.7 EIDEN-OFFE). Katharsis steigt damit als revolutionäres Mittel zu einem höheren Zweck auf. Dieser Zweck lässt sich auch bei Bertolt Brecht beobachten, der Wirkmechanismen des Theaters und Bauweisen des Dramas zusammenführt. Die Suche nach einer „nichtaristotelischen Form der Dramatik" geht über eine bloße Abgrenzung von Lessings Kategorie der ‚Einfühlung' hinaus. Brechts Dramatik wendet sich gegen eine „Einfühlungs-, Fiktions-, Erlebnisdramatik", will vielmehr „kritisch" und „realistisch" sein (Brecht 2005, 315). Entschlossen wird der Logik des (emotionalen) „Ausbruchs" eine Absage erteilt: ‚Dramatisch' bezeichne im Volksmund, „daß ein Konflikt ausgekämpft wurde, und zwar in emotioneller Form"; ‚episch' hingegen bezeichne etwas „ziemlich Objektives, im Ton Leidenschaftsloses, mit geringerer seelischer Bewegung Anhörbares" (275).

Brechts Episches Theater wird gern als ‚rationalistisch' beschrieben – Brecht liefert das Stichwort für eine „Dramatik im Zeitalter der Wissenschaft". Doch die Emotionen sind nicht etwa per se unter Verdacht geraten. Die Kritik richtet sich vielmehr gegen Lessings Annahme einer Überzeitlichkeit der „ewige[n] Triebe und Leidenschaften" (315). „Kritisch" (528) sind Dramatik und Theater nur dann, wenn „[d]as Feld in seiner historischen Relativität gekennzeichnet" wird (533). Statt also ‚Erleichterung' in Bezug auf bestehende Konfliktfelder zu versprechen, werden Literatur und Theater eindeutig in den Dienst gesellschaftlicher *Veränderungen* gestellt. Doch auch wenn diese Rhetorik der Revolution zeitgebunden bleibt, so ist Brechts Theaterästhetik und -politik doch immer noch aktuell: In seiner Theorie und Praxis des Lehrstücks wird bereits in den 1920er Jahren eine Angleichung von Theateraufführung und Probenvorgang vorgenommen. Es geht um ein ‚Durchspielen von Haltungen'– was tatsächlich körperlich gemeint ist (116). Warstat sieht in dieser „[Verlängerung] der Probe in die Aufführung hinein" eine „Chance zur Katharsis"; sie zeichne die gegenwärtige Theaterpraxis aus und könne darüber hinaus in ihrer lebensweltlichen Dimension aufgenommen werden (Warstat 2009, 364). Diese Diagnose Warstats erweist sich auch für die Literatur im Allgemeinen als relevant: Erzählen mit Formen des Ludischen zu verbinden und „ewige Triebe und Leidenschaften" polyphon darzustellen – das sind literarische Formen, die in der Gegenwart vielfach anzutreffen sind.

4 Ausblick: Wirkungspotentiale in der gegenwärtigen Literaturwissenschaft

Eine entscheidende Rolle spielt die Frage nach den Wirkungsprämissen in der Rezeptionsästhetik, die die Rezipientin oder den Rezipienten mitberücksichtigt. Das „Wirkungspotential" des literarischen Textes wird als Theater im Kopf, als „Lesevorgang aktualisiert" (Iser 1984, 7). Möglicherweise hat es mit den Methodendebatten in der Literaturwissenschaft im 20. Jahrhundert zu tun, dass die Rezeptionsästhetik einem hermeneutischen Modell verhaftet bleibt. Sie stellt die enge Bindung von Literatur an Sinnvollzüge nicht in Frage. Das betrifft auch den damit einhergehenden ‚Akt der Distanznahme'. In der theaterwissenschaftlichen

Theoriebildung wurde der körperliche, affektive und mitunter auch unbewusste Anteil im Wirkungsgeschehen hingegen höher gewichtet (Fischer-Lichte 2014). Unter dem Schlagwort ‚Ansteckung' wird die literarische Wirkung interessanterweise wieder aufgewertet, weil sie es erlaubt, körperliche Vorgänge neu zu denken (Schaub et al. 2005). Mit jüngeren Forschungsfeldern wie der kognitiven Poetik, der kognitiven Narratologie und der empirischen Leseforschung lässt sich eine erneute Hinwendung zur Kategorie der Einfühlung (oder Empathie) beobachten, was auch den Unterschied zwischen ‚ernster' und ‚trivialer' Rezeption hinterfragt (Till 2016). Allerdings geht das Anliegen, Wirkung empirisch zu ergründen, teilweise mit einem verkürzten Literaturbegriff einher, der hinter die Einsichten der Literaturwissenschaft in die Spezifika der Literarizität zurückfällt.

Deutlich wird, dass Wirkungspotentiale der Literatur oder der Künste – explizit oder implizit – jeweils mit einem bestimmten Subjektbegriff operieren, der heute vor dem Hintergrund des Spätkapitalismus bedacht wird (Illouz 2006, 7–64): Während die frühe Psychoanalyse ‚abreagierende Heilung' als ein quasi-psychosomatisches Geschehen skizziert, herrsche heute ein Gefühlsregime, das Selbstreflexion und permanente Artikulation zur Norm erhebe. Statt eines körperlich-psychischen ‚Erleichterungsvorgangs' werde zwar weiterhin „das ganze Leben als [...] Heilungsprozess konzeptualisiert", doch der moderne Mensch gerate so unter den Zwang, „ständig paßförmige Gefühle hervorbringen und darstellen zu müssen" (Warstat 2009, 354).

Katharsiskonzepte, so bleibt festzuhalten, verschwinden also nicht, wie in der Autonomieästhetik um 1800 behauptet wird. Sie wirken vielmehr resistent fort. Vielleicht durchziehen wirkungsästhetische Überlegungen die Moderne deshalb so nachhaltig, weil in ihnen eines von deren zentralen Dikta zur Debatte steht: die Descartes zugeschriebene Trennung in *res extensa* und *res cogitans*. Denn die Wirkung der Künste wird in vielen Fällen als eine physische betrachtet, was die Souveränität des Subjekts in seiner geistig-sinnverhafteten Integrität potentiell ‚ent-setzt'. Wirkungsästhetiken und Modernenarrative gehören deshalb vor allem in politischer und ethischer Hinsicht eng zusammen.

Literatur

Aristoteles. *Politik*. Hg. von Franz F. Schwarz. Stuttgart 1989.
Aristoteles. *Poetik*. Griechisch-deutsch. Übers. von Manfred Fuhrmann. Stuttgart 1982.
Bernays, Jacob. *Grundzüge der verlorenen Abhandlung des Aristoteles über Wirkung der Tragödie*. Breslau 1857.
Brecht, Bertolt. *Schriften 1920–1956*. Ders., *Ausgewählte Werke in sechs Bänden*. Bd. 6. Frankfurt a. M. 2005.
Breuer, Josef und Sigmund Freud. *Studien über Hysterie*. Frankfurt a. M. 1991 [EA: 1895].

Corneille, Pierre. „Die zweyte Abhandlung des Peter Corneille, von den Trauerspielen insbesondere, und von den Mitteln, sie nach der Wahrscheinlichkeit und Nothwendigkeit auszuführen" *Beiträge zur Historie und Aufnahme des Theaters*. Stuttgart 1750: 211–265 [EA: 1660].

Fischer-Lichte, Erika. „Ästhetische Erfahrung". *Metzler Lexikon Theatertheorie*. Hg. von ders., Doris Kolesch und Matthias Warstat. 2. Aufl., Stuttgart/Weimar 2014: 98–105.

Girshausen, Theo. „Katharsis". *Metzler Lexikon Theatertheorie*. Hg. von Erika Fischer-Lichte, Doris Kolesch und Matthias Warstat. Stuttgart/Weimar 2005: 163–170.

Goethe, Johann Wolfgang. „Nachlese zu Aristoteles Poetik". Ders. *Werke*. Bd. 12: *Schriften zur Kunst und Literatur, Maximen und Reflexionen*. Hamburger Ausgabe. München 2000: 342–345 [EA: 1827].

Golden, Leon. „The Clarification Theory of Katharsis". *Hermes* 104 (1976): 437–452.

Illouz, Eva. *Gefühle in Zeiten des Kapitalismus. Adorno-Vorlesungen 2004*. Übers. von Martin Hartmann. Frankfurt a. M. 2006.

Iser, Wolfgang. *Der Akt des Lesens. Theorie ästhetischer Wirkung*. 2. Aufl., München 1984.

Jauss, Hans Robert. *Ästhetische Erfahrung und literarische Hermeneutik*. Frankfurt a. M. 1984.

Lessing, Gotthold Ephraim. *Hamburgische Dramaturgie*. Stuttgart 2003.

Lessing, Gotthold Ephraim, Friedrich Nicolai und Moses Mendelssohn. „Briefwechsel über das Trauerspiel" *Dramentheorie. Texte vom Barock bis zur Gegenwart*. Hg. von Peter Langemeyer. Stuttgart 2001: 134–150 [EA: 1756/1757].

Mittenzwei, Werner. „Katharsis". *Ästhetische Grundbegriffe. Historisches Wörterbuch in sieben Bänden*. Hg. von Karlheinz Barck, Martin Fontius, Dieter Schlenstedt, Burkhart Steinwachs und Friedrich Wolfzettel. Bd. 3. Stuttgart/Weimar 2001: 245–272.

Schadewaldt, Wolfgang. „Furcht und Mitleid? Zur Deutung des Aristotelischen Tragödiensatzes". *Hermes* 83 (1955): 129–171.

Schaub, Mirjam, Nicola Suthor und Erika Fischer-Lichte (Hg.). *Ansteckung. Zur Körperlichkeit eines ästhetischen Prinzips*. Paderborn/München 2005.

Till, Dietmar. „Empathie". *Handbuch Literatur & Emotionen*. Hg. von Martin von Koppenfels und Cornelia Zumbusch. Berlin/Boston 2016: 540.

Warstat, Matthias. *Krise und Heilung. Wirkungsästhetiken des Theaters*. Paderborn 2010.

Warstat, Matthias. „Katharsis heute. Gegenwartstheater und emotionaler Stil". *Grenzen der Katharsis in den modernen Künsten. Transformationen des aristotelischen Modells seit Bernays, Nietzsche und Freud*. Hg. von Martin Vöhler und Dirck Linck. Berlin/New York 2009: 349–366.

Zelle, Carsten. „Katharsis". *Reallexikon der deutschen Literaturwissenschaft. Neubearbeitung des Reallexikons der deutschen Literaturgeschichte*. Bd. 2. Hg. von Harald Fricke et al. Berlin/New York 2000: 249–252.

Ethik und Autonomieästhetik

Stefan Matuschek

1 Von der Regelpoetik zur Kunstphilosophie: Paradigmenwechsel in der Literaturtheorie um 1800 (Kant, Schiller)

Die Literaturtheorie erfährt im ausgehenden 18. Jahrhundert einen entscheidenden Umbruch: Die bis in die Antike zurückreichende Tradition, dass Dichtung eine nach Regeln zu lernende Kunst sei, wird durch die Vorstellung zurückgedrängt, dass sie sich der natürlichen Begabung genialer Individuen (Genieästhetik) verdanke. Dichtungstheorie artikuliert sich damit nicht mehr in Form poetologischer Traktate, die vorschreiben, wie man Dichtung verfasst (Regelpoetik als Produktionsästhetik). Sie richtet sich im Kontext einer neuen allgemeinen Kunstphilosophie aus, die die Kunst rezeptionsästhetisch von den Eigenschaften und der Wahrnehmung fertiger Kunstwerke ausgehend denkt. Kunst wird in ihr nicht mehr als das verhandelt, was man nach Regeln lernen kann, sondern als das, was man als vollendetes Produkt wahrnimmt. Begrifflich wird diese Vollendung als ‚Schönheit' definiert, wodurch sich die neue Kunsttheorie als Ästhetik, das heißt als Wahrnehmungstheorie des Schönen versteht. Der Klassiker dieser Disziplin ist Kants *Kritik der Urteilskraft*. Sie bestimmt die Wahrnehmung des Schönen als „interesseloses Wohlgefallen" (Kant 1974, 124) und die Schöne Kunst im Sinne der zeitgenössischen Geniebewegung als „Kunst des Genies" (241).

Kant spricht von der Schönheit überhaupt, womit er gleichermaßen das Natur- wie das Kunstschöne meint. Dichtung als ‚schöne Kunst' ist nur ein Teil davon, für deren Theorie sein Ansatz jedoch durchschlagend wirksam wird. Denn das ‚Interesse', das Kant definitorisch aus der Wahrnehmung des Schönen ausschließt, ist hier das Interesse an den dargestellten Inhalten. Literatur kann unter dieser Voraussetzung nur dann als ‚schöne Kunst' gelten, wenn sie nicht mit ihren Inhalten interessiert, sondern die Leserin und den Leser in ein von den Inhalten distanziertes Wohlgefallen versetzt. Es ergebe sich dadurch, sagt Kant, dass die Literatur vieles zu denken gebe, ohne dass man dieses Viele jemals in einem Begriff zusammenfassen könne. Schöne Literatur stimuliere die Einbildungskraft so mannigfaltig, dass der Verstand zwar immer wieder angeregt werde, diese Mannigfaltigkeit auf einen Begriff zu bringen, durch den Reichtum der vermittelten Anschauung dabei jedoch zu keinem Ende komme. Als Beispiel führt Kant ein Gedicht Friedrichs des Großen an, das die milde Abendsonne als Metapher für die Alterswohltaten eines weltbürgerlich gesonnenen Herrschers setzt. Diese Metapher mache „eine Menge von Empfindungen und Nebenvorstellung rege [...], für die sich kein Ausdruck findet" (252). In diesem Hin und Her von mannigfaltiger Anschauung und den nicht endenden Versuchen, sie begrifflich zusammenzufassen, erlebe der Mensch die Zweckmäßigkeit seiner sinnlich-intellektuellen Erkenntniskräfte, ohne jedoch auf einen bestimmten Erkenntniszweck ausgerichtet, an einer bestimmten Erkenntnis interessiert zu sein. Genau das ist das ‚interesselose Wohlgefallen', das die Wahrnehmung von Schönheit ausmache. Kant spricht auch vom „freien Spiel" (132) von Einbildungskraft und Verstand, womit er die Selbstbezüglichkeit sowie die Absichts- und Ziellosigkeit dieses Vorgangs betont. Auf das Beispiel bezogen: Man fasst Friedrichs Gedicht genau dann als ‚schöne Kunst' auf, wenn man nicht nach der Erkenntnis sucht, was genau die Wohltat der weltbürgerlichen Gesinnung sei, sondern wenn man ein Wohlgefallen daran empfindet, wie unabschließbar viel einem die Anschauung und Empfindung der milden Abendsonne dafür zu denken gebe. Es geht primär also nicht um die dargestellte Sache, sondern um die Art der Darstellung und ihr Vermögen, das menschliche Gemüt in seiner sinnlich-intellektuellen Doppelnatur zu beleben. Dichtung als ‚schöne Kunst' aufzufassen, heißt nach Kant also, sie als Anlass für eine harmonische Selbsterfahrung des sinnlich-geistigen Menschen zu erleben.

Kants Ansatz gibt der Kunsttheorie eine allgemeine anthropologische Dimension. Er fragt danach, unter welchen Bedingungen etwas als schön empfunden wird; im Hinblick auf Texte also: unter welchen Bedingungen sie zur ‚schönen Kunst' gezählt werden können, und er gibt die Antwort mit einem abstrakten Zustands- und Vorgangsmodell des menschlichen Bewusstseins. Kant will damit die allgemeine Gesetzmäßigkeit erklären, aus der das Urteil ‚etwas ist schön' resultiert, und es ist das Kennzeichen seiner Philosophie, dass er diese Gesetzmäßigkeit nicht in den schönen Dingen selbst findet, sondern im Bewusstsein des die Schönheit feststellenden Menschen. Das Gleiche unternimmt er in Bezug auf die Gesetzmäßigkeiten, nach denen Menschen etwas als ‚wahr' und als ‚gut' beurteilen, sodass er zu einer klaren Unterscheidung des Wahren, Schönen und Guten oder, mit den jeweiligen philosophischen Disziplinen gesagt, von Erkenntnistheorie, Ästhetik und Ethik als drei verschiedenen, autonomen Bereichen gelangt. Autonomie des Ästhetischen meint in dieser Hinsicht die Eigengesetzlichkeit im menschlichen Bewusstsein, aus der heraus etwas als schön beurteilt und vom Wahren und Guten unterschieden wird (→ II.1 ADLER).

Dieser autonomieästhetische Ansatz bricht mit der ältesten Theorietradition, nach der die Dichtung gerade nicht in der Eigengesetzlichkeit ihres Kunstanspruchs, sondern funktional, insbesondere auch im Zusammenhang mit Moral und Erkenntnis gesehen wurde. Es ist die von der antiken Rhetorik begründete Tradition, die in einzigartiger Kontinuität bis zum Ende des 18. Jahrhunderts reicht und erst dann (besonders in Deutschland) von der neuen kunstphilosophischen Perspektive abgelöst wird. Sie entspricht der Regelpoetik, insofern auch die Rhetorik produktions- und wirkungsästhetisch, nicht rezeptionsästhetisch ausgerichtet ist. Der Grundsatz der rhetorischen Dichtungstheorie lautet mit einem Vers aus der *Ars poetica* des Horaz: „Die Dichter wollen entweder nutzen oder erfreuen" (Horaz 1982, 250) Bis zum Ende des 18. Jahrhunderts leitet diese Maxime das Selbstverständnis der Dichtung, wobei das ‚Entweder-oder' zumeist als ein ‚Sowohl-als-auch' aufgefasst wird. Der Nutzen wird dabei in der Belehrung, vorzüglich der moralischen Belehrung gesehen, das Erfreuen in der eingängig unterhaltsamen Weise, in der die Dichtung diese Lehren anschaulich zu vermitteln vermag. Der Wert der Dichtung liegt darin, dass sie eine durch ihre Anschaulichkeit leicht aufzufassende und deshalb populäre Tugendlehre enthält. Diese Überzeugung ist den allermeisten Literaten bis ins 18. Jahrhundert gemeinsam. Die Fabel ist das exemplarische Kernstück dieses Dichtungsverständnisses. Die Aufklärungsliteratur entwickelt mit dem philosophischen Märchen (*conte philosophique*) und dem bürgerlichen Drama Gattungen, die thematisch ganz auf die aktuellen philosophischen, religiösen und sozial-ethischen Debatten (Adelskritik, bürgerliche Emanzipation) ausgerichtet sind. Von einer Autonomie des Ästhetischen ist in diesem Zusammenhang keine Rede. Im Gegenteil – der Kunstanspruch der Dichtung ordnet sich den ethischen Zielen unter. Dichter sind philosophische und ethische Lehrer, die ihre Lehren besonders wirksam vermitteln, weil sie sie in unterhaltsame Erzählungen und Theaterstücke kleiden. Die tonangebenden Autoren der Aufklärung wie Diderot, Voltaire, Wieland und Lessing teilen dieses Selbstverständnis. Den Eigenwert ihrer schriftstellerischen Kunst sehen sie darin, dass deren Ethik weniger dogmatisch und lebensnäher sei als die der akademischen Schulphilosophie und der Kirche. Die literarisch-ästhetisch, also für Leserinnen und Leser oder Theaterzuschauer und -zuschauerinnen sinnlich vergegenwärtigte Moral hat den Anspruch, nicht nur wirksamer, sondern auch realistisch lebensklüger zu sein als die der akademischen oder kirchlichen Lehre. Genau so sieht es auch der Theaterautor Friedrich Schiller, wenn er „die Schaubühne als moralische Anstalt betrachtet". So überschreibt er einen Aufsatz, der 1802 erscheint (erste Fassung unter anderem Titel 1785) und bringt damit dieses ethisch funktionalisierte Literaturverständnis prägnant auf den Begriff. Derselbe Schiller greift jedoch auch den ganz anderen Kant'schen Ansatz auf und entwickelt ihn zu einer alternativen Ethik der ‚schönen Kunst'. Sie unterscheidet sich radikal von dem wirkungsästhetischen Konzept, indem sie von allem thematisch-inhaltlichen Engagement absieht und ganz abstrakt auf das bewusstseinstheoretische Modell der Kant'schen Ästhetik setzt. Aus ihr will Schiller einen ethischen Wert der Schönheit und der ‚schönen Kunst' ableiten.

2 Der Schlüsseltext: Schillers Briefe *Über die ästhetische Erziehung des Menschen*

Schillers Briefe *Über die ästhetische Erziehung des Menschen* (1795) laden die Kant'sche Ästhetik ethisch auf, indem sie deren Schönheitsbegriff als Modell und zugleich als Erziehungsmittel für die individuelle wie die gesellschaftliche Freiheit interpretieren. Die Grundlage bildet eine abstrakte Anthropologie, die den Menschen als bipolares Doppelwesen aus Sinnlichkeit und Verstand konzipiert. Schiller spricht von zwei gegensätzlichen Trieben, dem sinnlichen „Stofftrieb" und dem geistigen „Formtrieb" (Schiller 2009, 47–51). Die Dominanz des einen mache den Menschen zum „Wilden", die Dominanz des anderen zum „Barbaren" (19). Es ist ein origineller Wortgebrauch, den ‚Barbaren' als den vom Verstand beherrschten Menschen zu definieren. Schiller erweist sich damit als engagierter Kritiker einer reinen Verstandeskultur. Indem sie die (Selbst-)Unterdrückung des Menschen durch einseitigen Rationalismus anprangern, enthalten diese Briefe die erste Diagnose dessen, was Horkheimer und Adorno später als „Dialektik der Aufklärung" bezeichnen (→ II.4 KRAMER). Das heile Gegenbild gegen die wilden oder barbarischen Verfehlungen stellt der harmonisch ausgeglichene Mensch dar. Schiller zeichnet es ganz nach dem Muster des ‚freien Spiels' von Sinnlichkeit und Verstand, mit dem Kant die Wahrnehmung der Schönheit definiert. Genau dieser Moment wird von Schiller zum Glücksmoment des zwanglos sich selbst erlebenden Menschen erklärt. Er nennt ihn den „ästhetischen Zustand" (83) und stellt ihn – etwas inkonsistent – als ruhige Balance von Stoff- und Formtrieb und zugleich als Wirksamkeit eines dritten Triebes, des „Spieltriebs" (58) vor. Daher rührt die vielzitierte Sentenz: Der Mensch „*ist nur da ganz Mensch, wo er spielt*" (64).

Der entscheidende Schritt, den Schiller über Kant hinausgeht, besteht darin, dass er diesen ‚ästhetischen Zustand' für das Schlüsselerlebnis hält, in dem Menschen fühlen, was Freiheit ist: die zwanglose Balance gegensätzlicher Triebe. Und dieses individuelle Freiheitsgefühl, so Schiller weiter, sei die notwendige Voraussetzung, um gesellschaftliche Freiheit zu erreichen. Hintergrund der Argumentation ist die Französische Revolution und ihre gewaltsame Entwicklung zum jakobinischen Terror. Schiller sieht es so: Der gewaltsam nach politischer Freiheit greifende dritte Stand habe, da er nie erfahren konnte, was Freiheit ist, nur die alte durch neue Gewaltherrschaft ersetzen können. Bevor man zur politischen Freiheit gelangen könne (die Schiller wie die Revolutionäre in der republikanischen Verfassung sieht), müsse deshalb im individuellen menschlichen Empfinden das Gefühl der Freiheit geweckt und vermittelt werden. Genau das versteht er unter der *ästhetischen Erziehung des Menschen*.

Eine klare Kontur gewinnt sie nicht in Bezug auf die Kunst, sondern auf das gesellschaftliche Verhalten. Denn zur Schönheit zählt Schiller auch die ‚schönen

Umgangsformen', also die Höflichkeit, die zu Schillers Zeit noch aristokratisch konnotiert ist und den Umgang bei Hofe meint. Schiller deutet sie auf originelle Weise neu, indem er sie als „aufrichtigen" (112) Schein definiert, das heißt als einen Schein, der als solcher bewusst, also keine Täuschung ist. Wer Höflichkeitsformen in diesem Sinne versteht, kann das Freiheitspotential erkennen, das darin liegt, nicht immerzu ungefilterter emotionaler Aufrichtigkeit ausgesetzt zu sein. Das ständige Verlangen nach Authentizität und Offenheit oder umgekehrt die ständige Konfrontation mit authentischen, ungefilterten Affekten, Gefühlen und Ansichten der Mitmenschen kann demgegenüber als viel unfreier erfahren werden. Schiller ist der Erste, der nach einem halben Jahrhundert bürgerlicher Hof- und Höflingskritik (zu der er mit seinen eigenen frühen Dramen selbst beitrug) Höflichkeit nicht mehr als adeliges Distinktionsmerkmal versteht, sondern als einen allgemeinen ethischen Wert. Zwar hat es etwas Paradoxes, geradezu provozierend Naives, auf den Terror der französischen Revolutionäre mit der Ermahnung zur Höflichkeit zu antworten. Indem sie aber nicht als Standesprivileg, sondern als gesamtgesellschaftlicher Wert neu definiert wird, öffnet sie ihrerseits die Perspektive auf eine gesellschaftliche Einheit jenseits der Ständeordnung. So konkretisiert erscheint die ästhetische Erziehung als antirevolutionäre, doch ständeübergreifende Sozialverhaltenstherapie.

Doch greift ihr Anspruch weiter und bezieht mit Nachdruck auch die Kunst mit ein. Im schönen Schein, der als solcher hingenommen wird, erkennt Schiller ein Schlüsselmoment der Distanzierung und Befreiung vom Zwang der Wirklichkeit. Und es ist seine kühne Idee, dass er in diesem Schlüsselmoment der Distanzierung und Freiheit die kleinste Geste der Höflichkeit mit dem größten Anspruch der Kunst zusammenfallen lässt. Denn auch die Kunst versteht Schiller im Wesentlichen als schönen Schein. Ihren erzieherischen Wert habe sie nicht in ihren möglichen Inhalten und Botschaften, sondern allein darin, dass sie aufrichtiger Schein und damit ein Befreiungsmoment vom Zwang der Wirklichkeit sei. Kunst als solche, ganz gleich, welches Gemälde, welche Skulptur, welches Gedicht oder Musikstück, mache die Menschen frei, in individueller wie in gesellschaftlicher Hinsicht.

3 Verheißung und Streitfall: die „rein ästhetische" Wirkung der Kunst (Schiller)

Schillers Konzept der „rein ästhetischen" (Schiller 2009, 88) Wirkung ist eine extreme Auffassung vom Wert der Kunst – in positiver wie negativer Weise. Einerseits ist sie eine Verheißung: Kunst bedeute Freiheit, immer und überall! Mit dieser These wendet Schiller den Dekadenzvorwurf, den Rousseau gegen die Künste und Wissenschaften gerichtet hatte, ins Gegenteil. Wo Rousseau den sittlichen Verfall und das Blendwerk vor dem realen Zwang sieht („Literatur und Künste [breiten] Blumenkränze über die ehernen Ketten" der Menschen, Rousseau 2012, 19), macht Schiller den verlässlichsten Garanten der menschlichen Freiheitserfahrung aus. Andererseits aber führt diese kategoriale Auszeichnung der Kunst zur Ausblendung ihrer vielen, je spezifischen Inhalte, Themen und Gegenstände. Dass die Kunst nicht nur sich selbst als schönen Schein, sondern immer auch etwas darstellt, das als dieses bestimmte Etwas (eine Gestalt, eine Geschichte etc.) interessiert, spielt in der *ästhetischen Erziehung* keine Rolle. Hier geht es nur um den generellen Status der Kunst als Distanz zur Wirklichkeit, nicht darum, wie die Kunst mit ihren Mitteln sich auf diese Wirklichkeit bezieht und Stellung nimmt. Als Kunsttheorie gelesen bleibt *Über die ästhetische Erziehung* sehr abstrakt und einseitig. Es geht gar nicht um die Kunst selbst, um ihre Erscheinungsformen und Möglichkeiten, sondern um den Menschen und um die Art der Selbsterfahrung, die er in der Wahrnehmung von Kunst als schönem Schein machen kann. Nach Schillers Auffassung ist das dieselbe Selbsterfahrung, die auch die Wahrnehmung natürlicher Schönheit oder auch das Erleben von Höflichkeit bietet. Das ist eine bemerkenswerte Solidarität, die von dem modernen Verständnis der Kunstfreiheit nicht mehr geteilt wird. Denn das hängt ja eher mit der Lizenz zur Provokation als mit Höflichkeit zusammen. Für Schiller jedoch liegt in dieser Solidarität nicht weniger als die Rettung des Menschen vor seinen Modernisierungsschäden.

Damit kommt das kritisch-diagnostische Potential der *ästhetischen Erziehung* in den Blick. Schiller ist vermutlich der Erste, der den kulturellen Fortschritt als Verlust individueller Teilhabe begreift, als Reduktion individueller Menschlichkeit. Er sieht die Dialektik fortschreitender Arbeitsteilung: Je intensiver die einzelnen Menschen spezielle Fertigkeiten ausbilden, desto weiter wächst das Vermögen der Menschheit insgesamt, doch desto geringer wird der Anteil, den der Einzelne daran hat. Das Individuum gewinnt im Detail, bleibt aber darauf beschränkt und verliert damit im Ganzen. Die Ausweitung kollektiver Vermögen und Fertigkeiten wird mit der funktionalen Reduktion des Einzelnen erkauft. Vor diesem Hintergrund – der klassischen Grundlage moderner Entfremdungstheorien – steht das Distanz- und Freiheitsmoment des schönen Scheins als einzige, letzte Ausnahmesituation. Schiller bezeichnet sie als ‚Spiel' oder ‚ästhetischen Zustand', womit er in Abgrenzung von allen realen, konventionell sogenannten Spielen den besonderen Zustand uneingeschränkter, befriedigter Selbsterfahrung meint. Man kann ihn sich als Moment kontemplativer Ruhe vorstellen, in dem alle Zwänge und Zwecke der Wirklichkeit ausgesetzt scheinen, eine Glücksoase im sonst durch Zwänge und funktionale Reduktionen bestimmten Leben. Wie daraus aber ein Mittel zur gesellschaftlichen Freiheit werden kann, bleibt in Schillers Abhandlung offen.

Aufgrund dieser Offenheit wurde Schillers Ästhetik zum Streitfall. Man hat sie als bürgerlichen Eskapismus verklagt, der vor den Herausforderungen der politischen Revolution idealistisch in die Kunst entfliehe (Grimm und Hermand 1971, 11). Zugleich hat ihre prinzipielle Verknüpfung von Kunst und Freiheit jedoch als Verheißung gewirkt, insbesondere bei modernen Künstlerinnen und Kunstenthusiasten, auch bei einem der einflussreichsten Kunstphilosophen des 20. Jahrhunderts, bei Theodor W. Adorno. Laut Adorno ist der ethische Wert der Kunst „nicht die Verkündung moralischer Thesen oder die Erzielung moralischer Wirkung" (Adorno 1973, 344). Er liege vielmehr allein in ihrer Zweckfreiheit. Das ist ganz solidarisch mit Schiller, auch wenn Adorno diesen Bezug verschweigt. Wo er explizit auf Schiller zu sprechen kommt, polemisiert er gegen die Rede von der „moralischen Anstalt" (Adorno 1965, 131). Dass auch die autonomieästhetische Alternative dazu von Schiller stammt, teilt Adorno nicht mit.

4 Autonome Literatur und ethisches Engagement (Sartre, Adorno)

Neben dem philosophischen steht der soziologische Begriff der Kunstautonomie. Er bezeichnet den Zustand, dass Kunst und Literatur eigengesetzliche gesellschaftliche Bereiche sind. Dieser Zustand bildet sich seit derselben Zeit heraus, die auch den kunstphilosophischen Autonomiebegriff konzipiert. Mit dem Ende des 18. Jahrhunderts löst sich die Literatur mehr und mehr aus ihren kirchlichen, höfischen, wissenschaftlichen oder schulischen Einbindungen und differenziert sich als eigenständiger Bereich aus. Das hängt auch mit dem anwachsenden Lesepublikum, dem damit entstehenden Zeitschriften- und Buchmarkt, insbesondere der großen Popularität der Romanliteratur zusammen. So bildet sich die bis heute anhaltende Situation der Literatur, in der sie als ein eigener, selbständiger Teilbereich gilt. Ihre größte Aufmerksamkeit gewinnt sie indes dadurch, dass sie sich über diesen Teilbereich hinaus engagiert und zu allen möglichen außerliterarischen Fragen Stellung nimmt. Der soziologische Autonomiebegriff meint die Unabhängigkeit der Literatur von außerliterarischen Institutionen und Bevormundungen, nicht ihre Beziehungslosigkeit zur außerliterarischen Welt. Der aus der Rhetoriktradition stammende Ansatz, wonach Wert und Relevanz der Literatur in ihrem inhaltlichen, thematischen Engagement insbesondere in ethischen Fragen liegen, bleibt in Kurs und trifft die Erwartung an Literatur bis heute.

Der kunstphilosophische Autonomiebegriff ist dagegen etwas ambivalent und erscheint (schon bei Schiller) zugleich als analytische Kategorie und als Ideal. Im ersten Fall ist das autonom Ästhetische nur eine Abstraktionshinsicht, unter der man Literatur betrachten kann. Schiller bezieht diese Position, wenn er anmerkt, dass „in der Wirklichkeit keine rein ästhetische Wirkung anzutreffen ist" (Schiller 2009, 89). Im anderen Fall jedoch, wenn das „rein Ästhetische" als Ideal gesetzt wird, dem sich die Literatur anzunähern habe, erreicht man einen Grenzwert, man könnte auch sagen: eine Sackgasse der literarischen Entwicklung. Schiller deutet in diese Richtung, wenn er den Wert der Kunst proportional nach ihrem Vermögen bemessen will, ihre Inhalte zu neutralisieren – Schiller formuliert noch schärfer: zu „vertilgen" (90). Die konsequenteste und damit wertvollste Kunst bestünde dann darin, alle Semantik auszutreiben, um ein von allen Bedeutungen emanzipiertes, reines Kunsterlebnis der Sprache zu erreichen. Romantische oder auch modernere Dichter wie Paul Verlaine, die ein musik-analoges Poesieideal als reines Tönen formuliert haben, oder Ästhetizisten wie Stefan George, die mit bedeutungsfreien Kunstsprachen operierten, liegen in dieser Richtung. Sie stimmen auch darin mit Schiller überein, dass die verschiedenen Künste sich in dem Maße, wie sie als Kunst gelingen, einander angleichen und entsprechen, dass sie, wie es in *Über die ästhetische Erziehung* heißt, „einander immer ähnlicher" (90) werden sollen: Dichtung wie Musik, als Musik. Ein solches Poesieideal ist ein Extremwert des rein Ästhetischen, das ganz in der Programmatik von Schillers Ästhetik, aber auch ganz neben der Wirklichkeit der Literatur, auch neben Schillers eigenen literarischen Werken liegt. Das Ideal des rein Ästhetischen, der Purismus eines kategorial allgemeinen Kunsterlebens ist so abstrakt, dass es, wenn es als eigener Wert autonom und absolut gesetzt wird, seinen Bezug zur Wirklichkeit der literarischen Leseerfahrung verliert. Mit Hans-Georg Gadamer gesprochen: „Die Abstraktion auf das ‚rein Ästhetische' hebt sich offenbar selber auf" (Gadamer 1975, 84).

Jean-Paul Sartre hat aus dem Ideal des ‚rein Ästhetischen' die Konsequenz gezogen, mit den Begriffen ‚Poesie' und ‚Prosa' die autonom künstlerische, selbstbezogene von der politisch und ethisch engagierten Schriftstellerei zu unterscheiden, wobei er eindeutig für die Prosa Partei nahm (Sartre 1950; → IV.3 EBKE). Adorno hat dagegen alles explizite Engagement der Literatur als wertlos verurteilt und umgekehrt den Status des autonomen, sich aller Praxis enthaltenden Kunstwerks als dessen einzige ethische Valenz bekräftigt (Adorno 1965). Beide Positionen zeigen das Dilemma, in das die Abstraktion auf das ‚rein Ästhetische' führt: Es treibt den Kunstanspruch aus dem inhaltlichen Interesse an der Literatur, und es negiert alles inhaltliche Interesse, sobald der Kunstanspruch erhoben wird. Schillers Begriff des ‚aufrichtigen Scheins' vermag es dagegen aus diesem Dilemma herauszuführen. Er bezeichnet in ontologischer Hinsicht, was metasprachlich ‚Fiktionalität' heißt. Damit werden die Inhalte der Kunst nicht negiert, sondern als bloße Vorstellungen markiert. Sie knüpfen an die realen Erfahrungen an, schaffen jedoch eine davon distanzierte eigene Welt. In den vielfältigen inhaltlichen Bezügen, in denen diese Vorstellungswelten auf die Erfahrungswelt zurückwirken, sie kommentieren und beurteilen, liegen die reicheren, konkreteren ethischen Valenzen der Literatur als in dem abstrakten autonomieästhetischen Freiheitsideal.

Literatur

Adorno, Theodor W. *Ästhetische Theorie*. Hg. von Gretel Adorno und Rolf Tiedemann. Frankfurt a. M. 1973 [EA: 1970].

Adorno, Theodor W. „Engagement". Ders., *Noten zur Literatur*. Bd. III. Frankfurt a. M. 1965: 109–135 [EA: 1962].

Gadamer, Hans-Georg. *Wahrheit und Methode. Grundzüge einer philosophischen Hermeneutik*. Tübingen 1975 [EA: 1960].

Grimm, Reinhold und Jost Hermand (Hg.). *Die Klassik-Legende*. Frankfurt a. M. 1971.

Horaz. „De arte poetica". Ders., *Sämtliche Werke*. Lateinisch und deutsch. Übers. und hg. von Hans Färber und Wilhelm Schöne. 9. Aufl., München 1982: 230–259.

Kant, Immanuel. *Kritik der Urteilskraft*. Hg. von Wilhelm Weischedel. Frankfurt a. M. 1974 [EA: 1790].

Rousseau, Jean-Jacques. *Discours sur les sciences et les arts/Abhandlung über die Wissenschaften und Künste*. Übers. von Doris Butz-Striebel. Hg. von Béatrice Durand. Stuttgart 2012 [OA: 1750].

Sartre, Jean-Paul. *Was ist Literatur?* Übers. von Hans Georg Brenner. Hamburg 1950 [OA: 1948].

Schiller, Friedrich. *Über die ästhetische Erziehung des Menschen*. Kommentar von Stefan Matuschek. Frankfurt a. M. 2009 [EA: 1795].

Literatur und Ethik

Birgit R. Erdle

In den *humanities* entwickelt sich seit den 1980er Jahren in Europa und den USA eine Theoriebildung, die eine Ethik der Differenz und der Alterität formuliert. In deren Resonanzfeld entstehen philosophische Denkansätze, die das Projekt der Reformulierung eines kohärenten Systems universeller moralischer Normen verschieben: in eine Bewegung, die in einem Rekurs auf Literatur und mit einer Repragmatisierung literarischer Erzählformen eine theoretische Profilierung von Empathie und Einbildungskraft (→ II.2 GENCARELLI) intendiert. Im Begriff der Zeugenschaft spitzt sich das Verhältnis von Literatur und Ethik zu: Die Literatur ist diejenige poetische Form, die die Frage nach der (Un-)Möglichkeit des Bezeugens, der Inadäquatheit tradierter Begriffe für die Darstellung des Erfahrenen vermittelt und die das Recht des einzelnen Subjekts auf Ausdruck der von ihm erlittenen Gewalt wahrnimmt.

1 Ansätze zu einer literarischen Ethik (Rorty, Nussbaum)

Der Denkgestus einer Wendung der Moralphilosophie hin zur Literatur ist exemplarisch an den Schriften von Richard Rorty und Martha Nussbaum zu beobachten. Nicht mehr Theorie oder Philosophie, sondern literarische Formen des Erzählens ermöglichen für Rorty die Steigerung einer Empathiefähigkeit, die er als Voraussetzung moralischen Fortschritts sieht. Rortys „Einfühlungsästhetik" (Leypoldt 2003, 128) unterstreicht im Anschluss an Kant die Bedeutung der Einbildungskraft – das Vorstellungsvermögen, „fremde Menschen als Leidensgenossen zu sehen" (Rorty 1992, 16). Eine solche gesteigerte Sensitivität erschwert es nach Rorty Menschen, die von ‚uns' verschieden sind, zu marginalisieren. Von Rorty als empirisch verstandene Beschreibungen bestimmter Formen von Schmerz und Demütigung seien in der Literatur zum Beispiel von Choderlos de Laclos, Vladimir Nabokov oder Henry James festgehalten: Sie „zeigen uns im Detail die Art von Grausamkeit, deren wir selbst fähig sind, und bringen uns auf diese Weise dazu, uns selbst neuzubeschreiben" (16). *Redescription* ist ein Schlüsselbegriff in Rortys Entwurf einer Praxis des Selbst, die eine fortwährende Selbstreflexion in Gang setzt: „Der Prozess, in dessen Verlauf wir allmählich andere Menschen als ‚einen von uns' sehen statt als ‚jene', hängt ab von der Genauigkeit, mit der beschrieben wird, wie fremde Menschen sind, und neubeschrieben, wie wir sind" (16). Das theoretische Korrelat zur *redescription* bildet der Begriff des Vokabulars, das einem Individuum oder einer Kultur eigen ist, etwa das Vokabular moralischer Begründungen. Ähnlich einem Thesaurus ist es nach Rorty abgeschlossen, zugleich aber immer historisch kontingent und daher beweglich, kritisierbar, erneuerbar (318).

Rortys Versuch, eine normative Ethik zu begründen, die nicht in einer Ordnung jenseits von Zeit und Veränderung fundiert ist, die moralische Werte und Urteilskriterien als transitorisch und historisch-kontingenten Bedingungen verhaftet auffasst und sich daher dem Vorwurf des Relativismus aussetzt, treibt die Notwendigkeit hervor, einen Referenzpunkt zu finden, der – jenseits von Geschichte und Institutionen – universelle Geltung beanspruchen kann. Im Rekurs auf die Deportation und Vernichtung der europäischen Juden durch das nationalsozialistische Deutschland umreißt Rorty sein Wunschbild einer Gesellschaft, in der „die Vorstellung von ‚etwas hinter der Geschichte' unverständlich geworden ist, aber ein Sinn für Solidarität intakt bleibt" (306). Solcher Sinn für Solidarität als Referenzpunkt universeller Ethik wird von Rorty herausgestellt als „einfühlsame Identifikation mit den Einzelheiten im Leben anderer" und gerade nicht als „Wiedererkennen von etwas, das man schon von vornherein mit ihnen gemeinsam hätte" (306). Hier scheint ein wichtiger Unterschied zu aufklärerischen Konzepten auf, insofern Rorty Solidarität nicht im Wiedererkennen eines essentiell Humanen, das allen Menschen gemeinsam wäre, entdeckt, sondern in der Fähigkeit, „immer mehr zu sehen, daß traditionelle Unterschiede (zwischen Stämmen, Religionen, Rassen, Gebräuchen und dergleichen Unterschiede) vernachlässigbar sind im Vergleich zu den Ähnlichkeiten im Hinblick auf Schmerz und Demütigung" (310). Moralischer Fortschritt heißt für Rorty, diese Fähigkeit zu erwecken und auszubilden, und es ist die Literatur, die solches für Rorty zu leisten vermag. Sie kann uns zudem mit der Blindheit gegenüber den Leiden anderer konfrontieren und helfen, Ausprägungen unserer eigenen Grausamkeit zu reflektieren.

Die Wendung gegen die Theorie hin zur Erzählung, die Rorty einfordert, bedeutet für ihn die Aufgabe des erkenntnistheoretischen Bestrebens, alle Seiten unseres Lebens mit einem einzigen, einheitlichen Blick und einem Metavokabular zu erfassen. Das heißt für ihn, die Forderung nach einer Theorie aufzugeben, die gleichzeitig dem Öffentlichen und dem Privaten, dem Anspruch auf Gerechtigkeit und dem Anspruch auf individuelle Autonomie Rechnung trägt. Rorty will diese beiden Ansprüche sittlichen Handelns nicht mehr in Opposition denken, sondern sie als zwar „gleichwertig, aber für alle Zeit inkommensurabel" (14) sehen. Die Philosophiekritik, die Rortys Plädoyer für eine postmetaphysische Kultur zugrunde liegt, entwirft ein Hermeneutikkonzept, das eine „Sichtung, Sammlung und Erzeugung neuer und alternativer Vokabulare, die unsere Beschreibungen der Welt und unserer selbst immer wieder aufs Neue revidieren und modifizieren", intendiert (Demmerling 2001, 338). Zwar operiert diese Hermeneutik mit einem (sprachphilosophisch informierten) Verständnis von Sprache nicht als Abbild der Welt, sondern als Medium der Welterschließung (339), doch Rortys konkrete Lektürepraxis tendiert dazu, die Unterschiede zwischen Begriffssprache und poetischer Sprache zu verwischen und ist „über weite Strecken davon bestimmt, literarische Werke auf ihre möglichen ,Thesen' hin zu lesen" (350). Dies mündet in den in der angelsächsischen wie auch der deutschen Rezeption geäußerten Vorwurf, Rortys „repragmatisierende Funktionsbestimmung der Literatur" reduziere den literarischen Text „zu einem bloßen Hilfsmittel der Ethik" (Leypoldt 2003, 130) und blende das Verfahren des Textes aus, indem sie einzig dessen propositionale Aspekte fokussiere (Demmerling 2001, 350).

Ausdrücklicher als Richard Rorty bindet Martha Nussbaum ihr Ethikkonzept an die aristotelische Tradition moralischer Tugenden und akzentuiert die Unterscheidung der Wahrheitsformen der Literatur von denjenigen der Philosophie. Sie will die Literatur als eine Art unersetzliches Erfahrungsarchiv ethischer Einsichten für die Moralphilosophie erschließen, wobei es ihr aber nicht um einen Anschluss literarischer Texte an Moraldiskurse geht, sondern um eine Ausbildung des individuellen Vermögens zu einem nuancierten Erkennen: „The ability to discern, acutely and responsively, the salient features of one's particular situation" (Nussbaum 1990, 37). Die Erfahrung des Konkreten und des reichen Details, die die wachsame Lektüre aus dem literarischen Text gewinnt, ermöglicht eine Differenzierung, die sich nicht in einer allgemeinen Formulierung moralischer Regeln oder Pflichten („standing terms": 156) wiederfindet. Diese reichen in konkreten Situationen oft nicht aus, um zwischen moralisch Richtigem und Falschem zu unterscheiden. Die strikte Einengung auf allgemeine Formulierungen moralischer Regeln, sogar auf universelle Normen, wertet Nussbaum als eine Verordnung zur Stumpfheit („a recipe for obtuseness"), und Stumpfheit sei ein moralisches Versagen (156–157). Die Großform des Romans – Nussbaum bezieht sich hier unter anderem auf Henry James (→ IV.1 WITT), Walt Whitman, Virginia Woolf, James Joyce und Samuel Beckett – bestimmt sie nicht einfach als moralphilosophisches Komplement, sondern als eine Praxis, insofern der Roman uns vorführt, in welche Untiefen moralisches Wissen, Urteilen und Handeln geraten, wenn die allgemeingültigen Regeln und Prinzipien der Partikularität den Komplexitäten einer spezifischen gegebenen Lebenslage nicht mehr gerecht werden. Konstitutiv für Nussbaums Theorie einer Ethik, die dem Besonderen und Singulären (Nussbaum 1993, 257) Priorität einräumt, ist – ähnlich wie für Rorty – jene Einbildungskraft, deren Notwendigkeit für ein gerechteres politisches Leben Nussbaum hervorhebt. Durch das Lesen von Romanen werde sie geweckt und ausgebildet. Nussbaum unterstellt damit einen Leser, der sich in die Verständigungsnöte, Hoffnungen, Ängste und Glücksmomente der literarischen Charaktere einfühlt, blendet dabei aber Textverfahren und die Materialität der poetischen Sprache aus – obwohl sie vorgibt, Aspekte der Form zu berücksichtigen (Nussbaum 1995, 732). Ihrem Konzept einer literarischen Ethik wird daher entgegengehalten, es reduziere die Literatur auf die Funktion eines Übermittlungsgeräts (Blumenthal-Barby 2013, xxiii). Dieser Kritik zufolge bildet Literatur für Nussbaum bloß ein Reservoir für die Verhandlung von Themen und Positionen, die den Geltungsbereich der Moralphilosophie betreffen. Nussbaums Argumentation für einen Einschluss von Erzähltexten in die Disziplin einer normativen Ethik provoziert deshalb den Vorwurf, sie bringe die Literatur in der Philosophie zum Verschwinden (Eaglestone 1997, 92). Nussbaums Konzept, so der an einem dekonstruktiven Textbegriff orientierte Einwand, unterstelle eine Transparenz des Textes und seiner Sprache in Bezug auf ethische Normen und Positionen – diese scheinen durch die Sprache oder den Text hindurch wie Licht durch eine glasklare Fensterscheibe (94). Fragen nach den athematischen, nichtrepräsentationalen Dimensionen einer literarischen Ethik (Blumenthal-Barby 2013, xxiv) bleiben dabei ausgeblendet.

Gemeinsam ist den Ansätzen einer literarischen Ethik bei Nussbaum und Rorty, dass es ihnen nicht um literarische Moralkonzepte geht, auch nicht um die Frage, ob Literatur moralische Normen stabilisiert oder nicht. Beide Entwürfe philosophischer Kritik sind auf eine Praxis des Selbst ausgerichtet, und bei beiden kommen literarische Erzählformen dort ins Spiel, wo die Fundierung einer normativen Ethik nach 1945 brüchig oder starr geworden ist. Sarah Kofman situiert die Frage nach der Möglichkeit einer neuen Ethik (Kofman 1988, 90) und nach dem Verhältnis von Ethik und Narration anders, indem sie sie mit dem Thema der Zeugenschaft verbindet.

2 Literatur und Zeugenschaft

Aus der Auseinandersetzung mit den Zeugnissen von Überlebenden der Verfolgung und Vernichtung der europäischen Juden ist seit Anfang der 1990er Jahre in Literaturwissenschaft und Philosophie eine Reflexion über das Phänomen der Zeugenschaft und deren ethische und epistemologische Dimension erwachsen, die in jüngerer Zeit Anzeichen einer konzeptuellen Generalisierung zeigt, indem Zeugenschaft als Ort des Aufeinandertreffens von Gewalt und Kultur (Kilby und Rowland 2014, 1) als „Wissenspraxis" (Schmidt 2015, 21), oder als „Allerweltsphänomen" (Krämer 2011, 117) gefasst wird. Der Begriff der Zeugenschaft verdeckt eher den Widerstreit zwischen Bezeugen und Beweis, wie er im Rechtsdiskurs und in der Rechtspraxis auftritt, so auch in der Verhandlung der nationalsozialistischen Verbrechen vor Gericht und den ‚Wiedergutmachungs'-Prozessen: Der Kläger werde zum Opfer, bemerkt Jean-François Lyotard in seiner Erörterung des

Verhältnisses von Rechtsstreit (*litige*) und Widerstreit (*différend*), „wenn jedwede Darstellung des Unrechts, das er erlitten zu haben behauptet, unmöglich wird" (Lyotard 1989, 25). Eine Unterscheidung von Zeugnis und Zeugenschaft, wie sie Sigrid Weigel im Anschluss an Lyotard unternimmt, bedeutet aber gerade nicht, „den Berichten von Überlebenden ihre Beweiskraft für das Geschehene abzusprechen", sondern verlangt vielmehr, in den als Zeugenaussage verwendeten und auf ihren Beweisstatus reduzierten Zeugnissen deren „darüber hinausgehende, *andere* Bedeutung anzuerkennen" (Weigel 2002, 48). Diese Forderung betrifft auch die Praxis der Historiographie, in der die Struktur des Widerstreits in der Entgegensetzung von Zeugnis und Zeitzeugenbericht wiederkehrt (50–52).

Die epistemologische Verwicklungsgeschichte der Begriffe des Richters und des Historikers rückt Carlo Ginzburg in den Blick, wenn er anhand der Figur des einzigen Zeugen und dessen – jüdischen und römischen Rechtstraditionen entsprechender – Zurückweisung vor Gericht (Ginzburg 1992, 84) den Zusammenhang von Überleben und historischer Überlieferung, von Evidenz und Wahrheit untersucht. Dem juristischen Zeugen (*testis*) stellt er den Überlebenden (*superstes*) gegenüber, der „von einem *anders nicht* tradierten Wissen" (Weigel 2002, 45) zeugt.

Der Gedanke einer *Unmöglichkeit* des Zeugnisses, wie er von dem Psychoanalytiker Dori Laub formuliert wurde, zieht sich entlang der theoretischen Reflexionsversuche, die sich in unterschiedlichen Kontexten mit der „radikalen Krise der Zeugenschaft" (Baer 2000, 13) auseinandersetzen. Laub versteht den Holocaust als Ereignis, das ohne Zeugen blieb: „[I]t was not only the reality of the situation and the lack of responsiveness of bystanders or the world that accounts for the fact that history was taking place with no witness: it was also the very circumstance of *being inside the event* that made unthinkable the very notion that a witness could exist" (Laub 1995, 66). In Sarah Kofmans *Paroles suffoquées*, die Robert Antelme und seinem Buch *L'espèce humaine* (1947) gewidmet sind, wird die Aporie des Bezeugens, sogar der Narration, an der Wiedergabe eines Ausschnitts der Deportationsliste, die den Namen ihres Vaters verzeichnet, sichtbar (Kofman 1988, 16). Dagegen knüpft der Begriff des Zeugen, den Giorgio Agamben im biopolitischen Argumentationskontext seiner strikt phänomenologisch angelegten *homo-sacer*-Quadrologie entwickelt, an den Terminus *superstes* an: der Überlebende, der „gezwungen [ist] zu erinnern" (Agamben 2003, 23). Von Primo Levi, dessen literarische Rede er über weite Strecken übernimmt, entlehnt Agamben die Figur des „vollständigen Zeugen" (30): „[S]ie, die ‚Muselmänner', die Untergegangenen", seien, so Levi in der von Agamben zitierten Passage, „die vollständigen Zeugen [testimoni integrali], jene, deren Aussage eine allgemeine Bedeutung gehabt hätte. Sie sind die Regel, wir die Ausnahme" (30). Die Rede Primo Levis von der Lücke, die es in jedem Zeugnis gebe, da die Zeugen Überlebende seien, eignet Agamben sich an und erklärt, diese Lücke stelle „den Sinn des Zeugnisses selbst" und damit „Identität und Glaubwürdigkeit der Zeugen" in Frage (29). Denn die „wirklichen" Zeugen seien „diejenigen, die kein Zeugnis abgelegt haben und kein Zeugnis hätten ablegen können" (30). Für Agamben ist der exemplarische „wirkliche" Zeuge der ‚Muselmann'. Ihn, der die vollständige Desubjektivierung, das Nichtmenschsein verkörpert, erhebt er zum Synonym des *homo sacer*. Aus seiner Lektüre Primo Levis, der den Überlebenden (*salvati*) als Supplement des stummen „eigentlichen" Zeugen (*sommersi*) benennt (→ IV.3 PIRRO), indem er das Unbezeugbare bezeugt, leitet Agamben eine Phänomenologie des Zeugnisses ab, die er als „unmögliche Dialektik zwischen dem Überlebenden und dem Muselmann, zwischen dem Pseudo-Zeugen und dem ‚vollständigen Zeugen', zwischen Mensch und Nicht-Mensch" (104) beschreibt. Dies begründet die paradoxale Struktur des Subjekts des Zeugnisses: „Im Zeugnis lässt der Sprachlose den Sprechenden sprechen und trägt derjenige, der spricht, in seinem eigenen Wort die Unmöglichkeit des Sprechens" (105). In der Folge seiner Argumentation überführt Agamben dieses Paradox in ein anderes, auf die Kategorie des *homo sacer* zugeschnittenes: „Wenn vom Menschlichen wirklich nur der Zeugnis ablegen kann, dessen Menschsein zerstört worden ist", dann bedeute dies, „daß es nicht möglich ist, das Menschliche vollkommen zu zerstören" (117). Es bleibe immer ein Rest übrig. Daraus gewinnt Agamben einen veränderten Begriff des Zeugen, der den biblischen, historisch kontextualisierten Begriff des „Restes der Geretteten" (*She'erit ha-Pletah*) abstrahiert, ihn transfiguriert und ihm eine ontologische Bestimmung gibt: „*Dieser Rest ist der Zeuge*" (117).

Wie unterschiedlich die Kategorie des Zeugnisses in den nationalen Wissenschaftssprachen der *literary studies* semantisiert ist, zeigt sich etwa an den literaturwissenschaftlichen Diskursen in Frankreich, in denen die Konzepte von ‚Zeugnis' und ‚Zeugenschaft' von vornherein ebenso auf die nationalsozialistischen Vernichtungsorte wie auf die stalinistischen Lager bezogen sind (Kalisky 2017, 30). Eine Assoziation dieser konkreten Orte nimmt Maurice Blanchot in *L'Écriture du désastre* (1980) vor, einer Schrift, die selbst einen jeder historischen Konkretion entzogenen Ort herstellt (Hartman 2003, 223). Blanchots Betonung der Passivität, sein Wissen um eine Zeitlichkeit, die nicht zurückgenommen werden kann, zeugt zugleich von der Wiederkehr einer nicht zu bewältigenden Wahrheit des Vergangenen, die sich auf die antisemitische Haltung seiner in den 1930er Jahren publizierten Texte bezieht (221). Die referentielle Vagheit in Blanchots Schriften begründet Hartman mit ihrer Auslassung datierbarer Geschehnisse (224), die auch in dem von ihm als ‚quasiautobiographisch' bezeichneten späten Text *L'Instant de ma mort* (1994) zu beobachten ist. Diesem Text Blanchots widmet sich eine Lektüre Jacques Derridas, die die Unentscheidbarkeit der Unterscheidung zwischen Zeugnis und Fiktion auslotet. Wird in früheren Arbeiten (Derrida

1990) die etymologische Ableitung des Zeugnisses aus dem Martyrium durch das Versprechen begründet, für die Wahrheit zu zeugen, stellt Derrida nun fest, das Zeugnis sei „stets mit der *Möglichkeit* zumindest der Fiktion, des Meineides und der Lüge verbunden" (Derrida 2011, 25). Für Derrida ist die Möglichkeit des Zeugnisses angewiesen auf diese mögliche Heimsuchung durch die Fiktion, durch die Literatur; er grenzt das Zeugnis scharf ab gegen den Beweis, das Archiv, die Information, die Gewissheit (28). Die Verknüpfung von Zeugnis und Literatur ist demnach unhintergehbar und paradox. Damit ist die als unentscheidbar, unmöglich, unhaltbar benannte Grenze markiert, von der aus das Zeugnis in Derridas Lektüre von Blanchots Text gedacht ist – „in einem die Quelle von Zeugnis und literarischer Fiktion, von Recht und Un-Recht, von Wahrheit und Un-Wahrheit, von Wahrhaftigkeit und Lüge, von Vertrauenswürdigkeit und Meineid" (28). Das Zeugnis tritt so als ein Akt hervor, dem Derrida für Blanchot die Möglichkeit einräumt, „Zeugnis abzulegen vom Fehlen einer Bezeugung" (30). Der Begriff des Zeugnisses kristallisiert in Derridas Schriften verschiedene Denkbewegungen, die jeweils unterschiedliche Dimensionen fokussieren: die Temporalität des Bezeugens, die Ersetzung der Wahrnehmung durch den Bericht (Derrida 1997, 105), die Differenz zwischen der öffentlichen, medial aufgezeichneten Zeugenaussage vor Gericht und dem leibhaftigen Zeugnis oder die Poetik selbst als ein Zeugnis (Derrida 2000, 147): als Frage danach, wie „das Gedicht für das Zeugnis und für den Zeugen zeugt" (171), die Derrida in seiner Lektüre von Paul Celan entfaltet.

Anders gelagert ist das Konzept des Geschehen, das der Zeuge bezeugt, in der „Hermeneutik des Zeugnisses" von Paul Ricœur, die die Kategorie des Zeugnisses in die philosophische Reflexion zu integrieren sucht. Das Zeugnis „führt die Dimension historischer Kontingenz ein, die derjenigen der Welt des Textes fehlt, die absichtlich unhistorisch oder transhistorisch ist" (Ricœur 2008b, 75). Historische Kontingenz meint für Ricœur nicht isolierte und kontingente Fakten, sondern etwas Äußeres, das einem widerfährt, die radikale Exteriorität menschlicher Erfahrung (Ricœur 2008a, 19). Das Zeugnis als philosophisches Problem zu denken – nicht nur als ein juristisches oder historisches –, heißt für Ricœur, es nicht nur als Erzählung eines Zeugen zu verstehen, der berichtet, was er gesehen oder gehört hat (*témoignage-récit* oder *attestation*). Im Rekurs auf Jean Nabert, Martin Heidegger und Emmanuel Lévinas bezieht Ricœur den Begriff des Zeugnisses „auf Worte, Werke, Handlungen, Lebensgeschichten", die „als solche im Herzen der Erfahrung und der Geschichte eine Intention, eine Inspiration, eine Idee bezeugen, die die Erfahrung und die Geschichte überschreiten" (7). Mit seinen Taten, seinem Leben zeugt der Zeuge für das Absolute (*témoignage-acte*); insofern verweist sein Zeugnis auf dessen transzendente Herkunft. Die Differenz und Verwandtschaft der beschriebenen Implikationen des von Ricœur entworfenen Zeugnisbegriffs macht erkennbar, wie in den ‚profanen Sinn' des Zeugnisses dessen ‚religiöser Sinn' eindringt (18–19). Die über die Kategorie des Zeugnisses geleitete Öffnung seiner philosophischen Texthermeneutik für eine Lektüre biblischer Textformen erlaubt Ricœur nicht nur, die Verbindung zwischen Idee und Erfahrung des Absoluten zu untersuchen, sondern auch die Frage nach der Mitteilbarkeit einer solchen Erfahrung und nach der Interpretierbarkeit eines sie mitteilenden Zeugnisses zu stellen. Unter Bezug auf die Kategorie der Iteration (Ricœur 2004, 252) erörtert Ricœur einen weiteren Aspekt des Zeugnisses, nämlich dessen Nähe zum Versprechen.

Die Unmöglichkeit des Bezeugens, die es im Zeugnis gibt, wie sie die Literatur von Primo Levi oder Paul Celan, die philosophischen Diskurse von Derrida, Kofman (→ IV.1 KASPER), Lyotard oder Agamben je unterschiedlich zur Sprache bringen, wird von Theodor W. Adorno als eine unauflösbare Aporie des Denkens geltend gemacht, die sich auch im Kunstwerk und in der Kultur reflektiert: Um wahr zu sein, müsse das Denken, „heute jedenfalls, auch gegen sich selbst denken. Mißt es sich nicht an dem Äußersten, das dem Begriff entflieht, so ist es vorweg vom Schlag der Begleitmusik, mit welcher die SS die Schreie ihrer Opfer zu übertönen liebte" (Adorno 1973, 358). Diese Aporie überschreitet den Dualismus von Affirmation und Kritik, in den das autonome Kunstwerk eingelassen ist. Die Verknüpfung von Kunst und Versprechen wird damit widerrufen (García Düttmann 1989, 214). Die kritische Erkenntnis, die über poetisches Sprechen ‚heute' reflektiert, ist dieser Aporie ununterbrochen unterworfen: „[N]ach Auschwitz ein Gedicht zu schreiben, ist barbarisch, und das frißt auch die Erkenntnis an, die ausspricht, warum es unmöglich ward, heute Gedichte zu schreiben" (Adorno 1977, 30). Doch anerkennt Adorno das Recht auf Ausdruck, das auch dem sprachlosen Schmerz (Adorno 1970, 66) zukomme – das ‚reale Leiden' verlange „die Fortdauer von Kunst, die es verbietet" (Adorno 1974, 423). Die Auswegslosigkeit, in der das Denken ebenso wie das Kunstwerk befangen bleibt, wird von Adorno später radikalisiert, indem er die Frage nach dem Überleben des Überlebens stellt (Adorno 1973, 355). Das Recht auf Ausdruck wirft die Frage nach dem Adressaten auf, verweist auf den Akt des Lesens, der selbst „eine Art (zweite, nachträgliche) Zeugenschaft ist: Zeuge eines Textes zu werden heißt, für die Singularität einer einzelnen Adresse erreichbar zu sein" (Allerkamp 2005, 16). Die Frage der Adressierung verklammert in Adornos Rekurs auf das Thema der Zeugenschaft den Nachraum des Nationalsozialismus mit der Schreibsituation des Exils. In den im amerikanischen Exil entstandenen „Aufzeichnungen und Entwürfen" zur *Dialektik der Aufklärung* (→ II.5 KRAMER) heißt es: „Wenn die Rede heute an einen sich wenden kann, so sind es weder die sogenannten Massen noch der Einzelne, der ohnmächtig ist" (Adorno und Horkheimer 2003, 294). Ein solcher Adressat der eigenen philosophischen Rede kann vielmehr nur „ein eingebildeter Zeuge" sein, „dem wir es hinterlassen, damit es doch nicht ganz mit uns untergeht" (294). Die Einbildung eines Zeugen als Dritten ist hier zur Voraussetzung geworden, um die eigenen Erkenntnisse und Schriften als Hinterlassenschaften zu denken und ihnen dadurch eine Zukunft zu verleihen.

Literatur

Adorno, Theodor W. „Kulturkritik und Gesellschaft". Ders., *Gesammelte Schriften*. Bd. 10.1. Hg. von Rolf Tiedemann. Frankfurt a. M. 1977: 11–30 [EA: 1949].
Adorno, Theodor W. „Engagement". Ders., *Gesammelte Schriften*. Bd. 11. Hg. von Rolf Tiedemann. Frankfurt a. M. 1974: 409–430 [EA: 1962].
Adorno, Theodor W. „Negative Dialektik". Ders., *Gesammelte Schriften*. Bd. 6. Hg. von Rolf Tiedemann. Frankfurt a. M. 1973: 7–412 [EA: 1966].
Adorno, Theodor W. *Ästhetische Theorie*. Ders., *Gesammelte Schriften*. Bd. 7. Hg. von Gretel Adorno und Rolf Tiedemann. Frankfurt a. M. 1970.
Adorno, Theodor W. und Max Horkheimer. *Dialektik der Aufklärung. Philosophische Fragmente*. Ders., *Gesammelte Schriften*. Bd. 3. Hg. von Rolf Tiedemann. Frankfurt a. M. 2003 [EA: 1947].
Agamben, Giorgio. *Was von Auschwitz bleibt. Das Archiv und der Zeuge*. Übers. von Stefan Monhardt. Frankfurt a. M. 2003 [OA: 1998].
Allerkamp, Andrea. *Anruf, Adresse, Appell. Figurationen der Kommunikation in Philosophie und Literatur*. Bielefeld 2005.
Baer, Ulrich. „Einleitung". *‚Niemand zeugt für den Zeugen'. Erinnerungskultur nach der Shoah*. Hg. von dems. Frankfurt a. M. 2000: 7–31.
Blanchot, Maurice. *L'écriture du désastre*. Paris 1993.
Blanchot, Maurice. *L'instant de ma mort*. Montpellier 1994.
Blumenthal-Barby, Martin. *Inconceivable Effects. Ethics through Twentieth-Century German Literature, Thought, and Film*. Ithaca, NY 2013.
Demmerling, Christoph. „Philosophie als literarische Kultur? Bemerkungen zum Verhältnis von Philosophie, Philosophiekritik und Literatur im Anschluss an Richard Rorty". *Hinter den Spiegeln. Beiträge zur Philosophie Richard Rortys mit Erwiderungen von Richard Rorty*. Hg. von Thomas Schäfer, Udo Tietz und Rüdiger Zill. Frankfurt a. M. 2001: 325–352.
Derrida, Jacques. *Aufzeichnungen eines Blinden. Das Selbstporträt und andere Ruinen*. Übers. von Andreas Knop und Michael Wetzel. München 1997 [OA: 1990].
Derrida, Jacques. „,A Self-Unsealing Poetic Text' – Zur Poetik und Politik des Zeugnisses". *Zur Lyrik Paul Celans*. Übers. von K. Hvidtfelt Nielsen. Hg. von Peter Buhrmann. Kopenhagen 2000: 147–182.
Derrida, Jacques. *Bleibe. Maurice Blanchot*. Wien 2011 [OA: 1998].
Eaglestone, Robert. *Ethical Criticism. Reading after Levinas*. Edinburgh 1997.
García Düttmann, Alexander. *La parole donnée. Mémoire et promesse*. Paris 1989.
Ginzburg, Carlo. „Just one Witness". *Probing the Limits of Representation. Nazism and the ‚Final Solution'*. Hg. von Saul Friedlander. Cambridge, MA/London 1992: 82–96.
Hartman, Geoffrey. „Maurice Blanchot. Fighting Spirit". *Witnessing the Disaster. Essays on Representation and the Holocaust*. Hg. von Michael Bernard-Donals und Richard Glejzer. Madison, WI 2003: 221–230.

Kalisky, Aurélia. „Die Szenographie der Zeugenschaft zwischen systematischer und kulturgeschichtlicher Perspektive". *Über Zeugen. Szenarien von Zeugenschaft und ihre Akteure.* Hg. von Matthias Däumer, ders. und Heike Schlie. Paderborn 2017: 29–48.

Kilby, Jane und Antony Rowland (Hg.). *The Future of Testimony. Interdisciplinary Perspectives on Witnessing.* New York/London 2014.

Kofman, Sarah. *Erstickte Worte.* Wien 1988 [OA: 1986].

Krämer, Sybille. „Vertrauenschenken. Über Ambivalenzen der Zeugenschaft". *Politik der Zeugenschaft. Zur Kritik einer Wissenspraxis.* Hg. von Sibylle Schmidt, ders. und Ramon Voges. Bielefeld 2011: 117–139.

Laub, Dori. „Truth and Testimony. The Process and the Struggle". *Trauma. Explorations in Memory.* Hg. von Cathy Caruth. Baltimore, MD/London 1995: 61–75.

Leypoldt, Günter. „Literatur als Angebot ‚nützlicher Metaphern'. Richard Rortys literarische Ethik". *Literatur ohne Moral. Literaturwissenschaften und Ethik im Gespräch.* Hg. von Christof Mandry. Münster/Hamburg/London 2003: 123–144.

Lyotard, Jean-François. *Der Widerstreit.* Übers. von Joseph Vogl. München 1989 [OA: 1983].

Nussbaum, Martha. *Love's Knowledge. Essays on Philosophy and Literature.* New York 1990.

Nussbaum, Martha. „Non-Relative Virtues. An Aristotelian Approach". *The Quality of Life.* Hg. von ders. und Amartya Sen. Oxford/New York 1993: 242–269.

Nussbaum, Martha. „The Window. Knowledge of other Minds in Virginia Woolf's ‚To The Lighthouse'". *New Literary History* 26.4 (1995): 731–753.

Ricœur, Paul. „Die Hermeneutik des Zeugnisses". *An den Grenzen der Hermeneutik. Philosophische Reflexionen über die Religion.* Übers. und hg. von Veronika Hoffmann. Freiburg i.Br./München 2008a: 7–40 [OA: 1972].

Ricœur, Paul. „Hermeneutik der Idee der Offenbarung". *An den Grenzen der Hermeneutik. Philosophische Reflexionen über die Religion.* Übers. und hg. von Veronika Hoffmann. Freiburg i. Br./München 2008b: 41–83 [OA: 1976].

Ricœur, Paul. *Gedächtnis, Geschichte, Vergessen.* Übers. von Hans-Dieter Gondek, Heinz Jatho und Markus Sedlaczek. Paderborn/München 2004: 247–254 [OA: 2000].

Rorty, Richard. *Kontingenz, Ironie und Solidarität.* Übers. von Christa Krüger. Frankfurt a. M. 1992 [OA: 1989].

Schmidt, Sibylle. *Ethik und Episteme der Zeugenschaft.* Konstanz 2015.

Weigel, Sigrid. „Zeugnis und Zeugenschaft, Klage und Anklage. Zur Differenz verschiedener Gedächtnisorte und -diskurse". *Gedächtnis, Geld und Gesetz. Vom Umgang mit der Vergangenheit des Zweiten Weltkrieges.* Hg. von ders. und Jakob Tanner. Zürich 2002: 39–62.

II.7 Literatur und gesellschaftliche Praxis

Einleitung

Patrick Eiden-Offe

Die Frage nach dem Verhältnis von Literatur und gesellschaftlicher Praxis sieht sich von Anfang an mit dem Problem konfrontiert, dass Literatur selbst als eine gesellschaftliche Praxis verstanden werden kann, das Verhältnis also auch ein Selbstverhältnis ist. Somit ist Literatur gesellschaftliche Praxis, reflektiert diese aber auch. Die Frage nach dem *Wie* dieser Reflektion ist einerseits Gegenstand einer 2000-jährigen Diskussion um die *mimesis*: Nach Aristoteles ist Literatur Nachahmung und Darstellung von *handelnden Menschen*, zu denen wiederum auch die Dichterinnen und Dichter gehören. Die Tragödien brachten eine gesellschaftliche Praxis zur Darstellung, waren jedoch selbst auch eminent wichtiger Teil der gesellschaftlich-politischen Praxis der Polis und wurden in der politischen Debatte auch als solche problematisiert (→ III.8 PIRRO). Daran knüpfen noch die Diskussionen um Realismus und engagierte Kunst im 20. Jahrhundert an. Andererseits aber grenzt sich Literatur gerade durch die mimetische Reflexion auch von der gesellschaftlichen Praxis ab und konstituiert einen eigenständigen Bereich, der seit mindestens 200 Jahren unter dem Stichwort der Autonomie verhandelt wird: Gerade weil sie Praxis nachahmt, sollen der Literatur Distanz- und Reflexionspotentiale offenstehen, die der nachgeahmten Praxis selbst verschlossen bleiben. Umgekehrt aber bleibt der Literatur durch diesen Selbstabschluss die Möglichkeit unmittelbarer gesellschaftlich-politischer Wirkung versagt.

Die Problemkonstellationen, die dem Verhältnis von Literatur und gesellschaftlicher Praxis entspringen, führen nicht zuletzt auch dazu, dass der disziplinäre Ort fraglich wird, an dem diese Probleme überhaupt thematisiert und verhandelt werden können: Zum einen fühlt sich neben der Literatur selbst die Literaturtheorie zuständig, die institutionell zumeist der Literaturwissenschaft zugeschlagen wird. Zum anderen reklamiert auch die Soziologie ihre Zuständigkeit – die ja diejenige Wissenschaft ist, der es per definitionem um Gesellschaft und gesellschaftliche Praxis zu tun ist. Die Literatursoziologie gehört fach- und institutionsgeschichtlich zu den ersten Bereichen, die sich in der noch jungen Wissenschaft ausdifferenziert haben (Magerski und Karpenstein-Eßbach 2019). Oder ist es am Ende vielleicht die Philosophie, die gewissermaßen von außen an das Verhältnis von Literatur und gesellschaftlicher Praxis herantritt, um es von einer dritten Position aus zu reflektieren?

In diesem Kapitel werden vier Zugänge vorgestellt, die auf unterschiedliche Weise das intrikate Verhältnis von Literatur und gesellschaftlicher Praxis thematisieren. Mit dem Marxismus wird zunächst eine Theorietradition präsentiert, die von einem Primat der gesellschaftlichen Praxis ausgeht und in der die literarische Reflexion in der Metapher des Spiegels verdichtet wird. Literatur erscheint hier in der dialektischen Doppelgestalt von Ideologie und Ideologiekritik; wie dieses Verhältnis im Einzelnen aber zu verstehen und wie es gesellschaftskritisch auszuagieren sei, darüber wurde in der marxistischen Tradition ein langer erbitterter Streit geführt (→ II.7 EIDEN-OFFE).

Mit Herbert Marcuse nimmt sich das zweite Unterkapitel einen der führenden Vertreter der marxistischen Tradition zum Gegenstand. Seit seiner Freiburger Dissertation über den *deutschen Künstlerroman* von 1922 bis zu seiner letzten monographischen Veröffentlichung *Die Permanenz der Kunst* von 1977 in einer intellektuellen Laufbahn, die vom akademischen Milieu des Postwilhelminismus bis in die amerikanische *counterculture* der 1960er und 1970er Jahre führt, hat Marcuse nicht aufgehört, die Literatur als gesellschafts*kritische* Instanz ins Spiel zu bringen. Die Rede von der *Permanenz der Kunst* kann schließlich als Zeichen einer Resignation gedeutet werden, denn Permanenz heißt auch, dass die Kunst nicht in kritischer gesellschaftlicher Praxis aufgehoben werden kann (→ II.7 RAULET).

Der dritte hier angebotene Zugang stellt im Modus des Theorievergleichs die literatursoziologischen Ansätze Niklas Luhmanns und Pierre Bourdieus einander gegenüber. Beiden ist gemeinsam, dass sie sich der Literatur in heuristischer Absicht strikt von außen nähern – als einem sozialen Tatbestand, dessen Genese und Struktur gesellschaftlich erklärt werden kann. Beide erheben aber auch den Anspruch, die spezifische ästhetische Geformtheit wie auch die ästhetische Wertung der Gebilde soziologisch aufklären zu können: Noch der ‚ästhetische Eigenwert' der Kunstwerke wird also zum soziologischen Gegenstand. In der Gegenüberstellung wird deutlich, dass die Kunst- und Literatursoziologie bei Luhmann wie bei Bourdieu nicht bloß einzelne Teilsysteme bzw. Felder unter anderen untersucht, sondern auch wesentliche Rückschlüsse auf das übergreifende ‚Theoriedesign' beider Ansätze erlaubt (→ II.7 JURT). Umgekehrt ist es erstaunlich, dass sowohl Luhmann als auch Bourdieu erst kurz vor dem Abschluss ihrer Lebensgroßprojekte in den 1990er Jahren ihre jeweils lang erwarteten Kunstbücher vorlegen (Luhmann 1995, *Die Kunst der Gesellschaft*, Bourdieu 1999, *Die Regeln der Kunst*). Bedeutet dieser Umstand etwas über die historisch-gesellschaftliche Lage in diesem Jahrzehnt, oder ist er der immanenten Dynamik der ‚Theoriewelle' nach 1968 geschuldet, die in der Beschäftigung mit der Kunst ihr Ende finden muss (Felsch 2015)?

Das vierte Unterkapitel beschäftigt sich mit der literarischen und philosophischen Verarbeitung der ökologischen Krise, die sich in den letzten Jahrzehnten immer mehr ins gesellschaftliche Bewusstsein geschoben hat. Die vorgestellten Ansätze des ‚Antispeziesismus', der *deep ecology*, des ‚Ökofeminismus' und des *ecocriticism* zielen auf eine Erneuerung und Veränderung des menschlichen Selbstverständnisses als Teil übergreifender (ökologischer oder Umwelt-) Systeme und auf eine neue Selbstverortung des Menschen in der ‚Natur' – deren begriffliche Bestimmung dann wiederum ebenfalls radikal in Frage gestellt und reformiert werden muss. Geteilte Grundannahme aller vorgestellten Ansätze ist es dabei, dass die literarischen und theoretischen Reformulierungen und *redescriptions* Teil und erste Ansätze einer veränderten gesellschaftlichen Praxis sein sollen. Die Verwicklung von Literatur in gesellschaftliche Praxis wird so aus einem theoretischen Problem zu einer politischen Chance (→ II.7 BÜHLER).

Literatur

Bourdieu, Pierre. *Die Regeln der Kunst. Genese und Struktur des literarischen Feldes*. Übers. von Bernd Schwibs und Achim Russer. Frankfurt a. M. 1999 [OA: 1992].
Felsch, Philipp. *Der lange Sommer der Theorie. Geschichte einer Revolte 1960–1990*. München 2015.
Luhmann, Niklas. *Die Kunst der Gesellschaft*. Frankfurt a. M. 1995.
Magerski, Christine und Christa Karpenstein-Eßbach. *Literatursoziologie. Grundlagen, Problemstellungen und Theorien*. Wiesbaden 2019.

Literatur als Spiegel der Gesellschaft? Marxistische Positionen der Literaturtheorie

Patrick Eiden-Offe

Marxistische Positionen der Literaturtheorie sehen sich, so könnte man einen ironischen Selbstkommentar Terry Eagletons verallgemeinern, immer in der Situation, „einerseits zu sehr und andererseits zu wenig" marxistisch zu argumentieren: Auf der einen Seite steht die Gefahr, „in eine Art ‚linken Funktionalismus' zu geraten, der die innere Komplexität des Ästhetischen unvermittelt auf eine Reihe ideologischer Funktionen reduziert". Auf der anderen Seite aber würde eine „zufriedenstellende" – und das heißt eine nichtreduktionistische – „historisch-materialistische Präsentation" des Verhältnisses von Literatur und Gesellschaft einen solchen Aufwand an Rekonstruktion bestimmender Faktoren erzeugen, dass man diesen immer nur auf einen noch zu schreibenden „eigenen Band" verschieben kann (Eagleton 1994, 4–5). Damit aber bleibt marxistische Literaturtheorie – vielleicht notwendig – immer hinter dem zurück, was sie zugleich doch fordert.

Jede reflektierte marxistische Literaturtheorie der letzten 150 Jahre musste die Gefahr jenes deterministischen Reduktionismus abwehren, wonach Literatur und Kunst als bloß mechanisch und instrumentell erzeugte Reflexe der politisch-ökonomischen Realität anzusehen sind. Allerdings darf sie die Idee einer solchen „Determination in letzter Instanz" – wie Louis Althusser und seine Mitarbeiter dies in Anlehnung an Engels formuliert haben (Althusser et al. 2015, 466; MEW, 20, 25) – auch nicht ganz aufgeben. Ein wenig zugespitzt ließe sich sagen, dass der dogmatische Reichtum marxistischer Literaturtheorie in der Varianz der konzeptionellen Kompromissbildungen begründet liegt, mit denen jeweils das Determinismusproblem gehandhabt, aber eben nie gelöst wird.

1 Die Klassiker (Marx, Engels)

Karl Marx und Friedrich Engels haben sich in ihren Werken, aber auch in der privaten Korrespondenz immer wieder und durchaus ausführlich zu Fragen von Kunst und Literatur geäußert, es gibt aber keine systematische Auseinandersetzung. Für Marx und Engels war eine solche auch nicht gefragt; im Gegensatz zum späteren Marxismus, für den sie zu ‚Klassikern' avancierten, haben Marx und Engels nie den Anspruch erhoben, eine alle Lebensbereiche umfassende integrale ‚Weltanschauung' zu formulieren. Erst für die Marxist/innen und Sozialist/innen der sozialdemokratischen Bewegung und der Zweiten und Dritten Internationale wird das Fehlen einer Literaturtheorie bei ihren ‚Klassikern' zur Leerstelle, die durch eigene Systematisierungsversuche gefüllt werden soll. Bei diesem Geschäft konnten Franz Mehring, Georgij Plechanov, Antonio Labriola oder Leo Trotzki auf eine ganze Reihe von Belegstellen bei den Klassikern zurückgreifen, die 1933 dann in der von Michail Lifschitz am Moskauer Marx-Engels-Institut besorgten Anthologie *Marx und Engels. Über Kunst und Literatur* erstmals umfassend zusammengestellt wurden (Lifschitz 1953).

Zunächst finden sich gerade in den Hauptwerken immer wieder Bezüge auf große Literatur; berühmt etwa der Verweis auf *Robinson Crusoe* im Kapitel über den „Fetischcharakter der Ware" (MEW, 23, 90–93) und auf Balzac im dritten Band des *Kapitals*. Dessen *Paysans* werden im Abschnitt über „Kostpreis und Profit" nicht nur zur Illustration, sondern als empirische Studie zur agrarökonomischen Situation zu Beginn des 19. Jahrhunderts eingeführt (MEW, 25, 49). Der passionierte Viel- und Allesleser Marx spickt seine Texte geradezu mit Zitaten und Allusionen, die er der gesamten ihm verfügbaren Weltliteratur entnimmt (Prawer 1983). Marx' legendäre Belesenheit nimmt in der frühen Arbeiterbewegung – nicht zuletzt befeuert durch die Erinnerungen seiner Töchter und Schwiegersöhne (Lafargue 1890/1891) – geradezu mythische und zugleich wegweisende Züge an: So wie dereinst die befreite Gesellschaft das gesamte kulturelle Erbe der Menschheit antreten sollte, so schien Marx' Person und Bildung schon diesen Zustand vorwegzunehmen. Dabei wurde wenig beachtet, dass Marx einen durchweg klassischen bis klassizistischen Geschmack pflegte: Neben zahlreichen Verweisen auf Shakespeare, Goethe und die griechische Antike in den Werken und einer privaten Vorliebe für Percy Shelley (Aveling und Marx-Aveling 1888, 541) wird Gegenwartsliteratur nur selten berücksichtigt; Ausnahmen sind nur Balzac und Heine.

Engels dagegen hat sich seine ersten Meriten als Literaturkritiker verdient. Aber auch er lässt einen deutlichen Hang zur Autonomieästhetik der Klassik erkennen, weshalb er die Literatur des Vormärz und des Jungen Deutschland harsch als „Tendenzpoesie" abkanzelt (MEW, 41, 19). Das Entstehen einer genuin proletarisch-radikalen Literatur auch in Deutschland stellt Engels in seiner frühen Literaturkritik allenfalls für die Zukunft in Aussicht (MEW, 4, 222) – oder er statuiert im Rückblick von vierzig Jahren, dass es eine solche Literatur gegeben habe, etwa bei dem jung verstorbenen Georg Weerth, den Engels 1883 als „ersten und *bedeutendsten* Dichter des deutschen Proletariats" adelt (MEW, 21, 7).

In systematischer Hinsicht werden Kunst und Literatur bei Marx und Engels als Spezialfall des Ideologieproblems abgehandelt; am prominentesten und folgenreichsten im Vorwort der Schrift *Zur Kritik der politischen Ökonomie* von 1859. Hier wird denn auch jener deterministische Reduktionismus grundgelegt, dessen drohende (oder verführerische) Kraft noch Eagleton abwehren muss. In der marxistischen wie der antimarxistischen Debatte firmiert dieser Reduktionismus als ‚Basis-Überbau-Modell'. Im Vorwort bestimmt Marx zunächst den Begriff der „Produktionsverhältnisse" als „notwendige, von ihrem Willen unabhängige Verhältnisse", die die Menschen „[i]n der gesellschaftlichen Produktion ihres Lebens" eingehen. Dann fährt er fort: „Die Gesamtheit dieser Produktionsverhältnisse bildet die ökonomische Struktur der Gesellschaft, die reale Basis, worauf sich ein juristischer und politischer Überbau erhebt und welcher bestimmte gesellschaftliche Bewußtseinsformen entsprechen" (MEW, 13, 8). Einige Zeilen später umreißt Marx, was unter den „Bewußtseinsformen" verstanden werden soll: Es sind die „juristischen, politischen, religiösen, künstlerischen oder philosophischen, kurz ideologischen Formen, worin sich die Menschen dieses Konflikts [des Konflikts zwischen neuen, sprengenden Produktivkräften und alten, einengenden Produktionsverhältnissen] bewußt werden und ihn ausfechten". Wenn es dann wiederum wenig später heißt, dass „[e]s [...] nicht das Bewußtsein der Menschen [ist], das ihr Sein, sondern umgekehrt ihr gesellschaftliches Sein, das ihr Bewußtsein bestimmt" (MEW, 13, 8–9), dann sind alle begrifflichen Bestandteile des berüchtigten ‚Basis-Überbau-Determinismus' versammelt. Zugleich aber ist auch der Grund gelegt für andere, dissidente Interpretationen des Verhältnisses von Ökonomie, Literatur und Kultur.

Denn dass die ökonomische Basis nicht einfach und notwendig bestimmte Überbauphänomene hervorbringt, die dann als Ideologie und als ‚falsches Bewusstsein' zu qualifizieren sind, zeigt schon die Formulierung im Vorwort selbst. Immerhin heißt es hier, dass sich die Menschen des zentralen Konflikts der Gesellschaft *in* den „ideologischen Formen [...] bewußt werden" – und nicht etwa, dass diese Formen den Konflikt verschleiern oder das Bewusstsein verfälschen. Die „ideologischen Formen" – also auch die Kunst – sind für Marx nicht nur selbst ideologisch, sondern immer auch Erkenntnisformen, Formen einer möglichen Erkenntnis von Ideologie.

2 Einfache Spiegelung: Lenins ‚Widerspiegelung' und der ‚Sozialistische Realismus'

Die bekannteste und wirkungsmächtigste Systematisierung des Basis-Überbau-Modells stammt von Lenin. Dessen Widerspiegelungstheorie formuliert eine integrale Erkenntnistheorie und Ontologie, die gerade in einem harten (und bewusst simplen) Determinismus ihre klassenkämpferische Haltung gegen die ‚bürgerliche' Philosophie der Zeit bestätigt sieht. So heißt es bei Lenin: „Genauso wie die Erkenntnis des Menschen die von ihm unabhängig existierende Natur, d. h. die sich entwickelnde Materie widerspiegelt, so spiegelt die gesellschaftliche

Erkenntnis des Menschen (d. h. die verschiedenen philosophischen, religiösen, politischen usw. Anschauungen und Lehren) die ökonomische Struktur der Gesellschaft wider. Die politischen Einrichtungen sind ein Überbau auf der ökonomischen Basis. Wir sehen zum Beispiel, wie die verschiedenen politischen Formen der heutigen europäischen Staaten dazu dienen, die Herrschaft der Bourgeoisie über das Proletariat zu festigen" (Lenin 1977, 5; Pannekoek 1991).

Nach der Oktoberrevolution und der nun geforderten Umsetzung einer proletarisch-sozialistischen Kulturpolitik erhält das Basis-Überbau-Modell eine funktionalistische Bedeutungsnuance: Der Reduktionismus wird operationalisiert. Unmittelbar nach der Revolution gibt es eine Phase der Experimente, des „Proletkult[s]", der Versuche einer avantgardistischen „Aufhebung der Kunst in die Lebenspraxis (Bürger 2017, 131). Der spätere Romancier Andrej Platonov etwa verbindet in seinen Essays, die er 1921 unter dem Titel *Gedanken eines Kommunisten* publizieren will, künstlerische und politische mit ökologischen und kosmologischen Spekulationen (Platonov 2019). Mit der Durchsetzung des Stalinismus wird auch die Kulturpolitik immer restriktiver uniformiert. Die verschiedenen Maßnahmen münden 1932/1933 in der Verkündigung der Doktrin des ‚Sozialistischen Realismus' als alleingültiger sozialistischer Kunstform („Über den Umbau der literarisch-künstlerischen Organisationen", Beschluss des Zentralkomitees der KPR (B) am 23. April 1932). Realismus galt nun als allein legitime Umsetzung der Lenin'schen Widerspiegelung in der Kunst. Wie allerdings genau dieser Realismus auszusehen habe, das war mit Verkündigung der Doktrin noch nicht endgültig ausgemacht; dies wird nicht zuletzt in den Debatten des ersten Allunionskongresses der Sowjetschriftsteller 1934 deutlich (Schmitt und Schramm 1974).

Auch die im Moskauer Exil entstandenen literaturtheoretischen Essays von Georg Lukács aus den 1930er Jahren – zu denken wäre an „Erzählen oder beschreiben" von 1936 oder „Es geht um den Realismus" von 1938 (Lukács 1971, 197–242, 313–343) – finden ihren primären Kontext in den Debatten um die Ausgestaltung jenes ‚Sozialistischen Realismus', der als Kunststil der kommunistischen Weltbewegung immer auch ein internationalistischer Stil sein sollte. Bei Lukács kann man feststellen, dass er gegenüber den – von literarischer Moderne und ästhetischen Avantgarden angefochtenen – deutschen Genossinnen und Genossen eher einen bremsenden, antimodernistischen Kurs vertritt, gegenüber den russischen Kolleginnen und Kollegen hingegen eher zu mehr Experimenten aufruft. Der ‚Sozialistische Realismus' bleibt so noch lange eine Hohlform, in der die Debatten um den Determinismus der Kunst ausgetragen werden können.

Gleiches gilt auch für den Begriff der Widerspiegelung. Auch wenn dieser als Inbegriff eines harten (und allzu oft auch geistfeindlichen) Reduktionismus gelten kann, haben der Partei sich verpflichtet fühlende Theoretikerinnen und Theoretiker immer weiter daran gearbeitet, ihn einer nichtreduktionistischen Lesart zu unterziehen. Noch Lukács formuliert das Mimesiskonzept seiner späten *Eigenart des Ästhetischen* in Auseinandersetzung mit Lenins Vorgaben (Lukács 1963; Göcht 2017). Die avancierteste Variante einer genuin philosophischen Reformulierung der Wiederspiegelungstheorie hat Hans Heinz Holz vorgelegt und auch ästhetisch fruchtbar gemacht (Holz 1996). Holz bezieht seine Lesart der Widerspiegelung von Leibniz (Holz 2015), und noch die Ästhetik und Erkenntnistheorie Walter Benjamins werden als gleichsam zersplitterte Widerspiegelung einer nunmehr selbst *zersplitterten Welt* gelesen (Holz 1992; → III.9 PICKER).

3 Komplexe Spiegelungen: Kultur und Form (Lukács, Labriola, Gramsci, Adorno)

Holz' Aufruf zu einem „exakte[n] Gebrauch der Spiegelmetapher" (Holz 2015, 31), durch den das „Mechanische[ ] der Spiegelung" (33) aufgelöst werden soll, kann dazu anhalten, erst einmal die Komplexität der Metapher (→ II.3 HETZEL) auszuloten: Denn die Bewusstseinsformen sollen ja eine gesellschaftliche Praxis spiegeln, deren integraler Bestandteil sie zugleich sind. Die künstlerischen Formen spiegeln sich selbst im Kontext einer Totalität, von der sich der Spiegel nie ganz abspalten und die er sich nie ganz gegenüberstellen kann.

In der Geschichte der marxistischen Literaturtheorie gibt es zwei Strömungen, die den Spiegel als komplexe Metapher ernst nehmen und in zwei Paradigmen ausformulieren, die sich bestimmten nationalen Traditionen zurechnen lassen: eine italienische, die zu einer historisch verstandenen ‚Philosophie der Praxis' führt, für die Literatur Bestandteil einer übergreifend verstandenen *Kultur* ist, und eine deutsche (bzw. österreichisch-ungarische), die systematisch orientiert ist und im Begriff der *Form* das zentrale Spiegelungselement zwischen Literatur und gesellschaftlicher Praxis erblickt.

Schon bald nach Marx' Tod und noch in enger Auseinandersetzung mit Engels macht sich Antonio Labriola in den 1890er Jahren an die Ausarbeitung einer materialistischen Geschichtsphilosophie, die auch Phänomene der Kultur zu integrieren verspricht (Pozzoli 2018). Nicht von ungefähr hat die materialistische Geschichtsauffassung sich für Labriola an der Destruktion des Konzepts der Autorschaft zu bewähren (Labriola 2018, 175). Auch bei der Zielformulierung einer sozialistischen ‚Gesellschaft der Zukunft' spielt ein neues, freieres Verhältnis zur Literatur eine entscheidende Rolle: Labriola redet keinem Produktivismus das Wort, sondern zielt in seinen Zukunftsaussichten auf ein verwirklichtes „Recht auf Faulheit". Im „Reich der Freiheit" wird allenthalben produktiver Müßiggang herrschen, der sich wiederum literarischen Ausdruck verschaffen wird: Es wird

„unendlich viele Diderots geben", die alle ihren je eigen *Jacques le Fataliste* werden schreiben können (173).

Das Programm einer ‚prosaischen' Sozialgeschichte der Kunst und Literatur, die die Ideologie der großen ‚Autoren der Geschichte' auflöst, schreibt sich in der italienischen Tradition fort bis zu Antonio Gramscis Konzept von Kultur. Gramsci begreift Kultur dabei als dynamischen Komplex, der eine Vereinheitlichungsleistung erbringt – so wie von einer National- oder auch Weltkultur gesprochen wird –, der aber zugleich auch immer Austragungsort von historischen (politischen, ökonomischen, sozialen) Kämpfen um Hegemonie bleibt (Lauggas 2012, 12–14). Jede gegebene, einheitlich erscheinende Kultur ist immer nur das vorübergehende Ergebnis eines Kampfes um kulturelle Hegemonie; jede Kultur ist damit wandel- und umkehrbar. Die Kämpfe um kulturelle Hegemonie sind für Gramsci Manifestationsformen des Klassenkampfs, ihr Ausgang ist ausdrücklich nicht deterministisch gedacht. Gramsci wendet sich somit scharf gegen jeden „Ökonomismus" (Gramsci 1991, 8: 1829–1832).

Mit Gramscis Konzept der Kultur ist nicht nur Hochkultur angesprochen, sondern explizit auch populäre Kultur und Unterhaltungsliteratur (1829–1832). Hier knüpfen später die britischen *Cultural Studies*, namentlich Raymond Williams und Stuart Hall, an, wenn sie schon die Zuweisung der Label *high* und *low* als Ausdruck kultureller Kämpfe und als Klassenmarkierungen dechiffrieren (Lauggas 2013, 109–175; Backhouse 2017, 56–61). Im deutschen Sprachraum können die Forschungen Leo Löwenthals zur Massenkultur und zur historischen Entwicklung ‚kultureller Standards' seit den 1930er Jahren als Parallelaktion zu Gramscis Arbeiten gelesen werden (Löwenthal 1990, 26–77, 89–187); eine wechselseitige Wahrnehmung hat es – wohl auch bedingt durch die Zeitläufte: Gramsci saß im faschistischen Italien im Gefängnis, Löwenthal musste in die USA emigrieren – nicht gegeben.

Mit seinen kritischen, aber durchaus sympathetischen Lektüren massenkultureller Erzeugnisse steht Löwenthal im Umfeld der Frankfurter Schule ziemlich allein – auch wenn die geheime Liebe Adornos zur Populärkultur vielleicht stärker hervorgehoben werden muss (Groß 2020). Die Kritische Theorie, insbesondere die Adornos (→ II.4 KRAMER), steht in der anderen Theorietradition, für die Kunst und Literatur nur insofern als Spiegelungen von gesellschaftlicher Praxis betrachtet werden können, als sie am gleichen gesellschaftlichen Formkomplex teilhaben. Literarische Werke durchlaufen, wie alle gesellschaftlichen Produkte, einen Formungsprozess, der – in letzter Instanz – an der Warenform orientiert bleibt. In ihrer Form liegt daher der „Doppelcharakter der Kunst als autonom und als fait social" (Adorno 1970, 16, 340) begründet. Warenförmig präformiert, opponieren die Werke doch jener Austauschbarkeit, die mit der Warenform unterstellt wird. Die Kunstwerke arbeiten in der Warenform gegen ihre Warenförmigkeit, sie leisten in und mit ihrer Form Widerstand gegen ihre gesellschaftliche Formvorlage. Noch in der „Mimesis ans Verhärtete und Verdinglichte" (39) bleibt diese unverrechenbar mit den gesellschaftlichen Zuständen, denen sie ähnelt.

Adornos Ansatz, der in der gesellschaftlichen Formbestimmung noch den mimetischen Impuls, der im Gespiegelten noch den Akt der Spiegelung selbst als widerständigen zu retten versucht, hat seinen Ursprung in der frühen Literatursoziologie Georg Lukács'. Schon in der Einleitung seines ersten Buches, der *Entwicklungsgeschichte des modernen Dramas* von 1909, steht ein Satz, der eine ganze Theorietradition begründen wird, die über Adorno und Peter Szondi bis zu Peter Bürger reicht und in Frederic Jamesons *Marxism and Form* (Jameson 1974) reflexiv werden wird. Der Satz lautet: „Das wirklich Soziale aber in der Literatur ist: ihre Form" (Lukács 1981, 10). Mit diesem Satz wendet Lukács sich gegen die führenden sozialdemokratischen und sozialistischen (Kunst-)Theoretiker seiner Zeit, gegen Franz Mehring und Georgij Plechanov etwa, die „in den künstlerischen Schöpfungen" bloß „die Inhalte [...] untersuch[en] und zwischen ihnen und bestimmten wirtschaftlichen Verhältnissen eine gerade Linie" gezogen haben (Lukács 1981, 10). Dadurch aber würde die zentrale Vermittlung durch die Form unterschlagen, die als gesellschaftlich und künstlerisch zugleich aufgefasst werden müsse. Im frühen Buch noch stark vom neukantianisch geprägten Formbegriff beeinflusst, wie er ihn von Heinrich Rickert, Max Weber und Georg Simmel (→ II.1 Hobuss) bezogen hat, kann Lukács erst durch die im Ersten Weltkrieg vollzogene ,Konversion' zum Marxismus seinen frühen Leitsatz substantiieren. Die Marx'sche Analyse der „Wertform" (MEW, 23, 49–98) aus dem ersten Kapitel des *Kapitals* gibt Lukács einen Schlüssel an die Hand, mit dem er eine Theorie gesellschaftlicher ,Gegenständlichkeitsformen' überhaupt formulieren kann: Die Wert- und Warenform bestimmt demnach grundsätzlich die Formen, in denen sich Subjektivität und Objektivität im Kapitalismus konstituieren können (Lukács 2013). Gesellschaft erscheint in dieser Perspektive als Formzusammenhang, ihre Kritik als Bergung des „Formproblems" (Engster 2014, 161; Eiden-Offe 2015).

Die formbewusste und formkritische Reflexionsleistung der Kunst und besonders der Literatur bringt Lukács schließlich auf den Begriff des Realismus. Realismus ist für Lukács kein Epochen- oder Stil-, sondern ein ästhetischer Verfahrensbegriff (Gindner 2017, 31–33; Plass 2018, 239–243), der bezüglich der möglichen konkreten Ausformungen noch offenbleibt. Lukács selbst hat jedoch – in durchaus gesuchter begrifflicher Nähe zur Doktrin des ,Sozialistischen Realismus' – seinen eigenen Verfahrensbegriff immer wieder auch stilkritisch ausgemünzt und sich vehement gegen „formalistische", „unrealistische" Formen von Literatur ausgesprochen: etwa in der berüchtigten „Expressionismusdebatte" (Lukács 1971, 109–149; Schmitt 1978, Imbrigotta 2018). Umgekehrt hat Adorno auf derselben formtheoretischen Grundlage die von Lukács verworfenen ästhetischen Avantgarden des 20. Jahrhunderts als einzig authentische Kritik an der verwalteten Welt der Warenform geadelt. Die formkritische Variante marxistischer Literaturtheorie tendiert, so lässt sich resümieren, insgesamt zu einer Privilegierung autonomer Hochliteratur. Innerhalb dieses Bereichs aber lassen sich formkritisch keine eindeutigen Wertungen oder stilistischen Privilegierungen begründen oder gar ableiten.

Nachdem marxistische Ansätze seit den 1980er Jahren innerhalb der Literaturtheorie und Kunstphilosophie zurückgedrängt und schließlich weitgehend vergessen worden waren, kann in den letzten Jahren ein neues Interesse an einer systematischen Berücksichtigung von politisch-ökonomischen Faktoren (Vogl 2002 sowie die neue Schriftenreihe *Literatur und Ökonomie* beim Fink-Verlag) und damit verbunden eine Rückkehr (post-)marxistischer Ansätze beobachtet werden. Eine eindeutige Lösung des Basis-Überbau-Problems ist allerdings auch in dieser neuen Konjunktur nicht zu erwarten und sollte vielleicht auch gar nicht angestrebt werden. Eine reflektierte Theoriegeschichte der marxistischen und ideologiekritischen Ansätze zur Literatur- und Kulturtheorie wird vielmehr in der Unlösbarkeit der Probleme deren weiter wirksame Virulenz und den Motor weiterer Lösungsversuche erblicken können.

Literatur

Adorno, Theodor W. *Ästhetische Theorie*. Frankfurt a. M. 1970.

Althusser, Louis et al. *Das Kapital lesen*. Münster 2015.

Aveling, Edward und Eleanor Marx-Aveling. „Shelley als Sozialist". *Die neue Zeit. Revue des geistigen und öffentlichen Lebens* 6.12 (1888): 540–550.

Backhouse, Maria. „Ursprüngliche Akkumulation und Ideologie. Impulse von Stuart Hall". In *Hörweite von Stuart Hall. Gesellschaftskritik ohne Gewähr*. Hg. von ders., Stefan Kalmring und Andreas Nowak. Hamburg 2017: 49–66.

Bürger, Peter. „Das zwiespältige Erbe der Avantgarde (2014)". Ders., *Theorie der Avantgarde*. Göttingen 2017: 130–140.

Eagleton, Terry. *Ästhetik. Die Geschichte ihrer Ideologie*. Stuttgart/Weimar 1994.

Eiden-Offe, Patrick. „Form-Kritik. Versuch über die Form der Partei bei Georg Lukács". *Klasse – Geschichte – Bewusstsein. Was bleibt von Georg Lukács' Theorie?* Hg. von Hanno Plass. Berlin 2015: 79–103.

Engster, Frank. *Das Geld als Maß, Mittel und Methode. Das Rechnen mit der Identität der Zeit*. Berlin 2014.

Gindner, Jette. „Realismus nach 2008. Kunst und die Krise des Kapitalismus". *Theater der Zeit* 72.5 (2017): 30–33.

Göcht, Daniel. *Mimesis – Subjektivität – Realismus. Eine kritisch-systematische Rekonstruktion der materialistischen Theorie der Kunst in Georg Lukács' ‚Die Eigenart des Ästhetischen'*. Bielefeld 2017.

Gramsci, Antonio. *Gefängnishefte*. Ders. *Kritische Gesamtausgabe*. 10 Bde. Hg. von Klaus Bochmann und Wolfgang Fritz Haug. Hamburg 1991–2002.

Groß, Pola. *Adornos Lächeln. Das ‚Glück am Ästhetischen' in seinen literatur- und kulturtheoretischen Essays*. Berlin/Boston 2020.

Holz, Hans Heinz. *Widerspiegelung*. Bielefeld 2015.

Holz, Hans Heinz. *Der ästhetische Gegenstand. Die Präsenz des Wirklichen*. Bielefeld 1996.

Holz, Hans Heinz. *Philosophie der zersplitterten Welt. Reflexionen über Walter Benjamin*. Bonn 1992.

Imbrigotta, Kristopher. „Brecht, Lukács, Seghers. Zur Kunst der Polemik in der Realismusdebatte". *Expressionismus-Debatte(n)*. Hg. von Kristin Eichhorn und Johannes S. Lorenzen. Berlin 2018: 11–27.

Jameson, Fredric. *Marxism and Form. Twentieth-Century Dialectical Theories of Literature*. Princeton 1974.

Labriola, Antonio. *Drei Versuche zur materialistischen Geschichtsauffassung*. Berlin 2018.

Lafargue, Paul. „Karl Marx. Persönliche Erinnerungen". *Die neue Zeit. Revue des geistigen und öffentlichen Lebens* 9 (1890/1891); 1.1 (1891): 10–17 und 37–42.

Lauggas, Ingo. *Hegemonie, Kunst und Literatur. Ästhetik und Politik bei Gramsci und Williams*. Wien 2013.

Lauggas, Ingo. „Kunst und Kampf für eine neue Kultur. Antonio Gramscis Schriften zur Literatur". *Antonio Gramsci. Literatur und Kultur*. Hg. von dems. Hamburg 2012: 10–19.

Lenin, Wladimir Iljitsch. „Drei Quellen und drei Bestandteile des Marxismus". Ders., *Werke*. Bd. 19: März – Dezember 1913. Berlin 1977: 3–9.

Lifschitz, Michail (Hg.). *Marx und Engels. Über Kunst und Literatur. Eine Sammlung aus ihren Schriften*. Berlin 1953.

Löwenthal, Leo. *Literatur und Massenkultur*. Ders., *Schriften*. Bd. 1. Frankfurt a. M. 1990.

Lukács, Georg. „Geschichte und Klassenbewußtsein. Studien über marxistische Dialektik". Ders., *Geschichte und Klassenbewußtsein. Frühschriften*. Bd. II., *Werke*. Bd. 2. Bielefeld 2013: 161–517.

Lukács, Georg. *Entwicklungsgeschichte des modernen Dramas*. Ders. *Werke*. Bd. 15. Darmstadt/Neuwied 1981.

Lukács, Georg. *Essays über Realismus*. Ders., *Werke*. Bd. 4. Neuwied/Berlin 1971.

Lukács, Georg. *Die Eigenart des Ästhetischen*. Ders., *Werke*. Bd. 11 und 12. Neuwied/Berlin 1963.

Marx, Karl und Friedrich Engels. *Werke*. Hg. vom Institut für Marxismus und Leninismus beim ZK der SED u. a. 44 Bde. Berlin 1956 ff. [MEW].

Pannekoek, Anton. „Lenin als Philosoph". Ders. et al., *Marxistischer Antileninismus*. Freiburg i. Br. 1991: 59–153.

Plass, Ulrich. „Nach Lukács. Realistische Schreibweisen in Krachts ‚Imperium' und Sebalds ‚Die Ringe des Saturn'". *Die Wirklichkeit des Realismus*. Hg. von Veronika Thanner, Joseph Vogl und Dorothea Walzer. Paderborn 2018: 239–254.

Platonov, Andrej. *Frühe Schriften zur Proletarisierung 1919–1927*. Hg. von Konstantin Kaminskji und Roman Widder. Wien/Berlin 2019.

Pozzoli, Claudio. „Antonio Labriola. Ein alternder Professor, die Anfänge der sozialistischen Bewegung und die erste historische Wende des Kapitalismus in Italien (1890–1900)". Antonio Labriola. *Drei Versuche zur materialistischen Geschichtsauffassung*. Berlin 2018: 3–38.

Prawer, Siegbert S. *Karl Marx und die Weltliteratur*. München 1983.

Schmitt, Hans-Jürgen (Hg.). *Der Streit mit Georg Lukács*. Frankfurt a. M. 1978.
Schmitt, Hans-Jürgen und Godehard Schramm (Hg.). *Sozialistische Realismuskonzeptionen. Dokumente zum I. Allunionskongress der Sowjetschriftsteller*. Frankfurt a. M. 1974.
Vogl, Joseph. *Kalkül und Leidenschaft. Poetik des ökonomischen Menschen*. Zürich/Berlin 2002.

Politik der Literatur und ihre politische Ohnmacht: Herbert Marcuse

Gérard Raulet

Marcuses Reflexionen über die Verhältnisse zwischen Politik und Literatur reichen in die Anfänge seiner intellektuellen Laufbahn zurück. Die Frage nach einer Politik der Literatur bildet in seinem ganzen Werk den Angelpunkt, an dem die Fähigkeit der Kunst, neue Lebensformen zu umreißen, unerbittlich gemessen wird.

Schon früh zielte Marcuse auf eine „ästhetische Erfahrung der Kunst", welche die „Aufhebung des Ästhetischen als dessen Emanzipation aus dem Kunstwerk" bedeuten würde. Stattdessen zieht er sich schließlich, in der *Permanenz der Kunst*, auf die „Welt des Kunstwerkes" als „ästhetische Formgebung" zurück und scheint dem Werk als dialektischer Subjekt-Objekt-Vermittlung nicht einmal mehr die emanzipatorischen Effekte abgewinnen zu können, die die klassische Ästhetik noch versprach. Die Kunst ist bestenfalls ein negatives Zeugnis der misslungenen Rationalisierung: „Sie ist die Logik der Herrschaft, wie sie als theoretische und praktische Vernunft die Organisation der subjektiven und objektiven Welt gelenkt hat. Was ihre Begriffe überstieg, war von jeher als Metaphysik verdächtig oder als Poesie geduldet" (Marcuse 1963, 46).

1 Das „Ringen des Menschen um die neue Gemeinschaft" – Die ästhetische Ontologie des Frühwerks

Marcuses Dissertation über den „Deutschen Künstlerroman" orientiert sich in ihrer Interpretation von Hegels *Ästhetik* nicht nur an Lukács' *Theorie des Romans*, sondern auch an dessen *Die Seele und die Formen*. Wie für Hegel und Lukács ist der Roman für Marcuse das ‚moderne bürgerliche Epos', der literarische Ausdruck einer Zeit, der die umfassende Totalität des Lebens nicht mehr unmittelbar zugänglich ist. Daraus entwickelt Marcuse in einer Reihe von Monographien, die mit dem Sturm und Drang beginnen und mit Thomas Manns *Tod in Venedig* enden, eine Kritik der bürgerlichen Welt, deren Leitmotiv das Künstlertum ist: „die Zersetzung und Zerreißung einheitlicher Lebensformen, der Gegensatz von Kunst und Leben, die Sonderung des Künstlers von seiner Umwelt" (Marcuse 1978, 332). Das historische Wesen des Romans wird aus dem Bruch mit einer vorhistorischen Zeit erklärt, die den Gegensatz zwischen Leben und Formen, Seele und Welt noch nicht kannte (→ III.4 SCHILDKNECHT). Dem Künstlerroman, den Marcuse als einen

Sonderfall des Bildungsromans untersucht, liegt der Wille zur Wiederherstellung dieser Totalität zugrunde: das „Ringen des Menschen um die neue Gemeinschaft" (333), wie es im letzten Satz des Schlusses heißt. Wie in *Die Seele und die Formen* fungieren die Seele und das Leben als Alternativen zur modernen Entzweiung des Subjekts und des Objekts – als ‚einigende Einheit'. An mancher Stelle gerät Marcuses kulturkritisches Unternehmen sogar in die Nähe von Klages' *Geist als Widersacher der Seele* (Raulet 1994). „Die Ineinsbildung von Kunst und Leben konnte nur solange bestehen, als das Leben tatsächlich als Träger der Idee, des Geistes begriffen wurde; sobald aber die diesseitige Welt entgöttert war, mußte der Geist seine Leibwerdung als Inkongruenz und Beschränkung empfinden und nach reiner Selbstdarstellung, nach Losreißung von der Realität streben – zu ihr in Gegensatz treten" (Marcuse 1978, 12–13). Der Protest der Kunst gegen die schlechte herrschende Wirklichkeit ist aber nicht der eigentliche Grundgedanke von Marcuses Dissertation. Marcuse betont, dass die Subjektivität nicht nur die Folge der Auflösung der prämodernen Harmonie zwischen Mensch und Welt ist, sondern dass sie auch den einzig möglichen Ausweg darstellen kann (Marcuse 1978, 9, 12, 16), wenn sie von einer tieferen Verwurzelung im Leben zeugt und die Kommunikation zwischen Schönheit und Liebe zum kosmischen Prinzip erhebt. Dem sind die Seiten über den Sturm und Drang gewidmet. Nicht von ungefähr endet *Der deutsche Künstlerroman* mit Dionysos und Eros (Marcuse 1978, 326, 328).

2 Existenzialismus versus Totalitarismus – Literatur in dürftiger Zeit

Eine oft vernachlässigte Etappe in Marcuses Reflexion über die politische Wirksamkeit der Literatur stellen zwei zu Unrecht vergessene Aufsätze dar: das bislang unveröffentlichte Manuskript über die literarische Avantgarde, den Surrealismus, Aragon und die Dichter der französischen Résistance, *Arts and Politics in the Totalitarian Era* (1945), und eine eingehende Kritik des Existentialismus unter dem Gesichtspunkt seiner politischen Bedeutung, die *Remarks on Jean-Paul Sartre's „L'Etre et le Néant"*, die im März 1948 im achten Band der Zeitschrift *Philosophy and Phenomenological Research* erschienen (→ II.2 FINKELDE). Sie weisen bereits auf die zentrale Rolle hin, die sein Spätwerk – *Konterrevolution und Revolte* (1972) und *Die Permanenz der Kunst* (1977) – der Kunst zuschreiben wird.

Der Kontext, in dem beide Texte geschrieben wurden, hat zweifelsohne ihre Entstehung bedingt. Im *Office of Intelligence Research* war Marcuse nach dem Ausscheiden von Franz Neumann und Carl E. Schorske ziemlich isoliert. Angesichts der zertrümmerten alten Welt stellte er sich der neuen Frage nach den Bedingungen des politischen Engagements. Bewusst oder unbewusst mag ihm

Benjamins Auseinandersetzung mit dem Surrealismus (→ III.9 PICKER), die 1929 ebenfalls durch eine Krise des Engagements ausgelöst worden war, vorgeschwebt haben. Auf jeden Fall macht er dem Existentialismus und den künstlerischen und literarischen Avantgarden genau den Vorwurf, den Benjamin im Krisenjahr 1929 gegen die Philosophie und den Surrealismus erhoben hatte: Er hält ihnen vor, bloß subjektive Revolten zu inspirieren. Zwar habe der Existentialismus gegen das Inhumane ein Bollwerk errichtet und die transzendentale Freiheit des Subjektes gefestigt, aber um den Preis einer Ontologisierung der situationsbedingten menschlichen Realität. Einen Ausweg aus dieser politischen Aporie des Existentialismus erblickt Marcuse in Sartres *attitude désirante* (dt. ‚begehrendes Verhalten').

In den Bemerkungen über Aragon erscheint die Behauptung der Sinnlichkeit als die literarische Utopie einer versöhnten Welt, im Sartre-Aufsatz wird sie zu einer Grundstruktur der Auseinandersetzung der menschlichen Freiheit mit der entfremdeten Welt, und erlangt somit die praktische Bedeutung einer Alternative zum frustrierenden Kampf des *pour-soi* (des Für-sich) um die Verwirklichung seines ‚Entwurfs' im *en-soi* (dem An-sich der äußeren Welt) (Raulet 2004b).

Beide Aufsätze sind in Marcuses Entwicklung insofern Schlüsseltexte, als sie die beiden Perspektiven umreißen, die Marcuse sein Leben lang unter dem Motto der ‚neuen Sinnlichkeit' zusammenzuführen versucht hat, um – wie er es im *Versuch über die Befreiung* (1969) ausdrückt – den utopischen Gehalt der Kunst ‚aufzuheben', das heißt, praktisch umzusetzen.

3 Das Kunstwerk im Zeitalter der Eindimensionalität

Der eindimensionale Mensch ist eine Art Phänomenologie des eindimensionalen Bewusstseins. In der eindimensionalen Gesellschaft schließt sich die entzweite Subjekt-Objekt-Einheit zum „totalen Verblendungszusammenhang" ausweisloser Entfremdung wieder zusammen. „Das Ganze erscheint als die reine Verkörperung der Vernunft" (Marcuse 1967, 11). Die Rationalität der Produktivkräfte, die Vernunft und Freiheit verwirklichen sollten, dringt als Herrschaft in „alle Bereiche des privaten und öffentlichen Daseins" (Marcuse 1967, 38), sie integriert alle wirkliche Opposition und verleibt sich alle Alternativen ein. Diese „Gleichschaltung" ist, wie Marcuse es nachdrücklich betont, „kein Schein, sondern Wirklichkeit" (Marcuse 1967, 31), und keine Ideologiekritik vermag noch das falsche Bewusstsein aufzulösen. Nicht zuletzt in der Kunst nimmt diese Neutralisierung der Widersprüche die Form antinomischer Verhältnisse an, deren Dialektisierung ins Leere läuft: Die Form, die den Stoff derart zusammenfügt, dass er „die gegebene Wirklichkeit transzendiert, in der etablierten Wirklichkeit gegen die etablierte Wirklichkeit arbeitet" (Marcuse 1969, 65–66), ist Negation und Affirmation zugleich, und zwar so, dass diese beiden Effekte immer mehr ineinander übergehen und dass es immer schwieriger wird, zwischen einem falschen und einem gelungenen „Ende der Kunst" zu unterscheiden. „Die Mittel und Wege, vermöge derer die verwalteten Individuen ihre Knechtschaft brechen und ihre Befreiung selbst in die Hand nehmen könnten" (Marcuse 1967, 26–27), werden immer unvorstellbarer, weil die Phantasie „gegenüber dem Prozess der Verdinglichung nicht immun geblieben" ist (Marcuse 1967, 261). Dieser kontaminierten Einbildungskraft freien Lauf zu lassen, hätte zur Folge, dass man der Täuschung zum Opfer fallen würde: „Es wäre jedoch Regression, wollte man ‚der Phantasie alle Ausdrucksmittel gewähren'" (261).

Wenn aber die Fiktion zur Wirklichkeit und die Wirklichkeit zur Fiktion werden, hebt sich der Gegensatz der Kunst zur Wirklichkeit gleichsam von selbst auf. Die scheinbar aussichtslose Eindimensionalität lässt keine andere Wahl als das Ernstnehmen der antinomischen Figuren, der Werke und Kunstwerke dessen, was Adorno und Horkheimer 1944 die „Mimesis ans Tote" (Horkheimer und Adorno 1994, 64) genannt hatten. Marcuse wählt nicht eindeutig diese Strategie, sondern er setzt parallel dazu auf eine ästhetische Politik, die tiefer ansetzen will als eine Politisierung der Kunst und dadurch das Potential hat, den ideologischen Verblendungszusammenhang zu durchbrechen. Er nennt sie „neue Sensibilität" (Marcuse 1969, 43).

4 Die Sackgasse der neuen Sinnlichkeit

Trotz der Verdienste, die man zweifelsohne *Triebstruktur und Gesellschaft* zuerkennen sollte – und nicht zuletzt das Verdienst, es mit der Metaphysik des späten Freud und mit dem damals in der psychoanalytischen Theorie weitgehend verleugneten Problem des Todestriebs aufgenommen zu haben (Raulet 1998) –, besteht die Kehrseite darin, dass hier der Rückfall des Marcuse'schen Ansatzes in eine Ontologie der Subjektivität vorbereitet wird. Mit Recht bemerkt Habermas, dass *Triebstruktur und Gesellschaft* zusammen mit dem Erbe der letzten Trieblehre Freuds auch dasjenige der Anthropologie und Ontologie antritt (Habermas 1981, 27), sodass die horizontale Achse der Geschichte gegen eine posthistorische Ontologie (Offe 1968, 83–84) ausgetauscht wird. Zwar wird in *Triebstruktur und Gesellschaft* die Dialektik der Befreiung als eine Dialektik zwischen der „Entsublimierung der Vernunft" und der nichtrepressiven „Selbst-Sublimierung der Sinnlichkeit" ausgeführt (Marcuse 1979, 167), aber gerade weil ihm das Imaginäre in dem Prozess, der zur Differenzierung zwischen Lust-Ich und Realitätsprinzip führt, „als abgetrennter seelischer Vorgang" (Marcuse 1979, 125) gilt, scheint es gegenüber der Transformation der Psyche durch das Realitäts- und dann durch das Leistungsprinzip eine relative Autonomie zu genießen.

Aus der von der Zivilisierung bewirkten Entzweiung der menschlichen Vermögen macht Marcuse die Grundlage eines theoretischen Dualismus, der sich in der Alternative von Kunst und Metaphysik verfängt. Entweder bewahrt die Phantasie die Erinnerung an eine Zeit, in der das Individuum und die Gattung noch eins waren, an ein vorgeschichtliches Leben, das sich noch nicht entzweit hatte – und das Imaginäre wird dann zum Ausdruck einer lebensphilosophischen Metaphysik –, oder sie zieht sich auf die Kunst als subjektive Leistung zurück (Raulet 2004a).

Im *Essay on Liberation* hat sich Marcuse bemüht, diesen Dualismus zu durchbrechen. Trotz des Arbeitstitels „Jenseits des eindimensionalen Menschen" knüpft der Essay viel eher an *Triebstruktur und Gesellschaft* an, indem er nun behauptet, dass „die neue Sensibilität [...] zum politischen Faktor geworden [ist]" (Marcuse 1969, 43). Die unversöhnte Subjektivität finde in der Entwicklung der fortgeschrittenen Industriegesellschaften eine objektive sozioökonomische Grundlage und der Fortschritt der Produktivkräfte ermögliche eine derartige Befreiung der triebhaften Energie, dass die ‚große Verweigerung' keine bloße Utopie mehr sei. In den Protestbewegungen sieht Marcuse eine konkrete Umsetzung dieser Entwicklung: eine politische Opposition, die sich die grundlegenden Forderungen der ästhetischen Dimension zu eigen macht (Marcuse 1969, 52) und diese nicht mehr nur als Erfahrung des Schönen oder als symbolisches Erlebnis des Lebens begreift, sondern als historische Produktivität und Kreativität der Sinnlichkeit. Dies ließe sich am Durchbruch einer „neue[n] *Sprache*", an der „methodischen Umkehrung der Bedeutung" feststellen, die in den „militantesten Formen des Protestes" zu beobachten seien (Marcuse 1969, 55, 58). Marcuse räumt freilich ein, dass die ästhetische Erfahrung, die Kant auf ihre subjektive Geltung beschränkte, sich in den künstlichen Paradiesen der narkotischen Trips gleichsam wiederholt und folglich „dem Gesetz dieser Gesellschaft unterworfen" (Marcuse 1969, 62) bleibt.

Im *Essay on Liberation* wird demzufolge die ästhetische Problematik auf folgende Alternative reduziert: einerseits auf die Flucht in die ‚ästhetische Dimension', wie ausweglos sie auch ist, andererseits auf die Hoffnung auf die Entstehung neuer Bedürfnisse, die den ‚materialen Bestand' der geschichtlichen Situation insofern ändern würden, als sie die Integration der Sinnlichkeit durchbrechen und für die ästhetische Illusion eine neue Grundlage bilden könnten. Die Ästhetik würde dann in doppeltem Sinn, sowohl als Sinnlichkeit als auch als Theorie der Kunst, zur Produktivkraft. Dann könnte auch die Form über das Kunstwerk hinaus zum politisch-gesellschaftlichen Werk werden. Diese beiden Perspektiven bleiben aber unvermittelt.

5 Die Kunst als Reservat

Die *Permanenz der Kunst* – Marcuses geistiges Vermächtnis – spiegelt letztlich nur die Unmöglichkeit der revolutionären Emanzipation wider. Gleich zu Beginn des ersten Kapitels weist Marcuse auf die Verzweiflung hin, die dem Rückzug auf die Welt der Kunst anhaftet. Sie resultiert aus der Einsicht, dass die Hoffnung auf Befreiung ihre Adressaten verloren hat und dass auch die Erweiterung ihrer sozialen Basis auf das gesamte Volk recht unsichere Aussichten bietet, da diese Totalisierung des Widerspruchs der Tendenz zur falschen, eindimensionalen Totalität entspricht.

Die Kunst ist eine von der Arbeit qualitativ verschiedene Produktivkraft. Sie nimmt die libidinöse Energie anders als die Arbeit in Anspruch und kann also auch über den bloßen Protest hinaus ein „Faktor der Veränderung des Bewußtseins werden" (Marcuse 1977, 46). Diese der Kunst „eigene Subversion der Erfahrung und die in ihr mitgegebene Rebellion gegen das bestehende Realitätsprinzip" geht aber „in keiner gesellschaftlichen Praxis auf" (Marcuse 1977, 46). Obwohl die in der Kunst gegebene Möglichkeit einer nichtrepressiven Entsublimierung dem Fluch der Eindimensionalität entgegenzuarbeiten scheint, bleibt die Kunst „eine Welt der Fiktion", „eine Dimension, in der das Bestehende nur in der Einbildungskraft verwandelt und überschritten wird" (Marcuse 1977, 11). Ihr verändernder Eingriff beschränkt sich bestenfalls auf eine Transformation des *Erkennens* (Marcuse 1977, 18).

In der *Permanenz der Kunst* dient die *wider eine bestimmte marxistische Ästhetik* (→ II.7 EIDEN-OFFE) (so der Untertitel) behauptete Autonomie der Kunst (Raulet 1992) lediglich der Freiheit des subjektiven Bewusstseins, „der inneren, nur ihm eigenen Geschichte des Individuums", die nicht identisch ist mit seiner gesellschaftlichen Existenz (Marcuse 1977, 15). Die Transzendenz der Kunst besteht in ihrem Plädoyer für Menschlichkeit überhaupt (Marcuse 1977, 33, 25), was ein Gemeinplatz wäre, wenn Marcuse damit nicht an die These von *Triebstruktur und Gesellschaft* anknüpfte, der zufolge die Kunst die Erinnerung an „die Struktur und die Strebungen der Psyche bei[behält], wie sie vor deren Organisation durch die Wirklichkeit [das Realitätsprinzip] bestanden" (Marcuse 1979, 126). Überwunden wird demnach der subjektive Charakter der Kunst nicht durch die Konkretisierung des Daseins und dessen Einbildungskraft, sondern durch eine vitalistische oder gar biologistische Ontologie, die sich überdies nicht nur auf die Metaphysik des späten Freud, sondern auch auf den Schicksalsbegriff der griechischen Tragödie beruft (Marcuse 1977, 33–34). „Zunächst scheint das Schöne politisch neutral zu sein: es kann Qualität eines regressiven sowohl wie progressiven Ganzen sein. […] In der Tragik der großen Kunst ist das Caveat zu dem Satz von der Veränderung der Welt. Die Vergangenheit kann nicht verändert, das Versäumte nicht nachgeholt werden. Geschichte ist Schuld, aber keine Entsühnung. Eros und Thanatos sind nicht nur Gegner, sondern auch Liebende" (Marcuse 1977, 69, 74).

Was von Marcuses Philosophie aktuell bleibt, ist schließlich weniger der Gedanke einer Transformation der Bedürfnisse, dessen Naturalismus zur im Spätkapitalismus längst vollzogenen Verwandlung des Bedürfnisses in Begehren quersteht, sondern vielmehr die vor allem im *Eindimensionalen Menschen* diagnostizierte Verschiebung der Formen sozialer Interaktion ins Ästhetische. Die Entwicklung der Expressivität stellt heute – in den neuen Kommunikationstechnologien wie auch im Zeitungs- und Fernsehjournalismus – die Form der ‚neuen Sinnlichkeit' dar (Raulet 1988). Indem sie sich parallel zur Performativität behauptet, erscheint sie als ein Aspekt der „repressiven Desublimierung". Wir sind, wie Marcuse es selbst feststellte, ins Zeitalter des Obszönen getreten – einer ‚weißen Obszönität', mit Baudrillard gesprochen: „Die obszönen Enthüllungen der Überflußgesellschaft provozieren normalerweise weder Scham noch ein Gefühl der Schuld, obwohl diese Gesellschaft einige der grundlegenden moralischen Tabus der Zivilisation verletzt" (Marcuse 1969, 23). Diese Erscheinungsformen der ‚historischen Phantasie' stellen für die Sozialphilosophie in doppelter Hinsicht eine Herausforderung dar: Zum einen soll diese die Fiktionalisierung der Vernunft ernst nehmen, weil ja die historische Phantasie, die für die Erkenntnis der Wirklichkeit konstitutiv ist, von dieser ‚ästhetischen Dimension' untrennbar ist. Zum anderen gibt es keinen anderen Ausweg als das Ernstnehmen der Figuren, in denen die so zustande kommende Erkenntnis sich niederschlägt. Die Sozialphilosophie sollte sich gleichsam in eine Philosophie (oder Soziologie) der ‚symbolischen Formen' verwandeln, welche die Fiktionen als Erzeugnisse der produktiven Einbildungskraft behandelt. Erst unter dieser Bedingung vermöchte sie das zu sein, was Marcuse anstrebte: eine Theorie der historischen Subjekt-Objekt-Vermittlung.

Literatur

Habermas, Jürgen et al. *Gespräche mit Herbert Marcuse*. Frankfurt a. M. 1981.
Horkheimer, Max und Adorno Theodor W. *Dialektik der Aufklärung*. Frankfurt a. M. 1994 [EA: 1944].
Marcuse, Herbert. *Triebstruktur und Gesellschaft. Ein philosophischer Beitrag zu Sigmund Freud*. Ders., *Schriften*. Bd. 5. Übers. von Marianne von Eckhardt-Jaffe. Frankfurt a. M. 1979 [OA: 1956].
Marcuse, Herbert. „Der deutsche Künstlerroman". Ders., *Schriften*. Bd. 1. Frankfurt a. M. 1978: 7–346.
Marcuse, Herbert. *Die Permanenz der Kunst*. München 1977.

Marcuse, Herbert. *Essay on Liberation*. Boston 1969.
Marcuse, Herbert. *Der eindimensionale Mensch. Studien zur Ideologie der fortgeschrittenen Industriegesellschaft*. Übers. von Alfred Schmidt. Darmstadt/Neuwied 1967 [OA: 1964].
Marcuse, Herbert. „Zur Stellung des Denkens heute". *Zeugnisse. Theodor W. Adorno zum Sechzigsten Geburtstag*. Hg. von Max Horkheimer. Frankfurt a. M. 1963: 45–49.
Offe, Claus. „Technik und Eindimensionalität. Eine Version der Technokratiethese?" *Antworten auf Herbert Marcuse*. Hg. von Jürgen Habermas. Frankfurt a. M. 1968: 73–88.
Raulet, Gérard. „Marcuse's Negative Dialectics of Imagination". *Herbert Marcuse. A critical reader*. Hg. von John Abromeit und W. Mark Cobb. London/New York 2004a: 114–127.
Raulet, Gérard. „Eine Bilanz in eigener Sache? Existentialismus und Engagement in Herbert Marcuses ‚Bermerkungen über Jean-Paul Sartres L'Etre et le Néant' und ‚Some Remarks on Aragon'". *Denken/Schreiben in der Krise. Existentialismus und Literatur*. Hg. von Cornelia Blasberg und Franz-Josef Deiters. St. Ingbert 2004b: 311–345.
Raulet, Gérard. „La mort aux deux visages". *Autour du Malaise dans la culture de Freud*. Hg. von Jacques Le Rider et al. Paris 1998: 55–78.
Raulet, Gérard. „Die Gemeinschaft beim jungen Marcuse". *Intellektuellendiskurse in der Weimarer Republik. Zur politischen Kultur einer Gemengelage*. Hg. von Manfred Gangl und dems. Frankfurt a. M. 1994: 97–110.
Raulet, Gérard. „Der Stil ist die Kunst. Zu Herbert Marcuses klassischer Ästhetik". *Kritik und Utopie im Werk Herbert Marcuses*. Hg. von Ludwig von Friedeburg und Helmut Dubiel. Frankfurt a. M. 1992: 286–300.
Raulet, Gérard. „Leben wir im Zeitalter der Simulation?". *‚Postmoderne' oder der Kampf um die Zukunft*. Hg. von Peter Kemper. Frankfurt a. M. 1988: 165–188.

Literatur als gesellschaftliches Teilsystem und literarisches Feld

Joseph Jurt

Die beiden Soziologen und Philosophen Niklas Luhmann und Pierre Bourdieu betrachten Literatur als ein bedeutendes gesellschaftliches Phänomen. Beide sehen indes Literatur und Kunst nicht im Sinne eines neomarxistischen Widerspiegelungsparadigmas als bloßes Epiphänomen wirtschaftlicher und politischer Strukturen der Gesamtgesellschaft (→ II.7 EIDEN-OFFE). Beide nehmen den Eigenwert dieses Bereiches ernst und betrachten das Teilsystem Literatur bzw. das literarische Feld als Ergebnis eines sozialen Differenzierungsprozesses.

In letzter Zeit wurden vermehrt Analogien zwischen den Theorieansätzen von Luhmann und Bourdieu herausgearbeitet (Nassehi und Nollmann 2004; Hartard 2010; Zahner und Karstein 2014). Gemeinsamkeiten existieren zweifelsohne, ebenso deutlich sind Unterschiede zu markieren. Sowohl Luhmann wie Bourdieu lehnen die Dichotomie ‚Gesellschaft/Individuum' ab. Bei Luhmann bleibt die ‚Gesellschaft' die umfassende soziologische Kategorie. Bei Bourdieu sind sowohl ‚Gesellschaft' als auch ‚Individuum' politische oder ideologische Begriffe ohne Erkenntniswert, was sich nach ihm an den polemischen Zuschreibungen ‚Individualismus' oder ‚Kollektivismus' ablesen lässt. Bourdieu lehnt eine globale Gesellschaftstheorie ab, weil sie das, was sie erklären will – die Gesellschaft – als tendenziell ahistorische Größe schon voraussetzt; er führt indes über die Kategorie des Habitus den Akteur in seine Betrachtungsweise ein, der innerhalb der Systemtheorie Luhmanns keine Rolle spielt.

1 Luhmanns Systemtheorie

Hinsichtlich des sozialen Differenzierungsprozesses unterscheidet Luhmann zwischen drei historischen Etappen: Auf die archaisch segmentären Clangesellschaften folgte die stratifikatorische Gesellschaft der Hochkulturen, deren Reichweite umfassender und deren Komplexität wegen der vertikalen hierarchischen Gliederung in Ständen größer war. Im bürgerlichen Zeitalter bildete sich dann eine funktional differenzierte, horizontal organisierte Gesellschaft aus, die auch unsere Gegenwart bestimmt. Die Gesellschaft ist für Luhmann das „umfassendste Sozialsystem, das alles Soziale in sich einschließt und infolgedessen keine soziale Umwelt kennt" (Luhmann 1984, 555). Die polyzentrische Sozialordnung besteht aus prinzipiell gleichwertigen Teilsystemen, die sich autonomisieren und die sich ausschließlich über ihre jeweilige Funktion definieren: „Nur für das Erziehungssystem ist dann die Funktion der Erziehung wichtiger als alle andern; nur für das Rechtssystem kommt es in erster Linie auf Recht und Unrecht an; nur die Wirtschaft stellt alle anderen Erwägungen hinter ökonomisch formulierten Zielen [...] zurück" (Luhmann 1980, 28).

Die Teilsysteme definieren indes nicht einen bestimmten Bereich, sondern eine Operationsweise, einen Prozess. Das Teilsystem Gesundheit meint nicht den Gesundheitsbereich mit Ärzten, Krankenhäusern und Vorsorgeinstitutionen, sondern die Betrachtungsweise aller Aspekte unter der Leitdifferenz ‚gesund/krank'. Jedes soziale Teilsystem nimmt ausschließlich eine spezifische Funktion wahr und ist darum völlig autonom. Es ist gleichzeitig selbstreferentiell und autopoietisch, das heißt, es produziert und reproduziert sich permanent durch Kommunikation und bildet so einen geschlossenen Kreislauf. Für Luhmann ist Kommunikation das eigentlich Soziale. Kommunikation ist aber für ihn nicht eine Interaktion zwischen Subjekten, sondern ein Prozess innerhalb des Systems, ein Prozess der Selektion in Form einer Einheit der Differenz von Information, Mitteilung und Verstehen (Luhmann 1987, 194).

Das umfassende soziale System ‚Gesellschaft' differenziert sich in zahlreiche soziale Teilsysteme aus, denen Luhmann mehrere Monographien widmete: *Die Wirtschaft der Gesellschaft* (1988), *Die Wissenschaft der Gesellschaft* (1990), *Das Recht der Gesellschaft* (1993). Posthum erschienen *Die Religion der Gesellschaft* (2000), *Die Politik der Gesellschaft* (2000), *Das Erziehungssystem der Gesellschaft* (2002).

2 Die Kunst der Gesellschaft

Nach Luhmann definierte die traditionelle Soziologie die Gesellschaft zu einseitig über Wirtschaft und Politik und überließ zum Beispiel Religion, Familie oder eben auch Kunst vorschnell den ‚Spezialisten'. Die Gesellschaft als Gegenstand der Soziologie ist in seinen Augen derart umfassend, dass eine sich ‚universal' verstehende Gesellschaftstheorie nach ihm „so wichtige Bereiche wie Kunst schwer außer Acht lassen" (Luhmann 2008, 402) kann. So galt 1995 eine eigene Monographie der *Kunst der Gesellschaft*. Dem sozialen Teilsystem Literatur widmete er keine eigene Untersuchung, betont jedoch ausdrücklich, dass das über das Teilsystem der Kunst Gesagte auch für die Wortkunst gelte (Luhmann 1995, 45). Luhmann sprach in Aufsätzen, unter anderem auch im zunächst unveröffentlichten Text „Literatur als Kommunikation", immer wieder auch die Literatur an; die Aufsätze sind mittlerweile in dem von Niels Werber herausgegebenen Band *Schriften zu Kunst und Literatur* vereint (Luhmann 2008).

Luhmann situiert die Entstehung des autonomen Teilsystems Kunst zum Zeitpunkt des Übergangs von der stratifikatorischen zur funktional differenzierten Gesellschaft, etwa um 1800, als sich Kunst „von fremdgesetzten oder fremdausgerichteten (zum Beispiel religiösen, politischen, pädagogischen) Zwecken" löste und das Schöne als „zwecklosen Selbstzweck" definierte (Luhmann 1995, 42). Kunst wird zu einem autopoietischen System, das sich durch selbstproduzierte Kommunikation auszeichnet. Der Kommunikationsprozess erfolgt „durch eine laufende Reproduktion der Unterscheidung von Mitteilung (Selbstreferenz) und Information (Fremdreferenz) unter Bedingungen, die ein Verstehen [...] ermöglichen" (23). Die genannten Begriffe stehen für Luhmann in keiner direkten Beziehung zu einer „psychischen Referenz", das heißt zu Künstlern oder Kunstrezipienten, vielmehr stehen Kunstwerke immer in Beziehung zu anderen Kunstwerken. Innerhalb des autopoietischen Systems Kunst müssen die Werke sich durch neue Elemente von den bestehenden unterscheiden, „denn die Kommunikationskomponente Information setzt Überraschung voraus und geht bei einer Wiederholung verloren" (85). Gleichzeitig erfordert jede Neuerung in der Literatur eine „,redescription' dessen, was bisher galt, *und hält sich dadurch im System*" (Luhmann 2008, 387).

Nach Luhmann bildet jedes soziale Teilsystem einen binären Code aus, der als Basisunterscheidung ermöglicht zu bestimmen, was zum System gehört. Für die Wissenschaft ist es die Unterscheidung ‚wahr/falsch', für das Teilsystem Recht ‚Recht/Unrecht', für die Politik ‚Regierung/Opposition', für die Wirtschaft ‚Haben/Nichthaben'. Luhmann benennt für das Kunst- und Literatursystem, so am Beispiel der Romantik, die „Kontrastformulierung schön/häßlich" (Luhmann 1995, 310). Anlässlich eines Kolloquiums in Karlsruhe im Jahre 1974 hatte er schon die Kunst durch die Orientierung am Kriterium ‚Schönheit' bestimmt und nachdrücklich deren Autonomie unterstrichen. Nur über dieses Kriterium sei die vom Werk ermöglichte Kunstkommunikation zwischen Produktion und Rezeption denkbar (Luhmann 2008, 41, 96–101). Luhmann geht es darum, wie Werber schreibt, Kunst wie Politik, Recht oder Wissenschaft als „binär codierte, funktionsspezifische Kommunikation in einem eigens ausdifferenzierten symbolisch generalisierten Medium" zu bestimmen (Werber 2008, 442–443). Die Kodierung ‚schön/hässlich' wurde auch in Frage gestellt und andere Oppositionspaare wurden vorgeschlagen (neu/alt, fiktional/real, stimmig/unstimmig). Entscheidend war indes für Luhmann der grundsätzliche Unterschied zu anderen Kodierungsformen wie ‚wahr/falsch', ‚gesund/krank' usw. „Nicht das Schöne an sich", so schreibt Werber, „macht die Kunst zur Kunst, sondern eine Kette von Operationen (der Produktion oder Rezeption), die von einer Entscheidung zwischen schön oder hässlich, stimmig oder unstimmig, so oder anders zur nächsten voranschreitet" (450). Wenn eine andere Entscheidung wie etwa ‚wahr' oder ‚falsch' die Kommunikation dominiere, dann kommuniziere man nicht mehr im Teilsystem der Kunst der Gesellschaft.

Für Luhmann ist das Faktum, dass man Werke nicht mehr über moralische oder kognitive, sondern ausschließlich über ästhetische Kriterien bestimmt, ein relativ junger Prozess der modernen Gesellschaft. „Die Absonderung eines Bereiches für kunstspezifische Evolution in der Gesellschaft kommt dadurch zustande, daß am Kunstwerk selbst Entscheidungen über stimmig (schön) oder nichtstimmig (häßlich) zu treffen sind, *für die es keine externen Anhaltspunkte gibt*" (Luhmann 1995, 366). Anhand der spezifischen binären Kodifizierung von Kunst und Literatur unterstreicht Luhmann die Autonomie des Teilsystems, für das er eine politische Instrumentalisierung oder eine ökonomische Marktabhängigkeit ausschließt, um das Teilsystem als „eigenständige und gleichrangige Sphäre der modernen Gesellschaft ernst zu nehmen" (Luhmann 2008, 443).

Luhmann lehnt nicht nur den Subjektbegriff ab, sondern auch transzendentalphilosophische Voraussetzungen. Ob etwas ist, lässt sich nach ihm nicht durch eine ontologische Reflexion ermitteln. Was ist, existiert nur, indem es beobachtet wird. Das Kunstwerk ist Beobachtung der Welt. Die Betrachtung des Kunstsystems ist so eine Beobachtung der Beobachtung, eine Beobachtung zweiten Grades. Der Leser wird definiert als „Beobachter zweiter Ordnung, der an Texten gelernt hat, Menschen als Beobachter zu beobachten, unabhängig davon, wie es um den Realitätswert der erzählten Geschichte steht" (Luhmann 2008, 383). Das führt zur Umstellung von Was-Fragen auf Wie-Fragen, insofern man nicht mehr fragt, „worüber kommuniziert wird, sondern wie kommuniziert wird" (Luhmann 1995, 20). Das hergestellte Objekt lenkt den Blick notwendigerweise auf seine Form, wenn sich der Beobachter auf das Kommunikationsangebot der Kunst einlässt. Für das Kunstwerk ist „die Differenz von Medium und Form als *Differenz* ausschlaggebend" (Luhmann 2008, 125). Man fragt beispielsweise, wie das Textkunstwerk sich selbst organisiert „mit Hilfe dieser Klangliches, Rhythmisches und Sinnhaftes kombinierenden selbstreferentiellen Verweisungen". Die künstlerische Qualität eines Textes liegt nach Luhmann nicht in der Themenwahl, sondern allein in der formalen Gestaltung, die für die Leitdifferenz das entscheidende Kriterium darstellt. „In der Dichtung wird, wie sonst kaum möglich, das Kunstwerk mit seiner Selbstbeschreibung vereint" (Luhmann 1995, 47).

Die genannte Leitdifferenz gilt nach Luhmann für alle Bereiche des Kunstsystems. Sein Ansatz wurde problemlos fruchtbar gemacht für das Subsystem Literatur. Eigentliche literaturtheoretische Schulen berufen sich auf den systemtheoretischen Ansatz, vor allem im Bereich der Germanistik – so die Bochumer Schule (Gerhard Plumpe, Niels Werber), die Leidener Schule (Matthias Prangl, Henk de Berg) oder auch Anglisten wie Christoph Reinfandt oder Romanisten wie Hans Ulrich Gumbrecht.

3 Bourdieus Feldtheorie

In einer ersten Phase stand Bourdieu dem Systemansatz, wie ihn Luhmann vertrat, durchaus nahe und empfand das strukturale Verfahren der Objektivierung durch Einbettung in ein System (Lévi-Strauss) als richtig, sah darin aber auch die Gefahr eines Objektivismus. Indem Bourdieu nach dem Objektivierungsschritt wieder die Situation der Akteure ins Visier nahm, versuchte er den Strukturalismus zu transzendieren. Ziel war es, die substantialistische Antinomie ‚Individuum/Gesellschaft' durch die beiden zentralen Begriffe ‚Habitus' und ‚Feld', die er bezeichnenderweise bei der Analyse der Entstehung kultureller Werke entwickelt hatte, zu überwinden. Das Prinzip des historischen Handelns – des Künstlers wie des Arbeiters – ist für Bourdieu kein Subjekt, das der Gesellschaft als äußerliches Objekt entgegenstände: „[W]eder Bewußtsein noch Sache, besteht es vielmehr in der Relation zweier Zustände des Sozialen, nämlich der in Sachen, der in Gestalt von Institutionen objektivierten Geschichte auf der einen, in der Gestalt jenes Systems von dauerhaften Dispositionen, das ich Habitus nenne, leibhaft gewordener Geschichte auf der anderen Seite" (Bourdieu 1985, 69). Bourdieu führte den Akteur wieder in die Debatte ein, den die Strukturalisten nur als Epiphänomen der Strukturen betrachtet hatten. Der Begriff des Akteurs wird jedoch nicht über eine Subjektphilosophie (Sartre'scher Prägung) verstanden, sondern als soziale Größe bestimmt durch den Habitus, der ein Produkt der Sozialisation ist. Der durch den Habitus geprägte Akteur folgt nicht vorgegebenen Regeln, sondern entwickelt eine Strategie in Bezug auf die jeweilige Struktur des Feldes. Der Begriff des Feldes, der korrelativ zu dem des Habitus ist, weist durchaus gewisse Analogien zu dem des Teilsystems auf. Die Felder sind auch für Bourdieu das Resultat eines historischen Differenzierungsprozesses.

In seinem Buch *Meditationen* zeichnet Bourdieu diesen Prozess der Autonomisierung nach (Bourdieu 2001, 28–31). Demnach bildete sich im fünften vorchristlichen Jahrhundert in Griechenland das philosophische Feld aus, das sich gegenüber dem politischen und dem religiösen Feld verselbständigte. Die Konfrontation in diesem Feld vollzog sich in einer Suche nach Regeln der Logik, die von einer Suche nach den Regeln der Kommunikation und der intersubjektiven Übereinkunft nicht zu trennen ist. Im Italien der Renaissance wurde dieser Prozess der Differenzierung wieder aufgegriffen, und die wissenschaftlichen, literarischen und künstlerischen Felder emanzipierten sich vom philosophischen Feld. Ein eigenes ökonomisches Feld bildete sich Bourdieu zufolge erst am Ende einer langen Entwicklung, in deren Verlauf die symbolische Dimension der Produktionsbeziehungen vernachlässigt und das ökonomische Feld als ein geschlossenes Universum betrachtet wurde, das nur mehr durch die Gesetze des Interessenkalküls, der Konkurrenz und der Ausbeutung bestimmt wird.

Durch die funktionale Differenzierung der modernen Gesellschaften wurde Luhmann zufolge eine Reihe prinzipiell gleichwertiger, autonomer Teilsysteme hervorgebracht. Bourdieu dagegen geht von einem hierarchischen Verhältnis der einzelnen Felder aus; es gibt in seinen Augen kein transhistorisches Gesetz, das die Verhältnisse zwischen den einzelnen Feldern regeln würde, selbst wenn man durchaus davon ausgehen kann, dass in den Industriegesellschaften die Wirkungen des ökonomischen Feldes besonders stark sind. Die Einflüsse der ökonomischen und politischen Strukturen wirken nach Bourdieu nicht unmittelbar auf das literarische Feld, sondern werden gemäß der Logik des spezifischen Feldes reinterpretiert. Die These einer direkten Beziehung zwischen Gesamtgesellschaft und künstlerischer Produktion bezeichnet Bourdieu auch in seinem Werk über Manet als ‚Kurzschluss'.

Das Prinzip der Ausdifferenzierung der einzelnen Felder ist die Gewinnung einer immer größeren Autonomie, und zwar im Sinne von Orten einer spezifischen Logik und Notwendigkeit, die sich nicht auf die für andere Felder geltenden Normen und Werte zurückführen lassen. Die Autonomie der Felder ist aber nie total und ein für alle Mal erreicht; es gibt immer unterschiedliche Grade von Autonomie. Das Prinzip der relativen Autonomie der Felder steht in Opposition zu Luhmanns Konzept einer absoluten Autonomie. Die Eigenständigkeit eines Teilsystems, etwa desjenigen der Kunst, steht für Luhmann außer Frage, solang dieses als selbstreferentielles System operiert.

Die Begriffe ‚Selbstreferenz' oder ‚Selbstorganisation' suggerieren nach Bourdieu eine (oberflächliche) Ähnlichkeit zwischen Systemtheorie und der Theorie der Felder: „In beiden Fällen spielt ja der Differenzierungs- und Verselbständigungsprozess eine zentrale Rolle" (Bourdieu und Wacquant 2006, 134). Trotzdem sind in seinen Augen die beiden Ansätze radikal verschieden. „Die Produkte eines gegebenen Feldes können systematisch sein, ohne Produkte eines Systems zu sein, insbesondere nicht eines Systems, dessen Merkmal gemeinsame Funktionen, interne Kohäsion und Selbstregulierung sind" (134). Man könne die Stellungnahmen (und damit meint Bourdieu die Werke) zum Beispiel im literarischen oder künstlerischen Feld als ein System von Unterschieden, von distinktiven, antagonistischen Eigenschaften sehen, die sich aber nicht einer internen Dynamik (wie es das Prinzip der Selbstreferenz impliziere) verdanken, sondern der Position der Akteure im Feld.

Bourdieus Feldbegriff bezeichnet daher nicht nur einen Ort von Sinnverhältnissen, sondern auch ein Kampffeld. Dieses wird nicht durch ein statisches Gleichgewicht bestimmt, sondern durch die permanente Auseinandersetzung. Das Feld entspricht daher nicht Luhmanns Konzept des Systems, in dem das statische Gleichgewicht den Normalzustand darstellt und der Konflikt eine Störung dieser Statik. Bei Bourdieu aber stellen der Konflikt und der Kampf das Grundprinzip des Feldes dar. Diejenigen, die in einem gegebenen Feld herrschen, müssen mit Widerstand rechnen. Widerstand stellt das Prinzip des Wandels und damit der Geschichte dar. „Geschichte gibt es nur, solange Menschen aufbegehren, Widerstand leisten, reagieren" (133).

Der (vertikale) Gegensatz und der Konflikt zwischen den Herrschenden und den Beherrschten und die (horizontale) Skala zwischen Autonomie und Heteronomie bilden die zentralen strukturierenden Elemente eines Feldes. Über diese beiden Skalen können schließlich auch Akteure, Gruppen, Institutionen bestimmt werden.

4 Das literarische Feld

Bourdieu sprach in seinen frühen Arbeiten vor allem von einem ‚intellektuellen Feld' und meinte damit generell ein Feld der kulturellen Produktion; der Feldbegriff wurde dann in seinen Arbeiten zu einem literarischen und künstlerischen Bereich ausdifferenziert. Ab den 1980er Jahren widmete er sich spezifisch dem literarischen Feld, was 1992 seine Vollendung in dem Werk *Die Regeln der Kunst* fand.

Das eigentlich Soziale für Bourdieu ist nicht das Funktionieren der Literatur als individuelle Tätigkeit, sondern als Aktivität innerhalb eines spezifischen Feldes, in dem die Schriftsteller als spezifische Akteure wirken und nicht bloß Sprecher einer sozialen Klasse sind. Im Unterschied zu Foucault geht Bourdieu aber nicht von einem alle Äußerungen bestimmenden Diskurssystem aus, sondern von einer Korrespondenz zwischen mentalen und sozialen Diskursstrukturen oder auch Positionen. Er postuliert eine Homologie zwischen dem Feld der Stellungnahmen – den einzelnen literarischen Werken und theoretischen Äußerungen – und den Stellungen im Feld, etwa die Zugehörigkeit zur etablierten Literatur oder zur Avantgarde. „Der Prozess, der die Werke hervorbringt, ist das Resultat des Kampfes zwischen den Akteuren, die entsprechend ihrer Stellung im Feld, ihrem spezifischen Kapital, an der Bewahrung, d. h. an der Routine und der Routinisierung oder am Umsturz, d. h. an der Rückkehr zu den Quellen, an der häretischen Kritik, an der Reinheit usf. interessiert sind" (Bourdieu 1991, 113).

Bourdieu entwirft für das literarische Feld eine antagonistische Rollentypologie, die vom konstitutiven Gegensatz zwischen der Funktion der ‚Priester' (‚Orthodoxie') und der der ‚Propheten' (‚Häresie') ausgeht. Der intertextuelle Raum der Werke artikuliert sich immer über die Akteure, deren ästhetische Haltungen sich unter dem Zwang und innerhalb der Grenzen der Position definiert, die sie innerhalb einer historisch situierten Feldstruktur einnehmen. Weder der literarische Akteur noch die Feldstrukturen erscheinen als alleinige Erklärungsinstanzen.

Bourdieu postuliert vielmehr ein Zusammenspiel zwischen dem strukturierten und strukturierenden Habitus der Akteure und den (historisch variierenden) Kraftlinien des literarischen Feldes.

Der Ansatz Bourdieus, die Texte vom Feld der Literaturproduzenten her zu verstehen, bedeutet forschungspraktisch, dass man die jeweilige zeitgenössische Feldstruktur rekonstruieren muss und sich nicht an die Resultate halten darf, die sich aus dem historischen Kanonisierungsprozess ergeben haben. Konkret gesagt: Gegen welche im Second Empire existierenden – damals dominanten – Dichtergruppen und Dichtungskonzepte musste ein Baudelaire ankämpfen oder besser gesagt anschreiben, um sich einen eigenen, unverwechselbaren Platz im Feld zu schaffen.

Für Bourdieu sind die formalen Aspekte der Werke keineswegs irrelevant; er geht aber nicht von ihnen aus, sondern versucht, sie von der Struktur des Feldes und der Position der Produzenten im Feld aus zu verstehen und zu erklären. Wenn es das Ziel der feldinternen literarischen Kämpfe ist, das Monopol zu erreichen, mit Autorität zu sagen, was Literatur ist, so wird von der Definition der literarischen Legitimität eine symbolische Hierarchie der literarischen Gattungen abgeleitet. Eine solche Hierarchie wird zugleich geprägt durch den spezifischen oder nichtspezifischen Charakter der Rezipienten dieser oder jener Kategorie von Literaturprodukten. Den verschiedenen Positionen im Feld der Produktion, die sich aus der Gattungswahl, aus den Publikationsorten, aber auch aus äußeren Indizien wie sozialer und geographischer Herkunft ablesen lassen, entsprechen die Positionen, die im Bereich der Ausdrucksformen, der literarischen oder künstlerischen Formen, der Themen und der subtilen formalen Indizien eingenommen werden, die die traditionelle Literaturbetrachtung seit langem erforscht hat. Der Stil, die Form sind darum in den Augen Bourdieus ebenso soziale Phänomene wie die Autorenrechte, die Beziehungen der Autoren zu den Verlegern oder anderen Schriftstellern.

Für Bourdieu kann die Schreibweise qua sozialem Phänomen nur durch das Soziale – die Struktur des Feldes – interpretiert werden. Er erteilt damit einer extensiven Literaturbetrachtung das Wort: Es gilt, die gängigen formalen und biographischen Analysen zu betreiben, aber gleichzeitig auch das Feld der Werke und das Feld der Produzenten zu rekonstruieren sowie die Beziehung zwischen den beiden Strukturen.

Begriffe wie Feld oder Struktur suggerieren die Vorstellung eines synchronen Systems. Das Feld ist ein Konstrukt, um die Macht- und Positionskämpfe von kopräsenten Kräften sichtbar zu machen. Der Untertitel der *Regeln der Kunst* lautet indes: *Genese und Struktur des literarischen Feldes*. Es geht also nicht nur um die Struktur, sondern auch um die Entstehung einer bestimmten Struktur. Legte er tatsächlich großen Wert auf Etikettierung, so führte Bourdieu in einem

Gespräch aus, dann definierte er sich wahrscheinlich als *genetischen Strukturalisten*: Die Analyse objektiver Strukturen der einzelnen Felder ist für ihn nicht von der Analyse der Entwicklung mentaler Strukturen der Akteure zu trennen, die sich wiederum auch aus der Inkorporierung sozialer Strukturen und deren Genese erklären lassen: „Der soziale Raum ebenso wie die darin auftretenden Gruppen sind das Produkt historischer Auseinandersetzungen" (Bourdieu 1992, 31–32).

Die Geschichte ist für Bourdieu in einem doppelten Sinne im literarischen Feld präsent. Das künstlerische Feld ist zunächst der Ort eines kumulativen Prozesses, im Laufe dessen sich immer elaboriertere, verfeinerte, subtilere Werke ausbilden, die sich von denen unterscheiden, die nicht das Ergebnis eines solchen Prozesses sind. Avantgarde-Werke sind so erst dann zugänglich, wenn man die Geschichte der vorgängigen künstlerischen Produktion kennt, das heißt jene endlose Reihe der Steigerung und Überwindung, die zum heutigen Stand der Kunst geführt hat. Der Sinn der ‚Antipoesie' wird dann verständlich, wenn man mit der Geschichte der Poesie vertraut ist.

Die Geschichte ist nicht nur in den Werken eingeschrieben; das literarische Feld beschreibt selbst eine historische Linie. Bourdieu aber sieht Geschichte keineswegs als lineare Evolution im Sinne einer Sozial- oder Geschichtsphilosophie an. Ihm schwebt eher eine Strukturgeschichte vor. Es gilt, die Struktur eines Feldes zu einem bestimmten historischen Zeitpunkt zu beschreiben als Produkt vorgängiger Spannungen und Dynamiken sowie als Motor für spätere Transformationen.

Der Begriff des literarischen Feldes ist mittlerweile in Frankreich stark verbreitet. Eine systematische Anwendung des Konzepts findet man vor allem in den Arbeiten von Rémy Ponton, Christophe Charle, Alain Viala, und Gisèle Sapiro, in Italien bei Anna Boschetti und im deutschsprachigen Bereich bei den Germanisten Norbert Christian Wolf, Markus Joch und Heribert Tommek.

Das Verdienst der Ansätze von Bourdieu und von Luhmann besteht zweifellos darin, dass sie die soziale Dimension des Bereichs der Literatur herausarbeiten und gleichzeitig die historisch gewachsene (relative) Autonomie dieses Bereichs ernst nehmen.

Literatur

Bourdieu, Pierre. *Meditationen. Zur Kritik der scholastischen Vernunft*. Übers. von Achim Russer, Hélène Albagnac und Bernd Schwibs. Frankfurt a. M. 2001 [OA: 2001].
Bourdieu, Pierre. *Die Regeln der Kunst. Genese und Struktur des literarischen Feldes*. Übers. von Bernd Schwibs und Achim Russer. Frankfurt a. M. 1999 [OA: 1992].

Bourdieu, Pierre. *Rede und Antwort*. Übers. von Bernd Schwibs. Frankfurt a. M. 1992 [OA: 1987].
Bourdieu, Pierre. „Einführung in eine Soziologie des Kunstwerks". Ders., *Die Intellektuellen und die Macht*. Übers. von Jürgen Bolder unter Mitarbeit von Ulrike Nordmann und Margarete Steinrücke. Hg. von Irene Dölling. Hamburg 1991: 101–124.
Bourdieu, Pierre. *Sozialer Raum und 'Klassen'. Leçon sur la leçon*. Übers. von Bernd Schwibs. Frankfurt a. M. 1985 [OA: 1984].
Bourdieu, Pierre und Loïc Wacquant. *Reflexive Anthropologie*. Übers. von Hella Beister. Frankfurt a. M. 2006 [OA: 1992].
Hartard, Christian. *Kunstautonomien. Luhmann und Bourdieu*. München 2010.
Jurt, Joseph. *Das literarische Feld. Das Konzept Pierre Bourdieus in Theorie und Praxis*. Darmstadt 1995.
Luhmann, Niklas. *Schriften zu Kunst und Literatur*. Hg. von Niels Werber. Frankfurt a. M. 2008.
Luhmann, Niklas. *Die Kunst der Gesellschaft*. Frankfurt a. M. 1995.
Luhmann, Niklas. *Soziale Systeme. Grundriss einer allgemeinen Theorie*. Frankfurt a. M. 1984.
Luhmann, Niklas. *Gesellschaftsstrukturen und Semantik. Studien zur Wissenssoziologie der modernen Gesellschaft*. Bd. 1. Frankfurt a. M. 1980.
Nassehi, Armin und Gerd Nollmann (Hg.). *Bourdieu und Luhmann. Ein Theorievergleich*. Frankfurt a. M. 2004.
Werber, Niels. „Nachwort". Niklas Luhmann. *Schriften zu Kunst und Literatur*. Hg. von dems. Frankfurt a. M. 2008: 438–476.
Zahner, Nina Tessa und Uta Karstein. „Autonomie und Ökonomisierung der Kunst. Vergleichende Betrachtungen von System- und Feldtheorie". *Autonomie revisited. Beiträge zu einem umstrittenen Grundbegriff in Wissenschaft, Kunst und Politik*. Hg. von Martina Franzen, Arlena Jung, David Kaldewey und Jasper Korte. Weinheim 2014: 188–210.

Ökologische Philosophie und Literatur

Benjamin Bühler

1 Problemaufriss

Ökologische Philosophie und Literatur sind seit den späten 1960er Jahren in den Diskurs der politischen Ökologie eingeschrieben. Anfänge dieses Diskurses finden sich natürlich auch schon früher: Im Jahr 1854 erscheint etwa Henry David Thoreaus wegweisender Bericht über sein Leben am Walden Pond *Walden; or, Life in the Woods* (1854), Wilhelm Raabes Roman *Pfisters Mühle* (1884) schildert den Einzug der chemischen Industrie in eine ländliche Idylle; in der *Dialektik der Aufklärung* (1944) untersuchen Max Horkheimer und Theodor W. Adorno die Unterwerfung alles ‚Natürlichen' unter die Herrschaft des Subjekts (→ II.5 KRAMER), und Günther Anders setzt sich in *Die Antiquiertheit des Menschen* (1956) mit der zweiten industriellen Revolution und der Möglichkeit eines Atomkrieges auseinander. Vermehrte Aufmerksamkeit erhalten ökologische Probleme wie die Knappheit natürlicher Ressourcen, Umweltverschmutzung, Klimawandel oder das Verhältnis von Bevölkerung und Ernährung erst um 1970; es kommt zu einer, wie der Historiker Joachim Radkau schreibt, „ökologischen Revolution" (Radkau 2011, 124–164). So widmet sich auch die Literatur seit Ende der 1960er Jahre vermehrt ökologischen Themen, und zwar in unterschiedlichen Genres: Für die Science-Fiction-Literatur lassen sich exemplarisch Stanisław Lems *Summa technologiae* (1964) oder Philip Dicks Roman *Do Androids Dream of Electric Sheep?* (1966) nennen; in der deutschsprachigen Literatur leiten Gedichte wie Erich Frieds „Neue Naturdichtung" (1972) die Politisierung des Naturdiskurses ein, und Ernest Callenbach entwickelte in seinem Roman *Ecotopia* (1975) die Idee einer utopisch ökologisch organisierten Gesellschaft.

In der Philosophie kommt dem Jahr 1973 eine besondere Bedeutung zu, denn in diesem Jahr erscheinen gleich drei für die ökologische Philosophie grundlegende Texte in prominenten Zeitschriften (Callicott 1993, 3): In der *New York Review of Books* publiziert Peter Singer den Aufsatz „Animal Liberation", worin er den ‚Speziesismus' der traditionellen Ethik kritisiert und auf der Grundlage des Utilitarismus die Erweiterung des moralphilosophischen Prinzips der ‚Gleichheit' auch für Tiere einfordert; Arne Naess' Grundlagentext der *deep ecology*, „The Shallow and the Deep, Long Range Ecology Movement. A Summary", erscheint in der philosophischen Zeitschrift *Inquiry*; Richard Sylvan hält auf dem 15. Kongress des *World Congress of Philosophy* den Vortrag „Is There a Need for a New, an Environmental, Ethic?", in dem er die Notwendigkeit einer neuen Ethik für die

Beziehungen zwischen Mensch und Natur hervorhebt – eine der wenigen Ausnahmen einer vor 1973 ausgebildeten Umweltethik kann er nur in dem Konzept einer *land ethic* erkennen, das der Forstwissenschaftler und Wildbiologe Aldo Leopold 1949 in seinem Buch *A Sand County Almanac. And Sketches Here and There* entwickelte. Es folgten dann eine Reihe von Abhandlungen, die sich mit ethischen Fragen beschäftigten, so etwa John Passmores *Man's Responsibility for Nature. Ecological Problems and Western Tradition* (1974), Peter Singers Monographie *Animal Liberation* (1975), Hans Jonas' *Prinzip Verantwortung* (1979), und schließlich wurde im Jahr 1979 die Zeitschrift *Environmental Ethics* gegründet. Auch der Ökofeminismus hat in diesem Zeitraum seine Anfänge. 1974 prägte die französische Philosophin Françoise d'Eaubonne in ihrer Monographie *Le féminisme ou la mort* den Ausdruck *féminisme écologique*, und 1974 fand unter dem Titel „Women and the Environment" an der Universität von Kalifornien in Berkeley die erste Konferenz zu Beziehungen zwischen Feminismus und Umweltbewegung statt. Eine feministische Ökophilosophie bildete sich aber erst in den 1980er Jahren, exemplarisch seien hier genannt: Carolyn Merchants *The Death of Nature. Women, Ecology, and the Scientific Revolution* (1980), Val Plumwoods *Feminism and the Mastery of Nature* (1993) sowie ihr Buch *Environmental Culture. The Ecological Crisis of Reason* (2002). Zwischen den verschiedenen ökofeministischen Ansätzen gibt es grundlegende Unterschiede, das Spektrum reicht von empirischen über sprachtheoretische bis zu begrifflich-konzeptuellen Ansätzen, doch eine These ist ihnen allen gemeinsam, nämlich dass es Verbindungen gebe zwischen der Unterdrückung von Frauen sowie anderen menschlichen ‚Anderen' – „those who are excluded, marginalized, devalued, pathologized, or naturalized" – und der Beherrschung der nichtmenschlichen Natur (Warren 2000, xiv). Das Verhältnis der Geschlechter bis hin zur Infragestellung ihrer Dualität markiert aber auch ein zentrales Thema der Literatur, was literaturwissenschaftliche Studien materialreich aufzeigen (Murphy 1995; Westling 1996; Grewe-Volpps 2004).

Der Schwerpunkt der philosophischen Beschäftigung mit der Ökologie liegt seit den 1970er Jahren bei der Ethik, wobei zum einen der Frage nach den Werten und Normen, die unser „individuelles und kollektives Handeln im Umgang mit der außermenschlichen Natur bestimmten sollten", zum anderen der Frage nach der Umsetzung dieser Werte und Normen nachgegangen wird (Ott 2010, 8; Krebs 1997). Allerdings ist die ökologische Philosophie keineswegs auf ethische Ansätze zu beschränken: Eine wichtige Referenz bildet Martin Heideggers Spätphilosophie, insbesondere sein Begriff des Wohnens (Zimmerman 1992; Clark 2013; → II.4 LEMKE). Dagegen ist seine frühe Philosophie, insbesondere seine Werkzeuganalyse, in Hinsicht auf Objekte von Interesse: So entwickelt Timothy Morton unter Rekurs auf Heideggers Werkzeuganalyse in *Sein und Zeit* seine Theorie der Hyperobjekte (Morton 2013). Überhaupt spielen ‚Objekte' und mit ihnen die

Unterminierung der Mensch-Natur-, Subjekt-Objekt-, Kultur-Natur-Oppositionen eine zentrale Rolle. So müsse Michel Serres zufolge analog zum Gesellschaftsvertrag ein Naturvertrag geschlossen werden, der die Objekte als „Rechtssubjekte" anerkenne (Serres 1994, 71). Daran anknüpfend fordert der Soziologe Bruno Latour die Einrichtung eines „Parlaments der Dinge" (Latour 2008, 189–192). Die Ökologie ist aber auch Gegenstand einer philosophisch ausgerichteten Begriffsgeschichte (Toepfer 2011), der Technikethik (Karafyllis 2000) oder der politischen Philosophie (Carter 2004), und nicht zuletzt ist mit der globalen Erwärmung und dem Eintritt in das sogenannte Anthropozän die Frage nach der Selbstverortung des Menschen aufgerufen (Bonneuil und Fressoz 2013). Inwiefern Literatur und Philosophie auf dem Feld der politischen Ökologie aber nicht nur thematisch, sondern auch konzeptionell verbunden sind, soll im Folgenden gezeigt werden.

2 Forderungen nach gesellschaftlichem Wandel in Literatur und Philosophie

Die Politisierung der Literatur in Hinsicht auf ökologische Themen zeigt sich besonders deutlich an der Entwicklung der Naturlyrik. Insbesondere gegen die Lyrik Wilhelm Lehmanns, der in Gedichtbänden wie *Entzückter Staub* (1946) oder *Überlebender Tag* (1954) den Nationalsozialismus völlig ausklammerte und ein entpolitisiertes Bild der Natur entwarf, wandten sich Dichterinnen und Dichter in den 1960er Jahren: In seinem Nachwort zu der von ihm herausgegebenen Gedichtanthologie *Aussichten* (1966) schreibt Peter Hamm, dass die Lyrik nach 1945 Trost im Zeitlosen, bei Baum und Wolke, Fluss und Fels suchten, es habe die Stunde Wilhelm Lehmanns und seiner Jünger geschlagen, die das Gedicht zu Nieswurz und Beifuß und damit an die Peripherie der Gesellschaft führte (Hamm 1966, 325). Dagegen plädiert Hamm für die „Wiederentdeckung der Wirklichkeit", die er in den Gedichten von Günter Grass, Hans Magnus Enzensberger oder Peter Rühmkorf erkennt, denen es um die Möglichkeit der „Veränderung der herrschenden Zustände" gehe (330). Gedichte gelten hierbei als „gebrauchsgegenstände", wie Enzensberger in seiner „gebrauchsanweisung" in Anspielung an Brecht schreibt (Enzensberger 1960, Beilage). Eine solche neue Naturdichtung meint auch Hans-Christoph Buch in seinem Vorwort zur zwölften Jahrbuchausgabe des *Tintenfischs* mit dem Thema *Natur. Oder: Warum ein Gespräch über Bäume heute kein Verbrechen mehr ist*. Buch grenzt sich hierbei doppelt ab: Zum einen von Lehmanns naturmagischer Lyrik, zum anderen vom Desinteresse an Natur in der Literatur der 1960er Jahre, in denen der ‚deutsche Wald' zum Inbegriff des Faschismus geworden sei. Es haben wohl, so Buch, erst Protestmärsche nach Brokdorf und Gorleben stattfinden müssen, um auch linke Literaten von der Notwendigkeit der

Erhaltung der Umwelt zu überzeugen (Buch 1977, 7). Die ‚Wiederentdeckung der Natur', wie Buch – damit Hamms Formel leicht, aber entscheidend abwandelnd – ausführt, sei somit zu einem Schlüsselwort der späten 1970er Jahre geworden.

Der in den 1990er Jahren entstehende Ecocriticism (Dürbeck und Stobbe 2015; Bühler 2016) wird diese Positionierung der Literatur konzeptionell fassen: So schreibt Lawrence Buell, einer der wegweisenden Literaturwissenschaftler dieser Forschungsrichtung, dass die Umweltkrise auch eine Krise der Imagination der Natur und der Beziehungen zwischen Mensch und Natur sei und die Literatur auf der Ebene der Imagination ansetze (Buell 1995, 2). Dabei geht es nicht nur um die ‚Krise', sondern überhaupt darum, dass, wie Axel Goodbody ausführt, ‚Natur' und ‚Umwelt' „kulturell bedingte Konstrukte [sind], an deren Konstituierung ‚schöne' Literatur in der Vergangenheit wesentlichen Anteil gehabt hat und die sie heute noch beeinflussen kann" (Goodbody 1998, 25). Dieses Verständnis von Literatur ist für den Ecocriticism fundamental: Würde Literatur nicht unsere soziale Wirklichkeit mitorganisieren, dann wäre die Beschäftigung mit dem Verhältnis von Literatur und Umwelt politisch irrelevant. So aber legitimiert die These der kulturellen Konstruktion von ‚Natur' und ‚Umwelt' und der Beteiligung der Literatur an diesen Konstruktionen den Ecocriticism als Verbindung von Literaturtheorie, -interpretation, -didaktik und sozialer sowie politischer Praxis.

Auch zahlreiche Vertreterinnen und Vertreter der ökologischen Philosophie beschränken sich nicht auf Begriffsanalysen und Reflexionen, sondern zielen auf einen gesellschaftlichen Wandel. Dies gilt vor allem für die *deep ecology*, die der norwegische Philosoph Arne Naess entwickelte. Ausgangspunkt ist eine ökologische Betrachtung des Menschen und seiner Stellung in der Welt. So führt Naess aus, dass die Tiefenökologie das Bild ‚Mensch-in-der-Umwelt' ablehne und stattdessen „the relational, total-field image" in ihr Zentrum stelle (Naess 1973, 95). Demnach sind Organismen und damit auch Menschen Knoten („knots") in ökosphärischen Netzwerken, womit Naess das duale Verhältnis zwischen Ding und Umwelt aufbricht. Naess zieht aus dieser radikalen Dezentrierung sowohl ethische als auch politische Folgerungen: Erstens haben nach Naess menschliches und nichtmenschliches Leben auf der Erde gleichermaßen einen Wert in sich selbst, und zwar unabhängig von Nützlichkeitserwägungen. Damit nimmt Naess die extremste Gegenposition zum Anthropozentrismus ein, für den die Natur nur in Hinsicht auf den Menschen erscheint: Sein Physiozentrismus spricht dagegen der ganzen Natur einen moralischen Wert zu. Zweitens versteht Naess die Tiefenökologie auch als eine politische Bewegung, denn sie problematisiere sowohl Umweltverschmutzung und Ausbeutung der endlichen Ressourcen als auch Klassenverhältnisse und Beziehungen zwischen Industrienationen und Entwicklungsländern. In einem späteren Text will er folgerichtig zum „Handeln ermutigen und auffordern, ja anstacheln" (Naess 1997, 187). Dabei geht es keineswegs allein um die Änderung des alltäglichen Verhaltens, vielmehr zielt Naess auf einen grundlegenden gesellschaftlichen Wandel. Ähnliche Positionen finden sich auch in der deutschen Philosophie: Zum Beispiel fordert Carl Amery in seinem Buchessay *Natur als Politik. Die ökologische Chance des Menschen* (1976) die Ausbildung eines ökologischen Materialismus, demzufolge politische, wirtschaftliche und gesellschaftliche Mittel nicht mehr nach anthropozentrischen Gesichtspunkten, sondern gemäß dem Prinzip der ‚Ökostabilität' eingesetzt werden. Dabei gelangen allerdings auch demokratische Prinzipien auf den Prüfstand, erscheint doch die liberale Demokratie als maßgebliche Ursache für die ökologische Krise, wie etwa William Ophuls in seinem Buch *Ecology and the Politics of Scarcity. Prologue to a Political Theory of the Steady State* (1972) ausführt. Und wie Hans Jonas in seinem Buch *Das Prinzip Verantwortung* schreibt, sei in der kommenden Härte einer Politik verantwortlicher Entsagung die Demokratie zumindest zeitweise untauglich, denn bei ihr führten notwendigerweise die Gegenwartsinteressen das Wort (Nennen 1991). Allerdings kann die ökologische Krise ebenso zum Anlass für eine Weiterentwicklung demokratischer Prinzipien, etwa ihrer Ausdehnung auf die nichtmenschliche Natur, werden. So grenzt sich die Politikwissenschaftlerin Robyn Eckersley in ihrem Buch *The Green State. Rethinking Democracy and Sovereignty* (2004) von autoritativen Ansätzen ab, diskutiert die liberale Demokratie kritisch und entwickelt die Idee eines demokratischen ‚grünen Staates'.

3 Konzeptionelle Interferenz und Konvergenz zwischen Poststrukturalismus und Ecocriticism

Die Wirkkraft von philosophischen und literarischen Visionen und Narrativen einer alternativen Gesellschaft ist zwar nicht zu überschätzen, aber Mythen, Erzählungen, Bilder, oder allgemeiner ausgedrückt Zeichensysteme organisieren unsere Wirklichkeit maßgeblich mit. Die von Buell angeführten ‚Imaginationen der Natur' lassen sich auf dieser Grundlage als ‚regulative Fiktionen' bezeichnen, die Handlungsfelder organisieren, Prozesse der Institutionalisierung legitimieren und steuern oder politische Prozesse leiten. Aus dem Begriff der regulativen Fiktionen folgt nicht, dass der Literatur eine direkte Wirkung auf menschliche Einstellungen oder Verhaltensweisen zugesprochen werden kann, sehr wohl aber, dass die Literatur ein Feld darstellt, auf dem solche gesellschaftlich und politisch relevanten Repräsentationen verhandelt werden. Eine Beschäftigung mit Literatur aus dieser Perspektive wäre somit schon von ihrem Ansatz her ein politisches Projekt, ohne dass damit gleich der Anspruch erhoben werden müsste, man werde die Welt ändern (können).

Gerade in diesem Punkt hat sich zwischen Philosophie, das heißt zwischen Poststrukturalismus und Ecocriticism als ökologisch orientierter Literaturwissenschaft eine prekäre Beziehung ergeben. Während nämlich Disziplinen wie Philosophie, Geschichte oder Soziologie in den 1970er Jahren ökologische Themen aufnahmen, zeigte die Literaturwissenschaft an der Umweltbewegung zunächst wenig Interesse. Als größtes Hemmnis für die Durchsetzung des Ecocriticism sah man immer wieder die starke Rezeption des Poststrukturalismus in den Literaturwissenschaften der 1970er und 1980er Jahre an. Der in diesem Zeitraum vorherrschende Poststrukturalismus habe zwar in innovativer Art und Weise Fragen wie Subjektivität, Repräsentation, Identität, Textualität oder historische Diskursivität aufgeworfen und damit die Literaturwissenschaften nachhaltig geprägt, dabei sei jedoch Natur nur als soziales Konstrukt in Erscheinung getreten (Heise 2006, 505). Dieses Projekt der Historisierung der Natur sei der Umweltbewegung, der es um die Einbettung menschlicher Kultur in natürliche Zusammenhänge ging und deren Priorität darin lag, die politischen Diskurse mit der Realität der Umweltverschmutzung zu konfrontieren, diametral entgegengesetzt gewesen. Dabei haben, wie SueEllen Campbell (1989) herausgearbeitet hat, Poststrukturalismus und Ecocriticism einen vergleichbaren Ausgangspunkt: Sie zeichneten sich durch einen revolutionären Impetus aus, denn beide wandten sich vehement und zum Teil äußerst polemisch gegen traditionelle Autoritäten und dominante Strukturen der sogenannten westlichen Kultur. Campbell macht ihre These fest anhand der Kritik an überkommenen dualen Konstruktionen wie Mann/Frau, Natur/Kultur, Tier/Mensch oder Fakt/Fiktion. Diese hierarchischen Oppositionen erschienen Vertreterinnen und Vertretern beider Seiten als künstlich und vereinfacht, weshalb ihre Neustrukturierung ein zentrales Anliegen wurde. Weitere Gemeinsamkeiten findet Campbell in der Kritik an der Opposition von menschlichen und nichtmenschlichen Wesen sowie der Ersetzung von Hierarchien und der Idee eines maßgeblichen Zentrums durch das Konzept des ‚Netzwerks': Während Theoretikerinnen und Theoretiker wie Jacques Lacan, Jacques Derrida oder Julia Kristeva Zeichen und damit auch Texte als Teile von semiotischen Netzwerken ohne Zentrum verstehen (→ II.1 HOBUSS), betrachten ökologisch orientierte Forschende Organismen als Teile von ökologischen Netzwerken ohne Zentrum.

Allerdings ziehen sie äußerst unterschiedliche Folgerungen aus diesen Prämissen. Während die poststrukturalistische Theorie die Kultur als Text konzipiert, womit auch die Natur zu einem bloßen symbolischen Konstrukt wird, stellt die ökologische Theorie die Realität der Ökosysteme in den Vordergrund. Diese Konzeptionen sind nach Campbell die Quelle für nahezu sämtliche bedeutende Unterschiede zwischen den beiden Strömungen. So haben poststrukturalistische Theoretikerinnen und Theoretiker durchaus einen politischen Anspruch, wenn sie, wie etwa Derrida 1967 in seiner *Grammatologie*, fundamentale Oppositionen abendländischer Philosophie dekonstruieren. Für ökologische Theoretikerinnen und Theoretiker ist dies jedoch nicht ausreichend, ihnen geht es um konkrete Handlungen und Veränderungen: „But for ecology, simply to observe is not always to act" (Campbell 1989, 205). Der Anspruch auf die Ausbildung eines ökologischen Bewusstseins und die Änderung sozialer und politischer Strukturen gilt trotz aller theoretischer Transformationen und Neuausrichtungen bis heute, darin liegt die grundlegende Motivation des Ecocriticism.

Literatur und ökologische Philosophie teilen sich somit nicht nur bestimmte Themen, beide Aussageformen stehen im Horizont eines gesellschaftlichen Wandels. Dabei kann es sich um einen Wandel handeln, der im Rahmen des Wohlfahrtstaates und der marktorientierten Ökonomie verbleibt, wie die Vertreterinnen und Vertreter einer ökologischen Modernisierung vorschlagen (Mol et al. 2009), oder aber um eine völlige Umgestaltung der gesellschaftlichen Grundlagen, die sich sehr unterschiedlich gestalten könnte: als Ökodiktatur oder Ökofaschismus (Gorz 1977; Illich 1998), als „Kulturrevolution des Alltags" (Leggewie und Welzer 2009, 227) oder auch als Organisation einer basisdemokratischen Gesellschaft, wie sie Eckersley theoretisch, Aldous Huxley in seinem Roman *Island* (1962) und Ernest Callenbach in seiner Utopie *Ecotopia* (1975) literarisch entwerfen.

4 Ausblick

Die aus dem Poststrukturalismus hervorgehende These, die Kultur sei Text, ist heute in den Literatur- und Kulturwissenschaften, etwa mit Blick auf die *material studies*, weitgehend überholt. Das macht die Frage nach der gesellschaftlichen Intervention aber keineswegs einfacher, wie T. C. Boyles literarische Typologie der Umweltaktivistin bzw. des Umweltaktivisten immer wieder aufs Neue zeigt, denn diese Figur bewegt sich unweigerlich in aporetischen Verhältnissen (Bühler 2018): Man möchte, wie in *A Friend of the Earth* (2000), die ganze Welt retten, indem man Straßen absperrt und Bäume besetzt, befindet sich in der paradoxen Situation, dass Umweltschutz die Tötung von Tieren erfordert wie in *When the Killing's Done* (2011), oder kann nicht verhindern, dass ein ökologisches und soziales Experiment zu einem Medienspektakel wird, wie in *The Terranauts* (2016). Einen anderen Ansatz, nämlich die Änderung des Alltagsverhaltens, verfolgt ein in den letzten Jahren Konjunktur erfahrendes Genre, nämlich Selbsterfahrungsberichte wie Karen Duves *Anständig essen. Ein Selbstversuch* (2010) oder Hilal Sezgins *Landleben. Von einer, die raus zog* (2011), sowie auch Schriften und Projekte, die direkt zum Handeln auffordern wie Harald Welzers Buch *Selbst denken. Eine Anleitung zum Widerstand* (2013) oder das Projekt *Stiftung Futurzwei*. Auch der ökologischen Philosophie geht es nach wie vor um die Etablierung einer argumentativen und konzeptionellen Basis für aktives Engagement, indem man etwa klärt, was unter Begriffen wie ‚Umwelt' oder ‚Biodiversität' überhaupt zu verstehen ist, wer für die Umweltprobleme verantwortlich ist und wie ‚Gerechtigkeit' zu verstehen ist, oder die Epistemologie der Umwelt- und Erdwissenschaften analysiert (Belshaw 2001, Sarkar 2012).

Literatur, Ecocriticism und ökologische Philosophie haben ihre Anfänge in der Wahrnehmung der ökologischen Krise in den späten 1960er Jahren. Gemeinsam ist ihnen bei allen Unterschieden die Reflexion möglicher individueller und gesellschaftlicher Handlungsweisen im Horizont der Zerstörung der Lebensgrundlagen durch den Menschen selbst.

Literatur

Belshaw, Christopher. *Environmental Philosophy. Reason, Nature and Human Concern*. Chesham 2001.
Bonneuil, Christophe und Jean-Baptiste Fressoz. *L'Événement Anthropocène. La Terre, l'histoire et nous*. Paris 2013.
Buch, Hans-Christoph. „Natur oder Warum ein Gespräch über Bäume heute kein Verbrechen mehr ist". *Tintenfisch* 12 (1977): 7–12.
Bühler, Benjamin. *Ökologische Gouvernementalität. Zur Geschichte einer Regierungsform*. Bielefeld 2018.
Bühler, Benjamin. *Ecocriticism. Grundlagen – Theorien – Interpretationen*. Stuttgart 2016.
Buell, Lawrence. *The Environmental Imagination. Thoreau, Nature Writing, and the Formation of American Culture*. Cambridge, MA 1995.
Callicott, J. Baird. „Introduction". *Environmental Philosophy. From Animal Rights to Radical Ecology*. Hg. von Michael E. Zimmerman et al. Englewood Cliffs 1993: 3–11.
Campbell, SueEllen. „The Land and Language of Desire. Where Deep Ecology and Poststructuralism Meet". *Western American Literature* 24.3 (1989): 199–211.
Carter, Neil. *The Politics of the Environment. Ideas, Activism, Policy*. Cambridge 2001.
Clark, Samantha. „Strange Strangers and Uncanny Hammers. Morton's The Ecological Thought and the Phenomenological Tradition". *Green Letters* 17. 2 (2013): 98–108.
Dürbeck, Gabriele und Urte Stobbe (Hg.). *Ecocriticism. Eine Einführung*. Köln/Weimar/Wien 2015.
Enzensberger, Hans Magnus. *Landessprache*. Frankfurt a. M. 1960.
Goodbody, Axel. „Literatur und Ökologie. Zur Einführung". *Literatur und Ökologie*. Hg. von dems. Amsterdam/Atlanta 1998: 11–40.
Gorz, André. *Ökologie und Politik. Beiträge zur Wachstumskrise*. Reinbek bei Hamburg 1977.
Grewe-Volpp, Christa. „*Natural Spaces Mapped by Human Minds*". *Ökokritische und ökofeministische Analysen zeitgenössischer amerikanischer Romane*. Tübingen 2004.
Hamm, Peter. „Die Wiederentdeckung der Wirklichkeit". *Aussichten. Junge Lyriker des deutschen Sprachraums*. Hg. von Peter Hamm. München 1966: 321–337.
Heise, Ursula K. „The Hitchhiker's Guide to Ecocriticism". *Publications of the Modern Language Association of America* 121.2 (2006): 503–516.

Illich, Ivan. *Selbstbegrenzung. Eine politische Kritik der Technik.* Übers. von Ylva Eriksson-Kuchenbuch. München 1998 [OA: 1973].

Karafyllis, Nicole C. *Nachwachsende Rohstoffe. Technikbewertung zwischen den Leitbildern Wachstum und Nachhaltigkeit.* Opladen 2000.

Krebs, Angelika (Hg.). *Naturethik. Grundtexte der gegenwärtigen tier- und ökoethischen Diskussion.* Frankfurt a. M. 1997.

Latour, Bruno. *Wir sind nie modern gewesen. Versuch einer symmetrischen Anthropologie.* Übers. von Gustav Rößler. Frankfurt a. M. 2008 [OA: 1991].

Leggewie, Claus und Harald Welzer. *Das Ende der Welt, wie wir sie kannten. Klima, Zukunft und die Chancen der Demokratie.* Frankfurt a. M. 2009.

Mol, Arthur P. J., David A. Sonnenfeld und Gert Spaargaren (Hg.). *The Ecological Modernization Reader. Environmental Reform in Theory and Practice.* New York/London 2009.

Morton, Timothy. *Hyperobjects. Philosophy and Ecology after the End of the World.* Minneapolis 2013.

Murphy, Patrick D. *Literature, Nature, and Other. Ecofeminist Critiques.* Albany, NY 1995.

Naess, Arne. „Die tiefenökologische Bewegung. Einige philosophische Aspekte". *Naturethik. Grundtexte der gegenwärtigen tier- und ökoethischen Diskussion.* Hg. von Angelika Krebs. Frankfurt a. M. 1997: 182–210 [OA: 1986].

Naess, Arne. „The Shallow and the Deep, Long-Range Ecology Movement. A Summary". *Inquiry. An Interdisciplinary Journal of Philosophy* 16 (1973): 95–100.

Nennen, Hans-Ulrich. *Ökologie im Diskurs. Zu Grundfragen der Anthropologie und Ökologie und zur Ethik der Wissenschaften.* Opladen 1991.

Ott, Konrad. *Umweltethik zur Einführung.* Hamburg 2010.

Radkau, Joachim. *Die Ära der Ökologie. Eine Weltgeschichte.* München 2011.

Sarkar, Sahotra. *Environmental Philosophy. From Theory to Practice.* New York 2012.

Serres, Michel. *Der Naturvertrag.* Übers. von Hans-Horst Henschen. Frankfurt a. M. 1994 [OA: 1990].

Toepfer, Georg. „Ökologie". *Historisches Wörterbuch der Biologie.* Bd. 2. Darmstadt 2011: 681–713.

Warren, Karen J. *Ecofeminist Philosophy. A Western Perspective on what it Is and why it Matters.* Lanham, MD 2000.

Westling, Louise. *The Green Breast of the New World. Landscape, Gender, and American Fiction.* Athens, GA 1996.

Zimmerman, Michael E. *Heidegger's Confrontation with Modernity. Technology, Politics, and Art.* Bloomington/Indianapolis 1992.

III Literarische Formen der Philosophie

III.1 Dialog

Michael Erler

1 Charakteristik der literarischen Form

Der Dialog ist eine zentrale Gattung im philosophischen Diskurs der Antike und findet bis in die Gegenwart Relevanz und Anwendung (Hess-Lüttich 1994; Hempfer 2002; Müller 2005). Es handelt sich beim Dialog um eine zwischen zwei oder mehreren Personen geführte Rede und Gegenrede mit Fragen und Antworten. Zu unterscheiden ist zwischen dem Dialog als Redeform, die in verschiedenen Gattungen, wie zum Beispiel dem Drama, dem Brief (→ III.2 GEHRING), der Historiographie oder der Unterhaltungsliteratur mit philosophischem Einschlag (z. B. bei Lukian), als rhetorisch-ästhetisches Bauelement verwendet wird (Hess-Lüttich 1997), und dem Dialog als eigener Gattung neben anderen Gattungen, wie dem Epos, dem Traktat oder dem Drama (Fries und Weimar 1997). Der Dialog als eigene Gattung berichtet über ein Gespräch oder führt ein solches dramatisch vor (Hösle 2006, 40). Manche Dialoge illustrieren nicht Gespräche zwischen zwei oder mehreren Menschen, bisweilen sind auch personifizierte Abstrakta Gesprächspartner, wie die Philosophie in Boethius' *Consolatio philosophiae* oder die Ratio als eine Art Spiegelung des Selbst in Augustinus' *Soliloquia*. Dialoge finden sich vor allem im philosophischen und im nahe verwandten wissenschaftlichen Kontext (Föllinger 2005; Asper 2007). Unter den philosophisch relevanten Textsorten sind Dialoge wie die platonischen von besonderer Bedeutung, da sie Wahrheitssuche, Problematisierung von Thesen oder Lösungsversuche für Problemstellungen darstellen und auf diese Weise Philosophie im Vollzug abbilden. Sie helfen, den Wahrheitsanspruch der inhaltlich aufgeworfenen Thesen zu überprüfen, zu bestreiten oder zu begründen. Zudem erlauben sie, durch die Personalisierung bestimmter Positionen einen – oftmals fiktiven – historischen Kontext zu schaffen, der der Plausibilisierung der Argumentation dienen kann, wie es unter anderem die platonische Dialoggestaltung intendiert (Erler 2009). Der philosophische Dialog als eigenständiges literarisches Werk spiegelt zwar einen philosophischen Disput, überformt diesen aber meist literarisch. In literarischen philosophischen Dialogen werden neben philosophisch-argumentativen auch ästhetische und rhetorische Komponenten wirksam, die bei der Interpretation berücksichtigt werden müssen. Man denke an die Dialoge Ficinos, an Lorenzo Vallas *De voluptate*, an Berkeleys drei Dialoge zwischen Hylas und Philonous oder Humes *Dialogues Concerning Natural Religion*. Ziel des Dialogs und seiner literarischen Präsentation ist die Lösung eines Problems, die Klärung einer Frage oder die Beseitigung einer

Unklarheit auf der Grundlage eines Konsenses. Freilich kann ein literarischer Dialog auch nicht konsensuell, sondern agonal verlaufen, wenn es darum geht, den Gegner argumentativ zu besiegen, wie zum Beispiel in Platons *Euthydem*. In diesem Fall ist die Diskussion nicht sachbezogen, sondern Elemente der persönlichen Auseinandersetzung sind vorrangig. Beim literarischen Dialog steht die dargestellte Handlung, die Performanz des Dialogs, in einem bestimmten Bezug zum Inhalt der diskutierten Probleme. Dieses Verhältnis ist bisweilen unausgewogen, bisweilen aber, wie bei Platon, komplementär oder gar kommentierend, indem die Performanz die Argumentation affirmiert oder konterkariert. Die platonischen Dialoge reflektieren in ihren Argumentationen nicht nur philosophische Probleme, sondern auch die Handlung und die Beziehung zwischen den am Gespräch beteiligten Personen. Auf diese Weise verbindet Platon im Dialog praktische und theoretische Philosophie. Insgesamt spielen bei der Gestaltung eines Dialogs also das jeweils unterschiedliche literarische Können der Autor/innen, ihre Intention und ihre Auffassung von den Möglichkeiten der Wissensvermittlung im Gespräch und mithilfe des Mediums Schrift eine Rolle. Als Besonderheit des platonischen Dialogs ist es unter anderem anzusehen, dass er die Suche nach der Wahrheit der Dinge in den Mittelpunkt stellt und die Dialogform als Mittel nutzt, um das Entstehen einer These oder Auffassung zu illustrieren und nachvollziehbar zu machen, dem Medium Schrift aber grundsätzlich skeptisch gegenübersteht (Szlezák 1985, 7–23; Erler 1987, 21–37). Andere Autoren wie Cicero wollen dagegen schon fertige Ergebnisse philosophischen Räsonierens aus didaktischen Gründen in einen dialogischen Kontext stellen und damit leichter rezipierbar machen. Die Interpretation eines literarischen philosophischen Dialogs hat also nicht nur die inhaltlich-argumentativen Strategien und Debattierformen, sondern auch das Spektrum an Formen der Präsentation von Philosophie zu beachten, die sich herausgebildet haben. Zu ihnen gehört einerseits die Illustration des Erkenntnisprozesses in lebendiger Wechselrede, um einen Katechismus bereitzustellen, andererseits eine starke Monologisierung, um dialogisch vorgefertigtes Wissen in Form eines Memorandums zu präsentieren, wie beispielsweise in mittelalterlichen Dialogen (z. B. Alkuins *Disputatio de rhetorica et de virtutibus*). Aufgrund ihrer spezifischen literarischen Form sind bei der Interpretation philosophischer Dialoge Form, Funktion und Inhalt in ein Verhältnis zueinander zu setzen.

2 Forschungsstand und Desiderate

Die wissenschaftliche Diskussion über den literarischen philosophischen Dialog ist eng verbunden mit der Geschichte der Bewertung und der Hermeneutik des platonischen Dialogs (Neschke-Hentschke 2010; Erler und Neschke-Hentschke

2012), der als Paradigma und Ideal der Gattung galt und in vielerlei Hinsicht immer noch gilt. Diese Diskussion betrifft inhaltliche und formale Aspekte und nicht zuletzt das Verhältnis von literarischer Form und argumentativem Gehalt. Nicht selten steht dabei der inhaltliche Aspekt im Vordergrund, während die formale Seite als philosophisch sekundär und für die philosophische Erkenntnis als wenig relevant, bisweilen sogar als hinderlich angesehen wird. Schon in der Antike (im Mittel- und Neuplatonismus) wurde im Bestreben, mit anderen, systematischen philosophischen Schulen wie Stoa, Epikureismus oder Aristotelismus zu konkurrieren, versucht, den platonischen Dialogen inhaltlich eine philosophische Systematik abzugewinnen. Hierbei wurde eine Hermeneutik entwickelt, die die literarische Form zwar beachtete, aber nicht im eigenen Recht würdigte. Vor allem seit Schleiermacher wird nicht nur beim platonischen Dialog auch nach der philosophischen Relevanz der literarischen Form für die inhaltliche Aussage gefragt. Die inhaltliche Offenheit von Dialogen (z. B. die Aporetik Platons) wird in diesem Zusammenhang weniger als inhaltliche Norm, sondern als Folge einer Inszenierung durch den Autor verstanden (Erler 1987). Freilich kann die Berücksichtigung formaler Aspekte des platonischen Dialogs, wie die Unabgeschlossenheit der aporetischen Dialoge oder die angebliche Hierarchiefreiheit in den vorgeführten Gesprächen, dazu verführen, derartige Beobachtungen zur idealen Norm für eine Bewertung der Geschichte des literarischen philosophischen Dialogs zu machen und alles Nachfolgende als epigonal abzuwerten (Föllinger und Müller 2013, 1–7). Nicht nur in der bisher einzigen Gesamtdarstellung des Dialogs durch Hirzel (1963, 6) wird daher der platonische Dialog als Ideal der Gattung herausgestellt und alle folgenden Dialoge in unterschiedlichen Kontexten und Zeiten als Niedergang gewertet, weil die von Platon gesetzten Normen unzureichend eingelöst würden, da zum Beispiel die Monologisierung zum Nachteil des Frage-Antwort-Spiels Vorrang habe oder die offene Wahrheitssuche durch dogmatische Wahrheitsvermittlung ersetzt werde oder hierarchische Strukturen in den Vordergrund träten. Man hat deshalb mit Blick auf die platonische Tradition beim christlichen Dialog in der Kaiserzeit sogar von einem Ende des Dialogs in der Antike gesprochen (Goldhill 2008). Jüngere Arbeiten (Hösle 2006; Meyer 2006; Hempfer und Traninger 2010) versuchen jedoch, der bis heute anhaltenden Tradition des literarischen philosophischen Dialogs gerechter zu werden. Bei der Bewertung der Tradition des philosophischen Dialogs werden verschiedene Formen, Funktionen und soziale Umfelder in Rechnung gestellt und besondere Spielarten dieser Dialoge, wie der Lehrdialog, in dem propositionales Wissen angeboten wird (z. B. Xenophons *Oikonomikos*), im eigenen Recht analysiert und nach antikem Verständnis, zum Beispiel mit Aristoteles' Differenzierungen (Aristot., *top.* 8,5, 159a25 ff.), bewertet (Föllinger 2013, 28–33). Zudem wird in der modernen Forschung durchaus angezweifelt, ob Ergebnisoffenheit oder Symmetrie beim Personal wirklich eindeutige Merkmale des platonischen Dialogs sind und daher Kriterien für die folgende Tradition sein können. Darüber hinaus finden sich viele der von Hirzel und anderen inkriminierten Merkmale der späteren Dialogtradition, wie die Monologisierung, das mangelnde literarische Profil des Personals, das asymmetrische Schüler-Lehrer-Verhältnis und die Übermittlung von Wissen, auch schon in Platons Dialogen. Platons Werke waren also offenbar Anknüpfungspunkte für eine Dialogtradition, der es nicht um das Nachzeichnen dialektischer Erkenntnissuche, sondern um die Vermittlung einer bereits gewonnenen Erkenntnis geht. Gleichwohl müssen die Werke innerhalb der Tradition in ihren jeweiligen Kontexten, Funktionen und literarischen Besonderheiten untersucht werden. Ebenso sollten erkenntnisvermittelnde keinesfalls gegen erkenntnisgewinnende Dialogdarstellungen ausgespielt werden. Wichtig für eine gerechte Beurteilung ist, die der Dialoggestaltung jeweils zugrunde liegende epistemologische und didaktisch-pädagogische Grundposition der Verfasserin oder des Verfassers zu berücksichtigen und bei der Interpretation auch literarisch-rhetorische Aspekte (Erler und Heßler 2013) miteinzubeziehen und zu fragen, welchen Beitrag die literarischen Aspekte zum philosophisch-argumentativen Erkenntnisgewinn leisten (Gabriel 2013; → II.5 GABRIEL). Auch rhetorische Strategien und die Funktion der Dialoge in der jeweiligen historischen, sozialen und philosophischen Umwelt müssen Beachtung finden. So ist zum Beispiel der performative Aspekt des Dialoggeschehens nicht nur beim platonischen Dialog relevant für die Analyse der philosophischen Botschaft. Es lohnt sich bei allen Dialogen neben der Argumentationsführung auch die Figurenkonstellationen und ihre Interaktionen, den Zusammenhang von Personal und Argumentationsniveau und poetologische Aspekte wie Selbstreflexivität für ein besseres Verständnis fruchtbar zu machen. Dabei profitiert die Diskussion über die Form, Funktion und Argumentation der Dialoge auch von theoretischen Impulsen aus der linguistischen Dialogforschung (Hess-Lüttich 1981), die einen offeneren Zugang zur Geschichte des philosophischen Dialogs ermöglicht. Denn die unterschiedlichen Werke innerhalb der Tradition des philosophischen Dialogs werden in ihrer jeweiligen Andersheit hinsichtlich Intention, Funktion und literarischer Strategie in ihrem Kontext bewertet (Hempfer 1993, 28–32). Diskutiert wird in der aktuellen Forschung auch, inwiefern der Dialog durch sein vielfältiges Angebot an Diskussionsformen gegenüber dem Traktat ein epistemologisches Pluralitätspotential hat und entfaltet (Hempfer 2010, 12). Zudem würdigen neue Untersuchungen zum Beispiel über den Renaissancedialog die Verbindung von literarischen, poetischen und wissenschaftlich-argumentativen Aspekten (Häsner 2004).

3 Historischer Überblick

Am Anfang der europäischen Tradition des literarischen philosophischen Dialogs als eigener Gattung stehen die sokratischen Dialoge Platons. Obgleich schon in der Antike manche in Platon den Erfinder der Gattung des philosophischen Dialogs sahen (Diogenes Laertius 2015, 3,48), hatte er Vorgänger. Zahlreiche Anhänger des Sokrates wollten ihrem Meister nicht nur ein Denkmal setzen, sondern auch durch die Illustration seines Verhaltens auf die Kongruenz seiner Worte und Taten hinweisen und seiner Lehre damit – in Form von *Sokratikoi logoi* („sokratische Gespräche' oder ‚Gespräche mit Sokrates') – Glaubwürdigkeit verleihen. Freilich sind die meisten dieser Schriften bis auf wenige Reste heute verloren. Eine Ausnahme sind die sokratischen Werke Xenophons, von denen einige Dialogelemente enthalten (*Memorabilien*), andere dialogisch, wenn auch nicht im eigentlichen Sinn philosophisch sind (z. B. der *Oikonomikos*). Darüber hinaus finden sich Vorformen dialogischer Auseinandersetzung über philosophisch relevante Fragen auch in der Historiographie, in der Tragödie (→ III.7 Pirro), in der Komödie zum Beispiel bei Aristophanes, im Mimos bei Sophron oder in der Hirtendichtung des Theokrit. Hier zeigen sich in verschiedenen Ausprägungen Merkmale mündlicher Streitgespräche die von Platon selbst im Dialog *Euthydem* illustriert und reflektiert worden sind (Erler 2017, 87–93). Nach Diogenes Laertios (Diogenes Laertius 2015, 3,50) lassen sich drei Typen des sokratischen Dialogs unterscheiden: der *dramatische* Dialog, der wie im Theater eine Worthandlung vorführt, der *dihegematische* Dialog, der von einem Gespräch erzählt, und der *gemischte* Dialog, der mit einem dramatischen Dialog beginnt und dann ein Gespräch berichtet.

In den platonischen Dialogen wird das Bemühen auffällig, die Gespräche auf besonders eindrückliche Weise lebensweltlich zu verankern und den Gesprächen den Anschein von Authentizität zu geben (Erler 2009). Außerdem zeichnen sich Platons Dialoge nicht selten durch Asymmetrie zwischen den Gesprächspartnern (Szlezák 1990) – denn auch wenn Sokrates sich als Unwissender gibt, dominiert er doch das Gespräch – sowie durch Selbstreferentialität und Gattungsmischung aus (Erler 2007, 60–98).

Nicht zuletzt auch unter Rekurs auf bestimmte Aspekte des platonischen Dialogs entwickeln sich literarische Formen belehrender Dialoge, die Wissen mit moralischer Intention vermitteln wollen, wie zum Beispiel Xenophons *Oikonomikos*. Xenophon lässt zudem im *Hieron* auf eine Weise ad hominem argumentieren, wie dies aus den platonischen Dialogen von Sokrates bekannt ist (Schorn 2008, 198–200).

Besonders interessant und wichtig für die weitere Geschichte der Gattung ‚Philosophischer Dialog' sind die Dialoge des Aristoteles, von denen nur Fragmente überliefert sind. Wir hören von bis zu 18 Dialogen, zu denen wichtige Werke wie *De philosophia* (drei Bücher) oder *De iustitia* (vier Bücher) gehören. Trotz der schwierigen Überlieferungslage sind formale Unterschiede zu Platons Dialogen und Neuerungen bei Aristoteles durch indirekte Nachrichten zu erkennen. Wir erfahren, dass Aristoteles – anders als Platon – offenbar selbst in seinen Dialogen aufgetreten ist, wie Cicero bezeugt (Cic., *fam.* 1,9,23; Cic., *Att.* 13,19,4). Damit durchbricht er die Anonymität und die strenge Fiktion, die die platonischen Dialoge wahren. In *De philosophia* ist er wohl Hauptdarsteller gewesen, im *Eudemos* aber nur im Proömium aufgetreten (Flashar 2006, 114).

Als zweite Neuerung versah Aristoteles – wie später auch Cicero – bei größeren Dialogen (z. B. *De philosophia*, *De iustitia*) einzelne Bücher mit Vorworten (Cic., *Att.* 4,16,2). Dabei sind diese Proömien nicht als szenisch-dramatische Vorspiele zu verstehen, vielmehr waren sie als Vorreden von den Gesprächen getrennt. Bei Aristoteles erhält das Gespräch einen eher schulisch-professoralen Charakter, den es dann auch in der weiteren Tradition bei anderen Autoren nicht mehr verliert. Zwar ist die Art, wie er die Dialogführung gestaltet, nur in wenigen Fragmenten zu erkennen, doch erinnert sie nicht selten – soweit wir das beurteilen können – an Platons Spätdialoge, in denen sich die Rolle der Partner oft auf bloße Zustimmungsfloskeln beschränkt. Aristoteles strebt nach klarer Verständlichkeit für ein breiteres Publikum, und in antiken Zeugnissen wird der Stil seiner Dialoge gerühmt („*suavitas*';Cic., *de orat.* 1,49). Das Verhältnis der Dialoge zu den Lehrschriften ist vieldiskutiert. Nicht selten nimmt Aristoteles in den Pragmatien (Vorlesungsmanuskripte) auf die Dialoge Bezug oder setzt den Inhalt von Dialogen bei seinen Hörern voraus (Aristot., *eth. Nic.* 1,12, 1101b21). Dies gilt auch für spezifische Themen wie für die Fragen der Vorstellungen von der Zeit oder die Kritik an Platons Ideen.

Im römischen Bereich dienten erste literarische Dialoge der Fachbelehrung, wie zum Beispiel die drei Bücher *De iure civili* des M. Iunius Brutus oder die *Res rusticae* von M. Terentius Varro. Den Höhepunkt der lateinischen philosophischen Dialogkunst bilden jedoch die Dialoge Ciceros. Cicero bedient sich bei der Darstellung philosophischer Positionen in Dialogform einer dialektisch-skeptischen Methode, die durch die akademische Skepsis eines Asklepios oder Karneades geprägt ist und die als sokratisch empfunden wurde. Mit seinen Dialogen bemüht er sich allgemein um den Transfer und die Integration der Philosophie in Rom. Dabei bekennt er sich direkt und indirekt zum Vorbild platonischer Dialoge (*De republica*, *De legibus*; Gawlick und Görler 1994, 1021–1028). Wie bei Platons Dialogen handelt es sich beim Dialoggeschehen in Ciceros Werken um Fiktion, die freilich als historisch beglaubigt wird durch einen ebenfalls fiktiven Beglaubigungsapparat. Cicero folgt dem platonischen Vorbild auch darin, dass er referierte und dramatische Dialoge bietet. Dennoch lassen sich auch Unterschiede in der literarischen Gestaltung feststellen. So nimmt Cicero in manchen Gesprächen selbst als

Partner teil – manchmal nur in der Rolle des Zuhörers (*De natura deorum*) – und präsentiert in anderen (z. B. in den *Tusculanes*) die Gesprächspartner in einem asymmetrischen Verhältnis zwischen Lehrer und Schüler. Aristoteles nennt er als Vorbild für seine Technik, einzelne Bücher der Dialoge mit Vorreden zu versehen (Cic., *Att.* 4,16,2) und statt lebendigem Wechsel von Rede und Gegenrede Darlegungen in zusammenhängender Form folgen zu lassen. Viele Dialoge verfügen über eine detaillierte szenische Einkleidung (*De republica, De oratore, De legibus*). Dabei fällt auf, dass die Sprechsituation anders als in Platons Dialogen nicht in die Öffentlichkeit, sondern oft in den eher privaten Bereich römischer Villen verlagert ist und dass die Gespräche oft an Festtagen stattfinden. Dies verleiht den Gesprächen eine besondere Atmosphäre, signalisiert aber auch die Rolle der Philosophie als Festtagsbetätigung. Diese Eingrenzung des Dialogpersonals auf private Personen führt zwar zu einer urbanen, durch Gleichheit und Symmetrie gekennzeichneten Gesprächsatmosphäre, ist aber in Bezug auf die Glaubwürdigkeit nicht unproblematisch, wenn es bei den Diskussionen um hochtechnische philosophische Fragen zum Beispiel der Erkenntnistheorie geht.

Ciceros Dialogaufbau als Gespräch unter Gleichen hat im Bereich der lateinischen Tradition des philosophischen Dialogs zahlreiche Nachfolger gefunden. Der von Cicero gepflegte Stil eines ausgleichenden Dialogs im Sinn einer Konversation findet sich auch im griechischen Bereich bei Plutarch. Als Platoniker und Verfasser zahlreicher Dialoge in dramatischer, erzählter und gemischter Form fühlt sich Plutarch (45–ca. 120 n. Chr.) eher der aristotelisch-peripatetischen Tradition des literarischen Dialogs verbunden, da er bisweilen selbst in den Dialogen auftritt und als Partner keine eigentliche Spannung im Sinne einer eher agonalen Gesprächsauseinandersetzung erzeugt. Plutarch ist in seinen dialogischen Schriften fast immer auf Ausgleich aus. Dies hängt nicht zuletzt mit dem vorgestellten Personal zusammen, bei dem es sich um Familienmitglieder oder um sozial hochgestellte Persönlichkeiten handelt, mit denen er befreundet ist, auch wenn er deren Grundpositionen nicht immer teilt. Die Gespräche haben deshalb oft den Charakter einer Konversation. Mithilfe der Dialogform gestaltet Plutarch somit die Gegenüberstellung unterschiedlicher dogmatischer Positionierungen.

Lebendig und durchaus experimentierfreudiger als Plutarch, zumindest was die Form des literarischen Dialogs anbelangt, ist Lukian. Er verband unterschiedliche Gattungen mit der Dialogform, schuf neue Arten und reflektierte zudem über sein Experimentieren (Lukian, *bis acc.* 33). Bei allem glanzvollen Spiel mit literarischen Formen und aller Innovation, zum Beispiel wenn er Elemente der menippeischen Satire mit seinen Dialogen kombiniert, ist Lukian jedoch kaum als eigentlicher Philosoph zu bezeichnen, auch wenn er die philosophischen Positionen ausgezeichnet kennt und mit ihnen umzugehen weiß. Dennoch hat er großen Einfluss auf die weitere Geschichte des Genres des literarischen Dialogs und prägt bestimmte Formen, wie zum Beispiel die Totengespräche, wie wir sie von Fontenelles *Nouveaux dialogues des morts* kennen.

In der Kaiserzeit und Spätantike finden sich als wichtige Formen des Dialogs auch Streitgespräche und die katechetische Form des Dialogs mit dem Schema von Frage und Antwort. Dabei handelt es sich jedoch um eine sekundäre Dialogisierung und nicht um die Verschriftlichung von Gesprächen. Wie im paganen Bereich spielt der literarische philosophische Dialog auch in der christlichen Literatur der Kaiserzeit eine wichtige Rolle als literarische Form theologischer Auseinandersetzung. Er erscheint als *apologetischer* Dialog (Justin, Aeneas von Gaza, Minucius Felix), als *theologischer* Dialog bei innerchristlichen Diskussionen (Origenes, Methodius), als *philosophischer* Dialog (Gregor von Nyssa) und als biographischer Dialog (Augustinus' *Soliloquia*). Auch hier hat der sokratische Dialog Platons vorbildhaft gewirkt, nicht zuletzt infolge der Rezeption platonischen Gedankengutes im Christentum. Dabei wurden bekannte Formen übernommen, aber mit neuen Inhalten gefüllt, sowohl bei interreligiösen Dialogen wie Justins *Dialog mit dem Juden Tryphon* oder Minucius Felix' *Octavius* als auch bei innerchristlichen wie bei Augustinus (Schmidt 1977).

Augustinus knüpft an traditionelle Formen an und greift Elemente des paganen und christlichen Dialogs (z. B. von Minucius Felix) auf, wie in *Contra Academicos, De beata vita* und *De ordine*, in denen er sich an Ciceros ‚aristotelischer' Dialogform (vorangestelltes Proömium, zusammenhängende Lehrvorträge, Auftreten des Autors), aber auch an der Dialektik Platons orientiert (Fuhrer 1997, 19–27). In diesen drei Cassiciacum-Dialogen, die als Villendialoge szenisch eingekleidet sind, bietet er kein Treffen von hochrangigen Gästen, sondern von Freunden, unter denen sich Augustinus – zwar schon christlich orientiert, aber noch ungetauft – auf einer radikalen Wahrheitssuche befindet. Auch in weiteren dialogischen Schriften erweist er sich der Wahrheitssuche verpflichtet. Vier frühe in Mailand verfasste Schriften aus dem Jahr 386 (*Contra Academicos, De beata vita, De ordine, Soliloquia*) gehören zur Gattung des literarischen Dialogs und beinhalten sowohl dialektische Partien als auch längere Lehrvorträge. Bei ihnen handelt es sich um szenisch erzählte Dialoge. Später wendet sich Augustinus jedoch mehr der dramatischen Dialogform zu. Besonders innovativ sind Augustinus' *Soliloquia* (Fuhrer 2004, 66–73). Hier stellt sich Augustinus als Schüler der Ratio vor, der auch Fehler macht. Dialogische Elemente und Dialoge spielen auch noch im Kontext der Kommentarliteratur eine Rolle und sind dann im Mittelalter in Anlehnung an christliche Formen der Kaiserzeit von Bedeutung (z. B. der interreligiöse Dialog). Im Mittelalter finden sich zwar nur wenige, aber wichtige philosophische Dialoge, die anders als in der früheren Forschung in ihrer Bedeutung heute nicht mehr unterschätzt werden. Die neue Forschung weist zum Beispiel auf die Häufigkeit dialogisierter Lehrgespräche hin (*quaestiones, disputationes*, *consolationes, soliloquia*; von Perger 1999). Festzuhalten ist, dass die Formen des christlichen literarischen Dialogs ihre Fortsetzung finden, besonders mit interreligiösen Dialogen zwischen Juden, Moslems, Christen und Heiden. Von besonderem Interesse sind aus literarischer Sicht die *Idiota*-Dialoge des Cusanus, weil er hier offenbar mit der Figur des Sicherheiten hinterfragenden *Idiota* („Laien') auf die Tradition des sokratischen Dialogs zurückgreift (Hösle 2006, 105). Er steht damit an der Grenze zur Renaissance, in der im Rückgriff auf die antike Dialogtradition Autoren wie Ficino oder Lorenzo Valla nicht nur philosophische sondern auch politische, poetologisch oder philologische Fragen diskutieren.

Dabei dienen vornehmlich Cicero und Lukian als Vorbilder, in der Philosophie haben Lehrdialoge, Kontroversdialoge und Konversationsdialoge Konjunktur (Pontano, Castiglione). Autoren orientieren sich an antiken Vorbildern (Platon, Cicero, Lukian), wie Lorenzo Valla in *De vero falsoque bono* (Cox 2008), lassen sich inspirieren, wie Thomas Morus' *Utopia* (→ III.6 VOSSKAMP) oder Tommaso Campanellas *La città del sole* ebenso wie Jean Bodins *Colloquium heptaplomeres de rerum sublimium arcanis abditis* zeigen, und sind geprägt von einer skeptischen Grundhaltung. Dialoge werden in Philosophie (Giordano Bruno) und Wissenschaft zur Bühne der Präsentation neuer Theorien (Galileos *Dialogo sopra i due massimi sistemi del mondo*, 1632 erschienen). Ein Grund für die Wahl dieses Genres mag darin liegen, dass man auf diese Weise aus christlicher Sicht problematische Thesen vorstellen konnte, ohne sich zu ihnen bekennen zu müssen, und damit der Zensur entgehen konnte.

Vielleicht in Zusammenhang mit einem wachsenden Interesse an Systematik (Spinoza) oder an der Subjektivität (Descartes) in der Philosophie kommt es dann zu einem Desinteresse an der Dialogform (Hösle 2006, 108–109). Freilich finden sich mit Hobbes, Leibniz und Berkeley auch Philosophen, die sich der Dialogform bedienen. Darunter ist Humes *Dialogue Concerning Natural Religion* (1779 posthum veröffentlicht) nicht zuletzt wegen der künstlerischen Gestaltung hervorzuheben, da er in der Form ciceronianisch gestaltet ist, in der Argumentation aber an Platon erinnert. Eine weitere Blütezeit erlebt die philosophische Dialogliteratur in der Zeit der Aufklärung: Shaftesbury, Lessing, Herder, Voltaire, Rousseau, Diderot. Besonders Diderot zeichnet sich durch eine an Platon erinnernde Charakterzeichnung und den damit verbundenen Wunsch aus, auf diese Weise die vorgetragene Position plausibel zu machen. In dieser Zeit erfährt auch die Sokrates-Figur selbst eine Aufwertung (Fries 1993; Döring 1998, 172–174). Darauf folgt eine Zeit, in der der philosophische Dialog in den Hintergrund zu treten scheint, in der aber tiefgreifende Analysen des Dialogischen nicht zuletzt mit Blick auf den platonischen Dialog (Schlegel, Schleiermacher) zu verzeichnen sind. Der philosophische Dialog meldet sich freilich immer wieder (z. B. Kierkegaard) und bisweilen in einem unerwarteten Kontext zurück, wenn man an Werner Heisenbergs Buch *Der Teil und das Ganze* (1969) denkt, in dem Platons Dialog *Timaios* eine Art Subtext bildet. Vereinzelte Versuche, wie Iris Murdochs *Acastos*-Dialoge, in denen Sokrates und Platon auftreten, zeigen, dass nicht nur Platons Dialoge, sondern der philosophische Dialog allgemein als öffentliche oder veröffentlichte Form philosophischer Auseinandersetzung auch heute noch genutzt wird.

4 Theoretische Elemente zur Form des philosophischen Dialogs

Reflexionen über Funktion, Intention, Form und Gehalt des philosophischen Dialogs und seine angemessene Interpretation beginnen früh. Schon bei Platon findet man Anzeichen und Hinweise in freilich impliziter Form, wie zum Beispiel die Diskussion über Darstellungsformen (narrativ, dramatisch, gemischt; Plat., *rep.* 3, 392d–394d), die als hermeneutische Hinweise für die eigenen Dialoge gelesen werden können (Diogenes Laertius 2015, 3,50). Das Proömium des Dialogs *Theaitet* reflektiert implizit das Entstehen eines dramatischen Dialogs und lässt Bezüge zu Platons eigenen Dialogen erkennen (Erler 2007, 78–80), und die Schriftkritik im *Phaidros* bezieht die eigenen Dialoge mit ein und erweist sich als hermeneutisches Mittel, das manche Eigentümlichkeiten der platonischen Dialoge erklären kann. Manche Motive innerhalb der Dialoge lassen sich auch als eine Art platonischer Kritik der Mündlichkeit verstehen, die ebenfalls für ein besseres Verständnis platonischer Dialogdarstellung dienen kann. Derartige implizite Reflexionen werden von Aristoteles explizit fortgesetzt und mit Blick auf Dialoge allgemein, aber auch auf besondere Formen des literarischen Dialogs ausgeführt, wie den Lehrdialog (Lehrer-Schüler-Streit) und das übende Gespräch (Aristot., *top.* 8,5, 159a25 ff.; Föllinger 2006). Auch in späterer Zeit finden wir solche Reflexionen über den Dialog, zum Beispiel bei Lukian, dessen Aussagen über eine Transformation von Dialogformen als Apologie und Erklärung eigener Dialoggestaltung gelesen werden können und wohl auch sollen (Lukian, *bis acc.* 33). Innerphilosophisch führt die Konkurrenzsituation des Platonismus mit anderen, eher systematischen philosophischen Traditionen wie Stoa, Epikureismus und Aristotelismus zum Wunsch, auch aus dem Dialog eine philosophische Systematik herausfiltern zu können (Mittelplatonismus) und dem Leser ein soteriologisches Handwerkszeug für die Rettung seiner Seele an die Hand zu geben (Neuplatonismus).

Die Suche nach einer Systematik in der Dialogform zieht also intensive theoretische Überlegungen über die Auslegungs- und Gestaltungsmöglichkeiten des Dialogs im philosophischen Kontext nach sich. Eigenständige poetologische Analysen des Dialogs jedoch finden sich erst in der Renaissance (Snyder 1989;

Forno 1992). Denn zusammen mit der Wiederentdeckung und Kommentierung der aristotelischen *Poetik* gelangt der Dialog zu neuer Blüte. Etwas zeitversetzt beginnt im 16. Jahrhundert auch eine theoretische Auseinandersetzung mit dem literarischen philosophischen Dialog. Carlo Sigonio bietet in seinem Werk *Del dialogo* (1562) eine Theorie des Dialogs in kritischer Auseinandersetzung unter anderem mit Francesco Robortello. Er orientiert sich bei seinen Analysen vor allem an Xenophon, Cicero und natürlich Platon, nutzt Kategorien wie Mimesis und bemüht sich, bei der Beurteilung ästhetische Normen zu etablieren (Hösle 2006, 106–107). Dabei interessiert er sich vor allem für die Proömien der Dialoge und hebt mit Blick auf das Verhalten des Dialogpersonals ethische Aspekte hervor, berücksichtigt also den performativen Aspekt des literarischen Dialogs. Sigonio hat Tasso und seinen *Discorso dell'arte del dialogo* (1585) ebenso beeinflusst wie auch Sperone Speronis *Apologia dei dialoghi* (1574–1575 entstanden), der seine Dialogschriftstellerei damit verteidigt, dass Dialoge wie ein Drama und insbesondere eine Komödie funktionieren und dass der Verfasser deshalb nicht für den Text verantwortlich gemacht werden könne (Müller 2013). Über die Funktion und das Potential des Dialogs gegenüber dem Traktat reflektiert zum Beispiel Johann Christoph Gottsched.

Von besonderem Interesse für die Geschichte des philosophischen Dialogs seit dem Ende des 19. Jahrhunderts ist auch Friedrich Nietzsche. In seinem Œuvre spielt die dialogische Form entgegen einer verbreiteten Meinung eine durchaus prominente Rolle; er folgt dabei allerdings weniger klassischen Vorgaben der dialogischen Tradition, sondern spielt mit klassischen Elementen und ersetzt agonale Elemente gerne durch Formen urbanen Umgangs der Gesprächspartner untereinander (Zittel 2016). Auch Wittgenstein verzichtet nicht auf dialogische Partien in seine Schriften, die bei ihm freilich sehr an Selbstgespräche in antiken Diatriben wie zum Beispiel den Diatriben des Epiktet erinnern (Heal 1995; Hösle 2006, 55). In jüngerer Zeit wird der literarische philosophische Dialog der Antike schließlich auch mithilfe von modernen literaturwissenschaftlichen Theorien analysiert (Hempfer 2004), nicht zuletzt wegen der Möglichkeit, einer Vielstimmigkeit von Positionen Ausdruck zu verleihen (Hampe 2011).

Literatur

Aristoteles. *Nikomachische Ethik*. Griechisch und Deutsch. Übers. und hg. von Gernot Krapinger. Stuttgart 2020 [Aristot., *eth. Nic.*].

Aristoteles. *Organon*. Bd. 1: *Topik*. Übers., hg. und mit Einl. und Anm. vers. von Hans Günter Zekl. Hamburg 1997. [Aristot., *top.*].

Asper, Markus. *Griechische Wissenschaftstexte. Formen, Funktionen, Differenzierungsgeschichten*. Stuttgart 2007.

Cicero, Marcus Tullius. *Atticus-Briefe* [Epistulae ad Atticum]. Lateinisch und Deutsch. Übers. und hg. von Helmut Kasten. 3. Aufl., Berlin/Boston 2013. [Cic., Att.].

Cicero, Marcus Tullius. *Über den Redner* [De oratore]. Lateinisch und Deutsch. Übers. und hg. von Theodor Nüßlein. Berlin/Boston 2013. [Cic., de orat.].

Cicero, Marcus Tullius. *Epistulae ad familiares/An seine Freunde*. Lateinisch und Deutsch. Übers. und hg. von Helmut Kasten. 6. Aufl., Berlin/New York 2004. [Cic., fam.].

Cox, Virginia. *The Renaissance Dialogue. Literary Dialogue in its Social and Political Contexts, Castiglione to Galileo*. 2. Aufl., Cambridge 2008 [EA: 1992].

Diogenes Laertius. *Leben und Meinungen berühmter Philosophen*. Übers. von Otto Apelt unter Mitarbeit von Hans Günter Zekl. Neu hg. sowie mit Einl. und Anm. vers. von Klaus Reich. Hamburg 2015.

Döring, Klaus. „Sokrates, die Sokratiker und die von ihnen begründeten Traditionen". *Grundriss der Geschichte der Philosophie*. Begr. von Friedrich Ueberweg. Abt. 1, Bd. 2,1: *Sophistik, Sokrates, Sokratik, Mathematik, Medizin*. Hg. von Hellmut Flashar. Basel 1998: 139–364.

Erler, Michael. „The Fox knoweth many Things, the Hedgehog one Great Thing. The Relation of Philosophical Concepts and Historical Contexts in Plato's Dialogues". *Hermathena* 187 (2009): 5–26.

Erler, Michael. *Grundriss der Geschichte der Philosophie*. Begr. von Friedrich Ueberweg. Abt. 1, Bd. 2,2: *Platon*. Völlig neu bearb. Aufl., Basel 2007.

Erler, Michael. *Der Sinn der Aporien in den Dialogen Platons. Übungsstücke zur Anleitung im philosophischen Denken*. Berlin/New York 1987.

Erler, Michael und Jan Erik Heßler (Hg.). *Argument und literarische Form in antiker Philosophie. Akten des 3. Kongresses der Gesellschaft für antike Philosophie 2010*. Berlin/Boston 2013.

Erler, Michael und Ada B. Neschke-Hentschke (Hg.). *Argumenta in dialogos Platonis. Teil 2: Platoninterpretation und ihre Hermeneutik vom 19. bis zum 21. Jahrhundert*. Basel 2012.

Flashar, Hellmut. „Dialoge, Philosophie, Rhetorik". Aristoteles. *Werke in deutscher Übersetzung*. Bd. 20/I: *Fragmente zu Philosophie, Rhetorik, Poetik, Dichtung*. Übers. und erl. von dems., Uwe Dubielzig und Barbara Breitenberger. Berlin 2006: 21–245.

Flashar, Hellmut. „Aristoteles". *Grundriss der Geschichte der Philosophie*. Begr. von Friedrich Ueberweg. Abt. 1, Bd. 3: *Ältere Akademie, Aristoteles, Peripatos*. Hg. von dems. Völlig neu bearb. Aufl., Basel 2004: 167–492.

Föllinger, Sabine. „Charakteristika des ‚Lehrdialogs'". *Der Dialog in der Antike. Formen und Funktionen einer literarischen Gattung zwischen Philosophie, Wissensvermittlung und dramatischer Inszenierung*. Hg. von ders. und Gernot Michael Müller. Berlin/Boston 2013: 23–35.

Föllinger, Sabine. „Lehren im Gespräch. Der literarische Dialog als Medium antiker Wissensvermittlung". *Gymnasium* 113 (2006): 455–470.

Föllinger, Sabine. „Dialogische Elemente in der antiken Fachliteratur". *Antike Fachtexte/Ancient Technical Texts*. Hg. von Thorsten Fögen. Berlin/New York 2005: 221–234.

Föllinger, Sabine und Gernot Michael Müller. „Einleitung". *Der Dialog in der Antike. Formen und Funktionen einer literarischen Gattung zwischen Philosophie, Wissensvermittlung und dramatischer Inszenierung*. Hg. von dens. Berlin/Boston 2013: 1–19.

Forno, Carla. *Il ‚Libro animato'. Teoria e scrittura del dialogo nel Cinquecento*. Turin 1992.

Fries, Thomas. *Dialog der Aufklärung. Shaftesbury, Rousseau, Solger*. Tübingen/Basel 1993.

Fries, Thomas und Klaus Weimar. Art. „Dialog". *Reallexikon der deutschen Literaturwissenschaft*. Bd. 1. Hg. von Harald Fricke et al. Berlin/New York 1997: 354–357.

Fuhrer, Therese. *Augustinus*. Darmstadt 2004.
Fuhrer, Therese. *Augustin contra Academicos (vel de Academicis). Bücher 2 und 3. Einleitung und Kommentar*. Berlin/New York 1997.
Gabriel, Gottfried. „Literarische Formen der Vergegenwärtigung in der Philosophie". *Argument und literarische Form in antiker Philosophie. Akten des 3. Kongresses der Gesellschaft für antike Philosophie 2010*. Hg. von Michael Erler und Jan Erik Heßler. Berlin/Boston 2013: 13–32.
Gawlick, Günter und Woldemar Görler. „Cicero". *Grundriss der Geschichte der Philosophie*. Begr. von Friedrich Ueberweg. Abt. 1, Bd. 4,2: *Die hellenistische Philosophie*. Hg. von Hellmut Flashar. Völlig neu bearb. Aufl., Basel 1994: 991–1168.
Goldhill, Simon (Hg.). *The End of Dialogue in Antiquity*. Cambridge 2008.
Hampe, Michael. *Tunguska oder Das Ende der Natur*. München 2011.
Häsner, Bernd. „Der Dialog. Strukturelemente einer Gattung zwischen Fiktion und Theoriebildung". *Poetik des Dialogs. Aktuelle Theorie und rinascimentales Selbstverständnis*. Hg. von Klaus W. Hempfer. Stuttgart 2004: 13–65.
Heal, Jan. „Wittgenstein and Dialogue". *Philosophical Dialogues. Plato, Hume, Wittgenstein*. Hg. von Timothy Smiley. Oxford 1995: 63–83.
Hempfer, Klaus W. „Zur Einführung". *Der Dialog im Diskursfeld seiner Zeit. Von der Antike bis zur Aufklärung*. Hg. von Klaus W. Hempfer und Anita Traninger. Stuttgart 2010: 9–23.
Hempfer, Klaus W. (Hg.). *Poetik des Dialogs. Aktuelle Theorie und rinascimentales Selbstverständnis*. Stuttgart 2004.
Hempfer, Klaus W. „Lektüren von Dialogen". *Möglichkeiten des Dialogs. Struktur und Funktion einer literarischen Gattung zwischen Mittelalter und Renaissance in Italien*. Hg. von dems. Stuttgart 2002: 1–38.
Hempfer, Klaus W. „Probleme traditioneller Bestimmungen des Renaissancebegriffs und die epistemologische ‚Wende'". *Renaissance. Diskursstrukturen und epistemologische Voraussetzungen. Literatur – Philosophie – Bildende Kunst*. Hg. von dems. Stuttgart 1993: 9–45.
Hempfer, Klaus W. und Anita Traninger (Hg.). *Der Dialog im Diskursfeld seiner Zeit. Von der Antike bis zur Aufklärung*. Stuttgart 2010.
Hess-Lüttich, Ernest W. B. „Dialog". *Reallexikon der deutschen Literaturwissenschaft*. Bd. 1. Hg. von Harald Fricke et al. Berlin/New York 1997: 350–353.
Hess-Lüttich, Ernest W. B. „Dialog". *Historisches Wörterbuch der Rhetorik*. Bd. 2. Hg. von Gert Ueding. Tübingen 1994: Sp. 606–621.
Hess-Lüttich, Ernest W. B. *Grundlagen der Dialoglinguistik*. Berlin 1981.
Hirzel, Rudolf. *Der Dialog. Ein literarhistorischer Versuch*. 2 Bde. Hildesheim 1963 [EA: 1895].
Hösle, Vittorio. *Der philosophische Dialog. Eine Poetik und Hermeneutik*. München 2006.
Lukian. „Der doppelte Angeklagte". Ders., *Werke*. Bd. 10. Übers. von August Friedrich Pauly. Stuttgart 1829: 1248–1282. [Lukian, *bis acc.*]
Meyer, Martin F. (Hg.). *Zur Geschichte des Dialogs. Philosophische Positionen von Sokrates bis Habermas*. Darmstadt 2006.
Müller, Gernot Michael. „Zwischen Aristotelesrezeption und literarischer Praxis. Carlo Sigonios ‚De dialogo liber' und die Genese einer Poetik des literarischen Dialogs im 16. Jahrhundert". *Norm und Poesie. Zur expliziten und impliziten Poetik in der lateinischen Literatur der Frühen Neuzeit*. Hg. von Beate Hintzen und Roswitha Simons. Berlin/Boston 2013: 7–43.
Müller, Gernot Michael. „Dialogliteratur". *Enzyklopädie der Neuzeit* 2 (2005): Sp. 976–980.

Neschke-Hentschke, Ada B. (Hg.). *Argumenta in dialogos Platonis*. Teil 1: *Platoninterpretation und ihre Hermeneutik von der Antike bis zum Beginn des 19. Jahrhunderts*. Basel 2010.

Perger, Michael von. „Vorläufiges Repertorium philosophischer und theologischer Prosa-Dialoge des lateinischen Mittelalters. Von Minucius Felix bis Nikolaus von Kues". *Gespräche lesen. Philosophische Dialoge im Mittelalter*. Hg. von Klaus Jacobi. Tübingen 1999: 435–494.

Platon. *Der Staat*. Ders., *Werke*. Bd. 4. Griechisch und Deutsch. Übers. von Friedrich Schleiermacher, griech. Text von Émile Chambry. Hg. und überarb. von Gunther Eigler. Bearbeitet von Dietrich Kurz. 8. Aufl., Darmstadt 2019. [Plat., *rep*.].

Schmidt, Peter Lebrecht. „Zur Typologie und Literarisierung des frühchristlichen lateinischen Dialoges". *Christianisme et formes littéraires de l'Antiquité tardive en Occident*. Genf 1977: 101–180.

Schorn, Stefan. „Die Vorstellung des xenophontischen Sokrates von Herrschaft und das Erziehungsprogramm des Hieron". *Socratica 2005. Studi sulla letteratura socratica antica presentati alle giornate di studio di Senigallia*. Hg. von Livio Rossetti und Alessandro Stavru. Bari 2008: 177–203.

Snyder, Jon R. *Writing the Scene of Speaking. Theories of Dialogue in the Late Italian Renaissance*. Stanford 1989.

Szlezák, Thomas Alexander. „Gespräche unter Ungleichen. Zur Struktur und Zielsetzung der platonischen Dialoge". *Literarische Formen der Philosophie*. Hg. von Gottfried Gabriel und Christine Schildknecht. Stuttgart 1990: 40–61.

Szlezák, Thomas Alexander. *Platon und die Schriftlichkeit der Philosophie*. Berlin/New York 1985.

Zittel, Claus. „Der Dialog als philosophische Form". *Nietzsche-Studien* 45 (2016): 81–112.

III.2 Brief

Petra Gehring

1 Eher Medium als Gattung

In der Literatur wird der Brief als Gattung geführt, deren Kennzeichen einerseits eine besondere Adressatenorientierung ist (Anrede, ‚du' und Vorgriffe auf eine erwartete Antwort). Andererseits tritt der/die Briefverfasser/in im Text selbst auf (Grußformel und persönliche Signatur, ‚ich', Bezugnahmen auf den Moment der Niederschrift). So gelten Gesten der „Selbstoffenbarung" (Müller 1994, 60) oder die Markierung einer besonders authentischen Autorschaft als gattungstypisch. Ähnlich unterscheidet man Briefe von Dokumenten anderer Art anhand des ‚privaten' Charakters der Briefkommunikation. Zwar unterliegen in den meisten Epochen auch nichtamtliche Briefe gewissen Formvorgaben, Briefe zwischen Bürgerinnen und Bürgern oder Gelehrtenbriefe sind also – „zwischen Konversation und Schriftstellerei" (Bamberger 1898, 26) – rhetorisch oder literarisch stilisiert. Gleichwohl gilt die wiederkehrende Maxime, relativ oder sogar radikal informell bzw. rückhaltlos persönlich zu schreiben, als ein genuines Merkmal des Briefs. Rückblickend beispielhaften Charakter gewonnen haben hierfür die Spielarten der empfindsamen und romantischen Briefkunst, die an der Schwelle zur Moderne mit der Mitteilbarkeit ‚ästhetischer' Selbst- und Alteritätserfahrungen (Bohrer 1987) experimentiert. Subjekttheoretisch und psychologisch untermauert wird im 20. Jahrhundert aber auch der hohe individuelle (Gefühle, ‚Subjektivität' und ‚Psychisches' freilegende) Ausdruckswert der Briefform gelobt.

Genereller gefasst – und dies gilt wohl auch für die Philosophie – ist freilich das Sendschreiben *und somit das Medium Brief* nicht primär eine literarische Gattung und auch nicht ohne Weiteres eine ‚private' Form. Vielmehr handelt es sich um das Kernstück postalischer Übermittlungstechniken, eine Distributionsweise für jede Art von Manuskript (im Grenzfall eine bloße Notiz) – wobei in den Jahrhunderten ohne Postwesen der Bote, der den Brief überbringt, die niedergeschriebene ‚Botschaft' nicht selten mündlich ergänzt. Briefe bleiben daher (von der Gesprächsmetapher abgesehen) in früheren Zeiten vor allem übertragungstechnisch „gefärbt vom Milieu der Oralität" (Fontius 1988, 271). Überliefert an die Nachwelt werden freilich die Briefe allein. Was den Brief schon in der Antike „dem Bann mündlicher Handlungsweisen" entzieht, ist „seine hartnäckige Materialität" (Baasner 2008, 53).

Ebenso stellen Briefe vor den Zeiten des Buchdrucks eine Form des Veröffentlichens und der Vervielfältigung dar, denn Briefe wurden nicht nur zum persönlichen Gebrauch des Empfängers oder der Empfängerin, sondern auch zur Abschrift und Weitergabe, zum Vorlesen (bzw. als Basis einer mündlichen Instruktion Dritter) sowie zur Anbahnung von Publikationsprozessen angefertigt und versandt. Noch in Zeiten des Buchdrucks finden etwa mit der Erteilung der Imprimatur (der teils mitabgedruckten Druckgenehmigung) oder mit Büchern vorangestellten Widmungen an einen Herrscher Reste einer (hier juridischen) Briefpraxis Eingang in die Üblichkeiten der Buchpublikation. Ebenso zitiert auch das Editorial von Zeitschriften („Lieber Leser ...") bis heute nicht selten die Briefform ausdrücklich (Fontius 1988, 275 ff.).

Sieht man den Brief nicht vor allem als per se intime Form des Ausdrucks an, sondern als paradigmatisch für den reflexionsbedürftigen Umstand, dass *jeglicher* Aufschrieb einen gegebenenfalls langen und durch Transportgefahren bedrohten Weg zu(m) potentiellen Empfänger(n) oder zur Empfänger(in) zu nehmen hat, so führt dies in eine Theorie der Schriftkommunikation überhaupt: Nahezu alles Schriftliche wird irgendwie verschickt (physisch transportiert, übergeben etc.) – und es muss überdies danach trachten, den/die Leser/in auch im übertragenen Sinne, nämlich gedanklich, zu ‚erreichen'. Ein tiefergreifendes Nachdenken bezieht dieses Faktum in die eigenen Formatentscheidungen, sei dies implizit, sei dies explizit, mit ein. Streng genommen hat damit jede schriftliche Mitteilung, deren Ankunft beim Leser oder der Leserin sich als voraussetzungsreich und prekär verstehen muss, die Grundform des Briefs. So besehen steht der Brief spätestens mit seinem Versand – nach Stand der Technik: gefaltet, verschlossen, versiegelt, geschickt – für eine elementare Verlassenheit jegliches Gedachten und Geschriebenen: für ein hohes Maß an Kontingenz sowohl seines Wegs als auch dessen, was am Ende aus ihm wird. In der Moderne schlägt sich dies im Topos von der Theoriebildung als „Flaschenpost" (Stolt 1997, o. P. [Motto]) nieder sowie in pointierten Spielen mit der zweifachen, Buchstabe und Brief gleichermaßen bezeichnenden Bedeutung vom englischen *letter* sowie französischen *lettre* nieder (Lacan 1973; Derrida 1995, 174–190).

2 Kennzeichen der Briefform

Es dürfte den multiplen Einsatzmöglichkeiten physisch zu transportierender Schriftstücke und der variantenreichen Medialität des Briefs geschuldet sein, dass es erstens in zahlreichen literarischen Gattungen ebenso wie in der Philosophie eine enorme Formenvielfalt des Briefs (sowie von Anspielungen auf die Briefform) gibt. Zweitens scheint diese Formenvielfalt vom Beginn der europäischen Überlieferung an voll entfaltet zu sein (Müller 1994, 66): Man hat ein plastisches, die individuelle Reflexionsleistung forderndes Medium vor sich, das zu Wagnissen einlädt.

Eine Absicherung ihres Status erfahren literarische wie akademische Briefe durch die publikationsrechtlich wie auch postalisch (nämlich über die Transportkette hinweg) gesicherte Trennung zwischen ‚veröffentlichter' und ‚privater' Korrespondenz. Ein echter Privatbriefstil entsteht erst in der zweiten Hälfte des 17. Jahrhunderts, in der Frühen Neuzeit unterscheiden sich offizielle und private Briefe noch kaum (Furger 2010, 137). In Zeiten einer pluralen, durch agile Verlage und responsive Massenmedien getragenen Veröffentlichungskultur sowie des Rückgangs staatlicher Zensur verfestigen sich dann aber sowohl Formen einer Briefautorschaft, die von vornherein publikumsorientiert daherkommt, als auch Schreibformen einer bedenkenlosen Privatheit. Gleichwohl rücken unveröffentlichte Briefe nicht nur von Künstler/innen, sondern auch von Wissenschaftler/innen biographisch ‚ex post' – als Teil eines Werks – in den Blick. So etabliert sich eine gespaltene Sichtweise: Was nicht ausdrücklich als ‚offener Brief' deklariert wird, empfinden und behandeln auch philosophische Briefschreiber/innen überwiegend als (zumindest vorläufige) Privatsache. Gleichwohl beginnt mit dem Tod der Person potentiell ein publizistisches „Nachleben" (Baasner 2008, 68) ihrer Korrespondenz. Dass sich Theoretiker/innen zu Lebzeiten brieflich bzw. in literarisch stilisierter Briefform an ihr Publikum wenden, wird zum Ende des 19. Jahrhunderts seltener und ist im 21. Jahrhundert kaum noch zu erleben. Der offene (Einzel-)Brief mit Manifestcharakter stellt die verbleibende Ausnahme dar.

Entsprechend wird die Briefform im philosophischen Diskurs heute nur noch als Zusatzquelle genutzt. Intellektuelle Briefwechsel sind zwar für das 20. Jahrhundert in Fülle gegeben und auch vielfach ediert worden, denn Vertreibung und Exil haben zumal in der deutschsprachigen Philosophie legendär gewordene Briefnetzwerke hervorgebracht. Dennoch tauschen sich literarische wie philosophische Autor/innen inzwischen zunehmend anders bzw. auf anderen Kanälen aus. Es liegt nahe, diesen „Verlust" des Briefs – wenn nicht gar des „‚logos' schlechthin, im Sinne von Wort und Vernunft" (Améry 1975, 19) – auf die Medienbrüche des 20. Jahrhunderts zurückzuführen: Andere Kommunikationstechnologien sind in den Vordergrund getreten. So mögen Briefe robust archivierbar sein, Erstellung und Versand erscheinen aber vergleichsweise mühevoll und langsam. Mit E-Mail, Kurznachrichtendiensten und Netz-Posting etablieren sich Optionen zumeist knapperer schriftlicher Botschaften. Hinzu kommt das Faktum, dass das allermeiste Geschriebene jedenfalls im Internet aus eigener Kraft leicht sogleich breit publiziert werden kann. Ob es sich empfiehlt, digitale Post – E-Mails, Netzkommentare, Blogs und andere oft halböffentliche oder öffentliche Interaktionsformate am Bildschirm – als eine Art von Brief(literatur) zu bezeichnen, ist eine schwer zu beantwortende Frage. Klassische, den Gesprächscharakter voranstellende Gattungsbestimmungen des Briefs schließen dies immerhin nicht völlig aus.

3 Historischer Wandel

In der Antike und Spätantike kommt der Briefform eine vergleichsweise wenig von anderen Textsorten unterschiedene Rolle zu: Er ist geschriebene Rede. Die Adressierung von Gesagtem ist der Normalfall, und niedergeschriebene Reden sowie Briefe sind durchaus zur Weitergabe und zum didaktischen Gebrauch eingerichtet. Weder löst sich der Duktus von Geschriebenem von der Mündlichkeit weit ab, noch sind rhetorische Regeln außer Kraft gesetzt, noch ist das Briefmedium eines, das per se Intimität voraussetzt oder stiftet. So sind von Platon 13 Briefe überliefert, die – nach der üblichen Grußformel, in welcher der Absender in dritter Person erscheint („Platon wünscht [Name des/der Empfänger] alles Gute!") – zwar in einer Ich-Form zu ihren Adressaten sprechen, aber einen auch förmlichen Gebrauchswunsch für das übersandte Dokument erkennen lassen und verallgemeinerbare Ratschläge übermitteln. Der besonders bekannte (vermutlich nicht authentische) siebte Brief zeigt den Philosophen als Politikberater, der sich, um die Handhabung ebendieser schwierigen Rolle zu erläutern, an eine ganze Gruppe von Empfängern wendet. Im achten Brief heißt es, was dessen Freigabe zu breitestmöglicher Verwendung ausdrücklich dokumentiert: „Ich hoffe aber, nicht nur Euch nützlichen Rat zu geben (obwohl er Euch vor allem gilt), sondern an zweiter Stelle auch allen Syrakus, an dritter Euren Gegnern und den Feinden der Stadt, soweit sie nichts Gottloses getan haben (denn das ist unheilbar, und niemand kann sich davon je reinigen)" (Plat., *epist.* 8, 352b–352c). Der sechste Brief fordert ebenfalls eine Gruppe, nämlich drei Empfänger dazu auf, einen freundschaftlichen Bund zu schließen, wobei Platon einen quasi juridischen Gebrauch des Briefs empfiehlt: Als Dokument zum gemeinschaftlichen Wiederlesen soll es den angeratenen Bund informell (und vielleicht sogar rituell) besiegeln: „Diesen Brief sollt ihr alle drei lesen, am besten vereint oder wenigstens zu zweit, sooft Ihr könnt und es möglich ist, und Ihr sollt ihn als gültige Übereinkunft und Vereinbarung auffassen und, wie es denn gerecht ist, auf ihn schwören [...]" (Plat., *epist.* 6, 323c–323d).

Von Philosophen wie Epikur (→ IV.2 ERLER) oder Seneca liegen nennenswerte Teile des Gesamtwerks in Briefform vor. Namentlich für die ethische Beratungspraxis war der philosophische Lehrbrief als variantenreiche, literarisch ausgestaltete die Normalform des damaligen Diskurses. Leitmotive dieser Briefkommunikation sind der Unterricht und die Selbsterforschung, soweit sie Unterrichtszwecken dient. Dabei sind Lehrbriefe, von den rhetorischen Mustern des mündlichen

Vortrags bis zu Elementen eines mündlichen Austauschs und insbesondere der sokratischen Eristik, von der Platon ein Bild gibt, recht frei in der Wahl ihrer Mittel. Philosophische Kennzeichen sind einerseits die Orientierung am Ziel der Klärung bzw. der Mitteilung einer Sachwahrheit – wobei eine parrhesiastische Geste zählt: Anliegen des Briefverfassers ist ein auch durch die eigene Lebensführung verbürgtes, sich der politischen Prüfung aussetzendes „Wahrsprechen" (*dire vrai*, Foucault 2009, 64 ff., 349 ff.) an die Hand zu geben, wobei der Inhalt wichtiger sein soll als die Erfordernisse der rhetorischen Form. Andererseits tritt bei den nachsokratischen Philosophielehrern zunehmend aber auch ein therapeutisches Anliegen hinzu, eine „Annäherung zwischen Medizin und Moral" (Foucault 1986, 79). ‚Philosophisch' sind Briefe, die aus der Moral eine Medizin machen, indem sie authentisch, aber generalisierbar Lebensbewältigungstechniken lehren, also Wege zu Seelenruhe und Glück.

Ausgehend von der schriftlichen Anrede werden Briefe vielfach als Teilstück eines Dialoges mit dem Empfänger interpretiert, der unter der Bedingung einer großen Entfernung stattzufinden hat. So überliefert Demetrios von Phaleron, Verfasser einer antiken Stilkunde, die Charakterisierung des Briefs als ‚Hälfte des Gesprächs', Cicero spricht vom Gespräch der Freunde in Abwesenheit – Renaissance und Neuzeit werden diesen Topos übernehmen (→ III.1 ERLER). Der Brief kompensiert demzufolge Abwesenheit oder stellt (eine Art von) Anwesenheit trotz Abwesenheit her. Er gleicht dem Versuch, einen Gesprächsfaden zu knüpfen, einem – gegebenenfalls langen – Dialogbeitrag, der nicht mit zeitnaher Antwort rechnen kann und sich daher entsprechend ausführlicher auf das Gegenüber einstellt.

Allerdings sehen antike Quellen den Brief auch als monologische Ausdrucksleistung an, für welchen das entfernte Gegenüber lediglich der Auslöser oder lesende Zeuge bleibt, allenfalls vage präsent ist und mit einer verallgemeinerten Idee von Leserschaft verschwimmt. So besehen gewinnen Briefe meditationsartige Züge (→ IV.2 SCHILDKNECHT), liefern ‚Seelenbilder' – *eikones*, nicht Abbilder (Neumann 1986) –, können die Funktion eines Tagebuches übernehmen und sind womöglich verwandt mit der Autobiographie (→ III.3 THOMÄ).

Für den philosophischen Lehrbrief ist darüber hinaus kennzeichnend, dass er nicht selten Instruktionen enthält: operativ-praktische Kommentare – sowohl zur Lesetechnik als auch zu etwaigem Zitieren, zu Diskretion etc. oder zur Verwendung von beigelegten Blättern. So fasst Epikur mit folgenden Worten, editorische mit didaktischen Hinweisen verbindend, einen Brief als Materialsendung auf: „Für diejenigen, die nicht in der Lage sind, alle meine Schriften über die Natur gründlich zu studieren oder die längeren Abhandlungen über dieses Thema durchzuarbeiten, habe ich selbst einen Auszug aus dem gesamten System angefertigt, lieber Herodotos, um ihnen zu helfen, die wichtigsten Lehrsätze, so gut es geht, im Kopf zu behalten, damit sie sich selbst bei jeder Gelegenheit in den Hauptpunkten der Lehre helfen können [...]" (Epikur 2003a, 151). Der Empfänger erhält hier also ein Kompendium, das ihm das Einüben wichtiger Lehrsätze und den instruierten Zugriff auf Einzelheiten ermöglichen soll. Der Philosoph wiederum kommuniziert als routinierter Fernbetreuer, der sich einem Briefempfänger gegenüber weiß, der mit diesem als Lernmaterial arbeitet. Mnemotechnische Hinweise sowie die Aufforderung zur ‚Übung' kehren entsprechend oft wieder.

Aufschluss darüber, wie im antiken Lehr-Lern-Zusammenhang Briefe als Auftragsarbeiten entstehen, gibt ebenfalls Epikur, wenn er an Pythokles schreibt: „Darüber hinaus hast du mich gebeten, dir eine knappe und wohlgeformte Darstellung über die Himmelserscheinungen zu schicken, damit du dir diese Dinge leicht merken könntest. Denn alles, was ich in meinen anderen Werken geschrieben habe, ist nicht leicht zu behalten, obwohl du sie, wie du sagtest, ständig in der Hand hältst. Gern habe ich deine Bitte aufgegriffen und freue mich, sie zu erfüllen" (Epikur 2003b, 193). Pythokles wird überdies im selben Brief auf eine Sendung an Herodotos hingewiesen. Epikurs Schüler standen offenbar miteinander in kollegialem Kontakt und tauschten brieflich versandte Materialien untereinander aus.

Spätantike Ethikbriefe stilisieren sich zudem als – nichtfiktionale – Zeugnisse nicht nur des Wissens, sondern auch der Freundschaft. Ihren Wert erhalten sie als helfende, weil realistisch bemessene Interventionen in den Alltag des Empfängers, aber auch als Dokumente einer Intimität, die ebendies ohne Geben und Nehmen zu verrechnen großzügig erlaubt. Senecas insgesamt 124 *epistulae morales* an seinen jüngeren Freund Lucilius ergeben nicht nur ein eindrucksvolles und facettenreiches ethisches Lehrwerk, sie zeigen vielmehr auch, wie intensiv sich der Verfasser auf sein Gegenüber einstellt und in kunstgerechter Weise auf diesen einwirken will. Bereits der erste Briefbeginn zeigt diese zum einen vorausgesetzte, aber in der Ansprache auch bewirkte bzw. verstärkte Nähe zum Adressaten als Person: „So handle, mein Lucilius; nimm dich für dich selbst in Anspruch, und die Zeit, die [dir] bis jetzt entweder weggenommen oder entwendet wurde oder einfach verlorenging, halte zusammen und behüte. Sei überzeugt, es ist so, wie ich dir schreibe: manche Zeit wird uns entrissen, manche gestohlen, manche verrinnt einfach. Am schimpflichsten dennoch ist ein Verlust, der durch Lässigkeit entsteht. [...] Was immer an Lebenszeit in der Vergangenheit liegt – der Tod besitzt es. Tue also, mein Lucilius, was du zu tun schreibst – alle Stunden umfasse mit beiden Armen" (Sen., *epist*. 1,1). Seneca will nicht lediglich Wissen an Lucilius weitergeben. Vielmehr spiegeln die Briefe den Versuch, Trost, Nähe und Liebe dem anderen spürbar zu machen, als eine Praktik, die darauf hinauswill, Probleme gemeinsam anzugehen und auch gemeinsam zu lindern. Drängende Themen sind Todesfurcht, der Wunsch nach Freunden, Einsamkeit, das

Älterwerden, ›wahre Freude‹, Sinnlosigkeit des Reisens, Wert der Öffentlichkeit, innere Unruhezustände, Trauer, der Umgang mit Obrigkeiten, einfacher Alltag, Ehebruch, Verbrechen und immer wieder der richtige Umgang mit der knappen eigenen Lebenszeit.

Philosophierende Briefe ›traktieren‹ Freundschaft somit nicht nur als philosophisches Thema, sondern praktizieren eine solche auch. Die Idee der Begegnung überlagert dann diejenige der Therapie, freundschaftliche Zuneigung wird in der Art eines Liebesbriefs einbekannt und beschworen. Der Brief dient in diesem Fall der Fiktion der Anwesenheit des Freundes und der Übermittlung von ›Bildern‹ – des Bildes des anderen, das beim Schreiben vor Augen tritt, wie auch des ›Seelenbildes‹, das man von sich selbst zu zeichnen versucht. Briefe erscheinen als Medium zumindest der Möglichkeit des Sichsehens. Es komme ihm, so Cicero an Cassius, sobald er schreibe, vor, als rede und scherze er leibhaftig: „videor enum cum praesente loqui et iocari" (Cic., *fam.* 15, 19,1).

Nach Seneca übertrifft der Brief in seiner Fähigkeit, durch physische Körperspuren Anwesenheit zu vermitteln, sogar das Bild: „Wenn uns Bilder abwesender Freunde willkommen sind, die die Erinnerung erneuern und die Sehnsucht der Abwesenheit mit trügerischem und nichtigem Trost erleichtern, wieviel willkommener ist ein Brief, der echte Spuren des abwesenden Freundes, echte Zeichen herbeibringt! Denn was beim Anblick das Süßeste ist, das gewährt des Freundes Hand, dem Briefe aufgedrückt – wiederzuerkennen" (Sen., *epist.* 40,1; Thraede 1968, 19, 68). Schon in der heidnischen Ethik gehen Briefwechsel unter Intellektuellen daher mit einer emphatischen Innerlichkeit einher.

Christliche Autoren verschärfen sowohl den Ton der brieflichen Unterweisung als auch Formen des monologischen Einbekenntnisses und der Rechenschaft ablegenden Selbstprüfung im Brief. Zum einen werden die Apostelbriefe zum Paradigma – sie sind weniger Ich-Auskunft als Instrument telemedialen Regierens. Zum anderen radikalisiert sich der Briefmonolog, was namentlich Augustinus auf die Spitze treibt: Die adressierte Rede wird zur *confessio* und gewinnt Züge des Gebets.

An die Stelle des Lehrers tritt in den Sendschreiben der Apostel ein strenger Hirte und Richter. Apostelbriefe beginnen mit einer Selbstautorisierung (z. B. „berufen zum Apostel", Röm. 1,1) sowie einem Segen für die Gemeinde und enden mit Grüßen, widmen sich ansonsten aber der gemeinde- und kirchenpolitischen wie auch der dogmatischen Instruktion. Schriftkommunikation erscheint hierfür als eine allein der Entfernung geschuldete, zweitbeste Lösung. So bedauert Paulus ausdrücklich, aufs Briefmedium angewiesen zu bleiben: „[A]llezeit" flehe er im Gebet, „ob sich's einmal zutragen wollte durch Gottes Willen, daß ich zu euch käme" (Röm. 1,10–12). Bisher sei er immer zwar verhindert gewesen, gleichwohl aber willens, „auch euch zu Rom das Evangelium zu predigen" (Röm.

1,15). Einerseits erscheint Briefkommunikation so als – schlechtes – Substitut für die bloße Teilnahme am Gemeindeleben, andererseits dokumentiert es Statuten in quasijuridischer Manier, so die berüchtigten Formeln „Jedermann sei untertan der Obrigkeit, die Gewalt über ihn hat" (Röm. 13,1) oder „Wenn jemand den Tempel Gottes verdirbt, den wird Gott verderben" (1. Kor. 3,17). Der Brief des von Gott autorisierten Senders muss nicht als Verkündigung auftreten, um Gesetz zu werden.

Leib und Wort lässt Paulus verschmelzen: Der Einzelne wie auch die Gemeinde müssten „Tempel" des Heiligen Geistes werden. Dies gipfelt in der Vorstellung vom Brief als nicht nur physischer Verkörperung des wirksamen Gotteswortes, sondern auch vom gläubigen Individuum, das als leibhaftiges Transportmedium dieses Wortes fungiert: Das Individuum soll als Schreibfläche dienen, in die Gott hineinritzt, was er versenden will: „Ihr seid unser Brief, in unser Herz geschrieben, gekannt und gelesen von allen Menschen. Ist doch offenbar geworden, daß ihr ein Brief Christi seid, durch unseren Dienst zubereitet, geschrieben nicht mit Tinte, sondern mit dem Geist des lebendigen Gottes, nicht in steinerne Tafeln, sondern in fleischerne Tafeln des Herzens" (2. Kor. 3,2–3). Der Charakter des Gotteswortes, *Sendung* zu sein, der Empfehlungsbrief des Apostels sowie die Selbstfindung des Gläubigen in der Empfängerrolle schafft ein Kontinuum von Vermittlung und Werk. Das Gemeindemitglied wiederum ‚trägt' Gottes Sendung in bzw. auf sich: Die Beschriftungsmetapher ist gerade keine (aktive) Botenmetapher, sondern betont das passive, den Glauben lediglich *empfangende* Moment. Bedingungslos Gehorsam wollen zu können, nichts mehr wollen zu wollen (Foucault 2019, 169 ff.), ist Bedingung der Rezeption.

Mit ebendieser Stoßrichtung kann dann Augustinus 397/398 n. Chr. den Lesern seiner *Bekenntnisse* berichten, kurz vor dem Befehl „tolle, lege!" (der direkt auf ein Bibelwort hinführt) mittels der Lektüre des Apostels Paulus „alles Wahre" wiedergefunden, vor allem aber „empfangen" zu haben (Aug., *conf.* VII, 21, 27).

Die 13 Bücher der *Bekenntnisse* tragen Züge sowohl eines Briefs an die Leser als auch einer scheiternden dialogförmigen Anrede an Gott; beides geht über in eine Lobrede, die sich mit dem göttlichen Schweigen schlussendlich arrangiert. Augustinus artikuliert sich dabei nicht nur als „inneres Selbst", sondern gerade auch als körperlich sich selbst fremde, gleichsam neben sich stehende Person. Daneben werden der Leser und Gott aber auch auf einen Deutungszusammenhang verpflichtet, in welchem der Sprecher sich und die Resultate seiner Arbeit bestätigt findet. Und schließlich geht die Stimme des Autors dann in Bibelzitaten, zumeist aus der Genesis, regelrecht unter. Literarisch gesehen bewegen sich die *Confessiones* zwischen Dialog, Brief, Gebet, Tagebuch und Predigt, was es „äußerst schwierig" macht, sie zu beschreiben (Herzog 1984, 246). Hat man einerseits einen (theologischen) Dialog mit Gott vor sich, so wirkt andererseits gerade auf den heidnischen, also den ‚philosophischen' Leser der Text wie ein (Lehr-) Brief des Augustinus.

Im Mittelalter verliert sich – trotz einer ‚Blütezeit' der Briefkunst in Briefen wie denen von Petrus Venerabilis oder Johannes von Salisbury (Jaeger 1997) – zeitweilig die persönlich anmutende Epistolographie. Zu den spektakulären Ausnahmen gehört der berühmte Briefwechsel des 1142 gestorbenen Petrus Abaelardus und seiner ehemaligen Geliebten, der Äbtissin Heloisa. Mit einiger Wahrscheinlichkeit sind mindestens Heloisas Briefe das Resultat nachträglicher Fiktion (Flasch 1986, 214). So oder so vollzieht sich aus Sicht der Literaturwissenschaft erst seit der Briefprosa von Petrarca eine breit wirksame Welle neuer, an der Antike orientierter Briefliteratur, eine „Lösung von den mittelalterlichen *ars dictamini*" und eine „Entrhetorisierung des Briefs" (Müller 1985, 83–84). Vorbild des humanistischen Gelehrtenbriefs ist aber Erasmus, der mit *De conscribendis epistolis* (1522) auch eine maßgebliche Stillehre formuliert. Rückblickend als Wiedergewinnung einer brieflichen Innerlichkeit gedeutet werden überdies die kraftvollen Briefe Luthers als erstem deutschsprachigen „Klassiker des Brief[s]" (Grenzmann 1958, 188) – und auch des politisch ‚offenen' Briefs, denn unter anderem wählen *Von der Freiheit eines Christenmenschen* (1520), *An den christlichen Adel deutscher Nation* (1520) und der *Sendbrief vom Dolmetschen* (1530) die Briefform.

Das Briefwesen und auch die publizierten Briefe des 17. Jahrhunderts trennen Anekdotisches, den Austausch über Merkwürdigkeiten (etwa aus fernen Ländern), gelehrtes, politisch-kritisches Nachdenken sowie literarische Anstrengungen nicht wirklich scharf. Gleichwohl gibt es einerseits akademisch geprägte Gelehrtenkorrespondenzen, die gerade auch in der Philosophie partiell durchaus eine Art *république des lettres*, also Wissensnetzwerke realisieren. Paradebeispiel hierfür ist das riesige, dreisprachige Briefnetz von Gottfried Wilhelm Leibniz, aber auch viele andere europäische Denker pflegen briefliche Gesprächsachsen. Und andererseits differenziert sich spätestens an der Schwelle zum 18. Jahrhundert – durch Musterbriefsammlungen und ‚Briefsteller' angeleitet – das Briefschreiben als nichtakademische, bürgerliche Praxis aus. „Eine schleichende Verschriftlichung des Privatlebens tritt ein" (Baasner 2008, 55).

Der Gelehrtenbrief steht (sofern er nicht dezidiert privat sein will, sondern publizistisch interveniert) in einer weit verstandenen, auch experimentell genutzten ‚oratorischen' Tradition: Er kann sowohl zum Medium eines in Ich-Form essayistisch-tagebuchartig verschriftlichten Gedankens werden – so bei Michel de Montaigne, dessen *Essais* von 1580/1588 zwischen Tage- und Notizbucheinträgen changieren, aber auch die Briefform anklingen lassen (→ III.5 KRAMER; IV.2 WESTERWELLE), als auch zum provokatorischen Medium, das den/die Leser/in direkt angeht und im Zweifel auch politisch breit ausstrahlen soll – wobei das Publikum schon dank der reichhaltigen Adressierungsmanöver, welche etwa die Anredeform eröffnet, in das Spiel mit der Zensur miteinbezogen werden kann. Klassisch sind etwa die 1656 bis 1657 pseudonym publizierten *Lettres provinciales* von Blaise Pascal oder die 1721 anonym erschienenen *Lettres persanes* von Charles Secondat, Baron de Montesquieu.

Maßstäbe für philosophische Diskurse setzt insbesondere Jean-Jacques Rousseau, dessen ganzes Werk durch mitreißende Formen einer direkten Adressierung seiner Leser – Freunde und Gegner – wie auch ‚prüfend‘ (oder sogar ‚richtend‘) einer Adressierung seiner selbst hervorsticht. Explizit als Brief an die Bürger der Stadt Genf formuliert Rousseau etwa die Widmung seines *Discours sur l'inégalité* (1754), wobei er nach der Überschrift „An die Republik Genf" die im Genfer Parlament übliche Anredeformel verwendet, „Erlauchte, sehr verehrte und souveräne Herren", um dann im Stil eines Gedankenexperiments Genf als Modellfall einer Republik zu loben, die man sich genauso auch ausgedacht hätte, wenn es sie nicht vor Ort bereits gäbe. Genf wäre damit sowohl das Vaterland, das Rousseau sich frei wählen will, als auch die Destination, durch welche Rousseau eine Verwirklichung der in seiner Schrift niedergelegten Gedanken gleich mehrfach (in der Vergangenheit, potentiell real wie auch utopisch-fiktiv) gewährleistet sieht. „Wenn ich so unglücklich sein sollte, mich in dieser lebhaften Ergießung meines Herzens einer indiskreten Überschwenglichkeit [sic!] schuldig gemacht zu haben, so bitte ich Euch, sie mit der zärtlichen Zuneigung eines wahren Patrioten und dem glühenden und legitimen Eifer eines Mannes zu entschuldigen, der kein größeres Glück für sich erstrebt als das, euch alle glücklich zu sehen", endet der lange Widmungstext (Rousseau 1997, 41). Seine *Lettres écrites de la Montagne* (1764) wenden sich vordergründig ebenfalls an die Bürger von Genf: Es geht um die Zurückweisung einer – durch die zuvor erschienenen *Lettres écrites de la Campagne* von Jean-Robert Tronchin gerechtfertigten – Verurteilung von Rousseaus Büchern durch die Genfer Regierung. „Für das Publikum" seien seine Briefe zwar unwichtig, hält Rousseau nun in seiner Vorbemerkung fest. Und modifiziert dann seine Idee von den Empfängern seiner brieflichen Erläuterungen wie folgt: „Wir wollen Genf an seiner Stelle und Rousseau in seinem Elend lassen, aber Religion, Freiheit, Gerechtigkeit, dies sind Dinge, die gewiß nicht zu niedrig sind, euch alle zu beschäftigen, wer ihr auch sein möget." Abschließend heißt es dann zudem, man lege ihm nicht seine literarische Brillanz zur Last: „Dem sei wie es wolle, ich bitte meine Leser, meinen schönen Stil außer acht zu lassen und bloß zu untersuchen, ob ich gut oder schlecht urteile; denn ich sehe nicht ein, wie man daraus, daß ein Schriftsteller sich gut ausdrückt, folgern kann, daß er nicht weiß was er sagt" (Rousseau 1988, 10). Parrhesiastische Geste (Foucault 2009) und Briefform kommen hier mustergültig zusammen.

Zum Ideal der Aufklärung wird aber auch generell – Rousseau verfasst auf dieser Linie seinen vielgelesenen Briefroman von 1761, *Julie ou la Nouvelle Héloïse* – der ‚einfache‘, nämlich unmittelbare und natürliche Brief. Der Privatbrief gewinnt (als Lebens- und Seelendokument) einen künstlerisch-literarischen Sinn – und insbesondere Frauen schreibt man die Fähigkeit zum ‚natürlichen' Briefstil zu. Adelige Vorbilder wie Madame de Sévigné und Liselotte von der Pfalz belegen eine grundsätzliche Affinität von Frau und Brief, während aber die Briefsteller von Gellert den Verzicht auf kalkulierte Eleganz und das Schreiben in der Muttersprache propagieren. So werden junge Mädchen in Johann Christoph Gottscheds Briefsammlung *Vernünftige Tadlerinnen* (1725) geradewegs dazu ermuntert, sich schreibend an der Schaffung einer konkurrenzfähigen Gattung von deutschsprachigen Liebesbriefen zu beteiligen: „Das sind einfältige Eltern / die ihre Töchter deswegen nicht im schreiben unterrichten lassen / damit sie nicht Liebesbriefe machen können. Wer zur Ausschweifung geneigt ist / wird ohne Briefe die Wege dazu finden: weiß aber eine Tugendhafte die Feder wohl zu führen; so kan sie sich dadurch wegen ihrer Lebhaftigkeit in Hochachtung setzen / und mit der Zeit den Vorwurf von unsern Teutschen ablehnen / die in dieser Gattung noch nichts aufzuweisen haben / was man den Briefe einiger Frantzösinnen entgegen setzen könnte" (Ebrecht et al. 1990, 11).

Die besondere Kapazität von Freundschafts- oder Liebesbriefen, im Schreiben wie auch lesend eine womöglich ‚echte' imaginäre Präsenz des abwesenden Briefpartners oder der Briefpartnerin heraufzubeschwören, das Vermögen von Briefen, unter Umständen sogar Liebe zu bewirken, lässt sich – von Goethes *Leiden des jungen Werther* (1774) bis zu Edmond Rostands romantischer Komödie *Cyrano de Bergerac* (1897) – vielleicht als ‚das' Gravitationszentrum der Briefliteratur überhaupt, jedenfalls aber der Romantik bezeichnen. Der überbordenden Sekundärliteratur hierzu – namentlich zu den Briefen von Kleist, Clemens und Bettine Brentano, Karoline von Günderode – entspricht, was die philosophische Theoriebildung angeht, nichts Vergleichbares. Zwar sind auch philosophierende Romantiker „Briefeschreiber aus Passion" (Grenzmann 1958, 191); Friedrich Schiller publiziert *Über die ästhetische Erziehung des Menschen* ab 1795 in (allerdings abhandlungsartig gehaltener) Briefform, Johann Gottfried Herder seine *Briefe über die Humanität* ab 1793 und Friedrich Schlegel 1799 den literarisch-philosophischen Briefroman *Lucinde*. Bei Autoren wie Schlegel, Friedrich Schelling, Georg Wilhelm Friedrich Hegel oder auch bei dem – wenngleich furiosen – Briefschreiber Georg Christoph Lichtenberg genießt dennoch der Brief als Textform kein besonderes Privileg. Stattdessen experimentieren theorieorientierte Denkprojekte der Zeit um 1800 mit der Textformenfrage überhaupt: mit Journalen, Aphorismus, Fragment, zettelartigen Protokollformaten und mit kollaborativen Schreibformen, die das Ideal des „Symphilosophierens" realisieren (Röttgers 1983, 84 ff.; → II.4 Schmidt).

Wird für die Zeit um 1900 eine „historisch-psychologische Wende der Brieftheorie" (Ebrecht 1990, 240) verzeichnet, so finden sich in der Wissenschaftlerkommunikation Briefe bereits vorher fast nur noch privat genutzt. Für die Philosophie sind nur wenige (und sehr unterschiedliche) Briefwerke aus dem 19. und 20. Jahrhundert kanonisch geworden – Beispiele sind Søren Kierkegaards spielerisch-fiktionales *Tagebuch des Verführers* (1843) oder Martin Heideggers an einen Lehrbrief erinnernder *Brief über den „Humanismus"* (1947). Ein essayistisches Schreibstück wie Hugo von Hofmannsthals sogenannter *Chandos-Brief* (1902) wird hingegen nicht etwa als lebensphilosophischer Beitrag zur Subjekt- oder Medientheorie rezipiert, sondern – vielleicht sogar wegen des Rekurses auf die Briefform – als ein Stück Literatur. Eine meisterhafte Verflechtung des literarischen Sujets ‚Brief' mit semiotisch-zeichenphilosophischer Theoriebildung verdankt sich allerdings der 1966 von Jacques Lacan vorgelegten Interpretation von Baudelaires Übersetzung *La lettre voleé* der Erzählung *Der entwendete Brief* (*The purloined letter*, 1844) von Edgar Allan Poe. Entlang den wechselnden Strategien, einen ihre ursprüngliche Empfängerin kompromittierenden Brief im Inneren eines Zimmers zu stehlen bzw. zu verstecken, illustriert Lacan, wie nicht das Objekt selbst (der beschriftete Briefumschlag), sondern vielmehr jenes komplexe Bezugssystem, jene „signifikante Kette" des Symbolischen, die Wirklichkeit regiert, der zufolge das Gesuchte „x", nach welchem der erwartungsgelenkte Blick Ausschau hält, mit einem bestimmten physischen Objekt zusammenfällt – oder eben nicht, weswegen ein Suchender gerade einen *bestens sichtbar* zur Schau gestellten Briefumschlag zuverlässig übersieht. Der *lettre/letter* (dank einer „herrliche[n] Zweideutigkeit der Sprache" zugleich Brief und Buchstabe, Lacan 1973, 29) und sein Umweg über Rollen und Auftritte führt ‚Regie', und zwar primär als Signifikant. Der Umschlag selbst (das Objekt) enthält bei Poe letztlich nur ein in maliziöser Absicht eingeschmuggeltes Zitat. Darauf hebt auch Lacans Psychoanalyse ab: Im Zweifel steckt ‚im' Ding, von dem alles abzuhängen scheint, lediglich der Verweis auf den blinden Zufall. Der Suchende, der nicht in der Beweglichkeit des Symbolsystems als Ganzem das entscheidende Spiel erkannt hat, wird enttäuscht.

Briefromane kennt das 20. Jahrhundert zwar, doch sie bleiben – sieht man von der Gattung *Science Fiction* ab, in der aber auch (fiktive) Tagebücher und andere Selbstprotokolle zeitreisenartige Verwerfungen in Szene setzen – biographisch-dokumentarisch und vergleichsweise selten. Nachträglich edierte Briefwechsel von Autorinnen und Autoren allerdings erfreuen sich in Philosophie und Literatur gleichermaßen eines anhaltenden Interesses. Dass der „Briefeschreiber alten Schlages" durch die Medienbrüche, die der digitalen Post und neuen Kommunikationstechnologien geschuldet sind, „auf die Rote Liste vom Aussterben bedrohter Lebewesen" kommt (Haase 1984, 69), ändert daran bisher nichts. So wird mit ersten Editionen einer *born digital* Gelehrtenkommunikation sicher zu rechnen sein.

4 Fazit?

Die Idee, es ließe sich eine Geschichte *des* Briefs, wenn nicht gar *des deutschen Briefs* (Steinhausen 1888/1891) gleichsam durcherzählen – oder auch nur archäologisch rekonstruieren –, erweist sich schon aufgrund seiner mangelnden Eingrenzbarkeit auf Gattungsmerkmale als verfehlt. Ob die Gleichsetzung des Briefs mit „*schriftliche*[r] *Kommunikation*" (Beyrer und Täubrich 1996) oder die sozialgeschichtliche Exploration von „Briefkulturen" (Schuster und Strobel 2013, XIIIff.) gute Alternativen darstellen, wird man für den philosophischen Brief aber ebenfalls mit Gründen bezweifeln können: Auch mittels Artikeln und Büchern wird ‚kommuniziert', und jedenfalls die philosophisch gehaltvolle Briefform lebt nicht nur von den Kontexten ihrer Zeit, sondern in hohem Maße auch von intertextuellen Zeitsprüngen und von Dialogen über Epochen hinweg.

Als ein Schnittfeld von Philosophie und (schöner) Literatur scheint das Briefmedium zwar geeignet zu sein, aber – sofern noch nicht die händische oder postalische Übersendung von Manuskripten allein, sondern erst die implikationsreiche Stilisierung der sich explizit als persönliches Sendschreiben adressierenden Botschaft die Briefform ausmacht – nicht in besonderem Maße prädestiniert: Einerseits entsprechen der Briefpraxis und den epochentypischen Briefmustern zahlreiche genuin philosophische Darstellungsformen, andererseits verfolgt das literarische Spiel mit der Briefform keineswegs durchweg ‚philosophische' Zwecke. Seit vergleichsweise kurzer Zeit fällt das Briefschreiben zudem in der Wissenschaft generell – anders als in der Literatur, die überdies neue telekommunikative Formate publizistisch aufgreift – einer akademisch sich nicht abbildenden Privatheit anheim. Vielleicht überwiegt in der Philosophie der Sachbezug die ‚Stilfragen' oder auch den Beziehungsbezug, wie ihn namentlich der romantische Brief herauskehrt; vielleicht ist der Dialog der argumentierenden Theoriebildung ohnehin, quasi inhärent eingeschrieben – oder vielleicht verstehen sich philosophische Texte auch in so starkem Maße als öffentlich, dass die allzu privat gewordene Briefform dem heute nicht mehr entsprechen kann.

Literatur

Améry, Jean. „Der verlorene Brief. Vom Niedergang einer Ausdrucksform des Humanen". Ders., Werke. Bd. 8: *Ausgewählte Briefe 1945–1978.* Hg. von Gerhard Scheit. Stuttgart 1975: 9–23.

Augustinus. *Confessiones/Bekenntnisse.* Lateinisch und Deutsch. Übers., komm. und hg. von Kurt Flasch und Burkhard Mojsisch. Stuttgart 2009. [Aug., *conf.*].

Baasner, Rainer. „Stimme oder Schrift?" *Adressat Nachwelt. Briefkultur und Ruhmbildung.* Hg. von Detlev Schöttker. München 2008: 53–69.

Bamberger, Ludwig. „Etwas über das Briefeschreiben (1890)". Ders., *Gesammelte Schriften*. Bd. 1.: *Studien und Meditationen*. Berlin 1898: 18–31.

Beyrer, Klaus und Hans-Christian Täubrich. *Der Brief. Eine Kulturgeschichte der schriftlichen Kommunikation*. Heidelberg 1996.

Bohrer, Karl Heinz. *Die Entstehung ästhetischer Subjektivität*. Frankfurt a. M. 1987.

Cicero, Marcus Tullius. *Epistulae ad familiares/An seine Freunde*. Lateinisch und Deutsch. Übers. und hg. von Helmut Kasten. München/Zürich 1989. [Cic., *fam.*]

Derrida, Jacques. *Dissemination*. Übers. von Hans-Dieter Gondek. Hg. von Peter Engelmann. Wien 1995 [OA: 1972].

Ebrecht, Angelika. „Brieftheoretische Perspektiven von 1850 bis ins 20. Jahrhundert". *Brieftheorie des 18. Jahrhunderts. Texte, Kommentare, Essays*. Hg. von ders., Regina Nörtemann und Herta Schwarz. Stuttgart 1990: 239–256.

Ebrecht, Angelika, Regina Nörtemann und Herta Schwarz (Hg.). *Brieftheorie des 18. Jahrhunderts. Texte, Kommentare, Essays*. Stuttgart 1990.

Epikur. „Brief an Herodotos". *Wege zum Glück*. Übers. und hg. von Rainer Nickel. Düsseldorf/Zürich 2003a: 150–221.

Epikur. „Brief an Phytokles". *Wege zum Glück*. Übers. und hg. von Rainer Nickel. Düsseldorf/Zürich 2003b: 190–221.

Flasch, Kurt. *Das philosophische Denken im Mittelalter. Von Augustin zu Macchiavelli*. Stuttgart 1986.

Fontius, Martin. „Post und Brief". *Materialität der Kommunikation*. Hg. von Hans Ulrich Gumbrecht und K. Ludwig Pfeiffer. Frankfurt a. M. 1988: 267–279.

Foucault, Michel. *Die Geständnisse des Fleisches. Sexualität und Wahrheit*. Bd 4. Berlin 2019 [OA: 2018].

Foucault, Michel. *Die Regierung des Selbst und der anderen. Vorlesung am Collège de France 1982/83*. Frankfurt a. M. 2009 [OA: 2008].

Foucault, Michel. *Die Sorge um sich. Sexualität und Wahrheit*. Bd. 3. Frankfurt a. M. 1986 [OA: 1984].

Furger, Carmen. *Briefsteller. Das Medium ‚Brief' im 17. und frühen 18. Jahrhundert*. Köln/Weimar/Wien 2010.

Grenzmann, Wilhelm. „Brief". *Reallexikon der deutschen Literaturgeschichte*. Bd 1. Hg. von Werner Kohlschmidt und Wolfgang Mohr. Berlin 1958: 187–193.

Haase, Klaus. „Ende der Briefkultur?" *Westermanns Monatshefte* 8 (1984): 66–69.

Herzog, Reinhart. „Non in sua voce. Augustins Gespräch mit Gott in den ‚Confessiones'". *Poetik und Hermeneutik*. Bd. XI: *Das Gespräch*. Hg. von Karlheinz Stierle und Rainer Warning. München 1984: 213–250.

Jaeger, C. Stephen. „Ironie und Subtext in lateinischen Briefen des 11. und 12. Jahrhunderts". *Gespräch – Boten – Briefe. Körpergedächtnis und Schriftgedächtnis im Mittelalter*. Hg. von Horst Wenzel. Berlin 1997: 177–192.

Lacan, Jacques. „Seminar über den ‚Entwendeten Brief'". Ders., *Schriften*. Bd. 1. Übers. von Rodolphe Gasché. Ausgew. und hg. von Norbert Haas. Olten 1973: 7–60 [OA: 1966].

Müller, Wolfgang G. „Brief". *Historisches Wörterbuch der Rhetorik*. Bd. 2. Hg. von Gert Ueding. Tübingen 1994: 60–76.

Müller, Wolfgang G. „Der Brief". *Prosakunst ohne Erzählen. Die Gattungen der nicht-fiktionalen Kunstprosa*. Hg. von Klaus Weissenberger. Tübingen 1985: 67–87.

Neumann, Karl August. „Der Brief als ‚Spiegel der Seele' bei Erasmus". *Wolfenbütteler Renaissance Mitteilungen* 19 (1986): 97–110.

Platon. *Briefe*. Griechisch und Deutsch. Übers. und hg. von Willy Neuma. Bearb. von Jula Kerschensteiner. München 1967. [Plat., *epist*.].
Röttgers, Kurt. „Symphilosophieren". *Texte und Menschen*. Würzburg 1983: 84–118.
Rousseau, Jean-Jacques. *Diskurs über die Ungleichheit*. Übers. und hg. von Heinrich Meier. Paderborn 1997 [OA: 1755].
Rousseau, Jean-Jacques. „Briefe vom Berge". Ders., *Schriften*. Bd. 2. Hg. von Henning Ritter. Frankfurt a. M. 1988: 7–252 [OA: 1764].
Schuster, Jörg und Jochen Strobel (Hg.). *Briefkultur. Texte und Interpretationen. Von Martin Luther bis Thomas Bernhard*. Berlin/Boston 2013.
Seneca. *Ad Lucilium epistulae morales I–LXIX/An Lucillius. Briefe über Ethik 1–69*. Ders., *Philosophische Schriften*. Bd. 3. Übers., eingel. und hg. von Manfred Rosenbach. 4. Aufl., Darmstadt 1995. [Sen., *epist*.].
Steinhausen, Georg. *Geschichte des deutschen Briefs. Zur Kulturgeschichte des deutschen Volkes*. 2 Bde. Berlin 1889/1891.
Stolt, Kerstin. *Teddys Flaschenpost. Die Figur der Verdinglichung in Adornos Kritik der Massenkultur. Working Paper, 103*. Berlin 1997.
Thraede, Klaus. *Einheit – Gegenwart – Gespräch. Zur Christianisierung antiker Brieftopoi*. Diss., Bonn 1968.

III.3 Autobiographie

Dieter Thomä

1 Was ist eine Autobiographie?

Die Autobiographie ist eine Sonderform der Biographie. „Sie läßt sich kaum näher bestimmen als durch Erläuterung dessen, was der Ausdruck besagt: die Beschreibung (*graphia*) des Lebens (*bios*) eines Einzelnen durch diesen selbst *(auto)*" (Misch 1976, 7). In dieser handlichen Definition, die sich zu Beginn von Georg Mischs unhandlicher – nämlich achtbändiger – Geschichte der Autobiographie findet, werden zwei Elemente zusammengeführt. Zum einen geht es um das Personal, zum anderen um die sprachliche Form der Autobiographie.

In dem „Einzelnen", der über sich schreibt, verbergen sich genau genommen drei Instanzen: Autor/in, Protagonist/in und Person. Sie lassen sich anhand einiger Zeilen erläutern, mit denen Michel de Montaigne seine *Essais* (→ III.5 KRAMER) eröffnet: „Ich will, daß man mich darin in meiner schlichten, natürlichen und gewöhnlichen Art sehe [...]: denn ich bin es, den ich darstelle. [...] [Ich] bin [...] selber [...] der einzige Inhalt meines Buches" (Montaigne 1953, 51). Man trifft hier auf einen *Autor*, der schreibt. Daneben tritt als dargestellter Gegenstand der *Protagonist*, über den allerlei gesagt wird und der als ‚Inhalt des Buches' fungiert. Zu dieser Doppelrolle, die in dieser Form auch auf in der Ich-Perspektive erzählte literarische Texte anwendbar wäre, kommt bei der Autobiographie eine dritte Instanz hinzu: die *Person*, die ihr Leben lebt. Sie steht hinter dem Autor, der schreibt, und auf sie bezieht sich auch der Protagonist, der im Text auftritt. Diese „autobiographische Triade" (Thomä 2007, 27), die in abgewandelter Form auch als „autobiographischer Pakt" bezeichnet worden ist (Lejeune 1994, 16–33), enthält ein Identitätsversprechen: Die drei Instanzen sollen zusammenfallen.

Dieses Versprechen richtet sich im Geiste der Aufrichtigkeit an Dritte und im Geiste der Authentizität an die betreffende Person selbst. Freilich wird dieses Versprechen nicht unter allen Umständen gehalten. Ein Autor kann sich beispielsweise als Hagiograph seiner selbst betätigen und den Protagonisten in einer Weise schildern, die über die Schattenseiten im Leben einer Person hinweggeht. Ein/e Autor/in kann an der Erfüllung der Aufgabe, sich als Protagonist/in zu präsentieren, auch scheitern, wenn eine Person zum Beispiel traumatische Erfahrungen gemacht hat, die sich gegen Versprachlichung sperren.

Bei einer Autobiographie ist nicht nur das involvierte Personal zu beachten, sondern auch ihre Textform. Zwar gibt das Wort „Autobiographie" nur allgemein vor, dass ein Leben irgendwie aufgeschrieben wird, aber oft ist es auf Texte mit narrativer Struktur gemünzt. Zu unterscheiden ist demnach zwischen einem breiten und einem engen Verständnis des Autobiographischen. Das erste zielt auf episodisch oder fragmentarisch bleibende autobiographische Einsprengsel in Textgattungen anderer Art oder auf situativ gebundene Äußerungen, wie sie etwa in Tagebüchern oder Bekenntnistexten zu finden sind. Nach dem zweiten – engeren und anspruchsvolleren – Verständnis meint die Autobiographie eine veritable Lebensgeschichte. Sie soll nicht nur ein paar Details über einen Menschen verraten, sondern in einem anspruchsvollen Sinne vom „Leben[ ] (*bios*)" als Ganzen handeln. Dabei ist die – noch kritisch zu erörternde – Annahme leitend, dass die Form der Erzählung zum Leben, das es zu schildern gilt, in besonderer Weise passt.

Grundsätzlich kann das Verhältnis zwischen Philosophie und Autobiographie auf zwei verschiedenen Ebenen diskutiert werden. Zum Ersten ist zu fragen, ob die Autobiographie in den Akt des Philosophierens selbst hineinspielt, wie es also um den „autobiographical mode" der Philosophie steht. Zum Zweiten ist die Autobiographie als einer der vielen „aspect[s] of human life" anzusehen, für die sich Philosoph/innen zuständig fühlen. In diesen Bereich fällt etwa die Debatte über die Frage, ob Menschen ihr Leben in Form einer Erzählung leben und ob sie dabei als Autor/innen und/oder Protagonist/innen dieser Erzählung agieren (zur Unterscheidung dieser zwei Ebenen: Mulhall 2009, 180–181). Da es hier um die Autobiographie als eine von vielen „literarischen Formen der Philosophie" geht, wird im Folgenden das erste Thema in den Mittelpunkt rücken (2.), welches dann anhand ausgewählter historischer Beispiele abgehandelt wird (3.). Auf das zweite Thema, also auf philosophische Theorien zur literarischen Form der Autobiographie, wird abschließend kurz eingegangen (4.).

2 Die Autobiographie als Gegenbild der Philosophie oder als Form des Philosophierens

Viele Philosoph/innen haben neben ihren theoretischen Schriften autobiographische Texte verfasst. Die Beispiele reichen von Hobbes (1839) und Vico (1948) über Mill (2011) und Russell (1967–1969) bis zu Appiah (1992) und Honderich (2001). Im Vorwort zur wohl besten Sammlung einschlägiger Texte von Philosoph/innen unterscheidet die Herausgeberin Amélie Rorty zwischen „their autobiographies and [...] (what we think of as) their more narrowly philosophic writing" (Rorty 2003, XXI). Die eingeschobene Klammer in diesem Zitat deutet eine gewisse Verunsicherung an, die Rorty bei der Unterscheidung zwischen philosophischen Haupt- und autobiographischen Nebentexten beschleicht. Zwar mag diese Trennung mit Blick auf die gerade genannten Namen plausibel erscheinen, doch andere Beispiele, die in ihrer Sammlung gleichfalls vorkommen und von denen noch die Rede sein wird, können Zweifel daran schüren. Es erweist sich deshalb als sinnvoll, zum Verhältnis zwischen „philosophic writing" und „autobiographies" zwei divergierende Traditionen zu unterscheiden.

Nach orthodoxem Selbstverständnis will sich die Philosophie von der Autobiographie fernhalten. Wenn Philosoph/innen Autobiographien schreiben, tun sie dies gewissermaßen nebenbei – so wie etwa Sportler/innen oder Politiker/innen, die am Ende ihrer Karriere Autobiographien verfassen (lassen). Diese orthodoxe Position wird von Leibniz, Locke, Kant, Hegel, Husserl, Heidegger, Frege und anderen vertreten. Ihre Parole ist Francis Bacons Satz „De nobis ipsis silemus" (Bacon 1982, 310), den Kant als Motto der zweiten Auflage seiner *Kritik der reinen Vernunft* vorangestellt hat. Dass sie von sich selbst schweigen, gilt analytischen Philosoph/innen heutzutage als Selbstverständlichkeit.

Die orthodoxe Position besagt: Die Leistung philosophischer Texte besteht – gerade im Unterschied zur Autobiographie und auch zur Literatur – darin, den Menschen schlechthin und die Welt als Ganzes in den Blick zu nehmen. Die Philosophie zieht demnach – logisch gesprochen – den Allquantor dem Existenzquantor vor: Sie will allgemeine Aussagen machen und nicht von den Wechselfällen eines einzelnen Lebens handeln. Dieser Anspruch erstreckt sich dann auf einzelne philosophische Gegenstände wie Glück, Freundschaft, Gerechtigkeit, Wahrheit etc. Überdies operiert die Philosophie mit Argumenten, nicht mit Narrativen, weshalb philosophische Texte eine sprachliche Form zu haben pflegen – etwa die des Systems oder Traktats –, die mit der Autobiographie wenig zu tun hat. Letztere erscheint geradezu als idealtypisches Gegenbild der Philosophie.

Für die heterodoxe Tradition, die sich dem Ausschluss der Autobiographie aus der Philosophie widersetzt, stehen unter anderem Montaigne, Rousseau, Kierkegaard, Nietzsche, der späte Wittgenstein, der späte Foucault und Cavell. Wenn man denn für die von ihnen geteilte Haltung ein Motto finden wollte, das der Konkurrenz des oben zitierten Satz Bacons *De nobis ipsis silemus* standhielte, so wäre es eine abgewandelte Verszeile von Horaz: Aus „Tua res agitur" (Horaz 2014, 192) wird *Mea res agitur*. Dass sie von sich nicht schweigen, sondern zum Teil aufdringlich über sich schreiben, haben viele wichtige Philosoph/innen und Theoretiker/innen des 20. Jahrhunderts gemeinsam (Thomä et al. 2015.)

Die heterodoxe Position besagt: Da man den Menschen nicht in Reinform, nicht als Idee antreffen kann, da zu *dem* Menschen die Fähigkeit gehört, das eigene Leben zu führen oder zu leben, kann er nicht ohne Rekurs auf seine Individualität und Partikularität beschrieben werden. Zur Bestimmung *des* Menschen gehört, *ein* Mensch zu sein. Das Verharren im Autobiographischen erscheint in dieser Perspektive nicht als Unzulänglichkeit oder Borniertheit, sondern als methodische Notwendigkeit. Diese Position erstreckt sich auch auf das philosophische Sprechen und Schreiben selbst: Die Neutralisierung, mit der Philosoph/innen sich zum Sprachrohr des Allgemeinen erklären, wird zurückgewiesen. Im Folgenden sollen diese zwei divergierenden Traditionslinien anhand ausgewählter Beispiele verdeutlicht werden.

3 Historischer Überblick: von Sokrates zu Cavell

In der Antike kommt das philosophierende Selbst ganz selbstverständlich und unverhohlen zum Einsatz. Es ist aus den sokratischen Dialogen Platons ebenso wenig wegzudenken wie etwa aus den Briefen Senecas (→ III.1 ERLER; → III.2 GEHRING). Bei den meisten philosophischen Texten der Antike und Spätantike handelt es sich um *Exercices spirituels* oder – wie der deutsche Titel dieses Buches von Pierre Hadot (Hadot 1991) lautet – um Dokumente einer *Philosophie als Lebensform*.

Dies legt die Annahme nahe, dass die autobiographische Form des Philosophierens in der Antike gang und gäbe gewesen sei, und mündet in die These, dass sie in der Moderne – zum Nutzen oder Nachteil der Philosophie – marginalisiert worden sei. Hier ist jedoch ein Vorbehalt anzumelden. Er lässt sich anhand der berühmten Formel erläutern, die für die antike Philosophie insgesamt leitend ist: der sokratischen Frage, „wie zu leben sei" (Platon 1991, Bd. II, 315, Bd. V, 99). Sie leitet die philosophische Tätigkeit an, die als persönliche, existenzielle Bewährungsprobe aufgefasst wird. Doch auffällig an dieser Frage ist die neutrale, entpersonalisierte Formulierung. Sie kümmert sich nicht darum, wer (so oder anders) lebt, sondern nur darum, wie (richtig oder falsch, gut oder schlecht) gelebt wird. Das ‚Wie' verhält sich zum ‚Wer' ganz gleichgültig. Was derjenige, der zu denken wagt und zu denken vermag, herausfindet, leitet ihn in seiner Lebensführung, doch darüber hinaus wird angenommen, dass jeder, der dazu in gleicher Weise in der Lage sei, mit ihm übereinkommen könne oder solle.

Diese Harmonisierung unter den Philosophierenden und den Menschen insgesamt gilt nicht nur für Sokrates, sondern auch noch für die Stoiker, denen der Verdienst zugeschrieben wird, das Individuum auf die philosophische Agenda gesetzt zu haben. Pierre Hadot sagt über die Stoiker: „In ihren Augen besteht die Philosophie nicht in der Lehre einer abstrakten Theorie, noch weniger in der Auslegung von Texten, sondern in einer Lebenskunst, einer konkreten Haltung, einem festgelegten Lebensstil, der sich auf die ganze Existenz auswirkt. Die philosophische Tätigkeit erstreckt sich nicht nur auf das Wissen, sondern auf die eigene Person und das Dasein" (Hadot 1991, 15). Dieses Personsein haben freilich alle Menschen gemeinsam.

Das heißt für das Verhältnis zwischen Autobiographie und Philosophie: Man würde sich einer rückwärts gerichteten Projektion schuldig machen, würde man der Philosophie der Antike eine autobiographische Form zuschreiben. Sie ist – kurz gesagt – auto- und allographisch zugleich. Wenn sich einzelne – oft auch einsame – Denkende in einer rückhaltlosen Suchbewegung befinden, so tun sie dies nie anders als auf exemplarische Weise. Dies gilt auch für den Text, der als Gründungsakt autobiographischen Philosophierens gilt, nämlich für Augustinus' *Confessiones*.

In der frühen Neuzeit kommt es nun zu einer Kontroverse um die genannte Harmonisierung, aus der sich gegensätzliche Lesarten zum Verhältnis zwischen Philosophie und Autobiographie ergeben. Sie lässt sich mit Stephen Toulmins Hilfe rekonstruieren (Toulmin 1991, 70–82). Er stellt neben René Descartes, den Vorkämpfer des Rationalismus und des *ego cogitans*, Michel de Montaigne, der seine *Essais* als Selbsterkundung anlegt. Toulmin verbindet mit dieser Paarung eine polemische Agenda. Er will Descartes' übermächtigen Einfluss in der Moderne zurückdrängen und Montaigne als dessen Gegenspieler in Erinnerung rufen.

Die Differenz zwischen Descartes und Montaigne ist subtiler, als dies auf den ersten Blick erwartbar wäre. Sie besteht nicht darin, dass jener sich selbst als Individuum beiseitelässt, um zu allgemeinen Thesen vorzupreschen, während dieser sich darauf kapriziert, sich als Individuum zu porträtieren. Wie Montaigne (Montaigne 1953, 121–142, 355–368), so sinnt auch Descartes über die „Mittelmäßigkeit meines Geistes" und die „Kürze meines Lebens" nach (Descartes 1960, 5). Montaigne sagt – wie eingangs zitiert –: „Ich bin es, den ich darstelle [*que je peins*]" (Montaigne 1953, 51), und auch Descartes nimmt sich vor, „mein Leben wie auf einem Gemälde [*comme en un tableau*] dar[zu]stellen" (Descartes 1960, 7). Beide Autoren operieren autobiographisch, sie tun dies freilich auf unterschiedliche Weise. Ihre Ansätze erlauben es, die verzwickte Beziehung zwischen Philosophie und Autobiographie zu beleuchten und die Unterscheidung zwischen orthodoxen und heterodoxen Formen des Philosophierens zu erläutern (Thomä 2018a).

Descartes' *Discours de la méthode* und *Meditationes de prima philosophia* enthalten starke narrative Anteile (→ IV.2 SCHILDKNECHT), sie schildern Reisen und Träume eines jungen Mannes, der „besser zu erkennen" versucht, „wer ich bin" (Descartes 1992, 51). Das eine, was er am Ende sicher über sich weiß, ist die Tatsache, dass er über die Fähigkeit des Denkens verfügt. Descartes weist andere Befunde als unzuverlässig zurück, so etwa die Tatsache, „daß ich ein Gesicht, Hände, Arme […] habe, […] daß ich mich ernähre, gehe" etc. (45). Dieser Philosoph führt eine Selbstreinigung durch, die das eigene Sein auf das eigene Denken reduziert. Man könnte sagen, dass das cartesische Projekt in einer Autobiographie eigentümlicher Art gipfelt: einer Autobiographie, die das Leben abschüttelt, also gewissermaßen zur Autographie wird. Jede Bewegung, jede Behauptung des *ego* basiert auf der performativen Evidenz, dass eben *ich* dies oder jenes gerade tue. Der auf diese Weise Denkende oder Schreibende ist nicht einem Leben ausgesetzt, das er – „how curious! how real!" (Whitman 1996, 176) – beunruhigend oder begeisternd finden mag. Er unternimmt den „Versuch, meine eigenen Gedanken zu reformieren und auf einem Boden zu bauen, der ganz mir gehört" (Descartes 1960, 25).

Die Reinigung des *ego* führt zu einer neutralisierten Beschreibung der Person. Weder ist Descartes daran interessiert, die Wechselfälle eines individuellen Lebens zu erkunden, noch liegt ihm daran, als Individuum seine Stimme zu erheben. Der Anspruch auf Allgemeingültigkeit, der in der Antike erst von einem individuellen Ausgangspunkt aus errungen werden musste, wird von Descartes als rationale Prämisse dekretiert. Nur auf eine Eigenschaft der Person kommt es an: auf die Tatsache, dass sie denkt. Da sie diese Eigenschaft mit allen anderen teilt, hat jede Person das gleiche *ego*.

Diese Auffassung wird bekräftigt, wenn das Pronomen ‚ich' zum Substantiv ‚Ich' befördert wird. Wann immer ein Pronomen verwendet wird, drängt sich unweigerlich die Frage auf, für wen es steht und auf wen es sich bezieht. Man denkt an eine Person mit einem Namen, einer eigenen Geschichte und gewissen Besonderheiten. Mit dem Schritt vom ‚ich' zum ‚Ich' ergibt sich eine unabhängige Einheit, die jeder Person in gleicher Weise zugeschrieben werden kann. Das substantivierte ‚Ich' steht für den Schritt von der Besonderheit zur Allgemeinheit. Da das Ich neutralisiert ist, kann die Philosophie von der einzelnen Person abstrahieren. Indem Descartes bei sich selbst beginnt, das „Leben[ ] (*bios*)" abschüttelt und die eigene Person soweit ausdehnt, dass sie für alle steht, ist der Boden dafür bereitet, dass die Autobiographie in der Systemphilosophie zugrunde geht. So wird Descartes zum Gründervater des orthodoxen Selbstverständnisses der neuzeitlichen Philosophie.

Ganz ungebrochen verläuft diese orthodoxe Tradition freilich nicht. Es ist frappierend zu sehen, wie dieses ‚Ich' nach Descartes im Deutschen Idealismus als substantivierte, neutralisierte Instanz Karriere macht, dann aber mit dem emphatischen Postulat der freien Tat – auf dem Weg von Johann Gottlieb Fichtes Ich-Philosophie zur Frühromantik von Novalis und Friedrich Schlegel – zu einem als Individuum verstandenen ‚Ich' zurückwandert.

Die orthodoxe Philosophie schlägt die Strategie ein, die Autobiographie in die Philosophie einzubeziehen, um sie endgültig zu erledigen. Im Umkehrschluss eröffnet sich damit freilich auch die Gelegenheit, philosophische Texte – ihrem erklärten Anspruch zum Trotz – als klandestine Autobiographien zu lesen, in denen der Mensch im Allgemeinen und das Individuum im Speziellen überblendet werden. Hegels *Phänomenologie des Geistes* oder Heideggers *Sein und Zeit* erscheinen in dieser Perspektive als Bildungsromane oder als Autobiographien, in denen der mehr oder weniger abenteuerliche und gewundene Weg eines Menschen zu sich selbst geschildert wird. Eine vielleicht allzu gewagte Heidegger-Deutung in diesem Sinne lautet: „To be authentically in the world means to be autobiographically in the world" (Davis 1999, 6).

Nach Stephen Toulmin kann man Michel de Montaigne eine Art vorweggenommene Gegenposition zu Descartes zuschreiben. Bei Montaigne heißt es: „Ich [...] stelle einen Einzelnen dar, der gar übel gebildet ist und den ich, wenn ich ihn neu zu formen hätte, wahrlich ganz anders erschaffen würde, als er ist" (Montaigne 1953, 622). – „Wenn sich die Leute darüber beklagen, daß ich zuviel von mir spreche, so beklage ich mich darüber, dass sie nicht einmal an sich denken" (624). – „An dem, was ich an mir selber erfahren habe, fände ich genug, ein Weiser zu werden, wenn ich ein guter Schüler wäre" (853).

Gemäß der im ersten Abschnitt vorgeschlagenen Rollenverteilung setzt Montaigne den Schwerpunkt auf die Verbindung zwischen Protagonist und Person. Er stellt sich also in den Dienst der Beschreibung eines sich ständig verschiebenden, flüchtigen Gegenstands: „Die Natur hat sich vorgesetzt, nie ein Zweites hervorzubringen, das nicht vom Ersten abweiche. [...] Kein edler Geist hält bei sich selber still: immer begehrt und geht er über seine Kräfte hinaus. [...] Es ist ein sprunghaftes und unablässiges Streben ohne vorgezeichnete Bahn und Absicht" (843–848). Die innere Vielfalt des Individuums wird zum Spiegel äußerer Vielheit und wechselnder Lebensumstände (Rendall 1992).

Wenn Montaigne erklärt, dass „jeder Mensch [...] in sich das ganze Bild der Menschlichkeit [trägt]" (Montaigne 1953, 623), so scheint er damit in den Hafen der antiken Allgemeingültigkeit zurückzukehren. Doch diese Homologie wird – anders als bei Descartes – nicht dadurch erreicht, dass das Individuum sich neutralisiert, sondern dadurch, dass es sein Seelenleben bis in die sonderbarsten Winkel hinein erforscht. Das von Montaigne avisierte „ganze Bild" ergibt sich durch die Freisetzung einer Bewegung des Lebens und Denkens, deren Zusammenhang durch die enge semantische Verbindung zwischen ‚erfahren' und ‚experimentieren' verbürgt wird. Montaignes Verb *experimenter* entspricht dem deutschen ‚erfahren' (355–356). Entsprechend steht auch der Titel seines Buches nicht nur für eine bestimmte literarische Form, sondern für Selbstversuche oder „Lebensversuche" [*essais de ma vie*] (856).

Montaigne darf als Gründervater der im zweiten Abschnitt erläuterten heterodoxen Form des Philosophierens gelten (→ IV.2 WESTERWELLE). Die Sonderexistenz des Individuums wird von späteren Vertreter/innen dieser Tradition noch stärker betont als von Montaigne. So sagt Jean-Jacques Rousseau am Beginn der *Confessions*: „Ich will vor meinesgleichen einen Menschen in aller Wahrheit der Natur zeigen, und dieser Mensch werde ich sein. [...] Ich bin nicht gemacht wie irgendeiner von denen, die ich bisher sah, und ich wage zu glauben, daß ich auch nicht gemacht bin wie irgendeiner von allen, die leben" (Rousseau 1985, 37). Anders als die meisten heterodoxen Philosoph/innen setzt Rousseau ein breites Spektrum von Formen und Stilen ein. Neben die *Confessions* und die *Rêveries du promeneur solitaire* [*Träumereien des einsamen Spaziergängers*] treten Texte, in denen Rousseau sich als Person ganz zurücknimmt (*Contrat social* [*Gesellschaftsvertrag*]), Dialoge, in denen er mit sich selbst hadert (*Rousseau juge de Jean-Jacques* [*Rousseau richtet über Jean-Jacques*]), theoretische und literarische Texte, in denen er sich hinter Figuren versteckt oder sich in sie insgeheim hineinversetzt (*Émile* und *Julie*).

Im Zuge dieser gattungstheoretischen Öffnung wird die autobiographische Form nicht zu einer Spielart unter vielen, vielmehr tritt ihre Funktion scharf heraus. Gerade das Gefühl radikalen Anders- und Fremdseins, das Rousseau umtreibt und für das er neue autobiographische Formen erfindet, bildet den Ausgangspunkt für eine theoretische Agenda, mit der er ebendieses Anderssein überwinden will. Da diese Agenda auf Vergemeinschaftung und politischen Einklang zielt, erfordert sie – anders als *Confessions* und *Rêveries* – eine neutralisierte Schreibhaltung und Textform. Dabei steht der formal orthodox wirkende *Contrat social* nicht beziehungslos neben den autobiographischen Texten, sondern ist auf sie bezogen und angewiesen (Starobinski 1993, 164; Thomä 2016, 106). Mit dem Ich, das sich radikal ausgeliefert ist und autobiographisch zur Sprache bringt, wird die Instanz gesetzt, die die Verbindung zu anderen sucht und in ihr die eigene Freiheit erhalten will. Daran wird deutlich, dass zwischen hetero- und orthodoxen Formen des Philosophierens durchaus produktive Verbindungen hergestellt werden können. Diese Option wird jedoch selten genutzt.

Bei Rousseau sowie auch bei anderen heterodoxen Philosoph/innen tritt gemäß der eingangs bestimmten autobiographischen Triade nicht die/der Protagonist/in, sondern die/der Autor/in in den Vordergrund. Es wird entscheidend, *wer spricht* oder wie die/der Philosoph/in als Schreibende/r auftritt. Verschiedene Varianten werden erprobt (→ III.4 Schildknecht). So experimentiert Søren Kierkegaard mit wechselnden Identitäten und versucht, verschiedene Haltungen – etwa die des Ethikers und des Ästhetikers – im Verhältnis zum eigenen Leben und zur Welt durchzuspielen, also verschiedene „Bewegungen [zu] durchlaufen" (Kierkegaard 1975, 23). Das Wechsel- und Verwirrspiel mit Autorrollen stellt für Kierkegaard eine existenzielle Übung dar: „Man hat [...] die Vorstellung davon verloren, daß Schriftsteller sein [...] ein Handeln und darum ein persönliches Existieren [ist und sein soll]. [...] Daß [...] all das Unpersönliche, das wiederum mehr oder minder das Unverantwortliche und Reuelose ist, demoralisierend ist; daß die Anonymität, als der höchste Ausdruck des Abstrakten, Unpersönlichen, Reuelosen, Unverantwortlichen, ein Hauptquell der modernen Demoralisation ist" (Kierkegaard 1951, 51). Eine treffende Charakterisierung des Kierkegaard'schen Philosophierens findet sich in einer Tagebuchnotiz Ludwig Wittgensteins, der sich damit im Übrigen selbst in die Reihe der heterodoxen Philosoph/innen stellt: „Zu Kierkegaard: Ich stelle Dir ein Leben dar & nun sieh, wie Du Dich dazu verhältst, ob es Dich reizt (drängt) auch so zu leben, oder welches andere Verhältnis Du dazu gewinnst. Ich möchte gleichsam durch diese Darstellung dein Leben auflockern" (Wittgenstein 1997, 43).

Friedrich Nietzsche meint, dass „jede grosse Philosophie […] das Selbstbekenntnis ihres Urhebers und eine Art ungewollter und unvermerkter mémoires" darstelle und „an dem Philosophen ganz und gar nichts Unpersönliches" sei (Nietzsche 1980b, 19–20; Thomä 2018b). Die Offenlegung der Befangenheit des Autors ist für Nietzsche ein Akt der Lauterkeit, also Bestandteil der philosophischen Liebe zur Wahrheit. In der Befangenheit oder Eingenommenheit von sich sieht Nietzsche entsprechend nicht ein Zeichen von Zurückhaltung und Schwäche; sie gehört vielmehr zu seiner Theorie des Perspektivismus, in der die Affirmation des Eigensinns, der Eigenmacht oder dessen, was er „Willen zur Macht" nennt, eine zentrale Rolle spielt.

Stanley Cavell legt das Gebot der Lauterkeit so aus, dass man die „innere Verknüpfung zwischen Philosophie und Autobiographie" (Cavell 2002, 11) auszuhalten habe. Er bekennt sich zu der „Arroganz" oder „Anmaßung", mit der er als Philosoph „einen gewissen verallgemeinernden Gebrauch der Stimme" (25) pflegt, und betont zugleich, dass er nur seine eigene Stimme in ihrer „Bescheidenheit und Dürftigkeit" (31) einsetzt (Cavell 2010; Thomä et al. 2015, 267–270).

4 Hinweise zur Philosophie der Autobiographie

Neben die Frage, ob und in welcher Form das Philosophieren selbst eine autobiographische Form annimmt, tritt diejenige, welche Auskünfte zur literarischen Form der Autobiographie von der Philosophie zu erwarten sind. Letztere kann hier nur kursorisch behandelt werden. Im ersten Abschnitt sind zwei zentrale Elemente der Autobiographie herausgestellt worden. Das erste betrifft das in ihr auftretende Personal gemäß der autobiographischen Triade. Das zweite bezieht sich auf ihre sprachliche Form, die entweder im unspezifischen Schreiben über sich selbst offenbleibt oder spezifisch als Narration gefasst wird.

Die Personalunion, die in der autobiographischen Triade etabliert wird, erhält philosophische Aufmerksamkeit, weil sie für die Theorie der Subjektivität und der personalen Identität von Belang ist. Rollen- und bewusstseinstheoretische, lebens- und sprachphilosophische, hermeneutische, pragmatistische und psychoanalytisch inspirierte Ansätze kommen hier zum Einsatz. So lässt sich etwa anhand der philosophischen und soziologischen Erörterungen zum Rollenspiel erörtern, ob eine Person sich mit dem/der Protagonist/in, der/die in vorgegebenen Umständen seine/ihre Aufgaben erfüllt, identifiziert, oder ob ein/e Autor/in für den/die Protagonist/in als sein/ihr *alter ego* neue Lebensformen entwirft und mit ihnen experimentiert (Nietzsche 1980a, 608–609; Plessner 1982; Goffman 1983; Simmel 2004). Statt langer Rechtfertigungen für die Relevanz all dieser Debatten muss hier als Beleg ein Zitat aus Shakespeares *The Tempest* genügen, wonach „einer, / bis zur Wahrheit, durchs Erzählen / Zu solchem Sünder sein Gedächtnis macht, / Daß es der eignen Lüge traut" (Shakespeare 1994, 602). Selbsterkenntnis und Selbsttäuschung sind gleichermaßen anhand des Selbstbezugs einer Person auf ihr eigenes Leben zu erörtern.

In der Philosophie wird nicht nur das autobiographische Personal analysiert, es gibt überdies eine breite Diskussion zum Verhältnis zwischen der Form der Erzählung und dem menschlichen Leben. Zur subjektiven Lebensführung gehört demnach die Binnenperspektive eines Individuums auf sein eigenes Leben, das sich der Autobiographie als „self-narration" bedient (Kerby 1991, 4). Für den wirkmächtigen Beginn dieser Diskussion steht Wilhelm Diltheys These, dass „die Selbstbiographie […] die höchste und am meisten instruktive Form" sei, „in welcher uns das Verstehen des Lebens entgegentritt" (Dilthey 1927, 199). Der methodische Status dieses Zusammenhangs zwischen Leben und Erzählung ist allerdings umstritten. Die Erzählung kann entweder im faktischen Lebensvollzug aufgefunden oder als kontrafaktische Lebensleistung verstanden werden. Sie kann, anders gesagt, ontologisch oder konstruktivistisch aufgefasst werden.

Die ontologische Fraktion legt die Idee nahe, man könne gar nicht anders, als das eigene Leben in Form einer Erzählung zu leben (MacIntyre 1987, 275, 282–300). Demnach gilt die narrative Form nicht als „fakultativer Zusatz" (Taylor 1994, 94), sondern als „unabdingbares Merkmal des menschlichen Lebens" und als „strukturelle[s] Merkmal eines Selbst" (102–103). In der These „Das Leben muß […] als Geschichte gelebt werden" ist das „muss" insoweit nicht deontologisch, sondern eben ontologisch gemeint (511). Zwei Hauptgründe werden dafür geltend gemacht: Zum Ersten heißt es, dass das personale Leben als Reihe von Handlungen, die sinnvoll zusammenhängen, aber nicht kausal aufeinander folgen, im Bedeutungszusammenhang der Erzählung einen passenden Ausdruck findet (MacIntyre 1987, 276–283). Zum Zweiten stellt man eine Homologie zwischen der narrativen Konsekution und dem zeitlichen Verlauf des Lebens her (Ricœur 1988, 87; Ricœur 1991, 395–399). Zusätzliche Bestätigung dafür verspricht man sich von der Entsprechung zwischen einer Erzählung mit Anfang und Ende und einem Leben zwischen Geburt und Tod.

Die konstruktivistische Argumentation geht davon aus, dass das Leben keineswegs von sich aus narrativ verfasst sei, und setzt die Erzählung ein, um es in Form zu bringen (Glover 1988, 152; White 1990; Bruner 1991). Häufig wird in diesem Zusammenhang – gerade auch von Kritiker/innen dieser Position (Carr 1986, 10–14; MacIntyre 1987, 283) – eine Bemerkung Louis O. Minks zitiert: „Stories are not lived but told. Life has no beginnings, middles, or ends; there are meetings, but the start of an affair belongs to the story we tell ourselves later, and there are partings, but final partings only in the story. There are hopes, plans, battles and ideas, but only in retrospective stories are hopes unfulfilled, plans miscarried, battles decisive, and ideas seminal. [...] We do not dream or remember in narrative, I think, but tell stories which weave together the separate images of recollection" (Mink 1970, 557–558).

Die meisten Vertreter/innen der konstruktivistischen Position verzichten darauf, im Sinne Minks eine starke Prämisse zum ursprünglich chaotischen Leben zu vertreten, welches in einer gerade heroischen Anstrengung in Form zu bringen sei. Sie begrüßen aber das autobiographische Projekt als Ausdruck schöpferischer Selbstgestaltung (Nehamas 1991, 207–217; Rorty 1992, 62) oder als Element autonomer Lebensführung im Zuge der Entwicklung eines ‚Lebensplans' (Rawls 1975, 446–461).

Die ontologische und die konstruktivistische Fraktion müssen zeigen, warum es naheliegend, wünschenswert oder geboten sei, dem eigenen Leben die Form der Erzählung zuzuschreiben oder zu geben. Naheliegend ist diese autobiographische Aktivität, weil sich damit eine Kohärenz bildet, die zur Verständigung und Orientierung dient. Als wünschenswert gilt sie, weil man damit seinem Leben eine eigene Handschrift geben kann. Geboten ist sie, weil die autobiographische Rechenschaft über das eigene Leben im sozialen Kontext die Zurechnung von Handlungen und die Wahrnehmung von Verantwortung ermöglicht.

Man würde zu kurz greifen, wenn man meinte, dass sich die philosophische Debatte zu Erzählung und Leben im Streit zwischen ontologischen und konstruktivistischen Positionen erschöpfe. Es gibt auch eine Fundamentalkritik an der Vorstellung, dass Leben und Erzählung – im Rahmen einer immer schon bestehenden oder erst herzustellenden Beziehung – zusammenpassen oder füreinander bestimmt seien. Dieser Protest macht es sich zur Aufgabe, das Leben von der Erzählung freizuhalten. Die Devisen lauten „Life Is Not Literature" (Blattner 2000) und „Against Narrativity" (Strawson 2004). Kritisiert wird insbesondere die Homologie zwischen Lebenslauf und Erzählzusammenhang – unter anderem mit Hinweis darauf, dass jemand, der lebt, sein eigenes Ende nicht erzählen kann, ihm also der Bogen, den die Erzählung vom Anfang zum Ende spannt, prinzipiell fremd bleibt.

Auch wenn die gerade genannten philosophischen Kritiker der Autobiographie auf Bezüge zur Literatur weitgehend verzichten, lassen sich bei Schriftsteller/innen analoge Voten finden. Robert Musil notiert: „Am Ende ist die lebendige

Geschichte gar keine Geschichte" (Musil 1978, 1077). Samuel Beckett schreibt: „Eine Geschichte ist nicht unerläßlich, nur ein Leben, das ist der Fehler, den ich gemacht habe, einer der Fehler, eine eigene Geschichte gewollt zu haben, wo das bloße Leben genügt" (Beckett 1976, 137).

Gerade diese Beispiele aus der Literatur kann man freilich auch gegen den Strich lesen. Denn Musil und Beckett lassen vom Erzählen nicht geradewegs ab, sondern bestimmen es neu. Sie legen nahe, von auf Kohärenz, Inklusion und *clôture* erpichten Erzählungen abzulassen, und erproben fragmentarische, episodische oder okkasionalistische Formen des Erzählens. Das theoretische Pendant zu diesen Versuchen findet sich etwa in den Erzähltheorien Michail Bachtins und Walter Benjamins (Thomä 2007, 227–246). Wenn man aus dieser Perspektive den Sonderfall der Autobiographie in den Blick nimmt, so gelangt man zu dem Ergebnis, dass die Kritik an der Homologie zwischen Erzählung und Leben all jene Formen des autobiographischen Erzählens unbeschädigt lässt, denen der Anspruch der totalen Erfassung eines Lebens sowieso fremd ist und die an situative Akte der Verständigung und Versprachlichung gebunden sind. Montaigne behält deshalb das letzte Wort: „Ich muß meine Erzählung nach der Stunde richten" (Montaigne 1953, 623).

Literatur

Appiah, Kwame Anthony. *My Father's House. Africa in the Philosophy of Culture*. Oxford 1992.
Bacon, Francis. „Instauratio Magna/The Great Instauration". Ders., *A Selection of his Works*. Hg. von Sidney Warhaft. New York/London 1982: 297–324 [EA: 1620].
Beckett, Samuel. „Texte um Nichts". Ders., *Werke*. Bd. IV: *Erzählungen*. Hg. von Elmar Tophoven und Klaus Birkenhauer. Frankfurt a. M. 1976: 121–172 [OA: 1955].
Blattner, William D. „Life is not Literature". *The many Faces of Time*. Hg. von John D. Barnett und Lester Embree. Dordrecht 2000: 187–201.
Bruner, Jerome. „The Narrative Construction of Reality". *Critical Inquiry* 18.1 (1991): 1–21.
Carr, David. *Time, Narrative, and History*. Bloomington 1986.
Cavell, Stanley. *Little did I Know. Excerpts from Memory*. Stanford 2010.
Cavell, Stanley. *Die andere Stimme. Philosophie und Autobiographie*. Übers. von Antje Korsmeier. Berlin 2002 [OA: 1994].
Davis, Michael. *The Autobiography of Philosophy. Rousseau's ‚The Reveries of the Solitary Walker'*. Lanham, MD/Oxford 1999.
Descartes, René. *Meditationes de prima philosophia/Meditationen über die Grundlagen der Philosophie*. Hg. von Lüder Gäbe. Hamburg 1992 [OA: 1641].
Descartes, René. *Discours de la méthode/Von der Methode des richtigen Vernunftgebrauchs und der wissenschaftlichen Forschung*. Übers. und hg. von Lüder Gäbe. Hamburg 1960 [OA: 1637].
Dilthey, Wilhelm. *Gesammelte Schriften*. Bd. VII: *Der Aufbau der geschichtlichen Welt in den Geisteswissenschaften*. Hg. von Bernhard Groethuysen. Leipzig/Berlin 1927.

Glover, Jonathan. *I: The Philosophy and Psychology of Personal Identity*. London 1988.
Goffman, Erving. *Wir alle spielen Theater. Die Selbstdarstellung im Alltag*. Übers. von Peter Weber-Schäfer. München 1983 [OA: 1956].
Hadot, Pierre. *Philosophie als Lebensform. Geistige Übungen in der Antike*. Übers. von Ilsetraut Hadot und Christiane Marsch. Berlin 1991 [OA: 1981].
Hobbes, Thomas. „Vita". Ders., *Opera philosophica*. Bd. I. Hg. von William Molesworth. London 1839: LXXXI–XCIX [EA: 1672].
Honderich, Ted. *Philosopher. A Kind of Life*. London 2001.
Horaz. *Satiren und Briefe*. Hg. von Hans Färber und Wilhelm Schöne. Berlin/Boston 2014 [EA: 1953].
Kerby, Anthony Paul. *Narrative and the Self*. Bloomington 1991.
Kierkegaard, Sören. *Entweder – Oder*. Teil I und II. Hg. von Hermann Diem und Walter Rest. München 1975 [OA: 1843].
Kierkegaard, Sören. „Der Gesichtspunkt für meine Wirksamkeit als Schriftsteller". Ders., *Die Schriften über sich selbst*. Übers. von Emanuel Hirsch. Düsseldorf/Köln 1951: 19–95 [EA: 1859].
Lejeune, Philippe. *Der autobiographische Pakt*. Übers. von Wolfram Bayer und Dieter Hornig. Frankfurt a. M. 1994 [OA: 1975].
MacIntyre, Alasdair. *Der Verlust der Tugend. Zur moralischen Krise der Gegenwart*. Übers. von Wolfgang Rhiel. Frankfurt a. M./New York 1987 [OA: 1981].
Mill, John Stuart. *Autobiographie*. Übers. und hg. von Jean-Claude Wolf. Hamburg 2011 [OA: 1873].
Mink, Louis O. „History and Fiction as Modes of Comprehension". *New Literary History* 1/3 (1970): 541–558.
Misch, Georg. *Geschichte der Autobiographie*. Bd. 1: *Das Altertum*. 1. Hälfte. Frankfurt a. M. 1976 [EA: 1907].
Montaigne, Michel de. *Essais*. Übers. und hg. von Herbert Lüthy. Zürich 1953 [OA: 1580/1588].
Mulhall, Stephen. „Autobiography and Biography". *Oxford Handbook of Philosophy and Literature*. Hg. von Richard Eldridge. Oxford 2009: 180–198.
Musil, Robert. „Das hilflose Europa oder Reise vom Hundertsten ins Tausendste". Ders., *Essays und Reden – Kritik*. Hg. von Adolf Frisé. Reinbek bei Hamburg 1978: 1075–1094 [EA: 1922].
Nehamas, Alexander. *Nietzsche. Leben als Literatur*. Übers. von Brigitte Flickinger. Göttingen 1991 [OA: 1985].
Nietzsche, Friedrich. „Die fröhliche Wissenschaft". Ders., *Sämtliche Werke. Kritische Studienausgabe*. Bd. 3. Hg. von Giorgio Colli und Mazzino Montinari. München/Berlin/New York 1980a: 343–651 [EA: 1882].
Nietzsche, Friedrich. „Jenseits von Gut und Böse". Ders., *Sämtliche Werke. Kritische Studienausgabe*. Bd. 5. Hg. von Giorgio Colli und Mazzino Montinari. München/Berlin/New York 1980b: 9–243 [EA: 1886].
Platon. *Sämtliche Werke*. Übers. von Friedrich Schleiermacher et al. Hg. von Karlheinz Hülser. Frankfurt a. M./Leipzig 1991.
Plessner, Helmuth. „Zur Anthropologie des Schauspielers". Ders., *Gesammelte Schriften*. Bd. VII. Hg. von Günter Dux, Odo Marquard und Elisabeth Ströker. Frankfurt a. M. 1982: 399–418 [EA: 1948].
Rawls, John. *Eine Theorie der Gerechtigkeit*. Übers. von Hermann Vetter. Frankfurt a. M. 1975 [OA: 1971].
Rendall, Steven. *Distinguo. Reading Montaigne Differently*. Oxford 1992.

Ricœur, Paul. *Zeit und Erzählung*. Bd. III: *Die erzählte Zeit*. Übers. von Andreas Knop. München 1991 [OA: 1985].

Ricœur, Paul. *Zeit und Erzählung*. Bd. I: *Zeit und historische Erzählung*. Übers. von Rainer Rochlitz. München 1988 [OA: 1983].

Rorty, Amélie Oksenberg. „Introduction. Witnessing Philosophers". *The Many Faces of Philosophy. Reflections from Plato to Arendt*. Hg. von ders. Oxford 2003: XIII–XXIX.

Rorty, Richard. *Kontingenz, Ironie und Solidarität*. Übers. von Christa Krüger. Frankfurt a. M. 1992 [OA: 1989].

Rousseau, Jean-Jacques. *Bekenntnisse*. Übers. von Ernst Hardt. Frankfurt a. M. 1985 [OA: 1782–1789].

Russell, Bertrand. *The Autobiography*. Bd. I–III. London 1967–1969.

Shakespeare, William. „Der Sturm". Ders., *Sämtliche Werke*. Bd. 2. Übers. von August Wilhelm Schlegel. Hg. von Anselm Schlösser. Berlin 1994: 595–667 [OA: 1611].

Simmel, Georg. „Zur Philosophie des Schauspielers". Ders., *Gesamtausgabe*. Bd. 20. Hg. von Torge Karlsruhen und Otthein Rammstedt. Frankfurt a. M. 2004: 192–219 [EA: 1908].

Starobinski, Jean. *Rousseau. Eine Welt aus Widerständen*. Übers. von Ulrich Raulff. Frankfurt a. M. 1993 [OA: 1957].

Strawson, Galen. „Against Narrativity". *Ratio* 17.4 (2004): 428–452.

Taylor, Charles. *Quellen des Selbst. Die Entstehung der neuzeitlichen Identität*. Übers. von Joachim Schulte. Frankfurt a. M. 1994 [OA: 1989].

Thomä, Dieter. „Philosophy". *Handbook Autobiography/Autofiction*. Bd. I. Hg. von Martina Wagner-Egelhaaf. Berlin/Boston 2018a: 110–120.

Thomä, Dieter. „Der Flaneur und der Wanderer. Der Einfall des Autobiographischen in Baudelaires Dichtung und Nietzsches Philosophie". *Nietzscheforschung* 25 (2018b): 135–153.

Thomä, Dieter. *Puer robustus. Eine Philosophie des Störenfrieds*. Berlin 2016.

Thomä, Dieter. *Erzähle dich selbst. Lebensgeschichte als philosophisches Problem*. Frankfurt a. M. 2007.

Thomä, Dieter, Vincent Kaufmann und Ulrich Schmid. *Der Einfall des Lebens. Theorie als geheime Autobiographie*. München 2015.

Toulmin, Stephen. *Kosmopolis. Die unerkannten Aufgaben der Moderne*. Übers. von Hermann Vetter. Frankfurt a. M. 1991 [OA: 1990].

Vico, Giambattista. *Autobiographie*. Übers. von Vinzenz Rüfner. Zürich/Basel 1948 [OA: 1728–1731].

White, Hayden. *Die Bedeutung der Form. Erzählstrukturen in der Geschichtsschreibung*. Übers. von Margit Smuda. Frankfurt a. M. 1990 [OA: 1998].

Whitman, Walt. „Leaves of Grass". Ders., *Poetry and Prose*. Hg. von Justin Kaplan. New York 1996: 147–672 [EA: 1891/1892].

Wittgenstein, Ludwig. *Denkbewegungen. Tagebücher 1930–1932, 1936–1937. Teil I: Normalisierte Fassung*. Hg. von Ilse Somavilla. Innsbruck 1997.

III.4 Roman

Christiane Schildknecht

1 Allgemeine Bestimmung: Kompositionalität und Heterogenität

Als eine der zahlreichen Untergattungen einer selbst wiederum vielgestaltigen und „unreglementiert-hybriden Prosagattung, die andere literarische Formen integrieren kann" (Steinecke 2003, 319), wird der *philosophische* Roman seitens der Romantheorie vermittels der Betonung seiner spezifischen inhaltlichen Momente und in Abgrenzung von anderen Ausdifferenzierungen wie ‚Bildungs-', ‚Zeit-', ‚Gesellschafts-' oder ‚historischem' Roman bestimmt. Dabei stellt der philosophische Roman als Synthese philosophischer Fragestellungen und deren Präsentation in der Form eines Romans seinem klassischen Verständnis nach einen eigenständigen literarischen Typus dar, der historisch im 18. Jahrhundert in der Philosophie der französischen Aufklärung zu verorten ist und dessen Ursprünge dort auf die *contes philosophiques* zurückgehen. Allgemein gilt für den Idealtypus des philosophischen Romans, dass die literarische Darstellungsform des Romans dem präsentierten philosophischen Gehalt nicht nur äußerlich ist, sondern mit diesem kompositional so zu einer spezifischen Einheit verwoben wird, dass sie der aufklärerisch motivierten Bildung philosophischer Erkenntnis entspricht. Aufgrund der hybriden Struktur dieses literarischen Typus, die (philosophischen) Gehalt und (romanhafte) Form in ausgezeichneter, das heißt begriffsbestimmender Weise zu verbinden sucht, tritt der philosophische Roman in einer Vielfalt von Variationen auf, die sich jeweils daran bemessen lassen, ob ihr Fokus primär auf der Vermittlung eines philosophischen Gehalts in romanhafter Form oder auf der Dimension fiktionalen Erzählens und der damit verbundenen Vermittlung philosophischer Erkenntnis liegt. Dieser Ausrichtung entsprechend reicht das Spektrum des philosophischen Romans von der Unterordnung der literarischen Dimension unter den Gehalt philosophischer Probleme, deren Thematisierung (etwa durch Verfahren auktorialen Erzählens) letztlich diskursiven Vorgaben verpflichtet bleibt, bis zum Primat romanhaften Erzählens, das philosophische Fragestellungen (mit-)thematisiert, reflektiert, konterkariert oder ironisch unterläuft. Mit Letzterem geht das Verständnis des philosophischen Romans aus systematischer Sicht deutlich über dessen genrespezifischen Ursprung als Romantypus der Aufklärung hinaus.

Bereits der Roman der Aufklärung zeichnet sich durch eine, seiner Kompositionalität geschuldete Heterogenität sowohl hinsichtlich seines Textbestandes als auch seiner Rezeption aus. Diese zerfällt in eine philosophische und eine literaturästhetische Seite, deren jeweilige Kritik sich entweder auf den fehlenden inhaltlichen Mehrwert des Romans den ihm korrespondierenden nichtfiktionalen Texten desselben Autors gegenüber oder auf die literarische Qualität einer der Vermittlung des philosophischen Gehalts angepassten und als ‚demonstrativ' und damit defizitär eingestuften Form der Darstellung richtet. Die hybride Struktur des philosophischen Romans führt letztlich auch dazu, dass die Romane der Philosophen selbst, insbesondere diejenigen Denis Diderots oder Voltaires, vermittels etablierter, rigider gattungstheoretischer Schemata nicht oder nur unzureichend erfasst wurden und erst aus gattungsübergreifender Perspektive „durchaus als erfolgreiche Realisierungen historischer Erzählmöglichkeiten" (Dirscherl 1985, 2) einzustufen sind. Die komplexe Bestimmungslage des aufklärerischen Romans wird dadurch verstärkt, dass die *romanciers philosophes* mit ihren Kritikern eine distanzierte bis ablehnende Haltung dem Roman gegenüber teilen. Diese findet ihren Ausdruck etwa in der Wahl verleugnender Verfahren wie Pseudonymen oder anonymer Publikation (Voltaire), der neutralen oder verleugnenden Klassifikation (z. B. als *livre* oder *coïonnerie* im Sinne eines trivialen Scherzes) sowie in dem Bekenntnis zur bloßen Herausgeberschaft (Rousseau) oder dem Zurückstellen der narrativen Darstellung gegenüber anderen ästhetischen Formen der Aufklärung (Diderot) (→ III.3 Thomä). Dabei vollziehen sich diese Verfahren der Distanznahme seitens der Philosophen vor dem Hintergrund einer sich allererst etablierenden Darstellungsform ‚Roman' innerhalb der klassizistisch geprägten Gattungshierarchie. Die Grundlage der Etablierung des Romans bildet seine Akzeptanz als die eines angenehmen Zeitvertreibs durch das Bürgertum als den zentralen Akteur und Adressaten einer sich zunehmend kritisch wie öffentlich vollziehenden Meinungsbildung unter philosophischer Regie. Gleichzeitig konterkariert die von bürgerlicher Seite favorisierte Gattung des Romans (durch den mit ihr verbundenen Rückzug in die Privatheit der Lektüre) im Bereich der Literatur die kulturelle Praxis kritisch-transparenter Meinungsbildung, die sich zumeist öffentlich in Salon und Theater in Form von Dialog, Streitgespräch und Reflexion vollzieht.

Insofern die Privatheit und die mit ihr einhergehende rezeptive Autonomie der Lektüre wirklichkeitskompensierende oder eskapistische Komponenten des Romans verstärken, steht dieser zunehmend im Kontrast zu den auf Argument und Kritik basierenden aufklärerischen Intentionen der Philosophen. Immanuel Kant spricht in diesem Zusammenhang davon, dass das Lesen von Romanen Zerstreuung „habituell" mache und dazu führe, dass „der Gedankengang [...] fragmentarisch" werde, sodass „man die Vorstellungen eines und desselben Objects zerstreut (sparsim), nicht verbunden (coniunctim) nach Verstandeseinheit im Gemüte spielen läßt" (Kant 1977, 521, § 44). Dementsprechend ambivalent gestaltet sich das Verhältnis der *romanciers philosophes* zu ihrer Darstellungsform: Die nicht zielgerichteten und einem verschlungenen Handlungsverlauf folgenden Geschichten befördern die Zerstreuung und mit ihr den Erfolg des Romans; die spezifische Form des Fragmentarischen steht zugleich der argumentativen Struktur philosophischen Denkens und dessen Rekurs auf ‚Verstandeseinheit' entgegen. Anders als historiographische Texte entbindet die fiktionale Komponente den Roman zudem von der Referenz auf die Wirklichkeit; aber anders als Drama oder Epos weicht er eben auch von den klassisch aristotelischen Vorgaben wie der in der vollständigen Durchführung des Grundmotivs begründeten Einheit der Handlung und der für mimetische Gattungen bestimmenden Herstellung von Allgemeingültigkeit verbürgender Wahrscheinlichkeit ab. Allerdings führt die Kritik an einem von cartesianischen Rationalitätsbestimmungen geprägten Erkenntnisbegriff durch das empiristische Verständnis von Erkenntnis als sinnesbasierter Erfahrung auch innerhalb der Philosophie dazu, dass Empfindungen und Gefühle verstärkt erkenntnisrelevant und im Rahmen empfindsamer Bestrebungen (zunächst vor allem bei Samuel Richardson und Laurence Sterne, später dann insbesondere bei Jean-Jacques Rousseau und Diderot) dem rationalen Anteil der Vernunft gegenüber aufgewertet werden. Aufgrund seiner, dem argumentativen Diskurs gegenüber direkten Wirkung auf die Affekte der Leser/innen bietet sich der Roman damit als wirksame Form der Darstellung und Vermittlung von Erfahrung an. Die Ambivalenz in der Auseinandersetzung der *romanciers philosophes* mit dem Roman insgesamt spiegelt sich auch auf der Ebene der klassifikatorischen Rezeption einer sich etablierenden Gattung, in der dem retrospektiv als ‚realistisch' gedeuteten Typus Kategorien entgegenstehen, denen gemäß sich der Roman des 18. Jahrhunderts am (aristotelisch geprägten) Theater, an der Komödie oder an den pathetisch-empfindsamen Vorgaben Richardsons orientiert. Dabei nimmt der philosophische Roman die Konventionen der Gattung für seine erkenntnisvermittelnde Intention modifizierend in Anspruch, indem er etwa mit der Instanz des auktorialen Erzählers die Ebene der Darstellung explizit als solche ausweist und sich damit innerhalb eines fiktionalen Textes vermittels dieser Distanznahme hinsichtlich der Ebene des Fiktiven den Verfahren der Vermittlung philosophischer Reflexion annähert.

2 Primat des Gehalts: Thematisierung philosophischer Probleme

Gemäß seiner Fokussierung auf die Darstellung und Diskussion spezifischer philosophischer Probleme folgt der philosophische Roman der französischen Aufklärung den gattungsspezifischen Vorgaben der *contes philosophiques*, die unter

Abweisung der märchenhaften Elemente der *contes de fées* philosophische Fragestellungen freisetzen. Zu diesen Vorgaben gehören etwa ein Schloss als zentraler Ort der Handlung, ein insgesamt unbestimmter Zeitrahmen, eine oftmals adlige Abstammung der Figuren sowie die Einarbeitung charakteristischer Elemente der Abenteuerliteratur (etwa des mittelalterlichen Artus-Romans) wie lange Reisen und überraschend eintretende, schicksalsentscheidende Wendepunkte des Handlungsablaufs (Peripetien). In der Folge weisen die Figuren des philosophischen Romans weitgehend typenhafte Züge auf; in offensichtlicher Zurückweisung der aristotelischen Forderung nach Einheit der Handlung zerfällt diese in zahlreiche, sich peripetisch ablösende Episoden und folgt einem hohen Erzähltempo. Neben den Verfahren der Typisierung und Schematisierung von Figuren, Raum und Zeit weist der philosophische Roman auf der formalen Ebene zudem eklektizistische Züge auf, insofern er sich neben Anleihen aus der Tragödie (→ III.7 PIRRO) wie der Peripetie auch auf Darstellungsmittel der Komödie, insbesondere auf Ironie und Satire, stützt und diese stellenweise bis hin zur Farce steigert. Darüber hinaus integriert er Charakteristika des Schelmenromans, etwa das Verspotten von Gefühlslagen wie der Liebe. Auch wenn der philosophische Roman also den *contes* auf der strukturellen Ebene weitestgehend folgt, parodiert er dieses literarische Genre gleichzeitig, indem er zentrale Merkmale, zum Beispiel den Aspekt des Wundersamen, überzeichnet oder den Figuren karikaturhafte Züge verleiht. Neben der Parodie bedient sich der philosophische Roman insbesondere der Satire in kritischer bis entlarvender Hinsicht, für die abermals die Verfahren der Karikatur, der Ironie oder des schwarzen Humors charakteristisch sind.

Zu der Ambivalenz der *romanciers philosophes* dem Roman gegenüber gehört auch, dass fiktionale Geschichten ungeachtet ihrer Ablehnung früh zu ihrem literarischen Repertoire zählen. So verfasst Voltaire mit *Zadig* (1747) und *Micromégas* (1752) philosophische Erzählungen, die auf seinen, für das Genre paradigmatisch werdenden philosophischen Roman *Candide ou l'optimisme* von 1759 in thematischer wie formaler Hinsicht vorausweisen. Diderot experimentiert in *Les bijoux indiscrets* (1748) lange vor seinem philosophischen Roman *Jacques le fataliste et son maître* (1796) mit einer parodistischen Verfremdung, deren Intention gleichermaßen in einer satirischen Kritik zeitgenössischer Erscheinungen besteht. Insgesamt wird die Inanspruchnahme der Gattungsform ‚Roman' durch die Philosophen im Sinne einer reflektierten Reaktion auf die herrschende Gattungspraxis zugleich durch eine Vielfalt distanzierender Verfahren auf der Ebene der Form wie des Inhalts konterkariert. Dazu zählen neben Ironie und Parodie die fiktionale Brechung mittels eines vorangestellten Widmungsschreibens oder Vorworts sowie die den eigenen Roman kritisch begleitenden oder dessen Erfolg sabotierenden Kommentare. Das wie kritisch auch immer intendierte Sich-Einlassen auf die romanhafte Form fiktionalen, insbesondere empfindsamen Erzählens wirkt umgekehrt zurück auf die Ebene der Darstellung und Kritik philosophischer, insbesondere einem metaphysisch-spekulativen Systemdenken verpflichteter Reflexionen und normativer Vorgaben.

Als paradigmatisch für das Genre gilt (neben Diderots *Jacques le fataliste*) Voltaires philosophischer Roman *Candide ou l'optimisme*. Hauptfigur ist der auf karikaturhafte Weise durch seinen Charakterzug eines „aufrichtigen und einfachen Geistes" (Voltaire 1971, 3) dargestellte und nach diesem benannte Jüngling Candide, der der optimistischen Metaphysik seines Lehrers Pangloss gemäß, wonach die Welt die beste aller möglichen Welten sei, eine peripetienreiche Abfolge sich an Unglaublichkeit überbietender und Vorsehung mit Kontingenz konterkarierender Ereignisse durchzustehen sucht. Die planlose Reise des Antihelden bringt diesen auf der Ebene einer philosophischer Explikation bedürftigen ‚Wirklichkeit' in Kontakt mit historisch und politisch zentralen Begebenheiten seiner Zeit wie dem Siebenjährigen Krieg (Kapitel II), dem Erdbeben von Lissabon und der Inquisition in Portugal (Kapitel V und VI) oder dem Regime der Jesuiten in Paraguay (Kapitel XIV und XV), durch deren kritische Thematisierung Voltaire die Vorgaben des komischen Romans in aufklärerischer Absicht parodistisch unterläuft. Vor dem Hintergrund der Darstellung einer sinnentleerten und größtenteils auf die Erhaltung von (vermeintlicher) Macht und Ordnung ausgerichteten Welt gewinnt Voltaires ironische Demaskierung einer, diese Wirklichkeit erklärenden, optimistischen Metaphysik zusätzlich an satirischer Schärfe (etwa dann, wenn zur Verhinderung von Erdbeben ein ‚schönes Autodafé' angeboten wird). Bedeutsam für den philosophischen Roman ist dabei dessen metaphysische Grundlage, die nicht nur die romanesken Handlungen Candides in der ‚realen' Welt begründet, sondern Letztere vor dem Hintergrund ihres kontingenten Chaos zu erklären sucht: „Es gibt keine Wirkung ohne Ursache [...]. Alles steht in notwendigem Zusammenhang und ist aufs trefflichste eingerichtet" (Voltaire 1971, 9). Dem Theodizeegedanken Gottfried Wilhelm Leibniz' zufolge handelt Gott, insofern er die beste aller möglichen Welten gemäß dem Kriterium optimaler Seinsfülle auswählt und verwirklicht, nach dem Prinzip des zureichenden Grundes (→ II.5 AICHELE). Diese Erklärungskraft der vom Erzähler satirisch als „Metaphysiko-Theologo-Kosmolo-Nigologie" (3) bezeichneten Philosophie des Optimismus Leibniz-Wolff'scher Provenienz wird im Verlauf des Romans zunehmend erschüttert und durch diesen ironisch soweit entlarvt, dass sie letztlich – wie der Roman selbst – auf eine in sich stimmige Harmonie ihrer Argumente und ein zwar ästhetisch bedeutsames, aber letztlich der Imagination verpflichtetes Interpretationsschema reduziert wird.

Diderots *Jacques le fataliste* folgt Voltaires *Candide* in seinen aufklärerischen, insbesondere gegen den Theodizeegedanken gerichteten Intentionen, weicht jedoch mit seiner Parodie des komischen Romans und ihrer, die Kontingenz der Welt spiegelnden Rhapsodie von Episoden, die den Weg des fatalistischen Jacques beschreiben, in noch erheblicherer Weise von den klassisch aristotelischen Vorgaben ab. Auffallend ist hier insbesondere das mit der Etablierung einer eigenständigen Ebene auktorialen Erzählens einhergehende Unterlaufen der fiktionalen Ebene, das eine Distanz zwischen den fiktiven Figuren und den Rezipient/innen herstellt, in der sich der Erzähler explizit leserlenkender Verfahren wie des (ironischen) Kommentars oder der Leserapostrophe bedient. Diese Verfahren betreffen insbesondere die kritische Reflexion und Ausdeutung des Geschehens seitens der Rezipient/innen, aber auch poetologische Fragestellungen und erzähltechnische Überlegungen, die der auktoriale Erzähler mit einer fiktiven Leserin oder einem fiktiven Leser erörtert, wie etwa: „Ich höre dich, Leser; du hast gerade gesagt: Da haben wir die richtige Lösung des ‚Wohltätigen Griesgrams'. – Das meine ich ebenfalls. Ich würde in jenes Stück, wäre ich dessen Verfasser gewesen, eine Person eingefügt haben, die man für episodisch gehalten hätte, die es aber ganz und gar nicht gewesen wäre" (Diderot 1972, 117). Offensichtlich ist hier die (selbst-)reflexive Eigenständigkeit einer, mit den Lesererwartungen spielenden und dadurch Illusionen zerstörenden auktorialen, gleichwohl nicht allwissenden Erzählfigur, die das Geschehen sowohl kommentierend oder interpretierend begleitet als auch darüber hinaus beurteilt und mittels der Lenkung der Leserin und des Lesers nicht nur rezeptionsbestimmend wirkt, sondern diese gleichzeitig zu kritischem Mitdenken anleitet. Mit seinen Urteilen und normativen Wertungen erweist sich der auktoriale Erzähler damit als literarisches Pendant des gesellschaftskritischen Philosophen.

Mit der deutlichen Differenzierung zwischen der Ebene der Narration und derjenigen des fiktiven Geschehens geht im *Jacques* eine Vielfalt selbstreflexiver poetologischer und metanarrativer Reflexionen einher, die gleichzeitig in die philosophische Thematik der Möglichkeit eines freien Willens in einer determinierten Welt integriert sind. Wie Voltaires *Candide* kritisiert auch der *Jacques* Diderots (hier in Form einer *Don-Quijote*-Parodie) auf der Ebene komischen Erzählens heroische (wie auch empfindsame) Varianten des linear erzählenden Romans aristotelischer Prägung, die der Komplexität des Lebens nicht gerecht werden. Mit seiner spezifischen Ausgestaltung der formalen wie inhaltlichen Dimension auktorialen Erzählens unterläuft der Roman nicht nur dessen sinngebende Rolle, sondern zerstört durch fortwährende auktoriale Unterbrechungen der Erzählversuche des Jacques das aristotelische Schema einer einheitlichen und teleologisch konzipierten Handlung, wodurch Sinn aufgelöst und Kontingenz erfahrbar wird: „[D]em romanesken Erwartungshorizont des Lesers [wird] die sich nicht lösende Faktizität einer ‚wahren' Begebenheit entgegengesetzt, die aber ihrerseits sogleich wieder in die subjektive Willkür des Erzählers zurückgenommen wird, der damit zu erkennen gibt, daß er seine ‚wahre' Geschichte *ad hoc* setzt: zur Persiflage traditioneller Romanklischees" (Warning 1965, 85). Die bereits Diderots *La Réligieuse* (entstanden um 1760, erschienen 1796) und Rousseaus *Julie, ou la nouvelle Héloïse* (1761) prägenden, romankritischen Darstellungsverfahren der Desillusionierung und Fragmentierung von Sinn, insbesondere mit Bezug auf Handlungen, werden über diese empfindsamen Romane hinaus im *Jacques* noch einmal vermittels der Gegenüberstellung der (ständig durchbrochenen) *histoire des amours de Jacques* und deren Narration bzw. zwischen Narration und auktorialer Metanarration verstärkt. Ästhetische Romankritik und philosophische Thematik sind dabei unauflöslich miteinander verzahnt: Die stoisch-gleichmütige, fatalistische Grundhaltung des Jacques den zufällig auftretenden und letztlich folgenlos bleibenden Ereignissen gegenüber, wie sie in seinen bloßen Reaktionen auf ein äußeres Geschehen zum Ausdruck kommt, entlarvt die Sinnhaftigkeit zielgerichteten Handelns in einer Welt, deren Abläufe durch Vorsehung oder Schicksal (*destin*) bzw. durch das determiniert sind, ‚was da droben geschrieben steht' (*ce qui est écrit là-haut*), als uneinlösbar. Im Rahmen einer Parodie des für den Roman zentralen, Sinnhaftigkeit implizierenden Reisemotivs sowie der ebenfalls Sinn intendierenden Strukturierung der Handlung, die zufälligen Begebenheiten kausale Relevanz beimisst, stellt Jacques in theoretischer Hinsicht die Möglichkeit eines freien Willens (in Übereinstimmung mit der materialistischen Position Diderots) mit folgender Begründung in Frage: „Weil man, da man nicht weiß, was da droben geschrieben steht [*ce qui est écrit là-haut*], weder weiß, was man will, noch was man tut, und weil man seiner Laune [*fantaisie*] folgt, die man als Vernunft [*raison*] bezeichnet, oder seiner Vernunft, die oft lediglich eine gefährliche Laune ist, die bald zum Guten, bald zum Bösen ausschlägt" (Diderot 1972, 13).

Auf der ästhetischen Ebene unterläuft der Roman diese philosophische Position jedoch zugleich stellenweise durch Episoden, in denen Jacques nicht-deterministisch agiert, sowie durch die Verfahren der Narration, die es Jacques erlauben, sich frei, das heißt aus der Distanz heraus gestaltend zu seiner eigenen Vergangenheit zu verhalten. Diderots in parodistischer Form verfasste Kritik an der Illusionsstiftung des (insbesondere heroischen) Romans erweist sich demnach zugleich als Thematisierung philosophischer Fragestellungen in ästhetischem Gewand und stellt damit den metaphysischen Interpretationsschemata eine narrative Erschließung von Wirklichkeit gegenüber. Wie Voltaire, dessen *Candide* sich insbesondere gegen den metaphysischen Optimismus von Leibniz richtet, bedient sich auch Diderots *Jacques* der Charakterisierung seines Helden anhand ausgewiesen romanesker wie philosophischer Kennzeichen. Anders als bei Voltaire führt die Parodie der aristotelischen Handlungsteleologie bei Diderot dabei zu einer radikal asynchronen Ablösung der Reise- von der Liebeshandlung. Mit seiner parodistischen Grundstruktur kritisiert der philosophische Roman Voltaires und Diderots den Roman heroischer oder empfindsamer Prägung folglich auf implizite Weise und stellt dessen Setzungen von Sinn in Gestalt auktorialen Erzählens das (teilweise metanarrativ begleitete) Scheitern vermeintlich bedeutsamer Handlungen als Repräsentanten philosophisch-systematischer Grundgedanken gegenüber.

Christoph Martin Wieland, der den *Candide* Voltaires als „ein Lieblingsbuch aller Leute von Verstand" (Wieland 2011, 70) bezeichnet, steht mit seinem Œuvre in der Tradition der Philosophie und Dichtung der Aufklärung. Zentral für sein emanzipatorisches Verständnis der Dichtung sind die kritische Distanzierung von einem Wahrheitsbegriff, wie er (vermeintlich) sogenannten ‚Berichten' zugrunde liegt, sowie die Betonung eines eigenständigen Erkenntniswerts des Romans einer auf Fakten gerichteten Historie gegenüber. Dementsprechend weist Wieland für seine *Geschichte des Agathon* (1766/1767) den Anspruch auf (historische) Wahrheit zurück und erhebt stattdessen einen Anspruch auf eine, seitens der Leserin und des Lesers überprüfbare Wahrscheinlichkeit im Sinne empirischer (und nicht nur logischer) Möglichkeit. So betont der im „Vorbericht" zur *Geschichte des Agathon* auftretende Herausgeber, dessen Perspektive sich mit derjenigen des Verfassers im Verlauf eines ironischen Spiels mit der Fiktion einer Quelle verbindet, „dass alles so gedichtet sey, dass sich kein hinlänglicher Grund angeben lasse, warum es nicht gerade so, wie es erzählt wird, hätte geschehen können" (Wieland 1984, XI). Damit wird das Prinzip vom zureichenden Grund, das bei Leibniz dessen Theodizeegedanken zugrunde liegt und Thema des *Candide* ist, nun auf die Dichtung selbst und ihren Wahrheitsgehalt im Sinne eines Wirklichkeitsgehalts angewendet (Gabriel 1975, 66–67). Dabei geht es Wieland, wie auch sein in der Tradition von Cervantes' *Don Quijote* (→ IV.3 VALDIVIA) stehender Roman *Die Abenteuer des Don Sylvio von Rosalva* (1764) anhand einer in Schwärmerei und Aberglaube resultierenden übermäßigen Lektüre von *contes de fées* deutlich macht, keineswegs um die Aufhebung der Unterscheidung zwischen Fakten und Fiktionen (→ II.2 GENCARELLI), sondern vielmehr um eine „erkenntnistheoretische Überbietung von Fakten durch Fiktionen" (Gabriel 2017, 47), an der sich der literarische Erkenntniswert des Romans bemisst. Wielands *Geschichte des Agathon* zeichnet sich durch eine Vielfalt von Erzählformen und eine fiktionsironisch geleitete Vermischung von Erzählebenen aus, in der der „relativierende anthropologische Multiperspektivismus" (Gabriel 2017, 41) des Autors Wieland zum Ausdruck kommt. Die „Hauptabsicht" des Romans besteht dem angeblichen Herausgeber gemäß darin, die Leser/innen „mit einem Karakter, welcher genau gekannt zu werden würdig wäre, in einem mannigfaltigen Lichte und von allen seinen Seiten bekannt zu machen" (Wieland 1984, XI). Mit seiner spezifischen Vermittlung einer derartigen Erkenntnis durch Bekanntschaft wendet sich der erste, in deutscher Sprache verfasste und philosophisch bedeutsame (Bildungs-)Roman in seinem literarisch gebildeten und philosophisch aufgeklärten Erzählgestus (wie seine französischen Pendants) gegen abstrakte und propositional vermittelte Vernunftprinzipien oder transzendente Ideensysteme und steht mit seiner Thematisierung von Sinnlichkeit und Empfindsamkeit in der Tradition der Romane Henry Fieldings und Laurence Sternes. Wieland bezeichnet seine *Geschichte des Agathon* denn auch selbst als „filosofischen Roman" (Wieland 1984, 21) und betont unter Rekurs auf die exemplarische Schilderung eines Menschen bzw. der menschlichen Natur und in Übereinstimmung mit dem aristotelischen Verständnis von Dichtung (→ II.1 KREWET) als Erzählung dessen, „was geschehen könnte" (Aristoteles 1982, 29, Abschnitt 9), den genuinen Erkenntniswert der Dichtung im Sinne einer nicht apophantisch verfahrenden exemplarischen Vergegenwärtigung des Allgemeinen (Abschnitt 3). Durch die Ablehnung der Referenzialisierbarkeit historischer Eigennamen (beispielsweise ‚Agathon') nimmt Wieland zudem ein wesentliches Kriterium für Fiktionalität vorweg (Gabriel 1975, 27–32; Lamarque und Olsen 1994, 57–58).

Mit seinem spätaufklärerisch geprägten und in der Tradition der Schelmenromane stehenden *Belphegor, oder die wahrscheinlichste Geschichte unter der Sonne* (1776) stellt Johann Carl Wezel der optimistischen Auffassung des Menschen eine von Wieland als ‚menschenfeindlich' kritisierte Theorie gegenüber (Wieland 1983, 529). Im Verlauf einer an Voltaires *Candide* und Jonathan Swifts *Gulliver's Travels* anschließenden abenteuerlichen Reise durch eine von Grausamkeiten geprägte Welt konkurrieren die philosophischen Positionen des Fatalismus, des Glaubens an die Vorsehung sowie des auf Schwärmerei, Empfindsamkeit und Menschenliebe beruhenden Idealismus Belphegors miteinander. Mit seiner Zurückweisung des Leibniz'schen Theodizeegedankens und seiner fiktionalen Umsetzung des Hobbes'schen Prinzips eines *bellum omnium contra omnes* erweist sich der Roman als eine negativ gewendete Synthese aus Voltaires *Candide* und Diderots *Jacques*, wenngleich er hinsichtlich der Komplexität der Erzählstruktur und der Variation in Argumentation und Handlungsführung hinter diesen zurückbleibt. Parallelen zu Voltaires *Candide* weist auch der nur wenig später erschienene und in moralphilosophisch-didaktischer Absicht konzipierte Roman *The Prince of Abessina* (1759) von Samuel Johnson auf, der trotz der dargestellten Vergeblichkeit jeglicher Bemühungen um eine glückliche Lebensweise von einem positiven menschlich-melancholischen Grundton getragen wird. In der Tradition empfindsamer Romane stehen zudem die philosophisch, insbesondere moralisch reflektierenden Romane Friedrich Heinrich Jacobis: *Eduard Allwills Briefsammlung* (1792), ein Briefroman aus der Sicht empfindsamer Frauen, sowie *Woldemar* (1779), die vor dem Hintergrund der Abgrenzung Jacobis von transzendental-philosophischen und idealistischen Setzungen des Ich anhand ihrer zentralen Figuren die umgekehrte Entwicklung im Sinne einer (dialogischen) Erfahrung des Ich im Anderen veranschaulichen (Ortlieb 2010).

3 Primat der Fiktion: Roman und philosophische Erkenntnis

Seit der Dichterkritik Platons stehen Literatur und Philosophie hinsichtlich der von beiden geteilten epistemischen Dimension in einem unterschiedlich ausdifferenzierten Verhältnis. Je nachdem, ob der Fokus seitens der Philosophie auf der Gewinnung, Vermittlung und Darstellung propositionalen, das heißt auf Wahrheit, Begründung und Begrifflichkeit gerichteten Wissens liegt oder sich gerade gegen eine propositionale Engführung philosophischer Erkenntnis richtet und dementsprechend ästhetisch vermittelte Einsichten und Erfahrungen als epistemisch bedeutsam anführt, lassen sich Disjunktionsthesen platonischer oder nietzscheanischer Provenienz unterscheiden. Während die Komplementaritätsthese an der Unterscheidung zwischen Literatur und Philosophie festhält, beide Bereiche jedoch unter Ergänzung des propositionalen Wissensbegriffs um einen nichtpropositionalen Erkenntnisbegriff miteinander (wenngleich mit jeweils unterschiedlicher Gewichtung: zugunsten sinnlicher Erkenntnis etwa bei Schelling, Heidegger und Adorno bzw. zugunsten begrifflicher Erkenntnis bei Kant und Hegel) epistemisch zu vermitteln sucht, bezweifelt das Entgrenzungsmodell im Sinne Derridas die eindeutige Differenzierung beider Bereiche und versteht Philosophie im Sinne eines spezifischen literarischen Diskurses (→ II.1 HOBUSS; → II.3 ZELLE; → IV.1 PRECHT). In jüngster Zeit ist mit der Modifikation des Erkenntnisbegriffs im Sinne der Anerkennung nichtpropositionaler Erkenntnisformen die Literatur und mit ihr die Erkenntnisleistung fiktionaler Texte vermehrt ins Zentrum epistemologischer Überlegungen getreten (Gabriel 1991; Schildknecht und Teichert 1996; Gabriel 2019). In Abgrenzung von einem, an behauptender Rede und erhobenem Wahrheitsanspruch bemessenen propositionalen Wissensbegriff lässt sich die Erkenntnisleistung fiktionaler Texte als propositional nicht einholbare Vergegenwärtigung (Gabriel 2019, 111–114) bestimmen, deren Spezifikum darin besteht, die Leserin oder den Leser auf ästhetisch vermittelte und exemplarisch bedeutsame Weise mit der Lebenswirklichkeit in Form von Situationen, Sichtweisen oder Stimmungen indirekt bekanntzumachen. Dies gilt insbesondere für den Roman (des Realismus und der klassischen Moderne), der vor dem Hintergrund, dass der imaginativen Teilhabe der Rezipientin und des Rezipienten an dem hier narrativ vergegenwärtigten Allgemeinen aufgrund der mit dieser verbundenen *reflexiven* Distanz ein spezifischer Erkenntniswert zukommt, über seinen genrespezifischen Ursprung hinaus zu einem *philosophischen* Roman wird. In diesem Sinne macht der Ich-Erzähler in Marcel Prousts selbst wiederum philosophisch grundiertem Roman *À la recherche du temps perdu* (→ IV.3 DOETSCH) die imaginative Leistung eines fiktionalen Textes in Romanform geltend: „[D]er geniale Einfall des ersten Romanschriftstellers bestand in der Entdeckung, daß in unserem Gefühlsapparat das Bild das einzige wesentliche Element ist [...]. Der Fund des Romanschriftstellers bestand in der Idee, diese für die Seele undurchdringlichen Partien [des wirklichen Menschen] durch die gleiche Menge immaterieller Teile zu ersetzen, das heißt solcher, die unsere Seele sich anverwandeln kann" (Proust 2004, 125–126). Aufseiten der Leserin und des Lesers resultiert die durch fiktionale Texte ermöglichte Anverwandlung fiktiver Gegenstände und Gegebenheiten demnach in einer spezifischen Form von Erkenntnis und (moralischer) Sensibilisierung, die, anders als das auf Wahrheit und Begrifflichkeit ausgerichtete propositionale Wissen, auf Vergegenwärtigung und indirekter Bekanntschaft basieren (Gabriel 2014; Schildknecht 2014; Vendrell Ferran 2014).

Dem Individualroman in Gestalt des empfindsam oder psychologisch ausgerichteten Entwicklungs- und Bildungsromans des 18. Jahrhunderts tritt mit den Sozial- und Zeitromanen des 19. Jahrhunderts die kritische Veranschaulichung gesellschaftlicher oder politischer Verhältnisse (etwa bei Honoré de Balzac, Stendhal, Gustave Flaubert, Charles Dickens oder Leo Tolstoi) gegenüber. Insbesondere nehmen hier die auch in thematischer Hinsicht philosophisch zu nennenden Romane Fëdor M. Dostoevskijs eine zentrale Stellung ein (→ IV.3 WUTSDORFF). So umfasst sein letzter Roman, *Brat'ja Karamazovy* (*Die Brüder Karamazov*, 1879–1880), Themen und Problematiken der ihm vorausgegangenen großen Romane Dostoevskijs wie etwa die sich durchziehende ethische Kritik am Utilitarismus, die kritische Entgegensetzung von Atheismus und Christentum, dessen göttliches Prinzip sich im Rahmen der *Legende vom Großinquisitor* als Offenbarung menschlicher Freiheit erweist, oder die Überwindung existentieller (vornehmlich gottloser oder menschlich überhöhter) Daseinsformen wie Selbstzerstörung und Gespaltenheit durch die Liebe und das Leben. Der philosophische Roman der ersten Hälfte des 20. Jahrhunderts zeichnet sich demgegenüber durch ein die technische Desintegration der modernen Wirklichkeit, einschließlich des damit verbundenen Wertezerfalls, spiegelndes Reflexionsmoment aus. Dieses lässt den Roman gemäß seiner Bestimmung durch Friedrich Schlegel als „progressiv[er] Universalpoesie", die „zwischen dem Dargestellten und dem Darstellenden, frei [...] auf den Flügeln der poetischen Reflexion [schwebt]" (Schlegel 1988, 114; → II.4 SCHMIDT), zunehmend zu einem Medium der Theorie werden und führt (neben Franz Kafka, Marcel Proust oder James Joyce) etwa in Robert Musils *Der Mann ohne Eigenschaften* (1930–1952) zu einem Aufbrechen des erzählerischen Kontinuums: An seine Stelle treten einander sich in Bezug auf die eigenschaftslose Titelfigur Ulrich spiegelnde Felder von Handlungs- und Personenkonstellationen, die von einem auktorialen Erzähler beständig reflektiert und kommentiert werden. Unter Einarbeitung philosophischer Ansichten Friedrich Nietzsches, Ralph Waldo Emersons, Ludwig Klages' oder Ernst Machs in die Reflexionen Ulrichs und unter Rückgriff auf essayistische Darstellungsverfahren lotet der Roman den Spielraum einer Philosophie des Möglichen vor dem Hintergrund des Leerlaufs der modernen

Welt auf kaleidoskopische Weise aus. Ähnlich verfährt Hermann Broch in seiner Romantrilogie *Die Schlafwandler* (1931/1932), die den titelgebenden, fragmentierten Geistes- und Gesellschaftszustand zwischen Werteverfall und ungewisser neuer Lebensform vor dem Hintergrund sozialer Klassengegensätze und Erstem Weltkrieg anhand unterschiedlicher Figuren vergegenwärtigt, wobei ritualisierte Traditionen oder mystische Ausgestaltungen des Religiösen und Erotischen als vermeintlich heile (‚romantische'), letztlich aber bloß kompensatorische Gegenwelten fungieren. Der multiperspektivisch erfassten und geschichtsphilosophisch unterlegten Zersplitterung der Werte korrespondiert eine Vielfalt von Stil- und Darstellungsformen, die neben sokratisch intonierten Dialogen, Sonetten oder Parabeln sowie der Variation einer Vielzahl von Motiven in expliziter Analogie zum *Ulysses* von James Joyce auch unterschiedliche Erzählstrukturen, darunter logisch-erkenntnistheoretische Interpretationen in Form eines fragmentierten Exkurses zum ‚Zerfall der Werte', umfasst.

Zerfallsprozesse in Form der Auflösung einer, das patrizische Bürgertum exemplifizierenden Kaufmannsfamilie sind ebenfalls Thema von Thomas Manns Roman *Buddenbrooks. Verfall einer Familie* (1901), dessen realistische Erzählweise zunehmend mit fiktionalen Strukturen oder reflexiven (etwa die ‚Gedankenprotokolle' der Schopenhauer-Lektüre Thomas Buddenbrooks) wie wissenschaftlichen (z. B. zur Typhuserkrankung Hannos) Elementen verwoben wird. *Doktor Faustus. Das Leben des deutschen Tonsetzers Adrian Leverkühn, erzählt von einem Freunde* (1947) ist gegen die künstlerische Irrationalität und den ästhetischen Relativismus der philosophischen Positionen Schopenhauers bzw. Nietzsches gerichtet, die in der fiktiven, zahlreiche Analogien zum Zusammenbruch des nationalsozialistischen Deutschland aufweisenden Biographie Leverkühns ihren zunehmend moralisch akzentuierten Bezugs- und Kontrastpunkt finden. In der Revision der ursprünglich auf einem faustischen Pakt mit dem Teufel basierenden Konzeption künstlerischer Irrationalität kommt der Einfluss Theodor W. Adornos einschließlich seines in der Tradition von Georg Wilhelm Friedrich Hegel, Søren Kierkegaard und Karl Marx (→ II.7 EIDEN-OFFE) stehenden dialektischen Negativismus ebenso zum Tragen wie in den musikphilosophisch geprägten Passagen zur Zwölftonmusik oder dem avantgardistischen Verständnis des privilegierten Ausdrucksmediums ‚Kunst' insgesamt. Formal ergänzt wird die Erzählstruktur, die auf Serenus Zeitblom als fiktiver, dem Dämonischen entgegengesetzter, humanistischer Romanfigur und gleichzeitigem Erzähler basiert, durch das von Thomas Mann als ‚Montage' bezeichnete Verfahren der expliziten und impliziten literarischen Einarbeitung anderer Texte.

Die Romane Jean-Paul Sartres und Albert Camus' hingegen sind weniger der kritischen Auseinandersetzung mit philosophischen Hauptströmungen als der Etablierung der eigenen, existenzphilosophischen Position gewidmet. In *La*

Nausée (1938) (→ IV.3 EBKE) bildet die unmittelbare und auf beunruhigende Weise Existenz vermittelnde Erfahrung eines Gefühls, demjenigen des Ekels, das Thema eines fiktiven Tagebuchs. Das sich zunehmend zu einem Selbstekel steigernde Gefühl dem *de trop* (dem ‚Zuviel' und der Sinnlosigkeit) alles Existierenden gegenüber, dessen literarische Vergegenwärtigung und quasisinnliche Erfahrbarkeit die antihumanistische und nihilistische Einstellung des vormarxistischen Sartre zum Ausdruck bringt, kann letztlich nur im (auf selbstreflexive Weise thematisierten) Zugriff der Kunst auf ein das Bewusstsein übersteigendes Absolutes überwunden werden. Insofern es dem Roman gelingt, die Existenzerfahrung exemplarisch anhand einer Präsenz des Grauens psychologisch-detailliert zu vergegenwärtigen, wird er nicht nur zum Vorläufer des späteren Romanzyklus Sartres, *Les chemins de la liberté* (1945–1949), der insbesondere der Auseinandersetzung mit der die menschliche Existenz bestimmenden geschichtlichen Situation des Zweiten Weltkriegs gewidmet ist, sondern des französischen *nouveau roman* insgesamt. Vor dem Hintergrund der Absurdität der Existenz des modernen Menschen vergegenwärtigen die Romane von Camus deren Überwindung durch unterschiedliche Formen der Sinngebung in einer Welt ohne Gott oder verlässliches Ordnungsgefüge. So präsentiert *La peste* (1947) die menschliche Bedingtheit des Daseins vor dem Hintergrund einer (unter anderem den Zweiten Weltkrieg und die deutsche Okkupation versinnbildlichenden) Katastrophe anhand einer Reihe exemplarischer Reaktionen, die von Kollaboration und Profit über Flucht in den Glauben bis hin zu Solidarität und dem Absurden entgegengesetzter Sinngebung reichen. Dabei vergegenwärtigt der Roman, ungeachtet seiner allegorischen Bezugnahme auf das (menschlich schicksalhaft ausgedeutete) Allgemeine, auf exemplarische Weise die Überwindung des Absurden durch das ethische Individuum im Sinne Kierkegaards.

Schließlich ist der Roman auch in dem Sinne, in dem Philosophen (oder anderweitig akademisch verortete Gelehrte wie Umberto Eco, Lars Gustafsson oder Milan Kundera) als Autoren agieren, philosophisch zu nennen. Neben den *romanciers philosophes* Voltaire, Rousseau und Diderot und deren deutschem Pendant in Gestalt von Friedrich Heinrich Jacobi sowie den existenzphilosophischen Autoren Sartre und Camus sind aus der gegenwärtigen analytischen Philosophie insbesondere Peter Bieri und dessen, unter dem Pseudonym ‚Pascal Mercier' verfasster Roman *Der Nachtzug nach Lissabon* (2004) zu nennen, in dem philosophische Themen wie ‚Bewusstsein' oder ‚Willensfreiheit' im Rahmen einer beschreibenden Erkenntnis, *wie es ist*, literarisch vergegenwärtigt werden.

Literatur

Aristoteles. *Poetik*. Hg. von Manfred Fuhrmann. Stuttgart 1982 [EA: ca. 335 v. Chr.].
Diderot, Denis. *Jacques der Fatalist und sein Herr*. Übers. von Ernst Sander. Stuttgart 1972 [OA: 1796].
Dirscherl, Klaus. *Der Roman der Philosophen. Diderot – Rousseau – Voltaire*. Tübingen 1985.
Gabriel, Gottfried. *Präzision und Prägnanz. Logische, rhetorische, ästhetische und literarische Erkenntnisformen*. Paderborn 2019.
Gabriel, Gottfried. „Historie und Dichtung. Zur Funktion der Fiktion einer antiken Quelle in Wielands ‚Geschichte des Agathon'". *Wieland-Studien* 10 (2017): 41–53.
Gabriel, Gottfried. „Fiktion, Wahrheit und Erkenntnis in der Literatur". *Wahrheit, Wissen und Erkenntnis in der Literatur. Philosophische Beiträge*. Hg. von Christoph Demmerling und Íngrid Vendrell Ferran. Berlin 2014: 163–180.
Gabriel, Gottfried. *Zwischen Logik und Literatur. Erkenntnisformen von Dichtung, Philosophie und Wissenschaft*. Stuttgart 1991.
Gabriel, Gottfried. *Fiktion und Wahrheit. Eine semantische Theorie der Literatur*. Stuttgart-Bad Cannstatt 1975.
Kant, Immanuel. „Anthropologie in pragmatischer Hinsicht". Ders., *Werkausgabe*. Bd. XII: *Schriften zur Anthropologie, Geschichtsphilosophie, Politik und Pädagogik 2*. Hg. von Wilhelm Weischedel. Frankfurt a. M. 1977: 396–690 [EA: 1798–1800].
Lamarque, Peter und Stein Haugom Olsen. *Truth, Fiction, and Literature. A Philosophical Perspective*. Oxford 1994.
Ortlieb, Cornelia. *Friedrich Heinrich Jacobi und die Philosophie als Schreibart*. München 2010.
Proust, Marcel. *Auf der Suche nach der verlorenen Zeit*. Ders., *Werke*. Frankfurter Ausgabe. Bd. 1. Übers. von Eva Rechel-Mertens. Hg. von Luzius Keller. Frankfurt a. M. 2004 [OA: 1913–1927].
Schildknecht, Christiane. „Literatur und Philosophie. Perspektiven einer Überschneidung". *Wahrheit, Wissen und Erkenntnis in der Literatur. Philosophische Beiträge*. Hg. von Christoph Demmerling und Íngrid Vendrell Ferran. Berlin 2014: 41–56.
Schildknecht, Christiane und Dieter Teichert (Hg.). *Philosophie in Literatur*. Frankfurt a. M. 1996.
Schlegel, Friedrich. „Athenäums-Fragment 116". Ders., *Kritische Schriften und Fragmente*. Bd. 2. Hg. von Ernst Behler und Hans Eichner. Paderborn 1988: 114–115 [EA: 1798].
Steinecke, Hartmut. „Roman". *Reallexikon der deutschen Literaturwissenschaft*. Bd. III. Hg. von Jan-Dirk Müller. Berlin/New York 2003: 317–322.
Vendrell Ferran, Íngrid. „Das Wissen der Literatur und die epistemische Kraft der Imagination". *Wahrheit, Wissen und Erkenntnis in der Literatur. Philosophische Beiträge*. Hg. von Christoph Demmerling und Íngrid Vendrell Ferran. Berlin 2014: 119–138.
Voltaire. *Candid oder Die Beste der Welten*. Übers. von Ernst Sander. Stuttgart 1971 [OA: 1759].
Warning, Rainer. *Illusion und Wirklichkeit in Tristam Shandy und Jacques le fataliste*. München 1965.
Wieland, Christoph Martin. „Rezension von Mylius' Übersetzung. Voltaire ‚Kandide'. Der Teutsche Merkur. März 1778". Ders., *Wielands Werke. Historisch-kritische Ausgabe*. Bd. 14.1. Hg. von Klaus von Manger und Jan Phillip Reemtsma. Berlin/Boston 2011: 70–71 [EA: 1778].
Wieland, Christoph Martin. *Geschichte des Agathon*. Ders., *Sämmtliche Werke*. Bd. 1. Hg. von der Hamburger Stiftung zur Förderung von Wissenschaft und Kultur. Hamburg 1984.

Reprint der Ausgabe *C. M. Wielands Sämmtliche Werke*. Bde. 1–3. Leipzig 1794 [EA: 1766/1767].

Wieland, Christoph Martin. „Brief an Wezel vom 22. Juli 1776". Ders., *Wielands Briefwechsel. Briefe der Weimarer Zeit*. Bd. V. Bearb. von Hans Werner Seiffert. Berlin 1983: 528–530.

III.5 Essay

Sven Kramer

1 Der Essay als Forschungsgegenstand

Definitionsversuche

Die wissenschaftliche Auseinandersetzung mit dem Essay kennzeichnen wiederholte Definitionsversuche ebenso wie der Topos, er entziehe sich jeder Definition. Zu Recht gibt Georg Stanitzek zu bedenken, „dass die etwas zurückgebliebene germanistische Essaykonzeption, wie sie etwa in Handbüchern geboten wird, inzwischen Züge einer selbstgenügsamen Doxa aufweist" (Stanitzek 2011, 22). Zu den Kernbestandteilen des hier allerdings kaum zu umgehenden Rekurses auf die tradierten definitorischen Elemente gehört in gattungspoetischer Hinsicht die Rubrizierung des Essays unter die nichtfiktionale Kunstprosa, einer erst in jüngerer Zeit konzipierten vierten Gattung, die neben die älteren der Epik, Lyrik und Dramatik tritt. Dort bildet er, am Rande der kleinen Formen, Texte mittlerer Länge aus. Die Merkmalskataloge, die zu seiner weiteren Charakterisierung aufgestellt wurden, setzen wechselnde Akzente. Häufig genannt werden seine Mittelstellung „zwischen Literatur und Wissenschaft, zwischen Erfahrung und philosophischem Denken" (Černý 1972, 747); der freie, spielerische, experimentelle Umgang mit den Gegenständen sowie mit den Formen der Darstellung; die einhergehende Selbstreflexion auf diese Darstellung und auf das eigene Denken; der Ausgang vom Besonderen, in dem ein Allgemeines aufscheint, vom Individuum – das im Text als nichtfiktionales Ich erscheint – und dessen Erfahrung sowie vom kulturell Vorgeformten; der Gebrauch poetischer und rhetorischer Mittel, vor allem der Abschweifung; der Verzicht auf Fachterminologie zugunsten der Allgemeinverständlichkeit.

Genealogien und Typen

Nach der Entdeckung des Essays als Forschungsgegenstand begann man zunächst mit einer Bestandsaufnahme (Rohner 1968–1970) sowie mit gattungspoetischen und -geschichtlichen Einordnungen. Als Begründer und „Urvater" (Schärf 1999, 8) gilt Michel de Montaigne, dessen *Essais* (1580) allgemein eine gattungsstiftende Funktion beigemessen wird (→ IV.2 WESTERWELLE). Die weitere Geschichte konstruiert die Forschung im deutschsprachigen Raum, ungeachtet der unterschiedlichen Akzentsetzungen im Einzelnen, in hartnäckig tradierten genealogischen Linien. Diese Kanonisierung der Gattungsgeschichte hat sich trotz aller Schwierigkeiten bei der Abgrenzung der Textsorte, trotz deren großer interner Variabilität und trotz überbordender Quantität erhalten. Postuliert wird ein doppelter Ursprung. Die beiden „Grundtypen der Gattung" (Rohner 1966, 26) repräsentierten demnach einerseits Montaigne, andererseits Francis Bacon. Christian Schärf charakterisiert sie als „zwei diametral entgegengesetzte Konzepte des Essays [...], die das Spektrum der Schreibweisen, die man unter dem Begriff des Essayistischen zusammenfassen kann, vorgeprägt haben" (Schärf 1999, 74). Er bestimmt sie als „die von Montaigne herrührende Ästhetisierung des Theoretischen vermittels der Subjektivierung des Schreibakts und die durch Bacon hervorgehobene Politisierung des theoretischen Bezugs durch die Strategien des Nützlichkeitsdenkens" (1999, 74). Für den Verlauf nach Montaigne und Bacon hebt die Forschung eine französische und eine britische Linie hervor. Für erstere stehen Namen wie La Rochefoucauld, Voltaire, Diderot, Sainte-Beuve, Valéry, für die zweite Locke, Dryden, Pope, de Quincey, Pater, Wilde, Woolf sowie der US-Amerikaner Emerson. Ein konsequent transnationaler Blick, der auch außereuropäische Entwicklungen umfasste, steht für die hiesige Forschung noch aus.

Die deutschsprachige Essayistik tritt dem Namen nach erst 1859 mit einer Essaysammlung von Hermann Grimm auf, der Sache nach gibt es sie allerdings „schon mindestens hundert Jahre früher" (Rohner 1966, 88). Am häufigsten genannt werden Lessing, Lichtenberg, Friedrich Schlegel, Nietzsche, Lukács, Musil, von Hofmannsthal, Borchardt, Heinrich und Thomas Mann, Broch, Bloch, Kracauer, Benjamin, Jünger, Kassner, Bense, Adorno. Danach, urteilt Schärf pointiert, „wird alles sehr unübersichtlich" (Schärf 1999, 24). Erst in jüngerer Zeit sind Arbeiten zum Essay in der Bundesrepublik Deutschland entstanden (Stanitzek 2011).

In den gattungspoetologischen Abgrenzungsversuchen erscheinen die Grenzen des Essays zu anderen kleinen Formen als fließend. Die Übergänge zur Philosophie und den Wissenschaften markieren Aufsatz, Abhandlung, Traktat, Dialog (→ III.1 ERLER), Kritik, Aphorismus (→ III.8 PORNSCHLEGEL), Fragment und Denkbild (→ III.9 PICKER); die Übergänge zur Literatur und Kunst finden sich in Brief (→ III.2 GEHRING), Tagebuch, Autobiographie (→ III.3 THOMÄ), Gespräch, Erzählung, Roman (→ III.4 SCHILDKNECHT). Die Ausdifferenzierung des Essays hat Formen hervorgebracht, die mitunter die angrenzenden Textsorten im Namen tragen wie Essayroman, Versessay oder Sachbuchessay (Jost 2008). Ansonsten spiegelt die terminologische Auffächerung der Textsorten die in den Essays reflektierten Themen wider: biographischer Essay bzw. Porträt, kunstkritischer, politischer und philosophischer Essay. Bezeichnungen wie Radioessay, fotografischer Essay (Graf 2013) und Essayfilm (Kramer und Tode 2011) dokumentieren die Aneignung der Form in weiteren Medien.

Tendenzen in der Forschung

Kaum überraschend, setzen sich Schriftsteller/innen und Essayist/innen seit seiner Entstehung mit der Form des Essays auseinander, denn diese verlangt es geradezu; die Reflexion auf das eigene Verfahren gehört zu den konstitutiven Bestandteilen des Essays. Seit Montaigne gilt dies auch für jene Philosoph/innen, deren Denken in das essayistische Schreiben hinüberspielt oder die den Essayismus als Lebensform begreifen. Noch immer gelten die Sätze Heinz Schlaffers: „Über den Essay schrieben früher und häufiger Essayisten als Germanisten. Die klassischen Essays über den Essay (Lukács 2017; Bense 1952; Adorno 1974) sind auch heute noch die Ausgangspunkte der literaturwissenschaftlichen Beschreibungen und Definitionen" (Schlaffer 1997, 525). Erst seit der Mitte des 20. Jahrhunderts wurde die Erforschung des Essays intensiviert; man beschäftigte sich zunächst überwiegend mit den genannten gattungspoetischen und -geschichtlichen Themen (Berger 1964; Haas 1966; Rohner 1966; Bachmann 1969; Haas 1969). Eine Themenverschiebung nehmen auf je eigene Weise Wolfgang Müller-Funk und Christian Schärf vor, indem sie auf den notwendigen Zusammenhang von philosophischer Reflexion und Form der Darstellung im Zeichen des Essayismus abstellen.

Müller-Funk setzt zwei Begriffe ins Zentrum seiner Untersuchung, „die jede Theoriebildung essayistischer Art konstituieren: Erfahrung und Experiment" (Müller-Funk 1995, 10). Gegen die gattungspoetischen Festschreibungen des Essays mobilisiert er das Konzept des Essayismus, in dem Erfahrung und Experiment wirksam seien. Essayismus sei in der Moderne „nicht mehr gattungsspezifisch festzumachen [...], sondern gleichermaßen in Literatur und Philosophie als konstitutives Merkmal reflektierender Literatur und antisystematischer Philosophie eingegangen" (16). Er zeigt dies an Essayisten von Montaigne bis Adorno und identifiziert dann sechzehn Merkmale des Essayistischen (281–287). Als eine seiner zentralen Thesen formuliert er: „In der Selbstthematisierung der Moderne werden Philosophie und Literatur in ihrem Gestus essayistisch, sowohl programmatisch wie im Hinblick auf die Darstellungsform" (280). Das betrifft auch seine eigene Untersuchung, von der er sagt, „eine Theorie des Essayismus will essayistisch vorgetragen sein" (15). Stanitzek macht auf das damit zusammenhängende Abgrenzungsproblem zwischen dem, „was als primäre, ‚literarische', [...] und was als sekundäre, ‚literaturwissenschaftliche' [...] Literatur zu behandeln ist" (Stanitzek 2007, 161) aufmerksam.

Auch Schärf wendet sich gegen den „manischen Willen zur Klassifikation, zur gattungspoetischen Ordnung" (Schärf 1999, 14), auch er rückt den Essay näher an das Konzept des Essayismus heran, dem das Aufsprengen von Gattungsgrenzen inhärent sei und der sich quer zu den Gattungen durchsetze. Mit Robert Musil postuliert er: „Essayismus ist eben keine Theorie, sondern eine Lebensform" (26); er begreift ihn als „offene Struktur der Produktivität" (9). Die Geschichte des Essays seit Montaigne rekonstruiert er folgerichtig, indem er ihn auf „seinen mentalitätsgeschichtlichen Hintergrund, den Essayismus, bezieht" (10). Den Essayismus versteht er als eine Erscheinung der Neuzeit, er bilde „das Experimentierfeld des Menschen ohne normatives Weltbild, des sich selbst perspektivisch erforschenden Subjekts" (10).

Vom Essayismus geht auch Peter V. Zima aus, der ihn jedoch als einen essayistischen Diskurs auffasst, der insbesondere durch seine Qualitäten „als *Intertext par excellence*" (Zima 2012, 6) „weit über den eigentlichen Essay als Textsorte hinausgeht und sowohl in der Philosophie als auch in der Literatur [...] anzutreffen ist" (3). Als die wichtigsten Merkmale des so umrissenen Essays sieht er „*Nichtidentität, Offenheit, Erfahrung, Ambivalenzbewusstsein, Selbstreflexion, Kontingenz, Konstruktivismus* und *Dialog*" (29). Damit diese Faktoren auch im theoretischen Diskurs wirksam werden könnten, lässt Zima allerdings den Essay hinter sich; stattdessen fordert er eine „[d]ialogische Theorie *als Fortsetzung des Essayismus mit anderen Mitteln*" (240).

Birgit Nübel wählt im methodologischen Teil ihrer Untersuchung über Musils Essays einen erzähltheoretischen Zugang in der Nachfolge von Bachtin, Kristeva, Genette und neueren Vertreter/innen der Erzähltextanalyse, den sie mit einer Reflexion auf die Moderne im Untersuchungszeitraum zwischen 1901 und 1940 verbindet. Ihren Gegenstand definiert sie gleich zu Beginn: „Essayismus wird hier verstanden als einzeltext-, gattungs- wie diskursüberschreitendes Vertextungsprinzip, welches die Verfahren der interdiskursiven Traversion selbstreflexiv kommentiert. Essayismus ist kein Textmerkmal, das sich auf der Grundlage von inhaltlichen oder formalen Kriterien festschreiben ließe. Essayismus ist ein Modus (selbst-)kritischer Reflexion, der in der Darstellung/Vertextung seine eigenen Voraussetzungen, Verfahren und Grenzen thematisiert" (Nübel 2006, 1). In einer Reihe von Unterkapiteln differenziert sie dann in systematischer Absicht „Analysekriterien zur Bestimmung des Essayistischen" (8) aus. Diese textanalytische Präferenz der Arbeit, durch die historische Kontextualisierungen in den Hintergrund treten, legt einen Akzent auf das Phänomen der Metatextualität, das die Phänomene der Intertextualität und Interdiskursivität reflexiv aufeinander bezieht: „Essayismus als inter- und metatextuelles Verkettungs-, Referenz- und Reflexionsprinzip [...] ist etwas zwischen den Texten, konstituiert sich über Zitate, Techniken der Zitation" (12). Musils – aber auch Lukács' frühe sowie Franz Bleis –

Essays liest Nübel im Rahmen des zugrunde gelegten Vertextungsparadigmas als textuelle Manifestationen eines Modus der poetologischen Selbstreflexion der Moderne.

Seit „den späten 1990er Jahren" beschreiten literaturwissenschaftliche Arbeiten bevorzugt „den Weg der Historisierung des Essays" (Ansel et al. 2016, 3), indem sie produktive Konstellationen in kürzeren zeitlichen Abschnitten untersuchen und dabei auch Gattungsfragen neu aufwerfen. Dazu gehören Sargut Şölçüns (1998), Sławomir Leśniaks (2005) und Simon Janders (2008) Monographien über das erste Drittel des 20. Jahrhunderts sowie die Bände von Wolfgang Braungart und Kai Kauffmann über die Phase um 1900 (2006), von Stanitzek über die BRD (2011), von Marina M. Brambilla und Maurizio Pirro über die Phase zwischen 1900 und 1920 (2010), von Leśniak über das 20. Jahrhundert (2015) sowie von Michael Ansel, Jürgen Egyptien und Hans-Edwin Friedrich über den Abschnitt zwischen 1918 und 1950 (2016). Hinzu kommen zahllose Untersuchungen über das essayistische Werk einzelner Autoren und – zunehmend auch – Autorinnen.

2 Der Essay zwischen Literatur und Philosophie

Da ein definitorisch-festschreibendes Verfahren für die Form des Essays bzw. für die Praxis des Essayismus nicht sinnvoll erscheint, weil beide als Wissensobjekte permanent changieren und sich allen Ordnungen zu entziehen suchen, werden im Folgenden einzelne Aspekte diskutiert, die sich nicht zu einem Merkmalskatalog fügen: einerseits am Leitfaden von Topoi und vielfach genannten Themen, andererseits anhand der Schreibweisen einzelner Autorinnen und Autoren sowie der Lektüre von einzelnen Essays, an denen als Fall, nicht als Exempel, Schnittmengen von Literatur und Philosophie abgelesen werden. Mit der Auswahl der Stationen, der eine gewisse Willkür innewohnt, soll keine Kanonisierung betrieben werden; vielmehr werden Schlaglichter auf historisch unterschiedlich situierte und im literarisch-philosophischen Übergangsbereich je anders akzentuierte Konstellationen geworfen, durch die vielleicht die Bandbreite des Essays sowie des Essayismus skizziert werden kann.

Montaigne: Subjektivität, Erfahrung

Ein *locus classicus* zur Charakterisierung des Essays sind die folgenden einleitenden Sätze Michel de Montaignes zu seinen seit 1580 erschienenen *Essais*: „Ich will [...], daß man mich hier in meiner einfachen, natürlichen und alltäglichen Daseinsweise sehe, ohne Beschönigung und Künstelei, denn ich stelle mich als den dar, der ich bin. [...] Hätte ich unter jenen Völkern mein Dasein verbracht, von denen man sagt, daß sie noch in der süßen Freiheit der ersten Naturgesetze leben, würde ich mich [...] am liebsten rundum unverhüllt abgebildet haben, rundum nackt. Ich selber, Leser, bin also der Inhalt meines Buchs" (Montaigne 1998, 5). Montaigne geht vom Individuum und dessen Lebenswelt aus. Als Verfahren nutzt er die Selbstbetrachtung, -beschreibung, -erforschung, die Introspektion sowie den Rekurs auf seine persönliche Erfahrung. Das Schreiben ordnet er keinen gesellschaftlich-repräsentativen Zwecken unter, es dient vielmehr der tabulosen Erforschung der eigenen Person.

Mit dieser Selbsterforschung reagiert Montaigne auf Problemstellungen, die die Frühe Neuzeit beschäftigten und die durchaus bis in die Moderne bzw. Postmoderne hineinreichen. Dazu gehört die Befragung überkommener Autoritäten, im Rahmen der Säkularisierung vor allem der göttlichen. Die Dogmen der Religionen verbürgen immer weniger den Ort des Individuums in der Welt; die Erkenntnis von Wahrheit wird für den Einzelnen zunehmend problematisch. Montaignes Skepsis widersetzt sich der scholastischen Gewissheit, die auf die Deduktion der Argumente vertraut. Seine Essayistik positioniert sich gegen das gelehrte Traktat. Zwar stützt sich auch Montaigne auf die Vernunft, jedoch setzt er die individuelle Erfahrung als Korrektiv ein, das alle Feststellungen – und keineswegs nur die Religion betreffende – auf den Prüfstand bringt. Erkenntnis- und Wahrheitssuche wird zu einem unabschließbaren Prozess; ihm entspricht das mäandernde Verfahren des Essays.

Der Wahrheits- und Erkenntnisanspruch, dem Montaigne folgt, tritt im essayistischen Verfahren in ein spezifisches Verhältnis zur Textproduktion. Seit den *Essais* reflektieren Essayisten auf die Form der eigenen Darstellung, Montaigne weiß um den unhintergehbaren rhetorischen Aspekt allen Schreibens. Das signalisiert er zum Beispiel in den zitierten Zeilen, indem er seine Intention kenntlich macht, sich ungekünstelt zeigen zu wollen. Die Emphase des Ungekünstelten durchdringt die rhetorische Schicht in Metaphern wie denen des Unverhüllten und des Nacktmachens. Indem Montaigne diese sprachlichen Bilder einsetzt, beeinflusst er die einhergehenden Vorstellungen von der Wirklichkeit. Schon hier wird deutlich, dass die sprachliche Darstellung und die Selbsterforschung in einem Wechselverhältnis zueinander stehen. Im Anschluss an Überlegungen von Jean Starobinski arbeiten Müller-Funk und Schärf dieses Moment heraus: Montaigne sei „Kronzeuge einer modernen, neuzeitlichen Subjektivität, [...] die sich selbst erschafft, nämlich durch den Akt des Schreibens" (Müller-Funk 1995, 63). „Er, das Ich *Montaigne*, das sich unablässig beobachtet und beschreibt, tritt mit diesem Buch, das dieses Ich aufnimmt und formt, in einen wechselseitigen Generierungsprozeß. Die Existenz des Autors und das Medium seines Schreibens bilden auf zwei Ebenen schließlich ein und denselben Körper" (Schärf 1999,

52). Das prozessuale Moment im essayistischen Schreiben bringt einerseits eine Erkenntnis der Welt hervor, andererseits eine Veränderung des erkennenden Subjekts. Der Ort des Wechselverhältnisses, an dem der Prozess stattfindet, ist das Schreiben, in dem sich Text und Welt durchdringen.

Lukács: Originalität, Vorgeformtes

Mit Montaigne erhält die Frage nach der Subjektivität in der Philosophie ein eigenes Gewicht. Das Individuelle macht sich seither im Essay nicht zuletzt stilistisch geltend. Dem Eigenen, Unverwechselbaren entsprechen hier das Originelle und das Neue. Im 18. Jahrhundert kulminiert diese Tendenz in der Vorstellung von der schöpferischen Originalleistung des Genies. Trotz aller Akzentuierung der Subjektivität und trotz der Individualisierung des Stils verfällt der Essay jedoch nicht dem Geniekult. Verantwortlich ist dafür schon bei Montaigne das ausgeprägte Bewusstsein für die Formung des Einzelnen durch vorgängige Kräfte, seien es natürliche, etwa die körperliche Konstitution betreffend, oder kulturelle. Montaignes Schreiben entfaltet sich in der permanenten Auseinandersetzung mit bereits vorliegenden Texten und Weltbildern. Statt auftrumpfender Originalität ist hier geradezu ein Bewusstsein für die eigene Epigonalität am Werk. Erst durch die Auseinandersetzung mit dem Überlieferten kann das Individuum hervortreten.

Den Gedanken, dass sich der Essay grundsätzlich an Vorgeformtem abarbeite, formuliert prominent der frühe, vormarxistische Georg Lukács in *Über Wesen und Form des Essays* (1911): „[D]er Essay spricht immer von etwas bereits Geformte[m] [...]; es gehört also zu seinem Wesen, daß er nicht neue Dinge aus einem leeren Nichts heraushebt, sondern bloß solche, die schon irgendwann lebendig waren, aufs neue ordnet" (Lukács 2017, 204). Lukács entwickelt die Idee des Essays aus dessen Nähe zur Kunstkritik, die sich per definitionem auf Vorgeformtes bezieht. In terminologischer und gedanklicher Verbindung zur Lebensphilosophie bestimmt er den Kritiker emphatisch als denjenigen, „der das Schicksalhafte in den Formen erblickt" (202). Der Sache nach hebt er damit die Intertextualität als einen konstitutiven Bestandteil des Essays hervor und bereitet die diskurstheoretische Überlegung vor, dass selbst Individualität sich in Formen äußere, die diskursiv vorgeprägt sind. Bei Lukács tritt die Form im Essay dann allerdings in eine Wechselwirkung mit dem Leben. Die Form wird „Weltanschauung [...], eine Stellungnahme dem Leben gegenüber, aus dem sie entstand; eine Möglichkeit, es selbst umzuformen und neu zu schaffen" (202). In den Schriften der Essayisten, resümiert Lukács, „wird die Form zum Schicksal, zum schicksalschaffenden Prinzip" (201). Deshalb gesteht er dem Essay den Status einer genuinen Gattung unter den Kunstarten zu.

Während er mit dem umformenden, ‚schaffenden' Moment die Seite des Originären betont, versetzt er es zugleich in ein Spannungsverhältnis zu entgegenwirkenden Momenten. Für nachfolgende Bestimmungen wurden seine Formulierungen wichtig, dass der Kritiker zwar „von den letzten Fragen des Lebens" spreche, doch so, „als ob nur von Bildern und Büchern" (203) die Rede sei. Ironisch mache er sich klein und betone, dass er sich immer nur „bei Gelegenheit von ..." (209) äußere. So hält Lukács zuletzt die produktiven und die skeptischen Momente in der Waage.

Adorno: Sprache, Darstellung

Die philosophische Auseinandersetzung mit dem Essay knüpft bis heute zu Recht immer wieder an Theodor W. Adornos Text *Der Essay als Form* (1958) an. Er spannt einen Rahmen auf, der von der philosophischen Wissenschaftlichkeit bis zur künstlerischen Produktion reicht. Der Essay partizipiere an beiden Bereichen, ohne einem ganz zugerechnet werden zu können. Adorno setzt dabei die in seinem Text diskutierten Momente selbst ins Werk; er schreibt einen Essay über den Essay. Dessen durchweg dialektische Konstruktion führt vor, wie die von Adorno an anderer Stelle ausgearbeitete negative Dialektik praktisch betrieben werden kann. Dabei kommt seinen Reflexionen auf die Sprache und auf die Darstellung besonderes Gewicht zu. Beide umfassen sowohl theoretische als auch künstlerische Anteile.

Im Essay – wie in der Philosophie – sei alle Darstellung sprachlich geprägt. Sprache fasst Adorno niemals nur als ein Instrument auf, sondern immer als ein Medium. Für den Essay nimmt er ein breites Spektrum an sprachlichen Möglichkeiten in Anspruch; sie reichen vom philosophischen Begriff bis zu nichtbegrifflichen Verfahrensweisen der Rhetorik. Zunächst konstatiert er, das „Medium" des Essays seien „die Begriffe" (Adorno 1974, 11). Diese Aussage konfrontiert er in der Folge allerdings mit weiteren, die sie zum Teil spezifizieren, zum Teil aber auch konterkarieren. So dürfe der Essay nicht so tun, als könnten die in ihm verwendeten Begriffe ausdefiniert werden: „Weder sind seine Begriffe von einem Ersten her konstruiert noch runden sie sich zu einem Letzten" (10). Der Essay „verweigert" sogar „die Definition seiner Begriffe" (19). Dagegen führe er „Begriffe umstandslos, ‚unmittelbar' so ein, wie er sie empfängt" (20). Mit solchen Sätzen wendet sich Adorno nicht nur gegen schulphilosophische Gepflogenheiten. Wenn er schreibt: „In Wahrheit sind alle Begriffe implizit schon konkretisiert durch die Sprache, in der sie stehen" (20), tendiert er zu einem künstlerischen Umgang mit der Sprache, indem er die Begriffe wie Wörter auffasst, deren Bedeutung im Gebrauch der unterschiedlichen Sprachgemeinschaften modifiziert wird. Es sind diese jeweils mit aktualisierten, aber nicht immer explizierbaren Bestandteile der Sprache, die in das essayistische Verfahren hineingenommen und nicht – „nach dem Urbild des Protokollsatzes" (11) – szientifisch ausgeschieden werden. Das im Medium der Sprache subkutan Wirksame weist vielmehr auf das Nichtidentische an den Dingen, das sich gemäß Adornos Erkenntnistheorie den philosophischen Begriffen fortwährend entziehe, dessen die Benennenden aber beharrlich eingedenk bleiben müssten, um das Benannte nicht durch die identifizierenden – und damit notwendig einengenden – Begriffe zurechtzustutzen (→ II.5 KRAMER). Der Essay setzt die „Befreiung vom Identitätszwang" (26) ins Werk, indem er dem Überschüssigen in vielfältiger Weise Raum gibt: durch seine mit Rhetorik durchsetzten, experimentierenden, überinterpretierenden, ketzerischen, diskontinuierlichen Verfahrensweisen, vor allem aber in seiner Emphase auf der Darstellung. Er folge keiner Methode, keiner Systematik, sondern nehme die „Darstellung [...] schwerer als die Methode und Sache sondernden, der Darstellung ihres vergegenständlichten Inhalts gegenüber gleichgültigen Verfahrensweisen. Das Wie des Ausdrucks soll an Präzision erretten, was der Verzicht aufs Umreißen opfert, ohne doch die gemeinte Sache an die Willkür einmal dekretierter Begriffsbedeutungen zu verraten" (20). Dazu entwirft Adorno auch den Begriff der Konfiguration bzw. Konstellation, in die die Begriffe im Essay versetzt werden würden. In den Beziehungen, die sie hier miteinander eingehen, erhellen sie sich gegenseitig: „Als Konfiguration [...] kristallisieren sich die Elemente durch ihre Bewegung. Jene ist ein Kraftfeld, so wie unterm Blick des Essays jedes geistige Gebilde in ein Kraftfeld sich verwandeln muß" (21–22). Wie die Kunst beharre auch der Essay auf der „Autonomie der Darstellung" (30). Was er zu erreichen hoffe, sei das Glück „einer Freiheit dem Gegenstand gegenüber" (30). Dazu mache sich der Essayist zum „Schauplatz geistiger Erfahrung" (21).

Améry: Existenz, Performativität

Eine spezifische Richtung gab Jean Améry dem Essay in den 1960er Jahren. Als jüdischer Überlebender der nationalsozialistischen Todeslager blieb er nach dem Krieg im belgischen Exil, schrieb aber weiterhin auf Deutsch. In dem Band *Jenseits von Schuld und Sühne* (1966) wendet sich Améry an ein deutsches Publikum – es umfasst auch jene, die den Nationalsozialismus zwanzig Jahre zuvor unterstützt hatten. In dem Essay *Die Tortur* vergegenwärtigt er die an ihm verübte Folter, arbeitet ihren untilgbaren Charakter heraus und thematisiert die Schwierigkeit, körperliche Schmerzerfahrungen wie diese in Worte zu fassen. Auf die anhaltende psychische Gegenwart seiner Verfolgung geht er in dem Essay *Ressentiments* ein.

Mithilfe der ‚Introspektion' erforscht Améry dort seine Position als Überlebender. Dabei stößt er, „als existentielle Dominante von meinesgleichen" (Améry 2002, 121), auf seine Ressentiments gegen Deutschland und die Deutschen. Obwohl ihm gelegentlich einzelne Deutsche geholfen hätten und er weiß, dass Kollektivurteile argumentativ kaum zu verteidigen seien, könne er nicht anders, als den Deutschen die an ihm verübten Untaten kollektiv zuzurechnen. Indessen beobachtet Améry, wie die „Generation der Vernichter [...] in Würden alt" (138) und nicht zur Rechenschaft gezogen wird. Anstatt sich also seine Ressentiments zu verbieten und sein anhaltendes, verfolgungsbedingtes Leid zu internalisieren, wendet er sie nach außen, auf das „Wirkungsfeld der geschichtlichen Praxis" (129). Die persönliche Disposition der Überlebenden erfüllt nun eine historische Funktion: „Gestachelt von den Sporen unseres Ressentiments allein – und nicht im mindesten durch eine subjektiv fast immer dubiose und objektiv geschichtsfeindliche Versöhnlichkeit –, würde das deutsche Volk empfindlich dafür bleiben, daß es ein Stück seiner nationalen Geschichte nicht von der Zeit neutralisieren lassen darf, sondern es zu integrieren hat" (142).

Améry macht sein privates Schicksal öffentlich, weil sein Leiden die Öffentlichkeit betrifft. Denn obwohl es gesellschaftlich verursacht wurde, indem die nationalsozialistische Regierung willkürlich einen Teil der eigenen Bevölkerung verfolgte und ermordete, wird es auch von der nachfolgenden demokratischen Gesellschaft weiterhin beschwiegen. Die Täter/innen tangiert es nicht; in den Opfern aber bleibt es aktuell. Gegen diese Asymmetrie, gegen die Fortschreibung des Verfolgungsverhältnisses in der Gegenwart, wendet sich Améry mit seinem Essay. Indem er seine Unversöhntheit öffentlich kommuniziert, zeigt er an, wo die Kommunikation versagt. Den Essay macht er zum Medium der Aktualisierung für einen verschwiegenen und verleugneten Widerstreit. Dabei unterstreicht das nichtfiktionale Ich die Zeugenschaft des Autors, der Rekurs auf die Subjektivität die Authentizität des Mitgeteilten. Diese Schreibweise exponiert nicht nur Amérys Sprechposition, sondern auch ihn selbst als Person. So korrespondiert das essayistische Verfahren mit den existenzialistischen Grundsätzen des Autors: Das exteriorisierende, konfrontative Schreiben zielt auf den ganzen Menschen. Der Essay als Form umfasst, wie Stanitzek betont, „nicht nur die konstative, sondern immer auch [...] die performative Dimension" (Stanitzek 2011, 21). Améry gibt dem Topos des Essayismus als einer Lebensform in der Zeitordnung ‚nach Auschwitz' eine spezifische Wendung.

Röggla: Unheimlichkeit, Verstrickung

Kathrin Rögglas Werk umfasst Prosa-, Theater- und Radioarbeiten. Hinzu kommt die stetige Produktion von Essays. Röggla gehört zu jener Autorengeneration, die mit der Postmoderne sozialisiert wurde und sich mittlerweile in einem unbestimmten Zustand nach der Postmoderne wiederfindet. In ihren Essays greift sie Themen auf, die diese Gegenwart charakterisieren: die medialen Umwelten, die Persistenz des Kapitalismus nach dem Ende des Kalten Krieges, die merkwürdige Position des Ichs, das mindestens seit dem 20. Jahrhundert als fragmentiert und uneins mit sich selbst begriffen wurde und auf dessen rational-aufklärerisches Vermögen doch nicht verzichtet werden kann.

In den Essays benutzt sie nolens volens die erste Person Singular, die „Textstelle, durch die heute alles durchmuss und um die ich herumeiere seit einiger Zeit, weil dieses ‚ich' einem im Grunde nur auf den Wecker gehen kann". Das „wackelige[ ] Ich" sei ein „hybride[s] Geschöpf, das andauernd ein Zentrum im Text suggeriert, ein Essentialisierungsherd", „ein Ort, den es [...] nicht geben kann" (Röggla 2013a, 30), denn eigentlich sei es „nur [...] ein Aktualisierungsmoment des Diskurses, der uns abspielt" (31). Doch anders als es die an den poststrukturalistischen Diskurstheorien geschulte Einsicht – vom Ich als einem Diskurseffekt, einer anachronistischen Pathosformel des bürgerlichen Zeitalters – suggeriert, kehrt es beharrlich wieder, und zwar als eine unabweisbare Erfahrung im Alltag: Es ist nämlich „das dreckige kleine Ich, das ständig aufgehalten wird von Flughafenangestellten, der Airport Security, dem Gebäudeschutz, dem Wachdienst, der Polizei, den Behörden" (31). Hinterrücks schleicht sich auch das Individuum wieder ein, und in es „reingeschmolzen sind natürlich alle kollektiven Ängste [...] und [...] Freiheitsversprechen" (31). Und weil das Ich im 21. Jahrhundert persistiert, bleibt auch die Form des Essays weiter zuständig.

In der Spannung zwischen diesem Ich, das sich weiter aufdrängt, und dem Diskurs positioniert Röggla mehrere ihrer Essays. Im Einzugsbereich des jeweils anderen führt sie beide Faktoren an ihre Grenzen. So wird sich das Ich zum Beispiel an verschiedenen Stellen selbst unheimlich. Sein Selbstverständnis beruht wesentlich auf seinen sinnlichen Wahrnehmungen, die allerdings, so Röggla, immer wieder ins Zwielicht gerieten. In *Geisterstädte, Geisterfilme* (2006) betrifft das die sichtbare Welt. Der Stadt, die traditionell „der Ort ist, an dem gesellschaftliche Verhältnisse sichtbar werden" (Röggla 2013b, 13), komme diese Sichtbarkeit abhanden. Einerseits würden die „neuen Unsichtbarkeiten [...] über Ausschlüsse hergestellt", indem sich bestimmte Milieus abschotteten, wie etwa die Reichen in den Gated Communities. Andererseits sieht Röggla aber auch „Fake und Camouflage" am Werk. Die „Disneyfizierung der Innenstädte" nennt sie als Beispiel für ‚Fake', ‚Camouflage' sieht sie am Pariser Platz in Berlin, „mit seinen kaschierten Panzersperren vor der amerikanischen Botschaft", am Werk. Diese Phänomene führten dazu, dass sich ein „Derealisierungsgefühl" einstelle, ein „Gefühl, nicht mehr zu sehen, was wirklich vor sich geht" (14). Die Sicherheit gegenüber der eigenen Wahrnehmung wird erschüttert und mit ihr auch das Vertrauen in ästhetische Verfahrensweisen, die suggerieren, die ins Kunstwerk gebannte wahrgenommene Wirklichkeit könne die Realität erfassen. Das betrifft alle Formen von Realismus. Mit Bezug auf eine Filmproduktion formuliert Röggla eine ihrer ästhetischen Leitfragen: „Wie diese Kumulation der Unsichtbarkeiten sichtbar machen" (Röggla 2013c, 200)?

Auf der anderen Seite des Spannungsverhältnisses übernimmt der Diskurs die Herrschaft über das Ich. Röggla thematisiert die eingreifenden Effekte standardisierter Erzählmuster und Genrekonventionen. Die wahrnehmbare Realität erweise sich als eine narrativ durchsetzte, sie sei niemals unabhängig von den narrativen Formen, in denen sie aufgerufen werde. Das Narrativ, der Plot, das Drehbuch verschlinge den Zuschauer, ein „Vampirismus des Fiktionalen" (Röggla 2013a, 24) sei im Gange, das Fiktive habe das Reale „überwuchert" (Röggla 2013f., 209). Diese diskursiven Phänomene, unter ihnen die Sprache, hält Röggla für ansteckend und vergleicht sie mit Viren; wir würden sie, ohne uns dessen bewusst zu sein, übernehmen und weitergeben. Weil sie wahrnehmungs- und weltbildprägend sind, seien diese Phänomene hochwirksam und potenziell gefährlich. Nicht zuletzt die „Storybuilder und Szenarienbauer [...] regieren die Welt" (Röggla 2016, 9). Brisant wird dies in der Politik; sie operiere mit moralischen Erzählungen, in denen Gut und Böse dem Eigenen und dem Anderen zugeordnet werden: „Ihre Konstruktion, ihr Plotting ist Teil meines Misstrauens gegenüber dem Plotting insgesamt, dem Storytelling, der Beispielserzählung, die das Exemplarische liebt und die als Legitimationsgrundlage für vieles gilt" (8). Weder in ihren Essays noch in anderen Prosaschriften folgt Röggla deshalb einer Ästhetik des Storytelling. Auch das moralisierende Unterscheiden weist sie zurück; sie sei „mehr der Verstrickung als der Zuspitzung verpflichtet" (Röggla 2013e, 111).

Wie mit den eigenen Verstrickungen in das Ich und den Diskurs, die Ökonomie und die Politik, die Medien und die Sprache umzugehen wäre, beschäftigt Röggla in ihren Essays. Einerseits knüpft sie an den „klassische[n] Dreiklang engagierter Kunst" an: „Sensibilisierung, Aufklärung, Kritik" (Röggla 2016, 4). Andererseits nimmt sie das eigene Involviertsein ernst. Die „Außenposition ist heute nicht nur in künstlerischer Hinsicht heikel geworden" (Röggla 2013d, 321). Wie aber sieht eine Ästhetik aus, die den Widerstandsimpuls bewahrt und zugleich weiß, dass sie dem Mitmachen, der Verstrickung, nicht entgehen kann? Sie setzt auf die Präsenz und das Kenntlichmachen sowohl des einen als auch des anderen. In dem Essay *Stottern und Stolpern* (2013) weist Röggla dem Stottern eine solche Funktion zu. Aus massenmedialen Umgebungen wie Talkshows werde es verbannt, denn es störe den in ihnen angestrebten Eindruck der „permanenten Präsenz" (2013d, 322), indem der/die Sprecher/in seiner/ihrer selbst in der öffentlichen Situation gewahr werde. Im Stottern macht sich ein Anderes, nicht Kontrollierbares geltend, das den Sprachfluss, den Diskurs, die Inszenierung unterbricht. Neben dieser aus dem eigenen Unbewussten stammenden Intervention ist für Röggla auch die Begegnung mit anderen zentral. In ihre Texte integriert sie deshalb immer wieder dokumentarisches Gesprächsmaterial; dafür entwickelt sie die Form des literarischen Gesprächs weiter. Ihre Essays sind der Ort, an dem Reflexionen – etwa poetologische und politische – mit präzise benannten Wahrnehmungen und Erfahrungen konfrontiert werden. Röggla formuliert in ihnen keine letztgültigen Lösungen, aber sie verzichtet auch nicht auf kritische Positionsbestimmungen. Ihre Essays unterstreichen die ungebrochene Relevanz der Gattung.

Literatur

Adorno, Theodor W. „Der Essay als Form". Ders., *Gesammelte Schriften*. Bd. 11: *Noten zur Literatur*. Hg. von Rolf Tiedemann. Frankfurt a. M. 1974: 9–33 [EA: 1958].
Améry, Jean. *Jenseits von Schuld und Sühne. Bewältigungsversuche eines Überwältigten*. Ders., *Werke*. Bd. 2. Hg. von Gerhard Scheit. Stuttgart 2002: 7–178 [EA: 1966].
Ansel, Michael, Jürgen Egyptien und Hans-Edwin Friedrich (Hg.). *Der Essay als Universalgattung des Zeitalters. Diskurse, Themen und Positionen zwischen Jahrhundertwende und Nachkriegszeit*. Leiden/Boston 2016.
Bachmann, Dieter. *Essay und Essayismus*. Stuttgart u. a. 1969.
Bense, Max. „Über den Essay und seine Prosa". Ders., *Plakatwelt. Vier Essays*. Stuttgart 1952: 23–37.
Berger, Bruno. *Der Essay. Form und Geschichte*. Bern/München 1964.
Brambilla, Marina M. und Maurizio Pirro (Hg.). *Wege des essayistischen Schreibens im deutschsprachigen Raum (1900–1920)*. Amsterdam/New York 2010.
Braungart, Wolfgang und Kai Kauffmann (Hg.). *Essayismus um 1900*. Heidelberg 2006.
Černý, Lothar. „Essay". *Historisches Wörterbuch der Philosophie*. Bd. 2. Hg. von Joachim Ritter. Darmstadt 1972: 746–749.
Graf, Catharina. *Der fotografische Essay. Ein Hybrid aus Text, Bild und Film*. München 2013.
Haas, Gerhard. *Essay*. Stuttgart 1969.
Haas, Gerhard. *Studien zur Form des Essays und zu seinen Vorformen im Roman*. Tübingen 1966.
Jander, Simon. *Die Poetisierung des Essays. Rudolf Kassner, Hugo von Hofmannsthal, Gottfried Benn*. Heidelberg 2008.
Jost, Erdmut. „Wissenschaftliche Essayistik – essayistische Wissenschaft. Zum Zusammenhang von Rundschaupublizistik und Sachbuch". *Sachbuch und populäres Wissen im 20. Jahrhundert*. Hg. von Andy Hahnemann und David Oels. Frankfurt a. M. u. a. 2008: 201–210.
Kramer, Sven und Thomas Tode (Hg.) *Der Essayfilm. Ästhetik und Aktualität*. Konstanz 2011.

Leśniak, Sławomir (Hg.). *Essay und Essayismus. Die deutschsprachige Essayistik von der Jahrhundertwende bis zur Postmoderne*. Danzig 2015.

Leśniak, Sławomir. *Thomas Mann, Max Ryncher, Hugo von Hofmannsthal und Rudolf Kassner. Eine Typologie essayistischer Formen*. Würzburg 2005.

Lukács, Georg. „Über Form und Wesen des Essays. Ein Brief an Leo Popper". Ders., *Werke*. Bd. 1: *1902–1918*, Teilbd. 1: *1902–1913*. Hg. von Zsuzsa Bognár, Werner Jung und Antonia Opitz. Bielefeld 2017: 195–212 [EA: 1911].

Montaigne, Michel de. *Essais*. Erste moderne Gesamtübersetzung von Hans Stilett. Frankfurt a. M. 1998.

Müller-Funk, Wolfgang. *Erfahrung und Experiment. Studien zu Theorie und Geschichte des Essayismus*. Berlin 1995.

Nübel, Birgit. *Robert Musil. Essayismus als Selbstreflexion der Moderne*. Berlin/New York 2006.

Ostermann, Eberhard. „Essay". *Historisches Wörterbuch der Rhetorik*. Bd. 2. Hg. von Gert Ueding. Tübingen 1994: 1460–1468.

Röggla, Kathrin. „Mit Assad reden". *Allmende* 36.97 (2016): 4–11.

Röggla, Kathrin. „Die Rückkehr der Körperfresser". Dies., *Besser wäre: keine. Essays und Theater*. Frankfurt a. M. 2013a: 23–38 [EA: 2006].

Röggla, Kathrin. „Geisterstädte, Geisterfilme". Dies., *Besser wäre: keine. Essays und Theater*. Frankfurt a. M. 2013b: 7–22 [EA: 2006].

Röggla, Kathrin. „Beitrag zu einem kleinen Wachstumsmarathon". Dies., *Besser wäre: keine. Essays und Theater*. Frankfurt a. M. 2013c: 185–208 [EA: 2012].

Röggla, Kathrin. „Stottern und Stolpern. Strategien einer literarischen Gesprächsführung". Dies., *Besser wäre: keine. Essays und Theater*. Frankfurt a. M. 2013d: 307–331 [EA: 2007].

Röggla, Kathrin. „'Besser wäre: keine'". Dies., *Besser wäre: keine. Essays und Theater*. Frankfurt a. M. 2013e: 99–118 [EA: 2008].

Röggla, Kathrin. „Gespensterarbeit und Weltmarktfiktion". Dies., *Besser wäre: keine. Essays und Theater*. Frankfurt a. M. 2013f: 209–232 [EA: 2009].

Rohner, Ludwig (Hg.). *Deutsche Essays. Prosa aus zwei Jahrhunderten*. 4. Bd. Neuwied/Berlin 1968–1970.

Rohner, Ludwig. *Der deutsche Essay. Materialien zur Geschichte und Ästhetik einer literarischen Gattung*. Neuwied/Berlin 1966.

Schärf, Christian. „Essay und Sachbuch in der zweiten Hälfte des 20. Jahrhunderts". *Sachbuch und populäres Wissen im 20. Jahrhundert*. Hg. von Andy Hahnemann und David Oels. Frankfurt a. M. u. a. 2008: 273–280.

Schärf, Christian. *Geschichte des Essays. Von Montaigne bis Adorno*. Göttingen 1999.

Schlaffer, Heinz. „Essay". *Reallexikon der deutschen Literaturwissenschaft*. Bd. I. Hg. von Klaus Weimar et al. Berlin/New York 1997: 522–525.

Şölçüns, Sargut. *Unerhörter Gang des Wartenden. Dekonstruktive Wendungen in der deutschen Essayistik*. Würzburg 1998.

Stanitzek, Georg. *Essay – BRD*. Berlin 2011.

Stanitzek, Georg. „Essay". *Handbuch Literaturwissenschaft*. Bd. 2. Hg. von Thomas Anz. Stuttgart/Weimar 2007: 160–166.

Zima, Peter V. *Essay/Essayismus. Zum theoretischen Potenzial des Essays. Von Montaigne bis zur Postmoderne*. Würzburg 2012.

III.6 Utopie und das Utopische

Wilhelm Voßkamp

Begriffsgeschichtlich verweist die Utopie auf Thomas Morus' *Utopia* (1516): als Titel und „Eigenname für den Schauptaz eines idealen Gemeinwesens (und ‚Utopos' [ist] der Name seines Gründers)" (Dierse 2001, Sp. 510). Das griechische Wort *u-topia* (dt. ‚Nichtland', ‚Nirgendland') stellt dabei eine humanistische Neubildung dar, die in den klassischen Sprachen nicht belegt ist. In der englischen Aussprache entsteht eine Homophonie von *u-topia* (‚Nicht-Ort') und *eu-topia* (‚Glücks-Land'), als lateinische Ableitungen des Eigennamens ‚Utopia' (Hölscher 2004, 733–780). Die 1516 in Löwen in lateinischer Sprache erschienene Erzählung von Thomas Morus mit dem (ursprünglich lateinischen) Titel *Ordentliche und Außführliche Beschreibung Der uberaus herrlichen und gantz wunderbarlichen doch wenigen bißhero bekandten Insul UTOPIA* (dt. erstmals 1612) wird zum Prototyp der literarischen Gattung ‚Utopie', die bis in die Gegenwart eine umfangreiche Verwendung und Ausdifferenzierung erfahren hat.

Die Beziehung zwischen Philosophie und Utopie ist auf einer elementaren Ebene als „Kritik dessen, was ist, und [...] Darstellung dessen, was sein soll" (Horkheimer, zit. in Dierse 2001, Sp. 521) durch Zukunftsdenken charakterisiert. Als Reflexion über Zukunfts- bzw. Möglichkeitsdenken, als *utopisches Denken*, ist die Philosophie formbildend für die Gattung Utopie und insofern konstitutiv, die literarische Gattungsevolution hingegen eine historische Folge. Zwei diskursive Figurationen, die die Formbildungen des utopischen Schreibens bestimmen, sind Raumutopien und Zeitutopien. Weitere Charakteristika der Gattung sind ihr Modus der Negation (bestehender Verhältnisse), die Gegenüberstellung und spannungsreiche Inszenierung von Ordnung und Kontingenz, ein prägnantes Fortschrittsdenken bzw. Fortschrittskritik sowie die dem Blick in die Zukunft geschuldete fiktionale Darstellung. Im Falle einer radikalen Fortschrittskritik, in dem das Möglichkeitsdenken nicht nur die beste, sondern auch die schlechteste aller möglichen Welten vor Augen führt, in der Ordnung und Kontingenzbewältigung in Terror umschlägt, wird die Utopie zur Dystopie, in der die normative Komponente der Darstellung dessen, was sein soll, nur noch als Negativ figuriert.

Die formalen Merkmale des utopischen Schreibens erzeugen die Vorstellung von einer Art historischer Logik der Utopie. Bestimmte „formale Eigenschaften [...] literarische[r] Phänomene werden zum Kriterium des Utopischen" (Neusüss 1968, 18), ohne dass das Utopische auf das Medium Literatur begrenzt bleibt.

Geht es um die Gattung ‚Utopie', so fällt der Versuch, eine Trennlinie zwischen genuin philosophischen und genuin literarischen Utopien zu ziehen, schwer; und er ist insofern wenig zielführend, als dass sich die einzelnen utopischen Entwürfe gerade als je eigene Verbindung von Zukunftsdenken (als Philosophie) und Formenbildung (als Literatur) erweisen.

1 Möglichkeitsdenken

Möglichkeitsdenken ist die Voraussetzung für jede Form philosophischer, sozialer und künstlerischer Utopie (Voßkamp 2009, 740–750; Voßkamp 2016; Voßkamp 2018). Bereits in der aristotelischen Kategorienlehre, in der der Modus des Möglichen durch Widerspruchsfreiheit und Potentialität bestimmt ist, geht es im Gegensatz zum Wirklichen und Notwendigen um „das Noch-nicht-Seiende (→ II.1 KREWET). Es steht am Anfang jedes Werdens, Entstehens, jeder Bewegung, Veränderung und ist in den Material-Ursachen begründet" (Seidl 1984, Sp. 77). Vermögen (*dynamis*) wird somit der Wirklichkeit (*energeia*) gegenübergestellt. Leibniz knüpft an diese Formulierung an: „*Möglich* ist eine Realität, die nicht existiert, aber zur Existenz gelangen kann" (Sp. 86). Nach Leibniz gibt es den „Drang des Möglichen zur Existenz [...], weil ein Grund für ein Zurückhalten von gewissem Möglichem in allem nicht gefunden werden kann" (Schmidt-Biggemann 1988, 24).

Die Unterscheidung zwischen Wirklichem und Möglichem, die für die Begründung der Aufklärung maßgebend ist, bildet die Basis für die philosophischen Bemühungen von Karl Mannheim, Robert Musil und Ernst Bloch zu Beginn des 20. Jahrhunderts, die Begriffe der Utopie und des Utopischen zu präzisieren. Mannheim bezeichnet ein „Bewusstsein, das sich mit dem umgebenden ‚Sein' *nicht* in Deckung befindet, [als] utopisch" und „unterscheidet das utopische vom ideologischen Bewusstsein" (Mannheim 1978, 169). Darüber hinaus grenzt er das Utopische „auf jene Art wirklichkeitstranszendente Orientierung [ein], die zugleich eine bestehende Ordnung auch sprengt" (169). Martin Seel hat in seinen „Drei Regeln für Utopisten" betont, „Utopien sind in Raum und Zeit unerreichbare Zustände, deren Erreichbarkeit dennoch gedacht werden kann und gedacht werden soll. Sie soll gedacht werden, um innerhalb des Wirklichen den Sinn für das Mögliche zu schärfen" (Seel 2001, 747). Wirklichkeitssinn und Möglichkeitssinn gehören demnach zusammen, insofern die jeweilige Realität als potentiell veränderbar angesehen wird. Der Möglichkeitssinn wird deshalb als keine bloße romaneske Erfindung verstanden, er liegt vielmehr in der Wirklichkeit selbst begründet.

Die konstitutive Verbindung von Möglichkeitsdenken und Utopien lässt sich historisch als Kennzeichen der beginnenden Moderne verstehen. Mit ihrem Beginn, in der die Erwartung an die Zukunft die Erfahrung der Vergangenheit übersteigt, entstehen in der je aktuellen Gegenwart Entwürfe, die im Anschluss an das traditionsbildende Werk von Thomas Morus ‚Utopien' genannt werden. Insofern die Temporalisierung von Erfahrung Projektionen in die Zukunft möglich und nötig macht, da sich der überkommene Erfahrungsraum immer weniger mit den auftauchenden und hochschnellenden Zukunftserwartungen zur Deckung bringen lässt (Koselleck 2004, 703), wird die Kontinuität von Vergangenheit und Zukunft unterbrochen. Über Zukunft kann indes nur im Hier und Jetzt einer Gesellschaft (vor-)entschieden werden. Es geht um einen Kommunikationsmodus des Alternativdenkens im Weltverhältnis (Münz-Koenen 1990, 261–289). Dabei lassen sich Utopien aufgrund ihres Experimentalcharakters nicht auf spezifische Diskursstrategien festlegen.

Für Morus und das zeitgenössische Publikum vom 16. bis ins 18. Jahrhundert enthält das Wort ‚Utopia' die semantischen Elemente für das Nichtwirkliche eines Idealstaatsentwurfs und erstrebenswerten Tugendideals und deren Nichtrealisierbarkeit in der historischen Wirklichkeit: „Schlaraffenland, lat. *Utopia*, welches im Deutschen Nirgendwo heißen könnte, ist kein wircklliches, sondern erdichtetes und moralisches Land. [...] Einige stellen darunter eine gantz vollkommene Regierung vor, dergleichen wegen der natürlichen Verderbniß der Menschen in der Welt nicht ist, auch nicht seyn kann; und thun solches zu dem Ende, damit sie in einem Bilde desto deutlicher und bisweilen auch ungestraffter, alle diejenigen Thorheiten und Unvollkommenheiten zeigen können, denen unsere Monarchien, Aristocratien und Democratien unterworffen sind" (Zedler 1742, Sp. 1828–1829).

Im Zeichen der Erbsündetheorie wird hier ein Ausgangspunkt für die Konzeption und Diskussion über Utopien in der Neuzeit formuliert: Infolge der menschlichen Erbsünde kann es keine in *dieser* Welt existierende andere Welt geben; diese gibt es nur außerhalb des Diesseits. Dennoch wird durch das Stichwort ‚Schlaraffenland' verdeutlicht, dass der Einbildungskraft und Phantasie genügend Raum gelassen wird, um im Hier und Jetzt Wunschvorstellungen befriedigen zu können, und dies entweder insofern im Sinne einer ‚positiven' Utopie, als einem die gebratenen Tauben in den Mund fliegen, oder qua satirischer Umkehrung, indem genau diese Vorstellungen einer radikalen Realitätskritik im Sinne der ‚negativen' Utopie anheimfallen. Mögliche Welten innerhalb des Diesseits sind nicht vorgesehen. Die strenge theologische Grenze zwischen Diesseits und Jenseits verbietet jede Spekulation über mögliche Welten im Hier und Jetzt.

Eine allmähliche Bedeutungserweiterung führt dazu, dass der Begriff als quasigeographische Metapher für einen Ort außerhalb dieser Welt und schließlich als Bezeichnung für ein erdachtes, dem Morus'schen analoges Werk bzw. für die in ihm geschilderte Staatsverfassung in den Sprachgebrauch einer kleinen humanistisch gelehrten Elite übergeht (Hölscher 2004, 734–735). Als Bezeichnung für eine literarische Gattung findet sich der Begriff ‚Utopie' vergleichsweise spät. In Frankreich taucht er gegen Ende des 18. Jahrhunderts auf, in Deutschland und

England ist der Begriff erst in der zweiten Hälfte des 19. Jahrhunderts wirklich präsent. Dennoch lässt sich ein Bewusstsein von der Zugehörigkeit der heute zur literarischen Utopie gerechneten Texte bereits im 17. und 18. Jahrhundert feststellen, was an der Verwendung von Bezeichnungen wie *Res publica ficta*, *Description of a Commonwealth*, *République imaginaire* oder an der Bezeichnung *Voyages imaginaires* für Texte mit einer bestimmten literarischen Struktur ablesbar ist. Zwei Hauptmerkmale spielen in diesem Kontext eine zentrale Rolle: Zum einen stellt sich der Inhalt des utopischen Entwurfs als ein Gegenbild zur bestehenden Wirklichkeit dar, das dieser kritisch entgegengehalten wird, und zum anderen muss das Dargestellte sich als etwas Erfundenes zu erkennen geben, wobei der Grad der Fiktionalisierung unterschiedlich sein kann, aber ein bestimmtes Minimum nicht unterschreiten darf.

Der von der Gattungsbezeichnung ‚Utopia' abgeleitete Begriff des ‚Utopischen' ist ein intentionaler Begriff, der in unterschiedlichen Ausprägungen als „utopische Methode" (Ruyer 1968, 349–360) oder im Sinne einer Vorstellung von „propensity" (Manuel und Manuel 1979) bzw. als das Überschreiten vom Gegenwärtigen ‚Noch-nicht' in die Zukunft aufgefasst wird (Bloch 1959). In allen Fällen geht es um transzendierende Erweiterungen der historisch-politischen Realität.

Bei Ernst Bloch spielt der jüdische Messianismus eine entscheidende Rolle. Grundvoraussetzung für seine Hoffnungsphilosophie ist die menschliche Neigung und Fähigkeit zum Überschreiten: „Nichts ist menschlicher als zu überschreiten, was ist" (Bloch 1965, 391). Der Mensch wird als ein „verändern-wollendes Wesen" definiert, dessen spezifische, anthropologisch bedingte Fähigkeit und Begabung (Hoffnung, Phantasie, Tagträume) im Möglichkeitsdenken besteht.

Im Unterschied zur überlieferten Möglichkeitsphilosophie geht Bloch von einem „objektiv-realen" Möglichkeitsbegriff aus. Möglichkeit wird als eine Realität aufgefasst, „in der wir leben und in die alle Träume von uns hineingehen, in der sie überhaupt nur Platz haben und nicht ab ovo ersticken" (Bloch 1980, 59): „Das Utopikum ist [...] dem Menschen als verändern-wollendem Wesen gesetzt, dem Welt gegeben ist als die Potentialität [...], das der Möglichkeit nach Seiende. Im Menschen ist Utopisches möglich, weil er das einzige Wesen ist, das Zukunft nicht als falsche hat, nicht als eine, die aus dem bloßen Nachher dauernder Wiederholungen besteht, sondern weil er Zukunft als echtes Noch-Nicht und als ein veritables, wenn auch durchaus vermitteltes Neues haben kann" (107–108).

Eine zentrale, auch für die Utopiegeschichtsschreibung folgenreiche Voraussetzung des Bloch'schen Utopiekonzepts ist ein nichthomogener Zeitbegriff. Im unmittelbaren Anschluss an sein Frühwerk *Geist der Utopie*, dem Zeitbegriff Walter Benjamins verwandt (→ III.9 PICKER), geht Bloch auf messianische Vorstellungen zurück und versteht Zeit als diskontinuierlich. Die Ablehnung eines linearen und homogenen Zeitkonzepts, die mit einer Wendung gegen marxistisch-orthodoxen, ökonomischen Determinismus verbunden ist, erfolgt zugunsten einer diskontinuierlichen Augenblicks-Auffassung. Hier knüpft Bloch an jüdisch-kabbalistische Konzepte an. Er spricht vom „Dunkel des gelebten Augenblicks" und umschreibt damit den Augenblick als ein „Jetzt", das nicht nur bloße Gegenwart, sondern zugleich mit einem Noch-nicht angereichert ist. In diesem Noch-nicht blitzt jener Endzustand von Zeit auf, der bereits im jeweiligen Augenblick angelegt ist. Das „Dunkel des Jetzt" ist so mit dem „utopischen Totum", dem „Zielinhalt" aller Geschichte konstitutiv verknüpft (Landmann 1982, 167–168).

2 Utopische Figurationen des Raumes

Zwei diskursive Figurationen bestimmen die Formbildungen utopischen Schreibens: Raumutopien und Zeitutopien. Das zentrale und dominante Prinzip aller literarischen Utopien ist das der *Negation*. Ohne eine fundamentale Operation der Negation jeweils vorgefundener Realität lässt sich das alternative utopische Modell und Gesellschaftssystem nicht mittels logischer Verfahren entwickeln. Erst die Negationsleistung von Utopien ermöglicht deren rationale Konstruktion, die wiederum auf historische Realität zurückwirken kann (Gustafsson 1982, 280–292).

In welcher Weise Erzählungen wie die *Utopia* von Thomas Morus mit Negationen als formbildendem Prinzip arbeiten und ein Negationspotential enthalten bzw. freisetzen, lässt sich sowohl unter formalen als auch thematischen Aspekten beobachten. Bereits der Titel des Werks *Utopia* kündigt dies an: *U-topia,* der ‚Nicht-Ort', bedeutet nicht nur das Durchbrechen topographischer Erwartungen und die Möglichkeit, den ‚Nicht-Ort' auch als ‚Glücks-Ort' zu interpretieren; er impliziert immer auch den Verweis auf den tatsächlichen, historischen Ort – hier das zeitgenössische England des 16. Jahrhunderts. In utopischen Texten bildet sich dies in der Form von „Doppelfiktionen" ab (Striedter 1983, 277–330). Die zentrale Differenz zwischen dem je vorgefundenen Wirklichen und einer diese Wirklichkeit negierenden imaginären Welt macht das Spannungsverhältnis von Utopien aus. Zu den Paradoxien notwendiger Versinnlichung von Utopien gehört zudem die Tatsache, sich gerade Unvorstellbares vorzustellen.

Das Festhalten an der Differenz gegenüber gesellschaftlicher Wirklichkeit in literarischen Utopien ist die Voraussetzung für den Entwurf einer ‚anderen', rationalen Ordnung. Das setzt neben strenger Selektion eine Abstraktionsleistung gegenüber der historischen Wirklichkeit voraus und ermöglicht so den Entwurf eines utopischen Staats nach strengen, geometrischen Regeln. Der fast quadratische Grundriss der Hauptstadt Amaurotum auf der Insel Utopia ist dafür nicht weniger bezeichnend als die durch sieben konzentrische Ringe gebildete Kreisform der ‚Sonnenstadt' Campanellas.

Der rationalen Geometrie des Raums entspricht die vernünftige Organisation menschlichen Zusammenlebens, das nur unter der Voraussetzung strenger Affektregulierung aller beteiligten Personen möglich ist. Der utopische Vernunftstaat geht dabei von einer Symmetrie, von der Übereinstimmung von allgemeinem (gesellschaftlichem) und subjektivem Interesse aus; nur so ist konfliktfreies Miteinanderleben möglich (Voßkamp 1990, 275).

Dass solche Konstruktionen durch Negation gewonnen sind, wird besonders anschaulich, wenn man sich die entsprechende Gegenseite vor Augen führt. Rationale Organisation von Gesellschaft, die unter Ordnungszwang steht, richtet sich gegen bestehende traditionale Herrschafts- und Sozialstrukturen, durch die die historisch-gesellschaftliche Formation insgesamt charakterisiert ist. In der Entstehungszeit von Morus' *Utopia* entsprechen die ‚alten' hierarchischen Rangordnungen „nicht mehr den neuen sozialen Kräfteverhältnissen; allgemein verbindliche ‚neue' politische Orientierungspunkte fehlen, der politischen Zersplitterung korrespondierten unsichere Rechtverhältnisse" (van Dülmen 1981, 9). *Utopia* antwortet auf eine Problemkonstellation, in der Unordnung als größte Bedrohung gesehen wird. Die in geometrisierten Vernunftutopien stillgestellte Zeit verweist zugleich auf ausgeklammerte Geschichte. Utopien suchen Geschichte zu bannen. Die Disziplinierung menschlicher Affekte offenbart dabei im Gegenzug ihre Unberechenbarkeit; die Reduktion auf ein fest definiertes Gattungswesen Mensch erinnert stets an das einzelne Individuum. Moderne Generalisierungen durch Negation erlauben deshalb eine von der Realität abstrahierende Konstruktion ebenso wie den möglichkeitsreichen Verweis auf das Negierte.

Damit wird über Morus' *Utopia* hinaus ein zentrales Moment von Utopien sichtbar: die spannungsreiche Gegenüberstellung von Ordnung und Kontingenz. Menschliche Subjektivität, Leidenschaften, Liebe und Unglück, Geschichte sind Momente, die durch den Ordnungszwang in Utopien gebändigt werden sollen. Der Leser von Utopien soll mittels methodischer Techniken und bildhafter Darstellungen überzeugt werden, dass Kontingenz behebbar, Zufall und Unglückswechsel durch dauerndes ‚Glück' zu bannen sind. Diese Hoffnung bleibt bis ins 20. Jahrhundert in einzelnen literarischen Utopien bestehen. Der geschichtlichen Kontingenz geschuldet, entstehen in der Folge jeweils abgestufte literarische Ordnungsmodelle, die umso deutlicher zum Ordnungszwang oder zum Ordnungsterror neigen, je bedrohlicher das Kontingenzproblem eingeschätzt wird.

Bei Morus wird deutlich, dass sich das rationale, funktionsorientierte utopische Gesellschaftsmodell als säkulare und politisch-soziale Ordnung versteht, die keiner theologischen Legitimation mehr bedarf. Morus reflektiert den beginnenden historischen Ausdifferenzierungsprozess der Moderne (Entstehung von gesellschaftlichen Teilsystemen wie Politik, Ökonomie und Recht) und gibt zugleich eine Antwort auf die damit zunehmenden Entflechtungsvorgänge der Gesellschaft. Nach dem Verlust ‚alter' Handlungslegitimationen wird der Ruf nach ‚neuen' umso dringlicher. *Utopia* lässt sich deshalb als ein konstruktives weltliches Sinnangebot verstehen. Das traditionelle Mittel der Sinnkonstitution ‚Religion' ist trotz zitathafter Anspielungen auf einzelne christliche Motive und Institutionen (etwa auf das Klosterwesen) ersetzt durch eine Form von Literatur, deren Hauptkennzeichen eine komplexe Mischung aus unterschiedlichen, literarischen und expositorischen, vornehmlich wissenschaftlichen Diskurselementen (Jurisprudenz, Ökonomie- und Politiktheorie) darstellt. Morus synthetisiert diese Elemente in einem eigenständigen Text als auf Geschichte antwortendes rationales Ordnungsangebot. Der Ordnungsüberschuss von Renaissanceutopien lässt sich insgesamt als Antwort auf den als Ordnungsmangel empfundenen anarchischen Zustand einer historischen Situation verstehen.

Diese Konstellation ‚wiederholt' sich in inversen Formen prototypischer Texte von Dystopien der Moderne. Jevgenij Samjatins *My* (*Wir*, 1920/1921), Aldous Huxleys *Brave New World* (1932) und George Orwells *Nineteen-eighty-four* (1949) offenbaren jenen Ordnungsimperativ, der in Ordnungsterror umschlägt. Als utopische Schreckbilder sind sie Warnutopien mit diagnostischer und prognostischer Intention.

3 Utopische Figurationen der Zeit

Dass narrative kritisch-konstruktive Ordnungsstiftung als Möglichkeit von Kontingenzbewältigung durch ein alternatives Prinzip, das der *Antizipation*, im Fortgang der Moderne ergänzt oder ersetzt werden kann, ist dem Wandel des Subjektkonzepts im 17. und 18. Jahrhunderts geschuldet. Der Wandel des Subjektkonzepts verändert die Vorstellung vom Glück. Das Ordnungsglück in den Renaissanceutopien (Überschaubarkeit, Vorhersehbarkeit und die möglichst vollständige Ausschaltung des Zufälligen in den Lebensläufen ihrer Bürger und Bürgerinnen) hatte seinen Preis: psychische und soziale Disziplinierung der Individuen war die Voraussetzung. Zudem galt die Annahme, dass das Interesse der/des Einzelnen mit dem Interesse des Ganzen übereinstimmte. Diese Vorstellung gründet auf der Selbstverständlichkeit der antiken Tradition, dass die Gemeinschaft gegenüber dem Einzelnen vorrangig sei und damit das Subjekt im Blick auf Gemeinschaft konsensfähig sein müsse.

In dem historischen Augenblick, in dem diese in den Sozialutopien des 16. und 17. Jahrhunderts und noch in den Tugendrepubliken des 18. Jahrhunderts (so z. B. Johann Gottfried Schnabels *Insel Felsenburg* [1731–1743]) selbstverständliche

Übereinstimmung von subjektivem Anspruch und gesellschaftlicher Notwendigkeit aufgrund eines neuen Subjektbegriffs als ‚Illusion' angesehen wird, muss sich auch die Antwort auf die Frage nach dem in Utopien konstitutiven Glück ändern. Anstelle einer vorausgesetzten Symmetrie von Subjekt und Gemeinschaft wird nun und fortan die Spannung und Polarität von Einzelnem und Allgemeinem zum zentralen Problem. Der Glücksanspruch der/des Einzelnen rückt in den Mittelpunkt. Dies ist seit Jean-Jacques Rousseau *das* zentrale Kennzeichen der Moderne. Das Ordnungsglück disziplinierter Subjekte verliert an Attraktivität. Es entwickelt sich jene Glücksauffassung, wonach „der Mensch sich aus eigener Kraft [...] die Bedingungen für sein Glück selbst gestalten kann [...]. Dort, wo der Wechsel oder Wandel als steuerbarer Fortschritt oder Vervollkommnungsprozess auf ein positives Ziel hin gesehen werden kann" (Winter 1983, 62–63), müssen Utopien mit einem statischen Glücksversprechen als langweilig oder bedrohlich empfunden werden. Begriffsgeschichtlich formuliert: Das Ideal der Vollkommenheit (*perfectio*) wird durch das der Vervollkommnung (*perfectibilité*) ersetzt. Das Optimum besteht fortan in der Optimierung; Perfektion wird in den Vollzug der Perfektionierung hineingezogen.

Dieser Erfahrungswandel lässt sich mit Reinhart Koselleck als ‚Verzeitlichung' der Erfahrung bezeichnen; er ist die Voraussetzung für den Paradigmenwechsel vom Ideal der Vollkommenheit zu dem der Vervollkommnung. Im Übergang von der ständischen zu einer funktionsorientierten Gesellschaft lässt sich Verzeitlichung aus dem Spannungsverhältnis von (geschichtlicher) Erfahrung und (künftiger) Erwartung bestimmen. Moderne Erwartungen können nicht mehr aus der historischen Erfahrung abgeleitet werden, sie stehen vielmehr unter dem Extrapolationszwang von Zukunft. Zu Recht hat Koselleck deshalb auch vom ‚Zwang zur Utopie' gesprochen, insofern der temporale Impuls von nun an in die geschichtliche Erfahrung eingeht und damit den Begriff von Geschichte grundlegend verändert. Deshalb kommt es nicht nur zu einer steten Beschleunigung von Geschichte, sondern auch zu stets neuen utopischen Erwartungen. Der geweckte Bedarf an Zukunft kann kaum noch gestillt werden. Die (kontrafaktische) Antizipation des Zukünftigen treibt zudem den Wunsch nach einer (zumindest langfristigen und approximativen) Realisierung des Antizipierten hervor. Das Potential von Zeitutopien offenbart sich als politischer Imperativ.

Hatten Ordnungsutopien der Renaissance (Morus, Bacon, Campanella) Geschichte zu bannen, Individuen zu disziplinieren gesucht, bieten Zeitutopien Entwürfe an, in denen sich das einzelne Subjekt im Blick auf Zukunft entwickeln und selbst vervollkommnen kann. Das beobachtbare utopische Prinzip der steten Vervollkommnungsnotwendigkeit zeigt indes auch hier noch den disziplinierenden Gestus traditioneller Ordnungsutopien, was am Beispiel von Bildungskonzepten und Bildungsromanen offenkundig ist (Voßkamp 2009).

In der Romanliteratur lässt sich der Übergang von klassischen Ordnungsutopien der Vollkommenheit zu Utopien der Vervollkommnung (im Sinne der Rousseau'schen Vorstellung von *perfectibilité*) paradigmatisch an Louis-Sébastien Merciers *L'an deux mille quatre cent quarante. Rêve s'il en fut jamais* (*Das Jahr 2440. Ein Traum aller Träume*, 1771) ablesen. Mercier macht die Probleme und Möglichkeiten einer literarischen Zeitutopie mit antizipatorischem Charakter besonders deutlich. Der fiktive Erzähler, der im Jahr 1770 einschläft und sich in das Jahr 2440 träumt, bleibt zwar in Paris, er erlebt diese Stadt aber bei seinem Aufwachen als vollständig verändert: Die Regierungsform ist vernünftig, das Sozialgefüge intakt, der Binnenhandel verbessert, die Arbeitsleistung gesteigert, die Großstadt ohne Unordnung, Lärm und Gestank. Der Mensch ist nun tugendhaft und neben seiner Leistung durch (private) Moral charakterisiert, die öffentlich gemacht wird, sodass die für die Moderne charakteristische Spannung zwischen innen und außen aufgehoben werden kann. Ein als Ideal empfundener Zustand wird in die Zukunft projiziert, allerdings ohne dass der Entwicklungsprozess bis zu diesem neuen Zustand veranschaulicht würde. Die Zielrichtung ist entscheidend: „Es gibt noch eine ganze Reihe von Dingen, die wir verbessern müssen. Wir sind aus der Barbarei herausgetreten, in der Ihr versunken wart. Einige Köpfe waren gleich am Anfang erleuchtet, aber der Großteil der Nation war noch leichtsinnig und kindlich. Nach und nach wurde der Geist herangebildet" (Mercier 1989, 139).

In der Rezeptionsgeschichte dieses Romans, exemplarisch in Karl Heinrich Wachsmuths *Das Jahr 2044. Zum 2. Mal geträumt. Ein Traum, deren es wohl träumerische gegeben hat* (1783), lässt sich ablesen, dass sich der durchgängige Fortschrittsoptimismus von Mercier auch umkehren lässt. Aufklärerische Hoffnung schlägt bei Wachsmuth in radikale Fortschrittskritik um. Damit ist eine fortan wiederholt beobachtbare Dichotomie von *perfectibilité* und *corruptibilité* in literarischen Utopien und Dystopien der Moderne vorgezeichnet. Merciers Beispiel macht auch deutlich, dass der Gedanke der Antizipation in Zeitutopien insofern eine doppelte Forderung enthält, als sie einerseits den Übergang von der alten zur neuen Gesellschaft und andererseits zugleich die ständige Veränderung der neuen Gesellschaft selbst zum Thema machen muss. Die Transformation von der Herkunfts- zur Zukunftsgesellschaft macht Mercier in einem Zeitsprung deutlich, die permanente Veränderungsnotwendigkeit der neuen Gesellschaft wird nur erst in Ansätzen sichtbar. Damit wird auch eine grundlegende Antinomie von literarischen Zeitutopien offenkundig: Kann eine sich ständig ‚selbstüberholende' Utopie im Medium einer Erzählung vergegenwärtigt werden? Oder ließe sich dies nur in einer ‚unendlichen Geschichte' darstellen? Jede Festlegung eines utopischen Ziels bedeutet Stillstand, während die Offenheit des Ziels notwendig in eine Philosophie der regulativen Idee als steter Transformation münden muss.

Diese Problematik zeigt sich insbesondere in jener in Deutschland prominenten literarischen Zeitutopie, die seit Beginn des 19. Jahrhunderts den auf Karl Morgenstern zurückgehenden Gattungsnamen ‚Bildungsroman' erhält. Beispiele wie Christoph Martin Wielands *Geschichte des Agathon* (1766/1767), Goethes *Wilhelm Meisters Lehrjahre* (1795), Gottfried Kellers *Der grüne Heinrich* (1854/1856) und in kritischer Perspektive Thomas Manns *Der Zauberberg* (1924) liefern dafür variantenreiche Beispiele. Zeitutopie ist der Bildungsroman darin, dass er sowohl ein formales Telos formuliert, die allseitige Vervollkommnungsfähigkeit des Subjekts in der Zeit, als auch eine künstlerische Form bietet, in der Möglichkeiten (und Grenzen) der Realisierung dieses Ideals darstellbar sind. Das normative Telos individueller Totalität impliziert ein ‚vollkommenes' Gegenbild zum (noch) unausgebildeten mit sich nicht ‚identischen' Subjekt. Allseitige Bildung wird zugleich als hypothetisch möglich gedacht und als Versprechen und Aufgabe für die Zukunft benannt. Das Postulat allseitiger Bildung des Subjekts steht dabei im Zeichen permanenter Selbstreflexion (Voßkamp 2009). In den Diskussionen über den Prototyp von Goethes *Wilhelm Meisters Lehrjahre* wird zudem deutlich, dass der je individuelle Bildungsprozess auf eine geschichtsphilosophische Perspektive der Gattungsgeschichte der Menschheit verweist: „Meisters Lehrjahre […] schildern uns den schönsten, genußvollsten und bildungsreichsten Abschnitt eines ausgezeichneten Menschen-Lebens: […] wo der lange gedrückte Geist, losgekettet aus dem dumpfen Kerker eines eingeschränkten Lebens, eines Lebens des Bedürfnisses, endlich alle seine Flügel ausspannt; […] wo […] die mannigfaltigsten Kräfte der sich auszubildenden Menschheit, […] sich allmählig und allmählig zu einem schönen Ganzen ausbilden und zusammenordnen" (Jenisch 1797 13–14).

Eine Realisierung individueller Totalität ist nur als Annäherung an das postulierte Ziel der ganzheitlichen Bildung in der Lebenszeit und innerhalb bestimmter sozialer Kontexte möglich. Der Bildungsroman führt diese Problematik der Spannung zwischen dem formalen Telos ‚individueller Totalität' und unmöglicher vollständiger Realisierung im Medium der erzählten Lebenszeit am Beispiel vornehmlich männlicher Mittelpunktsfiguren vor und diskutiert Möglichkeiten einer Lösung. Je mehr sich die Geschichte dieses Romantyps der Gegenwart nähert, desto prekärer werden ‚Lösungen' allseitiger Bildung des Individuums und optimistische geschichtsphilosophische Perspektiven menschheitlicher Gattungsgeschichte. Schon seit E. T. A. Hoffmanns *Kater Murr* (1821) lässt sich das Progressionsmodell des Bildungsromans ironisch umkehren (→ IV.1 Kasper). In Thomas Bernhards *Auslöschung* (1986) wird deutlich, dass auch die literarische Zeitutopie des Bildungsromans in Regression und radikale Fortschrittskritik münden kann. Als Zielpunkt bleiben schließlich das Schreiben und die Schrift selbst.

4 Dystopien als radikale Fortschrittskritik

Thomas Bernhards *Auslöschung* lässt sich darüber hinaus als exemplarisch für jene Tendenzen des 20. und 21. Jahrhunderts bezeichnen, in denen sich utopische Romane als radikale Inversion der *perfectibilité*-Modelle seit dem 18. Jahrhundert erweisen. Dystopien kehren traditionale Systeme von Raum- und Zeitutopien um. Sie bilden selbstkritische Antworten zur gesamten Tradition utopischen Schreibens. Utopische Wunschbilder werden zu warnenden Schreckbildern.

Drei prototypische Texte verdienen dabei größte Aufmerksamkeit: Jevgenij Samjatins *My (Wir)* (1920/21), Aldous Huxleys *Brave New World* (1932) und George Orwells *Nineteen-eighty-four* (1949). Wie alle Dystopien sind sie durch Ordnungsterror charakterisiert und thematisieren den grundlegenden Konflikt zwischen dem ‚utopischen' System und dem einzelnen Subjekt. Als utopische Schreckbilder sind sie zugleich Warnutopien mit prognostischer Intention. Im Unterschied zum utopischen Erzählen des 18. und 19. Jahrhunderts bieten sie keine erstrebenswerten Zukunftsvisionen, sie liefern vielmehr Bilder aus der ‚Utopie' der Gegenwart. Die Differenz zum gegenwärtigen Schrecken tut sich hier in der Vergangenheit auf, die nun zu einem positiven Gegenbild stilisiert werden kann.

Nimmt man den Roman *Wir* als Beispiel, so liegt diesem zunächst ein binäres Schema zugrunde, indem Samjatin der gegenwärtig realen, ordnungsbestimmten und furchterregenden Systemwelt im Zeichen eines erzwungenen Glücks (des ‚alleinigen Staats') eine Gegenwelt der ‚alten Welt' gegenüberstellt, die für Wildnis und Freiheit steht. Diese Dichotomie konfrontiert Samjatin mit einer dritten Welt. Dem binären Schema von ‚Freiheit ohne Glück' in der Vergangenheit versus ‚Glück ohne Freiheit' in der Gegenwart wird eine Welt immer neuer Revolutionen im Zeichen dynamischer Veränderungen (‚Energie') gegenübergestellt. Der Systemzustand des erzwungenen gegenwärtigen Glücks ist nicht das Ergebnis einer letzten Revolution und damit das Ende einer geschlossenen Utopie. Dem Zustand der ‚Entropie' im Zeichen des ‚alleinigen' (Zwangs-)Staates werden Veränderungen im Zeichen von ‚Energie' entgegengesetzt. Diese Veränderungen sind nicht eindeutig, aber prinzipiell werden Möglichkeiten virulent, die den indikativischen Zustand des vollendeten, hier schrecklichen Gleichgewichts kritisieren und satirisch entlarven.

Vorschläge, wie sie in Samjatins *Wir* vorliegen, verweisen auf jenes kategoriale ‚utopische' Prinzip von ‚Möglichkeit', das die aktuelle Diskussion über Utopien und das Utopische bis heute charakterisiert. Die Warnung vor totalitären Tendenzen von Gesellschaftsutopien (etwa gegenüber dem gentechnisch basierten ‚Transhumanismus') sollten Diskussionen über den Zusammenhang von ‚Wirklichkeitssinn' und ‚Möglichkeitssinn', ob bei Ernst Bloch oder Robert Musil, im Auge behalten.

Für den Zusammenhang von Philosophie der Utopie und Literatur der Utopie, ob ontologisch oder phänomenologisch bestimmt, ist der Möglichkeitssinn grundsätzlich konstitutiv. Literarische Formbildungen stimulieren das Zukunftsdenken. Insofern lassen sich im Felde der Utopie Philosophie und Literatur nicht trennen. Die Ableitung des ‚Utopischen' von ‚Utopien' dokumentiert dies. Die Schreibweise des Utopischen kann literarisch-künstlerisch geprägt sein, wie insbesondere Ernst Blochs philosophische Texte zeigen. Theodor W. Adornos Skepsis, ob das Utopische überhaupt begrifflich gefasst werden könne und ausgemalt werden solle oder vielmehr „das Ineffabile" bleiben müsse, das weder theoretisch noch in der Kunst fassbar sei, bleibt darüber hinaus zu beherzigen (Dierse 2001, Sp. 520–521).

Literatur

Bloch, Ernst. *Abschied von der Utopie? Vorträge*. Hg. von Hanna Gekle. Frankfurt a. M. 1980.
Bloch, Ernst. „Kann Hoffnung enttäuscht werden?". Ders. *Literarische Aufsätze*. Frankfurt a. M. 1965: 385–391.
Bloch, Ernst. *Das Prinzip Hoffnung*. Frankfurt a. M. 1959.
Dierse, Ulrich. „Utopie". *Historisches Wörterbuch der Philosophie*. Bd. 11. Hg. von Joachim Ritter, Karlfried Gründer und Gottfried Gabriel. Darmstadt 2001: Sp. 517–526.
Dülmen, Richard van. „Die Formierung der europäischen Gesellschaft in der Frühen Neuzeit. Ein Versuch". *Geschichte und Gesellschaft* 7 (1981): 5–41.
Gustafsson, Lars. „Negation als Spiegel. Utopie aus epistemologischer Sicht". *Utopieforschung. Interdisziplinäre Studien zur neuzeitlichen Utopie*. Bd. 1. Hg. von Wilhelm Voßkamp. Stuttgart 1982: 280–292.
Hölscher, Lucian. „Utopie". *Geschichtliche Grundbegriffe. Historisches Lexikon zur politisch-sozialen Sprache in Deutschland*. Bd. 6. Hg. von Otto Brunner, Werner Conze und Reinhart Koselleck. Stuttgart 2004: 733–780.
Jenisch, Daniel. *Ueber die hervorstechendsten Eigenthümlichkeiten von Meisters Lehrjahren; oder über das, wodurch dieser Roman ein Werk von Göthen's Hand ist. Ein ästhetisch-moralischer Versuch*. Berlin 1779.
Koselleck, Reinhart. „Geschichte, Historie". *Geschichtliche Grundbegriffe. Historisches Lexikon zur politisch-sozialen Sprache in Deutschland*. Bd. 2. Hg. von Otto Brunner, Werner Conze und dems. Stuttgart 2004: 593–717.
Landmann, Michael. *Messianische Metaphysik*. Bonn 1982.
Mannheim, Karl. *Ideologie und Utopie*. 2. Aufl., Frankfurt a. M. 1978 [EA: 1929].
Manuel, Frank Edward und Fritzi Prigohzy Manuel. *The Utopian Thought in the Western World*. Cambridge, MA 1979.
Mercier, Louis-Sébastien. *Das Jahr 2440. Ein Traum aller Träume*. Übers. von Christian Felix Weiße. Hg. von Herbert Jaumann. 2. Aufl., Frankfurt a. M. 1989 [OA: 1771].
Morus, Thomas. „Utopia". *Der utopische Staat*. Hg. von Klaus Heinisch. Reinbek bei Hamburg 1960: 7–110 [OA: 1516].
Morus, Thomas. *Ordentliche und Außführliche Beschreibung Der überaus herrlichen und gantz wunderbarlichen / doch wenigen bißhero bekandten Insul UTOPIA [...]*. Leipzig 1612.

Morus, Thomas. *Libellus vere aureus nec minus salutaris quam festivus de optimo rei publicae statu deque nova insula Utopia*. Löwen 1516.
Münz-Koenen, Inge. *Kommunikationsform Utopie. Kommunikationsformen als Lebensformen*. Hg. von K. Ludwig Pfeiffer und Michael Walter. München 1990: 261–289.
Neusüss, Arnhelm. „Schwierigkeiten einer Soziologie des utopischen Denkens". *Utopie. Begriff und Phänomen des Utopischen*. Hg. von dems. Neuwied/Berlin 1968: 13–114.
Ruyer, Raymond. „Die utopische Methode". *Utopie. Begriff und Phänomen des Utopischen*. Hg. von Arnhelm Neusüss. Neuwied/Berlin 1968: 339–360.
Samjatin, Jewgenij. *Wir*. Übers. von Thomas Reschke. Hg. von Siegfried Heinrichs. Berlin 1994 [OA: 1920/1921].
Schmidt-Biggemann, Wilhelm. *Theodizee und Tatsachen. Das philosophische Profil der deutschen Aufklärung*. Frankfurt a. M. 1988.
Seel, Martin. „Zukunft denken. Nach den Utopien". *Merkur* 5 (2001): 747–755.
Seidl, Horst. „Möglichkeit". *Historisches Wörterbuch der Philosophie*. Bd. 6. Hg. von Joachim Ritter und Karlfried Gründer. Darmstadt 1984: Sp. 72–92.
Striedter, Jurij. „Die Doppelfiktion und ihre Selbstaufhebung. Probleme des utopischen Romans, besonders im nachrevolutionären Rußland". *Funktionen des Fiktiven*. Hg. von Dieter Henrich und Wolfgang Iser. München 1983: 277–330.
Voßkamp, Wilhelm. *Emblematik der Zukunft. Poetik und Geschichte Literarischer Utopien von Thomas Morus bis Robert Musil*. 2. Aufl., Berlin/Boston 2018.
Voßkamp, Wilhelm. „Utopie". *Handbuch der literarischen Gattungen*. Hg. von Dieter Lamping, in Zusammenarbeit mit Sandra Poppe, Sascha Seiler und Frank Zipfel. Stuttgart 2009: 740–750.
Voßkamp, Wilhelm. „Utopie als Antwort auf Geschichte". *Geschichte als Literatur. Formen und Grenzen der Repräsentation von Vergangenheit*. Hg. von Hartmut Eggert, Ulrich Profitlich und Klaus R. Scherpe. Stuttgart 1990: 273–283.
Winter, Michael. „Lebensläufe aus der Retorte Glück und Utopie". *Zeitschrift für Literaturwissenschaft und Linguistik* 12 (1983): 48–69.
Zedler, Johann Heinrich. „Schlaraffenland". *Großes vollständiges Universal-Lexicon aller Wissenschaften und Künste*. Bd. 34: Sao–Schla. Leipzig/Halle 1742: Sp. 1828/1829.

III.7 Tragödie und das Tragische

Robert Pirro

1 Von der literarischen Gattung zur philosophischen Idee

Von allen kulturellen Praktiken, die im antiken Griechenland ihren Ursprung fanden, hat wohl die Form der *tragōdíā* (τραγωδία) die westliche Gesellschaft am meisten beschäftigt und beeinflusst. Die vielfältige Erbschaft dieses festen Bestandteils des öffentlichen Lebens der Bürger Athens hat nicht nur die Entwicklung literarischer und dramatischer Gattungen inspiriert, sondern auch wichtige theoretische Auseinandersetzungen angestoßen, darunter eine bedeutende philosophische Tradition, deren Vertreter das Leiden und den Verlust als eine fundamentale Dimension des menschlichen Daseins in den Mittelpunkt ihrer Betrachtungen stellen (Miguel de Unamuno, *Del sentimiento trágico de la vida*, 1913, dt. *Das Tragische Lebensgefühl*). Mit der Verbreitung des Wortes *tragōdíā* über sprachliche Grenzen hinweg, wurde es zur etymologischen Wurzel eines modernen Vokabulars (Tragödie, tragisch, *tragedy, tragic, tragédie, tragique*), auf das die literarischen, philosophischen, aber auch gesellschaftspolitischen Diskurse der Gegenwart immer wieder zurückgreifen, um unvorhersehbare und verheerende Leidensepisoden hervorzuheben und zu verarbeiten.

Die literarische Praxis und Gattung der Tragödie hat ihren Ursprung im Musik-, Chor- und Tanzfest zu Ehren des Gottes Dionysos (*Dionysien*), dem sogenannten Bocksgesang (τράγος = Bock, ωδή = Gesang), die von den großen griechischen Tragödiendichtern – Aischylos, Sophokles und Euripides – und im Anschluss an die Griechen von dem römischen Philosophendichter Seneca formal und poetologisch weiterentwickelt wurden. Die poetologische und rezeptionstheoretische Tradition in der Auseinandersetzung mit der Tragödie, ihrer spezifischen Form und deren Wirkung auf das Publikum reicht bis auf Platons Schriften zurück, der sich in *Der Staat* (Plat., *rep.* 605 d) dezidiert gegen das bei Aischylos in der ersten Tragödie der *Orestie* (*Agamemnon*) formulierte Prinzip *pathei mathos* (πάθει μαθώς, dt. Erkenntnis durch Leiden) ausspricht und vor dessen Auswirkungen auf die emotionale Selbstkontrolle der Bewohner der Polis er warnt. Entgegen seinem Lehrmeister und seiner negativen Beurteilung vertritt Aristoteles in seiner *Poetik* die Auffassung, dass die Tragödie als Darstellung einer ins Unglück umschlagenden Handlungsfolge zu einer heilsamen ‚Reinigung der Affekte' komme (κάθαρσις, *katharsis*), die als Jammer (έγλεος, *eleos*) und Schrecken (φόβος, *phobos*) bestimmt werden. Ob sich die von Aristoteles ins Feld geführte Reinigung als Reinigung *von den* Affekten oder *der* Affekte bzw.

von ihrem Übermaß versteht, bleibt ein über Jahrhunderte geführter Streit in der Rezeptionsgeschichte des Aristoteles (→ II.6 WITT). Die Streitigkeit dieser Tragödientheoretiker der ersten Stunde ist paradigmatisch und leitet eine langandauernde Reflexion darüber ein, inwiefern die spezifische Form der dramatischen Handlung Gedanken und Emotionen beeinflussen und anleiten könne.

Für die poetologische Auseinandersetzung mit der Wirkung der Tragödie bleibt Aristoteles bis in die Gegenwart ein, wenn nicht *der* zentrale Theoriepfeiler, sodass die Geschichte der Tragödientheorie im Anschluss an die Antike auch immer eine Geschichte der Übersetzung der aristotelischen *Poetik* und ihrer Kommentierung ist (Halliwell 1992, 412). Neben dieser affektorientierten Reflexion hat die Tragödie aber auch kritische Überlegungen handlungstheoretischer Natur hervorgerufen, in denen Handlung und Leiden der tragischen Charaktere, die Rolle des tragischen Chores, Identität und Verantwortung und nicht zuletzt die gesellschaftspolitische Konsequenz der Tragödie hinterfragt werden. Ausdrücke wie ‚tragisches Schicksal', ‚tragische Unabwendbarkeit' oder ‚tragische Ironie' entwickelten sich aus ebendieser Denktradition. Kurz nachdem sich der deutsche Begriff der Tragödie im Gelehrtendiskurs des 16. Jahrhunderts in Rückwendung auf die Antike auch auf Theaterstücke und literarische Werke im deutschen Sprachraum bezog, wurde er – dies lässt sich in Wörterbüchern verschiedener europäischer Sprachen nachvollziehen – auch erstmals im übertragenen Sinne verwendet, indem er auf ein unerwartetes tödliches Ereignis oder einen Zustand von extremem Leiden bezogen wurde. Somit konnte auch ein historisches Ereignis als tragisch bezeichnet (die Verfolgung der Christinnen und Christen in einer deutschen Chronik von 1530 wurde laut Grimm'schem Wörterbuch als ‚solche tragedien' beschrieben) und einer führenden Persönlichkeit oder einer Gemeinschaft ein tragisches Schicksal bescheinigt werden. Aus der sich im Sprachgebrauch einbürgernden adjektivischen Verwendung entsteht in der zweiten Hälfte des 18. Jahrhunderts auch die Substantivierung ‚das Tragische', die sich wie der Begriff der Tragödie selbst als philosophische Denkfigur oder Idee von der literarischen Praxis der Tragödie emanzipiert, in der Literatur, und zwar insbesondere der antiken, jedoch weiterhin ihren Reflexionsmaßstab im Sinne der Darstellung prototypischer, schuldlose Schuld implizierender Konfliktsituationen findet.

Ergibt es wenig Sinn, von der Tragödie als *literarische Form* der Philosophie zu sprechen, so fordert die Tragödie als literarische Form und konkretes künstlerisches Ereignis seit ihrer Geburtsstunde im antiken Griechenland wie keine andere literarische Gattung die Philosophie zur Reflexion und Interpretation heraus. Und vice versa wird die Poetik der Tragödie und die Philosophie des Tragischen ihrerseits wiederum von den Dramatikern kritisch oder affirmativ aufgenommen, umgesetzt, unterwandert oder modifiziert. Der über Jahrhunderte anhaltende

Dialog zwischen Philosophie und Literatur über Tragödie und Tragisches spiegelt dabei in seinen vielen einander widersprechenden Ansätzen die sich wandelnden Welt- und Menschenbilder (Profitlich 1999, 12), die ihnen korrespondierenden Bildungsideale ebenso wie die ihnen zugrunde liegenden unterschiedlichen Prozessmodelle (Ette 2012) und geschichtsphilosophische Deutungen (Szondi 1961, 56) wider. Seine Komplexität hier im Detail abzubilden, ist ebenso unmöglich wie eine umfassende Nennung all seiner wichtigsten Protagonisten. Anders als Szondi, der in seiner Auftaktstudie zur Philosophie des Tragischen die Idee des Tragischen in seiner Strukturgleichheit als dialektisches Denkmodell zu fassen sucht (Szondi 1961, 57–61), unterstreicht Profitlich zu Recht die Diversität einer Theorie des Tragischen (Profitlich 1999, 12). Für einen Überblick über die unterschiedlichen Positionen der Idee des Tragischen sei neben Szondis Studie und Profitlichs materialreicher Sammlung deutschsprachiger Texte komplementär auch auf Kaufmann (1968), Mack (1970), Loock (1998), Hühn und Schwab (2011) und Ette (2012) verwiesen.

2 Ethischer und gesellschaftlicher Grundkonflikt

Reflektionen über die ethische und gesellschaftspolitische Bedeutung der griechischen Tragödie und die Idee des Tragischen zeigen sich in der europäischen Geistesgeschichte insbesondere in der deutschen Philosophie seit dem Beginn des 19. Jahrhunderts. Diese Gräkomanie der deutschsprachigen Dichter und Denker wird jedoch bereits manifest im 18. Jahrhundert, und zwar paradigmatisch beim philhellenischen Kunstliebhaber Johann Joachim Winckelmann und seinem Bekenntnis zur antiken griechischen Kultur und ihrer einzigartigen Fähigkeit „edle Einfalt, und eine stille Größe" zu vermitteln (Winckelmann 2002, 43). Zeitgleich mit Winckelmanns Bemühungen, altgriechische geistige Errungenschaften als Maßstab für die zeitgenössische Kulturproduktion zu setzen, erneuert Lessing den Begriff der Katharsis als Mittel einer moralisch-gesellschaftlichen Besserung bürgerlicher Theaterbesucherinnen und -besucher. Im Zentrum steht eine Neuinterpretation der Affekte *phobos* und *eleos*, die Lessing mit ‚Furcht' und ‚Mitleid' übersetzt. Die Reinigung *der* Affekte und die „Verwandlung der Leidenschaften in tugendhafte Fertigkeiten" (Lessing 2013, 78. Stück) geschieht, indem sie von ihren Extremen befreit werden und zu ihrer Mitte finden. Um jedoch Mitleid zu empfinden, das über reine Philanthropie hinausgeht, bedarf es einer weitreichenden Identifikation mit dem Helden, die sich in Furcht „für uns selbst", als „bemitleidete[s] Übel für uns selbst" äußert (77. Stück). Mit der Forderung nach einer Furcht auslösenden Ähnlichkeit des Helden mit dem Zuschauer (von „gleichem Schrot und Korne" wie er, 75. Stück) schlägt Lessing in seiner Tragödientheorie eine Brücke zum bürgerlichen Trauerspiel der Gegenwart des 18. Jahrhunderts, in dem weder Pöbel noch hoher Adel, sondern Bürger und gemeiner Adel in tragische Kollisionen geraten.

Steht Lessing für eine Befreiung von einer klassischen Regelpoetik mit einer klaren, die Gegenwart deutenden moralisch-gesellschaftlichen Zielrichtung, so findet nach Szondi seit Schelling ein Paradigmenwechsel von einer rezeptionsästhetischen „Poetik der Tragödie" hin zu einer „Philosophie des Tragischen" statt, die den fiktiven Rahmen der Literatur verlässt und das innewohnende prozesshafte Denken selbst als Tragödie deutet (Szondi 1961, 7).

Hegel, dessen Entwurf des dialektischen Denkens sich im Zusammenhang mit Reflektionen über das Wesen und die Bedeutung der griechischen Tragödie entwickelte, setzt auf Entzweiung und Widerspruch als fundamentale Aspekte des tragischen Dramas (Steiner 1984, 19–36). Entzweiung und Widerspruch manifestieren sich nach Hegel in der griechischen Tragödie als ein Konflikt zwischen Befürwortern entgegengesetzter und für sich genommen einseitiger ethischer Prinzipien, wie zum Beispiel im Kampf zwischen Antigone als Vertreterin familiärer und Kreon als Vertreter bürgerlicher Pflichten. Oder aber der Konflikt offenbart sich als ein innerer, in der qualvollen Erkenntnis eines Charakters, dass vergangene Handlungen zum eigenen Scheitern geführt haben, wie im Fall des Ödipus, als ihm klar wird, dass der Aufstieg zur Führung von Theben auf (s)einem schrecklichen Verbrechen beruht (→ IV.1 KARYDAS). Sind es literarische Tragödien, die uns Handlungskollisionen prototypisch vorführen, so gilt Hegels eigentliches Interesse der gesellschaftlich-sittlichen Verfassung des Menschen und der „Tragödie im Sittlichen, welche das Absolute ewig mit sich selbst spielt" (Hegel 1968, 458). In seinem frühen, sogenannten „Naturrechtsaufsatz", der 1802 im *Kritischen Journal* erschien, identifiziert Hegel in diesem Sinne den gesamten sittlichen Prozess als tragisches Geschehen, das in dialektischer Selbstentzweiung und Selbstversöhnung voranschreitet. In Hegels *Vorlesungen über die Ästhetik* (1820–1829) steht das Tragische nicht mehr für den gesamten sittlichen Prozess, sondern für den in der zerfallenden antiken Polisgesellschaft sich manifestierenden Widerstreit zwischen Allgemeinheit oder dem Recht des Staates und der Individualität als einem Teilstück dieses Prozesses (Szondi 1961, 27; Menke 1996, 156 ff.). Die ästhetische Wirkung der griechischen Tragödie, so Hegel, ist nicht in Furcht und Mitleid zu sehen, sondern in einem Gefühl der Versöhnung, das den dialektischen Prozess des Geistes hin zu einem höheren Grad des Bewusstseins ebenso widerspiegelt wie vorantreibt. Gegen jenes Versöhnungsmodell setzen sich die Tragödientheorien Schopenhauers (*Die Welt als Wille und Vorstellung*, 1818/1848), Kierkegaards (*Furcht und Zittern*, 1843) und Nietzsches (*Die Geburt der Tragödie aus dem Geiste der Musik*, 1872) ab (Ette 2012, 93).

Nietzsches Tragödientheorie ist sehr stark von Schopenhauers Theorie des Tragischen geprägt, insofern er bei der für Schopenhauer bestimmenden Unterscheidung von ‚Wille' und ‚Vorstellung' ansetzt, diese ästhetisiert und aus ihr die Kunsttriebe des Dionysischen (rauschhaft und grenzauflösend) und Apollinischen (maßhaltend, dem Prinzip der Individuation folgend) entwickelt. Indem er auf die Ursprünge der Tragödie in den orgiastischen Riten des Opferkults für Dionysus insistiert, betont Nietzsche die fundamentale Bedeutung des singenden und tanzenden Chores, mit dem die Zuschauer im Höhepunkt der Aufführung zu einem Gefühl erlösender Ganzheit verschmelzen. Aus dieser Auflösung des Individuationsprinzips folgt für Nietzsches jedoch nicht wie bei Schopenhauer eine resignative Deutung des Tragischen, sondern ihre emphatische Bejahung (Szondi 1961, 47). Der Grund aller tragischen Erfahrung ist die Musik, formauflösend, reines Werden, im Widerstreit mit sich, deren Wiedergeburt in der Moderne nach Nietzsche auch nur in der Musik geschehen kann und deren tragisch-dionysische Erfahrung er bei Wagner entstehen sieht. Damit ist jedoch keine ästhetische Abkehr von der Welt verbunden, denn für Nietzsche hatte die Begegnung mit der dionysischen Erfahrung durch die *tragōdía* einen bedeutenden Einfluss auf das öffentliche Leben in Athen. Sie förderte ein Maß an reflektierter Distanziertheit in den Bürgern der Stadt, das es ihnen erlaubte, egoistische Impulse zu mäßigen und sich mit Energie größeren, politischen Zielen zuzuwenden. Auch wenn Nietzsche in seinem revolutionären Werk *Die Geburt der Tragödie aus dem Geiste der Musik* immer wieder auf Beispiele aus der antiken Tragödiendichtung zurückgreift, zielt er mehr darauf ab, Unzulänglichkeiten und Missstände der Wilhelminischen Gesellschaft und Kultur aufzuzeigen, als die klassischen Studien seiner Zeit voranzutreiben.

Nietzsches Ansatz, das Tragische auch als spezifische Seinserfahrung zu deuten, wird insbesondere von Martin Heidegger fortgesetzt. Ein Jahr, nachdem sich Heidegger von seinem Posten des Rektors der Universität Freiburg zurückgezogen hatte (Mitglied der NSDAP blieb er bis Kriegsende), bezieht er sich in seiner Vorlesungen *Einführung in die Metaphysik* 1935 auf die Tragödienverse von Sophokles und interessiert sich dabei vor allem auf den darin ausgesprochenen Seins- und Weltbezug. Sophokles' Verse dienen ihm als Beispiel für jenes in der Tragödie „am höchsten und reinsten" vollzogene „denkerische Dichten" der antiken Griechen, in dem eine bedeutungsvolle Verbindung zum „Sein" und „Dasein" erst gestiftet werde (Heidegger 1987, 81, 110). Von besonderer Bedeutung für Heidegger waren die Reflexionen des *Antigone*-Chores von Sophokles über den menschlichen Zustand des *deinotaton* (τὸ δεινότατον), des Gewaltigsten, des Überwältigendsten, des Furchtbarsten oder, wie Heidegger übersetzt, des Unheimlichsten des Unheimlichen. Denn *deinotaton* galt ihm als Ausdruck der antiken griechischen Erkenntnis, dass eine bedeutungsvolle Schöpfung – sei sie in der Poesie, im Denken oder in der Politik angesiedelt – erst durch einen eigentlichen Bezug zum Sein möglich werde, welcher der Grundstein der schöpferischen menschlichen Kraft sei (Heidegger 1987, 112–126; Günther 2006; → II.3 LEMKE).

Zeitgleich zu Heideggers Reflexionen über die Verbindung von Tragödie und Seinsfrage erfahren Begriffe wie ‚Nation' und ‚Volk' sowie die Idee einer schuldlosen Opferbereitschaft Einzelner in der Tragödientheorie ‚völkisch' gesinnter Schriftsteller und Dramatiker während des Nationalsozialismus eine propagandistische, die Kampfkraft stärkende Aufwertung (Ketelsen 1968; Profitlich 1999, 208–209, 267–282). Findet diese völkische Spielart der Tragödie im Anschluss an die nationalsozialistische Herrschaft keine direkte Fortsetzung, so markiert sie doch eine Art Klippe, an der sich gerade die politischen Reflexionen zur Tragödie immer wieder brechen und brechen müssen.

3 Grenzen des Tragischen und der Tragödie

Die Feststellung, dass es im europäischen Mittelalter eigentlich keine Tragödien gibt, gilt als Allgemeinplatz (Geifert 1975), der mit der einhelligen Erklärung verbunden ist, dass sich ein tragischer Konflikt nicht mit dem christlichen Weltbild des Mittelalters und seinem Heilsversprechen vereinen lasse. Abgesehen davon, dass es dezidiert christliche Tragödien gibt und Ludwig Marcuse sogar die Tragödienauffassungen von Marx und Engels zum Typus der „christlich-idealistischen Erfahrung des Tragischen" zählt (Marcuse 1954, 248), steht hier die Frage im Raum, ob und – wenn ja – wie sich eine tragische Kollision vor dem Hintergrund bestimmter Weltbilder sinnvoll modellieren lässt. Ist die Tragödie ein Modell der Sinngebung von Leid, so formiert sich Kritik an der Tragödie und am Denkmodell des Tragischen insbesondere dort, wo spezifische Sinngebungen (und ihre Folgen) obsolet werden.

Ein zentraler Kritikpunkt an der Darstellung tragischer Konflikte, der sich zuerst in der poetologischen Diskussion als Kritik an der sogenannten Ständeklausel formuliert (so Lessings Forderung nach einer Ähnlichkeit des Helden mit dem Zuschauer), betrifft ihr aristokratisches Personal, dem allein tragischer Heroismus, Schicksal und Leiden zukommen und mit dem die Kämpfe und die Misere des gewöhnlichen Volkes aus ethischer oder politischer Sicht übergangen werden. Diese führten, wie der afroamerikanische Philosoph Cornel West mit einem Zitat von George Santayana unterstreicht – übrigens ganz im Einklang mit Bertolt Brechts Bemühung um eine reflektierende Distanznahme des Zuschauers im epischen Theater (Ette 2012, 115–118) –, zu einer einlullenden, die eigene gesellschaftspolitische Position des bürgerlichen Publikums nicht reflektierenden Hypnose: „hypnotized by the spectacle of the necessary evolution, and lulled into cruelty by the pomp and music of a tragic show" (West 1989, 24). Als Reaktion auf das, was er als problematische Verbreitung eines ‚tragischen Lebensgefühls' unter einigen amerikanischen Nachkriegsintellektuellen beobachtete, verband der Soziologe C. Wright Mills die Faszination am Tragischen mit einem „political failure of nerve", mit einer Tendenz, das Handeln aufzuschieben, anstatt sich damit zu beschäftigen, die Tragödien der Welt zu verstehen (Mills 1944, 294, 300).

Diese Argumentation – die Denkfigur des Tragischen und mit ihr auch tragische Darstellungen förderten eine elitäre Missachtung *bestimmter* menschlicher Leiden – ist verwandt mit einem von zwei Polen, mit denen Karl Jaspers eine gestörte tragische Sichtweise des Lebens charakterisiert. Jaspers Kritik an einer „Entgleisung tragischer Weltanschauung" (Jaspers 1990, 140) erscheint in *Von der Wahrheit*, einem Manuskript, das während der Herrschaft des Nationalsozialismus nicht veröffentlicht werden konnte und erst nach dem Krieg erschien, nicht zuletzt, weil seine Analyse über den Missbrauch der Idee der Tragödie so offensichtlich auch auf die nationalsozialistische Ideologie zutraf. Einer der beiden Pole markiert einen Zustand extremer Passivität (etwa in der Art wie ihn Santayana und Mills kritisieren), wonach das Leben im Wesentlichen durch tragische Konstellationen bestimmt ist, die dazu führen, dass menschliche Konflikte und Leiden als gedankliche Objekte angesehen werden, die für politisch unbeteiligte Zuschauende ausschließlich ein ästhetisches Vergnügen offerieren. Am anderen Pol, der durch Formen exzessiven Handelns gekennzeichnet ist, kann eine ausgeprägte Anziehungskraft der tragischen Lebensauffassung noch schädlichere politische Ausdrucksformen finden. Sie kann eine Art Nihilismus hervorrufen, in dem die Fixierung auf die tragische Natur des Lebens eine Lust am Leiden und Krankheit fördert und den Wunsch hervorbringt, mehr davon zu erzeugen, sogar in und für sich selbst: „In solcher Verkehrung tragischer Weltanschauung vermögen sich dann dunkle Antriebe auszutoben: die Lust am Sinnlosen, am Quälen und Gequältwerden, an der Zerstörung als solcher, die Wut auf Welt und Menschen mit der Wut auf das eigene verachtete Dasein" (141–142).

Auszüge aus diesem Buch, die sich mit dem Begriff der Tragödie auseinandersetzen, wurden auf Initiative von Hannah Arendt, seiner ehemaligen Schülerin, deren eigene Arbeit ebenfalls stark, wenn auch ambivalent, von Aspekten der Tragödie beeinflusst ist, ins Englische übersetzt und unter dem Titel *Tragedy Is Not Enough* 1952 publiziert. Dem deutschen Vernichtungskrieg durch Flucht entkommen und in Kenntnis der nationalsozialistischen Instrumentalisierung der Tragödie war Arendt besonders sensibel für die Möglichkeit, sich im Moment des moralischen Zusammenbruchs mit der Denkfigur der Tragödie und des Tragischen der politischen Verantwortung zu entziehen. In Anerkennung dieses Problems wählte sie ihre Worte in Kriegs- und frühen Nachkriegsaufsätzen wie „The Pariah as Rebel: We Refugees" (1943) und „The Moral of History" (1946) sorgfältig aus und zog Begriffe wie ‚Katastrophe', ‚Vernichtung' oder ‚Zerstörung' dem der Tragödie vor, wenn sie sich auf die Folgen der nationalsozialistischen Herrschaft bezog (Arendt 1978, 62, 107, 109). Nicht zuletzt unter dem Einfluss historischer Ereignisse wie dem Ungarischen Volksaufstand von 1956 oder der US-amerikanischen Bürgerrechts- und Antikriegsbewegung der 1960er Jahre änderte sich Arendts Einstellung zum intellektuellen Erbe der antiken griechischen Tragödie, das im Hinblick auf die Entwicklung eines Ethos' demokratischer Selbstverwaltung reaktiviert werden könnte, um zeitgenössische Bürgerbewegungen und ihren Kampf um politische Freiheit zu unterstützen. So bezeichnete sie die gescheiterten Volksaufstände als Tragödien, um sie aus der historischen Vergessenheit zu retten, und berief sich auch auf Chorverse und Dialogzeilen aus griechischen Tragödien, um den existentiellen Wert autonomen politischen Handelns aufstrebender Bürgerinnen und Bürger zum Ausdruck zu bringen (Pirro 2000; Pirro 2011, 186–192).

4 Zur Frage der Aktualität und Globalität

Die Denkfigur des Tragischen und der Tragödie erstreckt sich über die Moderne bis hin zur Gegenwart und ist nicht nur Gegenstand theoretischer Reflexion, sondern erfährt in der Gestaltung und Modifizierung bekannter Tragödienstoffe eine Übertragung in andere literarische Gattungen wie den Roman. Eine deutsche Affinität zur (antiken) Tragödie und zur Denkfigur des Tragischen lässt sich nach wie vor beobachten und zeigt sich exemplarisch in Thomas Manns Roman *Doktor Faustus* (1947) oder Rolf Hochhuths *Der Stellvertreter* (1963), in denen der tragische Konflikt vor dem Hintergrund der deutschen Schuld und Schuldverdrängung entworfen wird; sie manifestiert sich auch in Christa Wolfs genialer Erzählung *Kassandra* (1983), in Heiner Müllers radikalen Neufassungen tragischer Stoffe (*Sophokles/ Ödipus, Tyrann*, 1966/1967; *Hamletmaschine*, 1977) oder in Botho Strauß' Dramatik (Huller 2007) und seinem umstrittenen Aufruf in seinem Artikel „Anschwellender Bocksgesang" (1993) im Magazin *Der Spiegel*, ein tragisches Lebensgefühl erneut aufleben zu lassen. Die Dringlichkeit, mit der in der deutschsprachigen Literatur und Theorie seit dem Zweiten Weltkrieg Beschaffenheit und Bedeutung der griechischen Tragödie und des Tragischen eine Auseinandersetzung erfahren, hat eine gesellschaftspolitische Dimension. Antike Tragödiendichter und Denker des Tragischen werden zu Dialogpartnern mit deren Hilfe Defizite und Missstände in der deutschen oder europäischen Gesellschaft beleuchtet und soziale, politische oder existentielle Einsichten gewonnen werden.

Nietzsche, der mit Besorgnis beobachtete, wie sich die deutschen Staaten in ein von Preußen beherrschtes, militärisch-industrielles Imperium verwandelten, hoffte auf die Auswirkung einer tragischen Einsicht, insbesondere im Hinblick auf das politischen Leben, und zwar in Form einer Koexistenz von kreativer Individualität auf der einen und gemeinschaftlichem Zugehörigkeitsgefühl auf der anderen Seite. Für Christa Wolf, deren Bezugspunkt das immer autoritärer und korrupter werdende SED-Regime war, dem sie trotz Parteizugehörigkeit bis 1989 immer skeptischer gegenüberstand, eröffnete eine moderne, neu konzipierte griechische Tragödie die Möglichkeit, eine Gemeinschaft von kritisch gesinnten Leserinnen und Lesern heranzuziehen, deren Solidarität nicht auf Machteinfluss oder selbstsüchtigen Interessen basierte, sondern auf Selbstkenntnis und freiwilligem Einsatz für das Gute in der Gemeinschaft. Enttäuscht durch das Schwinden einer sozialen demokratischen Alternative zur BRD nach der Wende, wandte sich Wolf in einem monologisch strukturierten Roman erneut der griechischen Tragödie zu, dieses Mal in einer den Mythos der mordenden Frau in Frage stellenden kritischen Neubearbeitung von *Medea* (1996), die in ihrer Polyperspektivität der Stimmen Überlieferungsprozesse selbst zum Thema macht (Pirro 2011, 157–170).

Der Aufruf von Strauß an die Deutschen, ein tragisches Empfinden wieder aufzugreifen, war nicht zuletzt motiviert durch seine Sorge um die Dominanz westdeutscher Kultur und ihres Vermächtnisses, bestimmt durch Materialismus, Konformismus und politische Korrektheit. Strauß' Beharren auf unkritisch verwendeten Vorstellungen von tragischem Schicksal, Mythos und kultischem Opfer boten Anlass, ihm politische und moralische Verantwortungslosigkeit vorzuwerfen, und lösten einen Kulturstreit zwischen seiner vermeintlichen Verteidigung (Schwilk und Schacht 1994) und der Kritik an ihm (Klotz und Schneider 1997) aus. Man fragt sich, ob Inhalt und Ergebnis von Strauß' kryptischer Beschwörung anders ausgefallen wären, hätte er der historischen Tatsache mehr Bedeutung beigemessen, dass sich die griechische Tragödie zeitgleich mit und in Abhängigkeit von der Demokratie in Athen entwickelt hat.

Obwohl sich besonders die deutschsprachigen Philosophinnen und Philosophen, Schriftsteller und Schriftstellerinnen in ihrer intensiven Auseinandersetzung mit den politischen Aspekten einer Theorie der Tragödie hervorgetan haben, stehen sie in dieser Hinsicht jedoch keineswegs allein. Eine Erwähnung verdient der Dramatiker, Nonkonformist, ehemalige Regimekritiker und spätere tschechische Präsident Václav Havel, der die politische Ideengeschichte sowohl der sozialistischen als auch der liberalen Tradition einer Revision unterzog und sie mit handlungstheoretischen Überlegungen über die Tragödie in der menschlichen Gesellschaft verband. Beeinflusst durch die existentialistischen Lehren von Jan Patočka und seinen eigenen Hintergrund als Dramatiker, betrachtete Havel – die rezeptionsästhetische Tradition der Tragödie politisch deutend – das Theater als einen Ort, an dem die kollektive Erfahrung der Katharsis die Solidarität des Publikums fördern könnte (Havel 2018, Nr. 103, Nr. 104, Nr. 105). In den entmutigenden Jahren nach dem Prager Frühling entwickelte er zudem die Vorstellung, dass die

Aktionen der Dissidenten, so sinnlos sie auch erscheinen mögen, nicht „tragisch bedeutungslos" seien (Havel 1990, 177; Pirro 2011, 27–50).

Als jemand, der sich gut mit den theatralischen Strukturen der Politik auskannte und zugleich ein begeisterter Leser der antiken und der Shakespeare'schen Tragödie war, verwendete auch der Intellektuelle und Politiker Nelson Mandela eine tragische Rhetorik und verwies auf die Charaktere und Handlungen in klassischen Tragödien, um empathisches Bewusstsein und nationale Versöhnung in einem zutiefst geteilten Südafrika heraufzubeschwören, das einen schwierigen Übergang zur Demokratie durchlebte (99–115). Mandelas Schriften mögen exemplarisch darauf verweisen, dass die Tragödie als Denkfigur und der interpretierende Rückbezug auf (antike) Tragödien nicht der westlichen Kultur vorbehalten und in der Rhetorik der politischen Praxis sowie in der politischen Theorie des 20. und 21. Jahrhunderts allgegenwärtig sind.

Entgegen der allgemeinen Auffassung, dass in der US-amerikanischen Kultur keine ernsthafte Auseinandersetzung mit der Tragödie als Denkfigur stattfinde, worin einige sogar ein amerikanisches Defizit an intellektueller oder emotionaler Tiefe und Komplexität zu erkennen meinten (Schama 2003, 35), sind tragisch-philosophische und politische Stimmen in den Vereinigten Staaten nicht völlig abwesend. Man könnte meinen, dass der afroamerikanische Autor Ralph Ellison indirekt auf die Abwesenheit des Tragischen in der theoretischen Auseinandersetzung in Amerika anspielt, wenn er feststellt: „The Blues are, perhaps, as close as Americans can come to expressing the spirit of tragedy" (Ellison 1966, 140). Cornel West, der im amerikanischen Pragmatismus ebenfalls das Fehlen einer Sensibilität für das Tragische beobachtet, geht sogar so weit, die Aussichten auf eine Förderung sozialer Gerechtigkeit in den Vereinigten Staaten mit einer unbedingten Förderung dieser tragischen Sensibilität in der amerikanischen Gesellschaft zu verbinden (West 1999, 141). Für West ist die tragische Einsicht in das eigene Schicksal eine der wertvollsten spirituellen Ressourcen afroamerikanischer Personen in ihrem Überlebenskampf inmitten psychologischer Traumata, materieller Entbehrungen, eines wiederkehrenden Lynchmobs und allgegenwärtiger Diskriminierung. Dabei beruhe der „schwarze Sinn für das Tragische" (West 1999, 521) in erster Linie nicht auf einer Begegnung mit der griechischen Tragödie, sondern auf der Auseinandersetzung der Afrikanerinnen und Afrikaner der Neuen Welt mit dem amerikanischen Christentum und ihrer Umwandlung des Christentums in „a kind of ‚Good Friday' state of existence", in dem das ständige Leiden durch das Versprechen erträglich gemacht wird, dass das eigene Land mit der Zeit einen vollkommeneren Zustand der Gerechtigkeit annehmen wird (West 1999, 427).

Indem Intellektuelle, Philosophinnen und Philosophen, Literatinnen und Literaten, demokratische Aktivisten und Aktivistinnen Ideen und Beispiele aus der Tragödie heranziehen, um einen existentiellen Grundkonflikt zu verarbeiten, kollektive Solidarität und politische Handlungsfähigkeit zu stärken oder das Engagement für ein größeres kollektives Gut zu fördern, übernimmt die Tragödie für sie, wissentlich oder nicht, eine ähnliche Funktion wie die *tragōdía* in der antiken athenischen Demokratie. Dass das Aufblühen der griechischen Tragödie im Zusammenhang mit dem relativ schnellen, weitreichenden und beispiellosen Übergang Athens zur Demokratie seit dem Sturz der Peisistratiden-Tyrannis 510 v. Chr. in Verbindung stand, ist in der Forschung unumstritten. Für eine sich entwickelnde Bürgerschaft, die in heftigen Auseinandersetzungen darum kämpfte, Bedingungen der Ressourcenherstellung und -verteilung zu verhandeln und folgenreiche Entscheidungen in Bezug auf Athens Beziehungen zu anderen Stadtstaaten und zum persischen Imperium abzuwägen, wäre die Notwendigkeit, weiterreichende und längerfristige Perspektiven aufzustellen, verschiedene Sichtweisen zu tolerieren und Argumente mit breiter Anziehungskraft zu liefern, Fehler anzuerkennen und aus Rückschlägen zu lernen, eine enorme Aufgabe gewesen. In dieser Kultur des öffentlichen Diskurses und der öffentlichen Beurteilung, die in Athen unter anderem als Reaktion auf die Bedürfnisse einer neu erwachsenen Demokratie entstand, wurde *tragōdía* zu einer ihrer wichtigsten Institutionen und zu einem intensiven Schwerpunkt des Lebens der Polis.

In der Zeit, in der die Inszenierungen von Aischylos, Euripides und Sophokles (499–406 v. Chr.) stattfanden, war die *tragōdía* also nicht nur eine bloße Unterhaltung für die Athener (Meier 1988, 226–239). Die Aufführungen wurden von der Regierung subventioniert, von den Bürgern der Polis zum großen Teil selbst konzipiert und aufgeführt. Repräsentanten der Polis, ausgewählt durch ein Losverfahren und unter Todesstrafe zur Unbestechlichkeit vereidigt, bewerteten die Dramen. Wenn auch nicht alle Tragödienforscherinnen und -forscher der These Christian Meiers zustimmen, dass die attische Demokratie so abhängig von der Tragödie war, wie von ihren Räten und Versammlungen (239), so würden zumindest nur wenige von ihnen leugnen, dass die *tragōdía* eine bedeutende Rolle bei der Demokratisierung Athens gespielt hat.

Deklariert Georg Steiner in seiner prominent polemischen Untersuchung (1961) den Tod der Tragödie, so unterstreicht Menke die Gegenwart der Tragödie und geht sogar so weit, im Urteilen selbst den Ausweis für das Vorhandensein tragischer Konstellationen zu sehen: „Solange wir überhaupt urteilen, leben wir in der Gegenwart der Tragödie" (Menke 2005, 8). Ette (2011) widerspricht der These, der zufolge dem tragischen Handeln eine Notwendigkeit zukomme, und nimmt die literarischen Tragödien gegen ihre philosophischen Ausdeutung in Schutz, insofern sie immer beides, Darstellung und zugleich Kritik der tragischen Handlung, seien. Jaspers, der gerade eine Form der Entgleisung tragischer Weltsicht im ‚Eingelulltwerden' der Zuschauenden sieht, verortet den philosophischen Wert der Tragödie in ihrer fragenden Offenheit: „Das tragische Wissen steigert sich in Widersprüche, ohne sie zu lösen, aber auch ohne die Unlösbarkeit zu fixieren. Daher ist Unvollendung im tragischen Wissen, Vollendung nur in der Anschauung als solcher, in der Bewegung des Fragens" (Jaspers 1990, 142). Die Aktualität der Tragödie und des Tragischen, mag sie sich in aktuellen gesellschaftlichen, historischen oder fiktiven Handlungskollisionen abspielen, hängt letztendlich davon ab, ob man den Konflikt als einen grundmenschlichen versteht, ebenso *conditio humana* wie *conditio politica*, und ob es gelingt, deren offenes, fragendes und kritisches Potential freizulegen. In diesem Sinne wären die langandauernden und mannigfaltigen literarischen, poetologischen und philosophischen Auseinandersetzungen mit der griechischen Tragödie und der Denkfigur des Tragischen als Vermächtnisse der alten Praxis von *tragōdíā* zu betrachten.

Literatur

Arendt, Hannah. *The Jew as Pariah. Jewish Identity and Politics in the Modern Age*. Hg. von Ron Feldman. New York 1978.

Ellison, Ralph. *Shadow and Act*. New York 1966.

Ette, Wolfram. „Die Tragödie als Medium philosophischer Selbsterkenntnis". *Handbuch Literatur und Philosophie*. Hg. von Hans Feger. Stuttgart 2012: 87–122.

Ette, Wolfram. *Kritik der Tragödie. Über dramatische Entschleunigung*. Weilerswist 2011.

Geifert, Hans-Dieter. *Die Tragödie. Theorie und Geschichte*. Göttingen 1975.

Günther, Hans-Christian. „Heidegger und Sophokles". *Heidegger und die Antike*. Hg. von dems. und Antonios Rengakos. München 2006: 175–218.

Halliwell, Stephen. „Epilogue. ‚The Poetics' and its Interpreters". *Essays on Aristotle's Poetics*. Hg. von Amélie Oksenberg Rorty. Princeton 1992: 409–424.

Havel, Václav. *Briefe an Olga. Betrachtungen aus dem Gefängnis*. Übers. von Joachim Bruss. Bearb. von Jiří Gruša. Reinbek bei Hamburg 2018 [OA: 1982].

Havel, Václav. *Disturbing the Peace. A Conversation with Karel Huizdala by Václav Havel*. Übers. und eingeleitet von Paul Wilson. New York 1990.

Hegel, Georg Wilhelm Friedrich. „Über die wissenschaftlichen Behandlungsarten des Naturrechts, seine Stelle in der praktischen Philosophie, und sein Verhältniss zu den positiven Rechtswissenschaften". Ders., *Gesammelte Werke*. Bd. 1: *Jenaer kritische Schriften*. Hg. von Hartmut Buchner und Otto Pöggeler. Hamburg 1968: 417–464.

Heidegger, Martin. *Einführung in die Metaphysik*. Tübingen 1987 [EA: 1953].

Hühn, Lore und Philipp Schwab (Hg.). *Die Philosophie des Tragischen. Schopenhauer, Schelling, Nietzsche*. Berlin/Boston 2011.

Huller, Eva C. *Griechisches Theater in Deutschland. Mythos und Tragödie bei Heiner Müller und Botho Strauß*. Wien/Köln/Weimar 2007.

Jaspers, Karl. *Die Sprache. Über das Tragische*. München/Zürich 1990 [EA: 1947].

Kaufmann, Walter A. *Tragedy and Philosophy*. New York 1968.

Ketelsen, Uwe-Karsten. *Heroisches Theater. Untersuchungen zur Dramentheorie des Dritten Reiches*. Bonn 1968.

Klotz, Johannes und Ulrich Schneider. *Die selbstbewusste Nation und ihr Geschichtsbild. Geschichtslegenden der Neuen Rechten.* Köln 1997.
Lessing, Gotthold Ephraim. *Hamburgische Dramaturgie.* Hg. von Klaus L. Berghahn. Stuttgart 2013.
Loock, Reinhard. „Das Tragische". *Wörterbuch der Philosophie.* Bd. 10. Hg. von Joachim Ritter und Karlfried Gründer. Basel 1998: Sp. 1334–1345.
Mack, Dietrich. *Ansichten zum Tragischen und zur Tragödie. Ein Kompendium der deutschen Theorie im 20. Jahrhundert.* München 1970.
Marcuse, Ludwig. „Die marxistische Auslegung des Tragischen". *Monatshefte für deutschen Unterricht* 46 (1954): 241–248.
Meier, Christian. *Die politische Kunst der griechischen Tragödien.* München 1988.
Menke, Christoph. *Die Gegenwart der Tragödie. Versuch über Urteil und Spiel.* Frankfurt a. M. 2005.
Menke, Christoph. *Tragödie des Sittlichen. Gerechtigkeit und Freiheit nach Hegel.* Frankfurt a. M. 1996.
Mill, C. Wright. *Power, Politics and People. The Collected Essays of C. Wright Mills.* New York 1944.
Pirro, Robert. *The Politics of Tragedy and Democratic Citizenship.* New York 2011.
Pirro, Robert. *Hannah Arendt and the Politics of Tragedy.* DeKalb, IL 2000.
Platon. *Der Staat.* Ders., *Werke.* Bd. 4. Griechisch und Deutsch. Übers. von Friedrich Schleiermacher, griech. Text von Émile Chambry. Hg. und überarb. von Gunther Eigler. Bearb. von Dietrich Kurz. 8. Aufl., Darmstadt 2019. [Plat., *rep.*].
Profitlich, Ulrich (Hg.). *Tragödientheorie. Texte und Kommentare. Vom Barock bis zur Gegenwart.* Reinbek bei Hamburg 1999.
Schama, Simon. „The Unloved American". *The New Yorker* (10. 03. 2003).
Schwilk, Heimo und Ulrich Schacht (Hg.). *Die selbstbewusste Nation. ‚Anschwellender Bocksgesang' und weitere Beiträge zu einer deutschen Debatte.* Berlin/Frankfurt a. M. 1994.
Steiner, George. *The Death of Tragedy.* London 1961.
Steiner, George. *Antigones. How the Antigones Legend has Endured in Western Literature, Art, and Thought.* Oxford 1984.
Strauß, Botho. „Anschwellender Bocksgesang". *Der Spiegel* 6 (1994): 202–207.
Szondi, Peter. *Versuch über das Tragische.* Frankfurt a. M. 1961.
West, Cornel. *The Cornel West Reader.* New York 1999.
West, Cornel. *The American Evasion of Philosophy. A Genealogy of Pragmatism.* Madison 1989.
Winckelmann, Johann Joachim. „Gedanken über die Nachahmung der griechischen Werke in der Malerey und Bildhauerkunst". Ders., *Kleine Schriften. Vorreden. Entwürfe.* Hg. von Walther Rehm. Berlin/New York 2002: 27–59 [EA: 1755].

III.8 Aphorismus

Clemens Pornschlegel

1 Charakteristik der Form

Unter einem Aphorismus (griech.: *aphorismós*, Abgrenzung, Unterscheidung, Lehrsatz) versteht man die in sich geschlossene, kurze und prägnante, geistreichwitzige Formulierung eines Lehrsatzes, eines Gedankens, eines Urteils oder einer Lebensweisheit, wobei die Themen- und Gegenstandsbereiche des Aphorismus prinzipiell nicht festgelegt sind. Entscheidend für die Text- und Denkform des Aphorismus, unabhängig vom jeweiligen Gegenstand, ist die sprachbewusste, konzise Art und Weise der Darstellung, die stets ein Moment der Überraschung, des Ungewohnten und Unerwarteten enthält.

In der Antike und im Mittelalter bleibt der Begriff ‚Aphorismus', von den Lehrsätzen des Hippokrates über Johannes de Mediolano bis zu Dante, zunächst an die Medizin gebunden, bevor er – in der noch unspezifischen Bedeutung eines Sinnspruchs – Eingang findet in die Bereiche der Politik, des Rechts, der Philosophie, der Naturwissenschaften, der Psychologie.

Die neuzeitliche Geschichte des Aphorismus beginnt mit der „Übertragung des Wortes vom medizinischen auf den politisch-moralistischen Bereich, vom ‚Menschenleib' auf den ‚Staatskörper'" (Neumann 1976, 19). Die wichtigsten, die neuzeitliche Gattungstradition begründenden Sammlungen sind die *Adagia* des Erasmus von Rotterdam, die *Ricordi* des Francesco Guicciardini, die *Relaciones* von Antonio Pérez, das *Oraculo manual y arte de prudencia* von Baltasar Gracián und schließlich die Werke der großen französischen Moralisten des 17. und 18. Jahrhunderts: *Réflexions ou sentences et maximes morales* von François de La Rochefoucauld, *Réflexions et maximes* von Vauvenargues, die *Pensées* von Montesquieu sowie die *Maximes et pensées, caractères et anecdotes* von Nicolas Chamfort. Entscheidend für die wissenschaftliche und philosophische Tradition des Aphorismus ist Francis Bacons in Aphorismen verfasstes *Novum Organum* von 1620, mit dem Bacon die Wissenschaften als empirische, induktiv verfahrende Erfahrungswissenschaften – in Opposition zur scholastischen Theologie und Metaphysik – begründet.

Die deutschsprachige Aphoristik setzt in der zweiten Hälfte des 18. Jahrhunderts mit den ab 1764 geführten *Sudelbüchern* Georg Christoph Lichtenbergs ein, um mit den Fragmenten der (Früh-)Romantiker (Friedrich Schlegel, Novalis) sowie den Betrachtungen und Reflexionen Goethes die Gattungstradition des Aphorismus auch in der deutschen Literatur, auf der Schwelle zwischen poetischer Phantasie und transzendentalem Denken, kanonisch zu verankern.

Formal betrachtet, handelt es sich bei Aphorismen um nichtfiktionale, kontextuell voneinander abgegrenzte, konzis formulierte, sprachlich und sachlich pointierte, kurze Prosatexte, die – sofern es ihnen um die offene, nicht systematisch-deduktiv vorgetragene Darstellung eines Gedankens geht – generisch verwandt sind mit anderen Formen der (in den Poetiken nicht thematisch werdenden) Kurzprosa wie der Sentenz, der Maxime, dem Witz, dem Orakel, dem Sprichwort, der Anekdote, der (moralischen) Fabel, dem Essay, aber auch – sofern Aphorismen wesentlich ein *gedankliches* Problem zu formulieren suchen und als „Gedankenkunst" (Lamping 1991, 27) ein ebenso enges wie polemisches Verhältnis zur (Schul-)Philosophie unterhalten – mit dem Syllogismus und der scholastischen Form der didaktisch strukturierten Quaestio.

Die neuzeitlichen Aphorismen, wie sie durch Erasmus von Rotterdam und Bacon als wissenschaftliche Darstellungsform wirksam geworden sind, stellen sich zwar explizit gegen die systematische Darstellungsweise der scholastischen (Lehr-)Tradition, stehen gleichzeitig aber auch in einem dialektischen Verhältnis zu ihr. Sie bewahren das kasuistische ‚Problem' der (mehr oder weniger vertrackten) Quaestio – etwa ob man neben der Philosophie noch eine weitere Wissenschaft brauche – als Ausgangspunkt des Denkens, verlagern die Instanz der Wahrheit indes von der wahrheitsgarantierenden Institution und der entsprechenden Methode auf den Nachvollzug der je einzelnen Erkenntnis aufseiten des (dadurch von den Lehrautoritäten emanzipierten) Lesers. Im Unterschied zum logischen Syllogismus und zur Quaestio – Ciorans *Syllogismes de l'amertume* aus dem Jahr 1952 greifen den Begriff bewusst noch einmal auf – wird der im Aphorismus pointiert formulierte Gedanke nicht einfach als eine aus Prämissen hergeleitete Conclusio bzw. *determinatio* ausgesprochen (und logisch *deduktiv* bewiesen), sondern der Gedanke wird den Leser/innen in einer überraschenden, gewitzten, oft paradoxalen Wendung vor- und dargelegt, das heißt *als* Frage, Problem, Paradoxon oder Aporie weitergegeben, und zwar mit dem Ziel, sie selbst zum Durcharbeiten, Weiterdenken und Fortschreiben des Problems zu bewegen. Entscheidend ist nicht die Antwort, sondern die Frage, nicht die Lösung, sondern das Problem, nicht die Theorie, sondern die Staunen machende Beobachtung.

Dem Aphorismus eignet dadurch prinzipiell Appellcharakter. Leser/innen sind aufgerufen, „die ‚Wahrheit' der Aussage, die Überzeugungskraft des Gedankens kritisch zu prüfen und gegebenenfalls den Lehrsatz oder die Lebensregel in die Erprobung der Praxis zu überführen" (Fieguth 1978, 374). Generell zielt der Aphorismus, wie Adorno bemerkt hat, „auf die Negation abschlusshaften Denkens; er terminiert nicht im Urteil, sondern ist die konkrete Gestalt, in der die

Bewegung des Begriffs sich darstellt, der des Systems sich entschlug. Das aphoristische Denken war von je nichtkonformistisch" (Adorno 1988, 8).

Der Appellcharakter des Aphorismus, sofern er die jeweilige Beobachtung oder den einzelnen Gedanken mit der Frage nach deren Wahrheitsfähigkeit verknüpft, ruht erkenntnistheoretisch letztlich der prekären Vermittlungsstruktur zwischen Besonderem und Allgemeinem auf. Es sind die Lesenden, die die ‚Darstellung' des Konflikts zwischen gedachter Allgemeinheit und sinnlich erfahrener Einzelheit erst vollenden, „indem [sie] zu einem gegebenen allgemeinen Satz die individuelle Erfahrung ‚supplieren' oder umgekehrt aus einer im Aphorismus festgehaltenen Beobachtung deren generelle Anwendbarkeit ‚herausdenken', somit also abwechselnd im Text gegebene Reflexionen situieren oder im Text gestaltete Situationen reflektieren" (Neumann 1976a, 5).

Die kommunikative Appell- und erkenntnistheoretische Vermittlungsstruktur des Aphorismus drückt sich formal in dessen *syntagmatischer Fragmentarität* aus, die auf den Anspruch einer, wie man mit Hegel formulieren könnte, *in sich vollendeten* Darstellung der Totalität verzichtet. Bei Aphorismen handelt es sich stets um ‚vereinzelte' Sätze, „die keine [syntaktischen] Folgen haben und die in keinen systematischen Zusammenhang eingefügt sind" (Schalk 1966, 20). Ihre Eigentümlichkeit besteht darin, „dass sie ihre Wahrheit erst *erschließen* lassen; sie appellieren an den Leser und fordern ihn auf weiterzudenken und -zu suchen; *sie sprechen die Wahrheit aus, indem sie sie verschweigen*" (20).

Aus diesem Grund lassen sich auch die frühromantischen Fragmente, deren Begriff sich im sentimentalischen Bewusstsein des Ausstands des (durch keine geschlossene Darstellung einholbaren) geschichtlichen Ganzen bzw. der ‚verlorenen' Idylle ausbildet, als Aphorismen bezeichnen (→ IV.4 SCHMIDT). Zwar knüpfen die Fragmente sachlich zunächst weder an die romanische, politisch-moralistische noch an die englische, empirisch-wissenschaftliche Aphoristik an, sie entstehen vielmehr in Auseinandersetzung mit der systematisch-transzendentalen Fragestellung Kants und Schillers zur Ästhetik, das heißt im Hinblick auf die Frage nach der Möglichkeit sinnlich vermittelter Erkenntnis. Als syntagmatisch isolierte Reflexionsfiguren hingegen zeichnen sich die frühromantischen Fragmente der Darstellungsform der älteren, europäischen Gattungstradition ein, um ihr eine neue, erkenntnistheoretisch und ästhetisch-poetologisch transzendentale Wendung zu geben.

Allerdings hat diese Wendung ihren Preis. Sie geht einher mit dem Verzicht auf die Skepsis und politische Weltklugheit der distanziert beobachtenden Moralisten der romanischen Tradition, damit aber auch mit dem Verzicht auf das, woran in der deutschen Aphoristik erst wieder Nietzsche (→ IV.2 QUADFLIEG) und Karl Kraus anknüpfen werden: die Sprachkritik. Adorno hat zu Recht darauf hingewiesen: „Fragmentistisches und eigentlich aphoristisches Denken ist beides

‚Denken in Brüchen'; das romantische Fragment jedoch lebt vom Einverständnis mit der Sprache, kraft deren es im Endlichen das Unendliche meint beschwören zu können, während im Aphorismus Kritik auf die Sprache selbst übergreift" (Adorno 1988, 7).

Die rhetorischen Stilmittel, auf welche Aphorismen im Hinblick auf die von ihnen intendierte *Implikation* der Leserin und des Lesers typischerweise zurückgreifen, sind die Definition, die Proportion, die Antithese, das Oxymoron, die Amphibolie, die Paronomasie, der Parallelismus, der Chiasmus, das Paradoxon. Des Weiteren zeichnen sich Aphorismen stilistisch durch das Moment der Kürze, der Konzinnität, das heißt der wohlgeformten Eleganz, der textuellen Prägnanz, der Einprägsamkeit und Pointiertheit aus.

Funktional besteht die Gemeinsamkeit dieser rhetorischen Figuren darin, dass sie Lücken und ungelöste Widersprüche in die sprachlich dargestellten Zusammenhänge einzeichnen und damit Denk- und Wahrnehmungsroutinen *unterbrechen*, indem sie verblüffende Ähnlichkeiten, überraschende Antithesen oder Mehrdeutigkeiten herausstellen. Sie stehen damit – das folgt aus der generischen Fragmentarität des Aphorismus – in denkbar größtem Gegensatz zu dem, was Erich Auerbach in seiner Studie *Mimesis* als den „restlosen Ausdruck" einer Totalität beschrieben hat, das heißt einer Rede, „in der die syntaktische Verbindung der Teile vollkommen klar ist" und die darauf angelegt ist, die Leserin und den Leser „ganz für sich zu gewinnen" und ihn so zum gebannten Zuschauer der dargestellten Welt zu machen (Auerbach 2015, 5).

Der Aphorismus kehrt demgegenüber die Blickrichtung reflexiv um. Er versucht, die Lesenden nicht in die jeweils dargestellte Welt (oder den situativen Weltausschnitt) hineinzuziehen, sie zu faszinieren oder zu verzaubern, sondern lenkt den Blick stets zurück auf die (Lebens-)Wirklichkeit, die gerade durch die Lücken und Brüche der aphoristischen Darstellung, durch die Widersprüche, Doppeldeutigkeiten, überraschenden Wendungen fragwürdig wird. Zugespitzt könnte man formulieren: Die Rhetorik des Aphorismus reflektiert die – in der Regel unbewusst bleibende – rhetorische Verfasstheit der (Lebens-)Welt mit ihren eingeschliffenen Begrifflichkeiten, Wahrnehmungs- und Denkgewohnheiten.

Die ausgeprägte Rhetorik der aphoristischen, auf Pointiertheit bedachten Darstellung birgt begreiflicherweise die Gefahr, dass sich die sprachlichen Verfahren auf Kosten des Gedankens verselbständigen. Anders gesagt: Die Pointiertheit ist dem Risiko des Gesuchten, der Manier oder des erschlichenen Geistreichen ausgesetzt. Letzteres droht immer dann, wenn der aphoristisch formulierte Gedanke kein neues, überraschendes ‚Problem' aufreißt, wenn er nichts in Frage stellt und kein intellektuelles Neuland erschließt, sondern die offenen Türen der herrschenden, ideologischen Meinung einrennt, das heißt, Affirmationen, Gemeinplätze und Klischees der Verhältnisse liefert.

Gelingende Aphorismen lösen den genuinen Nichtkonformismus der Denkform ein und wahren gegenüber den Routinen der herrschenden *communis opinio* ‚das Pathos der Distanz'. Sie belehren nicht mit explizit formulierten, logisch-dogmatischen Lehrsätzen, sprechen keine ein für alle Mal feststehenden Wahrheiten aus (auch in der antiken Lehrbuchaphoristik nicht, die stets zum reflektierten Nachvollzug der aus der Erfahrung gewonnen Lehr- und Merksätze auffordert und sich historisch gegen die offizielle Tempelmedizin mit ihren Opferkulten und Zaubersprüchen richtet). Vielmehr machen sie die Leser/innen durch ihre überraschende, die logische Argumentation – nicht anders als beim Witz – ökonomisch verkürzende, meist antithetisch zugespitzte Form zu *aktiven* Komplizen oder zu Mitdenkerinnen der im und vom Text vollzogenen Denkbewegung.

In diesem Sinn formuliert Bacon im *Neuen Organon* von 1620 die der aphoristischen Erkenntnis eigene Denkform im ersten Teil seines methodischen Grundlagenwerks, der explizit mit dem Titel „Aphorismen" überschrieben ist, in expliziter Opposition zum (scholastischen) Syllogismus: „Die in Gebrauch befindliche Logik dient mehr dazu, die Irrtümer (welche auf den alltäglichen Begriffen fußen) zu verankern und zu festigen, als die Wahrheit zu erforschen: so wirkt sie mehr schädlich als nützlich" (Bacon 1990, 85).

Der von Bacon angeprangerte Missbrauch besteht selbstverständlich nicht in der Verwendung der logischen Schlussverfahren und der ihnen zugrunde liegenden Gesetze der Identität und des ausgeschlossenen Dritten, sondern im mangelnden Realitätsgehalt der stillschweigend vorausgesetzten Begriffe, die jeweils miteinander verknüpft werden. „Der Syllogismus besteht aus Sätzen, Sätze aus Worten, Worte sind Zeichen der Begriffe. Sind daher die Begriffe selbst (die Grundlage der Sache) verworren und leichtfertig den Dingen abgezogen, so hat das darauf Errichtete keinerlei Festigkeit. Daher stützt sich die Hoffnung allein auf eine wahre Induktion" (87).

Die Zurückweisung ‚autoritärer', von oben herab formulierter Begriffe und Lehrsätze, welche die Tendenz, ja institutionelle Aufgabe haben, das überlieferte Wissen (und das ihm korrespondierende Unwissen) immer weiter zu befestigen, ist erklärtes Ziel der *neuen Wissenschaft*. Der institutionalisierten Lehre steht die aphoristische Denk- und Darstellungsform insofern entgegen, als sie von überraschenden Szenen, Einzelbeobachtungen, Situationen und Einfällen ausgeht und sie auf ihre mögliche Verallgemeinerbarkeit hin befragt bzw. – umgekehrt – als sie von allgemeinen Sätzen ausgeht, die sodann auf ihre Individualisierbarkeit hin überprüft werden.

Formal grenzt sich der Aphorismus signifikant von anderen, traditionellen Formen der philosophischen Darstellung ab, insbesondere von den Formen des Lehrgedichts, des Dialogs (→ III.2 Erler), des Traktats, der Meditation, des gelehrten *discours*, der um epistemische Exhaustivität bemühten Enzyklopädie sowie des axiomatisch organisierten, deduktiv verfahrenden Systems. Der Aphorismus setzt ihnen sowohl eine ‚fluidere', zugleich offenere Ordnung des Wissens als auch eine andere Form der Wissensdarstellung und -vermittlung entgegen.

Lehrgedicht, Traktat, Discours, Meditation, Enzyklopädie und System zeichnen sich als Formen der Ordnung des Denkens und des Wissens, seiner Vermittlung und Darstellung vor allem dadurch aus – abgesehen davon, dass sie durch ihre textuell geschlossene Darstellung eine Ordnung der Dinge objektivistisch nahelegen, ob als System oder kategorial klassifizierende Einteilung der definierten Gegenstände –, dass sie ein hierarchisches Verhältnis zwischen (wissendem) Text und (zu belehrenden, noch unwissenden) Leser/innen instituieren. Der Aphorismus verzichtet auf dieses im Voraus gesetzte und institutionalisierte Verhältnis, indem er seine ‚Aussage' oder ‚Lehre' – nicht anders als der Essay (→ III.5 Kramer)– dem *situativen Nachvollzug* der einzelnen Lesenden anvertraut und diese(n) in die problematisierende, paradoxe Denkbewegung selbst miteinbezieht – etwa wenn Pascal in den *Pensées* fragt: „Wenn der Mensch nicht für Gott geschaffen wurde, warum ist er dann nur in Gott glücklich? Wenn der Mensch für Gott geschaffen wurde, weshalb ist er dann so im Widerspruch zu Gott" (Pascal 1972, 207, Fragment 438)?

Hugo Friedrich hat die Pascal'sche Aphoristik prägnant charakterisiert: „Die Wahrheit ist hier keine sieghafte Konstante, sondern eine Gleichzeitigkeit von Dunkelheit und Helle, die den Menschen begreiflich zu machen verzweifelt schwer ist" (Friedrich 1972, 94). Zumindest was die Konzeption der Wahrheit als einer nie endgültig gegebenen Sache angeht, lässt sich diese Bemerkung im Hinblick auf die Gattung des Aphorismus verallgemeinern. Die aphoristische Wahrheit mag zwar nicht immer wie bei Pascal als fiebriger (Glaubens-)Kampf zwischen Licht und Finsternis bestimmt sein. Als gegebene, widerspruchslos formulierbare Aussage oder „sieghafte Konstante" taucht sie in keinem Aphorismus auf.

Durch die in der sprachlichen Form des Aphorismus vollzogene Zurückweisung jeder ‚instituierten Hierarchisierung' des Denkens zwischen Wissender und Unwissendem, Lehrerin und Schülerin, Autor und Leser ist der Aphorismus zugleich eine (im Wortsinn) *aristokratische* Form des Denkens. Sie erschließt sich nur jenen, die den gewitzten Gedanken aktiv nach- und mitzuvollziehen in der Lage sind. Genau deswegen handelt es sich aber auch um eine eminent *egalitäre* Denkform. Sie beabsichtigt nicht, von oben herab zu belehren, etwas explizit auszusprechen oder jemanden kraft Autorität zu überzeugen. Der Aphorismus behandelt stattdessen die Lesenden stets auf Augenhöhe und lässt sie – genau dazu verpflichtet seine logisch und sprachlich anspruchsvolle Form – ihre eigenen Schlüsse ziehen.

Aufgrund der problematisierenden, Konflikte schärfenden, dramatisierenden, situativ verfahrenden, zugleich dialogischen Denkweise, die dem Aphorismus eignet, beansprucht er nicht unbedingt, mehr zu wissen als seine Leser/innen. Das Prinzip, von dem aus deduziert werden könnte, steht prinzipiell in Frage. In der aphoristischen Darstellung erscheinen „Einzelnes und Allgemeines nicht im logischen Subsumptionsverhältnis, sondern im *Konfliktbezug*. Sie werden in ihrem unlösbaren Verhältnis zu einem ‚Topos' im ursprünglichen Sinne: zu einem ‚Argumentationsschema' für begrifflich allein nicht definitiv lösbare Probleme" (Neumann 1976b, 828). Auf diese Weise sind „darstellerische und denkerische Momente in unablässiger Wechselkorrektur begriffen, Gefühls- und Gedankenordnung werden als notwendig einander relativierend aufgefasst, Metapher und Paradox, als die Extremformen beider einander entgegengesetzten ‚Erkenntnis'-Verfahren, befinden sich in ihm in ständiger Auseinander-Setzung" (828).

In diesem Sinne lässt der Aphorismus sich auch als experimentelle *Dialektik* eines Denkens begreifen, dem es um die (Bedingung der) Möglichkeit der Verallgemeinerung von Einzelbeobachtungen, damit aber auch um die problematisierende Vermittlung des Denkens und In-Frage-Stellens geht. Aphorismen vermitteln keine systematisch geschlossene Sicht auf die Welt, sondern lediglich – abduktiv – Teile eines genuin ‚offenen', nie vollständig gegebenen Ganzen.

Der prinzipiellen Fragmentarität und Unabgeschlossenheit des Aphorismus hinsichtlich der dargestellten Welt entsprechen die gattungstypischen Titel, welche die Autoren ihren aphoristischen Textsammlungen geben: *Blütenstaub* (Novalis), *Fragmente und Ideen* (Schlegel), *Merkblätter* (Jean Paul), *Schmieralien* (Seume), *Maximen und Reflexionen*, *Betrachtungen im Sinn der Wanderer* (Goethe), *Buch der Wendungen* (Brecht), *Schnipsel* (Tucholsky), *Minima Moralia* (Adorno), *Der Stand der vorletzten Dinge* (Nikolaus Cybinski), *Sudelhefte* (Mani Matter), *Prosamen* (Robert Gernhardt). Aus den Zusammenstellungen der Einzelsätze gedankliche Welt- und Erkenntnisordnungen herzustellen, sowohl der Gegenstände (Fragen, Beobachtungen, Paradoxien) als auch der je spezifischen Formen der Erkenntnis (abduktive Beobachtung, logisches Paradoxon, dialektischer Widerspruch), bleibt dem Leser oder der Leserin überlassen. Auf Systematik und Ganzheit wird damit nicht verzichtet, sie wird von Aphorismensammlungen auch nicht negiert, worauf im Übrigen das berühmte Goethe'sche Gleichnis vom „roten Faden" hinweist. Verzichtet wird allerdings auf deren vorausgesetzte, dogmatisch objektivierte ‚Gegebenheit' unabhängig vom erkennenden, die eigenen Erkenntnismöglichkeiten immer wieder problematisierenden Subjekt. In diesem Sinne formuliert Goethe: „Alles Gescheite ist schon gedacht worden, man muss nur versuchen, es noch einmal zu denken" (Goethe 1981, 283).

2 Desiderate

Begriffsgeschichtlich und rhetorisch-stilistisch ist die Gattung des Aphorismus von den Literaturwissenschaften eingehend untersucht worden (Mautner 1933; Schalk 1966; Neumann 1976b; Cantarutti 1984; Krüger 1988; Spicker 1997). Historisch präzise und informierte Studien liegen zu den bekannten und unbekannteren Einzelautor/innen seit der Antike vor, zur unterschiedlichen Entwicklung des Genres in den einzelnen Nationalliteraturen (insbesondere der italienischen, spanischen, französischen und deutschen), zu den unterschiedlichen literaturgeschichtlichen Kontexten sowie zu den einzelnen Aphorismensammlungen. Ausgeschöpft sind die Fragen zur Aphoristik damit nicht. Im Einzelnen zeichnen sich folgende Fragestellungen ab:

Im engeren Bereich der philosophischen Forschung bestehen Desiderate vor allem in Bezug auf die epistemologische und institutionelle Position der Aphoristik in der jeweiligen historischen ‚Ordnung des Wissens', einschließlich des normativen, ethisch-moralischen Wissens, sowie im Hinblick auf die jeweils vorherrschende *image de la pensée* oder das ‚Denkbild' (→ III.9 PICKER). Generell bestehen Desiderate im Hinblick auf die Beziehung der *problematisierenden* Form der Aphoristik zur ‚dogmatischen' (im Sinn Pierre Legendres; Legendre 2012, 55–73) bzw. symbolischen Ordnung mit ihren (normativen) Werten, Prinzipien und Axiomen. Ausgehend von der Adorno'schen Bestimmung des nichtkonformistischen Charakters des aphoristischen Denkens wäre einmal mehr, auch im Anschluss an die machttheoretischen Arbeiten von Foucault und Deleuze, die Frage nach der jeweiligen sozionormativen Funktion der institutionalisierten Philosophie und ihren jeweiligen Darstellungsformen zu stellen. Spätestens seit Nietzsche ist die Frage nach der Korrelation von Macht und Wissen virulent und die Vorstellung der ‚reinen' Vernunft oder des ‚reinen' Denkens fragwürdig.

Des Weiteren stellt sich die Frage nach der (Nicht-)Vergleichbarkeit der europäischen Aphoristik mit nichteuropäischen (nicht wissenschaftlich-philosophischen) Wissens- und Normenordnungen, wie etwa: volkstümliche Sprichwörter, Kōan, Haiku, Sprüche des Talmud, Sprüche der Kirchenväter. Die aphoristische Tradition legt hier den Gedanken nahe, dass die systematisch wissenschaftliche Philosophie westlichen Zuschnitts keinerlei Anrecht darauf hat, die Wahrheit (kulturell) anderer Denkformen in sich fassen oder sie je ‚aufheben' zu können. Die Denkform des Aphorismus regt stattdessen zum ethnographischen Blick auf kulturelle Evidenzen und zur Distanznahme an.

Historisch genauer zu untersuchen wären auch die ideengeschichtlichen und epistemologischen ‚Zäsuren', mit denen sich der Stellenwert und die Funktion der aphoristischen Texte verändert, etwa wenn man die Differenz zwischen Montaignes ‚optimistischer' Essayistik und Pascals angstbesetztem *horror vacui* in den

Blick nimmt oder die Differenz zwischen Goethes geduldigen Beobachtungen und den symphilosophischen, eschatologisch aufgeladenen Fragmenten der Frühromantiker (insbesondere in Friedrich Schlegels *Ideen* und Novalis' *Glauben und Liebe*). Nicht zuletzt wäre im Anschluss an Gerhard Neumanns Untersuchung zu den transzendentalen, erkenntnistheoretisch motivierten „Ideenparadiesen" der deutschen Aphoristik der „Sattelzeit" die Frage nach deren (Nicht-)Verhältnis zur immer auch politisch-kritisch konzipierten Moralistik (romanischer Provenienz) in den Blick zu nehmen.

Sozialgeschichtlich und politisch von Interesse ist schließlich die Frage nach den Implikationen des ‚aristokratischen' Egalitarismus der Aphoristik sowie nach der spezifischen Soziologie sowohl von Autor/innen und Leser/innen. Es würde hier also um die konkreten ‚Orte des Denkens' gehen wie etwa die aristokratischen französischen Salons des 17. und 18. Jahrhunderts oder die deutschen bürgerlichen des 19. Jahrhunderts in ihrem Verhältnis zu den Universitäten und Lehrinstitutionen.

Philosophisch am dringlichsten erscheint die Frage nach der epistemologischen und institutionellen Position der Aphoristik in der jeweiligen (epochalen) Ordnung des Wissens. Im Zeitalter der modernen, betrieblich organisierten Wissenschaft, das heißt des absolut gesetzten technowissenschaftlichen Wissens, für welches das konkrete wissende Subjekt lediglich ein Produktionsmittel unter anderen ist, das aber – im Gegensatz etwa zum Wissen eines Zen-Meisters, eines Kirchenvaters oder Rabbis – nicht konstitutiv für das (moderne) Wissen selbst ist, stellt der Aphorismus jene denkerische Darstellungsform dar, in der ‚die Frage des Subjekts' zur Sprache kommen kann. Aufgrund seiner Insistenz auf der existentiellen Gebundenheit von Erkenntnis, die immer auch getragen wird von Wünschen und Phantasien, Träumen und Albträumen, ist der Aphorismus deswegen am Rand der neuzeitlichen Wissenschaft angesiedelt. Elias Canetti formulierte in diesem Sinne: „Es genügt nicht zu denken, man muss atmen. Gefährlich die Denker, die nicht genug geatmet haben" (Canetti 1973, 246).

Es ist dieser konkrete, situative Subjektbezug aphoristischen Denkens, das sich gegen die Welt als in sich vollendete Totalität bzw. als ebenso perfektes wie totes Monument des absoluten Wissens richtet, das zugleich dessen Zugehörigkeit zur *Literatur* begründet. In seiner Antrittsvorlesung am Collège de France hat Roland Barthes 1977 die besondere Stellung der Literatur bzw. des literarischen *Schreibens* hinsichtlich des wissenschaftlichen Wissens dahingehend herausgearbeitet, dass die Literatur die sprachlich-*rhetorische*, zugleich *subjektiv* artikulierte Verfassung des Wissens in Szene setzt, um Letzteres „in das Räderwerk einer unendlichen Reflexivität" (Barthes 1980, 29) zu ziehen. „Durch die literarische Schreibweise", so Barthes, „reflektiert das Wissen unablässig über das Wissen, und zwar nicht als epistemologische, sondern als *dramatische* Rede"

(29). Im Gegensatz zur wissenschaftlichen Darstellung, die Aussagen über die Welt macht, nimmt die literarische Rede den Akt der Äußerung in den Blick, das heißt die konkrete Situation, die Motive, Zufälle, Umstände, Zwänge, Überstürztheiten, die jede Aussage begleiten. Damit wird das Ausgesagte dem Prozess seiner Entstehung zurückgegeben, das Resultat erneut in ein Problem verwandelt.

Sofern Aphorismen aufgrund ihrer generischen Form (1) Aussagen in Äußerungsakte verwandeln, (2) Sprache szenisch-dramatisch ausgestalten (und nicht einfach ‚nutzen'), (3) Wahrheiten stets *situieren*, (4) die Dimension des sprechenden, wünschenden, beobachtenden Subjekts ins Spiel bringen und damit (5) auf die Illusion eines ‚reinen', durch kein Leben kontaminiertes Denkens verzichten – im Sinne Canettis' „[e]s genügt nicht zu denken, man muss atmen" –, schert die aphoristische Denk- und Darstellungsform aus dem anonymen, methodisch organisierten ‚Betrieb' der Wissenschaft aus. Aus der Darstellung des Denkens wird diskursiv *notwendig* Literatur.

3 Ausblick

Je wissenschaftlicher und objektiver das philosophische Denken sich gibt, desto weniger wird es sich der ‚fluiden' Denk- und Darstellungsform des Aphorismus bedienen. Je mehr es sich der anonymen Ordnung der Wissenschaften unterwirft, wie Max Weber sie beschrieben hat, desto mehr wird es von Staatsbeamtinnen und Universitätsangestellten betrieben, desto mehr wird es sich gleichzeitig auch vom ‚Literarischen' abzugrenzen suchen. Seit der Erfindung des absoluten Wissens (oder ‚der Wissenschaft') zu Beginn des 19. Jahrhunderts haftet der ‚Literatur' immer auch der Ruf des subjektiv Beliebigen, Erfundenen, Fiktiven, Phantastischen, Unseriösen, Frivolen, Privaten, Obskuren, Wortspielerischen, Unterhaltenden an. Es ist deswegen kein Zufall, dass die großen Aphoristikerinnen unter den Philosophen des 19. und 20. Jahrhunderts – Schopenhauer, Nietzsche, Kierkegaard, Joubert, Jouffroy, Leo Schestow, Ernst Bloch, Walter Benjamin, Theodor W. Adorno, Günther Anders, Simone Weil – im akademischen Wissensbetrieb fremd und randständig geblieben sind. Genauso wenig ist es Zufall, dass die genannten Denkerinnen und Denker ein intensiv fragendes Verhältnis nicht nur zur Literatur, sondern auch, sofern es in ihren Werken um Fragen der Gerechtigkeit, der Gesetze, des guten Lebens, der Unheilsgeschichte, des Leidens geht, zum Bereich des Politischen sowie zum Bereich des Religiösen unterhalten. Poetische, religiöse und politische Fragen lassen sich wissenschaftlich *nicht* eindeutig beantworten. Der Rechtstheoretiker Alain Supiot hat mit Georges Canguilhem darauf hingewiesen, dass eine Gesellschaft „die Norm, die ihre Existenz und ihr Funktionieren aufrechterhalten soll", prinzipiell „außerhalb ihrer selbst setzen" muss, das heißt, sie nicht naturalistisch beobachten kann. Im Unterschied zu den Naturgesetzen lässt „die Norm, auf die man sich bezieht, um das Gerechte vom Ungerechten zu unterscheiden, sich nicht aus der Beobachtung von Tatsachen herleiten" (Supiot 2015, 15). Die tragenden normativen Bezugspunkte einer Gesellschaft werden dogmatisch-metaphysisch – zugleich kontingent *und* verbindlich – gesetzt und ästhetisch ‚demonstriert'. Wissenschaftlich lassen sie sich weder herleiten noch beweisen.

Wenn die ‚existentiell' wichtigen und bedrängenden Fragen – der Religion, der Politik, der Gerechtigkeit, des guten Lebens, der Wahrheit – durch wissenschaftliche Forschung aber nicht zu ‚lösen' sind, um stattdessen *das Denken* zu motivieren, dann folgt daraus auch, dass die Denk- und Darstellungsform des Aphorismus sich gegenüber der als Wissenschaft betriebenen Philosophie auch in Zukunft wird behaupten können – nicht anders als alle anderen Künste auch, die sich seit Beginn des 19. Jahrhunderts dem Verdikt des ‚Endes der Kunst' als Ort der Wahrheit produktiv widersetzen.

Im disziplinären Kontext der universitär institutionalisierten Philosophie, in welcher der Wahrheit die sprachliche Form des Aussagesatzes angewiesen ist, wird die Aphoristik ohne Zweifel auch weiterhin randständig bleiben. Was man ihr trotzdem nicht wird absprechen können, ist das kritische, kreative, sich im Prozess entwickelnde, unabgeschlossene Denken, das nicht eins ist mit wissenschaftlichem Wissen und methodisch fixierten Forschungsprogrammen. Auch in Zukunft wird es dort zu finden sein, wo die routinierten epistemischen Ordnungen in Frage gestellt, unterbrochen und neue Einsichten möglich werden. Vor den Illusionen institutionalisierter Erkenntnis warnte schon Nicolas Chamfort: „In der Philosophie gibt es wie in der Medizin viele Drogen, aber sehr wenig Mittel und fast gar keine Spezifika" (Schalk 1972, 264).

Literatur

Adorno, Theodor W. „Einführung". Heinz Krüger. *Über den Aphorismus als philosophische Form*. München 1988 [EA: 1957]: 7–9.
Auerbach, Erich. *Mimesis. Dargestellte Wirklichkeit in der abendländischen Literatur*. Tübingen 2015 [EA: 1946].
Bacon, Francis. *Neues Organon*. Lateinisch-deutsch. Teilbd. I. Hg. von Wolfgang Krohn. Hamburg 1990 [EA: 1620].
Barthes, Roland. *Leçon/Lektion. Antrittsvorlesung am Collège de France. Gehalten am 7. Januar 1977*. Übers. von Helmut Scheffel. Frankfurt a. M. 1980.
Canetti, Elias. *Die Provinz des Menschen. Aufzeichnungen 1942–1972*. München 1973.
Cantarutti, Giulia. *Aphoristikforschung im deutschen Sprachraum*. Frankfurt a. M. 1984.
Cioran, Émile M. *Syllogismen der Bitterkeit*. Übers. von Kurt Leonhard. Frankfurt a. M. 1980.
Fieguth, Gerhard (Hg.). *Deutsche Aphorismen*. Stuttgart 1978.

Friedrich, Hugo. „Pascals Paradox. Das Sprachbild einer Denkform". *Romanische Literaturen. Aufsätze I. Frankreich.* Frankfurt a. M. 1972: 84–138.
Gernhardt, Robert. *Prosamen.* Stuttgart 1995.
Goethe, Johann Wolfgang von. *Wilhelm Meisters Wanderjahre.* Ders., *Werke.* Hamburger Ausgabe. Bd. VIII: *Romane und Novellen III.* Textkritisch durchges. und komm. von Erich Trunz. München 1981.
Lamping, Dieter. „Der Aphorismus". *Formen der Literatur.* Hg. von Otto Knörrich. Stuttgart 1991: 21–27.
Legendre, Pierre. *Das politische Begehren Gottes. Studie über die Montagen des Staates und des Rechts.* Wien/Berlin 2012.
Matter, Mani. *Sudelhefte.* Zürich 1974.
Mautner, Franz H. „Der Aphorismus als literarische Gattung". *Zeitschrift für Ästhetik und Allgemeine Kunstwissenschaft* 27 (1933):132–175.
Neumann, Gerhard. „Einleitung". *Der Aphorismus. Zur Geschichte, zu den Formen und Möglichkeiten einer literarischen Gattung.* Hg. von dems. Darmstadt 1976a: 1–18.
Neumann, Gerhard. *Ideenparadiese. Untersuchungen zur Aphoristik von Lichtenberg, Novalis, Friedrich Schlegel und Goethe.* München 1976b.
Pascal, Blaise. *Über die Religion und einige andere Gegenstände (Pensées).* Hg. von Ewald Wasmuth. Heidelberg 1972.
Schalk, Fritz. *Die französischen Moralisten.* Bd. 1: *La Rochefoucauld, Vauvenargues, Montesquieu, Chamfort.* Übers. und hg. von dems. München 1972.
Schalk, Fritz. „Zur Geschichte des Wortes Aphorismus im Romanischen". Ders., *Exempla romanischer Wortgeschichte.* Frankfurt 1966: 1–20.
Seume, Johann Gottfried. *Werke und Briefe in drei Bänden.* Bd. 2: *Apokryphen. Kleine Schriften. Gedichte. Übersetzungen.* Hg. von Jörg Drews. Frankfurt a. M. 1993.
Spicker, Friedemann. *Kurze Geschichte des deutschen Aphorismus.* Tübingen 2007.
Spicker, Friedemann. *Der Aphorismus. Begriff und Gattung von der Mitte des 18. Jahrhunderts bis 1912.* Berlin/New York 1997.
Supiot, Alain. „Die Idee der sozialen Gerechtigkeit". *Zur religiösen Signatur des Kapitalismus.* Hg. von Thorben Päthe und Clemens Pornschlegel. Paderborn 2015: 13–43.

III.9 Denkbild

Marion Picker

1 Das Bild als Herausforderung des Denkens

Das ‚Denkbild' allein als literarische Form im Sinne der Gattungstheorie anzusprechen – etwa als Kombination aus bildhaft beobachtender Darstellung mit mehr oder weniger ausgeführtem Kommentar –, wäre verkürzt. Angesichts der Konsolidierung einer literaturwissenschaftlichen Auffassung vom Denkbild als kleiner Prosaform der Moderne (Göttsche 2006; Zymner 2009) ist diese Einordnung berechtigt. Aus literarisch-philosophischer Sicht läuft sie jedoch Gefahr, die Herausforderungen aus dem Blick zu verlieren, die das Denkbild für die Philosophie darstellt, auch und gerade da, wo es nicht narrativ entfaltet oder als eingegrenzte Texteinheit ausgeführt ist, sondern als bildhaftes Moment die begriffliche Ordnung in Bewegung bringt. Inwiefern kann und soll das Denkbild ein ausgewiesener Ort des Denkens sein? Und ist Bildhaftigkeit nicht sowohl charakteristisch für Literatur als auch gerade das, wogegen sie sich als Sprache abhebt?

Schon vom Wort her ist das Denkbild als Schwellenphänomen ausgewiesen. Die Bestandteile ‚Denk-' und ‚-bild' lassen sich als solche zwar nicht einfach im Sinne eines Gegensatzes deuten, sie sind jedoch im Zuge der Wortgeschichte in Spannungsverhältnisse gebracht worden: als Konkretum und Abstraktum, Inhalt und Form, Moral und Natur, Kritik und Gesellschaft, Prozess und Einhalten der Zeit, Schrift und Bild. Oder auch dreiteilig-dialektisch: von der Erfahrung über die Reflexion hin zum „Rückgang zur verstandenen, also jetzt erst konkret gewordenen Erfahrung" (Schlaffer 1973, 145). Seit dem Auftauchen von ‚Denkbild' um 1700 hat das Wort mehrfache Umbesetzungen erfahren – von der Übersetzung der platonischen Idee über Emblem und Denkmal bis hin zu einer literarischen Form der Moderne und schließlich zu multimedialen Installationen.

Der Bereich der visuellen bzw. plastischen – also nicht nur sprachlichen – Bildlichkeit, wie er in der zeitgenössischen Kunst erkundet wird, zum Beispiel von André Volten, Hans Hoheisel (Assmann 2006, 12–14) oder Caitlin Fisher (Tschofen 2015), ist streng genommen zwar nicht unter dem Titel des Denkbilds als literarischer Form der Philosophie zu erörtern. Er zeigt jedoch an, wie die Konstellation von Denken und Bild nicht nur das Verhältnis von Literatur und Philosophie aufrührt, sondern beide mit der Frage ihrer Modalität und Medialität konfrontiert. Das Denkbild als literarische Form steht in der Nachfolge des neuzeitlichen Emblems und seiner Problematik der graphisch ausgeführten oder eben nicht ausgeführten *pictura*; im ‚Bilderdenken' (Schöttker 2004; Weigel 2015) kehrt die alte Frage nach dem Status des Bildes in der Philosophie wieder (Stafford 1997; Caraës und Marchand-Zanartu 2011).

2 Von der Wortgeschichte zur Theoretisierung als literarisch-philosophische Form

Zentral für die Wort-, Begriffs- und Metapherngeschichte des Denkbilds ist die Suggestionskraft der Wortfügung. Sie zeigt, wie vielgestaltig die beiden Bestandteile aufeinander reagieren. Ein programmatisches oder problematisches Äquivalenzverhältnis ist ebenso denkbar wie ein instrumenteller Bezug, der im Sinne von ‚Bild, das zu denken geben soll‘, ein moralisch-lehrhaftes Potential hervorhebt. Auch andere Wortformen spielen für die Bildung von Bedeutungsakzenten eine Rolle. So weist ‚Denkgebilde‘ auf Gestaltung hin, ‚Gedenkbild‘ unterstreicht die Gedächtnisfunktion.

Die Möglichkeit von spontanen Neubildungen der Zusammensetzung „Denkbild" muss für die Wortgeschichte zumindest erwogen werden (Schulz 1968, 223, 236). Auch ließen einige Verwendungen der Bezeichnung bewusst Deutungstraditionen außer Acht, was zu mehreren Bedeutungsverschiebungen führte. Wenn heute ‚Denkbild‘ vornehmlich eine kurze Prosaform der klassischen Moderne bezeichnet und noch spezifischer die literarische Form, die vor allem von Autorinnen und Autoren im Umkreis der Kritischen Theorie (→ II.4 KRAMER) gepflegt wurde, dann handelt es sich um eine Nachträglichkeit in der Begriffsbildung (Richter 2007, 1).

Auf diese relativ junge Theoretisierung des Denkbilds, die mit Rückprojektionen operiert, sei in diesem Zusammenhang ausdrücklich hingewiesen. Erst seit etwa einem halben Jahrhundert erfreut sich das Denkbild einer kontinuierlichen theoretischen Aufmerksamkeit. Der Germanist Eberhard Wilhelm Schulz stellte in den 1960er Jahren den zunehmenden Gebrauch der Bezeichnung sogar in der Alltagssprache fest (Schulz 1968, 244). Sein Aufsatz kann als ein erster Versuch gelten, das Bedeutungsspektrum von „Denkbild" zwischen Gedanken und bildhafter Vorstellung historisch beschreibend zu erschließen. Schulz untersucht die wahrscheinliche Übernahme des Wortes – wohl in der Variante „Gedenkbild" 1669 bei Zesen – aus dem Niederländischen, in dem *denkbeeld* eine Variante zu ‚Idee‘ darstellt, und bietet einen Durchgang durch die weitere Wortgeschichte. Allerdings streift Schulz die Auffassung vom Denkbild als literarischer Prosaform nur. In seiner Diskussion von ‚Denkbild‘ als Bezeichnung für das Emblem weist er lediglich kurz auf eine Reihe kleinerer Prosatexte von Benjamin hin, die unter dem Titel *Denkbilder* erschienen und von der Emblematik inspiriert sind (243). Nicht die literarische Form, sondern die Nähe des Denkbilds zur Idee ist für

Schulz maßgeblich. Seine definitorischen Aufschlüsselungen – anschauliche Vorstellung, Idee, Ideal, Denkmal – behalten ihren Schwerpunkt im Bereich der bildhaften Vorstellung; die Frage nach ihrem Verhältnis zur narrativen oder diskursiven Organisation bleibt sekundär. Damit wird genau der Bereich ausgelassen, der für die weitere Theoretisierung des Denkbilds richtungsweisend sein sollte.

Erst Heinz Schlaffer schlägt die Bezeichnung ‚Denkbild' für einen Texttypus kurzer Prosa bei Kracauer, Brecht, Bloch, Benjamin, Adorno und Horkheimer vor (Schlaffer 1973). In diesem Kontext erscheint das Denkbild dezidiert als aktualisierte Umschrift des barocken Emblems, wobei der *pictura* die konkrete Beobachtung, der *subscriptio* die theoretische Konsequenz und der *inscriptio* der fakultative Titel der kurzen Texte zugeordnet ist. Das Denkbild wird präsentiert als mit traditionellen Formen – „etwa Parabel, Aphorismus, Maxime" – verwandter, aber nicht gleichzusetzender Texttypus (142). Die ‚vierte' literarische Großgattung, das didaktische, durch Brecht neu kanonisierte Lehrgedicht, nimmt in dieser Definition eine wichtige Rolle ein. Anders als bei der Parabel, deren Bildschatz sich in der Entdeckung ihres Sinns aufhebt, gehen die Bildgehalte des Denkbilds nicht in der Deutung auf; sie bleiben für das ihnen zugewandte Denken vielmehr ein widerständiger Gegenstand. Ihr gesellschaftskritisches Potential setzt auf Verrückung der Realien im Bild. Wie Schulz bietet auch Schlaffer eine Erklärung für die Verbreitung der Gattung ‚Denkbild', jedoch nicht im Sinne einer Wortkarriere, sondern bezogen auf die Anschlussfähigkeit eines historischen publizistischen Phänomens in Zeiten politischer Resignation: „Das historische Unglück dieser Form bedingt ihre Gegenwärtigkeit" (153). Die Denkbilder in Benjamins *Einbahnstraße* und Blochs *Spuren*, entstanden in der krisengeschüttelten Weimarer Republik, sind, anders als zum Beispiel Adornos spätere *Minima Moralia*, vom Anspruch getragen, dem revolutionären Gedanken auf die Sprünge zu helfen. Wenn sich aber der Bildpol des Denkbilds als folgenlos konsumierbare Literatur verkennen lässt, so trägt es sein eigenes Scheitern bereits in sich. In Schlaffers Sicht auf das Denkbild erscheint letztlich das poetisch geformte Bild suspekt (151). Gerettet wird es allein vom kritischen Denken, wenn dieses auch vom Eingeständnis seiner eigenen Ohnmacht durchdrungen ist.

Schlaffers Aufwertung des Denkbilds zu einer historisch umrissenen und dennoch aktuellen literarischen Form folgt einer maßgeblichen Anregung Adornos, der Benjamins *Einbahnstraße* 1955 als ‚Denkbild' bestimmt, diese Gattungsbestimmung im Weiteren jedoch weder auf die eigene philosophisch-literarische Produktion noch auf die seiner Freunde und Kollegen anwendet. Benjamin selbst betitelt die *Einbahnstraße* in Briefen wiederholt, aber unverbindlich als „Aphorismenbuch" (Benjamin 1997, 61). Doch Adorno widerspricht dieser Selbstzuschreibung und nennt die Stücke „gekritzelte Vexierbilder" (Adorno 1974, 680). Von dieser Charakteristik des Denkbilds gilt es dreierlei festzuhalten: das hörbare

Kratzen und Ritzen eines beiläufigen Schreibakts, die aus der Rätselgestalt des Notats entstehende Denkanregung, die sich auch als Ärgernis anzeigen kann, schließlich der Verweis auf eine frühneuzeitliche ikonographische Tradition des Suchbilds, bei der Aufschlüsse nur durch ein Umschlagen der Betrachtungsweise zu erlangen sind. Aufgrund dieser letzten Eigenschaft präzisiert Adorno die Form des Denkbilds als „philosophischen Überfall" und charakterisiert die Plötzlichkeit des Manövers mit einer fotografischen Metapher: „Blitzlicht" (681). Das notwendig Subjektive des schnell gezeichneten Bildes wird so zu einer „Manifestation eines Objektiven" erklärt (680), wobei das gesellschaftliche Objektive des Bildes zweideutig und dem Mythos verschrieben bleibt. Benjamins Vabanquespiel, bei dieser Darstellungsform alles auf die Überrumpelung des Lesers und auf Einsicht durch Plötzlichkeit zu setzen, stellt Adorno aus einer leise-kritischen Distanz dar. Im Unterschied zu Schlaffer, der die wesentliche Leistung des Denkbilds in der Theorieunterfütterung sieht, welche Korrekturen am allzu wirklichkeitsnahen Bild anbringt, hebt Adorno vor allem die Bildlichkeit hervor. Beiden gemeinsam ist, dass die Destabilisierung der Begriffe durchs Bild eher als verstörend gewertet wird denn auf ungeschmälerte Gegenliebe stößt (Axer 2012, 28). Benjamins „Verfallenheit ans Objekt" schürt den Verdacht einer „Identifikation mit dem Angreifer" (Adorno 1974, 685).

3 Sublime Sabotage: Theorie als literarische Form (Benjamin)

Infolge von Adornos Intervention sollte die Bezeichnung ‚Denkbild' eine dauerhafte Assoziation mit Benjamins Namen eingehen. Sie verfestigte sich weiter dadurch, dass die *Illuminationen* von 1961 zuerst sechs Texte mit dem Titel „Denkbilder" brachten und schließlich der vierte Band der *Gesammelten Schriften* eine ganze Abteilung unter dieser Überschrift enthielt. Doch diese Wortkarriere ist das Werk von anderen. Benjamin verwendet die Gattungszugehörigkeit ‚Denkbild' nach dem jetzigen Kenntnisstand nur ein einziges Mal – und selbst der Nachweis dieser Verwendung beruht auf einer philologischen Konstruktion. Sieben kurze Texte aus seiner Feder, eine Art Nachtrag zur *Einbahnstraße*, waren 1933 in der *Frankfurter Zeitung* unter dem Titel „Denkbilder" erschienen. Die Formulierungen des Feuilletondirektors Rudolf Geck im Bestätigungsschreiben lassen es als gesichert erscheinen, dass Benjamin selbst für den Titel seiner Auswahl verantwortlich war (Benjamin 2009, 299).

Durch die bestätigte Verwandtschaft der beiden Textkorpora wird Adornos Einordnung der *Einbahnstraße* unter das Denkbild als „philosophische Form" (Adorno 1974, 681) zwar gerechtfertigt. Dennoch erscheint es angebracht, für eine beispielhafte Erläuterung auf eines der explizit so benannten Denkbilder aus der

Frankfurter Zeitung zurückzugreifen, nämlich das längere der beiden Stücke mit dem Titel „Traum", in dem der Träumende wortwörtlich ins „Weichbild" eines Bahnhofs gleich einer sozialen Unterwelt und eines gefährlichen Geschlechts hinabsteigt (Benjamin 1972, 430–431). Dass die Wahl auf einen eher randständig und sperrig wirkenden Text fällt, ist dabei Programm. Zu zeigen gilt, dass in diesem Denkbild paradigmatisch das ‚Denkbild' als mögliches Genre sich selbst problematisch wird. Benjamin hatte die Traumerzählung vor allem unter dem Eindruck der Surrealisten in sein Repertoire aufgenommen. Diese Form wird im längeren der beiden „Traum"-Stücke nicht so sehr mit der des Denkbilds in Übereinstimmung gebracht; sie verharrt vielmehr auf der Schwelle von literarischer Erzählung und Traumprotokoll. Das Stück befragt also nicht nur die Grenzen dessen, was als Literatur, was als Philosophie zu gelten hat. Das erkenntniskritische Philosophem, das aus seinen Bildern zu entfalten ist, betrifft ausgerechnet die Ohnmacht eines Denkens, das nur mit und in Sprachbildern handeln kann, sich so aber einer begrifflich-instrumentellen Aneignung entzieht. Und daher seien die Leserinnen und Leser dieser Zeilen ermutigt innezuhalten, den „Traum"-Text Benjamins zur Hand zu nehmen und zu lesen. Diese Geste wäre weniger als Verehrung für einen Autor mit bisweilen sakralem Status zu sehen als ein Versuch, dem Denkbild – „Sinnbild der Gerechtigkeit" heißt es im Text (431) – gerecht zu werden.

Dem Traum kommt hier die Funktion zu, die literarische Form zu miniaturisieren – nicht nur, was die Länge angeht, sondern auch, um das Beiläufige und Geringe des erzählten Milieus und des Erzählmediums zu betonen. Der Hang zum Geringen zeigt sich bis in die Diktion hinein: So steht der Mond „niedrig", der Erzähler nimmt an einer „kleinen" Expedition zu einem „ganz schmalen" Rinnsal teil, geführt von einem „kleinen Unterbeamten" (431). Darin ähnelt er einigen Texten Blochs, die als Denkbilder einzuordnen sind – zum Beispiel „Spielformen, leider" mit seinem lapidaren tagebuchähnlichen Beginn: „Nach viel sah der Tag heute nicht aus" (Bloch 1959, 19). Der Traumerzählung ist zu eigen, dass sie der begrifflichen Sprache Bildwerte zurückgewinnt und eingeübte Wahrnehmungsprotokolle unterläuft, gerade dadurch, dass ihre wunderlichsten und grotesken Entstellungen *innerhalb* ihrer Grenzen eben hingenommen werden. Benjamins „Traum" setzt mit allen Tagesresten, somatischen Regungen und intimen Reminiszenzen darauf, dass sich am Persönlichsten und Banalsten eine Erkenntnis einstellen möge, die in ihrer Konsequenz als kollektive und geschichtliche zu gelten hätte.

Den Streichungen, die Benjamin bei seiner Bearbeitung der Erzählung vorgenommen hat, kommt im Hinblick auf diese gesellschaftliche Problematik eine besondere Bedeutung zu. Es handelt sich um familiäre und professionelle Hintergründe. Ein Satz, der den Trauminhalt „Gerichtsprozess" sowohl als durch die gerade zurückliegende Scheidung Benjamins als auch die Konkurrenzsituation mit dem Bruder motiviert erscheinen lassen konnte (Benjamin 1972, 1008), fiel ebenso wie die Identifikation der ‚kleinen Expedition' als Gruppe um Alfred Döblin einer Streichung zum Opfer. Dadurch wird der Übergang von einer biographischen Traumlektüre – der Anfechtung von Benjamins Status als politisch positioniertem Intellektuellen durch die sozial engagierten Ärzte Alfred Döblin und Georg Benjamin – zur Berücksichtigung eines dicht gewebten Netzes von literarischen Bezügen möglich, in denen mehr als nur ein Kampf um gesellschaftlich relevante Literatur ausgetragen wird. Auch Fragen der Verschuldung und des Urteils (Kafka) (→ IV.1 PRECHT), der Jenseitsreise (Dante) (→ IV.3 OSTER) sowie die Problematik der mythischen Verstrickung werden verhandelt – der biedermeierliche Kapotthut verweist über das Zitat der Romanfigur Crampas in Fontanes *Effi Briest* auf Heines Doktor, der sich im Gedicht „Seegespenst" aus dem Ersten Zyklus der *Nordsee* in die Fluten stürzen will, hinab zu einer ungenannten versunkenen Stadt.

Ein weiteres Beispiel für ein Umkippen aus dem privaten in ein sachliches, hier poetologisches Register liegt schon im ersten Satz vor: die „höchst zweideutige […] Mädchengesellschaft" (431) ist nicht nur ein Hinweis auf Benjamins Verhältnis zum ‚Untersten' der Gesellschaft, das der weitere Text auch räumlich-mythologisch als ‚Unterwelt' ausbuchstabiert, sondern auch die Allegorie einer sprachlichen Konvention. „[Z]weideutig" bedeutet in ebenjener Konvention ‚eindeutig', nämlich eindeutig Prostituierte. Zweideutigkeit ist hier aber auch wörtlich zu nehmen: als Kennzeichen der Allegorie (Benjamin 1974, 352). Es ist eine allegorische Gesellschaft, die von Benjamin im Emblem des Traumbildes versammelt wird. Hier wie im restlichen Text regt das Bildelement eine poetologische Reflexion an, bleibt jedoch selbst in seiner rätselhaften Vieldeutigkeit bestehen.

Auf der formalen Ebene problematisieren sich Traum und Denken gegenseitig. Der Fluss der Narration bestimmt sich als Deutungsprozess und Urteilsfindung, im Zuge derer die Traumerzählung aus sich selbst heraustritt und ihr Verhältnis zum Denken erläutert: „ein Acheron, könnte man denken; aber im Traum nichts davon" (431). Insofern dem Text eine emblematische Struktur eignet, stößt man hier auf einen rudimentären Kommentar, der in der Weigerung besteht, die *res picta* in einem bestimmten – mythologischen und konventionellen – Sinne zu denken. Die kommentierende *subscriptio* entfällt also weitgehend, aber diese erstaunliche, buchstäbliche *Ent*täuschung des Denkens durch das literarische Traumbild drängt aufs Erwachen. Es stellt sich am Ende auch ein – als eine weitere Schwelle zum Denken am Rand des Traums. Mag es auch sein, dass *im* Traum „nichts davon" gelten soll, sind mythologische Überlegungen dennoch von Gewicht. Nicht als Bezug auf die klassische Mythologie, aber sehr wohl als Ausdruck einer mythischen Verschuldung ist es zu bewerten, dass auf der Ebene des manifesten Traumgehalts Menschenleben geopfert werden. Das Denkbild verortet das Denken in den Unterbrechungen und Fügungen der Traumbilder, die jedoch nicht deutend aufgelöst werden – und sogar im Denkbild selbst einen Auftritt haben.

4 Anstoß und Anstößigkeit: Theorie der Denkbilder im Denkbild

Benjamin schrieb an Carl Linfert, dass das Stück „Traum" gemeinsam mit „Brezel, Feder, Pause, Klage, Firlefanz" von allen Denkbildern der Reihe „die mich am tiefsten betreffende Stelle" enthalte (Benjamin 1999, 312). Er deutet an, dass im Motiv der rätselhaften Porzellanplatten der Nabel des Traums liegen könnte. Aber nicht nur die individuelle Betroffenheit des Träumenden prägt sich in ihnen aus, sie führen auch einen kultur- und nicht zuletzt sozialgeschichtlichen Verweis auf eine frühe Verwendung des Wortes ‚Denkbild' mit sich. Schon in Winckelmanns *Anmerkungen über die Geschichte der Kunst des Alterthums* findet sich die Verbindung von Porzellan und Denkbild in einer ästhetischen Reflexion über den „pöbelhaften Geschmack": Die Gestaltung von zeitgenössischen Porzellanarbeiten falle im Vergleich zum antiken Kameenschnitt qualitativ steil ab und sei nicht auf der vom Material gebotenen künstlerischen Höhe, „so daß auf so kostbaren Arbeiten noch kein würdiges oder belehrendes Denkbild eingepräget gesehen wird" (Winckelmann 2008, 37).

Innerhalb der Narration des Benjamin'schen Denkbilds greifen die Porzellanplatten in ihrer konvexen Form eine textuelle Eigenschaft des Mondes auf und führen sie motivisch fort: wie auch sie tritt er – „Sinnbild der Gerechtigkeit" – *hervor*. Ihr Schwanken und Nachgeben entspricht einer epistemischen Grundlosigkeit, wenn nicht Abgründigkeit: „Ob die zweiten, jenseitigen, wirklich aus Porzellan waren, ist mir aber nicht sicher" (Benjamin 1972, 431). Ebenso wenig kann als sicher gelten, dass es sich bei den beiden Reihen konvexer, später weißer und geriefter Platten um Gedenksteine, Denkmäler, Grabmäler, Gedenkbilder im Sinne Stefan Georges (Adorno 1974, 680) – oder um Zahnreihen handelt. Letzteres bietet sich jedoch als eine weiterführende Möglichkeit an, nicht nur wegen der im Traum nebenher erzählten gesellschaftlichen Gewalt. Analog zur Assoziationsentwicklung von den „sanft" aneinander schlagenden Gefäßen zu den *Erläuterungen* des Beamten, der nicht nur die Gruppe „führt[e]", sondern auch – durchaus im doppelten Sinne – den Selbstmord der Armen *ausführt*, lässt sich auch das Bild von der Blume, die von den Sterbenden zwischen die Zähne genommen wird, wie bei einem Grundriss auf den schwankenden Grund der Erzählung projizieren, eben die beiden Reihen von Platten oder Kacheln, die durch das geschmückte Rinnsal getrennt sind (Benjamin 1972, 431). Gleichsam durch die Blume ließe sich fragen: wird hier Traumkitsch von einem geträumt, der „als Heinrich von Ofterdingen erwacht" und verschlafen hat (Benjamin 1977, 620)? Dem es möglich ist, den Fuß über die Menschen verschlingende Gosse in die „jenseitige Reihe" und wieder zurückzusetzen – ein seltsamer und riskanter Akt des Übersetzens dort, wo sich der – nicht nur soziale – Tod finden lässt? Andererseits, angesichts der Prostituierten und der sexuellen Aufladung des Wortes „Porzellan" (Schestag 2014, 223): Vielleicht handelt es sich nur um einen ‚kleinen' Tod. Die Narration schreitet mit dem Traumerzähler weiter, weniger nach einer Logik der Handlung denn nach einer solchen der Bildassoziation, und im gleichen Zug vervielfältigen, überlagern sich, weichen die Bildebenen einander. Festzuhalten ist, dass die in mehrerlei Hinsicht unsicheren Platten das Gravitationszentrum des Traumes bilden.

Über das Wortskelett, bis aufs Knochengerüst vom Ausdruck entblößt, notierte Benjamin 1920 oder 1921: „Das Wort grinst" (Benjamin 1985, 15). Auch dem Totenkopf, welcher der allegorischen Betrachtung stets den Blick erwidert, eignet das Ausdruckslose als dasjenige, was dem Ausdruck zuallererst stattgibt (Benjamin 1974, 343). Die „seltsame Zeichnung" der Kacheln, das „gerieft[e]" Porzellan präsentieren sich als Rätsel, das die kon*vexe* Natur der Platten vom Wort her rechtfertigt (Benjamin 1972, 431): Bei den Porzellanplatten handelt sich buchstäblich um Vexierbilder, also Bilder, denen der Transport (von lat. *vehere*, ‚bringen') als Intensivum eingeschrieben ist (*vexare*) und die einen Anstoß geben, der sowohl faszinierend als auch irritierend – hier eben anstößig – ausfallen kann. Diese Wirkung tritt bei einer weiteren Verwendung des seltenen Wortes „gerieft" bzw. „Riefen" zutage, das auch, in einer ähnlichen Konfiguration, am Ende des „Ersten Traums" der ibizenkischen Folge auftritt (Benjamin 1972, 404, 422): Es handelt sich ebenfalls um eine erotische Ausgangssituation. Die seltsame Zeichnung der „Riefen" befindet sich jedoch nicht auf einer Platte, sondern in der elfenbeinernen (!) Wange der Geliebten.

Der Schauplatz des Traums – in seinem ersten Wort wie in einer Zeitungsmeldung genannt: Berlin – spielt eine entscheidende Rolle dabei, dass das Intimste in ihm das Gewicht der geschichtlichen Konstruktion tragen kann. Er ist im buchstäblichen Sinne und in bildhafter Nähe zu den betretenen Platten ein unsicheres Pflaster. Die eingangs gefällte Bemerkung „Sodom" ist auf die Stadt zu beziehen, über die das geschichtliche Urteil gefallen ist (431). Die Idee der Verschuldung und Verdammung durchzieht das gesamte Denkbild: Das Traum-Ich bleibt defizitär, der Nominalwert der am Ende dem Jungen zugesteckten Münze ist geringer als gewünscht und hat keine *er*lösende Kraft – sie wirkt vielmehr verschoben, indem die Geste das Erwachen *aus*löst. Das Erwachen ist somit Unterbrechung und Ende des Traums oder eines träumenden Verhältnisses zur Geschichte: Es ist das Medium und Ziel nicht nur dieses Denkbilds, sondern des Denkbilds überhaupt. Das Erwachen, von Benjamin später im Projekt zu den Pariser Passagen explizit theoretisiert und verknüpft mit der geschichtsphilosophischen Funktion des Traums, erlaubt es ihm dort auch, seine Differenzen zum Surrealismus zu formulieren (Benjamin 1982, 571–572). Damit antwortet er auf Blochs Kritik, die „Revueform" der *Einbahnstraße* sei wirklichkeitsarmes und wirkungsloses surrealistisches Philosophieren (Bloch 1962, 371). Für Benjamin gilt es, sich den im Geschichtstraum aneinanderreihenden und beweglichen Bildern nicht hinzugeben (Allerkamp 2013, 219), nicht im zweideutig mythologischen Traumbereich zu verharren, wie er es Aragons *mythologie moderne* vorwirft, sondern vielmehr, Anstoß zu nehmen.

Im Konvolut N der Passagenarbeit findet sich auch das Notat „Geschichte zerfällt in Bilder, nicht in Geschichten" (596). Im Denkbild selbst erwähnt der Traumerzähler ein Filmprojekt, zu dem ihn die rätselhaften gerieften Platten anregen. Das lässt nicht nur an die dem Traum in der Stimmung, Schauplatz und Milieu verwandte Werke des zeitgenössischen Kinos denken (z. B. Langs „M"), die Benjamin geläufig waren. Durch den Hinweis auf den Film auch als Form eröffnet sich ein Ausblick sowohl auf das von Schnitten bestimmte Kompositionsprinzip des Denkbilds selbst als auch auf die intermediale Revolutionierung der Geschichtsphilosophie, an der Benjamin in seinem letzten Lebensjahrzehnt arbeitete und für das er ein Montageprinzip vorsah, bei dem sowohl das Emblem als auch der Film Pate gestanden haben. Eine Dialektik von Unterbrechung und fließender Kontinuität kennzeichnet gleichermaßen die im Denkbild thematisierten Medien Sinnbild, Film, Traumerzählung sowie die Bildelemente der Bahngleise und der von den aneinanderstoßenden Platten eingefassten Rinnsals. Der *Plot* zerfällt in die Plötzlichkeit von „Chocks" (Benjamin 1989, 670) und Anstößen „auf einmal" (Benjamin 1972, 431).

Interessanterweise wiederholt sich auf der Ebene der Traumerzählung jene ‚Anstößigkeit', denn der Vorschlag des Traum-Ichs zu einem von den Platten inspirierten Film wird von einem unbestimmten „man" als nicht für die Öffentlichkeit geeignet abgelehnt (431). Die Frage nach dem Handlungsvermögen bzw. der Ohnmacht des Träumenden ist damit gestellt und kehrt wiederum zur Person und zum Namen Benjamins zurück: Das allzu schöne Rinnsal – über Gosse und Porzellan assoziiert mit Sexualität – ist unschwer mit „Schoenflies" (Benjamin 1985, 215) in einen Zusammenhang zu bringen. Es handelt sich um den Namen der Familie Benjamins mütterlicherseits und den ersten von Benjamins Zwischennamen. Schon 1922 im Aufsatz über Goethes *Wahlverwandtschaften* hatte Benjamin in einem Zitat diesen Namen in dem der Okeanos-Tochter Kallirhoë aufgerufen, und zwar in einer wörtlichen Übersetzung ins Deutsche: „An strömenden Flüssen und Quellen wird sie gepriesen; Schönfließ heißt eine der Okeaniden" (Julius Walter, zit. n. Benjamin 1974, 183). In den homerischen Hymnen wird Kallirhoë-Schönfließ als eine der Begleiterinnen der Persephone in der Blumenwiese genannt, aus welcher der Totengott sie entführt. Ein weiteres Mal kommt Benjamin in den beiden zeitnah zum Denkbild verfassten Textversionen des *Agesilaus Santander* auf seine Zwischennamen zu sprechen – sie werden dort thematisiert, aber nicht genannt. Die beiden kurzen Texte weisen etliche weitere Anknüpfungspunkte zum Denkbildtraum auf. Nicht nur der erotische Kontext – die erwähnte Geliebte wird anderswo als „Hure und Sybille" beschworen (Benjamin 1985, 811) – stellt eine Verbindung her, sondern auch die Initiationssituation, also die Erkenntnis, der oder die Gemeinte zu sein. Benjamins Traum-Ich fühlt sich vom „zerlumpte[n] Knabe[n]" (Benjamin 1972, 431) des Denkbilds ebenso angerufen, wie der Engel des Namens seinem Träger offenbar wird. Vor allem aber ähneln sich die Charakterisierungen der Begegnungen in den beiden Szenen. Sie sind gekennzeichnet von Nichtinnehalten und von gegenläufigen Bewegungen, „stoßweise und unaufhaltsam" (Benjamin 1985, 521). Die beiden Versionen des *Agesilaus Santander* sind ein literarisches Experimentieren mit der Figur dessen, was in den späteren geschichtsphilosophischen Thesen der „Engel der Geschichte" (Benjamin 1974, 697) werden sollte, und zwar auf der Grundlage von Paul Klees Graphik *Angelus Novus*, die sich in Benjamins Besitz befand. Als einzige der Engelsdarstellungen Klees hat der *Angelus Novus* nicht nur Klauen und scharfe Schwingen, sondern auch Zähne. Könnte der ‚zerlumpte Knabe' des Denkbilds ebenfalls eine Präfiguration dieses Engels der Geschichte, das ‚Denkbild' und das ‚Traumbild' sowie das ebenfalls im Traum genannte ‚Weichbild' gleichsam die Kinderstube des ‚dialektischen Bildes' sein?

Unabhängig davon, wie man über diese Frage auf breiterer philologischer Grundlage entscheiden mag, kommt den Nuancen und Verschränkungen zwischen diesen ‚-bildern' große Bedeutung zu: eben dass der Traum nicht nur das dialektische Bild birgt, sondern auch von ihm unterbrochen wird; dass im Weichbild der periphere Schauplatz, der soziale Ab-Ort des „Porzellans", in ein Bild der Geschichte umschlägt (Huyssen 2015, 147; Picker 2016); dass das Denkbild, wo es nicht nur eingrenzbare Texteinheit bleibt, sondern Erkenntnismoment wird, den monadischen Charakter der „Idee" (Benjamin 1974, 228) und damit wiederum des dialektischen Bildes annimmt. In diesem monadischen Sinne gibt es bei Benjamin keine unwesentlichen Details. So wie der Engel ostentativ Allegorie der Benjamin'schen Geschichtsauffassung ist und zugleich Flüchtigstes und Intimstes dieser Geschichte birgt; so wie die „seltsame[n] Verbindungswege" (Benjamin 1972, 432) zwischen den Worthöhlen des letzten der sieben 1933 abgedruckten Denkbilder, „Brezel, Feder, Pause, Klage, Firlefanz", ein Netz von unsinnlichen Ähnlichkeiten eröffnen, so kann jedes Detail des Textes dasjenige sein, von dem aus die Sicht auf den Text sich in einer gegebenen Lesesituation neu konfiguriert. In diesem Sinne ist das Archaische der Urbilder (Goethe) und Urszenen (Freud), die Benjamin anregten, nicht bloß das Ergebnis einer Konstruktion; es bleibt unverfügbar und damit das Denken des Denkbilds ein noch und weiter zu Denkendes. In seiner Angewiesenheit auf das jeweils kommende Lesen (Rokem 2010, 178) ist das Denkbild gleichermaßen Modell und Praxis des Lesens der Geschichte; es eröffnet geschichtlich Ungesagtes, Unsagbares, Unsägliches: Anstößiges. In dieser *bestimmten* Hinsicht löst das Denkbild – zugleich kritisches Traumbild als auch literarisierte Traumerzählung – die von Freud projektierte Kollektivierung der Psychoanalyse ein (Freud 1972).

Geschichtsphilosophie ist dabei nicht als eine Spartendisziplin zu betrachten. In der Erneuerung der Philosophie, die Benjamin sich mehrfach unter verschiedenen Prämissen vorgenommen hatte, verbündet sie sich mit Sprachphilosophie, Ästhetik, Erkenntniskritik, philosophischer Anthropologie, politischer Philosophie, Theologie und Ethik. Ihr Zusammenspiel ist dabei weniger als harmonische Vereinigung zu sehen, denn als harte Fügung im Zeichen der Literarisierung der Philosophie. Das Denkbild, das sowohl als kleine literarische Form als auch als von Sprachbildern weniger getragene denn erschütterte Philosophie hervortritt, stört das *Eigentliche* von Literatur und Philosophie. Als Indiz dafür mag gelten, dass die Schriften Benjamins in beiden Kanons eher der Peripherie zuzuordnen sind – trotz ausgiebigster Rezeption.

5 Für eine kleine Literatur und eine Philosophie der sich bildenden Begriffe

„Das Sagen ist nämlich nicht nur der Ausdruck, sondern die Realisierung des Denkens", so Benjamin in einem anderen seiner sieben *Denkbilder*, „Der gute Schriftsteller" (Benjamin 1972, 429). Gerade der Umstand, dass das Denkbild als Gravitationsfeld dieses Denkens ungenannt bleibt, treibt bei Benjamin die Fügung von Literatur und Philosophie ins Extrem und macht sie damit politisch gerade nicht anwendbar, aber doch einübend. Dennoch gesellt sich sein Schreiben durchaus zu verwandten Unternehmungen im Zeichen des Denkbilds, zu älteren und neueren Bemühungen um eine andere Philosophie und um eine Literatur, die ihrer Monumentalisierung als *Denkmal* entkommt. Dies soll abschließend an zwei Momenten skizziert werden.

Zunächst markiert das als literarische Form erst nachträglich so benannte Denkbild eine Miniaturisierung, bei der die Bildhaftigkeit Ausdruck der Verkürzung sein kann, die sich jedoch auch in der Hinwendung zum scheinbar Banalen und sozial Abgründigen manifestiert. Das Denkbild gehört in die Reihe der „kleinen Formen" (Polgar 1982), die sich als Kurzprosa seit dem späten 19. Jahrhundert entwickeln und sich neben und in Beerbung von älteren kurzen Formen der Prosa wie

Aphorismus (→ III.8 PORNSCHLEGEL), Fabel, Anekdote, Essay (→ III.6 KRAMER) behaupten (Göttsche 2006, 8, 11). Pointierte Betrachtung, ja Beobachtung gerade im lebensweltlichen Bereich überlässt mögliche Schlüsse den Lesenden und trägt dabei sowohl eine philosophische Forderung in die Literatur als auch literarische Verfahren in die Philosophie ein. Baudelaires Prosagedichte sind für diese Entwicklung exemplarisch; auch ist Nietzsches Rhetorisierung der Philosophie zu nennen (→ IV.2 QUADFLIEG). Mediengeschichtlich macht sich bei beiden ein Einfluss des Feuilletons geltend; die formale, aber auch thematische Aufwertung des Alltäglichen, Unbedeutenden, Niedrigen akzentuiert sich in der Folge. Simmels Hinwendung zum Mikrologischen stellt bei der Verzahnung von Literatur und Philosophie im Zeichen des Denkbilds eine wichtige Etappe dar (Richter 2007, 7), zumal bei seiner Ausarbeitung im Umfeld der Kritischen Theorie. Doch auch diese Engführung von Literatur und Philosophie mit sozialkritischer Stoßrichtung steht nicht allein. Im französischen Kontext verbindet Georges Batailles kurzer Text „Les formes misérables" von 1939 ausdrücklich Nietzsches Umwertung aller Werte mit einer geschärften Wahrnehmung der sozial Untersten, die er interessanterweise parallel zu Benjamins kurz zuvor entstandenem Denkbild als „ruisseau", also ‚Rinnstein, Gosse' bezeichnet (Bataille 1970, 218).

In der Verschränkung von literarischer Form und Philosophie mit sozial- und erkenntniskritischem Impetus fallen jedoch gerade auch unter dem Gesichtspunkt der Bildhaftigkeit noch weitere Interferenzen zwischen dem deutsch- und französischsprachigen Bereich auf, zumal in der Arbeit am philosophischen Begriff, die bei Blumenberg unter anderem in der Nachfolge Cassirers thematisch wird. – Letzterer entwickelte seine Philosophie der symbolischen Formen nicht zuletzt dank der Anregungen Warburgs und seiner kulturwissenschaftlichen Bibliothek. Warburgs eigene Wortprägung „Denkraum" benennt den Aufschub und die Distanz, die über das Bild gegenüber einer als dämonisch erfahrenen Welt zu gewinnen sind. Der Kulturprozess eröffnet sich so als individuelle und kollektive Affektbearbeitung im Verhältnis zum Bildobjekt (Warburg 2010, 561).

Unter der wörtlichen Entsprechung zum ‚Denkbild', nämlich *image de la pensée* bzw. *image-pensée*, die sich zum *image-mouvement* und *image-temps* als spezifische Hinwendung zur Philosophie gesellt, verhandelt Gilles Deleuze das Verhältnis von Bild und Philosophie. Vor allem die Vorlesung *Sur le cinéma: l'image-pensée* vom 30. Oktober 1984 sowie das mit Félix Guattari cosignierte Buch *Qu'est-ce que la philosophie?* (1991) zeigen, dass die *image-pensée* das Verhältnis von Philosophie und Nichtphilosophie auslotet und das stets erneute Werden des philosophischen Begriffs benennt.

Das ‚Denkbild' steht in der Begegnung von Literatur und Philosophie seit der klassischen Moderne für eine zunehmende Emanzipation des Bildes in dem Sinne, dass das Bilderdenken nicht in bildhafter Sprache aufgeht. Benjamins

Insistenz auf dem Schriftbild als zentralem Moment seiner Mimesistheorie sowie Deleuzes Kinobild gemahnen jedoch daran, dass die ‚Materialität' des Bildes weder auf eine partikuläre sinnliche Erscheinung noch auf eine Verfügbarkeit zu reduzieren, sondern vielmehr aus dem Singulären zu entfalten ist.

Literatur

Adorno, Theodor W. „Benjamins Einbahnstraße". Ders., *Gesammelte Schriften*. Bd. 11: *Noten zur Literatur I*. Hg. von Rolf Tiedemann. Frankfurt a. M. 1974: 680–685 [EA: 1955].

Allerkamp, Andrea. „Du ‚philosopher surréaliste'. ‚Myslowice – Braunschweig – Marseille'". *Les Cahiers de l'Herne. Walter Benjamin*. Hg. von Patricia Lavelle. Paris 2013: 214–219.

Assmann, Aleida. *Der lange Schatten der Vergangenheit. Erinnerungskultur und Geschichtspolitik*. München 2006.

Axer, Eva. *Eros und Aura. Denkfiguren zwischen Literatur und Philosophie in Walter Benjamins ‚Einbahnstraße' und ‚Berliner Kindheit'*. München 2012.

Bataille, Georges. „L'abjection et les formes misérables". Ders., *Œuvres complètes*. Bd. II: *Ecrits posthumes 1922–1940*. Hg. von Denis Hollier. Paris 1970: 217–218 [EA: 1939].

Benjamin, Walter. *Gesammelte Schriften*. Bd. IV: *Kleine Prosa, Baudelaire-Übertragungen*. Hg. von Tillman Rexroth. Frankfurt a. M. 1972.

Benjamin, Walter. *Gesammelte Schriften*. Bd. I: *Abhandlungen*. Hg. von Rolf Tiedemann und Hermann Schweppenhäuser. Frankfurt a. M. 1974.

Benjamin, Walter. *Gesammelte Schriften*. Bd. II: *Aufsätze, Essays, Vorträge*. Hg. von Rolf Tiedemann und Hermann Schweppenhäuser. Frankfurt a. M. 1977.

Benjamin, Walter. *Gesammelte Schriften*. Bd. V: *Das Passagen-Werk*. Hg. von Rolf Tiedemann. Frankfurt a. M. 1982.

Benjamin, Walter. *Gesammelte Schriften*. Bd. VI: *Fragmente vermischten Inhalts, Autobiographische Schriften*. Hg. von Rolf Tiedemann und Hermann Schweppenhäuser. Frankfurt a. M. 1985.

Benjamin, Walter. *Gesammelte Schriften*. Bd. VII: *Nachträge*. Hg. von Rolf Tiedemann und Hermann Schweppenhäuser. Frankfurt a. M. 1989.

Benjamin, Walter. *Gesammelte Briefe*. Bd. III: *1925–1930*. Hg. von Christoph Gödde und Henri Lonitz. Frankfurt a. M. 1997.

Benjamin, Walter. *Gesammelte Briefe*. Bd. V: *1933–1935*. Hg. von Christoph Gödde und Henri Lonitz. Frankfurt a. M. 1999.

Bloch, Ernst. „Revueform in der Philosophie". Ders., *Erbschaft dieser Zeit*. Frankfurt a. M. 1962: 368–371 [EA: 1928].

Bloch, Ernst. *Spuren*. Frankfurt a. M. 1959 [EA: 1930].

Caraës, Marie-Haude und Nicole Marchand-Zanartu. *Images de pensée*. Paris 2011.

Deleuze, Gilles und Félix Guattari. *Qu'est-ce que la philosophie?* Paris 1991.

Freud, Sigmund. „Massenpsychologie und Ich-Analyse". Ders., *Gesammelte Werke*. Bd. 13. Frankfurt a. M. 1972: 71–161 [EA: 1921].

Göttsche, Dirk. *Kleine Prosa in Moderne und Gegenwart*. Münster 2006.

Huyssen, Andreas. *Miniature Metropolis. Literature in an Age of Photography and Film*. Cambridge, MA/London 2015.

Picker, Marion. „Weichbild". *The Germanic Review* 91.2 (2016): 157–165.

Polgar, Alfred. „Die Kleine Form". Ders., *Kleine Schriften*. Bd. 3. Reinbek bei Hamburg 1982: 371–373 [EA: 1926].

Richter, Gerhard. *Thought-Images. Frankfurt School Writers' Reflections from Damaged Life*. Stanford 2007.

Rokem, Freddie. *Philosophers and Thespians. Thinking Performance*. Stanford 2010.

Schestag, Thomas. „Porcelain". *The German Quarterly* 87.2 (2014): 216–228.

Schlaffer, Heinz. „Denkbilder. Eine kleine Prosaform zwischen Dichtung und Gesellschaftstheorie". *Poesie und Politik. Zur Situation der Literatur in Deutschland*. Hg. von Wolfgang Kuttenkeuler. Stuttgart 1973: 137–154.

Schöttker, Detlev (Hg.). *Schrift – Bilder – Denken. Walter Benjamin und die Künste. Ausstellung im Haus am Waldsee*. Berlin/Frankfurt a. M. 2004.

Schulz, Eberhard Wilhelm. „Zum Wort ‚Denkbild'". *Wort und Zeit. Aufsätze und Vorträge zur Literaturgeschichte*. Hg. von dems. Neumünster 1968: 218–252.

Stafford, Barbara. „Gewalt und Naturgeschichte. Über das dauerhafte Dilemma, wie etwas anschaulich zu machen sei". *Vorträge aus dem Warburg-Haus*. Hg. von Uwe Fleckner, Margit Kern, Birgit Recki und Cornelia Zumbusch. Berlin 1997: 75–105.

Tschofen, Monique. „The Denkbild (‚Thought-Image') in the Age of Digital Reproduction". *Theory, Culture & Society* 33.5 (2015): 139–157.

Warburg, Aby. „Bilder aus dem Gebiet der Pueblo-Indianer in Nord-Amerika". *Werke in einem Band*. Hg. von Martin Treml, Sigrid Weigel und Perdita Ladewig. Berlin 2010: 524–566 [EA: 1923].

Weigel, Sigrid. *Grammatologie der Bilder*. Berlin 2015.

Winckelmann, Johann Joachim. *Anmerkungen über die Geschichte der Kunst des Alterthums*. Hg. von Adolf H. Borbein und Max Kunze. Mainz 2008 [EA: 1767].

Zymner, Rüdiger. „Kleine Prosaformen der Moderne. Kontinuität in der Einfachen Form. Kafkas ‚Denkbilder'". *Mitteilungen des Deutschen Germanistenverbandes* 56.2 (2009): 161–176.

IV Konstellationen

IV.1 Philosophie über Literatur

Aristoteles über Sophokles

Dimitris Karydas

Die Antwort auf die Frage nach Aristoteles' Lektüre der bis zu seiner Zeit überlieferten Dichtung ist freilich an erster Stelle in der *Poetik* zu suchen. Sich dabei auf Sophokles zu beschränken, leuchtet ein. Denn ihn und Homer behandelt Aristoteles dort als hervorragendste Vertreter ihrer jeweiligen Gattung: Tragödie (→ III.7 PIRRO) und Epos. Philologische Anhaltspunkte für Aristoteles' Lektüre liefern die 19 Stellen der *Poetik*, in denen auf Sophokles – überwiegend auf den *König Ödipus* (429–425 v. Chr.) – Bezug genommen wird. Unter den allgemeinen Hinweisen auf Sophokles ist derjenige wegweisend, in dem das Verhältnis von Sein und Sollen in der tragischen Dichtung angesprochen wird: Im Gegensatz zu Euripides, der Menschen abbildet, „wie sie sind", möchte Sophokles sie nach eigener Erklärung zeigen, „wie sie sein sollten" (Aristot., poet., 1460b 33–35). Nur Sophokles' *König Ödipus* scheint alle Maßgaben zu erfüllen, die Aristoteles aus seiner Definition der Tragödie entwickelt, damit sie, „wenn die Dichtung gut sein soll" (Aristot., poet., 1447a 10), durch Jammer und Schaudern bzw. Furcht und Mitleid (ἔλεος und φόβος) ihre läuternde Wirkung, die Katharsis (κάθαρσις), erzielt (→ II.6 WITT).

Der Mythos von König Ödipus ist die zentrale Episode der Sage vom Geschlecht der Labdakiden, die sich im Sinne eines Fluches bis zum kathartischen Ausgang als Schicksalszusammenhang entwickelt. Er stellt sich als schicksalhaft erscheinende, durch fehlgeleitete Entscheidungen bzw. Übertretungen zustande gekommene Kette von schweren Schlägen her. Der dem antiken Publikum bekannte Kontext verwebt sich als Abfolge von Verfehlungen (ἁμαρτίαι, *hamartien*), die weit vor der Geburt des Ödipus in einem Delikt seines Vorfahren Laios ihren Lauf nehmen. Auf der Flucht vor der Erfüllung eines Orakelspruchs, der ihm die Ermordung seines Vaters und die Vermählung mit seiner Mutter voraussagt, erschlägt Ödipus im Vorfeld des Stücks in hochmütiger Überreaktion unwissentlich seinen eigenen Vater, den König von Theben, der ihn aussetzte, um seinerseits dem Fluch zu entgehen. Und ebenso unwissentlich vermählt er sich mit seiner eigenen Mutter, da ihm nach der Befreiung der Stadt Theben von der Sphinx die Funktionen des auf ungeklärte Weise verstorbenen Herrschers übertragen wurden. Seine glückliche Herrschaft wird auf die Probe gestellt, als ein weiterer Orakelspruch den unaufgeklärten Tod des vorangegangenen Königs mit einer drohenden Seuche in Verbindung bringt und nach Aufklärung verlangt.

Ödipus' Versuche, den Mörder des alten Königs zu finden, bringen Schritt für Schritt seine eigene Biographie und seine Schuld ans Licht. Iokaste, Frau und Mutter des Ödipus, erhängt sich, Ödipus selbst tritt ab und bestraft sich mit einer selbst herbeigeführten Erblindung.

Dass Sophokles' Tragödie als gelungene Anschauung des poetologischen Konzepts des Aristoteles anzusehen ist, dafür mögen die Ausführungen in der *Poetik* hinreichende Belege liefern. Zugleich lässt die nicht eindeutig einzuordnende, unvollständig erhaltene Schrift die Aristoteles sonst auszeichnende systematisch-begriffliche Grundlage vermissen (Fuhrmann 2018, 144). Um die philosophische Relevanz der schaudererregenden, zur Katastrophe führenden, als schuldlos oder tragische Schuld gemeinhin apostrophierten Konstellation (Lurje 2013) nachzuzeichnen, bedarf es deshalb einer über die *Poetik* hinausgehenden Explikation. Versteht man den Status der Beispiele innerhalb der *Poetik* etwa als emergente Kategoriengestalten, so erschließen sie sich nicht in Bezug auf die *Poetik,* sondern erst im Nachvollzug der poetologischen Konstruktion im Kontext des gesamten aristotelischen Denkens (Haverkamp 2015, 21–36).

Ein philosophisches Gewicht erhält die Tragödie (ebenso wie das Epos und die Komödie) in der rezeptions- wie produktionsästhetischen Motivierung der Dichtkunst, und zwar in zweifacher Form: in der dem Menschen angeborenen Fähigkeit zur Nachahmung (μίμησις, *mimesis*) und in seiner Freude an ihrer Rezeption. Eine gelungene Mimesis ist aufs Innigste mit tiefgreifenden Affekten verwoben und eine ethisch dimensionierte Funktion des menschlichen Erkenntnisvermögens. Als überragendes Formelement der Tragödie ahmt sie nicht Menschen, sondern „Handlungen und Lebenswirklichkeit" nach, und zwar nicht so, wie sie sind, sondern so, wie sie der Wahrscheinlichkeit nach sein könnten (Aristot., *poet.*, 1450a 20–23). Damit hängt Aristoteles' Bestimmung des am besten geeigneten Heldentypus zusammen, der zwar vortrefflich und vorbildlich sein sollte, aber doch mit menschlichen Charaktermängeln behaftet, der also im Grunde zu menschlich ist, um als Identifikationsfigur dienen zu können (Aristot., *poet.*, 1448a 11–18). Die Taten des allzu menschlichen Helden stellen sich dar als ein Zusammenwirken aus Charakter und Verstand, und beide Faktoren, Charakterschwäche wie Fehleinschätzungen, bestimmen seine Verfehlungen. Jammer und Schaudern werden, wie auch die aus der Katharsis entstehende Lust an der Tragik, von einem sich sukzessiv einstellenden Wissen begleitet, die aus der mimetischen Darstellung gewonnen werden. Erst mit dieser erkennenden Dimension der Affekte wird eine philosophische Perspektive auf die Katharsis eröffnet, deren Ertrag im reflektierten Umgang mit Affekten und dem rational zu fassenden Weltverhältnis statt in einer blinden Schicksalsergebenheit zu suchen wäre.

Der wesentliche Zug der Handlungsstruktur besteht in der Peripetie (περιπέτεια, *peripeteia*), die „den Umschlag dessen, was erreicht werden soll, in das Gegenteil" bewirkt (Aristot., *poet.*, 1452a 22–24). Wenn etwa ein Bote Ödipus die Nachricht bringt, er solle nach dem Tod des korinthischen Königs seine Nachfolge antreten, schlägt die ursprüngliche Freude gleich in schwere Sorge um und stürzt Ödipus in tiefe Selbstzweifel. Auch wenn Aristoteles hier nicht genau liest (Erler 2009, 131 ff.), ist die Wirkung auf die Zuschauer aufgrund der Mitleid erregenden, verhängnisvollen Wende im Geschick des Helden affektvoll. Der Verlauf des Mythos, der insgesamt den Sturz ins schwere Unglück darstellen sollte, ergibt sich aus der Verstrickung der unterschiedlichen Wendepunkte in- und miteinander. Jeder gestaltet sich durch den peripatetischen Umschlag (μεταβολή, metabole) eines rational angelegten Handlungs- bzw. Entscheidungsdispositivs in einen der Intention zuwiderlaufenden oder gar in ihr Gegenteil umkehrenden Ausgang. Die paradoxale Wende im Geschehen wird aber nicht allein von dem zunächst formal-narrativen Strukturmerkmal der Peripetie bewirkt. Erst im Verbund mit der Wiedererkennung (αναγνώρισις, anagnorisis) gewinnt die Peripetie eine affektive Zuspitzung (Aristot., *poet.*, 1452a 32–33, 1445a 18). Außer Peripetie und Anagnorisis führt Aristoteles das Pathos (πάθος) noch als dritten Aspekt des Mythos an (Aristot., *poet.*, 1452b 11–14), ohne jedoch seinen unverzichtbaren Beitrag zur tragischen Mimesis und seiner grundsätzlichen Bedeutung für das Schaudern tatsächlich Rechnung zu tragen. Zum semantischen Umfang vom Pathos gehört sowohl schweres Erleiden bzw. Unglück als auch passive wie aktive ‚Affektdisposition', die die Gemütszustände und Gefühlslagen in ihrer Modulierung konnotiert. Aristoteles' eigentliches Interesse gilt jedoch nicht den Affekten, sondern der Erkenntnis, die mittels der Affekte gewonnen wird. Sie werden nicht in der *Poetik*, sondern in der *Nikomachischen Ethik* und der *Rhetorik* näher behandelt, in denen sie als Urteile gefasst werden; gerade Jammer und Schauder bzw. Furcht und Mitleid dienen hier als Beispiele (Aristot., *rhet.*, 1378a). Wenn Aristoteles in den Affekten eine „propositionale Einstellung" erblickt, so heißt dies allerdings nicht, dass er ihnen einen rationalen Ursprung unterstellt, da sie auch in irrationalen Reflexen wurzeln können (Aristot., *eth. Nic.*, 1105b; Meyer-Sickendiek 2005, 179 ff.).

Die Lehre oder Erkenntnis, die aus der Freude an der Mimesis entspringt (Aristot., *rhet.*, 1371b 3 ff.), tut sich demnach als die philosophische Leitperspektive der aristotelischen Lektüre kund. Die erkenntnistheoretische Erschließung der Affekte in der *Rhetorik* liefert den Schlüssel zur philosophischen Interpretation der poetologischen Analyse: „Man kann Deduktionen bilden und Schlüsse ziehen" (συλλογίζεσθαι καί συνάγειν, syllogizesthai und synagein). Damit sind Enthymeme (ενθυμήματα, enthymemata), sogenannte „rhetorische Schlüsse", gemeint, die „aus der Wahrscheinlichkeit und den Indizien" gebildet werden (Aristot., *rhet.*, 1357a 7–19) und einen rhetorischen, jedoch keinen logisch zwingenden Beweis liefern. Dieser Schluss erhebt Anspruch auf Geltung, wenn seinen

Prämissen allgemein beigepflichtet werden kann. Anders als in der Sophistik bezieht sich das mimetische Vermögen, verstanden als Fähigkeit, den Horizont menschlichen Handelns nachzuahmen, auf einen Lernprozess, der nach Aristoteles der rational verfassten menschlichen Lebensführung eingeschrieben ist (Geisenhanslüke 2018, 70–73, 94–97, 104–106). Die Affekte von Jammer und Schaudern, über welche die Tragödie zum lustbringenden Ziel trotz des katastrophalen Ausgangs gelangt, erhalten somit als rationalisierende Auffassung der Affekte erst in der Rhetorik eine philosophische Fundierung (Aristot., *rhet.*, 1378a).

Darin besteht Aristoteles' philosophisch begründeter Anspruch auf eine Wahrheit, die die sophistische Sprachdependenz abgeschüttelt hat (→ II.1 KREWET) und die das theoretische wie praktische Verhältnis zur Welt, die Lebensgestaltung der Menschen ebenso wie die politischen Belange der Allgemeinheit bestimmen sollte (Ette 2003, 42–43). Freilich ist das Medium der tragischen Darstellung die poetische Sprache, in der Metaphern als Mittel des Ausdrucks von Ähnlichkeiten prominent figurieren (Aristot., *poet.*, 1457b 7–17). Von ihr zu unterscheiden ist nach Aristoteles eine gewöhnliche Sprache und Redekunst ebenso wie eine philosophische, die zwar auch mit Ähnlichkeiten operiert, sich jedoch in kategorialen Ausdrucksformen artikuliert.

Damit markiert die *Poetik* eine Differenz zwischen Philosophie und Literatur (Geisenhanslüke 2018, 149 ff.; Schmitt 2011, 620–687), mit der sich der philosophische Diskurs *über* Literatur von derselben unterscheidet: Affekte werden in ihrer Funktion für die Erkenntnisse erfasst, jedoch nicht in ihrem emotiven Dasein. Seine Andersheit ihr gegenüber lässt die Deutung von den Dichtungen Sophokles' als philosophische Leseerfahrung hervortreten, die von den Analysen der *Poetik* vermittelt wird. In Schlussform kann indes *König Ödipus* einsichtig machen, dass insofern Ödipus *hamartien* beging (A–B), und *hamartien* zwangsläufig katastrophale Folgen nach sich ziehen (B–C), deshalb Ödipus zugrunde gehen muss (A–C). Dem syllogistischen Verfahren nach der Wahrscheinlichkeit entspricht das Enthymem dem rational erschlossenen Abdruck von affektiv geleiteten Prozessen. Und sie sind in die einstellungs- und handlungsbestimmende Anlage des menschlichen Daseins eingebettet, in dem nach Aristoteles die ethisch-politische Vergesellschaftung im wohlgeordneten Poliswesen zu verorten ist (Aristot., *pol.*, 1253a 14–18). Demnach besteht die kathartisch gewonnene Erkenntnis ($μάθησις$, *mathesis*) in der formalisierten Einsicht in die naturhafte Struktur des gesellschaftlichen Seins; denn im sozialpolitischen Gefüge der Polis findet die menschliche naturgemäße teleologische Entwicklung statt (Müller 2006, 14–15). Somit erhält Mimesis eine logische Form, die in der *physis* des Menschen als *zoon politikon* ontologisch begründet wird (Buchheim 2015, 133 ff.).

Aristoteles fordert, dass die tragischen Figuren dem Publikum ähnlich sein müssen und sich in wahrscheinlichen oder aber ganz unerwartet auftretenden, dafür umso schauderhafteren Wendungen verwickeln, die verheerende Folgen mit sich bringen. Damit eröffnet er auch die Perspektive einer politischen Profilierung seiner philosophischen Lektüre. Denn dem Mitleid mit der Heldin oder dem Helden, hier Ödipus und seinem Geschlecht, dessen Fehltritte ihn und sie aus der Ordnung der Polis herausfallen lassen, haftet auch die Furcht der Zuschauerinnen und Zuschauer um sich selbst an, insofern bei Nichtbeachtung der ethisch-politischen Zusammenhänge der Niedergang gewiss ist (Ette 2003, 56–59). Die Unvermeidbarkeit des Untergangs, sei er auf den nackten Zufall, die Arroganz des Aufbegehrens oder die Kontingenz von Entscheidungen angesichts undurchdringlicher Vorgänge zurückzuführen, lässt nur einen Schluss zu: Tragische Heldinnen und Helden leiden zu Recht, weil ihr Opfer im Interesse der Allgemeinheit steht. Diesen ethisch-politischen Kern der tragischen Darstellung offenzulegen, wäre neben einer erkenntnistheoretischen Lektüre von Affekten demnach das Verdienst einer genuin philosophischen Tragödieninterpretation nach Aristoteles. In ihrem Zuge werden die zu bewältigenden Affekte wie die nicht zu bewältigende, unaufhebbare Kontingenz der Lebenswirklichkeit in der als zweite Natur ausgegebenen Ordnung der Polis aufgehoben. Aus philosophischer Perspektive bliebe die Tragödie als Medium der Versöhnung in der Konsequenz dem Erhalt der Polis verpflichtet.

Literatur

Aristoteles. *Poetik*. Übers. und hg. von Manfred Fuhrmann. Ditzingen 2018. [Aristot., *poet*.].
Aristoteles. *Nikomachische Ethik*. Übers. mit Einf. und Erl. von Olof Gigon. Hg. von Manfred Fuhrmann. München 2006. [Aristot., *eth. Nic*.].
Aristoteles. *Rhetorik*. Übers. und erl. von Christof Rapp. Berlin/Darmstadt 2002. [Aristot., *rhet*.].
Aristoteles. *Politik*. Übers., eingel. und hg. von Eckart Schütrumpf. Hamburg 2012. [Aristot., *pol*.].
Buchheim, Thomas. *Aristoteles. Einführung in seine Philosophie*. Freiburg i. Br./München 2015.
Erler, Michael. „Psychagogie und Erkenntnis". Aristoteles. *Poetik*. Hg. von Ottfried Höffe. Berlin 2009: 123–140.
Ette, Wolfram. *Die Aufhebung der Zeit in das Schicksal. Zur Poetik des Aristoteles*. Berlin 2003.
Fuhrmann, Manfred. „Nachwort". Aristoteles. *Poetik*. Übers. von dems. Ditzingen 2018: 144–178.
Geisenhanslüke, Achim. *Poetik. Eine literaturtheoretische Einführung*. Bielefeld 2018.
Haverkamp, Anselm. *Marginales zur Metapher. Poetik nach Aristoteles*. Berlin 2015.
Höffe, Ottfried. „Tragische Fehler, Menschlichkeit, tragische Lust". Aristoteles. *Poetik*. Hg. von dems. Berlin 2009: 141–158.
Lurje, Michael. *Die Suche nach der Schuld. Sophokles' Ödipus Rex, Aristoteles' Poetik und das Tragödienverständnis der Neuzeit*. Berlin 2013.
Meyer-Sickendiek, Burkhard. *Affektpoetik. Eine Kulturgeschichte literarischer Emotionen*. Würzburg 2005.

Müller, Jörn. *Physis und Ethos. Der Naturbegriff bei Aristoteles und seine Relevanz für die Ethik.* Würzburg 2006.

Schmitt, Arbogast. „Kommentar". Aristoteles. *Werke in deutscher Übersetzung.* Bd. 5: *Poetik.* Übers. und erl. von dems. Berlin/New York 2011: 193–740.

Hegel über Goethe

Henning Tegtmeyer

Goethes Werk ist für Hegels Denken ein immens wichtiger Bezugspunkt. Gleiches lässt sich zwar von den meisten deutschsprachigen Philosophinnen und Philosophen des 19. und 20. Jahrhunderts sagen – man denke nur an F. W. J. Schelling, Ludwig Feuerbach, Ernst Cassirer, Georg Lukács oder Ernst Bloch –, auffällig ist aber doch, wie häufig Hegel an zentralen Stellen seines Werkes Goethe zitiert, auf Goethe'sche Motive anspielt oder sich explizit mit Goethes Werk auseinandersetzt. Dabei bezieht er sich zum einen zustimmend auf zentrale wissenschaftliche Gedanken Goethes, zum Beispiel auf dessen Farbenlehre (→ II.5 SPECHT), zum anderen aber auf Goethes Dichtung, vor allem im Kontext seiner eigenen Ästhetik. Die außerordentlich große Wertschätzung Hegels für Leben, Denken und Werk Goethes ist vor allem aus zwei Gründen erklärungsbedürftig. Erstens kontrastiert sie stark mit Hegels häufig kritischen, oft geradezu polemischen Stellungnahmen zu den Dichtungen anderer Zeitgenossen und persönlicher Bekannter, beispielsweise zu Friedrich Heinrich Jacobi, Friedrich Schlegel oder Ludwig Tieck. Zweitens sind Goethes wissenschaftliche und poetische Werke Ausdruck von Gedanken und ästhetischen Haltungen, die häufig nicht mit denen Hegels übereinstimmen und ihnen manchmal sogar vollkommen zuwiderlaufen. Unkenntnis, Opportunismus oder freundschaftliche Parteinahme scheiden als mögliche Motive allesamt aus. Hegel war in der Literatur seiner Zeit umfassend belesen (Hegel 1970c) und kannte Goethes Werk in allen Facetten; seine Karriere hing, abgesehen von den frühen Jenaer Jahren, nicht von Goethes Wohlwollen ab, und die persönliche Beziehung zu Goethe war gut, aber nicht wirklich freundschaftlich (Pinkard 2000, 559–561). Das Verhältnis Hegels zu Goethe beschäftigt deshalb die philosophische und literaturwissenschaftliche Forschung seit geraumer Zeit gleichermaßen (Honegger 1925; Schubert 1933; Falkenheim 1934; Mayer 1959; Bubner 1978; Mayer 1992; Sandkaulen 1998).

Im Folgenden stehen ausschließlich Hegels Kommentare zu Goethes dichterischem Werk im Fokus. Als Dichter sieht Hegel Goethe als exemplarisch in allen Gattungen der Poesie an, und zwar unter den Bedingungen des ‚romantischen', das heißt nachantiken Zeitalters (Hegel 1970b, 442). Goethes Lieder nennt er „das Vortrefflichste, Tiefste und Wirkungsvollste, was wir Deutsche aus neuerer Zeit besitzen" (474). Unter Goethes dramatischen Dichtungen hebt er besonders den *Faust* hervor, dessen zweiter Teil zu Hegels Lebzeiten allerdings noch gar nicht vorlag (557). Die Bedeutung der *Faust*-Dichtung für Hegels Philosophie im Allgemeinen sowie für die *Phänomenologie des Geistes* und die *Ästhetik* im Besonderen ist in der Literatur intensiv untersucht worden (Bloch 1961; Lukács 1965;

Gethmann-Siefert und Stemmrich-Köhler 1983, 23). Frühere dramatische Werke Goethes sieht Hegel allerdings kritisch, z.B. *Götz von Berlichingen* oder *Stella*, insbesondere aber den *Clavigo* (Hegel 1970b, 563). In der Epik lobt er Goethes *Hermann und Dorothea* als Meisterwerk und damit als Ausnahme von der Regel, dass es kein Epos in der Moderne geben kann (414–415). An die Stelle des Epos träten in der Moderne nämlich die Erzählung und der bürgerliche Roman, wobei Hegel implizit, aber unmissverständlich *Wilhelm Meisters Lehrjahre* zum Idealtyp des modernen Romans erhebt (392–393).

Die Divergenzen seiner Kunstauffassung zu der Goethes können Hegel allerdings nicht entgangen sein. Goethes Kunstphilosophie hat starke Impulse durch die Lektüre von Kants *Kritik der Urteilskraft* empfangen, während Hegels von Geschichtsphilosophie, Religionsphilosophie und Metaphysik bestimmter Zugang zur Kunst ihm eher fremd blieb (Bubner 1978, 22). Goethes traditionell ‚klassische', von Schiller aber ‚naiv' genannte Auffassung des Kunstschönen (→ II.6 Matuschek) geht von überzeitlichen Standards des Wahren, Guten und Schönen in der Kunst aus, denen Kunstwerke durch die Zeiten hinweg verpflichtet bleiben, auch wenn es selten gelingt, ihnen ganz und gar gemäße Werke zu vollenden. Derartige Meisterwerke aus allen Epochen der Kunstgeschichte stellt Goethe auf eine Stufe mit der unveränderlichen Schönheit der Natur, zum Beispiel in der *Italienischen Reise* (Goethe 1988; Bubner 1978, 18). Dabei geht es ihm aber keineswegs um Nachahmung antiker Vorbilder. Vielmehr besteht das Ziel der Kunst darin, Werke zu vollenden, die den großen antiken Werken an Originalität und Schönheit gleichkommen. Antike Sujets sind damit ebenso wenig privilegiert gegenüber modernen, wie es antike Versmaße sind. Ungeachtet aller Begeisterung für die griechische und römische Poesie und die bildende Kunst der Antike werden die Meister der Moderne, zum Beispiel Shakespeare, auf eine Stufe mit ihren antiken Vorläufern gestellt, ebenso mit orientalischer Dichtung, zum Beispiel mit derjenigen Hafis'. Schönheit in der Kunst ist jederzeit und an jedem Ort möglich, da sie als überzeitliches Ideal im Prinzip jederzeit realisiert werden kann.

Hegels Kunstauffassung ist dagegen durch und durch historisch. Für ihn ist das Schöne zwar auf den ersten Blick ebenfalls eine überzeitliche Norm, nämlich das Anschaulich-Werden bzw. das „sinnliche Scheinen der Idee" als der Übereinstimmung von Begriff und Wirklichkeit (Hegel 1970a, 151); aber Kunst hängt damit ganz und gar davon ab, wie die Idee jeweils verstanden wird. Das Verständnis der Idee ist historischen und kulturellen Rahmenbedingungen unterworfen. Die höchste Form von Kunstschönheit ist für Hegel in der griechischen Kunst der Antike anzutreffen, weil hier eine religiöse Kultur herrsche, in der Ideal und Wirklichkeit, Geist und Natur, Menschliches und Göttliches in Harmonie gedacht würden. Dieses Denken sei ideal für die Entstehung entsprechender Kunst, und die Künstler seien im antiken Griechenland daher zugleich die wichtigsten Theologen, allen voran Homer, Hesiod und die bildenden Künstler. Anders als Schelling (Schelling 1960, § 42) meint Hegel zwar nicht, dass die Mythologie und Religion der Griechen selbst Kunstwerke sind, wohl aber, dass der griechische Polytheismus vor allem in Kunstwerken seinen ihm adäquaten Ausdruck findet.

Die antike Harmonie ist aber in sich prekär und geht durch drei ‚Momente', das heißt wirkmächtige Veränderungen in der antiken Welt, wieder verloren: (1) Die römische Kultur öffnet sich für andere, mit dem griechischen Polytheismus unvereinbare religiöse Denkweisen. (2) Die griechische Philosophie zerreißt das Band zwischen dem Natürlichen und dem Geistigen spätestens mit Platon; Stoizismus und Skeptizismus sind bereits Reaktionen auf den Zusammenbruch der klassischen griechischen Religion. (3) Das Christentum spitzt die Entgegensetzung zwischen Natur und Geist noch weiter zu, gewinnt aber in der Gestalt Christi eine völlig neuartige Form der Vermittlung, die sich der schönen Darstellung weitgehend entzieht. Damit verliert die Kunst ihre herausragende Rolle für die Religion. Im Christentum ordnet sich die Kunst der Theologie und der religiösen Praxis gänzlich unter, während sie im Islam teils völlig verboten, teils marginalisiert wird. Vor allem mit dem Christentum beginnt daher die moderne, von Hegel ‚romantisch' genannte Kunst. Im Rahmen dieses historisierten Kunstbegriffs ist es unmöglich, unter Bedingungen der Moderne (d.h. der Zeit nach Christus) klassische Kunst zu erschaffen, da Klassizität an die Bedingungen der hochantiken Religion und Lebensform gebunden ist. Die klassizistische Idee einer Neustiftung der ästhetischen Kultur nach Muster der Antike ist für Hegel deshalb eine Illusion. Die romantische Bewegung in der Kunst seiner Zeit wird dadurch prima facie aufgewertet (Pöggeler 1999). Insgesamt stellt sich Hegel aber mit seiner Historisierung des Kunstbegriffs in einen Gegensatz sowohl zu den Projekten der Jenaer Romantik als auch zum Kunstverständnis Goethes (Hegel 1970a, 14). Hegel betont die Geistigkeit und Geschichtlichkeit der Kunst; für ihn kann es einen historisch invarianten Standard des Kunstschönen nicht geben. Man muss diese Diskrepanz nicht nur wie Bubner als Ausdruck der „Unvereinbarkeit des poetischen und philosophischen Verhältnisses zur Kunst" sehen (Bubner 1978, 9). Hegels Kunsthistorismus ist auch philosophisch umstritten, und Goethes kunsttheoretische Grundgedanken decken sich sowohl mit platonischen als auch mit naturalistischen Kunstauffassungen (Menninghaus 2003). Hier stehen nicht Philosophie und Poesie, sondern zwei unvereinbare kunsttheoretische Ansätze gegeneinander.

Hegel respektiert diese Divergenz, versucht aber nicht, Goethe philosophisch zu widerlegen. Stattdessen beurteilt er Goethe als Dichter und legt an dessen dichterisches Werk dieselben Maßstäbe an wie an alle Kunstschaffenden. Diese Bewertung ist in zweifacher Hinsicht ein nahezu enthusiastisches Lob: Positiv gesprochen ist an Goethes Werk dessen Breite, Universalität und Meisterschaft beeindruckend. Negativ gesprochen unterlässt Goethe fast alles, was Hegel der modernen Literatur als typische philosophische oder ästhetische Missgriffe ankreidet. Weder gibt es bei Goethe die bloße Imitation der Antike, noch ist er anfällig für den didaktisch-moralisierenden Ton der modernen, protestantisch geprägten Poesie (Hegel 1970b, 413). Goethes Dichtung drückt nahezu durchgehend Humanität und Menschenfreundlichkeit aus, ist aber selten unklar, sentimental oder schwülstig. Für die von Hegel scharf kritisierte romantische Ironie (→ II.4 SCHMIDT) ist Goethe ebenso wenig anfällig wie für die Selbstüberschätzung einer progressiven Universalpoesie. Gerade die reale Beschränktheit und Fragwürdigkeit der Künstlerexistenz unter Bedingungen der Moderne wird in Goethes Werk durchgehend künstlerisch reflektiert, im *Torquato Tasso* ebenso wie im *Wilhelm Meister* und andernorts (Wieland 1992). Anders als viele moderne Kunstschaffende respektiert Goethe ferner die Gattungsgrenzen zwischen Kunst und Wissenschaft, Poesie und Philosophie, macht aber dennoch die Einsichten von Wissenschaft und Philosophie für die Kunst fruchtbar und die Poesie für Wissenschaft und Philosophie interessant. Kurzum, Hegel sieht in Goethe einen genuin ‚romantischen', modernen Dichter, der sich über die historischen und kulturellen Rahmenbedingungen künstlerischen Schaffens in der Moderne vollständig im Klaren ist und dem es eben darum gelingt, genuin moderne literarische Kunstwerke auf allerhöchstem ästhetischen Niveau zu verfassen, die zugleich historisch äußerst reflektiert und auf der Höhe ihrer Zeit sind, jenseits der zu kritisierenden Extreme eines konventionellen Klassizismus und eines forcierten Modernismus (Iannelli 2007, 92–123).

Diese in sich konsistente und mit den Prinzipien der eigenen Ästhetik vereinbare Wertschätzung des Dichters Goethe wird möglich durch eine konsequente Neu- und Umdeutung des Goethe'schen Selbstverständnisses. Goethes poetische Werke werden nach den Maßstäben von Hegels Theorie der Kunstgeschichte kontextualisiert. In diesem werkzentrierten und theoretisch voraussetzungsreichen Zugang ist das Selbstverständnis Goethes nachrangig. Das mag man als vereinnahmende Rezeption kritisieren. Man kann es aber auch als Ausdruck der Großzügigkeit eines bedeutenden Kunstphilosophen auffassen, der seine Hochachtung für einen großen Künstler nicht vom Bestehen eines durchgehenden Konsenses in kunsttheoretischen Fragen abhängig macht.

Literatur

Bloch, Ernst. „Das Faustmotiv der Phänomenologie des Geistes". *Hegel-Studien* 1 (1961): 155–172.
Bubner, Rüdiger. *Hegel und Goethe*. Heidelberg 1978.

Gethmann-Siefert, Annemarie und Barbara Stemmrich-Köhler. „Faust: die ‚absolute philosophische Tragödie' und die ‚gesellschaftliche Artigkeit' des West-östlichen Divan. Zu Editionsproblemen der Ästhetikvorlesungen". *Hegel-Studien* 18 (1983): 23–64.
Goethe, Johann Wolfgang. *Italienische Reise*. Ders., *Werke*. Bd. 11. Hamburger Ausgabe. Hg. von Herbert von Einem. München 1988 [EA: 1816/1817].
Falkenheim, Hugo. *Goethe und Hegel*. Tübingen 1934.
Hegel, Georg Wilhelm Friedrich. *Vorlesungen über die Ästhetik I*. Ders., *Werke*. Bd. 13. Hg. von Eva Moldenhauer und Karl Markus Michel. Frankfurt a. M. 1970a.
Hegel, Georg Wilhelm Friedrich. *Vorlesungen über die Ästhetik III*. Ders., *Werke*. Bd. 15. Hg. von Eva Moldenhauer und Karl Markus Michel. Frankfurt a. M. 1970b.
Hegel, Georg Wilhelm Friedrich. *Berliner Schriften 1818–1831*. Ders., *Werke*. Bd. 11. Hg. von Eva Moldenhauer und Karl Markus Michel. Frankfurt a. M. 1970c.
Honegger, Rudolf. „Goethe und Hegel. Eine literarhistorische Untersuchung". *Jahrbuch der Goethe-Gesellschaft* 11 (1925): 38–111.
Iannelli, Francesca. *Das Siegel der Moderne. Hegels Bestimmung des Hässlichen in den Vorlesungen zur Ästhetik und die Rezeption bei den Hegelianern*. München 2007.
Lukács, Georg. „Faust-Studien". Ders., *Werke*. Bd. 6: *Probleme des Realismus III*. Neuwied 1965: 525–621 [EA: 1940].
Mayer, Hans. „Goethe, Hegel und das 19. Jahrhundert". *Goethe. Ein Versuch über den Erfolg*. Frankfurt a. M. 1992: 134–160.
Mayer, Hans. „Goethe und Hegel". *Von Lessing bis Thomas Mann. Wandlungen der bürgerlichen Literatur in Deutschland*. Pfullingen 1959: 180–197.
Menninghaus, Winfried. *Das Versprechen der Schönheit*. Frankfurt a. M. 2003.
Pinkard, Terry P. *Hegel. A Biography*. Cambridge 2000.
Pöggeler, Otto. *Hegels Kritik der Romantik*. München 1999.
Sandkaulen, Birgit. „Hegel, Georg Wilhelm Friedrich (1770–1831)". *Goethe-Handbuch*. Bd. 4.1. Hg. von Hans-Dietrich Dahnke. Stuttgart 1998: 468–471.
Schelling, Friedrich Wilhelm Joseph. *Philosophie der Kunst*. Hg. von K. F. A. Schelling. Darmstadt 1960 [EA: 1859].
Schubert, Johannes. *Goethe und Hegel*. Leipzig 1933.
Wieland, Renate. *Schein, Kritik, Utopie. Zu Goethe und Hegel*. München 1992.

Heidegger über Hölderlin

Anja Lemke

Hölderlin nimmt unter den zahlreichen Dichtern, mit denen sich Heidegger auseinandergesetzt hat, eine herausragende Stellung ein, da sein Werk für ihn in einzigartiger Weise mit seinem eigenen philosophischen Denken korrespondiert. Seiner ersten Vorlesung zu *Hölderlins Hymnen ‚Germanien' und ‚Der Rhein'* in 1934/1935 (GA 39) folgen insgesamt vierzig Jahre intensive „seinsgeschichtliche Zwiesprache" (GA 5, 292–293) mit Hölderlins Texten. 1942 liest Heidegger über Hölderlins Hymne „Andenken" (GA 52), ein Jahr später zum „Ister" (GA 53). Zwischen 1936 und 1968 hält er zudem regelmäßig Vorträge zu Hölderlin, wobei überwiegend dessen späte Hymnik im Zentrum steht (u. a. *Erläuterungen zu Hölderlins Dichtung*, GA 4). Darüber hinaus finden zentrale Motive Hölderlins, wie etwa die Rede von den Göttern und Halbgöttern, dem Geviert und dem Heiligen, Eingang in Heideggers philosophische Schriften nach der sogenannten Kehre (*Beiträge zur Philosophie (Vom Ereignis)*, GA 65). Noch 1976 im posthum erschienen Spiegel-Interview spricht Heidegger vom „unumgänglichen Bezug seines Denkens zur Dichtung Hölderlins" (Heidegger 1976, 214). Heidegger findet in Hölderlin nicht nur die dichterische Reformulierung seiner eigenen Schlüsselfrage nach dem Sein, er verdankt dessen Werk auch die Einsicht in die sprachliche Dimension der Seinsfrage sowie eine neue geschichtsphilosophische Gewichtung derselben.

Was Hölderlins Dichtung für Heidegger auszeichnet, ist primär deren Selbstreflexivität. Hölderlins Dichtung wird Heidegger zu einem Ort, an dem sich die Sprache als „Grundgeschehen des Seyns" (GA 39, 257) zeigt. Indem seine Gedichte die Sprache selbst befragen, gelingt es ihnen, das Wesen des Seins ins Wort zu fassen. Was auf diese Weise für die Rezipientin und den Rezipienten erfahrbar wird, ist die für Heidegger zentrale Einsicht in die Unverfügbarkeit, ‚Widerwendigkeit' und Zeitlichkeit des Seinsgeschehens. Als ambivalentes, uneindeutiges und bewegliches Sprechen, in dem Sprachgesten wie das Grüßen, Winken und Rufen vorherrschen, entwerfen diese Gedichte keinen festen Sinn, sie bieten keinen gesicherten Entwurf oder stabile Deutungen an, sondern machen ein Entzugsgeschehen sichtbar. Das Sein zeigt sich der Leserin und dem Leser so als Verschränkung von Anwesenheit und Abwesenheit, als gleichzeitige Öffnung und Verhüllung. Die Verse aus dem Gedichtfragment „In lieblicher Bläue": „Voll verdienst, doch dichterisch wohnet der Mensch", die im Zentrum von Heideggers gleichnamigem Aufsatz (GA 7) stehen, setzen die Dichtung nicht nur explizit in Kontrast zu einem souveränen, autonom handelnden, weltbeherrschenden Subjekt, sie weisen dieses Wohnen im Sprachlichen für Heidegger auch als einen

Ort aus, in dem der Mensch seiner eigenen schwankenden Existenz immer wieder neu fragend begegnen muss. In diesem Sinne heißt es in ‚Germanien' und ‚Der Rhein', dass das Gedicht als ein „Sprachgefüge [...] in sich ein Wirbel" sei, „der uns irgendwohin reißt" (GA 39, 45). Die existenzielle Ausgesetztheit gegenüber der eigenen Endlichkeit, die sich in *Sein und Zeit* dem Menschen primär in der Befindlichkeit der Angst offenbart, sieht Heidegger in Hölderlins Dichtung als Erfahrung mit der Sprache neu gedichtet. In ihr enthüllt sich für Heidegger jetzt die ‚Grundstimmung' des Daseins, die *Sein und Zeit* neben dem Verstehen und der Sprache als Grundform menschlichen ‚In-der-Welt-Seins' ausgezeichnet hatte. Gleichzeitig werden auch die Grenzen des Verstehens durch Hölderlin aufgezeigt, indem die Selbstreflexivität der Dichtung für Heidegger auch die Beschränkung der Hermeneutik mit reflektiert. In dem Maße, in dem sich ihm durch die Dichtung Hölderlins die Sprache nicht nur als Trägerin von Sinn, sondern auch in ihrer asemantischen Materialität zeigt, wächst das Interesse an einem literarischen Sprechen, das in seiner begrifflichen Uneindeutigkeit auch zum Muster für Heideggers eigenes nichtmetaphysisches Denken wird (→ II.4 LEMKE).

Neben dieser Auszeichnung der Dichtung als einem zweiten unterschiedlichen, der Philosophie aber ebenbürtigen Weg zur Frage nach dem Sein, die sich trotz unterschiedlicher Gewichtungen bis in Heideggers späte Sprachschriften hält, greift die Auseinandersetzung mit Hölderlin auch die geschichtsphilosophische Frage nach einem philosophischen Neuanfang auf, die Heideggers ganzes Denken begleitet. Indem Hölderlin um 1800 durchaus zeittypisch das Verhältnis der eigenen Gegenwart zur Antike ins Zentrum seiner Dichtung stellt, korrespondiert er mit Heideggers Kernfrage nach der Möglichkeit eines neuen Anfangs in der Moderne, der sich am ‚ersten Anfang' der vorsokratischen Philosophie orientiert, und die mit Platon einsetzende ‚Verfallsgeschichte der Metaphysik' aufzuhalten in der Lage ist. 1933 setzt Heidegger zunächst eindeutig auf den Nationalsozialismus als Instanz für einen solchen ‚anderen Anfang', der in Anlehnung an und Respons auf die griechische Antike einen ontologisch fundierten Neuanfang in Form einer sinnstiftenden Mitte für eine Gemeinschaft initiieren soll (GA 16). Und es gehört zu den umstrittensten Fragen der Forschung, inwieweit Heidegger nach der Niederlegung des Rektorats nun Hölderlin diese Gründungsleistung im Sinne einer neuen Kunstreligion zuschreibt, indem er ihm die Rolle zuweist, als „Dichter der Deutschen" (GA 39, 214) deren zukünftige Geschichte vorausgedichtet zu haben, oder ob Hölderlin für Heidegger umgekehrt gerade insofern zu einem modernen Dichter wird, dass er in seiner Dichtung die Erfahrung der Unmöglichkeit einer solchen Gründungsgeste vermittelt (de Man 1983; Lacoue-Labarthes 1990; Buchheim 1994; Trawny 2000; Lemke 2002). Belege lassen sich für beide Lesarten finden. Insbesondere die frühe Vorlesung von 1935/1936 lässt, die zeitgleichen Überlegungen zum ‚großen Stil' bei Nietzsche aufgreifend (Blond 2010), in ihrer

Rede von „Hölderlin als Dichter des zukünftigen deutschen Daseins" (GA 39, 220), von der „Grundstimmung als Wahrheit eines Volkes" (GA 39, 143), dem „Rheinstrom als Schicksal" (GA 39, 194) ebenso wie in ihrem heroischen Ton die Überlegungen aus der Rektoratsrede anklingen und erlaubt eine ästhetisch gewendete Verlängerung der dort entwickelten Gedanken.

Gleichwohl lassen sich auch hier schon Anzeichen dafür finden, dass Heidegger gerade durch die Auseinandersetzung mit Hölderlins Dichtung zu einer Auffassung der Verbindung von Sprache und Geschichtsphilosophie gelangt, in der es nicht um neue Sinnstiftung geht, sondern primär um die Erfahrung von Sinnentzug und Verlust vormaliger Sicherheiten und Gewissheiten. Aus einer solchen Perspektive wird Hölderlin Heidegger gerade nicht zum Stifter einer neuen gemeinschaftsbildenden Kunstreligion, sondern zu einem Dichter der Moderne, dem die eigene Zeit in ihrer Kontingenz zum Thema geworden ist. So liest Heidegger bereits in ‚Germanien' und ‚Der Rhein' die Eingangsverse von Hölderlins „Germanien" – „Nicht sie, die Seeligen, die erschienen sind, / Die Götterbilder in dem alten Lande, / Sie darf ich ja nicht rufen mehr" (Hölderlin 1992, Bd. 1, 404) – als Absage an die Möglichkeit der Wiederkehr der alten Götterwelt, auf die das Gedicht eben nicht mit der Ankunft neuer Götter antwortet, sondern mit „heiliger Trauer" (GA 39, 83). Das Moment des Verzichts und des Abschieds, das sich hier erstmals deutlich zeigt und sowohl in der *Andenken*-Vorlesung (GA 52) als auch in der *Ister*-Vorlesung (GA 55) wieder aufgegriffen wird, bereitet ein Verständnis von Dichtung und Sprache vor, das insofern als radikal modern gelten kann, als es gerade in der Akzeptanz des Verlustes bindender Sinnhorizonte und gesicherter Orientierungen die einzige Möglichkeit des Bezugs zum Vergangenen sieht. An die Stelle einer repräsentativen Wiederholungsgeste tritt die Anerkennung des Anderen und die Bezugnahme im Verlust ebenso wie die Einsicht in die Unverfügbarkeit des Zukünftigen. In der *Andenken*-Vorlesung entwickelt Heidegger dafür den Terminus des „Übergänglichen" (GA 52, 98). Hölderlins Dichtung steht für ihn am Ort des „Zwischen", zwischen dem Nicht-mehr der alten und dem Noch-nicht der kommenden Götter, und erst die Anerkennung der Fremdheit und Unverfügbarkeit des Vergangenen führt dazu, dass dieses als unabgegoltene Möglichkeit aus der Zukunft auf die Gegenwart zukommen kann: „Das Erinnerte schwingt sich über unsere Gegenwart hinweg und steht plötzlich in der Zukunft. Es kommt auf uns zu und ist noch irgendwie unerfüllt [...]" (GA 52, 54). Die Anerkennung von Fremdheit, die sich aus dieser Geschichtsauffassung ergibt und die Hölderlins späte Hymnen nicht mehr im Sinne des Terminus ‚Vaterländische Gesänge' zu einem nationalen Unternehmen machen, sondern ihnen die prekäre Aufgabe zuweist, eine Sprache zu finden, die die Unverfügbarkeit des Fremden zum Ausdruck bringt, gewinnt Heidegger neben der Lyrik auch aus Hölderlins poetologischen Entwürfen, den Reflexionen zu seinen Sophokles-Übersetzungen sowie aus

Hölderlins Briefen an Boehlendorff (Hölderlin 1992, Bd. 2, 912–913), deren komplexe Verbindung von Poetik und Geschichtsphilosophie als die avancierteste Lösung für das Problem des Umgangs mit der Antike im 18. Jahrhundert gelten kann. Immer deutlicher tritt diese Komplexität für Heidegger im Verlauf seiner Beschäftigung mit Hölderlin zutage und modifiziert seine eigene geschichtliche Auffassung der Seinsfrage. Während sich in ‚Germanien' und ‚Der Rhein' noch deutlich eine völkisch gefärbte Stiftungsheroik in die Geschichtsanalyse mischt, findet sich ab den 1940er Jahren eine Modernekonzeption, die die *Ister*-Vorlesung in der Formulierung vom „Heimischwerden im Unheimischsein" (GA 53, 143) verdichtet. Hölderlins Dichtung gewährt für Heidegger Einsicht in die Situation der Moderne, indem sie „die Not der Notlosigkeit" (GA 39, 134) erfahrbar macht. Auf diese Weise hält Hölderlins Dichtung durch das Aufspannen der Bezüge zum Vergangenen für Heidegger zwar den Ort offen, an dem sich ein ‚anderer Anfang' zukünftig ereignen könnte, ohne diesen selbst jedoch konkret sprachlich zu stiften.

Heidegger hat sich vom literaturwissenschaftlichen Umgang mit Hölderlin immer nachdrücklich distanziert, dennoch haben seine Auslegungen literaturwissenschaftlich nachgewirkt. Trotz ihrer vielfach angemerkten philologischen Ungenauigkeiten (Weimar und Jermann 1984) greifen Heideggers Analysen der weiteren Entwicklung der Literaturwissenschaft insofern vor, als sie die Selbstreflexivität der Dichtung Hölderlins ins Zentrum rücken und damit dem *linguistic turn*, der insbesondere über den Strukturalismus auf die Forschung gewirkt hat, aus der Perspektive einer kritischen Hermeneutik zuarbeiten. Eine Entwicklung, die dann vor allen Dingen in der Dekonstruktion ihren Niederschlag gefunden hat (de Man 1955; Derrida 1988; Lacoue-Labarthe 1990). Philosophie- und literaturgeschichtlich hat zudem Heideggers Loslösung Hölderlins aus dem Kontext des Deutschen Idealismus zu Lektüren geführt, die Hölderlin dezidiert gegen Heideggers Auslegung wieder an die Bewusstseinsphilosophie der Zeit anzuschließen suchen (Henrich 1986).

Literatur

Blond, Louis P. *Heidegger und Nietzsche. Overcoming Metaphysics*. London/New York 2010.
Buchheim, Iris. *Wegbereiter der Kunstlosigkeit. Zu Heideggers Auseinandersetzung mit Hölderlin*. Würzburg 1994.
Derrida, Jacques. *Vom Geist. Heidegger und die Frage*. Frankfurt a. M. 1988.
Heidegger, Martin. *Vorträge und Aufsätze (1936–1953)*. Ders., *Gesamtausgabe*. Bd. 7. Hg. von Friedrich-Wilhelm von Herrmann. Frankfurt a. M. 2000. [GA 7].
Heidegger, Martin. *Hölderlins Hymne ‚Andenken' (1941/42)*. Ders., *Gesamtausgabe*. Bd. 52. Hg. von Curd Ochwadt. Frankfurt a. M. 1992. [GA 52].

Heidegger, Martin. *Hölderlins Hymnen ‚Germanien' und ‚Der Rhein' (1934/35)*. Ders., *Gesamtausgabe*. Bd. 39. Hg. von Susanne Ziegler. Frankfurt a. M. 1989. [GA 39].

Heidegger, Martin. *Hölderlins Hymne ‚Der Ister' (1942)*. Ders., *Gesamtausgabe*. Bd. 53. Hg. von Walter Biemel. Frankfurt a. M. 1984. [GA 53].

Heidegger, Martin. *Tatsachen und Gedanken. Die Selbstbehauptung der deutschen Universität (1933), Das Rektorat 1933/34 (1945)*. Ders., *Gesamtausgabe*. Bd. 16. Hg. von Hermann Heidegger. Frankfurt a. M. 1983. [GA 16].

Heidegger, Martin. *Erläuterungen zu Hölderlins Dichtung (1936–68)*. Ders., *Gesamtausgabe*. Bd. 4. Hg. von Friedrich-Wilhelm von Herrmann. Frankfurt a. M. 1981. [GA 4].

Heidegger, Martin. *Holzwege (1935–1946)*. Ders., *Gesamtausgabe*. Bd. 5. Hg. von Friedrich-Wilhelm von Herrmann. Frankfurt a. M. 1980. [GA 5].

Heidegger, Martin. „‚Nur ein Gott kann uns noch retten'. Gespräch mit Martin Heidegger am 23. September 1966". *Der Spiegel* 30.23 (31. Mai 1976): 193–219.

Henrich, Dietrich. *Der Gang des Andenkens. Beobachtungen und Gedanken zu Hölderlins Gedicht*. Stuttgart 1986.

Hölderlin, Friedrich. *Sämtliche Werke und Briefe*. Hg. von Michael Knaupp. 3 Bde. München 1992.

Kreuzer, Johannes (Hg.). *Hölderlin Handbuch. Leben –Werk – Wirkung*. Stuttgart 2002.

Lacoue-Labarthe, Philippe. *Die Fiktion des Politischen. Heidegger, die Kunst und die Politik*. Stuttgart 1990.

Lemke, Anja. *Konstellation ohne Sterne. Zur geschichtlichen und poetischen Zäsur bei Martin Heidegger und Paul Celan*. Frankfurt a. M. 2002.

Man, Paul de. „Heidegger's Exegesis of Hölderlin (1955)". *Blindness and Insight*. 2. Aufl., Minneapolis 1983: 246–266.

Trawny, Peter (Hg.). *‚Voll Verdienst, doch dichterisch wohnt/Der Mensch auf dieser Erde'. Heidegger und Hölderlin*. Frankfurt a. M. 2000.

Weimar, Klaus und Christoph Jermann. „‚Zwiesprache' oder Literaturwissenschaft?". *Neue Hefte für Philosophie* 23 (1884): 113–157.

Szondi über Celan

Alexandra Richter

Peter Szondis Werk, das ausschließlich akademische Publikationen zu Lebzeiten und aus dem Nachlass veröffentlichte Vorlesungen umfasst, ist doppelt ungewöhnlich: Die durchgehend universitäre Form und die inhaltliche Beschränkung auf Analysen dramatischer und lyrischer Texte machen seinen Autor zu einem Außenseiter in der Philosophie, während der philosophische Anspruch dieser Arbeiten in literaturwissenschaftlicher Perspektive eine Ausnahmeerscheinung darstellt. Von Adornos *Philosophie der neuen Musik*, Benjamins *Ursprung des deutschen Trauerspiels* und Lukács' *Theorie des Romans* ausgehend sind für den Komparatisten Szondi literarische Formen Manifestationen der Geschichte. Allerdings wird der Text nicht wie bei den genannten Autoren zum Medium der Erkenntnis, sondern er bleibt durchgängig Gegenstand des Erkennens. Schleiermachers Anspruch einer Philologie des „vollkommene[n] Verstehen[s] einer Rede oder Schrift" (Szondi 1967, 9) wird an keiner Stelle durch eine im Hegel'schen Sinne höhere begriffliche oder ideelle Erkenntnis ersetzt. Szondi verfolgt demzufolge zwei Ziele: „die Abschaffung des historischen Abstands zwischen Text und Leser" – den philologischen Anspruch – und das Aufheben „der Differenz von Verheißung und Erfüllung", womit der philosophische Anspruch umschrieben ist (Szondi 1973, 19). So wird die klassische Philologie durch eine kritische, die Wörter in ihrer Bestimmung befragende, moderne Hermeneutik ergänzt.

Dabei will Szondi die Vermittlung zwischen Geschriebenem und Gelesenem in einer Differenzierung, wie sie Derridas *Grammatologie* (→ IV.1 PRECHT) zur selben Zeit entwickelt, geschichtsphilosophisch einholen. Damit tritt ein Problem in Erscheinung, das in den späten, dem zeitgenössischen Dichter Paul Celan gewidmeten Studien deutlich lesbar wird: Ohne zeitlichen Abstand fehlt der hermeneutischen Methode die Voraussetzung ihres Gelingens. Dies war wohl auch den zeitgenössischen Philosophen bewusst, da weder Heidegger noch Adorno über Celan schrieben. In Frankreich setzten sich Derrida, Lévinas und Blanchot performativ mit der Frage des späten Zeugen und Interpreten auseinander.

Die Problematik des Übergangs von einer literarischen, rein philologischen Hermeneutik zu einer philosophischen, die den eigenen geschichtlichen Standpunkt reflektierend in die Lektüre einbezieht, thematisiert Szondi explizit in seiner Vorlesung *Einführung in die literarische Hermeneutik*: „Die Probleme der Geschichtlichkeit des Verstehens, der Einbeziehung des eigenen historischen Standorts in den Verstehensprozeß, der Rolle des historischen Abstands der Wirkungsgeschichte sind in der neueren philosophischen Hermeneutik, seit Dilthey, zuletzt insbesondere bei Gadamer, in den Mittelpunkt der Reflexion gerückt" (Szondi 1973, 14). Interessanterweise erlaubt es gerade die Gegenüberstellung von Szondis und Gadamers Celan-Lektüren, auf die unterschiedliche Umsetzung dieser philosophischen Forderung einzugehen. Gadamer projizierte eigene Erfahrungen auf die Gedichte – er bezog beispielsweise den Rauch auf ein gemütliches Kaminfeuer (Sarrazin 2004, 115) –, was dazu führte, die Grundlagen seiner philosophischen Hermeneutik neu zu überdenken (→ II.5 TEICHERT). Anders Szondi, der mit Celan die Erfahrung des Holocausts teilte, diese Gemeinsamkeit und schicksalhafte Nähe aber nicht seinen Gedichtinterpretationen zugrunde legen wollte. Ein starkes Unbehagen angesichts dieser biographischen Nähe ist unverkennbar. So wertet Szondi in der dem Gedicht „DU LIEGST" gewidmeten Studie *Eden* hartnäckig die Kenntnis biographischer Umstände ab (während sie für heutige Leserinnen und Leser unabdingbare Verständnishilfen darstellen). Da er Celan 1967 zu einem Seminar an die Freie Universität Berlin eingeladen hatte, war er unmittelbarer Zeuge der Umstände, innerhalb derer dieses Gedicht entstanden war. Dennoch steht für ihn fest, dass „die Kenntnis der Realien, der realen Erfahrungen, die aus Celans Aufenthalt in Berlin um Weihnachten 1967 in das Gedicht eingegangen sind, noch keine Interpretation des Gedichts" (Szondi 1978c, 392) ausmachen.

Auf die hinter dem Gedicht stehende, wesentliche und nicht zu lösende Frage verweise stattdessen das Ineinander von *signifiant* und *signifié* im Reim „Äppelstaken" – Holzstecken, auf die rote Äpfel in Adventskränzen gesteckt werden – und „Fleischerhaken", an die die Körper der in Plötzensee hingerichteten Widerstandskämpfer wie Schlachtvieh gehängt wurden (Szondi 1978c, 390). Celans Besuch in Plötzensee und auf einem Weihnachtsmarkt führten hier, so Szondi, nicht weiter. Denn es sei kein zufälliges oder phonologisches Nebeneinander. Der Reim bestätige vielmehr, dass die Staken und die Haken „ohne jeden Zusammenhang nicht sind" (398). Nach diesem vorsichtigen Statement bricht seine Lektüre unvermittelt ab. Nicht ausgeführt wird, worin der Zusammenhang zwischen dem christlichen Adventsfest und der Hinrichtung, „der geheime Grund der Verknüpfung von Ermordung und Weihnachtsfest" besteht (Szondi 1978c, 396).

Szondi scheint es hier um die von ihm mit Celan geteilte Erfahrung eines Ineinsseins von geschichtlich Unvereinbarem zu gehen, dem zynischen Zusammenfallen von Gegensätzen: Rosa Luxemburg und Karl Liebknecht wurden vor ihrer Ermordung in einem Hotel namens *Eden* unter schweren Misshandlungen verhört. Es ist eine Erfahrung, wie sie die berühmte „schwarze Milch" in Celans *Todesfuge* benennt, die für Szondi die schreckliche Grunderfahrung der „In-Differenz" der Geschichte (Szondi 1978c, 397) zur Sprache bringt und die er so stehen lässt, da sie für ihn keiner Aufhebung zugeführt und damit auch in keine erlösende Erkenntnis überführt werden kann.

In der Studie zu Celans Gedicht „Engführung" wird dieser Verzicht auf Erkenntnis noch deutlicher. Szondi besteht darauf, dass es sich nicht um ein Gedicht *über* den Holocaust handle, sondern dass die Struktur des Gedichts der Leserin und dem Leser die Unmöglichkeit des Verstehens erfahrbar mache. Die anfänglich strukturalistische Lesart – „ein subjektloses Prädikat", „Temporal- und Lokalbestimmungen", „prädikative Umstandsbestimmungen", „Adverbialbestimmungen" (Szondi 1978d, 378–379) – geht unvermittelt über in eine Nennung des zentralen Ereignisses: „*In / der jüngsten Verwerfung* – die *jüngste Verwerfung* kann nichts andres bezeichnen als das Schicksal, das während der Nazi-Ära Millionen Juden, darunter die Eltern des Dichters erlitten, die letzte der *Verwerfungen*, die Israel seit dem Beginn seiner Geschichte erlitt" (Szondi 1978d, 381). Doch damit ist noch nichts „erkannt", „die traditionellen Mittel der Lektüre versagen" (Szondi 1978d, 345). Dem Interpreten bleibt nur, auf diese Unverständlichkeit als eine durch das Gedicht ermöglichte Erfahrung hinzuweisen. Statt Erkenntnis, um die sich Szondi in seinen historischen Studien so sehr bemüht, gelingt lediglich eine vorsichtige Kenntnisnahme, ein tastender, zu keinem Ziel kommender Orientierungsversuch. Immer wieder ist die Rede von Ausgeliefertsein, Distanzlosigkeit, der Verlorenheit in einem unheimlichen Gelände. Die Studie versteht sich selbst lediglich als ein „Wegweiser in einem Gelände, dessen Kenntnis durch gewaltsame Abkürzungen nicht zu erwerben ist" (Szondi 1978b, 291).

Die Sprache des Gedichts ist Gegenstand einer dritten Celan gewidmeten Studie, die sich mit der Übersetzung eines Shakespeare-Sonetts auseinandersetzt. Wenn Celan den Vers „Fair, kind, and true, have often lived alone" mit „,Schön, gut und treu' so oft getrennt, geschieden" übersetzt, so werde laut Szondi das Getrenntsein nicht wie bei Shakespeare thematisiert, sondern sprachlich realisiert: Zwei sinnverwandte Wörter sind durch ein Komma voneinander getrennt („getrennt, geschieden"). Die Übersetzung vollzieht so sprachlich das Differenzieren. Statt – wie in der herkömmlichen Hermeneutik vorausgesetzt – auf einen Sinn zu verweisen, *ist* sie das Bedeutete selbst. *Signifiant* und *signifié* fallen in eins oder mit Heidegger gesagt, den Szondi, ohne ihn zu nennen, an dieser Stelle zitiert: Die Sprache spricht. „Was den Gegensatz ausdrückt, ist dessen eigener Gegensatz: die Paronomasie" (Szondi 1978e, 328).

Wie Walter Benjamin ist auch Paul Celan für Szondi eine „Deckfigur" (Weidner 2014, 83): Nach dem ersten Treffen 1959 hatte er noch aus Paris an Rudolf Hirsch vom Fischer-Verlag geschrieben: „[S]ein reines, kompromissloses leiderfülltes Wesen hat mich tief erschüttert" (Szondi 1993, 87). Später war Szondi einer der wenigen, die Celan öffentlich beistanden, als er von der Witwe des Dichters Yvan Goll als Plagiator ihres Mannes verleumdet wurde (Szondi 1978g, 423–425), oder als der ehemalige SS-Obersturmführer Hans Egon Holthusen eine für Celan zutiefst verstörende Rezension veröffentlichte, in der er den Ausdruck „Mühlen des Todes" – Eichmann sprach von der „Mühle in Auschwitz" – als Zeichen einer „Vorliebe für die surrealistische, in X-Beliebigkeiten schwelgende Genitivmetapher" abtat (Szondi 1993, 162–165). Diese zweite Stellungnahme kostete Szondi die Berufung auf eine Professorenstelle nach Frankfurt (König 2004, 73–76; Habermas 2005; Jäger 2005; von See 2005). Schließlich war es der Freitod Celans durch einen Sprung im April 1970 vom Pont Mirabeau, der von Apollinaire besungenen ‚Brücke der Poesie', der Szondi dazu veranlasste, verschiedene Arbeiten zu einem Buch zusammenzustellen. Dabei befand er sich zu diesem Zeitpunkt selbst in einer schweren Krise. Nur wenige Monate später setzte er seinem Leben ein gewaltsames Ende im Berliner Halensee. Als Holocaustüberlebende litten beide Autoren an schweren Depressionen, die sich durch die oberflächliche Entnazifizierung in Deutschland und den fortbestehenden Antisemitismus verschlimmerten.

Alle drei Celan gewidmeten Studien bezeugen, wie sehr erfahrenes Leid dem historischen Verständnis unzugänglich ist. Im strukturalistischen, Vokale zählenden Lesenden darf vielleicht auch die Situation eines traumatisierten Menschen gesehen werden, der von sich selbst abgeschnitten ist und nicht an die Urszene seines Traumas gelangen kann. Szondi zeigt schließlich, dass die Erfahrung des Holocaust nicht nur ihm und Celan, sondern auch der Leserin und dem Leser des Gedichts nur als Erfahrung des Nichtverstehens zugänglich wird. Diese bezeichnet in gewisser Weise einen Nullpunkt der Hermeneutik bzw. den Ausgangspunkt einer negativen Hermeneutik.

In seiner Antrittsvorlesung zu Walter Benjamin hatte Szondi wegweisend festgehalten: „[S]o fragt es sich, ob die Tiefe nicht jedesmal dann verfehlt werden muss, wenn in falsch verstandener Wissenschaftlichkeit von der eigenen Erfahrung abstrahiert wird. Wahre Objektivität ist an Subjektivität gebunden" (Szondi 1964, 290). Damals richtete er sich gegen eine Literaturwissenschaft, wie sie sein Züricher Lehrer Emil Staiger gefordert hatte, der persönliche Erfahrungen ausklammerte und auf reine Textimmanenz pochte. Sowohl in seiner Lektüre von Celan als auch zuvor schon bei Walter Benjamin artikuliert Szondi eigene Erfahrungen und beschreitet damit einen Mittelweg zwischen Philosophie und Literatur, denen er beiden gleichermaßen Grenzen zuweist.

Literatur

Habermas, Jürgen. „In unverkennbar aggressiver Tonlage. Aus aktuellem Anlass: Erinnerungen an die ‚Szondi-Affäre' in Frankfurt". *Frankfurter Allgemeine Zeitung* (13. Juli 2005).

Jäger, Lorenz. „Ende Legende. Peter Szondi und Frankfurt". *Frankfurter Allgemeine Zeitung* (6. Juli 2005).

König, Christoph. *Engführungen. Peter Szondi und die Literatur*. Marbach am Neckar 2004.

Sarrazin, Ursula. „Porter la voûte étoilée. Celan, Gadamer, Derrida". *Po&sie* 108 (Juli 2004): 114–125.
See, Klaus von. „Peter Szondi und die Frankfurter Universität. Eine Recherche aus aktuellem Anlass". *Deutsche Vierteljahrsschrift für Literaturwissenschaft und Geistesgeschichte* 79 (2005): 341–356.
Szondi, Peter und Paul Celan. *Briefwechsel*. Hg. von Christoph König. Frankfurt a. M. 2005.
Szondi, Peter. *Briefe*. Hg. von Christoph König und Thomas Sparr. Frankfurt a. M. 1993.
Szondi, Peter. „Vier fragmentarische Interpretationen der Gedichte ‚Durch die Enge geführt', ‚Eden', ‚Es war Erde in ihnen' und ‚Blume'". Ders., *Schriften II*. Frankfurt a. M. 1978a, Anhang [EA: 1972].
Szondi, Peter. „Hoffnung im Vergangenen. Über Walter Benjamin". Ders., *Schriften II*. Frankfurt a. M. 1978b: 275–294.
Szondi, Peter. „Eden". Ders., *Schriften II*. Frankfurt a. M. 1978c: 390–398 [EA: 1972].
Szondi, Peter. „Durch die Enge geführt. Versuch über die Verständlichkeit des modernen Gedichts". Ders., *Schriften II*. Frankfurt a. M. 1978d: 345–389 [EA: 1971].
Szondi, Peter. „Poetry of Constancy – Poetik der Beständigkeit. Celans Übertragung von Shakespeares Sonett 105". Ders., *Schriften II*. Frankfurt a. M. 1978e: 321–344 [EA: 1971].
Szondi, Peter. „Schleiermachers Hermeneutik heute". Ders., *Schriften II*. Frankfurt a. M. 1978 f: 106–130 [EA: 1970].
Szondi, Peter. „Anleihe oder Verleumdung? Zu einer Auseinandersetzung über Paul Celan". Ders., *Schriften II*. Frankfurt a. M. 1978g: 423–425 [EA: 1960/1961].
Szondi, Peter. „Einführung in die literarische Hermeneutik". Ders., *Studienausgabe der Vorlesungen*. Bd. V. Frankfurt a. M. 1973: 7–191.
Szondi, Peter. *Hölderlin-Studien. Mit einem Traktat über philologische Erkenntnis*. Frankfurt a. M. 1967.
Weidner, Daniel. „Trauer in der Tragik. Peter Szondis Versuch über das Tragische und Walter Benjamins Trauerspielbuch". *Benjamins Trauerspiel. Theorie – Lektüren – Nachleben*. Hg. von Claude Haas und dems. Berlin 2014: 78–105.

Foucault über Roussel

Achim Geisenhanslüke/Thomas Emmrich

Michel Foucaults Beschäftigung mit dem Werk von Raymond Roussel steht im Zeichen eines grundsätzlichen Interesses an der Literatur der Moderne, wie es sich seit seiner Dissertationsschrift *Wahnsinn und Gesellschaft* aus dem Jahr 1961 bezeugt (Geisenhanslüke 1997). Bereits dort spürt Foucault Autoren und Autorinnen sowie Texten nach, die ein intimes Verhältnis zum Wahnsinn unterhalten. Es geht, verbunden mit einer kritischen Analyse des modernen Subjekts als eines sinn- und bedeutungsstiftenden Zentrums, um die (Wieder-)Entdeckung literarischer Enklaven und Außenposten der Sprache des Wahnsinns, an denen sich sprachtheoretische bzw. -ontologische Überlegungen entzünden. Philipp Sarasin hat hervorgehoben, dass Foucaults „umfangreiche literarkritische Analyse doch erkennbar darauf [zielte], am Beispiel eines wahnsinnigen/literarischen Textes grundsätzliche Fragen zum Funktionieren von Sprache überhaupt zu untersuchen" (Sarasin 2005, 50). Zu dem immer wieder beschworenen Kanon derer, die für eine seit der Frühen Neuzeit kaum gehörte, kaum gesprochene, da unterdrückte Sprache des Wahnsinns im kargen Jenseits von Subjekt und Bedeutung einstehen, zählt Foucault Autoren wie zum Beispiel Hölderlin, Nietzsche, Nerval, Mallarmé, Artaud – und eben Roussel. Innerhalb seines Œuvres nimmt die 1963 am selben Tag wie *Die Geburt der Klinik* veröffentlichte Abhandlung über Roussel eine nachgerade erratische, zumindest schwer zu bestimmende Position ein.

Außergewöhnlich ist, dass es sich um die einzige literaturwissenschaftliche Monographie Foucaults handelt. Eine Besonderheit ist die Studie über Roussel aber auch deswegen, weil sie in Kontinuität zu den generellen Überlegungen zur Literatur im Lichte des Tragischen aus *Wahnsinn und Gesellschaft* steht und zugleich den Beginn eines Ablösungsprozesses markiert, der auf die Ausarbeitung der Diskursanalyse in der *Archäologie des Wissens* 1969 vorausgreift. Die eigenwillige Stellung, die der Studie über Roussel zukommt, hat Foucault selbst in einem Interview von 1984 betont: „Niemand hat je diesem Buch eine Aufmerksamkeit entgegengebracht, und ich bin sehr froh darüber. Es ist mein verborgenes Haus, eine Liebesgeschichte, die über mehrere Sommer gedauert hat. Keiner hat es gewusst" (Foucault 2005, 745). Das Schicksal der Unbekanntheit teilt die kleine Studie tatsächlich mit ihrem Gegenstand, dem Schriftsteller Raymond Roussel, einem literarischen Renegaten, der in der Zeit um 1900 mit avantgardistischen Schriften hervorgetreten ist und 1933 in Palermo unmittelbar nach Vollendung seiner erst posthum erschienenen Autobiographie Selbstmord beging. Es ist nicht allein ein literaturwissenschaftlicher Impuls, der die Aufmerksamkeit für Roussel erklärt (744), sondern vielmehr eine „verborgene Art Zuneigung"

(735) sowie die Faszination für die Exzentrik seines Lebens. Der Versuch in *Wahnsinn und Gesellschaft*, die „unbeweglichen Strukturen der Tragik" (Foucault 1973, 11) mit einer der Zeit verfallenen dialektischen Vernunftgeschichte zu kontrastieren, wird hier fortgesetzt, um „jenen Punkt Null der Geschichte des Wahnsinns wiederzufinden [...], an dem der Wahnsinn noch undifferenzierte Erfahrung, noch nicht durch eine Trennung gespaltene Erfahrung ist" (7). Indem sich Foucault der Geschichte eines schreibenden Suizidanten widmet, weist er darüber hinaus auf mehrere andere Texte voraus: die „Anthologie", eine „Art Herbarium" mit dem Titel *Das Leben der infamen Menschen* (Foucault 2003a, 310), die Vorlesungsreihe *Die Anormalen* (Foucault 2007) und die Fallgeschichten des Mörders Pierre Rivière (Foucault 1975) sowie des Hermaphroditen Herculine Barbin (Foucault 1998). In diesem Kontext artikuliert sich ein kontinuierliches Interesse an sozialen Außenseiterinnen und Außenseitern, die schriftlich die Randständigkeit ihrer Existenz dokumentieren und ihrem Leben oder dem Leben anderer ein Ende setzten.

Was in *Wahnsinn und Gesellschaft* bereits angelegt ist, macht Foucault in seiner Studie über Roussel zum ersten Mal explizit: das Funktionieren der Sprache als Ausdruck der modernen Erfahrung von Endlichkeit. Ausgangspunkt ist der autobiographische Bericht *Comment j'ai écrit certains de mes livres*, in dem Roussel kurz vor seinem Tod vorgeblich einen Pakt mit den Lesenden schließt und „seine Verfahrensweisen und Schreibtechniken" (Foucault 2005, 735) ausstellt. Roussels vermeintliche Selbstauskunft interpretiert Foucault indes nicht als die späte Freigabe eines hermeneutischen Codes, vermittels dessen Roussels Texte er- bzw. aufgeschlossen werden könnten. Statt einer paratextuellen kooperativen Legende, die die Rätselhaftigkeit des Werkes auflöst, erkennt Foucault in *Comment j'ai écrit certains de mes livres* ein fintenreiches Spiel, das weiterhin unbeirrt das Geschäft der Verdunkelung und Verrätselung betreibt und das Werk in einer dazu paradoxal erscheinenden Geste der Offenbarung verbarrikadiert. Diese dislozierende Bewegung sucht Foucault in einer Theorie der Verdoppelung einzufangen, in der ein „doppeltes Geheimnis" (Foucault 1989, 8) in Szene gesetzt sei, das dem in *Wahnsinn und Gesellschaft* postulierten Leitbegriff der „Abwesenheit des Werkes" eher entspricht als einem Code zur Dechiffrierung der Bedeutung: „Hat nicht der Text des entschleierten Geheimnisses sein eigenes Geheimnis durch das Licht, das er auf die anderen Texte wirft, zugleich erhellt und verhüllt" (13)? Es ist der renitente Boykott Roussels, einen Ursprung des Sprechens zu bezeichnen, der Foucault im Vorgriff auf seine von Roland Barthes (2005, 57–63) inspirierte These vom Tod des Autors leitet (Foucault 2001, 1003–1041).

Was bereits in *Wahnsinn und Gesellschaft* sporadisch verhandelt wurde, nimmt in Foucaults Studie über Roussel 1963 eine monographische Dimension an. Wie Hölderlin, Nietzsche und Artaud situiert auch Roussel sein Schreiben in einer „befremdliche[n] Nachbarschaft von Wahnsinn und Literatur" (Foucault 2003b, 183), die dem zum Schweigen verurteilten Wahnsinn einen eigenen Raum und eine autonome Sprache zugesteht. Für Foucault eröffnet und durchmisst Roussel damit einen gleichsam teratologischen Raum, in dem sich Wahnsinn und Literatur überlagern.

Die literarischen Techniken und Mechanismen, die Roussels Schreiben bestimmen, werden anhand des verwickelten Spiels von Homophonie und Homonymie herausgearbeitet. Im zweiten Kapitel „Die Banden des Billardtisches" beschäftigt Foucault sich mit der Exposition von *Comment j'ai écrit certains de mes livres*, in denen Roussel mit den französischen Homophonen „billard" (Billardtisch) und „pillard" (Plünderer) sowie mit den Homonymen „lettres" (Buchstaben, Briefe) und „bandes" (Ränder, Banden) eine schillernde semantische Eigendynamik katalysiert (Roussel 1995, 11). Foucault rückt die sprachliche Konstruktion dieser ludisch homophonen-homonymen Verschränkungen in den Fokus seiner Betrachtung (Klawitter 2003, 53). Durch die Entfaltung eines reißenden Sogs der Signifikantenlogik verschiebe sich der Akzent von der Ebene des Erzählten hin auf kleine sprachliche Verschiedenheiten, die zur Bedingung der Möglichkeit des Erzählens werden (Foucault 1989, 20) Als „Sprachereignis" gibt das diffundierende Spiel von Identität und Differenz den Blick auf einen „tropologischen Raum" (22) frei, was eine Poetik des Entzuges und der Distanznahme zu sich selbst zur Folge hat und zugleich eine Ein*sicht* in die Zeit nach der Ära des modernen Subjekts gewährt. Das Spiel der Differenzen basiert dabei auf einer „Verdoppelung der Sprache, die, von einem einfachen Knoten ausgehend, sich von sich selbst entfernt und unablässig weitere Gestalten hervorbringt" (20). Im Anschluss an Maurice Blanchot (→ II.6 Erdle) erkennt Foucault in der Verdoppelung ein unkontrolliertes und unkontrollierbares Zerstieben, eine (Zer-)Streuung der Sprache, die so in ein von aller Bedeutung befreites Außen vordringt.

Der literarische Vorstoß in ein nacktes, steriles Draußen, in dem die Signifikationsfunktion der Sprache suspendiert ist, führt zugleich in die Richtung einer durch den Tod vermittelten Endlichkeit, die Roussel Foucault zufolge im Schreiben und schließlich auch im Selbstmord verwirklicht haben soll. Foucaults Interesse gilt letztlich dem geheimnisvollen Konnex von Sprache und Tod, dem schon Blanchot in seinem Essay *Die Literatur und das Recht auf den Tod* nachgeht. In Bezugnahme auf Blanchots Überlegungen hebt Foucault hervor: „Roussel hat Sprachmaschinen erfunden, die wohl außerhalb des Verfahrens kein anderes Geheimnis besitzen als den sichtbaren und tiefen Bezug, den jede aufgelöste Sprache mit dem Tod unterhält, aufnimmt und unendlich wiederholt" (64). Die Analytik der Endlichkeit, die *Die Ordnung der Dinge* entfaltet, findet sich mithin in der literaturkritischen Studie zu Raymond Roussel präfiguriert.

Foucaults Überlegungen sind von Anfang an von einer Theorie über die Sprache determiniert, als deren Bestätigung er Roussels literarisches Werk deutet: Was die der Sprache eigene „Macht zur Metamorphose" leiste, sei die Möglichkeit, „mit denselben Worten anderes sagen, denselben Worten einen anderen Sinn [zu] verleihen" (113). Überdies zeigt *Raymond Roussel*, inwiefern sich Foucault sowohl von hermeneutischen als auch von strukturalistischen Konzeptionen der Sprache abgrenzt. Um das Andere, nicht um das Gleiche ist es ihm zu tun. Denn zum einen hängt das scheinbare halt- und rastlose Vagabundieren der Bedeutung von einer endlichen Menge an Zeichen ab, zum anderen führt die Endlichkeit der Sprache zu einer „Armut" (113), die noch 1969 die *Archäologie des Wissens* als eines der zentralen Merkmale des Diskurses anführt: „Literatur konstituiert sich aufgrund einer diskursiven Filterung bzw. Verknappung, wenn einem bestimmten Sprechen eine besondere Funktion zukommt" (Klawitter 2003, 72). Demnach ist die Literatur nicht der Ausdruck einer Exuberanz, eines Zuviels von Sprache und Bedeutung, sondern vielmehr der eines fundamentalen Mangels. Es ist die Verabschiedung einer Tiefendimension zugunsten der reinen und glatten Oberfläche, die, folgt man Foucault, das Schreiben von Roussel prägt. „Ein Diskurs, dem es absolut an Dichte mangelt, läuft an der Oberfläche der Dinge" (Foucault 1989, 131). Durch ihr rhizomatisches Wuchern entlang der Oberfläche, das seine Wachstumsenergie aus der spielerischen Eigendynamik der Signifikanten bezieht, fällt der Literatur das Privileg zu, in einen Raum der Leere und der Abwesenheit, des „rohen Sein[s]" (Foucault 1974, 76) der Sprache vorzustoßen. Was sich in diesem „Draußen" (Klawitter 2003, 75) vollzieht, ist eine Bewegung des Verschwindens, also eines Selbstverlustes, der, so Foucault weiter, in Roussels Selbstmord seine performative Vollendung gefunden hat.

Literatur

Barthes, Roland. „Der Tod des Autors". Ders., *Das Rauschen der Sprache. Kritische Essays IV*. Frankfurt a. M. 2005: 57–63.
Blanchot, Maurice. *Die Literatur und das Recht auf den Tod*. Berlin 1982.
Foucault, Michel. *Die Anormalen. Vorlesungen am Collège de France (1974–1975)*. Frankfurt a. M. 2007.
Foucault, Michel. „Das Leben der infamen Menschen". Ders., *Schriften in vier Bänden. Dits et Ecrits*. Bd. III: *1976–1979*. Hg. von Daniel Defert und François Ewald. Frankfurt a. M. 2003a: 309–332.
Foucault, Michel. „Der Wahnsinn, Abwesenheit eines Werkes". Ders., *Schriften zur Literatur*. Übers. von Michael Bischoff et al. Hg. von Daniel Defert und François Ewald. Frankfurt a. M. 2003b: 175–186.
Foucault, Michel. „Was ist ein Autor?". Ders., *Schriften in vier Bänden. Dits et Ecrits*. Bd. I: *1954–1969*. Hg. von Daniel Defert und François Ewald. Frankfurt a. M 2001: 1003–1041.

Foucault, Michel. *Über Hermaphrodismus. Der Fall Barbin*. Frankfurt a. M. 1998.
Foucault, Michel. „Funktionen der Literatur. Ein Interview mit Michel Foucault". *Ethos der Moderne. Foucaults Kritik der Aufklärung*. Hg. von Eva Erdmann, Rainer Forst und Axel Honneth. Frankfurt a. M. 1990: 229–235.
Foucault, Michel. *Raymond Roussel*. Frankfurt a. M. 1989.
Foucault, Michel. *Die Geburt der Klinik. Eine Archäologie des ärztlichen Blicks*. Frankfurt a. M. 1988.
Foucault, Michel (Hg.). *Der Fall Rivière. Materialien zum Verhältnis von Psychiatrie und Strafjustiz*. Frankfurt a. M. 1975.
Foucault, Michel. *Die Ordnung der Dinge. Eine Archäologie der Humanwissenschaften*. Frankfurt a. M. 1974.
Foucault, Michel. *Wahnsinn und Gesellschaft. Eine Geschichte des Wahns im Zeitalter der Vernunft*. Übers. von Ulrich Köppen. Frankfurt a. M. 1973 [OA: 1961].
Geisenhanslüke, Achim. *Foucault und die Literatur. Eine diskursanalytische Untersuchung*. Opladen 1997.
Geisenhanslüke, Achim. *Gegendiskurse. Literatur und Diskursanalyse bei Michel Foucault*. Heidelberg 2008.
Klawitter, Arne. *Die ‚fiebernde Bibliothek'. Foucaults Sprachontologie und seine diskursanalytische Konzeption moderner Literatur*. Heidelberg 2003.
Roussel, Raymond. *Comment j'ai écrit certains de mes livres*. Paris 1995.
Sarasin, Philipp. *Michel Foucault zur Einführung*. Hamburg 2005.

Derrida über Kafka

Oliver Precht

In ihrem 1999 geschriebenen Vorwort zur zweiten Auflage von *Gender Trouble* schreibt Judith Butler: „Den Hinweis darauf, wie die Performativität von Gender zu lesen ist, habe ich ursprünglich Jacques Derridas Lektüre von Kafkas *Vor dem Gesetz* entnommen" (Butler 2007, XV). Derridas Interpretation dieser vielrezipierten Parabel kann somit nicht nur als ein Grundlagentext der *Gender Studies* gelten, ohne Mühe kann man in ihm auch eines der Gründungsdokumente der *Critical Legal Studies* sehen. Dass gerade dieser kleine, erstmals im Sommer 1982 auf einem zu Ehren von Jean-François Lyotard veranstalteten Kolloquium zum Thema *La faculté de juger* (*Das Vermögen zu urteilen*) vorgestellte Text eine so große Wirkung entfalten konnte, ist kein Zufall, steht er doch im Zentrum einer Neuausrichtung der politischen Strategie der Dekonstruktion. Während Derrida sein Projekt in seinen früheren Veröffentlichungen in vieler Hinsicht verkleidet hat, seine Politik und die philosophische Tradition, der es entstammt, hinter einer poststrukturalistischen Fassade verborgen hat, lässt dieser Text erstmals unter der Verkleidung das Fundament durchscheinen. Durch die ebenso zahlreichen wie gravierenden Missverständnisse seines Projekts (als ‚Poststrukturalismus') sah er sich genötigt, die politische Ausrichtung und Stoßkraft der Dekonstruktion und die von Montaigne über Kant bis hin zu Marx (→ IV.2 WESTERWELLE; → II.7 EIDEN-OFFE) reichende Tradition politischer Philosophie, in die sie sich einschreibt, deutlicher hervortreten zu lassen. Wie nötig und gleichzeitig unzureichend diese Offenlegung der tragenden Fundamente war, lässt sich nicht zuletzt an der Rezeption seiner Kafka-Lektüre ablesen. So erhebt etwa Giorgio Agamben den Vorwurf, Derridas Lektüre würde Kafkas berühmte Parabel in ein rein formales Paradox verwandeln, sie ihrem historischen und kulturellen Kontext entreißen und so ihrer politischen Stoßkraft berauben. An einer zentralen Stelle seines bekanntesten Buches *Homo Sacer* betont Agamben, dass „die Legende *Vor dem Gesetz*" die Struktur des „virtuellen Ausnahmezustands" (Agamben 2004, 65) darstelle, in dem das Gesetz nur noch seiner Form nach bestehen bleibt, in dem es nur noch gilt, ohne etwas zu bedeuten. Derridas Interpretation dieser „Legende" bringt er dabei eine zweifelhafte Anerkennung entgegen: „Das Verdienst der Dekonstruktion besteht heute nämlich genau darin, dass sie den ganzen Text der Tradition als Geltung ohne Bedeutung auffasst" (64). Das zweifelhafte Verdienst der Dekonstruktion und insbesondere von Derridas Kafka-Interpretation liege also darin, dass sie die gesamte abendländische Tradition im Lichte einer Erfahrung interpretiert, die nur für ihre eigene Epoche bestimmend ist. Durch diese Verallgemeinerung riskiere das Denken nicht nur, den Horizont der Gegenwart zu verfehlen, es „riskiert hier, sich zu unendlichen und unlösbaren Verhandlungen mit dem Türhüter verdammt zu sehen oder, schlimmer noch, zuletzt selbst den Posten des Torhüters einzunehmen, der, ohne das Eintreten wirklich zu verhindern, das Nichts bewacht" (65). Derridas vermeintlich entpolitisierende Lektüre laufe demnach nicht nur Gefahr, die Erfahrung des virtuellen Ausnahmezustands theoretisch zu universalisieren, sondern ihn auch praktisch aufrechtzuerhalten und zu stabilisieren.

Für Agamben liegt der entscheidende Punkt von Kafkas Parabel in einem Hinweis auf die Möglichkeit der Überwindung dieser beklemmenden Epoche (und somit auch der Dekonstruktion): „Die messianische Aufgabe des Mannes vom Lande [...] könnte genau darin bestehen, den virtuellen Ausnahmezustand wirklich werden zu lassen, den Türhüter zum Schließen der Tür des Gesetzes zu zwingen (das Tor von Jerusalem). Denn der Messias wird erst eintreten können, nachdem man das Tor geschlossen hat, das heißt, nachdem die Geltung ohne Bedeutung aufgehört hat" (67–68). Doch ist Derridas Lesart, die in der Fabel eine performative und unmögliche Erzählung des Gesetzes als solchem, des ‚Gesetzes der Gesetze' erkennt, wirklich das Produkt einer fatalen und naiven Universalisierung des Erfahrungshorizonts ihrer Epoche, die den spezifisch messianischen Sinn der Fabel verfehlt? Ist Derrida wirklich blind für jene bereits bei Walter Benjamin angelegte und erstmals von Heinz Politzer (1966) entwickelte Lesart, die den Mann vom Lande als einen *am-ha'aretz* interpretiert, als einen der Schrift Unkundigen, der die Autorität der unentzifferbar gewordenen Schrift und des bedeutungslos gewordenen Gesetzes subvertiert? Das Gegenteil ist der Fall.

Wie einer aufmerksamen Lektüre des Textes kaum entgehen kann, entspringt Derridas Interpretation einer Verortung im spezifischen Horizont der eigenen Epoche, die durch ein Paradox charakterisiert ist: „Wir waren in einer Epoche zu Hause, deren *grundlegende* Aussage die folgende sein konnte: Begründet oder unbegründet, das läuft auf dasselbe hinaus, das Urteil ist sekundär" (Derrida 1992, 28). Diese – in einer ironischen Hommage an Lyotard als ‚postmodern' bezeichnete – Epoche ist durch eine Autodekonstruktion des Gesetzes gekennzeichnet, die seit dem Beginn der Epoche der Moderne, die von einer imaginierten Postmoderne ununterscheidbar ist, am Werk war. Die Dekonstruktion, verstanden als philosophisches Projekt, kann sich zu der Autodekonstruktion des Gesetzes (die nicht ihr Werk ist) nur in ein Verhältnis bringen.

Derridas Umgang mit dieser Epoche, in der zusehends alles auf das Gleiche hinauszulaufen scheint, ist gerade keine unentschiedene Enthaltung, kein Warten auf das Erscheinen eines Messias, auf ein Ereignis, das die Epoche endgültig beschließen und eine neue begründen würde. Ebenso wenig setzt er der jüdisch-messianischen Tradition ein abstraktes, postmodernes *anything goes* entgegen. Er beruft sich vielmehr in einer weiteren Hommage an Lyotard auf ein anderes

Judentum, das aus dem Paradox des Gesetzes eine ganz andere Lehre zieht: „Es gibt eine Art von Gesetz der Gesetze, es gibt ein Meta-Gesetz, das lautet: ‚Seid gerecht.' Dies ist das Einzige, worum es dem Judentum geht: ‚Seid gerecht.' Aber genau (*justement*) das *wissen* wir nicht, was das bedeutet, gerecht zu sein" (44). Wenn das Gesetz in Kafkas Fabel „kryptisch" ist, so ist es doch kein Geheimnis, zu dem irgendeine „Kaste" (69) einen privilegierten Zugang hätte: Das Geheimnis ist universell, und doch ist der unmögliche Zugang zu ihm, der Versuch, gerecht zu sein, ohne zu wissen, was das bedeutet, jeweils singulär (und daher von der gesellschaftlichen und politischen Situation und den damit einhergehenden Machtverhältnissen bestimmt). Kafkas Text lädt weder zum Warten ein, noch folgt aus ihm Beliebigkeit oder Gleichgültigkeit. Er erfordert die Suche nach einer „absolut singulären Performanz", nach einem „Ereignis ohne Ereignis" (59), nach einem „Werk", das in diesem besonderen Fall, in dieser Epoche die Form von „Literatur" annimmt: „Der Mann vom Lande hatte Mühe, die Singularität eines Zugangs zu verstehen, der universell sein sollte und der es in Wahrheit war. Er hatte Mühe mit der Literatur" (83).

Das Gesetz der Gesetze lässt sich zwar denken, sein Paradox in Worte fassen, man achtet es jedoch nur, indem man weiterlebt, indem man es verwirklicht, ins Werk setzt, im Wissen darum, dass man nie weiß, ob man es verwirklicht hat. Nie lässt sich mit letzter Gewissheit feststellen, ob man tatsächlich in seinem Sinne gehandelt hat. Die gerechte Tat kann nie erkannt werden (→ IV.3 ALLERKAMP). Sie kann nicht zum Gegenstand eines Urteils werden. Das Urteil ist sekundär. Und doch oder gerade deshalb fordert sie zu einer „unabschließbaren Selbstkritik" (Derrida 1993, 146), zu einem erneuten Innehalten auf. Wenn Derrida in seiner Lektüre der Parabel *Vor dem Gesetz* auf das Verhältnis von Philosophie und Literatur zu sprechen kommt, handelt es sich dabei weniger um eine Bestimmung des Gegenstandsbereichs der Dekonstruktion. Es handelt sich dabei nicht einfach nur um eine überkommene, dekonstruierbare Unterscheidung; Philosophie und Literatur verweisen auch auf das, was Derrida später einmal die „zwei Bahnen oder Stile" der Dekonstruktion nennen wird: „Der eine Stil ist von begründender und dem Anschein nach ungeschichtlicher Art: vorgetragen, vorgeführt werden logisch-formale Paradoxien. Der andere, geschichtlicher und anamnestischer, scheint der eines Lesens von Texten zu sein, einer sorgfältigen Interpretation und eines genealogischen Verfahrens" (Derrida 1991, 44). Diese beiden Stile werden jedoch keineswegs vermischt, sie wechseln sich vielmehr ab und erfordern sich wechselseitig. Weil die Dekonstruktion jeweils eine „singuläre Performanz" dessen sein soll, was Derrida als Gerechtigkeit bezeichnet, muss sie die Erzählung, ihre Selbstexplikation und ihre Bekenntnisse unterbrechen und eine „kritische" oder „fragende" Haltung einnehmen (Derrida 1993, 146), die ihrerseits wieder in eine genealogische Selbstbefragung mündet.

Das Projekt, das Derrida in seiner Kafka-Auslegung präsentiert, ist radikal immanent: Für die Dekonstruktion gibt es kein Außen der Epoche. Die Möglichkeiten von Literatur, die sich aus dieser Perspektive ausmachen lassen, sind ebenso begrenzt wie das breitere, „noch mächtigere Rechtssystem", das die Institution der Literatur garantiert. Das Äußerste, was Literatur aus dieser Perspektive erreichen kann, ist „*das Gesetz spielen*, es wiederholen" (Derrida 1992, 88). In dieser äußersten Möglichkeit, die Kafka ergreift, befindet sie sich „auf beiden Seiten der Linie, die das Gesetz vom Außerhalb-des-Gesetzes trennt; sie teilt das Vor-dem-Gesetz-Sein, sie ist zugleich, wie der Mann vom Lande, ‚vor dem Gesetz' und ‚früher als das Gesetz'" (88). Aus der in *Préjugés* skizzierten Perspektive einer Dekonstruktion, die dem Gesetz der Gesetze in einem radikalen Sinne verpflichtet bleibt, die das Gesetz und die Autorität, die es stützt, gerade im Namen des Gesetzes der Gesetze („seid gerecht") einer Kritik unterzieht, besteht in dieser Teilung des Gesetzes die äußerste Möglichkeit nicht nur der Literatur, sondern der Epoche im Ganzen. Doch setzt Derrida damit nicht einen allzu engen Horizont für das, was man Literatur nennt? Unterschätzt er die subversive Kraft des Schreibens? Oder eröffnet er umgekehrt gerade durch seine Kritik am Begriff der Literatur, an der Institution und ihren ‚Wächtern' die Möglichkeit für ein Schreiben, das ihr nicht mehr verpflichtet ist?

Hélène Cixous geht der Frage nach einem solchen Schreiben in einer 1980/1981 gehaltenen Vorlesung über *Das Schreiben und das Gesetz* nach. In dieser Vorlesung, die nicht nur zur gleichen Zeit wie *Préjugés*, sondern auch im Gespräch mit Derrida entstanden ist, kommt sie zu dem Schluss, dass Kafkas Text trotz des (‚weiblichen') Impulses der Neugier nach dem Ursprung des Gesetzes letztlich in der (‚männlichen') Achtung vor dem Gesetz verbleibt. Auch wenn Kafka durch sein ‚Spielen' des Gesetzes am weitesten gegangen ist, bis an die Grenze des Gesetzes und vielleicht darüber hinaus: Eine Alternative zu dieser Achtung kann nicht in der Transgression bestehen. Wenn der Mann vom Lande durch das Tor hätte treten wollen, er hätte es tun können: „Er würde das Gesetz übertreten haben, aber er würde ihm auf eine andere, negative Weise gehorcht haben" (Cixous 1991, 22). Ein anderes Schreiben, eine *écriture feminine* ist für Cixous nur möglich, wenn sie gar nicht erst vor dem Gesetz erscheint. Dieses einmalige und unscheinbare Ereignis, dieses ‚Ereignis ohne Ereignis' hat sich für Cixous in den Texten der brasilianischen Autorin Clarice Lispector ins Werk gesetzt. Bei Lispector (und nur bei ihr) sieht sie ein Schreiben am Werk, das „sich nicht um das Gesetz kümmert, oder um das, was mit ihm einhergeht, nämlich die Transgression" (24). Bereits in ihrem ersten Roman *Nahe dem wilden Herzen* findet sich eine Szene, die Cixous für das Gegenstück zu Kafkas Parabel hält: Als Joana, die Protagonistin des Romans, von ihrer furchteinflößenden Tante beim Stehlen eines Buches erwischt wird, soll sie ebenfalls vor dem Gesetz erscheinen. Doch sie tut es nicht. Auf die Frage der Tante, ob sie wisse, was sie getan habe, ob sie wisse, „wie man das nennt", antwortet Joana: „Ich habe das Buch gestohlen, das meinst du, oder?" Die Empörung der Tante über dieses unumwundene Schuldgeständnis schlägt in Verzweiflung um, als Joana weiterspricht: „Ich darf das." – „Du?!" – „Ja, ich habe gestohlen, weil ich wollte. Ich werde nur dann stehlen, wenn ich will. Das macht doch überhaupt nichts" (Lispector 2013, 60–61).

Literatur

Agamben, Giorgio. *Ausnahmezustand*. Übers. von Ulrich Müller-Schöll. Frankfurt a. M. 2004.
Butler, Judith. *Gender Trouble. Feminism and the Subversion of Identity*. 5. Aufl., New York/London 2007.
Cixous, Hélène. „Writing and the Law. Blanchot, Joyce, Kafka, and Lispector". *Readings. The Poetics of Blanchot, Joyce, Kafka, Kleist, Lispector, and Tsvetayeva*. Übers. und hg. von Verena Andermatt Conley. Minneapolis 1991: 1–27.
Derrida, Jacques. *Marx' Gespenster. Der Staat der Schuld, die Trauerarbeit und die neue Internationale*. Übers. von Susanne Lüdemann. Frankfurt a. M. 1993.
Derrida, Jacques. *Préjugés. Vor dem Gesetz*. Übers. von Detlef Otto und Axel Witte. Hg. von Peter Engelmann. Wien 1992.
Derrida, Jacques. *Gesetzeskraft. Der ‚mystische Grund der Autorität'*. Übers. von Alexander García Düttmann. Frankfurt a. M. 1991.
Lispector, Clarice. *Nahe dem wilden Herzen*. Übers. von Ray-Güde Mertin und Corinna Santa Cruz. Frankfurt a. M. 2013.
Politzer, Heinz. *Franz Kafka. Parable and Paradox*. Ithaca, NY 1966.

Kofman über E. T. A. Hoffmann

Judith Kasper

Die französische Philosophin und Schriftstellerin Sarah Kofman entwickelt das Verhältnis zwischen Philosophie und Literatur als Doppelung: Wiederholung, Spiegelung und Doppelgängertum. Weder die Philosophie noch die Literatur können von sich behaupten, zuerst dagewesen zu sein. Es gibt keine Rangfolge, keine Unter- oder Überordnung. Für Kofman sind beide ineinander und jede für sich verstrickt in einen radikal mimetischen Prozess: Abbildungsvorgänge und Ähnlichkeitsverhältnisse stehen im Zeichen der unaufhebbaren, unheimlichen Verwechslung zwischen ‚Original' und ‚Abbild'. In dieser unheimlichen Nähe, in der Philosophie und Literatur zueinander stehen, wird die philosophisch-kritische Annäherung an Literatur zu einer Art Mimikry. Kofman reflektiert dies und führt es zugleich vor. Das Motiv des Doppelgängers, das für Hoffmanns Werk so wichtig ist, bleibt mithin in Kofmans Lektüren nicht auf dieses beschränkt, sondern wandert als Dynamik in ihr Verhältnis zu Hoffmann selbst sowie in dasjenige zwischen ihr und Nietzsche, Freud und Derrida ein.

Während sie sich an Freud und Nietzsche mimetisch anschmiegt, um sich umso dezidierter an diesen Vaterfiguren abzuarbeiten, ist ihr Verhältnis zu dem nur vier Jahre älteren Derrida seit Ende der 1960er Jahre gekennzeichnet durch eine stimulierend-unbequeme Nähe. In *Derrida lesen* bezeichnet sie Derrida als „unheimliche[n]" Philosophen (Kofman 2000, 9) – das Attribut schreibt ihn explizit in die Hoffmann'sche Erzählwelt ein, aus der für Freud und Kofman das ‚Unheimliche' generiert wird. Benannt ist damit das unheimliche Spiegelungsverhältnis, in dem Kofman selbst in Bezug auf Derrida befangen ist. Schon früh nimmt sie Konzepte wie *greffe* (Derrida 1995), *itération* (Derrida 1988) und *pharmakon* (Derrida 1995) auf (→ II.4 GEISENHANSLÜKE). Sie benennen jeweils eine Übertragung, die sich im Zusammenspiel von Wiederholung und Ansteckung vollzieht. Wenn die Schreibweise genau dies aussagiert, wird Kofman gleichsam zur Wiedergängerin Derridas.

Auch Hoffmann ist kein Autor unter anderen, über den Kofman schreibt, sondern eher eine Maske: Seine Figuren und Textstrategien (die Herausgeberfiktionen, das Rhapsodische, das Unheimliche der Verdoppelung) werden für sie zu Denkfiguren, die ihr Werk über die Beschäftigung mit Hoffmann hinaus prägen und mit denen indirekt die traumatische Geschichte des eigenen Überlebens umkreist wird. Vor dem Hintergrund, dass ihr Vater deportiert und in Auschwitz getötet wurde, dass sie selbst um den Preis der Entfremdung von der Mutter und den jüdischen Bräuchen überlebte, mag die Spiegelung des Familiennamens Kofman mit Hoffmann besonders unheimlich erscheinen. Der „entsetzliche[ ]

Angstschrey in zwanzig Bänden" (Heine 1979, 193), den schon Heinrich Heine in Hoffmanns Werk wahrgenommen hatte, prägt auch ihre autobiographischen Texte: *Erstickte Worte* (Kofman 1988) und *Rue Ordener, Rue Labat* (Kofman 1995). Letzterer ist kurz vor ihrem Selbstmord erschienen.

Kofmans Hoffmann-Lektüren artikulieren sich in drei Essays, deren kritische Rezeption in der deutschsprachigen germanistischen Hoffmann-Forschung bislang nur vereinzelt stattgefunden hat (Wirth 2008): 1. „Le double e(s)t le diable. L'inquiétante étrangeté de L'homme au sable (Der Sandmann)", erschienen im Rahmen ihrer Freud-Lektüren *Quatre romans analytiques* (Kofman 1973); 2. „Le vautour rouge", ihr nietzscheanischer Langessay über *Die Elixiere des Teufels*; 3. ihre Monographie *Schreiben wie eine Katze* (Kofman 2013), in deren Zentrum *Die Lebensansichten des Katers Murr* stehen.

Der erste Beitrag setzt sich entschieden von Freuds Lektüre des *Sandmanns* (Freud 1994b) ab. Kofman zufolge liest Freud den *Sandmann*, um das Unheimliche daraus als Thema zu isolieren; sie denkt darüber nach, ob und auf welche Weise das Unheimliche gerade das ist oder zu dem wird, was sich nicht thematisieren lässt. Anstatt sich psychoanalytisch und philosophisch versiert dem Text zu nähern, lässt sie sich von ihm anstecken und heimsuchen.

Der zweite Beitrag „Le vautour rouge" setzt wiederum mit einer entschiedenen Absetzung ein, diesmal gegen eine metaphysisch bzw. hegelianisch orientierte Interpretation. Eine solche ziele, so Kofman, darauf ab, die *Elixiere des Teufels* in das beruhigende Erzählmuster des Bildungsromans einzupassen, wodurch das teuflische Elixier in ein Elixier des Lebens transformiert würde. Dies aber bringe den Roman ein für alle Mal um seinen unheimlichen Zug (Kofman 1975, 113). Kofman greift die Dynamik des Romans auf, macht sich gleichsam zur Protagonistin, verwandelt die von außen kommende philosophische Geste des ‚Über-etwas-Sprechens' in einen Lektürerausch, der sich bis zu Wahn, Übelkeit und Selbstverzehrung steigert und dem gierigen Verschlingen des teuflischen Elixiers gleichkommt (9). Der Wahnsinn bleibt jedoch nicht auf den ‚Charakterzug' des Hoffmann'schen Protagonisten, des Kapuzinermönchs Medardus, begrenzt. Ihre „lecture double" (113) will keine Rationalisierung und Distanzierung bewirken, sondern das unbändige, unheimliche Potential im Erzählten aktualisieren. Damit fordert sie dazu auf, in die Zone des Wahnsinns und der Verdoppelungen einzudringen. Literatur wird somit zu einem hochgefährlichen Unternehmen, in dem man sich unweigerlich verliert. Nicht zu Unrecht wurde Kofmans Lektüre, in der Phantasma und Konzept ununterscheidbar werden, als nietzscheanisch eingestuft (Large 1999, 67–86).

Der dritte und umfangreichste Essay gestaltet die Problematiken des *double*, der Mimesis, des Wahnsinns auf überraschende Weise neu. In der wiederholten Geste der *greffe* schreibt sich Kofman frei – sowohl von einer gewissen Pedanterie, die im *Sandmann*-Essay in ihrer kritischen Absetzung von Freud noch zu spüren war, als auch von ihrer distanzlos-selbstzerstörerischen Geste, die „Le vautour rouge" prägt. Schon die paronomastische Ambivalenz innerhalb der Kofman'schen Wortschöpfung im Originaltitel *Autobiogriffures* wirkt befreiend. *Griffures* (Kratzer) – verweisen auf die Krallen (*griffes*) des Katers, aber auch die homophone Übertragung der deutschen Worte ‚Begriff' und ‚Griffel' ins Französische – letztere unterläuft willentlich die semantische Vernunft. Auch hier hallt Derridas Konzept der *greffe* (Pfropfung) nach.

Offener als in anderen zuvor veröffentlichten Schriften geht es um Autobiographisches (→ III.3 THOMÄ). Allerdings wird der Selbstbezug zerkritzelt (*griffonner*), zerrissen und durch die unlesbar machende Wunde geöffnet auf vielfältige Heteroreferenzen: auf Kofmans Alter Ego Murr und auf all die anderen Kater in der Literatur und Philosophie (Montaigne, Tieck, Buffon, Baudelaire) (Kofman 2013, 20).

Erneut stellt Kofman eine extreme Nähe zu Hoffmanns Text her. Sie selbst wird zum Kater Murr, der die Autobiographie seines Meisters – des Kapellmeisters Kreisler – plagiiert und parodiert und so das Meister-Schüler-Verhältnis kritisch in den Blick nimmt. Das Etymon des Plagiats (*plagios*: schräg, schief) unterstreicht offensiv, dass es keinen ‚eigenen' und ‚originären' Diskurs gibt. In jeder Stimme hallen viele andere nach, bilden einen parodistischen Nebengesang (*para-ode*). Wo es keinen eigenen und eigentlichen Diskurs gibt, herrscht für Kofman die Unterbrechung. Die rhapsodische Struktur von *Kater Murr* greift auf das eigene Schreiben über: als ein immer wieder erneutes Ansetzen, als (Sich-selbst-)Ins-Wort-Fallen, Unterbrechung und Aufschub. Bewusst fragmentarisch, unsystematisch und inkohärent bleibend, verwandelt dieses Denken all diejenigen Konzepte, die es – Literatur lesend – hervortreibt, um ein ‚unaufhebbares Negativ' auszubilden.

Am Beispiel des Geiers kann diese Bewegung skizziert werden. Der titelgebende „vautour" in Kofmans zweitem Hoffmann-Essay ist der Maler Ettlinger aus dem *Kater Murr*, der sich selbst als roten Geier bezeichnet. Er will das perfekte Porträt malen, indem die Farbe aus dem Blut der Porträtierten gespeist wird – noch ein bildlicher Ausdruck für die unheimliche Verschränkung von Original und Abbild. Am Schluss von Kofmans Essay taucht der „vautour" wieder auf – als Zitat aus Kafkas Erzählung *Der Geier* (Kafka 1992). Hier stößt ein Geier seinen Schnabel durch den Mund des Erzählers, ertrinkt im überfließenden Blut – ein Bild für die untrennbare Verschränkung von Ernährung und Erhaltung, Zerstörung und Selbstzerstörung. Auch in *Autobiogriffures* erkennt man den Geier wieder: „*Griffe* – Kralle und Griffel, Schreibinstrument […]: *ein Begriff, der sowohl für die Gewalt der Schrift steht, die das Papier zerreißt, wie für die Schlagfertigkeit des Schriftstellers. Die Krallen* (*griffes*) *rücken jeden*

Schriftsteller ein in die Verwandtschaft mit der Harpyie [...]" (Kofman 2013, 42). Das Zitat spitzt sich im Vergleich des Schriftstellers mit der Harpyie zu. Mit dem Ausdruck der Harpyie wird das mythische Mischwesen – die geflügelte, windschnelle, unverletzbare, dämonische Frau – angesprochen. Nur an dieser Stelle werden die Krallen explizit mit dem weiblichen Körper verknüpft, in einer Engführung von Spiel, Schrift und (körperlicher) Gewalt. In einer späteren Arbeit spricht Kofman davon, dass der französische Dichter Nerval mit seinem Blut geschrieben habe. Der „vautour rouge" steht in diesem Fall für die Selbstzerstörung des selbstmörderischen Künstlers (Kofman 1979, 14). In ihrem zu Lebzeiten veröffentlichten letzten Text *Rue Ordener, Rue Labat* taucht der Geier in einer Überblendung von Leonardo da Vincis – über Freud vermittelte und falsch übersetzte – Kindheitsphantasie (Freud 1994a) mit der eigenen Geschichte auf. Bei Leonardo schiebt der Geier, der eigentlich ein Milan ist, nicht seinen Schnabel, sondern seinen Schwanz in den Mund des Kindes. Freud zufolge verbirgt sich hinter der homoerotischen Phantasie Leonardos Drama, mit zwei Müttern aufgewachsen zu sein. Bei Kofman drückt sich dieses Drama in anorektischen und bulimischen Schüben aus. Es betrifft direkt den Mund, den Ort von Nahrungsaufnahme und sprachlicher Artikulation. Der Mund würgt an Schnabel und/oder Schwanz, die sich tief in ihn eingraben und das Subjekt zum Ersticken bringen. Die schreibende Hand wird zugleich zur gewaltsam zupackenden Kralle – und dies nicht nur auf der Ebene der Texte Hoffmanns, die von Kofman analysiert werden. Vielmehr nimmt ihre eigene Lektüre solche Züge an. Sie ist unweigerlich von Wahn, Gewalt und Verzweiflung geprägt.

Kofmans Hoffmann-Lektüren zeugen mithin von einer traumatischen Übertragung, die auf Kosten einer ausgewogenen kritischen Auseinandersetzung geht. Insofern widerstehen sie – stachelig und kratzend – der akademischen Anwend- und Verwertbarkeit. Das Verwundete und Verwundende ihrer Lektüren ist aber genau das, was, sobald man damit in Berührung kommt, unvergesslich bleibt.

Literatur

Derrida, Jacques. *Dissemination*. Übers. von Hans Dieter Gondek. Wien 1995 [OA: 1972].
Derrida, Jacques. „Signatur Ereignis Kontext". *Randgänge der Philosophie*. Übers. von Gerhard Ahrens. Wien 1988: 291–314 [OA: 1972].
Freud, Sigmund. „Eine Kindheitserinnerung des Leonardo da Vinci". Ders., *Studienausgabe*. Hg. von Alexander Mitscherlich et al. Band X. Frankfurt a. M. 1994a: 87–160 [EA: 1910].
Freud, Sigmund. „Das Unheimliche". Ders., *Studienausgabe*. Hg. von Alexander Mitscherlich et al. Band IV. Frankfurt a. M. 1994b: 241–274 [EA: 1919].
Heine, Heinrich. „Die romantische Schule". Ders., *Historisch-kritische Gesamtausgabe der Werke*. Hg. von Manfred Windfuhr im Auftrag der Landeshauptstadt Düsseldorf. Bd. 8/1:

Zur Geschichte der Religion und Philosophie in Deutschland. Die romantische Schule. Hamburg 1979: 121–249 [EA: 1833].

Kafka, Franz. „Der Geier". Ders., *Nachgelassene Schriften und Fragmente II*. Hg. von Jost Schillemeit. Frankfurt a. M. 1992: 329–330 [EA: 1936].

Kofman, Sarah. *Schreiben wie eine Katze. Zu E. T. A. Hoffmanns ‚Lebens-Ansichten des Katers Murr'*. Übers. von Monika Buchgeister und Hans-Walter Schmidt. Wien 2013 [OA: 1976].

Kofman, Sarah. *Derrida lesen.* Übers. von Monika Buchgeister und Hans-Walter Schmidt. Wien 2000 [OA: 1984].

Kofman, Sarah. *Rue Ordener, Rue Labat. Autobiographisches Fragment.* Übers. von Ursula Beitz. Tübingen 1995 [OA: 1994].

Kofman, Sarah. *Erstickte Worte.* Übers. von Birgit Wagner. Wien 1988 [OA: 1987].

Kofman, Sarah. *Nerval. Le charme de la beauté. Lecture de ‚Sylvie'.* Lausanne 1979.

Kofman, Sarah. „Vautour rouge (Le double dans *les Élixirs du diable* d'Hoffmann)". *Mimesis desarticulations.* Hg. von Sylviane Agacinski, Jacques Derrida, ders., Philippe Lacoue-Labarthe, Jean-Luc Nancy und Bernard Pautrat. Paris 1975: 95–164.

Kofman, Sarah. *Quatre romans analytiques.* Paris 1973.

Large, Duncan. „Kofman's Hoffmann". *Enigmas. Essays on Sarah Kofman.* Hg. von Penelope Deutscher und Kelly Oliver. Ithaca/London 1999: 67–86.

Wirth, Uwe. *Die Geburt des Autors aus dem Geist der Herausgeberfiktion. Editoriale Rahmung im Roman um 1800. Wieland, Goethe, Brentano, Jean Paul und E. T. A. Hoffmann.* München 2008.

Nussbaum über Henry James

Sophie Witt

Wer nach der Auseinandersetzung Martha C. Nussbaums, die seit 1999 als Ernst Freund Distinguished Service Professor of Law and Ethics an der University of Chicago tätig ist, mit den Romanen Henry James' fragt, kann auf den Band *Love's Knowledge. Essays on Philosophy and Literature* (1990) zurückgreifen. Der Band versammelt Nussbaums bis dato publizierte Essays zum Verhältnis von Literatur und Philosophie, speziell zur Moralphilosophie. *Love's Knowledge* geht von einem doppelten Desiderat aus: Der Moralphilosophie fehle ein Interesse an Literatur und eine Sensibilität für (literarische) Form, das heißt nicht zuletzt für ihre eigenen Schreibweisen; der Literaturtheorie und -wissenschaft mangele es umgekehrt am Interesse für praktische Anliegen und ethische Fragestellungen (Nussbaum 1990, 12–13), und zwar in einer langen Tradition, die von Kant zu den formalistischen Schulen des 20. Jahrhunderts führt (168–194) und erst mit Kritikern wie Lionel Trilling und Wayne Booth wieder in Frage gestellt wird. Mit *Love's Knowledge* strebt Nussbaum ein kritisches *rereading* der Separation der Sphären des Praktischen und des Ästhetischen an, die sich noch in der Aufteilung universitärer Fakultäten abbildet.

Der Essay will keine Theorie der Literatur (oder Philosophie des Romans) sein, vielmehr wird ein solcher universalisierender Anspruch explizit abgelehnt (Nussbaum 1998, 346): *Love's Knowledge* geht es mit James – im Fokus steht der enigmatische, letzte zu Lebzeiten erschienene Roman *The Golden Bowl* (James 1922) – um eine Aktualisierung aristotelischer Ethik, die Nussbaum als Urszene der verlorenen Fusion von Literatur und Philosophie in Anschlag bringt (→ II.6 ERDLE). In Abgrenzung von der rationalistischen Moralphilosophie in der Tradition Kants sowie utilitaristischen Zugriffen stellt Nussbaum als zentrale Frage heraus: „How should a human being live" (Nussbaum 1990, 25)? Sowie die ebenso weit gefasste Antwort: „In accordance with all the forms of good functioning that make up a complete human life" (95).

Es ist dieser weite Begriff aristotelischer *eudaimonia* (,the good human life', Nussbaum 1990; Nussbaum 1986 passim), der zur Zentralstellung der Liebe und des Emotionalen insgesamt führt: Insbesondere James' literarische Auseinandersetzung mit den Modi und der Bedeutung der Wahrnehmung (*perception*) wird als eine solche Verbindung intellektuell-rationaler und emotionaler Vorgänge und Kriterien herausgestellt. Nussbaums Überlegungen basieren hier also auf der gewichtigen Tatsache, dass James' späte Romane – und besonders *The Golden Bowl* – weniger aus ‚Handlung' im engeren Sinne bestehen als vielmehr die Gedanken- und Gefühlswelt der Figuren in den Fokus rücken. Wie James selbst in seinem berühmten *preface* zu *The Golden Bowl* reflektiert, geht es ihm dabei weniger um ‚Psychologie' im Allgemeinen als um eine narrative Technik, die eine strukturelle Trennung von Erzähler- und Figurenperspektive vornimmt, sodass das Erzählte als *wahrgenommene* Wirklichkeit der Figuren thematisierbar wird. Entsprechend geht es Nussbaum in ihrer in Auseinandersetzung mit James' Literatur entworfenen Ethik nicht (mehr) um abstrakte Grundsätze, sondern um konkrete Menschen, Handlungen und Situationen. In den Blick rückt damit grundsätzlich das Verhältnis zwischen Allgemeinem und Besonderem, das der Roman vermittels narrativer Techniken zur Ansicht bringen kann.

Nussbaum argumentiert weiter, dass in der Literatur Emotionen nicht nur beliebter Gegenstand seien; sie verwirkliche zudem, was die allermeisten philosophischen Abhandlungen vermissen ließen, James' Texte hingegen exemplarisch stark machten: eine enge Verbindung von Form und Inhalt (Nussbaum 1990, 4–10). So werde Literatur selbst zur ‚Verkörperung' einer ethischen Qualität, die Nussbaum wiederholt „our active sense of life" nennt (27), das heißt eine spezielle Nähe zum ‚guten Leben' (24). Daraus folgt die zweite zentrale These von *Love's Knowledge*: dass nämlich bestimmte Aspekte des Menschlichen sogar *ausschließlich* innerhalb von bestimmten literarischen Formen entwickelt und erkannt werden können (4–10).

Entsprechend artikuliert *Love's Knowledge* eine zweifache Forderung: Moralphilosophie solle Literatur einerseits vermehrt zu ihrem Kanon zählen sowie zu ihrem Untersuchungsgegenstand machen, insofern Ethik darin in besonderer Weise – emotional und partikular – zum Ausdruck komme; anzustreben sei zudem eine Art ‚Literarisierung' der Philosophie (als Frage nach Stil und Form) und die Aufhebung der Differenz zwischen beiden. So könne schließlich ein neues Genre entstehen, das ethische Anliegen und literarische Schreibweisen verbinde, wobei sich *Love's Knowledge* als Beispiel für diese Fusion versteht und entsprechend als „new mixed genre" zwischen theoretischer und narrativer Prosa bezeichnet wurde (Eldridge 1992, 196).

Wenn es um das Verhältnis von Literatur und Philosophie geht, gilt Nussbaum bis heute als einschlägig (Nagl und Silverman 1994; Hagberg und Jost 2010), und zwar sowohl im Rahmen der Moralphilosophie im Allgemeinen (Diamond 2010) als auch bezüglich der aristotelischen Ethik im Besonderen (Früchtl 1994) sowie insgesamt hinsichtlich der Sensibilisierung für eine Ethik der *Haltung* (im Unterschied zu moralischen Vorschriften), die auf Emotionalität und Partikularität gründet (Diamond 1983). Nussbaums Fokus auf Fragen zur literarischen Form gilt als eine Erweiterung derjenigen moralphilosophischen Zugriffe auf Literatur, die sich bis dato auf die Diskussion der im Text artikulierten moralischen Positionen oder Aktionen beschränkt (Diamond 1983). Aus verschiedenen Perspektiven wurde Nussbaums Begriff der Moralphilosophie als reduktionistisch kritisiert sowie der mit der von Nussbaum vertretenen aristotelischen Ethik einhergehende Verlust einer Perspektive auf die ‚großen' moralisch-politischen Kategorien, wie etwa Gleichheit oder Gerechtigkeit, beklagt (Eldridge 1992). Während vielfach betont wurde, dass Nussbaum ein wichtiges Forschungsfeld eröffnet habe, bleibt weiter zu diskutieren, wie genau dieses Verhältnis von Moralphilosophie und Literatur aussehen kann.

Auch wenn Nussbaum universalisierbare Aussagen über ‚die Literatur' oder ‚den Roman' explizit dementiert, gibt es in *Love's Knowledge* doch eine Reihe von allgemeinen Thesen zum Verhältnis von Moralphilosophie und Literatur. Zentrales Verbindungsglied ist der Fiktionsbegriff als Möglichkeitsbegriff: Literatur biete der Moralphilosophie im Vergleich zum ‚Leben selbst' die Möglichkeit, sehr umfassende Betrachtungen menschlicher Belange als Ausgangspunkt zu nehmen. Im Zusammenhang damit stehen auch die Begriffe der Interpretation und der Imagination: Literatur erinnere daran, dass es so etwas wie ‚reines Leben' für die Philosophie nicht gibt (Nussbaum 1990, 47); entsprechend wird der Akt der Imagination des Romanautors selbst als moralisch und moralphilosophisch ausgewiesen (148–167) und auf die „moral attention" des Lektürevorgangs ausgedehnt (149). Literatur und Lektüre lieferten ein Modell für „close friendship or love", was zugleich ethische Erfahrung und ‚moralisches Training' sei (44). Diesen Aspekt entwickelt Nussbaum an James, überträgt ihn dann aber auch auf andere Romane, auf ‚das Leben selbst' (148) sowie auf das Funktionieren von (politischen) Gemeinschaften (48). Aus der Fusion von Literatur und Philosophie wird schließlich die Idee einer – moralisch und politisch anzustrebenden – Neu- und Höherbewertung der *humanities* abgeleitet (103).

Nussbaum gilt bis heute als wichtige Figur für das Projekt einer ethisch orientierten Literaturtheorie und -wissenschaft und als Mitbegründerin eines – durchaus auch kritisch diskutierten (Posner 1997; Nussbaum 1998; Nebrig 2016) – *ethical turn* seit den 1980er Jahren (Davis und Womack 2001; Sanders 2002; Hale 2009). Mit Blick auf die *Henry James Studies* ist – und war teilweise auch schon damals – ihr Ruf nach mehr ethisch orientierten Textlektüren auf Gehör gestoßen, vor allem im Rahmen (post-)dekonstruktiver Forschung (Miller 1987, 2005; Flaherty 2014). Insofern kann *Love's Knowledge* heute entgegengehalten werden, dass der Versuch, über formalistische und dekonstruktive Sackgassen hinauszugehen (Nussbaum 1990, 21, 29, 171), hinter die Dekonstruktion zurückfällt, insbesondere in der tendenziell unkritischen Analogisierung von ‚Literatur' und ‚Leben' (Hale 2009). Aus der Warte der *James Studies* muss Nussbaum heute zudem entgegengehalten werden, James' Auseinandersetzung mit den literarischen Modi der *perception* unkritisch als *Wahr*nehmung zu lesen, und dabei außer Acht zu lassen, dass man es grundsätzlich mit einer „Szene prekärer Epistemologie" zu tun hat (Witt 2015, 186; Rivkin 1996; Held 2013, 39). Dass die

Modi der Wahrnehmung durch die Form des Romans komplexer werden, wurde im Rahmen der sogenannten New-Ethicist-Zugriffe auf literarische Texte – prominent etwa bei J. Hillis Miller – als die besondere *ethische Pointe* der James'schen Texte herausgestellt. Laut Hale lassen sich diese aktuelleren Überlegungen jedoch durchaus an Nussbaums *Love's Knowledge* zurückbinden, sodass diesem eine gewisse Aktualität zugesprochen werden kann: „Nussbaum proposes that the art of the novel is first and foremost a performance of – and education in – the care we should have [...] for alterity, particularity, complexity, emotion, variety, and indeterminacy" (Hale 2009, 898). Insofern verdient das in *Love's Knowledge* ausgearbeitete Desiderat durchaus, auch heute ernst genommen zu werden: Die Verbindung ethischer Fragestellungen mit einem avancierten Text- und Lektüreverständnis.

Literatur

Davis, Todd F. und Kenneth Womack (Hg.). *Mapping the Ethical Turn. A Reader in Ethics, Culture, and Literary Theory*. Charlottesville/London 2001.

Diamond, Cora. „Henry James, Moral Philosophers, Moralism". *A Companion to the Philosophy of Literature*. Hg. von Garry L. Hagberg und Walter Jost. Malden 2010: 268–284.

Diamond, Cora. „Having a Rough Story about What Moral Philosophy Is". *New Literary History* 15.1: *Literature and/as Moral Philosophy* (1983): 155–169.

Eldridge, Richard. „,Reading for Life'. Martha C. Nussbaum on Philosophy and Literature". *Arion. A Journal of Humanities and the Classics* 2.1 (1992): 187–197.

Flaherty, Matthew. „Henry James at the Ethical Turn. Vivification and Ironization in ,The Ambassadors'". *Nineteen Century Literature* 69.3 (2014): 366–393.

Früchtl, Josef. „Insensible Tragik und tragische Insensibilität. Martha Nussbaums (an)ästhetische Ethik". *Textualität der Philosophie. Philosophie und Literatur*. Hg. von Ludwig Nagl und Hugh J. Silverman. Wien 1994: 94–112.

Hagberg, Garry L. und Walter Jost (Hg.). *A Companion to the Philosophy of Literature*. Malden 2010.

Hale, Dorothy J. „Aesthetics and the New Ethics. Theorizing the Novel in the Twenty-First Century". *PMLA* 124 (2009): 896–905.

Held, Joshua. „Conscience and Consciousness in ,The Ambassadors'. Epistemology, Focalization, and Narrative Ethics". *The Henry James Review* 34.1 (2013): 33–46.

James, Henry. *The Novels and Tales of Henry James. The New York Edition*. Bd. 23–24: *The Golden Bowl*. New York 1922 [EA: 1904].

Miller, J. Hillis. *Literature as Conduct. Speech Acts in Henry James*. New York 2005.

Miller, J. Hillis. *The Ethics of Reading. Kant, de Man, Eliot, Trollope, James, and Benjamin*. New York 1987.

Nagl, Ludwig und Hugh J. Silverman (Hg.). *Textualität der Philosophie. Philosophie und Literatur*. Wien 1994.

Nebrig, Alexander. „Neue Studien zu Moral und Ethik der Literatur und ihrer Kritik. A Review Article". *Orbis Litterarum* 71.6 (2016): 549–560.

Nussbaum, Martha C. „Exactly and Responsibly. A Defense of Ethical Criticism". *Philosophy and Literature* 22.2 (1998): 343–365.
Nussbaum, Martha C. *Love's Knowledge. Essays on Philosophy and Literature*. New York 1990.
Nussbaum, Martha C. *The Fragility of Goodness. Luck and Ethics in Greek Tragedy and Philosophy*. Cambridge 1986.
Posner, Richard A. „Against Ethical Criticism". *Philosophy and Literature* 21.1 (1997): 1–27.
Rivkin, Julie. *False Positions. The Representational Logics of Henry James's Fiction*. Stanford 1996.
Sanders, Mark. „Introduction: Ethics and Interdisciplinarity in Philosophy and Literary Theory". *Diacritics* 32.3/4 (2002): 3–16.
Witt, Sophie. *Henry James andere Szene. Zum Dramatismus des modernen Romans*. Bielefeld 2015.

IV.2 Philosophie als Literatur – Literatur als Philosophie

Konfuzius: Gespräche

Benjamin Specht

Die *Gespräche* (论语, *Lúnyǔ*) gehen auf die mündliche Lehre von Kǒng Qiū (孔丘, 551–471 v. Chr.) – ‚Meister Kong' (孔夫子, *Kǒng fūzǐ*) genannt (latinisiert: Konfuzius) – während der Östlichen Zhou-Dynastie (770–256 v. Chr.) zurück. Das chinesische Zentralreich unter dem Königshaus hatte zwar formal noch Bestand, die faktische politische Macht lag aber bereits in den Territorien. Angesichts der Auflösung der traditionellen Gesellschaftsordnung mussten neue Begründungen der fraglich gewordenen gesellschaftlichen Kohäsion gefunden werden. Sie wurden in den ‚Hundert Schulen' gesucht, von denen die des Konfuzius zunächst nur eine unter anderen war. Von kurzen und wenig erfolgreichen Anstellungen als Staatsbeamter abgesehen, konnte er seine Sozialphilosophie trotz ihrer enormen späteren Wirkung selbst nur als machtloser Fürstenratgeber und durch einige seiner Schüler in politischen Positionen ansatzweise in die Praxis umsetzen. Erst im 2. Jahrhundert v. Chr. wird der Konfuzianismus zur staatstragenden Doktrin und die *Gespräche* werden zu einem der am stärksten kanonisierten Texte der Menschheitsgeschichte. Zählten sie auch nicht zu den ‚fünf klassischen Büchern' des Konfuzianismus (die schon zu Konfuzius' Lebzeiten existierten), so galten sie doch als deren Prolegomenon und kanonische Auslegung. Generationen von chinesischen Staatsbeamten begannen allesamt ihre Ausbildung mit dem Studium dieses einen Textes.

Den Normenkonflikten seiner Zeit will Konfuzius durch Wiederanschluss an die alten Wertorientierungen begegnen. So kommt bei ihm einer intakten Traditions- und Generationsfolge in Staat und Familie eine besondere Rolle zu (Konfuzius 1998, XII,11). Diese entsteht durch die Wiederinkraftsetzung der überkommenen Riten (礼, *lǐ*). Damit sind immer noch das zwischenzeitlich durch die Landesfürsten usurpierte königliche Opferzeremoniell und die dynastisch-familiäre Ahnenverehrung gemeint, allgemeiner nun aber auch überhaupt das positionsgemäße Verhalten innerhalb einer hierarchischen Gesellschaftsordnung. Dadurch wird das individuelle Verhalten quasi formal an die Gemeinschaft gebunden und leistet so seinen Beitrag zur allgemeinen Harmonie (和, *hé*).

Doch ist dies nur die eine Seite. Noch wichtiger ist, dass zum äußerlichen Praktizieren von *lǐ* eine innere Haltung der Mitmenschlichkeit (仁, *rén*) hinzukommt. Diese Komplementarität von *lǐ* und *rén* muss durch Übung erworben und entwickelt werden, und das Vorbild dieses Strebens ist der ‚Edle' (君子, jūnzǐ). Dieser soll und muss politisch für die Harmonisierung der Gesellschaft wirksam werden; er erreicht dies aber durch ein authentisch gelebtes persönliches Ethos, nicht zuerst durch politisch-strategisches Handeln. Das Wichtigste ist daher, dass er seine eigene Kultivierung vorantreibt, die Moralisierung der Gesellschaft wird dann folgen durch die Ausstrahlung seines Vorbilds (德, dé, II,1). Auch wenn er in den *Gesprächen* nur am Rande darauf Bezug nimmt, setzt Konfuzius mit diesem Gedanken die altchinesische Kosmologie voraus und ‚moralisiert' sie: Der Gang bzw. ‚Weg' des großen Ganzen der Welt (道, dào) legt die Fundamente für eine übergreifende dynamische Harmonie der Natur- sowie der Kulturphänomene. Aber das *dào* wird aus diesen Dingen auch seinerseits gebildet und ‚gemacht', mithin der ‚Weg' vom Menschen selbst ‚ergangen', und so ist die Frage der persönlichen Kultivierung auch eine von höchster sozialer, ja kosmischer Relevanz.

Weder ist Konfuzius allerdings der Autor der *Gespräche* noch der alleinige Urheber dieses Gedankenguts. Eine konsequentere Verschriftlichung dürfte erst bei der zweiten Schülergeneration eingesetzt haben, und darauf folgte eine jahrhundertelange Editionsgeschichte und Koexistenz verschiedener Versionen (Kim und Csikszentmihalyi 2014). Erst zu Beginn des dritten Jahrhunderts wurden endgültig alle mündlichen und schriftlichen Überlieferungsstränge vereint. Entsprechend bedeutet der Titel *Lúnyǔ* wörtlich ‚gruppierte/geordnete/kompilierte' (*lún*) ‚Aussprüche/Worte' (*yǔ*).

Wegen dieser langwierigen Entstehung finden sich eine Fülle von textgenetischen Schichten, explizit nicht nur Worte des Meisters selbst, sondern ebenso solche seiner Schüler, die in seiner Nachfolge selbst Häupter eigener Schulen wurden. Die ältesten Strata sind unter den Aufzeichnungen, in denen sich noch die für ursprünglich mündliche Überlieferung typischen Mnemotechniken erhalten haben: Repetitionen und (antithetische) Parallelismen, numerische Reihen und die markante Inquit-Formel ‚Der Meister spricht' (Simson 2006, 33–37). Erst unter Bedingungen der Verschriftlichung entstehen dagegen auch die längeren, mehrfach zwischen direkter Rede und Bericht changierenden kleinen Erzählungen und Anekdoten, vor allem in den letzten fünf der 20 Kapitel der *Gespräche*.

Zu einem gewichtigen Teil stellen die ca. 500 Klein- und Kleinsttexte daher keine reinen ‚Gespräche' dar, sondern gehören verschiedenen kleinen Textsorten an, weshalb man das Werk auch oft generisch neutraler als *Analekten* betitelt hat. Die meisten Abschnitte geben singuläre Aussprüche Konfuzius' oder seiner Schüler wieder, dann folgen Äußerungen und Gespräche unterschiedlicher Länge und Komplexität, öfter in Mischformen von berichtenden und dialogischen Partien, schließlich auch einige rein narrative Stücke ganz ohne Anteile direkter Rede, speziell im Kapitel X. Dort, wo die *Gespräche* tatsächlich Gespräche sind, folgen sie oft einem Frage-Antwort-Schema, gelegentlich erweitert zu zwei bis vier meist parallel konstruierten Wortwechseln. Nur selten sind mehr als zwei Gesprächspartner beteiligt – und wenn doch, dann bleibt es auch hier bei dualer Kommunikation, indem entweder die Gesprächspartner mit gewissem zeitlichen Abstand zum Zwiegespräch zusammentreffen oder gleichzeitig anwesende Teilnehmer nur nacheinander und ausschließlich mit dem Meister kommunizieren.

Wenn mehr als zwei Redebeiträge gewechselt werden, dient dies den Schülern oft zur absichernden Rückfrage oder gedanklichen Übertragung des Gehörten, dem Lehrer dagegen zu der Pointierung und der Auffächerung des Arguments nach Maßgabe unterschiedlicher soziopolitischer Kontexte sowie unterschiedlicher Charaktere seiner Schüler (Konfuzius 1998, XI,22, XII,1–3, XVII,7). Nur in den jüngeren Texten begründet Konfuzius seine Antworten ausführlicher und macht gedankliche Herleitungen nachvollziehbar. Zwar wird er in den *Gesprächen* als überaus selbstkritische Figur eingeführt (VII,2), dennoch sind Wissensstand und Lernprozess deutlich asymmetrisch zu seinen Gunsten verteilt. Auch findet sich keinerlei mäeutische Dialogtechnik wie in den sokratischen Dialogen Platons, kein Denken in Relativitäten oder Aporien, nur selten Ironie und Witz (so aber in IX,2), wenig unaufgelöster Dissens, überhaupt wenig Darstellung mehrstimmiger Argumentation (→ III.1 ERLER).

Die spezifische Gesprächsform leistet somit weniger eine Perspektivbindung als eine Verallgemeinerung und Stützung des Ausgesagten durch Verweis auf die moralische Integrität des Urhebers. Beglaubigt und begründet werden philosophische Positionen in den *Gesprächen* vor allem über dieses Junktim von Sagen und Tun, Lehre und Exempel. Dieses ist dichtungslogisch durch einen Wechsel von dialogischen und narrativen Partien darstellbar. So gibt es bei aller Formenvielfalt im ganzen Korpus auch keinen Einzeltext, der rein expositorischen Charakter aufwiese, das heißt, die Lehrinhalte nicht in (Sprach-)Handlungen und damit in eine ethische Perspektive einbinden würde. Durch diese Mischung von propositionalem Gehalt, Sprechakt und Erzählung verbinden sich *telling* und *showing*. Beide Aspekte sind denselben Normen verpflichtet, regen in ihrer Verknüpfung zur Nachfolge durch Nachahmung an. Die Semantik und Hermeneutik von Konfuzius' überaus fluktuierenden Schlüsselkonzepten wird in den *Gesprächen* folglich auch nicht durch trennscharf gezogene Begriffsgrenzen geleistet, sondern durch den konkreten Anwendungsbezug. Entsprechend sind viele der Texte biographisch, historisch und lokal sehr konkret verortet. Auf diesem Wege werden die Normen weniger definiert als im Handlungszusammenhang in ihrer Bedeutung *in actu* präzisiert. Neben der inhaltlichen Auseinandersetzung mit bestimmten Verhaltensweisen ist daher gerade auch die Performanz der Unterredungssituationen – die zwar strenge, aber empathische Art des Meisters gegenüber seinen Schülern sowie umgekehrt deren pietätvoller, aber offener Umgang mit ihm – wesentlicher Teil der Aussage. Sie inszenieren selbst Konfuzius' Philosophie geordnet-harmonischer Ungleichheit durch lǐ und rén.

Darstellungskonzepte, Sprachtheorie und auch Literatur sind aber durchaus auch inhaltlich verhandelte Probleme in den *Gesprächen*. Gefragt, was er als Erstes unternähme, böte man ihm die Herrschaft eines Teilstaates an, antwortet Konfuzius: „Unbedingt die Namen richtigstellen" (正名, *zhèng míng*, XIII,3), denn mit den richtigen Namen sind gleichzeitig auch moralische Leitbilder gesetzt (Moritz 1998, 186). Deshalb ist es die Aufgabe des Menschen, vor allem natürlich des Herrschers, Philosophen und Dichters, in einer Weise zu reden und sich zu verhalten, dass die Ordnungen von Taten, Dingen und Zeichen tatsächlich harmonieren. Speziell Dichtung und Musik sorgen dafür, dass die äußere Form sich mit der angemessenen inneren Haltung, dass lǐ sich mit rén verbindet (Konfuzius 1998, VIII,8), wie es für den Edlen essentiell ist (VI,18, XII,8) und dem *dào* entspricht. An anderer Stelle heißt es in den *Gesprächen* daher in einem Atemzug: „Folge dem rechten Weg [*dào*]; richte dich am Guten aus [*dé*]; tu, was sich gehört [*rén*], erfreue dich an den Künsten" (VII,6). Im Hintergrund steht dabei die altchinesische Vorstellung der Entsprechung von Mikro- und Makrokosmos, von Natur und Kultur, die sich in der Vieldeutigkeit des auch in den *Gesprächen* prominent verwendeten Zeichens 文 (*wén*) artikuliert: Es bezeichnet im klassischen Chinesisch sowohl das ‚Muster' der durch gegensätzliche Kräfte geformten ‚Welt' insgesamt als auch die menschliche Kultur, die individuelle Kultivierung sowie die Schriftsprache im Allgemeinen (Schmidt-Glintzer 1990, 19; Pohl 2007, 9). Der chinesische Begriff ‚Literatur' (文学, *wénxué*, wörtlich: *wen*-Studium), unter den auch die *Gespräche* fallen, meint daher nicht Poesie im westlichen Sinne der bei Aristoteles von der Historie abgegrenzten Textklasse, sondern begreift diese sowie die Philosophie und überhaupt alles Schriftsprachliche mit ein und hat aufgrund der universalen Korrelation latente ontologische Implikationen.

Insgesamt gibt es nicht viele Äußerungen in den *Gesprächen* über konkrete Dichtung, wegen der Autorität der Quelle fanden diese aber höchste Beachtung im ästhetischen Denken Chinas. Oft und mit besonderem Nachdruck legt Konfuzius seinen Schülern das Studium des *Buch der Lieder* (诗经, *Shījīng*) nahe, einer Sammlung von ca. 300 Volksliedtexten, die überwiegend im bäuerlichen Lebenskreis Nordchinas zwischen dem 10. und 6. Jahrhundert v. Chr. entstanden ist. Die moralisch oft ambivalenten Gedichte werden in konfuzianischer Lesart dabei zu Idealen des moralischen Denkens, Fühlens und Handelns (Konfuzius 1998, II,2). Sie schärfen die Aufmerksamkeit für soziale Strukturen, vermitteln Weltwissen, spenden Trost, offerieren vor allem aber ein Identifikationsangebot für moralisches Handeln und bestätigen durch ihr Alter die Zeitlosigkeit der konfuzianischen Prinzipien (XVII,9). Immer wieder bemisst sich die Wertschätzung

Konfuzius' für seine Schüler daran, wie sehr sie diesen Sinn hinter den Worten des *Buch der Lieder* erkennen (I,15, III,8, XVI,13).

Die Quellenlage, die Text- und Wirkungsgeschichte der *Gespräche* werden bis heute in der Sinologie rege diskutiert. Seit der ‚Reform- und Öffnungspolitik' in den 1980er Jahren nimmt daran auch die festlandchinesische Philosophie wieder verstärkt teil. Dabei interessiert zwar noch immer stark die Rekonstruktion und Aktualisierbarkeit der im Text artikulierten Werte, vor allem aber auch die Wiederentdeckung der durch die lange Textgenese bedingten Vielstimmigkeit (Olberding 2014, 8). Ein besonderes Desiderat ist dabei gerade auch das bisher zugunsten des begrifflichen Gehalts noch zu wenig beachtete Zusammenspiel von Information und Faktur in den versammelten Text- und Argumentationsformen.

Literatur

Kim, Tae Hyun und Mark Csikszentmihalyi. „History and Formation of the Analects". *Dao Companion to the Analects*. Hg. von Amy Olberding. Dordrecht 2014: 21–36.

Konfuzius. *Gespräche*. Übers. und hg. von Ralf Moritz. Stuttgart 1998.

Moritz, Ralf. „Nachwort". Konfuzius. *Gespräche*. Übers. und hg. von dems. Stuttgart 1998: 161–215.

Olberding, Amy. „Introduction". *Dao Companion to the Analects*. Hg. von ders. Dordrecht 2014: 1–17.

Pohl, Karl-Heinz. *Ästhetik und Literaturtheorie in China. Von der Tradition bis zur Moderne*. München 2007.

Schmidt-Glintzer, Helwig. *Geschichte der chinesischen Literatur. Die 3000jährige Entwicklung der poetischen, erzählenden und philosophisch-religiösen Literatur Chinas von den Anfängen bis zur Gegenwart*. München/Wien 1990.

Simson, Wojciech Jan. *Die Geschichte der Aussprüche des Konfuzius (Lunyu)*. Bern 2006.

Epikur: Briefe

Michael Erler

Aus der Antike ist eine Fülle von Briefen auf unterschiedlichen Materialien überliefert (→ III.2 GEHRING). Antike Briefe waren zumeist formalisiert mit Briefanfang (Präskript) und Briefschluss (Epilog, z. B. die Aufforderung zu antworten) und Grußformel (Postskript). Unter den von Epikur ganz oder als Fragment überlieferten Texten finden sich auffällig viele Briefe. Von den ca. 150 Fragmenten von Briefen, die von Epikur oder seinen Freunden stammen, sind 97 gesammelt (Epicuro 1973; Angeli 1993; Angeli 2013; Erbì 2015;). Sie belegen eine reiche Korrespondenz, die Epikur sein gesamtes Leben lang bis zu seinem Tod im Jahre 271/270 v. Chr. führte (Tepedino Guerra 2010). Die Chronologie der Briefe ist dabei freilich oft schwierig zu rekonstruieren (Erbì 2015, 77). Zudem sind die Briefe wichtige Zeugnisse für Epikurs Philosophie, da sie philosophische Botschaften oft mit Blick auf den Adressaten fokussieren und personalisieren (Arrighetti 2013, 317–322). Zusammen mit den Resten von Briefen seiner wichtigsten Schüler bilden Epikurs Briefe einen gewichtigen Teil des epikurischen philosophischen Œuvres. Drei der wichtigsten Briefe Epikurs hat Diogenes Laertios vollständig erhalten. Es handelt sich um einen Brief an Herodot (Diog. Laert., 10,35–10,83), der einen Abriss der Naturlehre Epikurs beinhaltet, und einen Brief an Pythokles (Diog. Laert., 10,84–10,116), der eine kurze Darstellung der Himmelserscheinungen, der Himmelskörper und der atmosphärischen Erscheinungen (*metéora*), wie etwa von Wolken, Regen, Donner und Blitzen bietet und dem Adressaten das Memorieren der Lehre erleichtern soll. Von zentraler Bedeutung ist schließlich der Brief an Menoikeus (Diog. Laert., 10,122–10,135), der sich als Zusammenfassung von Epikurs Ethik gibt und alle Leser – Jung und Alt – zur ‚wahren Philosophie' auffordert. Als Werbeschrift ist er von Epikur formal besonders kunstvoll gestaltet (Epikur 2014, 71–99). Epikurs Briefe sind private oder auch philosophische Sendschreiben und sollten dem inneren Zusammenhalt der weitverbreiteten epikureischen Gemeinden dienen (Arrighetti 2013, 317–322). Oftmals sind sie an einzelne Adressaten gerichtet, doch haben sie mit ihrer Botschaft zumeist alle Mitglieder der epikureischen Gemeinde im Blick, wie Epikur selbst bisweilen andeutet (Epik., *fr.* 52 Arr.). Manche Briefe scheinen eher privaten Inhalt zu haben, lassen dabei aber doch auch philosophisch Relevantes anklingen und sind zudem für eine große Öffentlichkeit bereitgestellt. So lässt zum Beispiel Diogenes aus Oinoanda einen Brief Epikurs an dessen Mutter (Epik., *fr.* 72 Arr.; Erler 2016, 62–65) in einer großen öffentlichen Inschrift aufzeichnen. Ein anderer vielzitierter *Brief an den Epikureer Kolotes* (Epik., *fr.* 62–66 Arr.) schildert eine gegenseitige, geradezu kultische Verehrung zwischen Epikur und Kolotes (Proskynese) und kann auf diese Weise einen Eindruck von der Atmosphäre und dem gegenseitigen Respekt im Epikureerkreis geben. Die Briefe dienen also der Information, aber auch der Gemeinschaftsbildung. Somit sind sie Zeugnisse für das Zusammenleben innerhalb der epikureischen Bewegung, stellen aber auch ein wichtiges Dokument für Epikurs Lehre sowie Anschauungsmaterial für die praktische Anwendung seiner Ethik und Wissensvermittlung dar. Als solche sind sie von späteren Epikureern genau studiert und gesammelt worden. Briefe oder Briefzitate werden von Epikureern zudem gerne in Traktaten praktisch-ethischen, aber auch religiösen Inhaltes herangezogen und als Quellen für die Geschichte der Schule genutzt. Bemerkenswert an Epikurs Briefen ist neben den Inhalten die Fähigkeit des Verfassers, sich im Stil Adressaten und Kontexten anzupassen. Schon in der Antike ist diese Fähigkeit gewürdigt worden. In der Tat ist die stilistische Variationsbreite, die sich in Epikurs Briefen zeigt, beeindruckend (Erler 1994, 51–53). Epikur erweist sich in seinen Briefen als ein großer Stilkünstler und als „ein Menschenkenner und Menschenfischer [...], der sich sogar zu dem Lallen der Kinder herablassen konnte" (Diels 1969, 301). Die literarischen Fähigkeiten, die Epikur auch in seinen Briefen erkennen lässt, sollen zur Vorsicht mahnen, ihm eine grundsätzliche Gegnerschaft gegenüber jeder Form von Bildung zu unterstellen, wie dies in der Antike bisweilen in polemischen Auseinandersetzungen zum Beispiel mit anderen philosophischen Schulen geschieht. In der Tat äußert sich Epikur zurückhaltend gegenüber jedweder Gelehrsamkeit als Mittel, das Ziel von Philosophie, ein glückliches Leben, zu erreichen. Doch nicht zuletzt die formal kunstvolle Gestaltung mancher Briefe und die oftmals gelehrten Anspielungen, die man in ihnen finden kann, zeigen, dass Epikur Bildung zwar als Selbstzweck ablehnt, nicht aber als Mittel, um für Philosophie zu werben und Lehren zu vermitteln. Seine angebliche Bildungsferne muss also differenziert betrachtet und als Teil antiepikureischer Polemik gewertet werden.

Die bemerkenswert häufige Verwendung von Briefen als Kommunikationsmittel bei Epikur und in epikureischen Kreisen passt gut zur epikureischen Vorstellung von der Funktion und der Vermittlung von Philosophie, die Epikur als *philosophia medicans* charakterisiert (Gigante 1975). Demnach ist das Wort eines Philosophen nicht sinnvoll, das nicht dazu beiträgt, Menschen von Affekten zu heilen. Wesensmerkmal epikureischer Philosophie ist, dass sie sich als Dienstleistung für eine Lebensführung sieht, die dem Menschen Glück (*eudaimonía*) verschaffen will (Erler 1994, 126–187). Philosophie soll durch Überlegung und Erörterung von Problemen Hilfe zur Selbsthilfe beim Streben nach einem glücklichen Leben bieten (Epik., *ep. Hdt.* 35). Dieser erstrebte Heilprozess mithilfe von Philosophie ist mit einer besonderen Auffassung von Wissensvermittlung verbunden, die die Grundlage für eine angemessene Bewertung von Epikurs oft verwendeten Textsorten, wie Kompendium oder Brief, ist. Epikur geht es weniger um ein selbständiges Suchen nach Wahrheit als um die Übermittlung und Übernahme von den philosophischen Erkenntnissen, die er bereits als richtig erkannt hat. Auswendiglernen epikureischer Lehrsätze, Einüben, wiederholtes Durchdenken und Memorieren des Vorgetragenen sind deshalb wesentliche Grundbestandteile epikureischer Wissensvermittlung. Ziel ist, dass sich der Belehrte in jeder irritierenden Lebenssituation mittels Anwendung der allgemeinen epikureischen Grundsätze zurechtfinden kann. Da der von Sokrates und Platon propagierte Automatismus, dass sich das Wissen um das Richtige notwendigerweise in der entsprechenden Handlung niederschlage, zum Problem geworden ist, erweist sich Übung als notwendig. Ziel dieser Übung muss es sein, das notwendige Wissen, das man deshalb immer parat haben muss, gegebenenfalls einzusetzen. Nicht die Kenntnis philosophischer Lehre, nicht der philosophische Diskurs allein machen den Philosophen aus, sondern die Fähigkeit, die gelernte Dogmatik in jeder möglichen Situation zur Maxime praktischen Handelns im Leben werden zu lassen. Hierfür kann ein Brief als Kurzfassung bestimmter Lernfelder wertvolle Dienste leisten. Am Anfang des Pythokles-Briefes findet sich der Wunsch, die anders schwer erlernbare Lehre in klarem Abriss darzulegen, um sie auf diese Weise leichter memorieren zu können (Epik., *ep. Pyth.* 84). Das Proömium des Herodot-Briefes zeigt, dass Epikur für den im Brief gebotenen Grundriss der Physik mit verschiedenen Lesern rechnet (Epik., *ep. Hdt.* 35–36): erstens mit solchen, die nicht alles genau durcharbeiten können, zweitens mit Fortgeschrittenen und drittens mit schon Eingeweihten. Als jeweils unterschiedene Zweckbestimmungen deutet Epikur an, dass Briefe in den wichtigsten Punkten als Hilfe zur Selbsthilfe oder auch als Erinnerungshilfe dienen können; das von Epikur verlangte Memorieren betraf auch das vorbildliche Leben und Sterben Epikurs und seiner Anhänger entsprechend der Maxime, dass das Gedenken an einen verstorbenen Freund lustvoll und die Verehrung des Weisen ein Gewinn für den Verehrenden ist. Besonders berühmt ist Epikurs Brief aus einem seiner letzten Tage (Epik., *fr.* 52 Arr.), in dem seine Haltung während seiner zum Tode führenden Krankheit gerühmt und erzählt wird, wie er die Schmerzen mithilfe der Erinnerung an philosophische Gespräche ausglich und so zu einer inneren Balance fand. Der Brief machte auch auf Epikur-Gegner wie Cicero großen Eindruck, der ihn ins Lateinische übersetzte (Cic., *fin.* 2,96–98).

Auch wenn Epikurs Briefe vielfach nicht für die Öffentlichkeit bestimmt waren, so wurden sie in der Nachfolge durchaus einem breiten Publikum bekannt gemacht und zu Werbezwecken genutzt. Die monumentale Inschrift, die ein gewisser Diogenes auf der öffentlichen Agora im kleinasiatischen Oinoanda hat aufstellen lassen (Diogenes of Oinoanda 1993; Smith 2003; Hammerstaedt und Smith 2014), bietet neben anderen Textsorten auch Briefe Epikurs, die privaten Charakter haben. Der Verfasser der Inschrift sagt ausdrücklich, dass er sich mit seinem Text – und damit auch mit Epikurs Privatbriefen – an Passanten aus der ganzen Welt richte. Zu den Brieffragmenten Epikurs, die dort verzeichnet sind, gehören die Reste eines eindrucksvollen Briefes an seine Mutter. Dieser Text sollte offenbar für die Person Epikurs als fürsorglicher Sohn werben und hat seine Wirkung sicher nicht verfehlt.

Epikurs Briefe waren in der Antike in epikureischen Zirkeln hochgeschätzt: Man kopierte, sammelte und archivierte sie. Sie wurden aber auch außerhalb der Schule gelesen. So kannte Seneca die Briefe und noch Marc Aurel bezieht sich auf einen von ihnen, indem er ihn zwar nicht wörtlich, aber dem Sinn nach zitiert. Auch in christlichen Kreisen hat man vor allem bei Paulus' Briefschriftstellerei auf die Briefkultur innerhalb des Epikureismus und auf Parallelen hingewiesen (Klauck 1998; Eckstein 2004). Ein Grund für manche Konvergenz zwischen den Briefen des Paulus und des Epikur mag in der traditionellen Topik und der jeweiligen Hinwendung zu einem alle Schichten umfassenden Adressatenkreis liegen. Jedenfalls ist Epikur bereit, für seine Werbung für die Philosophie alle Altersschichten einzubeziehen, doch achtet er gleichwohl auf eine für die Philosophie geeignete Disposition. Freilich werden neben Analogien auch Unterschiede zwischen der epikureischen und paulinischen Verwendung von Briefen erkennbar. Gleichwohl legen die Parallelen nahe, dass Epikurs Briefe Einfluss auf die christliche Epistolographie hatten.

Epikurs Briefe mit ihrer protreptischen, belehrenden, aber auch tröstenden Funktion sind beeindruckende Zeugnisse für den in der Antike generell engen Zusammenhang zwischen literarischer Form und philosophischer Botschaft.

Literatur

Arrighetti, Graziano. „Forme della comunicazione in Epicuro". *Argument und literarische Form in antiker Philosophie. Akten des 3. Kongresses der Gesellschaft für Antike Philosophie 2010*. Hg. von Micheal Erler und Jan Erik Heßler. Berlin/Boston 2013: 315–338.

Angeli, Anna. „Lettere di Epicuro dall'Egitto (*POxy.* LXXVI 5077)". *Studi di Egittologia e di Papirologia* 10 (2013): 9–31.

Angeli, Anna. „Frammenti di Epicuro lettere nei papiri di Ercolano". *Cronache Ercolanesi* 23 (1993): 11–27.

Ciceronis, M. Tulli. *De Finibus Bonorum et Malorum*. Libri Quinque. Hg. von L. D. Reynolds. Oxford 1998. [Cic., *fin.*].

Clay, Diskin. *Paradosis and Survival. Three Chapters in the History of Epicurean Philosophy*. Ann Arbor 1998.

Diels, Hermann. „Ein epikureisches Fragment über Götterverehrung". *Kleine Schriften zur Geschichte der Philosophie*. Hg. von Walter Burkert. Darmstadt 1969: 288–311 [EA: 1916].

Diogenes of Oinoanda. *The Epicurean inscription*. Hg. von Martin Ferguson Smith. Neapel 1993.

Diogenes Laertius. *Leben und Meinungen berühmter Philosophen*. Leipzig 2015. [Diog. Laert.].

Eckstein, Peter. *Gemeinde, Brief und Heilsbotschaft. Ein phänomenologischer Vergleich zwischen Paulus und Epikur*. Freiburg 2004.

Epicuro. *Opere*. Hg. von Graziano Arrighetti. Turin 1973. [Epik., *fr.* = Fragmente; Epik., *ep. Hdt.* = Brief an Herodot; Epik., *ep. Pyth.* = Briefe an Pythokles].

Epikur. *Brief an Menoikeus*. Hg. von Jan Erik Heßler. Basel 2014.

Erbì, Margherita. „Lettere dal ‚Kepos'. L'impegno di Epicuro per i ‚philoi'". *Questioni epicuree*. Hg. von Dino De Sanctis et al. Sankt Augustin 2015: 75–94.

Erler, Michael. „‚Otium als negotium'. Epikureische Briefe. Themen und Funktionen". *Muße und Rekursivität in der antiken Briefliteratur*. Hg. von Franziska C. Eickhoff. Tübingen 2016: 61–74.

Erler, Michael. „Epikur. Die Schule Epikurs. Lukrez". *Grundriss der Geschichte der Philosophie*. Begr. von Friedrich Ueberweg. Völlig neu bearbeitete Ausgabe. *Die Philosophie der Antike*. Bd. 4.1: *Die hellenistische Philosophie*. Hg. von Hellmut Flashar. Basel 1994: 29–490.

Gigante, Marcello. „‚Philosophia medicans' in Filodemo". *Cronache Ercolanesi* 5 (1975): 53–61.

Hammerstaedt, Jürgen und Martin Ferguson Smith. *The Epicurean Inscription of Diogenes of Oinoanda. Ten Years of New Discoveries and Research*. Bonn 2014.

Klauck, Hans-Josef. *Die antike Briefliteratur und das Neue Testament. Ein Lehr- und Arbeitsbuch*. Paderborn 1998.

Smith, Martin Ferguson (Hg.). *Supplement to Diogenes of Oinoanda, The Epicurean Inscription*. Neapel 2003.

Tepedino Guerra, Adele. „Le lettere private del κῆπος. Metrodoro, i maestri e gli amici epicurei (PHerc. 176 e PHerc. 1418)". *Miscellanea Papyrologica Herculanensia*. Bd. 1. Hg. von Agathe Antoni et al. Pisa/Rom 2010: 37–59.

Montaigne: *Les Essais*

Karin Westerwelle

In religionspolitischer Krisenzeit veröffentlichte Michel de Montaigne 1580 zunächst zwei Bände seines epochalen Werks *Essais* (dt. *Versuche*) in Bordeaux, 1588 folgte eine erweiterte Ausgabe in nunmehr drei Bänden in Paris (Friedrich 1993). Bereits 1569 hatte er seine französischsprachige Übersetzung der *Theologia naturalis* des katalanischen Theologen Raimundus Sabundus publiziert. Über Jahrhunderte erreichten die *Essais* in Original und Übersetzung ein europäisches und weltweites Publikum. Die Form des Essays (→ III.5 KRAMER), eine Erfindung Montaignes, zeigt bereits in der evidenten Nichtsystematik dargelegter Betrachtungen und ferner durch assoziativ-metaphorische Gedankenführung die außergewöhnliche Neubegründung einer Art des Denkens sowie eines methodischen Vorgehens und eines dialogischen, ironisch-witzigen Schreibstils an. Insgesamt kann man die *Essais* als eine fundamentale Kritik an dogmatischen Prinzipien des Denkens im wissenschaftlichen, religiösen, historischen, politischen und sozialen Bereich lesen. Die Bewertung des Stils Montaignes mit seiner hohen Dichte an Metaphern und Bildern, die traditionell in der Philosophie als Provokation ihres Wahrheitsanspruchs angesehen werden, ist entscheidend dafür, ob man die *Essais* entweder der Philosophie oder der Literatur zuordnet (Stierle 1984).

Zahlreiche Betrachtungen über den eigenen Stil und die unerhörte Selbstdarstellung eines nichtöffentlichen Ichs (Lange 2019) durchziehen die *Essais*. Montaigne analysiert sowohl philosophische Schreibarten, wie zum Beispiel den Stil Platons, Plutarchs, Senecas, als auch den von ihm bewunderter Dichter wie Vergil und Lukrez (Balsamo 2019). Der essayistisch Schreibende verfolgt ein heiteres Stilideal, das Komisches und Privates verbindet (Westerwelle 2002, 275–285); sprachphilosophisch beschäftigt Montaigne der Nominalismus (Gontier 1998, 45). In ihrem Anspruch, Vergnügen und Interesse des Lesers zu erzeugen, gehören die *Essais* der schönen Literatur an, in ihrer Ausrichtung auf das ‚gute Leben' der Menschen der Ethik (Langer 2016, 508). Gegen theoretisch-abstrakte Ansprüche, die die Philosophie traditionell an den Menschen stellt, beruft sich Montaigne auf „eine moralische Philosophie, die sich ebenso gut in einem volkstümlich-schlichten und häuslichen Leben wie in einem Leben reicherer Ausstattung" finde (Montaigne 2007, III 2, 845, Übers. K. W.); er schätzt die einfache, derbe Sprache des Sokrates: „Er hat in seinem Mund immer nur Kutscher, Tischler, Schuhmacher und Maurer" (III 12, 1082–1083), und strebt als Ziel seines Schreibens das „bien vivre" (I 20, 83) an, wozu ein Lustprinzip gehört, welches Realität und Welt flüchtigen Wert verleiht.

Wenngleich ständige Selbstverringerungen die *Essais* als „Pasticcio von Gemeinplätzen" (III 12, 1103) und ihren Verfasser als „einen Menschen, der in seiner Kindheit von den Wissenschaften nur die oberste Kruste probiert hat" (I 25, 150) charakterisieren, ist Montaigne ein großer Kenner der philosophischen Tradition und ihrer logischen Methoden (Demonet 2000). Die *Essais* lassen sich stilistisch und inhaltlich keinem spezifischen Wissenszweig des 16. Jahrhunderts zuordnen. Montaigne interessiert sich für alle Disziplinen oder *artes*, hauptsächlich für jene „sciences", die, wie Theologie und Philosophie, „die Sitten der Menschen regeln [...] und sich deshalb überall einmischen" (Montaigne 2007, I 29, 204). Expertentum weist der Autor für sein Projekt der Selbstdarstellung zurück: Er teilt sich als „erster in seinem universellen Sein mit, als Michel de Montaigne, nicht als Grammatiker, weder als Poet noch als Jurist" (III 2, 845; Demonet 1999, 57). Montaigne versteht sich auch keinesfalls als Theologe. Er behauptet, keine theologischen Kenntnisse zu besitzen (Montaigne 2007, II 16, 656), selbst wenn er religiöse Fragen ausgiebig – zum Beispiel in der „Apologie de Raimond de Sebonde" oder in „Des prières" – abhandelt. Sein Interesse liegt darin, sich vom orthodoxen theologischen Diskurs abzusetzen, sich von klerikaler Zensur (Legros 2009) zu befreien und somit einen eigenständigen Bereich des Denkens, des Bewusstseins und des Gewissens zu begründen (Faye 1999, 147). Auch wenn sich Montaigne stark für die Historiker interessiert und zudem aktuelle Zeitgeschichte, zum Beispiel die Hexenverfolgung (Nakam 1993), intensiv in die *Essais* einfließen lässt, übernimmt ihr Verfasser nicht die berichtende oder beschreibend chronologische Darstellungsform der sich ausbildenden Geschichtsschreibung (Fumaroli 1979).

Außergewöhnlich häufig taucht die allgemeine, oft kontrastiv oder adversativ eingesetzte Referenz auf die „philosophie" oder die „philosophes" auf: Nicht die zeitgenössischen Vertreter der Philosophie, sondern lediglich die antiken Philosophen werden häufig so betitelt (Demonet 2000, 6), allen voran Sokrates, Platon, Aristoteles – „Gott der scholastischen Wissenschaft" (Montaigne 2007, II 12, 570) –, Plutarch und Seneca. Montaigne teilt das humanistische Interesse an Lukrez (Pfeiffer 2018); die *Essais* bezeichnen ihn als einen „großen Dichter" (Montaigne 2007, III 5, 915–916) und verweisen im selben Atemzug auf dessen vergebliches Philosophieren, das durch Liebesverlangen außer Kontrolle geraten sei (II, 2, 365). Montaigne zitiert zumeist auf Latein, oft in leichten, aber sinndifferenten Variationen aus philosophischen Werken, wobei er entweder auf antike Quellen oder auf zeitgenössische Studien und Kompendien zurückgreift. „Von der Erfahrung" (III 14, 1111) verweist mit dem natürlichen „Wunsch nach Erkenntnis" auf die aristotelische *Metaphysik* (Rigolot 2002); große Kenntnisse Platons zeigen sich unter anderem im Urteil über solche Schriften, die Montaigne für apokryph erachtet (Montaigne 2007, II 10, 430), und in seiner Kritik platonischer Dichtungstheorie. Besonders intensiv setzt sich Montaigne mit der pyrrhonischen Skepsis, dem Nominalismus, der antiken Stoa und dem Epikureismus auseinander, anhand von Plutarch diskutiert er Fragen der Moralphilosophie; auch die politische Philosophie (Balsamo 2019, 313–314) ist in den *Essais* präsent.

Es ist nicht möglich, die *Essais* Montaignes als philosophisches Werk sui generis zu bezeichnen. Sie verfügen gerade nicht über eine philosophische Ordnungsstruktur des Argumentierens, sie geben weder erkenntnistheoretisch noch a priori allgemeine Grundbegriffe des Seins vor; sie verfahren logisch, nicht in deduktiven Ableitungen, die einen Wahrheitsanspruch affirmieren; ihr Ziel liegt nicht in einer philosophischen Welt- oder Seinserklärung, die von anderen Philosophen oder den Lesern als Wahrheit anzuerkennen wäre. Montaignes Position unterscheidet sich von traditioneller Philosophie durch die ständige, vielfache und in immer neuen Varianten ausgeführte Kritik an der *raison* (Conche 2007).

Die philosophische Rezeptionsgeschichte der *Essais* beginnt mit Pierre Charron, der anders als Montaigne Allgemeinbegriffe stärker betont (Tournon 1999, 27); Descartes verwandelt Montaignes pyrrhonischen in einen systematischen Zweifel; Pascal stellt göttliche Gewissheit und Ordnung von Welt gegen essayistisch-intentionale Unordnung; Malebranche kritisiert Montaignes anekdotisch-narrative Darstellungsweise und bemängelt dessen fehlende methodisch-logische Vorgehensweise (Millet 1995). Hegel und Victor Cousin sehen in Montaigne lediglich einen historischen Beobachter von Zivilisation und Sitten. Dagegen bewundert Nietzsche den freiheitlichen Denker Montaigne; Adorno lobt die Form des Essays, die „an die Freiheit des Geistes mahnt" (Adorno 1974, 21).

Montaigne ist ein Denker der Differenz – „Distinguo ist das universellste Glied meiner Logik" (Montaigne 2007, II 1, 355) – und der Diversität – „[d]ie Ähnlichkeit schafft nicht so sehr das Eine, wie die Differenz das Andere ausbildet" (III 13, 1111). Er unterstreicht Zeitlichkeit als Bedingung menschlicher Erkenntnis – „ich male nicht das Sein, ich male den Übergang" (III 2, 845) und hebt den singulären Augenblick des Erkennens hervor. Radikale Zeitlichkeit setzt sich kritisch gegen philosophische Allgemeinbegriffe ab, die in den *Essais* immer wieder herangezogen werden, um Argumente einander gegenüberzustellen oder den eigenen Standpunkt zu definieren. Diese Vorgehensweise, einem Argument ein anderes entgegenzustellen oder ein erstes Argument variierend – durch das Verfahren der ‚Antiperistase' (Pouilloux 2012, 95–96; Miernowski 1998, 15) – zu modifizieren, wird von Montaigne keinesfalls unbedacht-beliebig, sondern verblüffend feinsinnig und vielschichtig angewandt. Ironisch und witzig bezeichnet er sich als „[n]ouvelle figure: Un philosophe impremedité et fortuit" (Montaigne 2007, II 12, 578; Hartle 2003)! Montaigne sagt also, dass mit seiner Person und Vorgehensweise eine neue Gestalt in Erscheinung trete, die paradoxerweise keine gängigen Kriterien des Philosophen erfüllt. Explizit verweigert das Verfahren der Negation („impremedité") die zielgerichtete Methode des Meditierens (*praemeditari*), seine

Erkenntnis erfüllt zufällig („fortuit") das Kriterium des Philosophen, wie Montaigne überhaupt das Zufallsmoment (*fortune*) menschlichen Tuns akzentuiert. Das Muster, auf Philosophie oder Philosophen zu rekurrieren und dadurch Paradoxien der Aussage zu erzeugen, gehört zu den methodischen Strukturprinzipien der *Essais*. Beobachtungen und Urteile richten sich bevorzugt auf das Partikulare, Besondere oder Individuelle von Erfahrung; gerade indem sie allgemeine Wahrheitspositionen mit gewisser Logik und Systematik (Demonet 2000) zitieren, verweigern sie deren letztgültige Inanspruchnahme.

Bereits die Titel- und Gattungsbezeichnung zeigt im bescheidenen, substantivierten Ausdruck des Ausprobierens, Abwägens und Verkostens eine Kluft zum philosophischen Denken des 16. Jahrhunderts (Maclean 1998, 12) an. Sichere Erkenntnis oder Wahrheit stellen das Wort *essayer* und die Form des *essai* nicht in Aussicht, vielmehr betont das probierende Tun gegen die verallgemeinernde *raison* die zeit- und horizontgebundene menschliche Erfahrung: In jeder neuen Lebenssituation muss sich der Mensch existentiell bestätigen, Wissen und Kenntnisse revidieren oder differenzieren, um zu handeln und um in außergewöhnlichen Konflikten oder lebensbedrohlichen Lagen zu bestehen. Wie Adorno (1974, 32) treffend formuliert, zielt Montaigne auf das, was in Begriff und theoretischer Regel nicht aufgeht: „Der Essai jedoch hat es mit dem Blinden an seinen Gegenständen zu tun. Er möchte mit Begriffen aufsprengen, was in Begriffe nicht eingeht oder was durch die Widersprüche, in welche diese sich verwickeln, verrät, das Netz ihrer Objektivität sei bloß subjektive Veranstaltung" (32).

Man kann die Gattungsbezeichnung ‚Essay' als Ausdruck der Skepsis verstehen, die im Kontext der ‚negativen Theologie' an Bedeutung gewinnt (Miernowski 1998, 25–38). Eine explizite Auseinandersetzung mit dem Skeptizismus in der Überlieferung des Sextus Empiricus erfolgt in der langen *Apologie de Raimond Sebonde*. Der antike Pyrrhonismus zweifelt an, ohne es dogmatisch zu bestreiten, dass der Mensch imstande sei, die letztgültige Wahrheit der Dinge zu erkennen. Er behauptet, dass jede These durch eine Gegenthese argumentativ aufgehoben werden könne. Die rationale Erkenntnisgewissheit des Menschen und menschliche Hybris (Balmer 2016) sucht Montaigne immer wieder zu destruieren (oder zu dekonstruieren), indem er der Leserin Vielfalt, Variabilität und Widersprüche überlieferter philosophischer Erkenntnis- und Wahrheitspositionen sowie die Verletzlichkeit des menschlichen Lebens (Montaigne 2007, III 9, 994) vor Augen führt. Die Epoché meint das Innehalten im Fällen eines Urteils. Montaigne übersetzt *épécho* mit „ich halte stand, ich bewege mich nicht" (II 12, 532) und verdeutlicht damit im metaphorischen Vokabular des Ballspiels (Legros 2009, 804) das Standhalten und die Abwehr gegenüber der Hinneigung zu einem Urteil. Zurückhaltung in der Urteilsfällung formuliert Montaigne durch die emblematische Frage: „Que sçay-je?" (Was weiß ich?), die sich, wie andere oft gebrauchte Formulierungen des Zweifels (,es scheint mir') oder der Begriff der *docte ignorance*, in der Schwebe zwischen Wissen und Nichtwissen (Montaigne 2007, III 12, 1102) hält und damit der sprachlichen Schwierigkeit Rechnung trägt, für die skeptische Ansicht eine nichtaffirmative Sprache zu finden (II 12, 556). Wenn also die Aufhebung der Urteilsfällung den „philosophischen Diskurs aus dogmatischen Zwängen befreit und ihm jede Art von Geschlossenheit nimmt" (Cave 1999, 165), so führt Skepsis gleichermaßen zu kritischem Sprachbewusstsein. Die Frageform ,Was weiß ich?', aber auch die spannungsreiche Formulierung, die skeptische Vorstellung sei eine „Phantasie" (Montaigne 2007, II 12, 557), und ausbalancierende Formulierungen von semantischen Gegensätzen zeigen argumentativ feine und höchste Denk- und Sprachfähigkeiten. Das Imaginations- und Phantasieformular – „Das hier sind meine Phantasien" (II 10, 428) – besitzt im 16. Jahrhundert innerhalb der Vermögensmodelle des Geistes eine pejorative Bedeutung. *Phantasia* und *imaginatio* zielen auf bildhafte Vorstellungen, die keinen Anspruch auf wissenschaftlich abgesicherte Rationalität oder eine gesellschaftlich anerkannte Norm des Verhaltens erheben. Montaigne ordnet seine Ansichten und Betrachtungen diesen Vermögen zu und verwendet zugleich eine Strategie, die gegenüber gesellschaftlichen Autoritäten und vor theologischer Zensur den Schutz rhetorischer Selbsterniedrigung sucht (Westerwelle 2002).

Zweifelsohne sind die *Essais* im modernen Sinn als Literatur zu beurteilen, ihr Autor richtet als Schriftsteller sein Schreiben stilistisch auf Schönheit und erhabene Wirkungsintensität aus. Man hat Montaigne als Moralisten bezeichnet, denn für seinen Stil ist eine sentenzartig aphoristische und paradoxe Aussageform charakteristisch. Er ist ein glänzender, leicht formulierender Schreiber. Das scharfe Stilbewusstsein Montaignes zeigt sich in häufigen Reflexionen über das Komische, das scheinbar Ungeordnete, das Monströs-Groteske und Phantastische seiner essayistischen Darstellungsart. Montaigne will Wissensordnungen sprengen. Insofern setzen sich die *Essais* diskursanalytisch mit Philosophie und Wissen auseinander. Je mehr die Grenzen zwischen Philosophie und Literatur im Hinblick auf die metaphorisch geprägte Sprache und Fiktion als Möglichkeit der Darstellung von Welt aufgehoben sind, desto eher kann Montaigne einer ,Philosophie als Literatur' zugerechnet werden.

Literatur

Adorno, Theodor W. „Der Essay als Form". Ders., *Gesammelte Schriften*. Bd. II: *Noten zur Literatur*. Hg. von Rolf Tiedemann. Frankfurt a. M. 1974: 9–33.
Balmer, Hans Peter. *Neuzeitliche Sokratik. Michel de Montaignes essayistisches Philosophieren*. Münster 2016.

Balsamo, Jean. *La Parole de Montaigne. Littérature et humanisme civil dans les ‚Essais'*. Turin 2019.
Cave, Terene. *Pré-Histoires. Textes troublés au seuil de la modernité*. Genève 1999.
Conche, Marcel. *Montaigne et la philosophie*. Paris 2007.
Demonet, Marie-Luce. „Philosopher naturellement". *Montaigne Studies* 12 (2000): 5–24.
Demonet, Marie-Luce. „Les propres de l'homme chez Montaigne et Charron". *Montaigne et la question de l'homme*. Hg. von ders. Paris 1999: 47–84.
Faye, Emmanuel. „La philosophie de l'homme de Montaigne et Charron". *Montaigne et la question de l'homme*. Hg. von Marie-Luce Demonet. Paris 1999: 145–179.
Friedrich, Hugo. *Montaigne*. Tübingen/Basel 1993 [EA: 1949].
Fumaroli, Marc. „Mémoires et histoire. Le dilemme de l'historiographie humaniste au XVIe siècle". *Les Valeurs chez les mémorialistes français du XVIIe siècle avant la Fronde*. Hg. von Noémi Hoepp und Jacques Hennequin. Paris 1979: 21–45.
Gontier, Thierry. *De l'homme à l'animal. Montaigne et Descartes ou les paradoxes de la philosophie moderne sur la nature des animaux*. Paris 1998.
Hartle, Ann. *Michel de Montaigne. Accidental Philosopher*. Cambridge 2003.
Lange, Martin. *Essayistische Formen zwischen Öffentlichkeit und Privatheit. Michel de Montaigne und seine englischen Leser des 17. Jahrhunderts*. Paderborn 2019.
Langer, Ullrich. „Montaigne on Virtue and Ethics". *The Oxford Handbook of Montaigne*. Hg. von Philippe Desan. Oxford 2016: 508–524.
Legros, Alain. „Montaigne face à ses censeurs romains de 1581 (mise à jour)". *Bibliothèque d'Humanisme et Renaissance* 72 (2009): 7–33.
Maclean, Ian. *Montaigne als Philosoph*. München 1998.
Miernowski, Jan. *L'Ontologie de la contradiction sceptique. Pour l'étude de la métaphysique des ‚Essais'*. Paris 1998.
Millet, Olivier. *La première Réception des ‚Essais' de Montaigne (1580–1640)*. Paris 1995.
Montaigne, Michel de. *Les Essais*. Hg. von Jean Balsamo, Michel Magnien und Catherine Magnien-Simonin. Paris 2007.
Nakam, Géralde. *Montaigne et son temps. Les événements et les ‚Essais'. L'histoire, la vie, le livre*. Paris 1993.
Pfeiffer, Helmut. *Montaignes Revisionen. Wissen und Form der ‚Essais'*. Leiden 2018.
Popkin, Richard Henry. *The History of Scepticism. From Savonarola to Bayle*. Oxford 2003 [EA: 1960].
Pouilloux, Jean-Yves. *Montaigne, une vérité singulière*. Paris 2012.
Rigolot, François. „Montaigne et Aristote. La conversion à l'Éthique à Nicomaque". *Au-delà de la ‚Poétique'. Aristote et la littérature de la Renaissance/Beyond the Poetics. Aristotle and Early Modern Literature*. Hg. von Ullrich Langer. Genf 2002: 47–63.
Stierle, Karlheinz. „Gespräch und Diskurs. Ein Versuch im Blick auf Montaigne, Descartes und Pascal". *Das Gespräch*. Hg. von dems. und Rainer Warning. München 1984: 297–334.
Tournon, André. „L'humaine Condition. Que sais-je? Qui suis-je?". *Montaigne et la question de l'homme*. Hg. von Marie-Luce Demonet. Paris 1999: 15–31.
Westerwelle, Karin. *Montaigne. Die Imagination und die Kunst des Essays*. München 2002.

Descartes: Meditationen

Christiane Schildknecht

Kennzeichnend für die Philosophie Descartes' ist ihre Suche nach Erkenntnis, die sie unabhängig von Sinneserfahrung aus reiner Vernunft heraus zu gewinnen sucht. Mit ihrer methodisch verfahrenden Etablierung eines sich seiner selbst bewussten und auf dieser Basis autonomen Erkenntnissubjekts vollzieht sich zum einen die Ablösung von der aristotelisch-scholastischen Tradition; zum anderen wird gleichzeitig damit das neuzeitliche Denken (einschließlich dessen Entgegensetzung von Subjekt und Objekt sowie einer darauf beruhenden Spaltung des Weltverhältnisses) begründet. Dabei bedient sich Descartes unterschiedlicher Darstellungsweisen seiner Philosophie des Rationalismus, die in systematischem Zusammenhang mit dem philosophischen Inhalt stehen und traditionelle Gattungen wie Lehrschrift, Traktat und Essay (→ III.5 KRAMER) ebenso umfassen wie von der Wissenschaftsform abweichende literarische Formen der Präsentation philosophischen Denkens.

So ist die Dialogform der fragmentarisch gebliebenen *La recherche de la vérité* (posthum 1701) zwar vornehmlich didaktisch motiviert, schließt jedoch formal an die dialogische Struktur des Selbstgesprächs der *Meditationes de prima philosophia* (1641) an. Der methodisch-regulative Charakter der frühen *Regulae ad directionem ingenii* (1619–1620 sowie 1626–1628) weist stellenweise Übereinstimmungen mit den Gedankenübungen der geistlichen Exerzitienliteratur auf, deren spirituelle Ausrichtung Descartes jedoch in der Form intellektueller Anweisungen mit dem Ziel der Ausbildung vernünftiger Selbständigkeit eines nach methodischen Regeln verfahrenden philosophischen Denkens (wie in den *Meditationes*) in geistiger Hinsicht transzendiert. Descartes' Spätwerk, die *Principia philosophiae* (1644), ist in der literarischen Form einer (vorwiegend physikalischen) Lehrschrift verfasst und kontrastiert mit seinem propositionalen Format ebenso wie die wissenschaftlichen Abhandlungen („Essais") von 1637, *La dioptrique, Les météors* und *La géometrie*, mit der autobiographischen Form des *Discours de la méthode*, der die erkenntnistheoretische Einleitung zu den „Essais" darstellt, sowie mit den ebenfalls nicht propositional (→ II.6 GABRIEL) konzipierten *Meditationes*. Dabei akzentuiert der *Discours* (wie die *Meditationes*) die subjekttheoretische Seite der cartesischen Philosophie und reflektiert die durch einen methodisch abgesicherten Wissensbildungsprozess verbürgte Autonomie von Erkenntnis und deren Subjekt auf der Darstellungsebene, und zwar vermittels der Einarbeitung von fingierten autobiographischen Passagen in einen Methodentraktat. Mit seiner Fokussierung der exemplarischen Mitteilungsform, die der *Discours* bereits im Titel im Sinne eines Gesprächs, einer Einführung (*préface*) oder Anleitung (*avis*) bezüglich der Methode zum Ausdruck bringt, grenzt sich Descartes explizit von der propositionalen Form des Lehrbuchs ab und kontrastiert diese mit einem literarisch vermittelten Verfahren indirekter Hinführung (*Disc.*, 1.5; Descartes 1949, 77, Brief an Mersenne vom März 1637).

Die *Meditationes de prima philosophia* (lat. 1641; franz. 1647), deren Ursprung in dem verlorenen *Traité de métaphysique* liegt, greifen den Topos des Neuanfangs methodisch gesicherter Erkenntnis und erkenntnistheoretisch autonomer Subjektivität sowie den nichtpropositionalen Aspekt des Nachvollzugs methodisch gewonnenen Wissens – wie sie bereits der *Discours* thematisiert – in der Form meditativer Selbstverständigung als fiktionaler Inszenierung auf. Sie sind in sechs Meditationen in fingierter Abfolge gegliedert, die formal der Praxis der *Exercitia spiritualia* des Ignatius von Loyola folgen (Beck 1965, 28–38), insofern sie im Sinne geistiger Übungen in ihren Übergängen mit einleitenden Zusammenfassungen auf vorausgegangene Reflexionen zurückschauen (Med., 1, 2, 4) oder auf nachfolgende ‚Meditationen' vorausgreifen, in denen das bereits erworbene Wissen erneut im Gestus innehaltender Besinnung reflektiert und meditativ, das heißt „in einsamer Zurückgezogenheit" und „ungestörte[r] Muße" (Med., 1.1) solange eingeübt werden müsse, bis der Gedankengang vollständig vertraut sei. Dies gilt, wie der Beginn der vierten Meditation verdeutlicht (Med., 4.1), auch für die rationalistische Position insgesamt, deren historischer Beginn auf diese Weise eine meditative Prägung erfährt.

Dem Topos des voraussetzungslosen Neuanfangs beziehungsweise der behaupteten Abkehr von der philosophischen Tradition stehen auf der Darstellungsebene passagenweise Kontinuitäten entgegen, zu denen neben einem (inhaltlich modifizierten) Rückgriff auf die Exerzitienliteratur die Anbindung an die autobiographische Form der *Confessiones* Augustins, einschließlich der hier wie auch bei Anselm von Canterbury zentralen, radikalen Besinnung auf sich selbst, sowie das die Meditation lebenspraktisch bestimmende Motiv der Umkehr als klassischem Thema der stoischen Philosophie gehören (Rorty 1983; Kosman 1986; Nolte 1995, 83). Die traditionellen Formen der Selbstreflexion, in denen der Austausch zwischen Argument und Gegenargument die Form eines Selbstgesprächs annimmt, treten bei Descartes jedoch in epistemologisch ‚säkularisierter' Gestalt auf, insofern das sich im methodischen und erkenntnistheoretischen Fluchtpunkt des *cogito* seiner selbst gewisse philosophische Subjekt eines Gottes lediglich als eines Garanten für ‚klare und deutliche' Erkenntnis, das heißt für objektive Wahrheit, bedarf.

Dementsprechend weist auch die Meditation als literarische Darstellungsform cartesischer Erkenntnistheorie und der für sie zentralen analytisch verfahrenden Methode eine von ihren spirituellen Vorläufern inhaltlich abweichende Ausprägung auf, insofern sie sich als philosophische Meditation primär auf

Gründe der Vernunft beruft und vermeintlich Wahrheit und Gewissheit von Urteilen verbürgende Prinzipien kritisch prüft (Hatfield 1986; Schildknecht 1990, 63; Nolte 1995, 98–103). Zugleich verbindet sie die auf diskursive Weise (anhand des methodischen Zweifels an der Außenwelt) gewonnene Erkenntnis, einschließlich ihres Fundaments in Gestalt der Gewissheit des „Ich denke" (*cogito*), mit kontemplativ gewonnener Einsicht (in der Form einer *contemplatio* Gottes als des das *cogito* transzendierenden Garanten), wodurch der Inhalt der *Meditationes* durch die Form der Darstellung nicht nur verstärkt artikuliert, sondern zugleich theologisch abgesichert wird. Bestimmend für die reflexive Denkbewegung der *Meditationes* mit ihrem, selbst wiederum nach Gewissheitsgraden (von sinnlicher Wahrnehmung bis zu mathematischer Erkenntnis) gestuften Zweifel aus Gründen ist dabei der sich auf der Suche nach unbezweifelbarer Gewissheit vollziehende, schrittweise Rückzug aus der Außenwelt in das Innere eines sich noch im Zweifeln seiner selbst gewissen (und damit auch den Täuschungsversuchen eines bösen Dämons gegenüber immunen) Subjekts, eines den Zweifel folglich *qua Existenz* auflösenden Bewusstseins – des „Ich bin [*ego sum*]" (Med., 2.3). An diese zweifelsgeleitete methodische Reduktion auf ein, letztlich solipsistisch verfasstes und letztbegründend fungierendes *cogito* schließt sich der Versuch der Rückgewinnung der das *cogito* transzendierenden Außenwelt an, die jedoch einer durch Gott garantierten objektiven Wahrheit verpflichtet bleibt und in ihrer Problematik die nachfolgenden erkenntnistheoretischen Diskussionen zwischen Realismus und Idealismus prägt.

Die *Meditationes* stellen insgesamt einen fiktionalen Text dar, dessen Verwendung argumentativer Rede in die Darstellungsverfahren der Vergegenwärtigung der meditativen Denkform eingebunden ist, um (vorab gewonnene) Erkenntnisse (der analytischen Methode gemäß) so zu vermitteln, dass seitens der Leserin und des Lesers der Eindruck entsteht, sie gerade selbst herausgefunden zu haben (Descartes 2009, 164; Gabriel 2019, 235–243). Im Rahmen des methodischen Zweifels folgt die Präsentation von Behauptungen in nichtbehauptendem Format dem Ziel der Herstellung eines, auf Urteilsenthaltung zielenden, argumentativen Gleichgewichts zwischen Argumenten und Gegenargumenten, wie es bereits für die pyrrhonische Skepsis (→ IV.2 WESTERWELLE) in der Gestalt von Seelenruhe bestimmend war. Dementsprechend zentral ist der Rekurs der *Meditationes* auf die klassische Metapher der (ausgeglichenen) Waage im Zusammenhang mit der methodischen Transformation der pyrrhonischen Skepsis, die Descartes letztlich in Richtung auf das Erkenntnisfundament des *cogito* zu überwinden sucht. Der Vergegenwärtigung des performativen wie des fundierenden Charakters der Meditation dienen darüber hinaus die metaphorischen Felder des Weges, der Architektur sowie des Lichts. Während die Wegmetapher – „via" (Med., Praefatio, Synopsis, 2.1, 3.13, 4.1) sowie „rectum iter" (Reg., II.6) – die performative Komponente des Erkenntnisgewinns durch wiederholte Einübung in methodischer wie praktischer Hinsicht akzentuiert, betont die Architekturmetapher die Gewissheit sichernde Relevanz des *cogito* als alleinigen Endpunkts des methodisch radikal destruierend verfahrenden Zweifels und epistemisch fundierenden Ausgangspunkts hinsichtlich einer auf Gewissheit, beziehungsweise „klar und deutlich [*clare et distincte*]" (Med., Synopsis, 3, 5) erkannten, sowie auf der Vernunft als „natürlichem Licht [*lumen naturale*]" (Med., 3.9, 3.14) basierenden Rekonstruktion der Außenwelt (Edelman 1959).

Zu diesen metaphorischen Verfahren indirekter Mitteilung treten fiktionale Passagen, die den hier dargestellten inneren Monolog insgesamt zu einem fiktionalen Text machen, sodass die vermeintlich autobiographische Entstehungsgeschichte der *Meditationes* sich letztlich als „eine Inszenierung, eine Selbstinszenierung, freilich nicht die Inszenierung eines individuellen Selbst" (Gabriel 2019, 237) entpuppt. Zentral ist hier insbesondere die Verwendung des Personalpronomens ‚ich', das – in Übereinstimmung mit der erkenntnistheoretisch wie methodisch fundamentalen Rolle des *cogito* – nicht referentiell, sondern als Stellvertreter-Ich zu verstehen ist. Das ‚Ich' der *Meditationes* referiert nicht auf die historische Figur ‚René Descartes', sondern appelliert (in Übereinstimmung mit der analytischen Methode) an alle Leserinnen und Leser des Textes, dessen Reflexion nachzuvollziehen und sich zu eigen zu machen. Didaktisch eng verbunden mit der Ich-Perspektive in stellvertretender Absicht sind die deiktischen Ausdrücke, etwa ‚ich', ‚hier', ‚jetzt', ‚dies', sowie die Zeitform des Präsens, die beide vermittels fiktionaler Vergegenwärtigung unmittelbare (zunächst sinnliche) Präsenz zu erzeugen scheinen: „Wie oft doch kommt es vor, daß ich mir all diese gewöhnlichen Umstände während der Nachtruhe einbilde, etwa, daß ich hier bin, daß ich, mit meinem Rock bekleidet, am Kamin sitze, während ich doch entkleidet im Bette liege! Jetzt aber schaue ich doch sicher mit wachen Augen auf dieses Papier" (Med., 1.5).

Aufgrund des methodischen Zweifels an dieser vermeintlichen sinnlichen Evidenz tritt im Verlauf der *Meditationes* und ihrer Etablierung des Gewissheit verbürgenden *cogito* die performative Komponente indexikalischer Ausdrücke in den Vordergrund, die dessen antisyllogistischen Vollzugscharakter („daß dieser Satz: ‚Ich bin, ich existiere', *sooft* [Hervorhebung, C. S.] ich ihn ausspreche oder in Gedanken fasse, notwendig wahr ist", Med., 2.3) abbilden. In den *Meditationes* korrespondiert die literarische Form der Meditation folglich in systematischer Hinsicht der für Descartes methodisch wie epistemologisch zentralen Form der Selbsterkenntnis. Ihre Formen literarischer Vergegenwärtigung weisen zudem darauf hin, dass hier Aspekte philosophischer Erkenntnis in Gestalt von Selbstgewissheit und Nachvollzug einfordernder Praxis zur Debatte stehen, die auf propositionaler Ebene nicht einholbar sind. Die cartesischen Meditationen bilden dementsprechend einen festen Bestandteil auch der literarischen Rezeption, etwa bei Paul Valéry (Wilson und Schildknecht 1988) und Durs Grünbein.

Literatur

Beck, Leslie J. *The Metaphysics of Descartes. A Study of the Meditations.* Oxford 1965.
Descartes, René. *Discours de la Méthode/Von der Methode des richtigen Vernunftgebrauchs und der wissenschaftlichen Forschung.* Hg. von Lüder Gäbe. Hamburg 1960 [EA: 1637]. [Disc.].
Descartes, René. *Meditationes de prima philosophia/Meditationen über die Grundlagen der Philosophie.* Hg. von Lüder Gäbe. Hamburg 1977 [EA: 1641]. [Med.].
Descartes, René. *Meditationen. Mit sämtlichen Einwänden und Erwiderungen.* Übers. und hg. von Christian Wohlers. Hamburg 2009 [EA: 1641].
Descartes, René. *Regulae ad directionem ingenii/Regeln zur Ausrichtung der Erkenntniskraft.* Hg. von Heinrich Springmeyer, Lüder Gäbe und Hans Günter Zekl. Hamburg 1973 [EA: 1701]. [Reg.].
Descartes, René. *Briefe. 1629–1650.* Hg. von Max Bense. Köln 1949.
Edelman, Nathan. „The Mixed Metaphor in Descartes". *The Romanic Review* 41 (1950): 167–178.
Gabriel, Gottfried. *Präzision und Prägnanz. Logische, rhetorische und literarische Erkenntnisformen.* Paderborn 2019.
Hatfield, Gary. „The Senses and the Fleshless Eye. The ‚Meditations' as Cognitive Exercises". *Essays on Descartes' Meditations.* Hg. von Amélie Oksenberg Rorty. Berkeley 1986: 45–79.
Kosman, L. Aryeh. „The Naïve Narrator. Meditation in Descartes' ‚Meditations'". *Essays on Descartes' Meditations.* Hg. von Amélie Oksenberg Rorty. Berkeley 1986: 21–43.
Nolte, Ulrich. *Philosophische Exerzitien bei Descartes. Aufklärung zwischen Privatmysterium und Gesellschaftsvertrag.* Würzburg 1995.
Rorty, Amélie Oksenberg. „Experiments in Philosophic Genre. Descartes' ‚Meditations'". *Critical Inquiry* 9 (1983): 545–564.
Schildknecht, Christiane. *Philosophische Masken. Literarische Formen der Philosophie bei Platon, Descartes, Wolff und Lichtenberg.* Stuttgart 1990.
Wilson, Catherine und Christiane Schildknecht. „The Cogito Meant ‚no more Philosophy'. Valéry's Descartes". *History of European Ideas* 9 (1988): 47–62.

Nietzsche: Aphorismen

Dirk Quadflieg

Kein anderer Philosoph des 19. Jahrhunderts wird so sehr mit einem aphoristischen Stil in Verbindung gebracht wie Friedrich Nietzsche. Seit dem ersten Band von *Menschliches, Allzumenschliches* aus dem Jahr 1878 bis zur *Götzen-Dämmerung*, die er 1889 am Ende seines geistigen Lebens verfasst, bestehen nicht nur große Teile seiner publizierten Schriften aus Aphorismensammlungen, Nietzsche erhebt auch den kurzen, pointierten Schreibstil zu einem besonderen Mittel der Kritik und sich selbst kurzerhand zum „Meister" dieser Form: „Der Aphorismus, die Sentenz, in denen ich als der Erste unter den Deutschen Meister bin, sind die Formen der ‚Ewigkeit'; mein Ehrgeiz ist, in zehn Sätzen zu sagen, was jeder Andre in einem Buche sagt, – was jeder Andre in einem Buche *nicht* sagt ..." (Nietzsche 1988f, 153). Dabei stellt er sich einerseits in eine Traditionslinie mit den französischen Moralisten (u. a. Pascal, La Rochefoucauld, Rivarol), die in Form von ‚Maximen' mit Witz und Ironie die Tugendhaftigkeit des französischen Adels entlarvten, und verweist andererseits wiederholt auf Goethe und Georg Christoph Lichtenberg, dessen *Sudelbücher* den Aphorismus als Gattung im deutschen Sprachraum wesentlich geprägt haben (Nietzsche 1988b, 599; Fricke 1984, 70–76; Spicker 2007, 112–120).

Doch trotz Nietzsches Selbstverortung in diesen Traditionen ist es durchaus umstritten, welche seiner Texte als Sammlungen von aphoristischen Prosastücken gelten können. Weitgehende Einigkeit herrscht darüber, dass *Also sprach Zarathustra* – auch wenn es häufig als Zitatesteinbruch für später editierte Anthologien herhalten muss – streng genommen nicht in die Gattung gehört, weil es sowohl fiktionale Elemente enthält als auch zusammenhängende und aufeinander aufbauende Gedankengänge entfaltet. Das hat Nietzsche nicht anders gesehen, kündigt er den *Zarathustra* in einem Brief an Franz Overbeck doch ausdrücklich als „eine Dichtung und keine Aphorismen-Sammlung" an (Schubert und Pfeuffer 2014, 253). Unterschiedliche Auffassung gibt es jedoch darüber, welche der anderen Schriften bzw. welche Teile daraus tatsächlich aus Aphorismen bestehen. Das hängt mit der durchaus schwierigen Abgrenzung der von Nietzsche häufig gewählten Form der Kurzprosa von der Gattung des Essays (→ III.6 KRAMER) zusammen. Dieser unterscheidet sich nicht allein durch das unbestimmte Merkmal der Länge vom Aphorismus, sondern vor allem dadurch, dass er trotz aller inhaltlicher Offenheit einen klar umrissenen Gegenstandsbereich behandelt. Aphorismen hingegen, so die ihrerseits aphoristische Zuspitzung Friedrich Schlegels, „sind zusammenhängende Fragmente" (Fricke 1984, 9), die zwar in Anordnungen stehen können, aber weder eine starke thematische Kohärenz aufweisen müssen noch eine eindeutige Abfolge bilden (→ II.4 SCHMIDT).

Angesichts der verschwimmenden Gattungsgrenze zwischen Aphorismus und Kurzessay gibt es schematisch gesprochen zwei Möglichkeiten, sich der Bedeutung des Aphorismus für Nietzsches Denken zu nähern: Eine erste besteht darin, ausgehend von allgemeinen gattungstheoretischen Überlegungen zu untersuchen (→ III.8 PORNSCHLEGEL), welche Teile von Nietzsches Werk tatsächlich das Kriterium einer Aphorismensammlung erfüllen und welche inhaltliche Bedeutung diesen Schriften zukommt (Fricke 1984, 121; Krüger 1988, 76–128). Eine zweite Möglichkeit der Annäherung an die Bedeutung des Aphorismus für Nietzsche geht gleichsam den umgekehrten Weg: Sie lässt die Gattungsfrage vorerst beiseite, um sich zunächst mit dem Zusammenhang von philosophischer Reflexion und literarischer Form oder allgemeiner mit dem Schreibstil Nietzsches auseinanderzusetzen (u. a. Blanchot 2003, Derrida 2003). Diese zweite Alternative, die etwas grundsätzlicher nach dem Verhältnis von Literatur und Philosophie bei Nietzsche fragt, wird von einer nachgelassenen Bemerkung aus dem Jahr 1880 unterstützt, in der Nietzsche selbst die Gattungsfrage als zweitrangig darstellt: „Es sind Aphorismen! Sind es Aphorismen? – mögen die welche mir daraus einen Vorwurf machen, ein wenig nachdenken und dann sich vor sich selber entschuldigen – ich brauche kein Wort für mich." (Nietzsche 1988i, 356)

Ob es sich bei Nietzsches Prosastil im strengen Sinne um Aphorismen handelt, ist demnach weniger wichtig als die Frage, warum er Ende der 1870er Jahre die Form der zusammenhängenden und argumentativ gegliederten wissenschaftlichen Abhandlung zugunsten einer fragmentierten und zunehmend poetischen Sprache aufgegeben hat. Auch wenn sich dieser Wandel sicherlich nicht rein biographisch erklären lässt, etwa mit dem sich verschlechternden Gesundheitszustand, sind gewisse Koinzidenzen nicht ganz von der Hand zu weisen. So hat insbesondere die Abwendung von Richard Wagner, die Nietzsche von 1876 bis 1878 vollzieht, tiefe Spuren in seinem Denken hinterlassen, die weit über die persönliche Enttäuschung hinausgehen (Ross 1980, 513). Im Nachlass dieser Zeit lässt sich nachvollziehen, wie sehr er die Emanzipation von seiner früheren, an Wagner orientierten Ästhetik als „neue[ ] Freiheiten des Geistes" feiert (Nietzsche 1988h, 480; Krüger 1988, 104). Und auch *Menschliches, Allzumenschliches*, das in dieser Periode verfasst wurde und als erstes aphoristisches Buch gelten kann, trägt die Befreiung im Untertitel: *Ein Buch für freie Geister*.

Dass der neue aphoristische Stil aufs Engste mit der Abwendung von Wagner zusammenhängt, lässt sich an Nietzsches Kritik an dessen Kunstverständnis ablesen. Wollte er zuvor in Wagners Musik eine revolutionäre Überschreitung alles Gegebenen sehen, erscheint sie ihm nun viel zu sehr durch die dramatische Handlung bestimmt: Sie spricht nur noch „die *Sprache des Erklärers*, der aber fortwährend redet und uns keine Zeit läßt", sodass „die immer *freie Phantasie des Verstehens* mit Bann belegt" wird (Nietzsche 1988h, 541). Der musikalische Stil, so kann man Nietzsches Kritik verstehen, wird in den Opern Wagners auf ein bloß dramatisches Mittel reduziert und steht schließlich ganz im Dienst einer – bei Wagner zunehmend christlichen – Weltanschauung (Colli 1988, 908). Dem hält Nietzsche eine „Stil-Differenz" entgegen, die das Verhältnis von Sprache und Musik bzw. künstlerischem Ausdruck umkehrt (Nietzsche 1988h, 535). Sprache soll nicht in erster Linie festlegen, erklären und begründen, sondern selbst zu etwas Musikalischem, zum Spiel und zum Tanz werden, wobei sich dann insbesondere das Motiv des Tanzes wie ein roter Faden durch alle späteren Schriften zieht. Auf den Punkt gebracht findet sich diese Stilumkehr in der *Götzen-Dämmerung*, in der das Tanzen zur Haltung des Schreibens erklärt wird: „Tanzenkönnen mit den Füssen, mit den Begriffen, mit den Worten; habe ich noch zu sagen, dass man es auch mit der *Feder* können muss, – dass man *schreiben* lernen muss?" (Nietzsche 1988f, 110)

Das Schreiben neu lernen, indem man Begriffe, Worte und Feder tanzen lässt, bedeutet für Nietzsche weit mehr als eine Entscheidung für einen bestimmten Stil oder eine literarische Form, die dem Gedachten äußerlich zukommt. Er reagiert deshalb äußerst allergisch auf Besprechungen seiner Bücher, die ihm ‚schlechten Stil' attestieren. So antwortet er in einem Brief an Carl Spittler, der sich in diesem Sinne über die *Genealogie der Moral* ausgelassen hatte: „Ich habe mir dazu eine neue Gebärde von Sprache erfunden für diese in jedem Betracht neuen Dinge – und mein Zuhörer hört wieder nichts als Stil, noch dazu schlechten Stil [...]. Mache ich denn ‚Litteratur'?" (zit. nach Colli und Montinari 1988, 171) Stil ist kein zusätzliches Bewertungskriterium eines Textes, vielmehr eröffnet er als Gebärde und Ausdrucksform neue Möglichkeiten des Sprechens, die von der bisherigen Sprache verstellt sind. Die Suche nach dem richtigen Stil betrifft den Gedanken selbst und verändert ihn: „Den Stil verbessern – das heisst den Gedanken verbessern, und gar Nichts weiter!" (Nietzsche 1988b, 610) Die abschätzige Bezeichnung „Litteratur" benutzt Nietzsche hingegen für ein in diesem Sinne ‚stilloses' Schreiben, bei dem die innere Verbindung von Ausdrucksform und Inhalt zerfällt, „das Leben nicht mehr im Ganzen wohnt" (Nietzsche 1988e, 27; Nietzsche 1988c, 190–191).

Wenn Nietzsche sich also mithilfe eines neuen, aphoristischen Schreibstils aus dem Kunstverständnis Wagners zu befreien versucht, dann bedeutet dies zugleich eine Befreiung des Geistes aus einem falschen Verständnis der Sprache. Die Grundgedanken von Nietzsches Sprachkritik, die den Wechsel zum Aphorismus begleiten, lassen sich bis zu der frühen unveröffentlichten Schrift *Ueber Wahrheit und Lüge im aussermoralischen Sinne* von 1873 zurückverfolgen, die selbst noch im Stil einer Abhandlung und als durchgehender Text verfasst wurde (Krüger 1988, 76–84). Der zentrale Gedanke dieser kleinen Schrift lautet, dass die begriffliche Sprache aus der sozialen Natur des Menschen entspringt und einen eigentümlichen „Trieb zur Wahrheit" hervorbringt, denn das gesellschaftliche Zusammenleben mit anderen verlangt eine konventionelle Festlegung von sprachlicher Bedeutung, die es erlaubt, zwischen Wahrheit und Lüge zu unterscheiden (Nietzsche 1988a, 877–878). Weil der Wahrheitswert sprachlicher Begriffe demnach rein sozialer Herkunft ist, lässt er sich nicht auf das Verhältnis von Begriff und Realität anwenden. Sprachliche Allgemeinbegriffe verhalten sich zur Realität vielmehr wie eine mehrfache metaphorische, also poetische Übertragung von körperlichen Empfindungen und sinnlichen Wahrnehmungen in Bilder und Laute, ohne dass es zwischen diesen getrennten Sphären eine wahrheitsförmige Entsprechung gäbe (Nietzsche 1988a, 879–886).

Entscheidend für Nietzsches Kritik der Sprache ist indes nicht die Feststellung, dass zwischen dem individuellen Erleben und der Verallgemeinerung in den Gesetzen der Sprache eine willkürliche ästhetische Vermittlung liegt, sondern dass diese ästhetische Dimension in Vergessenheit gerät und zur Wahrheit umgemünzt wird, sobald Sprache als Konvention in Geltung ist: „Was ist also Wahrheit? Ein bewegliches Heer von Metaphern, Metonymien, Anthropomorphismen kurz eine Summe von menschlichen Relationen, die, poetisch und rhetorisch gesteigert, übertragen, geschmückt wurden, und die nach langem Gebrauche einem Volke fest, canonisch und verbindlich dünken: die Wahrheiten sind Illusionen, von denen man vergessen hat, dass sie welche sind." (Nietzsche 1988a, 880–881) Der Trieb zur Wahrheit erweist sich also tatsächlich als ein Trieb zur Lüge, und der ist Nietzsche zufolge besonders stark in der Wissenschaft, die „unaufhaltsam an jenem grossen Columbarium der Begriffe, der Begräbnisstätte der Anschauung, baut" und so entscheidend zum Vergessen der poetisch-künstlerischen Kraft der Sprache beiträgt (Nietzsche 1988a, 886). Auch wenn Nietzsche zugesteht, dass ein gewisses Maß an Vergessen unabdingbar bleibt, damit Sprache überhaupt als ein Mitteilungssystem funktionieren kann, verfestigen sich dadurch zugleich soziale Konventionen auf eine gefährliche Weise in der Sprache, sofern sie als Wahrheiten erscheinen und sich dadurch einer kritischen Überprüfung entziehen. Darin liegt der sprachtheoretische Kern sowohl von Nietzsches Zurückweisung eines rationalistisch verkürzten Vernunftverständnisses als auch von seinen immer heftiger werdenden Attacken auf die christliche Moral, deren Wertungen aus seiner Sicht unbemerkt bis in die grammatische Struktur hineinreichen (Nietzsche 1988 f, 78).

Vor diesem Hintergrund fällt es nicht schwer, Nietzsches Hinwendung zu einer fragmentierten Schreibweise als folgerichtige Konsequenz seiner eigenen Sprachkritik zu begreifen. Entsprechend wäre der aphoristische Stil durch den paradoxen Versuch motiviert, sich mit sprachlichen Mitteln aus den in der Sprache sedimentierten Wertesystemen zu befreien (Krüger 1988, 80). Der „grosse

Stil" (Nietzsche 1988b, 596), den Nietzsche für sein eigenes Schreiben reklamiert, zielt dann auf nicht weniger als die Rückgewinnung der ästhetischen Macht der Sprache und sollte keineswegs auf ein bestimmtes äußeres Erscheinungsbild des Gesagten reduziert werden (Schlaffer 2007). Aphorismen oder, wie Nietzsche sie auch oft nennt, Sentenzen und Sprüche sind sicherlich nur eine von mehreren Möglichkeiten, aus den Konventionen, und das heißt zunächst auch, aus den Konventionen des systematischen Philosophierens, auszubrechen. Dennoch bieten sich der Aphorismus und die fragmentierte Schreibweise für Nietzsche nicht allein aufgrund der bereits genannten historischen Vorbilder an. Wie Harald Fricke in seinen gattungstheoretischen Überlegungen überzeugend ausführt, zeichnet sich der Aphorismus durch das Fehlen eines eindeutigen Kontextes aus und bildet dennoch einen Zusammenhang mit den ihn umgebenden Aphorismen (Fricke 1984, 8–17). Das erlaubt es, Gedanken in offene Konstellationen zu stellen und Gegenstandsbereiche aus ganz unterschiedlichen Perspektiven zu reflektieren, ohne sie in eine streng argumentative und begründende Abfolge bringen zu müssen. Nietzsches eigenem Stilbegriff zufolge greift die konstitutive Offenheit der aphoristischen Form dann allerdings auch den Inhalt, das heißt die in den Begriffen verfestigten Bedeutungen und insbesondere die als unveränderlich auftretenden Wahrheiten und moralischen Werturteile, an und bringt sie zum Tanzen. Insofern gehört der Aphorismus zu jenen „Stilen Nietzsches", die Derrida nicht ganz zu Unrecht als „Dolch", „Stilett" oder „Sporn", kurz als Angriffswaffe verstanden wissen wollte (Derrida 2003, 184–185).

Der aphoristische Stil als Waffe der Kritik, die den illusionären Schleier der logischen und moralischen Konventionen zerreißt, lässt jedoch zwangsläufig den kritischen Text selbst als Fragment zurück. Dass man die Grundlagen des eigenen Sprechens angreift und verschiebt, wenn man, wie Nietzsche sich ausdrückt, mit dem Hammer philosophiert, ist sicherlich beabsichtigt (Nietzsche 1988f). Die berechtigte Frage lautet allerdings, ob die gedankliche Tiefe einer solchen aphoristischen Kritik in ihrer Fragmentierung überhaupt noch verständlich ist. Dieses Problem hat auch Nietzsche umgetrieben, hängt doch an der Weise, wie man den Aphorismus liest, letztlich seine gesamte Philosophie. Aus seiner Sicht bedarf es dazu einer „Kunst der Auslegung", die sich nicht im Ablesen erschöpft (Nietzsche 1988d, 255). Die Lesenden sollen vielmehr selbst eine Erfahrung machen, die über das Auffinden oder Erraten eines zuvor vom Autor oder der Autorin in den Aphorismus hineingelegten Sinn hinausgeht. Das gelingt, wenn das „Kurz-Gesagte" nicht bloß die künstliche Verknappung eines längeren theoretischen Arguments ist, das sich wiederherstellen und ausformulieren lässt, sondern wesentlich unvollständig und unfertig bleibt (Nietzsche 1988b, 432). Laut Nietzsche muss gerade das „*Unvollständige als das Wirksame*" angesehen werden, denn es verlagert die Arbeit zu den Rezipientinnen und Rezipienten (161–162).

Die Kunst, einen Aphorismus zu lesen, besteht dann darin, von der Autorin oder dem Autor abzusehen und in einen schöpferischen Prozess einzutreten, der eine partielle Loslösung und somit eine kritische Distanz von sprachlichen Konventionen ermöglicht. So gesehen steckt im aphoristischen Stil eine ganze Philosophie der Befreiung, aber sie steckt in dessen poetischer Form und nicht in einer vollständigen Theorie dahinter. Es liegt daher eine gewisse tragische Verzweiflung darin, wenn Nietzsche im letzten Abschnitt des *Ecce homo*, der scheinbar schon alle Anzeichen des nahenden Wahnsinns trägt, immer wieder fragt: „Hat man mich verstanden?" (Nietzsche 1988g, 371–374)

Literatur

Blanchot, Maurice. „Nietzsche und die fragmentierte Schrift". *Nietzsche aus Frankreich*. Hg. von Werner Hamacher. Berlin/Wien 2003: 71–98 [EA: 1969].

Colli, Giorgio. „Nachwort". Friedrich Nietzsche. *Kritische Studienausgabe*. Bd. 1. Hg. von dems. und Mazzino Montinari. Berlin/New York 1988: 899–919.

Colli, Giorgio und Mazzino Montinari. „Chronik zu Nietzsches Leben". Friedrich Nietzsche. *Kritisches Studienausgabe*. Bd. 15. Hg. von dems. und Mazzino Montinari. Berlin/New York 1988: 7–212.

Derrida, Jacques. „Sporen. Die Stile Nietzsches". *Nietzsche aus Frankreich*. Hg. von Werner Hamacher. Berlin/Wien 2003: 183–224 [EA: 1973].

Fricke, Harald. *Aphorismus*. Stuttgart 1984.

Krüger, Heinz. *Über den Aphorismus als philosophische Form*. Mit einer Einführung von Theodor W. Adorno. München 1988.

Nietzsche, Friedrich. „Ueber Wahrheit und Lüge im aussermoralischen Sinne". Ders., *Kritische Studienausgabe*. Bd. 1. Hg. von Giorgio Colli und Mazzino Montinari. München 1988a: 873–890 [EA: 1873].

Nietzsche, Friedrich. *Menschliches, Allzumenschliches. Ein Buch für freie Geister*. Ders., *Kritische Studienausgabe*. Bd. 2. Hg. von Giorgio Colli und Mazzino Montinari. Berlin/New York 1988b [EA: 1878/1886].

Nietzsche, Friedrich. „Jenseits von Gut und Böse. Vorspiel einer Philosophie der Zukunft". Ders., *Kritische Studienausgabe*. Bd. 5. Hg. von Giorgio Colli und Mazzino Montinari. Berlin/New York 1988c: 9–243 [EA: 1886].

Nietzsche, Friedrich. „Zur Genealogie der Moral. Eine Streitschrift". Ders., *Kritische Studienausgabe*. Bd. 5. Hg. von Giorgio Colli und Mazzino Montinari. Berlin/New York 1988d: 245–412 [EA: 1887].

Nietzsche, Friedrich. „Der Fall Wagner. Ein Musikantenproblem". Ders., *Kritische Studienausgabe*. Bd. 6. Hg. von Giorgio Colli und Mazzino Montinari. Berlin/New York 1988e: 9–53 [EA: 1888].

Nietzsche, Friedrich. „Götzen-Dämmerung oder Wie man mit dem Hammer philosophiert". Ders., *Kritische Studienausgabe*. Bd. 6. Hg. von Giorgio Colli und Mazzino Montinari. Berlin/New York 1988f: 55–161 [EA: 1889].

Nietzsche, Friedrich. „Ecce homo". Ders., *Kritische Studienausgabe*. Bd. 6. Hg. von Giorgio Colli und Mazzino Montinari. Berlin/New York 1988g: 255–374 [EA: 1889].

Nietzsche, Friedrich. *Nachgelassene Fragmente 1875–1879*. Ders., *Kritische Studienausgabe*. Bd. 8. Hg. von Giorgio Colli und Mazzino Montinari. Berlin/New York 1988h.
Nietzsche, Friedrich. *Nachgelassene Fragmente 1880–1882*. Ders., *Kritische Studienausgabe*. Bd. 9. Hg. von Giorgio Colli und Mazzino Montinari. Berlin/New York 1988i.
Ross, Werner. *Der ängstliche Adler. Friedrich Nietzsches Leben*. Stuttgart 1980.
Schlaffer, Heinz. *Das entfesselte Wort. Nietzsches Stil und seine Folgen*. München 2007.
Schubert, Corinna und Silvio Pfeuffer. „Neuerscheinungen zu Nietzsches Kunst des Aphorismus". *Nietzsche-Studien* 43.1 (2014): 250–259.
Spicker, Friedemann. *Kurze Geschichte des deutschen Aphorismus*. Tübingen 2007.

Amīn ar-Rīḥānī: Romane

Sarhan Dhouib

Der in einer maronitischen Familie im Libanon geborene Amīn ar-Rīḥānī (1876–1940) gilt als eine wichtige Figur in der arabischen Renaissancebewegung (Nahḍa), eine Epoche um die Wende zum 20. Jahrhundert, die sowohl für die Literatur als auch für die Philosophie eine zentrale Scharnierstelle markiert und leider in der europäischen Rezeption noch selten in den Blick kommt. Sie ist das Zeitalter der philosophischen Kritik, des literarischen Experiments, des interkulturellen Dialogs und gilt als Eintritt in die arabische Moderne.

Ar-Rīḥānī emigrierte früh mit seiner Familie nach New York, wo er im Handelsbetrieb seiner Familie tätig war und sich zugleich als Autodidakt in Literatur und Philosophie weiterbildete. Vielseitig interessiert, begann er, Shakespeare, Huxley, Spencer und Voltaire zu lesen. Seine ersten kritischen Beiträge und Essays publizierte er innerhalb der vielfältigen arabischsprachigen Zeitungslandschaft in New York. Um 1900 erscheinen seine ersten Romane, darunter *al-Mukārī wa-l-kāhin* (*Der Eseltreiber und der Priester*, 1903), *Zanbaqat al-ġaur* (*Die Lilie von El-Ghor*, 1915) und *The Book of Khalid* (1911) sowie Theaterstücke wie *al-Muḥālafa aṯ-ṯulāṯiyya fī al-mamlaka al-ḥayawāniyya* (*Der trilaterale Vertrag im Königreich der Tiere*, 1903), und Essays *ar-Rīḥāniyyāt* (*Rihanis Essays*, 1910). In allen diesen Schriften kommt eine Gesellschafts- und Religionskritik zum Ausdruck, die als eine der ersten innerhalb der modernen arabischsprachigen Literatur gelten kann (Amīn Albart ar-Rīḥānī 2016b, 1487) und die in einer doppelten Literatur- und Philosophietradition, der des Orients und der des Okzidents, steht (Naṣṣār 2012, 442).

In der ar-Rīḥānī-Rezeption ist die Frage, ob ar-Rīḥānī als Philosoph zu verstehen (Amīn Albart ar-Rīḥānī 2016a, 54) oder eher als Vertreter philosophischer Literatur aufzufassen ist (Naṣṣār 2012, 437), Gegenstand von Diskussionen. Denn in seinen Romanen, Erzählungen und Theaterstücken werden klassische philosophische Fragestellungen über Wahrheit, Freiheit und Ethik mit literarischen und künstlerischen Techniken vermittelt und reflektiert. Die Verflechtung zwischen Literatur und Philosophie genießt in der arabischen Geistestradition einen hohen Stellenwert und wurde exemplarisch an Schriftstellern wie Abū al-ʿAlāʾ al-Maʿarrī (973–1057), an Mystikern wie Ibn al-Fāriḍ (1181–1235) oder Philosophen wie Ibn Sīnā (980–1037) und Ibn Ṭufail (1106–1185) herausgestellt (MAK, 4, 4216). Ar-Rīḥānīs Romane reihen sich ein in die arabischsprachige moderne philosophische Literatur um 1900 wie sie unter anderem in den Werken von Fransīs al-Marāš (1836–1873), Faraḥ Anṭūn (1874–1922) oder Ǧubrān Ḫalīl Ǧubrān (1883–1931) zum Ausdruck kommen und in der insbesondere dem Roman als Genre eine besondere Bedeutung zukommt (→ III.4 SCHILDKNECHT). Ar-Rīḥānīs Interesse an der engen

Wechselwirkung zwischen Literatur und Philosophie zeigt sich neben seinen Romanen und Theaterstücken auch in einer Reihe von Essays, die sich dem Verhältnis von Philosophie und Literatur widmen (MAK, 1, 307–311; MAK, 4, 4216–4218). In ihnen wird deutlich, dass sich die Philosophie für ar-Rīḥānī vor allem in der Form, und zwar durch Abstraktion und Argumentation, von der Literatur unterscheidet, nicht jedoch in ihren Themen und auch nicht hinsichtlich ihrer reflexiven Qualität. Philosophie wie Literatur gehe es darum, den tiefen dunklen Abgrund des menschlichen Daseins zu ergründen; beide haben den Auftrag, die Vielfalt unserer Existenz zu kultivieren, beide streben nach einer spirituellen Universalität (MAK, 1, 307–308; MAK, 4, 4216).

Der kurze Roman *al-Mukārī wa-l-kāhin* wurde 1995 unter dem Titel *Der Eseltreiber und der Priester* ins Deutsche übersetzt. Der Protagonist Abu Tannus trifft in einer Kutsche auf seinem Rückweg von Beirut in sein Heimatdorf im Libanongebirge auf den Priester Yussuf. Abu Tannus, ein ehemaliger Eseltreiber, der in New York eine Zeit lang als Händler tätig war, gerät während der Fahrt in einen Streit mit dem Priester, der als „Ohr", „Hand" und „Augen" des lokalen Bischofes beschrieben wird (Rihani 1995, 36) und zu den einflussreichen Klerikern des Landes gehört. Auf die prononcierte Kritik Abu Tannus' an Religion und Klerus gerät der Priester so in Rage, dass er Abu Tannus schlägt, der dem Priester als Antwort lediglich seine andere Wange hinhält. Während Abu Tannus die Fahrt fortsetzt, verlässt der Priester mitten in der Nacht die Kutsche und erlebt in der Morgendämmerung eine spirituelle Erleuchtung, die ihm die Wahrheit der Kritik Abu Tannus vor Augen führt. Wieder zu Hause beginnt Yussuf, sein Leben zu ändern, wendet sich vom Priestertum ab und fordert seinen eigenen Sohn, der sich in der Priesterausbildung in Rom befindet, brieflich auf, sein Studium abzubrechen und nach Hause zurückzukehren. Sein zweiter Sohn, der „die Kunst der Liebe bei den Mädchen von Beirut" studiert, erhält im Gegensatz dazu keinen Brief von seinem Vater (36). Für zwei Wochen arbeitet der Priester zusammen mit Abu Tannus als Eseltreiber und verteilt kostenlos Lebensmittel an Bedürftige, bevor er vom Patriarchen wegen Besessenheit verurteilt und in ein Kloster verbannt wird, das er fortan nicht mehr verlassen darf. Von diesen Begebenheiten erfährt die Leserin bzw. der Leser nur durch einen anderen ‚Besessenen', der zur ‚Heilung' ebenfalls in diesem Kloster einsaß, jedoch fliehen konnte.

Die Religionskritik im Roman speist sich aus der Idee einer Ganzheitlichkeit des Daseins, die eine Nähe zu Natur und Sinnlichkeit miteinschließt, aus einer scharfen Sozialkritik an der klerikalen Elite sowie aus ar-Rīḥānīs Ansatz zur Toleranz und Intoleranz, deren philosophische Dimension sich nicht zuletzt in den intertextuellen Verweisen zwischen dem Roman und dem theoretischen Werk ar-Rīḥānīs erschließt.

Zunächst lohnt es sich, einen Blick auf die soziale Schicht der Eseltreiber zu werfen. Sie seien, so heißt es gleich zu Beginn, besondere Menschen, die häufig fluchten, allerdings von heiterem Gemüt seien und eine natürliche Intelligenz besäßen (7–9). Die Gründe für diese natürliche Intelligenz lägen im engen Bezug des Eseltreibers zur Natur und der guten Kenntnis verschiedener sozialer Klassen. Der Weitwinkel seiner sozialen Kenntnis wird dadurch potenziert, dass er als Reisender eine Transferfigur par excellence ist, der Güter transportierend mit unterschiedlichen Regionen in Berührung kommt. Auch die Händlertätigkeit Abu Tannus' in New York steht unter dem Paradigma des Transfers, die nun nicht mehr nur Regionen, sondern auch Länder und Kontinente miteinander verbindet. Die große Nähe zur Natur zeige sich bei den Eseltreibern auch in ihren Eigenschaften, die sie mit vier Tieren gemeinsam hätten: „[d]ie Treue des Hundes, die Sanftmut des Schafes, die Unermüdlichkeit der Ameise und die Gutmütigkeit des Maultieres" (10).

Wendet man sich den Gesprächen in der Kutsche zu, so wird deutlich, dass sich Abu Tannus' Religionskritik aus konkreten Erfahrungen speist, die nicht nur Abu Tannus, sondern bereits sein Vater mit der klerikalen Elite gemacht haben. Die an den Sohn weitergegebenen Erfahrungen des Vaters betreffen das Verhalten der Mönche im Libanon, „ihre Gewinnsucht, ihre Betrügerei, ihre Ungerechtigkeit und Anmaßung" (16). Abu Tannus selbst führt seine Begegnungen mit den Priestern in New York an, deren Untugenden er unumwunden festhält: ihre Gier und ihr korruptes Verhalten, das auf stetige Gewinnmaximierung aus sei, die daraus resultierenden Lügen und Doppelmoral. Bemerkenswert ist hier zum einen, dass die Korruption des Klerus nicht als regionales Problem dargestellt, und zum anderen, dass mit der Figur des väterlichen Eseltreibers auf eine im Land selbst bestehende Kritiktradition verweisen wird.

Die Kritik wendet sich nicht gegen Religion per se, ihre Spitze richtet sich gegen die institutionelle Organisation der Religion und ihre im Lauf der Geschichte herausgebildeten autoritären Herrschaftsstrukturen weltlicher und intellektueller Art, das heißt ebenso gegen Machtmissbrauch wie gegen ihr Interpretationsmonopol im Sinne einer theologisch-rhetorischen Rechtfertigung von Untugenden. Dass sich die klerikale Herrschaft in einer Kultur der Angst und Gewalt manifestiert, zeigt sich im Romanverlauf, der alles andere als hoffungsvoll endet. Er deutet sich aber bereits im Gespräch Abu Tannus' mit dem Kutscher an, der Abu Tannus' neugierige Fragen nach dem ausgestiegenen Priester mit der Gegenfrage kontert, ob er Ausländer sei oder dumm (36).

Vereint Vater und Sohn in ihrem kritischen Blick ihre natürliche Intelligenz (17) – man könnte auch sagen, ihr gesunder Menschenverstand –, so wirft Abu Tannus im Gespräch mit dem Priester auch seine Welterfahrenheit, seinen regen Austausch mit Ausländern und seine Bildung in die Waagschale (25). Bildung wird jedoch nicht in einem klassischen Sinne verstanden, sondern sie ist hier die Bildung eines Autodidakten, womit eine Parallele zu ar-Rīḥānī selbst ins Auge springt, der sich vor allem durch Reisen und Lektüre bildete. Diese Parallelität zwischen Romanfigur und Autor steht jedoch nicht allein, vielmehr tauchen zahlreiche literarische Doppelgänger des Autors ar-Rīḥānī im Roman auf und sind Teil einer intertextuellen Strategie, mittels der das Romangeschehen und ar-Rīḥānīs theoretische Schriften miteinander verflochten werden und die Abu Tannus' Religionskritik philosophisch untermauern: Namentlich genannt wird ar-Rīḥānī als ein über religiöse Toleranz vortragender Redner mit einer agnostischen Position (12), den der Protagonist Abu Tannus in New York gehört habe. Tatsächlich gibt es eine bekannte Rede ar-Rīḥānīs vom 8. Februar 1900, die seine Überlegungen zur religiösen Toleranz und seine Kritik an Intoleranz auf den Punkt bringt und zu einem zentralen Intertext des Gespräches zwischen Priester und Abu Tannus wird (Rihani 2010, 26–43; MAK, 1, 375–396). Auch ein reformistischer Schriftsteller arabischsprachiger Zeitschriften aus New York, dessen Essays Abu Tannus gelesen hat, trägt ar-Rīḥānīs Züge (Rihani 1995, 17). Schließlich hat auch ein Gesprächspartner, ein nicht näher genannter Schriftsteller, der zeitweise im Geschäft Abu Tannus' arbeitet, viele biographische Details mit ar-Rīḥānī gemeinsam: Der Schriftsteller, der „seinen Chef mit Voltaire bekannt [machte]" und „ihn [...] mit Voltaires Argumenten gegen den Klerus [rüstete]" (19), absolvierte in einer syrischen Schule seine Ausbildung, sprach Französisch und war ein leidenschaftlicher Leser und Liebhaber von Büchern (20). Mit Voltaire, der im Roman nur kurz als Referenz genannt wird, erschließt sich eine philosophische Dimension der Religionskritik, die in ar-Rīḥānīs Artikeln in der arabischsprachigen New Yorker Zeitung *al-Hudā* (*Die Rechtleitung*) ausführlich behandelt wird (MAK, 2, 1136–1138). Voltaire, dessen Lektüre ar-Rīḥānī viele Jahre begleitete (MAK, 2, 1137), wird darin als Vertreter des freien Denkens und Anhänger der Religionsfreiheit gewürdigt, wobei ar-Rīḥānī Voltaires Islamkritik in *Le fanatisme ou Mahomet* vor dem Hintergrund seiner eigenen Toleranzauffassung ausdrücklich zurückweist (MAK, 2, 1138).

Tatsächlich ist es ar-Rīḥānīs Toleranz- bzw. Intoleranzauffassung, die der Religions- und Gesellschaftskritik in *Der Eseltreiber und der Priester* ihre philosophische Tiefe verleiht und die sich nicht allein, aber insbesondere in ihren intertextuellen Verweisen erschließt. Dass es auch im Roman um mehr als eine innerchristliche Religionskritik geht, wird durch ebenjenen Bildungshorizont des Protagonisten Abu Tannus deutlich, der auch die Rede zur religiösen Toleranz des Romanautors beinhaltet. In dieser Rede geht es nicht allein ums Christentum und nicht nur um monotheistische Religionen, vielmehr geht es um die Folgen der Institutionalisierung von Religion schlechthin, Weltreligionen wie den Buddhismus miteingeschlossen (Rihani 2010, 33; MAK, 1, 394).

Im Zentrum des Kutschengesprächs zwischen dem Priester und Abu Tannus steht die Frage nach dem angemessenen Umgang mit Gegensätzen, wie Herr/Knecht, Meister/Diener oder reich/arm. Neben Abu Tannus' unverhohlener Analyse der Doppelmoral des Klerus, die Genügsamkeit predigen, selbst jedoch zur besitzenden Minderheit gehören, entwirft Abu Tannus auch ein Gegenprogramm, das Liebe und Freiheit, Gerechtigkeit und Wissenschaft, Fairness und Gleichheit, Erfolg und Demokratie für alle fordert (MAK, 2, 1231). Auch diese universalistische Perspektive, die an den Fortschritt und die Zivilisation für alle glaubt, knüpft in ihrer Begrifflichkeit deutlich an ar-Rīḥānīs Rede zur religiösen Toleranz an, die ausgehend von einer Kritik des Kolonialismus und der Missionierung für einen gleichberechtigten Dialog zwischen den Kulturen plädiert.

Liest man ar-Rīḥānīs Religionskritik in seiner Erzählung *Der Eseltreiber und der Priester* im Zusammenhang mit der Herausbildung einer neuen Begrifflichkeit innerhalb der arabischen Sprache bzw. Moderne um 1900, dann lässt sich eine Neudeutung der Begriffe von Intoleranz und Toleranz festhalten (Dhouib 2020, 33–47). Hier sei exemplarisch auf die Verwendung von Intoleranz (*taʿaṣṣub*) hingewiesen. Anders als in europäischen Sprachen ist *taʿaṣṣub* grammatikalisch keine reine Negation von Toleranz, sie verfügt über eine eigene Semantik, die positiv als ‚leidenschaftlich oder mit Eifer für eine Sache einsetzen' verstanden werden kann. Diese positive Verwendung von *taʿaṣṣub* erfährt um 1900 sukzessiv eine begriffliche Neubestimmung und wird negativ als ‚Fanatismus' bzw. (den europäischen Sprachen entsprechend) als ‚In-Toleranz' verstanden. In der intensiv geführten Diskussion über Toleranz und Intoleranz unter arabischsprachigen Intellektuellen in dieser Zeit avanciert die Kritik der Intoleranz zu einer grundlegenden Voraussetzung im Prozess der Demokratisierung und ist ein zentrales Merkmal der eingangs erwähnten, die Epoche prägenden arabischen *Nahḍa*- bzw. Renaissance-Bewegung (Dhouib 2020). Bereits im Roman *Der Eseltreiber und der Priester* zeichnet sich diese neue Verwendung von *taʿaṣṣub* (im Zusammenhang mit dem Klerus) ab und macht ihn auch hinsichtlich seiner Begriffsverwendung zu einem wichtigen Zeugnis der *Nahḍa*-Bewegung.

Bemerkenswert bleibt, dass der ‚Held' der Geschichte trotz seiner autodidaktischen, im Gespräch erworbenen Bildung kein Philosoph, sondern ein Eseltreiber bzw. ein Händler ist. Mit der Transferfigur des Eseltreibers oder Händlers reflektiert der Roman, so könnte man es lesen, nicht nur die theoretische, sondern auch die praktische Seite einer Philosophie der Toleranz, die sich nur in der stetigen Zirkulation der Waren im Handel respektive der Ideen im Gespräch erproben und konkret entwickeln lässt. Tugenden dieser praktischen Vermittlungskompetenz sind, wie bereits erwähnt, die „Treue des Hundes, die Sanftmut des Schafes, die Unermüdlichkeit der Ameise und die Gutmütigkeit des Maultieres" (Rihani 1995, 10). Über die philosophische Dignität dieser Vermittlungsqualitäten im Rahmen einer aufgeklärten Religionskritik nachzudenken, dies ist der Ball, den der Roman an das philosophische Werk ar-Rīḥānīs wieder zurückspielt.

Literatur

Dhouib, Sarhan. „Konkurrierende Auffassungen von Toleranz und Intoleranz. Eine Begriffsklärung". *Toleranz in transkultureller Perspektive*. Hg. von dems. Weilerswist 2020: 33–47.
Naṣṣār, Nāṣīf. *„Ta'qīb"*. *Amīn ar-Rīḥānī wa-t-tağaddud al-'arabī. Taḥaddiyāt at-tağyīr fī-l-adab wa-l-fikr wa-l-muğtama'*. Hg. von Nağma Ḥağğār. Beirut 2012: 437–442.
Ar-Rīḥānī, Amīn. „Al-Muḫālafa aṯ-ṯulāṯiyya fī l-mamlaka al-ḥayawāniyya". Ders., *Al-Mu'allafāt al-'arabiyya al-kāmila*. Bd. 2. Hg. von Amīn Albart ar-Rīḥānī. Beirut 2016: 1489–1554. [MAK 2].
Ar-Rīḥānī, Amīn. „Al-Mukārī wa-l-kāhin". Ders., *Al-Mu'allafāt al-'arabiyya al-kāmila*. Bd. 2. Hg. von Amīn Albart ar-Rīḥānī. Beirut 2016: 1218–1232. [MAK 2].
Ar-Rīḥānī, Amīn. „Ar-Rīḥāniyyāt". Ders., *Al-Mu'allafāt al-'arabiyya al-kāmila*. Bd. 1. Hg. von Amīn Albart ar-Rīḥānī. Beirut 2016: 385–396. [MAK 1].
Ar-Rīḥānī, Amīn. „Aš-Šā'ir wa-l- faylasūf". Ders., *Al-Mu'allafāt al-'arabiyya al-kāmila*. Bd. 5. Hg. von Amīn Albart ar-Rīḥānī. Beirut 2016: 4216–4218. [MAK 5].
Ar-Rīḥānī, Amīn. „Šaḏarāt min 'ahd aṣ-ṣibā". Ders., *Al-Mu'allafāt al-'arabiyya al-kāmila*. Bd. 1. Hg. von Amīn Albart ar-Rīḥānī. Beirut 2016: 89–376. [MAK 1].
Ar-Rīḥānī, Amīn. „Vūltīr [Voltaire]". Ders., *Al-Mu'allafāt al-'arabiyya al-kāmila*. Bd. 1. Hg. von Amīn Albart ar-Rīḥānī. Beirut 2016: 1136–1138. [MAK 1].
Ar-Rīḥānī, Amīn. „Zanbaqat al-ġaur". Ders., *Al-Mu'allafāt al-'arabiyya al-kāmila*. Bd. 2. Hg. von Amīn Albart ar-Rīḥānī. Beirut 2016: 1300–1480. [MAK 2].
Rihani, Ameen F. [ar-Rīḥānī, Amīn]. *The Rihani Essays*. Übers. von Rula Zuheir Baalbaki. Bearb. von Amal Saleeby Malek. Washington D. C. 2010 [OA: 1910].
Rihani, Amin [ar-Rīḥānī, Amīn]. *Der Eseltreiber und der Priester*. Übers. von Ursula Assaf-Nowak und Simon Yussus Assaf. Solothurn/Düsseldorf 1995 [OA: 1903].
Ar-Rīḥānī, Amīn Albart. „Amīn ar-Rīḥānī: sīra muğaza". Amīn ar-Rīḥānī. *Al-Mu'allafāt al-'arabiyya al-kāmilla*. Bd. 1. Hg. von Amīn Albart ar-Rīḥānī. Beirut 2016a: 49–65.
Ar-Rīḥānī, Amīn Albart. „Tamhīd". Amīn ar-Rīḥānī. *Al-Mu'allafāt al-'arabiyya al-kāmila*. Bd. 2. Hg. von Amīn Albart ar-Rīḥānī. Beirut 2016b: 1487–1488.

Wittgenstein: *Tractatus*

Gottfried Gabriel

Wittgensteins *Tractatus* ist lange Zeit gründlich missverstanden worden, weil man dessen literarische Darstellungsform nicht erkannt hat (Gabriel 1991). Inzwischen liegen zu den literarisch-rhetorischen Aspekten von Wittgensteins Texten insgesamt detaillierte Analysen vor (Erbacher 2015). Ursprünglich wurde man teilweise mit der Auffassung konfrontiert, Wittgenstein sei nicht in der Lage gewesen, seine Philosophie systematisch darzustellen, sodass es gewissermaßen einer Übersetzung in eine Theorie bedürfe. Die Darstellungsform Wittgensteins wird danach geradezu als mangelhaft angesehen. Richtig ist freilich, dass Wittgenstein mit der Sprache gerungen und sich mit schriftlichen Festlegungen schwergetan hat. Friedrich Waismann, der sich auf Veranlassung Moritz Schlicks bemühte, die Gedanken Wittgensteins in gemeinsamer Arbeit in eine systematische Form zu bringen, klagte, dass dieser „immer wieder der Eingebung des Augenblicks folgt und das niederreißt, was er vorher entworfen hat" (Waismann 1976, 653). Ein solches Verhalten bei der Verschriftlichung, das sich eher bei Dichter/innen als bei Wissenschaftler/innen findet, ist ein Indiz dafür, wie wichtig Wittgenstein die sprachliche Ausformulierung seiner Gedanken war. Dass dabei literarische Aspekte im Blick sind, wird deutlich, wenn es zum *Tractatus* heißt, dass dieser „streng philosophisch und zugleich literarisch" sei (Wittgenstein 1980, 95). Wittgensteins grundsätzliche Befürwortung literarischer Formen der Philosophie belegt diese Bemerkung: „Ich glaube meine Stellung zur Philosophie dadurch zusammengefaßt zu haben, indem ich sagte: Philosophie dürfte man eigentlich nur *dichten*" (Wittgenstein 1977, 53).

Um die Bedeutung der literarischen Form für ein angemessenes Verständnis des *Tractatus* herauszuarbeiten, sind Wittgensteins Bestimmungen der Begriffe ‚sinnvoll', ‚sinnlos' und ‚unsinnig' vorauszuschicken. Sinnvoll sind für Wittgenstein einzig die weltbeschreibenden Sätze, die aussagenlogisch aus Elementarsätzen aufgebaut sind. Danach versteht man den Sinn eines komplexen Satzes, wenn man den Sinn seiner Elementarsätze und den logischen Aufbau des Gesamtsatzes aus diesen Elementarsätzen kennt. Wittgenstein setzt die Gesamtheit der möglichen (d. h. zutreffenden oder nichtzutreffenden) Weltbeschreibungen mit der Gesamtheit der sinnvollen (d. h. wahren oder falschen) Sätze gleich. Hieraus ergibt sich umgekehrt: Sätze, die keinen Weltausschnitt beschreiben, sei es zutreffend oder nicht, sind in Wittgensteins Terminologie keine eigentlichen, keine sinnvollen Sätze. Zu ihnen gehören sowohl die Sätze der Logik als auch diejenigen der Philosophie. Innerhalb der Gruppe der nichtsinnvollen Sätze wird noch einmal zwischen sinnlosen und unsinnigen Sätzen unterschieden. Sinnlos sind die Sätze der Logik. Mit dieser Charakterisierung ist aber keineswegs eine Wertminderung verbunden, sondern nur gemeint, dass sie als rein formale Wahrheiten keine inhaltlichen Aussagen über die Welt machen.

Im Unterschied zu den sinnlosen Sätzen der Logik sind die Sätze der Philosophie unsinnig. Diese Bestimmung erfolgt nicht aus inhaltlichen, sondern aus formalen Gründen. Die Sätze der Philosophie sind logisch-syntaktisch nicht wohlgeformt, sie verstoßen gegen die logische Syntax. Dies gilt nun aber auch für Wittgensteins eigene Sätze. Die Sätze im *Tractatus*, also die Sätze, aus denen der Text des *Tractatus* besteht, sind keine Sätze im Sinne des *Tractatus*. Wittgenstein beansprucht allerdings, dass seine Sätze nicht schlicht unsinnig sind, sondern dass ihnen eine wichtige Funktion als „Erläuterungen" zukommt (Wittgenstein 1984, 32, 4.112; Verweise auf den *Tractatus* erfolgen unter Angabe von Seitennummer und – wenn gegeben – auch Satznummer). Sie sind sozusagen „erhellender Unsinn" (Hacker 1978, 38), der richtig verstanden zur richtigen Sicht der Welt führen soll: „Meine Sätze erläutern dadurch, daß sie der, welcher mich versteht, am Ende als unsinnig erkennt, wenn er durch sie – auf ihnen – über sie hinausgestiegen ist. (Er muß sozusagen die Leiter wegwerfen, nachdem er auf ihr hinaufgestiegen ist.) – Er muß diese Sätze überwinden, dann sieht er die Welt richtig" (Wittgenstein 1984, 89, 6.54). Die Welt richtig zu sehen, das bedeutet für Wittgenstein, die richtige Einstellung zur Welt und damit zum Leben zu haben, denn „[d]ie Welt und das Leben sind Eins" (69, 5.621).

Das Ziel des *Tractatus* ist somit letztlich ein ethisches. Eindrücklich belegt dies ein Brief an Ludwig von Ficker aus dem Jahr 1919, in dem Wittgenstein betont, „der Sinn des Buches ist ein Ethischer", und ausführt, dass sein Werk aus zwei Teilen bestehe, „aus dem, der hier vorliegt, und aus alledem, was ich *nicht* geschrieben habe. Und gerade dieser zweite Teil ist der Wichtige. Es wird nämlich das Ethische durch mein Buch gleichsam von Innen her begrenzt; und ich bin überzeugt, daß es, *streng*, NUR so zu begrenzen ist. Kurz, ich glaube: Alles das, was *viele* heute *schwefeln*, habe ich in meinem Buch festgelegt, indem ich darüber schweige" (Wittgenstein 1980, 96–97; ‚schwefeln' ist eine österreichische Form von ‚schwafeln').

Wittgensteins Bemühen ist demnach darauf gerichtet, das zu erlangen, was die Ethik lehren will, aber nicht zu lehren vermag. Somit besteht für das Verständnis des *Tractatus* das denkwürdige Paradox, dass Wittgenstein gerade über das am beharrlichsten schweigt, was ihm das Wichtigste ist. Das Ethische ist dabei nicht im Sinne einer bestimmten, in Sätzen formulierbaren Moral gemeint, sondern im Sinne einer Haltung, eines Ethos. Wittgenstein befürchtete anscheinend, dass von Ficker den ethischen Sinn nicht erkennen würde. Deshalb empfiehlt er seinem Briefpartner, „das *Vorwort* und den *Schluß* zu lesen, da diese den Sinn am Unmittelbarsten zum Ausdruck bringen" (96–97). Zu betonen ist die

Ansage „am Unmittelbarsten". Diese lässt vermuten, dass der Sinn auch anders zum Ausdruck kommt, nämlich mittelbar, durch *indirekte* Mitteilung. Genau in diesem Sinne erweist sich die literarische Form des *Tractatus* als bedeutsam.

Im Vorwort schreibt Wittgenstein, wenn seine Arbeit einen „Wert" habe, dann bestehe dieser darin, „daß in ihr Gedanken ausgedrückt sind" (Wittgenstein 1984, 7). Wieso aber, so möchte man fragen, soll ‚Gedanken ausdrücken' den *Wert* einer philosophischen Arbeit ausmachen? Versteht man den Ausdruck ‚Gedanke' umgangssprachlich, so ist dies doch eher eine Selbstverständlichkeit. Zieht man hingegen Wittgensteins eigene terminologische Bestimmung von ‚Gedanke' als „sinnvoller Satz" (24, 4) erläuternd hinzu, so ist es sogar eine Unmöglichkeit, dass die Sätze des *Tractatus* Gedanken ausdrücken; denn nach Wittgenstein sind sie ja gerade nicht sinnvoll, sondern unsinnig. Demnach kann ‚Gedanke' im Vorwort weder umgangssprachlich noch terminologisch gemeint sein.

Den aufklärenden Hinweis erhält man, wenn Wittgenstein fortfahrend betont, dass der Wert seiner Arbeit umso größer sein werde, „je besser die Gedanken ausgedrückt sind. Je mehr der Nagel auf den Kopf getroffen ist" (7). Gedanken treffend auszudrücken, das ist in Kurzform das Ziel aphoristischer Schreibweise, und der Ausdruck ‚Gedanke' wird häufig im Sinne von ‚Aphorismus' verwendet. Somit wird aus einer scheinbaren Selbstverständlichkeit im Vorwort eine Bedeutsamkeit für das Verständnis des Ganzen. Der Wert des *Tractatus* ist für Wittgenstein entscheidend dadurch mitbestimmt, dass er aus prägnanten Aphorismen besteht. Zu zeigen ist nun, inwieweit diese literarische Form den ethischen Sinn *indirekt* zum Ausdruck bringt.

Der ethische Sinn kann nach Wittgensteins eigener Auffassung nicht Gegenstand einer ausgearbeiteten Lehre sein. In Gesprächen mit Friedrich Waismann hat Wittgenstein betont, dass das Anrennen gegen die Grenzen der Sprache, gegen das Paradoxon, wie er sich auf Kierkegaard beziehend ausdrückt, die Ethik sei (Waismann 1967, 68–69). Nun rennt Wittgenstein selbst gegen die Grenzen der Sprache an, indem er das Unsagbare, wenn auch nur andeutend, zur Sprache zu bringen versucht. Über die Frage, ob es für Wittgenstein überhaupt ein unsagbares *Etwas* im Sinne einer sozusagen ungeschriebenen und unaufschreibbaren Lehre gibt, ist in der Sekundärliteratur im Ausgang von der ‚resoluten Lesart' des *Tractatus* eine heftige Diskussion entbrannt (Überblick in Kienzler 2008). Unabhängig von dieser Diskussion lässt sich festhalten: Der *Tractatus* ist eine ethische Tat seines Autors, indem dieser in seinem Anrennen gegen die Grenzen der Sprache, nämlich mithilfe von unsinnigen aphoristischen Sätzen, die richtige Sicht der Welt vermitteln will. Die Behauptung, dass die Form des Aphorismus den ethischen Sinn indirekt zum Ausdruck bringe, meint vor allem diesen Aspekt. Um ihn deutlicher hervortreten zu lassen, ist ein Blick auf den geistesgeschichtlichen Hintergrund Wittgensteins notwendig, den Allan Janik und Stephen Toulmin aufgewiesen haben. Zu nennen ist hier vor allem der Wiener Sprach-, Literatur- und Kulturkritiker Karl Kraus (Janik und Toulmin 1973; Janik und Toulmin 1984, 268–270).

Belegt ist, dass Wittgenstein Kraus (zur Zeit der Abfassung des *Tractatus*) überaus schätzte. So schreibt er am 25. Oktober 1918 an Paul Engelmann, dass Jahoda, der Verleger von Kraus' Zeitschrift *Die Fackel*, abgelehnt habe, seine Arbeit zu drucken, und fährt dann fort: „Ich wüßte aber gar zu gern, was Kraus zu ihr gesagt hat. Wenn Sie Gelegenheit hätten es zu erfahren, so würde ich mich sehr freuen" (Wittgenstein 1980, 83).

Bei Kraus findet sich bereits Wittgensteins Verständnis von Gedanken im Sinne von Aphorismen (→ III.8 Pornschlegel). Hinzu kommen inhaltlich verwandte Aphorismen zur Sprache und deren Grenze. So heißt es bei Kraus zum Beispiel: „Wenn ich nicht weiter komme, bin ich an die Sprachwand gestoßen. Dann ziehe ich mich mit blutigem Kopf zurück. Und möchte weiter" (Kraus 1955, 326). Gemeinsam ist beiden demnach die existentielle Deutung des Anrennens gegen die Grenzen der Sprache. Wittgensteins aphoristisch-literarische Darstellungsform entspricht dabei der Auffassung, die Kraus in einigen Aphorismen über den Aphorismus prägnant auf den Punkt bringt: „Ein Aphorismus braucht nicht wahr zu sein, aber er soll die Wahrheit überflügeln. Er muß mit einem Satz über sie hinauskommen" (117). Hervorgehoben wird dabei auch die für Aphorismen charakteristische semantische Verdichtung: „Einen Aphorismus kann man in keine Schreibmaschine diktieren. Es würde zu lange dauern" (116). Was Kraus zum Aphorismus sagt, lässt sich auf Wittgensteins Beurteilung seiner eigenen Sätze übertragen: Sie „überflügeln die Wahrheit" (117), indem sie als ‚Erläuterungen' den Weg weisen, die Welt richtig zu sehen. Damit wird der Aphorismus zur adäquaten literarischen Form, den ethischen Sinn des *Tractatus* zum Ausdruck zu bringen.

Die einzelnen Aphorismen bilden die Sprossen der Leiter, die zur richtigen Sicht der Welt führen soll. Wenn es heißt, man müsse die Sätze des *Tractatus* „überwinden", um die Welt richtig zu sehen (Wittgenstein 1984, 89, 6.54), so gilt dies im Aufstieg von Sprosse zu Sprosse, angefangen mit dem ersten Satz „Die Welt ist alles, was der Fall ist". Hier ist mit der Bildung der Kennzeichnung ‚Die Welt' scheinbar von der Welt als einem Gegenstand die Rede. Der darauffolgende Satz bestimmt dann die Welt als „die Gesamtheit der Tatsachen" (9, 1.1). Sinnvoll sind aber nicht Aussagen über die Welt selbst als Ganzheit, sondern nur – wie auf höherer Sprosse der Leiter klar wird – Aussagen über Tatsachen *in* der Welt. Die ontologischen Aussagen werden als tiefer liegende Sprossen, obwohl für den Aufstieg notwendig, überwunden und im Blick auf den ethischen Sinn des Gesamttextes ‚überflügelt'. Der ethische Sinn, der sich in Sätzen nicht ‚sagen' lässt, ‚zeigt' sich' in der ästhetischen Form des Aphorismus.

Wittgenstein hat an den meisten Auffassungen des *Tractatus* später Kritik geübt. Die sprachliche Form seines Philosophierens ist aber literarisch geblieben. Die Anordnung von Aphorismen zu Sprossen einer Leiter, die zu der richtigen Sicht der Welt führen soll, wird verabschiedet: „Wenn der Ort, zu dem ich gelangen will, nur auf einer Leiter zu ersteigen wäre, gäbe ich es auf, dahin zu gelangen. Denn dort, wo ich wirklich hin muß, dort muß ich eigentlich schon sein. – Was auf einer Leiter erreichbar ist, interessiert mich nicht" (Wittgenstein 1977, 22). An die Stelle des linearen anagogischen Vorgehens im *Tractatus* tritt die ganzheitliche Synopsis der „übersichtlichen Darstellung" (im Überblick ‚von oben'): „Jeder Satz, den ich schreibe, meint immer schon das Ganze, also immer wieder dasselbe und es sind gleichsam nur Ansichten eines Gegenstandes unter verschiedenen Winkeln betrachtet" (Wittgenstein 1977, 22).

Literatur

Erbacher, Christian E. *Formen des Klärens. Literarisch-philosophische Darstellungsmittel in Wittgensteins Schriften*. Münster 2015.
Gabriel, Gottfried. „Logik als Literatur? Zur Bedeutung des Literarischen bei Wittgenstein". Ders., *Zwischen Logik und Literatur. Erkenntnisformen von Dichtung, Philosophie und Wissenschaft*. Stuttgart 1991: 20–31 [EA: 1978].
Hacker, P. M. S. *Einsicht und Täuschung. Wittgenstein über Philosophie und die Metaphysik der Erfahrung*. Übers. von Ursula Wolf. Frankfurt a. M. 1978 [OA: 1972].
Janik, Allan und Stephen Toulmin. *Wittgensteins Wien*. Übers. von Reinhard Merkel. München/Wien 1984 [OA: 1973].
Kienzler, Wolfgang. „Neue Lektüren von Wittgensteins ‚Logisch-Philosophischer Abhandlung'". *Philosophische Rundschau* 55 (2008): 95–122.
Kraus, Karl. *Werke*. Hg. von Heinrich Fischer. Bd. 3. München 1955.
Waismann, Friedrich. *Logik, Sprache, Philosophie*. Hg. von Gordon P. Baker und Brian McGuinness. Stuttgart 1976.
Waismann, Friedrich. *Wittgenstein und der Wiener Kreis*. Ludwig Wittgenstein. *Schriften*. Bd. 3. Hg. von Brian McGuinness. Frankfurt a. M. 1967.
Wittgenstein, Ludwig. *Tractatus logico-philosophicus*. Ders., *Werkausgabe*. Bd. 1. Frankfurt a. M. 1984.
Wittgenstein, Ludwig. *Briefwechsel*. Hg. von Brian McGuinness und Georg H. von Wright. Frankfurt a. M. 1980.
Wittgenstein, Ludwig. *Vermischte Bemerkungen*. Hg. von Georg H. von Wright. Frankfurt a. M. 1977.

María Zambrano: *Dichtungen*

Giulia Agostini

María Zambranos *Claros del bosque* (dt. *Waldlichtungen*) aus dem Jahr 1977 präsentiert sich als bedeutendes Spätwerk der spanischen Denkerin, das philosophische, literarische und mystische Momente aufweist. 1904 im andalusischen Vélez-Málaga geboren, verbrachte sie ihre Kindheit und Jugend in Segovia und lebte von 1924 an in Madrid, wo sie sich selbst als Philosophin entdeckte – oder vielmehr ihre wiederholt vom Verzicht auf die Philosophie bedrohte philosophische Berufung begann (OC II, 427–430). Sie studierte bei keinem Geringeren als José Ortega y Gasset (von dem sie sich nie gänzlich lossagte, obgleich sie seine Vorstellung einer ‚vitalen Vernunft' und seine doppelte Kritik am Idealismus und am Positivismus als unzureichend betrachtete) und anderen namhaften Lehrern Philosophie, suchte aber eigenwillig nach Pfaden abseits der akademischen Philosophie.

Eindrücklich zeigt dies ihr früher Entwurf einer *razón poética*, die als genuin ‚dichterische Vernunft' nicht nur als kritische Replik auf Ortegas *razón vital* zu verstehen ist, sondern darüber hinaus auch in größter Nähe zu Miguel de Unamunos Verständnis der Philosophie als eines ‚Denkens in Metaphern' (Unamuno 1966, 1162; → II.3 HETZEL) erscheint (Zambrano 2003; Zambrano 2009). Ihr Engagement im Spanischen Bürgerkrieg, den sie in ihrer Arbeit am Antigone-Mythos *La tumba de Antígona* (1967) implizit als Bruderkrieg mitreflektierte (OC III), zwang sie in ein mehr als vier Jahrzehnte währendes Exil über Cuba, Paris, Puerto Rico nach Rom und schließlich in die Schweiz. Erst 1984 kehrte sie nach Spanien zurück, wo sie 1990 als erste Autorin den renommierten *Premio Cervantes* erhielt und 1991 in Madrid starb.

In dem Maße, in dem sich *Waldlichtungen* als die Niederschrift einer ‚Methode' zu verstehen gibt – als die Suche nach einem ‚Wissen von der Seele', das die philosophische Vernunft übersteigt (OC II, 433–443) –, entspricht dieses Werk der Denkform einer geistigen ‚Anweisung' (OC II, 469–489). Von diesem zentralen Aspekt eines auf Sinnlichkeit und Erfahrung beruhenden Wissens rührt auch die notwendigerweise fragmentarische und metaphorische Verfasstheit des Werkes. Dies zeigt der poetisch-philosophische Titel, der die allzu totalitäre Vorstellung der Methode tilgt: *Waldlichtungen* ist bedeutungsvoll, denn jede Erfahrung ist essentiell diskontinuierlich und entzieht sich dem systematischen und begrifflichen Denken der Philosophie. Zambrano sucht sich einen Weg durch den dichten Wald des Nichtwissens zu den in ihm verborgenen Lichtungen zu bahnen, in denen dieses Nichtwissen *als* ein *gewusstes* transparent wird. *Waldlichtungen* gilt somit der Eröffnung eines Erkenntnisweges, der dem immer schon verlorenen und zugleich noch unerkannten Ursprung jeden Seins, dem Absoluten, allererst einen Raum der Sichtbarkeit zu erschließen vermag. Aus dieser Grenzerfahrung der sich unvermittelt zeigenden Präexistenz heraus entsteht ein neues Leben, eine *vita nova* (Dante), in der das Sein immer wieder aufs Neue ‚erwacht' und wie in einer ‚zweiten Geburt' zu sich kommt. Was sich als *despertar naciendo* (gegenüber einem *despertar existiendo* als dem Weg der Philosophie allein, den Zambrano gerade *nicht* geht) bezeichnen lässt (Gómez Blesa 2011, 71–74), stellt sich – in steter Bezugnahme auf die Mystik, das Denken und Dichten seit der Antike und die Mythologie – als unablässige Suche nach dem unmöglichen Anfang dar: eine Suche im vollen Bewusstsein der Kontingenz, der Endlichkeit und Grundlosigkeit, um trotzdem immer wieder von Neuem den anfänglichen Grund zu ergründen – und zwar als das, was *vor* dem Anfang liegen mag. Leitmotivische Bilder dafür sind etwa die Friedrich Nietzsche entlehnte Morgenröte und die mädchenhafte Figur der Aurora des Mythos (OC IV/1; OC VI, 723); Persephone, das Erwachen und der Frühling sowie teils auch mystisch aufgeladene Bilder wie Quelle, Keim und Saat, Punkt, Flamme und Wunde, aber auch Herz, Kelch und Zentrum. Formal und konzeptuell drängen die *Waldlichtungen* entschieden zur Aufgabe aller philosophischen Systeme. Sie setzen eine gänzlich *andere*, zuvor in dieser radikalen Form kaum erprobte und vornehmlich theoretisch reflektierte Praxis des Schreibens *zwischen* Philosophie und Dichtung ins Werk. Zambrano betont dies selbst, wenn sie von der *razón poética*, der poetischen Vernunft spricht (OC VI, 593). Durch ihre poetisch-philosophische Methode stößt das Denken an die Grenze zwischen Philosophie und Dichtung, von denen jede für sich genommen als unzureichend, gleichsam als eine nur halbe Sache erscheint. Wenn jede dieser Grenzen seit jeher versucht, ein Miteinander zu artikulieren, so kommt diese nun in „einer einzigen Gestalt" zum Ausdruck (OC I, 687). Eben darin unterscheidet sich die *razón poética* grundlegend von der *razón vital* Ortegas, innerhalb derer etwa die Metapher nur als Vorstufe für einen erst zu entwickelnden neuen Begriff dient, nie jedoch als eigene ‚extreme Denkform' anerkannt wird (Ortega y Gasset 1987, 63; Gómez Blesa 2011, 85–87). Das extreme Denken Zambranos ist daher eine andere Form des Denkens, welche die Vorstellungen von Begriff, System und Axiom dezidiert aufgibt. *Razón poética* bedeutet *co-razón*: Die dichterische Vernunft erscheint als eine Pascal'sche *Vernunft des Herzens* (Pascal 2000, 679; OC II, 435, 439; Estève 2013, 381–383) – oder eben auch als ‚Grund' des Herzens – gemäß der Doppelbedeutung von *razón* (‚Vernunft' und ‚Grund' und gemäß dem Wortspiel mit dem spanischen *corazón*, ‚Herz'). Jene dichterische Vernunft, die für Zambrano zugleich als ‚Mit-Vernunft' oder ‚Mit-Grund' zu verstehen ist, die also gleichsam als andere Vernunft oder auch als transparenter Hintergrund immer schon mitscheint, lässt so intermittierend ein Wissen des Nichtwissens sichtbar werden. Es ist ein Nichtwissen, wie es sich auch in den Lichtungen als dem im Hintergrund pulsierenden Herzen des Waldes zeigt. Die Lichtungen bringen den

Wald – als Metonymie für die Totalität dessen, was ins Sein tritt und wieder aus ihm heraustritt – erst hervor, ja sie begleiten ihn beständig (Pogue Harrison 1992, 284).

Dieses gründende, generative Moment tritt zum einen in der für Zambranos Denken bestimmenden Metapher des Herzens hervor, einer im Wortsinn fundamentalen Metapher, die am vertrauten physiologischen Phänomen des Herzschlags (wie auch des Atems, oder am kosmischen Phänomen des Wellengangs des Meeres oder der wiederkehrenden Morgenröte) so etwas wie Rhythmus als einem beständigen Hintergrund erfahrbar macht, von dem sich die „Stimme des Intelligiblen" (OC II, 456) erst abhebt. Zum anderen zeigt sich das Moment des steten Gründens bereits in Zambranos räumlichem Verständnis des Herzens als eines fassenden – zugleich nehmenden und behaltenden – „Raumes" (OC II, 464). Und in diesem Fassen des Raumes gründet auch sein Schenken im Sinne Martin Heideggers (2005, 10), denn als ein Gefäß hat es selbst seinen Grund, auf dem Gewissheit aufscheint und freigegeben wird; einen Grund, von dem ein inneres Leuchten ausgeht, das versteckte Wege aufzeigt und die Wirklichkeit in ihrer Undurchdringlichkeit erschließt und durchlässig macht: als den Wald von Phänomenen. Zu diesen Lichtungen als dem pulsierenden Herzen des Waldes führt nicht allein das Spätwerk der *Waldlichtungen*, sondern auch Zambranos Figur der Mantikerin Diotima von Mantineia. Diese ist, obgleich sie in Platons *Symposion* – jener Urszene der Philosophie par excellence – als die Lehrmeisterin des Sokrates erinnert wird, eine stumme Figur der Philosophiegeschichte. Mit ihr setzt sich Zambrano in ihrem gleichnamigen Text seit der ersten Fassung (1956) bis zur letzten Version (1983) immer wieder auseinander (OC VI), indem sie ihr als eine vom „Stamm der Persephone" – jenem „Stamm frühlingshafter Heldinnen, die nach ihrem Raub durch die Toten immer wieder aufs Neue aus der Unterwelt emporsteigen" (OC VI, 298) – ihre Stimme leiht. Sie lässt die unterweltliche Diotima als Ikone des gewussten Nichtwissens erscheinen, denn auch die das Vermögen der Sprache übersteigende Erfahrung Diotimas findet in einem ‚symbolischen Wald' statt und weist somit auf die *Waldlichtungen*. So handelt es sich hier um einen anderen Baum der Erkenntnis als den des Paradieses. Genauer gesagt ist es der Baum einer anderen Erkenntnis, einer wahrhaftigen Erkenntnis, die Diotima selbst an die Grenzen der Sprache führt, an denen ihr aus dem Schöpferischen des Schlafs (dem *sueño creador* gemäß OC III) heraus ‚Gesichte' vor Augen geführt werden. Durch diese schwebenden Visionen wird nicht nur jenes sich beständig entziehende Allgemeine – der Baum und der Mond an sich, also das Sein *überhaupt*, ‚das Sein selbst' (OC VI, 640) – tatsächlich *sichtbar*, sondern mehr noch gilt diese *andere Erkenntnis* dem ‚Medium der Sichtbarkeit' selbst, dem absoluten, unterschiedslosen Grund, der allererst Unterschiede erkennen lässt, und auf dem in scharfer Kontur zunächst der ‚Baum überhaupt', der sich verzweigende Pinienbaum mit geteilter (sich *differenzierender*) Krone erscheint: „Und ich sah ihn, ohne ihn dabei wirklich zu betrachten, in einem anderen Medium als der Luft, durchscheinender und fließend; es war das Medium selbst des Sehens, das Medium der Sichtbarkeit, in dem die Dinge uns nie erscheinen" (OC VI, 640). Daraufhin erscheint in diesem indifferenten Hintergrund das Licht des Mondes, das als geliehenes selbst schon ein hintergründiges ist, und welches das Absolute der paradoxen Erkenntnis Diotimas zum Vorschein bringt. Die bruchstückhaft vernommene Stimme der toten Diotima ist die Stimme der *co-razón*, jener anderen, dichterischen Vernunft des Herzens, die als ein transparenter Hintergrund miterscheint und so aus dem Ungrund, das heißt dem Grund des Grundes, aus der Indifferenz erklingt (Agostini 2019).

Aus dem Klang dieser Stimme ergibt sich die poetisch-philosophische Faktur der *Waldlichtungen*, die sich durch zwei wesentliche, unauflöslich miteinander verbundene Momente auszeichnen: zum einen durch den insistenten Gebrauch der Metapher und zum anderen durch die Dichte der poetischen Prosa. Das quasi ziellose Umherschweifen verfolgt das Ziel eines ‚Wissens von der Seele' als dem ‚Ab-soluten' im Wortsinn (dem, was ‚los-gelöst' ist). Im pulsierenden Zentrum des waldartigen Bandes befindet sich die mit *corazón/co-razón* bezeichnete ‚Metapher des Herzens' (Zambrano 1992, 71–92; OC IV/1, 109–122). Zum räumlichen Verständnis des Herzens als eines fassenden und schenkenden Raumes kommt nun eine weitere, neuerlich (quasi-)metaphorische Bestimmung hinzu, die zugleich das entscheidende Moment der Erfahrung und das seines beständigen (wenn auch nicht immer sichtbaren) ‚Mit-Erscheinens' in der Sprache des Waldes selbst betont. Denn als „Kelch des Schmerzes" gibt das Herz die Erfahrung frei, die in der Verschränkung von Passivität und Aktivität gleichsam selbst tätig wird: „wie eine Liane, die sich um die Vernunft/den Grund [*razón*] windet, ohne sie/ihn wieder freizulassen" (Zambrano 1992, 90; OC IV/1, 120). Das Bild der sich schlangenhaft um die *razón* – das heißt gleichermaßen um die Vernunft und den grundlosen Grund – windenden Liane, die das Bild des dionysischen Thyrsosstabs heraufbeschwört und zu einer anderen Erkenntnis führt, erinnert an die Poetik des Prosagedichts als Zwischenwesen und Ausdruck einer unerhörten Dualität, wie es sich in den Konzeptionen Charles Baudelaires und Stéphane Mallarmés findet. Auch für Zambrano entspricht dem anderen Erkenntnisweg nur der gewundene, der in Metaphern gegangene und gedachte, der lianen- oder waldartige Weg zwischen Philosophie und Dichtung – ganz im Erfahrungshorizont menschlicher Existenz und weit über diesen hinaus.

Literatur

Mit Ausnahme von *Waldlichtungen*, das auf Deutsch erschienen ist, wurden in diesem Beitrag alle Zitate von M. Zambrano durch G. Agostini übersetzt; der Stellennachweis im spanischen Original erfolgt nach den *Obras completas*.

Agostini, Giulia. „Wesen des Grundes. María Zambranos Diotima in der Unterwelt". *Zeitschrift für Kulturphilosophie* 2019.1 (2019): 113–132.
Estève, Raphaël. „Dictionnaire María Zambrano". *Clartés de María Zambrano*. Hg. von Raphaël Estève. Bordeaux 2013: 357–478.
Gómez Blesa, Mercedes. „Introducción". María Zambrano. *Claros del bosque*. Madrid 2011: 11–113.
Heidegger, Martin. „Das Ding". Ders., *Gesamtausgabe*. Bd. 79: *Bremer und Freiburger Vorträge*. Hg. von Petra Jaeger. Frankfurt a. M. 2005: 5–23.
Jiménez Carreras, Pepita. *Cartas desde una soledad. Epistolario María Zambrano – José Lezama Lima – María Luisa Bautista – José Ángel Valente*. Madrid 2008.
Ortega y Gasset, José. *Meditaciones del Quijote*. Madrid 1987.
Pascal, Blaise. *Pensées. Œuvres complètes*. Bd. II. Hg. von Michel Le Guern. Paris 2000: 541–900.
Pogue Harrison, Robert. *Wälder. Ursprung und Spiegel der Kultur*. Übers. von Martin Pfeiffer. München 1992 [OA: 1992].
Unamuno, Miguel de. „Sobre la filosofía española. Diálogo". Ders., *Obras completas I. Paisajes. Ensayos*. Madrid 1966: 1160–1170 [EA: 1904].
Zambrano, María. *Obras completas*. Bd. IV/1: *Libros (1977–89)*. Hg. von Jesús Moreno Sanz. Barcelona 2018 [OC IV/1].
Zambrano, María. *Obras completas*. Bd. II: *Libros (1940–50)*. Hg. von Jesús Moreno Sanz. Barcelona 2016 [OC II].
Zambrano, María. *Obras completas*. Bd. I: *Libros (1930–39)*. Hg. von Jesús Moreno Sanz. Barcelona 2015 [OC I].
Zambrano, María. *Obras completas*. Bd. VI.: *Escritos autobiográficos, Delirios, Poemas (1928–90)*. Hg. von Jesús Moreno Sanz. Barcelona 2014 [OC VI].
Zambrano, María. *Obras completas*. Bd. III: *Libros (1955–73)*. Hg. von Jesús Moreno Sanz. Barcelona 2011 [OC III].
Zambrano, María. „La presencia de don Miguel". *Las palabras del regreso*. Hg. von Mercedes Gómez Blesa. Madrid 2009: 205–211.
Zambrano, María. *Unamuno*. Hg. von Mercedes Gómez Blesa. Barcelona 2003.
Zambrano, María. *Waldlichtungen*. Übers. von Gerhard Poppenberg. Frankfurt a. M. 1992 [OA 1986].

IV.3 Philosophie in der Literatur

Dante: *Divina Commedia* (*Göttliche Komödie*)

Angela Oster

Dantes *Göttliche Komödie* ist ein Werk des Exils. Aus politischen Gründen aus seiner Heimat Florenz vertrieben, findet Dante in der Poesie und Poetik ein Refugium, aber auch die Philosophie bietet ihm willkommenen Trost: Boethius' *Trost der Philosophie* (*De consolatione philosophiae*) zählt zu Dantes bevorzugten Referenzen, ebenso wie Aristoteles als „Meister des Wissens" („maestro di color che sanno", *Inf.*, IV, 131).

Dante war jedoch nicht nur ein großer Rezipient der Philosophie, sondern er wird selbst immer wieder auch als Philosoph gelesen. Ob er nun ein „streng argumentierender Philosoph" war (Flasch 2015, 309) oder ein begnadeter Laie (Imbach 1989, 66–71), darüber gehen die Meinungen in der Dante-Forschung (Nardi, 1967; Gilson 1972) auseinander. Allerdings entsprechen die Positionen von *litteratus* und *illitteratus* im Mittelalter nicht der Scheidung von Gebildetem und Ungebildetem, sondern stellen verschiedene Ausprägungen von Bildung dar. Der Laie tritt dem Gelehrten mit einer alternativen, nicht verschulten Wissensformation zur Seite. Dante – der kein systematisches Universitätsstudium absolviert hat – verstand sich in diesem Sinne durchaus als nobilitierter Laie der Philosophie. Seinen Bildungsweg schildert Dante ausgiebig in *Convivio* (*Das Gastmahl*, ca. 1304–1308) II (xii) und III (xv) und hebt mit Bezug auf Aristoteles' *Metaphysik* den Willen des Menschen zur Erkenntnis, seine Wissbegier, hervor (*Conv.*, I). Das mag erklären, warum der berühmte, neugierige Odysseus ungeachtet seiner Situierung im tiefen *Inferno* (26. Gesang) von Dante in der *Divina Commedia* mit sympathischen Zügen dargestellt wird.

Eine wichtige Rolle in Dantes dichtend-erkennendem Weltzugang spielt die Textauslegung der Allegorie in der *Göttlichen Komödie*, die im Mittelalter durch Prudentius' *Psychomachia*, Martianus Capellas *De nuptiis Philologiae et Mercurii* (ca. zwischen 410–439 entstanden), durch *De mundi universitate* (vor 1147) von Bernardus Silvestris und Alanus ab Insulis' (um 1120–1202) *De planctu naturae* berühmt geworden ist. Die Allegorie hat im Mittelalter die Funktion, den eigentlichen Sinn eines Textes zu verhüllen und dem Geschriebenen einen übertragenen Sinn unterzulegen (Seitschek, 2009). Dieses Verfahren entstammt der Bibelexegese, und die Theologie ist im Mittelalter immer noch der federführende Diskurs, an dem Philosophen und Poeten sich gleichermaßen abarbeiten. Dante interessiert nun als Dichter die Aufnahme der Allegorie in die volkssprachliche Literatur, so im berühmten Rosenroman (*Le roman de la rose*; Autoren waren Guillaume de Loris und Jean de Meun im 13. Jahrhundert). Die Liebeskasuistik dieser Form der höfischen Literatur greift Dante im berühmtesten Gesang der *Divina Commedia* auf, in *Inferno* V, in dem das Liebespaar Paolo und Francesca Dantes Jugenddichtung des *Dolce stil novo* aufruft, nämlich die *Vita nova*, die noch vergleichsweise unbelastet von philosophischen und theologischen Vorgaben operiert.

Dante schreibt im *Convivio* zum Verfahren der Allegorie, sie sei „eine Wahrheit, verborgen unter einer schönen Lüge" (*Conv.*, II, i, 3). Dante ist sich der Brisanz dieser Aussage im Kontext seiner Zeit bewusst, wenn er hinzufügt: „Die Theologen fassen tatsächlich diesen Sinn anders auf als die Dichter" (*Conv.*, II, i, 7). Denn die moderne Poesie galt nicht als (letztlich harmlose) Fiktion, sondern wurde moralisch als ‚falsche Rede' gesehen. Die Fiktion war somit der Rede der Bibel nicht nur unterlegen, sie stand in diametralem Gegensatz zur Wahrheit der biblischen Schrift. Allerdings weist auch die Bibel Interpretationsspielraum jenseits dogmatischer Auslegungen der Rede auf, was sich im sogenannten mehrfachen (zunächst drei-, dann vierfachen) Schriftsinn dokumentiert. Kirchenväter, die sich als Philosophen ansahen, wie Augustinus oder Thomas von Aquin, haben den mehrfachen Schriftsinn hierarchisch unterteilt in: *sensus litteralis* oder *historicus* (wörtlicher Sinn), *sensus allegoricus* (typologischer Sinn), *sensus moralis* (Vorbild Christi) und *sensus anagogicus* (Ziel der Ewigkeit).

Nun ist Dantes *Divina Commedia* nicht erst im Hinblick auf die hierarchische Fortschreibung der Allegorie ein eigenwilliger Text. Bereits auf der literalen beziehungsweise historischen Stufe lässt Dante keinen Zweifel daran, dass es sich bei seiner Jenseitsreise nicht um eine Fiktion handelt, sondern um den Weg eines Auserwählten, der tatsächlich erfahren hat, wovon er erzählt. Dies musste im gläubigen christlichen Mittelalter für Aufruhr sorgen und hat auch in der Folge die Rezeption der *Commedia* – so der ursprüngliche Titel des Textes; der Zusatz *Divina* stammt aus der Frühen Neuzeit und beruft sich auf die bewundernde Etikettierung Giovanni Boccaccios – bis auf den heutigen Tag beschäftigt. Dass Dante sein Versepos als „heiliges Poem" („poema sacro", *Par.*, XXV, 1–2) bezeichnete, hat Diskussionen herausgefordert. So wurde behauptet, Dante habe die *Divina Commedia* als Fortsetzung der oder gar als Konkurrenz zur Heiligen Schrift konzipiert (Kablitz 1999).

Die *Divina Commedia* ist in drei Teile (*Cantiche*) gegliedert, die „Dante" – mit seinem Namen bürgt der Autor für sein erzählendes Ich – mithilfe dreier Führer bereist: Vergil, Beatrice und der Heilige Bernhard von Clairvaux geleiten durch die drei Reiche von *Inferno* (Hölle), *Purgatorio* (Läuterungsberg oder Fegefeuer) und *Paradiso* (Paradies). Während das *Inferno* 34 Gesänge enthält, umfassen die beiden anderen *Cantiche* jeweils 33 Gesänge, sodass sich eine Gesamtzahl von genau hundert ergibt. Die Zahlensymbolik der *Commedia* (Trinität u. ä. m.) ist legendär und kann an dieser Stelle nicht weiter vertieft werden (Loos 1974). Das Reimschema der *Commedia* ist der Dreizeiler (Terzine): aba bcb cdc ded. Die Räume der Jenseitsreise umfassen jeweils sieben Bereiche, die durch einen ‚Vorraum' und einen ‚Nachraum' komplementiert werden. Um ein prominentes Beispiel zu nennen: Die Hölle wird eröffnet durch den Limbus (Vorhölle) und führt über sieben Höllenkreise immer weiter in den Höllentrichter hinein, bis hin zum besonders grauenhaft gezeichneten Satan in der ewigen Eiswelt. Demgegenüber ist das Purgatorium bereits deutlich milder gezeichnet und eröffnet anders als die ausweglose Hölle mittels der Buße Wege zum Paradies, dessen Himmelssphären die Herrlichkeit Gottes im Empyreum verkünden.

Der Strafkatalog der Hölle folgt in weiten Teilen der aristotelischen Ethik (Aristoteles 1956, 141), die drei Bösartigkeiten anführt: *incontinentia* (Unbeherrschtheit), *malitia* (Bosheit), *bestialitas* (Bestialität). Als heidnische Quelle findet dieser Tugendkatalog dennoch Eingang in das ‚heilige Poem', da er mit der christlichen Lehre nicht konfligiert: In der Hölle kommen vor allem Ketzer und Betrüger zur Geltung. Generell erfolgt die Bestrafung in der Hölle nach dem Prinzip des *contrapasso*, das heißt die angemessene Vergeltung (*Inf.*, XXVIII, 142). Diese kann analog zur ursprünglichen Sünde erfolgen – Paolo und Francesca wirbeln im Höllenwind analog zu ihrer Haltlosigkeit des Liebens – oder auch konträr zur ihr – die Sünder der Völlerei und anderer Maßlosigkeiten erleiden ewige Qualen des unerfüllten Begehrens.

Eine herausragende Stellung übernimmt im *Paradiso* der Heilige Thomas von Aquin (Grabmann 1926), der gleich in mehreren Gesängen hintereinander wortführend ist (*Par.*, X–XIII). Er befindet sich in guter philosophischer Gesellschaft: Isidor von Sevilla, Boethius, Petrus Lombardus, Albertus Magnus oder Dionysius Areopagita sind ebenfalls Gestalten in der *Divina Commedia*. Diese philosophische Phalanx wird theologisch umsichtig abgesichert: Der Heilige Franziskus ist der *primus inter pares* (*Par.*, XI). Dass Dante im christlichen Sinne rechtgläubig ist, lässt er sich außerdem wohlweislich vom Apostel Petrus in *Paradiso* XXIV bestätigen. Hingegen wird Vergil, da er kein Christ ist, in den Gefilden des Läuterungsberges von der ehemaligen Minnedame Beatrice, Dantes Jugendliebe der *Vita nova*, als Führer abgelöst, und ab der Schau der kontemplativen Himmelsrose ist wiederum für eine Frau in den höchsten Gefilden des Paradieses kein Raum mehr: Dort lenkt der Heilige Bernhard von Clairvaux Dantes Blick auf die Jungfrau Maria und die ewigen Seelen des alten und neuen Bundes. Die mystische Gottesschau beschließt die Jenseitsreise in blendenden Visionen der Dreifaltigkeit des göttlichen Universums. Ungewöhnlich ist, dass Dante in seinen Schriften in der ersten Person schreibt, was als autobiographisches Schreiben *avant la lettre* im Mittelalter gewöhnungsbedürftig war. Noch eigenwilliger ist seine Nobilitierung der Poesie, die einerseits zwischen Philosophie und Theologie vermittelt, andererseits aber keineswegs auf diese Vermittlungsfunktion reduziert wird. Es ist letztlich die Dichtkunst, die den Menschen zu seinem eigentlichen Ziel führt: die Glückseligkeit (*beatitudo*). Diese Segnung benötigt Dante im Mittelalter umso mehr, als er bei aller Hochschätzung, welche die kirchlichen Autoritäten Augustinus und Thomas von Aquin entgegenbrachten, deren Lehren in seinen Texten nicht umstandslos beglaubigte.

Die historische Spannung zwischen ‚Summe des Mittelalters' und ‚(vor-)modernem Denken' sichert der *Göttlichen Komödie* bis auf den heutigen Tag eine Ausnahmestellung in der Weltliteratur. Ihre Metapoetik, die Interferenz zwischen Philosophie und Poesie, ruht auf einer „doppelten Autorschaft" (Regn, 2008), welche die überkommene Visionsliteratur zwar aufgreift, diese aber mit völlig neuen Dimensionen auflädt. Zwischen weltlichem und theologischem Dichterwesen scheint die Philosophie als Vermittlerin zu fungieren und den Verbund von prophetischem, poetischem und philosophischem Schreiben weiter zu untermauern.

Gleichwohl gilt auch hier: Dante ist primär ein Autor des dichterischen Wortes. Als Mann des Mittelalters bleibt für ihn allerdings das Wort des Menschen durch die Analogie des Seins dem Worte Gottes verpflichtet. Die vollkommenen Werke Gottes sind im menschlichen Wort als Spuren des Göttlichen (*vestigia Dei*) dokumentiert. Es besteht allerdings kein Zweifel daran, dass Dante seine *Commedia* selbstbewusst durchaus als ‚göttlich' eingeschätzt hat. Die Einsicht des Menschen in den Heilsplan qua *mens divina* entfaltet in der *Göttlichen Komödie* eine Strahlkraft, die die Zeiten überdauert hat. Unterstützt wird diese Wirkmacht durch den fortgesetzten Einbezug des Lesers im Verlauf des Versepos, der die mehrfachen Schriftsinne nicht als hermetisch abschreckend, sondern als Ansporn zur eigenen „nahrhaften" ‚Arbeit am Text' empfinden soll (*Par.*, X, 25). Der *ordo legendi* führt analog zum Beginn im dunklen Wald („selva oscura", *Inf.*, I) langsam in lichtvollere Gefilde des Wissens. Dabei sind es keineswegs textexterne Verweise, die sich heutige Leserinnen und Leser erst umständlich zu eigen machen müsste, um die *Divina Commedia* zu verstehen. Trotz des historischen Abstandes zum Mittelalter ist die konkrete Lektüre der *Commedia* an sich ausreichend, um einen Zugang zu Dantes Gedankenwelt zu erhalten. Denn Dantes metaphorische Kunstgriffe in der Beschreibung der jenseitigen Welten sind derart eindringlich, dass sie – so Imbach (Imbach 1989) – den Autor als Laien an den Leser als Laien zeitenübergreifend anbinden.

Literatur

Aristoteles. *Nikomachische Ethik*. Übers. von Franz Dirlmeier. Hg. von Ernst Grumach. Berlin/Darmstadt 1956.

Dante Alighieri. *Das Gastmahl*. Ders., *Philosophische Werke*. Bd. 4/IV. Italienisch-Deutsch. Übers. von Thomas Ricklin. Hg., eingel. und komm. von Ruedi Imbach. Hamburg 2004 [OA: 1996]. [*Conv.*].

Dante Alighieri. *Die Göttliche Komödie*. Italienisch und Deutsch. Übers. und komm. von Hermann Gmelin. 6 Bde. München 1988 [OA: 1949–1957]. [*Inf.*, *Par.*]

Flasch, Kurt. *Einladung, Dante zu lesen*. Frankfurt a. M. 2015.

Gilson, Étienne. *Dante et la philosophie*. Paris 1972.

Grabmann, Martin. „Die italienische Thomistenschule des XIII. und beginnenden XIV. Jahrhunderts". Ders., *Mittelalterliches Geistesleben*. Bd. 1. München 1926: 332–392.

Imbach, Ruedi. *Laien in der Philosophie des Mittelalters. Hinweise und Anregungen zu einem vernachlässigten Thema*. Amsterdam 1989.

Kablitz, Andreas. „Poetik der Erlösung. Dantes Commedia als Verwandlung und Neubegründung mittelalterlicher Allegorese". *Commentaries – Kommentare*. Hg. von Glenn W. Most. Göttingen 1999: 353–379.

Loos, Erich. „Zur Zahlenkomposition und Zahlensymbolik in Dantes ‚Commedia'". *Romanische Forschungen* 86 (1974): 437–444.

Nardi, Bruno. *Saggi di filosofia dantesca*. Florenz 1967.

Regn, Gerhard. „Doppelte Autorschaft. Prophetische und poetische Inspiration in Dantes Paradies". *Inspiration und Adaptation. Tarnkappen mittelalterlicher Autorschaft*. Hg. von Renate Schlesier und Beatrice Trinca. Hildesheim 2008: 139–155.

Seitschek, Gisela. *Schöne Lüge und verhüllte Wahrheit. Theologische und poetische Allegorie in mittelalterlichen Dichtungen*. Berlin 2009.

Cervantes: *Don Quijote*

Pablo Valdivia

Miguel de Cervantes' Roman *Don Quijote* ist unzählige Male zitiert worden: von Literat/innen wie Schiller, Nabokov, Borges, Poniatowska oder Fuentes und in der Philosophie bei Hegel, Ortega y Gasset, Mannheim, Foucault, Zambrano oder Kristeva. Immer gilt der Roman als Gründungstext der Neuzeit. Schelling (1959, 332) nennt Cervantes den Homer der Moderne; gut 200 Jahre später erklärt Kundera (1986, 15) Cervantes' Hauptwerk zum Gründungstext des modernen Romans. Eine (geschichts-)philosophische Deutung erfährt das Werk bei Lukács, dessen hegelianisch grundierte Romantheorie (→ II.7 EIDEN-OFFE) mit dem *Don Quijote* eine nachepische Epoche anbrechen lässt, in der „die Wirklichkeit [...] in einander vollkommen heterogene Bruchstücke [zerfällt]" (Lukács 1920, 98).

Die Vielfalt der Ansätze belegt, welch höchst umstrittene und begründende Frage dieser Roman der Neuzeit aufgibt: Was ist Wirklichkeit (→ II.2 ALLERKAMP; → II.2 GENCARELLI; → II.5 GABRIEL)?

Viele Texte der europäischen Frühmoderne artikulieren Zweifel an der Wirklichkeit. Sie ist alles andere als unproblematische Evidenz. Descartes etwa bemüht noch ganz mittelalterlich eine göttliche Garantie. Cervantes' Roman ist da radikaler und verzichtet auf jeden Rückhalt. *Don Quijote* exemplifiziert in grotesker Überzeichnung, dass Wirklichkeit vor allem Ausdruck der eigenen Projektionen ist.

Die strukturelle Spezifik dieser Krisenerfahrung hat Blumenberg (Blumenberg 2001, 51) in einem Wandel des Wirklichkeitsbegriff ausgemacht. Die Neuzeit kann den Evidenzverlust von Wirklichkeit nicht mehr durch eine göttliche Garantie kompensieren. Wirklichkeit ist stattdessen ein vom Menschen zu erschließender und stets revidierbarer Kontext. Die „Realisierung eines in sich stimmigen Kontextes" (51) ist indes ein Unterfangen von „epischer Struktur" (52), und genau dies macht den modernen Roman zum epochalen Symptom, ruft aber auch Skepsis auf den Plan. Das Konstitutionskriterium ‚stimmiger Kontext' – und das ist das Kernproblem dieses Romans – ist ein narratives und kein ontologisches Kriterium.

Das Dilemma, das sich hieraus ergibt, bringt das Ende des in Blumenbergs Romanaufsatz überraschenderweise nicht erwähnten *Quijote* konzise auf den Punkt: Nicht die Offenbarung der Wirklichkeit, sondern eine ‚Ent-Täuschung' (*desengaño*) beschließt das Buch. Zwar erkennt Don Quijote bzw. Alonso Quijano, dass er in keiner Ritterwelt lebt, jedoch gilt seine erste Sorge der Frage, welche „andere[n] Bücher zu lesen [wären], die das Licht der Seele sind" (Cervantes 2016, 622). Der dem Wahn verfallene Don Quijote und der den Verstand wiedererlangende Alonso Quijano koinzidieren darin, Wirklichkeit mit Fiktionen (bzw. Büchern) erschließen zu wollen. Fast beiläufig endet das Buch mit einem Plädoyer für einen extremen Skeptizismus, demzufolge Wirklichkeit immer schon verstellte Konstruktion ist.

Die Anwesenheit offizieller Würdenträger bei Quijotes Genesung unterstreicht, wie politisch die Entscheidung über die Stimmigkeit und Wirklichkeitseignung eines Kontextes ist. Insbesondere der Knappe Sancho Panza bekommt zu spüren, wie gefährlich die Befragung der Wirklichkeit ist. Trotz seiner unermüdlichen und die Abenteuer des Don Quijote erst ermöglichenden Vermittlungsversuche werden der Knappe und sein Herr regelmäßig verprügelt. Diese Gewalt ist Antwort auf die geradezu ideologiekritische und im tragikomischen Gewand des Wahnsinns daherkommende Frage, ob die Welt nicht eine bessere wäre, wenn sie sich an den Werten der Ritterromane orientierte.

Der Deutsche Idealismus reformuliert diese Provokation als grundlegenden Disput: „Das Thema im Ganzen ist das Reale im Kampf mit dem Idealen" (Schelling 1959, 330). Don Quijote fällt dabei die Rolle eines extravaganten Vertreters des Idealen zu. So hat zumal die deutsche Romantik diesen Roman als philosophischen Text, wenn nicht gar als Manifest für eine andere, gestaltende Philosophie lesen können (Neumeister 2005). Das Primat der Fiktion, das in Schlegels progressiver Universalpoesie zu finden ist, setzt voraus, dass die schöpferische Fiktion am Anfang des Denkens und Erkennens steht. Philosophie darf sich nicht auf eine begriffliche Sprache beschränken, wenn sie die Welt erkennen und an einer poetischen Welterschließungen partizipieren will.

Kritik am Prosaisch-Materiellen suggeriert auch Lucien Goldmanns marxistische Lektüre. Don Quijote sei ein Held radikal qualitativer Werte (Goldmann 1970, 24), weil er soziale und ethische Werte verkörpere, die sich nicht am (quantitativen) Tauschwert orientierten. Sein Handeln verweigere sich der kapitalistischen Marktlogik, die die bürgerliche Gesellschaft organisiere und differenziere.

Quijotes Verhalten provoziert schon deshalb, weil er sich der Fiktionalität seiner Weltsicht bewusst ist. Anders als es der launige Binnenautor Cide Hamete nahelegt, ist er nicht ein schizoider Spinner. Deutlich wird dies, als Don Quijote seinem Knappen die ‚wahre' Gestalt seiner ritterhaft geliebten Edeldame Dulcinea de Toboso offenbart. Dieser ist erstaunt ob der Diskrepanz zwischen der „hohen Standesperson" (Cervantes 2016, 258) und der hemdsärmeligen Aldonza Lorenza aus dem Nachbardorf. Dem verdutzten Knappen erklärt Don Quijote, dass die Empirie nicht von Bedeutung sei. Die meisten Herzensdamen seien „erdichtet und Stoff für [...] Verse, damit man sie [die Dichter] für Liebende und für Männer hält, die so wacker sind zu lieben" (259). Fiktionen können Menschen transformieren, weil menschliche Beziehungen vom Begehren bestimmt sind. Es ist deshalb keineswegs sekundär, welche Fiktionen uns prägen. Kurz: Wenn Don Quijote sich entscheidet, der Welt als Ritter zu begegnen, dann um nicht nur sich, sondern auch die Welt zu verändern.

Mit feinem Witz werden dieser Fiktionsbedarf und Geltungsdrang des Menschen am Dingsymbol des Helms ausgeführt. Die Wahl dieses Elements ist kein Zufall, ist doch der Helm jener Teil der Rüstung, der den Kopf, Sitz von Verstand und Identität, schützt. Zu Beginn des Romans, als ein an Ritterromanen irre gewordener Herr Quijano als Ritter in die Welt ziehen will, gilt dessen erste Sorge der Rüstung: Kleidung macht den Mann. Jedoch zeugt ein wichtiges Element seiner Rüstung, der Birnhelm, von „ein[em] große[n] Mangel", weil er „sich nicht geschlossen mit der Rüstung verband" (Cervantes 2016, 32). Mit Pappe behilft sich Don Quijote, um sogleich feststellen zu müssen, dass nur ein Schlag „das Werk von einer Woche zunichte" (32) macht.

Die Schläge der Realität scheinen Quijotes Wahn klare Grenze zu setzen. Doch Don Quijote hält an seinem Vorhaben fest. Er beschließt, seinen Helm mit Eisenstäben zu verstärken, und „ohne noch einmal die Probe wagen zu wollen, erklärte (*disputó*) und erachtete er ihn als den feinsten aller Turnierhelme" (32). Zwar ist (nicht nur) in Quijotes Welt die materielle Grundlage der Selbstsetzung von Bedeutung; der Wert einer Sache aber verdankt sich einem performativen Akt. Ein solcher Wert wiederum ist eine Frage der Macht, die nicht allein durch materielle Verstärkung zu erlangen ist. Don Quijote, der zweifelsohne weiß, dass sein Helm nicht so stabil ist wie behauptet, begibt sich auch aus diesem Grund auf die Suche nach dem sagenhaften Helm des Mambrín. Dessen magische Kräfte würden seinen Sprechakten sofort Geltung verschaffen. Besessen davon macht er diesen Helm auf dem Kopf eines Barbiers aus. Tatsächlich ist es nur ein Scherbecken, das dem Barbier als Regenschutz dient. Als Don Quijote es gewaltvoll in seinen Besitz bringt, verweist sein ‚materialistischer' Knappe darauf, dass es sich dabei nur um ein Scherbecken handele. Doch für Don Quijote ist dies nur oberflächlich der Fall. Der Helm sei von einem „Kerl" eingeschmolzen worden, um aus dem Material Profit zu schlagen. Allerdings, so Don Quijote, für den, „der ihn genau kenn[t], spielt seine Verwandlung keine Rolle" (199). Schließlich sei – so heißt es auch am Ende des Romans mit Bezug auf den Helm – die Verwandlung der Dinge „auf Ritterswegen das täglich' Brot" (511).

Das Helmmotiv referiert hier auf einen erkenntnistheoretisch entscheidenden Aspekt. Alles Ideelle tendiert dazu, das Materielle zu beherrschen, ja zu negieren. Dass die Vermittlung einer materiellen Erscheinung mit einer idealen Substanz eine binnensprachliche Operation ist, gibt Sancho Panza zu bedenken, wenn er den vermeintlichen Helm mit dem Kofferwort „Scherhelm" (512, *baciyelmo*; Cervantes 2004, 528) umschreibt. Der ‚Idealist' Quijote, der in Windmühlen Riesen erblickt und nur allzu gern vom eigenen Körper abstrahiert, denkt aber allein in ideellen Begriffen, in denen ein divergentes Phänomenales nur Defiguration des Ideellen ist. Das begriffliche Denken gerät so in die Nähe des Wahns; hier wie dort erscheinen das Gegebene und Körperliche sekundär. Diese Problematik hat Schopenhauer als das Problem der falschen Subsumtion umschrieben. Im Kontext einer Theorie des Lächerlichen, die sich prominent auf den Quijote bezieht, bestimmt er das Lächerliche als die Inkongruenz zwischen „dem Abstrakten und dem Anschaulichen", die sich dann einstellt, wenn ein Gegenstand unter einem ihm „heterogenen Begriff" (Schopenhauer 1913, 118, 120) subsumiert wird.

Die Inkongruenz von Begriff und Gegenstand impliziert nicht nur eine erkenntnistheoretische, sondern ebenso eine kritische und politische Herausforderung. Der Versuch, die Welt begrifflich zu subsumieren, gibt auch einen Hinweis darauf, wie Macht auf Wirklichkeit zugreift. Insbesondere die im Roman immer wieder angedeutete Eroberung der ‚Neuen Welt' – eine ‚Abenteuerreise' des kolonialen Europa – verdeutlicht wie kein anderes Ereignis der Frühen Neuzeit, wie eine Wirklichkeit gewaltvoll unter ihr heterogene Begriffe unterworfen wird. Zwar neigt auch Don Quijote dazu, alles Geschehen – wenngleich aus einer minoritären Position – in die Welt der Ritter zu zwängen. Doch was auf den ersten Blick autoritär und willkürlich erscheint, bleibt im Grunde offen. In Quijotes Wirklichkeit kann eigentlich alles passieren. Seine ritterliche Queste, die keinem narrativen Telos verpflichtet ist, konstituiert Geschichte als additive Reihe, die stets neu ansetzt. In dieser Unbestimmtheit manifestiert sich ein politisch heikles, weil anarchisches Modell von Wirklichkeit als Kontext. Statt einer kohärenten Binnenkonsistenz präsentiert die Romanwirklichkeit eine äußerst heterogene Ereigniskette, die eine beständige Aushandlung notwendig macht. Den Kontext dermaßen radikal als immer nur vorläufige Aushandlung zu entwerfen, mag daher rühren, dass mit der Eroberung der Neuen Welt zumal für die Kolonialmacht Spanien offenkundig geworden war, wie nachhaltig sich Weltbilder erschüttern lassen.

Der fade Beigeschmack, den das Ende des Romans hinterlässt, lässt sich präzisieren: Indem Alonso Quijano sich dem (modernen) Willen, Wirklichkeit von dem *einen* richtigen Standpunkt aus zu beherrschen, unterworfen hat, geht auch ein Widerstand verloren. Die Kehrseite seiner ‚Heilung' liegt darin, dass im Namen der *einen Vernunft und Wirklichkeit* andere Wirklichkeitszugänge als schizoid-primitive Störungen abgewertet werden. Wie die Indigenen Amerikas, die sich taufen lassen und ihre Traditionen aufgeben müssen, tritt auch Don Quijote erst dann in den Kreis der Zurechnungsfähigen ein, „nachdem er die Sterbesakramente empfangen und mit vielerlei machtvollen Worten die Ritterbücher verwünscht hatte" (Cervantes 2016, 627). Das Verschwinden der irre machenden Ritterbücher ist in dieser Perspektive auch kolonialitätskritisch lesbar. Es allegorisiert, wie sich koloniale Macht als universale Instanz und damit auch als jene exkludierende Gewalt autorisiert, die die auktoriale Erzählinstanz im letzten Satz des Romans unmissverständlich andeutet: Die taumelnde Welt der Ritterromane wird „zweifellos alsbald zu Boden gehen" (629).

Philosophie und Literatur treffen sich im modernen Roman, weil die Neuzeit Wirklichkeit über den Umweg der Fiktion problematisiert. Das macht- und kolonialitätskritische Potential dieser Fiktion besteht dabei weniger in der Formulierung einer echten Gegenwelt, sondern darin, Wirklichkeit als einen heterogenen und immer wieder neu zu perspektivierenden Kontext zu entwerfen. Die Abenteuer des Don Quijote belegen auf humoristische Weise, dass Wirklichkeit weder solipsistischer Wahn noch allzu homogener Kontext sein muss. Kein Text der europäischen Frühmoderne mag eindringlicher vorgeführt haben, dass es sich für diese heterogene Moderne lohnen kann, auch die Fiktionen der verschwindenden Welten zu kennen, um *mit* ihnen (und nicht gegen sie) unsere Wirklichkeiten zu begreifen und immer wieder neu zu befragen.

Literatur

Blumenberg, Hans. „Wirklichkeitsbegriff und Möglichkeit des Romans". Ders., *Ästhetische und Metaphorologische Schriften*. Hg. von Anselm Haverkamp. Frankfurt a. M. 2001: 47–73.
Cervantes Saavedra, Miguel de. *Don Quijote von der Mancha*. München 2016.
Cervantes Saavedra, Miguel de. *Don Quijote de la Mancha*. Hg. von John Jay Allen. Madrid 2004.
Goldmann, Lucien. „Einführung in die Probleme einer Soziologie des Romans". *Soziologie des Romans*. Berlin 1970: 15–40.
Kundera, Milan. *L'art du roman*. Paris 1986.
Lukács, Georg. *Die Theorie des Romans. Ein geschichtsphilosophischer Versuch über die Formen der Epik*. Berlin 1920.
Neumeister, Sebastian. „Der romantische Don Quijote". *Miguel de Cervantes' Don Quijote. Explizite und implizite Diskurse des ‚Don Quijote'*. Hg. von Christoph Strosetzki. Berlin 2005: 301–314.
Novalis. „Aphorismen". Ders., *Schriften*. Bd. 3: *Das philosophische Werk II*. Hg. von Paul Kluckhohn und Richard Samuel. Darmstadt 1968: 207–478.
Schelling, Friedrich. „Philosophie der Kunst". *Schellings Werke*. Bd. 3. Hg. von Manfred Schröder. München 1959: 134–387.
Schopenhauer, Arthur. *Die Welt als Wille und Vorstellung*. Bd. 2. Hg. von Ludwig Berndl. München 1913.
Strosetzki, Christoph. „August Wilhelm Schlegels Rezeption der spanischen Literatur". *Der Europäer August Wilhelm Schlegel. Romantischer Kulturtransfer – romantisches Weltwissen*. Hg. von York-Gothart Mix und Jochen Strobel. Berlin/New York 2010: 143–158.
Valdivia Orozco, Pablo. *Weltenvielfalt. Eine romantheoretische Studie im Ausgang von Gabriel García Márquez, Sandra Cisneros und Roberto Bolaño*. Berlin/New York 2013.

Shakespeare: *Hamlet*

Björn Quiring

Dem problematischen Ideal der Autonomie wird seit der Antike eine zentrale Bedeutung zugesprochen. Einer der ersten Texte, in denen das Wort erscheint, ist Sophokles' Tragödie *Antigone*: Der Chor bezeichnet dort das Handeln der Protagonistin als autonom und assoziiert es mit der Bereitschaft für das selbstgewählte Gesetz nicht nur zu leben, sondern auch zu sterben: „Du lebst nach eignem Gesetz (αὐτόνομος), drum allein / Zum Lande der Toten gehst du" (Sophokles 2003, 228–229). Ursprünglich ist Autonomie ein Rechtsbegriff, der vor allem auf Staaten angewandt wurde und der ihr Vermögen bezeichnete, sich selbst zu führen, im Gegensatz zum Stand von eroberten, den Gesetzen fremder Herren unterworfenen Kolonien. Aber spätestens seit Aristoteles wurde angenommen, dass nicht nur der Souverän eines Landes, sondern auch jeder freie Bürger ein gewisses Maß an Autonomie besitzen solle (Aristoteles 2012, 4–6). Diese wird oft mit der Möglichkeit assoziiert, an politischen Entscheidungsprozessen mitzuwirken; aber dem Begriff werden sehr unterschiedliche Bedeutungen zugeschrieben (Schneewind 1998). In der Neuzeit wird Autonomie zunehmend als die Versöhnung zweier scheinbar entgegengesetzter sozialer Normen definiert: „Die Grundidee des Autonomiebegriffs besteht darin, die Verbindlichkeit von Gesetzen mit der Freiheit des Subjekts zusammen zu denken, das den Gesetzen unterworfen ist" (Menke 2010, 675). Autonomie manifestiert sich darin, dass die Bürger/innen die Gesetze, die das soziale Zusammenleben bestimmen, als für sich selbst verbindliche Handlungsbegründungen annehmen können. Die Gesellschaft bietet Transformationsmechanismen an, die dafür sorgen sollen, dass das Rechtssubjekt, das in sie eintritt, ihre Normen weitgehend freiwillig übernimmt, indem ihm zum Beispiel gestattet wird, in eine Position der Verantwortlichkeit aufzurücken und mithilfe des Gesetzes Macht auszuüben. Auf diese Weise soll das autonome Individuum sich in die Welt und in seine vorgesehene gesellschaftliche Rolle einfügen und doch seine Freiheit bewahren. Die Selbstreproduktion der Gesellschaft findet in dieser Spannung statt, die sowohl Stabilität als auch Variation und soziale Innovation ermöglicht. Speziell in der Neuzeit wird denjenigen, die das Gemeinwesen mitgestalten, deshalb das Privileg und die Verpflichtung auferlegt, in einem bestimmten Alter den Status der Autonomie zu erreichen.

Es ist ein Gemeinplatz, dass Shakespeare in die frühneuzeitlichen Verschiebungen des Autonomiebegriffs involviert war; sein Werk wird als Eingriff in diesen Transformationsprozessen und als Wegweiser auf dem Weg in die Moderne verstanden (Greenblatt 2010, 95–123; → IV.3 ALLERKAMP). Viele Tragödien und Komödien von Shakespeare behandeln Probleme, die sich ergeben können, wenn ein Individuum den ihm gesellschaftlich zukommenden Platz in der Gesellschaft nicht einnehmen kann, weil der entsprechende Prozess der Rollenübernahme scheitert oder blockiert wird. Häufig wird den Hauptfiguren der Antritt eines Erbes verweigert, am prominentesten im Fall des machtlosen Thronanwärters Hamlet, den der Hofstaat von dem Thron fernhält, auf den er ein Anrecht zu haben glaubt. Immer wieder umkreisen Shakespeares Interpret/innen die Frage, ob Hamlet durch seine Taten and Gedanken trotz aller Hindernisse doch noch zu mannhafter Autonomie heranreife (Mallette 1994, 349; Tromly 2010, 181).

Blockierend wirkt in diesem Fall eine sich als korrupt erweisende Gesellschaftsordnung: Die Insistenz der offiziellen Diskurse auf die unverbrüchlichen Werte der Familie und des Staates kaschieren einen Bruder- und Königsmord ebenso wie eine habituelle Prinzipienlosigkeit des gesamten dänischen Hofstaats. Die pompöse Verlogenheit von Claudius, die Pedanterien von Polonius, die falschen Freundschaftsbezeugungen von Rosencrantz und Guildenstern, die inhaltsleere Förmlichkeit von Osric sind allesamt Symptome eines von Angst und Opportunismus pervertierten sozialen Zusammenhalts (Hawkes 1973, 113). Das Drama zeigt, dass die Dänen ihre Identitäten nur in den von diesem System festgelegten Parametern konstituieren und entwickeln können. Hamlet, der versucht, von den Entwicklungen am Hof Abstand zu nehmen, wird von König Claudius zu Anfang des Dramas dazu ermahnt, sich reif zu verhalten und dieses Leben so zu akzeptieren, wie es nun einmal ist, statt sich in kindischem Schmollen zu verstocken (Shakespeare 2016, 87–117: I.ii). Insofern der König und die Adligen in Hamlets Augen den Ausverkauf der Tugenden betreiben, für die sie offiziell einstehen, spielen sie Komödie, sodass Hamlets Sozialisierung als Einstieg in eine Täuschung erscheinen muss. Hamlets Welt ist theatralisch, weil in ihr gesellschaftliche Formen und Rollenerwartungen nicht einmal ansatzweise mit den dahinterstehenden individuellen Motivationen zur Deckung kommen. Da Unehrlichkeit zum konstitutiven Element sozialer Interaktion wird, können die Subjekte keine verlässlichen Verbindungen miteinander eingehen; der gesellschaftliche Zusammenhalt wird brüchig und unsicher.

Was bedeutet es unter diesen Umständen, trotz Ablehnung der allgemeinen Verlogenheit mündig und autonom zu werden? Obwohl der Wittenberger Student Hamlet bereits dreißig Jahre alt ist, ähnelt sein liminaler Status dem von pubertierenden Jugendlichen, die noch nicht vollständig in das soziale System integriert sind. Und entsprechend bedient er sich zunächst ähnlicher Abwehrstrategien: des distanznehmenden Schweigens, aber auch einer beständigen, wortreichen Thematisierung dieses Schweigens. Sein häufiges Zurückgreifen auf Ironie und Sarkasmus, die den Diskurs seiner Gesprächspartner/innen zugleich imitieren und verspotten, unterliegt einer ähnlichen Spannung von Distanzierung und Anpassung. In der ersten Hälfte des Dramas betont Hamlet häufig, dass er im

Gegensatz zum dänischen Hof gerade kein Theater spiele: „I have that within which passeth show", verkündet er zum Beispiel in einem seiner verzweifelten Versuche, sich von der generellen Täuschung abzugrenzen (I.ii., 85). Aber in seinem Trachten nach einer festen Wahrheit jenseits der Simulation erlangt er keine Sicherheit: Er misstraut dem König und seinem Hofstaat, misstraut aber auch der geisterhaften Erscheinung seines Vaters, die ihm über deren verborgene Verworfenheit unterrichtet (II.ii., 533–539). So bleibt Hamlet unfähig, auf eine Weise zu handeln, die von klar nachvollziehbaren Fakten und Werten bestimmt ist. Paradoxerweise verfällt er in dieser Situation auf das Theater als Wahrheitsmaschine: Seine Inszenierung der *Mausefalle* soll ihm Gewissheit über die Ehrlichkeit des Geistes und damit moralische und praktische Orientierung verschaffen; es stellt sich aber heraus, dass das nur sehr bedingt der Fall ist (Menke 2001). Trotz Hamlets Enthusiasmus gewinnt er letztlich auch durch die Repräsentation des Mordes an seinem Vater keinen festen Boden unter den Füßen.

Nichtsdestoweniger ändert sich Hamlets Verhalten nach der Aufführung der *Mausefalle*: Es scheint, als würde er in der zweiten Hälfte des Dramas handlungsfähig, als habe er seine lähmende epistemologische und psychologische Unsicherheit überwunden. Allerdings erscheinen seine anschließenden Handlungen (z. B. die Ermordung von Polonius) bei genauerem Hinsehen nicht nur gewaltsam und skrupellos, sondern auch überstürzt und unüberlegt: Hamlet scheint um des reinen Handelns willen zu handeln, als könne er seiner lähmenden Desorientierung nur durch eine forcierte Flucht nach vorn entkommen. Immer wieder bemüht er das ‚Schicksal' und die ‚Vorsehung', um seine Taten zu rechtfertigen: Nachdem er kurzschlüssig den hinter einem Wandvorhang verborgenen Polonius erstochen hat, hat er der Leiche nicht mehr zu sagen als: „Take thy fortune" (III. iv., 30). Auf ähnliche Weise verklärt er sich zum Instrument des Schicksals und der göttlichen Vorsehung, nachdem er Rosencrantz, Guildenstern und Ophelia mehr oder weniger direkt in ihren Tod geschickt hat (V.ii., 48, V.ii., 218–221). Diese Selbstverklärung lässt sich als Hamlets Versuch verstehen, Gesetz und Freiheit trotz des desolaten Weltzustands doch noch zu harmonisieren und auf diese Weise Autonomie zu erreichen. Gerade indem er auf diese Weise handelt und in das Leben anderer eingreift, unterwirft er sich den Anordnungen des unerbittlichen Schicksals, das ihm und dem Rest der Welt vorschreibt, was zu geschehen hat. Hamlet findet seine Position im sozialen Gefüge also an dem Punkt, an dem er sie als Rolle in einem Theater Gottes auffasst: Die Hauptfiguren eines Dramas zeichnet ja gerade aus, dass er frei handelt und doch gleichzeitig ohne jede Abweichung dem Dramentext folgt, den der Autor ihm zugewiesen hat (Cannon 1971, 220).

Das grundlegende Problem, dass die soziale Interaktion am dänischen Hof korrumpiert ist und die gesellschaftlichen Formen deshalb mit den individuellen

Motivationen nicht in Einklang gebracht werden können, löst Hamlet in diesem Zusammenhang dadurch, dass er die Korruption selbst zur metaphysischen Größe erhebt. Von Beginn an wird Hamlet von melancholischen Ideen der allgemeinen Instabilität und des Verfalls aller Dinge umgetrieben. Zunehmend erscheint ihm aber diese universale Vergänglichkeit als positive Größe: als gemeinsamer Nenner, über den sich doch noch so etwas wie soziale Kohärenz herstellen lässt, wenn auch nur in der reduziertesten Form: „A king may go a progress through the guts of a beggar" (IV.iii., 29–30). Mehr als alles andere wird diese Tendenz allgemeinen Verfalls von Hamlet mit den Begriffen des ‚Schicksals‘ und der ‚Vorsehung‘ belegt: „There is special providence in the fall of a sparrow", verkündet er – wohlgemerkt im Sturz des Spatzen, nicht in seiner Entwicklung und in seinem Aufstieg (V.ii., 197–198). Und je mehr sich das Drama dem Ende zuneigt, desto mehr fügt sich Hamlet nicht nur den unerfindlichen und tödlichen Beschlüssen dieser Vorsehung, sondern er beansprucht auch, sie selbst ins Werk zu setzen. Indem er eine auf Dauer gestellte Vernichtung mit der göttlichen Vorbestimmung identifiziert, gelingt es Hamlet, seiner Beziehung zur Welt und zum Staat doch noch eine metaphysisch abgesicherte Form zu geben. Indem er das Schicksal zur totalen Vergängnis, zur reinen Kontingenz der beständigen Katastrophe umdeutet, wird der Einbruch des Ewigen allerdings vom destruktiven Zufall ununterscheidbar. Entsprechend betont Benjamin in seinem Trauerspielbuch, dass Hamlet „am Zufall sterben" wolle (Benjamin 1991, 315). Die universelle Zerstörung greift auch auf den Prinzen über: Er inszeniert seinen Tod als ein Zusammentreffen von Schicksal, Kontingenz und individueller Entscheidung. So besteht er auf einer prekären Selbstbestimmung, die sich letztlich nur im Schatten der Selbstzerstörung herstellen lässt: Noch radikaler als Antigone affirmiert Hamlet seine Autonomie, indem er zum Hades geht.

Durch seine Rache an Claudius, die den ganzen Hof einschließlich Hamlets selbst zugrunde richtet, kann Hamlet sich so als autonom erweisen, unter Bedingungen, in denen sich die Beziehung von Gesetz und Freiheit nicht mehr konstruktiv, sondern nur noch destruktiv denken lässt. Hamlet und seine Umwelt haben für diese neue Synthese allerdings einen hohen Preis zu zahlen. Die Meinungen darüber, ob das Ergebnis diesen Preis wert ist, gehen auseinander: Lacan zum Beispiel scheint dies anzunehmen, während Cavell die Annahme zurückweist (Cavell 2003, 188; Lacan 2013). Auf jeden Fall scheint es evident, dass Hamlets opferwillige Form der Autonomie äußerst einflussreich war (etwa im Falle Nietzsches) und nach wie vor eine große Zukunft vor sich hat.

Literatur

Aristoteles. *Politik*. Übers. und hg. von Eckart Schütrumpf. Hamburg 2012.
Benjamin, Walter. *Ursprung des deutschen Trauerspiels*. Ders., *Gesammelte Schriften*. Bd. I. Hg. von Rolf Tiedemann und Hermann Schweppenhäuser. Frankfurt a. M. 1991.
Cannon, Charles K. „‚As in a Theater'. ‚Hamlet' in the Light of Calvin's Doctrine of Predestination". *Studies in English Literature 1500–1900* 11.2 (1971): 203–222.
Cavell, Stanley. *Disowning Knowledge in Seven Plays of Shakespeare. Updated Edition*. Cambridge, MA 2003.
Greenblatt, Stephen. *Shakespeare's Freedom*. Chicago/London 2010.
Hawkes, Terence. *Shakespeare's Talking Animals. Language and Drama in Society*. London 1973.
Lacan, Jacques. *Le désir et son interprétation. Le séminaire*. Bd. VI. Hg. von Jacques-Alain Miller. Paris 2013.
Mallette, Richard. „From Gyves to Graces. ‚Hamlet' and Free Will". *The Journal of English and Germanic Philology* 93.3 (1994): 336–355.
Menke, Christoph. „Autonomie und Befreiung". *Deutsche Zeitschrift für Philosophie* 58.5 (2010): 675–694.
Menke, Christoph. „Tragödie und Skeptizismus. Zu *Hamlet*". *Deutsche Vierteljahrsschrift für Literaturwissenschaft und Geistesgeschichte* 75.4 (2001): 561–586.
Schneewind, Jerome B. *The Invention of Autonomy. A History of Modern Moral Philosophy*. Cambridge 1998.
Shakespeare, William. *Hamlet*. Revised Edition. Hg. von Ann Thompson und Neil Taylor. London 2016.
Sophokles. „Antigone". *Dramen. Griechisch und deutsch*. Übers. und hg. von Wilhelm Willige und Karl Bayer. Düsseldorf 2003.
Tromly, Fred B. *Fathers and Sons in Shakespeare. The Debt Never Promised*. Toronto 2010.

Calderón: *La vida es sueño* (*Das Leben ist Traum*)

Gerhard Poppenberg

Als in den 1560er Jahren die Schriften des Sextus Empiricus (2. Jh.) in lateinischer Übersetzung erschienen, war das zunächst eine Renaissance der antiken Skepsis und dann auch der Beginn einer spezifisch prämodernen Skepsis: Montaignes *Essais* (1580) (→ IV.2 WESTERWELLE) oder das Traktat *Dass nichts gewusst wird* (1580) von Francisco Sanches sind frühe Beispiele. Nichts ist gewiss – und auch das ist nicht gewiss, so hatte sich schon der antike „denkende Skeptizismus" (Hegel 1970, 359) vom simplen Zweifel an allem abgesetzt und dem Vorwurf des performativen Selbstwiderspruchs vorgebeugt. Der ‚denkende Skeptizismus' ist der elementare Zweifel an einem absoluten Kriterium der Wahrheit. Er ist dem Dogmatismus entgegengesetzt. Ein Dogma ist ein feststehender Lehrsatz, der ein letztes Kriterium der Unterscheidung von Wahrem und Falschem behauptet. Fraglich ist, wie ein solches Dogma zu begründen ist, wenn es zu jedem Argument ein mögliches Gegenargument gibt. Die Skeptiker nannten das die Isosthenie der Positionen; sie lässt jede Behauptung einer absoluten Gültigkeit als scheinhaft erkennbar werden. Möglicherweise verhält es sich mit dem Beginn der prämodernen Skepsis auch umgekehrt: Nicht die Wiederentdeckung der antiken Skepsis hat die prämoderne Skepsis ausgelöst, sondern die geistesgeschichtliche Lage des 16. Jahrhunderts, das Schisma des Christentums im Gefolge der protestantischen Reformation, hat das Interesse an der antiken Skepsis geweckt. Das ist für Montaigne gut belegt und bildet gewissermaßen das diskursive Apriori der Epoche.

Zwei Autoren des 17. Jahrhunderts, der französische Philosoph Descartes und der spanische Dramatiker Calderón, zeigen einen jeweils unterschiedlichen Umgang mit dem Einbruch einer radikalen Skepsis. Beide wurden um die Jahrhundertwende geboren und haben ihren Bildungsgang jeweils bei den Jesuiten durchlaufen, und beide publizieren die Texte, die ihre elementaren Einsichten in einer ersten Version vorstellen, fast zeitgleich: 1635 *Das Leben ist Traum* (Calderón 2009) und 1637 *Abhandlung von der Methode* (Descartes 2011). Die sogenannte Diskussion *de auxiliis*, die in der Folge der Publikation der *Concordia liberi arbitrii cum gratiae donis* (1588) des Theologen Luis de Molina SJ über die Beziehung zwischen göttlicher Gnade und menschlichem freien Willen ausgetragen wurde, reicht noch bis in ihre Bildungsjahre. Sie ist auch im Kontext der Renaissance der Skepsis zu verstehen. Wenn die Isosthenie der Argumente nicht dogmatisch aufzulösen ist, wird der freie Wille zur Instanz und zum Kriterium im Feld des Zweifels. Das zumindest ist die Pointe in Calderóns Drama.

Descartes entwickelt eine philosophische Lösung durch die Vernunft. Die *Abhandlung von der Methode* ist ein autobiographischer Bericht, der *als* Bericht von der Erforschung des Selbst und der Frage nach dem Wissen, das dieses Ich haben kann, eine Grundlegung der Philosophie sein soll (→ III.3 THOMÄ). Der Text soll das Fundament zu einer gewissen Erkenntnis und einem sicheren Wissen legen. Gewiss ist, was klar und deutlich erkannt wird. Das Mittel ist die Vernunft als Fähigkeit, zwischen Wahrem und Falschen zu unterscheiden. Die Ansichten darüber sind strittig, weil die Menschen die zwar grundsätzlich in allen Menschen gleiche Vernunft auf verschiedene Weise gebrauchen. Deshalb gibt die *Abhandlung* keine dogmatische Lösung, sondern einen Bericht von der Suche nach der Wahrheit.

Nach der Einsicht in die Ungewissheit der Welterkenntnis als Fundament der Wahrheit bleibt die Erforschung des Selbst. Zwar ist es unmöglich, das gesamte Gebäude des unsicheren Wissens für alle Menschen abzureißen, aber einer allein kann das sehr wohl tun: alles bezweifeln, bis nur noch ganz Gewisses übrigbleibt. Das Experiment des radikalen Zweifels führt Descartes exemplarisch für andere durch: nicht zur Nachahmung, wie man eine Lehre nachahmt, sondern zum Nachvollzug, wie man eine Meditationsübung nachvollzieht und dabei zu je eigener innerer Erfahrung kommt. Descartes nimmt die radikale Skepsis als methodisch eingesetzten Zweifel: alles verwerfen, was den geringsten Zweifel aufkommen lässt, und nur das behalten, was absolut zweifelsfrei ist. Da die Sinne bisweilen täuschen, ist sinnliche Wahrnehmung insgesamt als ungewiss zu verwerfen. Die Vernunftprozesse sind ebenfalls irrtumsanfällig, also auch zu verwerfen. Wenn wir weiter alles, was wir wachend erleben, auch im Traum erleben können, ergibt sich die Konsequenz: fingieren, alles sei Traum und Illusion. Alles ist Schein, so der elementare Topos der barocken Lebenssicht. In den *Meditationen über die erste Philosophie* radikalisiert er den Zweifel hyperbolisch; ein böser Geist hat die Welt uns zur Täuschung als einen Verblendungszusammenhang aufgebaut. Wenn demnach alles zu bezweifeln ist, bleibt doch ein Moment übrig. Ich, der ich alles bezweifle und verwerfe, muss notwendig als dieser Zweifelnde jemand sein; ich, der ich zweifle und als Zweifelnder denke, bin folglich. Das ist das erste sichere Fundament.

Die Struktur des Arguments ist verwickelt. Ich zweifle an allem und halte alles für nichtig, aber der Zweifel selbst ist nicht nichtig, sondern die Basis der Gewissheit selbst. Das ist die Struktur der ursprünglichen Einsicht des Sokrates; die Einsicht in das eigene Nichtwissen ist selbst nicht nichtig. Ich kann fingieren, dass alles nichtig ist, aber dazu muss ich mich, den Fingierenden, doch als gewiss annehmen. Das bildet die Basis für die neue Philosophie; die Gewissheit und Sicherheit des Fundaments von Erkenntnis und Wissen ergibt sich aus der Interaktion mit Zweifel und Nichtwissen, Traum und Fiktion. Das Fundament wird gebildet aus einem Zusammenspiel von Nichtwissen und Gewissheit, Zweifel und Sicherheit, Fiktion und Wirklichkeit, so aber, dass jeweils die Gewissheit aus dem Nichtwissen, die Sicherheit aus dem Zweifel, die Wirklichkeit aus der Fiktion hervorgeht. Das sichere Fundament gründet auf prekäre Weise im Abgrund des Negativen. Wenn das Denken – ‚ich denke, also bin ich' – die Substanz des Seins bildet, impliziert das, aufhören zu denken, ist aufhören zu sein, da dann das Fundament für das Sein fehlt. Das Ich ist eine denkende Substanz, sein Wesen ist das Denken. Da es aus dem Zweifel hervorgeht, ist es wesentlich unvollkommen. Es hat aber die Idee der Vollkommenheit einer vollkommenen Substanz in sich. Das ist die Idee Gottes. Zum vollkommenen Wesen gehört auch das Sein; also gibt es Gott. So nimmt Descartes den ontologischen Gottesbeweis auf. Daraus folgt die metaphysische Gewissheit eines absoluten Fundaments der Wahrheit in Gott. Auf dieser Grundlage ist alles zuvor Bezweifelte wiederaufzubauen. Die Frage nach dem absolut sicheren Kriterium für die Unterscheidung von wahrer und scheinbarer, von wirklicher und geträumter Welt ist für sich nicht zu beantworten. Dazu braucht es einen festen Punkt: die Existenz Gottes. Die Grundregel der Gewissheit – wahr ist, was klar und deutlich erkannt wird – gilt nur, wenn es Gott gibt. Ganz gleich, ob wir schlafen oder wachen, entscheidend ist die Evidenz der Vernunft. So kann das Gebäude des Wissens systematisch wiederaufgebaut werden. Der Eckstein dieses Gebäudes als seine Wahrheitsbedingung ist Gott.

Calderón entwickelt das Problem der radikalen Skepsis nicht theoretisch als Frage nach der wahren Erkenntnis, sondern dramatisch als die nach dem richtigen Handeln. *Das Leben ist Traum* erhält seinen Gehalt durch die Spannung, die eine Serie von Oppositionen erzeugt. Das sind die Pole von Natur und Kultur, Animalischem und Humanem, die in dem in der Wildnis gefangenen und mit Fellen bekleideten Segismundo artikuliert werden. Das sind weiter die Pole der Geschlechterdifferenz, die in der Rosaura-Handlung im Feld von Begehren und Versagung, Ehre und Entehrung verhandelt werden. Und das sind schließlich die Pole von Macht und Freiheit, die in der Segismundo-Handlung im Feld von tyrannischer und gerechter Herrschaft entfaltet werden. In letzter Instanz sind das die elementaren ethischen Pole von Gut und Böse. Das alles wird konzeptualisiert im Spannungsfeld der Pole von Wirklichkeit und Schein, Leben und Traum. Und der Titel des Stücks, der das Verhältnis von Traum und Leben in einem Aussagesatz ausdrückt, deutet die Lösung der im Stück entfalteten Probleme bereits an.

Der anfängliche Monolog Segismundos, in dem er sich als Mensch im Verhältnis zur Tierwelt und die Natur im Verhältnis zur Kultur reflektiert, ist auf die Frage der Freiheit zentriert. Alle Wesen der Natur sind frei, er selbst aber ist gefangen, obwohl er doch ein Mensch mit Seele und freiem Willen ist: „Und ich, der ich doch mehr Willensfreiheit habe, ich habe weniger Freiheit" (Calderón 2009, 151–152)?

Von Anfang an wird die Freiheit als der Indifferenzpunkt aller im Stück verhandelten Oppositionen erkennbar. Wenn sie im Horizont des freien Willens eingeführt wird, ist sie im Feld der moralisch anspruchsvollen Entscheidung angesiedelt.

Alle Problemfelder des Stücks konvergieren im Traum. Die Palastprobe Segismundos wird vorbereitet, indem ihm ein Schlafmittel verabreicht wird. Als er sich dann, aus dem Schlaf erwachend, als Prinz im Palast wiederfindet, nimmt er die neue Situation, endlich frei von seinen Ketten, als Freibrief für ungehemmtes Handeln und lässt seinen Wünschen freien Lauf. „Für mich ist überhaupt nichts rechtens [*justo*], was mir gegen den Strich [*contra mi gusto*] geht" (1417–1418). Segismundo handelt nur nach seinem *gusto* und hält genau das für *justo*. Das absolute Lustprinzip ist die Maxime seines Handelns, das sämtliche Regeln der Zivilisation missachtet: die höfische Etikette, das juristische Gesetz, die familiäre Ordnung und den Kodex der Ehre – und zwar erstaunlicherweise in dieser Reihenfolge. Sein ‚Traum' ist die reine Wunscherfüllung und zeigt einen Träumer in der Idealsituation eines Traums ohne Zensur, sodass die Wünsche sich ungehemmt und unmittelbar verwirklichen können. Der Mord an dem Diener und die – versuchte – Vergewaltigung Rosauras sind beides jeweils Gestalten eines *acte gratuit*. Wie er den Diener aus dem Fenster geworfen hat, lediglich um zu zeigen, dass er das tun kann, so will er Rosaura vergewaltigen: „[U]nd nur, um zu sehen, ob ich das kann, wäre es ganz einfach, deine Ehre auch zum Fenster hinauszuwerfen" (1643–1645). Das wird noch verstärkt durch die Struktur der Handlung und die Bühnensituation. Segismundo ist ja wirklich wach, und das Publikum weiß das; zugleich wird aber die ganze Szene im Folgenden zum Traum erklärt. Die Palastprobe zeigt, wie der Traum Wirklichkeit wird; die Wirklichkeit des Traums besteht darin, dass die Wünsche sich verwirklichen. Die Probe zeigt allerdings auch, wie der ungehemmte Gebrauch der Lüste vollkommen desaströs sein kann. Die Frage ist dann, was ein angemessenes Regulativ der Wünsche sein kann. Das zeigt der Rest des Stücks.

Segismundo findet sich – erneut oder immer noch – schlafend im Turm wieder. Deshalb denkt er selbst sofort, alles sei ein Traum gewesen. Eine erste Konsequenz ist die Annahme, wenn das Geträumte so wirklich schien, kann auch die Wirklichkeit Traum und alles ungewiss sein (2098–2107). Es fehlt jedes Unterscheidungskriterium. Das ist der Einbruch einer hyperbolischen Skepsis in sein Leben. Er berichtet von den Episoden des Traums, die sich alle in nichts aufgelöst haben. Nur eine erklärt er für wahrhaftig. „Nur eine Frau habe ich geliebt; und ich denke, das war wirklich so, denn alles ist doch vorbei, dies aber ist nicht vorbei" (2134–2137). Die Liebe zu Rosaura bildet eine affektive Wirklichkeit, die dauerhaft und deshalb wirklich ist. Das ergibt ein erstes Kriterium, einen festen Punkt, von dem aus die Skepsis des hyperbolischen Zweifels aufzufangen ist. Ich liebe, also bin ich – so ließe sich die Lösung Descartes' variieren, der in der Tatsache des

Denkens den festen Punkt gegen die Skepsis findet. Calderón konzipiert die seelische Wirklichkeit nicht vom Denken, sondern vom Begehren her. Segismundos Bewacher und Lehrer Clotaldo fügt ein zweites Kriterium hinzu. Wenn der Traum vielleicht scheinhaft und nichtig gewesen ist, sind damit doch Segismundos wilde Taten nicht zu rechtfertigen. Die Differenz von Gut und Böse ist im Traum nicht aufgehoben; es gibt auch ein Ethos des Träumens. „Denn auch im Traum ist gutes Handeln nicht umsonst" (2146–2147).

Segismundos Schlussfolgerung aus dieser Belehrung ist zunächst, den Traum nur als Traum zu nehmen; seine Wirklichkeit ist nichts als Schein. Das spielt er in einer Kurzversion der Figur des Welttheaters durch. *Das große Welttheater* ist parallel zu *Das Leben ist Traum* entstanden. Die Menschen träumen ihr Leben wie sie auf dem Welttheater ihre Rolle spielen. Deshalb ist das Leben Illusion, Schatten, Fiktion, und „alles Leben ist Traum" (2175–2186). Aber die beiden Momente der Wahrheit, die Liebe zu Rosaura und das moralisch anspruchsvolle Handeln, so zeigt der dritte Akt, können diesen Verblendungszusammenhang durchbrechen und den illusionären Schein selbst als scheinhaft erweisen.

Als die aufständischen Truppen Segismundo befreien und zum König erklären, verbleibt er zunächst in der Haltung, alles für scheinhaft zu halten, zumal das wie eine Wiederholung des Traums vom Königtum wirkt. Im zweiten Schritt folgt er dem Hinweis seines Lehrers. Er nimmt den Traumcharakter des Lebens an, nicht aber als Entwertung, sondern als Umwertung des Lebens. Wenn das Leben Traum und alle Macht nur geliehen ist, kann das Leben im Modus des Als-ob (→ II.2 ALLERKAMP) und gleichwohl ernsthaft gelebt werden. Das Maß ist das gute Handeln. Segismundo entwickelt im Traum selbst, in der Annahme des Traums und gemäß den Worten seines Lehrers, eine Ethik des Träumens. „[d]ass ich träume und dass ich nun das Gute tun will; denn gut zu handeln ist auch im Traum nicht verloren" (2399–2401). Damit ist die Differenz von Traum und Wirklichkeit in dem Feld neutralisiert, das die Wahrheit der Wirklichkeit bildet: das Gute in Gestalt des guten Handelns: „Doch ob Wahrheit oder Traum, gut handeln ist jetzt wichtig" (2423–2424). In Rücksicht auf das Gute als gute Tat und gutes Werk sind Wirklichkeit und Traum indifferent. Das Ethos des Guten erfüllt sich gleichermaßen im Leben wie im Traum; und Traum ist der Begriff für alles irgendwie Scheinhafte. Der Unterschied von Gut und Böse, die Unterscheidung beider und die Entscheidung zwischen ihnen transzendiert oder neutralisiert die Differenz von Sein und Schein; das Gute oder Böse bilden den Indifferenzpunkt von Sein und Schein. Das Träumen ist auch ein Werk und fordert entsprechend eine ethische Beurteilung; die Werkgerechtigkeit wird hier ausgeweitet bis in den Traum und alles, wofür er steht: Schein, phantasmatische Wirklichkeit, Fiktion. Der gesamte Komplex der Literatur – so zeigt es auch *Das große Welttheater* – wird damit in die Ethik der Werkgerechtigkeit eingebunden.

Wenn die Differenz von Gut und Böse jenseits von Sein und Schein liegt, bleibt die Frage, wie die Unterscheidung beider und die Entscheidung zwischen ihnen getroffen werden kann. Was ist das psychomentale Organon dieser Traumethik? Das Chaos des Bürgerkriegs und die Auflösung von Gesetz und Ordnung überführt Segismundos Suspendierung aller Regeln und Gesetze in der Palastprobe ins Große und Allgemeine des Staates. Dieses Mal aber hat Segismundo die Klugheitsregel des Traums in sein Handeln integriert. In Korrespondenz zur Palastprobe wird er wiederum mit seinem Begehren zu Rosaura und seinem Hass auf den Vater, der ihn gefangen gehalten hat, konfrontiert. Aber er entscheidet sich nun anders. Im Durchgang durch den hyperbolischen Zweifel der radikalen Skepsis ist er erwachsen geworden und tritt nun wahrhaft souverän auf. Als neuer Herrscher erklärt er seinem Vater das eigentlich Selbstverständliche. Das im Astrogramm erkennbare Schicksal oder das wilde Begehren der Triebstruktur sind jeweils nur Dispositionen; die Sterne oder die Triebe geben eine Neigung oder Tendenz vor, bilden aber keinen Zwang. Den Dispositionen der Natur gegenüber ist der Mensch mit seinem freien Willen souverän. Die Freiheit als Freiheit des Willens zur moralisch anspruchsvollen Entscheidung ist das Wesen des Menschen. Das ist die ursprüngliche Einsicht Segismundos aus dem Traumcharakter des Lebens. Die anspruchsvolle Konzeption des freien Willens, wie sie die Jesuiten im Gefolge von Molinas *Concordia* um 1600 entwickeln, ist als ein elementarer und vielleicht zuletzt einzig wirklich anspruchsvoller Beitrag zur Überwindung der Skepsis zu verstehen.

Bei Descartes wird die Gewissheit aus dem Zweifel entfaltet, ihr letztes Kriterium hat sie in der Instanz Gottes. Bei Calderón wird die Gewissheit aus dem Traum entfaltet, indem dieser als Gestalt der Wirklichkeit affirmiert wird. Auch bei ihm gibt es die übernatürliche Ebene des Göttlichen. Segismundo richtet sein Handeln zuletzt auf Gott und die Ewigkeit aus, das macht er just in dem Moment geltend, als er wiederum dem Begehren nach Rosaura unmittelbar nachgehen will. Es geht bei Calderón aber nicht so sehr um die Wahrheit der Erkenntnis, sondern vielmehr um die Wahrheit des Handelns; und die hat einen anderen Wirklichkeitsstatus. Für sie ist nicht so sehr die Idee Gottes, sondern der freie Wille des Menschen das Kriterium. Traumwelt und Lebenswelt werden im Geist der freien Willenshandlung integriert. Die letzte Instanz eines Kriteriums der Wirklichkeit ist der freie Wille als Organon der moralisch anspruchsvollen Entscheidung zwischen Gut und Böse. Der Spielraum der Freiheit wird zum garantielosen Garanten der Wirklichkeit des Lebens. Traum ist der Name dieses Spielraums der Freiheit des Willens.

Literatur

Ara Sánchez, Jesús. *Bibliografía crítica comentada de ‚La vida es sueño' (1682–1994)*. New York 1996.
Calderón de la Barca, Pedro. *El gran teatro del mundo/Das große Welttheater*. Übers. von Gerhard Poppenberg mit Herle-Christin Jessen und Angela Calderón Villarino. Stuttgart 2012 [EA: 1655].
Calderón de la Barca, Pedro. *La vida es sueño/Das Leben ist Traum*. Übers. von Hartmut Köhler. Stuttgart 2009 [EA: 1635].
Calderón de la Barca, Pedro. *La vida es sueño*. Barcelona 2008.
Descartes, René. *Discours de la méthode*. Französisch–Deutsch. Übers. von Christian Wohlers. Hamburg 2011 [EA: 1637].
Hegel, Georg Wilhelm Friedrich. *Vorlesung über die Geschichte der Philosophie II*. Ders., *Werke*. Bd. 19. Hg. von Eva Moldenhauer und Karl Markus Michel. Frankfurt a. M. 1970.

Milton: *Paradise Lost* (*Das verlorene Paradies*)

Björn Quiring

John Miltons Epos *Paradise Lost* (1667/1674), das die biblische Erzählung vom Sündenfall verarbeitet, ist oft als das letzte christliche Epos vor dem Anbruch der Aufklärung bezeichnet worden. Der Text weist bereits Spuren dieses Anbruchs auf. Galileo Galilei wird darin beispielsweise mehrmals erwähnt – als einziger Zeitgenosse Miltons. *Paradise Lost* gilt darüber hinaus als Echokammer des 17. Jahrhunderts, weil dort Zitate und Versatzstücke fast aller religiösen, philosophischen, und literarischen Diskurse der Epoche versammelt sind (Haverkamp 1994, 639). Milton scheint angenommen zu haben, dass die Spannungen zwischen diesen Diskursen von seiner besonderen Variante protestantischer Theologie hinreichend zusammengehalten und harmonisiert werden. Tatsächlich dient seine refigurierende epische Zusammenstellung eher dazu, die Konflikte und Widersprüche der Frühen Neuzeit deutlich zu konturieren (Empson 1978), zum Beispiel im Bereich von Naturrecht und Souveränität.

Im elften Buch von *Paradise Lost* findet sich eine dafür exemplarische, sehr merkwürdige Passage: Adam und Eva haben vom Baum der Erkenntnis gegessen, und Gott hat daraufhin ihre Verbannung aus dem Garten Eden dekretiert. Als sein Sohn und die Engel Gott für das Paar um Gnade bitten, weist er sie mit den Worten zurück: „But longer in that Paradise to dwell, / The law I gave to nature him forbids: / Those pure immortal elements / Eject him tainted now" (Milton 2013, 11.48–11.55). Gottvater lehnt hier für die Vertreibung aus dem Paradies jede Zuständigkeit ab und verweist stattdessen auf das Gesetz, das er der Natur gegeben hat und das ihn wie einen irdischen Gesetzgeber in seinen Entscheidungen einzuschränken scheint. Nicht Gott oder die Engel vertreiben den Menschen aus dem Paradies, der Garten selbst vertreibt ihn in einer Art Immunreaktion. Es lassen sich mehrere Gründe anführen, warum diese Äußerung verwunderlich ist: Erstens wird Miltons Gott gewöhnlich als Wesen dargestellt, das nicht an die Gesetze seiner Schöpfung gebunden ist und sie also auch, zum Beispiel durch Wunder, aufheben kann. Zweitens stellt sich Gottes Wort als kontrafaktisch heraus: Die paradiesische Natur stößt den Menschen gar nicht aus, denn wenn sie das täte, bräuchte Gott in der Folge nicht den Erzengel Michael mit einem Stoßtrupp zu schicken, um Adam und Eva zu vertreiben. Diese unaufgelöste Spannung von Miltons Darstellung deutet auf eine überdeterminierte Gottes- und Naturvorstellung, welche die Naturvorgänge Gottes einerseits völliger Kontrolle unterstellt und sie andererseits von ihm unabhängig erscheinen lässt.

Im Zentrum steht dabei die Metapher des Naturrechts, die eine lange Tradition in Literatur, Philosophie und Jurisprudenz hat: Sie identifiziert die Natur als einen unaufhaltsamen Prozess der Gesetzgebung und Rechtsprechung. Die Konflikte in *Paradise Lost* sind geprägt von der Spannung zwischen jenem Rechtsverfahren, das in allen Naturprozessen angelegt ist, und den Dekreten positiven Rechts, die von Gott offiziell verkündet werden. Beide Gesetzgebungen widersprechen einander, und es bleibt unklar, welche die vorherrschende ist. Das berührt auch die Frage nach der Hierarchie zwischen den beiden Rollen Gottes: Einerseits herrscht Gott über den Kosmos als Wirk- und Zielursache aller natürlichen Dinge, andererseits als politischer Souverän. In dieser zweiten Funktion ist er mit heidnischen Gottheiten wie Zeus vergleichbar, die den Gesetzen des Schicksals und/oder der Natur unterstehen.

Wie verhalten sich diese beiden Rollen zueinander? Dass Miltons Gott eine hybride Figur ist, die zwischen Jahwe und Jupiter hin und her schwankt, ist gelegentlich bemerkt worden (Kendrick 1986, 113–114.). Dies ist auch der epischen Form geschuldet: Allein aufgrund der Tatsache, dass er als Protagonist in einem Epos auftritt, scheint Gott in hemmende Kausalketten eingebunden zu sein, was dem Dogma seiner absoluten Transzendenz zu widersprechen scheint. *Paradise Lost* findet eine politische Lösung dieses Problems: Der transzendente Status Gottes wird innerhalb der empirischen Welt nicht als evident oder als fragwürdig gesetzt, sondern als Glaubensartikel behandelt – und damit als ethische und politische Forderung. Wenn Satan beginnt, Gottes Status als allmächtig, allwissend und ewig anzuzweifeln, liefert Gott ihm im Gegenzug keinen Beweis für seine Transzendenz. Wie sollte dieser Beweis auch aussehen? Kant hat fast ein Jahrhundert später demonstriert, dass Allmacht, Allwissenheit und Ewigkeit nicht Gegenstand einer endlichen Erfahrung werden können (Kant 1974, 563). Entsprechend wird das Problem in *Paradise Lost* nicht als Kampf um Einsicht in die Wahrheit der Dinge verhandelt, sondern als Kampf um Hegemonie. Das Epos konzentriert sich nahezu ausschließlich auf die universale Anerkennung Gottes als absolut überlegenes Wesen. Und genau mit dem Ziel, diese Anerkennung herzustellen, verkünden Gott und seine Diener ein Doppelgesetz, bestehend aus einem positiven Gesetz und einem Naturgesetz – mit allen Ambiguitäten, die dem Begriff in der zweiten Hälfte des 17. Jahrhunderts bereits anhaften. Die beiden Gesetze werden trotz ihrer offenbaren Widersprüchlichkeit als komplementäre Manifestationen der göttlichen Souveränität verstanden. Gott sichert seine Herrschaft, indem er sowohl das Feld politischer Repräsentation als auch das Jenseits dieser Repräsentation besetzt. Der Widerspruch zwischen beiden Gesetzen konsolidiert Gottes Herrschaft: Miltons Gott konstituiert sich, indem er die Versöhnung zwischen den beiden Gesetzgebungen den Menschen und Engeln als moralische Verpflichtung aufgibt. *Paradise Lost* kann insofern als politische Theogonie gelesen werden.

Das Abwälzen des metaphysischen Widerspruchs auf Gottes Kreaturen ist an vielen Stellen des Epos beobachtbar, nicht zuletzt anlässlich des zentralen Ereignisses von *Paradise Lost*, nämlich des Sündenfalls. Weder Adam noch Eva noch der Leser erfahren, ob die Äpfel vom Baum der Erkenntnis besondere Eigenschaften besitzen, die sie inhärent von den Früchten aller anderen Bäume im Garten Eden unterscheiden. Mit anderen Worten: Sie wissen nicht, wie sich Gottes Verbot zur natürlichen Ordnung des Paradieses verhält. In seiner theologischen Summa, *De Doctrina Christiana*, erklärt Milton das Verbot der Früchte vom Baum der Erkenntnis zu einem Gesetz, dessen einzige Funktion es sei, die göttliche Souveränität innerhalb des Rechtssystems zu repräsentieren – und zwar als Supplement der prälapsarischen Naturordnung, in der der Mensch auch ohne Gebote stets das Rechte tat (Milton 2012, 361.) Das Verbot, vom Baum der Erkenntnis zu essen, ist demnach ein Dekret, durch das der kosmische Souverän sich als Autorität setzt, die keiner Rechtfertigung durch präexistente Normen oder die gegebene Ordnung der Dinge bedarf. In *Paradise Lost* liegen die Dinge allerdings nicht ganz so eindeutig wie in Miltons theologischem Traktat: Das Verbot mag unverständlich sein, weil es eine arbiträre Affirmation der schrankenlosen göttlichen Autorität ist oder weil es eine nachvollziehbare Funktion innerhalb der göttlichen Ordnung erfüllt. Der Baum repräsentiert letztlich genau diese Unsicherheit: Wie Kafkas Türhüter steht er für das Gesetz, das den Menschen befiehlt, ihm nicht zu nahezukommen (Kafka 1990, 226–227.)

Statt Adam und Eva die Motivation dieser Warnung zu erläutern, wird sie in einen Kontext gestellt, in der sie ein moralisches und epistemisches Dilemma eröffnen muss. Denn Gott und seine Engel suggerieren, dass das erste Menschenpaar dazu berufen ist, auf eine intellektuell höhere Stufe in der „great chain of being" aufzusteigen, dass die richtige Nahrung dabei helfen kann (Milton 2013, 5.469–5.503) und dass Gottes explizite Verbote nicht immer wörtlich zu nehmen, sondern im Interesse natürlicher Tendenzen gelegentlich auch zu suspendieren sind (8.357–8.451). Diese Lektionen werden Konsequenzen haben, wenn Satan, der die Form der Schlange annimmt, Eva in Versuchung führt. Alles, was ihm zu tun bleibt, ist, die Widersprüche der göttlichen Gesetzgebung auszunutzen. Gegen Gottes doppeltes Gesetz verfolgt Satan eine doppelte Argumentationslinie: Einerseits suggeriert er Eva, dass sie das gottgegebene, ungeschriebene Gesetz ihrer eingeborenen Natur gerade durch einen Bruch mit dem offiziellen positiven Gesetz befolgen könne. So gehorche sie Gottes Gebot auf eine neue, tiefere Weise, wofür sie Belohnung statt Strafe verdiene. Aber Satan skizziert auch noch ein zweites Argument: Falls Gott die Frucht vom Baum der Erkenntnis ihr wirklich verbiete, was könnte der Grund dafür sein? Das Verbot müsste sich dann aus einer natürlichen, von Gott nicht kontrollierbaren Eigenschaft des Baums erklären lassen. Satan suggeriert, dass der Baum ein Wissen übermittelt, das die Grenze zwischen Kreatur und Schöpfer, die Gott eifersüchtig hütet, aufhöbe. Welche der beiden satanischen Erzählungen auch immer richtig ist: Es scheint, dass die mysteriöse doppelte Rechtsordnung, die Eva zu schaffen macht, durch den Verzehr der verbotenen Frucht zwangsläufig ihr wahres Gesicht zeigen müsste. Evas Worte vor dem Essen der Frucht verdeutlichen, dass die Suche nach Wissen sie entscheidend motiviert: „What fear I then, rather, what know to fear / Under this ignorance of good and evil, / Of God or death, of law or penalty" (9.773–9.775)? Eva isst den Apfel, weil sie herausfinden möchte, was das göttliche Gesetz eigentlich zu bedeuten hat und ob es legitim und bindend ist – letztlich ob es sich bei Miltons Gott um Zeus oder Jahwe handelt. Es fällt ihr nicht ein, dass Gott das Mysterium bewahren könnte, indem er beide Gesetze trotz deren Widersprüchlichkeit an ihr vollstreckt. So geraten Mensch und Welt in einen Zustand uneinholbarer Schuld und Verdammnis, in dem sich das göttliche Doppelgesetz noch ungehinderter entfalten kann.

Miltons souveräner Gott konsolidiert seine Herrschaft gerade dadurch, dass diese sich gegenüber der Natur nicht eindeutig verorten lässt. Satan und die Menschen sind als Kollateralschäden eines kosmischen Imperiums zu verbuchen, das nur in einer Doppelrolle seine Stabilität bewahren kann: Mit der rein transzendenten Gottheit der Mystik ist ebenso wenig Staat zu machen wie mit der Manifestation bloßer physischer Überlegenheit. Um seine *civitas dei* zu etablieren, muss Gottes Macht also zugleich begrenzt und unbegrenzt erscheinen. So zeigt sich eine unerwartete Affinität zwischen Miltons Gott und dem „sterblichen Gott" Leviathan, dessen Profil Miltons Zeitgenosse Hobbes zeichnete (Hobbes 1998, 114). Beide Autoren, die einander nicht schätzten und opponierenden politischen Lagern angehörten, konvergieren in ihren Souveränitätslehren (Quiring 2016). Ihre idealen Herrscher werden von einer ambivalenten Natur zugleich unterstützt und eingehegt; entsprechend festigen sie ihre Herrschaft durch den Erlass positiver Gesetze, die sich sowohl als naturgemäß als auch als naturwidrig beschreiben lassen (Agamben 1998, 35–36; Hamacher 2005; → II.6 ERDLE). Der Hobbes'sche Absolutismus wird von Milton ins Gottesreich transferiert. Wie für Hobbes ist es für Milton nicht entscheidend, ob der Allmächtige der beste aller denkbaren Herrscher ist. *Paradise Lost* versucht nur halbherzig, Gottvater allgütig erscheinen zu lassen; sogar seine Allwissenheit und Allmacht scheinen manchmal fragwürdig (Empson 1978). Entscheidend ist nur, dass seine unendliche Überlegenheit im Interesse eines harmonischen, einheitlichen Kosmos und einer friedlichen Sozialordnung von allen Kreaturen anerkannt wird. Milton unterwirft Gottes Herrschaft den Regeln der politischen Theologie und trägt so nolens volens zur frühneuzeitlichen Säkularisierung des Diskurses über das Naturgesetz bei.

Literatur

Agamben, Giorgio. *Homo Sacer. Sovereign Power and Bare Life*. Übers. von Daniel Heller-Roazen. Stanford 1998 [EA: 1995].
Empson, William. *Milton's God*. Westport 1978 [EA: 1961].
Hamacher, Werner. „Wilde Versprechen. Die Sprache ‚Leviathan'". *Die Ordnung des Versprechens*. Hg. von Manfred Schneider. München 2005: 171–198.
Haverkamp, Anselm. „Distant Information. Die komparatistische Bedeutung Miltons". *Deutsche Vierteljahrsschrift für Literaturwissenschaft und Geistesgeschichte* 68.4 (1994): 634–649.
Hobbes, Thomas. *Leviathan*. Hg. von J. C. A. Gaskin. Oxford 1998 [EA: 1651].
Kafka, Franz. *Der Proceß*. Roman in der Fassung der Handschrift. Hg. von Malcom Pasley. Frankfurt a. M. 1990.
Kant, Immanuel. *Kritik der reinen Vernunft*. Hg. von Wilhelm Weischedel. Frankfurt a. M. 1974 [EA: 1781/1787].
Kendrick, Christopher. *Milton. A Study in Ideology and Form*. New York/London 1986.
Milton, John. *Paradise Lost*. Hg. von Alastair Fowler. 2. Aufl., London/New York 2013 [EA: 1674].
Milton, John. *De Doctrina Christiana*. Ders., *The Complete Works*. Bd. 8. Hg. von John K. Hale, J. Donald Cullington, Thomas N. Corns und Gordon Campbell. Oxford 2012 [EA: 1825].
Quiring, Björn. „Milton's God and Hobbes' Leviathan. Elective Affinities". *Natur und Herrschaft. Analysen zur Physik der Macht*. Hg. von Kay Jankrift, Alexander Kagerer, Christian Kaiser und María Ángeles Martín Romera. Berlin/New York 2016: 273–284.

Kleist: Michael Kohlhaas

Andrea Allerkamp

Kleists *Michael Kohlhaas*, 1810 erstmalig vollständig erschienen in einem Erzählband, der als „vermeintlichen?" Untertitel „*aus einer alten Chronik*" anführt (Müller-Salget 2005, 706), stellt vermutlich die extremste Quelle für literarische Rechtserkenntnis dar. Die „Poetik der Querulanz" befolgt „eine mimetisch-parasitäre Logik", in der sich aristokratischer Nepotismus und der Aufstand eines einzelnen Subjekts in der Tradition frühbürgerlich-aufklärerischer Adelskritik gegenüberstehen (Gaderer 2012, 45). Kleists Novelle in fünf Akten – Goethe definiert die Gattung als eine „sich ereignete unerhörte Begebenheit" (Eckermann 1986, 203) – gehört längst zum Kanon der Recht-und-Literatur-Forschung. Die Forschung (Überblick bei Hamacher 2009) betont die Fülle der Referenzen: Rechtsphilosophien des Absolutismus, der Aufklärung und der Romantik – darunter Hobbes, Grotius, Kant, Rousseau, Madihn, Feuerbach, Thomasius bis hin zu Garve – seien wiederzuerkennen. Die kontrastiv-verwirrende Gegenüberstellung verschiedener Rechtssysteme bringe eine kontinuierliche Bewegung des Ausweichens hervor (Gaderer 2011, 535). In der Folge wurde *Kohlhaas* nicht nur zum Klassiker für das Verhältnis von Recht und Literatur (Voßkuhle und Gerberding 2014), sondern sogar zum „Pflichtstoff für jede juristische Anfängervorlesung" (Naucke 2000, 111).

In der Erzählung wird die historische Vorlage des Hans Kohlhase aus dem 16. Jahrhundert zum „Statthalter Michaels, des Erzengels" (Kleist 1990, 140) verklärt. Die Revolte im Namen einer „provisorischen Weltregierung" (141) erweist sich als ansteckend; solch eine staatsgefährdende „Verrückung" (141) ins Numinose kommt nicht ungestraft davon. Am Ende greift zwar das subjektive Recht auf wiederhergestelltes Eigentum, Kohlhaas aber wird wegen „Verletzung des öffentlichen, kaiserlichen Landfriedens zur Rechenschaft" gezogen (257) und als krimineller Querulant verurteilt. Vor der Hinrichtung spielt ihm eine Zigeunerin, die seiner Frau Lisbeth befremdlich ähnelt, einen Zettel mit Prophezeiungen über die Zukunft des sächsischen Kurfürstengeschlechts in die Hand, den Kohlhaas als letztes Mittel zur Rache vernichtet.

Kleists „Lehrnovelle über einen Paragraphenreiter aus Rechtsgefühl" (Bloch 1985, 93) – sprachgeschichtlich handelte es sich um eine noch junge Bezeichnung, die eng mit der Sattelzeit um 1800, den Folgen der Reformation und der Entfaltung des modernen Rechtswesens verbunden war (Döderlein 2017, 29) – zeigt einen „Archetypus des Bürgers im Kampf um das Recht, das ihm die Institutionen der Gesellschaft verweigern" (Bogdal 1981, 7). Es ist die Geschichte einer Eskalation: Beim Grenzübertritt von Brandenburg nach Sachsen wird der Rosshändler mit seinen Pferden vom Zollwärter überraschend aufgehalten. Zwar zahlt Kohlhaas die geforderte Summe, weigert sich jedoch, den angeblich benötigten Passschein zu lösen. Erst als er seine beiden „wohlgenährten und gesunden" Rappen (Kleist 1990, 78) als Pfand in der Burg des Junkers Wenzel von Tronka zurücklässt, darf er weiterziehen. Statt seine Pferde wie geplant in Leipzig zu verkaufen, gelangt Kohlhaas nach Dresden, wo er erfährt, „daß die Geschichte von dem Paßschein ein Mährchen sey" (73). Das dort ausgestellte Gerichtsschreiben nützt jedoch nichts, bei seiner Rückkehr in die Tronkenburg findet er zwei abgehärmte Mähren vor. Kohlhaas weigert sich, sie als die seinen anzuerkennen, reitet nach Kohlhasenbrück, um seinen von der Burg verjagten Knecht Herse über den Fall zu vernehmen, klagt gegen die Willkür des Junkers von Tronka, der durch eine korrupte und einflussreiche Kamarilla am sächsischen Hof geschützt wird, was eine Anklageerhebung verhindert und zur Erfahrung eines fortgesetzten Unrechts führt. Nach dem Begräbnis seiner am Hofe tödlich verletzten Frau beginnt das „Geschäft der Rache" (116). Kohlhaas setzt einen Fehdebrief auf, um nach Verstreichen der Frist Wittenberg dreimal in Brand zu stecken. Doch der Angriff auf Leipzig kann die Auslieferung des Junkers nicht erzwingen; allein ein – mit dem historischen Kohlhase tatsächlich stattgefundenes – Treffen in Dresden mit Luther, der Selbstjustiz und Gottlosigkeit verurteilt, hält den Rachefeldzug dank eines Versprechens auf Amnestie kurzzeitig auf – freilich um den Preis eines verweigerten Abendmahls. In weiteren Verwicklungen, zu der auch die Taktik der Prozessverschleppung durch die Tronka-Sippe gehört, wird Kohlhaas am kaiserlichen Reichsgericht in Wien schließlich wegen Landfriedensbruchs verurteilt; er stirbt einen ehrenvollen Tod durch das Schwert, während seiner Klage gegen den Junker in allen Punkten stattgegeben wird.

Die katastrophalen Folgen eines Unrechts enden in einer schonungslosen Unterwerfung: „Fehderecht, Heiliges römisches Recht, protestantisches und katholisches Kirchenrecht sowie Naturrecht begleiten und verfolgen den Rosshändler wie sein eigener Schatten" (Gaderer 2012, 40). Kohlhaas' „Rechtgefühl, das einer Goldwaage glich" (Kleist 1990, 76) – über die Auslassung des Bindungsgenitivs ist viel spekuliert worden –, beruft sich auf gesellschaftsvertragliches Denken. Demzufolge verlangt das Heraustreten aus dem Naturzustand nach einem rechtlich verfassten Zustand, um ein soziales Zusammenleben zu ermöglichen. Wenn aber der Einzelne auf gewisse Rechte und Freiheiten verzichtet, erwartet er dafür eine Gegenleistung. Genau das fordert Kohlhaas, wenn er Luther gegenüber geltend macht, wessen er „zum Gedeihen [s]eines friedlichen Gewerbes" bedarf: des „Schutz[es] der Gesetze" (151; → IV.1 PRECHT). Die Rebellion gegen Adelsdünkel, Staats- und Justizwesen wirft zeitgenössische Kontroversen um das Widerstandsrecht auf. Was passiert, wenn Sicherheit für Leib und Leben, Hab und Gut ausbleibt, alle rechtlichen Möglichkeiten bis zum Äußersten ausgeschöpft sind und der Gesellschaftsvertrag hinfällig wird? Wenn Kohlhaas seinen Versuch, sich mit der Keule in der Hand Recht zu verschaffen, als Folge einer Vertreibung „zu den Wilden der Einöde hinaus" (151) zu rechtfertigen sucht, so bezweifelt Kleists Luther das Widerstandsrecht zunächst kategorisch „so lange Staaten bestehen" (151), revidiert dies jedoch später vor dem Kurfürsten von Sachsen: Kohlhaas sei „auf gewisse Weise außer der Staatsverbindung gesetzt worden" (161). Luthers Vermittlungsversuch endet heillos, ohne dramatischen Effekt. Eine Lösung bleibt aus, es kommt zu Rebellion und Richterspruch.

Die Erzählung erscheint somit als rechtsphilosophischer Testfall: Für Locke, Ideengeber der Amerikanischen Revolution und Verfechter des Widerstandsrechts, hat die durch den Gesellschaftsvertrag konstituierte Regierung die Aufgabe, die Naturrechtsgüter Freiheit, Leben und Eigentum des Einzelnen bzw. des Volkes zu schützen. Wird dieser Vertragszweck durch rechtswidrige Angriffe in sein Gegenteil verkehrt, so entspricht dies einer Kriegserklärung an das Volk. Widerstand erscheint dann als besondere Form des natürlichen Selbstverteidigungsrechts, was allerdings voraussetzt, dass keine effektive Rechtsschutzinstanz zur Verfügung steht (Locke 1977). Für Immanuel Kant erledigt sich dagegen das Recht zum Widerstand durch das „oberste Prinzip [...], von welchem alle Maximen, die ein gemeinsames Wesen betreffen, ausgehen müssen" (Kant 1971, 298). Auf den Einwand, dem Volk werde „unter einer gewissen jetzt wirklichen Gesetzgebung seine Glückseligkeit" (297) vorenthalten, entgegnet Kant mit einem entschiedenen Aufruf zur Gehorsamkeit. Im Namen des Widerstandsrechts könne man sich nicht die Stellung eines Souveräns anmaßen, so Kants Argument.

Dem leidenden Rächer Kohlhaas, „ein zum Leben erwachtes Oxymoron" (Földényi 1999, 390), geht es jedoch nicht um ein glückliches Leben (Frommel 1988/1989, 357); sondern, nachdem Haus und Hof verkauft sind und die geliebte Lisbeth verloren ist, darum, Rechte ganz grundsätzlich durchzusetzen. Als „einer der rechtschaffensten zugleich und entsetzlichsten Menschen seiner Zeit" (Kleist 1990, 63) verkörpert Kohlhaas einen wichtigen Grundsatz in Luthers Anthropologie: Der Mensch ist gerecht und sündig zugleich (*simul iustus et peccator*, Breuer 2009, 102). Pflichtgefühl, Konsequenz, Ablehnung der instrumentellen Rationalität – diese Tugenden zeigen zum einen die patriotische „Enttäuschung über ein Land, das [bürgerliche] Rechte nicht schützen will" (Blamberger 2011, 422), zum anderen charakterisieren sie Kohlhaas als Gegner rigoroser Vernunftlehren, was auf eine Leerstelle in der politischen Philosophie weist. Nicht einem absolut gesetzten Staat gilt der Kampf, sondern der Anerkennung der „Wirklichkeit eines nicht zu verwirklichenden Rechts" (Voßkuhle und Gerberding 2014, 244). Die naturrechtlich begründete Geste, „kraft der ihm angeborenen Macht" einen „Rechtsschluß" (Kleist 1990, 116) zu verfassen, wirft die Frage nach einer sich selbst legitimierenden Herrschaft auf. Lehrt Kohlhaas' Rechtsgefühl nicht sogar noch „Rousseau und Kant das Fürchten" (Kreutzer 1990, 75)? Ernst Bloch formulierte es so: „Kohlhaas ist der Immanuel Kant der Rechtslehre – als Don Quichotte" (Bloch 1985, 96).

Mit ihrer Gegenüberstellung von Recht und Gerechtigkeit ebnet die Novelle den Weg für Walter Benjamins „Kritik der Gewalt" (Castendyk 2021): „Alle Gewalt ist als Mittel entweder rechtssetzend oder rechtserhaltend" (Benjamin 1977, 190). In Berufung auf den Rechtshistoriker Rudolf Jhering macht Benjamin 1920 eine „reine Gewalt" geltend, die erst wirksam werde, „wenn sie in sittliche Verhältnisse eingreift" (179). Während das institutionalisierte Recht mithilfe autoritären Zwangs der Konfliktvermeidung diene, könnten sittliche Umgangsformen zur „gewaltlosen Einigung" beitragen (191). Aus dieser rechtskritischen Perspektive einer „Quelle und Form von Gewalt, die von so umstürzlerischer Art ist, daß sie der gewaltsamen Institution des Rechts im Ganzen ein Ende bereiten kann" (Honneth 2011, 193), erscheint Kohlhaas folgerichtig als zweckbefreiter „Märtyrer seines Rechtsgefühls" (Jhering 1992, 121), der „für sich selber gar nichts, alles nur für andere begehrt" (155).

Die Kohlhaas-Figur ist arg beansprucht worden. Propagandaminister Goebbels wie Widerständler um Stauffenberg beriefen sich auf das scheinbar gleiche Recht auf Notwehr. Mal ist Kohlhaas Terrorist, mal tugendhafter Rebell, mal die Idealverkörperung preußischer Tugenden. In der Literatur ist die Liste lang und kontinental übergreifend, exemplarisch seien Ursula Krechels Nachkriegsroman *Landgericht* (Krechel 2012) oder J. M. Coetzees Südafrikaparabel *Zeit und Leben des Michael K.* genannt (Coetzee 2002). Die komplizierte Verschränkung rechtsphilosophischer Gedanken vom Mittelalter bis zum Absolutismus und zwischen Aufklärung und Romantik sagt weniger etwas über Kleists tatsächliche Rechtskenntnisse als über den historischen Fall aus: Die Vermischung von Fiktion und Fakt (→ II.2 Gencarelli), die komplexe Relationalität der Figuren, die „unerhörte Begebenheit" einer verfahrensrechtlich unmöglichen Wiedergutmachung – die Dickfütterung der Rappen kommt viel zu spät –, all das macht aus Kleists Novelle einen Musterfall für die Unversöhnlichkeit von Recht und Gefühl. Umsturz und Restitution lassen sich nicht miteinander verbinden (Roussel 2018). Wie im filmischen Geschehen, in dem sich das Aufeinandertreffen von Bildern im Akt des Zuschauens erst unbewusst realisiert, kommt es dank Ironie, Paradox und montagehafter Syntax zu einer produktiv-spannungsgeladenen Verweigerung von Eindeutigkeit (Bogdal 1981, 28). Als „unreine Fiktionen" einer beunruhigend medialen Selbstermächtigung, so Christians im Anschluss an René Girard (Christians 2008), laufen Kohlhaas und seine Erben heute weiter und mehr denn je Amok.

Literatur

Blamberger, Günter. *Heinrich von Kleist. Biographie*. Frankfurt a. M. 2011.
Benjamin, Walter. „Zur Kritik der Gewalt". Ders. *Gesammelte Schriften*. Bd. II, 1: *Aufsätze, Essays, Vorträge*. Hg. von Rolf Tiedemann und Hermann Schweppenhäuser. Frankfurt a. M. 1977: 179–203.
Bloch, Ernst. *Naturrecht und menschliche Würde*. Frankfurt a. M. 1985 [EA: 1961].
Breuer, Ingo. „Michael Kohlhaas". *Kleist-Handbuch*. Hg. von dems. Stuttgart 2009: 97–106.
Bogdal, Klaus-Michael. *Heinrich von Kleist: ‚Michael Kohlhaas'*. Paderborn 1981.
Castendyk, Stephanie. *Das unverstandene Gesetz bei Walter Benjamin und Heinrich von Kleist*. Würzburg 2021.
Christians, Heiko. *Amok. Geschichte einer Ausbreitung*. Bielefeld 2008.
Coetzee, J. M. *Leben und Zeit des Michael K*. Übers. von Wulf Teichmann. Frankfurt a. M. 2002 [EA: 1983].
Döderlein, Katharina. *Die Diskrepanz zwischen Recht und Rechtsgefühl in der Literatur. Ein dramatischer Dualismus von Heinrich von Kleist bis Martin Walser*. Würzburg 2017.
Eckermann, Johann Peter. *Gespräche mit Goethe in den letzten Jahren seines Lebens*. Hg. von Heinz Schlaffer. Johann Wolfgang Goethe. *Sämtliche Werke nach Epochen seines Schaffens*. Münchner Ausgabe. Bd. 19. München/Wien 1986.
Földényi, László F. *Heinrich von Kleist. Im Netz der Wörter*. München 1999.
Frommel, Monika. „Die Paradoxie vertraglicher Sicherung bürgerlicher Rechte". *Kleist-Jahrbuch* 1988/1989: 357–374.
Gaderer, Rupert. *Q – Querulanz*. Hamburg 2012.
Gaderer, Rupert. „Michael Kohlhaas (1808/10). Schriftverkehr – Bürokratie – Querulanz". *Zeitschrift für deutsche Philologie* 4 (2011): 531–544.
Hamacher, Bernd. „Schrift, Recht und Moral. Kontroversen um Kleists Erzählen anhand der neueren Forschung zu ‚Michael Kohlhaas'". *Heinrich von Kleist. Neue Wege der Forschung*. Hg. von Inka Kording und Anton Philipp Knittel. Darmstadt 2009: 254–278.
Honneth, Axel. „‚Zur Kritik der Gewalt'". *Benjamin Handbuch*. Hg. von Burkhardt Lindner. Stuttgart 2011: 193–210.
Jhering, Rudolf von. *Der Kampf ums Recht*. Freiburg i. Br. 1992 [EA: 1872].
Kant, Immanuel. „Über den Gemeinspruch". Ders. *Akademie Ausgabe*. Bd. VIII: *Abhandlungen nach 1781*. Berlin 1971.
Kleist, Heinrich von. *Michael Kohlhaas (1810)*. Ders., *Sämtliche Werke*. Berliner Ausgabe. Bd. II/1. Hg. von Roland Reuß und Peter Staengle. Basel 1990.
Krechel, Ursula. *Landgericht*. Salzburg 2012.
Kreutzer, Hans-Joachim. „Wann lebte Michael Kohlhaas? Über die ästhetische Einheit der Erzählung Kleists". *Literatur und Geschichte 1788–1988*. Hg. von Gerhard Schulz und Tim Mehigan. Bern 1990: 67–80.
Locke, John. *Zwei Abhandlungen über die Regierung*. Hg. von Walter Euchner. Frankfurt a. M. 1977.
Müller-Salget, Klaus. „Kommentar: Michael Kohlhaas". Heinrich von Kleist. *Sämtliche Erzählungen. Text und Kommentar*. Hg. von dems. Frankfurt a. M. 2005: 705–768.
Naucke, Wolfgang. „Die Michael-Kohlhaas-Situation. Ein juristischer Kommentar". *Heinrich von Kleist. Michael Kohlhaas (1810)*. Hg. von dems. und Joachim Linder. Baden-Baden 2000: 111–129.

Roussel, Martin. *‚Restitutio in integrum'. Schurken und das ‚Verfahrensrecht' der Literatur im Ausgang von Schiller und Kleist.* Conference Paper. German Studies Association. https://www.researchgate.net/publication/340081066. Pittsburgh 2018 (31. März 2021).

Voßkuhle, Andreas und Johannes Gerberding. „,Michael Kohlhaas' und der Kampf um das Recht". *Heinrich von Kleist. Neue Ansichten eines rebellischen Klassikers*. Hg. von Werner Frick. Freiburg i. Br. 2014: 231–255.

Dostoevskij: *Prestuplenie i nakazanie (Schuld und Sühne)*

Irina Wutsdorff

Der Titel *Prestuplenie i nakazanie* (1866) wurde im Deutschen meist mit *Schuld und Sühne* wiedergegeben, zuletzt mit *Verbrechen und Strafe*. Noch genauer wäre *Übertretung und Zurechtweisung*, da „die russischen Termini" zwar „mehr juristische als moralphilosophische Begriffe [sind]", aber „auch den Hinweis auf die ethischen Grundlagen des Rechts [enthalten]" (Müller 1988, 817). Im Zentrum steht das Kapitalverbrechen eines Mordes, anhand dessen die Frage nach Schuld verhandelt wird. Es geht nicht um die Suche nach dem Täter, sondern um dessen „Zurechtweisung" auf den rechten Weg, den er schließlich in der Bekehrung zum Glauben findet. Wer der Mörder ist, wissen Leserinnen und Leser von Anfang an, weil sie noch vor der Tat Einblick in die Gedanken und Pläne des Studenten Raskol'nikov erhalten, eine alte Wucherin umzubringen, um sich ihrer Reichtümer zu bemächtigen. Obwohl ihm – durch eine unwahrscheinliche Aneinanderreihung von Zufällen – der perfekte, nicht nachweisbare Mord gelingt, ahnt der Untersuchungsrichter Porfirij sehr schnell in ihm den Täter und sucht ihn psychologisch äußerst geschickt zu überführen. Nur aufgrund seines Geständnisses, das er schließlich öffentlich ablegt, kann Raskol'nikov juristisch belangt und zu Zwangsarbeit in Sibirien verurteilt werden. Im Epilog tritt zu dieser freiwilligen Unterwerfung unter das weltliche Rechtssystem die Hinwendung zum Glauben, befördert durch die aufopferungsvolle, mitleidsvolle Liebe Sonjas. Auch mit ihr, der tief Gläubigen, die sich prostituiert, um das Überleben ihrer (Stief-)Familie zu sichern, führt Raskol'nikov – strukturparallel zu denen mit Profirij (Neuhäuser 1979) – drei lange Gespräche und offenbart ihr seine Tat. Bei ihrer ersten Zusammenkunft lässt er sich die Geschichte von der Auferweckung des Lazarus aus dem Johannes-Evangelium vorlesen, die sich schließlich an ihm bewahrheitet: Nach Überwindung einer schweren Krankheit kann er die Liebe Sonjas, die ihm in die Verbannung folgt, erwidern und sich „ihre Überzeugungen" (Dostojewskij 2012, 744) – ihren Glauben – zu eigen machen. Die verbrecherische ‚Übertretung' Raskol'nikovs besteht so gesehen bereits im Abfall vom Glauben. In seinem Zweifeln, seiner Zerrissenheit und Gespaltenheit, von der auch sein Name (*raskol*, dt. ‚Spaltung') kündet, steht er exemplarisch für den modernen Menschen. Es ist die Problematik der (Un-)Vereinbarkeit von gelebtem Glauben und einer mit Rationalität und Zersplitterung assoziierten Moderne, die der Roman verhandelt, wobei er auf eine ethische Frage eine religionsphilosophisch fundierte Antwort zu geben sucht.

In diesem Sinne liest Veldhues (1998) den Roman gegen die Folie der zur gleichen Zeit entstehenden Gattung des Kriminalromans und zeigt auf, dass das eigentliche Verbrechen in der bereits vor der präsentierten Handlung einsetzenden, vom Glauben abgefallenen, Ratio-betonten modernen Denkart Raskol'nikovs besteht. Die entscheidende Lösung liegt dann in Raskol'nikovs im Epilog als Auferstehung markiertem Aufbruch zu einem wahren Leben im Glauben. Indem Raskol'nikov das Leid der sibirischen Verbannung annimmt, erringt er die Vereinigung mit dem Volk, von dem er durch seinen grüblerischen Individualismus abgesondert war. Potentiell befähigt ihn diese Überwindung der Vereinzelung qua Demut sogar dazu, die gesamte Menschheit zu einem wahren Leben im Glauben zu retten. Die literarische Figur Raskol'nikov erscheint insofern als Verkörperung von Dostoevskijs Überzeugung von der messianischen Rolle des russischen Volkes zur Erfüllung des Allmenschentums, wie er sie als Publizist in seinem *Tagebuch eines Schriftstellers* (1873, 1876/1877, 1881) formuliert.

Philosophische Lesarten, die an inhaltlichen Anhaltspunkten ansetzen, konzentrieren sich auf die von Raskol'nikov artikulierte, im Text allerdings diskreditierte „napoleonische Idee" (Neuhäuser 1979; Wörn 1998; Morillas 2008; Morson 2010): In einem Aufsatz mit dem Titel „Über das Verbrechen" formuliert Raskol'nikov die Idee, dass die Menschheit in zwei Teile zerfällt. Während die meisten in der herkömmlichen Ordnung dahinleben, gebe es eine kleine Schar von Außergewöhnlichen, die als politische, militärische oder auch wissenschaftliche Führerfiguren an keine Normen und Grenzen gebunden seien.

Früh schon (Berg 1897, 102–109; Schestow 1924) ist hierin eine Antizipation von Nietzsches Übermenschidee gesehen worden (Morillas 2008). Folgenreich für den deutschen Kontext war das Nachwort des symbolistischen Dichterphilosophen Dmitrij Merežkovskij zu der Übersetzung E. K. Rahsins. Der Roman stellt für ihn eine „Auseinandersetzung[ ] des russischen Geistes mit Napoleon als der Verkörperung des westeuropäischen Geistes" (Merežkovskij 1980, 745) dar. Denn Dostoevskij habe mit der Desavouierung von Raskol'nikovs Idee die „religiöse" „Kraftlosigkeit der napoleonischen Idee aufgedeckt" (745): „Unbegrenzte Freiheit, unbegrenztes Ich, vergöttertes Ich, Ich-Gott, – das ist das letzte, kaum zu Ende gesprochene Wort dieser Religion, die Napoleon mit so genialem Instinkt vorausgesehen hat" (755).

Während Merežkovskij ‚Napoleon' als Chiffre für den mit Westeuropa assoziierten Geist des Rationalismus deutet, der im historischen Napoleon seine Verkörperung gefunden hat, wird häufig auf den 1865 erschienenen ersten Teil der *Histoire de Jules César* von Napoleon III. und damit auf eine zeitgenössische Quelle Dostoevskijs verwiesen, die ihm bekannt war (Morillas 2008, 129). Darin findet sich die „Verherrlichung der großen historischen Gestalten der Weltgeschichte und [die] Rechtfertigung ihres keine moralischen Schranken achtenden Übermenschentums" (Wörn 1998, 46). So zeigen sich im Roman die Überlegungen Raskol'nikovs tatsächlich in seiner Besprechung eines nicht genannten, aber gerade erschienenen Buches. Joseph Frank (1995, 69–79) nennt als eine wahrscheinlichere Quelle hingegen Dmitrij Pisarevs Aufsatz „Bazarov" (1981), in dem dieser sich zu dem Protagonisten von Ivan Turgenevs Roman *Väter und Söhne* (1862) äußert und damit Stellung bezieht innerhalb der Diskussionen zum *Wertenihilismus*. Für Pisarev hebt Bazarov sich verächtlich von der Masse und ihren Normen ab, um so für das Wohl der Masse tätig werden zu können.

So vielfältig die Erklärungen sind, weshalb Raskol'nikovs Idee als ‚napoleonisch' bezeichnet wird, treffen sie sich doch in der Diagnose, es sei eine für die (mit Westeuropa assoziierte) Moderne grundlegende Geisteshaltung gemeint, die sich in so unterschiedlichen Formen wie Rationalismus, Nihilismus, Sozialismus realisiert. Nicht nur bei Dostoevskij wurden damals mit diesen „[C]odewörtern", „die im Sinne von stenographischen Kürzeln für Ideologien, Konzepte, Begriffe stehen" (Neuhäuser 1979, 180), die entsprechenden Diskurse aufgerufen. Ähnlich steht das Codewort „euklidischer Verstand" im Roman für die fälschliche Verengung menschlichen Denkens auf die Ratio (Müller 1988). All diese Erscheinungen werden äußerst kritisch beleuchtet, um ihnen implizit die Idee der *počvenničestvo* (dt. ‚Bodenständigkeit') gegenüberzustellen. Unter diesem Begriff propagiert Dostoevskij als Publizist, slawophile Denkmuster aufnehmend, eine Annäherung der westlich ‚verbildeten' Intelligenzija an die Ursprünglichkeit von Volk und Heimatboden. Im Roman verkörpert Raskol'nikovs sympathisch gezeichneter Studienfreund Razumichin – in dessen Name das Wort *razum* (dt. ‚Verstand') steckt (Wörn 1998, 51–52) – eine solche Kombination von Bildung und Bodenständigkeit. Auf diese Idee verweist auch, dass Raskol'nikov auf Geheiß Sonjas – deren Name auf die in der Orthodoxie verehrte Verkörperung göttlicher Weisheit Sophia verweist (Wörn 1998, 53–54) – seine Schuld nicht nur vor der weltlichen Ordnungsmacht, sondern zunächst öffentlich vor dem Volk bekennt und sich verneigend den Boden küsst.

Raskol'nikovs Artikel „Über das Verbrechen" wird allerdings nicht als eingelegter Text präsentiert, sondern der Untersuchungsrichter Porfirij referiert ihn. Mit der Frage, ob jemand sich fälschlicherweise zu den Auserwählten rechnen und deshalb berechtigt sehen könnte, sich „über ein Hindernis hinwegzusetzen[,] [b]eispielsweise zu morden und zu rauben" (358), benennt er Raskol'nikovs Irrweg, seine ‚Übertretung'. Insofern er Raskol'nikov außerdem dreimal nach seinem Glauben (352–353) fragt und so auf dessen Errettung vorverweist, ist dies eine jener Gesprächsszenen, an denen Michail Bachtin (1971) sein Konzept vom dialogischen Wort bei Dostoevskij entwickeln konnte: Durch Nachfragen wird hier ein falsches Bewusstsein erschüttert und zugleich auf die allein bei Gott liegende letzte Antwort verwiesen, auf das verantwortlich bzw. antworthaft zu gestaltende Sein eines Menschen, der dieser sich letztlich im Glauben zu überantworten hat.

Die Szene ist auch deshalb exemplarisch, weil hier mit der ‚napoleonischen Idee' eine Begründung für die Tat desavouiert wird – wie andere mögliche Motive zuvor auch. Dostoevskij ruft die entsprechenden, mit Erscheinungen der Moderne zusammenhängenden Diskurse auf, um sie alle miteinander durchzustreichen: So klingen etwa in der sehr plastisch geschilderten Armut und dem sozialen Elend des Viertels um den Heumarkt die zeitgenössischen Theorien zum Determinismus von Verbrechen an – zum Beispiel von Taine –, die diesen Zuständen begegnenden radikalen Ideen des Sozialismus und Utilitarismus der Sozialrevolutionäre oder die Verpönung dieser Ideen unter dem Stichwort ‚Nihilismus' durch die Konservativen. Verknüpft sind all diese Diskurse mit dem Codewort ‚Napoleon', das auch insofern für den zur (Un-)Tat bereiten außergewöhnlichen Menschen steht, als Napoleon III. seinen Präfekt Georges-Eugène Haussmann genau solchen sozialen Missständen radikal mit dem rational durchstrukturierten Umbau der Stadt entgegenwirken ließ (Lindenmeyer 1984).

In solchen Verknüpfungsverfahren qua Äquivalenz liegt die genuin literarische Weise des Textes, zu ‚philosophieren'. Nicht argumentativ werden Gedanken verkettet, sondern assoziativ, sodass die ‚napoleonische Idee' zu einem Codewort wird, das nicht eine bestimmte, sondern ein Konglomerat von als ‚falsch' desavouierten Weltanschauungen markiert. Als inadäquat werden sie dargestellt, weil sie einen ganzheitlichen Zugang zur Welt nicht (mehr) zu bieten vermögen, sondern nur Teilaspekte erfassen, worin sie im negativen Sinne als typisch modern erscheinen.

Auch in Dostoevskijs weiteren Romanen sind es die großen Zweifler, die im Laufe der Rezeptionsgeschichte besonders viel Aufmerksamkeit auf sich zogen – allen voran Ivan in *Die Brüder Karamazov*, der textinterne Autor des Poems vom Großinquisitor, das in extremer Zuspitzung die Frage der Theodizee behandelt. Rainer Grübel (2009) hat hierzu allein 58, in ideologischer Hinsicht äußerst divergente Deutungen gefunden. Dostoevskijs literarische Texte bewahren eine gewisse Offenheit, auch wenn er mit ihnen wirkungsästhetisch offenbar dieselbe ideologische Position intendiert wie mit seiner Publizistik. So wird jenseits des Haupttextes im Epilog Raskol'nikovs Bekehrung dargestellt und eine „große Tat" (Dostojewskij 2012, 744) zwar angekündigt, aber nicht ausgeführt. Solch ein impliziter Verweis auf ein Eigentliches, womöglich Unsagbares ist nur in der Literatur möglich (Wutsdorff 2014).

Literatur

Bachtin, Michail. *Probleme der Poetik Dostoevskijs*. München 1971 [OA: 1963].
Berg, Leo. *Der Übermensch in der modernen Literatur. Ein Kapitel zur Geistesgeschichte des 19. Jahrhunderts*. Paris/Leipzig/München 1897.
Dostojewskij, Fjodor. *Verbrechen und Strafe. Roman*. Übers. von Swetlana Geier. 15. Aufl., Frankfurt a. M. 2012 [OA: 1866].
Frank, Joseph. *Dostoevsky. The Miraculous Years 1865–1871*. Princeton 1995.
Grübel, Rainer. „Nachwort des Herausgebers. Von großen Sündern und von Großinquisitoren. Rosanows Kommentar und die Rezeption der erzählten Parabel". *Dostojewskis Legende vom Großinquisitor. Versuch eines kritischen Kommentars*. Hg. von Wassili Rosanow. Oldenburg 2009: 231–411.
Lindenmeyr, Adele. „Raskolnikov's City and the Napoleonic Plan". *Dostoevsky. New Perspectives*. Hg. von Robert Louis Jackson. Englewood Cliffs 1984: 99–110.
Merežkovskij, Dmitrij. „Nachwort". F. M. Dostojewski. *Rodion Raskolnikoff. Schuld und Sühne. Roman*. München 1980: 745–778 [EA: 1920].
Morillas, Jordi. „Über das Verbrechen. Raskolnikows philosophische Lehre". *Dostoevsky Studies* 12 (2008): 123–137.
Morson, Gary Saul. „Tradition and Counter-Tradition. The Radical Intelligentsia and Classical Russian Literature". *A History of Russian Thought*. Hg. von William Leatherbarrow und Derek Offord. Cambridge 2010: 141–168.
Müller, Ludolf. „Prestuplenie i nakazanie". *Kindlers Neues Literatur Lexikon*. Bd. 4. Hg. von Walter Jens. München 1988: 817–819.
Neuhäuser, Rudolf. „Dostojewskij. Schuld und Sühne". *Der russische Roman*. Hg. von Bodo Zelinsky. Düsseldorf 1979: 161–187.
Pisarev, Dmitrij. „Bazarov. ‚Otcy i deti', Roman I. S. Turgeneva". *Literaturnaja kritika v trech tomach. Tom pervyj. Stat'i 1859–1864gg*. Leningrad 1981: 230–281.
Schestow, Leo. *Dostojewski und Nietzsche. Philosophie der Tragödie*. Köln 1924 [OA: 1903].
Veldhues, Christoph. „Modernekritik im Kriminalroman (am Beispiel von ‚Schuld und Sühne')". *Polyfunktion und Metaparodie*. Hg. von Rudolf Neuhäuser. Dresden 1998: 74–116.
Wörn, Dietrich. „F. M. Dostojewskis Roman ‚Schuld und Sühne' oder ‚Verbrechen und Strafe'. Eine Einführung". *Fjodor Michailowitsch Dostojewski. Dichter, Denker, Visionär*. Hg. von Heinz Setzer, Ludolf Müller und Rolf-Dieter Kluge. Tübingen 1998: 45–62.
Wutsdorff, Irina. „Sagbares und Unsagbares. Zur Gestaltung der Grenzen des Textes bei Dostojewskij". *Wer wagt es, solche Fragen vorzulegen? Dostojewskijs Weltanschauung*. Hg. von Gudrun Goes. *Jahrbuch der Deutschen Dostojewskij-Gesellschaft* 21 (2014): 163–187.

Proust: À la recherche du temps perdu (*Auf der Suche nach der verlorenen Zeit*)

Hermann Doetsch

Als Marcel Proust 1908 die ersten Notizen zu seinem neuen Projekt niederschreibt, ist er sich unschlüssig, welche Form diese Unternehmung annehmen soll: Roman oder philosophisches Werk (Proust 1976, 61)? Nach dem Besuch von Kursen und Vorlesungen bei führenden Philosophen wie Émile Boutroux oder Gabriel Séailles hat Proust 1895 eine *Licence* in Philosophie erworben und verfügt so über mehr als Grundkenntnisse in der Geschichte der Philosophie, die er durch eigene Lektüren, insbesondere von Schopenhauer und Nietzsche, weiter vertieft. Über die Klassiker der Philosophie hinaus beschäftigen Proust Randbereiche, wo sich Philosophie, Ästhetik (John Ruskin), Moralistik (Ralph W. Emerson), Sozialwissenschaften und Psychologie (Pierre Janet, Victor Egger) überschneiden.

Die zeitgenössische Neuausrichtung der Wissensordnungen war für Proust immer schon weniger eine Frage der unterschiedlichen Konzeptualisierung als eine der Aussagemodalität. So ist Marcel — Protagonist und Erzähler des Romans — vom Stil des fiktiven Schriftstellers Bergotte, dessen Romane ihm eine neue Art zu denken erschließen (Proust 1987–1989, I, 92–93), ebenso fasziniert wie Proust selbst von Flaubert, dessen innovativer Gebrauch von narrativen und stilistischen Verfahren zur Erneuerung unserer Sicht der Wirklichkeit fast ebenso viel beigetragen habe wie Kants Erkenntnistheorie (Proust 1971, 586). Die philosophische Dimension des Romans kann sich also nur in der Konzentration auf die eigenen stilistischen Ausdrucksmittel entfalten. Indem À la *recherche du temps perdu* die Möglichkeiten des Romans selbst reflektiert, verhandelt es auch die Grenzen zwischen Literatur und Philosophie neu. Wer Prousts Denken auf die Spur kommen will, kann sich weder auf die Frage nach einer „Philosophie im Roman", wie sie sich in Gesprächen zwischen Figuren oder in philosophischen Konzepten und Theorien des Erzählers zeigen könnte, noch auf die einer „Philosophie des Romans" (Landy 2004, 11; Descombes 1987, 9–21) als Theorie einer Wirklichkeit beschränken. Stattdessen gilt es, den Roman als eigenständige Form des Nachdenkens verstehen zu lernen (Link-Heer und Roloff 1997; → III.4 SCHILDKNECHT; → IV.3 VALDIVIA).

Auf der Ebene der erzählten Geschichte spielt Philosophie eine unbedeutende Rolle: in der Salonkonversation bildet sie einen Gegenstand unter vielen: Brichots Extempora zu Kant (Proust 1988, 786) sind eher oberflächlich; Äußerungen wie die von Mme de Cambremer zu Schopenhauer oder Cottard zu Goethe und Nietzsche (Proust 1989, 318, 358) haftet sogar etwas Lächerliches an.

Im Gegensatz dazu ist der Diskurs des Erzählers gesättigt mit philosophischen Konzepten. Im letzten Band, „Le temps retrouvé", gewinnt die Reflexion Oberhand über die Erzählung, der Erzähler entwirft quasi eine philosophische Ästhetik des Romans. Es häufen sich platonisierende Begriffe wie ‚Essenz' oder ‚Idee' (Champigny 1958; Deleuze 2014, 127–139). Die Bezüge bleiben jedoch antisystematisch bzw. eklektisch (Fraisse 2019) und lassen sich keinesfalls auf einzelne Gedanken, Philosopheme oder Schulen reduzieren. Es wäre deshalb verfehlt, den Roman als illustrierte Philosophie oder philosophische Ästhetik zu lesen (Bensussan 2020, 85–86). Dennoch entfaltet sich das Universum der ‚Recherche' vor dem Hintergrund einer epistemologischen Problematik, deren Rahmen durch französische (Maine de Biran, Ravaisson) und besonders deutsche (Leibniz, Kant, Schelling, Nietzsche) Denktraditionen sowie durch die zeitgenössische Psychologie (Théodule Ribot, Pierre Janet; Contini 1988) und Soziologie (Gabriel Tarde) gebildet wird.

Immer wieder geht es um Probleme der Erkenntnis: um deren Bedingung und Möglichkeit, um die Spannung zwischen Allgemeinheit und Einzelnem, um die Darstellbarkeit von Wirklichkeit, um deren Verhältnis zum Möglichen bzw. zu einem Unvordenklichen oder um die Frage nach der Einheit bzw. Vielheit des Ich. Ein besonderer Stellenwert kommt dabei Henri Bergson zu. Prousts Bergson-Lektüre ist durch Einträge zu „Matière et mémoire" im *Cahier* von 1908 gut dokumentiert (Proust 1976, 113). Bereits seit 1913 ist das Interesse für das Verhältnis zwischen Proust und Bergson groß, kreisen doch die Schriften beider Autoren um ähnliche Fragestellungen, wie zum Beispiel die Formen der Erinnerung oder die verschiedenen Dimensionen der Wirklichkeit. Diesbezügliche Forschungen (Megay 1976; Poggi 1991; Aubert 2011) ergaben allerdings stets, dass ähnliche Tendenzen jeweils unterschiedlich artikuliert werden.

Die Bedeutung der Werke Schopenhauers für Prousts Schreiben (Henry 1981) hat bereits Samuel Beckett unterstrichen und das Konzept einer ‚sinnlich konkreten Idee' als Ausdruck einer die Dialektik von Begehren und Repräsentation überwindenden gemeinsamen Ästhetik benannt (Beckett 1987, 79). Darüber hinaus erfüllt Schopenhauer eine wichtige Katalysatorfunktion für die Neuorientierung des spekulativen Denkens (Wellbery 1998), da er als einer der Ersten Denken als Schreibarbeit begreift und semantische Vorleistungen für einige für Proust – wie das moderne Schreiben insgesamt – zentrale Problemfelder erschlossen hat. Schopenhauers Denken bildet derart eine zweifache Blaupause: als Abwendung von Systemen und Schemata und als Hinwendung zu Phänomenen des Wirklichen in ihrer raumzeitlichen und körperlichen Materialität. So kommt es zu bedeutenden Entsprechungen zwischen Prousts Darstellungen und den phänomenologischen Untersuchungen Husserls (Coelen 2007) und Heideggers (Kristeva 1994). Vor diesem Hintergrund mag auch die rege philosophische

Rezeption von Prousts Roman durch die Kritische Theorie (Benjamin, Adorno), die Pragmatik (Rorty) oder Autoren wie Blanchot, Lévinas und Ricœur wenig überraschen. Wie in Vorlesungsniederschriften und Entwürfen dokumentiert, übt Prousts Denken einen beträchtlichen Einfluss insbesondere auf Maurice Merleau-Ponty aus (Simon 2000; Aubert 2002; Franck 2003). Gilles Deleuze schließlich baut die implizite Hierarchie zwischen Philosophie und Literatur endgültig ab, indem er die stilistisch-textuelle Gestaltung des Romans als eigenständige Form des Denkens jenseits disziplinärer Grenzen und diskursiver Regelungen würdigt (Deleuze 2014; Macherey 2013).

Wie Proust den Roman zu einem „Denkinstrument" (Descombes 1987, 292; Rancière 2007, 98) entwickelt, kann an einer Passage aus „La Prisonnière" (Proust 1987–1989, III, 575–578) veranschaulicht werden, in der der Erzähler über das Verhältnis zu seiner Geliebten Albertine Klarheit zu gewinnen versucht und sich letztendlich deren Vielgestaltigkeit und ständigen Veränderungen genauso stellen muss wie der Beschränktheit und Vorläufigkeit seiner Erfahrungen.

Unschwer lassen sich einzelne Philosopheme erkennen, denen sich diese Sätze verpflichtet wissen. Schopenhauers Dialektik zwischen Wille und Vorstellung, Nietzsches Perspektivismus (Large 2001), eine Leibniz'sche Spannung zwischen Realität und Möglichkeit, Singularität und Universalität, Bergsons Dynamik zwischen Virtualität und Aktualität oder Gewohnheit und wahrer Erfahrung, wie sie dem Konzept des Gedächtnisses inhärent sind – dies alles hat seinen Niederschlag in der Darstellung gefunden; hinzu kommen Ribots Theorie von der Pluralität des Ich, der Nachdruck, den Tarde auf die konstituierende Macht von Meinung und Begehren legt, Janets Interesse für Wiederholungen und Automatismen sowie eine Kant'sche, wenn nicht sogar Einstein'sche Aufmerksamkeit für die Vorläufigkeit von raumzeitlichen Koordinaten der Wahrnehmung. Die Vielzahl der Verknüpfungen unterstreicht, dass es nicht ‚eine' Philosophie von Proust gibt, vielmehr schreibt sich Proust in ein oszillierendes diskursives Feld zwischen Philosophie, Literatur sowie Natur- und Humanwissenschaften ein, dem er so eine neuartige Tendenz zu geben versteht.

Erkenntnis ist an gelebte, sinnliche Erfahrung gebunden; der Körper ist verflochten (Merleau-Ponty 1979, 170–201) mit einem Kontinuum an Kräften, das ihn spezifisch affiziert und auf das er selbst wiederum einwirkt. Nach und nach wird im Text nachvollziehbar, wie Individuationsprozesse ein prekäres Gleichgewicht zwischen einer Pluralität von prä- und transindividuellen Tendenzen des Wirklichen bilden (Simon 2000, 254; Garelli 1991). Das, was die Gestalt Albertines werden soll, verfestigt sich vor dem Hintergrund eines optischen Kontinuums, dem bläulichen Glanz des bewegten Meeres oder dem Widerschein des Feuers, zum Bild. Doch die „durchsichtige Tiefe" um Albertine verdichtet sich zu einem „geheimnisvollen Schatten" (Proust 1987–1989, III, 577), die „Unbekannte" (576) bleibt fremd, das Wirkliche unverfügbar (Bensussan 2020). Dem sinnlichen Kontinuum steht eine grundlegende Diskontinuität gegenüber; die einzelnen Wahrnehmungen sind einander unähnlich, durch unergründliche Zwischenräume voneinander getrennt, ergeben sie kein Ganzes. Am Grunde all dieser Anschauungen ist eine intensive, affektive Erfahrung der Verunsicherung aktiv, die sie nie zum Stillstand kommen lässt.

Dargestelltes und Darstellung kommen somit zu einer überraschenden Deckung. Die fluide Bewegung, das Oszillieren von Einzelbildern, die sich in immer wieder neuen Konstellationen überlagern, bildet sich in der Bewegung der Syntax ab (Bowie 1988). Sätze zerfallen in einzelne häufig asyndetisch gereihte und auf Affekte fokussierte Einheiten, die über mehrere Subordinierungsstufen auseinanderstreben, bevor sie zu einer syntaktischen Geschlossenheit zurückfinden, die nicht selten durch das mehrfach erweiterte letzte Syntagma doch wieder offengehalten wird. Die Erfahrung der Existenz in der gemeinsamen Pariser Wohnung öffnet sich derart auf weitere Räume (Balbec und das Theater), auf zwei weitere grammatikalisch differenzierte Zeiten sowie auf weitere Personenkonstellationen, welche, wie die zwischen Saint-Loup und Rachel, die spannungsvolle Beziehung zwischen Marcel und Albertine variieren oder, wie der Zug der jungen Mädchen auf der Strandpromenade von Balbec, alternative Beziehungsmöglichkeiten bereithalten. So wird das augenblickliche Erleben mit einer Reihe an virtuellen Alternativen und Ergänzungen angereichert. Die singuläre Erfahrung erscheint unmittelbar eingebunden in ein ganzes Geflecht an Beziehungsweisen und gewinnt eine vorher nicht erahnte Dichte, die gleichwohl immer auf ihren unverfügbaren Kern bezogen bleibt.

Die Bewegung von Prousts Syntax in ihrer beständigen Folge von Abbrüchen und Wiederaufnahmen macht also erst den dynamischen und prozessualen Charakter der Erkenntnis erfahrbar, in welchem sich ständig wandelnde Bewegungen des Wirklichen augenblickshaft zu Anschauungen und immer wieder neuartigen raumzeitlichen Konstellationen verdichten und so das Wirkliche als Mannigfaltiges zur Erscheinung bringen. Jenseits der Veridiktions- und Aussageformen klassisch disziplinärer Diskurse entwickelt Prousts Stil so eine neue Schreibweise, die der Vielgestaltigkeit des Wirklichen, der Pluralität des Ich und der perspektivischen Relationalität eine angemessene, neue Form eines mehrschichtigen, vielbezüglichen Denkens verleiht.

Literatur

Aubert, Nathalie. „Proust et Bergson. La mémoire du corps". *Revue de littérature comparée* 338 (2011): 133–149.

Aubert, Nathalie. *Proust. La traduction du sensible.* Oxford 2002.
Beckett, Samuel. *Proust and Three Dialogues with Georges Duthuit.* London 1987 [EA: 1931].
Bensussan, Gérard. *L'Écriture de l'involontaire. Philosophie de Proust.* Paris 2020.
Bowie, Malcolm. *Proust Among the Stars.* New York 1998.
Champigny, Robert. „Temps et reconnaissance chez Proust et quelques philosophes". *Publications of the Modern Language Association* 73.1 (1958): 129–135.
Coelen, Marcus. *Die Tyrannei des Partikularen. Lektüren Prousts.* München 2007.
Contini, Annamaria. *La biblioteca di Proust.* Bologna 1988.
Deleuze, Gilles. *Proust et les signes.* Paris 2014 [EA: 1964].
Descombes, Vincent. *Proust. Philosophie du roman.* Paris 1987.
Fraisse, Luc. *L'éclecticisme philosophique de Marcel Proust.* Paris 2019.
Franck, Robert. „Proust phénoménologue? Merleau-Ponty lecteur de Proust". *Bulletin Marcel Proust* 53 (2003): 139–154.
Garelli, Jacques. *Rythmes et mondes. Au revers de l'identité et de l'altérité.* Grenoble 1991.
Henry, Anne. *Marcel Proust. Théories pour une esthétique.* Paris 1981.
Kristeva, Julia. *Le temps sensible. Proust et l'expérience littéraire.* Paris 1994.
Landy, Joshua. *Philosophy as Fiction. Self, Deception, and Knowledge in Proust.* Oxford 2004.
Large, Duncan. *Nietzsche and Proust. A Comparative Study.* Oxford 2001.
Link-Heer, Ursula und Volker Roloff (Hg.). *Marcel Proust und die Philosophie.* Frankfurt a. M. 1997.
Macherey, Pierre. *Proust entre littérature et philosophie.* Paris 2013.
Megay, Joyce N. *Bergson et Proust. Essai de mise au point de la question de l'influence de Bergson sur Proust.* Paris 1976.
Merleau-Ponty, Maurice. *Le visible et l'invisible. Suivi de Notes de travail.* Hg. von Claude Lefort. Paris 1979 [EA: 1964].
Poggi, Stefano. *Gli istanti del ricordo. Memoria e afasia in Proust e Bergson.* Bologna 1991.
Proust, Marcel. *À la recherche du temps perdu.* Hg. von Jean-Yves Tadié et al. 4 Bde. Paris 1987–1989.
Proust, Marcel. *À la recherche du temps perdu.* Hg. von Jean-Yves Tadié et al. Bd. I. Paris 1987.
Proust, Marcel. *À la recherche du temps perdu.* Hg. von Jean-Yves Tadié et al. Bd. III. Paris 1988.
Proust, Marcel. *À la recherche du temps perdu.* Hg. von Jean-Yves Tadié et al. Bd. IV. Paris 1989.
Proust, Marcel. *Le Carnet de 1908.* Hg. von Philip Kolb. Paris 1976.
Proust, Marcel. *Contre Sainte-Beuve précédé de Pastiches et mélanges et suivi d'Essais et articles.* Hg. von Pierre Clarac. Paris 1971.
Rancière, Jacques. „Proust und die zweifache Wahrheit". *Marcel Proust und die Philosophie.* Hg. von Ursula Link-Heer und Volker Roloff. Frankfurt a. M. 1997: 85–99.
Simon, Anne. *Proust ou le réel retrouvé. Le sensible et son expression dans À la recherche du temps perdu.* Paris 2000.
Wellbery, David E. *Schopenhauers Bedeutung für die moderne Literatur.* München 1998.

Beckett: *Fin de partie* (*Endspiel*)

Ronja Bodola

Das Verhältnis von Literatur und Philosophie in Samuel Becketts Werken zeigt facettenreiche Interferenzen. An keinem anderen Drama, Roman oder Hörspiel des Nobelpreisträgers zeigt sich das klarer als am *Endspiel* (*Fin de partie*, 1957). Adorno bringt es mit dem Titel seines Essays auf den Punkt: „Versuch, das *Endspiel* zu verstehen" (Adorno 1981) setzt an einem zentralen Thema Becketts an, dem Scheitern. Jede Interpretation, so Adorno, die den „philosophisch vermittelt[en]" (283) Sinn des *Endspiels* sucht, jage einer Chimäre nach. Der Versuch, es zu verstehen, „kann nichts anderes heißen, als seine Unverständlichkeit zu verstehen" (283).

Adornos Essay steht symptomatisch wie paradigmatisch für die Diskussionen und Ansätze zu Becketts Werk an der Schnittstelle von Literatur und Philosophie: symptomatisch, insofern Adorno wie viele nach ihm Becketts Literatur auf philosophische Familienähnlichkeiten hin liest. Wenngleich es kaum eine Strömung gibt, die nicht mit Beckett in Verbindung gebracht worden wäre, gilt dies vor allem für den Existentialismus und den Cartesianismus (Feldmann 2015, 15).

Paradigmatisch steht sein „Versuch" für eine gelungene Annäherung, deren Aufgabe ein Aufgeben sein muss. Beckett bringt keine Weltanschauung gegen die Sinnlosigkeit in Anschlag, sondern nimmt diese beim Wort. Das Absurde ist kein Begriff, „sondern trübselige Einzelheiten, die des Begriffs spotten" (Adorno 1981, 293). Nichts hat Symbolcharakter, alles ist auf einem „nachpsychologischem Stand wie bei alten Leuten und Gefolterten" (293). Doch das hat Kritiker und Kritikerinnen nicht davon abgehalten, sich permanent um Deutungen zu bemühen: „[I]m Wald der Symbole, die keine sind," schreibt Beckett in einem Brief, „schweigen die Vöglein der Deutung, die keine ist, nie" (Beckett 1984, 53).

Es braucht aber mehr „Stillschweigen", so Beckett weiter. Sein „German Letter of 1937" liest sich wie ein literaturkritisches Programm, dessen Gegenstand der junge Übersetzer und Literaturkritiker Beckett so beschreibt: „Auf dem Wege nach dieser für mich sehr wünschenswerten Literatur des Unworts, kann freilich irgendeine Form der nominalistischen Ironie ein notwendiges Stadium sein. Es genügt aber nicht, wenn das Spiel etwas von seinem heiligen Ernst verliert. Aufhören soll es" (54). Die „Unnatur des Wortes" und seine „fürchterlich willkürliche Materialität" (53) gilt es gewaltsam zu brechen, zu durchbohren und zu zersetzen, aber nicht wie Gertrude Steins Dada oder James Joyces Modernismus dies täten. Beckett findet seine „Wortstürmerei" (54) am besten realisiert, wo er Sprache „am tüchtigsten missbraucht". Und das gelinge ihm am ehesten in einer fremden Sprache: „Es wird mir tatsächlich immer schwieriger, ja, sinnloser, ein offizielles Englisch zu schreiben. Und immer mehr wie ein Schleier kommt mir meine Sprache vor, den man zerreissen muss, um an die dahinterliegenden Dinge (oder das dahinterliegende Nichts) zu kommen" (52). Es spende ihm hingegen „Trost", sich gegen eine fremde Sprache zu „vergehen" (54). Folgerichtig schreibt Beckett die meisten seiner Werke erst auf Französisch, um sie dann selbst ins Englische zu übersetzen.

Die „Literatur des Unworts" ruft zu Formen sprachlicher, performativer und medialer ‚Gewalt' auf, die Derrida in einem Interview als „notwendige Operationen" (Derrida 1992, 60) beschreibt. Ihr Effekt sei die Unmöglichkeit, Beckett kritisch zu kommentieren. Der notwendige Missbrauch der fremden Sprache hebelt die Gewaltakte der Deutungen aus. Becketts Strategie geht also auf: Das Sprachspiel verliert nicht nur seinen Ernst, es hört auf.

Adornos Essay von 1961 war bahnbrechend und viele Kritiken folgten prompt (Cruickshank 1962). Dennoch schreibt Murphy, die Forschung zu „Beckett und den Philosophen" stecke noch immer in den Kinderschuhen (Murphy 2005, 222). Seither hat es eine Reihe von Monographien (Barry 2006; Szafraniec 2007; Oppo 2008; Lawrence 2018) und Sammelbänden (Lane 2002; Smith 2009; Chattopadhyay und Martell 2013; Feldman und Mamdani 2015) sowie einzelne Aufsätze gegeben, die Beckett im Zusammenhang mit einer bestimmten Schule, Denkrichtung oder Philosophie diskutieren. Die Liste der Namen ist umfassend und reicht von den Vorsokratikern bis zu Žižek. Im Gegensatz zu individuellen Vergleichen gibt es in der jüngeren Forschung die Tendenz, philosophische Themen und transversale Konzepte bei Beckett zu thematisieren, wie zum Beispiel Lawrence (2018). Die im Folgenden skizzierte Untersuchung einer Literatur des Unwortes, die sich besonders gut am *Endspiel* verfolgen lässt, steht exemplarisch für eine solche Herangehensweise mit transversalen Konzepten, die keine Einflussgeschichte schreiben oder nach literarisch-philosophischen Familienähnlichkeiten suchen möchte.

Mit *Warten auf Godot*, das 1953 in der französischen Originalfassung in Paris uraufgeführt wurde, hatte Beckett das Drama revolutioniert. Die logische Folge für Beckett, der sich niemals wiederholte, konnte nur darin bestehen, das Ende des Bühnenspiels, das *Endspiel* des Theaters auf die Bühne zu bringen. Der Titel verweist auf jenen Teil des Schachspiels, in dem Gewinner und Verlierer bereits feststehen. Der Einakter inszeniert auf karger Bühne in trübem Licht vier Figuren: Nagg und Nell sitzen im Hintergrund beinamputiert in zwei Mülltonnen. Sie sind die Eltern Hamms, der blind im Rollstuhl sitzend seinem Diener Clov Anweisungen gibt. Während die invaliden Eltern sich einer kindlichen Nostalgie hingeben und Nell im Verlauf des Stückes stirbt, sehnen sich Hamm und Clov das nahende Ende herbei.

Hamm dominiert die anderen, die Bühne mit seinem thronartigen Rollstuhl und das Spiel, wie seine erste Replik klar macht: „Ich bin dran" (ES, 11). Sein Redeanteil bestimmt den Dialog, er ist der blinde Geschichtenerzähler, eine ambivalente Mischung aus Homer und einem Zerrbild tragischer Helden Shakespeares (Kenner 1973, 122). Er hat auch das letzte Wort, doch es ist der lahme Clov, der als einzige (noch) bewegliche Figur das Spiel beginnt und es permanent zu beenden droht, indem er sein Gehen, seinen Abtritt von der Bühne, ankündigt. Clov ist der *stage manager*, der zu Beginn die Laken aufhebt, die über die Mülltonnen und Hamm ausgebreitet waren wie über leblose Objekte. Wie ein Demiurg (155) haucht er ihnen Leben ein und beginnt, *„mit starrem Blick und tonloser Stimme* ... Ende, es ist zu Ende, es geht zu Ende, es geht vielleicht zu Ende. *Pause.* Ein Körnchen kommt zum anderen, eins nach dem anderen, und eines Tages, plötzlich, ist es ein Haufen, ein kleiner Haufen, der unmögliche Haufen. *Pause.* Man kann mich nicht mehr strafen" (ES, 11).

Laut Beckett ist das Schlüsselwort seiner Texte „perhaps" (Reid 1968, 11), vielleicht. Die Reihenfolge von „ist", „es geht" und „es geht vielleicht" im vorangegangenen Zitat zeigt den Zerfall der Gewissheiten und damit die Unmöglichkeit von Eindeutigkeit. Das Stück hält den Schwebezustand zwischen Spiel und Ende, verschärft durch die Pausen, die bei Beckett kein Ausdruck von Innerlichkeit, Sprachlosigkeit oder einem emotionalen Innehalten sind (Worton 1994, 75). Sie sind das wünschenswerte „Stillschweigen", die Löcher in der Materialität der Sprache und entziehen sich den „Vöglein der Deutung, die keine ist":

> HAMM: Wir sind doch nicht im Begriff, etwas zu ... zu ... bedeuten?
> CLOV: Bedeuten? Wir, etwas bedeuten? *Kurzes Lachen.* Das ist aber gut!
> HAMM: Ich frage es mich. *Pause.* Wenn ein vernunftbegabtes Wesen auf die Erde zurückkehrte und uns lange genug beobachtete, würde es sich dann nicht Gedanken über uns machen? *Mit der Stimme des vernunftbegabten Wesens:* Ah, ja, jetzt verstehe ich, was es ist, ja, jetzt begreife ich, was sie machen! (ES, 49)

Die vernunftbegabten Wesen haben diese Erde verlassen. Der Ort ist weder ein allgemeiner, um auf die *conditio humana* zu verweisen, noch ein postapokalyptischer. Er ist die Bühne, die auf nichts außer sich verweist (Kenner 1973, 121). Damit tritt das Stück selbst in den Vordergrund und die Schachmetapher des Titels bezieht sich auch auf die dramatische Metaebene. Zahlreiche Anmerkungen, Gesten und performative Signale lassen das *Endspiel* zum Ende des Schauspiels werden: „Ein Beiseite, Du Trottel! [...] *Pause.* Ich rüste mich zum letzten Monolog" (ES, 109). Damit werden die Kritiker zu jenen vernunftbegabten Außerirdischen, die um Bedeutung ringen.

„[T]here is a heap of words but no drama", sagt Beckett über sein Stück (Cronin 1996, 466). Die westliche Tragödientradition endet in inszenierter Antipsychologie: Das Sterben der Eltern in Mülltonnen wird blasiert übergangen, ein gesichtetes Kind soll sofort getötet werden, potentielles neues Leben soll im Keim erstickt werden – „[A]ufhören soll es"! Alles, was bleibt, ist die Arbeit am eigenen Narrativ:

> CLOV: Wozu diene ich denn?
> HAMM: Mir die Replik zu geben. *Pause*. Ich bin mit meiner Geschichte vorangekommen. *Pause*. Ich bin gut vorangekommen. *Pause*. Frag mich, wie weit ich damit bin.
> CLOV: Oh, ehe ich's vergesse, deine Geschichte?
> HAMM: *Sehr überrascht*: Welche Geschichte? (ES, 84–85)

Clov wird malträtiert, doch seine eigentliche Strafe liegt in der ewigen Wiederkunft. Er wünscht sich, dass es aufhören möge, hofft auf ein stetes Werden, das sich irgendwann teleologisch vollendet. Die Körnchen in seinem ersten Monolog fügen sich schließlich auch zu dem „unmöglichen Haufen" aus intertextuellem Geröll: der Todessehnsucht, bald als „Häufchen Knochen" (WG, 6) zu enden und T. S. Eliots „heap of broken images" (Eliot 2010, 64, V. 22). Vielleicht sind die Wörter bedeutungslos (Kenner 1973, 123), doch „nominalistische[ ] Ironie" ist nicht genug. Alles ist darauf ausgerichtet, eine Erfahrung zu strukturieren, die sich der Sprache entzieht: Verweise, die ins Leere laufen, Pastiche ohne Original, Bricolage ohne Funktion, Wörter, die nichts besagen, und der Zustand, in dem es nichts zu sagen gibt.

> HAMM: Gestern! Was soll das heißen? Gestern?
> CLOV: *heftig*: Das soll heißen, es ist schon ein dickes Ende Elend her. Ich gebrauche die Wörter, die du mir beigebracht hast. Wenn sie nichts mehr heißen wollen, bring mir dann andere bei. Oder laß mich schweigen. *Pause*. (ES, 63)

Damit ist auch Clovs Wunsch, den unmöglichen Haufen zu erschaffen und damit die Abstrafungen zu beenden, zum Scheitern verurteilt, denn das Spiel ist ein Sprachspiel und kann sich nicht außer sich vollenden. Becketts Aussage, „there is a heap of words but no drama", ist aber kein scheiterndes Aufgeben, sondern die Aufgabe des *Endspiels*. In der Bricolage, dem Metabezug und der Undeutbarkeit zeigen sich die „notwendigen Operatione[n]" einer Literatur des Unworts, und das Scheitern ist das Ergebnis einer erfolgreichen Gewaltanwendung. Diese „ist die Antwort auf eine Gewalt, die nicht weniger notwendig war" (Derrida 1974, 35).

Das *Endspiel* stellt chronologisch wie künstlerisch einen wichtigen Meilenstein im ästhetischen Prozess von Becketts Literatur des Unworts dar, zu der er im „German Letter of 1937" aufruft. Es denkt und führt weiter, was in vorangegangenen Theaterstücken, Hörspielen oder Romanen aber auch in seinen Literaturkritiken anklingt und später fortgesetzt werden soll. Diese Entwicklung durch alle Medien und Schaffensphasen nachzuzeichnen wird dazu beitragen, der Interaktionen von Philosophie und Literatur bei Beckett weiter auf die Spur zu kommen.

Literatur

Adorno, Theodor W. „Versuch, das Endspiel zu verstehen". *Noten zur Literatur*. Frankfurt a. M. 1981: 281–321 [EA: 1961].
Barry, Elizabeth. *Beckett and Authority. The Uses of Cliché*. London 2006.
Beckett, Samuel. *Endspiel. Fin de partie. Endgame*. Frankfurt a. M. 2013. [ES].
Beckett, Samuel. *Warten auf Godot*. Frankfurt a. M. 1990. [WG].
Beckett, Samuel. „German Letter of 1937". *Disjecta. Miscellaneous Writings and a Dramatic Fragment by Samuel Beckett*. Hg. von Ruby Cohn. New York 1984: 51–54.
Chattopadhyay, Arka und James Martell (Hg.). *Samuel Beckett and the Encounter of Philosophy and Literature*. London 2013.
Cronin, Anthony. *Samuel Beckett, the last Modernist*. London 1996.
Cruickshank, John. *The Novelist as Philosopher. Studies in French Fiction 1935–1960*. Westport 1962.
Derrida, Jacques. *Acts of Literature*. Hg. von Derek Attridge. London 1992.
Derrida, Jacques. *Grammatologie*. Übers. von Hans-Jörg Rheinberger und Hanns Zischler. Frankfurt a. M. 1974 [OA: 1967].
Eliot, T. S. *The Wasteland and Other Poems*. London 2010.
Feldman, Matthew und Karim Mamdani (Hg.). *Beckett/Philosophy*. New York 2015.
Kenner, Hugh. *A Readers' Guide to Samuel Beckett*. Syracuse 1973.
Lane, Richard (Hg.). *Beckett and Philosophy*. London 2002.
Lawrence, Tim. *Samuel Beckett's Critical Aesthetics*. London 2018.
Murphy, Peter John. „Beckett and the Philosophers". *The Cambridge Companion to Beckett*. Hg. von John Pilling. Cambridge 2005: 222–240 [EA: 1994].
Oppo, Andrea. *Philosophical Aesthetics and Samuel Beckett*. Oxford 2008.
Reid, Alec. *All I can Manage, more than I Could. An Approach to the Plays of Samuel Beckett*. Dublin 1968.
Smith, Russel (Hg.). *Beckett and Ethics*. London 2009.
Szafraniec, Asja. *Beckett, Derrida, and the Event of Literature*. Redwood City 2007.
Worton, Michael. „*Waiting for Godot* and *Endgame*. Theatre as Text". *The Cambridge Companion to Beckett*. Hg. von John Pilling. Cambridge 2005: 67–87 [EA: 1994].

Sartre: *La Nausée* (*Der Ekel*)

Thomas Ebke

Jean-Paul Sartres epochaler Roman *Der Ekel* (*La Nausée*, 1938) ist ein besonders faszinierendes Zeugnis der Produktivität der Wechselwirkungen von Literatur und Philosophie, denn er erschöpft sich keineswegs in der bloßen Illustration und Anordnung von Theoremen (→ II.6 MATUSCHEK). Vielmehr unterwirft Sartres Text die philosophische (genauer: phänomenologische) Beschreibungsform einem Exerzitium, das die philosophischen Gehalte buchstäblich erdet, indem es sie schonungslos auf die Körperlichkeit des Menschen zurückwirft – eine Körperlichkeit, die sich jeder ästhetisch-theoretischen Idealisierung verweigert, indem sie in ihrer Ekel erregenden Plastizität ausgestellt wird.

In dieser Hinsicht stellt der Roman die Rolle der philosophischen Beschreibung und Explikation hinter die Leistung der literarischen Durchführung zurück, insofern sich in der Ekel auslösenden Konkretion der literarischen Darstellung eine ästhetisch wie moralisch anstößige Wirklichkeit artikuliert, die eine phänomenologische Eidetik lediglich *aufweisen* kann. Der Roman treibt die Erschließungskraft der phänomenologischen Methode damit bis an jenen Punkt, an dem sie sich in und gegen sich selber kehrt, indem sich die in der „phänomenologischen Reduktion" gewonnene Entleerung der konkreten Gegenständlichkeit der Gegenstände auf den einzigen ihr adäquaten Affekt, ja zur „einzig authentischen Existenzerfahrung" (Menninghaus 1999, 503) überhaupt zusammenzieht: auf jenen Ekel, in dem „das Bewußtsein [...] der völligen Kontingenz und sinnlosen Faktizität der eigenen Existenz" (1999, 506) virulent wird.

Damit wird *Der Ekel* als Signatur einer Umwälzung in Sartres literarischem und philosophischem Œuvre lesbar, als Einnahme einer Position, die *noch nicht* mit dem atheistisch-humanistischen Existentialismus des aus der Verurteilung des Menschen zur Freiheit unmittelbar akut werdenden ‚Engagements' zusammenfällt, die sich aber auch *nicht länger* auf dem Boden einer akademisch angelegten und affirmativen Rezeption der Husserl'schen Phänomenologie hält. Zwar zeichnen sich in *Der Ekel* bereits eine ganze Reihe der existentialistisch aufgeladenen Dilemmata, Handlungskrisen und Brucherfahrungen ab, die Sartre wenige Jahre später in seinem philosophischen Hauptwerk *Das Sein und das Nichts* (*L'être et le néant*, 1943), also innerhalb seines Projekts einer ‚phänomenologischen Ontologie', begrifflich vertiefen wird (→ II.2 FINKELDE). Aber *Der Ekel* durchzieht noch ein schroffer Negativismus, eine eigentlich nihilistische Geste: Denn genau an jener sensiblen Stelle, wo Sartres spätere Schriften dem Motiv der bodenlosen Faktizität menschlichen Existierens eine *auch* positive Phrasierung unterlegen wird, wonach der Mensch in der durchgreifenden Sinnlosigkeit seiner Situation zu bedingungsloser *Freiheit* ‚verurteilt' und in einen produktiven Überschuss an Möglichkeiten des Selbst- und Weltentwurfs hineingestellt ist, belässt es *Der Ekel* bei einer reinen Fehlanzeige. Die Dialektik des Umschlags aus der Ekel erzeugenden Derealisierung der Erfahrung gegenständlicher Wirklichkeit hinein in eine „Verwindung alles im Ekel enthaltenen Nein-Sagens" (Menninghaus 1999, 514) scheint am Ende von *Der Ekel* keimhaft, in einer problematisch gebrochenen „versöhnungsutopische[n] Ontologie der Kunst" (Koch 1988, 160) auf: wenn nämlich unter der betörenden Melodie des Jazzsongs *Some of these days* die Idealität eines kulturellen Humanismus anklingt, dessen ideologiekritische Reduktion auf das Register des ästhetischen Imaginären (Bohrer 1988; Koch 1988) durchaus vorschnell wäre (Sartre in de Beauvoir 1981, 265).

An der von Andreas Cremonini (Cremonini 2009, 298–299) gegebenen Einteilung des Denkweges, den Sartre als Philosoph zurückgelegt hat, ist der Umbruch von jener Phase, in die Sartres Findung seiner originär eigenständigen phänomenologischen Ontologie fällt, zu der Zeit einer explizit *existentialistisch* definierten „Neuorientierung" (2009, 299) in den Jahren 1945 bis 1950 hervorzuheben. Im Anschluss an Cremoninis Einschätzung lässt sich *Der Ekel* als Werk eines Ausbruchs aus dem Horizont der Phänomenologie Edmund Husserls verorten – hin zu einer radikal weltlichen, gar körperlichen, das heißt durch Körperlichkeit begrenzten Phänomenologie, in der zentrale Elemente aus *Das Sein und das Nichts* oder gar des dezidierten Existentialismus aus der zweiten Hälfte der 1940er Jahre noch ausgesetzt sind.

Die Handlungsebene des Romans ist rasch geschildert: Die Zentralfigur des Geschehens, das sich in der provinziellen Einöde des Küstenorts Bouville (wohl eine Montage aus Le Havre und La Rochelle) abspielt, ist der Junggeselle Antoine Roquentin, der seine Tage im Wesentlichen mit tristen Bibliotheksrecherchen zu einer Biographie über den Marquis de Rollebon zubringt, einen windigen Aristokraten des *ancien régime*. Im Mittelpunkt dieser betont ereignisarmen Konstruktion stehen die Interaktionen des Protagonisten mit dem kleinbürgerlichen Milieu des trostlosen Städtchens, das den Roman*helden* von Anbeginn und zunehmend anwidert: Roquentins Zusammenkünfte mit dem ebenso bibliophil-beflissenen wie penetranten, sich allzu eilfertig im ‚Blick der anderen' objektivierenden ‚Autodidakten'; seine beiläufige, schließlich nur noch widerwillig aufrecht erhaltene Affäre mit der Wirtin des heruntergekommenen Hotels, in dem sich Roquentin einquartiert hat; sein Abscheu gegenüber dem sonntäglichen Defilee der Kleinbürger der Stadt, deren Spießigkeiten und Prätentionen „mit ätzender Ironie" (Coenen-Mennemeier 2007, 234) demaskiert werden; das desillusionierte Wiedersehen Roquentins mit seiner früheren Geliebten Anny, die im Unterschied zu Roquentin noch nostalgische Erinnerungen an die Zeit ihrer Liebesbeziehung hegt. Wenn der Schlussakkord des Romans in den endgültigen Abschied Annys von Roquentin fällt, so scheint an diesem Ende zumindest die Möglichkeit einer Überwindung des alles durchgreifenden Ekels angesichts der durch keinerlei Sinn gedeckten Kontingenz der Existenz in der „Essenz" (Koch 1988, 161) eines *noch zu schreibenden* Romans durch: Wobei die Romanhandlung ambivalent offenlässt, inwiefern es sich bei diesem Fluchtpunkt um einen dann nicht mehr aporetischen Weg handeln könnte, den radikalen Existenzekel wirklich überwinden und in die Positivität eines existentiellen ‚Entwurfs' *malgré tout* wenden zu können (Rumold 1979).

Sartre zielt keineswegs darauf ab, seinen Text als schlichten Thesenroman, als Folie zur anschaulichen Demonstration Husserl'scher Denkfiguren zu arrangieren, sondern er geht mit den Mitteln literarischer Darstellung einer radikalen Strategie nach, der es gelingt, die Husserl'sche Methodologie zum Hervortretenlassen der (bei Husserl ‚wesenhaft') reinen Strukturen der Gegenständlichkeit der ‚Welt' und der ‚Dinge' gezielt über ihre Grenzen zu treiben. Sartres Roman macht es sich zum Prinzip, jene ‚nackte', radikal unbequeme, jeglichen Ausgriff auf Transzendenz verweigernde Dimension freizulegen, auf die sich die von Husserl elaborierte Struktur der Intentionalität des ideierenden Bewusstseins zuspitzt und auflöst. Terminologisch fasst Sartre diese nihilistische, gegen jegliche Setzung und Erfahrung eines transzendenten Sinns indifferente Wahrheit als „Faktizität" (Sartre 1993, 178; Sartre 1947, 13) der menschlichen Existenz.

Um der philosophischen ‚Operation', die Sartre in seinem Roman durchexerziert, angemessen Rechnung tragen zu können, ist es wichtig, sich kurz der grundstürzenden Transformation des philosophischen Verständnisses von Gegenständlichkeit und Weltreferenz zu vergewissern, die sich durch Husserls phänomenologischen Zugang eröffnet. Das systematische Herzstück der Lehre, die Husserl in den *Ideen I* niedergelegt hat, lässt sich als eine zweistufige ‚Reduktion' rekonstruieren: In einem ersten Schritt führt die Frage danach, was ein bestimmter Gegenstand der Wahrnehmung *wesentlich*, das heißt in der *Sache selbst* ist, auf das „Außergeltungsetzen" (*epoché*) (Husserl 1976, 7) der sogenannten „natürlichen Einstellung" (56). Die wie selbstverständlich vollzogene Setzung, als *sei* das wahrgenommene Ding eine objektiv existierende Entität, die ontologisch unabhängig von der Wahrnehmung und dem Bewusstsein dessen besteht, der dieses konkrete Ding wahrnimmt, wird suspendiert. Diese ontologische „Thesis" (61) wird von Husserl unterlaufen und umdirigiert zu einer Beschreibung der Vielfalt der je zu differenzierenden Gegebenheitsweisen, in denen *etwas* überhaupt Gegenstand des Bewusstseins, also Korrelat der leistenden Aktivitäten und Vollzüge der *intentio* sein kann. An die Stelle falscher Ontologien und Epistemologien, die auf unreflektierten Subjekt-Objekt-Dualismen aufruhen, tritt bei Husserl die Untersuchung von apriorischen Korrelationen zwischen *vermeinten* Gegenständen (*Noema*) der synthetisch-leistenden Bewusstseinsaktivitäten und den je spezifischen Vollzugsstrukturen (*Noesis*), in denen die Bewusstseinsleistungen auf ihr je konkretes Objekt gerichtet sind (*Intentionalität*).

Die sich *ad nauseam* potenzierende Wahrnehmungs- und Kontaktkrise Roquentins in *Der Ekel* ist nun darauf zurückzuführen, dass ihm die radikale Entleerung der gegenständlichen Verhältnisse der Wirklichkeit, ihre phänomenologische Reduktion als Verlust ihres ontologischen Anspruchs physisch ‚aufstößt'. Die phänomenologische Derealisierung der Gegenständlichkeit der Gegenstände gerät auch zum moralisch indifferenten Nihilismus Roquentins, dem sich die Dinge und die Menschen seines Alltags gleichsam unter der Hand auflösen und in die Schwebe versetzen: „Jetzt sind überall Dinge wie dieses Glas Bier da, auf dem Tisch. Wenn ich es sehe, habe ich Lust zu sagen: aus, ich spiele nicht mehr mit. […] Ich sehe drüber, drunter, rechts und links daran vorbei: aber das Glas *selbst* will ich nicht sehen" (Sartre 1981, 18).

Roquentin vollzieht in seiner Beschreibung der Alltagsobjekte nichts anderes als das, was bei Husserl „freie Variation" (Husserl 2012, 354–359) heißt: Methodisch geht es dabei um eine Hinsicht auf den Gegenstand, die, mit Husserl gesprochen, den eidetischen Gehalt dieses Gegenstands „zu völliger Evidenz zu bringen" (Husserl 1976, 248) vermag. Was Roquentin spürt, ist der Schwindel auslösende Taumel der konkreten empirischen Qualitäten der Dinge, die gleichsam unter seinen Augen jeglichen Anhalt verlieren, die ihm gleichgültig werden und schließlich zerstäuben und die ihm gerade nicht das *fundamentum inconcussum* der Sache selbst, ihren eidetisch-idealen Kern, sondern lediglich ihre erschreckend-unterschiedslose Faktizität, die nackte Tatsache ihres unendlich austauschbaren und zufälligen Daseins zur Ansicht bringen. Diese rasende nihilistische Zersetzung der Gegenständlichkeiten, die sich im Laufe des Romans in immer heftigeren Schüben steigert, entfaltet ihre volle Krise in einer Szene im Park von Bouville, die so etwas wie die zentrale negative Epiphanie Roquentins bedeutet. Was mit der Beschreibung des unerklärlichen und in seiner Kontingenz unauflösbaren Schwarz einer Baumwurzel anhebt, wächst sich zu einer philosophischen Ekstase aus, die im paroxystischen Eingeständnis der ‚Absolutheit' der vollkommenen Grundlosigkeit alles Seienden gipfelt „[K]ein notwendiges Sein kann die Existenz erklären: die Kontingenz ist kein Trug, kein Schein, den man vertreiben kann; sie ist das Absolute, folglich die vollkommene Grundlosigkeit. Alles ist grundlos, dieser Park, diese Stadt und ich selbst. Wenn es geschieht, daß man sich dessen bewusst wird, dreht es einem den Magen um, und alles beginnt zu schwimmen […]: das ist der Ekel" (Sartre 1981, 172).

Literatur

Beauvoir, Simone de. *La cérémonie des adieux, (suivi de) Entretiens avec Jean-Paul Sartre*. Paris 1981.
Bohrer, Karl-Heinz. „Existenzielle und imaginative Erfahrung. Der Ekel". *Sartre. Ein Kongreß*. Hg. von Traugott König. Reinbek bei Hamburg 1988: 135–156.
Coenen-Mennemeier, Brigitta. „Die Existenz und das Absurde. Sartre, La Nausée (1938) – Camus, L'Étranger (1942)". *Französische Literatur. 20. Jahrhundert. Roman*. Hg. von Wolfgang Asholt. Tübingen 2007: 219–267.
Cremonini, Andreas. „Sartre, Jean-Paul". *Die französische Philosophie im 20. Jahrhundert*. Hg. von Thomas Bedorf und Kurt Röttgers. Darmstadt 2009: 298–305.
Husserl, Edmund. *Ideen zu einer reinen Phänomenologie und phänomenologischen Philosophie*. Den Haag 1976.
Husserl, Edmund. *Zur Lehre vom Wesen und zur Methode der eidetischen Variation*. Husserliana Band XLI: *Texte aus dem Nachlass (1891–1935)*. Dordrecht u. a. 2012.
Koch, Gertrud. „Sartres Ästhetik. Exzentrisch zu Subjekt und Gesellschaft". *Sartre. Ein Kongreß*. Hg. von Traugott König. Reinbek bei Hamburg 1988: 157–165.
Menninghaus, Winfried. *Ekel. Theorie und Geschichte einer starken Empfindung*. Frankfurt a. M. 1999.
Rumold, Inca. *Die Verwandlung des Ekels. Zur Funktion der Kunst in Rainer Maria Rilkes ‚Malte Laurids Brigge' und Sartres ‚La Nausée'*. Bonn 1979.
Sartre, Jean-Paul. *Das Sein und das Nichts. Versuch einer phänomenologischen Ontologie*. Übers. von Hans Schöneberg und Traugott König. Reinbek bei Hamburg 1993 [OA: 1943].
Sartre, Jean-Paul. *Der Ekel*. Übers. von Heinrich Wallfisch. Reinbek bei Hamburg 1981 [OA: 1938].
Sartre, Jean-Paul. *Ist der Existentialismus ein Humanismus?* Zürich 1947 [OA: 1946].

Primo Levi: *I sommersi e i salvati* (*Die Untergegangenen und die Geretteten*)

Robert Pirro

Zu den wohl bekanntesten Werken des jüdisch-italienischen Schriftstellers und Ausschwitzüberlebenden Primo Levi zählt einer der bedeutendsten, in Ich-Form verfassten Zeugenberichte der NS-Lagererfahrung, *Se questo è un uomo* (*Ist das ein Mensch?*) von 1947 und das Werk *I sommersi e i salvati* (*Die Untergegangenen und die Geretteten*) von 1986. Mit der 1958 publizierten überarbeiteten Fassung von *Ist das ein Mensch?* gelang Levi ein internationaler Durchbruch als Schriftsteller. *Die Untergegangenen und die Geretteten* entstand wesentlich später, wurde kurz vor seinem frühzeitigen Tod publiziert und ist ein düsteres Werk, dass die grausamen Widersprüche, die in den Todeslagern herrschten, aufdeckt. Angestellt als Industriechemiker während der größten Zeit seiner schriftstellerischen Tätigkeit, empfand sich Levi als ein Außenseiter des italienischen Literaturetablissements. Gleichwohl erhielt er Anerkennung in Form von Buchpreisen, unterhielt Freundschaften mit prominenten Schriftstellern wie Italo Calvino und wurde zu einem tragenden Pfeiler des Turiner Einaudi-Verlags. Levis schriftstellerisches Werk erstreckt sich über ganz verschiedene Genres und Disziplinen, es reicht von Memoiren (wie *La tregua* von 1963, dt. *Die Atempause*, über seinen hindernisreichen Rückmarsch nach der Befreiung von Auschwitz) über Science-Fiction- und Fantasy-Kurzgeschichten (u. a. *Storie naturali* von 1966, dt. *Die Verdopplung einer schönen Dame und andere Überraschungen*) bis hin zu Gedichten (so z. B. der Gedichtband *Ad ora incerta* von 1984, dt. *Zu ungewisser Stunde*) und Zeitungskolumnen (versammelt u. a. in *L'altrui mestiere* von 1985, dt. *Anderer Leute Berufe*).

Während es eine umfangreiche und beständig wachsende anglophone, frankophone und italienische Sekundärliteratur zu Levi gibt, ist seine Rezeption in Deutschland vergleichsweise spärlich. Die Frage, wie man über die Shoa berichten kann, wie sich Erinnerung an und das Trauma der Gräueltaten von Auschwitz und anderen Schauplätzen nationalsozialistischer Massaker übermitteln lassen, bildet einen zentralen Ausgangspunkt in den akademischen Auseinandersetzungen mit Levis Werk. Damit knüpfen sie an die von Levi selbst in aller Dringlichkeit sowohl in ihrer erkenntnistheoretischen wie ethischen und politischen Dimension aufgeworfenen Frage an, ob und wie Zeugenschaft über erlittenes Unrecht dazu beitragen kann, menschliches Miteinander grundlegend zu überdenken und anzuleiten.

In seinen Träumen in Auschwitz, so gesteht Levi in *Ist das ein Mensch?*, verfolge ihn die Angst, man würde seinen Geschichten außerhalb des Lagers keinerlei Beachtung schenken (M, 58), und unterstreicht dementsprechend in seinem italienischen Vorwort die analytische Objektivität seines Berichtes. Der Umstand, dass Levi von Beruf Naturwissenschaftler war und zudem eine zugängliche Prosa schrieb, macht ihn für einige Leser/innen zu einem zuverlässigen und ideologiefreien Zeugen von Unrecht und Grausamkeit. In seinem zum Teil fiktionalisierten Lebensbericht *La sistema periodico* erklärt er unter Verwendung chemischer Motive, dass die Wahl seines Studienfaches nicht zuletzt auf seine Abneigung gegen ideologische Verzerrungen unter dem faschistischen Regime zurückzuführen sei. Seine professionelle wissenschaftliche Distanz zum Untersuchungsgegenstand mag eine Rolle dabei gespielt haben, dass Levi bei seinen Zeugenberichten eine beachtenswerte Nüchternheit gelang, die jedoch auch nicht von allen Leser/innen als angemessen empfunden wurde. Prominent sei hier auf den Widerstandskämpfer und Auschwitzüberlebenden Jean Améry verwiesen, der Levis analytische Darstellung fälschlicherweise als ein Zeichen der Vergebung interpretierte (UG, 143). Als Musterschüler des humanistischen Elitegymnasiums Massimo D'Azeglio in Turin war und blieb Levi jedoch auch ein unersättlicher Leser. Insbesondere die Lektüre von Dantes *Die Göttliche Komödie,* und dessen reiche, mit Anspielungen und Verweisen gespickte poetische Sprache, hat Levis Schreibweise entscheidend geprägt: sein etymologisches Interesse, seine Eigenart, unterschiedliche Bedeutungen der zur Diskussion stehenden Begriffe oder Konzepte nebeneinander zu stellen (so z. B. in Bezug auf das Wort „patria", UG, 172), seine kunstvolle Referenz auf klassische und biblische Motive. In einer in der Sekundärliteratur häufig besprochenen Sequenz aus *Ist das ein Mensch?* erinnert sich Levi an die freudige Erregung, mit der er Dantes Verse über Odysseus für einen Häftlingsgenossen rezitierte, während sie im Lager in der Suppenschlange standen. Die Verkündung des homerischen Helden gegenüber seinen unentschlossenen, wankelmütigen Matrosen: „Man schuf euch nicht, zu leben wie die Tiere, / Nach Tugend und nach Wissen sollt ihr trachten", wird rückblickend im Schreibprozess zu einer Art Unterpfand für Levis Glauben an die Werte der Aufklärung (M, 109). Anders als der Schriftsteller und Auschwitzüberlebende Elie Wiesel stützt sich Levi hier nicht auf eine göttliche Präsenz oder ein Konzept von Gerechtigkeit, um die erlebte Monstrosität intellektuell und emotional zu verarbeiten. Für die meisten seiner Leser/innen, insbesondere für diejenigen, deren Lektüre sich auf das Werk *Ist das ein Mensch?* beschränkt, erscheint Levi als politisch liberal ausgerichteter Denker, der, nachdem er das Schlimmste, was Menschen einander antun können, gesehen und miterlebt hatte, seine humanistische Grundüberzeugung aufrechterhält: Die Hoffnung, dass Individuen, soweit sie eine entsprechende Ausbildung bekämen und demokratische Freiheiten ausüben dürften, in der Lage wären, die Welt rational zu verstehen, ihre täglichen Arbeiten zu verrichten und somit ein respektables Leben zu leben (Homer 2001).

IV.3 Primo Levi: *I sommersi e i salvati* (*Die Untergegangen und die Geretteten*) — 557

Als besonders erschütternd beschreibt Levi in *Ist das ein Mensch?* die zerrüttete Zwischenmenschlichkeit bereits bei seiner Ankunft in Auschwitz. Das Lager sei „eine riesige biologische und soziale Erfahrung" (M, 83), darauf ausgerichtet, die Individuen in einem unerbittlichen Überlebenskampf gegeneinander aufzuwiegeln. Ausnahmen in diesem systematischen Prozess der Isolierung bilden einzelne Netzwerke der Solidarität, wie sie Levi bei den Überlebenden der jüdischen Kolonie Salonica oder im kommunistischen Untergrund beobachtet. Dennoch blieb für die meisten Insassen des Lagers die Erfahrung in Auschwitz in Levis Augen ein einsamer, verzweifelter und oft tödlicher Wettbewerb: „Hier wird der Kampf um das Überleben ohne Erbarmen geführt, denn jeder ist verzweifelt und grausam allein" (M, 84–85).

Trotz oder vielleicht auch aufgrund der schonungslosen und nüchternen Darstellung der Unmenschlichkeit, treten einzelne, mitten in der Hölle realisierte humane Gesten hervor und geben eine ethische Orientierung. In diesem Sinne charakterisiert Robert Gordon (2001) Levi als einen ethischen Denker, der durch die Hervorhebung der gewöhnlichen Tugenden des täglichen Lebens eine Ethik der Fürsorge für andere entwickele. Dass sich in Levis Texten ein unerschütterlicher Glaube an die Menschheit finde, ist indes nicht unumstritten und wird nicht zuletzt anlässlich der Umstände seines Todes in Frage gestellt. Sein Sturz im Treppenhaus vom vierten Stockwerk, der offiziell als Selbstmord, von einigen jedoch als Unfall, von wieder anderen als Folge einer früheren Depression eingestuft wird (Angier 2002), nährt die These, dass Levi seiner Verzweiflung unterlag und an Auschwitz vierzig Jahre nach Auschwitz starb, wie Elie Wiesel formuliert (Gambetta 1999).

Argumentiert man nicht mit Levis Biographie, sondern ausgehend von seinem Werk, so erweist sich Levis letztes Werk über Auschwitz *Die Untergegangenen und die Geretteten* als ein weitaus skeptischeres und erschütterndes Buch als sein erstes (Thomson 2003, 504). Hier hinterfragt Levi die Idee des Bösen und Guten als dichotome Gegensätze. Die jüdischen Sonderkommandos und der Ghettoboss Rumkowski illustrieren dabei, inwieweit es den Nationalsozialisten gelang, ihre Opfer so weit wie möglich in ihre eigene radikale Freiheitsberaubung zu verstricken (UG, 33–69), die Opfer vor dem Tod vollständig zu erniedrigen und sich in dieser vermeintlichen Mittäterschaft weniger schuldig zu fühlen (UG, 109, 131). In dem vielleicht subversivsten Moment des Buches hinterfragt Levi den moralischen Status seines eigenen Zeugenberichts und anderer literarischer Augenzeugenberichte. So beobachtet Levi, dass die Stunde der Befreiung bei den Lagerinsassen in Auschwitz nicht wie allgemein erwartet Freude oder Jubel hervorrief, sondern viel eher Schamgefühle über die moralischen Tiefen, zu denen sie herabgesunken waren, um unter extremsten Bedingungen zu überleben: „Überlebt haben die Schlimmsten, und das heißt die Anpassungsfähigsten. Die Besten sind alle gestorben" (UG, 85). Und an diese streitbare Erklärung schließt sich eine bemerkenswert kritische Neueinschätzung seiner Zeugenberichte aus Auschwitz an: „Nicht wir, die Überlebenden, sind die wirklichen Zeugen. [...] Wer ihn [den tiefsten Punkt des Abgrundes] berührt, wer das Haupt der Medusa erblickt hat, konnte nicht mehr zurückkehren, um zu berichten, oder er ist stumm geworden. Vielmehr sind sie, die ‚Muselmänner', die Untergegangenen, die eigentlichen Zeugen, jene, deren Aussage eine allgemeine Bedeutung gehabt hätte" (UG, 86).

Weit abgerückt von dem zuversichtlichen, wenn auch nüchternen Ton des Vorwortes von Levis erstem Buch vertritt der Schriftsteller hier die Auffassung, dass sich die wahren Zeugen des in Auschwitz erlittenen Leidens auf diejenigen beschränkt, die aufgrund ihres Leidens für immer ihre Sprache verloren haben. Giorgio Agamben macht diese äußerst erschütternde Aussage Levis über die „eigentlichen Zeugen" der Shoa 1989 zum Mittelpunkt seines Buches *Was von Auschwitz bleibt. Das Archiv und der Zeuge,* indem er anhand der These einer ‚Unsagbarkeit' des Lagers die problematische Beziehung zwischen Sprache und Bedeutung in der modernen Welt näher beleuchtet (→ II.6 ERDLE).

Nicht allein Levis individuelles Zeugnis als Auschwitzüberlebender, das die akademische Auseinandersetzung mit seinen Werken bis heute überwiegend prägt, sondern seine kritische Reflexion der Dringlichkeit und zugleich auch der Grenzen von Zeugenschaft schlechthin rücken in Levis späteren Werken stärker ins Zentrum. So zeichnen sich für Jonathan Druker (2009) Levis späte Texte vor dem Hintergrund eines nahezu erfolgreichen Völkermordkrieges durch ihre subversive Instabilität im Glauben an einen existenzfähigen Humanismus aus. Nancy Harrowitz interpretiert in einer ähnlichen Stoßrichtung Schlüsselstellen in Levis Erzählwerken und Gedichten als eine Art von Warnsignalen angesichts der Fragilität jedweder Zeugenschaft. Levi werfe nicht nur die Möglichkeit auf, dass sein Zeugenbericht am Ende weder persönlich befreiend noch überhaupt von Bedeutung ist, sondern er erinnere auch an die mögliche Lähmung und Demoralisierung, die Berichte über und die Einsicht in die schlimmste Art menschlicher Brutalität und Erniedrigung zur Folge haben können. Bezugnehmend auf eine literarische Anspielung auf die Gorgone Medusa im Werk *Die Untergegangenen und die Geretteten* bemerkt Nancy Harrowitz in diesem Sinne: „[T]he Medusa represents not only the evil of the camp, the impossibility of returning if one has seen the bottom where the Gorgon resides, but also the threat of the knowledge of evil" (Harrowitz 2016, 137).

Neben der Lesart Levis als eines humanistischen Denkers, seiner kritischen Reflexion von erkenntnistheoretischen wie ethischen Dimensionen (Gordon 2001; Lang 2013) lässt sich jedoch auch eine genuin politische Lesart entwickeln. Während Ian Thomsons in seiner Biographie (2003) Levis Werk im Kontext der sich wandelnden politischen und sozialen Entwicklungen seiner Zeit interpretiert, weisen Frederic Homer (2001) und Robert Pirro (2017) auf eine in Levis Texten enthaltene theoretische politische Dimension hin. Pirro stützt sich dabei auf Texte, die als Randwerke von Levis schriftlichem Vermächtnis betrachtet werden können: seine Science-Fiction-Kurzgeschichten und den historischen Roman des Zweiten Weltkriegs von 1982 *Se non ora, quando?* (*Wann, wenn nicht jetzt?*). Der Roman beschreibt den Kampf einer jüdischen Partisanengruppe, die nicht nur darum kämpft, die Todesfelder der Nationalsozialisten zu überleben, sondern auch darum ringt, eine tolerante und partizipative demokratische Gemeinschaft zu gründen. Motivation für menschliches Handeln wird hier weniger im Zusammenhang mit Ideologien oder heldenhaften Ambitionen dargestellt, vielmehr geht es Levi in diesem Roman um eine Würdigung alltäglicher Tugenden und einzelner guter Taten, durch die ein Modus von gegenseitiger Wertschätzung, gesellschaftlicher Teilnahme und Engagement für das Gemeinwohl entstehen kann. Überraschende Parallelen zeigen sich dabei in der Detailanalyse zum Theoretiker Niccolò Machiavelli, der – entgegen seinem negativen Ruf – als Vertreter der republikanischen Staatsform wie Levi eine Politik der aktiven Teilnahme vertritt. Konzentriert sich der Roman auf den kollektiven politischen Handlungsraum, so kommen Fragen nach der individuellen Handlungsfähigkeit, die sich durch Levis gesamtes Werk ziehen, in seinen Science-Fiction-Erzählungen als Angst und Anziehungskraft der mütterlichen Macht zum Ausdruck. In dieser Lesart erweist sich Levi als ein scharfsinniger Theoretiker, der die Ursprünge, Vielfalt und Hemmnisse menschlicher und insbesondere politischer Handlungsmacht immer wieder aufgreift, die auch in seinen Zeugenberichten als Hoffnung auf die Gründung einer republikanischen Staatsform durch politisch engagierte Bürger/innen zum Ausdruck kommen. Die Gegenwart bietet in Form von ethnischen Säuberungen und autokratischer Selbstermächtigung, aber auch in den Kämpfen um demokratischen Konstitutionalismus genügend Beispiele, für die Levis theoretische Hinterlassenschaft zum Prüfstein wird und an denen sie ihre Aktualisierung erfährt.

Literatur

Agamben, Giorgio. *Was von Auschwitz bleibt. Das Archiv und der Zeuge. Homo sacer III*. Übers. von Stefan Monhardt. Frankfurt a. M. 2010 [OA: 1998].
Angier, Carole. *The Double Bond. Primo Levi, a Biography*. New York 2002.
Druker, Jonathan. *Primo Levi and Humanism after Auschwitz. Posthumanist Reflections*. New York 2009.
Gambetta, Diego. „Primo Levi's last Moments". *Boston Review*. http://bostonreview.net/diego-gambetta-primo-levi-last-moments. 1. Juni 1999 (12. März 2021).
Gordon, Robert S. C. *Primo Levi's Ordinary Virtues. From Testimony to Ethics*. Oxford 2001.

Harrowitz, Nancy. *Primo Levi and the Identity of a Survivor*. Toronto 2016.
Homer, Frederic. *Primo Levi and the Politics of Survival*. Columbia 2001.
Levi, Primo. *Die Untergegangenen und die Geretteten*. Übers. von Moshe Kahn. München 2015 [OA: 1986]. [UG].
Levi, Primo. *Ist das ein Mensch?* Übers. von Heinz Riedt. München 2010 [OA: 1947]. [M].
Levi, Primo. *L'altrui mestiere*. Turin 1985.
Levi, Primo. *Ad ora incerta*. Mailand 1984.
Levi, Primo. *Wann, wenn nicht jetzt?* Übers. von Barbara Kleiner. Frankfurt a. M. 1987 [OA: 1982].
Levi, Primo. *Vizio di forma*. Turin 1971.
Levi, Primo. *Die Atempause*. Übers. von Barbara und Robert Picht. Frankfurt a. M. 1969 [OA: 1963].
Levi, Primo. *Die Verdopplung einer schönen Dame und andere Überraschungen*. Übers. von Heinz Riedt. Hamburg 1968 [OA: 1966].
Pirro, Robert. *Motherhood, Fatherland, and Primo Levi. The Hidden Groundwork of Agency in his Auschwitz Writings*. Lanham, MD 2017.
Thomson, Ian. *Primo Levi. A Life*. New York 2003.

Peter Weiss: *Die Ästhetik des Widerstands*

Karl-Heinz Götze

Die *Ästhetik des Widerstands* ist eine ungewöhnliche Wortkombination. Sie klang noch seltsamer, bevor Peter Weiss zwischen 1975 und 1981 drei Bände eines monumentalen Romanprojekts unter diesem Titel veröffentlichte. Der Roman war trotz des anfänglich negativen Echos ein Bestseller mit nachhaltiger Wirkung, sodass sein Titel die Fremdheit mindestens teilweise verlor.

Erzählt wird die Geschichte eines 1917 geborenen Arbeitersohns zwischen 1937 und 1945, den Weiss reichlich mit Elementen seiner eigenen Biographie ausstattet. Die Erzählung setzt mit dem Besuch des namenlosen, schwer greifbaren Ich-Erzählers und zweier seiner Freunde im Berliner Pergamon-Museum ein. Der Besuch ist Anlass, sich die Kunstwerke vom Standpunkt proletarischer Hitler-Gegner anzueignen. Dann reist der Erzähler nach Spanien, um dort gegen Franco zu kämpfen. Nach der Niederlage der Republikaner begibt er sich nach Paris, ins damalige Zentrum der ästhetischen Avantgarde und des Exils der deutschen Hitler-Gegner. Schließlich verschlägt es ihn nach Schweden, wo er sich dem kommunistischen Widerstand anschließt und durch die Begegnung mit Brecht ermutigt wird zu schreiben. Gegenstand des dritten Bandes ist die Darstellung der Vernichtung zuerst des schwedischen, dann auch des deutschen Widerstands (*Rote Kapelle*). Der Roman endet am 8. Mai 1945 und in einer Konjunktivpassage, in der der Erzähler die Folgen der Niederlage des Widerstands in die Gegenwart verlängert. „Hier ist einem Grauen Greifbarkeit und Begreifen zugleich abgetrotzt worden, das sich einer gültigen epischen Form immer wieder verweigert hatte" (Götze 1995, 9).

Es wäre eine Verkürzung, den Roman auf eine Art proletarischen Bildungsroman oder gar auf eine „Wunschautobiographie" (Haiduk 1983, 59; → III.3 Thomä) ihres Autors zu reduzieren, wie dieser selbst durch eine missverständliche Formulierung nahelegte. Der Radius ist viel weiter. Der Roman thematisiert die Geschichte der deutschen Arbeiterbewegung zwischen 1918 und 1945, eingebettet in die Geschichte des Widerstands der Unterdrückten seit je und die Rolle der Kunst in diesem Kampf.

Alfred Andersch hat schon nach Erscheinen des ersten Bandes 1975 die Gattungsbezeichnung „roman d'essai" (Andersch 1977, 145) vorgeschlagen. Der Terminus reflektiert die Tatsache, dass der Text von ausführlichen kunst- und literaturhistorischen Erörterungen durchzogen ist. Dies gilt auch für den zweiten Band, während sie im dritten zugunsten der Beschreibung des Untergangs quantitativ zurücktreten. Er führt aber in die Irre, wenn man sich darunter ein Werk vorstellt, in das sein Autor, wie in der Moderne durchaus üblich, ästhetische Reflexionen in Traktatform eingelassen hätte. Er führt auch in die Irre, wenn man eine diskursive Auseinandersetzung mit der idealistischen Ästhetik erwartet, obgleich Peter Bürger darin zuzustimmen ist, dass die *Ästhetik des Widerstands* eine Ästhetik enthalte, „die der idealistischen entgegengesetzt ist" (Bürger 1983, 288), weil sie den Gegensatz von Fiktion und Wirklichkeit in Frage stelle. Die bald unternommenen Versuche, die *Ästhetik des Widerstands* kategorial zu verfestigen und zu einer Philosophie der Kunst zu vereindeutigen (Mittenzwei 1979), sind wenig überzeugend.

Das hat mit der Form zu tun, mit der die Reflexionen über die Kunst dargeboten werden, durch Verortung und „Lokalisierung" (Rector 1983, 107). Nirgendwo lösen sich die Überlegungen der Protagonisten von konkreten Orten, konkreten historischen Situationen des Widerstands und genau bezeichneten künstlerischen Artefakten. Die Anstrengung der Verallgemeinerung ist zwar bei den Protagonisten durchaus vorhanden, aber keine der Verallgemeinerungen bleibt unwidersprochen. Dieses Erzählprinzip bestimmt den Roman schon in der Pergamon-Sequenz, in welcher der immer wieder politische Wirksamkeit ästhetischer Praxis einfordernde Coppi und der alle Begrenzungen der Politik übergreifenden Wirkungen der Kunst verteidigende Heilmann ihre Argumente austauschen, die das erzählende Ich zu synthetisieren versucht, ohne dass derlei vorläufige Synthesen vom Autor erneuten Einwänden entzogen und damit definitiv gesetzt würden. Dieses Darstellungsprinzip ändert sich nicht. Anders gesagt: Auf dem von Weiss selbst gewählten grauen Umschlag der *Ästhetik des Widerstands* finden sich neben dem Autoren- und Verlagsnamen in gleicher Schriftgröße die Worte ‚Ästhetik', ‚Widerstand' und ‚Roman'. Ohne Berücksichtigung der komplexen Romanform lässt sich über die beiden anderen Begriffe nichts Gültiges sagen (→ III.4 SCHILDKNECHT). Daraus ergibt sich die Schwierigkeit, ohne eingehende Analyse des so vielfältigen Romanganzen zu bestimmen, was hier das ‚Ästhetische' in seinem genitivischen Verhältnis zum ‚Widerstand' denn eigentlich sei. Peter Weiss ist in vielen Interviews danach gefragt worden. Seine Antworten machen die Schwierigkeit deutlich, in wenigen Worten eng zu fassen, was er auf beinahe 1000 Seiten dargestellt hatte. So bat ihn Heinz-Ludwig Arnold 1981 in einem ausführlichen Gespräch, „einmal zu versuchen, diese Ästhetik zu beschreiben". Weiss' Antwort: „Es werden Menschen geschildert, die im politischen Kampf stehen, die aber diesen politischen Kampf als zu eng empfinden [...] und einsehen, daß zu diesem Kampf [...] unbedingt gehören muß die kulturelle Umwandlung, die Bereicherung des Menschen an kulturellen Gütern oder Werten" (Arnold und Weiss 1983, 52–53).

Von der proletarischen, widerständigen Aneignung kultureller Artefakte handelt die *Ästhetik des Widerstands* durchgehend. Vor allem Bilder (u. a. Dürer, Breughel, Bosch, Goya: *Erschießung der Aufständischen*, Delacroix, Géricault:

Floß der Medusa, Meyron, Courbet, Doré, Menzel, Grosz, Dix, Picasso: *Guernica*) sind Gegenstand der Analysen, aber auch Tempelanlagen wie Angkor Wat, dazu Schriften von Dante, Rimbaud, Joyce, Neukrantz, Kafka, Gide, Brecht. Dabei geht es zunächst einmal in der Tradition der Arbeiterbildung um Zugang zu einer Kultur, die die Dominierenden in Beschlag gelegt haben: „Untrennbar von der ökonomischen Begünstigung war die Überlegenheit des Wissens" (Weiss 1975, 53). Die Aneignung durch die jungen Arbeiter erfolgt zumeist in drei Schritten. Zunächst die historische Rekonstruktion der Entstehung, darauf die strukturelle Aneignung und schließlich die Verknüpfung mit der gegenwärtigen Lebenssituation der Betrachter bzw. Leser.

Es stellt sich die Frage, warum Weiss, dessen Roman ursprünglich nur *Der Widerstand* heißen sollte, so hartnäckig auf der Ästhetik besteht, wo es um politisches Handeln geht. Bekanntlich hat Brecht nicht ohne Grund gegen Lukács ironisch darauf verwiesen, dass die Exilierten nicht dazu in der Lage seien, das schwere Erbe der Kunst- und Literaturgeschichte allzeit mit sich zu führen (Brecht 1967, 337).

Für Weiss stellt sich diese Frage nicht. Kunst, die diese Bezeichnung verdient, ist für ihn allemal streitbar. Herrscherlob und Dekorationskunst fallen aus Weiss' Begriff von Ästhetik heraus, wie ‚schön' sie auch sein mögen. Kunst, wie Weiss sie versteht, transportiert auch allemal Utopie und damit die Kraft zum Weitermachen: „Die Hoffnungen würden bleiben. Die Utopie würde notwendig sein" (Weiss 1981b, 265; Hofmann 1990, 333–340).

Der Widerstand, so denkt es Weiss, darf gerade in den Situationen tödlicher Bedrohung nicht auf die Aneignung von Ästhetik verzichten, weil zu seiner Zerschlagung allemal die Zerschlagung seines Selbstbewusstseins, seiner Identität und seiner Orientierung gehört. Ohne ein Bild von sich selbst kein Selbstbewusstsein. „Das Unkenntliche faßbar zu machen" (Weiss 1981b, 207), so Heilmann kurz vor seiner Hinrichtung, ist das Ziel sowohl der kollektiven Kunstrezeption als auch und mehr noch der eigenen Schreibpraxis, die der Ich-Erzähler im zweiten Band beginnt. Die bisher umrissenen Funktionen der Ästhetik für den Widerstand haben damit zu tun, ihm Geschichte und Identität, ihm Greifbarkeit und Handlungsfähigkeit zu geben. Es sind Funktionen der Formung und Ordnung, die Nietzsche apollinisch genannt hätte. Die Kunst, wie Weiss sie sieht, umfasst aber nicht nur die Seite des bedachten, zielgerichteten Engagements, sondern auch die dionysische des Chaos, des Asozialen, des Todesverfallenen, der Auflösung, der Melancholie und der Hoffnungslosigkeit, die des Traums, umfasst Visionen und Verstummen, umfasst Klarheit und Wahn. In den Lebensschicksalen zahlreicher Figuren des Romans werden diese Dimensionen lebendig, in Heilmanns „Brief an Unbekannt" (Weiss 1981b, 199–210) wird ihnen in gewisser Weise eine eigene Poetik zugeschrieben. Gerade aber diese gefährlichen, ‚wilden', ungebändigten Elemente der Kunst machen sie zum unverzichtbaren Korrektiv der Politik, ja allen begrifflichen Denkens überhaupt. Kunst bedarf der Vorurteile nicht, sie kann „Gegenkraft zum Apparat" (Herding 1983, 257) sein. Kunst kann sich den Begrenzungen entziehen, denen alles politische Handeln unterliegt. Sie kann die Phantasie zulassen, sodass Unvorstellbares vorstellbar wird, wie zum Beispiel die weitgehende Vernichtung der deutschen Arbeiterbewegung durch den Nationalsozialismus, den die beiden großen Arbeiterparteien noch 1933 in ihrer sektiererischen Verblendung nicht denken konnten. Vor dem Hintergrund dieser umfassenden Konzeption von Ästhetik erklärt sich auch die überraschende Auswahl von Bildwerken und Texten, die fast alle sehr dunkle Züge haben, geradezu obsessionell Grauenhaftes und Schreckliches vorstellen. Hier entfernt sich der bekennende Sozialist Weiss so weit wie nur irgend möglich von der Vorstellung, proletarische Kunst müsse Werke mit positiven Helden favorisieren.

Klaus Herding hat in seiner Untersuchung der Bildrezeption in der *Ästhetik des Widerstands* gezeigt, dass Weiss auf den Vorgang der „Leidumkehrung" (Herding 1983, 256) setzt: Erst im Augenblick der äußersten Verzweiflung ist die Wahrheit erkennbar, erst in diesem Augenblick kann die Verzweiflung umschlagen in Aktivität gegen Tod und Gewalt, kann der „Kampf gegen die Selbstaufgabe" (Scherpe 1981, 57–73) seine Dynamik freisetzen.

Die Herstellung der Einheit von Kunst und Politik, von Kunst und Widerstand war, zunächst *malgré lui*, auch das Lebensprojekt des Künstlers Peter Weiss: Inmitten politischer Bewegung im schwedischen Exil hat er der Politik den Rücken gekehrt, um sich dann in den 1960er Jahren nach dem Erfolg des *Marat/Sade* (Uraufführung 1964) in radikaler, an die Grenzen der Selbstaufgabe führender Gewissenhaftigkeit politisch zu radikalisieren, bis ihn ein körperlicher Zusammenbruch zwang, die unterschiedlichen Seiten seines Schreibens und seiner Existenz neu aufeinander abzustimmen. In den Stücken über Hölderlin und über Trotzki bleiben die Wege der Kunst und der Politik, die Wege von Tat und Traum noch so getrennt wie die vom jungen Dr. Marx zu Besuch beim alten Hölderlin: „Zwei Wege sind gangbar / zur Vorbereitung / grundlegender Veränderungen / Der eine Weg ist / die Analyse der konkreten / historischen Situation / Der andre Weg ist / die visionäre Formung / tiefster persönlicher Erfahrung" (Weiss 1971, 174).

In der *Ästhetik des Widerstands*, deren Erarbeitung bald darauf begann, wird so erschöpfend um eine Synthese gerungen, als könne der Versuch literarischer Einheit zwischen Ästhetik und Widerstand etwas von den Katastrophen beheben, die die fehlende politische Einheit nach sich gezogen hat.

Literatur

Andersch, Alfred. „Wie man widersteht. Reichtum und Tiefe von Peter Weiss". Ders., *Öffentlicher Brief an einen sowjetischen Schriftsteller, das Überholte betreffend*. Reportagen und Aufsätze. Zürich 1977: 143–153.
Arnold, Heinz-Ludwig und Peter Weiss. „,... ein ständiges Auseinandersetzen mit den Fehlern und mit den Mißgriffen ..." *Die Ästhetik des Widerstands*. Hg. von Alexander Stephan. Frankfurt a. M. 1983: 11–58.
Brecht, Bertolt. „Kleine Berichtigung". Ders., *Gesammelte Werke*. Bd. 19. Frankfurt a. M. 1967: 337–338 [EA: 1937].
Götze, Karl Heinz. *Poetik des Abgrunds und Kunst des Widerstands. Grundmuster der Bildwelt von Peter Weiss*. Opladen 1995.
Haiduk, Manfred. „Dokument oder Fiktion. Zur autobiographischen Grundlage in Peter Weiss' Romantrilogie ‚Die Ästhetik des Widerstands'". *Die Ästhetik des Widerstands*. Hg. von Alexander Stephan. Frankfurt a. M. 1983: 59–78.
Herding, Klaus. „Arbeit am Bild als Widerstandsleistung". *Die Ästhetik des Widerstands*. Hg. von Alexander Stephan. Frankfurt a. M. 1983: 246–284.
Hofmann, Michael. *Ästhetische Erfahrung in der historischen Krise. Eine Untersuchung zum Kunst- und Literaturverständnis in Peter Weiss' Roman ‚Die Ästhetik des Widerstands'*. Bonn 1990.
Mittenzwei, Werner. *Ästhetik des Widerstands. Gedanken zu dem Versuch, eine ästhetische Kategorie für die Kunstentwicklung während des Kampfes gegen den Faschismus zu begründen*. Berlin 1979.
Rector, Martin. „Örtlichkeit und Phantasie. Zur inneren Konstruktion der ‚Ästhetik des Widerstands'". *Die Ästhetik des Widerstands*. Hg. von Alexander Stephan. Frankfurt a. M. 1983: 104–133.
Scherpe, Klaus R. „Kampf gegen die Selbstaufgabe. Ästhetischer Widerstand und künstlerische Authentizität in Peter Weiss' Roman". *Die ‚Ästhetik des Widerstands' lesen. Über Peter Weiss*. Hg. von Karl Heinz Götze und ders. Berlin 1981: 57–73.
Weiss, Peter. „Im Gespräch mit Burkhard Lindner". *Die ‚Ästhetik des Widerstands' lesen. Über Peter Weiss*. Hg. von Karl Heinz Götze und Klaus R. Scherpe. Berlin 1981a: 150–173.
Weiss, Peter. *Notizbücher 1960–1982*. Frankfurt a. M. 1981b.
Weiss, Peter. *Die Ästhetik des Widerstands*. 3 Bde. Frankfurt a. M. 1975, 1978, 1983.
Weiss, Peter. *Hölderlin*. Frankfurt a. M. 1971.

W. G. Sebald: *Austerlitz*

Sarah Schmidt

Wer sich der Prosa des 2001 verstorbenen Autors und Literaturwissenschaftlers W. G. Sebald zuwendet, der wird schon auf den ersten Seiten in ein immer dichter werdendes Netzwerk intertextueller Verweise hineingezogen, bis schließlich kein einziger Satz, kein Wort mehr referenzlos erscheint (Schmucker 2012). Seine Texte sind literarische Archive, in denen nicht nur Borges, Stendhal (Öhlschläger 2007), Nabokov oder Kafka (Sill 1997), sondern auch Philosophen wie Walter Benjamin (Preuschoff 2015), Ludwig Wittgenstein oder Michel Foucault und mit ihnen Denkfiguren wie die des Archäologischen (Long 2007) oder des Flaneurs (Riedl 2017) prominent vertreten sind.

Die enge ‚Wahlverwandtschaft', die den Autor wie viele seiner Protagonisten mit Ludwig Wittgenstein verbindet, wurde in der Sekundärliteratur immer wieder unterstrichen – nicht zuletzt deswegen, weil Sebald sie durchgehend durch sein Werk beinahe plakativ inszeniert. Im Fokus derjenigen Untersuchungen, die diesen Verweisen tatsächlich nachgehen, steht dabei in erster Linie der Begriff der ‚Familienähnlichkeit'. So untersucht Klebes (2006) Personenkonstellationen, Blackler (2007) überträgt den Begriff auf Sebalds interpiktorales Spiel und Posnock (2010) geht Wittgensteins Plädoyer für ein anderes Sehen und eine darin implizierte Bildtheorie nach. Wendet man sich Wittgensteins *Philosophischen Untersuchungen* im Detail zu, so zeigt sich jedoch, dass Sebald nicht nur einzelne Begriffe von Wittgenstein übernimmt. Vielmehr ist Wittgensteins Spätwerk ein zentraler Intertext von Sebalds letztem Prosawerk *Austerlitz* (2001), in dessen Zentrum eine im Medium der Literatur kritisch reflektierte Diskussion des sogenannten Privatsprachenarguments steht (Schmidt 2012).

Am Beispiel der Idee einer Privatsprache, deren Existenz Wittgenstein ablehnt, soll deutlich werden, dass die Bedeutung eines Worts in seinem intersubjektiven Gebrauch begründet ist und eben nicht in seiner Referenz auf einen Gegenstand besteht. Als „Privatsprache" bezeichnet Wittgenstein dabei die Idee einer exklusiven, nur vom Sprecher selbst gewussten oder verstandenen Bedeutung der Worte. Als Beispiel für einen vermeintlich privilegierten Zugang zur Bedeutung eines „Gegenstandes" wählt Wittgenstein Empfindungen und Schmerzen, denn was wäre privater und exklusiver, als Schmerzen zu *haben* (PU, § 246)? Mit dem Bild einer je eigenen Schachtel, in die nur der Besitzer selbst hineinschauen kann und in der sich stellvertretend für das je private Schmerzempfinden etwas befindet, was wir „Käfer" nennen, versucht Wittgenstein zu verdeutlichen, dass der „Käfer" seine Bedeutung nicht im stillen Selbstbezug erhalten kann (PU, § 293). Die Schwierigkeit, sich bei der Bedeutung von Schmerz vergleichend auf ein exklusives Schmerz- oder Käfer-*Haben* zu beziehen, veranschaulicht Wittgenstein auch anhand der Idee eines sogenannten „E-Tagebuches", das die Wiederkehr einer gewissen (gleichen) Empfindung dokumentieren soll. Die Bedeutungszuschreibung Schmerzding/Wort könne auch vom Tagebuchführer nicht konstant vorgenommen werden, denn nichts garantiere im Modus des inneren Zeigens der Person auf ihre vermeintlich gleiche Empfindung die „richtige" Erinnerung (PU, § 260–263).

In Sebalds poetisch-philosophischen Untersuchungen werden Wittgensteins Überlegungen nun auf die Bedingung der Möglichkeit einer (rein) privaten Erinnerung bezogen und mit ihr auf die Medialität und Vermittlung von Erinnerungen, von Gefühlen und Empfindungen schlechthin. Dabei geht Sebald quasi ‚rückwärts' vor, insofern es in *Austerlitz* um einen Gedächtnisverlust bzw. um die Rekonstruktion einer traumatisch verschütteten persönlichen Erinnerung geht. Einen Wendepunkt erfährt diese Erinnerungsarbeit in einem Zusammenbruch des Protagonisten, der sich als Sprachlosigkeit und in ihrer deutlichen Reminiszenz an Hofmannsthals sogenannten *Chandos-Brief* als Sprachkrise manifestiert. Austerlitz beschreibt diesen Sprachverfall im Bild einer dem lange abwesenden Bewohner fremd gewordenen Stadt und übernimmt dabei nicht nur den Vergleich zwischen gesprochener Sprache und bewohnter Stadt, sondern wortwörtliche Passagen aus den *Philosophischen Untersuchungen* (A, 179; PU, § 18).

Quasi in Umkehrung zweier sehr unterschiedlicher mnemotechnischer Verfahren – der räumlichen Gestaltung des zu Erinnernden (Loci-Technik) und die kulturgeschichtlich verbreitete Ansicht, dass intensive Gefühle und vor allem Schmerzen Erinnerungen im Gedächtnis bewahren – sucht Austerlitz reisend wie lesend kreuz und quer durch Europa ebenso nach topographischen wie nach peinigenden Indizien. In der mnemotechnischen Umkehrung – *dort wo es schmerzt, gibt es eine Erinnerung* – gleicht die Suche nach Erinnerungen einer Lektüre von Schmerzspuren (Fuchs 2004), die sich „in unzähligen feinen Linien durch die Geschichte ziehen" (A, 20). Die Erinnerung meldet sich indes in einer Verschiebung an, es ist das Ähnliche, das die eigene Erinnerung ebenso anzeigt, wie sie sie verdeckt. Austerlitz' Faszination für leere Räume, für Festungsanlagen, Bahnhöfe und sternförmige Strukturen lesen sich wie topographische Signale einer verschütteten Erinnerung an Internierung, Verfolgung und Vertreibung, und zugleich verharrt der Architekturhistoriker Austerlitz in seinen wissenschaftlichen Recherchen im Bannkreis des 19. Jahrhunderts.

Das Bild des im Wartesaal sitzenden Kindes – Austerlitz wurde als Vierjähriger 1939 mit einem Kindertransport von Prag nach London verschickt und wuchs ohne Wissen um diese ersten Jahre in einer englischen Predigerfamilie auf – ist nun die erste, sich verdichtende Erinnerung, der erste „Buchstabe", das erste „Zeichen" aus dem „Setzkasten der vergessenen Dinge" (A, 218), deren

Grammatik es noch zu finden gilt. Jener Setzkasten besteht medial jedoch nicht nur aus sprachlichen Aufzeichnungen; er versinnbildlicht sich in verschiedenen Sammlungen, unter ihnen eine Fotosammlung, die Austerlitz wie ein Patiencespiel handhabt (A, 171–172). Nimmt man das stundenlange Sortieren nach dem Prinzip der Familienähnlichkeit im Wittgenstein'schen Sinne ernst – so bringt sich Austerlitz im Spielen mit seinen Erinnerungsfunden eine Sprache bei, auch oder gerade weil in diesem offenen Vorgang kein Gesamtbild entsteht (wie ein fertiges Puzzle oder eine aufgehende Patience) und keines der angedeuteten Spiele (Patience, Memory-Spiel, Puzzles …) allein hinreicht, um Austerlitz' Tätigkeit zu beschreiben. Denn Bedeutung entsteht nach Wittgenstein im Gebrauch einer Sprache, deren Regeln nicht durch eindeutige Definitionen, sondern nur als ähnliche Fälle erfasst werden können, ähnlich wie die Mitglieder einer Familie, die sich als ein Netz einander überlappender, durchkreuzender, aber nie deckungsgleicher Aspekte präsentieren.

In Wittgensteins *Philosophischen Untersuchungen* heißt es im Zusammenhang mit der Möglichkeit einer Privatsprache: „Der Satz ‚Empfindungen sind privat' ist vergleichbar dem: ‚Patience spielt man allein'" (PU, § 248). Betrachtet man die ‚Karten' dieses Spiels bei Sebald jedoch genauer, so sind sie eben gerade keine sicher verbürgten ‚authentischen' oder privaten Erinnerungsstücke, sondern stammen aus dem Fundus eines kollektiven, medial vermittelten Gedächtnisses, wie zahlreiche Untersuchungen zum Bild-Text-Verhältnis sowie zum medientheoretischen Diskurs um Authentizität und Fälschung bei Sebald ausführen (Horstkotte 2009; Niehaus 2017). Am Ende des Romans wird Austerlitz den namenlosen Ich-Erzähler einladen, in seiner Abwesenheit sein Haus zu bewohnen und dort auch seine Fotografien noch einmal anzuschauen, sodass nicht nur die Karten einem kollektiven Spiel entnommen sind, sondern auch in diesem konkreten Spiel zumindest zwei Spieler beteiligt wären.

Aber auch zwei andere Sammlungen im Roman sind in Bezug auf Wittgensteins Privatsprachenargument bemerkenswert: Einquartiert in einem beinahe leeren Zimmer in Austerlitz' Haus wird der namenlose junge Ich-Erzähler – als unwissendes Täterkind ebenso Spiegel- wie Komplementärfigur zu Austerlitz – auf sieben Schachteln aufmerksam, in denen je ein toter Nachtfalter aufbewahrt ist. Ihre kulturgeschichtlich signifikante Gestalt (als Schmetterlinge) und ihre Herkunft (sie stammen vom jüdischen Friedhof nebenan) ebenso wie die für die jüdische Tradition bedeutende Zahl sieben machen sie zu Wiedergängern einer verschütteten jüdischen Identität. Nach der Öffnung dieser sieben Faltersärge dreht der Ich-Erzähler ein Radio an, an dem ausgerechnet sieben ausländische Sendestationen angezeigt sind, deren fremde Stimmen in seinem Halbschlaf in Musik übergehen. Vergleicht man dieses Szenario mit dem Wittgenstein'schen Käferbeispiel, dann haben wir es nicht mit einem, sondern gleich mit einem ganzen Komplex von Schachteln zu tun, in denen Schmerzindizien aufbewahrt werden. Anders als in Wittgensteins Beispiel ist ein fremder Blick auf die als Dingsammlung angelegte Schmerzspur möglich. Doch weder eine detaillierte physische Beschreibung der Falter noch diese, „die Luft durchschwärm[ende]" (A, 238) geträumte musikalische Stimmwerdung erlauben einen sprachlichen Zugriff auf diese Falter/Käfer. Der Freund ahnt mehr als er versteht.

Auch eine Anspielung auf das E-Tagebuch findet sich im Roman *Austerlitz*: Der Ich-Erzähler denkt angesichts seines Besuches in dem ehemaligen Konzentrationslager der Festung Breendonk in Belgien über eine Foltermethode nach, die Claude Simon in seinem Buch *Jardin des Plantes* beschrieb. Der gefolterte Protagonist aus Simons Buch, Gastone Novelli, flüchtet nach seiner Internierung in den südamerikanischen Urwald, um dort keinem Deutschen, ja keinem „sogenannten zivilisierten Wesen" mehr zu begegnen. „[W]ie aus dem Nichts" kommen ihm dort „kupfrig glänzende" Menschen entgegen, deren Sprache „fast nur aus Vokalen und vor allem aus dem in unendlichen Variationen betonten und akzentuierten Laut A" (A, 39) besteht. Anstelle einer Grammatik dieser vermeintlich ursprünglichen Sprache, die anzulegen misslingt, wählt der inzwischen wieder in Europa eingetroffene Novelli das Medium der Malerei, um in immer wieder neuen Varianten den Buchstaben ‚A' festzuhalten. Ist man aufmerksam geworden auf diesen ersten Buchstaben des Alphabets, dann ist bemerkenswert, dass in *Austerlitz* insbesondere bei Personen-, aber auch bei Ortsnamen eine große Häufung des Buchstabens ‚A' auftritt, als schreibe sich hier mit fortlaufender Romanhandlung ein A-Tagebuch. Stehen diese Einträge nicht für eine Dokumentation des genau Gleichen, so sind sie sehr wohl Dokumentationen des Ähnlichen und bringen darüber hinaus in ihrer Häufung ausgerechnet einen Schmerzenslaut zum Ausdruck. Der vermeintlich ursprüngliche Ausdruck des Schmerzes ist hier jedoch insofern vielfach medial und kulturell vermittelt, als die As allesamt Teil eines Wortes, einer Erzählung, einer bereits existierenden Sprache sind, die in jener erzähltechnisch verschachtelten Novelli-Episode als Erzählung der Erzählung der Erzählung im wahrsten Sinne des Wortes durch mehrere Münder gegangen ist. Diese Sammlung von As im Roman lässt sich jedoch auch wieder als ein Versuch lesen, nach ‚Familienähnlichkeiten' zu sucht, um *seinen* Regelfall – die Person Austerlitz – zu verstehen.

Der Weg zu der schmerzenden eigenen Erinnerung führt in dem Prosawerk *Austerlitz* über intersubjektiv verankerte Sprachspiele. Insofern ist eine Privatsprache der Erinnerung auch nach Sebalds poetisch-philosophischen Untersuchungen nicht möglich. Gleichwohl würde sich ohne das je Eigene, das noch keine Sprache hat, aber wie ein Indikator Ähnliches markiert, kein einziges Zeichen im „Setzkasten der vergessenen Dinge" konstituieren, und in diesem Sinne wird es zur Bedingung der Möglichkeit einer Sprache der Erinnerung. Wenn Wittgenstein bemerkt: „Das Ding in der Schachtel gehört überhaupt nicht zum Sprachspiel; auch nicht einmal als ein *Etwas*" (PU, § 293), so könnte man mit Sebald antworten: Dieses *Etwas* ist es, um dessen willen wir dieses Spiel spielen.

Literatur

Blackler, Deane. *Reading W. G. Sebald. Adventure and Disobedience*. New York 2007.
Fuchs, Anne. *Die Schmerzensspuren der Geschichte. Zur Poetik der Erinnerung in W. G. Sebalds Prosa*. Köln 2004.
Horstkotte, Silke. *Nachbilder. Fotografie und Gedächtnis in der deutschen Gegenwartsliteratur*. Köln 2009.
Klebes, Martin. *Wittgenstein's Novels*. New York/London 2006.
Long, Jonathan J. *W. G. Sebald. Image, Archive, Modernity*. Edinburgh 2007.
Niehaus, Michael. „Fiktion – Dokument". *W. G. Sebald. Handbuch. Leben – Werk – Wirkung*. Hg. von Claudia Öhlschläger und dems. Stuttgart 2017: 130–142.
Öhlschläger, Claudia. „Kristallisation als kulturelle Transformation. Stendhal, W. G. Sebald und das Problem der Wirklichkeitstreue". *Verschiebebahnhöfe der Erinnerung. Zum Werk von W. G. Sebald*. Hg. von Sigurd Martin und Ingo Wintermeyer. Würzburg 2007: 105–118.
Posnock, Ross. „'Don't think, but look!'. W. G. Sebald, Wittgenstein, and Cosmopolitain Poverty". *Representations* 112 (2010): 112–139.
Preuschoff, Nikolai Jan. *Mit Walter Benjamin. Melancholie, Geschichte und Erzählen bei W. G. Sebald*. Heidelberg 2015.
Riedl, Eva. *Raumbegehren. Zum Flaneur bei W. G. Sebald und Walter Benjamin*. Frankfurt a. M. 2017.
Schmidt, Sarah. „Der Falter in der Schachtel. W. G. Sebalds poetisch-philosophischer Dialog mit Ludwig Wittgenstein". *Die Reflexion des Möglichen*. Hg. von Peter Fischer, Andreas Luckner und Ulrike Ramming. Münster 2012: 129–145.
Schmucker, Peter. *Grenzübertretungen. Intertextualität im Werk von W. G. Sebald*. Berlin/Boston 2012.
Sebald, W. G. *Austerlitz*. München 2008. [A].
Sill, Oliver. „'Aus dem Jäger ist ein Schmetterling geworden'. Textbeziehungen zwischen Werken von W. G. Sebald, Franz Kafka und Vladimir Nabokov". *Poetica* 29/3–4 (1997): 596–623.
Wittgenstein, Ludwig. „Philosophische Untersuchungen". Ders., *Werkausgabe*. Bd. 1. Frankfurt a. M. 1984: 225–580 [EA: 1953]. [PU].

V Auswahlbibliographie

Adams, Hazard. *Philosophy of the Literary Symbolic*. Gainesville 1983.
Adamson, Jane, Richard Freadman und David Parker (Hg.). *Renegotiating Ethics in Literature, Philosophy, and Theory*. Cambridge 1998.
Adler, Hans und Sabine Gross (Hg.). *Anschauung und Anschaulichkeit. Visualisierung im Denken, Wahrnehmen und Lesen*. München 2016.
Adorno, Theodor W. *Noten zur Literatur*. Ders., *Gesammelte Schriften*. Bd. 11. Hg. von Rolf Tiedemann. Frankfurt a. M. 1974.
Adorno, Theodor W. *Ästhetische Theorie*. Ders., *Gesammelte Schriften*. Bd 7. Hg. von Gretel Adorno und Rolf Tiedemann. Frankfurt a. M. 1973.
Agamben, Giorgio. *Geschmack*. Übers. von Andreas Hiepko. Leipzig 2020 [OA: 1979].
Agostini, Giulia. *Nach der Literatur. Studien zu einer Theorie der Literatur*. Heidelberg 2021.
Agostini, Giulia. „Herméneutique de la contingence. Mallarmé et Gadamer". *Germanisch-Romanische Monatsschrift* 65 (2015): 317–333.
Aichele, Alexander und Dagmar Mirbach (Hg.). *Alexander Gottlieb Baumgarten. Sinnliche Erkenntnis in der Philosophie des Rationalismus*. Hamburg 2008.
Aichele, Alexander. „Die Grundlegung einer Hermeneutik des Kunstwerks. Zum Verhältnis von metaphysischer und ästhetischer Wahrheit bei Alexander Gottlieb Baumgarten". *Studia Leibnitiana* 31 (1999): 82–90.
Alac, Patrik, Bertrand Badiou und Alexandra Richter (Hg.). *Paul Celan. La bibliothèque philosophique*. Paris 2004.
Albrecht, Andrea. *Kosmopolitismus. Weltbürgerdiskurse in Literatur, Philosophie und Publizistik um 1800*. Berlin/Boston 2005.
Allerkamp, Andrea und Dagmar Mirbach (Hg.). *Schönes Denken. A. G. Baumgarten im Spannungsfeld zwischen Ästhetik, Logik und Ethik*. Hamburg 2016.
Allerkamp, Andrea. *Anruf, Adresse, Appell. Figurationen der Kommunikation in Philosophie und Literatur*. Bielefeld 2005.
Allerkamp, Andrea, Pablo Valdivia und Sophie Witt (Hg.). *Gegen/Stand der Kritik*. Zürich 2015.
Auerbach, Erich. *Mimesis*. Princeton 1968.
Austin, John L. *How to do Things with Words*. Oxford 1962.
Bachtin, Michail M. *Chronotopos*. Übers. von Michael Dewey. Frankfurt a. M. 2008 [OA: 1975].
Bachtin, Michail M. *Probleme der Poetik Dostojevskijs*. Übers. von Adelheid Schramm. Frankfurt a. M. 1985 [OA: 1929/1963].
Badiou, Alain. *Kleines Handbuch zur Inästhetik*. Übers. von Karin Schreiner. Wien 2012 [OA: 1998].
Badiou, Alain. *Zweites Manifest für die Philosophie*. Übers. von Thomas Wäckerle. Wien 2010 [OA: 2009].
Badiou, Alain. *Manifest für die Philosophie*. Übers. von Eric Hoerl und Jadja Wolf. Wien 2001 [OA: 1989].
Badiou, Alain und Slavoj Žižek. *Philosophie und Aktualität. Ein Streitgespräch*. Übers. von Maximilian Probst und Sebastian Raedler. Wien 2005.
Baillot, Anne und Charlotte Coulombeau (Hg.). *Die Formen der Philosophie in Deutschland und Frankreich 1750–1830. Les formes de la philosophie en Allemagne et en France 1750–1830*. Laatzen 2007.
Barthes, Roland. *Die Lust am Text*. Übers. und komm. von Ottmar Ette. Berlin 2010 [OA: 1965].

Barthes, Roland. *Am Nullpunkt der Literatur. Literatur oder Geschichte. Kritik und Wahrheit.* Übers. von Helmut Scheffel. Frankfurt a. M. 2006 [OA: 1953].
Barthes, Roland. *S/Z.* Übers. von Jürgen Hoch. Frankfurt a. M. 1987 [OA: 1970].
Barthes, Roland. *Sade. Fourrier. Loyala.* Übers. von Maren Sell und Jürgen Hoch. Frankfurt a. M. 1986 [OA: 1971].
Bataille, Georges. *Die Literatur und das Böse. Emily Brontë – Baudelaire – Michelet – Blake – Sade – Proust – Kafka – Genet.* Übers. von Cornelia Langendorf. Hg. und mit einem Nachw. vers. von Gerd Bergfleth. Berlin 2011 [OA: 1957].
Bauer, Manuel. *Schlegel und Schleiermacher. Frühromantische Kunstkritik und Hermeneutik.* Paderborn u. a. 2011.
Bauer, Roger. „‚Ein Sohn der Philosophie'. Über den Dialog als literarische Gattung". *Jahrbuch der deutschen Akademie für Sprache und Dichtung.* Darmstadt 1976/Heidelberg 1977: 29–44.
Beaulieu, Anton. „Gilles Deleuze et la Littérature. Le Langage, la Vie et la Doctrine du Jugement". *Analecta Husserliana* 85 (2005): 417–432.
Behler, Ernst. *Klassische Ironie – Romantische Ironie – Tragische Ironie. Zum Ursprung dieser Begriffe.* Darmstadt 1972.
Behler, Ernst und Jochen Hörisch (Hg.). *Die Aktualität der Frühromantik.* Paderborn 1987.
Behler, Ernst. *Studien zur Romantik und zur idealistischen Philosophie 1.* Paderborn 1988.
Behler, Ernst. *Studien zur Romantik und zur idealistischen Philosophie 2.* Paderborn 1993.
Benjamin, Andrew. *Philosophy's Literature.* Manchester 2001.
Benjamin, Walter. „Der Begriff der Kunstkritik in der deutschen Romantik". Ders., *Gesammelte Schriften.* Bd. I.1. Hg. von Rolf Tiedemann und Hermann Schweppenhäuser. Frankfurt a. M. 1974: 7–122.
Benjamin, Walter. „Berliner Kindheit um Neunzehnhundert". Ders., *Gesammelte Schriften.* Bd. IV.1. Hg. von Rolf Tiedemann und Hermann Schweppenhäuser. Frankfurt a. M. 1974: 235–304.
Benjamin, Walter. „Denkbilder". Ders., *Gesammelte Schriften.* Bd. IV.1. Hg. von Rolf Tiedemann und Hermann Schweppenhäuser. Frankfurt a. M. 1974: 305–438.
Benjamin, Walter. „Einbahnstraße". Ders., *Gesammelte Schriften.* Bd. IV.1. Hg. von Rolf Tiedemann und Hermann Schweppenhäuser. Frankfurt a. M. 1974: 83–148.
Bentekoe, Ron. „The Function of Metaphor". *Philosophy & Rhetoric* 20.4 (1987): 209–226.
Bergermann, Ulrike und Elisabeth Strowick (Hg.). *Weiterlesen. Literatur und Wissen.* Festschrift für Marianne Schuller. Bielefeld 2007.
Bies, Michael und Michael Gamper (Hg.). *Literatur und Nicht-Wissen. Historische Konstellationen 1730–1930.* Zürich 2012.
Blanchot, Maurice. *Das Neutrale. Philosophische Schriften und Fragmente.* Übers. von Marcus Coelen. Zürich 2008.
Bloom, Harold. *A Map of Misreading.* Oxford 1975.
Bloom, Harold. *The Anxiety of Influence. A Theory of Poetry.* Oxford 1975.
Bloom, Philippe. *Böse Philosophen. Ein Salon in Paris und das vergessene Erbe der Aufklärung.* München 2010.
Blumenberg, Hans. „Paradigmen zu einer Metaphorologie". *Archiv für Begriffsgeschichte* 6 (1960): 7–142.
Blumenberg, Hans. „Wirklichkeitsbegriff und Möglichkeit des Romans". Ders., *Nachahmung und Illusion.* Hg. von Hans Robert Jauß. München 1964: 9–27.
Blumenberg, Hans. *Die Lesbarkeit der Welt.* Frankfurt a. M. 1979.

Blumenberg, Hans. *Arbeit am Mythos*. Frankfurt a. M. 1979.
Blumenberg, Hans. *Lebenszeit und Weltzeit*. Frankfurt a. M. 1986.
Blumenberg, Hans. *Das Lachen der Thrakerin. Eine Urgeschichte der Theorie*. Frankfurt a. M. 1987.
Blumenberg, Hans. *Ästhetische und metaphorologische Schriften*. Hg. von Anselm Haverkamp. Frankfurt a. M. 2001.
Blumenberg, Hans. *Theorie der Lebenswelt*. Berlin 2010.
Blumenberg, Hans. *Die nackte Wahrheit*. Frankfurt a. M. 2019.
Bohn, Volker (Hg.). *Romantik. Literatur und Philosophie*. Frankfurt a. M. 1987.
Bohrer, Karl-Heinz. *Die Kritik der Romantik. Der Verdacht der Philosophie gegen die literarische Moderne*. Frankfurt a. M. 1989.
Bolling, Doug (Hg.). *Philosophy and Literature*. New York 1987.
Borgards, Roland und Harald Neumeyer. „Der Ort der Literatur in einer Geschichte des Wissens. Plädoyer für eine entgrenzte Philologie". *Grenzen der Germanistik. Rephilologisierung oder Erweiterung?* Hg. von Walter Erhart. Stuttgart 2004: 210–222.
Borgards, Roland, Harald Neumeyer und Nicolas Pethes et al. (Hg.). *Literatur und Wissen. Ein interdisziplinäres Handbuch*. Stuttgart/Weimar 2013.
Born, Marcus Andreas und Axel Pichler. *Texturen des Denkens. Nietzsches Inszenierung der Philosophie in ‚Jenseits von Gut und Böse'*. Berlin/Boston 2013.
Bornmüller, Falk, Johannes Franzen und Mathis Lessau (Hg.). *Literature as Thought Experiment? Perspectives from Philosophy and Literary Studies*. Paderborn 2019.
Boullart, Karel. „On the Essential Difference between Science, Art and Philosophy as the Literature of Necessity, Communication". *Cognition and Literature* 22 (1989): 285–301.
Bourdieu, Pierre. *Die Regeln der Kunst. Genese und Struktur des literarischen Feldes*. Übers. von Bernd Schwibs und Achim Russer. Frankfurt a. M. 1999 [OA: 1992].
Bouriau, Christophe und Guillaume Schuppert (Hg.). *Perspectives philosophiques sur les fictions*. Beaune 2018.
Bourne, Craig und Emily Caddick Bourne (Hg.). *The Routledge Companion to Shakespeare and Philosophy*. London/New York 2019.
Bowie, Andrew. *From Romanticism to Critical Theory. The Philosophy of German Literary Theory*. London 1997.
Bowman, Brady (Hg.). *Darstellung und Erkenntnis. Beiträge zur Rolle nichtpropositionaler Erkenntnisformen in der deutschen Philosophie und Literatur nach Kant*. Paderborn 2007.
Brandt, Reinhard. *Philosophie in Bildern. Von Giorgione bis Magritte*. Köln 2000.
Brandt, Reinhard. „Die literarische Form philosophischer Werke". *Universitas* 40 (1985): 545–556.
Braun, Lucien. *Bilder der Philosophie*. Übers. von Claudia Brede-Konersmann. Hg. von Ralf Konersmann. Darmstadt 2009 [OA: 1994/1996].
Brink, Margot und Christiane Solte-Gresser (Hg.). *Écritures. Denk- und Schreibweisen jenseits der Grenzen von Literatur und Philosophie*. Tübingen 2004.
Bromand, Joachim und Guido Kreis (Hg.). *Was sich nicht sagen lässt. Das Nicht-Begriffliche in Wissenschaft, Kunst und Religion*. Berlin 2010.
Bruns, Gerald L. *Tragic Thoughts at the End of Philosophy. Language, Literature, and Ethical Theory*. Evanston, IL 1999.
Buchanan, Ian und John Marks. *Deleuze and Literature*. Edinburgh 2000.
Bühler, Benjamin. *Ecocriticism. Grundlagen – Theorien – Interpretationen*. Stuttgart 2016.
Bürger, Peter. *Prosa der Moderne*. Frankfurt a. M. 1992.

Campe, Rüdiger. „Das Problem der Prosa und die Form des Romans. Überlegungen zu Friedrich Schlegels Theorie und Praxis um 1800". *Die Farben der Prosa*. Hg. von Eva Eßlinger, Heide Volkening und Cornelia Zumbusch. Freiburg i. Br. 2016: 45–64.
Campe, Rüdiger. „Rhetoric's Flirtation with Literature. From Gorgias to Aristotle. The Epideictic Genre". *Flirtations. Rhetoric and Aesthetics. This Side of Seduction*. Hg. von Daniel Hoffmann-Schwartz, Barbara N. Nagel und Lauren Shizuko Stone. New York 2015: 37–50.
Campe, Rüdiger. „Wahrscheinliche Geschichte – poetologische Kategorie und mathematische Funktion. Zum Beispiel der Statistik in Kants ‚Ideen zu einer allgemeinen Geschichte in Weltbürgerlicher Absicht'". *Poetologien des Wissens um 1800*. Hg. von Joseph Vogl. München 1999: 209–230.
Campe, Rüdiger. „Rhetorische Perspektive. Metapher und Metonymie bei Leibniz". *Die paradoxe Metapher*. Hg. von Anselm Haverkamp. Frankfurt a. M. 1998: 332–357.
Carroll, Noël und John Gibson (Hg.). *The Routledge Companion to Philosophy of Literature*. New York 2015.
Cascardi, Anthony J. (Hg.). *Literature and the Question of Philosophy*. Baltimore/London 1987.
Cassin, Barbara. *Vocabulaire européen des philosophies. Dictionnaire des intraduisibles*. Paris 2004.
Cassirer, Ernst. *Philosophie der symbolischen Formen*. Darmstadt 1954.
Cassirer, Ernst. *Sprache und Mythos. Ein Beitrag zum Problem der Götternamen*. Leipzig 1925.
Cavell, Stanley. *Disowning Knowledge in Six Plays of Shakespeare*. Cambridge 1987.
Cavell, Stanley. „Emerson, Coleridge, Kant. Emersons ‚Fate' and Coleridges ‚Biographia Literaria' im Blick auf Kant". *Romantik. Literatur und Philosophie*. Hg. von Volker Bohn. Frankfurt a. M. 1987: 183–212.
Cavell, Stanley. *The Claim of Reason. Wittgenstein, Skepticism, Morality, and Tragedy*. Oxford 1979 [EA: 1923–1929].
Cellbrot, Hartmut. *Die Bewegung des Sinnes. Zur Phänomenologie R. Musils im Hinblick auf E. Husserl*. München 1988.
Charlton, William. „Is Philosophy a Form of Literature?" *British Journal of Aesthetics* 14 (1974): 3–16.
Charpa, Ulrich. „Künstlerische und wissenschaftliche Wahrheit. Zur Frage der Ausgrenzung des ästhetischen Wahrheitsbegriffes". *Poetica* 13 (1981): 327–344.
Cixous, Hélène. *Das Lachen der Medusa*. Übers. von Claudia Simma. Hg. von Esther Hutfless, Gertrude Postl und Elisabeth Schäfer. Wien 2013 [OA: 1975].
Cixous, Hélène, Madelaine Gagnon und Annie Leclerc. *La venue à l'écriture*. Paris 1977.
Clowes, Edith W. *Fiction's Overcoat. Russian Literary Culture and the Question of Philosophy*. Ithaca, NY/London 2004.
Compagnon, Antoine. *Chat en poche. Montaigne et l'allégorie*. Paris 1993.
Culler, Jonathan. „Philosophy and Literature. The Fortunes of the Performative". *Poetics Today* 21.3 (2000): 503–519.
Culler, Jonathan. *Framing the Sign. Criticism and its Institutions*. Oxford 1988.
Culler, Jonathan. *On Deconstruction. Theory and Crictism after Structuralism*. Ithaca, NY 1988.
Culler, Jonathan. *The Pursuit of Sign. Semiotics, Literature, Deconstruction*. London 1981.
Cunningham, Anthony. *The Heart of what Matters. The Role for Literature in Moral Philosophy*. Berkeley 2001.

Curtius, Ernst R. „Poesie und Philosophie". Ders., *Europäische Literatur und lateinisches Mittelalter*. Bern/München 1978: 210–220.
Czernin, Franz Josef (Hg.). *Zur Metapher. Die Metapher in Philosophie, Wissenschaft und Literatur*. München 2007.
Dalfen, Joachim. *Polis und Poiesis. Die Auseinandersetzung mit der Dichtung bei Platon und seinen Zeitgenossen*. München 1974.
Dällenbach, Lucien und Christiaan Lucas Hart Nibbrig (Hg.). *Fragment und Totalität*. Frankfurt a. M. 1984.
Damerau, Burghard. *Die Wahrheit der Literatur. Glanz und Elend der Konzepte*. Würzburg 2003.
Danneberg, Lutz. „Sprachphilosophie in der Literatur". *Sprachphilosophie. Ein internationales Handbuch zeitgenössischer Forschung*. Hg. von Marcelo Dascal et al. Berlin 1996: 1538–1566.
Danneberg, Lutz, Carlos Spoerhase und Dirk Werle (Hg.). *Begriffe, Metaphern und Imaginationen in Philosophie und Wissenschaftsgeschichte*. Wiesbaden 2009.
Danto, Arthur C. „Philosophy and/as/of Literature". *A Companion to the Philosophy of Literature*. Hg. von Garry L. Hagberg und Walter Jost. Malden, MA/Oxford 2010: 52–67.
Danto, Arthur C. „Narration and Knowledge". *Philosophy and Literature* 6.1–2 (1982): 17–32.
Deleuze, Gilles. *Kritik und Klinik*. Übers. von Joseph Vogl. Frankfurt a. M. 2000 [OA: 1993].
Deleuze, Gilles und Félix Guattari. *Kafka. Für eine kleine Literatur*. Übers. von Burkhart Kroeber. Frankfurt a. M. 1976 [OA: 1975].
Demmering, Christoph. „Philosophie als literarische Kultur? Bemerkungen zum Verhältnis von Philosophie, Philosophiekritik und Literatur im Anschluß an Richard Rorty". *Hinter den Spiegeln. Beiträge zur Philosophie Richard Rortys*. Hg. von Thomas Schäfer, Udo Tietz und Rüdiger Zill. Frankfurt a. M. 2001: 325–352.
Derrida, Jacques. *Die unbedingte Universität*. Übers. von Stefan Lorenzer. Frankfurt a. M. 2001 [OA: 2001].
Derrida, Jacques. *Die Schrift und die Differenz*. Übers. von Rodolphe Gasché und Ulrich Köppen. Frankfurt a. M. 2000 [OA: 1967].
Derrida, Jacques. *Randgänge der Philosophie*. Übers. von Gerhard Ahrens. Wien 1999 [OA: 1972].
Descartes, René. *Discours de la méthode*. Hamburg 2011 [EA: 1637].
Dhouib, Sarhan. „Die widerständige Stimme und das Schweigen als Protest. Zu Muḥammad aṣ-Ṣāliḥ Flīs' Zeitzeugenbericht ‚Häftling in meinem Heimatland'". *Formen des Sprechens, Modi des Schweigens. Sprache und Diktatur*. Hg. von Sarhan Dhouib. Weilerswist 2018: 338–360.
Diderot, Denis. *Ästhetische Schriften*. Hg. von Friedrich Bassenge. Bd. 1. Berlin 1967.
Dieckmann, Herbert. „Diderots ‚Le Neveu de Rameau' und Hegels Interpretation dieses Werkes". *Diderot und die Aufklärung*. Hg. von dems. München 1980: 161–194.
Dierkes, Hans. *Literaturgeschichte als Kritik. Untersuchungen zu Theorie und Praxis von Friedrich Schlegels frühromantischer Literaturgeschichtsschreibung*. Tübingen 1980.
Dilthey, Wilhelm. „Das Erleben und die Selbstbiographie". *Die Autobiographie. Zu Form und Geschichte einer literarischen Gattung*. Hg. von Günter Niggl. 2. Aufl., Darmstadt 1998: 21–32 [EA: 1906–1911/1927].
Dilthey, Wilhelm. *Erlebnis und Dichtung*. Leipzig/Berlin 1922.
Discherl, Klaus. *Der Roman der Philosophen. Diderot, Rousseau, Voltaire*. Tübingen 1985.
Dorter, Kenneth. „Imagery and Philosophy in Plato's Phaedrus". *Journal of the History of Philosophy* 9 (1974): 279–288.

Duhamel, Roland und Guillaume van Gemert (Hg.). *Nur Narr? Nur Dichter? Über die Beziehungen von Literatur und Philosophie*. Würzburg 2008.
Duran, Jane. *Women, Philosophy and Literature*. Aldershot 2007.
Eagleton, Robert. *Ethical Criticism. Reading after Levinas*. Edinburgh 1997.
Eagleton, Robert. *Literary Theory*. Oxford 1983.
Ebke, Thomas und Tatjana Sheplyakova (Hg.). *Die Ästhetiken der Philosophischen Anthropologie*. Internationales Jahrbuch für Philosophische Anthropologie, Bd. 8. Berlin/Boston 2019.
Eco, Umberto. *Einführung in die Semiotik*. München 1972.
Edelman, Nathan. „The Mixed Metaphor in Descartes". *The Romanic Review* 41 (1950): 167–178.
Edmundson, Mark. *Literature against Philosophy, Plato to Derrida. A Defense of Poetry*. Cambridge 1995.
Eiden-Offe, Patrick. *Die Poesie der Klasse. Romantischer Antikapitalismus und die Erfindung des Proletariats*. Berlin 2017.
Eldridge, Richard. *The Oxford Handbook of Philosophy and Literature*. Oxford 2009.
Emerson, Ralph. *Essays*. Zürich 1983.
Erdle, Birgit. *Literarische Epistemologie der Zeit. Lektüren zu Kant, Kleist, Heine und Kafka*. Paderborn 2015.
Erler, Michael. „Beweishäufung bei Lukrez. Zum Verhältnis von Philosophie und Rhetorik in philosophischer Literatur". *Philosophie in Rom. Römische Philosophie*. Hg. von Gernot Michael Müller und Fosca Mariani. Berlin/Boston 2018: 175–188.
Erler, Michael. „Vieles weiß der Fuchs, aber eine große Sache der Igel. Zum Verhältnis von philosophischer Einheit und literarischer Poikilia bei Platon". *Platons Hermeneutik und Prinzipiendenken im Lichte der Dialoge und der antiken Tradition. Festschrift für Th. A. Szlezák zum 70. Geburtstag*. Hg. von Ulrike Bruchmüller. Hildesheim 2012: 99–120.
Erler, Michael. „Literarische Begegnungen mit dem Tod in der Philosophie der griechischen Antike". *Form und Gehalt in Texten der griechischen und chinesischen Philosophie. Akten der 11. Tagung der Karl und Gertrud Abel-Stiftung vom 18.–19. Juli 2008 an der Univ. Trier*. Hg. von Karl-Heinz Pohl und Georg Wöhrle. Stuttgart 2011: 171–184.
Erler, Michael. „Interpretatio medicans. Zur epikureischen Rückgewinnung der Literatur im philosophischen Kontext". *Antike Philosophie Verstehen*. Hg. von Marcel van Ackeren und Jörn Müller. Darmstadt 2006: 243–256.
Erler, Michael und Jan Erik Heßler (Hg.). *Argument und literarische Form in antiker Philosophie. Akten des 3. Kongresses der Gesellschaft für antike Philosophie, Beiträge zur Altertumskunde 320*. Berlin/New York 2010.
Ette, Wolfram. *Kritik der Tragödie. Über dramatische Entschleunigung*. Weilerswist 2011.
Faber, Richard und Barbara Naumann (Hg.). *Literarische Philosophie. Philosophische Literatur*. Würzburg 1999.
Fabian, Bernhard. „Das Lehrgedicht als Problem der Poetik". *Die nicht mehr schönen Künste*. Hg. von Hans Robert Jauß. München 1968: 67–89.
Feger, Hans (Hg.). *Handbuch Literatur und Philosophie*. Stuttgart/Weimar 2012.
Festl, Michael G. und Phillipp Schweighauser (Hg.). *Literatur und politische Philosophie. Subjektivität, Fremdheit, Demokratie*. Paderborn 2018.
Figal, Günter und Ulrich Raulff (Hg.). *Heidegger und die Literatur*. Frankfurt a. M. 2012.
Finke, Peter und Siegfried J. Schmidt. *Analytische Literaturwissenschaft und Philosophie*. Braunschweig 1984.

Finkelde, Dominik. *Benjamin liest Proust. Mimesislehre – Sprachtheorie – Poetologie*. München 2003.
Fischer, Kurt R. und Ludwig Nagl (Hg.). *Nach der Philosophie. Essays von Stanley Cavell*. Wien 1987.
Flasch, Kurt. „Die Pest, die Philosophie, die Poesie. Versuch, das ‚Decameron' neu zu lesen". *Literatur, Artes und Philosophie*. Hg. von Walter Haug und Burghart Wachinger. Tübingen 1992: 63–84.
Fletcher, Angus. *Colors of the Mind. Conjectures on Thinking in Literature*. Cambridge, MA 1991.
Flynn, Thomas R. und Dalia Judovitz (Hg.). *Dialectic and Narrative*. S U N Y Studies in Philosophy and Literature. Albany, NY 1993.
Foucault, Michel. *Wahnsinn und Gesellschaft. Eine Geschichte des Wahns im Zeitalter der Vernunft*. Übers. von Ulrich Köppen. Frankfurt a. M. 1973 [OA: 1961].
Foucault, Michel. *Archäologie des Wissens*. Übers. von Ulrich Köppen. Frankfurt a. M. 1981 [OA: 1969].
Foucault, Michel. *Die Sorge um sich. Sexualität und Wahrheit 3*. Übers. von Ulrich Raulff und Walter Seitter. Frankfurt a. M. 1989 [OA: 1984].
Foucault, Michel. *Schriften zur Literatur*. Übers. von Michael Bischoff et al. Hg. von Daniel Defert und François Ewald. Frankfurt a. M. 2003.
Foucault, Michel. *Die große Fremde. Zu Wahnsinn und Literatur*. Übers. von Jonas Hock und Arne Klawitter. Hg. von Philippe Artières, Jean-François Bert, Mathieu Potte-Bonneville und Judith Revel. Zürich/Berlin 2014 [OA: 2013].
Framarin, Christopher G. *Hinduism and Environmental Ethics. Law, Literature, and Philosophy*. Routledge 2014.
Frank, Manfred. „Was ist ein literarischer Text, und was heißt es, ihn zu verstehen?" *Das Sagbare und das Unsagbare. Studien zur deutsch-französischen Hermeneutik und Texttheorie*. Hg. von dems. Frankfurt a. M. 2000: 121–195.
Frank, Manfred. *Stil in der Philosophie*. Stuttgart 1992.
Frank, Manfred. *Selbstbewußtsein und Selbsterkenntnis*. Stuttgart 1991.
Frank, Manfred. *Einführung in die frühromantische Ästhetik*. Frankfurt a. M. 1989.
Frank, Manfred. *Wittgenstein. Literat und Philosoph*. Pfullingen 1989.
Franke, Ursula. *Kunst als Erkenntnis. Die Rolle der Sinnlichkeit in der Ästhetik des Alexander Gottlieb Baumgarten*. Wiesbaden 1972.
Freadman, Richard. *Re-Thinking Theory. A Critique of Contemporary Literary Theory and an Alternative Account*. Cambridge 2010.
Freadman, Richard und Llyod Rheinhardt (Hg.). *On Literary Theory and Philosophy. A Cross-Disciplinary Encounter*. London 1991.
Fricke, Harald. *Aphorismus*. Stuttgart 1984.
Fricke, Harald. *Norm und Abweichung. Eine Philosophie der Literatur*. München 1981.
Frischmann, Bärbel (Hg.). *Ironie in Philosophie, Literatur und Recht*. Würzburg 2014.
Gabriel, Gottfried. „Dichtung und Philosophie. Ausführungen zu einigen Andeutungen Oskar Beckers". *Kultur – Mensch – Technik. Studien zur Philosophie Oskar Beckers*. Hg. von Carl Friedrich Gethmann und Jochen Sattler. Paderborn 2014: 131–144.
Gabriel, Gottfried. „Vergegenwärtigung in Kunst, Literatur und Philosophie". *Lebenswelt und Wissenschaft. Philosophisches Jahrbuch 2*. Hg. von Friedrich Carl Gethmann. Hamburg 2011: 43–55.
Gabriel, Gottfried. „Der Erkenntniswert der Literatur". *Der Begriff der Literatur. Transdisziplinäre Perspektiven*. Hg. von Alexander Löck und Jan Urbich. Berlin/New York 2010: 247–261.

Gabriel, Gottfried. „Literarische Form und philosophische Methode". *Wittgenstein – Philosophie als ‚Arbeit an Einem selbst'*. Hg. von Gunter Gebauer, Fabian Goppelsröder und Jörg Volbers. München 2009: 195–205.

Gabriel, Gottfried. „Der Begriff der Fiktion. Zur systematischen Bedeutung der Dichtungstheorie der Aufklärung". *Mimesis – Repräsentation – Imagination. Literaturtheoretische Positionen von Aristoteles bis zum Ende des 18. Jahrhunderts*. Hg. von Jörg Schönert und Ulrike Zeuch. Berlin/New York 2004: 231–240.

Gabriel, Gottfried. „Zwischen Wissenschaft und Dichtung. Nicht-propositionale Vergegenwärtigungen in der Philosophie". *Deutsche Zeitschrift für Philosophie* 51 (2003): 415–425.

Gabriel, Gottfried. *Logik und Rhetorik der Erkenntnis. Zum Verhältnis von wissenschaftlicher und ästhetischer Weltauffassung*. Paderborn u. a. 1997.

Gabriel, Gottfried. „Der Logiker als Metaphoriker. Zur philosophischen Rhetorik Freges". *Synthesis Philosophica* 11.6 (1991): 35–53.

Gabriel, Gottfried. *Zwischen Logik und Literatur. Erkenntnisformen von Dichtung, Philosophie und Wissenschaft*. Stuttgart 1991.

Gabriel, Gottfried. „Über Bedeutung in der Literatur. Zur Möglichkeit ästhetischer Erkenntnis". *Allgemeine Zeitschrift für Philosophie* 8.2 (1983): 7–21.

Gabriel, Gottfried. „Fiction and Truth, Reconsidered". *Poetics* 11 (1982): 541–551.

Gabriel, Gottfried. „Logik als Literatur? Zur Bedeutung des Literarischen bei Wittgenstein". Ders., *Zwischen Logik und Literatur. Erkenntnisformen von Dichtung, Philosophie und Wissenschaft*. Stuttgart 1991: 20–31 [EA: 1978].

Gabriel, Gottfried. *Fiktion und Wahrheit. Eine semantische Theorie der Literatur*. Stuttgart-Bad Cannstatt 1975.

Gabriel, Gottfried und Christiane Schildknecht (Hg.). *Literarische Formen der Philosophie*. Stuttgart 1990.

Gadamer, Hans-Georg. „Philosophie und Literatur". *Was ist Literatur?* Hg. von Ernst Wolfgang Orth. Freiburg i. Br./München 1981: 18–45.

Gadamer, Hans-Georg. *Wahrheit und Methode*. Tübingen 1965.

Gaier, Ulrich. „Der philosophische Brief". *Hölderlin-Jahrbuch (Hölderlins Briefe und die Briefkultur um 1800)* 34 (2004/2005): 180–202.

Gamm, Gerhard, Alfred Nordmann und Eva Schürmann (Hg.). *Philosophie im Spiegel der Literatur. Zeitschrift für Ästhetik und Allgemeine Kunstwissenschaft*. Sonderheft 9. Hamburg 2007.

Garber, Marjorie, Beatrice Hanssen und Rebecca L. Walkowitz (Hg.). *The Turn to Ethics*. London 2000.

Gasché, Rodolphe. *The Tain of the Mirror. Derrida and the Philosophy of Reflection*. Cambridge, MA 1986.

Gasché, Rodolphe. *System und Metaphorik in der Philosophie von Bataille*. Frankfurt a. M. 1978.

Gearhart, Suzanne und Paul de Man. „Philosophy before Literature. Deconstruction, Historicity, and the Work of Paul de Man". *Diacritics* 13.4 (1983): 63–81.

Gehring, Petra. „Der Essay – ein Verbindendes zwischen Philosophie und Literatur?" *Text als Ereignis. Programme – Praktiken – Wirkungen*. Hg. von Winfried Eckel und Uwe Lindemann. Berlin 2017: 157–175.

Gehring, Petra. „Erkenntnis durch Metaphern? Methodologische Bemerkungen zur Metaphernforschung". *Metaphern in Wissenskulturen*. Hg. von Matthias Junge. Wiesbaden 2009: 203–220.

Geisenhanslüke, Achim. „Das Ereignis des Diskurses und die Literatur des Ereignisses. Überlegungen zu Foucault, Lyotard und Hölderlin". *Text als Ereignis. Programme – Praktiken – Wirkungen.* Hg. von Winfried Eckel und Uwe Lindemann. Berlin/Boston 2017: 85–94.
Geisenhanslüke, Achim. *Die Wahrheit in der Literatur.* Paderborn 2015.
Geisenhanslüke, Achim. *Dummheit und Witz. Poetologie des Nichtwissens.* München 2011.
Geisenhanslüke, Achim. „Vom Nutzen und Nachteil der Wahrheit für die Literatur". *Der Begriff der Literatur. Transdisziplinäre Perspektiven.* Hg. von Alexander Löck und Jan Urbich. Berlin/New York 2010: 171–187.
Geisenhanslüke, Achim. *Gegendiskurse. Literatur und Diskursanalyse bei Michel Foucault.* Heidelberg 2008.
Geisenhanslüke, Achim. „Was ist Literatur? Zum Streit von Literatur und Wissen". *Was ist Literatur? Basistexte Literaturtheorie.* Hg. von Jürn Gottschalk und Tilmann Köppe. Paderborn 2007: 108–122.
Gelhard, Dorothee. *Ernst Cassirer und die Literatur.* Frankfurt a. M. 2017.
Gellrich, Michelle. *Tragedy and Theory. The Problem of Conflict since Aristotle.* Princeton 1988.
Genette, Gérard. *Mimologiken. Reise nach Kratylien.* Frankfurt a. M. 2001 [OA: 1976].
George, Stephen K. *Ethics, Literature, & Theory. An Introductory Reader.* Lanham, MD 2005.
Gerber, Gustav. *Die Sprache als Kunst.* Bromberg 1871.
Ghosh, Ranjan (Hg.). *Philosophy and Poetry. Continental Perspectives.* New York 2019.
Gibson, John. *The Philosophy of Poetry.* Oxford 2015.
Gibson, John und Wolfgang Huemer (Hg.). *Wittgenstein und die Literatur.* Frankfurt a. M. 2006.
Gilson, Étienne. *Dante und die Philosophie.* Freiburg i. Br. 1953.
Gnüchtel, Tobias. *Narrative Argumentation. Textverfahren zwischen Literatur und Philosophie in Robert Musils ‚Der Mann ohne Eigenschaften'.* Paderborn 2016.
Goebel, Ralf. *Philosophische Dichtung – dichtende Philosophie. Eine Untersuchung zu Jean Pauls (Früh-)Werk unter Berücksichtigung der Schriften Johann Gottfried Herders und Friedrich Heinrich Jacobis.* Frankfurt a. M. u. a. 2002.
Goethe, Johann Wolfgang. „Anmerkungen über Personen und Gegenstände, deren in dem Dialog ‚Rameau's Neffe' erwähnt wird". Ders., *Sämtliche Werke.* Bd. I.11: *Briefe, Tagebücher und Gespräche.* Hg. von Hans-Georg Dewitz und Wolfgang Proß. Frankfurt a. M. 1998: 753–795.
Goodman, Nelson. *Sprachen der Kunst. Entwurf einer Symboltheorie.* Frankfurt a. M. 1984 [OA: 1968].
Goodman, Nelson. *Ways of Worldmaking.* Cambridge 1978.
Götze, Martin. *Ironie und absolute Darstellung. Philosophie und Poetik in der Frühromantik.* Paderborn u. a. 2001.
Götze, Karl Heinz. *Poetik des Abgrunds und Kunst des Widerstands. Grundmuster der Bildwelt von Peter Weiss.* Opladen 1995.
Grabes, Herbert (Hg.). *Literature and Philosophy.* Tübingen 1997.
Gracia, Jorge J. E. „Borges's ‚Pierre Menard'. Philosophy or Literature?" *The Journal of Aesthetics and Art Criticism* 59.1 (2001): 45–57.
Graduiertenkolleg Literarische Form (Hg.). *Formen des Wissens. Epistemische Funktionen literarischer Verfahren.* Heidelberg 2017.
Graham, Angus C. *Studies in Chinese Philosophy and Philosophical Literature. Logic and Reality.* New York 1990.
Griffiths, A. Phillips (Hg.). *Philosophy and Literature.* Cambridge 1984.

Griswold, Charles L. „Style and Philosophy. The Case of Plato's Dialogues". *The Monist* 63 (1980): 530–546.
Gumbrecht, Ulrich. *Diesseits der Hermeneutik. Über die Produktion von Präsenz*. Frankfurt a. M. 2004.
Haase, Volker. *Philosophie und Autobiografie*. Dresden 2018.
Habermas, Jürgen. „Exkurs zur Einebnung des Gattungsunterschiedes zwischen Philosophie und Literatur". Ders., *Der philosophische Diskurs der Moderne. Zwölf Vorlesungen*. Frankfurt a. M. 1985: 219–247.
Hadfield, Andrew und Dominic Rainford (Hg.). *The Ethics in Literature*. Basingstoke 1999.
Hagberg, Garry L. und Walter Jost (Hg.). *A Companion to the Philosophy of Literature*. Malden, MA 2010.
Hamacher, Werner. *Entferntes Verstehen. Studien zu Philosophie und Literatur von Kant bis Celan*. Frankfurt a. M. 1998.
Hambsch, Björn. „Anschauung und Anschaulichkeit? Sinntransparenz, Rhetorik und Epistemologie als Bezugsgrößen eines alltagssprachlichen Sinnkonzeptes". *Anschauung und Anschaulichkeit. Visualisierung im Wahrnehmen, Lesen und Denken*. Hg. von Hans Adler. Paderborn 2016: 131–156.
Hambsch, Björn. ‚... *ganz andre Beredsamkeit'. Transformationen antiker und moderner Rhetorik bei Johann Gottfried Herder*. Tübingen 2007.
Hamburger, Käte. *Die Logik der Dichtung*. Stuttgart 1957.
Harcourt, Edward. „Truth and the ‚Work' of Literary Fiction". *British Journal of Aesthetics* 50 (2010): 93–97.
Hartman, Geoffrey. *Criticism in the Wilderness*. New Haven 1979.
Haverkamp, Anselm. *Figura cryptica. Theorie der literarischen Latenz*. Frankfurt a. M. 2002.
Haverkamp, Anselm. *Die paradoxe Metapher*. Frankfurt a. M. 1998.
Haverkamp, Anselm. *Theorie der Metapher*. Darmstadt 1996.
Hegel, Georg Wilhelm Friedrich. *Vorlesungen über die Ästhetik*. Berlin 2018.
Heidegger, Martin. *Zum Wesen der Sprache und zur Frage nach der Kunst*. Ders., *Gesamtausgabe*. Bd. 74. Hg. von Thomas Regehly. Frankfurt a. M. 2010.
Heidegger, Martin. *Vorträge und Aufsätze (1936–1953)*. Ders., *Gesamtausgabe*. Bd. 7. Hg. von Friedrich-Wilhelm von Herrmann. Frankfurt a. M. 2000.
Henrich, Dieter und Wolfgang Iser (Hg.). *Funktionen des Fiktiven*. München 1983.
Herrmann-Sinai, Susanne und Henning Tegtmeyer (Hg.). *Metaphysik der Hoffnung. Ernst Bloch als Denker des Humanen*. Leipzig 2012.
Hetzel, Andreas (Hg.). *Rhetorik und Pragmatik. Rhetorik. Ein internationales Jahrbuch*. Bd. 23. Berlin/Boston 2013.
Hetzel, Andreas. *Die Wirksamkeit der Rede. Zur Aktualität klassischer Rhetorik für die moderne Sprachphilosophie*. Bielefeld 2011.
Hetzel, Andreas. „Lob der Uneigentlichkeit. Blumenberg und die Rhetorik". *Journal Phänomenologie* 35 (2011): 36–51.
Hetzel, Andreas. „Das Unmögliche in der Poesie. Zum Verhältnis von Ästhetik und Poetik". *Das unendliche Kunstwerk. Von der Bestimmtheit des Unbestimmten in der ästhetischen Erfahrung*. Hg. von Gerhard Gamm und Eva Schürmann. Bodenheim 2007: 59–87.
Hetzel, Andreas und Peter Wiechens (Hg.). *Georges Bataille. Vorreden zur Überschreitung*. Würzburg 1999.
Hetzel, Andreas und Gerald Posselt (Hg.). *Handbuch Rhetorik und Philosophie*. Berlin/Boston 2017.

Hillebrand, Bruno (Hg.). *Nietzsche und die deutsche Literatur*. Bd. I.I: *Texte zur Nietzsche-Rezeption 1873–1963*. München/Tübingen 1978.

Hillebrand, Bruno (Hg.). *Nietzsche und die deutsche Literatur*. Bd. II.I: *Forschungsergebnisse*. München/Tübingen 1978.

Hobuß, Steffie. „Verschwendung, Luxus und Widerstand. Zur Frage von Funktionsäquivalenten zur ästhetischen Erfahrung". *Ästhetiken des Widerstands. Literatur und Sprache in politischen Prozessen des deutschsprachigen und des arabischen Raums*. Hg. von Sven Kramer. Heidelberg 2018: 17–28.

Hobuß, Steffie. „Kritik, Autonomie und Widerstand bei Adorno und Derrida. Überlegungen zur Rolle von Bildung und Ästhetik". *Die Frage der Kritik im Interferenzfeld von Literatur und Philosophie: unter der Perspektive von Hermeneutik, Kritischer Theorie und Dekonstruktion und darüber hinaus*. Hg. von Ulrich Wergin und Martin Schierbaum. Würzburg 2015: 59–86.

Hobuß, Steffie. „Das Schreiben, das Interpretieren, die Tatsachen. Dekonstruktion und Evidenz bei Nietzsche". *Nietzsches Wissenschafts-Philosophie. Hintergründe, Wirkungen und Aktualität*. Hg. von Helmut Heit, Günter Abel und Marco Brusotti. Berlin/Boston 2012: 271–280.

Hoff, Ansgar Maria. *Das Poetische der Philosophie. Friedrich Schlegel – Friedrich Nietzsche – Martin Heidegger – Jacques Derrida*. Bonn 2002.

Hoffmann, Ernst. „Die literarischen Voraussetzungen des Platonverständnisses". *Zeitschrift für philosophische Forschung* 2.4 (1948): 465–480.

Hölderlin, Friedrich. „Anmerkungen zum Oedipus". Ders., *Sämtliche Werke. Historisch-kritische Ausgabe*. Bd. 16: *Sophokles*. Hg. von Michael Franz, Michael Knaupp und Dietrich E. Sattler. Frankfurt a. M./Basel 1988: 247–258.

Hölderlin, Friedrich. „Die Bedeutung der Tragödien". Ders., *Sämtliche Werke. Historisch-kritische Ausgabe*. Bd. 14: *Entwürfe zur Poetik*. Hg. von Dietrich E. Sattler und Wolfram Groddeck. Frankfurt a. M./Basel 1979: 379–383.

Horn, Eva, Bettine Menke und Christoph Menke (Hg.). *Literatur als Philosophie. Philosophie als Literatur*. München 2006.

Huber, Christoph. „Philosophia. Konzepte und literarische Brechungen". *Literatur, Artes und Philosophie*. Hg. von Walter Haug und Burghart Wachinger. Tübingen 1992: 1–22.

Hugo, Victor. *Littérature et philosophie mêlées*. Hg. von Anthony R. W. James. Paris 1976 [EA: 1834].

Hühn, Lore und Philipp Schwab (Hg.). *Die Philosophie des Tragischen. Schopenhauer, Schelling, Nietzsche*. Berlin/Boston 2011.

Imbach, Ruedi. „Dante und die Naturphilosophie". *Literatur, Artes und Philosophie*. Hg. von Walter Haug und Burghart Wachinger. Tübingen 1992: 44–62.

Irigaray, Luce. *Ethik der sexuellen Differenz*. Übers. von Xenia Rajewsky. Frankfurt 1991 [OA: 1984].

Irigaray, Luce. *Speculum. Spiegel des anderen Geschlechts*. Übers. von Xenia Rajewsky, Gabriele Ricke, Gerburg Treusch-Dieter und Regine Othmer. Frankfurt a. M. 1980 [OA: 1974].

Iser, Wolfgang. *Das Fiktive und das Imaginäre. Perspektiven literarischer Anthropologie*. Frankfurt a. M. 1991.

Iser, Wolfgang. „Die Wirklichkeit der Fiktion". *Rezeptionsästhetik. Theorie und Praxis*. Hg. von Rainer Warning. München 1975: 177–324.

Jauß, Hans Robert. *Ästhetische Erfahrung und literarische Hermeneutik*. Frankfurt a. M. 1982.
John, Eileen und Dominic McIver Lopes (Hg.). *The Philosophy of Literature. Contemporary and Classic Readings – an Anthology*. Malden, MA 2004.
Johnson, David E. *Kant's Dog. On Borges, Philosophy, and the Time of Translation*. Albany, NY 2012.
Jones, Peter. *Philosophy and the Novel. Philosophical Aspects of ‚Middlemarch', ‚Anna Karenina', ‚The Brothers Karamazov', ‚A la recherche du temps perdu' and of the Methods of Criticism*. Oxford 1975.
Joost, Ulrich. „‚Briefe an Jedermann'. Lichtenberg als Briefeschreiber". *Freiburger Universitätsblätter* 23 (1984): 53–65.
Judovitz, Dalia. „Autobiographical Discourse and Critical Praxis in Descartes". *Philosophy and Literature* 5 (1981): 91–107.
Jurt, Joseph. *Das literarische Feld. Das Konzept Pierre Bourdieus in Theorie und Praxis*. Darmstadt 1995.
Kaiser, Benjamin und Hilmar Schmiedl-Neuberg (Hg.). *Philosophie und Literatur*. Nordhausen 2019.
Kambouchner, Denis. *Le Style de Descartes*. Paris 2013.
Kant, Immanuel. *Kritik der ästhetischen Urteilskraft*. Ders., Werkausgabe. Bd. IV,2. Hg. von Wilhelm Weischedel. Frankfurt a. M. 1974 [EA: 1790].
Kasper, Judith. *Der traumatisierte Raum. Insistenz, Inschrift, Montage bei Freud, Levi, Kertész, Sebald und Dante*. Berlin 2016.
Kasper, Judith. *Sprachen des Vergessens. Proust, Perec und Barthes zwischen Verlust und Eingedenken*. München 2003.
Kasper, Monika. *Wirklichkeit und Wahn. Van Gogh in Literatur und Philosophie*. Würzburg 2019.
Kastberger, Klaus und Konrad Paul Liessmann (Hg.). *Die Dichter und das Denken. Wechselspiele zwischen Literatur und Philosophie*. Wien 2004.
Kaufmann, Walter A. *Tragödie und Philosophie*. Tübingen 1980.
Kierkegaard, Søren. *Entweder – oder. Erster Teil*. Ders., Gesammelte Werke. Abt. 1. Bd. 1. Übers. von Emanuel Hirsch. Gütersloh 1993.
Kierkegaard, Søren. *Entweder – oder. Zweiter Teil*. Ders., Gesammelte Werke. Abt. 2/3. Bd. 1. Übers. von Emanuel Hirsch. Gütersloh 1987.
Kirby, Vicky. „Deconstruction". *The Routledge Companion to Literature and Science*. Hg. von Bruce Clark und Manuela Rossini. New York 2011: 287–297.
Kirchmeier, Christian. *Moral und Literatur. Eine historische Typologie*. München 2013.
Kittler, Friedrich. *Philosophien der Literatur. Berliner Vorlesung 2002*. Berlin 2013.
Kivy, Peter. *The Performance of Reading. An Essay in the Philosophy of Literature*. Oxford 2006.
Klausnitzer, Ralf. *Literatur und Wissen. Zugänge – Modelle – Analysen*. Berlin 2008.
Klawitter, Arne. *Die ‚fiebernde Bibliothek'. Foucaults Sprachontologie und seine diskursanalytische Konzeption moderner Literatur*. Heidelberg 2003.
Kleinschmidt, Erich. „Die Wirklichkeit der Literatur. Fiktionsbewußtsein und das Problem der ästhetischen Realität von Dichtung in der frühen Neuzeit". *Deutsche Vierteljahrsschrift für Literaturwissenschaft und Geistesgeschichte* 56 (1982): 174–197.
Knight, Everett W. *Literature Considered as Philosophy. The French Example*. London 1957.
Koch, Rainer. *Geschichtskritik und ästhetische Wahrheit. Zur Produktivität des Mythos in moderner Literatur und Philosophie*. Bielefeld 1990.

Köhler, Hartmut. *Paul Valéry. Dichtung und Erkenntnis. Das lyrische Werk im Lichte der Tagebücher*. Bonn 1976.
Konersmann, Ralf (Hg.). *Wörterbuch der philosophischen Metaphern*. Darmstadt 2015.
Köppe, Tilmann. *Literatur und Erkenntnis. Studien zur kognitiven Signifikanz fiktionaler literarischer Werke*. Paderborn 2008.
Kramer, Sven (Hg.). *Bild – Sprache – Kultur. Ästhetische Perspektiven kritischer Theorie*. Würzburg 2009.
Kramer, Sven. „Narrativität und Ethik. Walter Benjamin". *Narrative Ethik. Das Gute und das Böse erzählen*. Hg. von Karen Joisten. Berlin 2007: 135–150.
Krewet, Michael. „Das Tragische im Handeln des Sophokleischen Philoktet". *Tragik vor der Moderne. Literaturwissenschaftliche Analysen*. Hg. von Regina Toepfer und Gyburg Radke-Uhlmann. Heidelberg 2015: 103–142.
Krewet, Michael. „Gründe für die Umdeutung des Aristotelischen Katharsisbegriffs im europäischen Denken". *Europa zwischen Antike und Moderne. Beiträge zur Philosophie, Literaturwissenschaft und Philologie*. Hg. von Claus Uhlig und Wolfram Keller. Heidelberg 2014: 43–79.
Krewet, Michael. *Die stoische Theorie der Gefühle. Ihre Aporien. Ihre Wirkmacht*. Heidelberg 2013.
Kristeva, Julia. *Die Revolution der poetischen Sprache*. Übers. von Reinold Werner. Frankfurt a. M. 1978 [OA: 1974].
Krumpel, Heinz. *Philosophie und Literatur in Lateinamerika. 20. Jahrhundert*. Frankfurt a. M. 2006.
Kuhns, Richard. *Literature and Philosophy. Structures of Experience*. London 1971.
Kuhns, Richard. *Structures of Experience. Essays on the Affinity between Philosophy and Literature*. New York 1970.
Kunz, Tanja Angela. *Sehnsucht nach dem Guten. Zum Verhältnis von Literatur und Ethik im epischen Werk Peter Handkes*. Paderborn 2017.
Lacoue-Labarthe, Philippe und Jean-Luc Nancy (Hg.). *Das Literarisch-Absolute. Texte und Theorie der Jenaer Frühromantik*. Übers. von Johannes Kleinbeck. Wien/Berlin 2016 [OA: 1978].
Lacoue-Labarthe, Philippe und Jean-Luc Nancy (Hg.). *Poétique* 21 (1975).
Lamarque, Peter. *The Opacity of Narrative*. London 2014.
Lamarque, Peter. *The Philosophy of Literature*. Oxford 2009.
Lamarque, Peter. „Kann das Wahrheitsproblem der Literatur gelöst werden?" *Kunst denken*. Hg. von Alex Burri und Wolfgang Huemer. Paderborn 2007: 13–24.
Lamarque, Peter und Stein H. Olsen. *Truth, Fiction and Literatture. A Philosophical Perspective*. Oxford 1994.
Landgraf, Diemo. *Ethik und Ästhetik in der dekadenten Literatur vor und nach Nietzsche*. Freiburg i. Br. 2018.
Lang, Berel. *The Anatomy of Philosophical Style. Literary Philosophy and the Philosophy of Literature*. Oxford 1990.
Lemke, Anja. „Philologisch-philosophische Arabesken. Schlegel liest Goethe und Fichte". *Formästhetiken und Formen der Literatur. Materialität – Ornament – Codierung*. Hg. von Torsten Hahn und Nico Pethes. Bielefeld 2020: 176–184.
Lemke, Anja. „Quellpunkt der Poesie. Überlegungen zu Heidegger und Benjamin". *An den Rändern der Moral. Studien zur literarischen Ethik. Ulrich Wergin gewidmet*. Hg. von Ulrich Kinzel. Würzburg 2008: 49–63.

Lemke, Anja. *Konstellationen ohne Sterne. Zur poetischen und geschichtlichen Zäsur bei Martin Heidegger und Paul Celan*. München 2002.

Lemke, Anja, Martin Schierbaum und Ulrich Wergin (Hg.). *In die Höhe fallen. Grenzgänge zwischen Literatur und Philosophie*. Würzburg 2000.

Lidauer, Eva. *Platons sprachliche Bilder. Die Funktionen von Metaphern, Sprichwörtern, Redensarten und Zitaten in Dialogen Platons*. Hildesheim 2016.

Löwith, Karl. *Paul Valéry. Grundzüge seines philosophischen Denkens*. Göttingen 1971.

Luhmann, Niklas. *Die Kunst der Gesellschaft*. Frankfurt a. M. 1995.

Lützeler, Paul Michael. *Die Ethik der Literatur. Deutsche Autoren der Gegenwart*. Göttingen 2011.

Lyotard, Jean-François. *Postmoderne für Kinder. Briefe aus den Jahren 1982–1985*. Übers. von Dorothea Schmidt und Christine Pries. Wien 2009 [OA: 1986].

Lyotard, Jean-François. „Randbemerkungen zu den Erzählungen". *Postmoderne und Dekonstruktion*. Hg. von Peter Engelmann. Stuttgart 1990: 49–53 [OA: 1986].

Macherey, Pierre. *Études de Philosophie littéraire*. Saint-Vincent-de-Mercuze 2014.

Macherey, Pierre. *Philosopher avec la Littérature. Exercices de philosophie littéraire*. Paris 2013 [EA: 1990].

Magnus, Bernd, Stanley Stewart und Jean-Pierre Mileur. *Nietzsche's Case. Philosophy as/and Literature*. New York 1993.

Maillard, Christine und Michael Titzmann (Hg.). *Literatur und Wissen(schaften) 1890–1935*. Stuttgart/Weimar 2002.

Mainzer, Klaus. „Weltbild und literarische Form. Philosophie, Naturwissenschaft und Literatur im Übergang vom Spätmittelalter zur frühen Neuzeit". *Literatur, Artes und Philosophie*. Hg. von Walter Haug und Burghart Wachinger. Tübingen 1992: 195–228.

Man, Paul de. *Allegorien des Lesens*. Übers. von Werner Hamacher und Peter Krumme, mit einer Einleitung von Werner Hamacher. Berlin 2012 [OA: 1979].

Man, Paul de. *Resistance to Theory*. Manchester 1986.

Man, Paul de. *Allegories of Reading. Figural Language in Rousseau, Nietzsche, Rilke and Proust*. New Haven 1979.

Man, Paul de. *Blindness and Insight. Essays in the Rhetoric of Contemporary Criticism*. Oxford 1971.

Mandry, Christof (Hg.). *Literatur ohne Moral. Literaturwissenschaften und Ethik im Gespräch*. Münster 2003.

Marías, Julián. „Die literarische Ausdrucksform in der Philosophie und die Frage nach dem möglichen Sinn von Philosophie heute". *Sinn und Sein. Ein philosophisches Symposion*. Hg. von Richard Wisser. Tübingen 1960: 31–45.

Marshall, Donald G. (Hg.). *Literature as Philosophy, Philosophy as Literature*. Iowa 1987.

Martens, Gunther. *Ein Text ohne Ende für den Denkenden. Zum Verhältnis von Literatur und Philosophie in Robert Musils ‚Der Mann ohne Eigenschaften'*. Frankfurt a. M. u. a. 1999.

Matheis, Manfred. *Signaturen des Verschwindens. Das Bild des Philosophen in Literatur und Philosophie um 1800*. Würzburg 1997.

Matuschek, Stefan. „Die Ränder der Erkenntnis und die Intuition des Ganzen. Zur Romantisierung des philosophischen Staunens bei Goethe und Coleridge". *Staunen als Grenzphänomen*. Hg. von Nicola Gess et al. Paderborn 2017: 19–32.

Matuschek, Stefan (Hg.). *Wo das philosophische Gespräch ganz in Dichtung übergeht. Platons Symposion und seine Wirkung in der Renaissance, Romantik und Moderne*. Heidelberg 2002.

Mende, Dirk. *Metapher. Zwischen Metaphysik und Archäologie. Schelling, Heidegger, Derrida, Blumenberg*. Paderborn 2013.
Menicacci, Marco (Hg.). *Das Tragische. Dichten als Denken: literarische Modellierungen eines ‚pensiero tragico'*. Heidelberg 2016.
Menke, Christoph. *Die Gegenwart der Tragödie. Versuch über Urteil und Spiel*. Frankfurt a. M. 2005.
Menke, Christoph. *Tragödie des Sittlichen. Gerechtigkeit und Freiheit nach Hegel*. Frankfurt a. M. 1996.
Menke, Christoph. „Tragödie und Spiel. Der doppelte Tod der Tragödie. Steiner und Schmitt". *Akzente* 43 (1996): 210–225.
Menke, Christoph. *Die Souveränität der Kunst. Ästhetische Erfahrung nach Adorno und Derrida*. Frankfurt a. M. 1991.
Menninghaus, Winfried. *Wozu Kunst? Ästhetik nach Darwin*. Berlin 2011.
Mersch, Dieter. „Nichtpropositionales und ästhetisches Denken". *Ästhetisches Denken. Nicht-Propositionalität, Episteme, Kunst*. Hg. von Florian Dombois, Mira Fliescher, dems. und Julia Rintz. Zürich 2014: 28–55.
Meyer-Kahlen, Anja Alexia. *Differenz/Interdependenz. Zum Verhältnis von Kunst, Literatur und Phiosophie*. Köln 2001.
Miller, J. Hillis. *The Ethics of Reading. Kant, de Man, Eliot, Trollope, James and Benjamin*. New York 1987.
Misselhorn, Catrin, Schamma Schahadat und Irina Wutsdorff (Hg.). *Erkenntnis und Darstellung. Formen der Philosophie und der Literatur*. Paderborn 2011.
Misselhorn, Catrin, Schamma Schahadat, Irina Wutsdorff und Sabine A. Döring (Hg.). *Gut und schön? Die neue Moralismusdebatte am Beispiel Dostoevskijs*. Paderborn 2014.
Mittestraß, Jürgen. „Das philosophische Lehrgespräch". *Handbuch des Philosophie-Unterrichts*. Hg. von Wulff D. Rehfus. Düsseldorf 1986: 242–249.
Morin, Benoit. „Tod Chambers, the Fiction of Bioethics. Cases as Literary Texts [Book Review]". *Philosophy in Review* 20 (2000): 14–16.
Müller-Richter, Klaus und Arturo Larcati (Hg.). *Der Streit um die Metapher. Poetologische Texte von Nietzsche bis Handke*. Darmstadt 1998.
Nagl, Ludwig und Hugh J. Silverman (Hg.). *Textualität der Philosophie. Philosophie und Literatur*. München 1994.
Nancy, Jean-Luc. *Die Synkopenrede. I. Logodaedalus*. Übers. von Christoph Schermelleh. Zürich 2017 [OA: 1976].
Nancy, Jean-Luc. *Ego sum*. Übers. von Thomas Laugstien. Zürich 2014 [OA: 1979].
Nancy, Jean-Luc. *Das Vergessen der Philosophie*. Übers. von Horst Brühmann. 3. Aufl., Wien 2010 [OA: 1986].
Nancy, Jean-Luc. *Das Gewicht eines Denkens*. Übers. von Cordula Unewisse. Düsseldorf/Bonn 1995 [OA: 1991].
Naumann, Barbara. *Philosophie und Poetik des Symbols. Cassirer und Goethe*. München 1998.
Naumann, Barbara. „Kulturen des symbolischen Denkens. Literatur und Philosophie bei Ernst Cassirer". *Literatur und Kulturwissenschaften. Positionen, Theorien, Modelle*. Hg. von Hartmut Böhme und Klaus R. Scherpe. Reinbek bei Hamburg 1996: 161–185.
Naumann, Barbara und Birgit Recki (Hg.). *Cassirer und Goethe. Neue Aspekte einer philosophisch-literarischen Wahlverwandtschaft*. Berlin 2002.
New, Christopher. *Philosophy of Literature. An Introduction*. London/New York 1999.

Newton, Adam Z. *Narrative Ethics*. Cambridge, MA/London 1995.
Neymeyr, Barbara, Jochen Schmidt und Bernhard Zimmermann (Hg.). *Stoizismus in der europäischen Philosophie, Literatur, Kunst und Politik. Eine Kulturgeschichte von der Antike bis zur Moderne*. Berlin 2008.
Nietzsche, Friedrich. „Die Geburt der Tragödie aus dem Geiste der Musik". Ders., *Kritische Studienausgabe*. Bd. 1. Hg. von Giorgio Colli und Mazzino Montinari. München/New York 1988: 9–156 [EA: 1872].
Nietzsche, Friedrich. „Ueber Wahrheit und Lüge im aussermoralischen Sinne". Ders., *Kritische Studienausgabe*. Bd. 1. Hg. von Giorgio Colli und Mazzino Montinari. München 1988: 873–890 [EA: 1873].
Nordmann, Alfred. „Philosophy of Science". *The Routledge Companion to Literature and Science*. Hg. von Bruce Clark und Manuela Rossini. New York 2011: 362–373.
Norris, Christopher. *Deconstruction and the Interest of Theory*. Norman 1989.
Norris, Christopher. *W. Empson and the Philosophy of Literature*. London 1978.
Novalis. *Schriften*. Bd. 2: *Das philosophische Werk I*. Hg. von Richard Samuel in Zusammenarbeit mit Hans-Joachim Mähl und Gerhard Schulz. 3. Aufl., Stuttgart 1981.
Novalis. *Schriften*. Bd. 3: *Das philosophische Werk II*. Hg. von Richard Samuel in Zusammenarbeit mit Hans-Joachim Mähl und Gerhard Schulz. 3. Aufl., Stuttgart 1983.
Nünning, Ansgar und Vera Nünning. *Konzepte der Kulturwissenschaft. Theoretische Grundlagen, Ansätze, Perspektiven*. Stuttgart 2003.
Nussbaum, Martha C. *Upheavals of Thought. The Intelligence of Emotions*. Cambridge 2001.
Nussbaum, Martha C. *Love's Knowledge. Essays on Philosophy and Literature*. New York 1990.
Nussbaum, Martha C. ,*Finely Aware and Richly Responsible'. Literature and the Moral Imagination*. Oxford 1990.
Nussbaum, Martha C. *The Fragility of Goodness. Luck and Ethics in Greek Tragedy and Philosophy*. Cambridge 1986.
Nussbaum, Martha C. „,Finely Aware and Richly Responsible'. Moral Attention and the Moral Task of Literature". *Journal of Philosophy* 82.10 (1985): 516–529.
Nussbaum, Martha C. „Flawed Crystals. James's The Golden Bowl and Literature as Moral Philosophy". *New Literary History (Literature and/as Moral Philosophy)* 15.1 (1983): 25–50.
Okolo, Mary Stella Chika. *African Literature as Political Philosophy*. London/New York 2007.
Opitz, Michael. *Benjamins Begriffe*. Frankfurt a. M. 2000.
Oster, Angela. *Ästhetik der Atopie. Roland Barthes und Pier Paolo Pasolini*. Heidelberg 2006.
Ostermann, Eberhard. *Das Fragment. Geschichte einer ästhetischen Idee*. München 1991.
Pethes, Nicolas. „Poetik/Wissen. Konzepte eines problematischen Transfers". *Romantische Wissenspoetik. Die Künste und die Wissenschaften um 1800*. Hg. von Gabriele Brandstetter und Gerhard Neumann. Würzburg 2004: 325–339.
Petrarca, Francesco. *Secretum meum. Mein Geheimnis*. Hg. von Bernhard Huss und Gerhard Regn. Mainz 2013.
Pichler, Axel. *Philosophie als Text. Zur Darstellungsform der ,Götzen-Dämmerung'*. Berlin/Boston 2014.
Picker, Marion. *Der konservative Charakter. Walter Benjamin und die Politik der Dichter*. Bielefeld 2004.
Pieper, Hans. *Musils Philosophie. Essayismus und Dichtung im Spannungsfeld der Theorien Nietzsches und Machs*. Würzburg 2001.
Pieper, Vincenz. *Philologische Erkenntnis. Eine Untersuchung zu den begrifflichen Grundlagen der Literaturforschung*. Berlin/Boston 2019.

Pirro, Robert. *The Politics of Tragedy and Democratic Citizenship*. New York 2011.
Pirro, Robert. *Hannah Arendt and the Politics of Tragedy*. DeKalb, IL 2000.
Platon. *Staat*. Übers. von Wolfgang Kersting. Darmstadt 1999.
Platon. *Symposion*. Übers. und hg. von Franz Boll. München/Zürich 1989.
Platon. *Theaitetos*. Ders., *Sämtliche Werke*. Übers. von Friedrich Schleiermacher. Bd. 4. Hamburg 1986.
Plumpe, Gerhard. „Philosophie und Literatur. Geschichte einer Überforderung". *Symbolische Welten. Philosophie und Kulturwissenschaften*. Hg. von Dirk Rustemeyer. Würzburg 2002: 135–156.
Pombo Nabais, Catarina. *Gilles Deleuze. Philosophie et littérature*. Paris 2013.
Poppenberg, Gerhard und Stephan Leopold (Hg.). *Planet Rousseau. Zur heteronomen Genealogie der Moderne*. München 2015.
Poppenberg, Gerhard. „Ins Freie – Probleme figurativer Sprache nach Rousseau und de Man". Paul de Man. *Allegorien des Lesens II. Die Rousseau-Aufsätze*. Übers. von Sylvia Rexing-Lieberwirth. Hg. und Nachwort von dems. Berlin 2012: 271–346.
Poppenberg, Gerhard. „Vom Pathos zum Logos. Überlegungen zu einer Theorie figurativer Erkenntnis". *Was ist eine philologische Frage?* Hg. von Jürgen Paul Schwindt. Frankfurt a. M. 2009: 160–191.
Poppenberg, Gerhard. *Ins Ungebundene. Über Literatur nach Blanchot*. Tübingen 1993.
Pornschlegel, Clemens. *Hyperchristen. Brecht, Malraux, Mallarmé, Brinkmann, Deleuze. Studien zur Präsenz religiöser Motive in der literarischen Moderne*. Berlin/Wien 2011.
Pornschlegel, Clemens. *Der literarische Souverän. Studien zur politischen Funktion der deutschen Dichtung bei Goethe, Heidegger, Kafka und im George-Kreis*. Freiburg i. Br. 1994.
Pornschlegel, Clemens und Martin Stingelin (Hg.). *Nietzsche und Frankreich*. Berlin 2009.
Precht, Oliver. „Dichter in unruhiger Zeit. Versuch über einen ‚charakteristischen Zug' in Pessoas Werk". *Pessoa denken. Eine Einführung*. Hg. von Marcus Coelen, Oliver Precht und Hanna Sohns. Wien/Berlin 2020: 143–160.
Precht, Oliver. *Heidegger. Zur Selbst- und Frembestimmung seiner Philosophie*. Hamburg 2020.
Putnam, Hilary. „Die bleibende Aktualität von William James". *Deutsche Zeitschrift für Philosophie* 2 (1993): 189–199.
Putnam, Hilary. „Equality and our Moral Image of the World". *The many Faces of Realism*. La Salle, IL 1987: 4–62.
Quadflieg, Dirk. *Vom Geist der Sache. Zur Kritik der Verdinglichung*. Frankfurt a. M./New York 2019.
Quadflieg, Dirk. „Über-Setzung. An den Grenzen der Interpretation mit Heidegger und Benjamin". *Über-Setzungen. Verstehen und Missverstehen in der Psychiatrie und anderen Kontexten*. Hg. von Martin Heinze, Joachim Loch-Falge und Sabine Offe. Berlin 2011: 17–41.
Quiring, Björn. „Milton's God and Hobbes' Leviathan. Elective Affinities". *Natur und Herrschaft. Analysen zur Physik der Macht*. Hg. von Kay Jankrift, Alexander Kagerer, Christian Kaiser und María Ángeles Martín Romera. Berlin/New York 2016: 273–284.
Quiring, Björn und Armen Avanessian (Hg.). *Abyssus Intellectualis. Spekulativer Horror*. Berlin 2013.
Rancière, Jacques. *Der unwissende Lehrmeister. Fünf Lektionen über die intellektuelle Emanzipation*. Übers. von Richard Steurer-Boulard. Wien 2018 [OA:1987].
Rancière, Jacques. *Die Wörter der Geschichte. Versuch einer Poetik des Wissens*. Übers. von Eva Moldenhauer. Berlin 2015 [OA: 1993].

Rancière, Jacques. *Die Methode der Gleichheit*. Übers. von Richard Steurer-Boulard. Hg. von Peter Engelmann. Wien 2014 [OA: 2012].
Rancière, Jacques. *Aisthesis. Vierzehn Szenen*. Übers. von Richard Steuer-Boulard. Wien 2013 [OA: 2011].
Rancière, Jacques. *Die Nacht der Proletarier. Archive des Arbeitertraums*. Übers. von Brita Pohl. Wien 2013 [OA: 1981].
Rancière, Jacques. *Der emanzipierte Zuschauer*. Übers. von Richard Steurer-Boulard. Wien 2012 [OA: 2008].
Rancière, Jacques. *Ist Kunst widerständig?* Übers. und hg. von Frank Ruda und Jan Völker. Berlin 2008 [OA: 2011].
Rancière, Jacques. *Die Aufteilung des Sinnlichen. Die Politik der Kunst und ihre Paradoxien*. Übers. von Maria Muhle, Susanne Leeb und Jürgen Link. Berlin 2008 [OA: 2000].
Rancière, Jacques. *Politik der Literatur*. Übers. von Richard Steurer-Boulard. Wien 2008 [OA: 2007].
Rancière, Jacques. *Das Unvernehmen. Politik und Philosophie*. Übers. von Richard Steurer-Boulard. Frankfurt a. M. 2002 [OA: 1995].
Raulet, Gérard und Sarah Schmidt (Hg.). *Wissen in Bewegung. Theoriebildung unter dem Fokus von Entgrenzung und Grenzziehung*. Berlin 2014.
Rebentisch, Juliane. *Die Kunst der Freiheit. Zur Dialektik demokratischer Existenz*. Frankfurt a. M. 2012.
Rée, Jonathan. *Philosophical Tales. An Essay on Philosophy and Literature*. London 1987.
Renneke, Petra. *Poesie und Wissen. Poetologie des Wissens der Moderne*. Heidelberg 2008.
Rentsch, Thomas und Helmut Bachmaier (Hg.). *Poetische Autonomie? Zur Wechselwirkung von Dichtung und Philosophie in der Epoche Goethes und Hölderlins*. Stuttgart 1987.
Rickman, Hans Peter. *Philosophy in Literature*. London/Madison, WI 1996.
Rorty, Richard. *Kontingenz, Ironie und Solidarität*. Übers. von Christa Krüger. Frankfurt a. M. 1992 [OA: 1989].
Rorty, Richard. „Is there a Problem about Fictional Discourse?" *Funktionen des Fiktiven*. Hg. von Dieter Henrich und Wolfgang Iser. München 1983: 67–93.
Rorty, Richard. „Philosophy in America today". Ders., *Consequences of Pragmatism*. Brighton 1982: 211–230.
Röttgers, Kurt und Monika Schmitz-Emans (Hg.). *Labyrinthe. Philosophisch-literarische Modelle der Reflexion*. Essen 2000.
Rowe, Mark. *Philosophy and Literature. A Book of Essays*. Aldershot 2004.
Rudrum, David. *Stanley Cavell and the Claim of Literature*. Baltimore 2013.
Rudrum, David (Hg.). *Literature and Philosophy. A Guide to Contemporary Debates*. Basingstoke/New York 2006.
Rudrum, David, Ridvan Askin und Frida Beckmann (Hg.). *New Directions in Philosophy and Literature*. Edinburgh 2019.
Sabot, Philippe. *Philosophie et littérature. Approches et enjeux d'une question*. Paris 2002.
Said, Edward W. *Culture and Imperialism*. London 1993.
Said, Edward W. *The World, the Text and the Critic*. Cambridge, MA 1983.
Said, Edward W. *Orientalism*. New York 1978.
Sandkühler, Hans Jörg. *Europäische Enzyklopädie zu Philosophie und Wissenschaften*. Hamburg 1990.
Sartre, Jean-Paul. *Was ist Literatur?* Übers. von Traugott König. Reinbek bei Hamburg 1981 [OA: 1947].

Sartre, Jean-Paul. *Was kann Literatur? Interviews. Reden. Texte 1960–1976*. Übers. von Stephan Hermlin, Traugott König, Joachim Ozdoba und Helmut Scheffel. Reinbek bei Hamburg 1979.
Saul, Nicholas (Hg.). *Philosophy and German Literature, 1700–1990*. Cambridge 2010.
Schäfer, Martin Jörg. *Schmerz zum Mitsein. Zur Relektüre Celans und Heideggers durch Philippe Lacoue-Labarthe und Jean-Luc Nancy*. Würzburg 2003.
Schildknecht, Christiane. „Zwischen Proposition und Erlebnis. Zum Erkenntnisbegriff der Lyrik aus philosophischer Sicht". *Internationale Zeitschrift für Kulturkomparatistik* 1.1 (2019): 33–45.
Schildknecht, Christiane. „Klarheit in Philosophie und Literatur. Überlegungen im Anschluss an Peter Bieri". *Deutsche Zeitschrift für Philosophie* 5 (2008): 781–787.
Schildknecht, Christiane. „Anschauungen ohne Begriffe? Zur Nichtbegrifflichkeitsthese von Erfahrung". *Deutsche Zeitschrift für Philosophie* 51 (2003): 459–475.
Schildknecht, Christiane (Hg.). *Philosophie in der Literatur*. Frankfurt a. M. 1996.
Schildknecht, Christiane. *Philosophische Masken. Literarische Formen der Philosophie bei Platon, Descartes, Wolff und Lichtenberg*. Stuttgart 1990.
Schildknecht, Christiane und Dieter Teichert (Hg.). *Philosophie in Literatur*. Frankfurt a. M. 1996.
Schildknecht, Christiane und Irina Wutsdorff (Hg.). *Präsenz und Text. Strategien des Transfers in Literatur und Philosophie*. Paderborn 2016.
Schlaffer, Heinz. *Poesie und Wissen. Die Entstehung des ästhetischen Bewußtseins und der philologischen Erkenntnis*. Frankfurt a. M. 1990.
Schlegel, Friedrich. *Charakteristiken und Kritiken I. 1796–1801*. Ders., *Kritische Friedrich Schlegel Ausgabe*. Bd. II. Hg. von Hans Eichner. Paderborn u. a. 1967.
Schmidt, Sarah. „Die Odyssee der Aufklärung oder Warum die Vernunft entgleist. Bernhard Schlinks Roman ‚Die Heimkehr' gelesen mit Adorno/Horkheimers ‚Dialektik der Aufklärung'". *Erinnerungen an Unrecht. Arabisch-deutsche Perspektiven*. Hg. von Sarhan Dhouib. Göttingen 2021: 139–161.
Schmidt, Sarah. „Jeder Wissenschaftler ein Künstler? Zur Bedeutung der künstlerischen Tätigkeit für das reine Denken bei F. D. E. Schleiermacher". *Begriff und Interpretation im Zeichen der Moderne*. Hg. von ders., Dimitris Karydas und Jure Zovko. Berlin/Boston 2015: 263–275.
Schmidt, Sarah. „Was ist künstlerische Forschung? Eine Skizze". *Suchraum Wildnis*. Hg. von ders. und George Steinmann. Bern 2013: 107–121.
Schroeder, Severin. *Philosophy of Literature*. Oxford 2010.
Schulz, Reinhard (Hg.). *Philosophie in literarischen und ästhetischen Gestalten*. Oldenburg 2005.
Searle, John R. *Speech Acts. An Essay in the Philosophy of Language*. Cambridge 1969.
Sehgal, Melanie. *Eine situierte Metaphysik. Empirismus und Spekulation bei William James und Alfred North Whitehead*. Konstanz 2016.
Selleri, Andrea und Philip Gaydon (Hg.). *Literary Studies and the Philosophy of Literature. New Interdisciplinary Directions*. Cham 2016.
Silverman, Katia. *The Subject of Semiotics*. New York 1983.
Silverman, Hugh J. und Gary E. Aylesworth (Hg.). *The Textual Sublime. Deconstruction and its Differences*. Albany, NY 1990.
Simon, Ralf (Hg.). *Grundthemen der Literaturwissenschaft. Poetik und Poetizität*. Boston 2018.
Skilleas, Ole Martin. *Philosophy and Literature. An Introduction*. Edinburgh 2001.
Sollers, Philippe. *Writing and the Experience of Limits*. New York 1982.

Specht, Benjamin. ‚Wurzel allen Denkens und Redens'. Die Metapher in Wissenschaft, Weltanschauung, Poetik und Lyrik um 1900. Heidelberg 2017.
Specht, Benjamin. „‚(es gibt/keine Leere)'. Ostasiatische Philosophie und Dichtung in Durs Grünbeins Lyrikband Grauzone morgens (1988)". Jahrbuch der Deutschen Schillergesellschaft. Internationales Organ für neuere deutsche Literatur 58 (2014): 386–412.
Specht, Benjamin. „Was weiß Literatur? Vier neue Antworten auf eine alte Frage". KulturPoetik 10.2 (2010): 234–249.
Specht, Benjamin und Philip Ajouri (Hg.). Empirisierung des Transzendentalen. Erkenntnisbedingungen in Wissenschaft und Kunst 1850–1920. Göttingen 2019.
Spivak, Gayatri Chakravorty. An Aesthetic Education in the Era of Globalization. Cambridge, MA/London 2012.
Spivak, Gayatri Chakravorty. Critique of Postcolonial Reason. Toward a History of the Vanishing Present. Cambridge, MA 1999.
Stehle, Julia. Moderne Literatur und die Philosophie des Mittelalters. Joyce, Beckett, Andersch. Mit einer Einführung in die Mittelalterrezeption. Marburg 2012.
Stenzel, Julius. „Literarische Form und philosophischer Gehalt des platonischen Dialoges". Studien zur Entwicklung der platonischen Dialektik von Sokrates zu Aristoteles. Arete und Diairesis. Hg. von dems. Breslau 1917, Leipzig/Berlin 1931 (repr. Darmstadt 1961): 123–141.
Strube, Werner. Analytische Philosophie der Literaturwissenschaft. Paderborn 1993.
Strutz, Josef und Johann Strutz (Hg.). Robert Musil. Literatur, Philosophie und Psychologie. München 1984.
Szondi, Peter. Poetik und Geschichtsphilosophie. Studienausgabe der Vorlesungen I und II. Bd. 2 und 3. Frankfurt a. M. 2019 [EA: 1974].
Szondi, Peter. „Zur Erkenntnisproblematik in der Literaturwissenschaft". Die neue Rundschau 73 (1962): 146–165.
Taylor, Mark C. (Hg.). Deconstruction in Context. Literature and Philosophy. Chicago/London 1986.
Teichert, Dieter. Ästhetik, Hermeneutik, Literaturwissenschaft. Untersuchungen zum Wahrheitsbegriff der Hermeneutik Gadamers. Konstanz 1990.
Teschke, Henning. Sprünge der Differenz. Literatur und Philosophie bei Deleuze. Berlin 2008.
Thiele, Kathrin und Katrin Trüstedt (Hg.). Happy Days. Lebenswissen nach Cavell. Paderborn 2009.
Thomä, Dieter. „Philosophy". Handbook of Autobiography/Autofiction. Hg. von Martina Wagner-Egelhaaf. Berlin/Boston 2019: 111–121.
Thomä, Dieter. Puer robustus. Eine Philosophie des Störenfrieds. Berlin 2016.
Thomä, Dieter. „Der Text zwischen Performanz und Referenz". Deutsche Vierteljahrsschrift für Literaturwissenschaft und Geistesgeschichte 89 (2015): 544–553.
Torkler, René. „Erzählend Philosophieren. Überlegungen zum Verhältnis von Philosophie, Bildung und Literatur". Erzählend philosophieren. Ein Lehr- und Lesebuch. Hg. von Annette Hilt, René Torkler und Anna Waczek. Freiburg i. Br. 2020: 11–42.
Tripp [Bodola], Ronja und Karsten Schöllner (Hg.). Picturing Life. Wittgenstein's Visual Ethics. Würzburg 2016.
Tschumi, Raymond. Philosophy of Literature. London 1961.
Tymieniecka, Anna-Theresa. The Poetry of Life in Literature. Dordrecht 2000.
Tzvetan, Todorov. Poétique de la prose. Essais. Paris 1981.
Uhlig, Claus. Literatur und Philosophie. Studien zu ihrer Interaktion von der Renaissance bis zur Moderne. Heidelberg 2004.

Ulrichs, Lars-Thade. *Die andere Vernunft. Philosophie und Literatur zwischen Aufklärung und Romantik*. Berlin 2011.
Urban, Bernd. *Edith Stein und die Literatur. Lektüren, Rezeptionen, Wirkungen*. Stuttgart 2010.
Valdivia Orozco, Pablo und Andrea Allerkamp (Hg.). *Paul Valéry. Für eine Epistemologie der Potentialität*. Heidelberg 2017.
Valdivia Orozco, Pablo. „Nicht-Sichtbares sehen und Sichtbares nicht-sehen. Einige Blicke auf Wirklichkeit(sbegriffe)". *Suspensionen. Epistemologien des Untoten*. Hg. von Carolin Blumenberg, Alexandra Heimes, Erica Weitzman und Sophie Witt. München 2015: 99–108.
Valdivia Orozco, Pablo. „Die diskrete Metapher. Blumenbergs Metaphorologie im Lichte Graciáns". *Themenband zum Schwerpunkt Graciáns Künste*. Hg. von Giulia Radaelli und Johanna Schumm. *Komparatistik online* 1 (2014): 156–184.
Valéry, Paul. *Werke*. Bd. 6: *Zur Ästhetik und Philosophie der Künste*. Hg. von Jürgen Schmidt-Radefeldt. Frankfurt a. M. 1995.
Valéry, Paul. *Werke*. Bd. 5: *Zur Theorie der Dichtkunst und vermischte Gedanken*. Hg. von Jürgen Schmidt-Radefeldt. Frankfurt a. M. 1991.
Valéry, Paul. *Werke*. Bd. 4: *Zur Philosophie und Wissenschaft*. Hg. von Jürgen Schmidt-Radefeldt. Frankfurt a. M. 1989.
Veit, Walter. „The Potency of Imagery. The Impotence of Rational Language". *Philosophy and Rhetoric* 17 (1984): 221–239.
Vendrell Ferran, Íngrid und Christoph Demmering (Hg.). *Wahrheit, Wissen und Erkenntnis in der Literatur*. Berlin 2014.
Vendrell Ferran, Íngrid und Katrin Wille. „Form und Inhalt. Möglichkeiten der Briefform für die Philosophie". *Deutsche Zeitschrift für Philosophie* 60.5 (2012): 785–798.
Vetter, Helmuth (Hg.). *Die Wiederkehr der Rhetorik*. Wien/Oldenburg 1999.
Vieweg, Klaus (Hg.). *Friedrich Schlegel und Friedrich Nietzsche. Transzendentalpoesie oder Dichtkunst mit Begriffen*. Paderborn 2009.
Vogl, Joseph. „Poetologie des Wissens". *Einführung in die Kulturwissenschaften*. Hg. von Harun Maye und Leander Scholz. München 2011: 49–71.
Vogl, Joseph (Hg.). *Poetologien des Wissens um 1800*. München 1999.
Vogl, Joseph. „Für eine Poetologie des Wissens". *Die Literatur und die Wissenschaften (1770–1930)*. Hg. von Karl Richter, Jörg Schönert und Michael Titzmann. Stuttgart 1997: 107–127.
Vogl, Joseph. „Mimesis und Verdacht. Skizze zu einer Poetologie des Wissens nach Foucault". *Spiele der Wahrheit, Michel Foucaults Denken*. Hg. von François Ewald und Bernhard Waldenfels. Frankfurt a. M. 1991: 193–204.
Vogt, Erik M. und Michael Manfé (Hg.). *Rancière und die Literatur*. Wien 2020.
Voßkamp, Wilhelm. „Zwischen Formtradition und Geschichtsphilosophie. Geschichte und Fiktion im utopischen Roman des 18. Jahrhunderts". *Historia pragmatica. Der Roman des 18. Jahrhunderts zwischen Gelehrsamkeitsgeschichte und Autonomieästhetik*. Hg. von Oliver Bach und Michael Multhammer unter Mitarbeit von Julius Thelen. Heidelberg 2020: 139–158.
Voßkamp, Wilhelm. *Emblematik der Zukunft. Poetik und Geschichte literarischer Utopien von Thomas Morus bis Robert Musil*. Berlin 2016.
Voßkamp, Wilhelm, Günter Blamberger und Martin Roussel (Hg.). *Möglichkeitsdenken. Utopie und Dystopie in der Gegenwart*. München 2013.
Voßkamp, Wilhelm (Hg.). *Utopieforschung. Interdisziplinäre Studien zur neuzeitlichen Utopie*. 3 Bde. Stuttgart 1982.

Waldow, Stephanie. *Ethik im Gespräch. Autorinnen und Autoren über das Verhältnis von Literatur und Ethik heute*. Bielefeld 2011.
Weissberg, Liliane. *Geistersprache. Philosophischer und literarischer Diskurs im späten 18. Jahrhundert*. Würzburg 1990.
Welleck, René. *The Attack on Literature*. Brighton 1982.
Wergin, Ulrich und Martin Schierbaum (Hg.). *Die Frage der Kritik im Interferenzfeld von Literatur und Philosophie*. Würzburg 2015.
Westerwelle, Karin. „Montaignes Kritik an Platos Dichtungstheorie". *Tradita et Inventa*. Hg. von Manuel Baumbach. Heidelberg 2000: 147–164.
Weston, Michael. *Philosophy, Literature and the Human Good*. London/New York 2001.
Winko, Simone, Fotis Jannidis und Gerhard Lauer (Hg.). *Grenzen der Literatur. Zu Begriff und Phänomen des Literarischen*. Berlin 2009.
Witt, Sophie. „Kritische Körper. Schillers Szenen der Kritik". *Theater als Kritik. Theorie, Geschichte und Praktiken der Ent-Unterwerfung*. Hg. von Olivia Ebert et al. Bielefeld 2018: 419–428.
Woerther, Frédérique (Hg.). *Literary and Philosophical Rhetoric in the Greek, Roman, Syriac, and Arabic Worlds*. Hildesheim/Zürich/New York 2009.
Wunderlich, Stefan. *Michel Foucault und die Frage der Literatur. Beitrag zu einer Archäologie des poststrukturalistischen Denkens*. Frankfurt a. M. 2000.
Wutsdorff, Irina. *‚Das 19. Jahrhundert gehört Russland!' Poetologische Verortungen zwischen Literatur und (Kultur-)Philosophie*. Tübingen 2021 [im Erscheinen].
Wutsdorff, Irina. „Philosophie versus Literatur. Zum Ringen des späten Tolstoj mit dem Medium der Wortkunst". *Die Welt der Slaven* 57.1 (2012): 32–45.
Zelle, Carsten. „Anthropologie: Literatur – Wissen – Wissenschaft. Aussichten einer ‚literarischen Anthropologie' der Aufklärung". *Epoche und Projekt. Perspektiven der Aufklärungsforschung*. Hg. von Stefanie Stockhorst. Göttingen 2013: 285–302.
Zelle, Carsten. „Enlightenment or Aesthetics? The Aesthetic Boundary of the Enlightenment in Poetological Texts from the Second Half of the Eighteenth Century". *Impure Reason. Dialectic of Enlightenment in Germany*. Hg. von W. Daniel Wilson und Robert C. Holub. Detroit 1993: 109–125.
Zelle, Carsten. „Ästhetischer Neronismus. Zur Debatte über ethische oder ästhetische Legitimation der Literatur im Jahrhundert der Aufklärung". *Deutsche Vierteljahrsschrift für Literaturwissenschaft und Geistesgeschichte* 63 (1989): 397–419.
Zelle, Carsten und Walter Schmitz (Hg.). *Innovation und Transfer. Naturwissenschaften, Anthropologie und Literatur im 18. Jahrhundert*. Dresden 2004.
Zembylas, Taos und Claudia Dürr. *Wissen, Können und literarisches Schreiben. Eine Epistemologie der künstlerischen Praxis*. Wien 2009.
Zima, Peter V. *Ästhetische Negation. Das Subjekt, das Schöne und das Erhabene von Mallarmé und Valéry zu Adorno und Lyotard*. Würzburg 2018.
Zima, Peter V. *The Philosophy of Modern Literary Theory*. London 1999.
Zimmermann, Jutta. *Ethik und Moral als Problem der Literatur und Literaturwissenschaft*. Berlin 2006.

VI Register

Personenregister

Abbt, Thomas 55
Adorno, Theodor W. 65 f., 148, 163, 166–169,
    219, 232, 235 f., 245, 255–257, 264, 279,
    343, 345, 350 f., 356 f., 374, 390 f., 395 f.,
    398, 403 f., 433, 470 f., 542, 545 f.
Aeneas von Gaza 298
Agamben, Giorgio 33, 163, 242 f., 245, 443 f.,
    558
Aischylos 376, 386
Alanus ab Insulis 502
d'Alembert, Jean-Baptiste le Rond 183, 187
Alexander der Große 108
al-Farabi, Abu Nasr Muhammad 34
Alighieri, Dante 5, 498
Alkuin 292
Al-Maʿarri 486
Alsted, Johann Heinrich 183
Althusser, Louis 139, 251
Amery, Carl (Pseudonym von Christian Anton
    Mayer) 283
Améry, Jean 357 f., 556
Andersch, Alfred 561
Anders, Günther 279, 398
Ani 36
Ansel, Michael 353
Anselm von Canterbury 475
Antelme, Robert 242
Antun, Farah 486
Apollinaire, Guillaume 436
Appiah, Kwame Anthony 321
Aragon, Louis 262 f., 409
Arendt, Hannah 382 f.
Aristophanes 16, 295
Aristoteles 5, 8, 14, 16, 34, 42, 46–52, 56, 59,
    104, 106–111, 116 f., 120, 125, 127–129,
    134, 143, 209, 218, 221–225, 248,
    293, 295–297, 300, 336 f., 339, 376 f.,
    417–421, 461, 469, 502, 512
Arnim, Bettina von 315
Arnold, Heinz-Ludwig 562
Artaud, Antonin 171, 174, 438 f.
Asklepios 296

Äsop 16
Assmann, Aleida 35
Assmann, Jan 35
Ast, Friedrich 203
Auerbach, Erich 392
Augustinus 16 f., 291, 298, 311–313, 324,
    475, 503, 505
Austin, John L. 176 f.

Bachmann, Ingeborg 4, 164
Bachtin, Michail M. 139, 331, 352, 537
Bacon, Francis 16, 322, 350, 370, 389 f., 393
Balzac, Honoré de 252, 344
Barthes, Roland 32, 43, 66 f., 79 f., 93, 100 f.,
    105, 137–140, 143, 397, 439
Bataille, Georges 412
Batteux, Charles 115–117, 120 f.
Baudelaire, Charles 13, 168, 276, 316, 412,
    450, 500
Baudrillard, Jean 267
Baumgarten, Alexander Gottlieb 12, 17 f.,
    41 f., 54–59, 64, 104, 115 f., 118–121,
    123 f., 181, 183–186, 190
Baumgarten, Siegmund Jakob 55
Bayle, Pierre 16
Beckett, Samuel 174, 240, 331, 541,
    545–549
Behler, Ernst 155
Benjamin, Georg 406
Benjamin, Walter 4, 11, 14, 32, 146, 148,
    163, 166–169, 255, 263, 331, 350, 398,
    402–412, 433, 435 f., 444, 515, 532, 542,
    566
Benn, Gottfried 210
Bense, Max 350
Berg, Henk de 272
Bergson, Henri 43, 65, 541 f.
Berkeley, George 291, 299
Bernardus Silvestris 502
Bernays, Jacob 224 f.
Bernhard, Thomas 372 f.
Bieri, Peter 346

Blackler, Deane 566
Black, Max 132
Blanchot, Maurice 13, 163, 243 f., 433, 440, 542
Blei, Franz 352
Bloch, Ernst 350, 364, 366 f., 373 f., 398, 403, 405, 409, 423, 532
Blumenberg, Hans 14–17, 57, 104, 127, 129, 131 f., 143, 412, 507
Boccaccio, Giovanni 503
Bodin, Jean 299
Bodmer, Johann Jakob 55 f., 73, 77 f., 104, 115, 121 f.
Boehlendorff, Casimir Ulrich 431
Boethius, Anicius Manlius Torquatus Severinus 17, 291, 502
Booth, Wayne 453
Borchardt, Rudolf 350
Borges, Jorge Luis 86, 171, 507, 566
Bornscheuer, Lothar 75, 77
Boschetti, Anna 277
Bosch, Hieronymus 562
Bourdieu, Pierre 249, 269, 273–277
Boutroux, Émile 540
Boyle, T. C. 285
Brambilla, Marina M. 353
Braungart, Wolfgang 353
Brecht, Bertolt 4, 225 f., 381, 395, 403, 561, 563
Breitinger, Johann Jakob 55, 73, 77 f., 104, 115, 117 f., 120
Brentano, Clemens 76, 315
Breuer, Josef 225
Breughel, Pieter, der Ältere 562
Broch, Hermann 345, 350
Bruno, Giordano 299
Brutus Caepio, M. Iunius 296
Bubner, Rüdiger 425
Buch, Hans-Christoph 281 f.
Buddha (Siddhartha Gautama) 35
Buell, Lawrence 282
Bürger, Peter 257, 562
Butler, Judith 91, 137, 443

Caesar, Gaius Julius 110 f.
Calderón de la Barca, Pedro 211, 517, 519, 521 f.

Callenbach, Ernest 279, 285
Calvino, Italo 555
Campanella, Tommaso 299, 368, 370
Campbell, SueEllen 284
Camus, Albert 345 f.
Canetti, Elias 397 f.
Canguilhem, Georges 398
Carroll, Lewis 148, 173 f., 211
Carus, Carl Gustav 195
Cassirer, Ernst 412, 423
Cassius Longinus, Gaius 112, 311
Castiglione, Baldassare 299
Cavell, Stanley 126, 177, 322 f., 328, 515
Celan, Paul 207, 244 f., 433–436
Céline, Louis-Ferdinand 174
Cervantes, Miguel de 211, 341, 507
Chamfort, Nicolas 389, 399
Charle, Christophe 277
Charron, Pierre 470
Christians, Heiko 532
Cicero, Marcus Tullius 16, 104, 106, 109–112, 126, 292, 296–299, 301, 309, 311, 465
Cioran, Émile 390
Cixous, Hélène 446
Coetzee, J. M. 532
Corneille, Pierre 223
Courbet, Gustave 563
Cousin, Victor 470
Cremonini, Andreas 551
Croce, Benedetto 86
Cybinski, Nikolaus 395

Dante Alighieri 389, 406, 502–505, 556, 563
Delacroix, Eugène 562
Deleuze, Gilles 148, 163, 171, 173 f., 176–178, 396, 412 f., 542
Demetrios von Phaleron 309
Demokrit 54
Demokrit von Abdera 17 f.
Derrida, Jacques 10 f., 43, 68 f., 95, 97, 105, 133–135, 139, 141–143, 148, 163 f., 171, 174, 176–178, 243–245, 284, 343, 433, 443–446, 448, 450, 483
Descartes, René 5, 8, 12, 16, 28, 30, 55, 118, 227, 299, 324–326, 336, 470, 474–477, 507, 517–520, 522

Dickens, Charles 344
Dick, Philip K. 279
Diderot, Denis 11, 13, 183, 187, 231, 299, 335–342, 346, 350
Dilthey, Wilhelm 203–205, 329, 433
Diogenes Laertios 34, 295, 463
Diogenes von Oinoanda 463, 465
Dix, Otto 563
Döblin, Alfred 406
Domitian 112
Doré, Gustave 563
Dostojewski, Fjodor 28, 344, 536–538
Dreyfus, Alfred 19
Dreyfus, Hubert 164
Druker, Jonathan 558
Dryden, John 350
Dubos, Jean-Baptiste 56, 59
Du Marsais, César Chesneau 143
Dürer, Albrecht 562
Duve, Karen 285

Eagleton, Terry 251f.
d'Eaubonne, Françoise 280
Eckersley, Robin 283, 285
Eco, Umberto 346
Egger, Victor 540
Egyptien, Jürgen 353
Eichmann, Adolf 436
Einstein, Albert 542
Eliot, T. S. 548
Elisabeth von der Pfalz 28
Ellis, John 89
Ellison, Ralph 385
Emerson, Ralph W. 344, 350, 540
Engelmann, Paul 495
Engels, Friedrich 251f., 255, 381
Enzensberger, Hans Magnus 281
Epiktet 301
Epikur 5, 308–310, 463–466
Erasmus von Rotterdam 313, 389f.
Ette, Wolfram 378
Euripides 376, 386, 417

Farid, Ibn al 486
Feuerbach, Ludwig 423, 529
Fichte, Johann Gottlieb 149, 152, 325

Ficino, Marsilio 291, 299
Ficker, Ludwig von 493
Fielding, Henry 342
Fisher, Caitlin 401
Flaubert, Gustave 344, 540
Fontane, Theodor 406
Fontanier, Pierre 143
Fontenelle, Bernard le Bovier de 298
Foucault, Michel 33, 137, 139, 143, 146, 148, 163, 171–174, 176–178, 275, 322, 396, 438–441, 507, 566
France, Anatole 142
Franco, Francisco 561
Frank, Joseph 537
Franziskus von Assisi 17
Frege, Gottlob 209 f., 322
Freud, Sigmund 66, 225, 264, 266, 410 f., 448–451
Fricke, Harald 483
Fried, Erich 279
Friedrich, Caspar David 89
Friedrich der Große (Friedrich II. von Preußen) 229 f.
Friedrich, Hans-Edwin 353
Friedrich, Hugo 394
Fuentes, Carlos 507
Fuhrmann, Manfred 221 f.
Füssli, Johann Heinrich 120

Gadamer, Hans-Georg 164, 204–207, 236, 434
Galilei, Galileo 16, 67, 117, 299, 524
Garve, Christian 60, 529
Geck, Rudolf 404
Gellert, Christian Fürchtegott 315
Genette, Gérard 73, 79–81, 143, 352
Gentile, Giovanni 86
George, Stefan 161 f., 236, 407
Gerber, Gustav 132
Géricault, Théodore 562
Gernhardt, Robert 395
Gérôme, Jean-Léon 19
Gibran, Khalil 486
Gide, André 563
Ginzburg, Carlo 242
Girard, René 532
Goebbels, Joseph 532

Goethe, Johann Wolfgang 13, 57, 76, 120, 197–199, 201, 222, 252, 315, 372, 389, 395, 397, 410, 423–426, 479, 529, 540
Gogol, Nikolai 28
Golden, Leon 222
Goldmann, Lucien 508
Goll, Yvan 435
Goodbody, Axel 282
Goodman, Nelson 181
Gordon, Robert 557
Gorgias von Leontinoi 42, 44–46
Gottsched, Johann Christoph 55, 73, 77 f., 104, 115, 117 f., 120, 301, 315
Goya, Francisco de 562
Gracián, Baltasar 389
Gramsci, Antonio 31, 255 f.
Grass, Günter 281
Gregor von Nyssa 298
Grimm, Hermann 350
Grosz, George 563
Grotius, Hugo 529
Grübel, Rainer 538
Grünbein, Durs 478
Guattari, Félix 412
Guicciardini, Francesco 389
Guillaume de Loris 503
Gumbrecht, Hans Ulrich 272
Günderode, Karoline von 315
Gustafsson, Lars 346

Habermas, Jürgen 25, 43, 68 f., 125, 264
Hadot, Pierre 323
Hafis 424
Hale, Dorothy J. 456
Hall, Stuart 256
Hamann, Johann Georg 151
Hamburger, Käte 4, 28, 73, 79 f., 210
Hamm, Peter 281 f.
Handke, Peter 164
Harrowitz, Nancy 558
Hartman, Geoffrey 243
Haussmann, Georges-Eugène 538
Havel, Václav 384
Hebel, Johann Peter 161
Hegel, Georg Wilhelm Friedrich 10, 13, 30 f., 34, 59, 99, 115, 183 f., 191, 200, 204, 261, 315, 322, 325, 343, 345, 379, 391, 423–426, 433, 470, 507
Heidegger, Martin 16, 76, 95, 97, 146 f., 160–164, 172, 205 f., 244, 280, 316, 322, 325 f., 343, 380 f., 428–431, 435, 499, 541
Heine, Heinrich 252, 406, 449
Heisenberg, Werner 300
Heloisa 313
Herder, Johann Gottfried 55–58, 120, 149, 151, 181, 188, 190 f., 201, 299, 315
Herding, Klaus 564
Herodot 309 f., 463, 465
Hesiod 45
Hesse, Mary 132
Hippokrates 389
Hirsch, Rudolf 435
Hirzel, Rudolf 294
Hitler, Adolf 561
Hjelmslev, Louis 137
Hobbes, Thomas 13, 93, 299, 321, 527, 529
Hochhuth, Rolf 383
Hoffmann, E. T. A. 197, 372, 448–451
Hofmannsthal, Hugo von 211, 316, 350, 567
Hofmannswaldau, Christian Hofmann von 122
Hoheisel, Hans 401
Hölderlin, Friedrich 11, 161–163, 171, 200, 428–431, 438 f., 564
Holthusen, Hans Egon 435
Holz, Hans Heinz 255
Homer 45, 128, 417, 425, 507, 547
Homer, Frederic 559
Honderich, Ted 321
Horaz 41, 49, 111, 116, 121, 184, 231, 322
Horkheimer, Max 166, 232, 264, 279, 403
Hühn, Lore 378
Humboldt, Alexander von 197, 199
Humboldt, Wilhelm von 126
Hume, David 93, 291, 299
Husserl, Edmund 28, 43, 63 f., 93, 322, 541, 550–553
Huxley, Aldous 285, 369, 373
Huxley, Thomas Henry 486

Ibn Sina 486
Ibn Tufail 486
Ibsen, Henrik 168

VI Personenregister — 597

Ignatius von Loyola 475
Imbach, Ruedi 505
Iser, Wolfgang 73 f., 90, 93, 95–97
Isidor von Sevilla 183
Isokrates 109

Jacobi, Friedrich Heinrich 150, 342, 346, 423
Jahoda, Georg 495
James, Henry 5, 238, 240, 453–456
Jameson, Frederic 257
Jander, Simon 353
Janet, Pierre 540–542
Janik, Allan 494
Jarry, Alfred 174
Jaspers, Karl 34 f., 382, 386
Jauß, Hans Robert 41, 206
Jean de Meun 503
Jean Paul (Johann Paul Friedrich Richter) 132, 142, 395
Jhering, Rudolf 532
Joch, Markus 277
Johannes de Mediolano 389
Johannes von Damaskus 55
Johannes von Salisbury 313
Johnson, Samuel 342
Jonas, Hans 280, 283
Joubert, Joseph 398
Joyce, James 240, 344 f., 545, 563
Jünger, Ernst 350
Justin der Märtyrer 298

Kaerrick, Elisabeth (Pseudonym von E. K. Rahsin) 536
Kafka, Franz 173 f., 210, 344, 406, 443–446, 450, 526, 563, 566
Kallikles 45
Kant, Immanuel 10–12, 16, 54, 57–60, 66, 73, 75 f., 84 f., 88, 93, 96 f., 115, 120, 130, 149, 151, 194 f., 203, 229–232, 238, 265, 322, 335, 343, 391, 424, 443, 453, 525, 529, 531 f., 540–542
Karneades von Kyrene 296
Kassner, Rudolph 350
Kauffmann, Kai 353
Kaufmann, Walter A. 378
Keller, Gottfried 76, 372

Kelsen, Hans 86
Kierkegaard, Søren 11, 299, 316, 322, 327 f., 345 f., 379, 398, 494
Klages, Ludwig 262, 344
Klebes, Martin 566
Klee, Paul 410
Klein, Johannes 89
Kleist, Heinrich von 73, 87–90, 197, 315, 529, 531 f.
Klopstock, Friedrich Gottlieb 57, 118, 149
Kofman, Sarah 11, 241 f., 245, 448–451
Kohlhase, Hans 529 f.
Kolotes 463
Konfuzius 5, 35, 458–462
Koselleck, Reinhart 211 f., 370
Kracauer, Siegfried 350, 403
Kraus, Karl 391, 495
Krechel, Ursula 532
Kristeva, Julia 28, 43, 66–68, 139, 284, 352, 507
Kuhn, Thomas 132
Kundera, Milan 346, 507
Kunz, Josef 89

Labriola, Antonio 252, 255
Lacan, Jacques 73 f., 93, 95, 97–100, 129, 284, 316, 515
Laclos, Choderlos de 238
Lacoue-Labarthe, Philippe 142, 163
La Fontaine, Jean de 16
Lange, Friedrich Albert 85
Lang, Fritz 409
Lanzmann, Claude 86
Laotse 35
La Rochefoucauld, François de 350, 389, 479
Latour, Bruno 281
Laub, Dori 242
Lawrence, Tim 546
Legendre, Pierre 396
Lehmann, Wilhelm 281
Leibniz, Gottfried Wilhelm 12, 56, 118, 123, 181, 183 f., 255, 299, 313, 322, 338, 340–342, 364, 541 f.
Lem, Stanisław 209, 279
Lenin, Wladimir Iljitsch 253–255
Lenz, Siegfried 120
Leopold, Aldo 280

Leśniak, Sławomir 353
Lessing, Gotthold Ephraim 4, 11, 55, 57, 59, 149, 152, 223–226, 231, 299, 350, 378 f., 381
Lévinas, Emmanuel 163, 244, 433, 542
Levi, Primo 33, 242 f., 245, 555–559
Lévi-Strauss, Claude 273
Lichtenberg, Georg Christoph 315, 350, 389, 479
Liebknecht, Karl 434
Lifschitz, Michail 252
Linfert, Carl 407
Liselotte von der Pfalz 315
Lispector, Clarice 4, 446
Locke, John 93, 322, 350, 531
Lohenstein, Daniel Casper von 122
Lombardi, Bartolomeo 49
Loock, Reinhard 378
Löwenthal, Leo 168, 256
Lucilius Iunior 310
Luhmann, Niklas 33, 249, 269–274, 277
Luis de Molina 517, 522
Lukács, Georg 225, 254 f., 257 f., 261, 350, 352, 355 f., 423, 433, 507, 563
Lukian von Samosata 291, 297, 299 f.
Lukrez 42, 468 f.
Luther, Martin 313, 530 f.
Luxemburg, Rosa 434
Lyotard, Jean-François 163, 241 f., 245, 443 f.

Mach, Ernst 344
Machiavelli, Niccolò 86, 559
Mack, Dietrich 378
Madihn, Ludwig Gottfried 529
Maine de Biran, François-Pierre-Gonthier 541
Malebranche, Nicolas 470
Mallarmé, Stéphane 13, 171 f., 438, 500
Mandela, Nelson 385
Manet, Édouard 274
Mannheim, Karl 364, 507
Mann, Heinrich 350
Mann, Thomas 261, 345, 350, 372, 383
Man, Paul de 14 f., 105, 137, 139–141, 143, 174–177
Marc Aurel 466

Marchesini, Giovanni 86
Marcuse, Herbert 169, 249, 261–267
Marcuse, Ludwig 381
Marrasch, Fransis al 486
Martianus Capella 502
Martínez, Matías 81
Marx, Karl 100, 251–253, 255, 257, 345, 381, 443
Matter, Mani 395
Mauthner, Fritz 86, 181
Mehring, Franz 252, 257
Meier, Christian 386
Meier, Georg Friedrich 203
Melville, Herman 174
Mendelssohn, Moses 55, 58 f.
Menippos von Gadara 297
Menke, Christoph 169, 386
Menoikeus 463
Menzel, Adolph 563
Merchant, Carolyn 280
Mercier, Louis-Sébastien 371
Mereschkowski, Dmitri 536
Merleau-Ponty, Maurice 43, 63 f., 163, 542
Methodios 298
Meyron, Charles 563
Miller, J. Hillis 456
Mill, John Stuart 321
Mills, C. Wright 382
Milton, John 78, 115, 118, 524–527
Mink, Louis O. 330
Minturno, Antonio Sebastiano 49
Minucius Felix, Marcus 298
Misch, Georg 320
Montaigne, Michel de 5, 11, 16, 32, 86, 313, 320, 322, 324, 326, 331, 349–355, 396, 443, 450, 468–472, 517
Montesquieu, Charles de Secondat, Baron de 314, 389
Morgenstern, Karl 372
Mörike, Eduard 161
Moritz, Karl Philipp 57–59, 149
Morton, Timothy 280
Morus, Thomas 299, 363, 365, 367–370
Müller-Funk, Wolfgang 351, 354
Müller, Heiner 383
Müller-Seidel, Walter 89
Murdoch, Iris 300

Murmelstein, Benjamin 86
Murphy, P. J. 546
Musil, Robert 330f., 344, 350, 352, 364, 373

Nabert, Jean 244
Nabokov, Vladimir 238, 507, 566
Naess, Arne 279, 282f.
Nancy, Jean-Luc 142, 163
Napoleon Bonaparte 536
Napoleon III. 536, 538
Nerval, Gérard de 438, 451
Neukrantz, Klaus 563
Neumann, Franz 262
Neumann, Gerhard 397
Newton, Isaac 117
Nicolai, Friedrich 55
Nietzsche, Friedrich 5, 10f., 14, 16, 18, 32, 66, 85, 90, 105, 132–134, 137, 142f., 146f., 155–157, 181, 225, 301, 322, 328, 344f., 350, 379f., 383, 391, 396, 398, 412, 429, 438f., 448, 470, 479–484, 498, 515, 536, 540–542, 563
Nikolaus von Kues 299
Nitsch, Hermann 225
Novalis (Friedrich von Hardenberg) 78, 149, 152–154, 197, 199–201, 325, 389, 395, 397
Nübel, Birgit 352f.
Nussbaum, Martha C. 5, 28, 218f., 238, 240f., 453–456

Oken, Lorenz 30, 194f., 201
Ondaatje, Michael 69
Ophuls, William (Pseudonym von Patrick Ophuls) 283
Opitz, Martin 122, 184
Origenes 298
Ørsted, Hans Christian 195
Ortega y Gasset, José 497f., 507
Orwell, Georg 369, 373
Overbeck, Franz 479

Pascal, Blaise 11, 314, 394, 396, 470, 479, 498
Pasch, Moritz 86
Passmore, John 280

Pater, Walter 350
Patočka, Jan 384
Patrizi da Cherso, Francesco 77
Paulus von Tarsus 311f., 466
Pérez, Antonio 389
Petrarca, Francesco 17, 313
Petrus Abaelardus 313
Petrus Venerabilis 313
Picasso, Pablo 563
Pindar 45
Pirro, Maurizio 353
Pirro, Robert 559
Pisarev, Dmitri 537
Platon 8–10, 12, 15f., 19, 34, 42, 44–47, 104, 106–108, 110, 116, 125, 128f., 139, 149, 209, 218, 222, 291–301, 308f., 323, 343, 376, 425, 460, 465, 468f., 499
Platonov, Andrej 254
Plechanov, Georgij 252, 257
Plessner, Helmut 64
Plumpe, Gerhard 272
Plumwood, Val 280
Plutarch 297, 468–470
Poe, Edgar Allan 316
Politzer, Heinz 444
Polos von Akragas 45
Pompeius 110
Poniatowska, Elena 507
Pontano, Giovanni 299
Ponton, Rémy 277
Pope, Alexander 350
Posnock, Ross 566
Prangl, Matthias 272
Preisendanz, Wolfgang 75f.
Profitlich, Ulrich 378
Proust, Marcel 140, 173, 343f., 540–543
Prudenz 502
Pseudo-Longin 112f.
Ptahhotep 36
Pythokles 310, 463, 465

Quincey, Thomas de 350
Quintilian 104, 106, 111f., 121, 126, 131

Raabe, Wilhelm 279
Radkau, Joachim 279
Rancière, Jacques 15, 163

Ravaisson, Félix 541
Reinfandt, Christoph 272
Ribot, Théodule 541f.
Richardson, Samuel 336
Rickert, Heinrich 257
Ricœur, Paul 104, 127–131, 163, 181, 206, 244f., 542
Rihani, Amin 5, 486f., 489–491
Rilke, Rainer Maria 161
Rimbaud, Arthur 161, 563
Ritter, Johann Wilhelm 197, 200f.
Rivarol, Antoine de 479
Rivière, Pierre 439
Robortello, Francesco 49, 51, 301
Röggla, Kathrin 359–361
Rorty, Amélie 321
Rorty, Richard 164, 219, 238–241, 542
Rostand, Edmond 315
Rousseau, Jean-Jacques 11, 233f., 299, 314, 322, 326f., 335f., 340, 346, 370, 529, 532
Roussel, Raymond 438–441
Rühmkorf, Peter 281
Rushdie, Salman 69
Ruskin, John 540
Russell, Bertrand 321
Ryle, Gilbert 129

Sabundus, Raimundus 468
Sade, Donatien Alphonse François, Marquis de 11
Sainte-Beuve, Charles-Augustin 350
Samjatin, Jewgeni 369, 373
Sanches, Francisco 517
Santayana, George 381f.
Sapiro, Gisèle 277
Sarasin, Philipp 438
Sartre, Jean-Paul 4, 73f., 86, 90, 93–96, 100f., 219, 235f., 263, 273, 345f., 550–552
Saussure, Ferdinand de 64, 134, 137
Scaliger, Julius Caesar 49
Schadewaldt, Wolfgang 221
Schärf, Christian 350–352, 354
Scheler, Max 210
Schelkshorn, Hans 36
Schelling, Caroline 149
Schelling, Friedrich Wilhelm Joseph 30, 194–196, 200, 315, 343, 379, 423, 425, 507, 541
Schestow, Leo 398
Schildknecht, Christiane 26
Schiller, Friedrich 4, 43, 58–60, 219, 229, 231–236, 315, 391, 424, 507
Schlaffer, Heinz 351, 403f.
Schlegel, August Wilhelm 149
Schlegel, Friedrich 3, 76, 78, 149–155, 200, 299, 315, 325, 344, 350, 389, 395, 397, 423, 479, 508
Schleiermacher, Friedrich 31, 149, 151f., 203, 293, 299, 433
Schlick, Moritz 492
Schnabel, Johann Gottfried 369
Scholz, Heinrich 86
Schopenhauer, Arthur 345, 379f., 398, 510, 540–542
Schorske, Carl E. 262
Schubert, Gotthilf Heinrich 194, 196f., 201
Schulz, Eberhard Wilhelm 402f.
Schwab, Philipp 378
Schweppenhäuser, Hermann 168
Séailles, Gabriel 540
Searle, John R. 176
Sebald, W. G. 5, 566–570
Seel, Martin 364
Seneca, Lucius Annaeus 17, 308, 310f., 323, 376, 466, 468f.
Serres, Michel 281
Seume, Johann Gottfried 395
Sévigné, Madame de (Marie Rabutin-Chantal de Sévigné) 315
Sextus Empiricus 471, 517
Sezgin, Hilal 285
Shaftesbury, Anthony Ashley Cooper, Earl of 115f., 120, 122–124, 299
Shakespeare, William 7, 73, 87, 252, 329, 424, 435, 486, 512f., 547
Shelley, Percy 252
Sidney, Philip 210
Sigonio, Carlo 301
Silz, Walter 89
Simmel, Georg 43, 63f., 257, 412
Simon, Claude 569
Singer, Peter 279f.

Sokrates 8, 15–18, 44 f., 295, 299 f., 323, 465, 468 f., 499, 518
Şölçün, Sargut 353
Sophokles 5, 376, 380, 386, 417 f., 420, 430, 512
Sophron 295
Spencer, Herbert 486
Speroni, Sperone 301
Spinoza, Baruch de 149 f., 299
Spittler, Carl 481
Staël, Madame de (Germaine de Staël) 11
Staiger, Emil 75 f., 163, 436
Stanitzek, Georg 349, 351, 353, 358
Starobinski, Jean 354
Stauffenberg, Claus Schenk Graf von 532
Steffens, Henrik 30, 195, 201
Stein, Edith 28
Steiner, Georg 386
Stein, Gertrude 545
Stendhal (Pseudonym von Marie-Henri Beyle) 344, 566
Stenger, Georg 36
Sterne, Laurence 336, 342
Stifter, Adalbert 161
Straus, Erwin W. 64
Strauß, Botho 55, 164, 383 f.
Ströker, Elisabeth 96
Sulzer, Johann Georg 56 f., 59, 72, 75
Supiot, Alain 398
Swift, Jonathan 342
Sylvan, Richard 279
Szondi, Peter 4, 31, 168 f., 206 f., 257, 378 f., 433–436

Tacitus, Publius Cornelius 112
Taine, Hippolyte 538
Tarde, Gabriel 541 f.
Tasso, Torquato 49, 301
Taylor, Charles 164
Teichert, Dieter 26
Tertullian 16
Thales von Milet 15 f., 18
Theokrit 295
Theophrast 106
Thomasius, Christian 529
Thomas von Aquin 503, 505
Thomson, Ian 558

Thoreau, Henry David 279
Tieck, Ludwig 154, 423, 450
Todorov, Tzvetan 73, 77–79
Toledo, Camille de 84
Tolstoi, Leo 28, 214, 344
Tommek, Heribert 277
Toulmin, Stephen 324, 326, 494
Trakl, Georg 161 f.
Trilling, Lionel 453
Tronchin, Jean-Robert 314
Trotzki, Leo 252, 564
Tucholsky, Kurt 395
Turgenew, Iwan 537

Unamuno, Miguel de 376, 497

Vaihinger, Hans 73, 84–87, 90
Valéry, Paul 14, 84, 350, 478
Valla, Lorenzo 291, 299
Varro, Marcus Terentius 296
Vauvenargues, Luc de Clapiers, Marquis de 389
Veldhues, Christoph 536
Vergil 468, 504
Verlaine, Paul 236
Viala, Alain 277
Vico, Giambattista 30, 124, 134, 181, 188–190, 321
Vinci, Leonardo da 451
Voltaire 16, 231, 299, 335, 337–342, 346, 350, 486, 489
Volten, André 401

Wachsmuth, Karl Heinrich 371
Wackenroder, Wilhelm Heinrich 154
Wagner-Egelhaaf, Martina 137
Wagner, Richard 155, 380, 480 f.
Waismann, Friedrich 492, 494
Walter, Julius 409
Warburg, Aby 412
Warstat, Matthias 226
Weber, Max 257, 398
Weerth, Georg 252
Weigel, Sigrid 242
Weil, Simone 398
Weiss, Peter 561–564
Welzer, Harald 285

Werber, Niels 270–272
Wernicke, Christian 122
West, Cornel 381, 385
Wezel, Johann Carl 342
White, Hayden 31f., 211f.
Whitman, Walt 240
Wieland, Christoph Martin 211, 213, 231, 341f., 372
Wiese, Benno von 89
Wiesel, Elie 556f.
Wilde, Oscar 350
Williams, Raymond 256
Wimmer, Franz Martin 35
Winckelmann, Johann Joachim 378, 407
Wittgenstein, Ludwig 5, 65, 126, 164, 301, 322, 328, 492–496, 566–569

Wittkowski, Wolfgang 89
Wolf, Christa 383f.
Wolff, Christian 12, 54, 56, 58, 118, 338
Wolf, Norbert Christian 277
Woolf, Virginia 240, 350

Xenophon 293, 295, 301

Young, Edward 120

Zambrano, María 5, 28, 497–500, 507
Zarathustra 35
Zedler, Johann Heinrich 16
Zesen, Philipp von 402
Zima, Peter V. 352
Žižek, Slavoj 546

Sachregister

Abstraktion 9, 13, 24, 66, 99, 142, 190, 230, 232, 235–237, 367 f., 401, 487, 510
Absurdes 346, 545
Adresse/Adressierung 10, 18, 245, 266, 305, 308, 310 f., 313 f., 317, 463
Affekt/Emotion/Leidenschaft 4, 8 f., 14, 41 f., 44 f., 51 f., 63 f., 66, 68 f., 77, 79, 106, 116, 121, 209 f., 222–227, 233, 336, 368, 376–378, 385, 412, 418–421, 454, 456, 464, 543, 547, 550, 556
Ähnlichkeit/Analogie 51, 57, 108, 119, 127 f., 132, 140 f., 156, 166, 195, 198, 201, 223, 239, 345, 378, 381, 392, 410, 420, 448, 455, 466, 470, 505, 541, 545 f., 567, 569
Allegorie 112, 142, 176, 346, 406, 408, 410, 502 f.
analytische Philosophie/analytische Literaturwissenschaft 26, 160, 173, 322, 346
Anekdote 8, 15 f., 390, 412, 459, 470
Anschauung 18, 55, 57, 76, 100, 117, 119, 142 f., 168, 191, 196, 199, 206, 229 f., 254, 387, 482, 543
Anthropologie 55, 59 f., 76, 90, 95–97, 108–110, 113, 123, 200, 219, 230, 232, 264, 341, 366, 411, 531
Anthropomorphismus 65, 133, 195, 482
Anthropozän 281
Antike 3 f., 8, 34–36, 41 f., 45 f., 54, 103 f., 106, 112, 115, 122 f., 126, 129, 219, 225, 229 f., 242, 252, 291, 293, 295 f., 298 f., 301, 305, 308–310, 313, 323–325, 369, 376–380, 383, 385 f., 389, 393, 396, 407, 417, 424–426, 429, 431, 463 f., 466, 469–471, 498, 512, 517
Aporie 205, 242, 245, 263, 293, 390, 460
Äquivalenz 402, 538
Atheismus 344, 550
Aufklärung 11, 13, 29, 42, 56 f., 60, 87 f., 104, 122, 146, 149, 157, 166, 168, 181, 231 f., 239, 299, 314, 334–336, 338, 341 f., 364, 371, 417, 524, 529, 532, 556
Aufmerksamkeit 7, 55, 161, 173, 224, 235, 279, 328, 373, 402, 438, 461, 538, 542
Augenblick/Flüchtigkeit 32, 76, 96, 99, 326, 367, 369, 470, 492, 543, 564

Authentizität 233, 258, 295, 305, 308 f., 320, 326, 358, 459, 550, 568
Autobiographie 11, 17, 32, 243, 309, 320–322, 324–326, 328–331, 350, 438 f., 449 f., 474 f., 477, 504, 518, 561
Autonomie 11, 14, 59, 76, 81, 88, 93 f., 110, 167 f., 171, 199, 219, 230 f., 235–237, 239, 245, 248, 252, 256, 258, 265 f., 269–275, 277, 335, 357, 383, 428, 440, 474 f., 512–515
Autor/Autorschaft 11, 17, 28, 46, 78, 81, 111 f., 115, 120–124, 129, 146–149, 152 f., 163, 181, 197, 199, 201, 204 f., 212, 255 f., 276, 293, 298, 305, 307, 311 f., 316, 320 f., 327, 353 f., 358, 394, 397, 402, 405, 433, 438 f., 448, 455, 459, 472, 483 f., 489, 494, 497, 503, 505, 514, 561 f.

Barock 122, 403, 518
Begriff 5, 8, 11–13, 15 f., 18, 24–26, 32, 35, 42, 48, 51, 54–57, 63, 66, 69, 72 f., 75–80, 87, 90, 93, 95–98, 100, 103 f., 106, 108 f., 112 f., 115 f., 118, 126 f., 130 f., 133 f., 138 f., 141–143, 146–148, 154–156, 160, 166–168, 171–174, 176–178, 180 f., 185–187, 190, 195, 205 f., 209 f., 212 f., 219, 221–223, 227, 229–232, 235 f., 238, 240–245, 250, 253–255, 257, 261, 266, 269, 271–277, 280–283, 286, 334, 336, 341, 343 f., 350 f., 356 f., 363–366, 370, 374, 377 f., 381–383, 389–393, 395 f., 401 f., 404 f., 412, 418, 424 f., 429, 433, 439, 446, 450, 454 f., 460–462, 470–472, 481–483, 490, 492, 497 f., 507–510, 512, 515, 521, 535, 537, 541, 545, 550, 556, 562–564, 566
Bekenntnis(se)/confessiones 7, 157, 312, 321, 324, 326–328, 378, 445
Bild/Bildlichkeit 3, 55, 57, 89, 100 f., 127, 133, 138, 140, 142 f., 153, 155, 181, 190 f., 196, 199, 281–283, 309, 311, 326, 354, 356, 368, 373, 401–413, 450, 468, 472, 482, 498, 500, 532, 542 f., 562–564, 566–568

Brief 4f., 11, 17–19, 59f., 152, 163, 232, 291, 305–317, 323, 342, 350, 403, 431, 440, 463–466, 479, 481, 487, 493, 530, 545
Buddhismus 489

Chiffre 20, 89, 536
Christentum 298f., 344, 377, 381, 425, 466, 489, 504, 517

Dekonstruktion 10, 14, 103, 105, 133f., 137, 140, 142f., 163f., 174–177, 181, 218, 241, 285, 431, 443–446, 455, 471
Denkbild 11, 32, 147, 350, 396, 401–405, 407–412
Dialektik 30f., 43, 67f., 86, 96, 101, 107f., 148f., 155, 166–168, 195f., 199, 232, 234, 243, 249, 261, 263f., 294, 298, 345, 356, 378f., 390, 395, 401, 409f., 439, 541f., 551
Dialog/Gespräch 4f., 7f., 11, 17, 26, 34, 36, 44f., 47, 106, 109f., 112, 142, 149, 152f., 163, 185, 291–301, 305, 308f., 312f., 317, 323, 327, 335, 345, 350, 352, 378, 383, 393, 395, 446, 458–460, 465, 468, 474, 486, 488–490, 494, 513, 535, 537, 540, 547, 562
Dichotomie 24, 64, 72, 134, 269, 371, 373, 557
Dichtung/Lyrik 5, 8, 10, 13, 28, 30, 41f., 44–47, 49–51, 55–58, 65, 68, 72, 75, 77f., 106, 111, 115–117, 121f., 128f., 148, 156, 160–162, 177, 180f., 183, 185, 187–191, 194, 196, 198–200, 203f., 206f., 209–212, 214–216, 229–231, 236, 272, 276, 279, 281, 295, 341f., 349, 380, 417, 420, 423f., 426, 428–431, 460f., 469, 479, 498, 500, 503
Diskurs/Diskursanalyse 7–9, 11f., 15, 24f., 33, 56, 59, 72, 80, 104, 121, 125, 131, 133, 138f., 143, 147f., 152, 163, 169, 171–174, 177f., 195, 206, 214, 221, 240f., 243, 245, 275, 279, 284, 291, 307f., 314, 334, 336, 343, 352, 355, 359–361, 363, 365, 367, 369, 376f., 386, 403, 438, 441, 450, 465, 469, 472, 476, 502, 513, 517, 524, 527, 537f., 541–543, 562, 568
Disputation 298

dissémination 135
Dogma/Dogmatismus 12, 86, 231, 251, 293, 297, 311, 393, 395f., 399, 465, 468, 471f., 503, 517f., 525
Doktrin 206, 254, 257, 458

ecocriticism/Ökokritizismus 4, 250, 282, 284–286
Einbildungskraft/Phantasie/Ingenium 13, 18, 54–56, 58, 63, 72f., 75–79, 84, 93, 96, 100, 130, 181, 183–185, 187–189, 191, 212, 229f., 238, 240, 246, 264–267, 365f., 390, 397, 451, 472, 481, 564
Empfindsamkeit 305, 336, 338–342
Empfindung 42, 46, 56, 58f., 63–65, 75, 84, 94, 166, 192, 197, 199, 229f., 232, 336, 384, 482, 566–568
Entfremdung 94, 98f., 210, 219, 234, 263, 448
Epiphanie 553
Episteme 4, 11, 29f., 33, 54, 108, 125, 133, 139, 172, 181, 186–188, 190f., 205, 215f., 407, 477, 526
Epos 33, 78, 106f., 110, 115f., 118, 185, 221, 261, 291, 336, 417f., 424, 503, 505, 524–526
Erbsünde 365
Ereignis 77–79, 86, 88, 90, 96f., 113, 139, 150, 173, 203, 205, 225, 242, 338, 340, 377, 383, 435, 444–446, 510
Erfahrung (ästhetische) 13, 29f., 33f., 44, 46f., 49, 56, 59, 63–65, 77, 85, 93f., 96, 101, 117f., 162, 169, 184f., 195, 198–200, 203f., 221, 236, 238, 240, 244f., 261, 265f., 336, 342f., 346, 349, 351f., 354, 357, 359, 361, 365, 370, 380f., 384, 389, 391, 393, 401, 429f., 434–436, 439, 443f., 455, 471, 474, 483, 497–500, 518, 525, 530, 542f., 548, 551f.
Erhabenes 7, 58f., 112f., 187, 189, 472
Erkenntnis/Erkenntnisvermögen/Epistemologie 7–11, 13, 17f., 26, 30f., 41–43, 46f., 51, 54–59, 63–66, 68f., 76, 79f., 84f., 87–91, 93–95, 97, 104f., 115, 118, 124f., 128, 131, 141, 146f., 149–151, 154–157, 160f., 166f., 180f., 183–188, 192, 194, 199, 203–206, 209–211,

213–216, 230, 239, 241 f., 245 f.,
253–255, 267, 269, 286, 292–294, 297,
329, 334, 336, 341–346, 354 f., 357, 376,
379 f., 390 f., 393, 395–397, 399, 405,
410–412, 418–421, 433–435, 455, 465,
469–471, 474–477, 497, 499 f., 502, 509,
514, 518 f., 522, 524, 526, 540–543, 552,
555, 558
Erlebnis/Erleben 63 f., 173, 187, 199, 203 f.,
210 f., 215, 230, 232, 234, 236, 265, 482,
543
Erzählung/Novelle 15, 30, 67, 80 f., 87, 89,
119, 157, 211, 213, 231, 239, 244, 283,
316, 321, 329–331, 337, 342, 350, 360,
363, 367, 371, 383, 405–407, 409, 411,
424, 450, 459 f., 486, 490, 524, 527, 529,
531 f., 541, 558 f., 561, 569
Essay 4, 11, 67, 86, 100, 113, 123, 155, 199,
201, 254, 265, 283, 313, 316, 344,
349–361, 390, 394, 396, 412, 440,
449 f., 453, 468, 470–472, 474, 479 f.,
486 f., 489, 545 f.
Ethik/Moral 5, 16, 28, 33, 36, 44, 46, 49,
84, 86–90, 107 f., 112, 115 f., 120, 122,
138, 157, 184, 189, 214, 218 f., 223 f.,
230–233, 235–241, 267, 272, 279–282,
295, 308–311, 327, 342, 344 f., 360, 365,
371, 378 f., 381 f., 384, 389, 391, 396,
401 f., 411, 418, 420 f., 426, 453–456,
459–461, 463 f., 468, 470, 472, 479,
481–483, 486, 488, 490, 493 f., 503 f.,
508, 514, 520–522, 525 f., 535, 537, 540,
550, 553, 555, 557 f.
Eurozentrismus 35, 69
Existentialismus 4, 90, 262 f., 358, 384, 545,
550 f.

Fabel/Gleichnis/Märchen 16 f., 19, 78 f., 89,
118, 128, 160, 185, 189, 197, 200, 231,
337, 390, 395, 412, 444 f.
Fakt/Faktizität/Faktualität 24, 28, 32, 72 f.,
79–81, 84, 90, 94, 109, 133, 211–214,
244, 284, 329, 339, 341, 514, 532, 550,
552 f.
Feld (literarisches) 4, 59, 64, 81, 104, 107,
191, 219, 269, 273–277, 283, 374, 476,
517, 519–521, 525, 542

Fiktion/Fiktionalität/Metafiktion/Erfindung/
Erfundenes 4, 9, 15, 17, 24, 28, 32,
50 f., 56, 59 f., 72–74, 77–81, 84–87,
90 f., 95–97, 116, 118–120, 156, 180,
185, 188 f., 200, 209–216, 220, 236,
243 f., 264, 266 f., 271, 283 f., 296,
310 f., 313 f., 316, 334, 336–339,
341–345, 360, 363, 366 f., 371, 379,
387, 398, 448, 455, 468, 472, 475–477,
479, 503, 508 f., 511, 518 f., 521, 532,
540, 556, 562
Fortschritt 30 f., 86, 132, 150, 234, 238 f.,
265, 363, 370–372, 490
Fragment/Aphorismus 4 f., 17, 107, 147,
153–155, 200 f., 295 f., 315, 336, 350,
389–399, 403, 412, 428, 463, 466, 472,
474, 479–484, 494–497
Französische Revolution 59, 232
Furcht (phobos = Schrecken, Schauder,
Jammer) 44, 46, 51 f., 221–224, 373,
376, 378 f., 417–421

Gattung (literarische) 3 f., 6 f., 11, 25, 29,
43, 67, 69, 79, 81, 112, 116–118, 120,
125, 127, 153, 221, 225, 231, 276,
291, 293, 295, 297 f., 305 f., 308,
315–317, 321, 327, 334–337, 349–353,
355, 361, 363, 365 f., 372, 376 f., 383,
389, 391, 394–396, 401, 403 f., 417,
423, 426, 471, 479 f., 483, 529, 536,
561
Gedächtnis 54, 109, 187, 189, 329, 402, 542,
567 f.
Gedankenexperiment 90, 209, 314
Gedicht (Lehrgedicht, Epigramm) 12, 17, 19,
54 f., 76, 110, 121–123, 130, 155, 163,
176, 185 f., 207, 229 f., 233, 244 f., 279,
281, 393 f., 403, 406, 412, 428–430,
434–436, 461, 500, 555, 558
Gefühl 24, 42, 44–47, 51 f., 58 f., 63 f., 67,
108, 113, 121 f., 150, 187, 199 f., 209–211,
215, 223 f., 227, 232 f., 267, 305, 327,
336 f., 343, 346, 360, 379 f., 382–384,
395, 419, 532, 557, 567
Gender/Geschlecht 28, 443
Genie 13, 29, 56, 75–77, 115, 117, 120 f., 149,
184, 187 f., 190, 219, 229, 355

Geschmack/Geschmacksurteil 12, 18, 58, 120–122, 187, 190, 252, 407
Gewissheit/Evidenz 42, 72, 74, 87, 90, 175, 186 f., 198, 242, 244, 325, 354, 396, 430, 470 f., 476 f., 499, 507, 514, 518 f., 522, 547, 553
Glück/Glückseligkeit 44–46, 88, 169, 214, 232, 234, 240, 309, 314, 322, 342, 357, 363, 367–370, 373, 394, 464, 505, 531

Heidentum 299
Hermeneutik/Auslegung/Interpretation 31, 49 f., 63 f., 120, 129 f., 134 f., 151 f., 157, 160, 162–164, 168 f., 171 f., 180, 194, 203–207, 226, 239, 244 f., 261, 274, 276, 292 f., 300, 316, 328, 377 f., 385, 419, 421, 429, 431, 433–436, 439, 441, 443–446, 449, 455, 458, 460, 483, 502 f., 545
Historie/Historiographie 10, 17, 32, 80, 117, 189, 203, 206, 211–213, 223, 242, 295, 315, 341, 363, 368, 402 f., 461
Humanismus 109 f., 112, 313, 363, 365, 373, 469, 550 f., 556, 558

Idealisches 46, 49, 52, 431, 461, 497
Identität 99, 129, 131, 134, 138, 147 f., 166, 169, 173, 192, 195, 243, 284, 320, 327 f., 357, 377, 393, 440, 509, 513, 563, 568
Individualität/Individuum 24, 49–51, 59 f., 77, 133, 147, 152, 156, 167, 184, 186, 188 f., 203, 205, 225, 229, 232–234, 238–240, 264–266, 269, 273, 275, 280, 286, 305, 307, 312, 322, 349, 354 f., 359, 368–370, 372, 379 f., 384, 391, 393, 407, 412, 458, 461, 471, 477, 482, 512–515, 536, 542, 556 f., 559
Intentionalität 63, 93 f., 168 f., 244, 292, 294 f., 300, 335–338, 354, 366, 369, 373, 470, 552 f.
Intertextualität 28, 142, 275, 317, 352, 355, 487, 489, 548, 566
Ironie/Witz 15 f., 18, 88, 147, 150, 153 f., 176, 334, 337–339, 341, 356, 372, 377, 389 f., 393, 426, 444, 460, 468, 470, 479, 509, 513, 532, 545, 548, 551

Irrationales/Irrealität 56, 72, 94–97, 100 f., 345, 419
Islam 299, 425, 489

Judentum 35, 242, 299, 435, 445

Kanon 27, 67, 104, 201, 204, 221, 276, 316, 350, 353, 390, 403, 411, 438, 454, 458, 529
Katharsis/Reinigung 51 f., 191, 219, 221–227, 324 f., 376, 378, 384, 417 f., 420
Klassik 76, 86, 106–108, 110 f., 122, 252, 335, 379, 385, 402, 406, 412, 424 f.
Kohärenz 238, 330 f., 480, 510, 515
Komik/Komisches/Lachen 14–16, 43, 45, 65 f., 69, 338 f., 468, 472
Komödie/Satire 185, 297, 315, 337 f., 365, 373, 418, 508, 512 f.
Kontingenz 17, 185–187, 239, 244, 306, 338 f., 352, 363, 368 f., 399, 421, 430, 498, 515, 550, 552 f.
Körper/Leiblichkeit 44, 54, 63–65, 69, 75, 99 f., 117, 134, 161, 192, 223, 225–227, 311 f., 354 f., 357, 389, 434, 451, 482, 509 f., 541 f., 550 f.
Kritik (Vernunftkritik, Literaturkritik, Rhetorikkritik) 4, 11 f., 14, 16, 19, 29, 36, 41–43, 45 f., 54 f., 57–60, 68 f., 77, 84, 86–91, 100, 104, 111–113, 115, 120–123, 129, 131–134, 137, 146–153, 155–157, 161, 163, 168 f., 171–174, 177, 180 f., 203 f., 218, 226, 231, 233, 239, 241, 245, 249, 252, 257 f., 261–263, 275, 279, 283 f., 296, 300, 313, 330 f., 335 f., 338, 340, 343 f., 350, 352, 355 f., 360 f., 363, 365 f., 369, 371–373, 377, 381 f., 384, 386 f., 390–392, 397, 399, 401, 403 f., 409, 411 f., 423, 431, 445 f., 448–451, 453, 468–470, 472, 479–483, 486–491, 496 f., 508, 529, 532
Kritische Theorie/Frankfurter Schule 43, 91, 146, 148, 166–168, 256, 402, 412, 542
Kultur/Interkulturalität 31, 34–36, 59, 65 f., 77, 97, 100, 104, 106, 109 f., 119, 124, 139, 166 f., 194–196, 200 f., 203–206, 221, 224 f., 234, 238 f., 241, 245, 252 f., 255 f., 262, 275, 281 f., 284 f., 349, 355,

376, 378, 380, 384–386, 396, 407, 412, 424–426, 459, 461, 486, 488, 490, 519, 562 f., 569

Lehrsatz 389 f., 517
Lesen/Leserführung/Lesetechnik 4, 11, 14 f., 31, 46, 130, 140, 147, 153, 155, 169, 180, 218, 226 f., 235 f., 240, 245, 272, 306, 308 f., 312, 315, 335, 339, 354, 391 f., 394 f., 397, 405, 410 f., 420, 445, 450, 483
Liebe 7, 14, 18, 20, 33, 88 f., 196, 256, 262, 267, 310 f., 315, 328, 337, 340, 342, 344, 368, 453, 469, 487, 490, 503 f., 508, 520 f., 535, 551
Logik/Urteil/Syllogismus 10–12, 15, 18, 24, 51, 58 f., 97, 107, 115, 120–122, 129, 141, 152, 162, 167, 173–175, 178, 184 f., 189, 196 f., 206, 209, 214, 226, 230, 239 f., 261, 273 f., 339, 358, 363, 367, 386, 389 f., 393, 406, 408, 419 f., 444 f., 469–472, 483, 492 f., 529
Logos 34, 108, 307
Lust/Begehren/Vergnügen 10, 14, 18, 28, 43–45, 58 f., 64, 66–69, 89, 94, 97, 99–101, 187, 222, 224, 264, 267, 382, 418, 420, 465, 468, 504, 508, 519–522, 541 f.

Marxismus 31, 249, 251, 253, 255, 257 f., 266, 367, 508
Medialität/Intermedialität 35, 44, 106, 137, 166 f., 244, 306, 311, 359 f., 401, 409, 532, 546, 567–569
Meditation 5, 7, 309, 393 f., 470, 475–477, 518
Metapher/Metaphorizität 8, 15 f., 19, 24 f., 57, 88–90, 104 f., 125–135, 139–143, 149, 156, 162 f., 176, 181, 229, 249, 255, 305, 312, 354, 365, 395, 402, 404, 420, 436, 468, 471 f., 476 f., 482, 497–500, 505, 525 f., 547
Mimesis/Imitation/Nachahmung 14, 45–47, 50, 59, 78, 109, 116 f., 120, 128 f., 167 f., 174, 187–189, 191, 199, 221 f., 248, 255, 257, 264, 301, 336, 413, 418–420, 426, 448 f., 460, 518, 529

Mimikry 448
Mitleid (eleos = Jammer/Rührung) 44, 51, 56, 210, 221–224, 376, 378 f., 417–421, 535
Moderne 29, 36, 103 f., 146, 149, 171–174, 176 f., 219, 225, 227, 254, 272, 274, 305 f., 323 f., 327, 343 f., 346, 351–354, 364, 368–371, 376, 380, 383 f., 397, 401 f., 412, 424–426, 429–431, 438–440, 444, 486, 490, 507, 511 f., 529, 535–538, 541, 561
Möglichkeit/Mögliches 9, 13, 26, 32 f., 47–51, 59 f., 68, 72, 78, 87 f., 90 f., 117–119, 125–127, 130, 132–134, 151, 160, 162, 174, 176 f., 183–185, 191, 195, 201, 203, 213, 219, 221, 234, 238, 240 f., 243 f., 248, 266, 271 f., 279, 281, 292, 300 f., 311, 339–341, 355 f., 363–369, 371–374, 381 f., 384, 391, 393, 395, 399, 402, 406 f., 412, 429 f., 440 f., 444, 446, 455, 465, 472, 481, 492, 512, 530, 540–542, 551 f., 558, 567, 569
Monolog 292–294, 309, 311, 384, 474 f., 477, 519, 547 f.
Mythos/Mythologie 13, 34, 85, 100, 106, 119, 125, 137, 188, 197, 200, 252, 384, 404, 406, 409, 417, 419, 425, 497 f.

Narration/Narrativität 9, 32, 34, 106, 156 f., 212–214, 225, 227, 241 f., 283, 300, 321 f., 324, 328–330, 335, 339–341, 343, 360, 369, 401, 403, 406–408, 419, 454, 459 f., 470, 507, 510, 540
Neuzeit 16, 163, 223, 309, 325, 352, 354, 365, 389 f., 397, 401, 474, 507, 511 f.
Notwendigkeit 10, 47–51, 68, 119, 121, 223, 225, 239 f., 274, 279, 281, 323, 338, 351, 370, 386, 398, 465

Öffentlichkeit 106, 222, 239, 244, 297, 300, 307, 311, 317, 335, 358, 361, 371, 376, 380, 386, 409, 463, 465, 537
Ontologie 46, 73, 79 f., 96 f., 100, 108, 118, 128, 160–163, 205, 236, 243, 253, 263 f., 266, 272, 329 f., 374, 420, 429, 438, 461, 495, 507, 519, 550–553

Paradigma/Paradigmenwechsel 13, 15, 19, 29 f., 34, 36, 41, 57, 103 f., 130, 132, 149, 163, 174, 218 f., 223 f., 229, 255, 269, 293, 311, 337 f., 353, 370, 377–379, 488, 545
Paradox/Paradoxie 57, 69, 113, 134, 147 f., 153, 155, 173, 219, 233, 243 f., 285, 367, 390, 392, 394 f., 419, 439, 443–445, 471 f., 482, 493 f., 500, 532
Paratext/Paratextualität 81, 439
Parodie 65, 337–340, 450
Pathos 108, 132, 336, 359, 393, 419
Performanz 67, 69, 152–155, 176, 292, 294, 301, 325, 358, 441, 443–445, 456, 460, 476 f., 509, 517, 546 f.
Pfropfung 28, 450
Phänomenologie 43, 63–65, 67, 69, 91, 93, 100, 161, 163, 242 f., 263, 374, 541, 550–553
Phantasma 54, 68, 449, 521
Poesie 3, 8, 13 f., 31, 57, 77 f., 116, 147, 150, 153, 155, 167, 173, 181, 184, 188–191, 194, 196, 200, 236, 245, 252, 261, 277, 344, 349, 381, 390, 398, 423–426, 436, 461, 502 f., 505, 508
Poetik/Poetologie/Metapoetik 4, 8, 31, 55 f., 76–79, 91, 103 f., 106, 108, 110 f., 113, 115–124, 127 f., 149 f., 152, 154, 173, 176, 185 f., 188–190, 194, 197, 199–201, 210, 212, 215, 219, 224, 227, 229, 238, 240 f., 244, 294, 299 f., 339, 353, 361, 376 f., 379, 381, 387, 390 f., 406, 418–420, 423, 425 f., 431, 440, 480, 482, 484, 497 f., 500, 502, 505, 508, 529, 556, 563, 567, 569
Poetizität/Literarizität 125, 180, 227
Poiesis/Autopoiesis 270 f.
Polyphonie 13, 81, 147, 226, 301
Polysemie 135, 154
Postkolonialismus 69
Postmoderne/Poststrukturalismus/Neostrukturalismus 14, 25, 31 f., 80, 105, 137–139, 143, 146, 148, 163, 174, 201, 211, 218, 284 f., 354, 359, 443 f.
Pragmatismus (Schule) 85, 91, 164, 328, 385
Produktionsästhetik 111, 113, 219, 229, 231, 418

Propositionalität/Diskursivität 24, 26, 154, 181, 209, 214–216, 240, 284, 293, 342–344, 398, 460
Prosa/Epik 17, 106, 109, 113, 116, 150, 190 f., 236, 256, 334, 349, 359 f., 390, 401–403, 411, 424, 454, 479 f., 500, 556, 566, 569
Psyche 32, 45, 97 f., 100, 196, 265 f., 271, 357
Psychologie/Psychoanalyse 56 f., 60, 66 f., 84, 93, 103, 107, 113, 157, 173, 180, 204, 225, 227, 315 f., 328, 344, 346, 385, 389, 411, 449, 454, 514, 535, 540 f.

Rationalismus/Rationalität 12, 41–43, 54–56, 60, 63, 65, 67, 77, 108, 187, 190 f., 232, 263, 324, 336, 359, 367–369, 449, 453, 471 f., 474 f., 482, 531, 535–538
Realität/Reales/Wirklichkeit 4, 16, 30–32, 46–51, 56, 60, 72–76, 78–81, 85–91, 94–100, 113, 123, 128, 132 f., 156, 191 f., 198 f., 211–216, 233 f., 236, 242, 245, 251, 262–267, 271 f., 281–284, 314, 316, 325, 335 f., 338, 340 f., 343 f., 354, 360, 364–368, 373, 392 f., 404, 409, 418, 421, 424, 434, 454, 468, 482, 499, 507–511, 519–522, 531, 542, 550 f., 553, 562
Recht 86, 90, 188–190, 204, 238, 241 f., 244 f., 270 f., 276, 281, 368 f., 379, 389, 512, 525–527, 529–532, 535
Reformation 517, 529
Regelpoetik 29, 103, 184, 219, 229, 231, 379
Renaissance 49 f., 109, 122, 137, 171, 273, 294, 299 f., 309, 369 f., 517
Rezeptionsforschung/Rezeptionsästhetik 16, 41, 45 f., 81, 107, 111, 113, 219, 226, 229, 231, 376 f., 379, 384, 418, 443, 449, 470, 538
Rhetorik/rhetorische Figur 4, 14, 24, 42, 44 f., 56, 68 f., 77, 88, 103–113, 115, 118 f., 121, 123, 126 f., 129, 132 f., 137–143, 146, 154, 174–177, 186, 194, 225 f., 230 f., 235, 291, 294, 308 f., 349, 354, 356 f., 385, 392, 396 f., 420, 472, 482, 488, 492
Rhizom 441
Roman 5, 11, 13, 80, 118, 120, 125, 130, 140, 150, 153 f., 173, 185, 200, 210 f., 213 f.,

235, 240, 249, 261f., 279, 285, 314–316, 326, 334–346, 350, 383f., 424, 446, 449, 453–456, 486–491, 507–511, 532, 535–538, 540–542, 545, 548, 550–553, 559, 561–563, 568f.

Salon (literarischer) 335, 397, 540
Schönheit/Schönes 18, 24, 58f., 78, 97, 116, 120, 154, 187, 190f., 219, 229–232, 234, 262, 265f., 271, 424f., 472
Schreibweise 139, 146, 151, 154, 184, 276, 350, 353, 358, 374, 397, 448, 453f., 482f., 494, 543, 556
Schrift/Schriftlichkeit/Mündlichkeit/Oralität 32, 34f., 47, 49, 106, 134, 168, 190, 201, 246, 292, 295, 298, 300, 305f., 308f., 311, 313, 317, 372, 401, 413, 418, 428, 433, 438f., 444, 450f., 458f., 461, 469, 492
Seele 42, 44f., 54–57, 75, 85, 123, 130, 134, 161, 190, 197, 221–223, 226, 261f., 300, 326, 344, 497, 500, 504, 507, 519
Selbstreferenz/Selbstreferenzialität 172, 270–272, 274, 295
Semiotik 66, 68, 100, 137–141, 284
Signifikant 99, 134, 138, 141, 171, 316, 434f., 440f.
Signifikat 134, 138, 141, 171, 434f.
Simulacrum 91
Singularität 185–187, 240, 245, 445, 542
Sinnlichkeit (Vermögen) 4, 8f., 12, 15, 18, 24, 41–43, 54–57, 59, 63–69, 75, 93, 181, 185f., 188, 190f., 212, 230–232, 263–265, 267, 336, 342, 346, 391, 424, 476f., 482, 487, 497, 518, 541–543
Spiel 10, 13, 59f., 64, 86f., 89, 91, 94, 96f., 123, 129, 134, 138, 211, 213, 232, 234, 293, 297, 301, 306, 314, 316f., 327, 329, 339, 341, 349, 379, 398, 439–441, 451, 471, 481, 521, 545–548, 566, 568, 570
Spiritualität 385, 474f., 487
Sprachphilosophie 31, 65, 103, 127, 129, 142, 149, 151, 156, 161, 164, 176, 196, 240, 328, 411, 468
Sprachspiel 546, 548, 569f.
Sprechakt/Sprechakttheorie 81, 176, 209, 460, 509

Stil/Denkstil 5, 7, 11, 13, 24, 76, 108, 111, 113, 254, 257f., 276, 296f., 307, 309, 313–315, 317, 327, 345, 355, 392, 396, 429, 445, 454, 464, 468f., 472, 479–484, 540, 542f.
Stimmung 64, 89, 161, 215, 343, 409
Strukturalismus 64, 105, 137f., 166, 273, 277, 431, 435f., 441
Subjektivität (Philosophie) 63, 77, 80, 89, 98, 121, 147, 162, 167f., 171, 197, 204f., 257, 261f., 264–266, 284, 299, 305, 328, 350, 354f., 358, 368, 370, 404, 436, 475
Subversion 27, 172, 174–178, 266
Symbol/Emblem 68, 97–100, 120, 138, 177, 199–201, 213, 225, 265, 267, 271, 273, 276, 284, 316, 396, 499, 504, 509, 536, 545

Technik/techne 27, 107f., 113, 123, 138, 281, 297, 305f., 309, 352, 368, 440, 454, 459f., 486, 567
Theodizee 338, 341f., 538
Tod/Todesfurcht 86, 88, 99, 134, 255, 264, 307, 310, 329, 357, 386, 408, 417, 419, 436, 439f., 463, 465, 514f., 530, 548, 555, 557, 559, 564
Topik/Topos 14, 77, 103f., 107, 109, 111, 211, 349, 353, 358, 395, 466
Totalität 150, 154, 156, 191, 255, 261f., 266, 372, 391f., 397, 497, 499
Tragödie/Tragisches 8, 30, 34, 87, 99, 107, 116, 125, 185, 218f., 221–225, 248, 266, 295, 337, 376–387, 417–421, 438, 508, 512, 547
Traktat 67, 112f., 229, 291, 294, 301, 322, 350, 354, 393f., 464, 474, 517, 526, 562
Transgression (Linguistik) 13, 446
Transzendenz 60, 76, 94, 96, 151, 192, 194, 196, 199, 201, 244, 263, 266, 342, 476, 525, 527, 552
Traum 14, 32, 91, 196f., 211, 366, 397, 405–411, 518–522, 563f.
Trieb 63, 66–68, 225f., 232, 264f., 380, 382, 482, 522

Unbestimmtheit/Unschärfe 10, 147, 359, 510
Unbewusstes/Unterbewusstes 46, 52, 66, 168, 173, 227, 361, 392, 532
Universalität 35, 47–51, 69, 150 f., 153, 190, 206, 239, 270, 344, 425, 444, 461, 469 f., 487, 490, 510, 515, 542
Utopie/Dystopie 32, 139, 147, 166 f., 169, 263, 265, 279, 285, 363–374, 551, 563

Vernunft 4, 13, 17, 42, 45, 58 f., 69, 76, 109 f., 115, 123, 131 f., 146 f., 149–151, 155–157, 166, 169, 171, 181, 187, 203 f., 261, 263 f., 267, 336, 340, 342, 354, 368, 396, 439, 450, 474, 476 f., 482, 497 f., 500, 510, 518 f., 547
Verstand 18, 24, 42, 54, 58 f., 65, 85, 93 f., 185–188, 200, 229 f., 232, 335 f., 341, 418, 488, 507, 509, 537
Verworrenheit 54, 186, 393
Vollkommenheit 12, 45, 54, 57, 116, 185 f., 190, 195, 365, 370 f., 385, 505, 519
Vorstellung/Imagination 13, 18, 24–26, 29, 41 f., 44, 51, 54, 56–59, 64, 72–75, 84 f., 87, 93–97, 100 f., 118, 122, 124, 142, 147, 156, 172, 185–188, 190–192, 195, 212, 214–216, 225, 236, 238 f., 276, 282 f., 296, 327, 335, 338, 343, 354 f., 363, 365 f., 369, 371, 380, 384, 396, 403, 444, 455, 461, 464, 472, 497 f., 542, 551, 564

Wahnsinn 13, 68, 100, 155, 438–440, 449, 484, 508, 510, 563
Wahrhaftigkeit 50, 244, 499, 520
Wahrheit/Wahrheitsanspruch 7 f., 10–12, 15, 17–20, 42, 47–50, 68 f., 72 f., 81, 84, 86–90, 104, 107 f., 125, 128, 130 f., 133, 143, 152, 156, 160, 162, 168 f., 172, 175, 177 f., 180, 184–189, 205, 209 f., 212 f., 240, 242–244, 291–293, 298, 322, 326, 328, 341, 343 f., 354, 390 f., 393 f., 396, 398 f., 420, 430, 445, 465, 468, 470 f., 475 f., 482 f., 486 f., 493, 495, 503, 514, 517–519, 521 f., 525, 552, 564
Wahrnehmung/Aisthesis 15, 18, 41, 54, 58, 63 f., 87, 93 f., 96, 115, 204, 215, 229 f., 232, 234, 244, 256, 286, 359–361, 392, 405, 412, 453, 455 f., 476, 482, 518, 542 f., 552 f.
Wahrscheinlichkeit/Wahrscheinliches 4, 47 f., 50 f., 72, 75, 78, 108, 117 f., 187, 223, 336, 341, 418–420
Weltliteratur 211, 252, 505
Wissen/Wissensformen/Wissenstransfer 4, 8, 10, 12, 14, 17–19, 24, 26, 33, 45, 55, 72, 77, 87, 90, 94 f., 99, 111, 115 f., 125, 127 f., 137, 139, 146, 149, 167, 172, 178, 180 f., 183 f., 186–189, 191, 194 f., 200 f., 205, 209, 213, 215 f., 240–243, 292–295, 310, 313, 323, 343 f., 353, 386 f., 393–399, 418, 445, 460 f., 464 f., 471 f., 475, 497 f., 500, 502, 505, 518 f., 526, 556, 563, 567
Wunderbares/Wundersames 18, 73, 77–79, 89, 117 f., 152, 337

Zeichen 57, 80, 131, 134, 138, 141, 166, 171, 176, 185, 201, 204, 283 f., 311, 393, 436, 441, 461, 556, 567, 569
Zeitbegriff/Zeitstrukturen (Simultaneität, Ungleichzeitigkeit) 32, 57 f., 76, 80, 189 f., 195, 226, 239, 243, 261, 265, 281, 296, 366, 394, 424, 461, 470 f., 543
Zerstreuung 10, 183, 335 f.
Zeugnis/Zeugenschaft 33 f., 86, 107, 110, 219, 238, 241–246, 261, 310, 354, 358, 463 f., 466, 490, 550, 555–559
Zitat 142 f., 252, 312, 316, 352, 406, 409, 450 f., 464, 479, 524
Zweck/Zweckmäßigkeit 56, 58, 73, 77, 85, 96, 110, 112, 119, 183 f., 194, 225, 230, 234, 271, 317, 354, 464 f., 531
Zweifel (methodischer)/Skepsis 9, 11, 46, 73, 89 f., 132, 147, 343, 391, 470, 472, 476 f., 507, 517–520, 522

VII Verzeichnis der Autorinnen und Autoren

Hans Adler, Dr. phil., ist emeritierter Professor of German and Comparative Literature am Department of German, Nordic and Slavic der University of Wisconsin, Madison.

Giulia Agostini, Dr. phil., ist wissenschaftliche Mitarbeiterin am Romanischen Seminar der Universität Heidelberg.

Alexander Aichele, Dr. phil., ist Privatdozent für Philosophie an der Martin-Luther-Universität Halle-Wittenberg.

Andrea Allerkamp, Dr. phil., ist Professorin für westeuropäische Literaturen an der Kulturwissenschaftlichen Fakultät der Europa-Universität Viadrina Frankfurt an der Oder.

Ronja Bodola, Dr. phil., ist Professorin für Medical Humanities an der School of Medicine, Louisiana State University Health Sciences Center, New Orleans, USA.

Benjamin Bühler, PD Dr. phil., lehrt als Literatur- und Kulturwissenschaftler an der Universität Konstanz.

Rüdiger Campe, Dr. phil., ist Professor of German and Comparative Literature an der Yale University in New Haven.

Sarhan Dhouib, Dr. phil., ist wissenschaftlicher Mitarbeiter am Institut für Philosophie der Universität Hildesheim.

Hermann Doetsch, Dr. phil., ist Akademischer Oberrat am Institut für Romanische Philologie der Ludwig-Maximilians-Universität München.

Thomas Ebke, Dr. phil., ist wissenschaftlicher Mitarbeiter am Lehrstuhl für Philosophische Anthropologie und Philosophie des Geistes der Universität Potsdam.

Patrick Eiden-Offe, Dr. phil., ist Germanist und hat eine Heisenberg-Stelle (DFG) am Leibniz-Zentrum für Literatur- und Kulturforschung Berlin inne.

Thomas Emmrich, Dr. phil., ist wissenschaftlicher Mitarbeiter am Institut für Allgemeine und Vergleichende Literaturwissenschaft an der Johann Wolfgang Goethe-Universität Frankfurt am Main.

Birgit Erdle, Dr. phil., ist Privatdozentin am Institut für Philosophie, Literatur-, Wissenschafts- und Technikgeschichte der Technischen Universität Berlin.

Michael Erler, Dr. Dr. phil. h.c., ist emeritierter Professor und Seniorprofessor für Klassische Philologie an der Julius-Maximilians-Universität Würzburg.

https://doi.org/10.1515/9783110484823-076

Dominik Finkelde, Dr. phil., ist Professor für Erkenntnistheorie und Philosophie der Neuesten Zeit an der Hochschule für Philosophie München.

Gottfried Gabriel, Dr. phil., ist emeritierter Professor für Logik und Wissenschaftstheorie an der Friedrich-Schiller-Universität in Jena.

Petra Gehring, Dr. phil., ist Professorin für Philosophie an der Technischen Universität Darmstadt.

Achim Geisenhanslüke, Dr. phil., ist Professor für Allgemeine und Vergleichende Literaturwissenschaft an der Goethe-Universität Frankfurt am Main.

Angela Gencarelli, Dr. phil., ist wissenschaftliche Mitarbeiterin am Institut für Geschichtswissenschaft und Literarische Kulturen der Leuphana Universität Lüneburg.

Karl-Heinz Götze, Dr. phil., ist emeritierter Professor für deutsche Literatur, Landeskunde und Ideengeschichte an der Université d'Aix-Marseille, Frankreich.

Björn Hambsch, Dr. phil., ist Dozent an der Hochschule Rhein-Waal und an der International University of Applied Sciences Bad Honnef.

Andreas Hetzel, Dr. phil., ist Professor für Sozialphilosophie an der Universität Hildesheim.

Steffi Hobuß, Dr. phil., lehrt an der Leuphana Universität Lüneburg und ist dort Akademische Leiterin des Leuphana College.

Joseph Jurt, Dr. Dr. phil. h.c., ist emeritierter Professor für Französische Literaturwissenschaft an der Albert-Ludwigs-Universität Freiburg im Breisgau.

Dimitris Karydas, Dr. phil., ist Professor für Sozial- und politische Philosophie am Department für Soziologie an der Universität Athen, Griechenland.

Judith Kasper, Dr. Dr. phil., ist Professorin für Allgemeine und Vergleichende Literaturwissenschaft an der Goethe-Universität Frankfurt am Main.

Sven Kramer, Dr. phil., ist Professor für Neuere deutsche Literaturwissenschaft und Literarische Kulturen an der Leuphana Universität Lüneburg.

Michael Krewet, Dr. phil., ist wissenschaftlicher Mitarbeiter im Leibniz Projekt Literatur und Erkenntnis an der Freien Universität Berlin.

Anja Lemke, Dr. phil., ist Professorin für Neuere deutsche Literatur an der Universität zu Köln und Direktorin des Erich Auerbach-Institutes for Advanced Studies.

Stefan Matuschek, Dr. phil., ist Professor für Neuere deutsche Literatur und Allgemeine und Vergleichende Literaturwissenschaft an der Friedrich-Schiller-Universität Jena.

Angela Oster, Dr. phil., ist Akademische Oberrätin an der Ludwig-Maximilians-Universität München.

Marion Picker, Dr. phil., ist Maître de conferences an der Université de Poitiers, Frankreich.

Robert Pirro, Ph.D., ist Professor of Political Science an der Georgia Southern University in den USA.

Gerhard Poppenberg, Dr. phil., ist Professor für Romanistik an der Ruprecht Karls-Universität Heidelberg.

Clemens Pornschlegel, Dr phil., ist Professor für Neuere deutsche Literatur an der Ludwig-Maximilians-Universität München.

Oliver Precht, Dr. phil., ist Philosoph und Literaturwissenschaftler am Leibniz-Zentrum für Literatur- und Kulturforschung Berlin.

Dirk Quadflieg, Dr. phil., ist Professor für Kulturphilosophie und Kulturtheorie am Institut für Kulturwissenschaften der Universität Leipzig.

Björn Quiring, Dr. phil., ist Assistant Professor of English am Trinity College der University of Dublin, Irland.

Gérard Raulet, Dr. phil., ist emeritierter Professor für Philosophie und deutsche Ideengeschichte an der Sorbonne Université, Frankreich.

Alexandra Richter, Dr. phil., ist Maître de conférences für deutsche Sprache, Literatur und Kultur an der Université de Rouen, Frankreich.

Jürgen Ritte, Dr. phil., ist Professor für Neuere deutsche Literatur an der Université de la Sorbonne Nouvelle (Paris 3), Frankreich.

Christiane Schildknecht, Dr. phil., ist Professorin für Philosophie mit Schwerpunkt Theoretische Philosophie an der Universität Luzern, Schweiz.

Sarah Schmidt, Dr. phil., leitet die Schleiermacher-Forschungsstelle an der Berlin-Brandenburgischen Akademie der Wissenschaften.

Benjamin Specht, PD Dr. phil., Privatdozent am Department für Germanistik und Komparatistik der Friedrich-Alexander-Universität Erlangen-Nürnberg.

Henning Tegtmeyer, Dr. phil., ist Associate Professor am Institut für Philosophie an der Universität Leuven.

Dieter Teichert, Dr. phil., ist Professor für Philosophie an der Universität Konstanz.

Dieter Thomä, Dr. phil., ist Professor für Philosophie an der Universität St. Gallen, Schweiz.

Pablo Valdivia Orozco, Dr. phil., ist wissenschaftlicher Mitarbeiter am Lehrstuhl für westeuropäische Literaturen der Europa-Universität Viadrina Frankfurt an der Oder.

Wilhelm Vosskamp, Dr. phil., ist emeritierter Professor für Neuere Deutsche Literaturwissenschaft an der Universität zu Köln.

Karin Westerwelle, Dr. phil., ist Professorin für Romanische Philologie unter besonderer Berücksichtigung der neueren französischen Literatur an der Westfälischen Wilhelms-Universität Münster.

Sophie Witt, Dr. phil., ist Oberassistentin (SNF-PRIMA-Grant) am Deutschen Seminar der Universität Zürich, Schweiz.

Irina Wutsdorff, Dr. Phil., ist Professorin für Slavistik an der Westfälischen Wilhelms-Universität Münster.

Carsten Zelle, Dr. phil., ist emeritierter Professor für Neuere deutsche Literatur, insbesondere Literaturtheorie und Rhetorik an der Ruhr-Universität Bochum.

www.ingramcontent.com/pod-product-compliance
Lightning Source LLC
Chambersburg PA
CBHW022101290426
44112CB00008B/513